UTB 2015

Eine Arbeitsgemeinschaft der Verlage

Brill | Schöningh – Fink · Paderborn
Vandenhoeck & Ruprecht · Göttingen – Böhlau · Wien · Köln
Verlag Barbara Budrich · Opladen · Toronto
facultas · Wien
Walter de Gruyter · Berlin · Boston
Haupt Verlag · Bern
Verlag Julius Klinkhardt · Bad Heilbrunn
Mohr Siebeck · Tübingen
Narr Francke Attempto Verlag – expert verlag · Tübingen
Psychiatrie Verlag · Köln
Ernst Reinhardt Verlag · München
transcript Verlag · Bielefeld
Verlag Eugen Ulmer · Stuttgart
UVK Verlag · München
Waxmann · Münster · New York
wbv Publikation · Bielefeld
Wochenschau Verlag · Frankfurt am Main

Entscheidungen des EuGH

Kommentierte Studienauswahl

Zusammengestellt, erläutert und herausgegeben
von Matthias Pechstein und Alexander Thiele

13., grundlegend überarbeitete Auflage

Mohr Siebeck

Ergänzend zur Printausgabe stehen weitere kommentierte Urteile der Vorauflagen unter https://zusatzmaterial.utb.de/2015_entscheidungen-des-eugh/ zur Verfügung.

1. Auflage 1998; 2. Auflage 2003; 3. Auflage 2005; 4. Auflage 2007; 5. Auflage 2009; 6. Auflage 2011; 7. Auflage 2012; 8. Auflage 2014; 9. Auflage 2016; 10. Auflage 2018; 11. Auflage 2020; 12. Auflage 2023; 13. Auflage 2026

ISBN 978-3-8252-6670-7 (UTB Band 2015)

Online-Angebote oder elektronische Ausgaben sind erhältlich unter *www.utb-shop.de*

Die Deutsche Bibliothek verzeichnet diese Publikation in der Deutschen Nationalbibliographie; detaillierte bibliographische Daten sind im Internet über *http://dnb.dnb.de* abrufbar.

Gedruckt auf alterungsbeständiges Papier. Coverabbildung: © Europäische Union 2018, Quelle: https://curia.europa.eu/site/jcms/p1_1000062224/de/grosser-beratungssaal

Mohr Siebeck GmbH & Co. KG, Wilhelmstraße 18, 72074 Tübingen, Deutschland
www.mohrsiebeck.com, info@mohrsiebeck.com

Vorwort

Schon in meiner Examensvorbereitung war die damals noch von Matthias Pechstein und Christian Koenig gemeinsam herausgegebene Sammlung wichtiger Entscheidungen des EuGH ein zentraler Baustein, um mich mit den „leading cases“ des EuGH, aber auch mit dessen besonderer Sprache und Argumentationstechnik vertraut zu machen. Weit mehr als im deutschen Recht wird im Europarecht seit jeher – auch im Examen – aus unterschiedlichen Gründen die Kenntnis jedenfalls der zentralen Luxemburger Entscheidungen ebenso erwartet, wie die Fähigkeit, diese einordnen und Entwicklungen der Rechtsprechung nachzeichnen zu können. Es war mir daher eine besondere Freude und Ehre als mich Matthias Pechstein vor einiger Zeit fragte, ob ich mir vorstellen könnte, diese Fallsammlung fortan weiterzuführen. Dabei war ich mir bewusst, dass die Auswahl der Entscheidungen in Zukunft vermutlich noch einmal schwerer werden würde – das Europarecht durchdringt mittlerweile praktisch jedes nationale Rechtsgebiet, einschließlich des Strafrechts. Es war daher schnell klar, dass sich diese Fallsammlung noch stärker würde fokussieren müssen, wenn der Umfang noch einigermaßen darstellbar bleiben sollte. Dieser Fokus wird vor diesem Hintergrund zunehmend im Bereich des institutionellen Europarechts liegen (müssen), weil die Entwicklungen in den einzelnen Rechtsgebieten (einschließlich der Grundfreiheiten) in seriöser Form in einer einzigen Sammlung nicht (mehr) abzubilden sind. Schon vor einiger Zeit wurde daher das Wettbewerbsrecht gestrichen, in dieser Auflage musste nun auch die Zahlungsverkehrsfreiheit weichen, weil diese zwar von enormer praktischer, aber doch etwas geringerer Examensrelevanz ist. Stattdessen findet sich nunmehr ein Abschnitt „Varia“, in dem themenübergreifende Entscheidungen behandelt werden und der in jeder Auflage gänzlich neu gefasst werden soll. Die aus der Sammlung gestrichenen Entscheidungen werden allerdings wie bisher digital gesammelt und können – einschließlich sämtlicher jemals behandelter Entscheidungen der Vorauflagen – als digitales Zusatzangebot auf der utb-Homepage abgerufen werden. Weiterhin wird die Sammlung eng mit dem bei Mohr Siebeck erscheinenden Lehrbuch zum Europarecht abgestimmt, das parallel erscheint und in dem ich nunmehr auch als Ko-Autor tätig bin *(Haratsch/Koenig/Pechstein/Brömmelmeyer/Thiele,* Europarecht, 14. Aufl. 2026). Um diese Abstimmung noch einmal zu verbessern, wird am Ende der Vorbemerkungen zur jeweiligen Entscheidung auf den Abschnitt des Lehrbuchs verwiesen, in dem diese thematisch behandelt wird („L:"). Darüber hinaus wird die vertiefte Beschäftigung mit den einzelnen Entscheidungen ein wenig erleichtert, indem – soweit vorhanden – auf die Fundstellen von Besprechungen verwiesen wird („B:"). Ab dieser Auflage wird schließlich auch hier auf die Wiedergabe der ECLI-Nummern ebenso verzichtet, wie auf die Angabe der Fundstelle in der amtlichen Sammlung – die Nummer der Rechtssache genügt im digitalen Zeitalter. Ich hoffe sehr, dass die Fallsammlung in dieser etwas veränderten Form weiterhin noch vielen Examenskandidatinnen und -kandidaten aber auch Praktikerinnen und Praktikern eine Hilfe sein wird, um sich mit der einflussreichen Rechtsprechung des EuGH vertraut zu machen.

Zu danken habe ich meinem gesamten Berliner und Hamburger Team, namentlich *Senol Becirovski, Tabea Nalik, Johannes Rohrer, Lasse Schaffarczyk, Lara Schmidt, Mara Schröder, Sarah Schulmeyer* und *Mila Streicher,* die das Manuskript gegengelesen und hilfreiche Anmerkungen gemacht haben. Besonders hervorheben möchte ich *Lasse Schaffarczyk,* der sich nicht nur um die Abstimmung mit dem utb-Verlag im Hinblick auf das digitale Zusatzangebot verdient gemacht, sondern auch eine Vorauswahl im Hinblick auf die aufzunehmenden Entscheidungsbesprechungen getroffen hat. Beim Verlag Mohr Siebeck wurde der Band von *Daniela Taudt* wie stets vorzüglich betreut. Schließlich bedanke ich mich in besonderer Weise bei *Matthias Pechstein* für das Vertrauen, diese etablierte Fallsammlung fortführen zu dürfen. Dass dies in seinem Sinne geschieht, hat er mir versichert.

Alexander Thiele
Berlin

Inhaltsübersicht

Inhaltsverzeichnis

C. Die Rechtsquellen des Unionsrechts

I. Primäres Unionsrecht

II. Sekundäres Unionsrecht

1. Verordnungen

2. Richtlinien

a) Bindung der Mitgliedstaaten an Richtlinien

b) Form der Umsetzung in innerstaatliches Recht

c) Unmittelbare Wirkung

aa) Vertikale (begünstigende) Richtlinienwirkung

bb) Umgekehrt vertikale (belastende) Richtlinienwirkung

cc) Drittbelastende Richtlinienwirkung (Dreiecksverhältnis) dd) Horizontale Richtlinienwirkung (Drittwirkung); mittelbare Drittwirkung; richtlinienkonforme Auslegung

ee) Rein objektive Richtlinienwirkung

3. Beschlüsse

4. Empfehlungen

III. EU und Völkerrecht

1. Die Vertragsschließungskompetenzen der Europäischen Union

2. Geltung und unmittelbare Anwendbarkeit der völkerrechtlichen Abkommen im Unionsrecht, insbesondere im Rahmen der WTO

3. Bindung der EU an Resolutionen des UN-Sicherheitsrates

4. Unionsrecht und frühere Verträge (Art. 351 Abs. 1 AEUV)

IV. Auslegung des Unionsrechts

V. Schadenersatzansprüche bei Verletzung des Unionsrechts durch die Mitgliedstaaten

D. Rechtsschutz in der EU

I. Ernennung der Richterinnen und Richter

II. Vorabentscheidungsverfahren, Art. 267 AEUV

1. Funktion des Vorabentscheidungsverfahrens

2. Annahmefähigkeit der Vorlagefrage

a) Vorlagegegenstand

b) Vorlageberechtigung mitgliedstaatlicher Gerichte

c) Vorlagerecht und Vorlagepflicht

III. Aufsichtsklage, Art. 258 AEUV

1. Zulässigkeit

a) Eröffnung der Unionsgerichtsbarkeit

b) Ordnungsgemäße Durchführung des Anhörungs- und Vorverfahrens

c) Klagegegenstand

d) Verfahrenseinleitung

e) Rechtsschutzbedürfnis

2. Begründetheit

3. Zwangsgeld

IV. Nichtigkeitsklage, Art. 263 AEUV

1. Klagegegenstand

2. Klagebefugnis

3. Wirkung des Nichtigkeitsurteils

V. Untätigkeitsklage, Art. 265 AEUV

VI. Amtshaftungsklage, Art. 340 AEUV

1. Zulässigkeit

2. Begründetheit

VII. Einstweiliger Rechtsschutz, Art. 278f. AEUV

VIII. EuGH und GASP

IX. EuGH und internationale Gerichte

E. Allgemeines Diskriminierungsverbot aus Gründen der Staatsangehörigkeit und Unionsbürgerschaft

I. Allgemeines Diskriminierungsverbot, Art. 18 AEUV

II. Allgemeines Diskriminierungsverbot in Verbindung mit der unionsbürgerlichen Freizügigkeit, Art. 21 AEUV

III. Unionsbürgerliche Freizügigkeit, Art. 21 AEUV

IV. Unionsbürgerschaft, Art. 20 AEUV

F. Unionsrechtliche Grundrechte

I. Die Bindung der Unionsorgane an die Unionsgrundrechte

II. Die Bindung der Mitgliedstaaten an die Unionsgrundrechte

III. Horizontale Anwendbarkeit

IV. Grundrechtswirkungen auf Ebene der Grundfreiheiten

G. Grundfreiheiten

I. Warenverkehrsfreiheit, Art. 34 ff. AEUV

1. Begriff der Ware

2. Zollunion

3. Abgrenzung Warenverkehrsfreiheit und staatliche Beihilfe

4. Verbot mengenmäßiger Ein- und Ausfuhrbeschränkungen und Maßnahmen gleicher Wirkung gem. Art. 34, 35 AEUV

a) Verpflichtete der Warenverkehrsfreiheit

b) Mengenmäßige Einfuhrbeschränkung oder Maßnahme gleicher Wirkung wie eine mengenmäßige Einfuhrbeschränkung

c) Mengenmäßige Ausfuhrbeschränkung oder Maßnahme gleicher Wirkung wie eine mengenmäßige Ausfuhrbeschränkung

d) Einschränkung der Dassonville-Formel durch die Keck-Formel

5. Diskriminierungs- und Beschränkungsverbot

6. Rechtfertigung

a) Rechtfertigungsgründe nach Art. 52 AEUV

b) Ungeschriebene Rechtfertigungsgründe

IV. Dienstleistungsfreiheit, Art. 56 ff. AEUV

1. Begriff der Dienstleistung

2. Grenzüberschreitender Bezug

3. Begünstigte

4. Verpflichtete

A. Die Europäische Union und die Mitgliedstaaten

I. Verhältnis zwischen Unionsrecht und nationalem Recht

Rs. 6/64 (Costa ./. ENEL), 1
Urteil des Gerichtshofs vom 15.07.1964.

Vorbemerkungen: *Dieses Urteil bestimmt das Verhältnis zwischen Unionsrecht und nationalem Recht der Mitgliedstaaten. Es knüpft an die van Gend & Loos-Entscheidung (Fall 29) an, die erstmals die unmittelbare Geltung des Unionsrechts in den Mitgliedstaaten feststellte, allerdings noch ohne die Qualifizierung als „autonome" Rechtsordnung. Das primäre und sekundäre Unionsrecht bilden danach eine eigenständige Rechtsordnung, welche Anwendungsvorrang auch gegenüber später ergangenem nationalen Recht genießt. Die aus dieser Unionsrechtsordnung entspringenden Rechte und Pflichten dürfen nicht einseitig durch später ergehende innerstaatliche Maßnahmen der Mitgliedstaaten beeinträchtigt werden.* ***B:*** *A. Arena, EuR 2021, 527ff.* ***L:*** *Rn. 151, 176, 347, 561.*

Sachverhalt: Durch Gesetz Nr. 1643 vom 06.12.1962 verstaatlichte die Italienische Republik die Erzeugung und Verteilung elektrischen Stroms und gründete die juristische Person E.N.E.L. In einem Rechtsstreit um eine Stromrechnung, der zwischen E.N.E.L. und Rechtsanwalt Costa vor dem Friedensgericht Mailand anhängig war, hatte der Rechtsanwalt als Stromverbraucher und als Aktionär der von der Verstaatlichung betroffenen Aktiengesellschaft Edisonvolta incidenter beantragt, das Friedensgericht möge ein Vorabentscheidungsverfahren anstrengen, um eine Auslegung der Art. 97, 88, 31 und Art. 53 EWG-Vertrag herbeizuführen, die nach Ansicht des Antragstellers durch das genannte Gesetz vom 06.12.1962 verletzt worden waren. Der Gerichtshof stellte fest, dass die Verstaatlichung eine nach Art. 31 Abs. 1 EWG-Vertrag unter Umständen eine verbotene Maßnahme darstellt, was das Gericht des Hauptprozesses festzustellen hatte.

Aus den Entscheidungsgründen:

Zum Unterschied von gewöhnlichen internationalen Verträgen hat der EWG-Vertrag eine eigene Rechtsordnung geschaffen, die bei seinem Inkrafttreten in die Rechtsordnungen der Mitgliedstaaten aufgenommen worden und von ihren Gerichten anzuwenden ist. Denn durch die Gründung einer Gemeinschaft für unbegrenzte Zeit, die mit eigenen Organen, mit der Rechts- und Geschäftsfähigkeit, mit internationaler Handlungsfähigkeit und insbesondere mit echten, aus der Beschränkung der Zuständigkeit der Mitgliedstaaten oder der Übertragung von Hoheitsrechten der Mitgliedstaaten auf die Gemeinschaft herrührenden Hoheitsrechten ausgestattet ist, haben die Mitgliedstaaten, wenn auch auf einem begrenzten Gebiet, ihre Souveränitätsrechte beschränkt und so einen Rechtskörper geschaffen, der für ihre Angehörigen und sie selbst verbindlich ist.

Diese Aufnahme der Bestimmungen des Gemeinschaftsrechts in das Recht der einzelnen Mitgliedstaaten und, allgemeiner, Wortlaut und Geist des Vertrages haben zur Folge, daß es den Staaten unmöglich ist, gegen eine von ihnen auf der Grundlage der Gegenseitigkeit angenommene Rechtsordnung nachträgliche einseitige Maßnahmen ins Feld zu führen. Solche Maßnahmen stehen der Anwendbarkeit der Gemeinschaftsrechtsordnung daher nicht entgegen. Denn es würde eine Gefahr für die Verwirklichung der in Artikel 5 Absatz 2 aufgeführten Ziele des Vertrages bedeuten und dem Verbot des Artikels 7 widersprechende Diskriminierungen zur Folge haben, wenn das Gemeinschaftsrecht je nach der nachträglichen innerstaatlichen Gesetzgebung von einem Staat zum andern verschiedene Geltung haben könnte.

Die Verpflichtungen, die die Mitgliedstaaten im Vertrag zur Gründung der Gemeinschaft eingegangen sind, wären keine unbedingten mehr, sondern nur noch eventuelle, wenn sie durch spätere Gesetzgebungsakte der Signatarstaaten in Frage gestellt werden könnten. Wo der Vertrag den Staaten das Recht zu einseitigem Vorgehen zugestehen will, tut er das durch klare Bestimmungen (z. B. Artikel 15, 93 Absatz 3, 223 bis 225). Für Anträge der Staaten auf Ausnahmegenehmigungen sind andererseits Genehmigungsverfahren vorgesehen (z. B. Artikel 8 Absatz 4, 17 Absatz 4, 25, 26, 73, 93 Absatz 3 Unterabsatz 3 und 226), die gegenstandslos wären, wenn die Staaten die Möglichkeit hätten, sich ihren Verpflichtungen durch den bloßen Erlaß von Gesetzen zu entziehen.

Der Vorrang des Gemeinschaftsrechts wird auch durch Artikel 189 bestätigt; ihm zufolge ist die Verordnung „verbindlich“ und „gilt unmittelbar in jedem Mitgliedstaat". Diese Bestimmung, die durch nichts eingeschränkt wird, wäre ohne Bedeutung, wenn die Mitgliedstaaten sie durch Gesetzgebungsakte, die den gemeinschaftsrechtlichen Normen vorgingen, einseitig ihrer Wirksamkeit berauben könnten.

Aus alledem folgt, daß dem vom Vertrag geschaffenen, somit aus einer autonomen Rechtsquelle fließenden Recht wegen dieser seiner Eigenständigkeit keine wie immer gearteten innerstaatlichen Rechtsvorschriften vorgehen können, wenn ihm nicht sein Charakter als Gemeinschaftsrecht aberkannt und wenn nicht die Rechtsgrundlage der Gemeinschaft selbst in Frage gestellt werden soll.

Die Staaten haben somit dadurch, daß sie nach Maßgabe der Bestimmungen des Vertrages Rechte und Pflichten, die bis dahin ihren inneren Rechtsordnungen unterworfen waren, der Regelung durch die Gemeinschaftsrechtsordnung vorbehalten haben, eine endgültige Beschränkung ihrer Hoheitsrechte bewirkt, die durch spätere einseitige, mit dem Gemeinschaftsbegriff unvereinbare Maßnahmen nicht rückgängig gemacht werden kann. Infolgedessen ist Artikel 177 ohne Rücksicht auf innerstaatliche Gesetze anzuwenden, wenn sich die Auslegung des Vertrages betreffende Fragen stellen.

Verb. Rs. C-10/97 bis C-22/97 (IN.CO.GE.'90), Urteil des Gerichtshofs vom 22.10.1998. 2

Vorbemerkungen: *In den Entscheidungen Costa/ENEL (Fall 1) und Simmenthal leitete der EuGH zwar den Vorrang des Unionsrechts her, verhielt sich jedoch nicht zur Art desselben. In der vorliegenden Entscheidung stellt der EuGH klar, dass der Vorrang des Unionsrechts kein Geltungs-, sondern ein Anwendungsvorrang ist. Entgegenstehendes nationales Recht tritt daher (nur) im Einzelfall zurück, bleibt im Übrigen aber gültig.* ***L:*** *Rn. 175.*

Sachverhalt: Italien hatte für bestimmte Eintragungen ins Unternehmensregister eine Konzessionsabgabe erhoben. Nachdem der EuGH im Rahmen eines Vorabentscheidungsverfahrens festgestellt hatte, dass diese Praxis mit dem Gemeinschaftsrecht nicht vereinbar war, stellten mehrere Gesellschaften Anträge auf Rückerstattung. Das angerufene Gericht fragte den EuGH, ob der Vorrang des Gemeinschaftsrechts dazu führe, dass das italienische Konzessionsabgabenrecht insgesamt nichtig sei, mit der Folge, dass die Rückforderungen stattdessen nach italienischem Zivilrecht zu beurteilen seien, was wiederum Konsequenzen für die Bestimmung der Zuständigkeit des angerufenen Gerichts und die anzuwendenden Verjährungsregeln gehabt hätte. Der EuGH entschied, dass der Vorrang nicht zur Nichtigkeit des nationalen Abgabenrechts führe und die Entscheidung über das anwendbare Recht Sache des nationalen Rechts sei.

Aus den Entscheidungsgründen:

[18] Die Kommission erinnert daran, daß der Gerichtshof im Urteil vom 9. März 1978 in der Rechtssache 106/77 (Simmenthal, Slg. 1978, 629) insbesondere entschieden habe, daß die Vertragsbestimmungen und die unmittelbar geltenden Rechtsakte der Gemeinschaftsorgane in ihrem Verhältnis zum internen Recht der Mitgliedstaaten nicht nur zur Folge hätten, daß jede zuwiderlaufende Bestimmung des geltenden staatlichen Rechts ohne weiteres unanwendbar werde, sondern auch, daß ein wirksames Zustandekommen neuer staatlicher Gesetzgebungsakte insoweit verhindert werde, als diese mit Gemeinschaftsnormen unvereinbar wären. Die Kommission leitet daraus her, daß ein Mitgliedstaat völlig unzuständig dafür sei, eine abgabenrechtliche Bestimmung zu erlassen, die mit dem Gemeinschaftsrecht unvereinbar sei, und daß demzufolge eine solche Bestimmung und die entsprechende abgabenrechtliche Verpflichtung als inexistent anzusehen seien.

[19] Dieser Auslegung kann nicht gefolgt werden.

[20] Der Gerichtshof war in der Rechtssache Simmenthal insbesondere danach gefragt worden, welche Konsequenzen sich aus der unmittelbaren Anwendbarkeit einer Bestimmung des Gemeinschaftsrechts ergeben, wenn diese einer später erlassenen Rechtsvorschrift eines Mitgliedstaats entgegensteht. Ohne zwischen früher oder später ergangenem Recht zu unterscheiden, hatte er jedoch bereits in seiner früheren Rechtsprechung (vgl. insbesondere Urteil vom 15. Juli 1964 in der Rechtssache 6/64, Costa, Slg. 1964, 1253) ausgeführt, daß es einem Mitgliedstaat verwehrt sei, einer innerstaatlichen Vorschrift Vorrang vor einer entgegenstehenden Gemeinschaftsnorm einzuräumen. So hat der Gerichtshof im Urteil Simmenthal entschieden, daß jeder im Rahmen seiner Zuständigkeit angerufene staatliche Richter verpflichtet ist, das Gemeinschaftsrecht uneingeschränkt anzuwenden und die Rechte, die es den einzelnen verleiht, zu schützen, indem er jede möglicherweise zuwiderlaufende Bestimmung des nationalen Rechts, gleichgültig, ob sie früher oder später als die Gemeinschaftsnorm ergangen ist, unangewendet läßt (Urteil Simmenthal, Randnrn. 21 und 24). Diese Rechtsprechung ist mehrfach bestätigt worden (vgl. z. B. Urteil Debus, Randnr. 32; Urteile vom 2. August 1993 in der Rechtssache C-158/91,

Levy, Slg. 1993, I-4287, Randnr. 9, und vom 5. März 1998 in der Rechtssache C-347/96, Solred, Slg. 1998, I-937, Randnr. 30).

[21] Entgegen dem Vorbringen der Kommission kann deshalb aus dem Urteil Simmenthal nicht hergeleitet werden, daß die Unvereinbarkeit einer später ergangenen Vorschrift des innerstaatlichen Rechts mit dem Gemeinschaftsrecht dazu führt, daß diese Vorschrift inexistent ist. In dieser Situation ist das nationale Gericht vielmehr verpflichtet, diese Vorschrift unangewendet zu lassen, wobei diese Verpflichtung nicht die Befugnis der zuständigen nationalen Gerichte beschränkt, unter mehreren nach der innerstaatlichen Rechtsordnung in Betracht kommenden Wegen diejenigen zu wählen, die zum Schutz der durch das Gemeinschaftsrecht gewährten individuellen Rechte geeignet erscheinen (vgl. Urteil vom 4. April 1968 in der Rechtssache 34/67, Lück, Slg. 1968, 364).

Rs. C-430/21 (RS; „Effet des arrêts d'une cour constitutionnelle"), Urteil des Gerichtshofs vom 22.02.2022. 3

Vorbemerkungen: *In diesem Urteil schrieb der Gerichtshof seine Rechtsprechung zu dem in Art. 19 Abs. 1 UAbs. 2 EUV verankerten Grundsatz der richterlichen Unabhängigkeit in Verbindung unter anderem mit dem Grundsatz des Vorrangs des Unionsrechts fort. Mit vorangegangenem Urteil vom 18.05.2021, Asociaţia „Forumul Judecătorilor din România" u. a. (C-83/19, C-127/19, C-195/19, C-291/19, C-355/19 und C-397/19), erkannte der Gerichtshof für Recht, dass Art. 2 und Art. 19 Abs. 1 UAbs. 2 EUV sowie die Entscheidung 2006/928/EG der Kommission vom 13.12.2006 zur Einrichtung eines Verfahrens für die Zusammenarbeit und die Überprüfung der Fortschritte Rumäniens bei der Erfüllung bestimmter Vorgaben in den Bereichen Justizreform und Korruptionsbekämpfung (ABl. 2006, L 354, S. 56) dahin auszulegen sind, dass sie einer nationalen Regelung entgegenstehen, die die Errichtung einer spezialisierten Abteilung der Staatsanwaltschaft mit ausschließlicher Zuständigkeit für die Untersuchung von durch Richter und Staatsanwälten begangenen Straftaten vorsieht, ohne dass die Errichtung einer solchen Abteilung durch objektive und überprüfbare Erfordernisse einer geordneten Rechtspflege gerechtfertigt ist sowie mit besonderen Garantien einhergeht, die es zum einen ermöglichen, jede Gefahr auszuschließen, dass diese Abteilung als ein Instrument zur politischen Kontrolle der Tätigkeit dieser Richter und Staatsanwälte verwendet wird, das deren Unabhängigkeit beeinträchtigen könnte,* *und zum anderen, sicherzustellen, dass diese Zuständigkeit gegenüber Letztgenannten unter vollumfänglicher Beachtung der sich aus den Art. 47 und 48 GRCh ergebenden Anforderungen wahrgenommen werden kann. Mit Urteil Nr. 390/2021 vom 08.06.2021 entschied die Curtea Constituțională (Verfassungsgerichtshof, Rumänien) daraufhin, dass die fraglichen (nationalen) Rechtsvorschriften mit Art. 148 der Constituția României (rumänische Verfassung), der die Wahrung des Grundsatzes des Vorrangs des Unionsrechts vorschreibt, vereinbar sind, und stellte klar, dass ein ordentliches Gericht im Hinblick auf das Erfordernis der Achtung der nationalen Verfassungsidentität in diesem Fall nicht befugt ist, die Vereinbarkeit einer nationalen Bestimmung mit dem Unionsrecht zu prüfen. Der Gerichtshof erkannte demgegenüber für Recht, dass Art. 19 Abs. 1 UAbs. 2 EUV in Verbindung mit Art. 2 sowie Art. 4 Abs. 2 und 3 EUV, Art. 267 AEUV sowie dem Grundsatz des Vorrangs des Unionsrechts dahin auszulegen ist, dass er einer nationalen Regelung oder Praxis entgegensteht, wonach die ordentlichen Gerichte eines Mitgliedstaats nicht befugt sind, die Unionsrechtskonformität nationaler Rechtsvorschriften zu prüfen, die das Verfassungsgericht dieses Mitgliedstaats für mit einer nationalen Verfassungsbestimmung, die die Wahrung des Grundsatzes des Vorrangs des Unionsrechts vorschreibt, vereinbar erklärt hat. Der Gerichtshof knüpfte insoweit an seine Rechtsprechung in der Rechtssache Euro Box Promotion u. a. (Urteil vom 21.12.2021, C-357/19, C-379/19, C-547/19, C-811/19 und C-840/19) an. Darüber hinaus entscheidet über die Reichweite der Verpflichtung der Europäischen Union zur Wahrung der nationalen Identität der Mitgliedstaaten nach Art. 4 Abs. 2 EUV allein der Gerichtshof.* ***B:*** *L. D. Spieker, EuZW 2022, 305 ff.*

Sachverhalt: RS wurde in einem Strafverfahren in Rumänien verurteilt. Seine Ehefrau erhob daraufhin Strafanzeige, die sich unter anderem gegen mehrere Richter wegen Straftaten richtete, die in jenem Strafverfahren begangen worden sein sollten. In der Folge erhob RS bei der Curtea de Apel Craiova (Berufungsgericht Craiova, Rumänien) Beschwerde, mit der er die überlange Dauer der auf diese Anzeige hin eingeleiteten Strafverfolgung rügte. Dieses Gericht hielt es, um über diese Beschwerde entscheiden zu können, für erforderlich, zu prüfen, ob die nationalen Rechtsvorschriften zur Errichtung einer spezialisierten Abteilung der Staatsanwaltschaft für die Untersuchung von Straftaten innerhalb der Justiz mit dem Unionsrecht vereinbar waren. In Anbetracht des Urteils der Curtea Constituțională (Verfassungsgerichtshof, Rumänien), das nach dem Urteil des Gerichtshofs in der Rechtssache Asociația „Forumul Judecătorilor din România" u. a. ergangen war, wäre das Berufungsgericht Craiova jedoch nach nationalem Recht nicht (mehr) befugt, eine solche Konformitätsprüfung vorzunehmen. Mit seinem Urteil wies der Verfassungsgerichtshof nämlich die in Bezug auf mehrere Bestimmungen dieser Regelung erhobene Einrede der Verfassungswidrigkeit als unbegründet zurück, und zwar unter Hinweis darauf, dass ein ordentliches Gericht, wenn er nationale Rechtsvorschriften für mit der Verfassungsbestimmung, die die Wahrung des Grundsatzes des Vorrangs des Unionsrechts vorschreibe, vereinbar erklärt habe, nicht befugt sei, die Unionsrechtskonformität dieser nationalen Regelung (erneut) zu prüfen. In diesem Zusammenhang beschloss das Berufungsgericht Craiova daher, den Gerichtshof anzurufen, um zu klären, ob das Unionsrecht einer solchen nationalen Regelung entgegensteht.

Aus den Entscheidungsgründen:

[45] Aus dem Vorstehenden ergibt sich, dass Art. 19 Abs. 1 Unterabs. 2 EUV – unter dem in der vorstehenden Randnummer genannten Vorbehalt – einer nationalen Regelung oder Praxis nicht entgegensteht, nach der die ordentlichen Gerichte eines Mitgliedstaats nach nationalem Verfassungsrecht an eine Entscheidung des Verfassungsgerichts dieses Mitgliedstaats gebunden sind, mit der eine nationale Rechtsvorschrift für mit der Verfassung dieses Mitgliedstaats vereinbar erklärt wird.

[46] Dies kann jedoch nicht gelten, wenn die Anwendung einer solchen Regelung oder Praxis bedeutet, dass jede Zuständigkeit dieser ordentlichen Gerichte für die Beurteilung der Vereinbarkeit nationaler Rechtsvorschriften, die das Verfassungsgericht dieses Mitgliedstaats für mit einer nationalen Verfassungsvorschrift, die den Vorrang des Unionsrechts vorsieht, vereinbar erklärt hat, ausgeschlossen wird.

[47] Der Gerichtshof hat nämlich in ständiger Rechtsprechung zum EWG-Vertrag entschieden, dass mit den Gemeinschaftsverträgen im Unterschied zu gewöhnlichen völkerrechtlichen Verträgen eine neue eigene Rechtsordnung geschaffen wurde, die bei Inkrafttreten der Verträge in die Rechtsordnungen der Mitgliedstaaten aufgenommen wurde und von ihren Gerichten anzuwenden ist. Die Mitgliedstaaten haben in den durch die Verträge festgelegten Bereichen ihre Souveränitätsrechte zugunsten dieser neuen Rechtsordnung eingeschränkt, die mit eigenen Organen ausgestattet ist und deren Rechtssubjekte nicht nur die Mitgliedstaaten, sondern auch deren Bürger sind (vgl. in diesem Sinne Urteile vom 5. Februar 1963, van Gend & Loos, 26/62, EU:C:1963:1, S. 3, 25, vom 15. Juli 1964, Costa, 6/64, EU:C:1964:66, S. 1253, 1269, und vom 21. Dezember 2021, Euro Box Promotion u. a., C-357/19, C-379/19, C-547/19, C-811/19 und C-840/19, EU:C:2021:1034, Rn. 245).

[48] Somit hat der Gerichtshof im Urteil vom 15. Juli 1964, Costa (6/64, EU:C:1964:66, S. 1253, 1269 bis 1270) festgestellt, dass die Schaffung einer eigenen Rechtsordnung durch den EWG-Vertrag, die von den Mitgliedstaaten auf der Grundlage der Gegenseitigkeit angenommen wurde, zur Folge hat, dass die Mitgliedstaaten weder gegen diese Rechtsordnung nachträgliche einseitige Maßnahmen geltend machen können noch dem aus dem EWG-Vertrag hervorgegangenen Recht Vorschriften des nationalen Rechts gleich welcher Art entgegensetzen können. Andernfalls würde diesem Recht sein Gemeinschaftscharakter aberkannt und die Rechtsgrundlage der Gemeinschaft selbst in Frage gestellt. Außerdem hat der Gerichtshof betont, dass es eine Gefahr für die Verwirklichung der Ziele des EWG-Vertrags bedeuten würde und eine nach diesem Vertrag verbotene Diskriminierung aus Gründen der Staatsangehörigkeit zur Folge hätte, wenn das Gemeinschaftsrecht je nach der nachträglichen innerstaatlichen Gesetzgebung von einem Staat zum anderen verschiedene Geltung haben könnte (Urteil vom 21. Dezember 2021, Euro Box Promotion u. a., C-357/19, C-379/19, C-547/19, C-811/19 und C-840/19, EU:C:2021:1034, Rn. 246).

[49] Diese wesentlichen Merkmale der Rechtsordnung der Union und die Bedeutung der ihr geschuldeten Achtung wurden im Übrigen durch die vorbehaltlose Ratifizierung der Verträge zur Änderung des EWG-Vertrags und insbesondere des Vertrags von Lissabon bestätigt. Bei der Annahme dieses Vertrags hat die Konferenz der Vertreter der Regierungen der Mitgliedstaaten nämlich in ihrer Erklärung Nr. 17 zum Vorrang, die der Schlussakte der Regierungskonferenz, die den Vertrag von Lissabon angenommen hat, beigefügt ist (ABl. 2012, C 326, S. 346), ausdrücklich darauf hingewiesen, dass „die Verträge und das von der Union auf der Grundlage der Verträge gesetzte Recht im Einklang mit der ständigen Rechtsprechung des Gerichtshofs unter den in dieser Rechtsprechung festgelegten Bedingungen Vorrang vor dem Recht der Mitgliedstaaten haben“ (vgl. in diesem Sinne Urteil vom 21. Dezember 2021, Euro Box Promotion u. a., C-357/19, C-379/19, C-547/19, C-811/19 und C-840/19, EU:C:2021:1034, Rn. 248).

[50] Nach dem Inkrafttreten des Vertrags von Lissabon hat der Gerichtshof in ständiger Rechtsprechung die frühere Rechtsprechung zum Grundsatz des Vorrangs des Unionsrechts bestätigt, der alle mitgliedstaatlichen Stellen verpflichtet, den verschiedenen unionsrechtlichen Vorschriften volle Wirksamkeit zu verschaffen, wobei das Recht der Mitgliedstaaten die diesen verschiedenen Vorschriften zuerkannte Wirkung in ihrem Hoheitsgebiet nicht beeinträchtigen darf (Urteil vom

21. Dezember 2021, Euro Box Promotion u. a., C-357/19, C-379/19, C-547/19, C-811/19 und C-840/19, EU:C:2021:1034, Rn. 250 und die dort angeführte Rechtsprechung).

[51] Gemäß dieser Rechtsprechung kann nach dem Grundsatz des Vorrangs des Unionsrechts die Einheit und die Wirksamkeit des Unionsrechts nicht dadurch beeinträchtigt werden, dass sich ein Mitgliedstaat auf Bestimmungen des nationalen Rechts beruft, auch wenn sie Verfassungsrang haben. Nach ständiger Rechtsprechung sind die Wirkungen des Grundsatzes des Vorrangs des Unionsrechts nämlich für alle Einrichtungen eines Mitgliedstaats verbindlich, ohne dass dem insbesondere die innerstaatlichen Bestimmungen, auch wenn sie Verfassungsrang haben, entgegenstehen könnten (Urteile vom 17. Dezember 1970, Internationale Handelsgesellschaft, 11/70, EU:C:1970:114, Rn. 3, und vom 21. Dezember 2021, Euro Box Promotion u. a., C-357/19, C-379/19, C-547/19, C-811/19 und C-840/19, EU:C:2021:1034, Rn. 251).

[52] Da der Gerichtshof somit die ausschließliche Zuständigkeit für die verbindliche Auslegung des Unionsrechts hat (vgl. in diesem Sinne Urteil vom 2. September 2021, Republik Moldau, C-741/19, EU:C:2021:655, Rn. 45), ist es seine Sache, in Ausübung dieser Zuständigkeit die Tragweite des Grundsatzes des Vorrangs des Unionsrechts im Hinblick auf die einschlägigen Bestimmungen des Unionsrechts zu präzisieren, so dass diese Tragweite weder von einer Auslegung von Bestimmungen des nationalen Rechts noch von einer Auslegung von Bestimmungen des Unionsrechts durch ein nationales Gericht, die nicht der Auslegung durch den Gerichtshof entspricht, abhängen darf (vgl. in diesem Sinne Urteil vom 21. Dezember 2021, Euro Box Promotion u. a., C-357/19, C-379/19, C-547/19, C-811/19 und C-840/19, EU:C:2021:1034, Rn. 254).

[53] Hierzu ist insbesondere darauf hinzuweisen, dass ein nationales Gericht, das im Rahmen seiner Zuständigkeit die Bestimmungen des Unionsrechts anzuwenden hat und eine nationale Regelung nicht im Einklang mit den Anforderungen des Unionsrechts auslegen kann, nach dem Grundsatz des Vorrangs verpflichtet ist, für die volle Wirksamkeit der Anforderungen des Unionsrechts in dem bei ihm anhängigen Rechtsstreit Sorge zu tragen, indem es erforderlichenfalls jede – auch spätere – nationale Regelung oder Praxis, die einer Bestimmung des Unionsrechts mit unmittelbarer Wirkung entgegensteht, unangewendet lässt, ohne dass es die vorherige Beseitigung dieser nationalen Regelung oder Praxis auf gesetzgeberischem Weg oder durch irgendein anderes verfassungsrechtliches Verfahren beantragen oder

abwarten müsste (vgl. in diesem Sinne Urteile vom 9. März 1978, Simmenthal, 106/77, EU:C:1978:49, Rn. 24, vom 24. Juni 2019, Popławski, C-573/17, EU:C:2019:530, Rn. 61 und 62, sowie vom 21. Dezember 2021, Euro Box Promotion u. a., C-357/19, C-379/19, C-547/19, C-811/19 und C-840/19, EU:C:2021:1034, Rn. 252).

[54] Wie in Rn. 39 des vorliegenden Urteils ausgeführt, ist die Erfüllung dieser Verpflichtung, jede unmittelbar wirkende Bestimmung des Unionsrechts uneingeschränkt anzuwenden, als unerlässlich anzusehen, um die volle Anwendung des Unionsrechts in allen Mitgliedstaaten, wie sie Art. 19 Abs. 1 EUV verlangt, zu gewährleisten.

[55] Die Einhaltung dieser Verpflichtung ist auch erforderlich, um die Achtung der Gleichheit der Mitgliedstaaten vor den Verträgen sicherzustellen, die die Möglichkeit ausschließt, eine einseitige Maßnahme welcher Art auch immer gegen die Unionsrechtsordnung durchzusetzen (vgl. in diesem Sinne Urteil vom 21. Dezember 2021, Euro Box Promotion u. a., C-357/19, C-379/19, C-547/19, C-811/19 und C-840/19, EU:C:2021:1034, Rn. 249), und ist Ausdruck des in Art. 4 Abs. 3 EUV niedergelegten Grundsatzes der loyalen Zusammenarbeit, wonach jede möglicherweise entgegenstehende Bestimmung des nationalen Rechts, gleichgültig, ob sie früher oder später als die unmittelbar wirksame Unionsnorm ergangen ist, unangewendet zu lassen ist (vgl. in diesem Sinne Urteile vom 8. September 2010, Winner Wetten, C-409/06, EU:C:2010:503, Rn. 55, und vom 21. Januar 2021, Whiteland Import Export, C-308/19, EU:C:2021:47, Rn. 31).

[56] Hier geht das vorlegende Gericht davon aus, dass es im Hinblick auf die Entscheidung im Ausgangsverfahren zu prüfen hat, ob die nationalen Rechtsvorschriften zur Errichtung der AUSJ mit Art. 19 Abs. 1 Unterabs. 2 EUV und den im Anhang der Entscheidung 2006/928 genannten spezifischen Vorgaben für die Justizreform und die Korruptionsbekämpfung vereinbar sind.

[57] Unter diesen Umständen ist zum einen darauf hinzuweisen, dass der Gerichtshof bereits entschieden hat, dass solche nationalen Rechtsvorschriften in den Anwendungsbereich der Entscheidung 2006/928 fallen und folglich den Anforderungen genügen müssen, die sich aus dem Unionsrecht und insbesondere aus Art. 2 und Art. 19 Abs. 1 EUV ergeben (vgl. in diesem Sinne Urteil vom 18. Mai 2021, Asociaţia „Forumul Judecătorilor din România" u. a., C-83/19, C-127/19, C-195/19, C-291/19, C-355/19 und C-397/19, EU:C:2021:393, Rn. 183 und 184).

[58] Zum anderen sind sowohl Art. 19 Abs. 1 Unterabs. 2 EUV als auch die in Rn. 56 des vorliegenden Urteils genannten Vorgaben klar

und präzise formuliert und an keine Bedingung geknüpft, so dass sie unmittelbare Wirkung haben (vgl. in diesem Sinne Urteile vom 18. Mai 2021, Asociaţia „Forumul Judecătorilor din România“ u. a., C-83/19, C-127/19, C-195/19, C-291/19, C-355/19 und C-397/19, EU:C:2021:393, Rn. 249 und 250, sowie vom 21. Dezember 2021, Euro Box Promotion u. a., C-357/19, C-379/19, C-547/19, C-811/19 und C-840/19, EU:C:2021:1034, Rn. 253).

[59] Daraus folgt, dass die rumänischen ordentlichen Gerichte die nationalen Bestimmungen, sofern sie sie nicht im Einklang mit dieser Vorschrift bzw. diesen Vorgaben auslegen können, aus eigener Entscheidungsbefugnis unangewendet lassen müssen.

[60] Insoweit ist darauf hinzuweisen, dass diese ordentlichen Gerichte nach dem einschlägigen nationalen Recht, wie es vom vorlegenden Gericht beschrieben wird, zwar grundsätzlich dafür zuständig sind, die Vereinbarkeit rumänischer Rechtsvorschriften mit diesen Normen des Unionsrechts zu beurteilen, ohne dass sie ein entsprechendes Ersuchen an das nationale Verfassungsgericht richten müssten.

[61] Der Vorlageentscheidung zufolge wird ihnen diese Zuständigkeit jedoch genommen, wenn das nationale Verfassungsgericht entschieden hat, dass die betreffenden Rechtsvorschriften mit einer nationalen Verfassungsvorschrift, die den Vorrang des Unionsrechts vorsieht, vereinbar sind, da sie verpflichtet sind, dieses Urteil des nationalen Verfassungsgerichts zu beachten.

[62] In diesem Zusammenhang ist daran zu erinnern, dass die Befugnis, bereits zum Zeitpunkt der Anwendung des Unionsrechts alles Erforderliche zu tun, um eine nationale Regelung oder Praxis beiseitezulassen, die unter Umständen ein Hindernis für die volle Wirksamkeit der Normen des Unionsrechts bilden, Bestandteil des Amts des Unionsrichters ist, das dem nationalen Gericht obliegt, das im Rahmen seiner Zuständigkeit die Normen des Unionsrechts anzuwenden hat, so dass die Ausübung dieser Befugnis eine wesentliche Garantie der sich aus Art. 19 Abs. 1 Unterabs. 2 EUV ergebenden richterlichen Unabhängigkeit darstellt (vgl. in diesem Sinne Urteil vom 21. Dezember 2021, Euro Box Promotion u. a., C-357/19, C-379/19, C-547/19, C-811/19 und C-840/19, EU:C:2021:1034, Rn. 257).

[63] Daher wäre jede nationale Regelung oder Praxis, die dadurch zu einer Abschwächung der Wirksamkeit des Unionsrechts führen würde, dass dem für die Anwendung dieses Rechts zuständigen Gericht die Befugnis abgesprochen wird, bereits zum Zeitpunkt dieser Anwendung alles Erforderliche zu tun, um eine nationale Vorschrift oder Praxis beiseitezulassen, die unter Umständen ein Hindernis für die volle Wirk-

samkeit der Normen des Unionsrechts bilden, mit den in der Natur des Unionsrechts liegenden Erfordernissen unvereinbar (vgl. in diesem Sinne Urteile vom 9. März 1978, Simmenthal, 106/77, EU:C:1978:49, Rn. 22, und vom 21. Dezember 2021, Euro Box Promotion u. a., C-357/19, C-379/19, C-547/19, C-811/19 und C-840/19, EU:C:2021:1034, Rn. 258). Dies wäre dann der Fall, wenn bei einem Konflikt zwischen einer unionsrechtlichen Bestimmung und einem staatlichen Gesetz die Lösung dieses Normenkonflikts einem über ein eigenes Beurteilungsermessen verfügenden anderen Organ als dem Gericht, das für die Anwendung des Unionsrechts zu sorgen hat, vorbehalten wäre (vgl. in diesem Sinne Urteile vom 9. März 1978, Simmenthal, 106/77, EU:C:1978:49, Rn. 23, und vom 22. Juni 2010, Melki und Abdeli, C-188/10 und C-189/10, EU:C:2010:363, Rn. 44).

[64] Zudem ist darauf hinzuweisen, dass nach ständiger Rechtsprechung der durch Art. 267 AEUV festgelegte Vorabentscheidungsmechanismus sicherstellen soll, dass das Unionsrecht unter allen Umständen in allen Mitgliedstaaten die gleiche Wirkung hat, und damit unterschiedliche Auslegungen des von den einzelstaatlichen Gerichten anzuwendenden Unionsrechts verhindern und die Anwendung dieses Rechts gewährleisten soll. Zu diesem Zweck gibt dieser Artikel dem einzelstaatlichen Richter die Möglichkeit, die Schwierigkeiten auszuräumen, die sich aus dem Erfordernis ergeben könnten, dem Unionsrecht im Rahmen der Gerichtssysteme der Mitgliedstaaten zu voller Geltung zu verhelfen. Somit haben die einzelstaatlichen Gerichte ein unbeschränktes Recht oder sogar die Pflicht zur Vorlage an den Gerichtshof, wenn sie der Auffassung sind, dass ein bei ihnen anhängiges Verfahren Fragen der Auslegung oder der Gültigkeit der unionsrechtlichen Bestimmungen aufwirft, die einer Entscheidung durch diese Gerichte bedürfen (Urteil vom 16. Dezember 2021, AB u. a. [Rücknahme einer Amnestie], C-203/20, EU:C:2021:1016, Rn. 49 und die dort angeführte Rechtsprechung).

[65] Folglich wäre die Wirksamkeit der durch das Vorabentscheidungsverfahren eingerichteten Zusammenarbeit zwischen dem Gerichtshof und den nationalen Gerichten und damit des Unionsrechts gefährdet, wenn die Entscheidung über eine Einrede der Verfassungswidrigkeit vor dem Verfassungsgericht eines Mitgliedstaats bewirken könnte, dass das innerstaatliche Gericht, bei dem ein nach Unionsrecht zu entscheidender Rechtsstreit anhängig ist, davon abgeschreckt wird, von der ihm durch Art. 267 AEUV eingeräumten Befugnis Gebrauch zu machen, dem Gerichtshof Fragen vorzulegen, die die Auslegung oder die Gültigkeit von Rechtsakten des Unionsrechts betreffen, um darüber

entscheiden zu können, ob eine innerstaatliche Vorschrift mit dem Unionsrecht vereinbar ist oder nicht (vgl. in diesem Sinne Urteile vom 22. Juni 2010, Melki und Abdeli, C-188/10 und C-189/10, EU:C:2010:363, Rn. 45, vom 5. Juli 2016, Ognyanov, C-614/14, EU:C:2016:514, Rn. 25, und vom 23. November 2021, IS [Rechtswidrigkeit des Vorlagebeschlusses], C-564/19, EU:C:2021:949, Rn. 73).

[66] Hat das Verfassungsgericht eines Mitgliedstaats entschieden, dass Rechtsvorschriften mit einer nationalen Verfassungsvorschrift vereinbar sind, die den Vorrang des Unionsrechts vorsieht, würde eine nationale Vorschrift oder Praxis wie die in Rn. 61 des vorliegenden Urteils beschriebene der vollen Wirksamkeit der in Rede stehenden Normen des Unionsrechts entgegenstehen, da sie das ordentliche Gericht, das für die Anwendung des Unionsrechts zuständig ist, daran hindern würde, selbst die Vereinbarkeit dieser Rechtsvorschriften mit dem Unionsrecht zu beurteilen.

[67] Die Anwendung einer solchen nationalen Regelung oder Praxis würde auch die Wirksamkeit der durch das Vorabentscheidungsverfahren geschaffenen Zusammenarbeit zwischen dem Gerichtshof und den nationalen Gerichten beeinträchtigen, indem das ordentliche Gericht, das über den Rechtsstreit zu entscheiden hat, davon abgeschreckt wird, dem Gerichtshof ein Vorabentscheidungsersuchen vorzulegen, und zwar damit es den Entscheidungen des Verfassungsgerichts des betreffenden Mitgliedstaats nachkommt.

Rs. 43/75 (Defrenne II), 4
Urteil des Gerichtshofs vom 08.04.1976.

Vorbemerkungen: *Die Gründungsverträge binden die Mitgliedstaaten. Ihre Bestimmungen können aber auch unmittelbare Rechte und Pflichten für Individuen begründen. Nach st. Rspr. des EuGH sind alle Normen des Unionsrechts, die ohne jede weitere Konkretisierung anwendbar und unbedingt sind, keiner weiteren (nationalen) Umsetzungsmaßnahmen bedürfen und den Mitgliedstaaten keinen Ermessensspielraum zubilligen, für ihre Adressaten einschließlich Individuen unmittelbar anwendbar. In der Entscheidung zur Rs. 43/75 (Defrenne II) nahm der EuGH erstmals zur unmittelbaren Anwendbarkeit des Unionsrechts im koordinationsrechtlichen Verhältnis zwischen Privaten Stellung. Eine horizontale Wirkung des Unionsrechts ist danach zu bejahen, soweit es sich um kollektive privatrechtliche Regelungen handelt, die in ihrer Geltungsweite der staatlichen Regelung vergleichbar sind oder gar vom Staat für verbindlich erklärt werden.*

Sachverhalt: Frau Defrenne war seit 1951 bei der Fluggesellschaft SABENA als Stewardess beschäftigt. Am 15.02.1968 schied sie aufgrund von Art. 5 Abs. 6 des Arbeitsvertrages für das fliegende Personal der SABENA aus dem Dienst. Nach dieser Bestimmung endete der Arbeitsvertrag des weiblichen Personals – im Gegensatz zum männlichen – automatisch mit Vollendung des vierzigsten Lebensjahres. Frau Defrenne erhob gegen ihr Ausscheiden Klage mit der Begründung, ihr Arbeitsvertrag verstoße gegen Art. 119 EWG-Vertrag (heute Art. 157 AEUV). Im Rahmen eines Vorabentscheidungsverfahrens wurde dem EuGH u. a. die Frage vorgelegt, ob Art. 119 EWG-Vertrag (heute Art. 157 AEUV) für sich allein den Grundsatz der Gleichheit des Arbeitsentgelts für männliche und weibliche Arbeitnehmer bei gleicher Arbeit unmittelbar in das innerstaatliche Recht der einzelnen Mitgliedstaaten einführt und ob die Wahrung dieses Grundsatzes vor nationalen Gerichten geltend gemacht werden kann. Beides wurde vom Gerichtshof bejaht.

Aus den Entscheidungsgründen:

[30/34] Auch daraus, daß Artikel 119 ausdrücklich nur die Mitgliedstaaten anspricht, läßt sich kein Einwand herleiten; denn wie der Gerichtshof schon in anderen Zusammenhängen festgestellt hat, schließt die Tatsache, daß bestimmte Vertragsvorschriften ausdrücklich die Mitgliedstaaten ansprechen, nicht aus, daß zugleich allen an der Einhaltung der so umschriebenen Pflichten interessierten Privatpersonen Rechte verliehen sein können. Schon dem Wortlaut von Artikel 119 ist zu entnehmen, daß dieser den Staaten eine Ergebnispflicht auferlegt, die zwingend innerhalb einer bestimmten Frist zu erfüllen war. Diese Bestimmung darf in ihrer Wirksamkeit nicht dadurch beeinträchtigt werden, daß einige Mitgliedstaaten die ihnen vom Vertrag auferlegte Verpflichtung nicht erfüllt haben und daß die Gemeinschaftsorgane gegen diese Untätigkeit nicht mit der erforderlichen Schärfe eingeschritten sind. Wollte man das Gegenteil annehmen, so würde man Gefahr laufen, die Rechtsverletzung zur Auslegungsregel zu erheben, was der Gerichtshof nicht tun könnte, ohne sich zu der ihm von Artikel 164 des Vertrages zugewiesenen Aufgabe in Widerspruch zu setzen.

(...)

[38/39] Ebenso unhaltbar ist der Einwand, daß die Anwendung des Grundsatzes des gleichen Entgelts durch die innerstaatlichen Gerichte Vereinbarungen ändern würde, welche die Vertragsparteien in Ausübung ihrer privaten oder berufsständischen Autonomie getroffen haben, wie individuelle oder kollektive Arbeitsverträge; denn da Artikel 119 zwingenden Charakter hat, ist das Verbot von Diskriminierungen zwischen männlichen und weiblichen Arbeitnehmern nicht nur für die öffentlichen Behörden verbindlich, sondern es erstreckt sich auch auf alle, die abhängige Erwerbstätigkeit kollektiv regelnden Tarifverträge und alle Verträge zwischen Privatpersonen.

II. Allgemeine Rechtsgrundsätze und Mitgliedschaft in der Europäischen Union

Rs. C-848/19 P (Deutschland ./. Polen), 5
Urteil des Gerichtshofs vom 15.07.2021.

Vorbemerkungen: *Diese Rechtsmittelentscheidung des EuGH enthielt eine richtungsweisende Weiterentwicklung des Grundsatzes der Solidarität. Der Gerichtshof betonte die Bedeutung des Solidaritätsgrundsatzes als einem tragenden Grundsatz des Unionsrechts, der insbesondere in Zusammenhang mit dem Grundsatz der loyalen Zusammenarbeit aus Art. 4 Abs. 3 EUV zu sehen sei. Die damit verbundene Zuordnung zum für die Mitgliedstaaten und die Union selbst verbindlichen Primärrecht machte den Solidaritätsgrundsatz zum Prüfungsmaßstab sämtlichen sekundären und tertiären Unionsrechts. Neben dieser grundlegenden Feststellung entschied der EuGH zudem, dass der Grundsatz der Energiesolidarität aus Art. 194 Abs. 1 AEUV eine besondere Ausprägung des allgemeinen Solidaritätsgrundsatzes darstellt.* ***B:*** *B. Züfle, IR 2021, 275 ff.*

Sachverhalt: Im Jahr 2009 hatte die Bundesnetzagentur in Absprache mit der Kommission auf Grundlage von Art. 36 der ErdgasbinnenmarktRL 2009/73 die grenzüberschreitenden Transportkapazitäten der Gasfernleitung OPAL für die Dauer von 22 Jahren von Regelungen über den Netzzugang Dritter und die Entgeltregulierung ausgenommen. Mit der Gasfernleitung OPAL wurden Gaslieferungen der durch den russischen Konzern Gazprom betriebenen Pipeline Nord Stream 1 weiter bis an die tschechische Grenze transportiert. Die Ausnahmeregelung stand zunächst unter der Bedingung, dass marktbeherrschende Unternehmen wie Gazprom nicht mehr als 50 % der verfügbaren Transportkapazitäten der OPAL nutzen durften. Diese Begrenzung wurde 2016 durch Beschluss der Kommission durch andere Bedingungen ersetzt, sodass Gazprom faktisch die gesamte Kapazität der Opal nutzen konnte. Der Beschluss erging auf Antrag der Bundesnetzagentur. Gegen diesen Beschluss klagte die polnische Regierung vor dem EuG gem. Art. 263 Abs. 2 AEUV mit dem Argument, durch die erhöhte

Auslastung der nach Mitteleuropa führenden Pipeline könnten die Gaslieferungen nach Osteuropa abnehmen, wodurch die dortige Versorgungssicherheit gefährdet würde. Dies widerspreche dem Grundsatz der Solidarität sowie Art. 194 Abs. 1 lit. b) AEUV. Das Gericht gab der Klage statt und stellte insoweit auf den Grundsatz der Energiesolidarität aus Art. 194 Abs. 1 AEUV ab, gegen den die Kommission verstoßen habe. Die Bundesrepublik war jedoch der Ansicht, es handele sich beim Grundsatz der Energiesolidarität um einen rein politischen Begriff, aus dem keine Rechtspflichten erwachsen könnten und der zudem einen Notfallmechanismus darstelle, hier also nicht anwendbar sei.

Aus den Entscheidungsgründen:

[37] Art. 194 Abs. 1 AEUV sieht vor, dass die Energiepolitik der Union im Geiste der Solidarität zwischen den Mitgliedstaaten im Rahmen der Verwirklichung oder des Funktionierens des Binnenmarkts und unter Berücksichtigung der Notwendigkeit der Erhaltung und Verbesserung der Umwelt folgende Ziele verfolgt: Sicherstellung des Funktionierens des Energiemarkts, Gewährleistung der Energieversorgungssicherheit in der Union, Förderung der Energieeffizienz und von Energieeinsparungen sowie Entwicklung neuer und erneuerbarer Energiequellen und Förderung der Interkonnexion der Energienetze (Urteil vom 4. Mai 2016, Kommission/Österreich, C-346/14, EU:C:2016:322, Rn. 72 und die dort angeführte Rechtsprechung).

[38] Somit stellt der in dieser Bestimmung genannte Geist der Solidarität zwischen den Mitgliedstaaten eine besondere Ausprägung des Solidaritätsgrundsatzes, der seinerseits einer der tragenden Grundsätze des Unionsrechts ist, im Energiebereich dar.

[39] Neben Art. 194 Abs. 1 AEUV nehmen nämlich mehrere Bestimmungen der Verträge auf den Grundsatz der Solidarität Bezug. In der Präambel des EU-Vertrags erklären die Mitgliedstaaten, dass sie mit der Schaffung der Union „die Solidarität zwischen ihren Völkern … stärken“ wollen. Die Solidarität wird auch in Art. 2 EUV als einer der Wesenszüge einer Gesellschaft genannt, die die den Mitgliedstaaten der Union gemeinsamen Werte teilt, sowie in Art. 3 Abs. 3 Unterabs. 3 EUV, nach dessen Wortlaut die Union u. a. die Solidarität zwischen den Mitgliedstaaten fördert. Gemäß Art. 21 Abs. 1 EUV ist die Solidarität auch einer der Grundsätze, die das auswärtige Handeln der Union leiten. Nach Art. 24 Abs. 2 und 3 EUV ist sie als „gegenseitige politische Solidarität“ der Mitgliedstaaten bei den Bestimmungen im Bereich der Gemeinsamen Außen- und Sicherheitspolitik zu finden.

(…)

[41] Hieraus folgt, dass, wie das Gericht in Rn. 69 des angefochtenen Urteils zutreffend ausgeführt hat, der Grundsatz der Solidarität dem gesamten Rechtssystem der Union zugrunde liegt (vgl. in diesem Sinne Urteile vom 7. Februar 1973, Kommission/Italien, 39/72, EU:C:1973:13, Rn. 25, und vom 7. Februar 1979, Kommission/Vereinigtes Königreich, 128/78, EU:C:1979:32, Rn. 12) und eng mit dem in Art. 4 Abs. 3 EUV verankerten Grundsatz der loyalen Zusammenarbeit verbunden ist, wonach sich die Union und die Mitgliedstaaten bei der Erfüllung der Aufgaben, die sich aus den Verträgen ergeben, gegenseitig achten und unterstützen. In diesem Zusammenhang hat der Gerichtshof u. a. festgestellt, dass dieser Grundsatz nicht nur die Mitgliedstaaten verpflichtet, alle geeigneten Maßnahmen zu ergreifen, um die Tragweite und Wirksamkeit des Unionsrechts zu gewährleisten, sondern auch den Unionsorganen entsprechende Pflichten zur loyalen Zusammenarbeit mit den Mitgliedstaaten auferlegt (Urteil vom 8. Oktober 2020, Union des industries de la protection des plantes, C-514/19, EU:C:2020:803, Rn. 49und die dort angeführte Rechtsprechung).

(...)

[43] Nichts lässt die Annahme zu, dass der Solidaritätsgrundsatz in Art. 194 Abs. 1 AEUV als solcher keine verbindlichen Rechtswirkungen für die Mitgliedstaaten und die Unionsorgane erzeugen könnte. Vielmehr liegt, wie der Generalanwalt in den Nrn. 76 und 77 seiner Schlussanträge ausgeführt hat, dieser Grundsatz, wie sich aus dem Wortlaut und dem Aufbau dieser Bestimmung ergibt, allen Zielen der Energiepolitik der Union zugrunde, die er zusammenführt und denen er Kohärenz verschafft.

[44] Daraus folgt insbesondere, dass die Handlungen der Unionsorgane, einschließlich der Handlungen der Kommission im Rahmen dieser Politik, im Licht des Grundsatzes der Energiesolidarität auszulegen sind und ihre Rechtmäßigkeit anhand dieses Grundsatzes zu beurteilen ist. Insoweit kann dem Vorbringen der Bundesrepublik Deutschland nicht gefolgt werden, wonach der Grundsatz der Energiesolidarität allenfalls den Unionsgesetzgeber binden könne, nicht aber die Kommission als Exekutivorgan. Dieser Grundsatz stellt ebenso wie die allgemeinen Grundsätze des Unionsrechts ein Kriterium für die Beurteilung der Rechtmäßigkeit der von den Unionsorganen erlassenen Maßnahmen dar.

(...)

[52] Somit verlangt der Grundsatz der Energiesolidarität in Verbindung mit dem Grundsatz der loyalen Zusammenarbeit, dass die Kommission beim Erlass einer Entscheidung auf der Grundlage von Art. 36

der Richtlinie 2009/73 prüft, ob eine Gefahr für die Gasversorgung auf den Märkten der Mitgliedstaaten besteht.

[53] Außerdem ist es nach dem Grundsatz der Energiesolidarität, wie der Generalanwalt in Nr. 116 seiner Schlussanträge ausgeführt hat, erforderlich, dass die Unionsorgane einschließlich der Kommission eine Abwägung der betroffenen Interessen im Licht dieses Grundsatzes unter Berücksichtigung der Interessen sowohl der Mitgliedstaaten als auch der Union insgesamt vornehmen.

(...)

[68] Diese Feststellung kann nicht durch Art. 222 AEUV in Frage gestellt werden, der eine Solidaritätsklausel einführt, wonach die Union und ihre Mitgliedstaaten gemeinsam im Geiste der Solidarität handeln, wenn ein Mitgliedstaat von einem Terroranschlag, einer Naturkatastrophe oder einer vom Menschen verursachten Katastrophe betroffen ist. Wie der Generalanwalt in den Nrn. 126 und 127 seiner Schlussanträge im Wesentlichen ausgeführt hat, betreffen nämlich Art. 194 Abs. 1 AEUV und Art. 222 AEUV unterschiedliche Situationen und verfolgen unterschiedliche Ziele.

[69] Der in Art. 194 AEUV verankerte Grundsatz der Energiesolidarität ist daher von den Unionsorganen und den Mitgliedstaaten im Rahmen der Verwirklichung oder des Funktionierens des Binnenmarkts und insbesondere des Erdgasmarkts zu berücksichtigen, indem sie dafür Sorge tragen, die Energieversorgungssicherheit in der Union zu gewährleisten, was nicht nur bedeutet, Notfallsituationen bei ihrem Eintreten zu bewältigen, sondern auch, Maßnahmen zur Vorbeugung von Krisensituationen zu erlassen. Hierzu ist es erforderlich, das Vorliegen von Risiken für die Energieinteressen der Mitgliedstaaten und der Union, insbesondere für die Energieversorgungssicherheit, zu beurteilen, um die in Rn. 53 des vorliegenden Urteils genannte Abwägung vorzunehmen.

(...)

[71] Somit hat das Gericht in den Rn. 71 bis 73 des angefochtenen Urteils zu Recht entschieden, dass der Grundsatz der Energiesolidarität eine allgemeine Verpflichtung der Union und der Mitgliedstaaten umfasst, bei der Ausübung ihrer jeweiligen Zuständigkeiten im Rahmen der Energiepolitik der Union die Interessen aller Akteure zu berücksichtigen, die möglicherweise betroffen sind, und Maßnahmen zu vermeiden, die die Interessen der Union und der anderen Mitgliedstaaten in Bezug auf die Sicherheit und die wirtschaftliche und politische Tragbarkeit der Versorgung sowie die Diversifizierung der Versorgungsquellen beeinträchtigen könnten, um ihrer gegenseitigen Abhängigkeit und faktischen Solidarität Rechnung zu tragen.

[72] Zum Vorbringen der Bundesrepublik Deutschland, dass der Union und den Mitgliedstaaten ein „unbedingtes Zusammenhalten“ auferlegt werde, das jede Entscheidung innerhalb der Union behindern würde, wenn der Grundsatz der Energiesolidarität außerhalb von Krisensituationen anwendbar wäre, ist festzustellen, dass eine solche Auslegung auf einem falschen Verständnis des angefochtenen Urteils beruht.

[73] In Rn. 77 des angefochtenen Urteils, die nicht Gegenstand des Rechtsmittels ist, hat das Gericht nämlich zu Recht ausgeführt, dass die Anwendung des Grundsatzes der Energiesolidarität nicht bedeute, dass die Energiepolitik der Union in keinem Fall negative Auswirkungen auf die besonderen Interessen eines Mitgliedstaats in diesem Bereich haben dürfe. Wie in den Rn. 53 und 69 des vorliegenden Urteils hervorgehoben worden ist, sind die Unionsorgane und die Mitgliedstaaten aber verpflichtet, bei der Durchführung dieser Politik die Interessen sowohl der Union als auch der verschiedenen möglicherweise betroffenen Mitgliedstaaten zu berücksichtigen und diese Interessen im Konfliktfall gegeneinander abzuwägen.

Rs. C-64/16 (Associação Sindical dos Juízes Portugueses ./. Tribunal de Contas; „ASJP“), Urteil des Gerichtshofs vom 27.02.2018. 6

Vorbemerkungen: *In diesem Urteil hatte der EuGH die Frage zu untersuchen, ob Senkungen der Bezüge von Mitgliedern des portugiesischen Rechnungshofes mit dem Grundsatz der richterlichen Unabhängigkeit, der in Art. 19 Abs. 1 UAbs. 2 EUV und in Art. 47 der GRCh verankert ist, vereinbar waren. In seiner Entscheidung konkretisierte der EuGH, was unter richterlicher Unabhängigkeit nach Art. 19 Abs. 1 UAbs. 2 EUV zu verstehen ist. Die Kommission sowie die portugiesische Regierung waren der Ansicht, dass der Europäische Gerichtshof nicht für die Auslegung des Art. 19 Abs. 1 UAbs. 2 EUV und Art. 47 der GRC zuständig sei. Die in Rede stehende Regelung sei keine Maßnahme der Durchführung des Unionsrechts im Sinne des Art. 51 der GRCh. Während der Generalanwalt die Fragen nach der Zuständigkeit der Auslegung des Art. 19 Abs. 1 Unterabsatz 2 EUV von der Frage nach dem von Art. 51 GRCh geforderten Anwendungsbereich des Unionsrechts getrennt untersuchte, stellte der EuGH verkürzt fest, dass „diese Bestimmung in den vom Unionsrecht erfassten Bereichen Anwendung findet. Insoweit kommt es nicht darauf an, in welchem Kontext die Mitgliedstaaten Unionsrecht im Sinne von Art. 51 Abs. 1 der Charta durch-*

führen." Den notwendigen Unionsbezug sah der EuGH darin, dass der portugiesische Rechnungshof mit Fragen, die die Eigenmittel und die Verwendung von der Union gewährter finanzieller Mittel betreffen, befasst werden konnte. Sodann betonte der EuGH die Bedeutung der Rechtstaatlichkeit der Union und der Mitgliedstaaten bei der Anwendung des Unionsrechts. Er stellte fest, dass der damit verbundene Grundsatz der richterlichen Unabhängigkeit von grundlegender Relevanz ist. So sei Art. 19 EUV eine Ausprägung der in Art. 2 EUV proklamierten Rechtsstaatlichkeit. Eine wesentliche Ausformung der richterlichen Unabhängigkeit stellte auch die Vergütung der Richter dar. Im Ergebnis verstießen die Kürzungen der Bezüge der Mitglieder des Rechnungshofes gleichwohl (ausnahmsweise) nicht gegen den Grundsatz der richterlichen Unabhängigkeit, da diese Senkungen eine Reihe von Bediensteten im öffentlichen Dienst betrafen, mithin eine allgemeine Maßnahme darstellten, sie nur vorübergehend zur Minderung des Haushaltsdefizits erfolgten und im Zusammenhang mit einer gewährten Finanzhilfe der EU gegenüber Portugal ergangen waren. ***B:*** *R. Streinz, JuS 2018, 1016 ff.* ***L:*** *Rn. 99, 553.*

Sachverhalt: Der portugiesische Gesetzgeber senkte ab Oktober 2014 für bestimmte Personen, die ein öffentliches Amt innehatten oder Aufgaben der öffentlichen Verwaltung übernahmen, vorübergehend die Bezüge. Mit Verwaltungsakten wurden auch die Bezüge der Mitglieder des Rechnungshofes gekürzt. Die Mitglieder des Rechnungshofes erhoben Klage auf Aufhebung dieser Verwaltungsakte, auf Nachzahlung der vorgenommenen Kürzungen nebst Verzinsungen und auf Feststellung, dass die Betroffenen Anspruch auf Zahlung ihrer vollen Bezüge haben, weil die Kürzungen der Bezüge gegen den „Grundsatz der richterlichen Unabhängigkeit" verstießen, der nicht nur in der portugiesischen Verfassung, sondern auch im Unionsrecht verankert sei (Art. 19 Abs. 1 UAbs. 2 EUV und Art. 47 der GRCh). Die vorübergehenden Kürzungen wurden vorgenommen, da der portugiesische Staat sich von der Europäischen Union, die Portugal finanziellen Beistand leistete, gezwungen sah, das übermäßige Haushaltsdefizit von 2011 abzubauen.

Aus den Entscheidungsgründen:

[29] Zunächst ist zum sachlichen Anwendungsbereich von Art. 19 Abs. 1 Unterabs. 2 EUV festzustellen, dass diese Bestimmung in „den vom Unionsrecht erfassten Bereichen" Anwendung findet. Insoweit kommt es nicht darauf an, in welchem Kontext die Mitgliedstaaten Unionsrecht im Sinne von Art. 51 Abs. 1 der Charta durchführen.

[30] Nach Art. 2 EUV gründet sich die Union auf Werte wie die Rechtsstaatlichkeit, die allen Mitgliedstaaten in einer Gesellschaft, die sich u. a. durch Gerechtigkeit auszeichnet, gemeinsam sind. Das gegenseitige Vertrauen zwischen den Mitgliedstaaten und insbesondere zwischen deren Gerichten beruht auf der Prämisse, dass die Mitgliedstaaten eine Reihe gemeinsamer Werte teilen, auf die sich, wie es in Art. 2 EUV heißt, die Union gründet (vgl. in diesem Sinne Gutachten 2/13 [Beitritt der Union zur EMRK] vom 18. Dezember 2014, EU:C:2014:2454, Rn. 168).

(...)

[32] Art. 19 EUV, mit dem der Wert der in Art. 2 EUV proklamierten Rechtsstaatlichkeit konkretisiert wird, überträgt die Aufgabe, in der Rechtsordnung der Union die gerichtliche Kontrolle zu gewährleisten, nicht nur dem Gerichtshof, sondern auch den nationalen Gerichten (vgl. in diesem Sinne Gutachten 1/09 [Übereinkommen zur Schaffung eines einheitlichen Patentgerichtssystems] vom 8. März 2011, EU: C:2011:123, Rn. 66, sowie Urteile vom 3. Oktober 2013, Inuit Tapiriit Kanatami u. a./Parlament und Rat, C-583/11 P, EU:C:2013:625, Rn. 90, und vom 28. April 2015, T & L Sugars und Sidul Açúcares/ Kommission, C-456/13 P, EU:C:2015:284, Rn. 45).

(...)

[39] Nach den Angaben, über die der Gerichtshof verfügt und die vom vorlegenden Gericht zu überprüfen sind, kann das Tribunal de Contas (Rechnungshof) in Anwendung des oben in Rn. 10 angeführten Gesetzes Nr. 98/97 mit Fragen befasst werden, die die Eigenmittel der Union und die Verwendung von der Union gewährter finanzieller Mittel betreffen. Solche Fragen können die Anwendung oder die Auslegung des Unionsrechts betreffen (vgl. u. a. Urteil vom 26. Mai 2016, Judeţul Neamţ und Judeţul Bacău, C-260/14 und C-261/14, EU:C:2016:360). Dasselbe gilt für Fragen zur Vorabkontrolle („visto“) der Rechtmäßigkeit von Rechtsakten, Verträgen oder anderen Handlungen, die zu Ausgaben oder zur Aufnahme von Krediten durch den Staat führen, u. a. im Rahmen der Vergabe öffentlicher Aufträge, mit denen der Rechnungshof nach dem Gesetz Nr. 98/97 ebenfalls befasst werden kann.

[40] Soweit das Tribunal de Contas (Rechnungshof) als „Gericht“ in dem oben in Rn. 38 genannten Sinne über Fragen der Anwendung oder der Auslegung des Unionsrechts zu entscheiden hat, was das vorlegende Gericht zu überprüfen hat, muss der betreffende Mitgliedstaat dafür sorgen, dass die Einrichtung im Einklang mit Art. 19 Abs. 1 Unterabs. 2 EUV einen wirksamen gerichtlichen Rechtsschutz gewährt.

[41] Zur Gewährleistung dieses Schutzes ist die Unabhängigkeit der Einrichtung von grundlegender Bedeutung, wie Art. 47 Abs. 2 der Charta bestätigt, wonach zu den Anforderungen im Zusammenhang mit dem Grundrecht auf wirksamen Rechtsschutz u. a. der Zugang zu einem „unabhängigen" Gericht gehört.

(...)

[43] Die Unabhängigkeit der nationalen Gerichte ist insbesondere für das reibungslose Funktionieren des Systems der justiziellen Zusammenarbeit von grundlegender Bedeutung. Eine Form dieser Zusammenarbeit ist der Mechanismus des Vorabentscheidungsersuchens gemäß Art. 267 AEUV. Nach der oben in Rn. 38 angeführten ständigen Rechtsprechung ist die Vorlageberechtigung von Einrichtungen, die mit der Anwendung des Unionsrechts betraut sind, u. a. daran geknüpft, dass sie unabhängig sind.

[44] Der Begriff der Unabhängigkeit setzt u. a. voraus, dass die betreffende Einrichtung ihre richterlichen Funktionen in völliger Autonomie ausübt, ohne mit irgendeiner Stelle hierarchisch verbunden oder ihr untergeordnet zu sein und ohne von irgendeiner Stelle Anordnungen oder Anweisungen zu erhalten, und dass sie auf diese Weise vor Interventionen oder Druck von außen geschützt ist, die die Unabhängigkeit des Urteils ihrer Mitglieder gefährden und deren Entscheidungen beeinflussen könnten (vgl. in diesem Sinne Urteile vom 19. September 2006, Wilson, C-506/04, EU:C:2006:587, Rn. 51, und vom 16. Februar 2017, Margarit Panicello, C-503/15, EU:C:2017:126, Rn. 37 und die dort angeführte Rechtsprechung).

[45] Neben der Nichtabsetzbarkeit der Mitglieder der betreffenden Einrichtung (vgl. u. a. Urteile vom 19. September 2006, Wilson, C-506/04, EU:C:2006:587, Rn. 51) stellt auch eine der Bedeutung der ausgeübten Funktionen entsprechende Vergütung eine wesentliche Garantie für die richterliche Unabhängigkeit dar.

[46] Im vorliegenden Fall erfolgte die im Ausgangsverfahren in Rede stehende Kürzung der Bezüge nach den Angaben des vorlegenden Gerichts, weil es im Zusammenhang mit einem Finanzhilfeprogramm der Union erforderlich gewesen sei, das übermäßige Haushaltsdefizit des portugiesischen Staates abzubauen.

[47] Diese Maßnahmen sahen eine begrenzte Absenkung der Bezüge um einen von ihrer Höhe abhängigen Prozentsatz vor.

[48] Die Maßnahmen galten nicht nur für die Mitglieder des Tribunal de Contas (Rechnungshof), sondern allgemeiner für eine ganze Reihe von Inhabern öffentlicher Ämter und von Personen, die Aufgaben der öffentlichen Verwaltung wahrnehmen, darunter die Repräsentanten

der gesetzgebenden, der vollziehenden und der rechtsprechenden Gewalt.

[49] Die Maßnahmen richteten sich also nicht speziell gegen die Mitglieder des Tribunal de Contas (Rechnungshof). Es handelte sich vielmehr um allgemeine Maßnahmen, mit denen dem gesamten nationalen öffentlichen Dienst ein Beitrag zu den Einsparungen abverlangt wurde, die zum Abbau des übermäßigen Haushaltsdefizits des portugiesischen Staates erforderlich waren.

[50] Wie schließlich aus dem Titel des Gesetzes Nr. 75/2014 und aus dem Wortlaut seines Art. 1 Abs. 1 hervorgeht, handelte es sich bei den durch dieses Gesetz eingeführten Kürzungen der Bezüge, die am 1. Oktober 2014 in Kraft traten, um vorübergehende Maßnahmen. Sie wurden im Jahr 2016 schrittweise aufgehoben und mit dem Gesetz Nr. 159-A/2015 am 1. Oktober 2016 endgültig beendet.

[51] Unter diesen Umständen kann nicht davon ausgegangen werden, dass die Maßnahmen zur Kürzung der Bezüge, um die es im Ausgangsverfahren geht, die Unabhängigkeit der Mitglieder des Tribunal de Contas (Rechnungshof) beeinträchtigten.

[52] Nach alledem ist auf die Vorlagefrage zu antworten, dass Art. 19 Abs. 1 Unterabs. 2 EUV dahin auszulegen ist, dass es mit dem Grundsatz der richterlichen Unabhängigkeit vereinbar ist, wenn auf die Mitglieder des Tribunal de Contas (Rechnungshof) allgemeine Maßnahmen zur Kürzung von Bezügen wie die, um die es im Ausgangsverfahren geht, Anwendung finden, die mit der Notwendigkeit des Abbaus eines übermäßigen Haushaltsdefizits und einem Finanzhilfeprogramm der Union zusammenhängen.

Rs. C-157/21 (Polen ./. Parlament und Rat), Urteil des Gerichtshofs vom 16.02.2022. 7

Vorbemerkungen: *Das Urteil betraf die Befugnis der Europäischen Union, ihren Haushalt und ihre finanziellen Interessen gegen Beeinträchtigungen zu verteidigen, die sich aus Verletzungen der in Art. 2 EUV genannten Werte ergeben können. Mit Verordnung (EU, Euratom) 2020/2092 des Europäischen Parlaments und des Rates vom 16.12.2020 über eine allgemeine Konditionalitätsregelung zum Schutz des Haushalts der Union (ABl. 2020, L 433I, S. 1, berichtigt in ABl. 2021, L 373, S. 94) führte die Europäische Union einen „Mechanismus der horizontalen Konditionalität" ein, der den Erhalt von Mitteln aus dem Unionshaushalt davon abhängig machte, dass ein Mitgliedstaat* *die Grundsätze der Rechtsstaatlichkeit einhielt. In dem Urteil stellte der Gerichtshof zum einen fest, dass ein solcher Mechanismus unter die der Europäischen Union durch die Verträge verliehene Zuständigkeit fallen kann, „Haushaltsvorschriften" über die Ausführung des Haushaltsplans der Europäischen Union zu erlassen. Er wies insoweit darauf hin, dass das gegenseitige Vertrauen der Mitgliedstaaten darauf beruht, dass diese die gemeinsamen Werte achten, auf die sich die Europäische Union gründet. Zu ihnen zählten Rechtsstaatlichkeit und Solidarität. Da die Achtung der gemeinsamen Werte somit eine Voraussetzung für den Genuss all jener Rechte sei, die sich aus der Anwendung der Verträge auf einen Mitgliedstaat ergeben, müsse die Europäische Union auch in der Lage sein, diese Werte im Rahmen der ihr übertragenen Aufgaben zu verteidigen. Der Gerichtshof hob hervor, dass der Unionshaushalt eines der wichtigsten Instrumente sei, mit denen in den Politiken und Maßnahmen der Europäischen Union der tragende Grundsatz der Solidarität zwischen den Mitgliedstaaten konkretisiert werden könne. In dem Urteil stellte der Gerichtshof zum anderen fest, dass das in Art. 7 EUV vorgesehene Verfahren nicht umgangen wird. Er führte insoweit aus, dass das in Art. 7 EUV vorgesehene Verfahren dem Rat die Möglichkeit geben solle, schwerwiegende und anhaltende Verletzungen eines jeden der gemeinsamen Werte, auf die sich die Europäische Union gründet und die ihre Identität ausmachen, zu ahnden, und zwar insbesondere mit dem Ziel, den betreffenden Mitgliedstaat dazu anzuhalten, diese Verletzungen abzustellen. Dagegen zielte die Verordnung darauf ab, den Unionshaushalt zu schützen, und zwar allein im Fall eines in einem Mitgliedstaat begangenen Verstoßes gegen die Grundsätze der Rechtsstaatlichkeit, der die ordnungsgemäße Ausführung des Haushaltsplans der Europäischen Union beeinträchtigt oder ernsthaft zu beeinträchtigen droht.*

Sachverhalt: Mit der Verordnung 2020/2092 wurde ein „Mechanismus der horizontalen Konditionalität" geschaffen, der darauf abzielte, den Haushalt der Europäischen Union im Fall von in einem Mitgliedstaat begangenen Verstößen gegen die Grundsätze der Rechtsstaatlichkeit zu schützen. Zu diesem Zweck konnte der Rat der Europäischen Union auf Vorschlag der Europäischen Kommission geeignete Schutzmaßnahmen wie etwa die Aussetzung der zulasten des Unionshaushalts gehenden Zahlungen oder die Aussetzung der Genehmigung eines oder mehrerer aus Haushaltsmitteln der Europäischen Union finanzierter Programme treffen. Die Verordnung machte den Erlass solcher Maßnahmen davon abhängig, dass konkrete Belege vorgebracht wurden, aus denen nicht nur hervorging, dass ein Verstoß gegen die Grundsätze der Rechtsstaatlichkeit vorlag, sondern auch, dass sich dieser Verstoß auf die Ausführung des Haushaltsplans der Europäischen Union auswirkte. Die Verordnung knüpfte an eine Reihe früherer Initiativen an, die allgemeiner den Schutz der Rechtsstaatlichkeit in den Mitgliedstaaten zum Gegenstand hatten und darauf abzielten, auf Unionsebene wachsende Bedenken auszuräumen, die gegenüber mehreren Mitgliedstaaten hinsichtlich der Einhaltung der in Art. 2 EUV genannten gemeinsamen Werte der Europäischen Union bestanden. Die Republik Polen erhob eine von Ungarn unterstützte Klage auf Nichtigerklärung der Verordnung. Sie stützte ihre Klage insbesondere auf die Unzuständigkeit der Europäischen Union für den Erlass einer solchen Verordnung – sowohl wegen des Fehlens einer Rechtsgrundlage als auch wegen der Umgehung des in Art. 7 EUV vorgesehenen Verfahrens.

Aus den Entscheidungsgründen:

[139] Als Zweites macht die Republik Polen mit Unterstützung Ungarns im Wesentlichen geltend, dass die angefochtene Verordnung ihrem Inhalt nach nicht rechtmäßig auf Art. 322 Abs. 1 Buchst. a AEUV als Rechtsgrundlage gestützt werden könne; dies gelte insbesondere für ihre Art. 2 bis 4. Art. 322 Abs. 1 Buchst. a AEUV erlaube es nämlich nicht, die in Art. 2 EUV genannten Werte zu konkretisieren, und demzufolge auch nicht, den Begriff „Rechtsstaatlichkeit" zu definieren, diesen Begriff auf andere in Art. 2 EUV genannte Werte auszuweiten oder Verstöße gegen die Rechtsstaatlichkeit festzustellen, unabhängig von ihrem Zusammenhang mit dem Unionshaushalt. Auch sei der Union keinerlei Befugnis übertragen worden, bestimmte Aspekte des Begriffs „Rechtsstaatlichkeit" wie die Merkmale des Gesetzgebungsverfahrens zu regeln. Zu betonen sei, dass der mit der angefochtenen Verordnung eingeführte Mechanismus die Zahlungen aus dem Unionshaushalt nicht davon abhängig mache, dass die Mitgliedstaaten konkrete Verpflichtungen im Zusammenhang mit dem Grundsatz der Wirtschaftlichkeit der Haushaltsführung einhielten, sondern davon, dass sie die Grundsätze der Rechtsstaatlichkeit beachteten. Ein Konditionalitätsmechanismus müsse aber die Bedingungen für den Erhalt der Mittel genau festlegen, und diese Bedingungen müssten einen hinreichend unmittelbaren Zusammenhang mit den Zielen der Finanzierung aufweisen. Der Zusammenhang zwischen dem Verstoß gegen eine dieser Bedingungen und dem Verlust der Finanzierung müsse nachgewiesen werden, und eine Sanktion könne nur verhängt werden, wenn erwiesen sei, dass sich der fragliche Verstoß auf die Erreichung der Ziele oder die ordnungsgemäße Verwendung der Mittel auswirke. Art. 3 und Art. 4 Abs. 2 der angefochtenen Verordnung seien jedoch sehr allgemein formuliert und enthielten

keine konkreten Kriterien für die Beurteilung der Achtung der Rechtsstaatlichkeit. Insbesondere gestatte Art. 4 Abs. 2 Buchst. h der Verordnung die Erfassung von Umständen und Verhaltensweisen, die bislang unbestimmt seien, was die Möglichkeit eröffne, nachträglich Kriterien zu entwickeln, die dazu dienten, Verstöße gegen die Grundsätze der Rechtsstaatlichkeit zu prüfen, und damit darauf abzielten, dem mit der angefochtenen Verordnung eingeführten Mechanismus den Charakter eines Sanktionsmechanismus zu verleihen.

[140] Hierzu ist erstens festzustellen, dass sich die Parteien des Verfahrens darüber einig sind, dass ein „Konditionalitätsmechanismus", der den Erhalt von Mitteln aus dem Unionshaushalt von der Erfüllung bestimmter Voraussetzungen abhängig macht, unter den Begriff „Haushaltsvorschriften" im Sinne von Art. 322 Abs. 1 Buchst. a AEUV fallen kann.

[141] Während die Republik Polen mit Unterstützung Ungarns die Auffassung vertritt, dass eine solche Voraussetzung in engem Zusammenhang entweder mit einem der Ziele eines bestimmten Programms oder einer bestimmten Maßnahme der Union oder mit der wirtschaftlichen Führung des Unionshaushalts stehen müsse, sind das Parlament und der Rat – unterstützt durch das Königreich Belgien, das Königreich Dänemark, die Bundesrepublik Deutschland, Irland, das Königreich Spanien, die Französische Republik, das Großherzogtum Luxemburg, das Königreich der Niederlande, die Republik Finnland, das Königreich Schweden und die Kommission – hingegen der Ansicht, dass ein solcher Mechanismus auch den Charakter einer „horizontalen Konditionalität" haben könne, nämlich dahin gehend, dass die fragliche Voraussetzung mit dem in Art. 2 EUV genannten Wert der Rechtsstaatlichkeit zusammenhängen könne, der in allen Tätigkeitsbereichen der Union zu achten sei.

[142] Insoweit ist darauf hinzuweisen, dass sich die Union nach Art. 2 EUV auf Werte gründet, die allen Mitgliedstaaten gemeinsam sind, darunter die Rechtsstaatlichkeit, und dass gemäß Art. 49 EUV die Achtung dieser Werte für den Beitritt jedes europäischen Staates, der Mitglied der Union werden möchte, eine Vorbedingung darstellt (vgl. in diesem Sinne Urteil vom 21. Dezember 2021, Euro Box Promotion u. a., C-357/19, C-379/19, C-547/19, C-811/19 und C-840/19, EU:C:2021:1034, Rn. 160 und 161 sowie die dort angeführte Rechtsprechung).

[143] Wie nämlich im fünften Erwägungsgrund der angefochtenen Verordnung ausgeführt wird, tritt ein Kandidatenland, wenn es ein Mitgliedstaat wird, einer rechtlichen Konstruktion bei, die auf der grund-

legenden Prämisse beruht, dass jeder Mitgliedstaat die in Art. 2 EUV genannten gemeinsamen Werte, auf die sich die Union gründet, mit allen anderen Mitgliedstaaten teilt und anerkennt, dass sie sie mit ihm teilen. Diese Prämisse gehört zu den besonderen und wesentlichen Merkmalen des Unionsrechts, die mit dessen Eigenart zusammenhängen und sich aus der Autonomie ergeben, die das Unionsrecht gegenüber den Rechtsordnungen der Mitgliedstaaten und dem Völkerrecht genießt. Sie impliziert und rechtfertigt die Existenz gegenseitigen Vertrauens zwischen den Mitgliedstaaten in die Anerkennung dieser Werte und damit in die Beachtung des Unionsrechts, mit dem sie umgesetzt werden (vgl. in diesem Sinne Gutachten 2/13 [Beitritt der Union zur EMRK] vom 18. Dezember 2014, EU:C:2014:2454, Rn. 166 bis 168, sowie Urteile vom 27. Februar 2018, Associação Sindical dos Juízes Portugueses, C-64/16, EU:C:2018:117, Rn. 30, und vom 20. April 2021, Repubblika, C-896/19, EU:C:2021:311, Rn. 62). Im genannten Erwägungsgrund heißt es außerdem, dass die Rechtsvorschriften und Gepflogenheiten der Mitgliedstaaten weiterhin im Einklang mit den gemeinsamen Werten stehen sollten, auf die sich die Union gründet.

[144] Daraus folgt, dass die Achtung der in Art. 2 EUV genannten Werte durch einen Mitgliedstaat eine Voraussetzung für den Genuss aller Rechte ist, die sich aus der Anwendung der Verträge auf diesen Mitgliedstaat ergeben (Urteile vom 20. April 2021, Repubblika, C-896/19, EU:C:2021:311, Rn. 63, vom 18. Mai 2021, Asociaţia „Forumul Judecătorilor din România“ u. a., C-83/19, C-127/19, C-195/19, C-291/19, C-355/19 und C-397/19, EU:C:2021:393, Rn. 162, sowie vom 21. Dezember 2021, Euro Box Promotion u. a., C-357/19, C-379/19, C-547/19, C-811/19 und C-840/19, EU:C:2021:1034, Rn. 162). Die Achtung dieser Werte kann nämlich nicht auf eine Verpflichtung reduziert werden, der ein Beitrittskandidat im Hinblick auf seinen Beitritt zur Union unterläge und der er danach wieder entsagen könnte.

[145] Die in Art. 2 EUV genannten Werte wurden von den Mitgliedstaaten festgelegt und sind ihnen gemeinsam. Sie geben der Union als Rechtsgemeinschaft schlechthin ihr Gepräge. Somit muss die Union auch in der Lage sein, diese Werte im Rahmen der ihr durch die Verträge übertragenen Aufgaben zu verteidigen.

[146] Daraus folgt, dass der Wert der Rechtsstaatlichkeit, der der Union und den Mitgliedstaaten gemeinsam ist und zu den elementaren Grundlagen der Union und ihrer Rechtsordnung gehört, im Einklang mit dem in Art. 5 Abs. 2 EUV verankerten Grundsatz der begrenzten Einzelermächtigung sowie dem in Art. 7 AEUV vorgesehenen Grund-

satz der Kohärenz der Unionspolitik als Basis für einen Konditionalitätsmechanismus dienen kann, der vom Begriff „Haushaltsvorschriften" im Sinne von Art. 322 Abs. 1 Buchst. a AEUV gedeckt ist.

[147] Insoweit ist darauf hinzuweisen, dass der Unionshaushalt eines der wichtigsten Instrumente ist, mit denen in den Politiken und Maßnahmen der Union der in Art. 2 EUV genannte Grundsatz der Solidarität konkretisiert werden kann, der seinerseits einer der tragenden Grundsätze des Unionsrechts ist (vgl. entsprechend Urteil vom 15. Juli 2021, Deutschland/Polen, C-848/19 P, EU:C:2021:598, Rn. 38). Soweit dieser Grundsatz mittels des Unionshaushalts umgesetzt wird, basiert dies auf dem gegenseitigen Vertrauen der Mitgliedstaaten in die verantwortungsvolle Verwendung der in diesen Haushalt eingeflossenen gemeinsamen Mittel. Dieses gegenseitige Vertrauen beruht seinerseits, wie in Rn. 143 des vorliegenden Urteils ausgeführt, auf der Zusage jedes einzelnen Mitgliedstaats, seinen Verpflichtungen aus dem Unionsrecht nachzukommen und – wie es im Übrigen der fünfte Erwägungsgrund der angefochtenen Verordnung besagt – die in Art. 2 EUV genannten Werte, zu denen der Wert der Rechtsstaatlichkeit zählt, dauerhaft zu achten.

[148] Außerdem besteht, wie es im 13. Erwägungsgrund der angefochtenen Verordnung heißt, ein eindeutiger Zusammenhang zwischen der Achtung des Wertes der Rechtsstaatlichkeit einerseits und der effizienten, im Einklang mit dem Grundsatz der Wirtschaftlichkeit der Haushaltsführung erfolgenden Ausführung des Haushaltsplans der Union sowie dem Schutz der finanziellen Interessen der Union andererseits.

[149] Die Wirtschaftlichkeit der Haushaltsführung und die finanziellen Interessen der Union können nämlich durch in einem Mitgliedstaat begangene Verstöße gegen die Grundsätze der Rechtsstaatlichkeit schwer beeinträchtigt werden, da solche Verstöße u. a. zur Folge haben können, dass keine Gewähr dafür besteht, dass vom Unionshaushalt gedeckte Ausgaben allen unionsrechtlich vorgesehenen Finanzierungsbedingungen genügen und damit den Zielen entsprechen, die die Union verfolgt, wenn sie solche Ausgaben finanziert.

[150] Insbesondere kann die Einhaltung dieser Bedingungen und Ziele als Elemente des Unionsrechts nicht in vollem Umfang gewährleistet werden, wenn es an einer wirksamen gerichtlichen Kontrolle fehlt, die darauf ausgerichtet ist, für die Einhaltung des Unionsrechts zu sorgen. Das Bestehen einer solchen Kontrolle durch unabhängige Gerichte, sowohl in den Mitgliedstaaten und als auch auf Unionsebene, ist ein wesentliches Merkmal von Rechtsstaatlichkeit (vgl. in diesem Sinne

Urteil vom 21. Dezember 2021, Euro Box Promotion u. a., C-357/19, C-379/19, C-547/19, C-811/19 und C-840/19, EU:C:2021:1034, Rn. 219 und 222).

[151] Aus dem Vorstehenden ergibt sich, dass entgegen dem, was die Republik Polen mit Unterstützung Ungarns vorträgt, ein Konditionalitätsmechanismus auch dann unter den Begriff „Haushaltsvorschriften" im Sinne von Art. 322 Abs. 1 Buchst. a AEUV fallen kann, wenn er für den Erhalt von Mitteln aus dem Unionshaushalt eine horizontale Konditionalität einführt, die darauf abstellt, dass ein Mitgliedstaat den in Art. 2 EUV genannten Wert der Rechtsstaatlichkeit achtet, und die sich auf die Ausführung des Haushaltsplans der Union bezieht.

[152] Ein ebensolcher Mechanismus der horizontalen Konditionalität wird durch Art. 4 Abs. 1 der angefochtenen Verordnung eingeführt, soweit darin vorgesehen ist, dass geeignete Maßnahmen zu ergreifen sind, wenn festgestellt wird, dass Verstöße gegen die Grundsätze der Rechtsstaatlichkeit in einem Mitgliedstaat die wirtschaftliche Führung des Unionshaushalts oder den Schutz der finanziellen Interessen der Union hinreichend unmittelbar beeinträchtigen oder ernsthaft zu beeinträchtigen drohen.

(...)

[205] Was das als Zweites zu prüfende Vorbringen anbelangt, mit der angefochtenen Verordnung würden sowohl das in Art. 7 EUV vorgesehene Verfahren als auch die in Art. 269 AEUV geregelte Beschränkung der Zuständigkeiten des Gerichtshofs umgangen, so macht die Republik Polen mit Unterstützung Ungarns im Wesentlichen geltend, dass der mit dieser Verordnung eingeführte Konditionalitätsmechanismus und das in Art. 7 EUV vorgesehene Verfahren hinsichtlich ihrer Ziele, ihrer Grundsätze und der Maßnahmen, zu denen ihre Anwendung führen könne, übereinstimmten. Indessen lege die Verordnung Verfahrensregeln fest, die weniger streng seien als die in Art. 7 EUV vorgesehenen, und der Konditionalitätsmechanismus habe eine größere Reichweite und könne schneller angewandt werden als das Verfahren nach Art. 7 EUV, so dass er jenem Verfahren jegliche praktische Wirksamkeit nehme, was auf dessen offensichtliche Umgehung hinauslaufe. Allein Art. 7 EUV ermächtige den Europäischen Rat und den Rat, die Achtung der Rechtsstaatlichkeit in Bereichen zu kontrollieren, die in die ausschließliche Zuständigkeit der Mitgliedstaaten fielen. Folglich verfüge der Gerichtshof nicht über geeignete Kontrollmodelle, die es ihm erlaubten, bei der gerichtlichen Überprüfung eines nach der angefochtenen Verordnung erlassenen Beschlusses des Rates zu beurteilen, ob das Handeln eines Mitgliedstaats mit seinen unionsrechtlichen Verpflichtun-

gen in Einklang stehe. Die Definition der Rechtsstaatlichkeit in Art. 2 Buchst. a der angefochtenen Verordnung werde auf diese Weise allgemeinverbindlich und gelte sowohl im Rahmen eines Verfahrens nach Art. 7 EUV, das eine Verletzung oder die ernste Gefahr einer Verletzung dieses Wertes zum Gegenstand habe, als auch im Rahmen einer vom Gerichtshof vorgenommenen Kontrolle eines Beschlusses über die Annahme geeigneter Maßnahmen nach dieser Verordnung, was gegen Art. 269 AEUV verstoße.

[206] Hierzu ist erstens festzustellen, dass der Unionsgesetzgeber nicht, ohne gegen Art. 7 EUV zu verstoßen, ein Verfahren einführen kann, das parallel zu dem in dieser Bestimmung vorgesehenen Verfahren besteht und im Wesentlichen denselben Gegenstand hat, dasselbe Ziel verfolgt und das Ergreifen identischer Maßnahmen ermöglicht, dabei aber das Tätigwerden anderer Organe oder andere materielle und verfahrensrechtliche Voraussetzungen als die in dieser Bestimmung genannten vorsieht.

[207] Jedoch steht es dem Unionsgesetzgeber, wenn er über eine entsprechende Rechtsgrundlage verfügt, frei, in einem Sekundärrechtsakt andere Verfahren bezüglich der in Art. 2 EUV genannten Werte, darunter die Rechtsstaatlichkeit, einzuführen, sofern sich diese Verfahren sowohl nach ihrem Zweck als auch nach ihrem Gegenstand von dem in Art. 7 EUV vorgesehenen Verfahren unterscheiden (vgl. entsprechend Urteil vom 7. Februar 1979, Frankreich/Kommission, 15/76 und 16/76, EU:C:1979:29, Rn. 26, Beschluss vom 11. Juli 1996, An Taisce und WWF UK/Kommission, C-325/94 P, EU:C:1996:293, Rn. 25, sowie Urteil vom 11. Januar 2001, Griechenland/Kommission, C-247/98, EU:C:2001:4, Rn. 13).

[208] Im vorliegenden Fall ergibt sich, was die jeweiligen Ziele des Verfahrens nach Art. 7 EUV und des in der angefochtenen Verordnung vorgesehenen Verfahrens betrifft, aus Art. 7 Abs. 2 bis 4 EUV, dass das in diesem Artikel vorgesehene Verfahren dem Rat insbesondere gestattet, wenn der Europäische Rat schwerwiegende und anhaltende Verletzungen der in Art. 2 EUV genannten Werte durch einen Mitgliedstaat festgestellt hat, bestimmte Rechte auszusetzen, die sich aus der Anwendung der Verträge auf diesen Mitgliedstaat herleiten, einschließlich der Stimmrechte des Vertreters der Regierung dieses Mitgliedstaats im Rat, und dass der Rat zu einem späteren Zeitpunkt beschließen kann, die von ihm getroffenen Maßnahmen abzuändern oder aufzuheben, wenn in der Lage, die zur Verhängung dieser Maßnahmen geführt hat, Änderungen eingetreten sind.

[209] Das in Art. 7 EUV vorgesehene Verfahren soll es dem Rat somit ermöglichen, schwerwiegende und anhaltende Verletzungen der in Art. 2 EUV genannten Werte zu ahnden, und zwar insbesondere mit dem Ziel, den betreffenden Mitgliedstaat dazu anzuhalten, diese Verletzungen abzustellen.

[210] Demgegenüber ergibt sich, wie aus den Rn. 124 bis 137 des vorliegenden Urteils hervorgeht, aus der Art der Maßnahmen, die nach der angefochtenen Verordnung ergriffen werden können, sowie aus den Voraussetzungen für die Annahme und die Aufhebung dieser Maßnahmen, dass das mit dieser Verordnung eingeführte Verfahren darauf abzielt, im Einklang mit dem in Art. 310 Abs. 5 und Art. 317 Abs. 1 AEUV verankerten Grundsatz der Wirtschaftlichkeit der Haushaltsführung den Unionshaushalt zu schützen, wenn in einem Mitgliedstaat gegen die Grundsätze der Rechtsstaatlichkeit verstoßen wird. Es ist hingegen nicht Sinn und Zweck dieses Verfahrens, mittels des Unionshaushalts Verstöße gegen die Grundsätze der Rechtsstaatlichkeit zu ahnden.

[211] Daraus folgt, dass das in der angefochtenen Verordnung vorgesehene Verfahren ein anderes Ziel verfolgt als das Verfahren nach Art. 7 EUV.

[212] Was den jeweiligen Gegenstand der beiden Verfahren anbelangt, ist festzustellen, dass der Anwendungsbereich des in Art. 7 EUV vorgesehenen Verfahrens sämtliche in Art. 2 EUV genannten Werte umfasst, während der des mit der angefochtenen Verordnung eingeführten Verfahrens nur einen dieser Werte umfasst, nämlich die Rechtsstaatlichkeit.

[213] Zudem kann nach Art. 7 EUV jede schwerwiegende und anhaltende Verletzung eines in Art. 2 EUV genannten Wertes verfolgt werden, während die angefochtene Verordnung die Prüfung von Verstößen gegen die in ihrem Art. 2 Buchst. a genannten Grundsätze der Rechtsstaatlichkeit nur insoweit erlaubt, als hinreichende Gründe für die Feststellung vorliegen, dass sie Auswirkungen auf den Haushalt haben.

Rs. C-204/21 (Kommission ./. Polen; „Justizreformen“), Urteil des Gerichtshofs vom 05.06.2023. **8**

Vorbemerkungen: *Das Urteil stellte den vorläufigen Schlusspunkt in den zahlreichen Verfahren zu den von der damaligen rechtspopulistischen PiS-Regierung durchgeführten Justizreformen dar. Konkret ging es um nationale Regelungen, mit denen nationalen Richterinnen und*

Richtern grundsätzlich untersagt wurde, die Unabhängigkeit anderer nationaler Gerichte in Frage zu stellen und insoweit den EuGH anzurufen. Die Prüfung der Unabhängigkeit nationaler Gerichte wurde vielmehr bei einer bestimmten Kammer des Obersten Gerichts monopolisiert. Verstöße gegen diese Vorgabe konnten als Disziplinarvergehen durch eine besondere Disziplinarkammer geahndet werden. Die Kommission sah darin Verstöße gegen die Unabhängigkeit der Justiz im Sinne des Art. 19 Abs. 1 EUV iVm Art. 47 GrCh sowie gegen Art. 267 AEUV, auch weil die Disziplinarkammer nicht die erforderliche Unabhängigkeit und Unparteilichkeit genoss. Letzteres hatte der EuGH bereits in den Rn. 89 bis 110 des Urteils vom 15. Juli 2021, Kommission/Polen (Disziplinarordnung für Richter), Rs. C-791/19 festgestellt; er bestätigte diese Einschätzung in Rn. 102 des vorliegenden Urteils. ***B:*** *R. Streinz, JuS 2024, 181 ff.* ***L:*** *Rn. 579.*

Sachverhalt: Am 14. Februar 2020 traten in Polen einige Änderungsgesetze in Kraft, durch die die Organisation des Obersten Gerichtshofs aber auch des Justizwesens grundlegend verändert wurden. Eingeführt wurden nicht zuletzt zwei neue Kammern am Obersten Gericht: eine Disziplinarkammer und die Kammer für außerordentliche Überprüfung und öffentliche Angelegenheiten. Letztere war künftig ausschließlich dafür zuständig, über Anträge zu befinden, ob bzw. inwieweit ein anderer Richter oder ein anderes Gericht nicht die erforderliche Unabhängigkeit aufwies. Anderen Richtern und Gerichten war eine entsprechende Überprüfung untersagt, auch eine Vorlage an den EuGH war insoweit nicht mehr zulässig. Verstöße gegen diese Vorgaben konnten von der Disziplinarkammer geahndet werden. Das betraf insbesondere alle „Handlungen, mit denen das Bestehen des Dienstverhältnisses eines Richters, die Wirksamkeit der Ernennung eines Richters oder die Legitimität eines Verfassungsorgans der Republik Polen in Frage gestellt wird.“ Die Kommission sah in diesen Regelungen Verstöße gegen Art. 19 Abs. 1 EUV iVm Art. 47 GrCH sowie gegen Art 267 AEUV, auch weil die Unabhängigkeit und Unparteilichkeit der Disziplinarkammer nicht gewährleistet war.

Aus den Entscheidungsgründen:

[130] Allgemein ist insoweit der Rechtsprechung des Gerichtshofs zu entnehmen, dass die nationalen Gerichte unter bestimmten Umständen gezwungen sein können, zu überprüfen, ob die Anforderungen erfüllt sind, die sich aus dem Grundrecht auf einen wirksamen gerichtlichen Schutz im Sinne von Art. 19 Abs. 1 EUV und Art. 47 der Charta ergeben, insbesondere die Anforderungen in Bezug auf den Zugang zu

einem unabhängigen, unparteiischen und zuvor durch Gesetz errichteten Gericht (vgl. z. B. Urteile A. K. u. a., Rn. 153, 154, 164 und 166, vom 2. März 2021, A. B. u. a. [Ernennung von Richtern am Obersten Gericht – Rechtsbehelf], C-824/18, EU:C:2021:153, Rn. 139, 149, 165 und 166, sowie vom 16. November 2021, Prokuratura Rejonowa w Mińsku Mazowieckim u. a., C-748/19 bis C-754/19, EU:C:2021:931, Rn. 74 und 87).

[131] Folglich steht insbesondere fest, dass ein nationales Gericht unter bestimmten Umständen prüfen können muss, ob eine Vorschriftswidrigkeit des Verfahrens zur Ernennung eines Richters zu einer Verletzung dieses Grundrechts führen konnte (vgl. in diesem Sinne Urteil vom 6. Oktober 2021, W. Ż. [Kammer für außerordentliche Überprüfung und öffentliche Angelegenheiten des Obersten Gerichts – Ernennung], C-487/19, EU:C:2021:798, Rn. 130 und 131, 152 bis 154 und 159).

[132] Vor diesem Hintergrund kann der Umstand, dass ein nationales Gericht die ihm durch die Verträge übertragenen Aufgaben wahrnimmt und dadurch den Verpflichtungen nachkommt, die ihm nach den Verträgen obliegen, indem es Bestimmungen wie Art. 19 Abs. 1 Unterabs. 2 EUV und Art. 47 der Charta Wirkung verleiht, per definitionem nicht als Disziplinarvergehen der diesem Gericht angehörenden Richter eingestuft werden, ohne dass damit automatisch gegen die unionsrechtlichen Bestimmungen verstoßen wird.

(…)

[198] Was zunächst Art. 42a §§ 1 und 2 des geänderten Gesetzes über die ordentliche Gerichtsbarkeit, Art. 29 §§ 2 und 3 des geänderten Gesetzes über das Oberste Gericht und Art. 5 §§ 1a und 1b des geänderten Gesetzes über die Verwaltungsgerichtsbarkeit betrifft, ist dem Wortlaut der ersten beiden nationalen Bestimmungen zu entnehmen, dass zum einen „[i]m Rahmen der Tätigkeiten“ der verschiedenen in Rede stehenden Gerichte „oder [ihrer] Organe“ „die Legitimität der [Gerichte], der Verfassungsorgane des Staates und der Organe zur Kontrolle und zum Schutz des Rechts nicht in Frage gestellt werden [darf]“ und zum anderen diese Gerichte „die Rechtmäßigkeit der Ernennung eines Richters oder der sich daraus ergebenden Befugnis zur Wahrnehmung von Aufgaben im Bereich der Rechtsprechung weder feststellen noch beurteilen [dürfen]“. Nach Art. 26 § 3 des geänderten Gesetzes über das Oberste Gericht ist es ausgeschlossen, dass die Kammer für außerordentliche Überprüfung und öffentliche Angelegenheiten, nachdem ihr ein Antrag betreffend die Ablehnung eines Richters oder die Bestimmung des Gerichts, bei dem ein Verfahren geführt werden soll, mit dem

gegebenenfalls die fehlende Unabhängigkeit des betreffenden Gerichts oder Richters gerügt wird, von einem anderen Gericht übersandt wurde, diesen Antrag prüft, wenn er „die Feststellung und die Beurteilung der Rechtmäßigkeit der Ernennung eines Richters oder seiner Ermächtigung zur Wahrnehmung von Aufgaben im Bereich der Rechtsprechung betrifft".

[198] Insoweit ist als Erstes festzustellen, dass, wie im Wesentlichen oben in den Rn. 135 bis 137 in Bezug auf die von der Kommission mit der dritten Rüge beanstandeten nationalen Bestimmungen dargelegt, der Wortlaut der von der ersten Rüge erfassten nationalen Bestimmungen entgegen dem Vorbringen der Republik Polen nicht den Schluss zulässt, dass sich die darin ausgesprochenen Verbote ausschließlich auf Rechtsprechungshandlungen beziehen, die eine Entscheidung über die Gültigkeit der Ernennung eines Richters zum Gegenstand haben.

[200] Zum einen verbieten es die zuletzt genannten nationalen Bestimmungen nämlich nicht nur, die „Rechtmäßigkeit" sowohl der „Ernennung" selbst als auch der „sich daraus ergebenden Befugnis zur Wahrnehmung von Aufgaben im Bereich der Rechtsprechung" „fest[zu]stellen", sondern auch, sie zu „beurteilen". Zum anderen verbieten es diese Bestimmungen mit einer noch weiter gefassten Formulierung auch, dass die „Legitimität" der „Gerichte" und der „Verfassungsorgane des Staates und der Organe zur Kontrolle und zum Schutz des Rechts" „in Frage gestellt werden".

[201] Da diese Formulierungen relativ weit gefasst und ungenau sind, können sie offensichtlich dazu führen, dass eine große Bandbreite an Handlungen oder Verhaltensweisen der ordentlichen Gerichte, der Verwaltungsgerichte und des Sąd Najwyższy (Oberstes Gericht) und ihrer Organe aufgrund ihres Inhalts oder ihrer Wirkungen von den aufgestellten Verboten erfasst sein können. Dies kann insbesondere dann der Fall sein, wenn die Gerichte im Einklang mit den ihnen obliegenden und oben in den Rn. 128 bis 131 genannten Verpflichtungen unter bestimmten Umständen prüfen müssen, ob sie selbst oder die Richter, die ihnen angehören, oder andere Richter oder Gerichte, die über das Unionsrecht betreffende Rechtssachen zu entscheiden haben oder entschieden haben, die Erfordernisse gemäß Art. 19 Abs. 1 Unterabs. 2 EUV und Art. 47 der Charta in Bezug auf Unabhängigkeit, Unparteilichkeit und vorherige Errichtung durch Gesetz erfüllen.

[202] Als Zweites ist festzustellen, dass der vom polnischen Gesetzgeber verwendete Wortlaut, wie oben in Rn. 140 zu den von der Kommission mit der dritten Rüge beanstandeten nationalen Bestimmungen dargelegt, eng mit einer Reihe von Fragen verbunden ist, die verschie-

dene polnische Gerichte in Bezug auf die Vereinbarkeit mehrerer kürzlich vorgenommener, die Organisation der Justiz in Polen betreffender Gesetzesänderungen mit dem Unionsrecht und speziell mit den Anforderungen gemäß Art. 19 Abs. 1 Unterabs. 2 EUV und Art. 47 der Charta gestellt hatten.

[203] Das Änderungsgesetz und die mit der ersten Rüge beanstandeten nationalen Bestimmungen wurden nämlich in großer Eile in dem oben in den Rn. 141 bis 145 beschriebenen Kontext erlassen, der u. a. gekennzeichnet ist durch Entwicklungen der jüngsten, aus dem Urteil A. K. u. a. hervorgegangenen Rechtsprechung zur Wahrung der Rechtsstaatlichkeit und speziell der Unabhängigkeit der Justiz in Polen sowie durch mehrere damals beim Gerichtshof anhängige Vorabentscheidungsersuchen, die ein ähnliches Problem betrafen.

[204] Insoweit ist insbesondere den Rn. 134, 139 und 149 sowie dem Tenor des Urteils A. K. u. a. zu entnehmen, dass die Erkenntnisse aus diesem Urteil – ebenso wie die aus der oben in Rn. 143 angeführten nationalen Rechtsprechung, die im Licht des Urteils A. K. u. a. entwickelt wurde – die Vereinbarkeit der Befugnisse der Disziplinarkammer, u. a. angesichts der Modalitäten für die Ernennung der Mitglieder dieser Kammer und der fehlenden Unabhängigkeit sowohl der Disziplinarkammer als auch der am Ernennungsverfahren beteiligten KRS, mit dem Unionsrecht betreffen.

[205] Insbesondere ging, wie oben in Rn. 141 dargelegt, aus dem Urteil A. K. u. a. eindeutig hervor, dass die nationalen Gerichte, die über entsprechende Rechtssachen zu befinden haben, nach dem Unionsrecht verpflichtet sein könnten, zum einen zu entscheiden, ob eine Einrichtung wie die Disziplinarkammer geeignet ist, über Rechtssachen zu entscheiden, die dem Unionsrecht unterliegen, und dabei die Umstände zu berücksichtigen, unter denen die Ernennung der Mitglieder der Disziplinarkammer erfolgte, und zum anderen die Unabhängigkeit der KRS zu prüfen und bei fehlender Unabhängigkeit über die Auswirkungen der Beteiligung dieser Einrichtung am Verfahren zur Ernennung von Richtern der Disziplinarkammer zu entscheiden.

[206] Es war jedoch offensichtlich, dass die nationalen Gerichte, die im Rahmen ihrer Zuständigkeit Vorschriften des Unionsrechts anzuwenden haben, dadurch verpflichtet sein könnten, Handlungen vorzunehmen, die als geeignet angesehen werden könnten, die „Legitimität der [Gerichte]“, wie der Disziplinarkammer, oder der „Verfassungsorgane des Staates und der Organe … zum Schutz des Rechts“, wie der KRS, „in Frage [zu stellen]“, indem sie außerdem bei dieser Gelegenheit „Beurteilungen“ der „Rechtmäßigkeit“ der „Ernennung“ von Rich-

tern der Disziplinarkammer und ihrer „Befugnis zur Wahrnehmung von Aufgaben im Bereich der Rechtsprechung“ im Sinne der von der Kommission mit der ersten Rüge beanstandeten nationalen Bestimmungen vornehmen.

[207] Die oben in Rn. 144 erwähnten Vorlagefragen, mit denen der Gerichtshof zum Zeitpunkt des Erlasses der beanstandeten nationalen Bestimmungen befasst war, betrafen zum einen die etwaige Unvereinbarkeit neuer nationaler Vorschriften, auf deren Grundlage kurz zuvor Personen zu Richtern des Sąd Najwyższy (Oberstes Gericht) ernannt worden waren, mit dem Unionsrecht und die möglichen Auswirkungen einer solchen Unvereinbarkeit auf die von den betreffenden Richtern vorgenommenen Rechtsprechungshandlungen. Zum anderen betrafen diese Vorlagefragen die etwaige Unvereinbarkeit nationaler Vorschriften, die den Erlass von Ministerentscheidungen zur Abordnung von Richtern an andere Gerichte als ihr Ursprungsgericht ermöglichten, mit Unionsrecht.

[208] Je nach ihrem Inhalt konnten die damals vom Gerichtshof erwarteten Antworten auf diese Vorlagefragen die nationalen Gerichte dazu veranlassen, gegebenenfalls „Beurteilungen“ der „Rechtmäßigkeit“ der „Ernennung“ von Richtern des Sąd Najwyższy (Oberstes Gericht) oder ihrer „Befugnis zur Wahrnehmung von Aufgaben im Bereich der Rechtsprechung“ abzugeben oder Handlungen vorzunehmen, die als Handlungen angesehen werden könnten, die die „Legitimität der [Gerichte]“, insbesondere der Gerichte, an die die Richter abgeordnet wurden, „in Frage [stellen]“.

[209] Zudem ist den oben in den Rn. 146 und 148 genannten Urteilen zu entnehmen, dass die Antworten des Gerichtshofs auf die Vorlagefragen, deren Inhalt oben in Rn. 207 aufgeführt ist, die Gefahr bestätigt haben, dass Handlungen oder Beurteilungen, die den nationalen Gerichten unter bestimmten Umständen nach Art. 19 Abs. 1 EUV in Verbindung mit Art. 47 der Charta obliegen, in der Tat von den Verboten in den mit der ersten Rüge beanstandeten nationalen Bestimmungen erfasst werden.

[210] Das oben in Rn. 175 erwähnte Vorbringen der Republik Polen kann die vorstehende Analyse nicht in Frage stellen. Aus dieser folgt nämlich nicht, dass jedes nationale Gericht befugt sein sollte, von Amts wegen oder auf Antrag eines Rechtsunterworfenen im Rahmen eines beliebigen Verfahrens die Ernennung eines Richters, sein Dienstverhältnis oder die Ausübung seiner richterlichen Entscheidungsbefugnis in Frage zu stellen, nachdem es gegebenenfalls den Gerichtshof um Auslegung im Wege der Vorabentscheidung ersucht hat.

[211] Insoweit hat der Gerichtshof in seinem Urteil vom 22. März 2022, Prokurator Generalny u. a. (Disziplinarkammer des Obersten Gerichts – Ernennung) (C-508/19, EU:C:2022:201, Rn. 70, 71 und 81 bis 83), ein Vorabentscheidungsersuchen, das im Rahmen einer Anfechtung der Gültigkeit der Ernennung eines Richters des Sąd Najwyższy (Oberstes Gericht) vor dem vorlegenden Gericht erging, für unzulässig erklärt, nachdem er insbesondere festgestellt hatte, dass die mit dem Vorabentscheidungsersuchen vorgelegten Fragen ihrem Wesen nach ein anderes Verfahren als den Ausgangsrechtsstreit betrafen und eine Klage wie die im Ausgangsverfahren erhobene darauf gerichtet ist, eine Art Nichtigerklärung *erga omnes* der Ernennung des betreffenden Richters zum Richter an diesem Gericht zu erwirken, obwohl das nationale Recht es nicht sämtlichen Einzelnen gestattet – und nie gestattet hat –, die Ernennung von Richtern mit einer direkten Klage auf Nichtig- oder Ungültigerklärung einer solchen Ernennung anzufechten.

[212] Als Drittes ist zum Vorbringen der Republik Polen, die anderen nationalen Vorschriften ließen eine Einhaltung der Erfordernisse von Art. 19 Abs. 1 Unterabs. 2 EUV und Art. 47 der Charta zu, erstens festzustellen, dass sich in Bezug auf die oben in Rn. 179 genannten nationalen Bestimmungen über die Ablehnung von Richtern zum einen aus Art. 26 § 3 des geänderten Gesetzes über das Oberste Gericht ergibt, dass die Beurteilung der Rechtmäßigkeit der Ernennung eines Richters oder seiner Ermächtigung zur Wahrnehmung von Aufgaben im Bereich der Rechtsprechung im Rahmen eines Ablehnungsverfahrens nicht zulässig ist.

[213] Wie zum anderen dem Wortlaut der nationalen Bestimmungen über die Ablehnung von Richtern, auf die sich die Republik Polen berufen hat und die sie auf Ersuchen des Gerichtshofs vorgelegt hat, zu entnehmen ist, scheint sich die Kontrolle, zu der diese nationalen Bestimmungen berechtigen, nur auf einen Teil der Anforderungen, die sich aus dem Grundsatz der richterlichen Unabhängigkeit ergeben, und speziell auf die mit dem internen Aspekt dieses Grundsatzes verbundenen Anforderungen zu beziehen, die sich mit dem Konzept der „Unabhängigkeit“ überschneiden und darauf gerichtet sind, dass die Richter den Parteien des Rechtsstreits und ihren jeweiligen Interessen am Streitgegenstand mit dem gleichen Abstand begegnen. Dagegen scheinen die nationalen Bestimmungen ihrem Wortlaut nach keine Kontrolle anderer Aspekte dieser Anforderungen zu erlauben, insbesondere derjenigen, die mit dem externen Aspekt des genannten Grundsatzes verbunden sind und sich u. a. auf den Schutz der betreffenden Einrichtung vor Interventionen oder Druck von außen oder auf das Erfordernis, dass die Einrichtung zuvor durch Gesetz errichtet wurde, beziehen.

[214] In der mündlichen Verhandlung hat die Republik Polen hierzu im Übrigen erklärt, den jüngsten Urteilen des Trybunał Konstytucyjny (Verfassungsgerichtshof) zufolge seien nach diesen nationalen Bestimmungen u. a. keine Anträge oder Erklärungen zulässig, mit denen die Vorschriftswidrigkeit der Ernennung eines Richters oder ein anderer Umstand im Zusammenhang mit dem Verfahren zur Ernennung eines Richters gerügt werde.

[215] Was zweitens die anderen nationalen Mechanismen betrifft, auf die sich die Republik Polen beruft und die ebenfalls oben in Rn. 179 genannt sind, d. h. diejenigen im Zusammenhang mit der Verweisung einer Rechtssache an das zuständige Gericht und der Kontrolle durch die Gerichte höherer Ordnung, ist festzustellen, dass, wie oben in den Rn. 200 und 201 dargelegt, die mit der ersten Rüge beanstandeten nationalen Bestimmungen weit und ungenau formuliert sind, so dass nicht ausgeschlossen werden kann, dass sie ebenfalls geeignet sind, diese Mechanismen zu lähmen.

[216] Die in diesen nationalen Bestimmungen aufgestellten Verbote sind nämlich auch auf Gerichte anwendbar, vor denen sich die Frage stellt, ob die Rechtssache nach Art. 200 § 1^4 der Zivilprozessordnung an ein anderes Gericht verwiesen wird, und scheinen daher geeignet zu sein, die Gerichte an einer solchen Verweisung zu hindern, z. B. wenn dies unter den im Urteil A. K. u. a. genannten Bedingungen implizieren würde, dass die Vereinbarkeit mit den sich aus dem Unionsrecht ergebenden Anforderungen an die Unabhängigkeit und somit die Legitimität des Gerichts, das die betreffende Rechtssache normalerweise prüfen müsste, in Frage gestellt wird oder in diesem Kontext die Legitimität eines Verfassungsorgans wie der KRS in Frage gestellt wird.

[217] Angesichts ihrer weiten und ungenauen Formulierung sind die beanstandeten nationalen Bestimmungen außerdem auch geeignet, ein Gericht höherer Ordnung, das mit der Prüfung der Entscheidung eines Gerichts niederer Ordnung befasst ist, daran zu hindern, die Rechtmäßigkeit der Ernennung eines Richters oder die sich aus der Ernennung ergebende Befugnis zur Wahrnehmung von Aufgaben im Bereich der Rechtsprechung zu beurteilen oder die Legitimität der Gerichte und Gerichtshöfe in Zweifel zu ziehen, und zwar sowohl bei Entscheidungen über die eigene Zusammensetzung oder Legitimität als zweitinstanzliches Gericht als auch bei entsprechenden Entscheidungen in Bezug auf das Gericht niederer Ordnung.

(…)

[219] Aus den vorstehenden Erwägungen ergibt sich, dass die oben in Rn. 198 genannten nationalen Bestimmungen gegen Art. 19 Abs. 1 Unterabs. 2 EUV in Verbindung mit Art. 47 der Charta verstoßen.

III. Auswirkungen des Unionsrechts auf den nationalen Verwaltungsvollzug und das nationale Prozessrecht

1. Verwaltungsvollzug

Rs. 103/88 (Fratelli Costanzo), 9
Urteil des Gerichtshofs vom 22.06.1989.

Vorbemerkungen: *In der vorliegenden Entscheidung nahm der Gerichtshof zur Kompetenz der mitgliedstaatlichen Behörden zur Nichtanwendung von dem Unionsrecht entgegenstehenden nationalen Normen Stellung. Der Gerichtshof entschied, dass – ebenso wie jedes mitgliedstaatliche Gericht – auch jede Behörde dazu verpflichtet ist, eine Norm des nationalen Rechts, die mit dem Unionsrecht nicht im Einklang steht, unangewendet zu lassen. Zur Begründung führte der EuGH aus, dass es zu einem Widerspruch käme, wenn der Bürger in einem Gerichtsverfahren die Unanwendbarkeit nationaler Bestimmungen wegen ihrer Unionsrechtswidrigkeit geltend machen könnte, die Behörde im vorangegangenen Verwaltungsverfahren aber zur Nichtanwendung der unionsrechtswidrigen Norm nicht verpflichtet bzw. nicht befugt gewesen wäre. Im konkreten Fall ging es um die Konstellation, dass eine nationale Vorschrift im Widerspruch zu einer Bestimmung einer Richtlinie stand, so dass als Voraussetzung für die Nichtanwendung der Vorschrift auch die ausnahmsweise unmittelbare Wirkung der Richtlinie festgestellt werden musste.* ***L:*** *Rn. 180.*

Sachverhalt: Die Firma Fratelli Costanzo SpA nahm an einer Ausschreibung der Stadt Mailand zur Vergabe von Bauaufträgen für den Ausbau eines Fußballstadions anlässlich der Weltmeisterschaft 1990 teil. Die Richtlinie 71/305/EWG sah für das Verfahren zur Vergabe öffentliche Bauaufträge vor, dass bei Angeboten, die im Verhältnis zur Leistung offensichtlich ungewöhnlich niedrig sind, eine Überprüfung des Angebots vor der Vergabe stattzufinden habe, in deren Verlauf der Bieter zur Vorlage von Belegen aufgefordert wird. Ein von der italienischen Regierung erlassenes Gesetz bestimmte hingegen, dass Angebote, die aufgrund eines festgelegten mathematischen Kriteriums als ungewöhnlich niedrig anzusehen waren, automatisch vom Vergabeverfahren auszuschließen waren. Das Angebot der Firma Costanzo galt danach als ungewöhnlich niedrig und wurde ausgeschlossen, so dass der Auftrag schließlich an einen Konkurrenten vergeben wurde. Gegen diese Vergabeentscheidung ging die Firma Costanzo gerichtlich vor. Das italienische Gericht legte dem EuGH unter anderem die Frage vor, ob die Stadtverwaltung Mailand die Pflicht hatte, die im Widerspruch zur Richtlinie stehenden Vorschriften des italienischen Rechts unangewendet zu lassen.

Aus den Entscheidungsgründen:

[28] Die vierte Frage des vorlegenden Gerichts geht dahin, ob die Verwaltung – auch auf kommunaler Ebene – ebenso wie ein mitgliedstaatliches Gericht verpflichtet ist, Artikel 29 Absatz 5 der Richtlinie 71/305 des Rates anzuwenden und diejenigen Bestimmungen des nationalen Rechts unangewendet zu lassen, die damit nicht im Einklang stehen.

[29] Es ist darauf hinzuweisen, daß der Gerichtshof in seinen Urteilen vom 19. Januar 1982 in der Rechtssache 8/81 (Becker, Slg. 1982, 53, 71) und vom 26. Februar 1986 in der Rechtssache 152/84 (Marshall, Slg. 1986, 737, 748) festgestellt hat, daß sich die einzelnen in all den Fällen, in denen Bestimmungen einer Richtlinie inhaltlich als unbedingt und hinreichend genau erscheinen, vor einem nationalen Gericht gegenüber dem Staat auf diese Bestimmungen berufen können, wenn der Staat die Richtlinie nicht fristgemäß oder nur unzulänglich in nationales Recht umgesetzt hat.

[30] Wenn sich die einzelnen unter den genannten Voraussetzungen vor den nationalen Gerichten auf die Bestimmungen einer Richtlinie berufen können, so deshalb, weil die Verpflichtungen, die sich aus diesen Bestimmungen ergeben, für alle Behörden der Mitgliedstaaten gelten.

[31] Es wäre im übrigen widersprüchlich, zwar zu entscheiden, daß die einzelnen sich vor den nationalen Gerichten auf die Bestimmungen einer Richtlinie, die die oben herausgestellten Voraussetzungen erfüllen, berufen können, um das Verhalten der Verwaltung beanstanden zu lassen, trotzdem aber die Auffassung zu vertreten, daß die Verwaltung nicht verpflichtet ist, die Bestimmungen der Richtlinie dadurch einzuhalten, daß sie die Vorschriften des nationalen Rechts, die damit nicht im Einklang stehen, unangewendet läßt. Wenn die nach der Rechtsprechung des Gerichtshofs einzuhaltenden Voraussetzungen dafür erfüllt sind, daß die einzelnen sich vor den nationalen Gerichten auf die Bestimmungen einer Richtlinie berufen können, sind folglich alle Träger

der Verwaltung einschließlich der Gemeinden und sonstigen Gebietskörperschaften verpflichtet, diese Bestimmungen anzuwenden.

[32] Was insbesondere Artikel 29 Absatz 5 der Richtlinie 71/305 angeht, ergibt sich aus der Prüfung der ersten Frage, daß diese Bestimmung unbedingt und hinreichend genau ist, so daß die einzelnen sich gegenüber dem Staat auf sie berufen können. Die einzelnen sind daher berechtigt, sich vor den nationalen Gerichten auf diese Bestimmungen zu stützen, und alle Träger der Verwaltung einschließlich der Gemeinden und der sonstigen Gebietskörperschaften sind – wie sich aus dem Vorstehenden ergibt – verpflichtet, sie anzuwenden.

[33] Auf die vierte Frage ist daher zu antworten, daß die Verwaltung – auch auf kommunaler Ebene – ebenso wie ein nationales Gericht verpflichtet ist, Artikel 29 Absatz 5 der Richtlinie 71/305 des Rates anzuwenden und diejenigen Bestimmungen des nationalen Rechts unangewendet zu lassen, die damit nicht im Einklang stehen.

Verb. Rs. 205/82 bis 215/82 (Deutsche Milchkontor), Urteil des Gerichtshofs vom 21.09.1983. 10

Vorbemerkungen: *Der unmittelbare indirekte Vollzug von Unionsrecht richtet sich grundsätzlich nach nationalem Verwaltungsverfahrensrecht, soweit das Unionsrecht hierfür keine expliziten Vorschriften enthält. Allerdings müssen die nationalen Behörden zwei Anwendungsschranken beachten: Die Anwendung nationalen Vollzugsrechts darf weder die praktische Wirksamkeit (effet utile) der unionsrechtlichen Regelungen vereiteln bzw. erheblich einschränken (Effizienzgebot), noch darf die sie zu Benachteiligungen der Teilnehmer des Gemeinsamen Marktes gegenüber Teilnehmern des rein innerstaatlichen Wirtschaftsverkehrs führen (Diskriminierungsverbot/Äquivalenzgebot). Nationales Recht, das gegen diese Vorgaben verstößt, muss im konkreten Fall unangewendet bleiben.*

Sachverhalt: Das Verwaltungsgericht Frankfurt am Main legte eine Reihe von Fragen zur Vorabentscheidung vor, die sich auf die Auslegung verschiedener Verordnungsbestimmungen zur Gewährung von Beihilfen sowie auf die Grundsätze des (damaligen) Gemeinschaftsrechts hinsichtlich der Rückforderung von zu Unrecht gezahlten Beihilfen bezogen. Die Fragen stellten sich im Rahmen von Rechtsstreitigkeiten zwischen dem Bundesamt für Ernährung und Forstwirtschaft, der in der Bundesrepublik Deutschland für die Zahlung von Beihilfen für die Verarbeitung von Magermilchpulver zuständigen Behörde und Unternehmen, die Mischfutter herstellten oder mit Milcherzeugnissen handelten. In den Ausgangsverfahren begehrten die klagenden Unternehmen die Aufhebung der Bescheide, mit denen das Bundesamt von ihnen Beträge zurückgefordert hatte, die es ihnen zu Unrecht als Beihilfen für Magermilchpulver in Anwendung verschiedener EG-Verordnungen gewährt hatte. Bezüglich der Rückforderung der zu Unrecht bezahlten Beihilfen verwies der EuGH im Grundsatz auf die nationalen Vorschriften (hier also vor allem § 48 VwVfG).

Aus den Entscheidungsgründen:

[17] Im Einklang mit den allgemeinen Grundsätzen, auf denen das institutionelle System der Gemeinschaft beruht und die die Beziehungen zwischen der Gemeinschaft und den Mitgliedstaaten beherrschen, ist es gemäß Artikel 5 EWG-Vertrag Sache der Mitgliedstaaten, in ihrem Hoheitsgebiet für die Durchführung der Gemeinschaftsregelungen, namentlich im Rahmen der gemeinsamen Agrarpolitik, zu sorgen. Soweit das Gemeinschaftsrecht einschließlich der allgemeinen gemeinschaftsrechtlichen Grundsätze hierfür keine gemeinsamen Vorschriften enthält, gehen die nationalen Behörden bei dieser Durchführung der Gemeinschaftsregelungen nach den formellen und materiellen Bestimmungen ihres nationalen Rechts vor, wobei dieser Rechtssatz freilich, wie der Gerichtshof in seinem Urteil vom 6. Juni 1972 (Rechtssache 94/71, Schlüter, Slg. 1972, S. 307) ausgeführt hat, mit den Erfordernissen der einheitlichen Anwendung des Gemeinschaftsrechts in Einklang gebracht werden muß, die notwendig ist, um zu vermeiden, daß die Wirtschaftsteilnehmer ungleich behandelt werden.

(...)

[21] Zwar kann diese Verweisung auf das nationale Recht dazu führen, daß die Voraussetzungen für die Rückforderung zu Unrecht gezahlter Beihilfen sich in gewissem Umfang von einem Mitgliedstaat zum anderen unterscheiden. Das Ausmaß solcher, beim gegenwärtigen Entwicklungsstand des Gemeinschaftsrechts übrigens unvermeidlicher Unterschiede wird jedoch durch die Grenzen vermindert, die der Gerichtshof in den zitierten Urteilen der Anwendung nationalen Rechts gezogen hat.

[22] Die Anwendung des nationalen Rechts darf erstens die Tragweite und die Wirksamkeit des Gemeinschaftsrechts nicht beeinträchtigen. Das wäre vor allem dann der Fall, wenn diese Anwendung die Wiedereinziehung von zu Unrecht geleisteten Zahlungen praktisch unmöglich machen würde. Außerdem wäre die Ausübung eines Ermessens hinsichtlich der Frage, ob die Rückforderung der zu Unrecht oder

vorschriftswidrig gewährten Gemeinschaftsmittel zweckmäßig ist, damit unvereinbar, daß Artikel 8 Absatz 1 der Verordnung Nr. 729/70 die nationalen Behörden verpflichtet, die zu Unrecht oder vorschriftswidrig ausgezahlten Beträge wiedereinzuziehen.

[23] Bei der Anwendung nationalen Rechts dürfen zweitens keine Unterschiede im Vergleich zu Verfahren gemacht werden, in denen über gleichartige, aber rein nationale Rechtsstreitigkeiten entschieden wird. Zum einen müssen die nationalen Behörden auf diesem Gebiet ebenso sorgfältig vorgehen wie in vergleichbaren Fällen, in denen sie ausschließlich entsprechende nationale Rechtsvorschriften anzuwenden haben, und sie müssen nach Modalitäten verfahren, die die Wiedereinziehung der fraglichen Beträge nicht schwieriger gestalten als in diesen Fällen. Zum anderen dürfen ungeachtet des vorerwähnten Ausschlusses einer Ermessensentscheidung über die Zweckmäßigkeit der Rückforderung die Pflichten, die das nationale Recht denjenigen Unternehmen auferlegt, denen auf dem Gemeinschaftsrecht beruhende finanzielle Vorteile zu Unrecht gewährt wurden, nicht weiter gehen als die Pflichten derjenigen Unternehmen, die gleichartige, auf nationalem Recht beruhende Vorteile zu Unrecht erhalten haben, vorausgesetzt, beide Gruppen von Leistungsempfängern befinden sich in vergleichbarer Lage, so daß eine unterschiedliche Behandlung objektiv nicht zu rechtfertigen ist.

Rs. C-217/88 (Kommission ./. Deutschland; „Tafelwein“), Urteil des Gerichtshofs vom 10.07.1990. 11

Vorbemerkungen: *In der vorliegenden Entscheidung konkretisierte der EuGH das Effizienzgebot beim unmittelbar indirekten Vollzug des Unionsrechts (vgl. Fall 10) dahingehend, dass es die nationalen Behörden zum Einsatz aller zur Durchsetzung der Unionsrechtsnorm erforderlichen Mittel verpflichtet. Damit stellte der EuGH ausdrücklich klar, dass den nationalen Behörden kein Ermessensspielraum über das „Ob“, sondern allenfalls über das „Wie“ des Unionsrechtsvollzuges zukommt. Diese Durchsetzungsverpflichtung erfasst alle denkbaren Maßnahmen von der Konsultation der Kommission bis zum Einsatz nationaler Zwangsmittel (etwa die Anordnung der sofortigen Vollziehung).*

Sachverhalt: Im Weinwirtschaftsjahr 1984/85 legte die Kommission durch eine Verordnung Gesamtmengen an Tafelwein fest, die zur obligatorischen Destillation abzuliefern waren. Daraufhin erließen die deutschen Behörden 614 Verwaltungsakte, mit denen die Gesamtmenge auf die einzelnen Winzer umgelegt wurde. Eine sofortige Vollziehung wurde nicht angeordnet. Gegen 506 dieser Bescheide wurde Widerspruch mit aufschiebender Wirkung eingelegt. Dies führte dazu, dass die Widerspruchsführer ihren Wein noch während der aufschiebenden Wirkung der Widersprüche auf dem deutschen Markt verkaufen konnten und damit die marktpolitischen Ziele der obligatorischen Destillation vereitelten. Die Kommission sah in dem Verhalten der deutschen Behörden eine Vertragsverletzung und erhob Klage. Der Gerichtshof bejahte die Vertragsverletzung.

Aus den Entscheidungsgründen:

[24] Die Bundesrepublik Deutschland macht drittens geltend, es sei Sache der Mitgliedstaaten, zu bestimmen, welche Maßnahmen am besten geeignet seien, die Beachtung der Gemeinschaftsvorschriften zu gewährleisten; im vorliegenden Fall hätten nach deutschem Recht ernsthafte Bedenken gegen die Anordnung der sofortigen Vollziehung der Bescheide über die Heranziehung zur obligatorischen Destillation bestanden.

[25] Auch dieses Vorbringen ist zurückzuweisen. Das Ziel, das mit den Maßnahmen der obligatorischen Destillation verfolgt wird, kann nur erreicht werden, wenn diese Maßnahmen innerhalb einer bestimmten Frist durchgeführt werden, die im vorliegenden Fall durch Artikel 10 der Verordnung (EWG) Nr. 147/85 der Kommission vom 18. Januar 1985 mit Durchführungsbestimmungen für die Destillation gemäß Artikel 41 der Verordnung (EWG) Nr. 337/79 für das Weinwirtschaftsjahr 1984/85 (ABl. L 16, S. 25) in ihrer durch die Verordnung (EWG) Nr. 953/85 der Kommission vom 10. April 1985 (ABl. L 102, S. 19) geänderten Fassung festgesetzt war. Nach Artikel 64 Absatz 1 haben folglich die Mitgliedstaaten dafür Sorge zu tragen, daß die betroffenen Erzeuger die Destillation innerhalb der vorgeschriebenen Frist vornehmen, und alle dazu notwendigen Maßnahmen zu ergreifen. Nachdem die in der Bundesrepublik Deutschland niedergelassenen Erzeuger durch Einlegung eines im deutschen Recht vorgesehenen Rechtsbehelfs die Aussetzung der Vollziehung der Bescheide über die Heranziehung zur obligatorischen Destillation erreicht hatten, oblag es den deutschen Behörden, diese aufschiebende Wirkung durch die Anordnung der sofortigen Vollziehung der Heranziehungsbescheide zu beseitigen.

[26] Dazu macht die Bundesrepublik Deutschland geltend, die nach deutschem Recht für den Erlaß einer solchen Anordnung bestehenden Voraussetzungen seien nicht erfüllt gewesen. Selbst wenn man annimmt, daß diese Auffassung zutrifft, so kann sie die Nichterfüllung

einer gemeinschaftsrechtlichen Verpflichtung durch die Bundesrepublik Deutschland nicht rechtfertigen. Nach ständiger Rechtsprechung des Gerichtshofs kann ein Mitgliedstaat sich nämlich nicht auf Bestimmungen, Übungen oder Umstände seiner internen Rechtsordnung berufen, um die Nichtbeachtung von Verpflichtungen aus dem Gemeinschaftsrecht zu rechtfertigen (siehe unter anderem das Urteil vom 21. Februar 1990 in der Rechtssache C-74/89, Kommission/Belgien, Slg. 1990, I-491).

Rs. C-24/95 (Alcan Deutschland), 12
Urteil des Gerichtshofs vom 20.03.1997.

Vorbemerkungen: *Die Rückforderung einer unionsrechtswidrigen Beihilfe ist nach ständiger Rechtsprechung der Unionsgerichte die „logische Folge" ihrer Unionsrechtswidrigkeit. Ordnet die Kommission mittels Beschluss gegenüber einem Mitgliedstaat die Rückforderung an, so ist dieser zur Rückforderung gegenüber dem begünstigten Unternehmen verpflichtet, der den Rückforderungsbeschluss der Kommission vollziehenden Behörde kommt keinerlei Ermessen zu. Die Rückforderung durch die jeweils zuständige nationale Stelle richtet sich dabei zwar im Grundsatz nach den einschlägigen nationalen Rechtsvorschriften, die jedoch unter Berücksichtigung unionsrechtlicher Vorgaben auszulegen und anzuwenden sind. Bei der Rückforderung ist das besondere Interesse der Union daher „in vollem Umfang" zu berücksichtigen. Wurde die Beihilfe, wie im vorliegenden Fall, durch einen Verwaltungsakt gewährt, ist der Subventionsbescheid folglich nach § 48 VwVfG zurückzunehmen. Die nach § 48 VwVfG grundsätzlich bestehende Möglichkeit des Beihilfenempfängers, sich auf Vertrauensschutzgesichtspunkte zu berufen, kommt im Falle der formellen Unionsrechtswidrigkeit der Beihilfe danach nicht in Betracht. Es sei jedem sorgfältigen Gewerbetreibenden möglich, sich zu vergewissern, ob das nach Art. 108 Abs. 3 AEUV einzuhaltende Verfahren durch den Mitgliedstaat gewahrt wurde. Es könne daher kein schutzwürdiges Vertrauen auf die Unionsrechtskonformität einer nicht angemeldeten Beihilfe geben. Gleiches gelte für den Einwand des Wegfalls der Bereicherung. Könnte sich ein Begünstigter hierauf berufen, wäre die unionsrechtlich gebotene Rückforderung praktisch unmöglich. Der Begünstigte einer formell unionsrechtswidrigen Beihilfe ist nach der Rechtsprechung des Gerichtshofs damit grundsätzlich nicht schutzwürdig.* ***B:*** *C. Happe, NVwZ 1998, 26ff.*
L: *Rn. 450, 1237.*

Sachverhalt: Mit einer Entscheidung (heute: Beschluss) stellte die Kommission die Gemeinschaftsrechtswidrigkeit einer der Firma Alcan durch das Land Rheinland-Pfalz gewährten Beihilfe fest und ordnete deren Rückforderung an. Weder die deutsche Regierung noch die Beihilfenbegünstigte fochten die Entscheidung an. Gegen den Bescheid des Landes Rheinland-Pfalz, mit dem sodann die Rückzahlung der gewährten Beträge verlangt wurde, erhob die Firma Alcan Klage beim VG. Nachdem das VG und das OVG der Klage stattgegeben hatten, legte das BVerwG dem EuGH Fragen zum Verhältnis des nationalen zum gemeinschaftlichen Recht im Bereich der Rückforderung gemeinschaftsrechtswidrig gewährter Beihilfen zur Vorabentscheidung vor. Der EuGH sah die zuständige nationale Behörde als verpflichtet an, den Bewilligungsbescheid einer gemeinschaftsrechtswidrigen Beihilfe selbst dann zurückzunehmen, wenn dieser Rücknahme die nationalen Vorschriften über Fristen, Treu und Glauben und Wegfall der Bereicherung (vgl. §§ 48 Abs. 2, 4, 49a Abs. 2 VwVfG, § 818 Abs. 3 BGB) entgegenstehen. Diese Vorschriften müssten vielmehr wegen des Effizienzgebots (vgl. Fall 10) im konkreten Fall unangewendet bleiben.

Aus den Entscheidungsgründen:

[24] Die Rückforderung der Beihilfe findet grundsätzlich nach Maßgabe des einschlägigen nationalen Rechts statt; jedoch darf dessen Anwendung die gemeinschaftsrechtlich vorgeschriebene Rückforderung nicht praktisch unmöglich machen (vgl. Urteile vom 21. März 1990 in der Rechtssache C-142/87, Belgien/Kommission, Slg. 1990, I-959, Randnr. 61, und vom 20. September 1990 in der Rechtssache C-5/89, Kommission/Deutschland, Slg. 1990, I-3437, Randnr. 12; ebenso vorerwähntes Urteil Deutsche Milchkontor u. a. für die Rückforderung von Gemeinschaftsbeihilfen). Insbesondere muß bei der Anwendung einer Vorschrift, die die Rücknahme eines rechtswidrigen Verwaltungsakts von der Abwägung der verschiedenen widerstreitenden Interessen abhängig macht, das Interesse der Gemeinschaft in vollem Umfang berücksichtigt werden (vgl. Urteil vom 2. Februar 1989, Kommission/Deutschland, a. a. O., Randnr. 12).

(…)

[34] Bei staatlichen Beihilfen, die für mit dem Gemeinsamen Markt unvereinbar erklärt werden, beschränkt sich die Rolle der nationalen Behörden, wie der Generalanwalt in Nummer 27 seiner Schlußanträge hervorgehoben hat, auf die Durchführung der Entscheidungen der Kommission. Die nationalen Behörden verfügen somit bezüglich der Rücknahme eines Bewilligungsbescheids über keinerlei Ermessen. Ordnet die Kommission also durch eine Entscheidung, gegen die keine Klage

erhoben worden ist, die Rückforderung zu Unrecht gezahlter Beträge an, so ist die nationale Behörde nicht berechtigt, irgendeine andere Feststellung zu treffen.

[35] Läßt die nationale Behörde gleichwohl die im nationalen Recht für die Rücknahme des Bewilligungsbescheids vorgesehene Ausschlußfrist verstreichen, so kann diese Situation nicht mit derjenigen gleichgesetzt werden, in der ein Wirtschaftsteilnehmer nicht weiß, ob die zuständige Behörde eine Entscheidung treffen wird, und in der der Grundsatz der Rechtssicherheit verlangt, daß diese Ungewißheit nach Ablauf einer bestimmten Frist beendet wird.

[36] Da die nationale Behörde kein Ermessen besitzt, ist der Empfänger einer rechtswidrig gewährten Beihilfe nicht mehr im ungewissen, sobald die Kommission eine Entscheidung erlassen hat, in der die Beihilfe für mit dem Gemeinsamen Markt unvereinbar erklärt und ihre Rückforderung verlangt wird.

[37] Der Grundsatz der Rechtssicherheit kann daher nicht deshalb der Rückforderung der Beihilfe entgegenstehen, weil die nationalen Behörden der Entscheidung, in der die Rückforderung angeordnet wird, verspätet nachgekommen sind. Andernfalls würde die Rückforderung der zu Unrecht gezahlten Beträge praktisch unmöglich gemacht und den Gemeinschaftsvorschriften über die staatlichen Beihilfen jede praktische Wirksamkeit genommen.

(...)

[41] Ohne daß beurteilt werden müßte, wie sich die deutschen Behörden im Ausgangsfall verhalten haben, was allein in die Zuständigkeit der nationalen Gerichte und nicht in die des Gerichtshofs im Vorabentscheidungsverfahren nach Artikel 177 des Vertrages fällt, ist festzustellen, daß die Beihilfeempfängerin kein berechtigtes Vertrauen in die Ordnungsmäßigkeit der Gewährung der Beihilfe geltend machen kann, wie sich aus den Randnummern 30 und 31 des vorliegenden Urteils ergibt. Die Verpflichtung des Begünstigten, sich zu vergewissern, daß das Verfahren des Artikel 93 Absatz 3 EGV eingehalten wurde, kann nämlich nicht vom Verhalten der Behörde abhängen, auch wenn diese für die Rechtswidrigkeit des Bescheids in einem solchen Maße verantwortlich war, daß die Rücknahme als Verstoß gegen Treu und Glauben erscheint.

[42] Unter Umständen wie denen des Ausgangsverfahrens würde die Nichtrücknahme des Beihilfebescheids das Gemeinschaftsinteresse schwer beeinträchtigen und die gemeinschaftsrechtlich gebotene Rückforderung praktisch unmöglich machen.

[43] Daher ist auf die zweite Frage zu antworten, daß die zuständige Behörde gemeinschaftsrechtlich verpflichtet ist, den Bewilligungs-

bescheid für eine rechtswidrig gewährte Beihilfe gemäß einer bestandskräftigen Entscheidung der Kommission, in der die Beihilfe für mit dem Gemeinsamen Markt unvereinbar erklärt und ihre Rückforderung verlangt wird, selbst dann zurückzunehmen, wenn sie für dessen Rechtswidrigkeit in einem solchen Masse verantwortlich ist, daß die Rücknahme dem Begünstigten gegenüber als Verstoß gegen Treu und Glauben erscheint, sofern der Begünstigte wegen Nichteinhaltung des in Artikel 93 des Vertrages vorgesehenen Verfahrens kein berechtigtes Vertrauen in die Ordnungsmässigkeit der Beihilfe haben konnte.

(...)

[49] Wie in Randnummer 25 des vorliegenden Urteils bereits ausgeführt, darf ein beihilfebegünstigtes Unternehmen auf die Ordnungsmäßigkeit der Beihilfe jedoch nur vertrauen, wenn diese unter Einhaltung des in Artikel 93 des Vertrages vorgesehenen Verfahrens gewährt wurde.

[50] Das gleiche hat somit auch für den Einwand des Wegfalls der Bereicherung zu gelten, der im vorliegenden Fall dazu führen würde, die gemeinschaftsrechtlich gebotene Rückforderung praktisch unmöglich zu machen.

[51] Entgegen dem Vorbringen von Alcan stellt der Wegfall der Bereicherung bei staatlichen Beihilfen buchmäßig keinen atypischen Fall dar, sondern ist eher die Regel, da diese Beihilfen im allgemeinen Unternehmen, die sich in Schwierigkeiten befinden, gewährt werden, deren Bilanz im Zeitpunkt der Rückforderung nicht mehr den aus der Beihilfe unbestreitbar resultierenden Vermögenszuwachs erkennen läßt.

[52] Wie der Generalanwalt in Nummer 38 seiner Schlußanträge hervorgehoben hat, können einem Unternehmen, das nach der Gewährung einer Beihilfe Verluste erleidet, gleichwohl aus seinem einstweiligen Fortbestand weiterhin Vorteile erwachsen, insbesondere aufgrund der Wahrung seiner Marktposition, seines Rufes und seines Kundenkreises. Daher kann nicht behauptet werden, daß die Bereicherung schon deshalb weggefallen ist, weil der aus der Gewährung einer staatlichen Beihilfe resultierende Vorteil nicht mehr in der Bilanz des begünstigten Unternehmens erscheint.

[53] Folglich entbehrt das Argument von Alcan der Grundlage, daß der Gerichtshof ihre in Anbetracht des angeblichen Wegfalls der Bereicherung besondere und atypische Situation berücksichtigen müsse.

Rs. C-224/97 (Ciola), 13
Urteil des Gerichtshofs vom 29.04.1999.

Vorbemerkungen: *Die Entscheidung unterstreicht, dass der Anwendungsvorrang weit zu verstehen ist. Das Unionsrecht geht nicht nur abstrakt-generellen Rechtsvorschriften vor, sondern kann, wie das Urteil Ciola erstmals verdeutlichte, auch der Anwendung konkret-individueller Verwaltungsentscheidungen entgegenstehen. Die Ausdehnung des Anwendungsvorrangs auf Verwaltungsakte besitzt allerdings Ausnahmecharakter, da es andernfalls zu einer Aushebelung des Grundsatzes der Bestandskraft kommen würde. Dass auch der EuGH die Bestandskraft mitgliedstaatlicher Verwaltungsentscheidungen im Grundsatz anerkennt, erschließt sich zweifelsfrei allerdings erst aus seiner Folgerechtsprechung, in der er differenzierte Anforderungen an eine Durchbrechung der Bestandskraft stellte (Rs. Kühne & Heitz, Fall 14). Die Unbeachtlichkeit des Grundsatzes der Bestandskraft für die vorliegende Rechtssache ergab sich aus dem besonderen Umstand, dass die fragliche Verwaltungsentscheidung zu einer Zeit (im Jahr 1990) bestandskräftig wurde, als Österreich noch nicht Mitglied der damaligen EG war. Die Bestandskraft trat damit zu einem Zeitpunkt ein, als die konkret-individuelle Maßnahme rechtmäßig war. Sie wurde erst mit dem Beitritt Österreichs zur EU im Jahr 1995 (bzw. bereits mit Inkrafttreten des EWR-Vertrages im Jahr 1994) rechtswidrig. Da für den Betroffenen somit keine Möglichkeit bestand, den Eintritt der Bestandskraft zu verhindern, konnte dieses „Versäumnis" folgerichtig einer nachträglichen Durchsetzung seiner unionsrechtlich garantierten Rechtsposition nicht im Wege stehen.* ***B:*** *T. Schilling, EuZW 1999, 407f.* ***L:*** *Rn. 180, 182, 792, 981, 992, 994.*

Sachverhalt: Von einem österreichischen Betreiber eines Bootshafens, Herrn Ciola, wurden zwei Bootsliegeplätze an Bootseigner mit Wohnsitz in Liechtenstein und Deutschland vergeben. Mit Bescheid vom 06.07.1996 wurde gegen ihn daraufhin eine Geldstrafe mit der Begründung verhängt, dass er das zulässige Kontingent an Liegeplätzen im Uferbereich des Bodensees für Boote, deren Eigner ihren Wohnsitz im Ausland hätten, überschritten habe. Eine diese Begrenzung anordnende nationale Maßnahme war im Jahr 1990 an Herrn Ciola in Form einer individuell-konkreten Verwaltungsentscheidung gerichtet worden. Der EuGH entschied im Rahmen eines Vorabentscheidungsverfahrens, dass diese Bestimmung wegen der Unvereinbarkeit mit Art. 49 EG (jetzt: Art. 56 AEUV) unangewendet bleiben müsse. Der Rechtsschutz des Einzelnen könne nämlich nicht von der Art der dem Gemeinschaftsrecht entgegenstehenden Bestimmung des innerstaatlichen Rechts abhängen.

Aus den Entscheidungsgründen:

[29] Nachdem der Gerichtshof ursprünglich entschieden hat, daß die Verpflichtung, gegebenenfalls jede entgegenstehende Bestimmung des nationalen Rechts unangewendet zu lassen, die nationalen Gerichte trifft (vgl. Urteil Simmenthal, Randnr. 21), hat er in der Folge seine Rechtsprechung in zwei Richtungen konkretisiert.

[30] Zum einen haben sich nämlich nach dieser Rechtsprechung alle Träger der Verwaltung einschließlich der Gemeinden und der sonstigen Gebietskörperschaften diesem Vorrang zu beugen, so daß sich der einzelne ihnen gegenüber auf eine solche Gemeinschaftsbestimmung berufen kann (Urteil vom 22. Juni 1989 in der Rechtssache 103/88, Fratelli Costanzo, Slg. 1989, 1839, Randnr. 32).

[31] Zum anderen können die Bestimmungen des innerstaatlichen Rechts, die einer solchen Gemeinschaftsbestimmung entgegenstehen, sowohl Rechts- als auch Verwaltungsvorschriften umfassen (vgl. in diesem Sinne Urteil vom 7. Juli 1981 in der Rechtssache 158/80, Rewe, Slg. 1981, 1805, Randnr. 43).

[32] Nach der Logik dieser Rechtsprechung umfassen die genannten innerstaatlichen Verwaltungsvorschriften nicht nur generell-abstrakte Normen, sondern auch individuell-konkrete Verwaltungsentscheidungen.

[33] Es wäre nämlich durch nichts zu rechtfertigen, wenn dem einzelnen der Rechtsschutz, der sich für ihn aus der unmittelbaren Wirkung des Gemeinschaftsrechts ergibt und den die innerstaatlichen Gerichte zu gewährleisten haben (vgl. Urteil vom 19. Juni 1990 in der Rechtssache C-213/89, Factortame u. a., Slg. 1990, I-2433, Randnr. 19), in einem Fall verweigert würde, in dem es um die Gültigkeit eines Verwaltungsakts geht. Dieser Rechtsschutz kann nicht von der Art der entgegenstehenden Bestimmung des innerstaatlichen Rechts abhängen.

[34] Nach alledem muß ein gegen die Dienstleistungsfreiheit verstoßendes Verbot, das vor dem Beitritt eines Mitgliedstaats zur Europäischen Union nicht durch eine generell-abstrakte Rechtsvorschrift, sondern durch eine individuell-konkrete, bestandskräftig gewordene Verwaltungsentscheidung eingeführt wurde, bei der Beurteilung der Rechtmäßigkeit einer Geldstrafe, die nach dem Zeitpunkt des Beitritts wegen der Nichtbeachtung dieses Verbots verhängt wurde, unangewendet bleiben.

Rs. C-453/00 (Kühne & Heitz), Urteil des Gerichtshofs vom 13.01.2004. 14

Vorbemerkungen: *In der Rechtssache Kühne & Heitz leitete der EuGH aus dem Grundsatz der praktischen Wirksamkeit (vgl. Art. 4 Abs. 3 EUV) die Verpflichtung der mitgliedstaatlichen Verwaltungsbehörden ab, unter bestimmten Voraussetzungen eine bestandskräftige Verwaltungsentscheidung auf Antrag des Betroffenen hin zu überprüfen. Auch im Unionsrecht gilt jedoch der Grundsatz der Rechtssicherheit, der die Bestandskraft auch eines rechtswidrigen Verwaltungsaktes prinzipiell zu rechtfertigen vermag. Deshalb besteht in solchen Fällen grundsätzlich keine Rücknahmepflicht. Da der zu entscheidende Fall einige Besonderheiten aufwies, kam der EuGH aber zum Ergebnis, dass hier ausnahmsweise doch eine Rücknahmeverpflichtung bestand. Zu den vom EuGH aufgestellten Voraussetzungen für eine solche Bestandskraftsdurchbrechung zählt zum einen, dass ein Urteil eines letztinstanzlichen Gerichts unter Missachtung der Vorlagepflicht nach Art. 267 Abs. 3 AEUV zur Bestandskraft führt, und zum anderen, dass sich der Kläger unmittelbar nach Kenntnis des betreffenden Urteils des Gerichtshofs gegen die Verwaltungsentscheidung wehrt. Beide Voraussetzungen konkretisierte der EuGH in der Rechtssache Kempter (Rs. C-2/06) dahingehend, dass sich der Betroffene im Rahmen des gerichtlichen Rechtsbehelfs gegen die angefochtene Entscheidung nicht explizit auf das Unionsrecht habe berufen müssen. Zudem wird die Möglichkeit, einen Antrag auf Überprüfung einer bestandskräftigen Verwaltungsentscheidung zu stellen, durch das Unionsrecht in zeitlicher Hinsicht nicht beschränkt.* ***B:*** *M. Potacs, EuR 2004, 590ff.* ***L:*** *Rn. 183, 447, 448.*

Sachverhalt: Die Firma Kühne & Heitz exportierte Geflügelteile in Drittstaaten. Hierfür beantragte sie Exportsubventionen einer bestimmten Kategorie des Gemeinsamen Zolltarifs. Die zuständige nationale Behörde genehmigte diesen Antrag zwar dem Grunde nach, ordnete das ausgeführte Geflügelfleisch allerdings einer anderen, geringer subventionierten Kategorie des Gemeinsamen Zolltarifs zu. Die von der Firma Kühne & Heitz daraufhin erhobene Klage, mit der sie die beantragte Eingruppierung erreichen wollte, wurde mit der Begründung abgewiesen, die Kategorisierung der ausgeführten Geflügelteile beruhe auf einer zutreffenden Auslegung des einschlägigen Gemeinschaftsrechts, ohne diese Frage allerdings dem EuGH vorzulegen. Einige Zeit später entschied der EuGH in einem anderen Vorabentscheidungsverfahren, dass Geflügelteile der Art, wie sie auch die Firma Kühne & Heitz ausgeführt hatte, der Kategorie zuzuordnen waren, welche diese zuvor beantragt hatte. Unter Verweis auf diese Entscheidung beantragte die Firma Kühne & Heitz daher die Nachzahlung der zu Unrecht nicht bewilligten Subventionen. Dieser Antrag wurde von der zuständigen nationalen Behörde unter Berufung auf die Bestandskraft der ursprünglichen Entscheidung abgelehnt, obwohl nach nationalem Recht zumindest die Möglichkeit einer Rücknahme bestand. Das gegen die Ablehnung angerufene Gericht fragte den EuGH, ob sich aus dem Gemeinschaftsrecht eine Ermessensreduzierung und damit eine Verpflichtung zur Rücknahme des ursprünglichen Bewilligungsbescheides ergeben könne, was der EuGH bejahte.

Aus den Entscheidungsgründen:

[23] Im Ausgangsverfahren stellt sich die Frage, ob die Erfüllung dieser Verpflichtung auch geboten ist, wenn die Verwaltungsentscheidung bestandskräftig geworden ist, bevor beantragt wurde, sie zu revidieren, um einer Vorabentscheidung des Gerichtshofs Rechnung zu tragen.

[24] Die Rechtssicherheit gehört zu den im Gemeinschaftsrecht anerkannten allgemeinen Rechtsgrundsätzen. Die Bestandskraft einer Verwaltungsentscheidung, die nach Ablauf angemessener Klagefristen oder Erschöpfung des Rechtswegs eingetreten ist, trägt zur Rechtssicherheit bei. Daher verlangt das Gemeinschaftsrecht nicht, dass eine Verwaltungsbehörde grundsätzlich verpflichtet ist, eine bestandskräftige Verwaltungsentscheidung zurückzunehmen.

[25] Das vorlegende Gericht hat jedoch dargelegt, dass eine Verwaltungsbehörde nach niederländischem Recht – sofern keine Rechte Dritter verletzt werden – stets die Befugnis hat, eine bestandskräftige Verwaltungsentscheidung zurückzunehmen, und dass das Bestehen einer derartigen Befugnis unter Umständen die Verpflichtung implizieren kann, eine solche Entscheidung zurückzunehmen, selbst wenn die zuständige Behörde nach niederländischem Recht nicht verpflichtet ist, bestandskräftige Verwaltungsentscheidungen durchgängig zurückzunehmen, um einer später ergangenen gerichtlichen Entscheidung nachzukommen. Mit seiner Frage möchte das vorlegende Gericht wissen, ob sich unter Umständen wie denjenigen des Ausgangsverfahrens aus dem Gemeinschaftsrecht eine Pflicht zur Rücknahme einer bestandskräftigen Verwaltungsentscheidung ergibt.

[26] Nach den Akten liegen folgende Umstände vor. Erstens hat die Verwaltungsbehörde nach nationalem Recht die Befugnis, die im Ausgangsverfahren in Rede stehende bestandskräftige Entscheidung zurückzunehmen. Zweitens erlangte die Verwaltungsentscheidung ihre

Bestandskraft erst infolge eines Urteils eines nationalen Gerichts, dessen Entscheidungen nicht mit Rechtsmitteln anfechtbar sind. Drittens beruhte dieses Urteil auf einer Auslegung des Gemeinschaftsrechts, die, wie ein später ergangenes Urteil des Gerichtshofs zeigt, unrichtig war und die erfolgt ist, ohne dass der Gerichtshof angerufen wurde, obwohl der Tatbestand des Artikels 234 Absatz 3 EG erfüllt war. Viertens wandte sich die Klägerin, unmittelbar nachdem sie Kenntnis von diesem Urteil des Gerichtshofs erlangt hatte, an die Verwaltungsbehörde.

[27] Unter solchen Umständen ist die Verwaltungsbehörde nach dem in Artikel 10 EG verankerten Grundsatz der Zusammenarbeit verpflichtet, ihre Entscheidung zu überprüfen, um der mittlerweile vom Gerichtshof vorgenommenen Auslegung der einschlägigen Bestimmung des Gemeinschaftsrechts Rechnung zu tragen. Diese Behörde muss anhand der Ergebnisse dieser Überprüfung entscheiden, inwieweit sie verpflichtet ist, die in Rede stehende Entscheidung, ohne die Belange Dritter zu verletzen, zurückzunehmen.

[28] Nach allem ist auf die vorgelegte Frage zu antworten, dass der in Artikel 10 EG verankerte Grundsatz der Zusammenarbeit eine Verwaltungsbehörde auf einen entsprechenden Antrag hin verpflichtet, eine bestandskräftige Verwaltungsentscheidung zu überprüfen, um der mittlerweile vom Gerichtshof vorgenommenen Auslegung der einschlägigen Bestimmung Rechnung zu tragen, wenn

die Behörde nach nationalem Recht befugt ist, diese Entscheidung zurückzunehmen,

die Entscheidung infolge eines Urteils eines in letzter Instanz entscheidenden nationalen Gerichts bestandskräftig geworden ist,

das Urteil, wie eine nach seinem Erlass ergangene Entscheidung des Gerichtshofs zeigt, auf einer unrichtigen Auslegung des Gemeinschaftsrechts beruht, die erfolgt ist, ohne dass der Gerichtshof um Vorabentscheidung ersucht wurde, obwohl der Tatbestand des Artikels 234 Absatz 3 EG erfüllt war, und

der Betroffene sich, unmittelbar nachdem er Kenntnis von der besagten Entscheidung des Gerichtshofs erlangt hat, an die Verwaltungsbehörde gewandt hat.

2. Einstweiliger Rechtsschutz

15 **Verb. Rs. C-143/88 und C-92/89 (Zuckerfabrik Süderdithmarschen), Urteil des Gerichtshofs vom 21.02.1991.**

und

16 **Rs. C-465/93 (Atlanta Fruchthandelsgesellschaft), Urteil des Gerichtshofs vom 09.11.1995.**

Gemeinsame Vorbemerkungen: *Hinsichtlich des Einflusses des Unionsrechts auf den nationalen einstweiligen Rechtsschutz unterscheidet der EuGH zwei Konstellationen. In der einen soll der mitgliedstaatliche Vollzug einer nationalen Norm ausgesetzt werden, deren Vereinbarkeit mit dem Unionsrecht bezweifelt wird. In der anderen soll der mitgliedstaatliche Vollzug einer EU-Verordnung ausgesetzt werden, deren Rechtmäßigkeit in Frage gestellt wird. Im erstgenannten Fall findet das jeweilige nationale Verfahrensrecht weiterhin Anwendung, zu beachten sind lediglich der Äquivalenz- und Effektivitätsgrundsatz (vgl. EuGH, Rs. C-432/05, Unibet, Rn. 82). Soll hingegen der Vollzug einer Verordnung im nationalen einstweiligen Rechtsschutz ausgesetzt werden, sieht der Gerichtshof die einheitliche und effektive Anwendung des Unionsrechts gefährdet. Daher genügt dem EuGH hier nicht nur ein äußerer Rahmen, in welchem der nationale einstweilige Rechtsschutz – wie im erstgenannten Fall – weiterhin Anwendung findet. Vielmehr sollen hierfür in allen Mitgliedstaaten „einheitliche" Voraussetzungen gelten, und zwar diejenigen, „die für den Erlaß einer einstweiligen Anordnung durch den Gerichtshof gelten" (vgl. Rs. Zuckerfabrik Süderdithmarschen, Rn. 27 f.; Rs. Atlanta Fruchthandelsgesellschaft, Rn. 39). Diese Voraussetzungen führte der EuGH in den grundlegenden Entscheidungen zu den Rechtssachen Zuckerfabrik Süderdithmarschen und Atlanta Fruchthandelsgesellschaft näher aus. In seiner Zuckerfabrik Süderdithmarschen-Entscheidung bestätigte der EuGH erstmals die Möglichkeit, im Verfahren nach § 80 Abs. 5 VwGO einen Verwaltungsakt, der Gemeinschaftsrecht vollzieht, auszusetzen, wenn ernsthafte Zweifel an der Gültigkeit des zugrundeliegenden Gemeinschaftsrechts bestehen. In der Entscheidung Atlanta Fruchthandelsgesellschaft konkretisierte er die Voraussetzungen, unter welchen eine Aussetzung möglich ist und wendet diese nunmehr auch auf den Erlass einstweiliger Anordnungen*

gem. § 123 Abs. 1 VwGO an. Nach den Maßstäben dieser Urteile ist das mitgliedstaatliche Gericht nur dann zur Aussetzung eines nationalen Gemeinschaftsrechtsvollzugs befugt, soweit:
- *das Gericht erhebliche Zweifel an der Gültigkeit der Handlung der Union hat und diese Gültigkeitsfrage, sofern der Gerichtshof mit ihr noch nicht befasst ist, diesem nach Art. 267 AEUV selbst vorlegt,*
- *die Entscheidung dringlich in dem Sinne ist, dass die einstweilige Regelung erforderlich ist, um zu vermeiden, dass der Antragsteller einen schweren und nicht wiedergutzumachenden Schaden erleidet,*
- *das Gericht das Interesse der Union angemessen berücksichtigt.*

***L:** Rn. 556, 579, 582.*

Verb. Rs. C-143/88 und C-92/89 (Zuckerfabrik Süderdithmarschen), Urteil des Gerichtshofs vom 21.02.1991.

Sachverhalt: Durch Verordnung wurde den in der damaligen Europäischen Gemeinschaft ansässigen Zuckerproduzenten eine sog. Tilgungsabgabe auferlegt. Gemäß der Tilgungsabgabenverordnung setzte das zuständige Finanzamt für die Zuckerfabrik Süderdithmarschen eine Tilgungsabgabe in Höhe von rund 2 Mio. DM fest. Diese erhob gegen diesen Bescheid Anfechtungsklage und beantragte zugleich die Aussetzung der Vollziehung des Abgabenbescheids. Das Finanzgericht ersuchte den EuGH daraufhin u. a. um Beantwortung der Frage, unter welchen Voraussetzungen nationale Gerichte vorläufigen Rechtsschutz gegen einen auf einer EG-Verordnung beruhenden Verwaltungsakt gewähren dürfen.

Aus den Entscheidungsgründen:

[23] Die Vollziehung eines angefochtenen Verwaltungsakts kann nur ausgesetzt werden, wenn die vom Antragsteller angeführten sachlichen und rechtlichen Gegebenheiten das nationale Gericht davon überzeugen, daß an der Gültigkeit der Gemeinschaftsverordnung, auf der der angefochtene Verwaltungsakt beruht, erhebliche Zweifel bestehen. Die Aussetzung rechtfertigt sich nämlich allein aus der Möglichkeit einer Feststellung der Ungültigkeit, die dem Gerichtshof vorbehalten ist.

[24] Weiter muß die Aussetzung der Vollziehung vorläufig bleiben. Das nationale Gericht kann im Rahmen des vorläufigen Rechtsschutzes die Vollziehung also nur aussetzen, bis der Gerichtshof über die Frage der Gültigkeit entschieden hat. Damit obliegt es ihm, sofern der Ge-

richtshof mit dieser Frage noch nicht befaßt ist, diese selbst vorzulegen und dabei die Gründe anzugeben, aus denen es die Verordnung für ungültig hält.

[25] Was die übrigen Voraussetzungen für die Aussetzung der Vollziehung von Verwaltungsakten anbelangt, so ist festzustellen, daß das Verfahrensrecht nationales Recht ist und daß sie in den nationalen Rechtsordnungen unterschiedlich geregelt sind, was die einheitliche Anwendung des Gemeinschaftsrechts gefährden kann.

[26] Nun ist diese einheitliche Anwendung ein Grunderfordernis der gemeinschaftlichen Rechtsordnung. Hieraus folgt, daß jedenfalls für die Aussetzung der Vollziehung von auf einer Gemeinschaftsverordnung beruhenden Verwaltungsakten im Verfahren des vorläufigen Rechtsschutzes, das hinsichtlich der Antragstellung und der Sachverhaltsfeststellung dem nationalen Verfahrensrecht unterliegt, in allen Mitgliedstaaten einheitliche Regeln gelten müssen.

[27] Da die Befugnis der nationalen Gerichte, die Vollziehung eines solchen Verwaltungsakts auszusetzen, der Befugnis des Gerichtshofs nach Artikel 185 im Rahmen von Klagen nach Artikel 173 entspricht, können diese Gerichte die Vollziehung nur unter den Voraussetzungen aussetzen, die für den Erlaß einer einstweiligen Anordnung durch den Gerichtshof gelten.

[28] Insoweit ergibt sich aus einer ständigen Rechtsprechung des Gerichtshofs, daß die Vollziehung eines angefochtenen Aktes nur ausgesetzt werden kann, wenn die Aussetzung dringend ist, wenn sie also vor der Entscheidung in der Hauptsache verfügt und wirksam werden muß, damit der Antragsteller keinen schweren und nicht wiedergutzumachenden Schaden erleidet.

[29] Dringlichkeit ist dabei nur anzunehmen, wenn der vom Antragsteller geltend gemachte Schaden eintreten kann, bevor der Gerichtshof über die Gültigkeit der gerügten Gemeinschaftshandlung hat entscheiden können. Zur Art des Schadens hat der Gerichtshof wiederholt entschieden, daß ein reiner Geldschaden grundsätzlich nicht als nicht wiedergutzumachen anzusehen ist. Jedoch ist es Sache des jeweiligen Gerichts, im Rahmen des vorläufigen Rechtsschutzes die Umstände des Falles zu untersuchen, mit dem es befaßt ist. Dabei hat es zu prüfen, ob die sofortige Vollziehung des Verwaltungsakts, deren Aussetzung beantragt ist, dem Antragsteller irreversible Schäden zufügen könnte, die nicht mehr wiedergutzumachen wären, wenn die Gemeinschaftshandlung für ungültig erklärt werden müßte.

[30] Im übrigen hat das nationale Gericht, das im Rahmen seiner Zuständigkeit Gemeinschaftsrecht anzuwenden hat, dessen volle Wir-

kung sicherzustellen; damit ist es bei Zweifeln an der Gültigkeit von Gemeinschaftsverordnungen verpflichtet, das Interesse der Gemeinschaft daran in Rechnung zu stellen, daß diese Verordnungen nicht vorschnell außer Anwendung gelassen werden.

[31] Dieser Verpflichtung wird das nationale Gericht im Rahmen des vorläufigen Rechtsschutzes nur gerecht, wenn es zu allererst prüft, ob der fraglichen Gemeinschaftsverordnung nicht jede praktische Wirksamkeit genommen wird, wenn sie nicht sofort angewandt wird.

[32] Wenn die Aussetzung der Vollziehung ein finanzielles Risiko für die Gemeinschaft darstellt, muß das nationale Gericht im übrigen die Möglichkeit haben, von dem Antragsteller hinreichende Sicherheiten, etwa eine Kaution oder eine Hinterlegung, zu verlangen.

[33] Nach alledem ist auf den zweiten Teil der ersten Frage des Finanzgerichts Hamburg zu antworten, daß ein nationales Gericht die Vollziehung eines auf einer Gemeinschaftsverordnung beruhenden nationalen Verwaltungsakts nur aussetzen darf,

- wenn es erhebliche Zweifel an der Gültigkeit der Gemeinschaftsverordnung hat und die Frage dieser Gültigkeit, sofern der Gerichtshof mit ihr noch nicht befaßt ist, diesem selbst vorlegt,
- wenn die Entscheidung dringlich ist und dem Antragsteller ein schwerer und nicht wiedergutzumachender Schaden droht
- und wenn das Gericht das Interesse der Gemeinschaft angemessen berücksichtigt.

Rs. C-465/93 (Atlanta Fruchthandelsgesellschaft), Urteil des Gerichtshofs vom 09.11.1995.

Sachverhalt: In der Rs. Atlanta Fruchthandelsgesellschaft musste der EuGH u. a. die Frage beantworten, unter welchen Voraussetzungen ein nationales Gericht, das erhebliche Zweifel an der Gültigkeit einer Gemeinschaftsverordnung hat, eine einstweilige Anordnung erlassen darf. Der EuGH sah die nationalen Gerichte als befugt an, in solchen Fällen eine einstweilige Anordnung zu treffen, soweit bestimmte Voraussetzungen erfüllt sind.

Aus den Entscheidungsgründen:

[35] Im Urteil Zuckerfabrik Süderdithmarschen u. a. hat der Gerichtshof entschieden, daß die Vollziehung eines angefochtenen Verwaltungsakts nur ausgesetzt werden kann, wenn die vom Antragsteller angeführten sachlichen und rechtlichen Gegebenheiten das nationale

Gericht davon überzeugen, daß an der Gültigkeit der Gemeinschaftsverordnung, auf der der angefochtene Verwaltungsakt beruht, erhebliche Zweifel bestehen. Die Aussetzung rechtfertigt sich nämlich allein aus der Möglichkeit einer Feststellung der Ungültigkeit, die dem Gerichtshof vorbehalten ist (Randnr. 23).

[36] Dieses Erfordernis bedeutet, daß das nationale Gericht sich nicht darauf beschränken kann, an den Gerichtshof ein Vorabentscheidungsersuchen zur Prüfung der Gültigkeit der Verordnung zu richten, sondern daß es zum Zeitpunkt des Erlasses der Maßnahme des vorläufigen Rechtsschutzes angeben muß, weshalb es meint, daß der Gerichtshof die Ungültigkeit dieser Verordnung feststellen muß.

[37] Insoweit muß das nationale Gericht den Umfang des Ermessensspielraums berücksichtigen, der den Gemeinschaftsorganen nach der Rechtsprechung des Gerichtshofs in den betroffenen Sektoren zuerkannt werden muß.

(…)

[39] Da die Befugnis der nationalen Gerichte, einstweilige Anordnungen zu treffen, der Befugnis des Gerichtshofs nach Artikel 186 im Rahmen der Klagen nach Artikel 173 des Vertrages entspricht, können die nationalen Gerichte diese Anordnungen nur unter den Voraussetzungen treffen, die für die Gewährung vorläufigen Rechtsschutzes durch den Gerichtshof gelten (Urteil Zuckerfabrik Süderdithmarschen u. a., Randnr. 27).

(…)

[41] Dringlichkeit ist dabei nur anzunehmen, wenn der vom Antragsteller geltend gemachte Schaden eintreten kann, bevor der Gerichtshof über die Gültigkeit der gerügten Gemeinschaftshandlung entscheiden kann. Zur Art des Schadens hat der Gerichtshof wiederholt entschieden, daß ein reiner Geldschaden grundsätzlich nicht als nicht wiedergutzumachen anzusehen ist. Jedoch ist es Sache des jeweiligen Gerichts, im Rahmen des vorläufigen Rechtsschutzes die Umstände des Falles zu untersuchen, mit dem es befaßt ist. Dabei hat es zu prüfen, ob die sofortige Vollziehung des Verwaltungsakts, hinsichtlich dessen der Erlaß einstweiliger Anordnungen beantragt wird, dem Antragsteller irreversible Schäden zufügen könnte, die nicht mehr wiedergutzumachen wären, wenn die Gemeinschaftshandlung für ungültig erklärt werden müßte (Urteil Zuckerfabrik Süderdithmarschen u. a., Randnr. 29).

[42] Im übrigen hat das nationale Gericht, das im Rahmen seiner Zuständigkeit Gemeinschaftsrecht anzuwenden hat, dessen volle Wirkung sicherzustellen; damit ist es bei Zweifeln an der Gültigkeit von Gemeinschaftsverordnungen verpflichtet, das Interesse der Gemein-

schaft daran in Rechnung zu stellen, daß diese Verordnungen nicht vorschnell außer Anwendung gelassen werden (Urteil Zuckerfabrik Süderdithmarschen u. a., Randnr. 30).

[43] Dieser Verpflichtung wird das nationale Gericht, bei dem ein Antrag auf Erlaß einstweiliger Anordnungen gestellt wird, nur gerecht, wenn es zunächst prüft, ob der fraglichen Gemeinschaftsverordnung nicht jede praktische Wirksamkeit genommen wird, wenn sie nicht sofort angewandt wird (Urteil Zuckerfabrik Süderdithmarschen u. a., Randnr. 31).

[44] Das nationale Gericht muß dabei die Beeinträchtigung berücksichtigen, die von der Maßnahme des vorläufigen Rechtsschutzes für die durch diese Verordnung in der gesamten Gemeinschaft eingeführte rechtliche Regelung ausgehen kann. Zu berücksichtigen sind sowohl die kumulative Wirkung, die eintreten würde, wenn zahlreiche Gerichte aus ähnlichen Gründen ebenfalls Maßnahmen des vorläufigen Rechtsschutzes erlassen würden, als auch die Besonderheit der Situation des Antragstellers, die diesen von den übrigen betroffenen Wirtschaftsteilnehmern unterscheidet.

[45] Wenn der Erlaß von Maßnahmen des vorläufigen Rechtsschutzes ein finanzielles Risiko für die Gemeinschaft darstellt, muß das nationale Gericht im übrigen die Möglichkeit haben, von dem Antragsteller hinreichende Sicherheiten, etwa eine Kaution oder eine Hinterlegung, zu verlangen (Urteil Zuckerfabrik Süderdithmarschen u. a., Randnr. 32).

[46] Bei der Prüfung der Voraussetzungen für den Erlaß der Maßnahme des vorläufigen Rechtsschutzes ist das nationale Gericht nach Artikel 5 des Vertrages verpflichtet, Entscheidungen des Gemeinschaftsrichters über die von ihm aufgeworfenen Streitfragen zu beachten. So darf das nationale Gericht, wenn der Gerichtshof eine Nichtigkeitsklage gegen die fragliche Verordnung als unbegründet abgewiesen oder im Rahmen eines Vorabentscheidungsverfahrens zur Prüfung der Gültigkeit festgestellt hat, daß die Prüfung der Vorabentscheidungsfragen nichts ergeben hat, was die Gültigkeit dieser Verordnung beeinträchtigen könnte, keine Maßnahmen des vorläufigen Rechtsschutzes mehr erlassen oder muß diese aufheben, sofern nicht vor ihm andere Rechtswidrigkeitsgründe geltend gemacht worden sind als die Nichtigkeits- oder Rechtswidrigkeitsgründe, die der Gerichtshof in seinem Urteil zurückgewiesen hat. Dasselbe gilt, wenn das Gericht erster Instanz in einem rechtskräftig gewordenen Urteil eine Nichtigkeitsklage gegen die Verordnung als unbegründet abgewiesen oder eine gegen ihre Gültigkeit erhobene Einrede als unbegründet zurückgewiesen hat.

[47] Im vorliegenden Fall war der Gerichtshof im Rahmen einer Nichtigkeitsklage eines Mitgliedstaats gegen die Verordnung mit der gleichen Sachlage befaßt, wie sie dem Rechtsstreit vor dem nationalen Gericht zugrunde liegt, und hat entschieden, daß die Mitgliedstaaten die – namentlich wirtschaftlichen und sozialen – Interessen zu vertreten haben, die auf nationaler Ebene als allgemeine Interessen gelten und daß sie daher zur Verteidigung dieser Interessen klagebefugt sind. Folglich können sie Schäden geltend machen, die einen ganzen Sektor ihrer Volkswirtschaft betreffen, zumal wenn die beanstandete Gemeinschaftsmaßnahme nachteilige Auswirkungen auf das Beschäftigungsniveau und die Lebenshaltungskosten haben kann (Beschluß Deutschland/Rat, a. a. O., Randnr. 27).

[48] Zwar ist es Sache des nationalen Gerichts, das die Rechte des einzelnen zu wahren hat, zu beurteilen, inwieweit die Ablehnung einer Maßnahme des vorläufigen Rechtsschutzes geeignet ist, wesentliche individuelle Interessen des einzelnen in schwerer und nicht wiedergutzumachender Weise zu beeinträchtigen.

[49] Kann der Antragsteller jedoch nicht dartun, daß er sich in einer besonderen Situation befindet, die ihn von den übrigen Wirtschaftsteilnehmern des betreffenden Sektors unterscheidet, so muß das nationale Gericht eine bereits vom Gerichtshof vorgenommene Beurteilung der Frage beachten, ob es sich um einen schweren und nicht wiedergutzumachenden Schaden handelt.

[50] Die Verpflichtung des nationalen Gerichts, eine eventuelle Entscheidung des Gerichtshofs zu beachten, gilt ganz besonders für die vom Gerichtshof vorgenommene Beurteilung des Interesses der Gemeinschaft und der Abwägung zwischen diesem Interesse und dem Interesse des betreffenden Wirtschaftssektors.

[51] Aufgrund dieser Erwägungen ist die zweite Frage des Verwaltungsgerichts Frankfurt am Main dahin zu beantworten, daß ein nationales Gericht einstweilige Anordnungen in bezug auf einen zur Durchführung einer Gemeinschaftsverordnung erlassenen nationalen Verwaltungsakt nur erlassen darf,

- wenn es erhebliche Zweifel an der Gültigkeit der Handlung der Gemeinschaft hat und diese Gültigkeitsfrage, sofern der Gerichtshof mit ihr noch nicht befaßt ist, diesem selbst vorlegt,
- wenn die Entscheidung dringlich in dem Sinne ist, daß die einstweiligen Anordnungen erforderlich sind, um zu vermeiden, daß die sie beantragende Partei einen schweren und nicht wiedergutzumachenden Schaden erleidet,
- wenn es das Interesse der Gemeinschaft angemessen berücksichtigt und

– wenn es bei der Prüfung aller dieser Voraussetzungen die Entscheidungen des Gerichtshofs oder des Gerichts erster Instanz über die Rechtmäßigkeit der Verordnung oder einen Beschluß im Verfahren des vorläufigen Rechtsschutzes betreffend gleichartige einstweilige Anordnungen auf Gemeinschaftsebene beachtet.

3. Klagen vor nationalen Gerichten

Rs. C-231/96 (Edis), 17
Urteil des Gerichtshofs vom 15.09.1998.

Vorbemerkungen: *Das Prozessrecht und die Gerichtsorganisation fallen – wie auch die Ausgestaltung des Verwaltungsverfahrensrechts (vgl. grundsätzlich die Rs. Deutsche Milchkontor, Fall 10) – in die Zuständigkeit der Mitgliedstaaten. Bereits in seiner Rewe-Entscheidung (Rs. 33/76) entwickelte der EuGH jedoch Vorgaben für die Anwendung nationaler Verfahrens- und Fristbestimmungen für diejenigen Fälle, in denen die nationalen Gerichte unionsrechtlich gewährte Rechte zu schützen haben. Der Anwendung nationalen Prozessrechts sind demnach mit dem Äquivalenzprinzip und dem Effektivitätsprinzip zwei Grenzen gesetzt. In der Rechtssache Edis konkretisierte der EuGH diese Grundsätze für die Fallgruppe der Fristen zur Rückerstattung von in unionsrechtswidriger Weise erhobenen Steuern und Abgaben. Der Äquivalenzgrundsatz ist danach nicht so weit auszulegen, dass das nationale Gericht verpflichtet wäre, die für den Kläger jeweils günstigste nationale Fristbestimmung anzuwenden.* ***L:*** *Rn. 446, 578, 580.*

Sachverhalt: Der Edilizia Industriale Siderurgica Srl (Edis), einer italienischen GmbH, wurde der Antrag auf Erstattung der staatlichen Konzessionsabgabe für die Eintragung von Gesellschaften im Unternehmensregister vom Finanzministerium wegen Fristablaufs abgelehnt. Im Vorabentscheidungsverfahren stellte der Gerichtshof fest, ein Mitgliedstaat könne sich gegenüber Klagen auf Erstattung von Abgaben, die unter Verstoß gegen das Gemeinschaftsrecht erhoben worden sind, auf eine nationale Ausschlussfrist von drei Jahren berufen, welche von der günstigeren allgemeinen Frist für Klagen gegen Private auf Erstattung rechtsgrundlos gezahlter Beträge abweicht, wenn diese Ausschlussfrist in gleicher Weise auf alle Abgabenerstattungsklagen unabhängig davon angewandt wird, ob sie auf das Gemeinschaftsrecht oder auf das innerstaatliche Recht gestützt werden. Dies gilt selbst dann, wenn die Richtlinie 69/335/EWG betreffend die indirekten Steuern auf die Ansammlung von Kapital in ihrer geänderten Fassung zu diesem Zeitpunkt noch nicht ordnungsgemäß in das nationale Recht umgesetzt worden war.

Aus den Entscheidungsgründen:

[19] Nach ständiger Rechtsprechung sind im übrigen die Bestimmung der zuständigen Gerichte und die Ausgestaltung von gerichtlichen Verfahren, die den Schutz der dem Bürger aus dem Gemeinschaftsrecht erwachsenen Rechte gewährleisten sollen, mangels einer gemeinschaftsrechtlichen Regelung der Erstattung rechtsgrundlos erhobener nationaler Abgaben Sache der innerstaatlichen Rechtsordnung der einzelnen Mitgliedstaaten; diese Verfahren dürfen jedoch nicht ungünstiger gestaltet werden als bei entsprechenden Klagen, die nur innerstaatliches Recht betreffen, und sie dürfen die Ausübung der durch die Gemeinschaftsrechtsordnung verliehenen Rechte nicht praktisch unmöglich machen oder übermäßig erschweren (Urteile Rewe, Randnr. 5, und Comet, Randnrn. 13 und 16, sowie kürzlich Urteil vom 14. Dezember 12995 in der Rechtssache C-312/93, Peterbroeck, Slg. 1995, I-4599, Randnr. 12).

(...)

[33] Wie der Gerichtshof wiederholt entschieden hat, zeigt ein Vergleich der einzelstaatlichen Regelungen, daß die Anfechtung rechtswidriger Abgabenerhebungen oder die Erstattung rechtsgrundlos gezahlter Abgaben in den einzelnen Mitgliedstaaten und sogar innerhalb desselben Mitgliedstaats je nach der Art der Steuern und Abgaben unterschiedlich geregelt ist. In einigen Fällen gibt es für derartige Anfechtungen oder Ansprüche gesetzliche Form- und Fristvorschriften sowohl für bei der Steuerverwaltung einzulegende Rechtsbehelfe als auch für Klagen. In anderen Fällen sind Klagen auf Erstattung von rechtsgrundlos gezahlten Abgaben vor den ordentlichen Gerichten insbesondere als Klagen auf Herausgabe einer ungerechtfertigten Bereicherung zu erheben, wobei die Ausschlußfristen für diese Klagen unterschiedlich lang sind und in manchen Fällen der allgemeinem Verjährungsfrist entsprechen (vgl. Urteile vom 27. Februar 1980 in der Rechtssache 68/79, Just, Slg. 1980, 501, Randnrn. 22 und 23, Denkavit italiana, Randnrn. 23 und 24, vom 10. Juli 1980 in der Rechtssache 811/79, Ariete, Slg. 1980, 2545, Randnrn. 10 und 11, und in der Rechtssache 826/79, Mireco, Slg. 1980, 2559, Randnrn. 11 und 12).

[34] Diese Unterschiedlichkeit der nationalen Regelungen ist insbesondere eine Folge davon, daß es keine Gemeinschaftsregelung über die Erstattung rechtsgrundlos erhobener nationaler Abgaben gibt. Wie in Randnummer 19 dieses Urteils dargelegt worden ist, ist die Bestimmung der zuständigen Gerichte und die Ausgestaltung von Verfahren, die den Schutz der dem Bürger aus dem Gemeinschaftsrecht erwachsen-

den Rechte gewährleistet sollen, daher Sache der innerstaatlichen Rechtsordnung der einzelnen Mitgliedstaaten, wobei diese Verfahren nicht weniger günstig gestaltet werden dürfen als bei entsprechenden Klagen, die nur innerstaatliches Recht betreffen (Äquivalenzgrundsatz), und die Ausübung der durch die Gemeinschaftsrechtsordnung verliehenen Rechte nicht praktisch unmöglich machen oder übermäßig erschweren dürfen (Effektivitätsgrundsatz).

[35] Zum Effektivitätsgrundsatz hat der Gerichtshof, wie in Randnummer 20 dieses Urteils dargelegt, entschieden, daß die Festsetzung angemessener Ausschlußfristen für die Rechtsverfolgung im Interesse der Rechtssicherheit, die zugleich den Abgabepflichtigen und die Behörde schützt, mit dem Gemeinschaftsrecht vereinbar ist. Solche Fristen sind nämlich nicht geeignet, die Ausübung der durch die Gemeinschaftsrechtsordnung verliehenen Rechte praktisch unmöglich zu machen oder übermäßig zu erschweren. Unter diesem Gesichtspunkt erscheint eine nationale Ausschlußfrist von drei Jahren, die vom Zeitpunkt der fraglichen Zahlung an läuft, angemessen.

[36] Die Wahrung des Äquivalenzgrundsatzes setzt voraus, daß die streitige Ausgestaltung in gleicher Weise auf die Verletzung des Gemeinschaftsrechts wie auf die Verletzung des innerstaatlichen Rechts gestützte Klagen anwendbar ist, sofern es sich um dieselbe Art von Abgaben oder Gebühren handelt (vgl. in diesem Sinne Urteil vom 27. März 1980 in den Rechtssachen 66/79 und 128/79, Salumi, Slg. 1980, 1237, Randnr. 21). Dieser Grundsatz kann jedoch nicht so verstanden werden, daß alle Klagen auf Erstattung von Abgaben und Gebühren zu erstrecken, die unter Verstoß gegen das Gemeinschaftsrecht erhoben worden sind.

[37] Somit steht das Gemeinschaftsrecht Vorschriften eines Mitgliedstaats nicht entgegen, die neben einer allgemeinen Verjährungsfrist, die für Klagen gegen Private auf Erstattung rechtsgrundlos gezahlter Beiträge gilt, bei Steuern und sonstigen Abgaben besondere – weniger günstige – Beschwerde- und Klagemodalitäten vorsehen. Dies wäre nur dann anders, wenn diese Modalitäten nur für Klagen auf Erstattung solcher Steuern oder Abgaben gelten würden, die auf das Gemeinschaftsrecht gestützt werden.

[38] Im vorliegenden Fall betrifft die Ausschlußfrist, wie in Randnummern 25 dieses Urteils ausgeführt, nicht nur die streitige Konzessionsabgabe, sondern alle staatlichen Konzessionsabgaben. Darüber hinaus gilt eine vergleichbare Frist nach den unbestrittenen Angaben der italienischen Regierung auch für Klagen auf Erstattung einer bestimmten Anzahl indirekter Abgaben. Außerdem geht aus dem Wortlaut

der streitigen Bestimmung nicht hervor, daß sie nur auf Klagen anwendbar wäre, die auf das Gemeinschaftsrecht gestützt werden. Im übrigen ergibt sich, wie der Generalanwalt in den Nrn. 62 bis 64 seiner Schlußanträge ausgeführt hat, aus der Rechtsprechung der Corte suprema di cassazione, daß die Fristen in Steuersachen auch auf Klagen auf Erstattung von Abgaben oder Steuern anwendbar sind, die aufgrund von Gesetzen erhoben worden sind, die gegen die italienische Verfassung verstoßen.

18 Rs. C-234/04 (Kapferer), Urteil des Gerichtshofs vom 16.03.2006.

Vorbemerkungen: *Nach den in der Entscheidung Kühne & Heitz (Fall 14) entwickelten Grundsätzen kann Unionsrecht auch vor bestandskräftigen Verwaltungsakten Vorrang genießen und dementsprechend unter Umständen eine Verpflichtung der Behörden zur Aufhebung entsprechender Verwaltungsakte begründen. Eine Verpflichtung der nationalen Rechtsmittelgerichte, rechtskräftige Urteile der Untergerichte, die unter Verstoß gegen das Unionsrecht ergangen sind, aufzuheben, besteht demgegenüber nicht, wie der EuGH hier feststellte. Allerdings bleiben die Grundsätze der Äquivalenz und der Effektivität zu beachten (Rn. 22). Das Institut der Rechtskraft von Urteilen wird damit zu Recht höher geachtet als das Institut der Bestandskraft von Verwaltungsakten.* ***B:*** *R. Streinz, JuS 2006, 637 ff.* ***L:*** *Rn. 185, 580.*

Sachverhalt: Der Ausgangssachverhalt betraf einen Zivilrechtsstreit über eine Gewinnzusage, die in Werbematerialien enthalten war. Frau Kapferer – Empfängerin dieser Materialien – klagte auf Zahlung des zugesagten Gewinns. Die Beklagte bestritt die Erfüllung der Teilnahmebedingungen durch die Klägerin und erhob zugleich die Unzulässigkeitseinrede. Das Gericht erklärte sich für zuständig, wies die Klage aber als unbegründet ab. Frau Kapferer legte hiergegen Berufung ein, die Beklagte verzichtete auf ein Rechtsmittel, so dass die Entscheidung über die Zuständigkeit rechtskräftig wurde. Das Berufungsgericht hielt die rechtskräftige Entscheidung über die Zuständigkeit für falsch und sah Rechtspositionen der Beklagten aus dem Gemeinschaftsrecht als verletzt an. Es fragte daher den EuGH, ob das Gemeinschaftsrecht unter Umständen auch die Aufhebung rechtskräftiger Gerichtsentscheidungen verlange.

Aus den Entscheidungsgründen:

[19] Mit seiner Frage 1a möchte das vorlegende Gericht wissen, ob und bejahendenfalls unter welchen Voraussetzungen ein nationales Gericht nach dem sich aus Artikel 10 EG ergebenden Grundsatz der Zusammenarbeit verpflichtet ist, eine gerichtliche Entscheidung, die Rechtskraft erlangt hat, zu überprüfen und aufzuheben, falls sich zeigt, dass sie gegen Gemeinschaftsrecht verstößt.

[20] Hierzu ist auf die Bedeutung hinzuweisen, die der Grundsatz der Rechtskraft sowohl in der Gemeinschaftsrechtsordnung als auch in den nationalen Rechtsordnungen hat. Zur Gewährleistung des Rechtsfriedens und der Beständigkeit rechtlicher Beziehungen sowie einer geordneten Rechtspflege sollen nämlich nach Ausschöpfung des Rechtswegs oder nach Ablauf der entsprechenden Rechtsmittelfristen unanfechtbar gewordene Gerichtsentscheidungen nicht mehr in Frage gestellt werden können (Urteil vom 30. September 2003 in der Rechtssache C-224/01, Köbler, Slg. 2003, I-10239, Randnr. 38).

[21] Somit gebietet das Gemeinschaftsrecht es einem nationalen Gericht nicht, von der Anwendung innerstaatlicher Verfahrensvorschriften, aufgrund deren eine Entscheidung Rechtskraft erlangt, abzusehen, selbst wenn dadurch ein Verstoß dieser Entscheidung gegen Gemeinschaftsrecht abgestellt werden könnte (vgl. in diesem Sinne Urteil vom 1. Juni 1999 in der Rechtssache C-126/97, Eco Swiss, Slg. 1999, I-3055, Randnrn. 46 und 47).

[22] Bei der Ausgestaltung des Verfahrens für die Klagen, die den Schutz der dem Bürger aus der unmittelbaren Wirkung des Gemeinschaftsrechts erwachsenden Rechte gewährleisten sollen, haben die Mitgliedstaaten dafür zu sorgen, dass die betreffenden Modalitäten nicht ungünstiger sind als für gleichartige Klagen, die das innerstaatliche Recht betreffen (Grundsatz der Gleichwertigkeit), und dass sie nicht so ausgestaltet sind, dass sie die Ausübung der Rechte, die die Gemeinschaftsrechtsordnung einräumt, praktisch unmöglich machen (Grundsatz der Effektivität) (vgl. in diesem Sinne Urteile vom 16. Mai 2000 in der Rechtssache C-78/98, Preston u. a., Slg. 2000, I-3201, Randnr. 31 und die angeführte Rechtsprechung). Im Ausgangsverfahren ist jedoch nicht geltend gemacht worden, dass diese Schranken der verfahrensrechtlichen Befugnisse der Mitgliedstaaten im Berufungsverfahren nicht beachtet worden sind.

[23] Dieser Beurteilung steht auch das Urteil Kühne & Heitz nicht entgegen, auf das sich das vorlegende Gericht in seiner Frage 1a bezieht. Selbst wenn nämlich die in diesem Urteil aufgestellten Grund-

sätze auf einen Sachverhalt übertragbar sein sollten, der, wie der des Ausgangsverfahrens, eine in Rechtskraft erwachsene gerichtliche Entscheidung betrifft, ist doch zu beachten, dass dieses Urteil die Verpflichtung der betreffenden Behörde aus Artikel 10 EG, eine unter Verstoß gegen Gemeinschaftsrecht erlassene bestandskräftige Entscheidung zu überprüfen, u. a. von der Voraussetzung abhängig macht, dass diese Behörde nach nationalem Recht zur Rücknahme dieser Entscheidung befugt ist (siehe Randnrn. 26 und 28 des Urteils). Im vorliegenden Fall ist aber diese Voraussetzung, wie sich aus der Vorlageentscheidung ergibt, nicht erfüllt.

[24] Aufgrund dessen ist auf Frage 1a zu antworten, dass der sich aus Artikel 10 EG ergebende Grundsatz der Zusammenarbeit es einem nationalen Gericht nicht gebietet, von der Anwendung innerstaatlicher Verfahrensvorschriften zu dem Zweck abzusehen, eine in Rechtskraft erwachsene gerichtliche Entscheidung zu überprüfen und aufzuheben, falls sich zeigt, dass sie gegen Gemeinschaftsrecht verstößt.

19 Rs. C-119/05 (Lucchini), Urteil des Gerichtshofs vom 18.07.2007.

Vorbemerkungen: *In der Rs. Kapferer (Fall 18) betonte der EuGH noch, dass das Unionsrecht den Mitgliedstaaten nicht gebietet, von der Anwendung nationaler Verfahrensvorschriften abzusehen, die unter bestimmten Voraussetzungen den Eintritt der Rechtskraft anordnen. In der Rs. Lucchini wich der EuGH offenbar von dieser Annahme ab, indem er die Unantastbarkeit der Rechtskraft nationaler Urteile verneinte und die Außerachtlassung nationaler Rechtskraftregelungen forderte, soweit sie andernfalls die Wirksamkeit unionsrechtlicher Bestimmungen vereitelten. In der Sache lag eine bestandskräftige Entscheidung der Kommission vor, die eine staatliche Beihilfe als für mit dem Unionsrecht unvereinbar erklärte. Diese wurde von den italienischen Behörden schlichtweg ignoriert. Durch das später ergangene mitgliedstaatliche Urteil wurde mithin in die Kompetenzen der Kommission eingegriffen. Diese Besonderheit, die das tragende Argument für die Entscheidung Lucchini war, fand sich im Fall Kapferer nicht. Insoweit handelte es sich möglicherweise weniger um eine grundlegende Änderung der Rechtsprechung, als um eine Konkretisierung für eine Sonderkonstellation. Für eine generelle Möglichkeit der Rechtskraftdurchbrechung spricht freilich, dass der EuGH hierfür primär auf die Offenkundigkeit der Verletzung des Unionsrechts durch das nationale Gericht abstellte.*

Auch in zwei weiteren, in der Sache jedoch anders gelagerten Entscheidungen bejahte der Gerichtshof denn auch die von Unionsrechts wegen gebotene Möglichkeit einer Rechtskraftdurchbrechung unter bestimmten Voraussetzungen (Rs. C-2/08, Olimpiclub, Rn. 26 ff. und Rs. C-40/08, Asturcom, Rn. 35 ff.). ***L:*** *Rn. 185, 580.*

Sachverhalt: Im April 1988 meldete Italien eine geplante Beihilfe bei der Kommission an. Diese stellte durch Entscheidung vom Juli 1990 fest, dass die Beihilfe rechtswidrig sei. Nachdem die Entscheidung nicht angefochten wurde, erlangte sie Bestandskraft. Da die italienischen Behörden aufgrund der Entscheidung der Kommission die Beihilfe nicht auszahlten, erhob das Unternehmen Lucchini Klage vor Gericht und wollte seinen Anspruch auf Gewährung der Beihilfe feststellen lassen. Das Gericht kam zu dem Ergebnis, dass das Unternehmen einen Anspruch auf die fragliche Beihilfe habe und verurteilte die zuständigen Behörden, die geforderten Beträge zu zahlen. Nachdem die Berufung der Behörden gegen dieses Urteil keinen Erfolg hatte, verzichteten diese auf weitere Rechtsmittel. Das entsprechende Urteil erlangte 1995 Rechtskraft. Daraufhin wurde die Beihilfe im März 1996 ausbezahlt. In dem die Beihilfe festsetzenden Dekret wurde für den Fall negativer Gemeinschaftsentscheidungen über die Zulässigkeit der Bewilligung oder der Auszahlung der Beihilfe der ganze oder teilweise Widerruf des Dekrets angekündigt. Im September 1996 verlangte daraufhin die Kommission die Rückforderung der Beihilfe. Die italienischen Behörden widerriefen daraufhin das Dekret vom März 1996 und ordneten die Erstattung der Beihilfe samt Zinsen an. Das Unternehmen klagte gegen diese Anordnung und hatte damit Erfolg. Das Gericht stellte fest, es läge ein rechtskräftiges Urteil über den Anspruch auf Gewährung der Beihilfe vor weshalb das Dekret vom März 1996 nicht zurückgenommen werden dürfe. Das daraufhin angerufene Berufungsgericht hatte Zweifel, ob die Kommissionsentscheidung vom Juli 1990, in der die Rechtswidrigkeit der Beihilfe festgestellt wurde, Vorrang vor dem Urteil vom Juli 1991 habe, in dem die Pflicht der Behörde zur Auszahlung der Beihilfe festgestellt wurde. Das Gericht ersuchte den EuGH um Vorabentscheidung.

Aus den Entscheidungsgründen:

[48] Mit seinen Fragen, die zusammen zu prüfen sind, möchte das vorlegende Gericht wissen, ob das Gemeinschaftsrecht der Anwendung einer auf die Verankerung des Grundsatzes der Rechtskraft abzielenden Vorschrift des nationalen Rechts wie Art. 2909 des Codice civile entgegensteht, soweit ihre Anwendung die Rückforderung einer unter Verstoß gegen das Gemeinschaftsrecht gewährten Beihilfe behindert, deren Unvereinbarkeit mit dem Gemeinsamen Markt durch eine bestands-

kräftig gewordene Entscheidung der Kommission festgestellt worden ist.

[49] In einem derartigen Zusammenhang ist eingangs daran zu erinnern, dass in der Gemeinschaftsrechtsordnung die Zuständigkeiten der innerstaatlichen Gerichte sowohl auf dem Gebiet der staatlichen Beihilfen als auch hinsichtlich der Feststellung der Ungültigkeit von Gemeinschaftsrechtsakten begrenzt sind.

Zu den Zuständigkeiten der innerstaatlichen Gerichte auf dem Gebiet der staatlichen Beihilfen

[50] Innerstaatliche Gerichte können auf dem Gebiet der staatlichen Beihilfen mit Rechtsstreitigkeiten befasst werden, in deren Rahmen sie den in Art. 87 Abs. 1 EG enthaltenen Begriff der Beihilfe auslegen und anwenden müssen, insbesondere um zu bestimmen, ob eine ohne Beachtung des in Art. 88 Abs. 3 EG vorgesehenen Vorprüfungsverfahrens eingeführte staatliche Maßnahme diesem Verfahren hätte unterworfen werden müssen (Urteile vom 22. März 1977, Steinike & Weinlig, 78/76, Slg. 1977, 595, Randnr. 14, und vom 21. November 1991, Fédération nationale du commerce extérieur des produits alimentaires und Syndicat national des négociants et transformateurs de saumon, C-354/90, Slg. 1991, I-5505, Randnr. 10). Auch um feststellen zu können, ob eine staatliche Maßnahme, die ohne Beachtung des in Art. 6 des Dritten Beihilfekodex geregelten Vorprüfungsverfahrens getroffen wurde, dieses Verfahren durchlaufen musste, kann sich ein nationales Gericht zur Auslegung des Beihilfebegriffs in Art. 4 Buchst. c EGKS-Vertrag und Art. 1 des Dritten Beihilfekodex veranlasst sehen (vgl. entsprechend Urteil vom 20. September 2001, Banks, C-390/98, Slg. 2001, I-6117, Randnr. 71).

[51] Dagegen sind innerstaatliche Gerichte nicht zuständig, darüber zu befinden, ob eine staatliche Beihilfe mit dem Gemeinsamen Markt vereinbar ist.

[52] Denn nach ständiger Rechtsprechung ist ausschließlich die Kommission, die dabei der Kontrolle des Gemeinschaftsrichters unterliegt, für die Beurteilung der Vereinbarkeit von Beihilfenmaßnahmen oder einer Beihilferegelung mit dem Gemeinsamen Markt zuständig (vgl. Urteile Steinike & Weinlig, Randnr. 9, Fédération nationale du commerce extérieur des produits alimentaires und Syndicat national des négociants et transformateurs de saumon, Randnr. 14, und vom 11. Juli 1996, SFEI u. a., C-39/94, Slg. 1996, I-3547, Randnr. 42).

Zur Zuständigkeit der innerstaatlichen Gerichte hinsichtlich der Feststellung der Ungültigkeit von Gemeinschaftsrechtsakten

[53] Zwar können die innerstaatlichen Gerichte grundsätzlich berufen sein, die Gültigkeit eines Gemeinschaftsrechtsakts zu prüfen; sie sind jedoch nicht befugt, selbst die Ungültigkeit von Rechtsakten der Gemeinschaftsorgane festzustellen (Urteil vom 22. Oktober 1987, Foto Frost, 314/85, Slg. 1987, 4199, Randnr. 20). Für die Feststellung der Ungültigkeit eines Gemeinschaftsrechtsakts ist somit allein der Gerichtshof zuständig (Urteile vom 21. Februar 1991, Zuckerfabrik Süderdithmarschen und Zuckerfabrik Soest, C-143/88 und C-92/89, Slg. 1991, I-415, Randnr. 17, und vom 10. Januar 2006, IATA und -ELFAA, C-344/04, Slg. 2006, I-403, Randnr. 27). Diese ausschließliche Zuständigkeit ergab sich im Übrigen auch ausdrücklich aus Art. 41 EGKS-Vertrag.

(...)

Zur Anwendung von Art. 2909 des Codice civile

[59] Nach Auffassung des innerstaatlichen Gerichts steht Art. 2909 des Codice civile nicht nur der Möglichkeit entgegen, Angriffs- oder Verteidigungsmittel, über die bereits ausdrücklich und rechtskräftig entschieden worden ist, in einem zweiten Rechtsstreit erneut geltend zu machen, sondern verbietet es auch, Fragen zu prüfen, die im Rahmen eines früheren Rechtsstreits hätten aufgeworfen werden können, dies aber nicht wurden. Eine solche Auslegung der genannten Vorschrift kann insbesondere zur Folge haben, dass einer Entscheidung eines innerstaatlichen Gerichts Wirkungen beigelegt werden, die über die Grenzen der Zuständigkeit des fraglichen Gerichts, wie sie sich aus dem Gemeinschaftsrecht ergeben, hinausgehen. Wie das vorlegende Gericht ausgeführt hat, würde die Anwendung dieser Vorschrift, wird sie so ausgelegt, offenkundig im vorliegenden Fall die Anwendung des Gemeinschaftsrechts vereiteln, weil sie die Rückforderung einer unter Verstoß gegen das Gemeinschaftsrecht gewährten Beihilfe unmöglich machen würde.

[60] In diesem Zusammenhang ist daran zu erinnern, dass es Sache der innerstaatlichen Gerichte ist, die Vorschriften des nationalen Rechts so weit wie möglich derart auszulegen, dass sie in einer zur Verwirklichung des Gemeinschaftsrechts beitragenden Art und Weise angewandt werden können.

[61] Außerdem ergibt sich aus der ständigen Rechtsprechung, dass das innerstaatliche Gericht, das im Rahmen seiner Zuständigkeit die Be-

stimmungen des Gemeinschaftsrechts anzuwenden hat, gehalten ist, für die volle Wirksamkeit dieser Normen Sorge zu tragen, indem es erforderlichenfalls jede entgegenstehende Bestimmung des nationalen Rechts aus eigener Entscheidungsbefugnis unangewendet lässt (vgl. u. a. Urteile vom 9. März 1978, Simmenthal, 106/77, Slg. 1978, 629, Randnrn. 21 bis 24, vom 8. März 1979, Salumificio di Cornuda, 130/78, Slg. 1979, 867, Randnrn. 23 bis 27, und vom 19. Juni 1990, Factortame u. a., C-213/89, Slg. 1990, I-2433, Randnrn. 19 bis 21).

[62] Wie in Randnr. 52 des vorliegenden Urteils festgestellt, ist ausschließlich die Kommission, die dabei der Kontrolle des Gemeinschaftsrichters unterliegt, für die Beurteilung der Vereinbarkeit von Beihilfemaßnahmen oder einer Beihilferegelung mit dem Gemeinsamen Markt zuständig. Infolge des Grundsatzes des Vorrangs des Gemeinschaftsrechts gilt diese Regel in der innerstaatlichen Rechtsordnung.

[63] Folglich ist auf die Vorlagefragen zu antworten, dass das Gemeinschaftsrecht der Anwendung einer auf die Verankerung des Grundsatzes der Rechtskraft abzielenden Vorschrift des nationalen Rechts wie Art. 2909 des Codice civile entgegensteht, soweit ihre Anwendung die Rückforderung einer unter Verstoß gegen das Gemeinschaftsrecht gewährten staatlichen Beihilfe behindert, deren Unvereinbarkeit mit dem Gemeinsamen Markt durch eine bestandskräftig gewordene Entscheidung der Kommission festgestellt worden ist.

20 Rs. C-505/14 (Klausner Holz Niedersachsen), Urteil des Gerichtshofs vom 11.11.2015.

Vorbemerkungen: *Nachdem der EuGH erstmalig in der Rs. Lucchini (Fall 19) dem Unionsrecht Vorrang vor einer nationalen Rechtskraftregelung gewährte, bestätigte er die Möglichkeit der Rechtskraftdurchbrechung durch den Anwendungsvorrang in der Rs. Klausner Holz Niedersachsen erneut. Wie in der Rs. Lucchini gerieten in der Rs. Klausner Holz Niedersachsen die effektive Durchsetzung des Unionsrechts (effet utile), speziell des europäischen Beihilfenrechts, und die Rechtskraft nationaler Gerichtsentscheidungen in einen direkten Konflikt. Grundsätzlich wird entgegenstehendes nationales Recht durch den Anwendungsvorrang des Unionsrechts dabei zwar verdrängt. Im Kollisionsfall mit rechtskräftigen nationalen Gerichtsentscheidungen nahm der EuGH jedoch überwiegend eine restriktivere Position ein und respektierte die Rechtskraft mitgliedstaatlicher Gerichtsurteile unter Hinnahme der damit einhergehenden Verletzung des Unionsrechts. Diese zurückhaltende*

Linie scheint der EuGH nunmehr im Bereich des Beihilfenrechts nicht mehr zu verfolgen. In der Rs. Frucona sah er noch von der Unanwendbarkeit slowakischer Rechtskraftvorschriften ab, welche die effektive Durchsetzung des Beihilfenrechts behinderten, um in der Rs. Klausner Holz Niedersachsen, wie schon in der beihilfenrechtlichen Konstellation bei Lucchini, eine Rechtskraftdurchbrechung im Wege des Anwendungsvorrangs erneut anzuordnen. Hervorzuheben ist allerdings, dass die Rechtskraftdurchbrechung nationaler Gerichtsentscheidungen weiterhin ultima ratio bleiben und soweit möglich auf andere Mittel zur Herstellung eines unionsrechtskonformen Zustands im Beihilfenrecht abgestellt werden muss. Hierfür schlug der EuGH eine unionsrechtskonforme Auslegung der streitigen nationalen Rechtskraftvorschrift vor, wobei ihre Reichweite sich nur auf Rechtsfragen beziehen solle, die auch tatsächlich zum Gegenstand des Verfahrens gemacht wurden. Soweit eine solche Auslegung an die Grenzen des Möglichen stoße („contra legem"), weist er das nationale Gericht an, alle innerstaatlich verfügbaren Mittel zur Korrektur des entgegenstehenden Urteils, unter Beachtung der Grundsätze der Äquivalenz und der Effektivität, anzuwenden. Erst wenn auch dadurch keine Abhilfe geschaffen werden kann, solle der Anwendungsvorrang zum Tragen kommen. Der EuGH scheint das Beihilfenrecht als besonders wichtigen Bereich des Unionsrechts aufzufassen, der sich in Abwägung mit der Rechtskraft nationaler Gerichtsentscheidungen und dem übergeordneten Prinzip der Rechtssicherheit daher durchzusetzen vermag. Als maßgebendes Kriterium einer Rechtskraftdurchbrechung scheint er die Verletzung der Zuständigkeitsverteilung zwischen der Kommission, die als einziges Organ abschließend über die Vereinbarkeit einer Beihilfe mit dem Binnenmarkt entscheiden kann, und den nationalen Gerichten zu sehen. Gegen eine darüber hinaus gehende Ausdehnung der direkten Rechtskraftdurchbrechung in andere Rechtsbereiche des Unionsrechts spricht die bislang bestehende Rücksichtnahme des EuGH in Bezug auf rechtskräftige nationale Gerichtsentscheidungen, so dass diese wohl auch zukünftig nicht zu befürchten ist. ***B:*** *H. Weiß, EuZW 2016, 60f.; M. Ruffert, JuS 2016, 660ff.* ***L:*** *Rn. 580.*

Sachverhalt: Im Jahre 2007 schlossen die Klausner Holz Niedersachsen GmbH (im Folgenden: Klausner Holz) und das Land Nordrhein-Westfalen Verträge über die Lieferung einer festgelegten Menge von Holz für den Zeitraum von 2007–2014. Zugleich verpflichtete sich Nordrhein-Westfalen keine weiteren Verkäufe zu niedrigeren als in diesem Vertrag festgelegten Preisen vorzunehmen. Im Jahre 2008 geriet Klausner Holz temporär in finanzielle Schwierigkeiten, wodurch gegenüber dem Land Nordrhein-Westfalen ein Zahlungsrückstand eintrat. Im August 2009 kündigte Nordrhein-Westfalen die Verträge mit Klausner Holz und lieferte die festgelegte Holzmenge nicht mehr. 2012 entschied das LG Münster positiv über den Fortbestand der zuvor gekündigten Verträge. Auch das OLG Hamm als Berufungsgericht bestätigte durch nunmehr rechtskräftiges Urteil den Fortbestand der Lieferungsverträge. In einem Folgeverfahren, in dem Klausner Holz u. a. Schadensersatzansprüche geltend machte, berief sich das Land Nordrhein-Westfalen erstmalig darauf, dass das Unionsrecht einer Durchführung der Verträge entgegenstehe, weil diese staatliche Beihilfen nach Art. 107 Abs. 1 AEUV darstellen würden und unter Missachtung der Stillhalteverpflichtung aus Art. 108 Abs. 3 Satz 3 AEUV durchgeführt worden seien. Konsequenz eines Verstoßes gegen diese Vorschrift sei die Nichtigkeit der privatrechtlichen Verträge. Das vorlegende nationale Gericht gelangte nach seiner Prüfung dazu, dass die Lieferungsverträge durch die für Klausner Holz günstige und nicht marktgerechte Preisgestaltung eine Beihilfe darstellten. Aufgrund des entgegenstehenden rechtskräftigen Feststellungsurteils des OLG Hamm sah es sich jedoch außerstande, die Verträge zwischen Klausner Holz und dem Land Nordrhein-Westfalen für nichtig zu erklären. Daher fragte es im Wege des Vorabentscheidungsverfahrens den EuGH um Auslegung der Art. 107 Abs. 1 AEUV und Art. 108 Abs. 3 Satz 3 AEUV im Hinblick auf die Rechtskraftregelung des § 322 Abs. 1 ZPO um zu erfahren, ob das Unionsrecht eine Außerachtlassung dieser Rechtskraftvorschrift in einer solchen Konstellation fordert.

Aus den Entscheidungsgründen:

[38] Sollte eine solche Maßnahme oder eine solche Auslegung jedoch nicht in Betracht kommen, ist auf die Bedeutung hinzuweisen, die die Rechtskraft sowohl in der Unionsrechtsordnung als auch in den nationalen Rechtsordnungen hat. Zur Gewährleistung sowohl des Rechtsfriedens und der Beständigkeit rechtlicher Beziehungen als auch einer geordneten Rechtspflege sollen nämlich nach Ausschöpfung des Rechtswegs oder nach Ablauf der Rechtsmittelfristen unanfechtbar gewordene Gerichtsentscheidungen nicht mehr in Frage gestellt werden können (vgl. Urteile Fallimento Olimpiclub, C-2/08, EU:C:2009:506, Rn. 22, und Târşia, C-69/14, EU:C:2015:662, Rn. 28).

[39] Daher gebietet das Unionsrecht es einem nationalen Gericht nicht in jedem Fall, von der Anwendung innerstaatlicher Verfahrensvorschriften, aufgrund deren eine Entscheidung Rechtskraft erlangt, abzusehen, selbst wenn dadurch ein durch die fragliche Entscheidung eingetretener Verstoß gegen das Unionsrecht beseitigt werden könnte (Urteile Kapferer, C-234/04, EU:C:2006:178, Rn. 22, Fallimento Olimpiclub, C-2/08, C:2009:506, Rn. 23, Kommission/Slowakische Repu-

blik, C-507/08, EU:C:2010:802, Rn. 60, Impresa Pizzarotti, C-213/13, EU:C:2014:2067, Rn. 59, und Târşia, C-69/14, EU:C:2015:662, Rn. 29).

[40] Fehlen einschlägige unionsrechtliche Vorschriften, ist es nach dem Grundsatz der Verfahrensautonomie Sache der innerstaatlichen Rechtsordnungen der Mitgliedstaaten, die Modalitäten der Wirkung der Rechtskraft festzulegen. Diese Modalitäten dürfen jedoch nicht ungünstiger sein als die, die bei ähnlichen internen Sachverhalten gelten (Grundsatz der Äquivalenz), und nicht so ausgestaltet sein, dass sie die Ausübung der durch die Unionsrechtsordnung eingeräumten Rechte praktisch unmöglich machen oder übermäßig erschweren (Grundsatz der Effektivität) (vgl. in diesem Sinne Urteile Fallimento Olimpiclub, C-2/08, EU:C:2009:506, Rn. 24, und Impresa Pizzarotti, C-213/13, EU:C:2014:2067, Rn. 54 und die dort angeführte Rechtsprechung).

[41] Zum Grundsatz der Effektivität hat der Gerichtshof bereits entschieden, dass jeder Fall, in dem sich die Frage stellt, ob eine nationale Verfahrensvorschrift die Anwendung des Unionsrechts unmöglich macht oder übermäßig erschwert, unter Berücksichtigung der Stellung dieser Vorschrift im gesamten Verfahren, des Verfahrensablaufs und der Besonderheiten des Verfahrens vor den verschiedenen nationalen Stellen zu prüfen ist. Dabei sind gegebenenfalls die Grundsätze zu berücksichtigen, die dem nationalen Rechtsschutzsystem zugrunde liegen, wie der Schutz der Verteidigungsrechte, der Grundsatz der Rechtssicherheit und der ordnungsgemäße Ablauf des Verfahrens (vgl. in diesem Sinne Urteile Fallimento Olimpiclub, C-2/08, EU:C:2009:506, Rn. 27, und Târşia, C-69/14, EU:C:2015:662, Rn. 36 und 37 und die dort angeführte Rechtsprechung).

[42] Hierzu ist darauf hinzuweisen, dass eine Auslegung des nationalen Rechts wie die in Rn. 30 des vorliegenden Urteils beschriebene u. a. zur Folge haben kann, dass einer Entscheidung eines nationalen Gerichts – im vorliegenden Fall des Oberlandesgerichts Hamm – Wirkungen beigemessen werden, die im betreffenden Fall die Anwendung des Unionsrechts insofern verhindern, als sie es den nationalen Gerichten unmöglich machen, ihrer Verpflichtung nachzukommen, die Beachtung von Art. 108 Abs. 3 Satz 3 AEUV zu gewährleisten.

[43] Bei einer solchen Auslegung könnten nämlich sowohl die staatlichen Stellen als auch die Begünstigten einer staatlichen Beihilfe das in Art. 108 Abs. 3 Satz 3 AEUV enthaltene Verbot umgehen, indem sie, ohne sich auf die unionsrechtlichen Bestimmungen über staatliche Beihilfen zu berufen, ein Feststellungsurteil erwirken, dessen Wirkungen es ihnen letztlich ermöglicht, die fragliche Beihilfe mehrere Jahre lang

weiterhin durchzuführen. In einem Fall wie dem des Ausgangsverfahrens würde sich der Verstoß gegen das Unionsrecht somit bei jeder neuen Holzlieferung wiederholen, ohne dass dem abgeholfen werden könnte.

[44] Außerdem könnte eine solche Auslegung des nationalen Rechts dazu führen, dass der in Rn. 21 des vorliegenden Urteils angesprochenen ausschließlichen Zuständigkeit der Kommission dafür, unter der Kontrolle der Unionsgerichte die Vereinbarkeit von Beihilfemaßnahmen mit dem Binnenmarkt zu beurteilen, ihre praktische Wirksamkeit genommen würde. Sollte die Kommission, der die Bundesrepublik Deutschland die in den streitigen Verträgen bestehende Beihilfemaßnahme zwischenzeitlich mitgeteilt hat, ihre Unvereinbarkeit mit dem Binnenmarkt feststellen und ihre Rückforderung anordnen, könnte die Entscheidung der Kommission nämlich nicht vollzogen werden, wenn ihr eine Entscheidung eines nationalen Gerichts entgegengehalten werden könnte, mit der festgestellt wurde, dass die diese Beihilfe enthaltenden Verträge „fortbestehen".

[45] Daraus ist zu schließen, dass eine nationale Rechtsvorschrift, die aufgrund einer rechtskräftigen Entscheidung eines nationalen Gerichts in einem Rechtsstreit, der nicht denselben Gegenstand hatte und nicht den Beihilfecharakter der streitigen Verträge betraf, die nationalen Gerichte daran hindert, sämtliche Konsequenzen aus einem Verstoß gegen Art. 108 Abs. 3 Satz 3 AEUV zu ziehen, als mit dem Effektivitätsgrundsatz unvereinbar anzusehen ist. Eine so weitreichende Behinderung der effektiven Anwendung des Unionsrechts und insbesondere der Bestimmungen über die Kontrolle staatlicher Beihilfen kann nämlich durch den Grundsatz der Rechtssicherheit nicht angemessen gerechtfertigt werden (vgl. entsprechend Urteile Fallimento Olimpiclub, EU:C:2009:506, Rn. 31, und Ferreira da Silva und Britto, C-160/14, EU:C:2015:565, Rn. 59).

[46] Nach alledem ist auf die vorgelegte Frage zu antworten, dass es unter Umständen wie denen des Ausgangsverfahrens nicht mit dem Unionsrecht vereinbar ist, wenn die Anwendung einer nationalen Rechtsvorschrift, in der der Grundsatz der Rechtskraft niedergelegt ist, ein nationales Gericht daran hindert, im Anschluss an seine Feststellung, dass die Verträge, die Gegenstand des bei ihm anhängigen Rechtsstreits sind, eine unter Verstoß gegen Art. 108 Abs. 3 Satz 3 AEUV durchgeführte staatliche Beihilfe im Sinne von Art. 107 Abs. 1 AEUV darstellen, sämtliche Konsequenzen aus diesem Verstoß zu ziehen, weil in einer unanfechtbar gewordenen Entscheidung eines nationalen Gerichts ohne Prüfung der Frage, ob mit den genannten Verträgen eine staatliche Beihilfe verbunden ist, ihr Fortbestand festgestellt wurde.

Rs. C-752/18 (Deutsche Umwelthilfe), Urteil des Gerichtshofs vom 19.12.2019. 21

Vorbemerkungen: *Der EuGH hatte vorliegend die Frage zu beantworten, ob das Unionsrecht in dem Fall, dass nationale Behörden sich beharrlich weigern, nationalen Gerichtsurteilen, die der Umsetzung von Unionsrecht dienen, Folge zu leisten, zur Verhängung einer Zwangshaft gegen die verantwortlichen Amtsträger ermächtige oder verpflichte. Diese Verpflichtung könnte aus dem in Art. 47 Abs. 1 GRCh verankerten Recht auf einen wirksamen Rechtsbehelf folgen, der auch den Grundsatz des effektiven gerichtlichen Rechtsschutzes bekräftigt. Bereits in der Rechtssache Torubarov (C-556/17, Rn. 72) stellte der Gerichtshof fest, dass nationale Rechtsvorschriften, die zu einer Situation führen, in der das Urteil eines Gerichts wirkungslos bleibt, ohne dass es über Mittel verfügt, um ihm Geltung zu verschaffen, den Wesensgehalt des in Art. 47 GRCh verankerten Rechts auf einen wirksamen Rechtsbehelf verletzen. Allerdings ist das in Art. 47 GRCh verankerte Recht nach Art. 52 Abs. 1 GRCh kein absolutes Grundrecht, kann also eingeschränkt werden. Vorliegend könnte sich eine solche Einschränkung aus dem in Art. 6 GrCh garantierten Recht auf Freiheit ergeben. Welches Recht sich im Einzelfall durchsetzt, ist durch eine Abwägung zu ermitteln. Voraussetzung für eine solche Einschränkung ist aber in jedem Fall, dass die Zwangshaft auf einer präzisen, hinreichend zugänglichen und in ihrer Anwendung vorhersehbaren Rechtsgrundlage aus dem nationalen Recht beruht. Ob eine derartige Rechtsgrundlage im deutschen Recht bestand oder durch Auslegung ermittelbar war, hatte der vorlegende Bayerische Verwaltungsgerichtshof zu entscheiden. Allein auf Grundlage des Effektivitätsgrundsatzes und des Rechts auf effektiven gerichtlichen Rechtsschutz konnte aber keine Zwangshaft verhängt werden. Zudem durfte auch der Grundsatz der Verhältnismäßigkeit nicht außer Acht gelassen werden.* ***B:*** *M. Will, NJW 2020, 963 ff.; M. Ruffert, JuS 2020, 700 ff.* ***L:*** *Rn. 576, 577.*

Sachverhalt: Der Rechtsstreit zwischen der deutschen Umwelthilfe und dem Freistaat Bayern betraf die beharrliche langjährige Weigerung des Freistaates Bayern die erforderlichen Maßnahmen für die Einhaltung der Grenzwerte für Stickstoffdioxid in der Stadt München zu treffen, wozu er bereits 2012 durch Gerichtsurteil verpflichtet worden war. Die im Verlaufe des Rechtsstreits festgesetzten Zwangsgelder wurden vom Freistaat Bayern zwar gezahlt, führten jedoch nicht zu einer Vermögenseinbuße, da diese wieder in die eigene Landeskasse einflossen. Nach weiteren Weigerungen und öffentlichen Äußerungen der

Vertreter, sie würden den Verpflichtungen nicht nachkommen, beantragte die deutsche Umwelthilfe erneut die Festsetzung von einem Zwangsgeld und zudem die Verhängung einer Zwangshaft gegen die Verantwortlichen. Der vom Freistaat Bayern angerufene Bayerische Verwaltungsgerichtshof bestätigte die Zwangsgeldfestsetzung und ersuchte den Gerichtshof um Vorabentscheidung darüber, ob das Unionsrecht, insbesondere das durch Art. 47 Abs. 1 der GRCh garantierte Recht auf einen wirksamen Rechtsbehelf, dahin auszulegen ist, dass es die nationalen Gerichte zum Erlass einer Zwangshaft gegen Amtsträger ermächtigt oder sogar verpflichtet.

Aus den Entscheidungsgründen:

[32] Angesichts der Weigerung des Freistaats Bayern, dieser rechtskräftigen Anordnung nachzukommen, betrifft das Ausgangsverfahren konkret einen Antrag der Deutschen Umwelthilfe auf Zwangsvollstreckung dieser Anordnung durch Verhängung von Zwangshaft gegen die Staatsministerin für Umwelt und Verbraucherschutz des Freistaats Bayern oder, hilfsweise, gegen dessen Ministerpräsidenten.

[33] Hierzu ist erstens festzustellen, dass mangels einer Vereinheitlichung der nationalen Zwangsvollstreckungsverfahren die Modalitäten ihrer Durchführung nach dem Grundsatz der Verfahrensautonomie der Mitgliedstaaten ihrer jeweiligen innerstaatlichen Rechtsordnung unterfallen. Diese Modalitäten müssen allerdings die doppelte Voraussetzung erfüllen, dass sie nicht ungünstiger sind als diejenigen, die gleichartige, dem innerstaatlichen Recht unterliegende Sachverhalte regeln (Äquivalenzgrundsatz), und dass sie die Ausübung der durch das Unionsrecht verliehenen Rechte nicht unmöglich machen oder übermäßig erschweren (Effektivitätsgrundsatz) (Urteil vom 26. Juni 2019, Kuhar, C-407/18, EU:C:2019:537, Rn. 46 und die dort angeführte Rechtsprechung).

[34] Zweitens ist darauf hinzuweisen, dass die Mitgliedstaaten bei der Umsetzung des Unionsrechts zu gewährleisten haben, dass das in Art. 47 Abs. 1 der Charta verankerte Recht auf einen wirksamen Rechtsbehelf gewahrt ist (Urteil vom 29. Juli 2019, Torubarov, C-556/17, EU:C:2019:626, Rn. 69), der den Grundsatz des effektiven gerichtlichen Rechtsschutzes bekräftigt. Im Fall von Klagen auf Einhaltung des Umweltrechts, insbesondere wenn sie wie im Ausgangsrechtsstreit von einem Umweltschutzverband erhoben werden, ist dieses Recht auf einen wirksamen Rechtsbehelf auch in Art. 9 Abs. 4 des Aarhus-Übereinkommens verankert.

[35] Nach der Rechtsprechung des Gerichtshofs verletzen nationale Rechtsvorschriften, die zu einer Situation führen, in der das Urteil eines

Gerichts wirkungslos bleibt, ohne dass es über Mittel verfügt, um ihm Geltung zu verschaffen, den Wesensgehalt des in Art. 47 der Charta verankerten Rechts auf einen wirksamen Rechtsbehelf (vgl. in diesem Sinne Urteil vom 29. Juli 2019, Torubarov, C-556/17, EU:C:2019:626, Rn. 72).

[36] Dieses Recht wäre nämlich illusorisch, wenn die Rechtsordnung eines Mitgliedstaats es zuließe, dass eine endgültige und bindende gerichtliche Entscheidung zulasten einer Partei wirkungslos bleibt (Urteile vom 30. Juni 2016, Toma und Biroul Executorului Judecătoresc Horaţiu-Vasile Cruduleci, C-205/15, EU:C:2016:499, Rn. 43 und die dort angeführte Rechtsprechung, und vom 29. Juli 2019, Torubarov, C-556/17, EU:C:2019:626, Rn. 57).

[37] Insbesondere geht aus der Rechtsprechung des Europäischen Gerichtshofs für Menschenrechte zu Art. 6 Abs. 1 der am 4. November 1950 in Rom unterzeichneten Konvention zum Schutz der Menschenrechte und Grundfreiheiten, in deren Licht Art. 47 der Charta auszulegen ist (Urteil vom 30. Juni 2016, Toma und Biroul Executorului Judecătoresc Horaţiu-Vasile Cruduleci, C-205/15, EU:C:2016:499, Rn. 41 und die dort angeführte Rechtsprechung), hervor, dass dieser Bestimmung jede praktische Wirksamkeit genommen wird, wenn Behörden einer endgültigen und vollstreckbaren gerichtlichen Entscheidung nicht nachkommen (vgl. in diesem Sinne EGMR, 19. März 1997, Hornsby/Griechenland, CE:ECHR:1997:0319JUD001835791, §§ 41 und 45).

[38] Das Recht auf einen wirksamen Rechtsbehelf ist umso bedeutsamer, als in dem von der Richtlinie 2008/50 erfassten Bereich das Unterbleiben der von ihr vorgegebenen Maßnahmen die Gesundheit von Personen gefährden würde (vgl. entsprechend Urteil vom 25. Juli 2008, Janecek, C-237/07, EU:C:2008:447, Rn. 38).

[39] Überdies hat das nationale Gericht, um in den vom Umweltrecht der Union erfassten Bereichen einen effektiven gerichtlichen Rechtsschutz zu gewährleisten, sein nationales Recht so auszulegen, dass es so weit wie möglich im Einklang sowohl mit den in Art. 9 Abs. 3 und 4 des Aarhus-Übereinkommens festgelegten Zielen als auch mit dem Ziel eines effektiven gerichtlichen Rechtsschutzes für die durch das Unionsrecht verliehenen Rechte steht (vgl. in diesem Sinne Urteil vom 8. März 2011, Lesoochranárske zoskupenie, C-240/09, EU:C:2011:125, Rn. 50 und 51).

[40] Dabei hat das nationale Gericht unter Berücksichtigung des gesamten innerstaatlichen Rechts und in Anwendung der darin anerkannten Auslegungsmethoden zu prüfen, ob es zu einer Auslegung dieses Rechts zu gelangen vermag, die es ihm erlauben würde, wirksame

Zwangsmaßnahmen anzuwenden, um zu gewährleisten, dass die Behörden ein rechtskräftiges Urteil umsetzen; dazu können u. a. mehrere hohe Geldbußen in kurzen Zeitabständen gehören, die nicht letzten Endes dem Haushalt zufließen, aus dem sie stammen.

[41] Im vorliegenden Fall sieht sich das vorlegende Gericht allerdings außerstande, für die Einhaltung des unionsrechtlichen Effektivitätsgrundsatzes und des Rechts auf einen wirksamen Rechtsbehelf zu sorgen, es sei denn, das Unionsrecht würde ihm gestatten oder es sogar dazu verpflichten, die verfassungsrechtlichen Gründe außer Acht zu lassen, die es nach seinen Angaben daran hindern, gegen Amtsträger Zwangshaft zu verhängen.

[42] Insoweit ist darauf hinzuweisen, dass ein im Rahmen seiner Zuständigkeit angerufenes nationales Gericht, wenn es eine nationale Regelung nicht im Einklang mit den Anforderungen des Unionsrechts auslegen kann, als Organ eines Mitgliedstaats verpflichtet ist, jede nationale Bestimmung unangewendet zu lassen, die einer Bestimmung des Unionsrechts, die in dem bei ihm anhängigen Rechtsstreit unmittelbare Wirkung hat, entgegensteht (Urteile vom 9. März 1978, Simmenthal, 106/77, EU:C:1978:49, Rn. 21, und vom 24. Juni 2019, Popławski, C-573/17, EU:C:2019:530, Rn. 58 und 61).

[43] Diese Rechtsprechung des Gerichtshofs kann jedoch nicht dahin verstanden werden, dass der unionsrechtliche Effektivitätsgrundsatz und die Einhaltung des durch Art. 47 Abs. 1 der Charta gewährleisteten Rechts auf effektiven gerichtlichen Rechtsschutz das nationale Gericht dazu verpflichten, eine Bestimmung des nationalen Rechts oder deren einzige ihm verfassungsgemäß erscheinende Auslegung unangewendet zu lassen, wenn es dadurch ein anderes unionsrechtlich garantiertes Grundrecht verletzen würde.

[44] Wie aus Art. 52 Abs. 1 der Charta hervorgeht, ist das Recht auf effektiven gerichtlichen Rechtsschutz nämlich kein absolutes Recht und kann, u. a. zum Schutz der Rechte und Freiheiten anderer, Einschränkungen unterliegen. Eine Zwangsmaßnahme wie die Zwangshaft schränkt aber das durch Art. 6 der Charta garantierte Recht auf Freiheit ein.

[45] Zur Beantwortung der Vorlagefrage ist daher drittens eine Abwägung der in Rede stehenden Grundrechte anhand der in Art. 52 Abs. 1 Satz 1 der Charta vorgesehenen Anforderungen vorzunehmen.

[46] Zu den Anforderungen, denen die Rechtsgrundlage einer Einschränkung des Rechts auf Freiheit genügen muss, hat der Gerichtshof bereits im Licht des Urteils des EGMR vom 21. Oktober 2013, Del Río Prada/Spanien (CE:ECHR:2013:1021JUD004275009), ausgeführt,

dass eine Rechtsvorschrift, die es dem Gericht gestattet, einer Person ihre Freiheit zu entziehen, nur dann den Anforderungen von Art. 52 Abs. 1 der Charta genügt, wenn sie hinreichend zugänglich, präzise und in ihrer Anwendung vorhersehbar ist, um jede Gefahr von Willkür zu vermeiden (Urteil vom 15. März 2017, Al Chodor, C-528/15, EU:C:2017:213, Rn. 38 und 40).

[47] Diese Voraussetzungen gelten für jede Art des Freiheitsentzugs, auch wenn er sich aus dem Erfordernis ergibt, die Vollstreckung einer durch eine gerichtliche Entscheidung auferlegten Sanktion zu gewährleisten, und unabhängig davon, ob die betreffende Person die Möglichkeit hat, dem Freiheitsentzug zu entgehen, indem sie eine in dieser Entscheidung oder in einer früheren Entscheidung enthaltene Anordnung befolgt.

[48] Wie die Erörterungen in der mündlichen Verhandlung vor dem Gerichtshof ergeben haben, bestehen Zweifel daran, ob die Voraussetzungen vorliegen, um die im deutschen Recht vorgesehene Zwangshaft gegen Amtsträger zu verhängen; es ist jedoch allein Sache des vorlegenden Gerichts, zu beurteilen, ob die einschlägigen nationalen Bestimmungen angesichts ihres Wortlauts und ihres Inhalts hinreichend zugänglich, präzise und in ihrer Anwendung vorhersehbar sind und es damit ermöglichen, jede Gefahr von Willkür zu vermeiden.

[49] Ist dies nicht der Fall, kann das nationale Gericht nicht allein auf der Grundlage des Effektivitätsgrundsatzes und des Rechts auf effektiven gerichtlichen Rechtsschutz Zwangshaft verhängen. Jede Einschränkung des Rechts auf Freiheit muss nämlich in einer Rechtsvorschrift vorgesehen sein, die den in Rn. 46 des vorliegenden Urteils wiedergegebenen Anforderungen entspricht.

[50] Zu den Anforderungen, die sich aus dem Grundsatz der Verhältnismäßigkeit ergeben, ist darauf hinzuweisen, dass bei der Beurteilung seiner Einhaltung, wenn mehrere Grundrechte auf dem Spiel stehen, darauf zu achten ist, dass die mit dem Schutz der verschiedenen Rechte verbundenen Erfordernisse miteinander in Einklang gebracht werden und dass zwischen ihnen ein angemessenes Gleichgewicht besteht (vgl. in diesem Sinne Urteil vom 22. Januar 2013, Sky Österreich, C-283/11, EU:C:2013:28, Rn. 60 und die dort angeführte Rechtsprechung).

[51] Wie der Generalanwalt in Nr. 86 seiner Schlussanträge ausgeführt hat, darf auf die Verhängung von Zwangshaft, da mit ihr ein Freiheitsentzug verbunden ist, nur zurückgegriffen werden, wenn es keine weniger einschneidende Maßnahme gibt, mit der das verfolgte Ziel erreicht werden kann. Daher hat das vorlegende Gericht zu prüfen,

ob das nationale Zwangsvollstreckungsrecht insofern im Einklang mit dem Recht auf effektiven gerichtlichen Rechtsschutz ausgelegt werden kann, als es diesem Gericht gestattet, nicht in das Recht auf Freiheit eingreifende Maßnahmen wie die in Rn. 40 des vorliegenden Urteils erwähnten zu erlassen.

[52] Nur für den Fall, dass das vorlegende Gericht zu dem Ergebnis kommen sollte, dass im Kontext der in Rn. 45 des vorliegenden Urteils angesprochenen Abwägung die mit der Verhängung von Zwangshaft verbundene Einschränkung des Rechts auf Freiheit den insoweit in Art. 52 Abs. 1 der Charta aufgestellten Voraussetzungen genügt, würde das Unionsrecht den Rückgriff auf eine solche Maßnahme nicht nur gestatten, sondern gebieten.

IV. Befugnisse der EZB

22 Rs. C-62/14 (Gauweiler u. a.; „Der OMT-Beschluss“), Urteil des Gerichtshofs vom 16.06.2015.

Vorbemerkungen: *In der vorliegenden Rechtssache wandte sich das Bundesverfassungsgericht erstmals im Rahmen eines Vorabentscheidungsersuchen nach Art. 267 AEUV an den Europäischen Gerichtshof. Es wollte geklärt wissen, ob die EZB-Beschlüsse zum Ankauf von Staatsanleihen mit dem Unionsrecht vereinbar waren. Das BVerfG hatte Zweifel, ob der OMT-Beschluss von den Kompetenzen der EZB gedeckt war. Ferner zweifelte das Bundesverfassungsgericht an der Vereinbarkeit des Programms mit den Art. 119, 123, 127 AEUV. Entgegen der Vermutung des Verfassungsgerichts ging der EuGH von der Vereinbarkeit des Programms mit dem Unionsrecht aus. Er verneinte eine Kompetenzüberschreitung und stellte fest, dass die Maßnahmen zur Rettung der Staaten der Eurozone in den Bereich der Währungspolitik fielen und damit nicht als wirtschaftspolitisches Handeln einzustufen seien. Im Hinblick auf die Abgrenzung bezog sich der Gerichtshof nicht zuletzt auf die Pringle-Entscheidung (Rs. C-370/12). Er hob hervor, dass es für die Beurteilung einerseits auf die Zielsetzung der Maßnahme ankomme, andererseits aber auch der Einsatz des Mittels maßgeblich sei. Da das primäre Ziel des Programms die Sicherung einer geldpolitischen Transmission und die Gewährleistung der Preisstabilität sei, handele es sich um eine währungspolitische Maßnahme gem. Art. 127 Abs. 1 AEUV.*

Dass diese Maßnahme mittelbare Auswirkungen auf die Stabilität des Euro-Währungsgebiets haben könne, führe zu keiner anderen Bewertung. Bezüglich der Auswahl der Mittel sei auf das Protokoll über das ESZB und die EZB zu verweisen. Dieses sehe ausdrücklich vor, dass die EZB und das ESZB zum Ankauf von Staatsanleihen auf dem Sekundärmarkt befugt sind (sog. Offenmarktgeschäfte). Das BVerfG stellte nach der Entscheidung des EuGH keinen ultra-vires-Akt durch das OMT-Programm fest. ***B:*** *C. Classen, EuR 2015, 477 ff.; A. Thiele, German Law Journal 2014, 241 ff. (zur Vorlage des BVerfG).* ***L:*** *Rn. 140.*

Sachverhalt: Angesichts der Finanzkrise in mehreren Mitgliedstaaten der Union erließ die EZB am 06.09.2012 einen Beschluss, der vorsah, dass sie Staatsanleihen ausgewählter Mitgliedstaaten ankaufen kann, sofern diese an einem wirtschaftlichen Reformprogramm teilnehmen. Dieses sog. OMT-Programm sollte nach Auffassung der EZB der vermeintlich unberechtigten Zinssteigerung einzelner Mitgliedstaaten entgegenwirken und verfolge daher das Ziel der Sicherstellung einer ordnungsgemäßen geldpolitischen Transmission. Gegen diesen Beschluss wurde sowohl eine Verfassungsbeschwerde als auch ein Organstreitverfahren vor dem BVerfG angestrengt. Im Rahmen dessen wandten sich der Beschwerdeführer und der Antragsteller gegen die Mitwirkung der Deutschen Bundesbank als Teil des ESZB an den OMT-Beschlüssen sowie gegen das Untätigbleiben von Bundesregierung und Bundestag. Das BVerfG setzte das Verfassungsbeschwerdeverfahren aus und legte dem Gerichtshof erstmals im Rahmen einer Vorabentscheidung eine Vorlagefrage zur Vereinbarkeit des OMT-Beschlusses mit dem Unionsrecht vor.

Aus den Entscheidungsgründen:

[16] Es ist ferner darauf hinzuweisen, dass ein Urteil des Gerichtshofs im Vorabentscheidungsverfahren nach dessen ständiger Rechtsprechung das nationale Gericht hinsichtlich der Auslegung oder der Gültigkeit der fraglichen Handlungen der Unionsorgane bei der Entscheidung über den Ausgangsrechtsstreit bindet (…).

(…)

[35] Was speziell die Währungspolitik betrifft, hat die Union nach Art. 3 Abs. 1 Buchst. c AEUV eine ausschließliche Zuständigkeit in diesem Bereich für die Mitgliedstaaten, deren Währung der Euro ist (vgl. in diesem Sinne Urteil Pringle, C-370/12, EU:C:2012:756, Rn. 50).

[36] Nach Art. 282 Abs. 1 AEUV bilden die EZB und die Zentralbanken der Mitgliedstaaten, deren Währung der Euro ist, das Eurosystem und betreiben die Währungspolitik der Union (vgl. Urteil Pringle,

C-370/12, EU:C:2012:756, Rn. 49). Nach Art. 282 Abs. 4 AEUV erlässt die EZB die für die Erfüllung ihrer Aufgaben erforderlichen Maßnahmen nach den Art. 127 AEUV bis 133 AEUV und 138 AEUV und nach Maßgabe der Satzung des ESZB und der EZB.

(...)

[41] Gemäß dem in Art. 5 Abs. 2 EUV niedergelegten Grundsatz der begrenzten Einzelermächtigung hat das ESZB innerhalb der Grenzen der Befugnisse zu handeln, die ihm das Primärrecht verleiht, und es kann daher nicht in gültiger Weise ein Programm beschließen und durchführen, das über den Bereich hinausgeht, der der Währungspolitik durch das Primärrecht zugewiesen wird. Um die Einhaltung dieses Grundsatzes zu gewährleisten, unterliegen die Handlungen des ESZB nach Maßgabe der in den Verträgen festgelegten Voraussetzungen der gerichtlichen Kontrolle durch den Gerichtshof (vgl. in diesem Sinne Urteil Kommission/EZB, C-11/00, EU:C:2003:395, Rn. 135).

[42] Insoweit ist festzustellen, dass der AEU-Vertrag keine genaue Definition der Währungspolitik enthält, sondern zugleich die Ziele der Währungspolitik und die Mittel festlegt, über die das ESZB zur Ausführung dieser Politik verfügt (vgl. in diesem Sinne Urteil Pringle, C-370/12, EU:C:2012:756, Rn. 53).

[43] So ist nach Art. 127 Abs. 1 AEUV und Art. 282 Abs. 2 AEUV das vorrangige Ziel der Währungspolitik der Union die Gewährleistung der Preisstabilität. Diese Bestimmungen sehen ferner vor, dass das ESZB ohne Beeinträchtigung dieses Ziels die allgemeine Wirtschaftspolitik der Union unterstützt, um zur Verwirklichung der in Art. 3 EUV definierten Ziele der Union beizutragen (vgl. in diesem Sinne Urteil Pringle, C-370/12, EU:C:2012:756, Rn. 54).

[44] Das Protokoll über das ESZB und die EZB ist somit durch ein klares Mandat gekennzeichnet, mit dem vorrangig das Ziel verfolgt wird, die Preisstabilität zu gewährleisten. (...)

[45] Was die dem ESZB durch das Primärrecht zur Verwirklichung dieser Ziele zugewiesenen Mittel angeht, ist hervorzuheben, dass das Kapitel IV des Protokolls über das ESZB und die EZB, das die währungspolitischen Aufgaben und Operationen des ESZB festlegt, die Instrumente aufführt, deren sich das ESZB im Rahmen der Währungspolitik bedienen kann.

– *Zur Abgrenzung der Währungspolitik:*

[46] Aus der Rechtsprechung des Gerichtshofs geht hervor, dass für die Entscheidung über die Frage, ob eine Maßnahme zur Währungspoli-

tik gehört, hauptsächlich auf die Ziele dieser Maßnahme abzustellen ist. Die Mittel, die die Maßnahme zur Erreichung dieser Ziele einsetzt, sind ebenfalls erheblich (vgl. in diesem Sinne Urteil Pringle, C-370/12, EU: C:2012:756, Rn. 53 und 55).

[47] Was erstens die Ziele angeht, die mit einem Programm wie dem in den Ausgangsverfahren streitigen verfolgt werden, lässt sich der Pressemitteilung entnehmen, dass dieses Programm zugleich eine ordnungsgemäße geldpolitische Transmission und die Einheitlichkeit der Geldpolitik sicherstellen soll.

[48] Zum einen aber trägt das Ziel, die Einheitlichkeit der Geldpolitik zu gewährleisten, zur Erreichung der Ziele dieser Politik bei, da diese nach Art. 119 Abs. 2 AEUV „einheitlich" sein muss.

[49] Zum anderen ist das Ziel der Sicherstellung einer ordnungsgemäßen Transmission der Geldpolitik zugleich geeignet, die Einheitlichkeit dieser Politik zu gewährleisten und zu deren vorrangigem Ziel beizutragen, das in der Gewährleistung der Preisstabilität besteht.

[50] Die Fähigkeit des ESZB, durch seine geldpolitischen Entscheidungen die Preisentwicklung zu beeinflussen, hängt nämlich in weitem Umfang von der Übertragung der Impulse ab, die es auf dem Geldmarkt an die verschiedenen Wirtschaftssektoren aussendet. Eine Störung des geldpolitischen Transmissionsmechanismus ist daher geeignet, die Entscheidungen des ESZB in einem Teil des Euro-Währungsgebiets ins Leere gehen zu lassen und damit die Einheitlichkeit der Geldpolitik zu beeinträchtigen. Im Übrigen wird, da eine Störung des Transmissionsmechanismus die Wirksamkeit der vom ESZB beschlossenen Maßnahmen beeinträchtigt, dadurch zwangsläufig dessen Fähigkeit beeinträchtigt, die Preisstabilität zu gewährleisten. Daher können Maßnahmen, die diesen Transmissionsmechanismus erhalten sollen, dem in Art. 127 Abs. 1 AEUV festgelegten vorrangigen Ziel zugerechnet werden.

[51] Der Umstand, dass ein Programm wie das in der Pressemitteilung angekündigte möglicherweise geeignet ist, auch zur Stabilität des Euro-Währungsgebiets beizutragen, die zur Wirtschaftspolitik gehört (vgl. in diesem Sinne Urteil Pringle, C-370/12, EU:C:2012:756, Rn. 56), kann diese Beurteilung nicht in Frage stellen.

[52] Eine währungspolitische Maßnahme kann nämlich nicht allein deshalb einer wirtschaftspolitischen Maßnahme gleichgestellt werden, weil sie mittelbare Auswirkungen auf die Stabilität des Euro-Währungsgebiets haben kann (vgl. entsprechend Urteil Pringle, C-370/12, EU: C:2012:756, Rn. 56).

[53] Was zweitens die Mittel betrifft, die zur Erreichung der Ziele eines Programms wie des in der Pressemitteilung angekündigten eingesetzt wer-

den sollen, steht fest, dass dessen Durchführung geldpolitische Outright-Geschäfte an den Sekundärmärkten für Staatsanleihen beinhaltet.

[54] Aus Art. 18 Abs. 1 des Protokolls über das ESZB und die EZB, der zu dessen Kapitel IV gehört, geht jedoch eindeutig hervor, dass die EZB und die nationalen Zentralbanken zur Erreichung der Ziele des ESZB und zur Erfüllung seiner Aufgaben, wie sie sich aus dem Primärrecht ergeben, grundsätzlich auf den Finanzmärkten tätig werden können, indem sie auf Euro lautende börsengängige Wertpapiere endgültig kaufen und verkaufen. Folglich wird mit den Geschäften, die der EZB-Rat in der Pressemitteilung in Aussicht genommen hat, eines der geldpolitischen Instrumente genutzt, die das Primärrecht vorsieht.

(...)

[68] Was die gerichtliche Nachprüfung der Einhaltung dieser Voraussetzungen anbelangt, ist dem ESZB, da es bei der Ausarbeitung und Durchführung eines Programms für Offenmarktgeschäfte, wie es in der Pressemitteilung angekündigt wurde, Entscheidungen technischer Natur treffen und komplexe Prognosen und Beurteilungen vornehmen muss, in diesem Rahmen ein weites Ermessen einzuräumen (...)

(...)

Zu Art. 123 Abs. 1 AEUV:

[94] Aus dem Wortlaut von Art. 123 Abs. 1 AEUV geht hervor, dass diese Bestimmung der EZB und den Zentralbanken der Mitgliedstaaten verbietet, öffentlich-rechtlichen Körperschaften und Einrichtungen der Union und der Mitgliedstaaten Überziehungs- oder andere Kreditfazilitäten zu gewähren oder unmittelbar von ihnen Schuldtitel zu erwerben (vgl. Urteil Pringle, C-370/12, EU:C:2012:756, Rn. 123).

[95] Folglich verbietet diese Bestimmung jede finanzielle Unterstützung des ESZB zugunsten eines Mitgliedstaats (vgl. in diesem Sinne Urteil Pringle, C-370/12, EU:C:2012:756, Rn. 132), ohne indessen in allgemeiner Weise die für das ESZB bestehende Möglichkeit auszuschließen, von Gläubigern eines solchen Staates Schuldtitel zu erwerben, die dieser Staat zuvor ausgegeben hat.

[96] So gestattet Art. 18 Abs. 1 des Protokolls über das ESZB und die EZB dem ESZB, zur Erreichung seiner Ziele und zur Erfüllung seiner Aufgaben auf den Finanzmärkten tätig zu werden, indem es u. a. börsengängige Wertpapiere, zu denen Staatsanleihen gehören, endgültig kauft und verkauft, ohne dass diese Ermächtigung an besondere Bedingungen geknüpft ist, sofern nicht der Charakter von Offenmarktgeschäften als solcher missachtet wird.

(...)

[100] Aus den Vorarbeiten für den Maastrichter Vertrag ergibt sich, dass Art. 123 AEUV die Mitgliedstaaten dazu anhalten soll, eine gesunde Haushaltspolitik zu befolgen, indem vermieden wird, dass eine monetäre Finanzierung öffentlicher Defizite oder Privilegien der öffentlichen Hand auf den Finanzmärkten zu einer übermäßigen Verschuldung oder überhöhten Defiziten der Mitgliedstaaten führen (...).

[101] Daher dürfen Ankäufe an dem Sekundärmarkt nicht eingesetzt werden, um das mit Art. 123 AEUV verfolgte Ziel zu umgehen (...).

(...)

[121] Aus den vorstehenden Erwägungen ergibt sich, dass ein Programm wie das in der Pressemitteilung angekündigte nicht bewirkt, dass den betreffenden Mitgliedstaaten der Anreiz genommen würde, eine gesunde Haushaltspolitik zu verfolgen. Folglich verbietet es Art. 123 Abs. 1 AEUV dem ESZB nicht, ein solches Programm unter Voraussetzungen zu beschließen und durchzuführen, unter denen dem Tätigwerden des ESZB nicht die gleiche Wirkung zukommt wie dem unmittelbaren Erwerb von Staatsanleihen von den öffentlich-rechtlichen Körperschaften und Einrichtungen der Mitgliedstaaten.

Rs. C-493/17 (Weiss u. a.), 23
Urteil des Gerichtshofs vom 11.12.2018.

Vorbemerkungen: *Sowohl auf nationaler als auch auf europäischer Ebene stellte die vorliegende Rechtssache eine Fortsetzung der Rs. Gauweiler dar (Fall 22). Während jene die Rechtmäßigkeit des OMT-Programms zum Gegenstand hatte, ging es nunmehr um die Unionsrechtmäßigkeit des PSPP (Public Sector Asset Purchase Program). Der EuGH bekam die Möglichkeit, die zuvor aufgestellten Kriterien für Staatsanleihenkäufe der EZB durch eine praktische Prüfung zu konkretisieren. Bereits im OMT-Beschluss räumte er der EZB aufgrund der komplexen und fachspezifischen Sachfragen einen weiten Einschätzungsspielraum ein. Daher überprüfte er die Ermessensausübung der EZB ausschließlich hinsichtlich offensichtlicher Verstöße aus einer ex ante-Perspektive. Faktisch durfte danach nicht die gleiche Wirkung wie bei einem direkten Ankauf entstehen. Dem ist entsprochen, soweit die Ankäufer von Anleihen auf dem Primärmarkt nicht die Gewissheit haben können, dass diese unter bestimmten Bedingungen von der EZB auf dem Sekundärmarkt aufgekauft werden, sie also nicht als reine Mittelspersonen agieren können. Außerdem darf den Mitgliedstaaten nicht* *der Anreiz genommen werden, eine gesunde Haushaltspolitik zu führen. Dieser Voraussetzung wird entsprochen, wenn für die Mitgliedstaaten keine Gewissheit hinsichtlich des Anleihenkaufs durch die EZB besteht, sodass sie sich nicht in der Lage fühlen, risikofrei Anleihen auszugeben. Im Ergebnis sah der EuGH in den Maßnahmen der EZB weder eine generelle Kompetenzüberschreitung noch einen Fehler bei der Ermessensausübung im konkreten Fall. Während das BVerfG im Fall der Rs. Gauweiler (Fall 22) die Entscheidung des EuGH akzeptierte und insofern im OMT-Programm keinen Ultra-vires-Akt gesehen hatte, folgte es dessen Ansicht hier nicht. Mit dem PSPP-Urteil vom 5. Mai 2020 (BVerfGE 154, 17) erklärte das BVerfG erstmals Handlungen von Unionsorganen – zum einen den Beschluss der EZB, zum anderen aber auch das hier besprochene Urteil des EuGH in der Rs. C-493/17 (Weiss u. a.) – zu Ultra-vires-Akten, die in der Folge in Deutschland unanwendbar waren und keinerlei Bindungswirkung entfalten konnten. Dies begründete das BVerfG mit dem Argument, die EZB habe bei ihrer Abwägung die wirtschaftspolitischen Folgen des PSPP außer Acht gelassen und so den Grundsatz der Verhältnismäßigkeit verletzt. Damit fielen die Maßnahmen nicht mehr unter die währungspolitische Kompetenz der EZB aus Art. 127 Abs. 1 S. 1 AEUV. Ihrer Verpflichtung, Ultra-vires-Akten entgegenzutreten, entsprachen der Bundestag und die Bundesregierung später jedoch, indem die EZB im Juni 2020 beiden Organen eine umfassende Darlegung der Verhältnismäßigkeitsprüfung übermittelte. Dies wurde vom BVerfG mit Beschluss vom 29. April 2021 (BVerfGE 158, 89) anerkannt.* ***B:*** *P.-C. Müller-Graff, EuZW 2019, 172 f.; M. Ruffert, JuS 2019, 181 ff.; N. Petersen, German Law Journal 2020, 995 (zur abschließenden Entscheidung des BVerfG).* ***L:*** *Rn. 133, 140, 347.*

Sachverhalt: Mehrere Personen, teilweise identisch mit den Beschwerdeführern in der OMT-Vorlage, erhoben Verfassungsbeschwerde vor dem Bundesverfassungsgericht. Sie rügten die Untätigkeit der Regierung gegen die (inzident als rechtswidrig gerügten) EZB-Beschlüsse. Diese hielten sie für Ultra-vires-Rechtsakte und unvereinbar mit Art. 123, Art. 127 und 119 AEUV. Dabei wurde insbesondere das PSPP aufgegriffen. Ziel des Programms war es, die Inflationsrate auf unter, aber nahe 2 % zu steigern und die Geldmenge zu erhöhen, um Preisstabilität zu gewährleisten. Als Mittel wurde wiederum der Ankauf von Staatsanleihen auf dem Sekundärmarkt, also nicht von den Mitgliedstaaten selbst, sondern von sonstigen Anleihen-Inhabern, gewählt. Dadurch sollten die Zinsen gesenkt und so ein Anreiz für wirtschaftliche Aktivität geschaffen werden. Das PSPP war zunächst zeitlich begrenzt, erfuhr später aber mehrfach eine Laufzeitverlängerung. Ebenfalls wurde das Ankaufvolumen zeitweise erhöht. Die Beschwerdeführer kritisierten, dass dies die Kompetenz der EZB überschreite.

Aus den Entscheidungsgründen:

[23] Hierzu ist zunächst darauf hinzuweisen, dass gemäß dem in Art. 5 Abs. 2 EUV niedergelegten Grundsatz der begrenzten Einzelermächtigung das Europäische System der Zentralbanken (ESZB) innerhalb der Grenzen der Befugnisse zu handeln hat, die ihm das Primärrecht verleiht, und es daher nicht in gültiger Weise ein Programm beschließen und durchführen kann, das über den Bereich hinausgeht, der der Währungspolitik durch das Primärrecht zugewiesen wird. Um die Einhaltung dieses Grundsatzes zu gewährleisten, unterliegen die Handlungen des ESZB nach Maßgabe der in den Verträgen festgelegten Voraussetzungen der gerichtlichen Kontrolle durch den Gerichtshof (Urteil vom 16. Juni 2015, Gauweiler u. a., C 62/14, EU:C:2015:400, Rn. 41).

(...)

Zur Einhaltung der Begründungspflicht aus Art. 296 Abs. 2 AEUV

(...)

[35] Die Begründungen der Beschlüsse 2015/2464, 2016/702 und 2017/100 geben diese auf das PSPP bezogenen Gründe zwar nicht wieder, enthalten jedoch Erläuterungen zu den Erwägungen, die zu den durch diese Beschlüsse bewirkten Änderungen der für das PSPP geltenden Regeln geführt haben.

[36] Außerdem wird die Begründung dieser Beschlüsse durch verschiedene Dokumente, die die EZB bei ihrem Erlass jeweils veröffentlicht hat, ergänzt, indem die den genannten Beschlüssen zugrunde liegenden wirtschaftlichen Analysen, die verschiedenen vom EZB-Rat in Betracht gezogenen Optionen und die Gründe für die getroffenen Entscheidungen insbesondere im Hinblick auf die festgestellten und erwarteten Wirkungen des PSPP eingehend dargestellt werden.

[37] Wie der Generalanwalt in den Nrn. 133 bis 138 und 144 bis 148 seiner Schlussanträge ausgeführt hat, wurden die aufeinanderfolgenden Beschlüsse der EZB zum PSPP durch die Veröffentlichung von Pressemitteilungen, Einleitenden Bemerkungen des Präsidenten der EZB auf Pressekonferenzen mit Antworten auf die Fragen der Presse und Zusammenfassungen der geldpolitischen Sitzungen des EZB-Rats, in denen die in diesem Gremium geführten Erörterungen geschildert werden, systematisch erläutert.

[38] Hierzu ist insbesondere hervorzuheben, dass diese Zusammenfassungen u. a. Begründungen für die zuerst steigende und dann rück-

läufige Entwicklung des Volumens der monatlichen Ankäufe von Anleihen sowie der Reinvestition der bei Fälligkeit der erworbenen Anleihen erzielten Beträge enthalten und zeigen, dass die potenziellen Nebenwirkungen des PSPP einschließlich seiner möglichen Konsequenzen für die Haushaltsentscheidungen der betreffenden Mitgliedstaaten in diesem Rahmen berücksichtigt wurden.

(…)

[40] Zu den verschiedenen in Rn. 37 des vorliegenden Urteils genannten Dokumenten, die sowohl bei der Einführung des PSPP als auch anlässlich der Überprüfungen und Änderungen dieses Programms vorgelegt wurden, kommen noch allgemeine Analysen der monetären Situation des Euro-Währungsgebiets und mehrere spezifische Studien zu den Auswirkungen des APP und des PSPP, die im Wirtschaftsbericht der EZB veröffentlicht wurden.

(…)

Zu Art. 119 und Art. 127 Abs. 1 und 2 AEUV sowie den Art. 17 bis 24 des Protokolls über das ESZB und die EZB

[55] Die Verfasser der Verträge haben sich dafür entschieden, das vorrangige Ziel der Währungspolitik der Union, nämlich die Gewährleistung der Preisstabilität, allgemein und abstrakt festzulegen, ohne genau zu bestimmen, wie dieses Ziel in quantitativer Hinsicht zu konkretisieren ist.

[56] Es ist nicht ersichtlich, dass die Konkretisierung des Ziels der Gewährleistung der Preisstabilität, die das ESZB seit 2003 gewählt hat, nämlich mittelfristig Inflationsraten von unter, aber nahe 2 % zu gewährleisten, mit einem offensichtlichen Beurteilungsfehler behaftet ist und den durch den AEU-Vertrag festgelegten Rahmen überschreitet. Wie die EZB dargelegt hat, lässt sich eine solche Wahl u. a. mit der Ungenauigkeit der Inflationsmessinstrumente, erheblichen Abweichungen der Inflation innerhalb des Euro-Währungsgebiets und der Notwendigkeit, eine Sicherheitsmarge vorzusehen, um dem möglichen Eintritt eines Deflationsrisikos entgegenzuwirken, begründen.

[57] Folglich kann, wie von der EZB vorgetragen und im Übrigen vom vorlegenden Gericht ausgeführt, das im vierten Erwägungsgrund des Beschlusses 2015/774 festgelegte spezifische Ziel dem vorrangigen Ziel der Währungspolitik der Union, wie es sich aus Art. 127 Abs. 1 und Art. 282 Abs. 2 AEUV ergibt, zugeordnet werden.

[58] Diese Schlussfolgerung wird nicht durch den vom vorlegenden Gericht angeführten Umstand in Frage gestellt, dass das PSPP erheb-

liche Auswirkungen auf die Bilanzen der Geschäftsbanken und auf die Finanzierungsbedingungen der Mitgliedstaaten des Euro-Währungsgebiets habe.

[59] Im vorliegenden Fall ist unstreitig, dass sich das PSPP nach seinem Grundgedanken und seinen Modalitäten sowohl auf die Bilanzen der Geschäftsbanken als auch auf die Finanzierung der von diesem Programm erfassten Mitgliedstaaten auswirken kann und dass solche Auswirkungen gegebenenfalls durch wirtschaftspolitische Maßnahmen angestrebt werden könnten.

[60] Hierzu ist hervorzuheben, dass Art. 127 Abs. 1 AEUV u. a. vorsieht, dass das ESZB zum einen, soweit dies ohne Beeinträchtigung seines vorrangigen Ziels der Gewährleistung der Preisstabilität möglich ist, die allgemeine Wirtschaftspolitik in der Union unterstützt und sich zum anderen an die in Art. 119 festgelegten Grundsätze halten muss. Daraus folgt, dass die Verfasser der Verträge innerhalb des institutionellen Gleichgewichts, das durch die Bestimmungen in Titel VIII des AEU-Vertrags, darunter die dem ESZB durch Art. 130 und Art. 282 Abs. 3 AEUV garantierte Unabhängigkeit, hergestellt wird, keine absolute Trennung zwischen Wirtschafts- und Währungspolitik vornehmen wollten.

(...)

[62] Der Auffassung des vorlegenden Gerichts, nicht alle Auswirkungen eines Programms für Offenmarktgeschäfte, die vom ESZB bewusst in Kauf genommen und für dieses sicher vorhersehbar gewesen seien, seien als „mittelbare Auswirkungen" dieses Programms anzusehen, ist nicht zu folgen.

(...)

[81] Vor diesem Hintergrund ist in Anbetracht der vorhersehbaren Auswirkungen des PSPP und da nicht ersichtlich ist, dass das vom ESZB verfolgte Ziel durch eine andere Art geldpolitischer Maßnahmen hätte erreicht werden können, die ein weniger weitreichendes Tätigwerden des ESZB beinhaltet hätte, davon auszugehen, dass das PSPP nach seinem Grundgedanken nicht offensichtlich über das zur Erreichung dieses Ziels Erforderliche hinausgeht.

[82] Was die Anwendungsmodalitäten des PSPP betrifft, trägt die Struktur dieses Programms ebenfalls dazu bei, zu gewährleisten, dass sich seine Auswirkungen auf das zur Erreichung des genannten Ziels Erforderliche beschränken, u. a. da der Umstand, dass das PSPP nicht selektiv ist, sicherstellt, dass sich die Tätigkeit des ESZB auf die finanziellen Bedingungen im gesamten Euro-Währungsgebiet auswirkt und nicht den besonderen Finanzierungsbedürfnissen bestimmter Mitgliedstaaten dieses Gebiets Rechnung trägt.

(...)

[91] Der Umstand, dass gegen diese mit einer Begründung versehene Analyse Einwände erhoben wurden, kann als solcher nicht genügen, um einen offensichtlichen Beurteilungsfehler des ESZB festzustellen, da vom ESZB mit Rücksicht darauf, dass geldpolitische Fragen gewöhnlich umstritten sind und es über ein weites Ermessen verfügt, nicht mehr als der Einsatz seines wirtschaftlichen Sachverstands und der ihm zur Verfügung stehenden notwendigen technischen Mittel verlangt werden kann, um diese Analyse mit aller Sorgfalt und Genauigkeit durchzuführen (vgl. in diesem Sinne Urteil vom 16. Juni 2015, Gauweiler u. a., C 62/14, EU:C:2015:400, Rn. 75).

(...)

[93] Drittens hat das ESZB, wie der Generalanwalt in Nr. 148 seiner Schlussanträge ausgeführt hat, die verschiedenen beteiligten Interessen so gegeneinander abgewogen, dass tatsächlich vermieden wird, dass sich bei der Durchführung des PSPP Nachteile ergeben, die offensichtlich außer Verhältnis zu dessen Zielen stehen.

(...)

Zu Art. 123 Abs. 1 AEUV

[110] Hierzu ist darauf hinzuweisen, dass das Tätigwerden des ESZB mit Art. 123 Abs. 1 AEUV unvereinbar wäre, wenn die Wirtschaftsteilnehmer, die möglicherweise Staatsanleihen auf dem Primärmarkt erwerben, die Gewissheit hätten, dass das ESZB diese Anleihen binnen eines Zeitraums und unter Bedingungen ankaufen würde, die es diesen Wirtschaftsteilnehmern ermöglichten, faktisch als Mittelspersonen des ESZB für den unmittelbaren Erwerb dieser Anleihen von den öffentlich-rechtlichen Körperschaften und Einrichtungen des betreffenden Mitgliedstaats zu agieren (Urteil vom 16. Juni 2015, Gauweiler u. a., C 62/14, EU:C:2015:400, Rn. 104).

(...)

[113] Das ESZB hat jedoch verschiedene Garantien eingeführt, um zu verhindern, dass ein privater Marktteilnehmer wie eine Mittelsperson des ESZB agieren kann.

(...)

[128] Somit ist, wie der Generalanwalt in Nr. 79 seiner Schlussanträge ausgeführt hat, festzustellen, dass der Umstand, dass die Modalitäten des PSPP den Erwerb eines erheblichen Volumens von Anleihen öffentlich-rechtlicher Körperschaften und Einrichtungen der Mitgliedstaaten auf makroökonomischer Ebene vorhersehbar machen, einem

konkreten privaten Marktteilnehmer keine solche Gewissheit verschaffen kann, dass er faktisch wie eine Mittelsperson des ESZB für den unmittelbaren Erwerb von Anleihen von einem Mitgliedstaat agieren könnte.

(...)

[132] Damit den Mitgliedstaaten nicht der Anreiz genommen wird, eine gesunde Haushaltspolitik zu verfolgen, dürfen jedoch die Auflage und die Durchführung eines solchen Programms keine Gewissheit hinsichtlich eines künftigen Ankaufs der Anleihen der Mitgliedstaaten begründen, die die Mitgliedstaaten zu einer Haushaltspolitik veranlassen könnte, die die Tatsache unberücksichtigt ließe, dass sie im Fall eines Defizits nach einer Finanzierung auf dem Markt zu suchen haben werden, oder ihnen ermöglichte, sich vor den Konsequenzen zu schützen, die die Entwicklung ihrer makroökonomischen Lage oder ihrer Haushaltslage unter diesem Aspekt mit sich bringen kann (vgl. in diesem Sinne Urteil vom 16. Juni 2015, Gauweiler u. a., C 62/14, EU:C:2015:400, Rn. 113 und 114).

(...)

[135] Diese vorübergehende Natur wird im Übrigen dadurch verstärkt, dass das ESZB gemäß Art. 12 Abs. 2 der Leitlinien die Möglichkeit behält, die erworbenen Anleihen jederzeit wieder zu verkaufen. Dies erlaubt ihm, sein Programm nach Maßgabe der Haltung des betreffenden Mitgliedstaats anzupassen, und gewährt den beteiligten Wirtschaftsteilnehmern nicht die Gewissheit, dass das ESZB von dieser Option keinen Gebrauch machen wird (vgl. entsprechend Urteil vom 16. Juni 2015, Gauweiler u. a., C 62/14, EU:C:2015:400, Rn. 117 und 118).

[136] Somit erlaubt der Beschluss 2015/774 den Mitgliedstaaten nicht, ihre Haushaltspolitik festzulegen, ohne zu berücksichtigen, dass die Kontinuität der Durchführung des PSPP mittelfristig keineswegs gewährleistet ist und sie daher im Fall eines Defizits nach einer Finanzierung auf dem Markt zu suchen haben werden, ohne von der Lockerung der Finanzierungsbedingungen profitieren zu können, die die Durchführung des PSPP möglicherweise bewirkt (vgl. entsprechend Urteil vom 16. Juni 2015, Gauweiler u. a., C 62/14, EU:C:2015:400, Rn. 112 und 114).

[137] Zweitens ist darauf hinzuweisen, dass der Beschluss 2015/774 und die Leitlinien eine Reihe von Garantien enthalten, die die Auswirkungen des PSPP auf den Anreiz, eine gesunde Haushaltspolitik zu verfolgen, begrenzen sollen.

(...)

[141] Außerdem bewirken die Ankaufobergrenzen pro Emission und Emittent in Art. 5 Abs. 1 und 2 dieses Beschlusses jedenfalls, dass nur ein geringer Teil der von einem Mitgliedstaat ausgegebenen Anleihen vom ESZB im Rahmen des PSPP erworben werden kann und der betreffende Mitgliedstaat daher hauptsächlich die Märkte nutzen muss, um sein Haushaltsdefizit zu finanzieren.

[142] Des Weiteren sieht Art. 3 Abs. 2 des Beschlusses 2015/774 hohe Zulassungskriterien vor, die auf einer Bonitätsbeurteilung beruhen, von der nur abgewichen werden kann, wenn für den betreffenden Mitgliedstaat ein Finanzhilfeprogramm läuft. Art. 13 Abs. 1 der Leitlinien sieht überdies vor, dass der EZB-Rat im Fall einer Verschlechterung der Bewertung der Anleihen eines Mitgliedstaats oder eines negativen Ergebnisses einer Überprüfung eines solchen Programms entscheidet, ob die bereits erworbenen Anleihen des betreffenden Mitgliedstaats wieder zu verkaufen sind.

(…)

[149] Dass es an einer Pflicht zum Wiederverkauf der erworbenen Anleihen fehlt, genügt außerdem nicht, um einen Verstoß gegen Art. 123 Abs. 1 AEUV zu begründen.

V. Austritt und Folgen

24 Rs. C-621/18 (Wightman), Urteil des Gerichtshofs vom 19.10.2018.

Vorbemerkungen: *Nach der Austrittsentscheidung des Vereinigten Königreichs kam die Frage auf, ob ein formal nach Art. 50 EUV durch eine entsprechende Mitteilung eingeleitetes Austrittsverfahren einseitig durch den zuvor austrittswilligen Staat wieder zurückgenommen werden kann, oder ob eine Beendigung des Austrittsverfahrens nunmehr die Zustimmung aller Mitgliedstaaten erfordert. Der EuGH entschied auf Vorlage des schottischen Court of Session. Er bejahte die Zulässigkeit der Vorlage und betonte dabei, dass die Frage der Entscheidungserheblichkeit grundsätzlich vom vorlegenden Gericht zu beurteilen sei. Vorliegend genügte daher der Hinweis, dass nationale Parlamentarier ein Interesse an der Beantwortung der Vorlagefrage hätten, um ihr politisches Handeln entsprechend ausrichten zu können. In der Sache sprach sich der EuGH für ein einseitiges Rücknahmerecht bis zum Ab-*

lauf der in Art. 50 Abs. 3 EUV genannten Frist aus und begründete dies vor allem mit dem unilateralen Charakter des Verfahrens sowie dem Ziel einer immer engeren Union. Indem er zudem mehrfach auf die Souveränität der Mitgliedstaaten zu sprechen kam, lässt sich der Entscheidung ggf. auch ein Hinweis auf den Charakter der EU entnehmen.
***B:** A. Thiele, EuR 2019, 263 ff.; J. A. Kämmerer, NVwZ 2019, 129 ff.*
***L:** Rn. 86.*

Sachverhalt: Am 29. März 2017 teilte die Premierministerin (Vereinigtes Königreich), die durch den European Union (Notification of Withdrawal) Act 2017 hierzu ermächtigt worden war, dem Europäischen Rat mit, dass das Vereinigte Königreich beabsichtige, gemäß Art. 50 EUV aus der Union auszutreten. Am 19. Dezember 2017 stellten die Kläger des Ausgangsverfahrens, zu denen ein Mitglied des Parlaments des Vereinigten Königreichs Großbritannien und Nordirland, zwei Mitglieder des Schottischen Parlaments und drei Mitglieder des Europäischen Parlaments gehörten, beim Court of Session (Scotland) einen Antrag auf gerichtliche Überprüfung, mit dem sie die Feststellung begehrten, ob, wann und wie die genannte Mitteilung einseitig zurückgenommen werden kann, mit der Folge, dass das Vereinigte Königreich bei einer Rücknahme seiner Mitteilung in der Europäischen Union verbliebe. Sie forderten den Court of Session (Scotland) auf, dem Gerichtshof hierzu eine Frage zur Vorabentscheidung vorzulegen. Der Secretary of State for Exiting the European Union hielt dem entgegen, dass die Frage angesichts des Standpunkts der Regierung des Vereinigten Königreichs, dass es keine Rücknahme der Mitteilung geben werde, hypothetisch und akademisch sei. Mit Entscheidung vom 8. Juni 2018 lehnte der Lord Ordinary (erstinstanzlicher Richter am Court of Session) die Befassung des Gerichtshofs ab und wies den Antrag auf gerichtliche Überprüfung mit der Begründung zurück, erstens sei die Frage angesichts des Standpunkts der Regierung des Vereinigten Königreichs hypothetisch, und der Sachverhalt, auf dessen Grundlage der Gerichtshof befragt werden solle, könne nicht sicher festgestellt werden, und zweitens greife die Frage in die Souveränität des Parlaments ein und liege außerhalb der Zuständigkeit des nationalen Gerichts. Die Kläger legten Berufung gegen diese Entscheidung ein, das Berufungsgericht legte die Frage dem EuGH vor.

Aus den Entscheidungsgründen:

Zur Zulässigkeit

[29] Im vorliegenden Fall ist das vorlegende Gericht mit einer Berufung gegen eine Entscheidung des erstinstanzlichen Richters im Rahmen eines Verfahrens befasst, in dem es um die Feststellung geht, ob die gemäß Art. 50 EUV erfolgte Mitteilung der Absicht des Vereinigten Kö-

nigreichs, aus der Union auszutreten, vor Ablauf der in diesem Artikel vorgesehenen Frist von zwei Jahren einseitig zurückgenommen werden kann, mit der Folge, dass das Vereinigte Königreich bei einer Rücknahme der Mitteilung in der Union bliebe. Das vorlegende Gericht führt hierzu aus, es habe in einem Rechtsstreit über diese tatsächliche und aktuelle Rechtsfrage von beträchtlicher Bedeutung zu entscheiden. Einer der Kläger des Ausgangsverfahrens und zwei Beteiligte des Ausgangsverfahrens müssten als Mitglieder des Parlaments des Vereinigten Königreichs über den Austritt des Vereinigten Königreichs aus der Union und insbesondere, aufgrund von Section 13 des European Union (Withdrawal) Act 2018, über die Ratifizierung des zwischen der Regierung des Vereinigten Königreichs und der Union gemäß Art. 50 EUV ausgehandelten Abkommens abstimmen. Diese Mitglieder des Parlaments des Vereinigten Königreichs hätten ein Interesse an der Beantwortung der genannten Rechtsfrage, da dadurch geklärt werden könne, welche Optionen sie bei der Ausübung ihrer Parlamentsmandate hätten.

[30] Es ist nicht Sache des Gerichtshofs, die Beurteilung der Zulässigkeit des Ausgangsrechtsstreits durch das vorlegende Gericht in Frage zu stellen, die im Rahmen des Vorabentscheidungsverfahrens in die Zuständigkeit des nationalen Gerichts fällt, noch hat er zu prüfen, ob die Vorlageentscheidung im Einklang mit den nationalen Vorschriften über die Gerichtsorganisation und das gerichtliche Verfahren ergangen ist (vgl. in diesem Sinne Urteile vom 16. Juni 2015, Gauweiler u. a., C-62/14, EU:C:2015:400, Rn. 26, und vom 7. Februar 2018, American Express, C-304/16, EU:C:2018:66, Rn. 34). Im vorliegenden Fall hat das vorlegende Gericht die vor ihm von der Regierung des Vereinigten Königreichs erhobenen Einwände, dass die Ausgangsverfahren wegen ihres hypothetischen oder akademischen Charakters unzulässig seien, zurückgewiesen. Folglich ist das Vorbringen der Regierung des Vereinigten Königreichs und der Kommission, soweit mit ihm die Zulässigkeit der Klage in Frage gestellt werden soll, für die Beurteilung der Zulässigkeit des Vorabentscheidungsersuchens ohne Bedeutung (vgl. in diesem Sinne Urteil vom 13. März 2007, Unibet, C-432/05, EU:C:2007:163, Rn. 33).

Zur Beantwortung der Frage

[57] Wie der Generalanwalt in den Nrn. 94 und 95 seiner Schlussanträge ausgeführt hat, spricht die Tatsache, dass es sich bei dem in Art. 50 Abs. 1 EUV verankerten Austrittsrecht um ein souveränes Recht handelt, dafür, dass der betreffende Mitgliedstaat, solange ein Austrittsabkommen zwischen der Union und ihm nicht in Kraft getreten ist oder, andernfalls, solange die in Art. 50 Abs. 3 EUV vorgesehene Frist von

zwei Jahren, die gegebenenfalls im Einklang mit dieser Bestimmung verlängert werden kann, nicht abgelaufen ist, das Recht zur Rücknahme der Mitteilung seiner Absicht hat, aus der Union auszutreten.

[58] Mangels einer ausdrücklichen Regelung, wie die Mitteilung der Austrittsabsicht zurückzunehmen ist, muss ihre Rücknahme unter Beachtung der Vorschriften erfolgen, die in Art. 50 Abs. 1 EUV für den Austritt selbst vorgesehen sind, d. h., sie kann einseitig, im Einklang mit den verfassungsrechtlichen Vorschriften des betreffenden Mitgliedstaats, beschlossen werden.

[59] Nimmt ein Mitgliedstaat, bevor eines der in Rn. 57 des vorliegenden Urteils erwähnten Ereignisse eingetreten ist, die Mitteilung seiner Austrittsabsicht zurück, kommt darin eine souveräne Entscheidung dieses Staates zum Ausdruck, den Status als Mitgliedstaat der Union behalten zu wollen; dieser Status wurde durch die genannte Mitteilung weder ausgesetzt noch geändert (vgl. in diesem Sinne Urteil vom 19. September 2018, RO, C-327/18 PPU, EU:C:2018:733, Rn. 45), vorbehaltlich allein der Bestimmungen von Art. 50 Abs. 4 EUV.

[60] Darin unterscheidet sich eine solche Rücknahme grundlegend von einem etwaigen Antrag, mit dem der betreffende Mitgliedstaat den Europäischen Rat um die Verlängerung der in Art. 50 Abs. 3 EUV vorgesehenen Frist von zwei Jahren ersucht, so dass der Rat und die Kommission zu Unrecht eine Analogie zwischen der Rücknahme und einem solchen Antrag auf Fristverlängerung herzustellen versuchen.

[61] Zum Kontext von Art. 50 EUV geht aus dem 13. Erwägungsgrund der Präambel des EU-Vertrags, aus dem ersten Erwägungsgrund der Präambel des AEU-Vertrags und aus Art. 1 EUV hervor, dass die Verträge dazu dienen, eine immer engere Union der Völker Europas zu schaffen, und aus dem zweiten Erwägungsgrund der Präambel des AEU-Vertrags ergibt sich, dass die Union die Europa trennenden Schranken beseitigen soll.

[62] Ferner ist die Bedeutung der in den Erwägungsgründen 2 und 4 der Präambel des EU-Vertrags angesprochenen Werte der Freiheit und der Demokratie hervorzuheben, die zu den gemeinsamen Werten im Sinne von Art. 2 EUV sowie der Präambel der Charta der Grundrechte der Europäischen Union gehören und damit zu den Grundlagen der Unionsrechtsordnung selbst (vgl. in diesem Sinne Urteil vom 3. September 2008, Kadi und Al Barakaat International Foundation/Rat und Kommission, C-402/05 P und C-415/05 P, EU:C:2008:461, Rn. 303 und 304).

[63] Wie sich aus Art. 49 EUV ergibt, wonach jeder europäische Staat beantragen kann, Mitglied der Union zu werden, und dessen Ge-

genstück Art. 50 EUV über das Austrittsrecht ist, besteht die Union aus Staaten, die diese Werte von sich aus und freiwillig übernommen haben, so dass das Unionsrecht auf der grundlegenden Prämisse beruht, dass jeder Mitgliedstaat mit allen übrigen Mitgliedstaaten eine Reihe gemeinsamer Werte teilt und anerkennt, dass diese sie mit ihm teilen (vgl. in diesem Sinne Urteil vom 25. Juli 2018, Minister for Justice and Equality [Mängel des Justizsystems], C-216/18 PPU, EU:C:2018:586, Rn. 35).

[64] Überdies ist darauf hinzuweisen, dass der Unionsbürgerstatus dazu bestimmt ist, der grundlegende Status der Angehörigen der Mitgliedstaaten zu sein (vgl. in diesem Sinne Urteile vom 20. September 2001, Grzelczyk, C-184/99, EU:C:2001:458, Rn. 31, vom 19. Oktober 2004, Zhu und Chen, C-200/02, EU:C:2004:639, Rn. 25, und vom 2. März 2010, Rottmann, C-135/08, EU:C:2010:104, Rn. 43), so dass der etwaige Austritt eines Mitgliedstaats aus der Union erhebliche Auswirkungen auf die Rechte aller Unionsbürger haben kann; dies gilt insbesondere für das Recht auf Freizügigkeit sowohl der Angehörigen des betreffenden Mitgliedstaats als auch der Angehörigen der übrigen Mitgliedstaaten.

[65] Unter diesen Umständen kann ein Staat, da er nicht gezwungen werden kann, gegen seinen Willen der Union beizutreten, auch nicht gezwungen werden, gegen seinen Willen aus der Union auszutreten.

[66] Würde die Mitteilung der Austrittsabsicht unweigerlich dazu führen, dass der betreffende Mitgliedstaat am Ende des in Art. 50 Abs. 3 EUV vorgesehenen Zeitraums aus der Union ausscheidet, könnte er aber gezwungen sein, die Union gegen seinen – am Ende eines demokratischen Prozesses im Einklang mit seinen verfassungsrechtlichen Vorschriften zum Ausdruck gekommenen – Willen zu verlassen, seinen Austrittsbeschluss rückgängig zu machen und Mitglied der Union zu bleiben.

[67] Ein solches Ergebnis stünde im Widerspruch zu den Zielen und Werten, auf die in den Rn. 61 und 62 des vorliegenden Urteils hingewiesen worden ist. Zum Ziel der Verträge, eine immer engere Union der Völker Europas zu schaffen, stünde es insbesondere im Widerspruch, einen Mitgliedstaat zum Austritt zu zwingen, auch wenn er, nachdem er seine Absicht mitgeteilt hat, im Einklang mit seinen verfassungsrechtlichen Vorschriften und am Ende eines demokratischen Prozesses aus der Union auszutreten, beschließt, die Mitteilung dieser Absicht im Rahmen eines solchen Prozesses zurückzunehmen.

[68] Auch die Entstehungsgeschichte von Art. 50 EUV spricht dafür, diese Bestimmung dahin auszulegen, dass ein Mitgliedstaat berechtigt ist, die Mitteilung seiner Absicht, aus der Union auszutreten, einsei-

tig zurückzunehmen. Der Wortlaut dieses Artikels entspricht nämlich in weiten Teilen dem Wortlaut einer Klausel über den Austritt aus der Union, die erstmals im Entwurf des Vertrags über eine Verfassung für Europa enthalten war. Als diese Klausel abgefasst wurde, waren Änderungen vorgeschlagen worden, um den Ausschluss eines Mitgliedstaats zu ermöglichen, die Gefahr eines Missbrauchs im Laufe des Austrittsverfahrens zu vermeiden oder den Austrittsbeschluss zu erschweren. Alle diese Änderungen wurden jedoch mit der in den Kommentaren zum Entwurf ausdrücklich angegebenen Begründung abgelehnt, dass der freiwillige und einseitige Charakter des Austrittsbeschlusses gewahrt werden müsse.

[69] Aus diesen Gesichtspunkten folgt, dass die Mitteilung der Austrittsabsicht durch einen Mitgliedstaat nicht unausweichlich zu dessen Austritt aus der Union führen kann. Vielmehr ist ein Mitgliedstaat, der seinen Beschluss, aus der Union auszutreten, rückgängig gemacht hat, berechtigt, die genannte Mitteilung zurückzunehmen, solange ein Austrittsabkommen zwischen ihm und der Union nicht in Kraft getreten ist oder, falls kein solches Abkommen geschlossen wurde, solange die in Art. 50 Abs. 3 EUV vorgesehene Frist von zwei Jahren, die gegebenenfalls im Einklang mit dieser Bestimmung verlängert werden kann, nicht abgelaufen ist.

Rs. C-202/24 (Alchaster), Urteil des Gerichtshofs vom 29.07.2024. 25

Vorbemerkungen: *Die Beziehungen zwischen der EU und dem Vereinigten Königreich wurden im Abkommen über Handel und Zusammenarbeit zwischen der Europäischen Union und der Europäischen Atomgemeinschaft einerseits und dem Vereinigten Königreich Großbritannien und Nordirland andererseits festgehalten (ABl. 2021, L 149, S. 10; im Folgenden: AHZ). In diesem Urteil ging es um die Frage, inwieweit bzw. unter welchen Voraussetzungen eine Person von einem Mitgliedstaat an das Vereinigte Königreich aufgrund eines Europäischen Haftbefehls überführt werden darf, wenn vorgebracht wird, dass dort ggf. Verstöße gegen unionsrechtliche Prinzipien drohen (in diesem Fall ging es um Art. 49 GrCh). Eine solche Prüfung ist zwischen den Mitgliedstaaten nach der Rechtsprechung des EuGH nur in absoluten Ausnahmefällen möglich, da dieses Verhältnis generell vom Grundsatz des Vertrauens geprägt ist (vgl. in diesem Sinne Gutachten 2/13 vom 18. Dezember 2014, Rn. 168). Letztlich ging es vorliegend damit um die*

Frage, inwieweit dieser Grundsatz auch weiterhin für das Verhältnis der EU zum ausgetretenen Vereinigten Königreich gilt oder ob es hier gerechtfertigt (bzw. erforderlich) ist, strengere Maßstäbe anzulegen. Der EuGH sah hier im Ergebnis signifikante Unterschiede auch im Vergleich zu den verbliebenen Mitgliedstaaten des EWR. ***B:*** *C. Jacobs, EuR 2025, 299ff.*

Sachverhalt: Der District Judge (Bezirksrichter) der Magistrates' Courts of Northern Ireland erließ vier Haftbefehle gegen MA wegen terroristischer Straftaten, die zwischen dem 18. und dem 20. Juli 2020 begangen worden sein sollten und von denen einige mit lebenslanger Freiheitsstrafe bedroht waren. Mit Urteil vom 24. Oktober 2022 und Beschlüssen vom selben Tag und vom 7. November 2022 ordnete der High Court die Übergabe von MA an das Vereinigte Königreich an und lehnte zugleich die Zulassung eines Rechtsmittels zum Court of Appeal ab. Mit Entscheidung vom 17. Januar 2023 ließ der Supreme Court ein Rechtsmittel von MA gegen das Urteil und die Beschlüsse des High Court zu. MA machte insoweit geltend, dass seine Übergabe an das Vereinigte Königreich mit dem Grundsatz der Gesetzmäßigkeit im Zusammenhang mit Straftaten und Strafen unvereinbar sei, weil sich eine etwaige vorzeitige Haftentlassung unter Auflagen nach Rechtsvorschriften des Vereinigten Königreichs richten würde, die nach Begehung der mutmaßlichen Straftaten, derentwegen er strafrechtlich verfolgt werde, erlassen worden seien. Der Supreme Court setzte das Verfahren aus und fragte den EuGH, inwieweit ein nationaler Richter unter Berücksichtigung der Regelungen des Abkommens über Handel und Zusammenarbeit zwischen der Europäischen Union und der Europäischen Atomgemeinschaft einerseits und dem Vereinigten Königreich Großbritannien und Nordirland andererseits (AHZ) verpflichtet ist, entsprechenden Einwänden gegen seine Überführung mit weiteren Untersuchungen nachzugehen.

Aus den Entscheidungsgründen:

[65] Zwar ist nicht auszuschließen, dass eine internationale Übereinkunft ein hohes Maß an Vertrauen zwischen den Mitgliedstaaten und bestimmten Drittstaaten schaffen kann.

[66] So hat der Gerichtshof entschieden, dass dies auf die Beziehungen zwischen den Mitgliedstaaten und dem Königreich Norwegen zutrifft (vgl. in diesem Sinne Urteil vom 14. September 2023, Sofiyska gradska prokuratura [Aufeinanderfolgende Haftbefehle], C-71/21, EU:C:2023:668, Rn. 32 und 39).

[67] Dieser Drittstaat befindet sich allerdings insoweit in einer besonderen Situation, als er privilegierte Beziehungen zur Union unterhält,

die über den Rahmen einer wirtschaftlichen und handelspolitischen Zusammenarbeit hinausgehen, da er Vertragspartei des Abkommens über den Europäischen Wirtschaftsraum ist, sich am Gemeinsamen Europäischen Asylsystem beteiligt, den Schengen-Besitzstand umsetzt und anwendet und mit der Union das Übereinkommen zwischen den Mitgliedstaaten der Union und Island und Norwegen über das Übergabeverfahren geschlossen hat, das am 1. November 2019 in Kraft getreten ist (vgl. in diesem Sinne Urteil vom 17. März 2021, JR [Haftbefehl – Verurteilung in einem EWR-Drittstaat], C-488/19, EU:C:2021:206, Rn. 60).

[68] Der Gerichtshof hat ferner darauf hingewiesen, dass erstens die Vertragsparteien in der Präambel dieses Übereinkommens das gegenseitige Vertrauen auf die Struktur und die Funktionsweise ihrer Rechtssysteme und ihre Fähigkeit, ein faires Verfahren zu gewährleisten, zum Ausdruck gebracht haben und dass zweitens die Bestimmungen dieses Übereinkommens den entsprechenden Bestimmungen des Rahmenbeschlusses 2002/584 sehr ähnlich sind (vgl. in diesem Sinne Urteil vom 2. April 2020, Ruska Federacija, C-897/19 PPU, EU:C:2020:262, Rn. 73 und 74).

[69] Die oben in Rn. 66 angeführte Erwägung, die auf den besonderen Beziehungen zwischen der Union und bestimmten EWR-Mitgliedstaaten beruht, kann jedoch nicht für alle Drittstaaten gelten.

[70] Was speziell die mit dem AHZ eingeführte Regelung betrifft, ist zunächst festzustellen, dass das Abkommen keine Beziehungen zwischen der Union und dem Vereinigten Königreich schafft, die ebenso privilegiert sind wie die Beziehungen, die in der in den Rn. 67 und 68 des vorliegenden Urteils angeführten Rechtsprechung beschrieben sind. Vor allem ist das Vereinigte Königreich nicht Teil des europäischen Raums ohne Binnengrenzen, dessen Aufbau insbesondere durch den Grundsatz des gegenseitigen Vertrauens ermöglicht wird.

[71] Sodann ergibt sich zwar aus dem Wortlaut des in Rn. 42 des vorliegenden Urteils genannten Art. 524 Abs. 1 AHZ, dass die Zusammenarbeit zwischen dem Vereinigten Königreich und den Mitgliedstaaten auf der langjährigen Achtung des Schutzes der Grundrechte und -freiheiten des Einzelnen beruht, doch wird diese Zusammenarbeit nicht so dargestellt, als beruhe sie auf dem Erhalt des gegenseitigen Vertrauens zwischen den betreffenden Staaten, das vor dem Austritt des Vereinigten Königreichs aus der Union am 31. Januar 2020 bestand.

[72] Schließlich bestehen erhebliche Unterschiede zwischen den Bestimmungen des AHZ über den mit diesem Abkommen geschaffenen Übergabemechanismus und den entsprechenden Bestimmungen des Rahmenbeschlusses 2002/584.

[73] In diesem Zusammenhang ist insbesondere darauf hinzuweisen, dass der Rahmenbeschluss keine Ausnahmen vorsieht, die sich auf die politische Natur der Straftaten oder die Staatsangehörigkeit der gesuchten Person beziehen und es in Fällen, die den in Art. 602 Abs. 2 und Art. 603 Abs. 2 AHZ genannten vergleichbar sind, zulassen, die Vollstreckung Europäischer Haftbefehle abzulehnen. Derartige Ausnahmen verdeutlichen aber die Grenzen des zwischen den Vertragsparteien aufgebauten Vertrauens.

[74] Auch enthält der Rahmenbeschluss keine Art. 604 Buchst. c AHZ vergleichbare Bestimmung, die ausdrücklich vorsieht, dass die vollstreckende Justizbehörde gegebenenfalls zusätzliche Garantien für die Behandlung der gesuchten Person nach der Übergabe verlangen kann, bevor sie über die Vollstreckung des Haftbefehls entscheidet, falls stichhaltige Gründe für die Annahme vorliegen, dass eine tatsächliche Gefahr für den Schutz der Grundrechte der gesuchten Person besteht.

[75] Art. 604 Buchst. c AHZ erlaubt es somit, zusätzliche Garantien einzuholen, um zu versuchen, Zweifel an der Achtung der Grundrechte im Ausstellungsstaat zu zerstreuen, die nicht allein auf Basis des zwischen dem Vereinigten Königreich und den Mitgliedstaaten bestehenden Vertrauens ausgeräumt werden können, ohne dass die Anwendung dieses Mechanismus davon abhinge, dass zuvor entweder systemische oder allgemeine Mängel oder aber Mängel, die speziell eine objektiv identifizierbare Personengruppe betreffen, festgestellt wurden.

[76] Zwar sieht Art. 604 Buchst. c AHZ nicht ausdrücklich vor, dass die vollstreckende Justizbehörde es ablehnen kann, einem Haftbefehl Folge zu leisten, wenn sie keine zusätzlichen Garantien erhalten hat oder diese Garantien nicht ausreichen, um die Gründe von der Hand zu weisen, die sie ursprünglich zu der Annahme veranlasst hatten, dass eine tatsächliche Gefahr für den Schutz der Grundrechte der gesuchten Person besteht.

[77] Eine andere Auslegung dieser Bestimmung würde dem mit ihr geschaffenen Mechanismus jedoch seine praktische Bedeutung nehmen.

[78] Daraus folgt, dass die vollstreckende Justizbehörde, die über einen auf der Grundlage des AHZ erlassenen Haftbefehl zu entscheiden hat, nicht die Übergabe der gesuchten Person anordnen kann, wenn sie nach einer konkreten und genauen Prüfung der Situation dieser Person zu der Auffassung gelangt, dass stichhaltige Gründe für die Annahme bestehen, dass im Fall ihrer Übergabe an das Vereinigte Königreich eine tatsächliche Gefahr für den Schutz ihrer Grundrechte besteht.

B. Die Rechtsetzung durch die Union

I. Subsidiaritätsprinzip und Grundsatz der Verhältnismäßigkeit

Rs. C-58/08 (Vodafone), 26
Urteil des Gerichtshofs vom 08.10.2010.

Vorbemerkungen: *Mit diesem Urteil bestätigte der Gerichtshof in einer dreistufigen Prüfung (Rechtsgrundlage – Verhältnismäßigkeit – Subsidiarität) die Gültigkeit der sog. Roamingverordnung. Bereits die Prüfungsreihenfolge war interessant, da der Gerichtshof damit mögliche Verhältnismäßigkeitsaspekte auch des Subsidiaritätsprinzips (Wirkungsverschränkung von „Ob" und „Wie" der Maßnahme) vorab prüfte. Die Prüfung des auf die Ausübung nicht-ausschließlicher Unionskompetenzen bezogenen Subsidiaritätsprinzips (Art. 5 Abs. 3 EUV) stellte im Vergleich zu den vorangehenden Urteilen die bislang ausführlichste Auseinandersetzung mit diesem Prinzip dar. Der EuGH war in der Literatur für seine äußerst zurückhaltende Prüfung dieses Prinzips schon seit langem stark kritisiert worden. Die Entscheidung Vodafone zeigte, dass der Gerichtshof offenbar bereit ist, sich zumindest im Ansatz mit den vom Unionsgesetzgeber unterstellten Tatsachen auseinanderzusetzen. Er ist damit allerdings noch weit entfernt von der Prüfungsintensität des BVerfG bzgl. dem funktional vergleichbaren Art. 72 Abs. 2 GG seit dem Altenpflege-Urteil (BVerfGE 106, 62). Ob der Gerichtshof diese Tendenz verstärkt, u. U. im Rahmen von Subsidiaritätsklagen nationaler Parlamente nach Art. 8 des Subsidiaritätsprotokolls, bleibt abzuwarten. Die Entscheidung erging noch auf der Grundlage des alten Rechts, das zitierte (alte) Protokoll über die Anwendung der Grundsätze der Subsidiarität und der Verhältnismäßigkeit ist mit dem Vertrag von Lissabon außer Kraft getreten.* ***L:*** *Rn. 169.*

Sachverhalt: Vier der bedeutendsten Mobilfunkbetreiber Europas, namentlich Vodafone, Telefónica O2, T-Mobile und Orange äußerten vor dem High Court of Justice of England and Wales Zweifel an der Gültigkeit der sog. Roamingverordnung (Verordnung Nr. 717/2007/EG). Diese im Juni 2007 auf der Grundlage des Art. 95 EGV (jetzt: Art. 114 AEUV) erlassene Verordnung schrieb Preise für den internationalen Mobilfunk vor: Zum einen bestimmte sie Obergrenzen für die Entgelte, welche die Mobilfunkbetreiber für eingehende und ausgehende Sprechanrufe außerhalb ihres Netzes im EU-Ausland berechnen dürfen. Zum anderen legte die Verordnung eine Obergrenze für Großkundenentgelte fest. Damit war das Entgelt gemeint, welches das inländische Netz des Verbrauchers an das vom Verbraucher genutzte ausländische Netz zahlte. Das Gericht setzte das Verfahren aus und rief den EuGH im Vorabentscheidungsverfahren an. Es wollte wissen, ob die Gemeinschaft befugt war, die Verordnung auf der Grundlage von Art. 95 EGV (jetzt: Art. 114 AEUV) zu erlassen. Zudem fragte es, ob die Festlegung von Obergrenzen für Endkundenentgelte gegen den Grundsatz der Verhältnismäßigkeit und/oder das Subsidiaritätsprinzip verstößt.

Aus den Entscheidungsgründen:

Zum Verstoß gegen den Grundsatz der Verhältnismäßigkeit

[51] Nach ständiger Rechtsprechung gehört der Grundsatz der Verhältnismäßigkeit zu den allgemeinen Grundsätzen des Gemeinschaftsrechts und verlangt, dass die von einer Gemeinschaftsbestimmung eingesetzten Mittel zur Erreichung der mit der betreffenden Regelung verfolgten Ziele geeignet sind und nicht über das dazu Erforderliche hinausgehen (Urteil vom 6. Dezember 2005, ABNA u. a., C-453/03, C-11/04, C-12/04 und C-194/04, Slg. 2005, I-10423, Randnr. 68 und die dort angeführte Rechtsprechung).

[52] Was die gerichtliche Nachprüfbarkeit der Einhaltung dieser Voraussetzungen betrifft, hat der Gerichtshof dem Gemeinschaftsgesetzgeber im Rahmen der Ausübung der ihm übertragenen Zuständigkeiten ein weites Ermessen in Bereichen zugebilligt, in denen seine Tätigkeit sowohl politische als auch wirtschaftliche oder soziale Entscheidungen verlangt und in denen er komplexe Prüfungen und Beurteilungen vornehmen muss. Es geht somit nicht darum, ob eine in diesem Bereich erlassene Maßnahme die einzig mögliche oder die bestmögliche war; sie ist vielmehr nur dann rechtswidrig, wenn sie zur Erreichung des Ziels, das das zuständige Organ verfolgt, offensichtlich ungeeignet ist (vgl. in diesem Sinne Urteile vom 12. Juli 2001, Jippes u. a., C-189/01, Slg. 2001, I-5689, Randnrn. 82 und 83, British American Tobacco [Investments] und Imperial Tobacco, Randnr. 123, Alliance for Natural Health u. a., Randnr. 52, und vom 7. Juli 2009, S.P.C.M. u. a., C-558/07, Slg. 2009, I-0000, Randnr. 42).

[53] Selbst wenn der Gemeinschaftsgesetzgeber über eine solche Befugnis verfügt, ist er jedoch verpflichtet, seine Entscheidung auf objektive Kriterien zu stützen. Außerdem muss er bei der Beurteilung der mit verschiedenen möglichen Maßnahmen verbundenen Belastungen prüfen, ob die mit der gewählten Maßnahme angestrebten Ziele sogar beträchtliche negative wirtschaftliche Folgen für bestimmte Wirt-

schaftsteilnehmer rechtfertigen können (vgl. in diesem Sinne Urteile vom 10. März 2005, Tempelman und van Schaijk, C-96/03 und C-97/03, Slg. 2005, I-1895, Randnr. 48, vom 15. Dezember 2005, Griechenland/Kommission, C-86/03, Slg. 2005, I-10979, Randnr. 96, und vom 12. Januar 2006, Agrarproduktion Staebelow, C-504/04, Slg. 2006, I-679, Randnr. 37).

[54] Der Gerichtshof hat daher auf der Grundlage der oben genannten Kriterien zu prüfen, ob, wie insbesondere die Klägerinnen des Ausgangsverfahrens geltend machen, die Verordnung Nr. 717/2007 gegen den Grundsatz der Verhältnismäßigkeit verstößt, weil sie sich nicht darauf beschränkt, die Obergrenze für das Großkundenentgelt festzusetzen, sondern auch Obergrenzen für Endkundenentgelte und Pflichten zur Information über die Endkundenentgelte zugunsten der Roamingkunden vorsieht.

[55] Insoweit ist zunächst darauf hinzuweisen, dass die Kommission vor der Erarbeitung des Vorschlags für eine Verordnung eine umfassende Prüfung vorgenommen hat, deren Ergebnis in der in Randnr. 5 des vorliegenden Urteils erwähnten Folgenabschätzung zusammengefasst ist. Daraus ergibt sich, dass sie verschiedene Optionen in diesem Bereich untersucht hat, darunter die Regulierung nur der Endkundenentgelte, nur der Großkundenentgelte oder beider, und dass sie die wirtschaftlichen Auswirkungen dieser verschiedenen Arten von Regulierungen sowie die Wirkungen der unterschiedlichen Modalitäten der Preisbildung bewertet hat.

[56] Die Festlegung der Entgeltobergrenzen für die Erbringung von Roamingdiensten auf Endkundenebene mit Hilfe des in Art. 4 Abs. 2 der Verordnung Nr. 717/2007 vorgesehenen Eurotarifs soll u. a., wie sich insbesondere aus Art. 1 sowie den Erwägungsgründen 14 und 16 dieser Verordnung ergibt, dafür sorgen, dass den Nutzern öffentlicher Mobilfunknetze niedrigere Preise für diese Dienste in Rechnung gestellt werden, um die Verbraucher zu schützen.

[57] Ferner geht insbesondere aus dem 19. Erwägungsgrund der Verordnung Nr. 717/2007 hervor, dass die Einführung des Eurotarifs eine bessere Ausrichtung der für das gemeinschaftsweite Roaming berechneten Endkundenentgelte an den tatsächlich mit der Erbringung dieser Dienste verbundenen Kosten bewirken sollte als bisher.

[58] Wie sich aus Randnr. 39 des vorliegenden Urteils ergibt, war das Niveau des durchschnittlichen Endkundenentgelts für einen Roaminganruf in der Gemeinschaft zur Zeit des Erlasses der Verordnung Nr. 717/2007 hoch und das Verhältnis zwischen Kosten und Entgelten nicht so, wie es auf Märkten mit wirksamem Wettbewerb der

Fall gewesen wäre. So betrug das durchschnittliche Endkundenentgelt für einen Roaminganruf seinerzeit 1,15 Euro pro Minute, d. h., wie aus der Zusammenfassung in der Folgenabschätzung hervorgeht, mehr als fünfmal so viel wie die tatsächlichen Kosten der Abwicklung des betreffenden Großkundendienstes.

[59] Der in Art. 4 Abs. 2 der Verordnung Nr. 717/2007 vorgesehene Eurotarif liegt erheblich unter diesem Durchschnittsentgelt. Zudem orientieren sich die dort festgelegten Entgeltobergrenzen, wie Nr. 3 der Begründung des Vorschlags für eine Verordnung zu entnehmen ist, an den entsprechenden Obergrenzen für Großkundenentgelte, um die Endkundenentgelte genauer an den Kosten der Anbieter auszurichten.

[60] Unter diesen Umständen ist die in der betreffenden Bestimmung vorgenommene Einführung von Entgeltobergrenzen auf Endkundenebene als zum Schutz der Verbraucher gegen überhöhte Entgelte geeignet anzusehen.

[61] Die Erforderlichkeit der streitigen Maßnahme wird damit bestritten, dass diese Maßnahme im Hinblick auf den intensiven Wettbewerb auf den Endkundenmärkten über das hinausgehe, was zur Erreichung des angestrebten Ziels erforderlich sei. Ein weniger strenger und die Verhältnismäßigkeit besser wahrender Ansatz hätte darin bestanden, nur die Großkundenentgelte zu regulieren, dabei durch das freie Wirken des Wettbewerbs nach den Regeln von Angebot und Nachfrage gleichwohl eine Senkung der Endkundenentgelte zu erreichen und den NRB freizustellen, im Fall von Marktstörungen auf der Grundlage genau definierter Regulierungskriterien einzugreifen.

[62] Insoweit geht insbesondere aus dem 14. Erwägungsgrund der Verordnung Nr. 717/2007 hervor, dass der Gemeinschaftsgesetzgeber von der Feststellung ausgegangen ist, dass sich eine Senkung der Großkundenentgelte nicht unbedingt in niedrigeren Endkundenentgelten niederschlage, weil es dafür keine Anreize gebe.

[63] Unter Bezugnahme auf die Begründung des Vorschlags für eine Verordnung, der dem Gemeinschaftsgesetzgeber beim Erlass der Verordnung Nr. 717/2007 als Grundlage diente, machen das Parlament und die Kommission u. a. geltend, dass eine Regulierung nur des Markts für gemeinschaftsweite Roamingdienste auf Großkundenebene angesichts des mangelnden Wettbewerbsdrucks nicht sichergestellt hätte, dass die Betreiber eine Senkung der Großkundenentgelte an die Endkunden weiterreichen würden. Die Erfahrung habe gezeigt, dass eine Senkung der Großkundenentgelte nicht zwingend zu sinkenden Endkundenentgelten führe.

[64] Der Rat hat hierzu erläutert, dass der Gesetzgeber eine Überwachung der Endkundenentgelte insbesondere deshalb für notwendig

erachtet habe, weil in diesem spezifischen Bereich der Wettbewerb in Bezug auf die Endkundenentgelte hauptsächlich auf der Ebene des gesamten Paketangebots stattfinde und für die Mehrheit der Verbraucher das Roaming nur ein untergeordneter Bestandteil dieses Pakets sei, so dass es weder bei der Wahl des Betreibers noch bei der Entscheidung, ihn zu wechseln, eine entscheidende Rolle spiele.

[65] Die Organe, die Erklärungen beim Gerichtshof eingereicht haben, haben darüber hinaus auf die Folgenabschätzung Bezug genommen, aus der hervorgeht, dass die Dynamik der Roamingmärkte als komplex und im Fluss begriffen angesehen wurde, so dass die Gefahr bestand, dass eine Senkung der Großkundenentgelte nicht an die Endkunden weitergegeben würde. Außerdem ist ihr zu entnehmen, dass es deshalb ratsamer wäre, zugleich die Endkundenentgelte zu regulieren. Eine solche Gefahr hat die GER im Übrigen in Nr. 3.12 ihrer Antwort vom 22. März 2006, die sie während der der Folgenabschätzung vorausgegangenen öffentlichen Konsultation erteilte, insbesondere für diejenigen Mitgliedstaaten eingeräumt, auf deren Märkten weniger Wettbewerb herrscht.

[66] Zudem ist festzustellen, dass eine Regulierung nur der Großkundenentgelte keine unmittelbaren und sofortigen Wirkungen zugunsten der Verbraucher hervorgerufen hätte. Vielmehr konnte allein eine Regulierung der Endkundenentgelte ihre Lage unmittelbar verbessern.

[67] Wie sich aus dem 13. Erwägungsgrund der Verordnung Nr. 717/2007 ergibt, hat der Gemeinschaftsgesetzgeber ferner eingeräumt, dass die erlassenen Maßnahmen außergewöhnlichen Charakter hätten, der durch die einzigartigen Merkmale der Roamingmärkte gerechtfertigt sei.

[68] Unter diesen Umständen und insbesondere im Hinblick auf das weite Ermessen, über das der Gemeinschaftsgesetzgeber in dem betreffenden Bereich verfügt und das wirtschaftliche Entscheidungen verlangt, bei denen er komplexe Prüfungen und Beurteilungen vornehmen muss, durfte er berechtigterweise annehmen, dass eine Regulierung nur der Großkundenmärkte nicht dasselbe Ergebnis erzielen würde wie eine Regulierung der hier in Rede stehenden Art, die sowohl Großkunden- als auch Endkundenmärkte erfasst, und dass eine solche Regulierung deshalb erforderlich sei.

[69] In Anbetracht der Bedeutung schließlich, die dem Ziel des Verbraucherschutzes im Rahmen von Art. 95 Abs. 3 EG zukommt, steht ein Eingriff auf einem dem Wettbewerb unterliegenden Markt, der zeitlich begrenzt ist und die Verbraucher unverzüglich vor überhöhten Entgelten schützt, wie er im Ausgangsverfahren in Rede steht, selbst wenn er

möglicherweise negative wirtschaftliche Folgen für einzelne Betreiber hat, in angemessenem Verhältnis zum verfolgten Ziel.

[70] Daher ist festzustellen, dass der Gemeinschaftsgesetzgeber dadurch, dass er in Art. 4 der Verordnung Nr. 717/2007 zusätzlich zu den Obergrenzen für Großkundenentgelte Obergrenzen für Endkundenentgelte erlassen hat, nicht die Grenzen des ihm eingeräumten Ermessens überschritten hat. Das Gleiche gilt für die in Art. 6 Abs. 3 dieser Verordnung vorgesehene Informationspflicht, da diese Bestimmung die praktische Wirksamkeit der Regulierung der Endkundenentgelte verstärkt und deshalb durch das Ziel des Verbraucherschutzes gerechtfertigt ist.

[71] Folglich verstoßen die Art. 4 und 6 Abs. 3 der Verordnung Nr. 717/2007 nicht gegen den Grundsatz der Verhältnismäßigkeit.

Zum Verstoß gegen das Subsidiaritätsprinzip

[72] Insoweit ist darauf hinzuweisen, dass das Subsidiaritätsprinzip in Art. 5 Abs. 2 EG niedergelegt ist und in dem dem Vertrag beigefügten Protokoll über die Anwendung der Grundsätze der Subsidiarität und der Verhältnismäßigkeit konkretisiert wird; danach wird die Gemeinschaft in den Bereichen, die nicht in ihre ausschließliche Zuständigkeit fallen, nach dem Subsidiaritätsprinzip nur tätig, sofern und soweit die Ziele der in Betracht gezogenen Maßnahmen auf Ebene der Mitgliedstaaten nicht ausreichend erreicht werden können und daher wegen ihres Umfangs oder ihrer Wirkungen besser auf Gemeinschaftsebene erreicht werden können. Das betreffende Protokoll stellt außerdem in seiner Nr. 5 Leitlinien für die Prüfung der Frage auf, ob diese Voraussetzungen erfüllt sind.

[73] Zu Gesetzgebungsakten bestimmen die Nrn. 6 und 7 des Protokolls, dass die Rechtsetzungstätigkeit der Gemeinschaft nicht über das erforderliche Maß hinausgehen und bei Maßnahmen der Gemeinschaft so viel Raum für nationale Entscheidungen bleiben sollte, wie dies im Einklang mit dem Ziel der Maßnahme und den Anforderungen des Vertrags möglich ist.

[74] Ferner heißt es in Nr. 3 des Protokolls, dass das Subsidiaritätsprinzip nicht die Befugnisse in Frage stellt, über die die Gemeinschaft aufgrund des Vertrags entsprechend der Auslegung des Gerichtshofs verfügt.

[75] Zu Art. 95 EG hat der Gerichtshof entschieden, dass das Subsidiaritätsprinzip Anwendung findet, wenn sich der Gemeinschaftsgesetzgeber auf diese Rechtsgrundlage stützt, da sie ihm keine ausschließliche Zuständigkeit für die Regelung der wirtschaftlichen

Tätigkeiten im Binnenmarkt verleiht (Urteil British American Tobacco [Investments] und Imperial Tobacco, Randnr. 179).

[76] Insoweit ist darauf hinzuweisen, dass der Gemeinschaftsgesetzgeber in dem Bestreben, wirksamen Wettbewerb zwischen den Mobilfunkbetreibern aufrechtzuerhalten, mit dem Erlass der Verordnung Nr. 717/2007 einen gemeinsamen Ansatz eingeführt hat, um insbesondere das reibungslose Funktionieren des Binnenmarkts zu fördern und es dadurch den Betreibern zu ermöglichen, in einem einheitlichen und kohärenten Rechtsrahmen tätig zu werden.

[77] Wie sich aus dem 14. Erwägungsgrund der Verordnung ergibt, bestehen erhebliche Wechselwirkungen zwischen den Endkunden- und den Großkundenentgelten für Roamingdienste, so dass jede Maßnahme, die nur auf die Senkung der Endkundenentgelte zielt, ohne gleichzeitig die mit der Erbringung gemeinschaftsweiter Roamingdienste verbundenen Großkundenentgelte zu regeln, das ordnungsgemäße Funktionieren des Markts für gemeinschaftsweites Roaming empfindlich hätte stören können. Der Gemeinschaftsgesetzgeber hat daraus gefolgert, dass sein Handeln einen gemeinsamen Ansatz auf der Ebene sowohl der Großkunden- als auch der Endkundenentgelte verlangte, um das reibungslose Funktionieren des Binnenmarkts für solche Dienste zu fördern.

[78] Infolge dieser Wechselwirkungen durfte der Gemeinschaftsgesetzgeber berechtigterweise annehmen, dass sein Handeln auch einen Eingriff auf der Ebene der Endkundenentgelte umfassen müsste. Aufgrund der Wirkungen des mit der Verordnung Nr. 717/2007 eingeführten gemeinsamen Ansatzes konnte das mit ihr verfolgte Ziel demnach besser auf Gemeinschaftsebene erreicht werden.

[79] Art. 4 und Art. 6 Abs. 3 der Verordnung Nr. 717/2007 sind daher nicht wegen Verstoßes gegen das Subsidiaritätsprinzip ungültig.

II. Delegation von Rechtsetzungsbefugnissen; Durchführungsrechtsakte

Rs. C-427/12 (Kommission ./. Parlament und Rat), 27
Urteil des Gerichtshofs vom 18.03.2014.

Vorbemerkungen: *In der Rechtssache C-427/12 hatte der EuGH erstmals Gelegenheit, sich zu Sinn und Zweck sowie der Tragweite des Art. 290 AEUV sowie zur Abgrenzung von Art. 291 AEUV zu äußern.*

Der EuGH bediente sich für die Unterscheidung zwischen einem delegierten Rechtsakt nach Art. 290 AEUV und einem Durchführungsrechtsakt im Sinne des Art. 291 AEUV einer inhaltlichen Bewertung der fraglichen Regelung. Konkret wird danach unterschieden, ob das zu erlassende Tertiärrecht den Rechtsakt lediglich präzisieren oder ob es ihn ergänzen oder ändern soll. Bei einer Ergänzung oder Änderung liegt eine delegierte Befugnis nach Art. 290 Abs. 1 AEUV vor, während bei einer Präzisierung von einer Durchführungsbefugnis auf der Grundlage des Art. 291 Abs. 2 AEUV auszugehen ist. Der Gerichtshof machte allerdings auch deutlich, dass der Unionsgesetzgeber über ein Ermessen verfügt, wenn er entscheidet, der Kommission eine delegierte Befugnis oder eine Durchführungsbefugnis zu übertragen, und sich die gerichtliche Kontrolle damit auf offensichtliche Beurteilungsfehler beschränkt.

Sachverhalt: Die Kommission beantragte im Rahmen einer Nichtigkeitsklage nach Art. 263 AEUV die Nichtigerklärung von Art. 80 Abs. 1 der Verordnung (EU) Nr. 528/2012 des Europäischen Parlaments und des Rates vom 22. Mai 2012 über die Bereitstellung auf dem Markt und die Verwendung von Biozidprodukten, soweit dieser den Erlass eines Durchführungsrechtsaktes gemäß Art. 291 AEUV und nicht eines delegierten Rechtsaktes gemäß Art. 290 AEUV vorsah. Art. 80 Abs. 1 der Verordnung regelte den Erlass von Maßnahmen durch die Kommission, mit denen die zu entrichtenden Gebühren für die „Europäische Agentur für chemische Stoffe“ bezüglich ihrer Tätigkeit im Rahmen der Umsetzung der Verordnung festgelegt werden. Die Kommission vertrat die Ansicht, dass es sich um eine delegierte Befugnis nach Art. 290 AEUV handelte. Zentraler Streitgegenstand war somit die Einordnung des Art. 80 Abs. 1 der Verordnung. Umstritten war, ob dieser die Befugnis einräumte, Maßnahmen, die einen Durchführungsrechtsakt nach Art. 291 AEUV oder einen delegierten Rechtsakt nach Art. 290 AEUV darstellen, zu erlassen.

Aus den Entscheidungsgründen:

[32] Art. 80 Abs. 1 der Verordnung Nr. 528/2012 überträgt der Kommission die Befugnis, nach Art. 291 Abs. 2 AEUV eine Durchführungsverordnung über die Gebühren zu erlassen, die an die Agentur im Zusammenhang mit ihren verschiedenen Tätigkeiten im Rahmen der Umsetzung dieser Verordnung zu entrichten sind.

[33] Art. 291 AEUV enthält keine Definition des Begriffs Durchführungsrechtsakts, sondern verweist in seinem Abs. 2 nur darauf, dass die Kommission oder in bestimmten Sonderfällen der Rat bei Bedarf einen

solchen Akt erlassen müssen, um sicherzustellen, dass ein verbindlicher Rechtsakt der Union unter in der Union einheitlichen Bedingungen durchgeführt wird.

[34] Außerdem geht aus Art. 291 Abs. 2 AEUV hervor, dass nur dann, wenn „es einheitlicher Bedingungen für die Durchführung der verbindlichen Rechtsakte der Union [bedarf], ... mit diesen Rechtsakten der Kommission oder, in entsprechend begründeten Sonderfällen und in den Artikeln 24 [EUV] und 26 [EUV], dem Rat Durchführungsbefugnisse übertragen [werden]".

[35] Schließlich ist der Begriff des Durchführungsakts im Sinne von Art. 291 AEUV im Verhältnis zum Begriff des delegierten Akts, wie dieser sich aus Art. 290 AEUV ergibt, zu beurteilen.

[36] Vor Inkrafttreten des Vertrags von Lissabon umfasste der Ausdruck „Befugnisse zur Durchführung" in Art. 202 dritter Gedankenstrich EG nämlich die Befugnis, auf Unionsebene einen Rechtsakt der Union oder einige seiner Vorschriften umzusetzen, sowie unter bestimmten Umständen die Befugnis, normative Akte zu erlassen, die nicht wesentlichen Vorschriften eines Gesetzgebungsakts ergänzen oder ändern. Der Europäische Konvent hat eine Unterscheidung zwischen diesen zwei Arten von Befugnissen vorgeschlagen, die in den Art. I-35 und I-36 des Entwurfs eines Vertrags zur Errichtung einer Verfassung für Europa zum Ausdruck kommt. Diese Änderung ist schließlich im Vertrag von Lissabon in Art. 290 AEUV und Art. 291 AEUV aufgenommen worden.

[37] Nach Art. 290 Abs. 1 AEUV „... kann der Kommission [in Gesetzgebungsakten] die Befugnis übertragen werden, Rechtsakte ohne Gesetzescharakter mit allgemeiner Geltung zur Ergänzung oder Änderung bestimmter nicht wesentlicher Vorschriften des betreffenden Gesetzgebungsaktes zu erlassen".

[38] Überträgt der Unionsgesetzgeber der Kommission in einem Gesetzgebungsakt eine delegierte Befugnis nach Art. 290 Abs. 1 AEUV, obliegt ihr der Erlass von Vorschriften, die die nicht wesentlichen Vorschriften dieses Aktes ergänzen oder ändern. Nach Unterabs. 2 dieser Bestimmungen müssen in dem Gesetzgebungsakt, mit dem diese Delegation vorgenommen wird, Ziele, Inhalt, Geltungsbereich und Dauer der Befugnisübertragung ausdrücklich festgelegt werden. Dieses Erfordernis impliziert, dass die Übertragung einer delegierten Befugnis dem Erlass von Vorschriften dient, die sich in einen rechtlichen Rahmen einfügen, wie er durch den Basisgesetzgebungsakt definiert ist.

[39] Überträgt der Gesetzgeber der Kommission dagegen eine Durchführungsbefugnis auf der Grundlage von Art. 291 Abs. 2 AEUV,

hat diese den Inhalt dieses Gesetzgebungsakts zu präzisieren, um seine Umsetzung unter einheitlichen Bedingungen in allen Mitgliedstaaten sicherzustellen.

[40] Der Unionsgesetzgeber verfügt über ein Ermessen, wen er entscheidet, der Kommission eine delegierte Befugnis nach Art. 290 Abs. 1 AEUV oder eine Durchführungsbefugnis nach Art. 291 Abs. 2 AEUV zu übertragen. Daher beschränkt sich die gerichtliche Kontrolle auf offensichtliche Beurteilungsfehler in Bezug auf die Frage, ob der Gesetzgeber zu Recht davon ausgehen konnte, dass zum einen der rechtliche Rahmen, den er hinsichtlich der Gebührenregelung gemäß Art. 80 Abs. 1 der Verordnung Nr. 528/2012 aufgestellt hat, zu seiner Umsetzung lediglich einer Präzisierung bedarf, ohne dass er in nicht wesentlichen Teilen zu ändern oder zu ergänzen wäre, und dass zum anderen die Bestimmungen der Verordnung Nr. 528/2012 über die Gebührenregelung einheitlicher Bedingungen für ihre Durchführung bedürfen.

[41] Als Erstes überträgt Art. 80 Abs. 1 der Verordnung Nr. 528/2012 der Kommission die Befugnis, die an die Agentur zu entrichtenden Gebühren, ihre Zahlungsbedingungen sowie bestimmte Vorschriften über die Gebührenermäßigungen, Gebührenerstattungen und die Kostenerstattung „ausgehend von den in Absatz 3 [dieses Artikels] dargelegten Grundsätzen" „festzulegen".

[42] Hierzu ist festzustellen, dass der 64. Erwägungsgrund der Verordnung Nr. 528/2012 den Grundsatz der Zahlung von Gebühren an die Agentur aufstellt und dass nach Art. 80 Abs. 1 letzter Unterabsatz der Verordnung „[d]ie Höhe der an die Agentur zu entrichtenden Gebühren ... so festgesetzt [wird], dass die Einnahmen aus den Gebühren zusammen mit den übrigen Einnahmequellen der Agentur nach dieser Verordnung die Kosten der erbrachten Dienstleistung decken können".

[43] Somit ist das Leitprinzip der in Art. 80 Abs. 1 der Verordnung Nr. 528/2012 vorgesehenen Gebührenregelung vom Gesetzgeber selbst festgelegt worden, als er entschied, dass die Gebühren allein zur Deckung der Kosten der Dienstleistung dienen sollen und nicht zu irgendeinem anderen Zweck verwendet oder in einer Höhe festgesetzt werden können, die die Kosten der von der Agentur erbrachten Dienstleistung übersteigt.

(...)

[52] Aus dem Vorstehenden ergibt sich, dass der Unionsgesetzgeber zu Recht davon ausgehen konnte, dass Art. 80 Abs. 1 der Verordnung Nr. 528/2012 der Kommission nicht die Befugnis überträgt, nicht wesentliche Vorschriften dieses Gesetzgebungsakts zu ergänzen, sondern gemäß Art. 291 Abs. 2 AEUV dessen normativen Inhalt zu präzisieren.

[53] Als Zweites ist festzustellen, dass sich die Gebührenregelung nach Art. 80 Abs. 1 der Verordnung Nr. 528/2012 auf Gebühren bezieht, die an eine Agentur der Union zu entrichten sind, und daher die Übertragung einer Durchführungsbefugnis auf die Kommission nach Art. 291 Abs. 2 AEUV als angemessen angesehen werden kann, um einheitliche Bedingungen für die Durchführung dieser Regelung in der Union zu gewährleisten.

III. Initiativrecht der Kommission

Rs. C-409/13 (Rat ./. Kommission), 28
Urteil des Gerichtshofs vom 14.04.2015.

Vorbemerkungen: *Im vorliegenden Urteil entschied der EuGH erstmalig über die Rücknahme eines Gesetzesvorschlags durch die Kommission. Der Rat und einige Mitgliedstaaten als Streithelfer erhoben Nichtigkeitsklage mit dem Ziel, die Rücknahme eines Gesetzgebungsvorschlags durch die Kommission nicht anzuerkennen. Sie erkannten zwar ein Rücknahmerecht der Kommission unter bestimmten Umständen (z. B.: Zeitablauf, Bekanntwerden von neuen Umständen) grundsätzlich an, sprachen dieses der Kommission aber im konkreten Fall ab und verneinten vehement auch ein unbeschränktes Rücknahmerecht. Vorliegend stützten sich der Rat und dessen Streithelfer vor allem auf das Prinzip der loyalen Zusammenarbeit und der begrenzten Einzelermächtigung gemäß Art. 13 Abs. 2 EUV sowie das Demokratieprinzip nach Art. 10 Abs. 1, 2 EUV und führten an, dass die Kommission zumindest im vorliegenden Fall die Voraussetzungen, die für eine Rücknahme gegeben sein müssten, nicht darlegen konnte und zudem ihrer Begründungspflicht aus Art. 296 Abs. 2 AEUV nicht nachgekommen sei. Die Kommission trug vor, dass ihr ursprünglicher Vorschlag maßgeblich verfälscht worden sei und sie den Vorschlag deswegen zurücknehmen durfte. Der EuGH wies die Klage als unbegründet zurück, da die Kommission durchaus ein Rücknahmerecht habe und vorliegend durch die Vorschläge des Rates und des Parlaments auch eine wesentliche Abweichung vom ursprünglichen Vorschlag stattgefunden hatte. Weiterhin verstoße die Kommission nicht gegen den Grundsatz der loyalen Zusammenarbeit, weil sie, als deutlich wurde, dass wesentlich von ihrem Vorschlag abgewichen werden wird, eine Rücknahme androhte und diese erst vornahm, als zeitlich keine an-*

deren Möglichkeiten mehr zur Verfügung standen. Dass die Rücknahme selbst nicht bzw. nur unzureichend mit einer Begründung versehen war, war in diesem Fall unschädlich, da sich die Begründung aus den vorherigen Schriftwechseln zwischen den Beteiligten und deren Kontext ergab. ***B:*** *T. Scharf, EuZW 2015, 632 f.*

Sachverhalt: Die Kommission machte am 04.07.2011 einen Gesetzesvorschlag, um das Verfahren zur Vergabe von Makrofinanzhilfen an Drittstaaten zu vereinfachen und effektiver zu gestalten. Im anschließenden Gesetzgebungsverfahren einigten sich Rat und Parlament darauf, dass solche Finanzhilfen allein im Wege eines ordentlichen Gesetzgebungsverfahrens gewährt werden sollten. Der ursprüngliche Vorschlag der Kommission sah demgegenüber noch eine Vergabebefugnis der Kommission selbst vor. Als sich die Einigung von Rat und Parlament abzeichnete, machte die Kommission deutlich, dass sie im Falle einer solchen Entscheidung ihren Initiativvorschlag möglicherweise zurückziehen würde. Von Rat und Parlament wurden diese Benachrichtigungen auch wahrgenommen. Als endgültig über das in Streit stehende Gesetzgebungsprojekt abgestimmt werden sollte, nahm die Kommission am Tag der geplanten Abstimmung daher ihren Vorschlag gemäß Art. 293 Abs. 2 AEUV zurück. Dagegen klagte der Rat, unterstützt von einigen Mitgliedstaaten im Rahmen einer Nichtigkeitsklage. Es wurde angeführt, dass die Kommission durch ihre Handlungen gegen Art. 13 Abs. 2, 10 Abs. 1 und 2 EUV und Art. 296 Abs. 2 AEUV verstoße.

Aus den Entscheidungsgründen:

[70] Das der Kommission durch die Art. 17 Abs. 2 EUV und 289 AEUV eingeräumte Initiativrecht bedeutet, dass es Sache der Kommission ist, zu entscheiden, ob sie einen Vorschlag für einen Rechtsakt vorlegt oder nicht, abgesehen von dem hier nicht gegebenen Fall, dass sie nach dem Unionsrecht zur Vorlage eines solchen Vorschlags verpflichtet ist. Wenn die Kommission, die nach Art. 17 Abs. 1 EUV die allgemeinen Interessen der Union fördert und zu diesem Zweck geeignete Initiativen ergreift, einen Rechtsetzungsvorschlag vorlegt, steht es ihr aufgrund dieses Initiativrechts auch zu, den Gegenstand, das Ziel und den Inhalt dieses Vorschlags zu bestimmen.

[71] Art. 293 AEUV stattet dieses Initiativrecht mit einer zweifachen Garantie aus.

[72] Zum einen bestimmt Art. 293 Abs. 1 AEUV, dass der Rat, wenn er aufgrund der Verträge auf Vorschlag der Kommission tätig wird, diesen Vorschlag außer in den Fällen, die von den dort genannten Bestimmungen des AEUV erfasst werden, nur einstimmig abändern kann.

[73] Zum anderen kann die Kommission nach Art. 293 Abs. 2 AEUV, solange kein Beschluss des Rates ergangen ist, ihren Vorschlag jederzeit im Verlauf der Verfahren zur Annahme eines Rechtsakts der Union ändern.

[74] Aus Art. 17 Abs. 2 EUV in Verbindung mit den Art. 289 AEUV und 293 AEUV geht hervor, dass sich die Befugnis der Kommission im Rahmen des ordentlichen Gesetzgebungsverfahrens entgegen dem Vorbringen des Rates und einiger als Streithelfer beigetretener Mitgliedstaaten nicht darin erschöpft, einen Vorschlag vorzulegen und anschließend Kontakte zu fördern und eine Annäherung der Standpunkte des Parlaments und des Rates anzustreben. Ebenso wie es grundsätzlich Sache der Kommission ist, zu entscheiden, ob sie einen Rechtsetzungsvorschlag vorlegt oder nicht, und gegebenenfalls seinen Gegenstand, sein Ziel und seinen Inhalt zu bestimmen, hat sie, solange kein Beschluss des Rates ergangen ist, die Befugnis, ihren Vorschlag zu ändern und bei Bedarf auch zurückzunehmen. Im vorliegenden Fall ist im Übrigen nicht streitig, dass es diese Rücknahmebefugnis gibt, sondern Uneinigkeit besteht nur über ihren Umfang und ihre Grenzen. Zudem steht fest, dass noch kein Beschluss des Rates über den Rahmenverordnungsvorschlag ergangen war, als die Kommission beschloss, ihn zurückzunehmen.

[75] Die Rücknahmebefugnis, die der Kommission nach den in der vorstehenden Randnummer des vorliegenden Urteils angeführten Bestimmungen zusteht, kann ihr jedoch kein Vetorecht im Ablauf des Gesetzgebungsverfahrens verleihen, das gegen die Grundsätze der begrenzten Einzelermächtigung und des institutionellen Gleichgewichts verstoßen würde.

[76] Daher muss die Kommission, wenn sie nach der Vorlage eines Vorschlags im Rahmen des ordentlichen Gesetzgebungsverfahrens beschließt, diesen Vorschlag zurückzunehmen, dem Parlament und dem Rat die Gründe für diese Rücknahme erläutern, und diese müssen im Streitfall durch überzeugende Gesichtspunkte untermauert werden.

(…)

[79] Insoweit ist darauf hinzuweisen, dass nach ständiger Rechtsprechung die Frage, ob die Begründung einer Entscheidung den Anforderungen des Art. 296 AEUV genügt, nicht nur anhand ihres Wortlauts zu beurteilen ist, sondern auch anhand ihres Kontexts (vgl. in diesem Sinne Urteile Delacre u. a./Kommission, C-350/88, EU:C:1990:71, Rn. 16 und die dort angeführte Rechtsprechung, sowie Rat/Bamba, C-417/11 P, EU:C:2012:718, Rn. 53 und die dort angeführte Rechtsprechung). Insbesondere ist ein beschwerender Rechtsakt hinreichend be-

gründet, wenn er in einem Kontext ergangen ist, der den Betroffenen bekannt war (vgl. in diesem Sinne Urteil Rat/Bamba, C-417/11 P, EU:C:2012:718, Rn. 54 und die dort angeführte Rechtsprechung).

[80] Im vorliegenden Fall trifft es zwar zu, dass, wie der Rat und einige als Streithelfer beigetretene Mitgliedstaaten hervorheben, das Schreiben vom 8. Mai 2013, mit dem der Vizepräsident der Kommission die Präsidenten des Parlaments und des Rates über den Erlass des angefochtenen Beschlusses informierte, abgesehen von einem Hinweis auf Art. 293 Abs. 2 AEUV als Grundlage des angefochtenen Beschlusses keine Angaben zu dessen Gründen enthält. Aus den dem Gerichtshof übermittelten Unterlagen geht jedoch hervor, dass die Kommission in den Sitzungen der Arbeitsgruppe der Finanzreferenten des Rates vom 26. Februar und 9. April 2013 sowie bei den Trilogen vom 27. Februar und 25. April 2013 erklärte, dass sie eine Rücknahme des Rahmenverordnungsvorschlags in Betracht ziehen könnte, weil die von Parlament und Rat in Bezug auf Art. 7 des Vorschlags geplante Änderung diesen in einem den verschiedenen mit ihm verfolgten Zielen zuwiderlaufenden Sinn so sehr verfälsche, dass ihm seine Daseinsberechtigung genommen werde.

[81] Somit ist davon auszugehen, dass die Gründe für den angefochtenen Beschluss dem Parlament und dem Rat in rechtlich hinreichender Weise zur Kenntnis gebracht wurden.

(...)

[83] Es ist nämlich anzuerkennen, dass die Kommission zur Rücknahme eines Rechtsetzungsvorschlags berechtigt ist, wenn eine von Parlament und Rat beabsichtigte Änderung den Vorschlag in einer Weise verfälscht, die der Verwirklichung der mit ihm verfolgten Ziele entgegensteht und ihm deshalb die Daseinsberechtigung nimmt. Sie kann dies jedoch erst tun, nachdem sie den Bedenken des Parlaments und des Rates, die ihrem Wunsch nach Änderung des Vorschlags zugrunde liegen, im Geist der loyalen Zusammenarbeit, der nach Art. 13 Abs. 2 EUV in den Beziehungen zwischen Unionsorganen im Rahmen des ordentlichen Gesetzgebungsverfahrens vorherrschen muss, gebührend Rechnung getragen hat (vgl. in diesem Sinne Urteil Parlament/Rat, C-65/93, EU:C:1995:91, Rn. 23).

[84] Daher ist erstens zu prüfen, ob die von der Kommission im vorliegenden Fall vorgetragenen Gesichtspunkte die von ihr zur Stützung des angefochtenen Beschlusses angeführten Gründe untermauern.

[85] Insoweit ist festzustellen, dass das Hauptziel des Rahmenverordnungsvorschlags nach seinen Erwägungsgründen 2 und 8 darin bestand, die Unionspolitik im Bereich der MFH mit einem Rahmen aus-

zustatten, der eine zügige Bereitstellung solcher Hilfen erlaubt, und den die Wirksamkeit dieser Politik schmälernden Verzögerungen ein Ende zu setzen, die sich daraus ergaben, dass bei jedem Fall der Gewährung einer MFH gemeinsame Entscheidungen des Parlaments und des Rates getroffen wurden.

[90] Wie die Kommission zu Recht geltend gemacht hat, hätte die Änderung, die das Parlament und der Rat an Art. 7 in Form der Ersetzung, in dessen Abs. 2, der Durchführungsbefugnis der Kommission in Bezug auf den Erlass der einzelnen Entscheidungen über die Gewährung einer MFH durch das ordentliche Gesetzgebungsverfahren vornehmen wollten, einen wesentlichen Bestandteil des Rahmenverordnungsvorschlags in einer Weise verfälscht, die mit dem Ziel dieses Vorschlags – die Wirksamkeit der Unionspolitik im Bereich der MFH zu verbessern – unvereinbar gewesen wäre.

(…)

[91] Eine solche Änderung hätte nämlich die Beibehaltung des Prozesses der fallweisen Gewährung durch das Parlament und den Rat im Rahmen des ordentlichen Gesetzgebungsverfahrens bedeutet, während das Hauptziel des Rahmenverordnungsvorschlags gerade darin bestand, durch einen rechtlichen Rahmen für die Voraussetzungen der Durchführung der Unionspolitik im Bereich der MFH diesem Entscheidungsprozess ein Ende zu setzen, um die Entscheidungsfindung zu beschleunigen und damit die Wirksamkeit dieser Politik zu verbessern.

(…)

[94] Wie sich aus der Analyse in den Rn. 85 bis 93 des vorliegenden Urteils ergibt, war die Kommission zu der Annahme berechtigt, dass die von Parlament und Rat beabsichtigte Änderung von Art. 7 des Rahmenverordnungsvorschlags geeignet war, diesen Vorschlag in der grundlegenden Frage des Verfahrens zur Gewährung einer MFH in einer Weise zu verfälschen, die die Verwirklichung der von der Kommission mit ihm verfolgten Ziele verhindert und ihm daher seine Daseinsberechtigung genommen hätte.

[95] Folglich verstieß der Beschluss der Kommission, in Anbetracht dieser Erwägungen den Rahmenverordnungsvorschlag zurückzunehmen, weder gegen den Grundsatz der begrenzten Einzelermächtigung noch gegen den Grundsatz des institutionellen Gleichgewichts, die in Art. 13 Abs. 2 EUV niedergelegt sind.

[96] Zu der auf einen Verstoß gegen das in Art. 10 Abs. 1 und 2 EUV angesprochene Demokratieprinzip gestützten Argumentation geht aus Art. 17 Abs. 2 EUV in Verbindung mit den Art. 289 AEUV und 293 AEUV hervor, dass die Kommission nicht nur befugt ist, einen Recht-

setzungsvorschlag vorzulegen, sondern ihren Vorschlag auch, solange noch kein Beschluss des Rates ergangen ist, ändern oder bei Bedarf zurücknehmen kann. Da diese Rücknahmebefugnis der Kommission von dem ihr übertragenen Initiativrecht nicht zu trennen und in ihrer Ausübung durch die Bestimmungen der oben genannten Artikel des AEU-Vertrags begrenzt ist, kann im vorliegenden Fall von einem Verstoß gegen das fragliche Prinzip keine Rede sein. Demnach ist auch diese Argumentation als unbegründet zurückzuweisen.

[97] Zweitens ist im Licht der vom Rat und von den als Streithelfer beigetretenen Mitgliedstaaten vorgetragenen Rügen zu prüfen, ob die von der Kommission am 8. Mai 2013 beschlossene Rücknahme unter Beachtung des ebenfalls in Art. 13 Abs. 2 EUV aufgestellten Grundsatzes der loyalen Zusammenarbeit erfolgte.

[98] Insoweit ist allgemein festzustellen, dass die Kommission den Rahmenverordnungsvorschlag erst zurücknahm, als sich zeigte, dass der Rat und das Parlament beabsichtigten, diesen Vorschlag in einer Weise zu ändern, die den mit ihm verfolgten Zielen widersprach.

(...)

[104] Sobald – ab dem vierten Trilog, der am 30. Januar 2013 stattfand – ein gemeinsamer Wille des Parlaments und des Rates, am ordentlichen Gesetzgebungsverfahren für den Erlass der Entscheidungen über die Gewährung einer MFH festzuhalten, erkennbar wurde, sprach die Kommission, wie die zu den Akten gegebenen Dokumente bestätigen, in der Sitzung der Arbeitsgruppe der Finanzreferenten des Rates vom 26. Februar 2013 sowie beim fünften Trilog, der am 27. Februar 2013 stattfand, die Möglichkeit einer Rücknahme des Rahmenverordnungsvorschlags und die Gründe der in Betracht gezogenen Rücknahme an. Gleiches tat sie in der Sitzung der Arbeitsgruppe der Finanzreferenten des Rates vom 9. April 2013 sowie beim sechsten Trilog am 25. April 2013. Sowohl die Dokumente zum Trilog vom 27. Februar 2013 als auch das Schreiben des Präsidenten des AStV an den Vizepräsidenten der Kommission vom 6. Mai 2013 im Anschluss an den Trilog vom 25. April 2013 zeigen, dass die Mitgesetzgeber diese Warnungen der Kommission deutlich wahrgenommen haben.

[105] Das Vorbringen, die Kommission habe ihre Absicht, den Rahmenverordnungsvorschlag zurückzunehmen, zu spät angekündigt, ist daher nicht begründet.

(...)

[107] Aus den vorstehenden Erwägungen ergibt sich, dass der Erlass des angefochtenen Beschlusses durch die Kommission weder gegen den Grundsatz der begrenzten Einzelermächtigung, den Grundsatz des

institutionellen Gleichgewichts oder den Grundsatz der loyalen Zusammenarbeit, die in Art. 13 Abs. 2 EUV niedergelegt sind, noch gegen das in Art. 10 Abs. 1 und 2 EUV verankerte Demokratieprinzip verstieß. Überdies hat die Kommission im vorliegenden Fall der durch Art. 296 Abs. 2 AEUV auferlegten Begründungspflicht genügt.

[108] Die drei vom Rat zur Stützung seiner Klage angeführten Gründe sind daher als unbegründet zurückzuweisen.

C. Die Rechtsquellen des Unionsrechts

I. Primäres Unionsrecht

29 **Rs. 26/62 (van Gend & Loos), Urteil des Gerichtshofs vom 05.02.1963.**

Vorbemerkungen: *In der Entscheidung van Gend & Loos nahm der EuGH erstmals ausdrücklich zur Frage der unmittelbaren Geltung und Anwendbarkeit des Unionsrechts Stellung und schaffte damit die Voraussetzungen für seine weitere Judikatur zum Verhältnis zwischen Unionsrecht und nationalem Recht. Nach Ansicht des EuGH binden die Unionsverträge nicht nur die Mitgliedstaaten, sondern wirken in die nationalen Rechtsordnungen in der Weise ein, dass Bestimmungen des Primärrechts individuelle, d. h. subjektive öffentlich-rechtliche Rechte und Pflichten begründen können, die ohne weiteren nationalen Ausführungsakt für die nationalen Behörden und Gerichte bindend sind. Diese Zuerkennung des im Völkerrecht anerkannten sog. „self-executing-Effekts" für eine Vielzahl von Bestimmungen des Unionsrechts hat dessen Wirkungsintensität in besonderer Weise gesteigert. Es handelt sich vermutlich um eine der bedeutendsten Entscheidungen des EuGH.* ***B:*** *D. Ehle, NJW 1963, 976.* ***L:*** *Rn. 355.*

Sachverhalt: Die Niederlande erhoben aufgrund einer am 01.01.1960 in Kraft getretenen Regelung anstatt des bis dahin gemeinschaftseinheitlichen Zollsatzes für den Warenaustausch innerhalb der Gemeinschaft einen erhöhten Einfuhrzoll auf den Import bestimmter chemischer Erzeugnisse. Die Klägerin im Ausgangsverfahren, die Firma van Gend & Loos, berief sich auf Art. 25 EG (jetzt: Art. 30 AEUV), die Beklagte leugnete jedoch jegliche unmittelbare Wirkung dieser Vorschrift des EGV, bestritt also, dass die Klägerin sich auf diese berufen konnte. Der Gerichtshof entschied im Rahmen eines Vorabentscheidungsverfahrens und bejahte die unmittelbare Wirkung sowie die Begründung individueller Rechte der Einzelnen durch Art. 25 EG.

Aus den Entscheidungsgründen:

Das Ziel des EWG-Vertrages ist die Schaffung eines Gemeinsamen Marktes, dessen Funktionieren die der Gemeinschaft angehörigen Einzelnen unmittelbar betrifft; damit ist zugleich gesagt, daß dieser Vertrag mehr ist als ein Abkommen, das nur wechselseitige Verpflichtungen zwischen den vertragsschließenden Staaten begründet. Diese Auffassung wird durch die Präambel des Vertrages bestätigt, die sich nicht nur an die Regierungen, sondern auch an die Völker richtet. Sie findet eine noch augenfälligere Bestätigung in der Schaffung von Organen, welchen Hoheitsrechte übertragen sind, deren Ausübung in gleicher Weise die Mitgliedstaaten wie die Staatsbürger berührt. Zu beachten ist ferner, daß die Staatsangehörigen der in der Gemeinschaft zusammengeschlossenen Staaten dazu berufen sind, durch das Europäische Parlament und den Wirtschafts- und Sozialausschuß zum Funktionieren dieser Gemeinschaft beizutragen. Auch die dem Gerichtshof im Rahmen von Artikel 177, der die einheitliche Auslegung des Vertrages durch die nationalen Gerichte gewährleisten soll, zukommende Aufgabe ist ein Beweis dafür, daß die Staaten davon ausgegangen sind, die Bürger müßten sich vor den nationalen Gerichten auf das Gemeinschaftsrecht berufen können.

Aus alledem ist zu schließen, daß die Gemeinschaft eine neue Rechtsordnung des Völkerrechts darstellt, zu deren Gunsten die Staaten, wenn auch in begrenztem Rahmen, ihre Souveränitätsrechte eingeschränkt haben, eine Rechtsordnung, deren Rechtssubjekte nicht nur die Mitgliedstaaten, sondern auch die Einzelnen sind. Das von der Gesetzgebung der Mitgliedstaaten unabhängige Gemeinschaftsrecht soll daher den Einzelnen, ebenso wie es ihnen Pflichten auferlegt, auch Rechte verleihen. Solche Rechte entstehen nicht nur, wenn der Vertrag dies ausdrücklich bestimmt, sondern auch auf Grund von eindeutigen Verpflichtungen, die der Vertrag den Einzelnen wie auch den Mitgliedstaaten und den Organen der Gemeinschaft auferlegt.

(...)

Der Wortlaut von Artikel 12 enthält ein klares und uneingeschränktes Verbot, eine Verpflichtung, nicht zu einem Tun, sondern zu einem Unterlassen. Diese Verpflichtung ist im übrigen auch durch keinen Vorbehalt der Staaten eingeschränkt, der ihre Erfüllung von einem internen Rechtssetzungsakt abhängig machen würde. Das Verbot des Artikels 12 eignet sich seinem Wesen nach vorzüglich dazu, unmittelbare Wirkungen in den Rechtsbeziehungen zwischen den Mitgliedstaaten und den ihrem Recht unterworfenen Einzelnen zu erzeugen.

II. Sekundäres Unionsrecht

1. Verordnungen

30 **Rs. 34/73 (Variola),
Urteil des Gerichtshofs vom 10.10.1973.**

Vorbemerkungen: *Der Gerichtshof hatte sich in der Rechtssache Variola mit der Frage der Zulässigkeit der Umsetzung von Unionsverordnungen in die nationale Rechtsordnung durch Verabschiedung inhaltlich gleichlautender Regelungen durch den nationalen Gesetz- und Verordnungsgeber zu beschäftigen. Er urteilte, dass derartige Praktiken geeignet sind, die Gültigkeit und unmittelbare Anwendbarkeit von Verordnungen in Frage zu stellen, da insbesondere der Normadressat über den Unionsrechtscharakter der gleichlautenden nationalen Vorschrift im Unklaren gelassen werde. Der EuGH stellte deshalb die unionsrechtliche Unzulässigkeit derartiger Praktiken fest (sog. Transformationsverbot).*

Sachverhalt: Italien hatte die Verordnung 19/62 des Rates über die schrittweise Errichtung einer gemeinsamen Marktorganisation für Getreide, sowie die Verordnung 120/67, durch welche die Verordnung 19/62 ersetzt wurde, im Wortlaut jeweils durch ein sog. Gesetzesdekret in nationales Recht transformiert. Eine derartige Umsetzung gemeinschaftsrechtlicher Verordnungen entsprach damaliger italienischer Praxis. Die Verordnungen sahen ein Verbot der Erhebung von Zöllen und Abgaben gleicher Wirkung auf Einfuhren aus Drittstaaten vor. Durch ein weiteres Gesetz führte Italien jedoch nachträglich eine Steuer auf Getreide ein. Die Firma Variola, die Getreide aus Drittstaaten nach Italien einführte, wurde durch Abgabenbescheid des Finanzamtes Triest u. a. zur Zahlung einer derartigen Abladesteuer verpflichtet. Im Zuge ihrer Klage auf Rückerstattung dieser Summe vor dem Tribunale Triest führte das Unternehmen u. a. an, durch die italienische Praxis, unmittelbar geltende Gemeinschaftsvorschriften auf dem Wege vollständiger wörtlicher Wiedergabe in nationales Recht umzuwandeln, werde der Vorrang des Gemeinschaftsrechts gefährdet, da der Eindruck erweckt werde, später verabschiedetes nationales Recht gehe den früher in italienisches Recht transformierten Vorschriften vor. Außerdem könne eine derartige Transformation dazu führen, dass das Auslegungsmonopol des EuGH im Wege des Vorabentscheidungsverfahrens in Frage gestellt werde. Das Gericht legte dem EuGH diese Fragen vor.

Aus den Entscheidungsgründen:

[9] In der vierten und fünften Frage geht es im wesentlichen darum, ob eine Aufnahme der streitigen Verordnungsvorschriften in die Rechtsordnung der Mitgliedstaaten durch innerstaatliche Rechtsvorschriften, die den Inhalt der gemeinschaftsrechtlichen Vorschriften wiedergeben, erfolgen kann und ob dies bewirkt, daß die betreffende Rechtsmaterie fortan dem innerstaatlichen Recht unterliegt und die Zuständigkeit des Gerichtshofs infolgedessen ausgeschlossen ist.

[10] Die unmittelbare Geltung setzt voraus, daß die Verordnung in Kraft tritt und zugunsten oder zu Lasten der Rechtssubjekte Anwendung findet, ohne daß es irgendwelcher Maßnahmen zur Umwandlung in nationales Recht bedarf. Die Mitgliedstaaten dürfen aufgrund der ihnen aus dem Vertrag obliegenden Verpflichtungen, die sie mit dessen Ratifizierung eingegangen sind, nicht die unmittelbare Geltung vereiteln, die Verordnungen und sonstige Vorschriften des Gemeinschaftsrechts äußern. Die gewissenhafte Beachtung dieser Pflicht ist eine unerlässliche Voraussetzung für die gleichzeitige und einheitliche Anwendung der Gemeinschaftsverordnungen in der gesamten Gemeinschaft.

[11] Insbesondere dürfen die Mitgliedstaaten keine Maßnahmen ergreifen, die geeignet sind, die Zuständigkeit des Gerichtshofs zur Entscheidung über Fragen der Auslegung des Gemeinschaftsrechts oder der Gültigkeit der von den Organen der Gemeinschaft vorgenommenen Handlungen zu beschneiden. Infolgedessen sind Praktiken unzulässig, durch die die Normadressaten über den Gemeinschaftscharakter einer Rechtsnorm im unklaren gelassen werden. Die Zuständigkeit des Gerichtshofs, namentlich aufgrund von Artikel 177, bleibt ungeschmälert, unbeschadet aller Versuche, Normen des Gemeinschaftsrechts durch nationales Gesetz in innerstaatliches Recht zu transformieren.

Rs. C-253/00 (Muñoz), 31
Urteil des Gerichtshofs vom 17.09.2002.

Vorbemerkungen: *EU-Verordnungen kommt unmittelbare Rechtswirkung zu. In dieser Rechtssache wiederholte der Gerichtshof nicht nur die grundsätzliche unmittelbare Rechtswirkung von Verordnungen, sondern stellte ausdrücklich fest, dass es Privatpersonen möglich sein muss, die Beachtung von Verordnungen im Wege eines Zivilprozesses gegen einen Konkurrenten durchzusetzen. Insoweit kommt EU-Verordnungen im Privatrecht nicht nur unmittelbare Rechtswirkung, sondern auch Drittwirkung zu.*

Sachverhalt: Die Kläger Muñoz und ihre Muttergesellschaft Fruiticola, erzeugten in Spanien Trauben der Sorte Superior Seedless und vermarkteten diese, wie auch die Beklagte Frumar und ihre Muttergesellschaft, im Vereinigten Königreich. Seit 1987 vermarkteten die Beklagten Trauben mit der Bezeichnung White Seedless, Sult und Coryn. Die Kläger zeigten dies beim zuständigen Ministerium im Vereinigten Königreich an, da die so bezeichneten Trauben der Sorte Seedless angehörten und daher entsprechend der Verordnung (EWG) Nr. 1035/72 und Verordnung (EG) Nr. 2200/96 die Kennzeichnung der Trauben nicht den gemeinschaftsrechtlichen Regelungen entsprach. Das zuständige Ministerium leitete jedoch keine Maßnahmen ein, so dass die Kläger 1998 Klage vor dem High Court of Justice gegen die Beklagten einreichten. Die Beklagten räumten während des Verfahrens ein, dass es sich bei ihren eingeführten Trauben um solche der Sorte Superior Seedless handelte. Der High Court stellte daraufhin einen Verstoß der Beklagten gegen die gemeinschaftsrechtlichen Regelungen fest, wies die Klage aber mit der Begründung ab, dass die Regelungen der Verordnungen den Klägern nicht die Möglichkeit verleihen würden, die Nichtbeachtung der Verordnungen mit einer Zivilklage zu rügen. Gegen diese Entscheidung legten die Kläger Rechtsmittel beim Court of Appeal ein, der das Verfahren aussetzte und die Frage dem EuGH zur Vorabentscheidung vorlegte.

Aus den Entscheidungsgründen:

[24] Mit dieser Frage möchte das vorlegende Gericht wissen, ob es einem Wirtschaftsteilnehmer möglich sein muss, die Beachtung der Bestimmungen der Verordnungen Nrn. 1035/72 und 2200/96 über Qualitätsnormen für Obst und Gemüse im Wege eines Zivilprozesses gegen einen Konkurrenten durchzusetzen.

[25] Die Klägerinnen tragen vor, eine gemeinschaftsrechtliche Bestimmung könne in Beziehungen zwischen Privatpersonen immer, aber auch nur dann geltend gemacht werden, wenn sie eine klare und unbedingte Verpflichtung aufstelle. Diese Verpflichtung könne zugunsten aller Bürger bestehen, ohne dass nachgewiesen werden müsste, dass der Gemeinschaftsgesetzgeber die Absicht gehabt habe, bestimmte Verkehrskreise zu begünstigen oder subjektive Rechte zu gewähren.

[26] Nach Auffassung der Kommission ist die Frage, ob die fraglichen Bestimmungen einer Privatperson das Recht verleihen, eine andere Privatperson durch Klage dazu zu zwingen, ihre gemeinschaftsrechtlichen Verpflichtungen zu beachten, im Licht der betreffenden Verordnungen und der allgemeinen Grundsätze der gemeinsamen Agrarpolitik, deren Teil sie sind, zu beantworten.

[27] Nach Artikel 189 Absatz 2 EG-Vertrag (jetzt Artikel 249 Absatz 2 EG) hat die Verordnung allgemeine Geltung und gilt unmittelbar in jedem Mitgliedstaat. Schon nach ihrer Rechtsnatur und ihrer Funktion im Rechtsquellensystem des Gemeinschaftsrechts kann sie also Rechte der Einzelnen begründen, die die nationalen Gerichte schützen müssen (Urteil vom 10. Oktober 1973 in der Rechtssache 34/73, Variola, Slg. 1973, 981, Randnr. 8).

[28] Es obliegt den nationalen Gerichten, die im Rahmen ihrer Zuständigkeit das Gemeinschaftsrecht anzuwenden haben, die volle Wirkung seiner Bestimmungen zu gewährleisten (vgl. insbesondere die Urteile vom 9. März 1978 in der Rechtssache 106/77, Simmenthal, Slg. 1978, 629, Randnr. 16, vom 19. Juni 1990 in der Rechtssache C-213/89, Factortame u. a., Slg. 1990, I-2433, Randnr. 19, und vom 20. September 2001 in der Rechtssache C-453/99, Courage und Crehan, Slg. 2001, I-6297, Randnr. 25).

[29] Aus der vierten Begründungserwägung der Verordnung Nr. 1035/72 ergibt sich hierzu, dass mit der Anwendung gemeinsamer Qualitätsnormen der Zweck verfolgt wird, Erzeugnisse unzureichender Qualität vom Markt fern zu halten, die Erzeugung so auszurichten, dass den Anforderungen der Verbraucher entsprochen wird, sowie die Handelsbeziehungen auf der Grundlage eines lauteren Wettbewerbs zu erleichtern. Dieser Zweck wird in der dritten Begründungserwägung der Verordnung Nr. 2200/96 bestätigt, wonach die Einstufung der Erzeugnisse nach gemeinschaftlichen verbindlichen Normen einerseits bezweckt, lauteren Handel und Markttransparenz sicherzustellen, und andererseits, von diesem Markt Erzeugnisse fern zu halten, deren Qualität unzureichend ist. Nach der zwanzigsten Begründungserwägung dieser Verordnung sind die Regeln der gemeinsamen Marktorganisation von allen Wirtschaftsteilnehmern, für die sie gelten, zu erfüllen, wenn nicht die Wirkung der genannten Regeln verfälscht werden soll.

[30] Folglich setzt die volle Wirksamkeit der Regelung der Qualitätsnormen, insbesondere die praktische Wirksamkeit der Verpflichtung nach den Artikeln 3 Absatz 1 der Verordnung Nr. 1035/72 und der Verordnung Nr. 2200/96 voraus, dass deren Beachtung im Wege eines Zivilprozesses durchgesetzt werden kann, den ein Wirtschaftsteilnehmer gegen einen Konkurrenten anstrengt.

[31] Eine solche Klagebefugnis verstärkt nämlich die Durchsetzungskraft der gemeinschaftsrechtlichen Regelung der Qualitätsnormen. Sie ergänzt die Tätigkeit der Stellen, die in den Mitgliedstaaten für die Durchführung der in dieser Regelung vorgesehenen Kontrollen zuständig sind, und trägt damit dazu bei, oft nur schwer aufzudeckende

Praktiken zu unterbinden, die den Wettbewerb verfälschen könnten. So gesehen sind Klagen von Konkurrenten vor nationalen Gerichten besonders geeignet, wesentlich zur Sicherung eines lauteren Handels und der Markttransparenz in der Gemeinschaft beizutragen.

[32] Somit ist auf die vorgelegte Frage zu antworten, dass die Verordnungen Nrn. 1035/72 und 2200/96 dahin auszulegen sind, dass es einem Wirtschaftsteilnehmer möglich sein muss, die Beachtung der Bestimmungen über Qualitätsnormen für Obst und Gemüse im Wege eines Zivilprozesses gegen einen Konkurrenten durchzusetzen.

2. Richtlinien

a) Bindung der Mitgliedstaaten an Richtlinien

32 **Rs. C-422/05 (Kommission ./. Belgien; „Richtlinien-Vorwirkung"), Urteil des Gerichtshofs vom 14.06.2007.**

Vorbemerkungen: *Grundsätzlich kann den Mitgliedstaaten kein Vorwurf gemacht werden, wenn sie die Umsetzungsfrist ausschöpfen und eine Richtlinie nicht vor Ablauf dieser Frist umsetzen. Jedoch dürfen sie in diesem Zeitraum keine Vorschriften erlassen, die geeignet sind, die Erreichung des in der Richtlinie vorgeschriebenen Ziels ernstlich in Frage zu stellen. Normative Grundlage dieses sog. Frustrationsverbotes ist die jeweilige Richtlinie sowie Art. 4 Abs. 3 EUV i. V. m. Art. 288 Abs. 3 AEUV. Verstößt ein Mitgliedstaat hiergegen, kann der Gerichtshof diesen Verstoß im Vertragsverletzungsverfahren (Art. 258 AEUV) feststellen. Das vorliegende Urteil verdeutlicht, dass die Richtlinien-Vorwirkung jedoch nicht als Sperrwirkung in dem Sinne zu verstehen ist, dass der mitgliedstaatliche Gesetzgeber keine widersprechenden Vorschriften erlassen darf und die mitgliedstaatlichen Behörden und Gerichte solche Vorschriften nicht anwenden können. Somit ist nicht jeder Verstoß gegen eine Richtlinie vor Ablauf der Umsetzungsfrist eine Verletzung des Frustrationsverbotes, vielmehr müssen noch weitere Umstände hinzukommen. Eine Vermutung für einen entsprechenden Verstoß besteht beispielsweise dann, wenn die innerstaatliche Vorschrift eine endgültige und vollständige Umsetzung der Richtlinie darstellt.* ***L:*** *Rn. 370.*

Sachverhalt: Am 28.03.2002 trat die Richtlinie über Regeln und Verfahren für lärmbedingte Betriebsbeschränkungen auf Flughäfen der Gemeinschaft in Kraft.

Die Richtlinie verpflichtete die Mitgliedstaaten, die erforderlichen Umsetzungsvorschriften bis zum 28.09.2003 in Kraft zu setzen. Das Königreich Belgien erließ am 14.04.2002 die Königliche Verordnung zur Regelung des Nachtflugverkehrs bestimmter ziviler Unterschallstrahlflugzeuge, die bereits am 01.07.2003 in Kraft trat und Betriebsbeschränkungen in den Nachtstunden auf allen Flughäfen auf belgischem Gebiet einführte. Am 06.06.2002 ersuchte die Kommission die belgischen Behörden um Auskunft über die Königliche Verordnung. Die Antwort der belgischen Behörden vom 28.06.2002 stellte die Kommission nicht zufrieden. Da die Kommission der Auffassung war, die Königliche Verordnung widerspreche den Vorgaben der Richtlinie, wies sie das Königreich Belgien mit einem Mahnschreiben vom 24.10.2002 darauf hin, dass die während der Frist für die Umsetzung der Richtlinie erlassenen Maßnahmen geeignet seien, die Erreichung des in ihr vorgeschriebenen Zieles ernstlich in Frage zu stellen, und daher gegen diese Richtlinie, sowie gegen Art. 10 Abs. 2 EG i. V. m. Art. 249 Abs. 3 EG (jetzt: Art. 4 Abs. 3 EUV i. V. m. Art. 288 Abs. 3 AEUV) verstießen. In ihrer Antwort vom 23.12.2002 führten die belgischen Behörden mehrere Argumente an, um nachzuweisen, dass die Königliche Verordnung in den Anwendungsbereich einer Ausnahmebestimmung der Richtlinie falle. Diese Erklärungen überzeugten die Kommission nicht. Sie forderte deshalb das Königreich Belgien in einer mit Gründen versehenen Stellungnahme vom 03.06.2003 auf, dieser Stellungnahme innerhalb von zwei Monaten nach Zustellung durch den Erlass der erforderlichen Maßnahmen nachzukommen. Belgien antwortete darauf mit Schreiben vom 25.07.2003. Die Kommission erhob schließlich mit am 28.11.2005 eingereichtem Schriftsatz Klage gemäß Art. 226 EG (jetzt: Art. 258 AEUV).

Aus den Entscheidungsgründen:

[31] Zur Begründung ihrer Klage macht die Kommission eine einzige Rüge geltend, die sie auf den Umstand stützt, dass das Königreich Belgien die Königliche Verordnung vom 14. April 2002, die im Hinblick auf die Betriebsbeschränkungen für bestimmte Kategorien von Flugzeugen dem Ansatz der bereits aufgehobenen Verordnung Nr. 925/1999 und nicht dem in der Richtlinie zugrunde gelegten folge, während der den Mitgliedstaaten für die Umsetzung der Richtlinie eingeräumten Frist und zu einem Zeitpunkt, zu dem die Richtlinie bereits in Kraft gewesen sei, erlassen habe. Folglich sei die Erreichung des in dieser Richtlinie vorgeschriebenen Zieles, d. h. der Erlass eines einheitlichen Rahmens für die Einführung von Betriebsbeschränkungen für Luftfahrzeuge auf der Grundlage einer einheitlichen Definition dessen, was unter Luftfahrzeugen, die die in Band I Teil II Kapitel 3 des Anhangs 16 des Abkommens über die Internationale Zivilluftfahrt festgelegten Normen erfüllten, zu verstehen sei, ernstlich in Frage gestellt.

[62] In diesem Zusammenhang ist daran zu erinnern, dass nach ständiger Rechtsprechung die Mitgliedstaaten zwar nicht verpflichtet sind, die Maßnahmen zur Umsetzung einer Richtlinie vor Ablauf der dafür vorgesehenen Frist zu erlassen, dass sich jedoch aus Art. 10 Abs. 2 EG in Verbindung mit Art. 249 Abs. 3 EG und aus der Richtlinie selbst ergibt, dass sie während dieser Frist den Erlass von Vorschriften unterlassen müssen, die geeignet sind, die Erreichung des in dieser Richtlinie vorgeschriebenen Zieles ernstlich in Frage zu stellen (vgl. u. a. Urteil vom 18. Dezember 1997, Inter-Environnement Wallonie, C-129/96, Slg. 1997, I-7411, Randnr. 45, und vom 14. September 2006, Stichting Zuid-Hollandse Milieufederatie, C-138/05, Slg. 2006, I-8339, Randnr. 42).

[63] Die Mitgliedstaaten können daher nicht, ohne die Erreichung des in der Richtlinie vorgeschriebenen Zieles ernstlich in Frage zu stellen, während der Frist für die Umsetzung dieser Richtlinie Vorschriften erlassen, die zwar dasselbe Ziel – die Verringerung der Zahl der an den schädlichen Folgen von Fluglärm leidenden Personen – verfolgen, aber die Einführung einheitlicher Betriebsbeschränkungen in der gesamten Gemeinschaft verhindern.

[64] Es steht fest, dass die belgische Regierung während der für die Umsetzung der Richtlinie vorgesehenen Frist die Königliche Verordnung vom 14. April 2002 verkündet und veröffentlicht hat. Diese Königliche Verordnung sollte nicht die Richtlinie umsetzen, sondern auf nationaler Ebene einen harmonisierten Rechtsrahmen zur Verminderung der von Luftfahrzeugen verursachten Lärmbelästigungen schaffen, der auf den in der Verordnung Nr. 925/1999 vorgesehenen Ansatz gestützt war, also den Erlass von Betriebsbeschränkungen auf der Grundlage des Nebenstromverhältnisses der Triebwerke, womit der Betrieb neu bescheinigter ziviler Unterschallstrahlflugzeuge endgültig verboten werden sollte.

[65] Folglich hat der Erlass der Königlichen Verordnung vom 14. April 2002, die am 1. Juli 2003 in Kraft trat, d. h. weniger als drei Monate vor Ablauf der Frist für die Umsetzung der Richtlinie, eine nicht gerechtfertigte nachteilige Behandlung bestimmter Kategorien von Flugzeugen herbeigeführt und die Bedingungen der Umsetzung und der Anwendung dieser Richtlinie in der Gemeinschaft dauerhaft in Frage gestellt. Wegen des sich aus der Anwendung dieser Königlichen Verordnung ergebenen Verbots des Betriebs verschiedener Flugzeuge kann nämlich bei der in der Richtlinie vorgesehenen Beurteilung der Lärmauswirkungen nicht den Emissionen aller den in Band I Teil II Kapitel 3 des Anhangs 16 des Abkommens über die Internationale Zi-

villuftfahrt festgelegten Normen entsprechenden Flugzeuge Rechnung getragen und daher die optimale Verbesserung des Lärmschutzes nicht in richtlinienkonformer Weise erreicht werden.

(...)

[68] Demnach ist die vom Königreich Belgien während der Frist für die Umsetzung der Richtlinie erlassene Königliche Verordnung vom 14. April 2002 geeignet, die Erreichung des in dieser Richtlinie vorgeschriebenen Zieles ernstlich in Frage zu stellen.

[69] Demnach ist die von der Kommission erhobene Klage begründet.

Rs. C-144/04 (Mangold), 33
Urteil des Gerichtshofs vom 22.11.2005.

und

Rs. C-555/07 (Kücükdeveci), 34
Urteil des Gerichtshofs vom 19.01.2010.

Gemeinsame Vorbemerkungen: *Mit der Entscheidung Mangold gestaltete der EuGH zum einen die Vorwirkungen der Richtlinien weiter aus. Die Besonderheit in diesem Fall bestand darin, dass von dem Mitgliedstaat eine Zusatzfrist für die Umsetzung in Anspruch genommen wurde, innerhalb derer auch Bericht über die Annäherung an die Richtlinienziele erstattet werden musste; innerhalb dieser Frist reichten die Vorwirkungen daher über ein bloßes Frustrationsverbot (vgl. Fall 32) hinaus (Rs. C-129/96, Inter Environnement Wallonie): Es besteht insoweit eine materielle Annäherungspflicht. Zum anderen erhob der EuGH das Verbot der Diskriminierung wegen des Alters in den Rang eines allgemeinen Grundsatzes des Unionsrechts. Da die Richtlinie u. a. auch die Bekämpfung von Altersdiskriminierung bezweckte, substituierte der EuGH diese wegen ihrer Horizontalwirkung nicht unmittelbar anwendbare Sekundärrechtsbestimmung durch den gleichlautenden allgemeinen Grundsatz des Unionsrechts und befand so das entgegenstehende nationale Recht für unanwendbar. Diese Konstruktion stieß auf harsche Kritik, da der Eindruck erweckt werden konnte, dass der Gerichtshof eigentlich die Richtlinie im Horizontalverhältnis anwenden wollte, zumal er sich mit dieser Problematik in dem Urteil nicht ausreichend auseinandersetzte. Das BVerfG billigte diese Rechtsprechung jedoch mit seinem Beschluss vom 6.7.2010 (2 BvR 2661/06, Honeywell).*

In dem Urteil Kücükdeveci bestätigte der EuGH die kontroversen Aussagen der Mangold-Entscheidung in vollem Umfang. Die Tatsache, dass das Verbot der Altersdiskriminierung zur Zeit der Urteilsfindung nunmehr ein geschriebenes Grundrecht gem. Art. 6 EUV i. V. m. Art. 21 GRCh war, ließ die Argumentation des Gerichtshofs in neuem Licht erscheinen: Es ist nachvollziehbar, dass im Konfliktfall nationales Recht Unionsgrundrechten weichen muss. Das, was eine unmittelbare Richtlinienwirkung im Horizontalverhältnis zu sein schien, war damit lediglich eine Folge der Unanwendbarkeit der nationalen Regelung wegen eines Verstoßes gegen ein Unionsgrundrecht. Dessen Wirkung in einem Horizontalverhältnis dürfte sich als objektive Wirkung darstellen. ***B:*** *R. Schwarze, JA 2010, 384 ff.* ***L:*** *Rn. 370, 386, 420, 641.*

Rs. C-144/04 (Mangold), Urteil des Gerichtshofs vom 22.11.2005.

Sachverhalt: Am 26.06.2003 schloss der damals 56-jährige deutsche Staatsangehörige Mangold zum 01.07.2003 einen bis zum 28.02.2004 befristeten Arbeitsvertrag mit dem Rechtsanwalt Helm. Die Befristung war ausdrücklich auf eine gesetzliche Regelung (§ 14 Abs. 3 TzBfG) gestützt, die zur Erleichterung der Wiedereinstellung älterer Arbeitnehmer vorsah, dass die Befristung bei Verträgen mit Arbeitnehmern, die bei Beginn des Arbeitsverhältnisses das 52. Lebensjahr vollendet haben – wie bei Herrn Mangold –, keiner sachlichen Begründung bedarf. Andere Befristungsgründe wurden ausdrücklich ausgeschlossen. Das mit dem Rechtsstreit über die Befristung befasste Arbeitsgericht legte dem EuGH die Frage vor, ob diese nationale Regelung mit Art. 6 Richtlinie 2000/78 vereinbar ist. Hiernach sind Ungleichbehandlungen aufgrund des Alters zulässig, soweit sie angemessen und erforderlich sind. Diese Richtlinie war bis zum 02.12.2003 umzusetzen; die Richtlinie sah jedoch eine Zusatzfrist für die Umsetzung von drei Jahren vor, um besonderen Bedingungen Rechnung tragen zu können. Innerhalb dieser Zusatzfrist musste ein Mitgliedstaat, der hiervon Gebrauch machte, der Kommission jährlich Bericht erstatten. Gleichzeitig war und ist das Verbot der Altersdiskriminierung in Art. 21 Abs. 1 GRC grundrechtlich geschützt.

Aus den Entscheidungsgründen:

[55] Mit der zweiten und der dritten Frage, die zusammen zu prüfen sind, möchte das vorlegende Gericht im Wesentlichen wissen, ob Artikel 6 Absatz 1 der Richtlinie 2000/78 dahin auszulegen ist, dass er einer nationalen Regelung wie der im Ausgangsverfahren streitigen ent-

gegensteht, nach der der Abschluss befristeter Arbeitsverträge mit Arbeitnehmern, die das 52. Lebensjahr vollendet haben, uneingeschränkt zulässig ist, sofern nicht zu einem vorhergehenden unbefristeten Arbeitsvertrag mit demselben Arbeitgeber ein enger sachlicher Zusammenhang besteht. Für den Fall, dass dies bejaht wird, fragt das Gericht, welche Folgen der nationale Richter aus dieser Auslegung zu ziehen hat.

[56] Insoweit ist daran zu erinnern, dass die Richtlinie 2000/78 nach ihrem Artikel 1 die Schaffung eines allgemeinen Rahmens zur Bekämpfung der Diskriminierung in Beschäftigung und Beruf aus den dort genannten Gründen, darunter wegen des Alters, bezweckt.

[57] § 14 Absatz 3 TzBfG begründet dadurch, dass die Arbeitgeber mit Arbeitnehmern, die das 52. Lebensjahr vollendet haben, uneingeschränkt befristete Arbeitsverträge schließen können, eine unmittelbar auf dem Alter beruhende Ungleichbehandlung.

[58] Eben zu Ungleichbehandlungen wegen des Alters bestimmt Artikel 6 Absatz 1 der Richtlinie 2000/78, dass die Mitgliedstaaten vorsehen können, dass solche Ungleichbehandlungen „keine Diskriminierung darstellen, sofern sie objektiv und angemessen sind und im Rahmen des nationalen Rechts durch ein legitimes Ziel, worunter insbesondere rechtmäßige Ziele aus den Bereichen Beschäftigungspolitik, Arbeitsmarkt und berufliche Bildung zu verstehen sind, gerechtfertigt sind und die Mittel zur Erreichung dieses Ziels angemessen und erforderlich sind“. Nach Absatz 1 Unterabsatz 2 Buchstabe a können solche Ungleichbehandlungen u. a. „die Festlegung besonderer Bedingungen für den Zugang zur Beschäftigung und zur beruflichen Bildung sowie besonderer Beschäftigungs- und Arbeitsbedingungen, ... um die berufliche Eingliederung von Jugendlichen, älteren Arbeitnehmern und Personen mit Fürsorgepflichten zu fördern oder ihren Schutz sicherzustellen“, sowie nach den Buchstaben b und c in einigen besonderen Fällen die Festlegung von altersbezogenen Anforderungen betreffen.

[59] Wie sich aus den dem Gerichtshof vom vorlegenden Gericht übermittelten Akten ergibt, bezwecken diese Rechtsvorschriften klar, die berufliche Eingliederung arbeitsloser älterer Arbeitnehmer zu fördern, weil diese erhebliche Schwierigkeiten haben, wieder einen Arbeitsplatz zu finden.

[60] Die Legitimität eines solchen im Allgemeininteresse liegenden Zieles steht außer Zweifel, wie die Kommission im Übrigen selbst eingeräumt hat.

[61] Folglich ist ein derartiges Ziel – wie in Artikel 6 Absatz 1 erster Unterabsatz der Richtlinie 2000/78 vorgesehen – grundsätzlich als eine

„objektive und angemessene“ Rechtfertigung einer von den Mitgliedstaaten vorgesehenen Ungleichbehandlung wegen des Alters anzusehen.

[62] Weiter ist nach dem Wortlaut dieser Bestimmung zu prüfen, ob die eingesetzten Mittel zur Erreichung dieses legitimen Zieles „angemessen und erforderlich“ sind.

[63] Insoweit verfügen die Mitgliedstaaten unbestreitbar über einen weiten Ermessensspielraum bei der Wahl der Maßnahmen zur Erreichung ihrer Ziele im Bereich der Arbeits- und Sozialpolitik.

[64] Wie das vorlegende Gericht ausgeführt hat, läuft die Anwendung nationaler Rechtsvorschriften wie der im Ausgangsverfahren streitigen jedoch darauf hinaus, dass allen Arbeitnehmern, die das 52. Lebensjahr vollendet haben, unterschiedslos – gleichgültig, ob und wie lange sie vor Abschluss des Arbeitsvertrags arbeitslos waren – bis zum Erreichen des Alters, ab dem sie ihre Rentenansprüche geltend machen können, befristete, unbegrenzt häufig verlängerbare Arbeitsverträge angeboten werden können. Diese große, ausschließlich nach dem Lebensalter definierte Gruppe von Arbeitnehmern läuft damit während eines erheblichen Teils ihres Berufslebens Gefahr, von festen Beschäftigungsverhältnissen ausgeschlossen zu sein, die doch, wie sich aus der Rahmenvereinbarung ergibt, einen wichtigen Aspekt des Arbeitnehmerschutzes darstellen.

[65] Solche Rechtsvorschriften gehen insofern, als sie das Alter des betroffenen Arbeitnehmers als einziges Kriterium für die Befristung des Arbeitsvertrags festlegen, ohne dass nachgewiesen wäre, dass die Festlegung einer Altersgrenze als solche unabhängig von anderen Erwägungen im Zusammenhang mit der Struktur des jeweiligen Arbeitsmarktes und der persönlichen Situation des Betroffenen zur Erreichung des Zieles der beruflichen Eingliederung arbeitsloser älterer Arbeitnehmer objektiv erforderlich ist, über das hinaus, was zur Erreichung des verfolgten Zieles angemessen und erforderlich ist. Die Wahrung des Grundsatzes der Verhältnismäßigkeit bedeutet nämlich, dass bei Ausnahmen von einem Individualrecht die Erfordernisse des Gleichbehandlungsgrundsatzes so weit wie möglich mit denen des angestrebten Zieles in Einklang gebracht werden müssen (vgl. in diesem Sinne Urteil vom 19. März 2002 in der Rechtssache C-476/99, Lommers, Slg. 2002, I-2891, Randnr. 39). Derartige nationale Rechtsvorschriften können daher nicht nach Artikel 6 Absatz 1 der Richtlinie 2000/78 gerechtfertigt werden.

[66] Dass die Frist zur Umsetzung der Richtlinie 2000/78 zum Zeitpunkt des Abschlusses des Vertrages noch nicht abgelaufen war, steht dieser Feststellung nicht entgegen.

[67] Erstens hat nämlich der Gerichtshof bereits entschieden, dass die Mitgliedstaaten während der Frist für die Umsetzung einer Richtlinie keine Vorschriften erlassen dürfen, die geeignet sind, die Erreichung des in dieser Richtlinie vorgeschriebenen Zieles ernstlich in Frage zu stellen (Urteil Inter-Environnement Wallonie, Randnr. 45).

[68] In diesem Zusammenhang kommt es nicht darauf an, ob die fragliche, nach Inkrafttreten der betreffenden Richtlinie erlassene Regelung des nationalen Rechts deren Umsetzung bezweckt oder nicht (vgl. in diesem Sinne Urteil vom 8. Mai 2003 in der Rechtssache C-14/02, ATRAL, Slg. 2003, I-4431, Randnrn. 58 und 59).

[69] Im Ausgangsverfahren ist die Herabsetzung des Alters, ab dem befristete Arbeitsverträge geschlossen werden können, von 58 auf 52 Jahre durch Artikel 14 Absatz 3 TzBfG im Dezember 2002 erfolgt, und diese Maßnahme soll bis zum 31. Dezember 2006 gelten.

[70] Der Umstand, dass die Geltung dieser Vorschrift am 31. Dezember 2006 endet, d. h. nur wenige Wochen nach Ablauf der vom betreffenden Mitgliedstaat einzuhaltenden Umsetzungsfrist, ist als solcher nicht entscheidend.

[71] Zum einen ergibt sich nämlich schon aus dem Wortlaut von Artikel 18 Absatz 2 der Richtlinie 2000/78, dass ein Mitgliedstaat, der – wie im vorliegenden Fall die Bundesrepublik Deutschland – eine Zusatzfrist von drei Jahren ab dem 2. Dezember 2003 für die Umsetzung dieser Richtlinie in Anspruch zu nehmen beschließt, „der Kommission jährlich Bericht über die von ihm ergriffenen Maßnahmen zur Bekämpfung der Diskriminierung wegen des Alters ... und über die Fortschritte, die bei der Umsetzung der Richtlinie erzielt werden konnten", erstattet.

[72] Diese Bestimmung impliziert also, dass der Mitgliedstaat, der ausnahmsweise in den Genuss einer längeren Umsetzungsfrist kommt, schrittweise konkrete Maßnahmen ergreift, um seine Regelung schon dem in der Richtlinie vorgeschriebenen Ergebnis anzunähern. Dieser Verpflichtung würde jedoch jegliche praktische Wirksamkeit genommen, wenn es dem Mitgliedstaat gestattet wäre, während der Frist zur Umsetzung der Richtlinie Maßnahmen zu erlassen, die mit deren Zielen unvereinbar sind.

[73] Zum anderen wird am 31. Dezember 2006, wie der Generalanwalt in Nummer 96 seiner Schlussanträge ausgeführt hat, ein beachtlicher Teil der Arbeitnehmer, auf die die im Ausgangsverfahren streitige Regelung anwendbar ist – darunter Herr Mangold –, das 58. Lebensjahr bereits vollendet haben und somit weiter unter die Sonderregelung des § 14 Absatz 3 TzBfG fallen, so dass für diese Personengruppe die Ge-

fahr des Ausschlusses von der Garantie eines festen Beschäftigungsverhältnisses in Form eines unbefristeten Arbeitsvertrags bereits definitiv eingetreten ist, unabhängig davon, dass die Altersgrenze von 52 Jahren nur bis Ende 2006 gilt.

[74] Zweitens ist zu beachten, dass der Grundsatz der Gleichbehandlung in Beschäftigung und Beruf nicht in der Richtlinie 2000/78 selbst verankert ist. Nach ihrem Artikel 1 bezweckt diese Richtlinie nämlich lediglich „die Schaffung eines allgemeinen Rahmens zur Bekämpfung der Diskriminierung wegen der Religion oder der Weltanschauung, einer Behinderung, des Alters oder der sexuellen Ausrichtung", wobei das grundsätzliche Verbot dieser Formen der Diskriminierung, wie sich aus der ersten und der vierten Begründungserwägung der Richtlinie ergibt, seinen Ursprung in verschiedenen völkerrechtlichen Verträgen und den gemeinsamen Verfassungstraditionen der Mitgliedstaaten hat.

[75] Das Verbot der Diskriminierung wegen des Alters ist somit als ein allgemeiner Grundsatz des Gemeinschaftsrechts anzusehen. Fällt eine nationale Regelung in den Geltungsbereich des Gemeinschaftsrechts, was bei dem durch das Gesetz von 2002 geänderten § 14 Absatz 3 TzBfG als Maßnahme zur Umsetzung der Richtlinie 1999/70 der Fall ist (vgl. hierzu auch Randnrn. 51 und 64 des vorliegenden Urteils), hat der Gerichtshof, wenn er im Vorabentscheidungsverfahren angerufen wird, dem vorlegenden Gericht alle Auslegungshinweise zu geben, die es benötigt, um die Vereinbarkeit dieser Regelung mit diesem Grundsatz beurteilen zu können (vgl. in diesem Sinne Urteil vom 12. Dezember 2002 in der Rechtssache C-442/00, Rodríguez Caballero, Slg. 2002, I-11915, Randnrn. 30 bis 32).

[76] Folglich kann die Wahrung des allgemeinen Grundsatzes der Gleichbehandlung, insbesondere im Hinblick auf das Alter, als solche nicht vom Ablauf der Frist abhängen, die den Mitgliedstaaten zur Umsetzung einer Richtlinie eingeräumt worden ist, die die Schaffung eines allgemeinen Rahmens zur Bekämpfung der Diskriminierung wegen des Alters bezweckt, vor allem was die Bereitstellung geeigneter Rechtsbehelfe, die Beweislast, die Viktimisierung, den sozialen Dialog sowie die positiven und anderen spezifischen Maßnahmen zur Umsetzung einer solchen Richtlinie angeht.

[77] Es obliegt daher dem nationalen Gericht, bei dem ein Rechtsstreit über das Verbot der Diskriminierung wegen des Alters anhängig ist, im Rahmen seiner Zuständigkeiten den rechtlichen Schutz, der sich für den Einzelnen aus dem Gemeinschaftsrecht ergibt, zu gewährleisten und die volle Wirksamkeit des Gemeinschaftsrechts zu garantieren, in-

dem es jede möglicherweise entgegenstehende Bestimmung des nationalen Rechts unangewendet lässt (vgl. in diesem Sinne Urteile vom 9. März 1978 in der Rechtssache 106/77, Simmenthal, Slg. 1978, 629, Randnr. 21, und vom 5. März 1998 in der Rechtssache C-347/96, Solred, Slg. 1998, I-937, Randnr. 30).

[78] Nach alledem ist auf die zweite und die dritte Frage zu antworten, dass das Gemeinschaftsrecht und insbesondere Artikel 6 Absatz 1 der Richtlinie 2000/78 dahin auszulegen sind, dass sie einer nationalen Regelung wie der im Ausgangsverfahren streitigen, nach der der Abschluss befristeter Arbeitsverträge mit Arbeitnehmern, die das 52. Lebensjahr vollendet haben, uneingeschränkt zulässig ist, sofern nicht zu einem vorhergehenden unbefristeten Arbeitsvertrag mit demselben Arbeitgeber ein enger sachlicher Zusammenhang besteht, entgegenstehen.

Es obliegt dem nationalen Gericht, die volle Wirksamkeit des allgemeinen Verbotes der Diskriminierung wegen des Alters zu gewährleisten, indem es jede entgegenstehende Bestimmung des nationalen Rechts unangewendet lässt, auch wenn die Frist für die Umsetzung der Richtlinie noch nicht abgelaufen ist.

Rs. C-555/07 (Kücükdeveci), Urteil des Gerichtshofs vom 19.01.2010.

Sachverhalt: Seda Kücükdeveci war seit ihrem vollendeten 18. Lebensjahr bei dem Unternehmen Swedex beschäftigt. Im Alter von 28 Jahren wurde sie entlassen. Der Arbeitgeber beachtete eine Kündigungsfrist von einem Monat. Der Berechnung der Frist legte er eine Beschäftigungsdauer von drei Jahren zugrunde. Die vor der Vollendung des 25. Lebensjahrs liegenden Beschäftigungszeiten von Seda Kücükdeveci ließ er entsprechend § 622 Abs. 2 Satz 2 BGB bei der Berechnung der Kündigungsfrist außen vor. Die Arbeitnehmerin klagte gegen ihre Entlassung. Ihrer Meinung nach hätte die Kündigungsfrist vier Monate betragen müssen – entsprechend einer Betriebszugehörigkeit von zehn Jahren. Das in der Berufung zuständige LAG Düsseldorf rief den EuGH zur Frage der Vereinbarkeit von § 622 Abs. 2 Satz 2 BGB mit EU-Recht, insb. mit dem Diskriminierungsverbot aus Gründen des Alters gemäß der Richtlinie 2000/78 und den EU-Grundrechten, an.

Aus den Entscheidungsgründen:

[18] Mit seiner ersten Frage möchte das vorlegende Gericht wissen, ob eine nationale Regelung wie die des Ausgangsverfahrens, nach der vor Vollendung des 25. Lebensjahrs liegende Beschäftigungszeiten des Arbeitnehmers bei der Berechnung der Kündigungsfrist nicht berücksichtigt werden, eine durch das Unionsrecht, insbesondere durch das Primärrecht oder die Richtlinie 2000/78, verbotene Ungleichbehandlung wegen des Alters darstellt. Es möchte im Einzelnen wissen, ob eine solche Regelung dadurch gerechtfertigt ist, dass bei der Entlassung jüngerer Arbeitnehmer nur eine Grundkündigungsfrist einzuhalten ist, um zum einen den Arbeitgebern personalwirtschaftliche Flexibilität, die mit längeren Kündigungsfristen nicht möglich sein soll, zuzugestehen, und zum anderen, weil jüngeren Arbeitnehmern eine höhere persönliche und berufliche Mobilität als ältern Arbeitnehmern zuzumuten sein soll.

(...)

[21] Der Gerichtshof hat in diesem Zusammenhang anerkannt, dass ein Verbot der Diskriminierung wegen des Alters besteht, das als ein allgemeiner Grundsatz des Unionsrechts anzusehen ist (vgl. Urteil Mangold, Randnr. 75). Die Richtlinie 2000/78 konkretisiert diesen Grundsatz (vgl. entsprechend Urteil vom 8. April 1976, Defrenne, 43/75, Slg. 1976, 455, Randnr. 54).

(...)

[44] Mit seiner zweiten Frage möchte das vorlegende Gericht wissen, ob es in einem Rechtsstreit zwischen Privaten, um eine nationale Regelung, die es für mit dem Unionsrecht unvereinbar hält, unangewendet lassen zu können, zuvor zur Sicherstellung des Schutzes des berechtigten Vertrauens der Normunterworfenen den Gerichtshof nach Art. 267 AEUV anrufen muss, um durch ihn die Unvereinbarkeit dieser Vorschrift mit dem Unionsrecht bestätigen zu lassen.

[45] Was erstens die Rolle des nationalen Gerichts betrifft, das über einen Rechtsstreit zwischen Privaten zu entscheiden hat, in dem sich zeigt, dass die fragliche nationale Regelung gegen das Unionsrecht verstößt, hat der Gerichtshof entschieden, dass es den nationalen Gerichten obliegt, den Rechtsschutz sicherzustellen, der sich für den Einzelnen aus den unionsrechtlichen Bestimmungen ergibt, und deren volle Wirkung zu gewährleisten (vgl. in diesem Sinne Urteile vom 5. Oktober 2004, Pfeiffer u. a., C-397/01 bis C-403/01, Slg. 2004, I-8835, Randnr. 111, und vom 15. April 2008, Impact, C-268/06, Slg. 2008, I-2483, Randnr. 42).

[46] Zu Rechtsstreitigkeiten zwischen Privaten hat der Gerichtshof in ständiger Rechtsprechung entschieden, dass eine Richtlinie nicht selbst Verpflichtungen für einen Einzelnen begründen kann, so dass ihm gegenüber eine Berufung auf die Richtlinie als solche nicht möglich ist (vgl. insbesondere Urteile vom 26. Februar 1986, Marshall, 152/84, Slg. 1986, 723, Randnr. 48, vom 14. Juli 1994, Faccini Dori, C-91/92, Slg. 1994, I-3325, Randnr. 20, sowie Pfeiffer u. a., Randnr. 108).

[47] Jedoch obliegen die sich aus einer Richtlinie ergebende Verpflichtung der Mitgliedstaaten, das in dieser Richtlinie vorgesehene Ziel zu erreichen, und deren Pflicht, alle zur Erfüllung dieser Verpflichtung geeigneten Maßnahmen allgemeiner oder besonderer Art zu treffen, allen Trägern öffentlicher Gewalt der Mitgliedstaaten und damit im Rahmen ihrer Zuständigkeiten auch den Gerichten (vgl. in diesem Sinne u. a. Urteile vom 10. April 1984, von Colson und Kamann, 14/83, Slg. 1984, 1891, Randnr. 26, vom 13. November 1990, Marleasing, C-106/89, Slg. 1990, I-4135, Randnr. 8, Faccini Dori, Randnr. 26, vom [illegible]zember 1997, Inter-Environnement Wallonie, C-129/96, Slg. 1997, I-7411, Randnr. 40, Pfeiffer u. a., Randnr. 110, sowie vom 23. April 2009, Angelidaki u. a., C-378/07 bis C-380/07, noch nicht in der amtlichen Sammlung veröffentlicht, Randnr. 106).

[48] Folglich muss ein nationales Gericht, das bei der Anwendung des nationalen Rechts dieses Recht auszulegen hat, seine Auslegung so weit wie möglich am Wortlaut und Zweck dieser Richtlinie ausrichten, um das in ihr festgelegte Ergebnis zu erreichen und so Art. 288 Abs. 3 AEUV nachzukommen (vgl. in diesem Sinne Urteile von Colson und Kamann, Randnr. 26; Marleasing, Randnr. 8, Faccini Dori, Randnr. 26, und Pfeiffer u. a., Randnr. 113). Das Gebot einer unionsrechtskonformen Auslegung des nationalen Rechts ist dem System des Vertrags immanent, da dem nationalen Gericht dadurch ermöglicht wird, im Rahmen seiner Zuständigkeit die volle Wirksamkeit des Unionsrechts sicherzustellen, wenn es über den bei ihm anhängigen Rechtsstreit entscheidet (vgl. in diesem Sinne Urteil Pfeiffer u. a., Randnr. 114).

[49] Dem vorlegenden Gericht zufolge ist § 622 Abs. 2 Unterabs. 2 BGB jedoch wegen seiner Klarheit und Eindeutigkeit einer der Richtlinie 2000/78 konformen Auslegung nicht zugänglich.

[50] Insoweit ist zum einen zu beachten, dass der Grundsatz der Gleichbehandlung in Beschäftigung und Beruf, wie in Randnr. 20 des vorliegenden Urteils ausgeführt, in der Richtlinie 2000/78 nicht verankert ist, sondern dort nur konkretisiert wird, und zum anderen, dass das Verbot der Diskriminierung wegen des Alters ein allgemeiner

Grundsatz des Unionsrechts ist, da er eine spezifische Anwendung des allgemeinen Gleichbehandlungsgrundsatzes darstellt (vgl. in diesem Sinne Urteil Mangold, Randnrn. 74 bis 76).

[51] Es obliegt daher dem nationalen Gericht, bei dem ein Rechtsstreit über das Verbot der Diskriminierung wegen des Alters in seiner Konkretisierung durch die Richtlinie 2000/78 anhängig ist, im Rahmen seiner Zuständigkeiten den rechtlichen Schutz, der sich für den Einzelnen aus dem Unionsrecht ergibt, sicherzustellen und die volle Wirksamkeit des Unionsrechts zu gewährleisten, indem es erforderlichenfalls jede diesem Verbot entgegenstehende Bestimmung des nationalen Rechts unangewendet lässt (vgl. in diesem Sinne Urteil Mangold, Randnr. 77).

[52] Was zweitens die Frage der Verpflichtung des nationalen Gerichts angeht, in einem Rechtsstreit zwischen Privaten den Gerichtshof um Vorabentscheidung über die Auslegung des Unionsrechts zu ersuchen, bevor es eine nationale Vorschrift, die es für unionsrechtswidrig hält, unangewendet lassen kann, so ergibt sich aus der Vorlageentscheidung, dass dieser Aspekt der Frage darin begründet liegt, dass das vorlegende Gericht nach nationalem Recht eine geltende Bestimmung dieses Rechts nur dann unangewendet lassen darf, wenn diese Bestimmung zuvor vom Bundesverfassungsgericht für verfassungswidrig erklärt wurde.

[53] Die Notwendigkeit, die volle Wirksamkeit des Verbots der Diskriminierung wegen des Alters in seiner Konkretisierung durch die Richtlinie 2000/78 zu gewährleisten, bedeutet, dass das nationale Gericht eine in den Anwendungsbereich des Unionsrechts fallende nationale Bestimmung, die es für mit diesem Verbot unvereinbar hält und die einer unionsrechtskonformen Auslegung nicht zugänglich ist, unangewendet lassen muss, ohne dass es verpflichtet oder gehindert wäre, zuvor den Gerichtshof um Vorabentscheidung zu ersuchen.

[54] Die dem nationalen Gericht mit Art. 267 Abs. 2 AEUV eingeräumte Möglichkeit, den Gerichtshof im Wege der Vorabentscheidung um Auslegung zu ersuchen, bevor es die unionsrechtswidrige nationale Bestimmung unangewendet lässt, kann sich jedoch nicht deshalb in eine Verpflichtung verkehren, weil das nationale Recht es diesem Gericht nicht erlaubt, eine nationale Bestimmung, die es für verfassungswidrig hält, unangewendet zu lassen, wenn sie nicht zuvor vom Bundesverfassungsgericht für verfassungswidrig erklärt worden ist. Denn nach dem Grundsatz des Vorrangs des Unionsrechts, der auch dem Verbot der Diskriminierung wegen des Alters zukommt, ist eine unionsrechtswidrige nationale Regelung, die in den Anwendungsbereich des Unions-

rechts fällt, unangewendet zu lassen (vgl. in diesem Sinne Urteil Mangold, Randnr. 77).

[55] Daraus folgt, dass das nationale Gericht in einem Rechtsstreit zwischen Privaten nicht verpflichtet, aber berechtigt ist, den Gerichtshof um eine Vorabentscheidung über die Auslegung des Verbots der Diskriminierung wegen des Alters in seiner Konkretisierung durch die Richtlinie 2000/78 zu ersuchen, bevor es eine Bestimmung des nationalen Rechts, die es für mit diesem Verbot unvereinbar hält, unangewendet lässt. Der fakultative Charakter dieser Anrufung des Gerichtshofs ist unabhängig davon, unter welchen Bedingungen das nationale Gericht nach innerstaatlichem Recht eine nationale Bestimmung, die es für verfassungswidrig hält, unangewendet lassen kann.

[56] Nach alledem ist auf die zweite Frage zu antworten, dass es dem nationalen Gericht obliegt, in einem Rechtsstreit zwischen Privaten die Beachtung des Verbots der Diskriminierung wegen des Alters in seiner Konkretisierung durch die Richtlinie 2000/78 zu gewährleisten, indem es erforderlichenfalls entgegenstehende Vorschriften des innerstaatlichen Rechts unangewendet lässt, unabhängig davon, ob es von seiner Befugnis Gebrauch macht, in den Fällen des Art. 267 Abs. 2 AEUV den Gerichtshof um eine Vorabentscheidung über die Auslegung dieses Verbots zu ersuchen.

b) Form der Umsetzung in innerstaatliches Recht

Rs. C-361/88 (Kommission ./. Bundesrepublik Deutschland; „TA-Luft“), 35
Urteil des Gerichtshofs vom 30.05.1991.

Vorbemerkungen: *Die Umsetzung von Richtlinien in nationales Recht muss nicht unbedingt durch förmliches Gesetz erfolgen. Die Richtlinie muss aber hinreichend klar und detailliert umgesetzt werden, damit der Einzelne gegebenenfalls hierdurch begründete Rechte erkennen und geltend machen kann. Ein allgemeiner rechtlicher Rahmen kann genügen, wenn durch ihn die Gewährleistung möglicher, sich aus der Richtlinie ergebender Rechte sichergestellt ist, was insbesondere für die Möglichkeit der Kenntniserlangung vom Richtlinieninhalt und die Geltendmachung dieser Rechte gilt. Die Umsetzung durch Verwaltungsvorschriften entsprechend der TA-Luft genügt diesen Anforderungen daher nicht – auch wenn diese Verwaltungsvorschriften nicht nur norminterpretierend, sondern normkonkretisierend sind. Als unionsrechtskonfor-*

mes Ergebnis ist eine bestimmte, klare und durchschaubare Rechtslage durch Umsetzung in eine eindeutig verbindliche Norm erforderlich. Es bedarf damit einer Rechtsnorm im materiellen Sinn, also ggf. einer Verordnung i. S. d. Art. 80 Abs. 1 GG.

Sachverhalt: Zur Festlegung der Grenzwerte von verschiedenen Schadstoffen in der Luft erließ die (damalige) EG in den Jahren 1980 und 1982 mehrere Richtlinien. Nach Ablauf der Umsetzungsfristen hatte die Bundesrepublik Deutschland keine speziellen Maßnahmen zur Umsetzung erlassen. Sie vertrat den Standpunkt, dass das bereits bestehende BImSchG und die Durchführungsvorschrift TA-Luft das von den Richtlinien festgesetzte Schutzniveau gewährleiste. Die Kommission sah darin keine ausreichende Umsetzung und leitete ein Vertragsverletzungsverfahren ein. Der Gerichtshof stellte eine Vertragsverletzung fest.

Aus den Entscheidungsgründen:

[15] Nach der Rechtsprechung des Gerichtshofs (...) verlangt die Umsetzung einer Richtlinie in innerstaatliches Recht nicht notwendigerweise, daß ihre Bestimmungen förmlich und wörtlich in einer ausdrücklichen besonderen Gesetzesvorschrift wiedergegeben werden; je nach dem Inhalt der Richtlinie kann ein allgemeiner rechtlicher Rahmen genügen, wenn er tatsächlich die vollständige Anwendung der Richtlinie in so klarer und bestimmter Weise gewährleistet, daß – soweit die Richtlinie Ansprüche des einzelnen begründen soll – die Begünstigten in der Lage sind, von allen ihren Rechten Kenntnis zu erlangen und diese gegebenenfalls vor den nationalen Gerichten geltend zu machen.

(...)

[20] Zweitens wird dem Bestreben, es dem einzelnen zu ermöglichen, seine Rechte geltend zu machen, aber auch im eigentlichen Anwendungsbereich der Verwaltungsvorschrift, das heißt bei den genehmigungsbedürftigen Anlagen, nicht Genüge getan. Die Bundesrepublik Deutschland und die Kommission streiten nämlich darüber, inwieweit in der deutschen Lehre und Rechtsprechung technischen Verwaltungsvorschriften zwingender Charakter zuerkannt wird. Die Kommission hat auf Rechtsprechung hingewiesen, in der ein solcher Charakter insbesondere im Bereich des Steuerrechts verneint wird; die Bundesrepublik Deutschland hat ihrerseits Rechtsprechung angeführt, in der ein solcher Charakter im Bereich der Kernenergie anerkannt wird. Es ist festzustellen, daß die Bundesrepublik Deutschland im konkreten Fall der TA Luft keine nationale Gerichtsentscheidung angeführt hat, mit

der dieser Verwaltungsvorschrift über ihre Verbindlichkeit für die Verwaltung hinaus unmittelbare Wirkung gegenüber Dritten zuerkannt würde. Es läßt sich also nicht sagen, daß der einzelne Gewissheit über den Umfang seiner Rechte haben kann, um sie gegebenenfalls vor den nationalen Gerichten geltend machen zu können, noch auch daß diejenigen, deren Tätigkeiten geeignet sind, Immissionen zu verursachen, über den Umfang ihrer Verpflichtungen hinreichend unterrichtet sind.

[21] Somit ist nicht nachgewiesen, daß die Durchführung des Artikels 2 Absatz 1 der Richtlinie mit unbestreitbarer Verbindlichkeit und mit der Konkretheit, Bestimmtheit und Klarheit erfolgt ist, die nach der Rechtsprechung des Gerichtshofs notwendig sind, um dem Erfordernis der Rechtssicherheit zu genügen.

Rs. C-144/99 (Kommission ./. Niederlande), 36
Urteil des Gerichtshofs vom 10.01.2001.

Vorbemerkungen: *Vorliegend musste der Gerichtshof entscheiden, ob auch ein allgemeines Gebot zur richtlinienkonformen Auslegung des nationalen Rechts eine Umsetzung einer Richtlinie im Sinne des Art. 288 Abs. 3 AEUV darstellen kann. Dies lehnte er mit Verweis auf die fehlende Klarheit und Bestimmtheit der Rechtsprechung der nationalen Gerichte ab. Der Gerichtshof sah die Verpflichtungen aus Art. 288 Abs. 3 AEUV nur als erfüllt an, soweit es sich um ausdrückliche gesetzliche Regelungen bzw. einen allgemeinen rechtlichen Rahmen handelt. Auch eine schlichte Verwaltungspraxis kann daher nicht als ausreichende Umsetzung einer Richtlinie angesehen werden (vgl. Rs. C-358/98, Kommission ./. Italien). Diese könne nämlich beliebig geändert werden und unterliege zudem keiner öffentlichen Bekanntgabepflicht. Die Grundsätze der Rechtssicherheit und Rechtsklarheit könnten auf diese Weise nicht gewahrt werden. Richtlinien sind nicht nur dann in nationales Recht in diesem Sinne umzusetzen, wenn sie für die Mitgliedstaaten Relevanz haben, sondern auch, wenn ihnen im Einzelfall in einem Mitgliedstaat keine solche Relevanz zukommen sollte. Daher musste auch Irland (vgl. Rs. C-372/00, Kommission ./. Irland) die Richtlinie 96/48 EG über Hochgeschwindigkeitsbahnsysteme umsetzen, obwohl es über kein Hochgeschwindigkeitsbahnsystem verfügte.*
***B:** R. Streinz, JuS 2001, 1113 f.*

Sachverhalt: Die Richtlinie 93/13/EWG über missbräuchliche Klauseln in Verbraucherverträgen wurde im Königreich der Niederlande nicht umgesetzt, weil die niederländische Regierung der Auffassung war, dass die bestehenden nationalen Regelungen zum Verbraucherschutz die Ziele der Richtlinie bereits erreichen und daher eine Umsetzung der Richtlinie 93/13/EWG entbehrlich sei. Die Kommission sah in der fehlenden Umsetzung der Richtlinie gleichwohl einen Verstoß gegen Art. 249 Abs. 3 EG (Art. 288 Abs. 3 AEUV). Sie hielt es für notwendig, eine Richtlinie, wenn sie für Verbraucher Ansprüche gewährt, klar und eindeutig umzusetzen. Die Kommission leitete nach Durchführung eines erfolglosen Vorverfahrens ein Vertragsverletzungsverfahren gegen die Niederlande wegen fehlerhafter Umsetzung der Richtlinie 93/13/EWG ein.

Aus den Entscheidungsgründen:

[13] In ihrer Klage macht die Kommission geltend, die Umsetzung der Richtlinie in die niederländische Rechtsordnung sei hinsichtlich der Form und der verwendeten Mittel unzureichend und vom Ergebnis her unvollständig.

[14] Nach Auffassung der Kommission ist eine Umsetzung, die sich ausschließlich auf bereits in der Rechtsordnung eines Mitgliedstaats vorhandene, mit der umzusetzenden Richtlinie konforme Bestimmungen stützt, nur in sehr engen Grenzen zulässig. Wenn die Richtlinie, wie im vorliegenden Fall, den Zweck verfolge, die Verbraucher durch die Gewährung genau umschriebener Ansprüche zu schützen, müsse die Umsetzung in klarer und eindeutiger Form erfolgen. Dies sei bei den von der niederländischen Regierung angeführten Bestimmungen des BW nicht der Fall.

[15] Außerdem werde das mit den Artikeln 4 Absatz 2 und 5 der Richtlinie angestrebte Ergebnis durch diese Bestimmungen nicht eindeutig sichergestellt.

[16] Die niederländische Regierung tritt dieser Argumentation entgegen und macht geltend, Artikel 189 Absatz 3 EG-Vertrag lasse den Mitgliedstaaten volle Freiheit bei der Wahl der Form und der Mittel, die zur Umsetzung einer Richtlinie erforderlich seien. Sie ist der Ansicht, eine ausdrückliche Umsetzung sei entbehrlich, wenn die mit der Richtlinie verfolgten Ziele im nationalen Recht bereits erreicht seien, wobei sie sich insbesondere auf das Urteil vom 23. Mai 1985 in der Rechtssache 29/84 (Kommission/Deutschland, Slg. 1985, 1661, Randnr. 23) beruft.

[17] Nach ständiger Rechtsprechung verlangt die Umsetzung einer Richtlinie zwar nicht notwendig in jedem Mitgliedstaat ein Tätigwerden des Gesetzgebers, es ist jedoch unerlässlich, dass das fragliche nationale Recht tatsächlich die vollständige Anwendung der Richtlinie durch die

nationalen Behörden gewährleistet, dass die sich aus diesem Recht ergebende Rechtslage hinreichend bestimmt und klar ist und dass die Begünstigten in die Lage versetzt werden, von allen ihren Rechten Kenntnis zu erlangen und diese gegebenenfalls vor den nationalen Gerichten geltend zu machen (Urteil vom 23. März 1995 in der Rechtssache C-365/93, Kommission/Griechenland, Slg. 1995, I-499, Randnr. 9).

[18] Wie der Gerichtshof hervorgehoben hat, ist diese letzte Voraussetzung besonders wichtig, wenn die Richtlinie darauf abzielt, den Angehörigen anderer Mitgliedstaaten Ansprüche zu verleihen (Urteil Kommission/Griechenland, Randnr. 9). Gerade das ist hier jedoch der Fall, denn die Richtlinie bezweckt nach ihrer sechsten Begründungserwägung u. a., den Bürger in seiner Rolle als Verbraucher beim Kauf von Waren und Dienstleistungen mittels Verträgen zu schützen, für die die Rechtsvorschriften anderer Mitgliedstaaten gelten".

[19] Aus den vom Generalanwalt in den Nummern 25 und 26 seiner Schlussanträge genannten Gründen ergibt sich, dass das Königreich der Niederlande nicht darlegen konnte, dass seine Rechtsordnung Vorschriften enthält, die den Artikeln 4 Absatz 2 und 5 der Richtlinie entsprechen.

[20] Soweit die niederländische Regierung vorträgt, die mit der Richtlinie verfolgten Ziele könnten durch eine systematische Auslegung der niederländischen Vorschriften erreicht werden, genügt die Feststellung, dass die mit der Richtlinie angestrebten Ergebnisse aus den vom Generalanwalt in den Nummern 26 bis 31 seiner Schlussanträge dargestellten Gründen beim gegenwärtigen Stand des niederländischen Rechts nicht erreicht werden können.

[21] Zu dem Vorbringen der niederländischen Regierung, der Grundsatz der richtlinienkonformen Auslegung der niederländischen Regelung, der vom Hoge Raad der Nederlanden bestätigt worden sei, erlaube es jedenfalls, Unterschiede zwischen den Bestimmungen des niederländischen Rechts und denen der Richtlinie zu beheben, genügt der Hinweis, dass – wie der Generalanwalt in Nummer 36 seiner Schlussanträge ausgeführt hat – eine etwa bestehende nationale Rechtsprechung, die innerstaatliche Rechtsvorschriften in einem Sinn auslegt, der als den Anforderungen einer Richtlinie entsprechend angesehen wird, nicht die Klarheit und Bestimmtheit aufweisen kann, die notwendig sind, um dem Erfordernis der Rechtssicherheit zu genügen. Dies gilt ganz besonders im Bereich des Verbraucherschutzes.

[22] Daher ist festzustellen, dass das Königreich der Niederlande dadurch gegen seine Verpflichtungen aus der Richtlinie verstoßen hat,

dass es nicht die für eine vollständige Umsetzung der Artikel 4 Absatz 2 und 5 der Richtlinie in das niederländische Recht erforderlichen Rechts- und Verwaltungsvorschriften erlassen hat.

c) Unmittelbare Wirkung

aa) Vertikale (begünstigende) Richtlinienwirkung

37 **Rs. 8/81 (Becker),**
Urteil des Gerichtshofs vom 19.01.1982.

Vorbemerkungen: *Die Entscheidung illustriert die Bedingungen und Folgen der unmittelbaren Richtlinienwirkung. Die Richtlinie muss inhaltlich unbedingt und hinreichend bestimmt sein, um im Einzelfall angewendet zu werden. Dies ist der Fall, soweit aus der Richtlinie unmittelbar, auch durch Auslegung, der begünstigte Personenkreis und der Inhalt des Rechts zu bestimmen sind und den Mitgliedstaaten in dieser Hinsicht kein Umsetzungsspielraum zusteht („Wer will was von wem woraus?“).*

Sachverhalt: Am 17.05.1977 erließ der Rat die Richtlinie 77/388 zur Harmonisierung der Rechtsvorschriften der Mitgliedstaaten hinsichtlich der Umsatzsteuer. Die Bundesregierung setzte diese Richtlinie mit einem Jahr Verspätung mit Wirkung zum 01.01.1980 um. Die Klägerin des Ausgangsverfahrens, eine Kreditvermittlungsfirma, beantragte unter Hinweis auf eine entsprechende Vorschrift in der Richtlinie bereits für das Jahr 1979 eine Steuerbefreiung. Im Laufe des sich anschließenden Rechtsstreits vor dem Finanzgericht wurde das Verfahren ausgesetzt und dem EuGH u. a. die Frage vorgelegt, ob die Richtlinie bereits am 01.01.1979 unmittelbar geltendes Recht in der Bundesrepublik darstellte, was der EuGH bejahte.

Aus den Entscheidungsgründen:

[21] Aus der ständigen Rechtsprechung des Gerichtshofs – zuletzt in dem Urteil vom 5. April 1979 (Rechtssache 148/78, Ratti, Slg. S. 1629) – ergibt sich, daß zwar nach Artikel 189 Verordnungen unmittelbar gelten und infolgedessen schon wegen ihrer Rechtsnatur unmittelbare Wirkungen erzeugen können, daß hieraus indessen nicht folgt, daß andere in diesem Artikel genannte Kategorien von Rechtsakten niemals ähnliche Wirkungen erzeugen könnten.

[22] Mit der in den Richtlinien durch Artikel 189 zuerkannten verbindlichen Wirkung wäre es folglich unvereinbar, grundsätzlich auszuschließen, daß sich betroffene Personen auf die durch die Richtlinie auferlegte Verpflichtung berufen können.

[23] Insbesondere in den Fällen, in denen etwa die Gemeinschaftsbehörden die Mitgliedstaaten durch Richtlinien zu einem bestimmten Verhalten verpflichten, würde die praktische Wirksamkeit einer solchen Maßnahme abgeschwächt, wenn die einzelnen sich vor Gericht hierauf nicht berufen und die staatlichen Gerichte sie nicht als Bestandteil des Gemeinschaftsrechts berücksichtigen könnten.

[24] Daher kann ein Mitgliedstaat, der die in der Richtlinie vorgeschriebenen Durchführungsmaßnahmen nicht fristgemäß erlassen hat, den einzelnen nicht entgegenhalten, daß er die aus dieser Richtlinie erwachsenen Verpflichtungen nicht erfüllt hat.

[25] Demnach können sich die einzelnen in Ermangelung von fristgemäß erlassenen Durchführungsmaßnahmen auf Bestimmungen einer Richtlinie, die inhaltlich als unbedingt und hinreichend genau erscheinen, gegenüber allen innerstaatlichen, nicht richtlinienkonformen Vorschriften berufen; einzelne können sich auf diese Bestimmungen auch berufen, soweit diese Rechte festlegen, die dem Staat gegenüber geltend gemacht werden können.

bb) Umgekehrt vertikale (belastende) Richtlinienwirkung

Rs. 80/86 (Kolpinghuis Nijmegen), 38
Urteil des Gerichtshofs vom 08.10.1987.

Vorbemerkungen: *Der EuGH lehnt die sog. umgekehrte vertikale unmittelbare Wirkung von Richtlinien ab. Eine vom Staat nicht umgesetzte Richtlinienbestimmung kann nur zugunsten, aber nicht zulasten des Einzelnen wirken. In einem Strafverfahren oder im Rahmen sonstiger belastender staatlicher Maßnahmen kann daher keine Richtlinie zugrunde gelegt werden, die in dem fraglichen Mitgliedstaat noch nicht in innerstaatliches Recht umgesetzt wurde. Eine unmittelbare Richtlinienwirkung zulasten des Bürgers wäre mit der Sanktionsfunktion des Rechtsprechungsinstruments der unmittelbaren Wirkung gegenüber einem bei der Umsetzung säumigen Mitgliedstaat nicht vereinbar. Im Übrigen könnte sich der betreffende Staat die fraglichen Eingriffsbefugnisse gegenüber seinen Bürgern jederzeit durch die Umsetzung der Richtlinie verschaffen.* ***L:*** *Rn. 376.*

Sachverhalt: Gegen die Firma Kolpinghuis Nijmegen wurde ein Strafverfahren eingeleitet, weil sie ein aus Leitungswasser und Kohlensäure bestehendes Getränk als Mineralwasser vertrieben hatte. Die Staatsanwaltschaft stützte ihr Vorgehen auf eine zum Zeitpunkt des Erstverkaufs noch nicht umgesetzte Richtlinie, wonach die Mitgliedstaaten dafür zu sorgen haben, dass nur natürliches Mineralwasser in den Handel gelangen kann. Der Gerichtshof entschied im Rahmen eines Vorabentscheidungsverfahrens und verneinte die Befugnis einer innerstaatlichen Behörde, sich zulasten eines Einzelnen auf eine nicht umgesetzte Richtlinie zu berufen.

Aus den Entscheidungsgründen:

[7] Hierzu ist daran zu erinnern, daß sich die einzelnen nach ständiger Rechtsprechung des Gerichtshofs (insbesondere Urteil vom 19. Januar 1982 in der Rechtssache 8/81, Becker, Slg. 1982, 53) in all den Fällen, in denen Bestimmungen eine Richtlinie inhaltlich als unbedingt und hinreichend genau erscheinen, gegenüber dem Staat auf diese Bestimmungen berufen können, wenn dieser die Richtlinie nicht fristgemäß oder nur unzulänglich in innerstaatliches Recht umsetzt.

[8] Diese Rechtsprechung beruht auf der Erwägung, daß es mit der den Richtlinien durch Artikel 189 zuerkannten Verbindlichkeit unvereinbar wäre, grundsätzlich auszuschließen, dass sich betroffene Personen auf die durch die Richtlinie auferlegte Verpflichtung berufen können. Der Gerichtshof hat hieraus gefolgert, daß ein Mitgliedstaat, der die in der Richtlinie vorgeschriebenen Durchführungsmaßnahmen nicht fristgemäß erlassen hat, den einzelnen nicht entgegenhalten kann, daß er seine Verpflichtungen aus dieser Richtlinie nicht erfüllt hat.

[9] In seinem Urteil vom 26. Februar 1986 in der Rechtssache 152/84 (Marshall, Slg. 1986, 723) hat der Gerichtshof jedoch betont, daß nach Artikel 189 EWG-Vertrag der verbindliche Charakter einer Richtlinie, auf dem die Möglichkeit beruht, sich vor einem nationalen Gericht auf die Richtlinie zu berufen, nur für „jeden Mitgliedstaat, an den sie gerichtet wird“, besteht. Daraus folgt, daß eine Richtlinie nicht selbst Verpflichtungen für einen einzelnen begründen kann und daß eine Richtlinienbestimmung daher als solche vor einem innerstaatlichen Gericht nicht gegenüber einer derartigen Person in Anspruch genommen werden kann.

[10] Auf die ersten beiden Fragen ist demgemäß zu antworten, daß eine innerstaatliche Behörde sich nicht zu Lasten eines einzelnen auf eine Bestimmung einer Richtlinie berufen kann, deren erforderliche Umsetzung in innerstaatliches Recht noch nicht erfolgt ist.

Rs. C-316/22 (Gabel Industria Tessile SpA u. a.), Urteil des Gerichtshofs vom 11.04.2024. 39

Vorbemerkungen: *Der EuGH bestätigt in diesem Urteil seine Rechtsprechung zur umgekehrt belastenden Richtlinienwirkung – er lehnt eine solche also weiterhin ab –, stellte aber klar, dass es den Mitgliedstaaten freisteht, eine solche Wirkung nicht umgesetzter Richtlinien gleichwohl durch nationales Recht vorzuschreiben. Die belastende Wirkung folge dann nämlich nicht aus der nicht-umgesetzten Richtlinie, sondern aus dem nationalen Recht selbst. Der Sache nach liegt in einer solchen nationalen Bestimmung damit eine besondere Form der überschießenden nationalen Richtlinienumsetzung. Darüber hinaus stellte der EuGH klar, dass der Endverbraucher die Möglichkeit haben muss, eine wegen eines Verstoßes gegen eine nicht umgesetzte Richtlinie rechtsgrundlos entrichtete indirekte Steuer direkt vom jeweiligen Mitgliedstaat zurückfordern zu können, sofern er andernfalls wegen der fehlenden unmittelbaren Wirkung im Horizontalverhältnis gegen seinen privaten Vertragspartner nicht wirksam gerichtlich vorgehen kann (Rn. 28 ff.).* ***B:*** *M. Ruffert, JuS 2024, 1089 ff.* ***L:*** *Rn. 377.*

Sachverhalt: Gabel Industria Tessile und Canavesi waren zwei Gesellschaften italienischen Rechts, die jeweils mit A2A Energia bzw. mit Energit einen Vertrag über die Lieferung elektrischen Stroms an ihren Produktionsstandort geschlossen hatten. Für die Jahre 2010 und 2011 zahlten Gabel Industria Tessile und Canavesi die gemäß diesen Verträgen geschuldeten Beträge einschließlich eines Zuschlags, der bis zu dessen Aufhebung am 1. April 2012 in Art. 6 des Gesetzesdekrets Nr. 511/1988 vorgesehen war und auf die Verbrauchsteuer auf elektrischen Strom aufgeschlagen wurde. Im Jahr 2020 verklagten sie ihre Lieferer beim Tribunale di Como um im Rahmen zweier von diesem Gericht verbundener Zivilverfahren die Erstattung der als Zuschlag gezahlten Beträge wegen Unionsrechtswidrigkeit der innerstaatlichen Rechtsvorschriften, mit denen diese Steuer eingeführt worden war, zu erreichen. Dieses Gericht stellte fest, dass die Corte suprema di cassazione im Anschluss an das Urteil vom 25. Juli 2018, Messer France (C-103/17), entschieden hatte, dass der später abgeschaffte, in Art. 6 des Gesetzesdekrets Nr. 511/1988 vorgesehene Zuschlag zur Verbrauchsteuer auf elektrischen Strom keinen besonderen Zweck habe und daher gegen Art. 1 Abs. 2 der Richtlinie 2008/118 verstoße. Das gesetzesvertretende Dekret Nr. 48 zur Umsetzung der Richtlinie 2008/118/EG über das allgemeine Verbrauchsteuersystem und zur Aufhebung der Richtlinie 92/12/EWG) vom 29. März 2010 (GURI Nr. 75 vom 31. März 2010) hatte Art. 6 des Gesetzesdekrets Nr. 511/1988 dabei unberührt gelassen. Die beiden anhängigen Rechtsstreitigkeiten waren Teil einer Reihe von Streitigkeiten über den Umgang mit den Beträgen, die in der Zeit zwischen der den Mitgliedstaaten eingeräumten Frist zur Umsetzung der Richtlinie 2008/118 und der Abschaffung des Zuschlags zur Verbrauchsteuer auf elektrischen Strom durch den italienischen Gesetzgeber rechtsgrundlos gezahlt worden waren. Zu klären war, ob bzw. inwieweit sich die Kläger gegenüber einem Privaten auf die Unionsrechtswidrigkeit des Zuschlags berufen konnten. Das wäre danach nur möglich, soweit dies explizit im nationalen Recht so vorgesehen war.

Aus den Entscheidungsgründen:

[22] Gemäß Art. 288 Abs. 3 AEUV besteht die Verbindlichkeit einer Richtlinie, aufgrund deren eine Berufung auf sie möglich ist, nur in Bezug auf „jeden Mitgliedstaat, an den sie gerichtet wird". Nach ständiger Rechtsprechung kann eine Richtlinie folglich nicht selbst Verpflichtungen für einen Einzelnen begründen, so dass diesem gegenüber eine Berufung auf die Richtlinie als solche vor nationalen Gerichten nicht möglich ist (Urteil vom 22. Dezember 2022, Sambre & Biesme und Commune de Farciennes, C-383/21 und C-384/21, EU:C:2022:1022, Rn. 36 und die dort angeführte Rechtsprechung).

[23] Allerdings ist erstens darauf hinzuweisen, dass das Unionsrecht es einem Mitgliedstaat nicht verwehrt, seine Zuständigkeit hinsichtlich der Form und der Mittel zur Erreichung der in dieser Richtlinie festgelegten Ziele auszuüben, indem er in seinen nationalen Rechtsvorschriften vorsieht, dass nach Ablauf der Umsetzungsfrist die klaren, genauen und unbedingten Bestimmungen einer nicht oder nicht ordnungsgemäß umgesetzten Richtlinie in seine innerstaatliche Rechtsordnung aufgenommen werden und dass sich folglich ein Einzelner gegenüber einem anderen Einzelnen auf diese Bestimmungen berufen kann. In einem solchen Fall wird die dem Einzelnen damit auferlegte Verpflichtung nämlich nicht auf der Grundlage des Unionsrechts, sondern auf der Grundlage des nationalen Rechts auferlegt und stellt daher keine zusätzliche Verpflichtung im Verhältnis zu den im nationalen Recht vorgesehenen Verpflichtungen dar (vgl. in diesem Sinne Urteil vom 18. Januar 2022, Thelen Technopark Berlin, C-261/20, EU:C:2022:33, Rn. 32 und die dort angeführte Rechtsprechung).

[24] Folglich kann zwar eine Richtlinie nach dem Unionsrecht nicht selbst Verpflichtungen für einen Einzelnen begründen und daher ihm gegenüber als solche vor einem nationalen Gericht nicht geltend gemacht werden, doch kann ein Mitgliedstaat den nationalen Gerichten die Befugnis verleihen, die Anwendung jeder Bestimmung des nationalen Rechts, die gegen eine Bestimmung des Unionsrechts ohne unmit-

telbare Wirkung verstößt, aufgrund seines innerstaatlichen Rechts ausschließen (vgl. in diesem Sinne Urteil vom 18. Januar 2022, Thelen Technopark Berlin, C-261/20, EU:C:2022:33, Rn. 33).

[25] Daher kann ein nationales Gericht es einem Einzelnen ungeachtet des Fehlens einer horizontalen Wirkung einer Richtlinie ermöglichen, sich auf die Rechtswidrigkeit einer Steuer zu berufen, die ein Verkäufer gemäß einer ihm nach den nationalen Rechtsvorschriften eingeräumten Befugnis zu Unrecht auf ihn abgewälzt hat, um die letztlich von ihm zu tragende zusätzliche wirtschaftliche Belastung zu neutralisieren, wenn eine solche Möglichkeit im nationalen Recht vorgesehen ist; es ist Sache des vorlegenden Gerichts, dies in den Ausgangsverfahren festzustellen.

cc) Drittbelastende Richtlinienwirkung (Dreiecksverhältnis)

Rs. C-201/02 (Wells), 40
Urteil des Gerichtshofs vom 07.01.2004.

Vorbemerkungen: *Der EuGH beschäftigte sich in dieser Rechtssache mit der Frage, ob eine unmittelbare Richtlinienwirkung auch zuungunsten Privater möglich ist, wenn sich ein Einzelner gegenüber dem Staat zu seinen Gunsten auf die Einhaltung einer Richtlinie beruft (Drittbelastung – Dreiecksverhältnis). Im Grundsatz bleibt der Gerichtshof auch in dieser Entscheidung bei seiner ständigen Rechtsprechung, wonach eine belastende unmittelbare Wirkung von Richtlinien für Privatpersonen aufgrund des Grundsatzes der Rechtssicherheit ausgeschlossen ist. Dies gilt in Konstellationen zwischen Privaten (horizontale Richtlinienwirkung), aber auch in der Konstellation zwischen Privaten und dem Staat (umgekehrte vertikale Richtlinienwirkung). Die vorliegende Konstellation war jedoch insoweit neu, als der Staat zur Umsetzung der Begünstigung eines Privaten aus der betreffenden Richtlinie verpflichtet gewesen wäre, eine andere Privatperson zu belasten. Im Ergebnis kam der Gerichtshof daher zu einer unmittelbaren Richtlinienwirkung zuungunsten Dritter, stellte dabei aber darauf ab, ob die Verpflichtung des Staates in unmittelbarem Zusammenhang mit der Verpflichtung eines Privaten steht oder ob die Entscheidung der staatlichen Behörden „bloß negative Auswirkungen“ auf Rechte Dritter hat. Im letztgenannten Fall ist eine unmittelbare Wirkung der Richtlinie dem Gerichtshof zufolge zulässig. Daher kann sich eine Privatperson in derartigen Fällen unmittelbar auf die aus der Richtlinie fließenden Rechte auch zulasten eines Dritten berufen. Die nähere Eingrenzung der wohl* *im Sinne eines Rechtsreflexes zu verstehenden „bloß negativen Auswirkungen“ und ihre Abgrenzung zu echten Eingriffen bleibt abzuwarten (vgl. zu den Drittwirkungsproblemen und der hierauf bezogenen Bedeutung der richtlinienkonformen Auslegung auch Rs. Pfeiffer, Fall 43).* ***L:*** *Rn. 381, 674.*

Sachverhalt: Die Eigentümerin eines Steinbruchs in Großbritannien beantragte nach langer Stilllegung der Mine eine neue Bergbaugenehmigung. Diese wurde ihr nach Erfüllung unterschiedlichster Auflagen erteilt. Dabei wurde jedoch nicht berücksichtigt, dass die Richtlinie 85/337/EWG für öffentliche und private Vorhaben mit möglicherweise erheblichen Auswirkungen auf die Umwelt, eine Umweltverträglichkeitsprüfung vorsieht. Das nationale Recht in Großbritannien sah für die Wiederaufnahme einer Bergbaugenehmigung eine solche Umweltverträglichkeitsprüfung nicht vor. Frau Wells als Nachbarin des betreffenden Steinbruchs rügte die fehlende UVP beim zuständigen Ministerium. Da im Anschluss aber keine Maßnahmen ergriffen wurden, reichte sie Klage vor dem High Court of Justice ein. Dieser kam zu dem Ergebnis, dass es sich um eine gemeinschaftsrechtliche Frage handelt, setzte den Rechtsstreit aus und legte dem EuGH u. a. folgende Fragen vor: „4. Kann i) ein Bürger dagegen vorgehen, dass der Staat eine Umweltverträglichkeitsprüfung nicht vorgeschrieben hat, oder ii) kann er dies auf Grund der Beschränkungen nicht, denen der Gerichtshof die Lehre von der unmittelbaren Wirkung unterworfen hat, zum Beispiel aus dem Gesichtspunkt der horizontalen unmittelbaren Wirkung oder dem der Privatpersonen durch eine staatliche Einrichtung auferlegten Belastungen oder Verpflichtungen? 5. Wenn die vierte Frage unter ii) zu bejahen ist: Wie weit reichen solche Verbote der unmittelbaren Wirkung unter den vorliegenden Umständen, und welche Maßnahmen darf das Vereinigte Königreich Großbritannien und Nordirland im Einklang mit der Richtlinie 85/337/EWG ergreifen?“

Aus den Entscheidungsgründen:

[54] Mit der vierten und der fünften Frage, die gemeinsam zu prüfen sind, möchte das vorlegende Gericht wissen, ob sich der Einzelne gegebenenfalls unter Umständen wie denen des Ausgangsverfahrens auf Artikel 2 Absatz 1 in Verbindung mit den Artikeln 1 Absatz 2 und 4 Absatz 2 der Richtlinie 85/337 berufen kann oder ob der Grundsatz der Rechtssicherheit einer solchen Auslegung entgegensteht. Zur „unmittelbaren Wirkung“ von Artikel 2 Absatz 1 in Verbindung mit den Artikeln 1 Absatz 2 und 4 Absatz 2 der Richtlinie 85/337.

[55] Nach Ansicht der Regierung des Vereinigten Königreichs würde es einen Fall des „inverse direct effect“ (umgekehrte unmittel-

bare Wirkung), in dem der betreffende Mitgliedstaat auf Antrag eines Einzelnen wie Frau Wells unmittelbar verpflichtet wäre, einem anderen Einzelnen wie den Eigentümern des Steinbruchs Conygar Quarry ihre Rechte zu entziehen, darstellen, wenn dem Einzelnen das Recht zuerkannt würde, sich auf Artikel 2 Absatz 1 in Verbindung mit den Artikeln 1 Absatz 2 und 4 Absatz 2 der Richtlinie 85/337 zu berufen.

[56] Hierzu ist festzustellen, dass der Grundsatz der Rechtssicherheit der Begründung von Verpflichtungen für den Einzelnen durch Richtlinien entgegensteht. Gegenüber dem Einzelnen können die Bestimmungen einer Richtlinie nur Rechte begründen (Urteil vom 26. Februar 1986 in der Rechtssache 152/84, Marshall, Slg. 1986, 723, Randnr. 48). Daher kann dieser sich nicht gegenüber einem Mitgliedstaat auf eine Richtlinie berufen, wenn es sich um eine Verpflichtung des Staates handelt, die unmittelbar im Zusammenhang mit der Erfüllung einer anderen Verpflichtung steht, die aufgrund dieser Richtlinie einem Dritten obliegt (vgl. in diesem Sinne Urteile vom 22. Februar 1990 in der Rechtssache C-221/88, Busseni, Slg. 1990, I-495, Randnrn. 23 bis 26, und vom 4. Dezember 1997 in der Rechtssache C-97/96, Verband deutscher Daihatsu-Händler, Slg. 1997, I-6843, Randnrn. 24 und 26).

[57] Dagegen rechtfertigen bloße negative Auswirkungen auf die Rechte Dritter, selbst wenn sie gewiss sind, es nicht, dem Einzelnen das Recht auf Berufung auf die Bestimmungen einer Richtlinie gegenüber dem betreffenden Mitgliedstaat zu versagen (vgl. in diesem Sinne u. a. Urteile vom 22. Juni 1989 in der Rechtssache 103/88, Fratelli Costanzo, Slg. 1989, I-1839, Randnrn. 28 bis 33, WWF u. a., Randnrn. 69 und 71, vom 30. April 1996 in der Rechtssache C-1994/94, CIA Security International, Slg. 1996, I-2201, Randnrn. 40 bis 45, vom 12. November 1996 in der Rechtssache C-201/94, Smith & Nephew und Primecrown, Slg. 1996, I-5819, Randnrn. 33 bis 39, und vom 26. September 2000 in der Rechtssache C-443/98, Unilever, Slg. 2000, I-7535, Randnrn. 45 bis 52).

[58] Was das Ausgangsverfahren betrifft, so steht die Verpflichtung des betreffenden Mitgliedstaats, eine Umweltverträglichkeitsprüfung des Betriebes des Steinbruchs Conygar Quarry von den zuständigen Behörden vornehmen zu lassen, nicht in unmittelbarem Zusammenhang mit der Erfüllung einer Verpflichtung, die nach der Richtlinie 85/337 den Eigentümern dieses Steinbruchs obläge. Der Umstand, dass der Bergbaubetrieb bis zum Vorliegen der Ergebnisse dieser Prüfung eingestellt werden muss, ist zwar die Folge der verspäteten Pflichterfüllung durch diesen Staat. Diese Folge kann jedoch nicht, wie das Vereinigte

Königreich geltend macht, als „inverse direct effect" der Bestimmungen dieser Richtlinie gegenüber diesen Eigentümern angesehen werden.

41 Verb. Rs. C-152/07 bis C-154/07 (Arcor), Urteil des Gerichtshofs vom 17.07.2008.

Vorbemerkungen: *Im Anschluss an die Rechtssache Wells (Fall 40) hatte sich der Gerichtshof in dieser Entscheidung erneut mit einem Fall der sog. drittbelastenden Richtlinienwirkung im Dreiecksverhältnis zu beschäftigen. Die im nationalen Verfahren klagenden Mobilfunkunternehmen beriefen sich gegenüber dem Staat auf die unmittelbare Anwendbarkeit einer Richtlinienbestimmung, was im Ergebnis aber zu negativen Auswirkungen für einen privaten Dritten, hier die beigeladene Deutsche Telekom, führen würde, die einen bestimmten Beitrag dann nicht mehr erheben dürfte. Während eine unmittelbare Richtlinienwirkung im Verhältnis zwischen Privaten ausgeschlossen ist, kommt es in den Fällen eines solchen Dreiecksverhältnisses darauf an, ob die Verpflichtung des Staates in unmittelbarem Zusammenhang mit der Verpflichtung des Privaten steht (unzulässig) oder ob sie „bloß negative Auswirkungen" auf Rechte Dritter hat (zulässig). Maßgebend ist also die Bestimmung der „bloß negativen Auswirkungen" im Sinne der Rechtsprechung des Gerichtshofs. In der vorliegenden Entscheidung bestand der Nachteil, der der Deutschen Telekom entstand, darin, dass sie den Anschlusskostenbeitrag nicht mehr erheben konnte und infolgedessen wohl ihre eigenen Tarife erhöhen müsste. Dies stellt aber lediglich den Wegfall eines Vorteils dar, der – so der Gerichtshof – keine unmittelbare Belastung ist und keine unzulässige Verpflichtung eines Dritten aufgrund der in Rede stehenden Richtlinienbestimmung begründet. Folglich war die unmittelbare Wirkung trotz der daraus mittelbar resultierenden Nachteile für einen Privaten in diesem Fall zu bejahen.*
***L:** Rn. 381.*

Sachverhalt: Die Arcor AG & Co. KG betrieb ein öffentliches Telekommunikationsnetz, das mit dem Netz der Deutschen Telekom zusammengeschaltet war. Die Deutsche Telekom war insofern zur Erbringung bestimmter Leistungen verpflichtet, für die sie auf Grundlage einer Genehmigung durch die Bundesnetzagentur ein Entgelt erhielt. Darüber hinaus genehmigte die Bundesnetzagentur im April 2003 auf Antrag der Deutschen Telekom die Erhebung eines sog. Anschlusskostenbeitrages auf Grundlage von § 43 Abs. 6 Satz 4 TKG 1996. Gegen diese Genehmigungsentscheidung erhoben Arcor und andere Telekommunikationsunternehmen Klage, die erstinstanzlich insofern Erfolg hatte, als das VG der Ansicht war, der Anschlusskostenbeitrag sei europarechtswidrig. Hiergegen wandten sich die beklagte Bundesnetzagentur sowie die Deutsche Telekom als Beigeladene im Wege der Revision zum Bundesverwaltungsgericht, das das Verfahren aussetzte und dem EuGH u. a. die Frage vorlegte, ob sich die klagenden Unternehmen auf die Richtlinienwidrigkeit berufen können.

Aus den Entscheidungsgründen:

[34] In Anbetracht der Antwort auf die erste Frage ist die zweite Vorlagefrage zu beantworten, mit der das vorlegende Gericht im Wesentlichen wissen möchte, ob sich ein Einzelner unter Umständen wie denen der Ausgangsverfahren vor ihm auf Art. 4c der Richtlinie 90/388 und Art. 12 Abs. 7 der Richtlinie 97/33 berufen kann.

[35] Hierzu ist daran zu erinnern, dass nach ständiger Rechtsprechung eine Richtlinie selbst keine Verpflichtungen für einen Einzelnen begründen kann, sondern nur Rechte. Daher kann sich ein Einzelner nicht gegenüber einem Mitgliedstaat auf eine Richtlinie berufen, wenn es sich um eine Verpflichtung des Staates handelt, die unmittelbar im Zusammenhang mit der Erfüllung einer anderen Verpflichtung steht, die aufgrund der Richtlinie einem Dritten obliegt (vgl. Urteil vom 7. Januar 2004, Wells, C-201/02, Slg. 2004, I-723, Randnr. 56 und die dort angeführte Rechtsprechung).

[36] Dagegen rechtfertigen bloße negative Auswirkungen auf die Rechte Dritter, selbst wenn sie gewiss sind, es nicht, dem Einzelnen das Recht auf Berufung auf die Bestimmungen einer Richtlinie gegenüber dem betreffenden Mitgliedstaat zu versagen (vgl. Urteil Wells, Randnr. 57 und die dort angeführte Rechtsprechung).

[37] In den Ausgangsverfahren werden die Rechtsstreitigkeiten, mit denen das vorlegende Gericht befasst ist, wie vom Generalanwalt in Nr. 104 seiner Schlussanträge ausgeführt, von Privatpersonen gegen den betroffenen Mitgliedstaat geführt, der durch die nationale Regulierungsbehörde tätig geworden ist, die Urheber des angefochtenen Bescheids ist und die alleinige Zuständigkeit besitzt, die Tarife für den im Ausgangsverfahren streitigen Anschlusskostenbeitrag und für das Zusammenschlussentgelt, zu dem dieser Beitrag hinzukommt, festzusetzen.

[38] Sodann ist festzustellen, dass die Deutsche Telekom in den Rechtsstreitigkeiten, mit denen das vorlegende Gericht befasst ist, die Stellung eines Dritten einnimmt und negative Auswirkungen für sie nur

daraus entstehen können, dass sie den in den Ausgangsverfahren streitigen Anschlusskostenbeitrag erhoben hat und bei seinem Wegfall ihre eigenen Teilnehmertarife erhöhen müsste. Ein solcher Wegfall eines Vorteils kann aber nicht als eine Verpflichtung eines Dritten aufgrund der von den Klägerinnen der Ausgangsverfahren vor dem vorlegenden Gericht geltend gemachten Richtlinien verstanden werden.

dd) Horizontale Richtlinienwirkung (Drittwirkung); mittelbare Drittwirkung; richtlinienkonforme Auslegung

42 **Rs. 152/84 (Marshall),**
Urteil des Gerichtshofs vom 26.02.1986.

Vorbemerkungen: *Zwischen Privaten kommt Richtlinien im Grundsatz keine unmittelbare Wirkung zu. Der Staat soll aus der Nichtumsetzung einer Richtlinie allerdings auch keinen Nutzen ziehen können. Deshalb können sich seine eigenen Arbeitnehmer ihm gegenüber auf Richtlinienbestimmungen berufen, selbst wenn das Arbeitsverhältnis privatrechtlicher Natur sein sollte. Die unzulässige sog. horizontale Richtlinienwirkung betrifft somit nur den „echten" Privaten. Die Berufung auf die Richtlinie war daher im vorliegenden Fall nur deshalb möglich, weil es sich um einen öffentlichen Arbeitgeber handelte. Der Einzelne kann sich vor Gericht insofern auf unbedingte und hinreichend genaue Bestimmungen nicht fristgerecht umgesetzter Richtlinien berufen, sofern die gegnerische Partei, welcher der Einzelne auf privatrechtlicher Ebene begegnet, dem Staat oder seiner Aufsicht untersteht oder mit besonderen Rechten ausgestattet ist. Dies ist insbesondere der Fall, wenn der Staat mit Mitteln des Verwaltungsprivatrechts öffentliche Aufgaben wahrnimmt (Rs. C-188/89, Foster u. a., Slg. 1990, S. I-3313). Diese Rechtsprechung bekräftigte der EuGH auch in seinem Urteil Faccini Dori (Rs. C-91/92). Diese Rechtsprechung zur horizontalen Richtlinienwirkung hat vielfältige Kritik erfahren, da es im Bereich des Arbeitsrechts dadurch zu einer Ungleichbehandlung zwischen Arbeitnehmern in privatrechtlichen und öffentlichen Dienstverhältnissen kommen kann. In der Literatur wird daher z. T. die generelle Anerkennung der horizontalen Richtlinienwirkung gefordert.* ***L:*** *Rn. 377.*

Sachverhalt: In einem britischen Unternehmen bestand die Regelung, dass Frauen mit 60 und Männer mit 65 Jahren in den Ruhestand gehen sollten. Die Klägerin des Ausgangsverfahrens war bis zu ihrem 62. Lebensjahr in dem Betrieb tätig und wurde dann unter Hinweis auf die Überschreitung der Altersgrenze entlassen. In dem sich anschließenden Rechtsstreit rügte die Klägerin eine geschlechtsbedingte Schlechterstellung und verwies auf die Richtlinie 76/207 des Rates vom 09.02.1976 zur Verwirklichung des Grundsatzes der Gleichbehandlung von Männern und Frauen. Das nationale Gericht legte dem EuGH die Frage vor, ob sich die Klägerin auf die Richtlinie gegenüber ihrem Arbeitgeber berufen kann. Der EuGH ließ die Inanspruchnahme der genannten Richtlinie gegenüber als Arbeitgeber handelnden staatlichen Stellen zu.

Aus den Entscheidungsgründen:

[46] Es ist daran zu erinnern, daß nach ständiger Rechtsprechung des Gerichtshofs (vgl. insbesondere das Urteil vom 19. Januar 1982 in der Rechtssache 8/81, Becker, Slg. 1982, 53) in all den Fällen, in denen Bestimmungen einer Richtlinie inhaltlich als unbedingt und hinreichend genau erscheinen, die einzelnen berechtigt sind, sich gegenüber dem Staat auf diese Bestimmungen zu berufen, wenn der Staat die Richtlinie nicht fristgemäß in nationales Recht umsetzt oder eine unzutreffende Umsetzung der Richtlinie vornimmt.

[47] Diese Rechtsprechung beruht auf der Erwägung, daß es mit dem verbindlichen Charakter, den Artikel 189 der Richtlinie zuerkennt, unvereinbar wäre, grundsätzlich auszuschließen, daß sich betroffene Personen auf die in der Richtlinie enthaltene Verpflichtung berufen können. Der Gerichtshof hat daraus gefolgert, daß ein Mitgliedstaat, der die in der Richtlinie vorgeschriebenen Durchführungsmaßnahmen nicht fristgemäß erlassen hat, dem einzelnen nicht entgegenhalten kann, daß er die aus der Richtlinie erwachsenen Verpflichtungen nicht erfüllt hat.

[48] Zu dem Argument, wonach eine Richtlinie nicht gegenüber einem einzelnen in Anspruch genommen werden könne, ist zu bemerken, daß nach Artikel 189 EWG-Vertrag der verbindliche Charakter einer Richtlinie, auf dem die Möglichkeit beruht, sich vor einem nationalen Gericht auf die Richtlinie zu berufen, nur für „jeden Mitgliedstaat, an den sie gerichtet wird“, besteht. Daraus folgt, daß eine Richtlinie nicht selbst Verpflichtungen für einen einzelnen begründen kann und daß eine Richtlinienbestimmung daher als solche nicht gegenüber einer derartigen Person in Anspruch genommen werden kann.

43 **Verb. Rs. C-397/01 bis C-403/01 (Pfeiffer), Urteil des Gerichtshofs vom 05.10.2004.**

Vorbemerkungen: *In ständiger Rechtsprechung betont der EuGH, dass nationales Recht im Einzelfall dahingehend auszulegen ist, dass Sinn und Zweck einer nicht umgesetzten Richtlinie erreicht werden können. Grundsätzlich muss diese richtlinienkonforme Auslegung nationalen Rechts von der unmittelbaren horizontalen Richtlinienwirkung unterschieden werden. In der vorliegenden Entscheidung befasste sich der EuGH mit einer defizitär umgesetzten Richtlinie, welche grundsätzlich die Bedingungen der unmittelbaren Anwendbarkeit erfüllte. Er verneinte jedoch in Bestätigung seiner ständigen Rechtsprechung ihre unmittelbare Anwendbarkeit im Horizontalverhältnis. Sodann ging er auf das Instrument der richtlinienkonformen Auslegung ein, wobei er als Anknüpfungspunkt hierfür das gesamte nationale Recht heranzog. Der EuGH erlegte den nationalen Gerichten die Verpflichtung auf, alles im Rahmen der Auslegung des nationalen Rechts Mögliche zu tun, um die Ziele der Richtlinie zu erreichen. Dabei sprach er zwar nicht aus, dass dies auch die Nichtanwendung nationaler Vorschriften zur Folge haben kann, anders war im vorliegenden Fall aber eine effektive Durchsetzung der Richtlinie kaum vorstellbar. Damit nähert sich die Wirkung der richtlinienkonformen Auslegung bedenklich der unmittelbaren Wirkung im Horizontalverhältnis an.* ***B:*** *T. Lochen, JA 2005, 690 ff.; M. Schlachter, RdA 2005, 115 ff.* ***L:*** *Rn. 187, 377, 379, 385, 386.*

Sachverhalt: Die Kläger des Ausgangsverfahrens waren beim Deutschen Roten Kreuz als Rettungsassistenten beschäftigt. Die Parteien stritten im Wesentlichen darüber, ob bei der Berechnung der wöchentlichen Höchstarbeitszeit die Zeit der Arbeitsbereitschaft zu berücksichtigen war, welche die betroffenen Arbeitnehmer im Rahmen ihrer Beschäftigung beim DRK zu leisten hatten. Diese war in einer EG-Richtlinie (Art. 6 Nr. 2 Richtlinie 93/104) festgelegt und mit bestimmten Ausnahme- und Sonderregelungen versehen. Die Umsetzung erfolgte in Deutschland im ArbZG. Danach genügte für die Zulässigkeit einer Überschreitung der 48-Stunden-Grenze, dass der Arbeitsvertrag des Betroffenen auf einen Tarifvertrag verweist, der eine solche Überschreitung erlaubt. Gegenstand der beim ArbG erhobenen Klagen waren Vergütungsansprüche für über 48 Wochenstunden hinaus geleistete Arbeit sowie die Bestimmung der wöchentlichen Höchstarbeitszeit. Das ArbG setzte die Verfahren aus und legte dem EuGH Fragen zur Vorabentscheidung vor.

Aus den Entscheidungsgründen:

[108] Der Gerichtshof hat insoweit in ständiger Rechtsprechung entschieden, dass eine Richtlinie nicht selbst Verpflichtungen für einen Einzelnen begründen kann, so dass ihm gegenüber eine Berufung auf die Richtlinie als solche nicht möglich ist (u. a. Urteile vom 26. Februar 1986 in der Rechtssache 152/84, Marshall, Slg. 1986, 723, Randnr. 48, vom 14. Juli 1994 in der Rechtssache C-91/92, Faccini Dori, Slg. 1994, I-3325, Randnr. 20, und vom 7. Januar 2004 in der Rechtssache C-201/02, Wells, noch nicht in der amtlichen Sammlung veröffentlicht, Randnr. 56).

[109] Daraus folgt, dass sogar eine klare, genaue und unbedingte Richtlinienbestimmung, mit der dem Einzelnen Rechte gewährt oder Verpflichtungen auferlegt werden sollen, im Rahmen eines Rechtsstreits, in dem sich ausschließlich Private gegenüberstehen, nicht als solche Anwendung finden kann.

[110] Jedoch obliegen nach ebenfalls ständiger Rechtsprechung seit dem Urteil vom 10. April 1984 in der Rechtssache 14/83 (Von Colson und Kamann, Slg. 1984, 1891, Randnr. 26) die sich aus einer Richtlinie ergebende Verpflichtung der Mitgliedstaaten, das in dieser Richtlinie vorgesehene Ziel zu erreichen, und die Pflicht der Mitgliedstaaten gemäß Artikel 10 EG, alle zur Erfüllung dieser Verpflichtung geeigneten Maßnahmen allgemeiner oder besonderer Art zu treffen, allen Trägern öffentlicher Gewalt in den Mitgliedstaaten und damit im Rahmen ihrer Zuständigkeiten auch den Gerichten (u. a. Urteile vom 13. November 1990 in der Rechtssache C-106/89, Marleasing, Slg. 1990, I-4135, Randnr. 8, Faccini Dori, Randnr. 26, vom 18. Dezember 1997 in der Rechtssache C-129/96, Inter-Environnement Wallonie, Slg. 1997, I-7411, Randnr. 40, und vom 25. Februar 1999 in der Rechtssache C-131/97, Carbonari u. a., Slg. 1999, I-1103, Randnr. 48).

[111] Vor allem den nationalen Gerichten obliegt es nämlich, den Rechtsschutz zu gewährleisten, der sich für den Einzelnen aus den gemeinschaftsrechtlichen Bestimmungen ergibt, und deren volle Wirkung sicherzustellen.

[112] Dies gilt umso mehr, wenn das nationale Gericht mit einem Rechtsstreit über die Anwendung innerstaatlicher Rechtsvorschriften befasst ist, die – wie hier – speziell zur Umsetzung einer Richtlinie erlassen wurden, die dem Einzelnen Rechte verleihen soll. Das Gericht hat in Anbetracht des Artikels 249 Absatz 3 EG davon auszugehen, dass der Staat, wenn er von dem ihm durch diese Bestimmung eingeräumten Gestaltungsspielraum Gebrauch gemacht hat, die Absicht

hatte, den sich aus der betreffenden Richtlinie ergebenden Verpflichtungen in vollem Umfang nachzukommen (Urteil vom 16. Dezember 1993 in der Rechtssache C-334/92, Wagner Miret, Slg. 1993, I-6911, Randnr. 20).

[113] Bei der Anwendung des innerstaatlichen Rechts, insbesondere der Bestimmungen einer speziell zur Umsetzung der Vorgaben einer Richtlinie erlassenen Regelung, muss das nationale Gericht das innerstaatliche Recht außerdem so weit wie möglich anhand des Wortlauts und des Zweckes dieser Richtlinie auslegen, um das in ihr festgelegte Ergebnis zu erreichen und so Artikel 249 Absatz 3 EG nachzukommen (in diesem Sinne u. a. Urteile Von Colson und Kamann, Randnr. 26, Marleasing, Randnr. 8, und Faccini Dori, Randnr. 26; vgl. auch Urteile vom 23. Februar 1999 in der Rechtssache C-63/97, BMW, Slg. 1999, I-905, Randnr. 22, vom 27. Juni 2000 in den Rechtssachen C-240/98 bis C-244/98, Océano Grupo Editorial und Salvat Editores, Slg. 2000, I-4941, Randnr. 30, und vom 23. Oktober 2003 in der Rechtssache C-408/01, Adidas-Salomon und Adidas Benelux, Slg. 2003, I-12537, Randnr. 21).

[114] Das Gebot einer gemeinschaftsrechtskonformen Auslegung des nationalen Rechts ist dem EG-Vertrag immanent, da dem nationalen Gericht dadurch ermöglicht wird, im Rahmen seiner Zuständigkeit die volle Wirksamkeit des Gemeinschaftsrechts zu gewährleisten, wenn es über den bei ihm anhängigen Rechtsstreit entscheidet (in diesem Sinne Urteil vom 15. Mai 2003 in der Rechtssache C-160/01, Mau, Slg. 2003, I-4791, Randnr. 34).

[115] Dieser vom Gemeinschaftsrecht aufgestellte Grundsatz der gemeinschaftsrechtskonformen Auslegung des nationalen Rechts betrifft zwar in erster Linie die zur Umsetzung der fraglichen Richtlinie erlassenen innerstaatlichen Bestimmungen, beschränkt sich jedoch nicht auf die Auslegung dieser Bestimmungen, sondern verlangt, dass das nationale Gericht das gesamte nationale Recht berücksichtigt, um zu beurteilen, inwieweit es so angewendet werden kann, dass es nicht zu einem der Richtlinie widersprechenden Ergebnis führt (in diesem Sinne Urteil Carbonari u. a., Randnrn. 49 und 50).

[116] Ermöglicht es das nationale Recht durch die Anwendung seiner Auslegungsmethoden, eine innerstaatliche Bestimmung unter bestimmten Umständen so auszulegen, dass eine Kollision mit einer anderen Norm innerstaatlichen Rechts vermieden wird, oder die Reichweite dieser Bestimmung zu diesem Zweck einzuschränken und sie nur insoweit anzuwenden, als sie mit dieser Norm vereinbar ist, so ist das nationale Gericht verpflichtet, die gleichen Methoden anzuwenden, um das von der Richtlinie verfolgte Ziel zu erreichen.

[117] Im vorliegenden Fall obliegt es somit dem vorlegenden Gericht, das mit Rechtsstreitigkeiten wie den Ausgangsverfahren befasst ist, die den Anwendungsbereich der Richtlinie 93/104 betreffen und auf einen nach Ablauf der Frist zur Umsetzung der Richtlinie entstandenen Sachverhalt zurückgehen, bei der Anwendung von Bestimmungen des nationalen Rechts, die speziell zur Umsetzung dieser Richtlinie erlassen worden sind, diese so weit wie möglich so auszulegen, dass sie im Einklang mit den Zielen der Richtlinie angewandt werden können (in diesem Sinne Urteil vom 13. Juli 2000 in der Rechtssache C-456/98, Centrosteel, Slg. 2000, I-6007, Randnrn. 16 und 17).

[118] Im vorliegenden Fall verlangt der Grundsatz der gemeinschaftsrechtskonformen Auslegung somit, dass das vorlegende Gericht unter Berücksichtigung des gesamten nationalen Rechts alles tun muss, was in seiner Zuständigkeit liegt, um die volle Wirksamkeit der Richtlinie 93/104 zu gewährleisten, damit die Überschreitung der in Artikel 6 Nummer 2 der Richtlinie festgelegten wöchentlichen Höchstarbeitszeit verhindert wird (in diesem Sinne Urteil Marleasing, Randnrn. 7 und 13).

[119] Folglich muss ein nationales Gericht, bei dem ein Rechtsstreit ausschließlich zwischen Privaten anhängig ist, bei der Anwendung der Bestimmungen des innerstaatlichen Rechts, die zur Umsetzung der in einer Richtlinie vorgesehenen Verpflichtungen erlassen worden sind, das gesamte nationale Recht berücksichtigen und es so weit wie möglich anhand des Wortlauts und des Zweckes der Richtlinie auslegen, um zu einem Ergebnis zu gelangen, das mit dem von der Richtlinie verfolgten Ziel vereinbar ist. In den Ausgangsverfahren muss das vorlegende Gericht somit alles tun, was in seiner Zuständigkeit liegt, um die Überschreitung der wöchentlichen Höchstarbeitszeit zu verhindern, die in Artikel 6 Nummer 2 der Richtlinie 93/104 auf 48 Stunden festgesetzt ist.

Rs. C-261/20 (Thelen Technopark Berlin), Urteil des Gerichtshofs vom 18.01.2022. 44

Vorbemerkungen: *Das Urteil betraf die sogenannte unechte oder auch negative Horizontalwirkung von Richtlinien. Der Gerichtshof bekräftigte hierin seine insoweit ablehnende Haltung. Mit vorangegangenem Urteil vom 04.07.2019, Kommission/Deutschland (C-377/17), erkannte er für Recht, dass die Bundesrepublik Deutschland dadurch gegen ihre Verpflichtungen aus Art. 15 Abs. 1, Abs. 2 Buchst. g und Abs. 3 der*

Richtlinie 2006/123/EG des Europäischen Parlaments und des Rates vom 12.12.2006 über Dienstleistungen im Binnenmarkt (ABl. 2006, L 376, S. 36; im Folgenden: Dienstleistungsrichtlinie) verstoßen hatte, dass sie verbindliche Honorare für die Planungsleistungen von Architekten und Ingenieuren beibehalten hatte. Die Honorare für Architekten und Ingenieure wurden durch die Verordnung über die Honorare für Architekten- und Ingenieurleistungen (Honorarordnung für Architekten und Ingenieure – HOAI) vom 10.07.2013 (BGBl. I S. 2276, im Folgenden: HOAI 2013) geregelt, die auf das Urteil durch Art. 1 der Verordnung vom 02.12.2020 (BGBl. I S. 2636) geändert wurde. Mit dem Urteil Thelen Technopark Berlin erkannte der Gerichtshof demgegenüber für Recht, dass das Unionsrecht dahin auszulegen ist, dass ein nationales Gericht, bei dem ein Rechtsstreit anhängig ist, in dem sich ausschließlich Privatpersonen gegenüberstehen, nicht allein aufgrund dieses Rechts verpflichtet ist, eine nationale Regelung unangewendet zu lassen, die unter Verstoß gegen Art. 15 Abs. 1, Abs. 2 Buchst. g und Abs. 3 der Dienstleistungsrichtlinie Mindesthonorare für die Leistungen von Architekten und Ingenieuren festsetzt sowie die Unwirksamkeit von Vereinbarungen vorsieht, die von dieser Regelung abweichen. ***B:*** *O. Moufang, NJW 2022, 931.*

Sachverhalt: 2016 schlossen Thelen, eine Immobiliengesellschaft, und MN, ein Ingenieur, einen Ingenieurvertrag, in dessen Rahmen MN sich gegen die Zahlung eines Pauschalhonorars in Höhe von 55 025 Euro verpflichtete, bestimmte Leistungen nach der HOAI 2013 zu erbringen. Ein Jahr später kündigte MN diesen Vertrag und rechnete seine erbrachten Leistungen in einer Honorarschlussrechnung ab. Unter Berufung auf eine Bestimmung der HOAI 2013, nach der der Dienstleistungserbringer für die von ihm erbrachte Leistung Anspruch auf eine Vergütung hat, die mindestens dem im nationalen Recht festgesetzten Mindestsatz entspricht, und unter Berücksichtigung der bereits geleisteten Zahlungen erhob MN Klage, um die Zahlung des geschuldeten Restbetrags in Höhe von 102 934,59 Euro geltend zu machen, das heißt eines höheren Betrags als des von den Vertragsparteien vereinbarten. Thelen, die in erster und zweiter Instanz teilweise unterlegen war, legte beim Bundesgerichtshof (Deutschland) Revision ein. Im Rahmen seines Vorabentscheidungsersuchens wies der BGH darauf hin, dass der Gerichtshof bereits die Unvereinbarkeit dieser Bestimmung der HOAI 2013 mit der Vorgabe der Dienstleistungsrichtlinie festgestellt habe, die es den Mitgliedstaaten im Wesentlichen verbiete, Anforderungen beizubehalten, die die Ausübung einer Tätigkeit von der Beachtung von Mindest- und/ oder Höchstpreisen durch den Dienstleistungserbringer abhängig machten, es sei denn diese Anforderungen erfüllten die kumulativen Bedingungen der Nicht-Diskriminierung, der Erforderlichkeit und der Verhältnismäßigkeit. Der BGH beschloss daher, den Gerichtshof mit der Frage zu befassen, ob ein nationales Gericht bei der Beurteilung der Begründetheit der Klage eines Einzelnen gegen einen anderen Einzelnen die einer Richtlinie, hier der Dienstleistungsrichtlinie, widersprechende Bestimmung des nationalen Rechts, auf die die Klage gestützt wird, unangewendet lassen muss. Er führte zudem aus, dass eine mit der Dienstleistungsrichtlinie konforme Auslegung der HOAI 2013 im vorliegenden Fall nicht möglich sei. Der EuGH verneinte eine solche unmittelbar aus dem Unionsrecht folgende Nichtanwendungspflicht.

Aus den Entscheidungsgründen:

[31] Allerdings sind auch die anderen wesentlichen Merkmale des Unionsrechts, insbesondere die Natur und die Rechtswirkungen der Richtlinien, zu berücksichtigen (vgl. in diesem Sinne Urteil vom 24. Juni 2019, Popławski, C-573/17, EU:C:2019:530, Rn. 59).

[32] So kann eine Richtlinie nicht selbst Verpflichtungen für einen Einzelnen begründen, so dass ihm gegenüber eine Berufung auf die Richtlinie als solche vor dem nationalen Gericht nicht möglich ist. Gemäß Art. 288 Abs. 3 AEUV besteht nämlich die Verbindlichkeit einer Richtlinie, aufgrund deren eine Berufung auf sie möglich ist, nur in Bezug auf „jeden Mitgliedstaat, an den sie gerichtet wird“. Die Union ist nur dort befugt, mit unmittelbarer Wirkung allgemein und abstrakt Verpflichtungen zulasten der Einzelnen anzuordnen, wo ihr die Befugnis zum Erlass von Verordnungen zugewiesen ist. Daher gestattet eine Bestimmung einer Richtlinie, selbst wenn sie klar, genau und unbedingt ist, es dem nationalen Gericht nicht, eine dieser Bestimmung entgegenstehende Bestimmung seines innerstaatlichen Rechts auszuschließen, wenn aufgrund dessen einer Privatperson eine zusätzliche Verpflichtung auferlegt würde (Urteil vom 24. Juni 2019, Popławski, C-573/17, EU:C:2019:530, Rn. 65 bis 67 sowie die dort angeführte Rechtsprechung).

[33] Daraus folgt, dass ein nationales Gericht nicht allein aufgrund des Unionsrechts verpflichtet ist, eine Bestimmung seines nationalen Rechts, die mit einer Bestimmung des Unionsrechts in Widerspruch steht, unangewendet zu lassen, wenn die letztgenannte Bestimmung keine unmittelbare Wirkung hat (Urteil vom 24. Juni 2019, Popławski, C-573/17, EU:C:2019:530, Rn. 68). Davon unbeschadet kann dieses Gericht sowie jede zuständige nationale Verwaltungsbehörde die Anwendung jeder Bestimmung des nationalen Rechts, die gegen eine Bestimmung des Unionsrechts ohne unmittelbare Wirkung verstößt, aufgrund des innerstaatlichen Rechts ausschließen.

[34] Im vorliegenden Fall hat der Gerichtshof zwar bereits entschieden, dass Art. 15 Abs. 1 der Richtlinie 2006/123 insoweit eine unmittelbare Wirkung entfalten kann, als er in Satz 2 den Mitgliedstaaten die unbedingte, hinreichend präzise Verpflichtung auferlegt, ihre Rechts- und Verwaltungsvorschriften zu ändern, um sie den in Abs. 3 genannten Bedingungen anzupassen (vgl. in diesem Sinne Urteil vom 30. Januar 2018, X und Visser, C-360/15 und C-31/16, EU:C:2018:44, Rn. 130).

[35] Diese Bestimmung als solche wird jedoch im vorliegenden Fall in einem Rechtsstreit zwischen Privaten angeführt, um die Anwendung einer gegen sie verstoßenden nationalen Regelung auszuschließen.

[36] Würde Art. 15 Abs. 1, Abs. 2 Buchst. g und Abs. 3 der Richtlinie 2006/123 im Rahmen des Ausgangsrechtsstreits angewendet, würde MN nach dieser Bestimmung sein auf § 7 HOAI gestütztes Recht genommen, die dort vorgesehenen Sätze einzufordern, und er wäre daher verpflichtet, den Satz zu akzeptieren, der in dem im Ausgangsverfahren in Rede stehenden Vertrag festgelegt worden ist. Die in den Rn. 32 und 33 des vorliegenden Urteils angeführte Rechtsprechung schließt allerdings aus, dass dieser Bestimmung eine solche Wirkung allein auf der Grundlage des Unionsrechts zuerkannt werden kann.

[37] Das vorlegende Gericht ist daher nicht allein aufgrund des Unionsrechts verpflichtet, § 7 HOAI unangewendet zu lassen, auch wenn diese Regelung gegen Art. 15 Abs. 1, Abs. 2 Buchst. g und Abs. 3 der Richtlinie 2006/123 verstößt.

[38] Diese Erwägungen können auch nicht durch das Urteil vom 4. Juli 2019, Kommission/Deutschland (C-377/17, EU:C:2019:562), in Frage gestellt werden, mit dem der Gerichtshof entschieden hat, dass die Bundesrepublik Deutschland dadurch gegen ihre Verpflichtungen aus Art. 15 Abs. 1, Abs. 2 Buchst. g und Abs. 3 der Richtlinie 2006/123 verstoßen hat, dass sie die in § 7 HOAI vorgesehenen verbindlichen Honorare für die Planungsleistungen von Architekten und Ingenieuren beibehalten hat.

[39] Zwar hat gemäß Art. 260 Abs. 1 AEUV, wenn der Gerichtshof feststellt, dass ein Mitgliedstaat gegen eine Verpflichtung aus den Verträgen verstoßen hat, dieser Mitgliedstaat die Maßnahmen zu ergreifen, die sich aus dem Urteil des Gerichtshofs ergeben. Ferner sind die zuständigen nationalen Gerichte und Verwaltungsbehörden nach ständiger Rechtsprechung verpflichtet, alle Bestimmungen zu erlassen, um die volle Geltung des Unionsrechts zu erleichtern, und so gegebenenfalls eine gegen das Unionsrecht verstoßende nationale Bestimmung unangewendet zu lassen (vgl. in diesem Sinne Urteile vom 13. Juli 1972, Kommission/Italien, 48/71, EU:C:1972:65, Rn. 7, und vom 16. De-

zember 2010, Seydaland Vereinigte Agrarbetriebe, C-239/09, EU:C:2010:778, Rn. 52 und 53 sowie die dort angeführte Rechtsprechung).

[40] Der Gerichtshof hat jedoch bereits entschieden, dass die gemäß den Art. 258 bis 260 AEUV erlassenen Urteile vor allem die Festlegung der Aufgaben der Mitgliedstaaten im Fall der Verletzung ihrer Pflichten zum Gegenstand haben, und nicht die Verleihung von Rechten an Einzelne. Diese Rechte ergeben sich nicht aus den genannten Urteilen, sondern aus den Bestimmungen des Unionsrechts selbst (vgl. in diesem Sinne Urteil vom 14. Dezember 1982, Waterkeyn u. a., 314/81 bis 316/81 und 83/82, EU:C:1982:430, Rn. 15 und 16). Folglich sind die zuständigen nationalen Gerichte und Verwaltungsbehörden nicht allein aufgrund solcher Urteile verpflichtet, im Rahmen eines Rechtsstreits zwischen Privaten eine nationale Regelung, die gegen die Bestimmung einer Richtlinie verstößt, unangewendet zu lassen.

[41] Nach dieser Feststellung ist drittens darauf hinzuweisen, dass die durch die Unvereinbarkeit des nationalen Rechts mit dem Unionsrecht geschädigte Partei sich auf die mit dem Urteil vom 19. November 1991, Francovich u. a. (C-6/90 und C-9/90, EU:C:1991:428), begründete Rechtsprechung berufen kann, um gegebenenfalls Ersatz des entstandenen Schadens zu erlangen (vgl. in diesem Sinne Urteil vom 15. Januar 2014, Association de médiation sociale, C-176/12, EU:C:2014:2, Rn. 50 und die dort angeführte Rechtsprechung).

(. . .)

[48] Nach alledem ist auf die erste Frage zu antworten, dass das Unionsrecht dahin auszulegen ist, dass ein nationales Gericht, bei dem ein Rechtsstreit anhängig ist, in dem sich ausschließlich Privatpersonen gegenüberstehen, nicht allein aufgrund dieses Rechts verpflichtet ist, eine nationale Regelung unangewendet zu lassen, die unter Verstoß gegen Art. 15 Abs. 1, Abs. 2 Buchst. g und Abs. 3 der Richtlinie 2006/123 Mindesthonorare für die Leistungen von Architekten und Ingenieuren festsetzt und die Unwirksamkeit von Vereinbarungen vorsieht, die von dieser Regelung abweichen, jedoch unbeschadet zum einen der Möglichkeit dieses Gerichts, die Anwendung der Regelung im Rahmen eines solchen Rechtsstreits aufgrund des innerstaatlichen Rechts auszuschließen, und zum anderen des Rechts der durch die Unvereinbarkeit des nationalen Rechts mit dem Unionsrecht geschädigten Partei, Ersatz des ihr daraus entstandenen Schadens zu verlangen.

45 **Rs. C-443/98 (Unilever), Urteil des Gerichtshofs vom 26.09.2000.**

Vorbemerkungen: *Der Fall Unilever betraf – wie schon die Entscheidung CIA Security (Rs. C-194/94) – die Anwendbarkeit der Richtlinie 83/189 EWG über ein Informationsverfahren auf dem Gebiet der Normen und technischen Vorschriften. Der EuGH stellte ausdrücklich klar, dass für die Fallgruppe der Richtlinien, die keine Rechte oder Pflichten Einzelner gewähren und keinen Umsetzungsspielraum der Mitgliedstaaten belassen, andere Voraussetzungen für die unmittelbare Anwendbarkeit gelten als für sonstige Richtlinienbestimmungen, die von einem Mitgliedstaat nicht rechtzeitig umgesetzt wurden. Ein Verstoß eines Mitgliedstaates gegen eine ihm gegenüber der Union obliegende Verpflichtung kann daher zur Unanwendbarkeit einer Vorschrift des innerstaatlichen Rechts führen. Die Unanwendbarkeit kann auch in einem Rechtsstreit zwischen Privaten geltend gemacht werden. Diese Rechtsprechungslinie des EuGH steht damit in der Nähe der objektiven Richtlinienwirkung.* ***B:*** *R. Streinz, JuS 2001, 809 f.* ***L:*** *Rn. 380.*

Sachverhalt: Die Central Food Spa und Unilever Italia Spa schlossen einen Kaufvertrag über 648 Liter Olivenöl. Nach Lieferung des Öls durch Unilever machte die Central Food Spa geltend, dass die Etikettierung des gelieferten Öls nicht den gesetzlichen Bestimmungen entspreche. Daher forderte sie die Unilever Italia Spa auf, Öl zu liefern, dessen Etikettierung dem Gesetz entspreche und verweigerte die Zahlung des Kaufpreises. Unilever machte demgegenüber geltend, dass die Kommission unter Bezugnahme auf Art. 9 der RL 83/189/EWG Italien aufgegeben habe, keine neuen nationalen Vorschriften über die Etikettierung von Olivenöl anzuwenden. Daher könnten die neu eingeführten Bestimmungen des einschlägigen Gesetzes keine Anwendung finden und das gelieferte Öl entspreche geltendem Recht. Nachdem Central Food sich weiterhin weigerte, den Kaufpreis zu zahlen, beantragte Unilever den Erlass eines gerichtlichen Mahnbescheids gegen Central Food. Das nationale Gericht legte dem EuGH die Frage vor, ob das nationale Gesetz zur Etikettierung von Olivenöl unangewendet bleiben müsse, weil die Kommission Italien aufgefordert hatte, bis zu einer gemeinschaftlichen Regelung auf dem Gebiet der Vermarktung von Olivenöl keine neuen Rechtsvorschriften zu erlassen. Der EuGH entschied, dass die nationale Vorschrift unangewendet bleiben muss.

Aus den Entscheidungsgründen:

[31] Mit seiner Vorabentscheidungsfrage möchte das vorlegende Gericht im Wesentlichen wissen, ob das nationale Gericht in einem Zivilrechtsstreit zwischen Einzelnen über vertragliche Rechte und Pflichten die Anwendung einer nationalen technischen Vorschrift ablehnen muss, die während einer Aussetzungsfrist nach Artikel 9 der Richtlinie 83/189 erlassen worden ist.

(...)

[44] Hat der Gerichtshof in Randnummer 48 des Urteils CIA Security International, nachdem er daran erinnert hat, dass die Richtlinie den Schutz des freien Warenverkehrs durch eine vorbeugende Kontrolle bezweckt und die Mitteilungspflicht ein wichtiges Mittel zur Verwirklichung dieser gemeinschaftlichen Kontrolle ist, festgestellt, dass die Wirksamkeit dieser Kontrolle umso größer ist, wenn die Richtlinie dahin ausgelegt wird, dass der Verstoß gegen die Mitteilungspflicht einen wesentlichen Verfahrensfehler darstellt, der zur Unanwendbarkeit der fraglichen technischen Vorschriften auf den Einzelnen führen kann, so ergibt sich aus den in den Randnummern 40 bis 43 des vorliegenden Urteils wiedergegebenen Erwägungen, dass der Verstoß gegen die in Artikel 9 der Richtlinie 83/189 vorgesehenen Aussetzungspflichten gleichfalls einen wesentlichen Verfahrensfehler darstellt, der zur Unanwendbarkeit der technischen Vorschriften führen kann.

[45] Daher ist zweitens zu prüfen, ob in einem Zivilrechtsstreit zwischen Einzelnen über vertragliche Rechte und Pflichten die Unanwendbarkeit unter Verstoß gegen Artikel 9 der Richtlinie 83/189 erlassener technischer Vorschriften geltend gemacht werden kann.

[46] Zunächst ist festzustellen, dass im Rahmen eines derartigen Zivilrechtsstreits die Anwendung unter Verstoß gegen Artikel 9 der Richtlinie 83/189 erlassener technischer Vorschriften dazu führen kann, dass die Verwendung oder die Vermarktung eines nicht diesen Vorschriften entsprechenden Erzeugnisses beeinträchtigt wird.

[47] Dies trifft im Ausgangsverfahren zu, da die Anwendung der italienischen Rechtsvorschriften geeignet ist, die Vermarktung des von Unilever vertriebenen nativen Olivenöls extra durch diese Firma zu beeinträchtigen.

[48] Ferner ist daran zu erinnern, dass die Unanwendbarkeit als Rechtsfolge der Nichtbeachtung der Mitteilungspflicht im Urteil CIA Security International auf Vorabentscheidungsfragen festgestellt worden ist, die in einem Rechtsstreit zwischen konkurrierenden Unternehmen

vorgelegt worden waren, der auf nationalen Bestimmungen über das Verbot unlauterer Wettbewerbspraktiken beruhte.

[49] Somit ergibt sich aus der Rechtsprechung des Gerichtshofs, dass die Unanwendbarkeit einer technischen Vorschrift, die nicht gemäß Artikel 8 der Richtlinie 83/189 übermittelt wurde, aus den in den Randnummern 40 bis 43 des vorliegenden Urteils genannten Gründen in einem Rechtsstreit zwischen Einzelnen geltend gemacht werden kann. Das Gleiche gilt für die Nichteinhaltung der in Artikel 9 dieser Richtlinie niedergelegten Verpflichtungen, und es besteht insoweit kein Anlass, Rechtsstreitigkeiten zwischen Einzelnen auf dem Gebiet des unlauteren Wettbewerbs, wie es in der Rechtssache CIA Security International der Fall war, anders zu behandeln als Rechtsstreitigkeiten, in denen sich, wie im Ausgangsverfahren, Einzelne wegen vertraglicher Rechte und Pflichten gegenüberstehen.

[50] Zwar kann, wie die italienische und die dänische Regierung ausgeführt haben, eine Richtlinie nicht selbst Verpflichtungen Einzelner begründen und daher nicht als solche ihnen gegenüber herangezogen werden (vgl. Urteil vom 14. Juli 1994 in der Rechtssache C-91/92, Faccini Dori, Slg. 1994, I-3325, Randnr. 20); diese Rechtsprechung gilt jedoch nicht für den Fall, dass die Nichtbeachtung der Artikel 8 oder 9 der Richtlinie 83/189, die einen wesentlichen Verfahrensfehler darstellt, die Unanwendbarkeit der unter Verstoß gegen einen dieser Artikel erlassenen technischen Vorschrift nach sich zieht.

[51] In einem solchen Fall legt die Richtlinie 83/189 – anders als bei der Nichtumsetzung von Richtlinien, um die es in der von den beiden Regierungen zitierten Rechtsprechung ging – keineswegs den materiellen Inhalt der Rechtsnorm fest, auf deren Grundlage das nationale Gericht den bei ihm anhängigen Rechtsstreit zu entscheiden hat. Sie begründet weder Rechte noch Pflichten für Einzelne.

[52] Aufgrund all dieser Erwägungen ist auf die Frage zu antworten, dass das nationale Gericht in einem Zivilrechtsstreit zwischen Einzelnen über vertragliche Rechte und Pflichten die Anwendung einer nationalen technischen Vorschrift ablehnen muss, die während einer Aussetzungsfrist nach Artikel 9 der Richtlinie 83/189 erlassen worden ist.

ee) Rein objektive Richtlinienwirkung

Rs. C-431/92 (Kommission ./. Deutschland; „Großkrotzenburg"), Urteil des Gerichtshofs vom 11.08.1995. 46

Vorbemerkungen: *Mit diesem Urteil erkannte der EuGH auch die Möglichkeit einer unmittelbaren rein objektiven Richtlinienwirkung an. Dies betraf die Verpflichtung von nationalen Behörden und Gerichten zur unmittelbaren Anwendung von nicht umgesetzten Richtlinienbestimmungen von Amts wegen, auch ohne begünstigende Wirkung für irgendeinen Bürger. Aus dem Urteil zur UVP-Richtlinie ergibt sich, dass es für die unmittelbare Anwendbarkeit von Richtlinien durch Behörden und Gerichte auf das Vorliegen subjektiv-öffentlicher Rechte nicht ankommt, sofern die Richtlinienbestimmungen nur hinreichend bestimmt und unbedingt sind und die Umsetzungsfrist abgelaufen ist. Auch rein verfahrensrechtliche Regelungen durch Richtlinien sind daher bei hinreichender Konkretheit und Unbedingtheit für Verwaltung und Gerichte von Amts wegen unmittelbar anwendbar. Die unmittelbare objektive Richtlinienwirkung wird durch den Ausschluss der horizontalen und der umgekehrt vertikalen Wirkung – die ausschließlich zulasten bzw. teils zulasten, teils zugunsten eines Bürgers gehende Richtlinienwirkung – begrenzt. Vgl. aber auch Rs. Wells, Fall 40.* ***B:*** *C. Calliess, NVwZ 1996, 339ff.* ***L:*** *Rn. 354, 382.*

Sachverhalt: Durch die Richtlinie 85/337/EWG soll in den nationalen Rechtsordnungen eine Umweltverträglichkeitsprüfung bei bestimmten öffentlichen und privaten Projekten eingeführt werden. In der Bundesrepublik Deutschland wurde die Richtlinie nicht fristgemäß bis 1988 umgesetzt. In dem 1989 abgeschlossenen Genehmigungsverfahren für die Errichtung eines neuen Kraftwerksblocks des Wärmekraftwerks Großkrotzenburg erging ein Genehmigungsbescheid, ohne dass eine vorherige Umweltverträglichkeitsprüfung stattgefunden hatte. Die Umweltverträglichkeit wurde allerdings im Rahmen des BImSchG geprüft, was der Gerichtshof letztlich auch als ausreichend ansah. Die Kommission warf der Bundesrepublik daraufhin im Rahmen der Aufsichtsklage die Nichtanwendung einer nicht rechtzeitig umgesetzten Richtlinie vor (Verletzung der Pflicht zur Umsetzung der Richtlinie gemäß der heutigen Art. 4 Abs. 3 EUV und Art. 288 AEUV). Eventuell betroffene Bürger waren an dem Verfahren nicht beteiligt, die Verletzung von Rechten der Bürger wurde von der Kommission auch nicht gerügt.

Aus den Entscheidungsgründen:

[24] Die Bundesrepublik Deutschland trägt schließlich vor, nach der Rechtsprechung des Gerichtshofs komme den Bestimmungen einer Richtlinie unmittelbare Wirkung nur dann zu, wenn diese dem einzelnen individuelle Rechte einräumten. Die Artikel 2, 3 und 8 der Richtlinie begründeten jedoch keine derartigen individuellen Rechte. Da die Kommission selbst nicht geltend mache, daß durch den beanstandeten Genehmigungsbescheid individuelle Rechtspositionen einzelner Bürger aus der Richtlinie unbeachtet gelassen würden, sei eine unmittelbare Anwendung der Bestimmungen der Richtlinie ausgeschlossen, unabhängig davon, ob sie unbedingt und hinreichend genau seien. Die deutsche Verwaltung sei daher nicht verpflichtet gewesen, sie vor der Umsetzung der Richtlinie unmittelbar anzuwenden. Die Klage sei somit unzulässig.

[25] Auch dieser Auffassung kann nicht gefolgt werden.

[26] Die Kommission wirft der Bundesrepublik Deutschland mit ihrer Klage vor, in einem konkreten Fall die sich unmittelbar aus der Richtlinie ergebende Verpflichtung zur Prüfung der Umweltverträglichkeit des betreffenden Projekts nicht erfüllt zu haben. Es stellt sich daher die Frage, ob die Richtlinie dahin auszulegen ist, daß sie die behauptete Verpflichtung aufstellt. Diese Frage hat mit der – in der Rechtsprechung des Gerichtshofs anerkannten – Möglichkeit für den einzelnen, sich gegenüber dem Staat unmittelbar auf unbedingte sowie hinreichend klare und genaue Vorschriften einer nicht umgesetzten Richtlinie zu berufen, nichts zu tun.

(…)

[28] Im Urteil vom 9. August 1994 in der Rechtssache C-396/92 (Bund Naturschutz in Bayern u. a., Slg. 1994, I-3717, Randnrn. 19 und 20) hat der Gerichtshof entschieden, daß die Richtlinie, unabhängig von der Frage, ob sie es einem Mitgliedstaat gestattet, vor dem Stichtag 3. Juli 1988 begonnene und bereits laufende Genehmigungsverfahren von der Umweltverträglichkeitsprüfung auszunehmen, jedenfalls für nach diesem Zeitpunkt begonnene Verfahren der Einführung einer solchen Ausnahmeregelung entgegensteht.

[29] Wie sich im vorliegenden Fall aus den Akten ergibt, ist der Antrag auf Genehmigung des streitigen Projekts vom Projektträger, der Preussen Elektra AG, am 26. Juli 1988, also nach dem 3. Juli 1988, beim Regierungspräsidium Darmstadt gestellt worden. Folglich konnte das Genehmigungsverfahren für das fragliche Projekt grundsätzlich

nicht von der in der Richtlinie vorgeschriebenen Umweltverträglichkeitsprüfung ausgenommen werden.

(...)

[36] Dieses Projekt mußte gemäß der Richtlinie einer Umweltverträglichkeitsprüfung unterzogen werden.

[37] Die Bundesrepublik Deutschland trägt vor, die Artikel 2, 3 und 8 der Richtlinie, deren Nichteinhaltung ihr vorgeworfen werde, seien nicht so hinreichend klar und bestimmt, daß sie unmissverständlich eine konkrete Verpflichtung festlegen würden und damit von der nationalen Verwaltung von Amts wegen anzuwenden wären.

[38] Dieser Auffassung kann nicht gefolgt werden.

[39] Artikel 2 der Richtlinie stellt eine unmißverständliche Verpflichtung für die in den einzelnen Mitgliedstaaten für die Genehmigung der Projekte zuständigen Behörden auf, bestimmte Projekte einer Umweltverträglichkeitsprüfung zu unterziehen. Artikel 3 legt den Inhalt der Prüfung fest, zählt die Faktoren auf, denen hierbei Rechnung zu tragen ist und räumt der zuständigen Behörde ein gewisses Ermessen hinsichtlich der geeigneten Art und Weise der Durchführung der Prüfung nach Maßgabe jedes Einzelfalls ein. Artikel 8 erlegt den betreffenden nationalen Behörden ferner die Pflicht auf, die während des Prüfungsverfahrens eingeholten Angaben im Rahmen des Genehmigungsverfahrens zu berücksichtigen.

[40] Unabhängig von ihren Einzelheiten erlegen die fraglichen Vorschriften also den zuständigen nationalen Behörden unmissverständlich die Pflicht auf, bestimmte Projekte einer Umweltverträglichkeitsprüfung zu unterziehen.

3. Beschlüsse

Rs. 9/70 (Leberpfennig), 47
Urteil des Gerichtshofs vom 06.10.1970.

Vorbemerkungen: *In dieser Rechtssache erkannte der EuGH erstmals die unmittelbare Wirkung von Sekundärrecht an, bei dem es sich nicht um Verordnungen handelte. Es ging vielmehr um Entscheidungen, die gemäß Art. 249 Abs. 4 EG in allen Teilen für diejenigen verbindlich waren, die sie bezeichneten – diese Rechtsprechung ist daher für heutige Beschlüsse nach Art. 288 Abs. 4 AEUV, die an einen bestimmten Adressaten gerichtet sind, weiterhin anwendbar. Gem. Art. 288 Abs. 4 AEUV sind solche individualgerichteten Beschlüsse für diejenigen verbindlich,* *die sie bezeichnen. Da sie jedoch in allen ihren Teilen für den Adressaten verbindlich sind, muss sich auch ein Dritter gegenüber einem Mitgliedstaat auf ihre unmittelbare Wirkung berufen können, sofern sie für diesen eine unmittelbare Rechtswirkung entfalten. Die durch einen Beschluss einem Mitgliedstaat auferlegte Verpflichtung muss darüber hinaus klar und eindeutig sein, darf von keiner Bedingung abhängen und dem Adressaten keinen Ermessenspielraum lassen. Durch die Anerkennung einer unmittelbaren Wirkung gegenüber den Unionsbürgern von – an Mitgliedstaaten gerichteten – Entscheidungen soll der effet utile, die praktische Wirksamkeit des sekundären Unionsrechts gewahrt werden. Dieser Effekt würde abgeschwächt, wenn sich die Bürger eines Mitgliedstaates nicht gegenüber der Verwaltung und vor Gerichten auf den Inhalt des in diesem Fall streitigen Beschlusses berufen könnten. Der säumige Mitgliedstaat kann sich mithin vor Gericht nicht auf seine eigene Nichtumsetzung berufen.* ***L:*** *Rn. 372, 393.*

Sachverhalt: Eine auf Art. 71 EG (jetzt: Art. 91 AEUV) gestützte Entscheidung des Rates sah vor, dass nach Einführung eines gemeinsamen Umsatzsteuersystems die Mitgliedstaaten die weitere Erhebung bisheriger Steuern einzustellen hatten. Der Kläger des Ausgangsverfahrens transportierte Waren von Deutschland nach Österreich und sollte für diese Beförderung eine Steuer entrichten. In dem sich anschließenden Verfahren berief er sich darauf, dass die Mitgliedstaaten nach Einführung eines Mehrwertsteuersystems vormals erhobene Steuern nicht mehr verlangen dürften. Der Gerichtshof entschied im Rahmen eines Vorabentscheidungsverfahrens. Nach Ansicht des Gerichtshofs fiel die hier betroffene Steuer nicht unter das Verbot von Art. 4 Abs. 2 der genannten Entscheidung, weil sie anderer Rechtsnatur war und andere Zwecke verfolgte als das gemeinsame Umsatzsteuersystem.

Aus den Entscheidungsgründen:

[3] Die Frage betrifft die Gesamtwirkung von Vorschriften, die in einer Entscheidung bzw. einer Richtlinie enthalten sind. Nach Artikel 189 EWG-Vertrag ist eine Entscheidung in allen ihren Teilen für diejenigen verbindlich, die sie bezeichnet. Ferner ist nach diesem Artikel eine Richtlinie für jeden Mitgliedstaat, an den sie gerichtet wird, hinsichtlich des zu erreichenden Ziels verbindlich, überläßt jedoch den innerstaatlichen Stellen die Wahl der Form und der Mittel.

[4] Die Bundesregierung vertritt in ihren Erklärungen die Auffassung, Artikel 189 habe, wenn er zwischen den Wirkungen von Verordnungen einerseits sowie von Entscheidungen und Richtlinien anderer-

seits unterscheide, damit für Entscheidungen und Richtlinien die Möglichkeit ausgeschlossen, die in der Frage angesprochenen Wirkungen zu erzeugen; solche Wirkungen seien vielmehr den Verordnungen vorbehalten.

[5] Zwar gelten nach Artikel 189 Verordnungen unmittelbar und können infolgedessen schon wegen ihrer Rechtsnatur unmittelbare Wirkungen erzeugen. Hieraus folgt indessen nicht, daß andere in diesem Artikel genannte Kategorien von Rechtsakten niemals ähnliche Wirkungen erzeugen könnten. Namentlich die Bestimmung, daß Entscheidungen in allen ihren Teilen für den Adressaten verbindlich sind, erlaubt die Frage, ob sich auf die durch die Entscheidung begründete Verpflichtung nur die Gemeinschaftsorgane gegenüber dem Adressaten berufen können oder ob ein solches Recht gegebenenfalls allen zusteht, die ein Interesse an der Erfüllung dieser Verpflichtung haben. Mit der den Entscheidungen durch Artikel 189 zuerkannten verbindlichen Wirkung wäre es unvereinbar, grundsätzlich auszuschließen, daß betroffene Personen sich auf die durch die Entscheidung auferlegte Verpflichtung berufen können. Insbesondere in den Fällen, in denen etwa die Gemeinschaftsbehörden einen Mitgliedstaat oder alle Mitgliedstaaten durch Entscheidung zu einem bestimmten Verhalten verpflichten, würde die nützliche Wirkung („effet utile“) einer solchen Maßnahme abgeschwächt, wenn die Angehörigen dieses Staates sich vor Gericht hierauf nicht berufen und die staatlichen Gerichte sie nicht als Bestandteil des Gemeinschaftsrechts berücksichtigen könnten. Zwar können die Wirkungen einer Entscheidung andere sein als diejenigen einer in einer Verordnung enthaltenen Vorschrift; dieser Unterschied schließt jedoch nicht aus, daß das Endergebnis, nämlich das Recht des einzelnen, sich auf die Maßnahme vor Gericht zu berufen, gegebenenfalls das gleiche sein kann wie bei einer unmittelbar anwendbaren Verordnungsvorschrift.

(...)

[8] Diese Vorschrift legt den Mitgliedstaaten somit zwei Verpflichtungen auf: einmal, spätestens von einem bestimmten Zeitpunkt an das gemeinsame Umsatzsteuersystem auf die Güterbeförderung im Eisenbahn-, Straßen- und Binnenschiffsverkehr anzuwenden, und sodann, dieses System spätestens mit seinem Inkrafttreten an die Stelle der spezifischen Steuern im Sinne von Absatz 2 treten zu lassen. Diese zweite Verpflichtung umfaßt offensichtlich das Verbot, solche Steuern einzuführen oder wiedereinzuführen, wodurch vermieden werden soll, daß das gemeinsame Umsatzsteuersystem im Verkehrswesen mit ähnlichen, zusätzlichen Steuerregelungen zusammentrifft.

[9] Nach den vom Finanzgericht vorgelegten Akten bezieht sich die Frage vor allem auf die zweite Verpflichtung. Diese Verpflichtung ist ihrem Wesen nach zwingend und allgemein, auch wenn die Vorschrift die Bestimmung des Zeitpunkts, zu dem sie wirksam wird, offenläßt. Sie untersagt den Mitgliedstaaten ausdrücklich, das gemeinsame Umsatzsteuersystem mit spezifischen Steuern zu kumulieren, die statt der Umsatzsteuer erhoben werden. Diese Verpflichtung ist unbedingt und hinreichend klar und genau, um unmittelbare Wirkungen in den Rechtsbeziehungen zwischen den Mitgliedstaaten und den einzelnen begründen zu können.

48 Rs. C-80/06 (Carp), Urteil des Gerichtshofs vom 07.06.2007.

Vorbemerkungen: *Die Frage nach der horizontalen unmittelbaren Anwendbarkeit eines Beschlusses im Sinne des Art. 288 Abs. 4 AEUV war Gegenstand der Rechtssache Carp. Auf die streitgegenständliche, an alle Mitgliedstaaten gerichtete Entscheidung kam es in einem Rechtsstreit zwischen zwei privaten Unternehmen über vertragliche Haftung an. Der Gerichtshof übertrug seine für Richtlinien entwickelte Rechtsprechung und entschied, dass auch Entscheidungen dann keine Rechtswirkungen entfalten, soweit sich daraus im Ergebnis eine Verpflichtung eines der beteiligten Privaten ergeben sollte. Dies gilt unabhängig davon, ob der Mitgliedstaat hierdurch zu einem für den Einzelnen nachteiligen Verhalten verpflichtet wird, oder ob die Entscheidung selbst Bestimmungen zum Inhalt hat, die Private berechtigen oder verpflichten. Die zweite Variante lag auch der streitigen Entscheidung zugrunde, in der die Kommission ein Konformitätsverfahren für bestimmte Bauprodukte festlegte, welchem die streitgegenständlichen Türen nicht entsprachen. Diese Grundsätze sind auch nach der Reform durch den Vertrag von Lissabon auf Beschlüsse anwendbar, soweit diese die Entscheidung ersetzen – also bei individueller Adressierung. Konsequent ist dieses Urteil vor dem Hintergrund, dass der Einzelne aus Gründen der Rechtssicherheit dann nicht durch das Unionsrecht verpflichtet werden kann, wenn er nicht Adressat der betreffenden Bestimmung ist. Von großem Interesse und einstweilen offen ist dagegen, ob mit der Übertragung dieser Rechtsprechung auch die anderen durch den Gerichtshof formulierten Rechtswirkungen von Richtlinien bei Beschlüssen zur Anwendung gelangen können: die richtlinien- bzw. dann beschlusskonforme Auslegung nationalen Rechts (vgl. Rs. Pfeiffer, Fall 43), die beiläufige* *bzw. rechtsreflexartige belastende horizontale Wirkung (vgl. Rs. Unilever, Fall 45) oder – bei Vorliegen einer Befolgungsfrist (vgl. Rs. C-156/91, Hansa Fleisch) – die Vorwirkungen im Sinne eines Frustrationsverbots (vgl. Rs. C-129/96, Inter-Environnement Wallonie). Da die damit verbundenen Probleme bei staatengerichteten Beschlüssen durchaus parallel gelagert sind, spricht viel für eine Übertragung auch dieser bei Richtlinien entwickelten Rechtswirkungen. Schließlich lässt sich im Anschluss an den Fall Carp auch die grundsätzliche Frage stellen, ob nicht doch zumindest Beschlüsse direkte „unmittelbare Wirkungen" zwischen Privaten entfalten können und zwar dann, wenn nicht der Mitgliedstaat Adressat des Beschlusses ist, sondern ein anderer Privater. Bei Richtlinien war dies per definitionem nicht möglich, Beschlüsse gem. Art. 288 Abs. 4 AEUV können dagegen auch an Einzelne (natürliche und juristische Personen) adressiert werden.* ***L:*** *Rn. 393.*

Sachverhalt: Ausgangspunkt des Vorlageverfahrens war ein Rechtsstreit zwischen den Firmen Ecorad und Carp über vertragliche Verpflichtungen aus einem Werkvertrag über die Lieferung und den Einbau dreier mit Panikstangen ausgestatteter Außentüren. Eine Vertragsbestimmung sah u. a. vor, dass die Türen im Einklang mit dem Gemeinschaftsrecht stehen müssen. Nach dem Einbau der ersten Tür durch Carp vertrat Ecorad die Ansicht, dass das eingebaute Erzeugnis nicht den gemeinschaftsrechtlichen Vorschriften entspreche, da Carp nicht über ein durch eine zugelassene Zertifizierungsstelle erteiltes Konformitätszertifikat im Sinne der Entscheidung 1999/93 verfügen würde und weigerte sich daher, ihre vertraglichen Verpflichtungen gegenüber Carp zu erfüllen. Hiergegen klagte Carp vor dem zuständigen Gericht auf Ersatz des Schadens. Im Verfahren machte Ecorad geltend, dass der verkaufte Gegenstand nicht gemeinschaftsrechtskonform sei und berief sich insoweit darauf, dass Carp gegen Bestimmungen der Entscheidung 1999/93 verstoßen habe. Das betreffende Gericht wandte sich an den EuGH mit drei Fragen in Bezug auf die Auslegung, die rechtliche Verbindlichkeit und die Gültigkeit der Entscheidung 1999/93. Diese war von der Kommission auf Grundlage der Richtlinie 89/106/EWG zur Angleichung der Rechts- und Verwaltungsvorschriften der Mitgliedstaaten über Bauprodukte erlassen wurden und war an alle Mitgliedstaaten gerichtet. Gegenstand dieser Entscheidung war die Festlegung der einschlägigen, in der Richtlinie allgemein bezeichneten Verfahren der Konformitätsbescheinigung für bestimmte Bauprodukte, worunter auch die streitgegenständlichen Türen fielen. Für diese war das von Ecorad als fehlend geltend gemachte Konformitätszertifikat vorgesehen.

Aus den Entscheidungsgründen:

[18] Die Prüfung der ersten, die Auslegung und der dritten, die Gültigkeit der Entscheidung 1999/93 betreffenden Frage setzt voraus, dass zuvor die zweite Frage bejaht wird, mit der das vorlegende Gericht wissen möchte, ob diese Entscheidung verbindliche Rechtswirkungen entfaltet. Allerdings ist noch davor zu prüfen, ob diese Entscheidung in einem Rechtsstreit zwischen Einzelnen geltend gemacht werden kann.

[19] Carp vertritt hierzu die Ansicht, dass die Entscheidung 1999/93 ihr gegenüber gegenwärtig keine verbindlichen Rechtswirkungen entfalte, da sie nicht deren Adressat sei. Ecorad hält sich demgegenüber für berechtigt, sich im Ausgangsrechtsstreit auf diese Entscheidung zu berufen.

[20] Ohne dass vorab die Gültigkeit der Entscheidung 1999/93 geprüft zu werden brauchte, ist insoweit daran zu erinnern, dass nach ständiger Rechtsprechung eine Richtlinie nicht selbst Verpflichtungen für einen Einzelnen begründen kann, so dass ihm gegenüber eine Berufung auf die Richtlinie als solche nicht möglich ist. Daraus folgt, dass sogar eine klare, genaue und unbedingte Richtlinienbestimmung, mit der dem Einzelnen Rechte gewährt oder Verpflichtungen auferlegt werden sollen, im Rahmen eines Rechtsstreits, in dem sich ausschließlich Private gegenüberstehen, nicht als solche Anwendung finden kann (Urteile vom 26. Februar 1986, Marshall, 152/84, Slg. 1986, 723, Randnr. 48, vom 14. Juli 1994, Faccini Dori, C-91/92, Slg. 1994, I-3325, Randnr. 20, vom 7. März 1996, El Corte Inglés, C-192/94, Slg. 1996, I-1281, Randnrn. 16 und 17, vom 7. Januar 2004, Wells, C-201/02, Slg. 2004, I-723, Randnr. 56, und vom 5. Oktober 2004, Pfeiffer u. a., C-397/01 bis C-403/01, Slg. 2004, I-8835, Randnrn. 108 und 109).

[21] Die Entscheidung 1999/93 wurde auf der Grundlage des Art. 13 Abs. 4 der Richtlinie 89/106 erlassen und ist an die Mitgliedstaaten gerichtet. Sie ist ein Rechtsakt von allgemeiner Geltung, der die jeweils für Türen, Fenster, Fensterläden, Rollläden, Tore und Beschläge geltenden Arten von Verfahren der Konformitätsbescheinigung festlegt und dem CEN/Cenelec das Mandat erteilt, diese in den betreffenden harmonisierten Normen, die anschließend von den für Normung zuständigen Stellen der einzelnen Mitgliedstaaten umzusetzen sind, inhaltlich auszugestalten. Gemäß Art. 249 EG ist die Entscheidung 1999/93 daher nur für die Mitgliedstaaten verbindlich, die nach Art. 4 deren einzige Adressaten sind. Demnach sind die Erwägungen, die der in der vorstehenden Randnummer angeführten Rechtsprechung hinsichtlich Richtlinien zugrunde liegen, in Bezug auf die Möglichkeit, die genannte Ent-

scheidung gegenüber einem Einzelnen geltend zu machen, entsprechend anwendbar.

[22] Auf die zweite Frage des vorlegenden Gerichts ist daher zu antworten, dass sich ein Einzelner in einem gegen einen anderen Einzelnen geführten Rechtsstreit über vertragliche Haftung nicht darauf berufen kann, dass Letzterer gegen die Vorschriften in den Art. 2 und 3 sowie in den Anhängen II und III der Entscheidung 1999/93 verstoßen habe.

[23] Angesichts dieser Antwort brauchen die erste und die dritte Vorlagefrage nicht beantwortet zu werden.

Rs. C-153/98 P (Guérin automobiles ./. Kommission), Urteil des Gerichtshofs vom 05.03.1999. 49

Vorbemerkungen: *Der EuGH stellt für sämtliche Rechtsakte der Union ausdrücklich den Grundsatz auf, dass die Organe bei deren Erlass nicht verpflichtet sind, dem Rechtsakt eine Rechtsbehelfsbelehrung beizufügen. Da der EuGH ausdrücklich auf die Adressaten eines Rechtsaktes abstellt, hat diese Entscheidung praktisch allerdings nur auf den Erlass von Beschlüssen Auswirkungen. Die Rechtslage unterscheidet sich insoweit aber fundamental von derjenigen des nationalen Rechts und wird aus der Perspektive effektiven Rechtsschutzes bisweilen kritisiert.* ***L:*** *Rn. 401, 519.*

Sachverhalt: Die Guérin automobiles EURL war Vertragshändlerin insbesondere für Fahrzeuge der Marke Nissan. Nachdem ihr unbefristeter Vertrag mit dem Importeur der Kraftfahrzeuge dieser Marke in Frankreich gekündigt wurde, reichte sie bei der Kommission eine Beschwerde gegen die Firma Nissan France ein. Die Kommission wies die Beschwerde als offensichtlich unzulässig ab, da sie nicht innerhalb der in Art. 230 Abs. 5 EG (jetzt: Art. 263 Abs. 6 AEUV) festgesetzten Frist von zwei Monaten erhoben worden sei. Daraufhin focht die Guérin automobiles GmbH die Abweisung mit der Begründung an, die allgemeinen gemeinschaftsrechtlichen Grundsätze des Vertrauensschutzes, der Rechtssicherheit, der Wahrung der Verteidigungsrechte sowie des wirksamen Rechtsschutzes u. a. seien durch die Abweisung verletzt. Insbesondere forderte sie eine Belehrung über mögliche Rechtsbehelfe und Fristen, da noch nicht allen Bürgern die einschlägigen Vorschriften des Gemeinschaftsrechts geläufig seien. Der EuGH sah mangels einer ausdrücklichen gemeinschaftsrechtlichen Regelung für die Verwaltungen oder die Gerichte der Mitgliedstaaten keine allgemeine Verpflichtung, Rechtsbehelfsbelehrungen vorzusehen.

Aus den Entscheidungsgründen:

[13] Die Artikel 189, 190, 191 und 192 EG-Vertrag, die die Natur und das System der Rechtsakte, die von den Gemeinschaftsorganen erlassen werden können, genau definieren, erlegen diesen keine allgemeine Verpflichtung auf, die Adressaten dieser Rechtsakte über die möglichen Rechtsbehelfe und die Fristen, in denen sie eingelegt werden können, zu belehren.

[14] Zwar besteht in den meisten Mitgliedstaaten eine derartige Belehrungspflicht der Verwaltung. Diese wurde jedoch im allgemeinen vom Gesetzgeber aufgestellt und geregelt. Außerdem würde der Regelungsgegenstand es erforderlich machen, vorab insbesondere die betroffenen Verwaltungshandlungen sowie den Wortlaut und die Form der vorgeschriebenen Angaben zu bestimmen und festzulegen, an welcher Stelle, sei es in dem fraglichen Rechtsakt selbst oder in einem gesonderten Dokument, diese Angaben zu machen sind, und zu regeln, welche Folgen es hat, wenn die vorgeschriebene Belehrung fehlt oder die erteilten Auskünfte unrichtig sind.

[15] Mangels einer ausdrücklichen gemeinschaftsrechtlichen Regelung besteht daher für die Verwaltungen oder die Gerichte der Gemeinschaft keine allgemeine Verpflichtung, die Gemeinschaftsbürger über die möglichen Rechtsbehelfe und die Bedingungen, unter denen sie diese einlegen können, zu belehren.

4. Empfehlungen

50 **Rs. C-322/88 (Grimaldi),**
Urteil des Gerichtshofs vom 13.12.1989.

Vorbemerkungen: *Der Gerichtshof äußerte sich in der vorliegenden Entscheidung zur Frage möglicher Rechtswirkungen einer Empfehlung der Kommission. Empfehlungen vermögen danach generell keine Rechte für Einzelne zu begründen, können jedoch als Maßstab zur Auslegung anderer innerstaatlicher oder unionaler Bestimmungen herangezogen werden.* ***L:*** *Rn. 396.*

Sachverhalt: Der italienische Staatsbürger Grimaldi war in Belgien bis zu seinem Ruhestand im Jahre 1980 als Arbeiter tätig. Im Jahre 1983 beantragte er bei der belgischen „Kasse für Berufskrankheiten“, einer unter Aufsicht des Sozialministeriums stehenden öffentlichen Einrichtung, anzuerkennen, dass er an einer Berufskrankheit leide. Dieser Antrag wurde abgelehnt, woraufhin Herr Grimaldi Klage beim zuständigen Arbeitsgericht erhob. Nachdem durch die Einholung eines Gutachtens das Vorliegen dieser Krankheit bestätigt worden war, beantragte er die Anerkennung dieser Erkrankung als Berufskrankheit, da diese einem in der der Empfehlung vom 23.07.1962 als Anlage beigefügten Europäischen Liste der Berufskrankheiten umschriebenen speziellen Krankheitsbild gleichzustellen sei. Mit seiner Vorlagefrage an den EuGH wollte das vorlegende nationale Gericht u. a. geklärt wissen, ob ein Text wie die „Europäische Liste" der Berufskrankheiten aufgrund einer Auslegung des Art. 249 Absatz 5 EG (jetzt: Art. 288 Abs. 5 AEUV) in einem Mitgliedstaat unmittelbare Wirkung erlangen könne. Dies wurde durch den EuGH zwar verneint, eine völlige Unverbindlichkeit der Empfehlung folgte daraus jedoch nicht.

Aus den Entscheidungsgründen:

[11] Aus der ständigen Rechtsprechung des Gerichtshofs ergibt sich, daß zwar gemäß Artikel 189 EWG-Vertrag Verordnungen unmittelbar gelten und infolgedessen schon wegen ihrer Rechtsnatur unmittelbare Wirkungen erzeugen können, hieraus indessen nicht folgt, daß andere in diesem Artikel genannte Kategorien von Rechtsakten niemals ähnliche Wirkungen erzeugen könnten (...).

[12] Im Rahmen der Prüfung, ob die beiden genannten Empfehlungen Rechte für die einzelnen begründen können, ist jedoch zunächst zu klären, ob sie geeignet sind, bindende Wirkungen zu erzeugen.

[13] Dazu ist zu bemerken, daß Empfehlungen, die gemäß Artikel 189 Absatz 5 EWG-Vertrag nicht verbindlich sind, im allgemeinen dann von den Organen der Gemeinschaft ausgesprochen werden, wenn diese nach dem EWG-Vertrag nicht ermächtigt sind, rechtsverbindliche Maßnahmen zu erlassen, oder wenn nach ihrer Ansicht kein Anlaß zu einer zwingenderen Regelung besteht.

[14] Im Hinblick auf die ständige Rechtsprechung des Gerichtshofs (vgl. insbesondere das Urteil vom 29. Januar 1985 in der Rechtssache 147/83, Binderer/Kommission, Slg. 1985, 257), wonach die Wahl der Form die Rechtsnatur einer Maßnahme nicht ändern kann, ist allerdings zu prüfen, ob der Inhalt einer Maßnahme tatsächlich mit der für sie gewählten Form übereinstimmt.

(...)

[16] Unter diesen Umständen kann kein Zweifel daran bestehen, daß die fraglichen Maßnahmen echte Empfehlungen sind, d. h. Handlungen, die auch gegenüber ihren Adressaten keine bindende Wirkung

entfalten sollen. Sie können folglich für die einzelnen keine vor den innerstaatlichen Gerichten durchsetzbaren Rechte begründen.

(...)

[18] Um jedoch die Frage des vorlegenden Gerichts vollständig zu beantworten, ist darauf hinzuweisen, daß die fraglichen Maßnahmen nicht als rechtlich völlig wirkungslos angesehen werden können. Die innerstaatlichen Gerichte sind nämlich verpflichtet, bei der Entscheidung der bei ihnen anhängigen Rechtsstreitigkeiten die Empfehlungen zu berücksichtigen, „insbesondere dann, wenn diese Aufschluß über die Auslegung zu ihrer Durchführung erlassener innerstaatlicher Rechtsvorschriften geben oder wenn sie verbindliche gemeinschaftliche Vorschriften ergänzen sollen.

III. EU und Völkerrecht

1. Die Vertragsschließungskompetenzen der Europäischen Union

51 **Rs. 22/70 (Kommission ./. Rat; „AETR"), Urteil des Gerichtshofs vom 31.03.1971.**

Vorbemerkungen: *Im vorliegenden Urteil stellte der EuGH zum ersten Mal klar, welchen Umfang die völkerrechtlichen Vertragsschlusskompetenzen der damaligen EG hatten. Grundsätzlich standen der EG nur die ihr ausdrücklich zugewiesenen Kompetenzen zu. Dies galt auch für den Abschluss von völkerrechtlichen Verträgen. Dieser Ansatz erwies sich jedoch in der Praxis als zu eng, sodass der EuGH unter Inanspruchnahme der sog. „implied powers Lehre" eine Parallelität zwischen Innen- und Außenkompetenzen der (damaligen) Gemeinschaft entwickelte. Demnach genoss die EG im Hinblick auf die Zuständigkeiten, die ihr im Verhältnis zu den Mitgliedstaaten eingeräumt wurden, auch die dazugehörigen Außenkompetenzen. Nach dem Vertrag von Lissabon wurden diese Grundsätze in Art. 216 AEUV und in Art. 3 Abs. 2 AEUV weitgehend kodifiziert.* **L:** *Rn. 54, 55, 159, 394.*

Sachverhalt: In der Rechtssache AETR hatte der Gerichtshof sich mit der Frage der Zuständigkeit der Gemeinschaft im Verhältnis zu den Mitgliedstaaten hinsichtlich des Abschlusses des Europäischen Übereinkommens über die Arbeit der im internationalen Straßenverkehr beschäftigten Fahrzeugbesatzungen

(AETR) zu beschäftigen. Der Rat legte in diesem Zusammenhang eine gemeinsame Position fest, welche die Mitgliedstaaten in den Verhandlungen über dieses Abkommen einnehmen sollten. Entsprechend diesem Beschluss wurden die Verhandlungen abgeschlossen und das Abkommen zur Unterzeichnung durch die Staaten aufgelegt. Die Kommission vertrat in der von ihr erhobenen Nichtigkeitsklage dagegen die Position, der Gemeinschaft stünde in dieser Angelegenheit die ausschließliche Vertragsabschlusskompetenz zu, da es sich um eine Frage des grenzüberschreitenden Verkehrs handele und Art. 71 EG (heute: Art. 91 AEUV) der Gemeinschaft eine derartige ausschließliche Kompetenz einräume.

Aus den Entscheidungsgründen:

[6/8] Nach Ansicht der Kommission gilt Artikel 75 EWG-Vertrag, welcher der Gemeinschaft eine weit gefasste Zuständigkeit zur Durchführung der gemeinsamen Verkehrspolitik verleihe, auf diesem Gebiet ebenso für die Außenbeziehungen wie für interne Maßnahmen. Diese Bestimmung könne ihren Zweck nicht erfüllen, wenn die Befugnisse, die sie vorsehe, insbesondere die Befugnis, nach Absatz 1 Buchstabe c dieses Artikels „alle zweckdienlichen Vorschriften" zu erlassen, nicht auf den Abschluß von Vereinbarungen mit dritten Staaten auszudehnen seien. Diese Zuständigkeit habe allerdings ursprünglich nicht für das gesamte Verkehrswesen bestanden, sie entwickle sich aber in dem Maße, wie auf diesem Gebiet die gemeinsame Verkehrspolitik verwirklicht werde, zu einer allgemeinen und ausschließlichen Zuständigkeit.

[9/11] Der Rat macht für seinen Teil geltend, die Zuständigkeiten der Gemeinschaft beruhten auf Erteilung, eine Zuständigkeit zum Abschluss von Abkommen mit dritten Staaten könne daher nicht ohne ausdrückliche Vertragsvorschrift angenommen werden. Insbesondere betreffe Artikel 75 nur innergemeinschaftliche Maßnahmen und könne nicht als zum Abschluß internationaler Abkommen berechtigend ausgelegt werden. Selbst wenn dem anders wäre, könnte diese Zuständigkeit der Gemeinschaft nicht allgemein und ausschließlich sein, sondern höchstens mit der der Mitgliedstaaten konkurrieren.

[12] Da der Vertrag die Aushandlung und den Abschluß internationaler Abkommen für den Bereich der Verkehrspolitik – ein solches Abkommen ist das AETR im wesentlichen – nicht durch besondere Vorschriften regelt, muß auf das allgemeine System des Gemeinschaftsrechts auf dem Gebiet der Beziehungen zu dritten Staaten zurückgegriffen werden.

[13/14] Artikel 210 bestimmt: „Die Gemeinschaft besitzt Rechtspersönlichkeit." Diese Bestimmung, die den die „Allgemeinen und

Schlussbestimmungen“ enthaltenden sechsten Teil des Vertrages einleitet, bedeutet, daß die Gemeinschaft in den Außenbeziehungen die Fähigkeit, vertragliche Bindungen mit dritten Staaten einzugehen, im gesamten Bereich der im ersten Teil des Vertrages, den der sechste ergänzt, umschriebenen Ziele besitzt.

[15/19] Um im Einzelfall zu ermitteln, ob die Gemeinschaft zum Abschluß internationaler Abkommen zuständig ist, muß auf das System und auf die materiellen Vorschriften des Vertrages zurückgegriffen werden. Eine solche Zuständigkeit ergibt sich nicht nur aus einer ausdrücklichen Erteilung durch den Vertrag wie der in den Artikeln 113 und 114 für die Zoll- und Handelsabkommen und in Artikel 238 für die Assoziierungsabkommen ausgesprochenen, sondern sie kann auch aus anderen Vertragsbestimmungen und aus in ihrem Rahmen ergangenen Rechtsakten der Gemeinschaftsorgane fließen. Insbesondere sind in den Bereichen, in denen die Gemeinschaft zur Verwirklichung einer vom Vertrag vorgesehenen gemeinsamen Politik Vorschriften erlassen hat, die in irgendeiner Form gemeinsame Rechtsnormen vorsehen, die Mitgliedstaaten weder einzeln noch selbst gemeinsam handelnd berechtigt, mit dritten Staaten Verpflichtungen einzugehen, die diese Normen beeinträchtigen. In dem Maße, wie diese Gemeinschaftsrechtsetzung fortschreitet, kann nur die Gemeinschaft mit Wirkung für den gesamten Geltungsbereich der Gemeinschaftsrechtsordnung vertragliche Verpflichtungen gegenüber dritten Staaten übernehmen und erfüllen. Daher kann beim Vollzug der Vorschriften des Vertrages die für innergemeinschaftliche Maßnahmen geltende Regelung nicht von der für die Außenbeziehungen geltenden getrennt werden.

[20/22] In Artikel 3 Buchstabe e EWG-Vertrag ist die Einführung einer gemeinsamen Politik auf dem Gebiet des Verkehrs unter den Zielen der Gemeinschaft besonders erwähnt. Nach Artikel 5 EWG-Vertrag haben die Mitgliedstaaten einerseits alle Maßnahmen zur Erfüllung der Verpflichtungen zu treffen, die sich aus dem Vertrag oder aus Handlungen der Organe ergeben, und andererseits alle Maßnahmen zu unterlassen, welche die Verwirklichung der Ziele des Vertrages gefährden könnten. Zusammengenommen ergeben diese Bestimmungen, daß die Mitgliedstaaten außerhalb des Rahmens der Gemeinschaftsorgane keine Verpflichtungen eingehen können, welche Gemeinschaftsrechtsnormen, die zur Verwirklichung der Vertragsziele ergangen sind, beeinträchtigen oder in ihrer Tragweite ändern können.

[23/29] Nach Artikel 74 sind die Ziele des Vertrages auf dem Gebiet des Verkehrswesens durch eine gemeinsame Politik zu verfolgen. Zu diesem Zweck beauftragt Artikel 75 Absatz 1 den Rat, gemeinsame Regeln aufzustellen und „alle sonstigen zweckdienlichen Vorschriften" zu erlassen. Nach Buchstabe a der gleichen Bestimmung sind diese Regeln aufzustellen „für den internationalen Verkehr aus oder nach dem Hoheitsgebiet eines Mitgliedstaats oder für den Durchgangsverkehr durch das Hoheitsgebiet eines oder mehrerer Mitgliedstaaten". Diese Bestimmung betrifft für den innergemeinschaftlichen Streckenteil auch den Verkehr aus oder nach dritten Staaten. Sie setzt daher voraus, daß die Zuständigkeit der Gemeinschaft sich auf Beziehungen erstreckt, die dem internationalen Recht unterliegen, und schließt damit insoweit die Notwendigkeit ein, mit den beteiligten dritten Ländern Abkommen zu schließen. Allerdings sehen die Artikel 74 und 75 nicht ausdrücklich eine Gemeinschaftszuständigkeit zum Abschluß internationaler Abkommen vor; die Inkraftsetzung der Verordnung Nr. 543/69 des Rates über die Harmonisierung bestimmter Sozialvorschriften im Straßenverkehr (Amtsblatt L 77 vom 29. März 1969, S. 49) am 25. März 1969 hat jedoch zwangsläufig die Zuständigkeit der Gemeinschaft für alle Abkommen mit dritten Staaten nach sich gezogen, welche das in der Verordnung geregelte Sachgebiet betreffen. Diese Zuständigkeitserteilung erkennt übrigens Artikel 3 der Verordnung ausdrücklich an, der vorsieht, daß „die Gemeinschaft ... mit den dritten Ländern die Verhandlungen aufnehmen (wird), die zur Anwendung dieser Verordnung gegebenenfalls erforderlich sind".

[30/31] Da das im AETR geregelte Sachgebiet zum Anwendungsbereich der Verordnung Nr. 543/69 gehört, liegt die Zuständigkeit zur Aushandlung und zum Abschluß dieses Abkommens seit Inkrafttreten der Verordnung bei der Gemeinschaft. Neben dieser Gemeinschaftszuständigkeit kann es keine konkurrierende Zuständigkeit der Mitgliedstaaten geben, da alles, was außerhalb der Gemeinschaftsorgane geschieht, mit der Einheit des gemeinsamen Marktes und der einheitlichen Anwendung des Gemeinschaftsrechts unvereinbar ist.

Gutachten 2/15 (Freihandelsabkommen Singapur), Gutachten des Gerichtshofs vom 16.05.2017. 52

Vorbemerkungen: *Der EuGH nahm im Rahmen eines von der Kommission erbetenen Gutachtens zur Frage der Zuständigkeit der EU zur Vertragsunterzeichnung bezüglich des Freihandelsabkommens mit Singapur Stellung. Er betonte dabei, dass er keinerlei Aussage über die inhaltliche Vereinbarkeit der Bestimmungen mit dem Unionsrecht treffen würde. Bezüglich der Kompetenzverteilung kam er zu dem Ergebnis,* *dass es sich, entgegen dem Vorbringen der Kommission, um ein sog. gemischtes Abkommen handelte und dieses in seiner damaligen Fassung daher zwingend auch der Ratifizierung durch die Mitgliedstaaten bedurfte. Damit konnte die Union das Abkommen nicht als alleiniger Vertragspartner schließen. Sie war vielmehr auf die Zustimmung aller (damals noch) 28 Mitgliedstaaten angewiesen. Dies begründete der EuGH damit, dass bestimmte Bereiche des Freihandelsabkommens, wie etwa andere ausländische Investitionen als Direktinvestitionen (Portfolioinvestitionen), nicht dem alleinigen Zuständigkeitsbereich der Union gem. Art. 3, 207 AEUV zuzuordnen seien. Hierfür wäre erforderlich gewesen, dass der Abschluss des Abkommens gemeinsame Regelungen der Union beeinträchtigen oder sie in ihrer Tragweite verändern könnte. Da dies nach Auffassung des EuGH aber trotz der Ausweitung der handelspolitischen Kompetenzen der Union durch den Vertrag von Lissabon nicht der Fall war, fielen die diesbezüglichen Bestimmungen in die zwischen der EU und den Mitgliedstaaten geteilte Zuständigkeit. Gleiches gelte, so der Gerichtshof, für Regelungen im Hinblick auf die Streitbeilegung zwischen Investoren und Staat. Das Gutachten des Gerichtshofs sorgte europaweit für Aufsehen. Vorschnell wurde von den Medien geschlussfolgert, dass der EuGH mit seiner Entscheidung die nationalen Parlamente habe stärken wollen, mit der Konsequenz, dass die Union zukünftig kaum noch als alleiniger Vertragspartner einen völkerrechtlichen Vertrag mit einem Drittstaat schließen könne. Diese Betrachtungsweise war jedoch nicht zutreffend. Der EuGH stellte im Einklang mit seiner Entscheidungspraxis vielmehr klar, dass die Union für Freihandelsabkommen der neuen Generation nahezu umfassend die ausschließliche Zuständigkeit besitzt. Lediglich für den eng umgrenzten Bereich der Portfolioinvestitionen und der internationalen Schiedsgerichtsbarkeit, soweit Mitgliedstaaten direkt verklagt werden können, sprach der EuGH der Union die alleinige Kompetenz ab. Die Entscheidung des Gerichtshofs war damit richtungsweisend für sämtliche (geplante) Freihandelsabkommen der Union, wie etwa TTIP, CETA oder dem Abkommen zwischen der Union und dem Vereinigten Königreich nach dessen Austritt aus der Union.* ***L:*** *Rn. 1290.*

Sachverhalt: Am 20.09.2013 paraphierten die EU und Singapur den Text eines Freihandelsabkommens. Hierbei handelte es sich um ein bilaterales Abkommen der neuen Generation, also um einen völkerrechtlichen Vertrag, der über traditionelle Bestimmungen hinaus Bereiche regelte, die mit dem Handel zwischen den Staaten in unmittelbaren Zusammenhang standen. Im Rahmen dessen ersuchte die Kommission den EuGH um ein Gutachten um zu klären, ob es sich diesbezüglich um ein sog. gemischtes Abkommen handelte, oder ob die EU über eine ausschließliche Zuständigkeit gem. Art. 3, 207 AEUV für den Abschluss des völkerrechtlichen Vertrages verfügte. Hierüber bestand zwischen den verschiedenen Organen der Union, sowie den Regierungen der einzelnen Mitgliedstaaten kein Konsens. Die Kommission und das Parlament waren der Ansicht, dass es auf eine Ratifizierung der einzelnen Mitgliedstaaten nicht ankomme, da die EU im Hinblick auf das Freihandelsabkommen die Kompetenz zur alleinigen Unterzeichnung innehabe. Der Rat und die Regierungen aller Mitgliedstaaten gingen hingegen davon aus, dass bestimmte Bereiche des Vertrages in die geteilte bzw. sogar in die ausschließliche Zuständigkeit der Mitgliedstaaten fielen.

Aus den Entscheidungsgründen:

[33] Nach Art. 3 Abs. 1 Buchst. e AEUV verfügt die Union über die ausschließliche Zuständigkeit im Bereich der gemeinsamen Handelspolitik.

(...)

[36] Insoweit ist nach ständiger Rechtsprechung ein Rechtsakt der Union, wie ein von dieser geschlossenes Abkommen, nicht schon deshalb zu der Kategorie von Rechtsakten, die unter die gemeinsame Handelspolitik fallen, zu zählen, weil er bestimmte Auswirkungen auf den Handelsverkehr mit einem oder mehreren Drittstaaten haben kann. Dagegen ist ein Rechtsakt der Union Teil der gemeinsamen Handelspolitik, wenn er speziell diesen Handelsverkehr betrifft, weil er ihn im Wesentlichen fördern, erleichtern oder regeln soll und sich direkt und sofort auf ihn auswirkt (vgl. u. a. Urteile vom 18. Juli 2013, Daiichi Sankyo und Sanofi-Aventis Deutschland, C-414/11, EU:C:2013:520, Rn. 51, sowie vom 22. Oktober 2013, Kommission/Rat, C-137/12, EU:C:2013:675, Rn. 57, und Gutachten 3/15 [Vertrag von Marrakesch über den Zugang zu veröffentlichten Werken] vom 14. Februar 2017, EU:C:2017:114, Rn. 61).

[37] Demnach fallen nur die Teile des geplanten Abkommens unter die gemeinsame Handelspolitik, die im oben genannten Sinne einen spezifischen Bezug zum Handelsverkehr zwischen der Union und der Republik Singapur aufweisen.

(...)

[82] Die Union verfügt daher nach Art. 3 Abs. 1 Buchst. e AEUV über die ausschließliche Zuständigkeit für die Genehmigung jeder Verpflichtung gegenüber einem Drittstaat, die sich auf Investitionen natürlicher oder juristischer Personen dieses Drittstaats in der Union und umgekehrt bezieht, die die Möglichkeit bietet, sich tatsächlich an der

Verwaltung oder Kontrolle einer Gesellschaft zu beteiligen, die eine wirtschaftliche Tätigkeit ausübt.

[83] Dass die Verfasser des AEU-Vertrags in Art. 207 Abs. 1 AEUV den Ausdruck „ausländische Direktinvestitionen" verwendet haben, zeigt eindeutig ihren Willen, andere ausländische Investitionen nicht in die gemeinsame Handelspolitik aufzunehmen. Es ist daher davon auszugehen, dass Verpflichtungen gegenüber einem Drittstaat im Zusammenhang mit diesen anderen ausländischen Investitionen nicht nach Art. 3 Abs. 1 Buchst. e AEUV in die ausschließliche Zuständigkeit der Union fallen.

(...)

[109] Nach alledem fallen die Bestimmungen von Kapitel 9 Abschnitt A des geplanten Abkommens unter die gemeinsame Handelspolitik, soweit sie die ausländischen Direktinvestitionen zwischen der Union und der Republik Singapur betreffen.

(...)

[168] Aus den in den Rn. 56 bis 68 des vorliegenden Gutachtens angeführten Gründen fallen die in Kapitel 8 des geplanten Abkommens enthaltenen Verpflichtungen, soweit sie die Dienstleistungen des internationalen Seeverkehrs, des Eisenbahnverkehrs, des Straßenverkehrs und des Binnenschiffsverkehrs und die naturgemäß damit verbundenen Dienstleistungen betreffen, nicht unter die gemeinsame Handelspolitik, sondern sind gemäß der Aufteilung der Zuständigkeiten zwischen der Union und den Mitgliedstaaten für die gemeinsame Verkehrspolitik zu genehmigen.

(...)

[217] Nach ständiger Rechtsprechung sind bei der Prüfung der Art der Zuständigkeit für den Abschluss einer internationalen Übereinkunft keine Bestimmungen dieser Übereinkunft zu berücksichtigen, die von äußerst begrenzter Tragweite sind (vgl. u. a. Gutachten 1/08 [Abkommen zur Änderung der Listen spezifischer Verpflichtungen nach dem GATS] vom 30. November 2009, EU:C:2009:739, Rn. 166 und die dort angeführte Rechtsprechung). Daher ist im vorliegenden Fall die Art der Zuständigkeit der Union für die in Kapitel 8 des geplanten Abkommens enthaltenen Verpflichtungen im Verkehrsbereich unter Berücksichtigung der Verpflichtungen in Bezug auf den See-, Eisenbahn- und Straßenverkehr zu bestimmen. Da die Union aus den in den Rn. 175 bis 212 des vorliegenden Gutachtens angeführten Gründen nach Art. 3 Abs. 2 AEUV für die Genehmigung dieser Verpflichtungen ausschließlich zuständig ist, ist sie gemäß dieser Schlussfolgerung in Verbindung mit der Schlussfolgerung in Rn. 69 des vorliegenden Gutachtens für das gesamte Kapitel 8 ausschließlich zuständig.

(...)

[226] Es ist nun zu klären, ob die Union auch nach Art. 3 Abs. 2 AEUV ausschließlich zuständig ist, soweit dieser Abschnitt A andere ausländische Investitionen zwischen der Union und diesem Drittstaat betrifft.

[227] Insoweit ist darauf hinzuweisen, dass andere ausländische Investitionen als Direktinvestitionen u. a. in Form des Erwerbs von Unternehmenswertpapieren in der Absicht einer Geldanlage, ohne auf die Verwaltung und Kontrolle des Unternehmens Einfluss nehmen zu wollen (sogenannte Portfolioinvestitionen), erfolgen können und dass solche Investitionen Kapitalverkehr im Sinne von Art. 63 AEUV darstellen (vgl. u. a. Urteile vom 28. September 2006, Kommission/Niederlande, C-282/04 und C-283/04, EU:C:2006:208, Rn. 19, vom 21. Oktober 2010, Idryma Typou, C-81/09, EU:C:2010:622, Rn. 48, und vom 10. November 2011, Kommission/Portugal, C-212/09, EU:C:2011:717, Rn. 47).

(...)

[233] Diesen Passagen des Urteils vom 31. März 1971, Kommission/Rat (22/70, EU:C:1971:32), ist zu entnehmen, dass unter „gemeinsamen Regeln“ die Bestimmungen des abgeleiteten Rechts zu verstehen sind, die von der Gemeinschaft, jetzt Union, nach und nach eingeführt wurden, und dass die Union, wenn sie ihre interne Zuständigkeit in dieser Weise wahrgenommen hat, entsprechend über eine ausschließliche Außenzuständigkeit verfügen muss, um zu verhindern, dass die Mitgliedstaaten internationale Verpflichtungen eingehen, die diese gemeinsamen Regeln beeinträchtigen oder deren Tragweite verändern könnten.

[234] Die Überlegung, aus der heraus die Regel über die ausschließliche Außenzuständigkeit im Urteil vom 31. März 1971, Kommission/Rat (22/70, EU:C:1971:32), aufgestellt und von der späteren Rechtsprechung des Gerichtshofs (vgl. u. a. Urteil vom 5. November 2002, Kommission/Dänemark, C-467/98, EU:C:2002:625, Rn. 77 bis 80) bestätigt wurde, würde verkannt, wenn der Anwendungsbereich dieser Regel, die jetzt in Art. 3 Abs. 2 letzter Halbsatz AEUV verankert ist, auf einen Fall ausgedehnt würde, der, wie vorliegend, keine Regeln des abgeleiteten Rechts betrifft, die von der Union im Rahmen der Ausübung einer ihr durch die Verträge übertragenen internen Zuständigkeit festgelegt wurden, sondern eine Regel des Primärrechts der Union, die von den Verfassern dieser Verträge eingeführt wurde.

[235] In Anbetracht des Vorrangs des EU- und des AEU-Vertrags vor den Rechtsakten, die auf ihrer Grundlage erlassen werden, beziehen diese Rechtsakte einschließlich der von der Union mit Drittstaaten ge-

schlossenen Übereinkünfte zum anderen zwar ihre Legitimität aus diesen Verträgen, doch können sie keinen Einfluss auf den Sinn oder die Tragweite der Bestimmungen der Verträge haben. Diese Übereinkünfte können daher die Regeln des Primärrechts der Union nicht im Sinne von Art. 3 Abs. 2 AEUV „beeinträchtigen" oder „deren Tragweite ändern".

(...)

[238] Demnach verfügt die Union nicht über eine ausschließliche Zuständigkeit für den Abschluss eines internationalen Abkommens mit der Republik Singapur, soweit das Abkommen den Schutz anderer ausländischer Investitionen als Direktinvestitionen betrifft.

(...)

[243] Aus den Rn. 80 bis 109 und 226 bis 242 des vorliegenden Gutachtens ergibt sich, dass die in Kapitel 9 Abschnitt A des geplanten Abkommens enthaltenen Verpflichtungen unter die gemeinsame Handelspolitik der Union und somit nach Art. 3 Abs. 1 Buchst. e AEUV in deren ausschließliche Zuständigkeit fallen, soweit sie ausländische Direktinvestitionen singapurischer Staatsangehöriger in der Union und umgekehrt betreffen. Gemäß Art. 4 Abs. 1 und 2 Buchst. a AEUV fallen diese Verpflichtungen hingegen in die zwischen der Union und den Mitgliedstaaten geteilte Zuständigkeit, soweit sie andere Arten von Investitionen betreffen.

[244] Demnach kann Abschnitt A dieses Kapitels des geplanten Abkommens nicht von der Union allein genehmigt werden.

(...)

[276] Der Gerichtshof hat bereits entschieden, dass die Zuständigkeit der Union für die Eingehung internationaler Verpflichtungen die Zuständigkeit einschließt, diese Verpflichtungen mit organisatorischen Bestimmungen zu flankieren. Dass sie im Abkommen enthalten sind, wirkt sich nicht auf die Art der Zuständigkeit für dessen Abschluss aus. Diese Bestimmungen haben nämlich Hilfscharakter und fallen damit in die gleiche Zuständigkeit wie die materiell-rechtlichen Bestimmungen, denen sie zur Seite gestellt sind (vgl. in diesem Sinne u. a. Gutachten 1/76 [Übereinkommen über die Errichtung eines Europäischen Stilllegungsfonds für die Binnenschifffahrt] vom 26. April 1977, EU:C:1977:63, Rn. 5, Gutachten 1/78 [Internationales Naturkautschukübereinkommen] vom 4. Oktober 1979, EU:C:1979:224, Rn. 56, und Urteil vom 22. Oktober 2013, Kommission/Rat, C-137/12, EU:C:2013:675, Rn. 70 und 71).

(...)

[285] Wie in Art. 9.11 Abs. 1 des geplanten Abkommens ausgeführt, enthält Kapitel 9 Abschnitt B eine Regelung für die Beilegung von

„Streitigkeiten zwischen einem Kläger einer Vertragspartei und der beklagten anderen Vertragspartei, die eine angeblich gegen die Bestimmungen des Abschnitts A (Investitionsschutz) verstoßende Behandlung betreffen, welche dem Kläger oder seinem gebietsansässigen Unternehmen angeblich einen Verlust oder einen Schaden verursacht".

[286] Nach Art. 9.11 Abs. 2 Buchst. a und e dieses Abkommens kann nicht nur die Union, sondern können auch die Mitgliedstaaten an diesen Streitigkeiten als Beklagte beteiligt sein, entweder, weil sie nach Art. 9.15 Abs. 2 dieses Abkommens als solche von der Union festgestellt wurden, oder, weil sie es in Anwendung von Art. 9.15 Abs. 3 dieses Abkommens sein müssen.

(...)

[290] Unbeschadet der Erwägungen in Rn. 30 des vorliegenden Gutachtens hat der Gerichtshof über die Art der Zuständigkeit für die Einführung einer solchen Streitbeilegungsregelung zu befinden. Wie sich insoweit aus Art. 9.17 des geplanten Abkommens ergibt, schließt das Abkommen es zwar nicht aus, dass eine Streitigkeit zwischen einem singapurischen Investor und einem Mitgliedstaat bei den Gerichten dieses Mitgliedstaats anhängig gemacht wird, doch ist dies nur eine bloße Möglichkeit, deren Wahrnehmung im Ermessen des klägerischen Investors liegt.

[291] Dieser kann nämlich nach Art. 9.16 dieses Abkommens entscheiden, ein Schiedsverfahren einzuleiten, ohne dass sich der Mitgliedstaat dem widersetzen könnte, da seine Zustimmung hierfür gemäß Art. 9.16 Abs. 2 dieses Abkommens als erteilt unterstellt wird.

[292] Eine solche Regelung, die Streitigkeiten der gerichtlichen Zuständigkeit der Mitgliedstaaten entzieht, kann jedoch keinen bloßen Hilfscharakter im Sinne der in Rn. 276 des vorliegenden Gutachtens angeführten Rechtsprechung haben und kann daher nicht ohne Einverständnis der Mitgliedstaaten eingeführt werden.

[293] Folglich fällt die Genehmigung von Kapitel 9 Abschnitt B des geplanten Abkommens nicht in die ausschließliche Zuständigkeit der Union, sondern in die zwischen der Union und den Mitgliedstaaten geteilte Zuständigkeit.

2. Geltung und unmittelbare Anwendbarkeit der völkerrechtlichen Abkommen im Unionsrecht, insbesondere im Rahmen der WTO

53 Rs. 104/81 (Kupferberg), Urteil des Gerichtshofs vom 26.10.1982.

Vorbemerkungen: *In diesem Verfahren stellte sich die Frage, ob ein zwischen der Union und Portugal bestehendes Freihandelsabkommen, welches auf der Grundlage des Art. 207 AEUV geschlossen worden war, unmittelbar anwendbares Unionsrecht sein und ob das Abkommen den einzelnen Marktbürgern damit Rechte verleihen konnte. Der EuGH bejahte diese im Grundsatz, unterwarf aber auch hier das in Frage stehende Freihandelsabkommen einer genauen Prüfung, ob die in Frage stehende Bestimmung des Abkommens eine unbedingte und eindeutige Verpflichtung zum Gegenstand hat.*

Sachverhalt: Die Firma Kupferberg fertigte – vor dem EG-Beitritt Portugals – eine Ladung Portwein zum freien Verkehr in der Bundesrepublik Deutschland ab, woraufhin das zuständige Hauptzollamt den sog. Monopolausgleich in Höhe des Satzes der innerstaatlichen Branntweinsteuer erhob. Nachdem sich das Finanzgericht auf die gegen diesen Bescheid durch die Firma Kupferberg erhobene Klage bei der Berechnung des Abgabensatzes nicht auf die diesbezüglichen deutschen gesetzlichen Regelungen, sondern auf Art. 31 und 90 EG (Art. 37 und 111 AEUV) i.V.m. Art. 21 des Freihandelsabkommens vom 22.07.1972 zwischen der EWG und der Portugiesischen Republik stützte und dabei die unmittelbare Wirkung und Anwendbarkeit der letztgenannten Bestimmung bejahte, legte das Hauptzollamt Revision beim Bundesfinanzhof ein. Der Bundesfinanzhof legte dem EuGH im Rahmen des Vorabentscheidungsverfahrens die Frage nach der unmittelbaren Anwendbarkeit dieses Abkommens im Gemeinschaftsrecht und der für den Gemeinschaftsbürger daraus möglicherweise resultierenden Rechte vor. Der EuGH bejahte die unmittelbare Anwendbarkeit sowie die Geeignetheit, den einzelnen Wirtschaftsteilnehmern Rechte zu verleihen.

Aus den Entscheidungsgründen:

[11] Im Vertrag zur Gründung der Gemeinschaft ist den Organen die Befugnis übertragen worden, nicht nur innerhalb der Gemeinschaft anwendbare Rechtsakte zu erlassen, sondern auch gemäß den Bestimmungen des Vertrages Abkommen mit dritten Ländern und internationalen

Organisationen abzuschließen. Nach Artikel 228 Absatz 1 sind die Mitgliedstaaten und diese Organe an diese Abkommen in gleicher Weise gebunden. Folglich haben sowohl die Gemeinschaftsorgane als auch die Mitgliedstaaten zu gewährleisten, daß die Verpflichtungen aus derartigen Abkommen eingehalten werden.

(...)

[13] Indem die Mitgliedstaaten dafür sorgen, daß die Verpflichtungen aus einem von den Gemeinschaftsorganen geschlossenen Abkommen eingehalten werden, erfüllen sie eine Pflicht, die nicht nur dem betroffenen Drittland, sondern auch und vor allem der Gemeinschaft gegenüber besteht, die die Verantwortung für die ordnungsgemäße Durchführung des Abkommens übernommen hat. Insoweit bilden die Bestimmungen eines solchen Abkommens, wie der Gerichtshof bereits in seinem Urteil vom 30. April 1974 (in der Rechtssache 181/73, Haegeman, Slg. 1974, S. 449) entschieden hat, einen integrierenden Bestandteil der Gemeinschaftsrechtsordnung.

[14] Wegen ihres gemeinschaftsrechtlichen Charakters können diese vertraglichen Bestimmungen innerhalb der Gemeinschaft keine unterschiedlichen Rechtswirkungen entfalten, je nachdem, ob sie in der Praxis von den Gemeinschaftsorganen oder von den Mitgliedstaaten anzuwenden sind, und im letztgenannten Fall je nachdem, welche Wirkungen das Recht des jeweiligen Mitgliedstaats den von diesem abgeschlossenen internationalen Abkommen innerhalb der innerstaatlichen Rechtsordnung zuerkennt. Es ist also Sache des Gerichtshofs, im Rahmen seiner Zuständigkeit zur Auslegung der Bestimmungen von Abkommen deren einheitliche Anwendung innerhalb der gesamten Gemeinschaft sicherzustellen.

(...)

[19] Wie die Regierungen hervorgehoben haben, werden im Rahmen der Freihandelsabkommen Gemischte Ausschüsse eingesetzt, die gemäß den Abkommen mit deren Durchführung beauftragt sind und für deren ordnungsgemäße Erfüllung sorgen. Zu diesem Zweck können sie Empfehlungen aussprechen und in den in dem betreffenden Abkommen ausdrücklich vorgesehenen Fällen Beschlüsse fassen.

[20] Die Tatsache allein, daß die Vertragsparteien einen besonderen institutionellen Rahmen für Konsultationen und Verhandlungen untereinander über die Durchführung des Abkommens geschaffen haben, reicht nicht aus, jegliche Anwendung dieses Abkommens durch die Gerichte auszuschließen. Wendet ein Gericht einer Vertragspartei auf einen konkreten, vor ihm anhängigen Rechtsstreit eine Bestimmung des Abkommens an, die eine *unbedingte* und *eindeutige* Verpflichtung zum

Gegenstand hat und deshalb keine vorherige Einschaltung des Gemischten Ausschusses erforderlich macht, so werden dadurch die diesem Ausschuß durch das Abkommen übertragenen Kompetenzen nicht geschmälert.

(...)

[22] Aus all diesen Erwägungen folgt, daß weder die Rechtsnatur noch die Systematik des Abkommens mit Portugal dem entgegenstehen könnte, daß sich ein Wirtschaftsteilnehmer vor einem Gericht in der Gemeinschaft auf eine Bestimmung dieses Abkommens beruft.

[23] Dessen ungeachtet muß jedoch die Frage, ob eine derartige Bestimmung unbedingt und hinreichend klar gefaßt ist, um unmittelbare Wirkung zu entfalten, im Rahmen des Abkommens geprüft werden, zu dem die Bestimmung gehört. Um die Vorabentscheidungsfrage nach der unmittelbaren Wirkung von Artikel 21 Absatz 1 des Abkommens zwischen der Gemeinschaft und Portugal zu beantworten, ist daher zunächst diese Vorschrift sowohl im Hinblick auf den Sinn und Zweck des Abkommens als auch auf seinen Zusammenhang zu untersuchen.

[24] Zweck dieses Abkommens ist es, ein System des Freihandels zu schaffen, in dessen Rahmen die den Handelsverkehr beschränkenden Regelungen nahezu für den gesamten Handel mit Ursprungserzeugnissen der Vertragsparteien abgeschafft werden, und zwar vor allem durch Beseitigung der Zölle und Abgaben gleicher Wirkung sowie der mengenmäßigen Beschränkungen und Maßnahmen gleicher Wirkung.

[25] In diesem Zusammenhang soll Artikel 21 Absatz 1 des Abkommens verhindern, dass die durch die Beseitigung der Zölle und Abgaben gleicher Wirkung sowie der mengenmäßigen Beschränkungen und Maßnahmen gleicher Wirkung erreichte Liberalisierung des Warenhandels durch steuerliche Praktiken der Vertragsparteien vereitelt wird. Das wäre nämlich der Fall, wenn das eingeführte Erzeugnis einer Partei mit einer höheren Abgabe belastet würde als die gleichartigen inländischen Erzeugnisse, auf die es auf dem Markt der anderen Partei trifft.

[26] Deshalb begründet Artikel 21 Absatz 1 des Abkommens für die Vertragsparteien eine unbedingte Verpflichtung zur Nichtdiskriminierung im steuerlichen Bereich, die allein von der Feststellung abhängt, dass die einem bestimmten Steuersystem unterliegenden Erzeugnisse einander gleichartig sind, und deren Grenzen sich unmittelbar aus dem Zweck des Abkommens ergeben. Diese Bestimmung kann als solche von einem Gericht angewandt werden und kann daher unmittelbare Wirkungen in der gesamten Gemeinschaft erzeugen.

[27] Der erste Teil der ersten Vorabentscheidungsfrage ist also dahin zu beantworten, daß Artikel 21 Absatz 1 des Abkommens zwischen der

Gemeinschaft und Portugal unmittelbar anwendbar und geeignet ist, den einzelnen Wirtschaftsteilnehmern Rechte zu verleihen, die von den Gerichten zu schützen sind.

Rs. 12/86 (Demirel), Urteil des Gerichtshofs vom 30.09.1987. 54

Vorbemerkungen: *In der Rs. Demirel nahm der EuGH vor dem Hintergrund des am 12. September 1963 zwischen der Türkei, den Mitgliedstaaten und der damaligen Gemeinschaft geschlossenen Assoziierungsabkommens (ABl. Nr. L EG 1964 S. 3687) zur Frage der unmittelbaren Anwendbarkeit von Bestimmungen dieses Abkommens im Rahmen des Gemeinschaftsrechts Stellung. Er griff in diesem Zusammenhang auf die bereits entwickelten allgemeinen Kriterien zurück, nach denen Bestimmungen eines völkerrechtlichen Abkommens eine derartige unmittelbare Anwendbarkeit haben können, und stützte sich hierbei im Wesentlichen auf die Bestimmtheit und Verbindlichkeit der jeweiligen Regelung. Abzugrenzen sei diese von bloßen Programmsätzen, denen keinerlei hinreichende Bestimmtheit zukommen könne. Bei den konkret in Frage stehenden Normen des Assoziierungsabkommens EWG-Türkei (Art. 12 i. V. m. Art. 7) verneinte der Gerichtshof im Ergebnis zwar eine derartige hinreichende Bestimmtheit; die Entscheidung erlangte ihre Relevanz jedoch durch die in ihr erneut ausgesprochene allgemeine Anerkennung einer unmittelbaren Wirkung derartiger völkerrechtlicher Abkommen, die sich auch unter der Rechtslage nach dem Vertrag von Lissabon fortsetzt.* ***B:*** *K. Hailbronner, NVwZ 1988, 220 ff.* ***L:*** *Rn. 433, 1284.*

Sachverhalt: Im Jahre 1963 schlossen die Gemeinschaft, die Mitgliedstaaten und die Türkei ein Assoziierungsabkommen. Nach Art. 12 des Abkommens sollten die Vertragsparteien schrittweise die Freizügigkeit von Arbeitnehmern herstellen, die konkrete Ausformung blieb jedoch einem Assoziationsrat überlassen. Die Klägerin des Ausgangsverfahrens, die türkische Ehefrau eines in Deutschland arbeitenden türkischen Staatsbürgers, berief sich im Klageverfahren gegen die Ausreiseverfügung der Stadt Schwäbisch Gmünd auf Art. 12 des Abkommens. Das VG Stuttgart legte dem EuGH u. a. die Frage vor, ob das Assoziierungsabkommen ein gemeinschaftsrechtlich unmittelbar geltendes innerstaatliches Verbot für die Einführung von Freizügigkeitsbeschränkungen gegenüber in einem Mitgliedstaat legal lebenden türkischen Arbeitnehmern beinhalte. Dies wurde vom EuGH verneint, da die betroffenen Artikel nur eine allgemeine

Verpflichtung beinhalteten. Gleichwohl wurde damit die grundsätzliche Möglichkeit einer unmittelbaren Anwendbarkeit solcher Abkommen bestätigt.

Aus den Entscheidungsgründen:

[13] Die erste Frage des vorlegenden Gerichts geht im wesentlichen dahin, ob Artikel 12 des Abkommens und Artikel 36 des Protokolls in Verbindung mit Artikel 7 des Abkommens in der innerstaatlichen Rechtsordnung der Mitgliedstaaten unmittelbar anwendbare gemeinschaftsrechtliche Vorschriften sind.

[14] Eine Bestimmung eines von der Gemeinschaft mit Drittländern geschlossenen Abkommens ist als unmittelbar anwendbar anzusehen, wenn sie unter Berücksichtigung ihres Wortlauts und im Hinblick auf den Sinn und Zweck des Abkommens eine klare und eindeutige Verpflichtung enthält, deren Erfüllung oder deren Wirkungen nicht vom Erlaß eines weiteren Aktes abhängen.

[15] Das in Rede stehende Abkommen umfaßt nach seinen Artikeln 2 bis 5 eine Vorbereitungsphase, die es der Türkei ermöglichen soll, ihre Wirtschaft mit Hilfe der Gemeinschaft zu festigen, eine Übergangsphase, die der schrittweisen Errichtung einer Zollunion und der Annäherung der Wirtschaftspolitiken gewidmet ist, und eine Endphase, die auf der Zollunion beruht und eine verstärkte Koordinierung der Wirtschaftspolitiken einschließt.

[16] Das Abkommen ist seinem Aufbau und seinem Inhalt nach dadurch gekennzeichnet, daß es allgemein die Ziele der Assoziierung nennt und Leitlinien für die Verwirklichung dieser Ziele festlegt, ohne selbst genaue Regeln dafür aufzustellen, wie diese Verwirklichung zu erreichen ist. Nur in bestimmten Einzelbereichen treffen die beigefügten Protokolle, an deren Stelle das Zusatzprotokoll getreten ist, eingehende Regelungen.

[17] Nach Artikel 22 ist der Assoziationsrat, der aus Mitgliedern der Regierungen der Mitgliedstaaten, des Rates und der Kommission der europäischen Gemeinschaften einerseits und Mitgliedern der türkischen Regierung andererseits besteht, zur Verwirklichung der Ziele des Abkommens befugt, Beschlüsse zu fassen.

[18] Titel II des Abkommens, der der Durchführung der Übergangsphase gewidmet ist, umfaßt neben zwei Kapiteln, die sich auf die Zollunion und auf die Landwirtschaft beziehen, ein drittes Kapitel, das sonstige Bestimmungen wirtschaftlicher Art enthält und zu dem Artikel 12 über die Freizügigkeit der Arbeitnehmer gehört.

[19] Nach Artikel 12 des Abkommens vereinbaren die Vertragsparteien, sich von den Artikeln 48, 49 und 50 des Vertrages zur Gründung der Gemeinschaft leiten zu lassen, um untereinander die Freizügigkeit der Arbeitnehmer schrittweise herzustellen.

[20] Artikel 36 des Protokolls sieht vor, daß die Freizügigkeit nach den Grundsätzen des Artikels 12 des Assoziierungsabkommens zwischen dem Ende des zwölften und dem Ende des zweiundzwanzigsten Jahres nach dem Inkrafttreten des Abkommens schrittweise hergestellt wird und daß der Assoziationsrat die hierfür erforderlichen Regeln festlegt.

[21] Artikel 36 des Protokolls verleiht allein dem Assoziationsrat die Zuständigkeit für den Erlaß genauer Regeln für eine schrittweise Herstellung der Freizügigkeit der Arbeitnehmer nach Maßgabe politischer und wirtschaftlicher Überlegungen, die insbesondere mit der schrittweisen Errichtung der Zollunion und der Annäherung der Wirtschaftspolitiken zusammenhängen, und nach den Regeln, die dieser Rat gegebenenfalls für erforderlich hält.

[22] Der einzige Beschluß, den der Assoziationsrat auf diesem Gebiet gefaßt hat, ist der Beschluß Nr. 1/80 vom 19. September 1980, der neue Beschränkungen der Bedingungen für den Zugang zum Arbeitsmarkt gegenüber türkischen Arbeitnehmern, die ordnungsgemäß in den Arbeitsmarkt der Mitgliedstaaten integriert sind, verbietet. Für den Bereich der Familienzusammenführung ist dagegen kein derartiger Beschluß gefaßt worden.

[23] Bei der Prüfung des Artikels 12 des Abkommens und des Artikels 36 des Protokolls zeigt sich also, daß diese Bestimmungen im wesentlichen Programmcharakter haben und keine hinreichend genauen, nicht an Bedingungen geknüpfte Vorschriften sind, die die Freizügigkeit der Arbeitnehmer unmittelbar regeln könnten.

[24] Unter diesen Umständen läßt sich aus Artikel 7 des Abkommens kein Verbot der Einführung neuer Beschränkungen für die Familienzusammenführung herleiten. Dieser Artikel, der zu Titel I des Abkommens über die Grundsätze der Assoziation gehört, sieht lediglich ganz allgemein vor, daß die Vertragsparteien alle geeigneten Maßnahmen allgemeiner oder besonderer Art zur Erfüllung der Verpflichtungen aus dem Abkommen treffen und alle Maßnahmen unterlassen, welche die Verwirklichung der Ziele des Abkommens gefährden könnten. Durch diese Bestimmung, die den Vertragsparteien nur eine allgemeine Verpflichtung auferlegt, zur Verwirklichung der Ziele des Abkommens zusammenzuarbeiten, können den einzelnen nicht unmittelbar Rechte eingeräumt werden, die ihnen nicht bereits durch andere Bestimmungen des Abkommens zuerkannt werden.

[25] Auf die erste Frage ist folglich zu antworten, daß Artikel 12 des Abkommens und Artikel 36 des Protokolls in Verbindung mit Artikel 7 des Abkommens keine in der innerstaatlichen Rechtsordnung der Mitgliedstaaten unmittelbar anwendbaren gemeinschaftsrechtlichen Vorschriften sind.

55 Rs. C-280/93 (Deutschland ./. Rat; „Bananenmarktordnung"), Urteil des Gerichtshofs vom 05.10.1994.

Vorbemerkungen: *Der Gerichtshof stellte in der vorliegenden Entscheidung auch für die übrigen Bestimmungen des GATT fest, dass diese spezielle völkerrechtliche Übereinkunft wegen ihrer Besonderheiten als internationales Handelsabkommen als Prüfungsmaßstab für die Gültigkeit von Unionsrechtsakten mangels unmittelbarer Wirkung des Abkommens nicht in Betracht kommt. Lehrreich ist die Entscheidung deshalb, weil sie nochmals die bislang vom Gerichtshof entwickelten Kriterien für die Bejahung einer unmittelbaren Anwendbarkeit von internationalen Abkommen im Rahmen des Unionsrechts verdeutlicht und sie zugleich auf die Nichtigkeitsklage der nach Art. 263 AEUV privilegierten Klageberechtigten ausdehnt.* ***L:*** *Rn. 326, 432, 433, 435, 671, 675, 676, 677.*

Sachverhalt: Die Bundesrepublik Deutschland wandte sich im Wege einer Nichtigkeitsklage gegen die Verordnung 404/93 (EWG) des Rates über die gemeinsame Marktorganisation für Bananen. Diese Verordnung belegte u. a. die über ein bestimmtes Kontingent hinausgehende Einfuhr von Bananen aus bestimmten Drittländern – aus denen die Bundesrepublik bislang vorrangig ihre Bananen bezog – mit einem hohen Zoll. Die Bundesrepublik Deutschland führte in ihrer Klagebegründung u. a. an, die Verordnung verstoße gegen Vorschriften des GATT. Die Beachtung der Vorschriften dieses völkerrechtlichen Abkommens sei jedoch Rechtmäßigkeitsvoraussetzung einer Verordnung. Die Klage wurde abgewiesen.

Aus den Entscheidungsgründen:

[103] Die Bundesrepublik Deutschland trägt vor, die Beachtung der Vorschriften des GATT sei unabhängig von der Frage der unmittelbaren Wirkung des GATT Voraussetzung für die Rechtmäßigkeit der Gemeinschaftshandlungen und die Verordnung verstoße gegen bestimmte grundlegende Bestimmungen dieses Abkommens.

(...)

[105] Für die Entscheidung der Frage, ob sich die Klägerin auf bestimmte Vorschriften des GATT berufen kann, um die Rechtmäßigkeit der Verordnung zu bestreiten, ist daran zu erinnern, daß der Gerichtshof anerkannt hat, daß die Gemeinschaft an die Bestimmungen dieses Abkommens gebunden ist. Er hat jedoch auch festgestellt, daß für die Beurteilung der Bedeutung des GATT in der Gemeinschaftsrechtsordnung Sinn, Aufbau und Wortlaut dieses Abkommens zu berücksichtigen sind.

[106] Insoweit hat der Gerichtshof in ständiger Rechtsprechung ausgeführt, daß das GATT, dem nach seiner Präambel das Prinzip von Verhandlungen „auf der Grundlage der Gegenseitigkeit und zum gemeinsamen Nutzen“ zugrunde liegt, durch die große Flexibilität seiner Bestimmungen gekennzeichnet ist, insbesondere derjenigen, die die Möglichkeiten einer Abweichung, die Maßnahmen, die bei außergewöhnlichen Schwierigkeiten getroffen werden können, und die Beilegung von Streitigkeiten zwischen den Vertragsparteien betreffen.

(...)

[109] Diese Besonderheiten des GATT, auf die der Gerichtshof für die Feststellung hingewiesen hat, daß sich ein Gemeinschaftsangehöriger vor Gericht nicht auf dieses Abkommen berufen kann, um die Rechtmäßigkeit einer Gemeinschaftshandlung zu bestreiten, schließen es auch aus, daß der Gerichtshof die Bestimmungen des GATT für die Beurteilung der Rechtmäßigkeit einer Verordnung im Rahmen einer von einem Mitgliedstaat nach Artikel 173 Absatz 1 EWG-Vertrag erhobenen Klage berücksichtigt.

[110] Die verschiedenen oben genannten Besonderheiten lassen nämlich erkennen, daß die Vorschriften des GATT keinen unbedingten Charakter haben und daß die Verpflichtung, ihnen die Bedeutung von Vorschriften des internationalen Rechts beizumessen, die in den internen Rechtsordnungen der Vertragsparteien unmittelbar anwendbar sind, nicht auf Sinn, Aufbau oder Wortlaut des Abkommens gestützt werden kann.

[111] Bei Fehlen einer solchen, aus dem Abkommen selbst folgenden Verpflichtung hat der Gerichtshof die Rechtmäßigkeit der fraglichen Gemeinschaftshandlung nur dann im Hinblick auf die Vorschriften des GATT zu prüfen, wenn die Gemeinschaft eine bestimmte, im Rahmen des GATT übernommene Verpflichtung erfüllen wollte oder wenn die Gemeinschaftshandlung ausdrücklich auf spezielle Bestimmungen dieses Abkommens verweist (vgl. Urteile vom 22. Juni 1989 in der Rechtssache 70/87, Fediol, Slg. 1989, 1781, und vom 7. Mai 1991 in der Rechtssache C-69/89, Nakajima, Slg. 1991, I-2069).

[112] Aus den vorstehenden Erwägungen folgt, daß sich die Bundesrepublik Deutschland nicht auf die Bestimmungen des GATT berufen kann, um die Rechtmäßigkeit bestimmter Vorschriften der Verordnung zu bestreiten.

56 Verb. Rs. C-300/98 und C-392/98 (Dior), Urteil des Gerichtshofs vom 14.12.2000.

Vorbemerkungen: *Mit der Entscheidung Dior konkretisierte der EuGH seine bisherige Rechtsprechung zur unmittelbaren Geltung des WTO-Abkommens im Unionsrecht weiter. Er bejahte erstmals ausdrücklich eine objektive unmittelbare Anwendbarkeit des Art. 50 Abs. 6 TRIPS, welches ein Teil des WTO-Abkommens ist, stellte aber gleichzeitig fest, dass diese Bestimmung keine einklagbaren Rechte Einzelner enthält. Die Entscheidung ist deshalb lehrreich, weil sie den in der Rechtsprechung des EuGH bisher nicht immer klar erkennbaren Unterschied zwischen der unmittelbaren Wirkung eines völkerrechtlichen Abkommens im Unionsrecht einerseits und der Begründung subjektiver Rechte Einzelner durch ein solches Abkommen andererseits verdeutlicht. Nach den Grundsätzen dieser Entscheidung verpflichtet das Unionsrecht die nationalen Gerichte dann zur Beachtung des Art. 50 Abs. 6 TRIPS, wenn dieser einen Bereich betrifft, in dem die Union bereits Rechtsvorschriften erlassen hat. Die Entscheidung baut auf der Rechtssache Hermes (Rs. C-53/96) auf, in welcher der EuGH eine solche Bindung noch auf das Markenrecht beschränkt hatte. Ungeklärt ist jedoch die Reichweite der Entscheidung Dior. Insbesondere ließ der EuGH offen, ob diese Grundsätze auf das Recht der WTO zu beschränken sind oder allgemein für alle völkerrechtlichen Abkommen der Union gelten sollen. Konsequenterweise müssten die Grundsätze jedoch für sämtliche völkerrechtliche Abkommen der Union gelten. Ob der EuGH dem folgen wird, bleibt abzuwarten.* ***B:*** *C. J. Hermes, EuR 2001, 253 ff.* ***L:*** *Rn. 433.*

Sachverhalt: Dior, die Klägerin des Ausgangsverfahrens in der Rs. C-300/98, war Inhaberin der Parfümeriewaren-Marken, die u. a. in den Benelux-Staaten eingetragen wurden. Ihre Produkte galten als Luxuswaren. Ihre Klagegegnerin, Tuk, vertrieb im EWR Parfums unter den Dior-Marken. Ein Teil der Waren stammte nicht aus dem EWR und eine Zustimmung der Dior zum Inverkehrbringen lag nicht vor. In der Rs. 392/98 war Layher Deutschland Produzent von Gerüstsystemen (Kläger), die er u. a. in die Niederlande exportierte. Die Assco

Gerüste GmbH (Beklagte) brachte ein Erzeugnis auf den niederländischen Markt, das hinsichtlich technischer Lösungen die Kopie eines Produktes der Firma Layher darstellte. Dagegen wandte sich letztere, ihrem Antrag auf einstweiligen Rechtsschutz wurde stattgegeben. Im Zusammenhang mit diesen Rechtssachen wurden dem EuGH Fragen über die Auslegung von Art. 50 Abs. 6 des TRIPS-Übereinkommens zur Vorabentscheidung vorgelegt. Der Gerichtshof stellte fest, in einem Bereich, auf den das TRIPS-Übereinkommen anwendbar ist und in dem gemeinschaftliche Vorschriften existieren, treffe die Mitgliedstaaten die Verpflichtung, bei der Anordnung ihrer nationalen einstweiligen Maßnahmen zum Schutz von Rechten, die zu diesem Bereich gehören, soweit wie möglich den Wortlaut und den Zweck von Art. 50 des TRIPS-Übereinkommens zu berücksichtigen. Im Bereich der Zuständigkeit der Mitgliedstaaten (in dem keine gemeinschaftsrechtlichen Vorschriften erlassen wurden) lässt das Gemeinschaftsrecht jedenfalls zu, dass ein Mitgliedstaat dem Einzelnen das Recht zuerkennt, sich unmittelbar auf Art. 50 Abs. 6 des TRIPS-Übereinkommens zu berufen.

Aus den Entscheidungsgründen:

[41] Mit der zweiten Frage in der Rechtssache C-392/98 und der einzigen Frage in der Rechtssache C-300/98 möchten die vorlegenden Gerichte im Wesentlichen wissen, ob und gegebenenfalls inwieweit die Verfahrensvorschriften des Artikels 50 Absatz 6 des TRIPS-Übereinkommens der Sphäre des Gemeinschaftsrechts zuzurechnen sind und ob sie deshalb von den nationalen Gerichten auf Betrieben der Parteien oder von Amts wegen angewandt werden müssen.

[42] Nach ständiger Rechtsprechung ist eine Bestimmung eines von der Gemeinschaft mit Drittländern geschlossenen Abkommens als unmittelbar anwendbar anzusehen, wenn aus dem Wortlaut, dem Gegenstand und der Art des Abkommens zu schließen ist, dass sie eine klare, eindeutige und unbedingte Verpflichtung enthält, deren Erfüllung oder deren Wirkungen nicht vom Erlass eines weiteren Aktes abhängen (vgl. hierzu Urteile vom 30. September 1987 in der Rechtssache 12/86, Demirel, Slg. 1987, 3719, Randnr. 14, und vom 16. Juni 1998 in der Rechtssache C-162/96, Slg. 1996, I-3655, Randnr. 31).

[43] Wie der Gerichtshof bereits festgestellt hat, gehören die WTO-Übereinkünfte und ihre Anhänge wegen ihrer Natur und ihrer Systematik grundsätzlich nicht zu den Vorschriften, an denen der Gerichtshof die Handlungen der Gemeinschaftsorgane gemäß Artikel 173 Absatz 1 EG-Vertrag (nach Änderung jetzt Artikel 230 EG) misst (vgl. Urteil

vom 23. November 1999 in der Rechtssache C-149/96, Portugal/Rat, Slg. 1999, I-8395, Randnr. 47).

[44] Aus den gleichen Gründen wie den vom Gerichtshof in den Randnummern 42 bis 46 des Urteils Portugal/Rat angeführten begründen die Bestimmungen des dem WTO-Übereinkommen als Anhang beigefügten TRIPS-Übereinkommens für den Einzelnen keine Rechte, auf die er sich nach dem Gemeinschaftsrecht unmittelbar vor den Gerichten berufen könnte.

[45] Die Feststellung, dass die Bestimmungen des TRIPS-Übereinkommens in diesem Sinne keine unmittelbare Wirkung haben, wird jedoch dem von den vorlegenden Gerichten aufgeworfenen Problem nicht völlig gerecht.

[46] Artikel 50 Absatz 6 des TRIPS-Übereinkommens ist nämlich eine Verfahrensbestimmung, die die Gemeinschafts- und die nationalen Gerichte aufgrund von Verpflichtungen durchzuführen haben, die sowohl von der Gemeinschaft als auch von den Mitgliedstaaten übernommen worden sind.

[47] In einem Bereich, auf den das TRIPS-Übereinkommen anwendbar ist und in dem die Gemeinschaft bereits Rechtsvorschriften erlassen hat, wie es beim Markenrecht der Fall ist, sind die Gerichte der Mitgliedstaaten gemäß dem Urteil Hermès, insbesondere dessen Randnummer 28, nach dem Gemeinschaftsrecht verpflichtet, bei der Anwendung ihrer nationalen Rechtsvorschriften im Rahmen der Anordnung einstweiliger Maßnahmen zum Schutz von Rechten, die zu diesem Bereich gehören, soweit wie möglich den Wortlaut und den Zweck von Artikel 50 des TRIPS-Übereinkommens zu berücksichtigen.

[48] Soweit es sich jedoch um einen Bereich handelt, in dem die Gemeinschaft noch keine Rechtsvorschriften erlassen hat und der somit in die Zuständigkeit der Mitgliedstaaten fällt, unterliegen der Schutz der Rechte des geistigen Eigentums und die von den Gerichten hierzu getroffenen Maßnahmen nicht dem Gemeinschaftsrecht. Das Gemeinschaftsrecht gebietet es daher nicht, schließt es aber auch nicht aus, dass die Rechtsordnung eines Mitgliedstaats dem Einzelnen das Recht zuerkennt, sich unmittelbar auf die Bestimmung des Artikels 50 Absatz 6 des TRIPS-Übereinkommens zu berufen, oder die Gerichte verpflichtet, diese Vorschrift von Amts wegen anzuwenden.

[49] Auf die zweite in der Rechtssache C-392/98 und die einzige in der Rechtssache C-300/98 vorgelegte Frage ist somit wie folgt zu antworten:

– In einem Bereich, auf den das TRIPS-Übereinkommen anwendbar ist und in dem die Gemeinschaft bereits Rechtsvorschriften erlassen hat, sind die Gerichte der Mitgliedstaaten nach dem Gemeinschaftsrecht verpflichtet, bei der Anwendung ihrer nationalen Rechtsvorschriften im Rahmen der Anordnung einstweiliger Maßnahmen zum Schutz von Rechten, die zu diesem Bereich gehören, soweit wie möglich den Wortlaut und den Zweck von Artikel 50 des TRIPS-Übereinkommens zu berücksichtigen.

– In einem Bereich, in dem die Gemeinschaft noch keine Rechtsvorschriften erlassen hat und der somit in die Zuständigkeit der Mitgliedstaaten fällt, unterliegen der Schutz der Rechte des geistigen Eigentums und die von den Gerichten hierzu getroffenen Maßnahmen nicht dem Gemeinschaftsrecht. Das Gemeinschaftsrecht gebietet es daher nicht, schließt es aber auch nicht aus, dass die Rechtsordnung eines Mitgliedstaats dem Einzelnen das Recht zuerkennt, sich unmittelbar auf die Bestimmung des Artikels 50 Absatz 6 des TRIPS-Übereinkommens zu berufen, oder die Gerichte verpflichtet, diese Vorschrift von Amts wegen anzuwenden.

Rs. C-284/16 (Slowakische Republik ./. Achmea BV; „Achmea"), Urteil des Gerichtshofs vom 06.03.2018. 57

Vorbemerkungen: *In dieser Entscheidung erklärte der EuGH die in einem Intra-EU-BIT enthaltene Schiedsgerichtsklausel für unvereinbar mit Art. 267 und Art. 344 AEUV. Er sah durch die schiedsgerichtliche Zuständigkeit die Autonomie des Unionsrechts gefährdet, wenn ein außerhalb des unionalen Rechtsschutzsystems stehendes Schiedsgericht über Gewährleistungen eines BIT befindet, welche gleichzeitig eine partielle Überschneidung mit dem Unionsrecht aufweisen können (etwa hinsichtlich der Kapitalverkehrsfreiheit oder der Niederlassungsfreiheit). Nach Art. 344 AEUV sind die Mitgliedstaaten dazu verpflichtet, alle unionsrechtlichen Streitigkeiten nicht anders als in den Verträgen vorgesehen zu regeln. Aus Art. 19 EUV folgt, dass es Sache der nationalen Gerichte und der Unionsgerichte ist, über Streitigkeiten mit unionsrechtlichem Bezug zu entscheiden. Hierzu setzen sich die Intra-EU-BIT in Widerspruch, da sie eine schiedsgerichtliche Zuständigkeit bei Streitigkeiten zwischen zwei Mitgliedstaaten vorsehen. Die fehlende Vorlagemöglichkeit in diesem Kontext zuständiger Schiedsgerichte und die nicht immer garantierte Rückanbindung zum unionalen Rechtsschutzsystem durch die Möglichkeit der Aufhebung unionsrechtswidriger Schiedssprüche durch nationale Gerichte begründet eine Gefahr für die einheitliche Auslegung und Anwendung des Unionsrechts. In Reak-*

tion auf die Entscheidung rangen sich die Mitgliedstaaten dazu durch, alle Intra-EU-BIT aufzukündigen, sodass das Auslegungsmonopol des EuGH nunmehr von seiten mitgliedstaatlich eingesetzter Schiedsgerichte nicht mehr gefährdet werden kann. Aufgrund des auf die Mitgliedstaaten beschränkten Regelungsumfangs von Art. 344 AEUV unterfallen durch Private eingesetzte Schiedsgerichte (auch Handelsschiedsgerichte genannt), obwohl auch sie mangels Vorlagemöglichkeit zum EuGH außerhalb des unionalen Rechtsschutzsystems verortet sind, nicht dem vom EuGH formulierten Verbot. Im Hinblick auf im Verhältnis zwischen einem Mitgliedstaat und einem Drittstaat vereinbarte schiedsgerichtliche Klauseln lassen sich der Rechtssache Achmea ebenfalls keine eindeutigen Hinweise entnehmen. ***B:*** *D. Ruddigkeit, ZUR 2018, 420ff.* ***L:*** *Rn. 58, 553, 554.*

Sachverhalt: Anlass für das eingeleitete Vorabentscheidungsverfahren war ein Rechtsstreit zwischen Achmea, einem niederländischen Anbieter privater Krankenversicherungen, und der Slowakischen Republik. Ausgangspunkt des Rechtsstreits war die Reform des Gesundheitswesens in der Slowakei, die den Vorwurf eines Verstoßes gegen ein zwischen der Tschechoslowakei und den Niederlanden 1991 abgeschlossenes bilaterales Abkommen über die Förderung und gegenseitigen Schutz von Investitionen (sog. BIT) nach sich zog. Das BIT räumte niederländischen Unternehmen zahlreiche Garantien ein und sollte diesen dadurch eine sichere Grundlage für Investitionen in der Tschechoslowakei bereiten, welche zum damaligen Zeitpunkt kein Mitglied der EU war. Im Zuge der Reform wurde die Ausschüttung von Gewinnen aus dem Geschäftsbereich privater Krankenversicherungen im Ausland verboten, was für die niederländische Tochtergesellschaft Achmea eine wesentliche Beeinträchtigung darstellte. Die in der Slowakei erzielten Gewinne konnten nicht mehr an den Mutterkonzern in die Niederlande abgeführt werden. Aus Überzeugung, dass dieses Gesetz gegen die Regelungen des BIT verstoße, aktivierte Achmea die im Abkommen vorgesehene Schiedsgerichtsklausel. Mit seinem Schiedsspruch verurteilte das zuständige Schiedsgericht die Slowakische Republik zu einer Schadensersatzzahlung von 22,1 Mio. Euro. Da die verurteilte Slowakische Republik die Zuständigkeit des Schiedsgerichts bei Streitigkeiten zwischen zwei Mitgliedstaaten bezweifelte, erhob sie Klage auf Aufhebung des Schiedsspruches. Der in zweiter Instanz zuständige BGH legte aufgrund bestehender Zweifel der schiedsgerichtlichen Zuständigkeit im Hinblick auf Art. 18, 267, 344 AEUV dem EuGH vor.

Aus den Entscheidungsgründen:

[35] Um sicherzustellen, dass die besonderen Merkmale und die Autonomie der Rechtsordnung der Union erhalten bleiben, haben die Verträge ein Gerichtssystem geschaffen, das zur Gewährleistung der Kohärenz und der Einheitlichkeit bei der Auslegung des Unionsrechts dient (Gutachten 2/13 [Beitritt der Union zur EMRK] vom 18. Dezember 2014, EU:C:2014:2454, Rn. 174 und die dort angeführte Rechtsprechung).

[36] In diesem Rahmen ist es gemäß Art. 19 EUV Sache der nationalen Gerichte und des Gerichtshofs, die volle Anwendung des Unionsrechts in allen Mitgliedstaaten und den Schutz der Rechte zu gewährleisten, die den Einzelnen aus ihm erwachsen (vgl. in diesem Sinne Gutachten 1/09 [Schaffung eines einheitlichen Patentgerichtssystems] vom 8. März 2011, EU:C:2011:123, Rn. 68, und 2/13 [Beitritt der Union zur EMRK] vom 18. Dezember 2014, EU:C:2014:2454, Rn. 175, sowie Urteil vom 27. Februar 2018, Associação Sindical dos Juízes Portugueses, C-64/16, EU:C:2018:117, Rn. 33).

[37] Insbesondere besteht das Schlüsselelement des so gestalteten Gerichtssystems in dem in Art. 267 AEUV vorgesehenen Vorabentscheidungsverfahren, das durch die Einführung eines Dialogs von Gericht zu Gericht gerade zwischen dem Gerichtshof und den Gerichten der Mitgliedstaaten die einheitliche Auslegung des Unionsrechts gewährleisten soll und damit die Sicherstellung seiner Kohärenz, seiner vollen Geltung und seiner Autonomie sowie letztlich des eigenen Charakters des durch die Verträge geschaffenen Rechts ermöglicht (Gutachten 2/13 [Beitritt der Union zur EMRK] vom 18. Dezember 2014, EU:C:2014:2454, Rn. 176 und die dort angeführte Rechtsprechung).

(...)

[40] Selbst wenn man sich insoweit dem Vorbringen von Achmea anschlösse, dass dieses Schiedsgericht ungeachtet des sehr weiten Wortlauts von Art. 8 Abs. 1 des BIT nur über einen möglichen Verstoß gegen dieses Abkommen zu befinden habe, änderte dies nichts daran, dass es dafür nach Art. 8 Abs. 6 des BIT u. a. das geltende Recht der betroffenen Vertragspartei und alle erheblichen Abkommen zwischen den Vertragsparteien zu berücksichtigen hat.

[41] Das Unionsrecht ist jedoch angesichts seines Wesens und seiner Merkmale, auf die oben in Rn. 33 Bezug genommen worden ist, sowohl als Teil des in jedem Mitgliedstaat geltenden Rechts als auch als einem internationalen Abkommen zwischen den Mitgliedstaaten entsprungen anzusehen.

[42] Folglich hat unter diesen beiden Aspekten das in Art. 8 des BIT vorgesehene Schiedsgericht gegebenenfalls das Unionsrecht und insbesondere die Bestimmungen über die Grundfreiheiten, darunter die Niederlassungsfreiheit und die Kapitalverkehrsfreiheit, auszulegen oder sogar anzuwenden.

[43] Somit ist als Zweites zu prüfen, ob ein Schiedsgericht wie das in Art. 8 des BIT vorgesehene zum Gerichtssystem der Union gehört und, insbesondere, ob es als ein Gericht eines Mitgliedstaats im Sinne von Art. 267 AEUV angesehen werden kann. Aus der Zugehörigkeit eines von den Mitgliedstaaten geschaffenen Gerichts zum Gerichtssystem der Union folgt nämlich, dass seine Entscheidungen geeigneten Mechanismen zur Gewährleistung der vollen Wirksamkeit des Unionsrechts unterliegen (vgl. in diesem Sinne Gutachten 1/09 [Übereinkommen zur Schaffung eines einheitlichen Patentgerichtssystems] vom 8. März 2011, EU:C:2011:123, Rn. 82 und die dort angeführte Rechtsprechung).

(…)

[45] In der Rechtssache des Ausgangsverfahrens ist das Schiedsgericht jedoch kein Teil des in den Niederlanden und in der Slowakei bestehenden Gerichtssystems. Im Übrigen ist gerade der Ausnahmecharakter seiner Gerichtsbarkeit im Verhältnis zu der der Gerichte dieser beiden Mitgliedstaaten einer der Hauptgründe für das Bestehen von Art. 8 des BIT.

[46] Infolge dieses Merkmals des im Ausgangsverfahren fraglichen Schiedsgerichts kann dieses jedenfalls nicht als Gericht „eines Mitgliedstaats“ im Sinne von Art. 267 AEUV eingestuft werden.

(…)

[53] Es ist jedoch festzustellen, dass eine solche gerichtliche Überprüfung durch dieses Gericht nur vorgenommen werden kann, soweit das nationale Recht sie gestattet. Darüber hinaus sieht § 1059 Abs. 2 ZPO nur eine beschränkte Überprüfung vor, die sich u. a. auf die Gültigkeit der Schiedsvereinbarung nach dem anwendbaren Recht und auf die Frage bezieht, ob die Anerkennung und Vollstreckung des Schiedsspruchs die öffentliche Ordnung wahrt.

(…)

[60] Daher ist auf die erste und die zweite Frage zu antworten, dass die Art. 267 und 344 AEUV dahin auszulegen sind, dass sie einer Bestimmung in einer internationalen Übereinkunft zwischen den Mitgliedstaaten wie Art. 8 des BIT entgegenstehen, nach der ein Investor eines dieser Mitgliedstaaten im Fall einer Streitigkeit über Investitionen in dem anderen Mitgliedstaat gegen diesen ein Verfahren vor einem

Schiedsgericht einleiten darf, dessen Gerichtsbarkeit sich dieser Mitgliedstaat unterworfen hat.

Gutachten 1/17 (Freihandelsabkommen zwischen der Europäischen Union und Kanada; „CETA"), Gutachten des Gerichtshofs vom 30.04.2019. 58

Vorbemerkungen: *In seinem Gutachten stellte der EuGH fest, dass der im CETA-Abkommen vorgesehene Mechanismus zur Streitbeilegung mit dem Unionsrecht vereinbar ist. Damit klärte er die in der Achmea-Entscheidung offen gebliebenen Fragen im Hinblick auf Extra-EU-BITs und stellte gleichzeitig Voraussetzungen auf, welchen diese genügen müssen, um die Autonomie des Unionsrechts nicht zu beeinträchtigen. Nach Auffassung des EuGH können Gerichtssysteme internationaler Übereinkünfte nur dann mit der Autonomie der Rechtsordnung der Union im Einklang stehen, sofern ihnen*

(1) keine Zuständigkeit für die Auslegung oder Anwendung des Unionsrechts über den eigenen völkerrechtlichen Regelungsbereich hinaus übertragen wird und

(2) die ihnen angehörenden Gerichte keine Urteilssprüche erlassen können, die dazu führen, dass die Unionsorgane daran gehindert werden, gemäß dem verfassungsrechtlichen Rahmen der Union zu funktionieren.

Diese abstrakt gehaltenen Bedingungen sah der EuGH beim CETA-Abkommen als erfüllt an. Zunächst dürfen die CETA-Gerichte einzig Vorschriften des CETA-Abkommens auslegen und anwenden. Das innerstaatliche Recht der Vertragsparteien – also auch das Unionsrecht – darf nicht vom CETA-Gericht ausgelegt werden. Vielmehr muss eine bereits getroffene Auslegung des Unionsrechts als unveränderbare „Tatsache" akzeptiert werden. Im unvermeidbaren Falle einer dennoch durch das CETA-Gericht vorzunehmenden Auslegung des Unionsrechts wies der EuGH darauf hin, dass dies einerseits von den Vertragsparteien nicht beabsichtigt sei und zudem für die Unionsgerichte wie auch für die übrigen Organe der EU mangels erga omnes-Wirkung nicht bindend wäre. Daher sei auch die zweite Voraussetzung als erfüllt zu betrachten. Hierin ist der wesentliche Unterschied zum abgelehnten Patentgerichtssystem zu sehen, da dieses seinen Gerichten die Möglichkeit eröffnen sollte, über die Gültigkeit eines Rechtsakts der EU zu befinden. In materieller Hinsicht war der Streitbeilegungsmechanismus mit dem allgemeinen Gleichbehandlungsgrundsatz aus Art. 20 GRCh vereinbar.

Überdies genügten die Regelungen des CETA-Abkommens auch den Anforderungen auf Zugang zu einem unabhängigen und unparteiischen Gericht gemäß Art. 47 Abs. 2 GRCh. ***B:*** *M. Ruffert, JuS 2019, 598 ff.* ***L:*** *Rn. 58, 1290.*

Sachverhalt: Das Freihandelsabkommen zwischen der EU und Kanada (CETA) sah einen spezifischen Streitbeilegungsmechanismus für auftretende Streitigkeiten zwischen Investoren und den beteiligten Staaten vor (ISDS-Mechanismus). Hierfür sollte explizit ein eigenständiger Investitionsgerichtshof mit einer Rechtsbehelfsinstanz errichtet werden. Belgien äußerte Zweifel insbesondere hinsichtlich der Vereinbarkeit des vorgesehenen Streitbeilegungsmechanismus mit dem Grundsatz der ausschließlichen Zuständigkeit des EuGH für die verbindliche Auslegung des Unionsrechts. Es sah die Autonomie der Rechtsordnung der Union gefährdet. Im Wege des Gutachtenverfahrens gemäß Art. 218 Abs. 11 AEUV ersuchte Belgien daher den EuGH um Klärung über die Vereinbarkeit des CETA-Abkommens mit dem Unionsrecht.

Aus den Entscheidungsgründen:

[41] Der im CETA vorgesehene ISDS-Mechanismus ist mithin nur dann mit der Autonomie der Rechtsordnung der Union vereinbar, wenn Kapitel acht Abschnitt F des CETA

den vorgesehenen Gerichten keine Zuständigkeit für die Auslegung oder Anwendung des Unionsrechts überträgt, die über die Auslegung und Anwendung der Vorschriften des CETA nach den zwischen den Vertragsparteien geltenden völkerrechtlichen Regeln und Grundsätzen hinausgeht, und

die Zuständigkeiten der vorgesehenen Gerichte nicht so ausgestaltet, dass diese, auch wenn sie keine anderen Vorschriften des Unionsrechts als die Vorschriften des CETA auslegen oder anwenden, Urteilssprüche erlassen können, die dazu führen, dass die Unionsorgane daran gehindert werden, gemäß dem verfassungsrechtlichen Rahmen der Union zu funktionieren.

(...)

[131] [...] Hierzu muss mitunter das innerstaatliche Recht des Beklagten herangezogen werden. Wie sich eindeutig aus Art. 8.31 Abs. 2 des CETA ergibt, kann diese Prüfung nicht mit einer Auslegung des innerstaatlichen Rechts des Beklagten durch das CETA-Gericht gleichgesetzt werden. Vielmehr wird das innerstaatliche Recht des Beklagten als Tatsache herangezogen. Dabei hat das CETA-Gericht der herrschenden Auslegung des innerstaatlichen Rechts durch die Gerichte und Be-

hörden der betreffenden Vertragspartei zu folgen, wobei eine vom CETA-Gericht vorgenommene Auslegung innerstaatlichen Rechts für die Gerichte und Behörden dieser Vertragspartei nicht bindend ist.

[132] Das Fehlen einer Zuständigkeit für die Auslegung anderer Vorschriften des Unionsrechts als der Vorschriften des CETA kommt auch in Art. 8.21 CETA zum Ausdruck, nach dem nicht das CETA-Gericht, sondern die Union für die Feststellung zuständig ist, ob eine Klage eines kanadischen Investors gegen eine von einem Mitgliedstaat und/oder der Union erlassene Maßnahme nach den Regeln über die Verteilung der Zuständigkeiten zwischen der Union und ihren Mitgliedstaaten gegen den Mitgliedstaat oder gegen die Union zu richten ist. Die ausschließliche Zuständigkeit des Gerichtshofs für die Entscheidung über die Verteilung der Zuständigkeiten zwischen der Union und ihren Mitgliedstaaten ist somit gewahrt. Insoweit unterscheidet sich Kapitel acht Abschnitt F des CETA von dem Entwurf eines Übereinkommens, der Gegenstand des Gutachtens 2/13 (Beitritt der Union zur EMRK) vom 18. Dezember 2014 (EU:C:2014:2454, Rn. 224 bis 231) war.

[133] Auch die CETA-Rechtsbehelfsinstanz wird nicht andere Vorschriften des Unionsrechts als die Vorschriften des CETA auszulegen und anzuwenden haben. Nach Art. 8.28 Abs. 2 Buchst. a CETA kann die CETA-Rechtsbehelfsinstanz „einen Urteilsspruch des Gerichts bestätigen oder ihn ... aufgrund von Fehlern bei der Anwendung oder Auslegung des anwendbaren Rechts [abändern oder aufheben]". In Anbetracht des Rechts, das das CETA-Gericht nach Art. 8.31 Abs. 1 CETA anwenden darf, sind mit „anwendbares Recht" das CETA und die völkerrechtlichen Regeln und Grundsätze, nach denen das CETA auszulegen und anzuwenden ist, gemeint. Zwar kann die CETA-Rechtsbehelfsinstanz nach Art. 8.28 Abs. 2 Buchst. b CETA auch „offenkundige Fehler bei der Würdigung des Sachverhalts, unter anderem bei der Beurteilung relevanter Vorschriften des innerstaatlichen Rechts" feststellen. Aus den vorstehenden Erwägungen ergibt sich jedoch, dass es nicht Absicht der Vertragsparteien ist, der CETA-Rechtsbehelfsinstanz eine Zuständigkeit für die Auslegung des innerstaatlichen Rechts zu übertragen.

(...)

2. Zur Vereinbarkeit mit dem Grundsatz der Gleichbehandlung

[179] Im Gutachtenantrag wird folgende Ungleichbehandlung angesprochen: Unternehmen und natürliche Personen der Mitgliedstaaten, die in der Union investierten und dem Unionsrecht unterlägen, könnten

Maßnahmen der Union nicht vor den im CETA vorgesehenen Gerichten anfechten, wohl aber Unternehmen und natürliche Personen Kanadas, die in denselben Handels- oder Industriesektor des Binnenmarkts der Union investierten.

[180] Hierzu ist im Hinblick auf das Ziel und den Zweck der Aufnahme von Vorschriften über die diskriminierungsfreie Behandlung und den Schutz ausländischer Investitionen in das CETA (siehe unten, Rn. 199 und 200) festzustellen, dass sich Unternehmen und natürliche Personen Kanadas, die in der Union investieren, in einer vergleichbaren Situation befinden wie Unternehmen und natürliche Personen der Mitgliedstaaten, die in Kanada investieren. Ihre Situation ist hingegen nicht mit der von Unternehmen und natürlichen Personen der Mitgliedstaaten vergleichbar, die in der Union investieren.

(...)

C. Zur Vereinbarkeit des im CETA vorgesehenen ISDS-Mechanismus mit dem Recht auf Zugang zu einem unabhängigen Gericht

(...)

[201] Was die Garantie der Zugänglichkeit angeht, darf die gemäß Art. 8.18 CETA für jeden Investor im Sinne von Art. 8.1 CETA bestehende Möglichkeit, beim CETA-Gericht eine Klage auf Feststellung der Verletzung einer Pflicht nach Kapitel acht Abschnitt C oder D des CETA einzureichen, nur verhältnismäßigen, einem legitimen Zweck dienenden und das Recht des Zugangs zu einem solchen Gericht nicht in seinem Wesensgehalt antastenden Beschränkungen unterworfen sein, einschließlich solcher, die mit der Zahlung von Gerichtsgebühren zusammenhängen (Urteil vom 30. Juni 2016, Toma und Biroul Executorului Judecătoresc Horațiu-Vasile Cruduleci, C-205/15, EU:C:2016:499, Rn. 44 und die dort angeführte Rechtsprechung).

[202] Das Erfordernis der Unabhängigkeit ist im Auftrag des Richters angelegt und umfasst zwei Aspekte. Der erste, das Außenverhältnis betreffende Aspekt setzt voraus, dass die betreffende Einrichtung ihre Funktionen in völliger Autonomie ausübt, ohne mit irgendeiner Stelle hierarchisch verbunden oder ihr untergeordnet zu sein und ohne von irgendeiner Stelle Anordnungen oder Anweisungen zu erhalten, so dass sie auf diese Weise vor Interventionen oder Druck von außen geschützt ist, die die Unabhängigkeit des Urteils ihrer Mitglieder gefährden und deren Entscheidungen beeinflussen könnten. Diese unerlässliche Freiheit von derartigen äußeren Einflüssen erfordert bestimmte Garantien,

die geeignet sind, die mit der Aufgabe der Rechtsprechung Betrauten in ihrer Person zu schützen, wie z. B. die Unabsetzbarkeit. Auch eine der Bedeutung der ausgeübten Funktionen entsprechende Vergütung ist eine wesentliche Garantie für die Unabhängigkeit (Urteil vom 25. Juli 2018, Minister for Justice and Equality [Mängel des Justizsystems], C-216/18 PPU, EU:C:2018:586, Rn. 63 und 64 und die dort angeführte Rechtsprechung).

[203] Der zweite, das Innenverhältnis betreffende Aspekt steht mit dem Begriff der Unparteilichkeit in Zusammenhang und bezieht sich darauf, dass den Parteien des Rechtsstreits und ihren jeweiligen Interessen am Streitgegenstand mit dem gleichen Abstand begegnet wird. Dieser Aspekt verlangt, dass Sachlichkeit obwaltet und neben der strikten Anwendung der Rechtsnormen keinerlei Interesse am Ausgang des Rechtsstreits besteht (Urteil vom 25. Juli 2018, Minister for Justice and Equality [Mängel des Justizsystems], C-216/18 PPU, EU:C:2018:586, Rn. 65 und die dort angeführte Rechtsprechung).

[204] Diese Garantien der Unabhängigkeit und Unparteilichkeit setzen voraus, dass es Regeln insbesondere für die Zusammensetzung der Einrichtung, die Ernennung, die Amtsdauer und die Gründe für Enthaltung, Ablehnung und Abberufung ihrer Mitglieder gibt, die es ermöglichen, bei den Rechtsunterworfenen jeden berechtigten Zweifel an der Unempfänglichkeit der Einrichtung für äußere Faktoren und an ihrer Neutralität in Bezug auf die widerstreitenden Interessen auszuräumen (Urteil vom 25. Juli 2018, Minister for Justice and Equality [Mängel des Justizsystems], C-216/18 PPU, EU:C:2018:586, Rn. 66).

3. Bindung der EU an Resolutionen des UN-Sicherheitsrates

Verb. Rs. C-402/05 P und C-415/05 P (Kadi I), 59
Urteil des Gerichtshofs vom 03.09.2008.

Vorbemerkungen: *In dieser Rechtsmittelentscheidung befasste sich der EuGH zum einen mit der Frage der Bindung der EU an Beschlüsse des UN-Sicherheitsrates, zum anderen mit der Frage, wie weit aufgrund der bejahten Bindungswirkung seine Kontrollbefugnis über völkerrechtlich determinierte EU-Rechtsakte reicht. Zunächst stellte der Gerichtshof fest, dass die Verpflichtungen aufgrund einer internationalen Übereinkunft nicht die Verfassungsgrundsätze der europäischen Verträge beeinträchtigen dürfen. Ausgehend von dieser Annahme bejahte der EuGH eine vollumfängliche Justiziabilität von Unionsrechtsakten,* *die der Umsetzung von UN-Resolutionen dienen. Insoweit erteilte er der Auffassung des EuG aus der vorinstanzlichen Entscheidung (Rs. T-306/01, Yusuf) eine Absage, wonach eine Überprüfbarkeit der Umsetzungsakte ausgeschlossen sein sollte, soweit nicht die Frage eines Verstoßes gegen zwingendes Völkerrecht (ius cogens) betroffen ist. Das EuG hatte argumentiert, eine unionsgerichtliche Prüfung der streitigen EU-Verordnung würde andernfalls auf eine unzulässige Inzidentprüfung des UN-Rechtsaktes hinauslaufen. Der EuGH wies in seiner Entscheidung ebenfalls die Überlegung zurück, die Nichtjustiziabilität lasse sich aus einer Parallele zur Rechtsprechung des EGMR ableiten, in der dieser sich ausnahmsweise für die Kontrolle der Vereinbarkeit bestimmter Rechtsakte, die im Rahmen der Umsetzung von UN-Resolutionen ergangen sind, für unzuständig erklärt hatte. Der Gerichtshof bestärkte damit die Ansicht, wonach die EU als autonomes Rechtssystem die Kontrolle einer jeden Handlung der Union im Hinblick auf die Grundrechte sichern soll. In Anwendung des Grundsatzes der umfassenden Justiziabilität von EU-Verordnungen hatte das EuG auch eine spätere Sanktions-Verordnung der Union für nichtig erklärt (Rs. T-85/09, Kadi II, Slg. 2010, S. II-5177). Gegen dieses Urteil legten die Europäische Kommission, Großbritannien und der Rat der EU Rechtsmittel zum EuGH ein, um dem gescheiterten Nichtjustiziabilitätsargument in einem zweiten Anlauf zum Durchbruch zu verhelfen. In seinem Urteil vom 18. 7. 2013 hielt der EuGH jedoch an seiner Auffassung aus Kadi I fest und wies das Rechtsmittel folglich zurück (Rs. C-584/10 P, C-593/10 P und C-595/10 P, Kadi II).* ***L:*** *Rn. 436, 631, 694, 1296.*

Sachverhalt: Im Oktober 1999 verabschiedete der UN-Sicherheitsrat die Resolution 1267 (1999), in der er u. a. verurteilte, dass afghanisches Hoheitsgebiet nach wie vor zur Beherbergung und Ausbildung von Terroristen und zur Planung terroristischer Handlungen durch die Taliban und Osama bin Laden benutzt wird. Die Resolution bestimmte weiterhin, dass in allen Staaten u. a. Gelder und andere Finanzmittel, die in irgendeiner Weise den Taliban zuzurechnen seien, eingefroren und sichergestellt werden sollten. Zur Umsetzung dieser Resolution nahm der Rat der Europäischen Union im November 1999 einen Gemeinsamen Standpunkt über restriktive Maßnahmen gegenüber den Taliban an, wonach entsprechende Finanzmittel eingefroren werden mussten. Zur Umsetzung wurde eine EG-Verordnung (Nr. 337/2000), gestützt auf Art. 60 und 301 EG (jetzt: Art. 75 und Art. 215 AEUV – geändert) erlassen. Weitere Resolutionen des UN-Sicherheitsrates zur Erweiterung der Sanktionen wurden ebenfalls durch GASP-Maßnahmen und EG-Verordnungen (u. a. Verordnung Nr. 467/2001, welche die Verordnung Nr. 337/2000 ersetzte) umgesetzt. Eine Verordnung (Nr. 881/2002) enthielt eine Namensliste von Personen und Unternehmen, gegen die entsprechende Maßnahmen zu richten waren. Die Verordnung war auf die Art. 301, 60 und 308 EG (jetzt Art. 215, 75 und 352 AEUV) gestützt. Zwei Betroffene erhoben hiergegen Nichtigkeitsklage vor dem EuG (Rs. T-306/01, „Yusuf" und T-315/01, „Kadi"), die in beiden Fällen erfolglos war. Die Berufungen vor dem EuGH, die zu einer Rechtssache verbunden wurden, waren erfolgreich.

Aus den Entscheidungsgründen:

[280] Zu prüfen sind die Rügen, mit denen die Rechtsmittelführer dem Gericht vorwerfen, im Kern entschieden zu haben, dass aus den Grundsätzen, nach denen sich die Verknüpfung zwischen der durch die Vereinten Nationen entstandenen Völkerrechtsordnung und der Gemeinschaftsrechtsordnung richte, folge, dass die streitige Verordnung, da sie der Umsetzung einer Resolution des Sicherheitsrats nach Kapitel VII der UN-Charta diene, die hierfür keinerlei Spielraum lasse, keiner gerichtlichen Kontrolle im Hinblick auf ihre materielle Rechtmäßigkeit unterliegen könne, soweit es nicht um ihre Vereinbarkeit mit den Normen des *ius cogens* gehe, und daher in diesem Umfang nicht justiziabel sei.

[281] Insoweit ist daran zu erinnern, dass die Gemeinschaft eine Rechtsgemeinschaft ist, in der weder ihre Mitgliedstaaten noch ihre Organe der Kontrolle daraufhin, ob ihre Handlungen mit der Verfassungsurkunde der Gemeinschaft, dem Vertrag, im Einklang stehen, entzogen sind, und dass mit diesem Vertrag ein umfassendes System von Rechtsbehelfen und Verfahren geschaffen worden ist, das dem Gerichtshof die Überprüfung der Rechtmäßigkeit der Handlungen der Organe zuweist (Urteil vom 23. April 1986, Les Verts/Parlament, 294/83, Slg. 1986, 1339, Randnr. 23).

[282] Außerdem können internationale Übereinkünfte nicht die in den Verträgen festgelegte Zuständigkeitsordnung und damit nicht die Autonomie des Rechtssystems der Gemeinschaft beeinträchtigen, deren Wahrung der Gerichtshof aufgrund der ausschließlichen Zuständigkeit sichert, die ihm durch Art. 220 EG übertragen ist, einer Zuständigkeit, die der Gerichtshof im Übrigen bereits zu den Grundlagen der Gemeinschaft selbst gezählt hat (vgl. in diesem Sinne Gutachten 1/91 vom 14. Dezember 1991, Slg. 1991, I-6079, Randnrn. 35 und 71, und Urteil vom 30. Mai 2006, Kommission/Irland, C-459/03, Slg. 2006, I4635, Randnr. 123 und die dort angeführte Rechtsprechung).

[283] Zudem sind nach ständiger Rechtsprechung die Grundrechte integraler Bestandteil der allgemeinen Rechtsgrundsätze, deren Wah-

rung der Gerichtshof zu sichern hat. Der Gerichtshof lässt sich dabei von den gemeinsamen Verfassungstraditionen der Mitgliedstaaten sowie von den Hinweisen leiten, die die völkerrechtlichen Verträge über den Schutz der Menschenrechte geben, an deren Abschluss die Mitgliedstaaten beteiligt waren oder denen sie beigetreten sind. Hierbei kommt der EMRK besondere Bedeutung zu (vgl. u. a. Urteil vom 26. Juni 2007, Ordre des barreaux francophones et germanophone u. a., C-305/05, Slg. 2007, I-5305, Randnr. 29 und die dort angeführte Rechtsprechung).

[284] Aus der Rechtsprechung des Gerichtshofs ergibt sich auch, dass die Achtung der Menschenrechte eine Voraussetzung für die Rechtmäßigkeit der Handlungen der Gemeinschaft ist (Gutachten 2/94, Randnr. 34) und dass Maßnahmen, die mit der Achtung dieser Rechte unvereinbar sind, in der Gemeinschaft nicht als rechtens anerkannt werden können (Urteil vom 12. Juni 2003, Schmidberger, C-112/00, Slg. 2003, I-5659, Randnr. 73 und die dort angeführte Rechtsprechung).

[285] Aus alledem folgt, dass die Verpflichtungen aufgrund einer internationalen Übereinkunft nicht die Verfassungsgrundsätze des EG-Vertrag beeinträchtigen können, zu denen auch der Grundsatz zählt, dass alle Handlungen der Gemeinschaft die Menschenrechte achten müssen, da die Achtung dieser Rechte eine Voraussetzung für ihre Rechtmäßigkeit ist, die der Gerichtshof im Rahmen des umfassenden Systems von Rechtsbehelfen, das dieser Vertrag schafft, überprüfen muss.

[286] Insoweit ist hervorzuheben, dass sich in einem Kontext wie dem der vorliegenden Rechtssachen die dem Gemeinschaftsrichter obliegende Rechtmäßigkeitskontrolle auf den Gemeinschaftsrechtsakt bezieht, mit dem die betreffende internationale Übereinkunft umgesetzt werden soll, und nicht auf diese Übereinkunft als solche.

[287] Was insbesondere einen Gemeinschaftsrechtsakt angeht, der wie die streitige Verordnung der Umsetzung einer Resolution des Sicherheitsrats nach Kapitel VII der UN-Charta dient, ist der Gemeinschaftsrichter demnach nicht befugt, im Rahmen der in Art. 220 EG vorgesehenen ausschließlichen Zuständigkeit die Rechtmäßigkeit einer solcher Resolution des Sicherheitsrats zu prüfen, und sei diese Prüfung auf die Frage beschränkt, ob die betreffende Resolution mit dem *ius cogens* vereinbar ist.

[288] Zudem würde ein Urteil eines Gemeinschaftsgerichts, mit dem festgestellt würde, dass ein Gemeinschaftsrechtsakt zur Umsetzung einer solchen Resolution gegen eine höherrangige Norm der Gemeinschaftsrechtsordnung verstößt, nicht den völkerrechtlichen Vorrang der betreffenden Resolution in Frage stellen.

[289] So hat der Gerichtshof bereits einen Beschluss des Rates zur Genehmigung eines völkerrechtlichen Abkommens für nichtig erklärt, nachdem er dessen materielle Rechtmäßigkeit im Hinblick auf das fragliche Abkommen geprüft und einen Verstoß gegen einen allgemeinen Grundsatz des Gemeinschaftsrechts – im konkreten Fall das allgemeine Diskriminierungsverbot – festgestellt hatte (Urteil vom 10. März 1998, Deutschland/Rat, C-122/95, Slg. 1998, I-973).

[290] Daher ist zu prüfen, ob, wie das Gericht entschieden hat, nach den Grundsätzen, die für die Verknüpfung zwischen der durch die Vereinten Nationen entstandenen Völkerrechtsordnung und der Gemeinschaftsrechtsordnung gelten, eine gerichtliche Kontrolle der materiellen Rechtmäßigkeit der streitigen Verordnung im Hinblick auf die Grundrechte grundsätzlich ausgeschlossen ist, obwohl, wie sich aus der in den Randnrn. 281 bis 284 des vorliegenden Urteils aufgeführten Rechtsprechung ergibt, eine solche Kontrolle eine verfassungsrechtliche Garantie darstellt, die zu den Grundlagen der Gemeinschaft selbst gehört.

[291] Insoweit ist zunächst darauf hinzuweisen, dass die Befugnisse der Gemeinschaft unter Beachtung des Völkerrechts auszuüben sind (Urteile Poulsen und Diva Navigation, Randnr. 9, und Racke, Randnr. 45), wobei der Gerichtshof in derselben Randnummer des ersten dieser beiden Urteile ferner klargestellt hat, dass die Auslegung eines aufgrund dieser Befugnisse erlassenen Rechtsakts und die Festlegung seines Anwendungsbereichs im Licht des einschlägigen Völkerrechts zu erfolgen haben.

[292] Außerdem hat der Gerichtshof entschieden, dass die in den Art. 177 EG und 181 EG vorgesehenen Befugnisse der Gemeinschaft auf dem Gebiet der wirtschaftlichen Zusammenarbeit und Entwicklung unter Beachtung der im Rahmen der Vereinten Nationen und anderer internationaler Organisationen gegebenen Zusagen ausgeübt werden müssen (Urteil vom 20. Mai 2008, Kommission/Rat, C-91/05, Slg. 2008, I-0000, Randnr. 65 und die dort angeführte Rechtsprechung).

[293] Die Beachtung der im Rahmen der Vereinten Nationen übernommenen Verpflichtungen ist auch im Bereich der Wahrung des Weltfriedens und der internationalen Sicherheit geboten, wenn die Gemeinschaft durch den Erlass von Rechtsakten, die auf der Grundlage der Art. 60 EG und 301 EG ergehen, Resolutionen des Sicherheitsrats nach Kapitel VII der UN-Charta umsetzt.

[294] Bei der Ausübung der zuletzt genannten Befugnis muss die Gemeinschaft nämlich eine besondere Bedeutung dem Umstand beimessen, dass nach Art. 24 der UN-Charta der Sicherheitsrat, indem er aufgrund von Kapitel VII der Charta Resolutionen beschließt, die

Hauptverantwortung wahrnimmt, die ihm zur weltweiten Wahrung des Friedens und der Sicherheit übertragen ist, eine Verantwortung, die im Rahmen des Kapitels VII die Befugnis einschließt, zu bestimmen, was eine Bedrohung für den Weltfrieden und die internationale Sicherheit darstellt, und die erforderlichen Maßnahmen zu treffen, um beide zu wahren oder wiederherzustellen.

[295] Sodann ist festzustellen, dass die in den Art. 60 EG und 301 EG vorgesehenen Befugnisse erst ausgeübt werden können, wenn aufgrund der Bestimmungen des EU-Vertrags über die GASP ein gemeinsamer Standpunkt angenommen oder eine gemeinsame Aktion beschlossen worden ist, die ein Tätigwerden der Gemeinschaft vorsehen.

[296] Ist die Gemeinschaft aufgrund einer solchen Handlung verpflichtet, im Rahmen des EG-Vertrags die danach gebotenen Maßnahmen zu ergreifen, impliziert diese Verpflichtung, wenn es um die Umsetzung einer Resolution des Sicherheitsrats nach Kapitel VII der UN-Charta geht, dass die Gemeinschaft bei der Ausarbeitung der fraglichen Maßnahmen den Wortlaut und die Ziele der betreffenden Resolution sowie die maßgeblichen Verpflichtungen, die sich aus der UN-Charta in Bezug auf eine solche Umsetzung ergeben, gebührend berücksichtigt.

[297] Außerdem hat der Gerichtshof bereits entschieden, dass bei der Auslegung der streitigen Verordnung auch der Wortlaut und das Ziel der Resolution 1390 (2002) des Sicherheitsrats zu berücksichtigen sind, die mit dieser Verordnung ausweislich ihres vierten Erwägungsgrundes umgesetzt werden soll (Urteil Möllendorf und Möllendorf-Niehuus, Randnr. 54 und die dort angeführte Rechtsprechung).

[298] Allerdings schreibt die UN-Charta kein bestimmtes Modell für die Umsetzung der Resolutionen des Sicherheitsrats nach Kapitel VII der Charta vor, vielmehr hat die Umsetzung nach den Modalitäten zu erfolgen, die insoweit in der nationalen Rechtsordnung des jeweiligen Mitgliedstaats der UNO gelten. Denn die UN-Charta lässt grundsätzlich den Mitgliedstaaten die freie Wahl zwischen verschiedenen Modellen für die Übernahme solcher Resolutionen in ihre nationale Rechtsordnung.

[299] Nach alledem implizieren die Grundsätze, die für die durch die Vereinten Nationen entstandene Völkerrechtsordnung gelten, nicht, dass eine gerichtliche Kontrolle der materiellen Rechtmäßigkeit der streitigen Verordnung im Hinblick auf die Grundrechte deshalb ausgeschlossen wäre, weil mit ihr eine Resolution des Sicherheitsrats nach Kapitel VII der UN-Charta umgesetzt werden soll.

[300] Eine solche Nichtjustiziabilität eines Gemeinschaftsrechtsakts wie der streitigen Verordnung als Folge des Grundsatzes des völker-

rechtlichen Vorrangs der Verpflichtungen aufgrund der UN-Charta, insbesondere derjenigen in Bezug auf die Umsetzung der Resolutionen des Sicherheitsrats nach Kapitel VII der Charta, findet zudem keine Grundlage im EG-Vertrag.

[301] Zwar hat der Gerichtshof bereits entschieden, dass Art. 234 EG-Vertrag (nach Änderung jetzt Art. 307 EG), wenn sein Tatbestand erfüllt ist, Abweichungen vom Primärrecht, z. B. von dem die gemeinsame Handelspolitik betreffenden Art. 113 EG-Vertrag, zulassen kann (vgl. in diesem Sinne Urteil Centro-Com, Randnrn. 56 bis 61).

[302] Zutreffend ist auch, dass Art. 297 EG implizit Beschränkungen des Gemeinsamen Markts erlaubt, die gegebenenfalls durch Maßnahmen verursacht werden, die ein Mitgliedstaat ergreift, um völkerrechtliche Verpflichtungen zu erfüllen, die er zur Wahrung des Weltfriedens und der internationalen Sicherheit eingegangen ist.

[303] Die betreffenden Bestimmungen können aber nicht dahin verstanden werden, dass sie eine Abweichung von den Grundsätzen der Freiheit, der Demokratie und der Achtung der Menschenrechte und Grundfreiheiten zulassen, die in Art. 6 Abs. 1 EU als Grundlage der Union niedergelegt sind.

[304] Art. 307 EG könnte es nämlich keinesfalls erlauben, die Grundsätze in Frage zu stellen, die zu den Grundlagen der Gemeinschaftsrechtsordnung selbst gehören, worunter auch der Schutz der Grundrechte fällt, der die Kontrolle der Rechtmäßigkeit der Gemeinschaftsrechtsakte im Hinblick auf ihre Vereinbarkeit mit den Grundrechten durch den Gemeinschaftsrichter einschließt.

[305] Eine Nichtjustiziabilität der streitigen Verordnung in Bezug auf die Prüfung ihrer Vereinbarkeit mit den Grundrechten, die in einem vermeintlich absoluten Vorrang der Resolutionen des Sicherheitsrats begründet liegen soll, deren Umsetzung diese Verordnung dient, könnte auch nicht auf den Rang gestützt werden, den die Verpflichtungen aus der UN-Charta in der Normenhierarchie innerhalb der Gemeinschaftsrechtsordnung einnähmen, wenn sie in dieser Hierarchie eingestuft wären.

[306] Nach Art. 300 Abs. 7 EG sind nämlich die nach Maßgabe dieses Artikels geschlossenen Abkommen für die Organe der Gemeinschaft und für die Mitgliedstaaten verbindlich.

[307] Wäre Art. 300 Abs. 7 EG auf die UN-Charta anwendbar, hätte diese danach Vorrang vor den Bestimmungen des abgeleiteten Gemeinschaftsrechts (vgl. in diesem Sinne Urteil vom 3. Juni 2008, Intertanko u. a., C-308/06, Slg. 2008, I-0000, Randnr. 42 und die dort angeführte Rechtsprechung).

[308] Dieser Vorrang auf der Ebene des Gemeinschaftsrechts würde sich jedoch nicht auf das Primärrecht und insbesondere die allgemeinen Grundsätze – zu denen die Grundrechte gehören – erstrecken.

[309] Diese Auslegung wird durch Art. 300 Abs. 6 EG bestätigt, wonach ein völkerrechtliches Abkommen nicht in Kraft treten kann, wenn der Gerichtshof ein ablehnendes Gutachten über dessen Vereinbarkeit mit dem EG-Vertrag abgegeben hat, es sei denn, dass dieser zuvor geändert worden ist.

[310] Vor dem Gerichtshof ist allerdings insbesondere in der mündlichen Verhandlung vorgetragen worden, nach dem Vorbild des Europäischen Gerichtshofs für Menschenrechte, der in mehreren kürzlich ergangenen Entscheidungen erklärt habe, dass er für die Kontrolle der Vereinbarkeit bestimmter Rechtsakte, die im Rahmen der Umsetzung von Resolutionen des Sicherheitsrats nach Kapitel VII der UN-Charta ergangen seien, nicht zuständig sei, müssten die Gemeinschaftsgerichte davon absehen, die Rechtmäßigkeit der streitigen Verordnung im Hinblick auf die Grundrechte zu prüfen, da diese Verordnung ebenfalls der Umsetzung solcher Resolutionen diene.

[311] Hierzu ist festzustellen, dass, wie im Übrigen der Europäische Gerichtshof für Menschenrechte selbst festgestellt hat, ein fundamentaler Unterschied besteht zwischen der Natur der Rechtsakte, auf die sich diese Entscheidungen beziehen und in Bezug auf die dieser Gerichtshof erklärt hat, dass er für die Kontrolle ihrer Vereinbarkeit mit der EMRK nicht zuständig sei, und derjenigen anderer Rechtsakte, für die seine Zuständigkeit unstreitig erscheint (vgl. EGMR, Entscheidung Behrami und Behrami/Frankreich und Saramati/Frankreich, Deutschland und Norwegen vom 2. Mai 2007, noch nicht in den *Reports of Judgements and Decisions* veröffentlicht, § 151).

[312] So hat der Europäische Gerichtshof für Menschenrechte zwar in einigen Fällen, mit denen er befasst war, erklärt, er sei in persönlicher Hinsicht nicht zuständig, doch ging es darin um Handlungen, die unmittelbar der UNO als weltweit tätiger, zwingende Erfordernisse der kollektiven Sicherheit erfüllender Organisation zugerechnet werden konnten – insbesondere Handlungen eines im Rahmen von Kapitel VII der UN-Charta errichteten Hilfsorgans der UNO oder Handlungen, die sich im Rahmen der Wahrnehmung von Befugnissen bewegten, die der Sicherheitsrat nach demselben Kapitel rechtswirksam delegiert hatte – und nicht um Handlungen, die sich den vor dem betreffenden Gericht beklagten Staaten zurechnen ließen, zumal diese Handlungen nicht im Hoheitsgebiet dieser Staaten erfolgt waren und ihnen auch keine Entscheidung ihrer Behörden zugrunde lag.

[313] Demgegenüber hat der Europäische Gerichtshof für Menschenrechte in § 151 der Entscheidung Behrami und Behrami/Frankreich und Saramati/Frankreich, Deutschland und Norwegen ausgeführt, dass er in dem Fall, der seinem Urteil Bosphorus Hava Yolları Turizm ve Ticaret Anonim Şirketi/Irland zugrunde gelegen und eine Beschlagnahme betroffen habe, die die Behörden des beklagten Staates im Anschluss an eine Entscheidung eines Ministers dieses Staates in dessen Hoheitsgebiet durchgeführt hätten, seine Zuständigkeit namentlich in persönlicher Hinsicht gegenüber dem beklagten Staat bejaht habe, obwohl die fragliche Maßnahme auf der Grundlage einer Gemeinschaftsverordnung beschlossen worden sei, die ihrerseits aufgrund einer Resolution des Sicherheitsrat erlassen worden sei.

[314] In der vorliegenden Rechtssache ist festzustellen, dass die streitige Verordnung nicht als ein Rechtsakt angesehen werden kann, der als Handlung, die von einem der im Rahmen von Kapitel VII der UN-Charta errichteten Hilfsorgane der UNO ausgeht oder sich im Rahmen der Wahrnehmung von Befugnissen bewegt, die der Sicherheitsrat nach demselben Kapitel rechtswirksam delegiert hat, unmittelbar der UNO zuzurechnen ist.

[315] Außerdem stellt sich die Frage nach der Zuständigkeit des Gerichtshofs, sich zur Gültigkeit der streitigen Verordnung zu äußern, jedenfalls in einem grundlegend anderen Rahmen.

[316] Wie bereits in den Randnrn. 281 bis 284 des vorliegenden Urteils ausgeführt, ist die Kontrolle der Gültigkeit einer jeden Handlung der Gemeinschaft im Hinblick auf die Grundrechte durch den Gerichtshof nämlich als Ausdruck einer Verfassungsgarantie in einer Rechtsgemeinschaft zu betrachten, einer Garantie, die sich aus dem EG-Vertrag als autonomem Rechtssystem ergibt und durch ein völkerrechtliches Abkommen nicht beeinträchtigt werden kann.

[317] Die Frage nach der Zuständigkeit des Gerichtshofs stellt sich nämlich im Rahmen der internen und autonomen Rechtsordnung der Gemeinschaft, zu der die streitige Verordnung gehört und innerhalb deren der Gerichtshof dafür zuständig ist, die Gültigkeit der Handlungen der Gemeinschaft im Hinblick auf die Grundrecht zu überprüfen.

[318] Es ist ferner vorgetragen worden, in Anbetracht des Respekts, den die Gemeinschaftsorgane den Organen der Vereinten Nationen schuldeten, müsse der Gerichtshof davon absehen, die Rechtmäßigkeit der streitige Verordnung im Hinblick auf die Grundrechte zu prüfen, selbst wenn eine solche Kontrolle möglich sein sollte, da im Rahmen der von den Vereinten Nationen geschaffenen Sanktionsregelung insbesondere unter Berücksichtigung des Verfahrens der Überprüfung in

der kürzlich durch mehrere Resolutionen des Sicherheitsrats spürbar verbesserten Form die Grundrechte hinreichend geschützt seien.

[319] Die Kommission meint, solange im Rahmen der genannten Sanktionsregelung die betroffenen Personen oder Organisationen dank eines Mechanismus der administrativen Kontrolle, der sich in die Rechtsordnung der Vereinten Nationen einfüge, eine akzeptable Möglichkeit hätten, gehört zu werden, dürfe der Gerichtshof nicht tätig werden.

[320] Hierzu ist zunächst zu bemerken, dass zwar in der Tat im Anschluss an die Verabschiedung mehrerer Resolutionen durch den Sicherheitsrat sowohl in Bezug auf die Aufnahme in die konsolidierte Liste als auch hinsichtlich der Streichung von dieser Liste Änderungen an dem von den Vereinten Nationen geschaffenen System von Restriktionen vorgenommen worden sind (vgl. speziell die Resolutionen 1730 [2006] vom 19. Dezember 2006, und 1735 [2006] vom 22. Dezember 2006), dass diese Änderungen aber nach Erlass der streitigen Verordnung erfolgt sind, so dass sie im Rahmen der vorliegenden Rechtsmittel grundsätzlich nicht berücksichtigt werden können.

[321] Jedenfalls kann der Umstand, dass es im Rahmen des betreffenden Systems der Vereinten Nationen das Verfahren der Überprüfung vor dem Sanktionsausschuss gibt auch unter Berücksichtigung der kürzlich an ihm vorgenommenen Änderungen nicht zu einer generellen Nichtjustiziabilität im Rahmen der internen Rechtsordnung der Gemeinschaft führen.

[322] Eine solche Nichtjustiziabilität, die eine erhebliche Abweichung von dem im EG-Vertrag vorgesehenen System des gerichtlichen Rechtsschutzes der Grundrechte darstellen würde, erscheint nämlich in Anbetracht dessen, dass das betreffende Verfahren der Überprüfung offenkundig nicht die Garantien eines gerichtlichen Rechtsschutzes bietet, nicht gerechtfertigt.

[323] Zwar kann sich nunmehr jede Person oder Organisation unmittelbar an den Sanktionsausschuss wenden, indem sie einen Antrag auf Streichung von der konsolidierten Liste bei der sogenannten Koordinierungsstelle einreicht, doch ist das Verfahren vor diesem Ausschuss nach wie vor im Wesentlichen diplomatischer und zwischenstaatlicher Natur, da die betroffenen Personen und Organisationen keine echte Möglichkeit haben, ihre Rechte zu verteidigen, und der Sanktionsausschuss im Konsens entscheidet, weil jedes Ausschussmitglied über ein Vetorecht verfügt.

[324] Insoweit geht aus den Richtlinien des Sanktionsausschusses in ihrer zuletzt am 12. Februar 2007 geänderten Fassung hervor, dass der-

jenige, der einen Streichungsantrag gestellt hat, weder seine Rechte während des Verfahrens vor dem Sanktionsausschuss geltend machen noch sich zu diesem Zweck vertreten lassen kann, da ausschließlich der Staat, in dem er seinen Wohnsitz hat oder dessen Staatsangehörigkeit er besitzt, berechtigt ist, gegebenenfalls eine Stellungnahme zu diesem Antrag abzugeben.

[325] Zudem ist der Sanktionsausschuss nach diesen Richtlinien weder verpflichtet, dem Antragsteller die Gründe und Beweismittel mitzuteilen, die seine Aufnahme in die koordinierte Liste rechtfertigen, noch muss er ihm – und sei es auch nur eingeschränkten – Zugang zu den betreffenden Daten gewähren. Darüber hinaus braucht der Sanktionsausschuss die Zurückweisung des Streichungsantrags nicht zu begründen.

[326] Aus alledem ergibt sich, dass die Gemeinschaftsgerichte im Einklang mit den Befugnissen, die ihnen aufgrund des EG-Vertrags zustehen, eine grundsätzlich umfassende Kontrolle der Rechtmäßigkeit sämtlicher Handlungen der Gemeinschaft im Hinblick auf die Grundrechte als Bestandteil der allgemeinen Grundsätze des Gemeinschaftsrechts gewährleisten müssen, und zwar auch in Bezug auf diejenigen Handlungen der Gemeinschaft, die wie die streitige Verordnung der Umsetzung von Resolutionen des Sicherheitsrats nach Kapitel VII der UN-Charta dienen sollen.

[327] Deshalb hat das Gericht einen Rechtsfehler begangen, als es in den Randnrn. 212 bis 231 des angefochtenen Urteils Kadi und 263 bis 282 des angefochtenen Urteils Yusuf und Al Barakaat entschieden hat, dass aus den Grundsätzen, nach denen sich die Verknüpfung zwischen der durch die Vereinten Nationen entstandenen Völkerrechtsordnung und der Gemeinschaftsrechtsordnung richte, folge, dass die streitige Verordnung, da sie der Umsetzung einer Resolution des Sicherheitsrats nach Kapitel VII der UN-Charta diene, die hierfür keinerlei Spielraum lasse, im Hinblick auf ihre materielle Rechtmäßigkeit nicht justiziabel sei, sofern es nicht um ihre Vereinbarkeit mit den Normen des *ius cogens* gehe.

4. Unionsrecht und frühere Verträge (Art. 351 Abs. 1 AEUV)

60 **Rs. C-516/22 (Kommission ./. Vereinigtes Königreich), Urteil des Gerichtshofs vom 14.03.2024.**

Vorbemerkungen: *Nach Art. 351 AEUV werden Rechte und Pflichten aus Übereinkünften, die vor dem 1. Januar 1958 oder, im Falle später beigetretener Staaten, vor dem Zeitpunkt ihres Beitritts zwischen einem oder mehreren Mitgliedstaaten einerseits und einem oder mehreren dritten Ländern andererseits geschlossen wurden, durch die Verträge nicht berührt. Im vorliegenden Fall ging es um die Vollstreckung eines gegen Rumänien ergangenen Schiedsspruchs, der nach den Regelungen des ICSID-Übereinkommens zustande gekommen war, dem das Vereinigte Königreich im Jahr 1967 und Rumänien im Jahr 1975 beigetreten waren. Der britische Supreme Court war der Auffassung, dass das Unionsrecht einer Vollstreckung dieses Schiedsspruchs im Vereinigten Königreich wegen Art. 351 AEUV nicht entgegenstünde. Die Kommission, die in der Vollstreckung einen Verstoß unter anderem gegen Art. 108 Abs. 3 AEUV sah, klagte vor dem EuGH, der für diese Frage nach den Übergangsregelungen des Austrittsabkommens (noch) zuständig war. Der EuGH stellte klar, dass Art. 351 AEUV nur dann greift, soweit Drittstaaten aus der jeweiligen Übereinkunft Rechte herleiten können (Rn. 64).* ***B:*** *N. Kuplewatzky, EuZW 2024, 617 ff.; M. Ruffert, JuS 2024, 800 ff.*

Sachverhalt: Nachdem Rumänien am 22. Februar 2005 im Hinblick auf seinen Beitritt zur Europäischen Union eine regionale Investitionsbeihilferegelung in Form von steuerlichen Anreizen aufhob, beantragten die schwedischen Staatsbürger Ioan Micula und Viorel Micula sowie die von ihnen kontrollierten Gesellschaften European Food SA, Starmill SRL und Multipack SRL gemäß Art. 7 BIT die Einsetzung eines Schiedsgerichts nach dem ICSID-Übereinkommen, um Ersatz des Schadens zu erlangen, der ihnen durch die Aufhebung der in Rede stehenden Beihilferegelung entstanden sein soll, die ihnen vor dieser Aufhebung zugutegekommen sei. Das Schiedsgericht befand in seinem Schiedsspruch vom 11. Dezember 2013, dass Rumänien dadurch, dass es die in Rede stehende Beihilferegelung aufgehoben hatte, das berechtigte Vertrauen der Investoren verletzt habe. Deshalb verurteilte das Schiedsgericht Rumänien, an die Investoren Schadensersatz in Höhe von 791 882 452 rumänischen Lei (RON) (etwa 178 Mio. Euro) zu zahlen. Bei der Festsetzung dieses Betrags wurden hauptsächlich die Schäden berücksichtigt, die den Investoren im Zeitraum vom 22. Februar 2005 bis 31. März 2009 entstanden sein sollen. Seit dem Jahr 2014 versuchten die Investoren, die Anerkennung und Vollstreckung des Schiedsspruchs in Belgien, in Frankreich, in Luxemburg, in Schweden, im Vereinigten Königreich und in den Vereinigten Staaten von Amerika zu erreichen. Die Kommission sah in einer solchen Vollstreckung einen Verstoß gegen Art. 108 Abs. 3 AEUV und erließ daher einen an Rumänien gerichteten Beschluss, die Vollstreckung bis zu einer endgültigen Entscheidung der Kommission auszusetzen, der von den Investoren vor den Unionsgerichten angefochten wurde. Währenddessen betrieben die Investoren die Vollstreckung auch im Vereinigten Königreich. Nachdem die britischen Instanzgerichte die Vollstreckung zunächst noch mit Verweis auf das laufende Gerichtsverfahren vor den Unionsgerichten ausgesetzt hatten, ordnete der britische Supreme Court die Vollstreckung an. Dabei hielt er nicht zuletzt fest, dass das Unionsrecht wegen Art. 351 AEUV einer solchen Vollstreckung nicht im Wege stünde. Die Kommission erhob Vertragsverletzungsklage, der EuGH gab der Kommission im Ergebnis recht.

Aus den Entscheidungsgründen:

[58] Es ist darauf hinzuweisen, dass gemäß Art. 351 Abs. 1 AEUV die Rechte und Pflichten aus internationalen Übereinkünften, die vor dem Zeitpunkt ihres Beitritts zur Union zwischen einem oder mehreren Mitgliedstaaten einerseits und einem oder mehreren dritten Ländern andererseits geschlossen wurden, durch die Verträge nicht berührt werden.

[59] Nach ständiger Rechtsprechung des Gerichtshofs bezweckt Art. 351 Abs. 1 AEUV, gemäß den Grundsätzen des Völkerrechts klarzustellen, dass die Anwendung der Unionsverträge nicht die Pflicht des betreffenden Mitgliedstaats berührt, die Rechte von Drittstaaten aus einer früher geschlossenen internationalen Übereinkunft zu wahren und seine entsprechenden Verpflichtungen zu erfüllen (vgl. u. a. Urteile vom 14. Oktober 1980, Burgoa, 812/79, EU:C:1980:231, Rn. 8, und vom 9. Februar 2012, Luksan, C-277/10, EU:C:2012:65, Rn. 61). Diese Bestimmung hat insoweit allgemeine Tragweite, als dass sie unabhängig von ihrem Gegenstand für alle internationalen Übereinkünfte gilt, die sich auf die Unionsverträge auswirken können (vgl. in diesem Sinne Urteil vom 2. August 1993, Levy, C-158/91, EU:C:1993:332, Rn. 11).

[60] Art. 351 Abs. 1 AEUV bezweckt somit die Wahrung der Rechte von Drittstaaten (Urteil vom 13. Juli 1966, Consten und Grundig/Kommission, 56/64 und 58/64, EU:C:1966:41, S. 394), indem er den betreffenden Mitgliedstaaten ermöglicht, ihren Verpflichtungen aus einer früheren internationalen Übereinkunft nachzukommen (vgl. in diesem Sinne Urteil vom 21. Dezember 2011, Air Transport Association of America u. a., C-366/10, EU:C:2011:864, Rn. 61).

[61] Diese Bestimmung ermächtigt die Mitgliedstaaten jedoch nicht, Rechte aus solchen Übereinkünften in den Beziehungen innerhalb der Union geltend zu machen (vgl. in diesem Sinne Urteile vom 2. Juli 1996, Kommission/Luxemburg, C-473/93, EU:C:1996:263, Rn. 40, und vom 7. Juli 2005, Kommission/Österreich, C-147/03, EU:C:2005:427, Rn. 58).

[62] Die Begriffe „Rechte und Pflichten" in Art. 351 Abs. 1 AEUV beziehen sich daher, was die „Rechte" anbelangt, auf die Rechte von Drittstaaten und, was die „Pflichten" anbelangt, auf die Pflichten der Mitgliedstaaten (Urteile vom 27. Februar 1962, Kommission/Italien, 10/61, EU:C:1962:2, S. 22, und vom 2. August 1993, Levy, C-158/91, EU:C:1993:332, Rn. 12).

[63] Infolgedessen ist, um festzustellen, ob gemäß dieser Bestimmung eine Regelung des Unionsrechts gegenüber einer früher geschlossenen internationalen Übereinkunft zurückzutreten hat, zu prüfen, ob diese Übereinkunft dem betreffenden Mitgliedstaat Verpflichtungen auferlegt, deren Erfüllung noch von den Drittstaaten, die dieser Übereinkunft beigetreten sind, verlangt werden kann (vgl. u. a. Urteile vom 2. August 1993, Levy, C-158/91, EU:C:1993:332, Rn. 13, und vom 15. September 2011, Kommission/Slowakei, C-264/09, EU:C:2011:580, Rn. 42).

[64] Eine Bestimmung des Unionsrechts hat demnach gemäß Art. 351 Abs. 1 AEUV gegenüber einer internationalen Übereinkunft nur dann zurückzutreten, wenn diese zum einen geschlossen wurde, bevor die Unionsverträge in dem betreffenden Mitgliedstaat in Kraft getreten sind, und wenn zum anderen der fragliche Drittstaat daraus Rechte herleiten kann, deren Beachtung er von diesem Mitgliedstaat verlangen kann (vgl. in diesem Sinne Urteil vom 10. März 1998, T. Port, C-364/95 und C-365/95, EU:C:1998:95, Rn. 61).

[65] Die Mitgliedstaaten können diese Bestimmung daher nicht geltend machen, wenn in dem betreffenden Einzelfall die Rechte von Drittstaaten nicht berührt sind (vgl. in diesem Sinne Urteile vom 22. September 1988, Deserbais, 286/86, EU:C:1988:434, Rn. 18, und vom 6. April 1995, RTE und ITP/Kommission, C-241/91 P und C-242/91 P, EU:C:1995:98, Rn. 84).

IV. Auslegung des Unionsrechts

Verb. Rs. C-6/90 und C-9/90 (Francovich), 61
Urteil des Gerichtshofs vom 19.11.1991.

und

Rs. 9/70 (Leberpfennig), 62
Urteil des Gerichtshofs vom 06.10.1970.

Gemeinsame Vorbemerkungen: *Der Gerichtshof bedient sich bei der Auslegung des Unionsrechts im Rahmen der teleologischen Auslegung der Auslegungsmaxime des sog. „effet utile" (Grundsatz der praktischen Wirksamkeit), wonach unionsrechtliche Normen so auszulegen sind, dass ihnen die größtmögliche Effizienz zukommt. Die im Folgenden dargestellten Entscheidungen verdeutlichen diese Auslegungsmethode des Gerichtshofs beispielhaft in verschiedenen Bereichen der Verträge. Insbesondere die Rechtssache Francovich illustriert dabei sehr deutlich, inwieweit der Gerichtshof sich dieser Auslegungsmethode auch zum Zwecke der Rechtsfortbildung bedient. Neben dem effet utile verwendet der EuGH bei der Auslegung des Primärrechts vorwiegend die systematische Methode.* ***B:*** *C. Tietje, NJW 2017, 3059.* ***L:*** *Rn. 190, 355, 372f., 393, 599, 602, 604, 608, 610.*

Sachverhalt: Siehe die Fälle 65 und 47.

Verb. Rs. C-6/90 und C-9/90 (Francovich),
Urteil des Gerichtshofs vom 19.11.1991.

[31] Der EWG-Vertrag hat eine eigene Rechtsordnung geschaffen, die in die Rechtsordnungen der Mitgliedstaaten aufgenommen worden und von den nationalen Gerichten anzuwenden ist. Rechtssubjekte dieser Rechtsordnung sind nicht nur die Mitgliedstaaten, sondern auch der einzelne, dem das Gemeinschaftsrecht, ebenso wie es ihm Pflichten auferlegt, auch Rechte verleihen kann. Solche Rechte entstehen nicht nur, wenn der EWG-Vertrag dies ausdrücklich bestimmt, sondern auch aufgrund von eindeutigen Verpflichtungen, die der EWG-Vertrag dem einzelnen wie auch den Mitgliedstaaten und den Organen der Gemeinschaft auferlegt (Urteile vom 5. Februar 1963 in der Rechtssache 26/62, Van Gend & Loos, Slg. 1963, 1, und vom 15. Juli 1964 in der Rechtssache 6/64, Costa, Slg. 1964, 1251).

[32] Nach ständiger Rechtsprechung müssen die nationalen Gerichte, die im Rahmen ihrer Zuständigkeiten die Bestimmungen des Gemeinschaftsrechts anzuwenden haben, die volle Wirkung dieser Bestimmungen gewährleisten und die Rechte schützen, die das Gemeinschaftsrecht dem einzelnen verleiht (...).

[33] Die volle Wirksamkeit der gemeinschaftsrechtlichen Bestimmungen wäre beeinträchtigt und der Schutz der durch sie begründeten Rechte gemindert, wenn der einzelne nicht die Möglichkeit hätte, für den Fall eine Entschädigung zu erlangen, daß seine Rechte durch einen Verstoß gegen das Gemeinschaftsrecht verletzt werden, der einem Mitgliedstaat zuzurechnen ist.

[34] Die Möglichkeit einer Entschädigung durch den Mitgliedstaat ist vor allem dann unerläßlich, wenn die volle Wirkung der gemeinschaftsrechtlichen Bestimmungen wie im vorliegenden Fall davon abhängt, daß der Staat tätig wird, und der einzelne deshalb im Falle einer Untätigkeit des Staates die ihm durch das Gemeinschaftsrecht zuerkannten Rechte vor den nationalen Gerichten nicht geltend machen kann.

Rs. 9/70 (Leberpfennig),
Urteil des Gerichtshofs vom 06.10.1970.

[2] Mit der ersten Frage bittet das Finanzgericht den Gerichtshof um Entscheidung darüber, ob Artikel 4 Absatz 2 der Entscheidung in Verbindung mit Artikel 1 der Richtlinie unmittelbare Wirkungen in den Rechtsbeziehungen zwischen den Mitgliedstaaten und Einzelpersonen erzeugt und ob diese Vorschriften Rechte der einzelnen begründen, welche auch die staatlichen Gerichte zu beachten haben.

[3] Die Frage betrifft die Gesamtwirkung von Vorschriften, die in einer Entscheidung beziehungsweise einer Richtlinie enthalten sind. Nach Artikel 189 EWG-Vertrag ist eine Entscheidung in allen ihren Teilen für diejenigen verbindlich, die sie bezeichnet. Ferner ist nach diesem Artikel eine Richtlinie für jeden Mitgliedstaat, an den sie gerichtet wird, hinsichtlich des zu erreichenden Ziels verbindlich, überläßt jedoch den innerstaatlichen Stellen die Wahl der Form und der Mittel.

(...)

[5] Zwar gelten nach Artikel 189 Verordnungen unmittelbar und können infolgedessen schon wegen ihrer Rechtsnatur unmittelbare Wirkungen erzeugen. Hieraus folgt indessen nicht, daß andere in diesem Artikel genannte Kategorien von Rechtsakten niemals ähnliche Wirkungen erzeugen könnten. Namentlich die Bestimmung, daß Entscheidun-

gen in allen ihren Teilen für den Adressaten verbindlich sind, erlaubt die Frage, ob sich auf die durch die Entscheidung begründete Verpflichtung nur die Gemeinschaftsorgane gegenüber dem Adressaten berufen können oder ob ein solches Recht gegebenenfalls allen zusteht, die ein Interesse an der Erfüllung dieser Verpflichtung haben. Mit der den Entscheidungen durch Artikel 189 zuerkannten verbindlichen Wirkung wäre es unvereinbar, grundsätzlich auszuschließen, daß betroffene Personen sich auf die durch die Entscheidung auferlegte Verpflichtung berufen können. Insbesondere in den Fällen, in denen etwa die Gemeinschaftsbehörden einen Mitgliedstaat oder alle Mitgliedstaaten durch Entscheidung zu einem bestimmten Verhalten verpflichten, würde die nützliche Wirkung („effet utile") einer solchen Maßnahme abgeschwächt, wenn die Angehörigen dieses Staates sich vor Gericht hierauf nicht berufen und die staatlichen Gerichte sie nicht als Bestandteil des Gemeinschaftsrechts berücksichtigen könnten. Zwar können die Wirkungen einer Entscheidung andere sein als diejenigen einer in einer Verordnung enthaltenen Vorschrift; dieser Unterschied schließt jedoch nicht aus, daß das Endergebnis, nämlich das Recht des einzelnen, sich auf die Maßnahme vor Gericht zu berufen, gegebenenfalls das gleiche sein kann wie bei einer unmittelbar anwendbaren Verordnungsvorschrift.

Rs. C-149/97 (Institute of the Motor Industry), Urteil des Gerichtshofs vom 12.11.1998. 63

Vorbemerkungen: *Diese Entscheidung illustriert, dass bei sich objektiv widerstreitenden Sprachfassungen eines Sekundärrechtsaktes nicht einer Sprachfassung der Vorrang vor einer anderen eingeräumt werden darf, sondern eine Auslegung anhand des allgemeinen Aufbaus und des Zwecks der Regelung zu erfolgen hat.*

Sachverhalt: Das Institute of the Motor Industry, ein freiwilliger Zusammenschluss von Personen, die im Kraftfahrzeug-Einzelhandel tätig sind, stellte einen Antrag auf eine Mehrwertsteuerbefreiung, der mit der Begründung abgelehnt wurde, dass das Institut die erforderlichen Voraussetzungen für die im englischen Recht vorgesehene Steuerbefreiung nicht erfülle. Demgegenüber machte das Institut geltend, es sei eine von Mehrwertsteuer befreite Organisation i. S. d. Richtlinie 77/388/EWG. Die nationalen Sprachfassungen der Richtlinie bedienten sich verschiedener Begriffe, mit denen die Steuerbefreiung nach Art. 13 der Richtlinie umschrieben war. Maßgeblich war nach der Auffassung des im Rahmen eines Vorabentscheidungsverfahrens angerufenen EuGH, ob eine Vereinigung die Ziele „de nature syndicale" i. S. von Art. 13 verfolgte. Dies sei zu bejahen, wenn das Hauptziel der Organisation die Verteidigung der gemeinsamen Interessen ihrer Mitglieder und deren Verteidigung gegenüber betroffenen Dritten ist.

Aus den Entscheidungsgründen:

[13] Die Frage des vorlegenden Gerichts an den Gerichtshof geht im wesentlichen dahin, ob eine Vereinigung wie das Institute als Einrichtung ohne Gewinnstreben, die gewerkschaftliche Ziele verfolgt, im Sinne von Artikel 13 Teil A Absatz 1 Buchstabe 1 der Richtlinie bezeichnet werden kann.

[14] Zunächst ist festzustellen, daß, wie der Generalanwalt in den Nummern 33 bis 37 seiner Schlußanträge ausgeführt hat, die in einigen Sprachfassungen dieser Vorschrift zur Wiedergabe des Ausdrucks „objectifs de nature syndicale" verwendeten Begriffe eine andere Bedeutung haben können als die in anderen Sprachfassungen verwendeten.

[15] So beziehen sich die in mehreren Fassungen, darunter der englischen Fassung („aims of a trade-union nature"), verwendeten Begriffe im wesentlichen auf Ziele, die von Gewerkschaften verfolgt werden, während die in anderen Fassungen, darunter der französischen Fassung („objectifs de nature syndicale"), verwendeten Begriffe darüber hinaus auch Ziele erfassen, die von Berufsorganisationen verfolgt werden, die keine Gewerkschaften darstellen.

[16] Nach ständiger Rechtsprechung kann die in einer der Sprachfassungen einer gemeinschaftsrechtlichen Vorschrift verwendete Formulierung nicht als alleinige Grundlage für die Auslegung dieser Vorschrift herangezogen werden oder insoweit Vorrang vor den anderen sprachlichen Fassungen beanspruchen. Eine solche Vorgehensweise wäre mit dem Erfordernis einer einheitlichen Anwendung des Gemeinschaftsrechts unvereinbar. Wenn die sprachlichen Fassungen voneinander abweichen, muß die betreffende Vorschrift nach dem allgemeinen Aufbau und dem Zweck der Regelung ausgelegt werden, zu der sie gehört (siehe Urteil vom 27. März 1990 in der Rechtssache C-372/88, Cricket St Thomas, Slg. 1990, I-1345, Randnrn. 18 und 19).

Rs. C-306/05 (SGAE), 64
Urteil des Gerichtshofs vom 07.12.2006.

Vorbemerkungen: *Die Entscheidung verdeutlicht die Bedeutung des Völkerrechts bei der Auslegung des Sekundärrechts, hier der Urheberrechtsrichtlinie (2001/29/EG). Der EuGH führt in diesem Zusammenhang regelmäßig aus, die Vorschriften des Sekundärrechts seien im Lichte des Völkerrechts auszulegen, insbesondere wenn die betreffenden Sekundärrechtsakte völkerrechtliche Verträge der Union durchführen sollen (Rn. 35). Diese Pflicht zur völkerrechtskonformen Auslegung ergibt sich daraus, dass die von der Union geschlossenen völkerrechtlichen Verträge als integraler Bestandteil des Unionsrechts unmittelbar gelten und insoweit Vorrang vor dem Sekundärrecht genießen. Es handelt sich also aus der Perspektive des Unionsrechts gar nicht um eine völkerrechtskonforme Auslegung, sondern vielmehr um eine unionsrechtskonforme Auslegung, deren Maßstab die in das Unionsrecht integrierten völkerrechtlichen Bestimmungen sind. Das vorliegende Urteil wies allerdings die Besonderheit auf, dass der für die Auslegung maßgebliche völkerrechtliche Vertrag für die Union mangels Ratifikation noch nicht verbindlich und damit nicht Bestandteil der Unionsrechtordnung nach Art. 216 Abs. 2 AEUV geworden war. Dass der EuGH den Vertrag gleichwohl bei der Auslegung heranzog, kann jedoch dadurch erklärt werden, dass die Urheberrechtsrichtlinie ausweislich ihrer Begründungserwägungen der Umsetzung dieser (zukünftigen) völkerrechtlichen Verpflichtungen der Union diente. Zudem war auf das völkerrechtliche Frustrationsverbot hinzuweisen, welches den Parteien eines Vertrages auch vor Inkrafttreten die Vornahme von Handlungen untersagt, die Ziele und Zwecke eines Vertrages zu vereiteln.* ***B:*** *C. Musiol, FD-GewRS 2007, 209588; T. Ricke/I. Simon, MMR 2007, 166ff.*

Sachverhalt: Der Vorabentscheidung des EuGH lag ein Urheberrechtsstreit vor einem spanischen Gericht zugrunde. Ein Hotelbetreiber hatte über einen bestimmten Zeitraum hinweg das von ihm über Kabel und Satellit frei empfangbare Fernsehprogramm an in seinen Hotels aufgestellte Fernsehsehgeräte weitergeleitet, ohne hierfür eine entsprechende Vergütung an die Rechteinhaber der gesendeten Werke zu entrichten. Die spanische Rechteverwertungsgesellschaft Sociedad General de Autores y Editores de España (SGAE) war der Auffassung, hierbei handle es sich um eine unerlaubte öffentliche Wiedergabe und klagte auf Ersatz der Vergütung für von ihr vertretene Künstler. Der Hotelbetreiber war hingegen der Auffassung, dass die Bereitstellung des frei empfangbaren Fernsehprogramms nicht als öffentliche Wiedergabe angesehen werden könne, da nur die

Hotelgäste Zugang hätten. Das zuständige spanische Gericht fragte den EuGH, ob in der Weiterleitung des Fernsehsignals eine „öffentliche Wiedergabe" im Sinne des Art. 3 Abs. 1 der Urheberrechtsrichtlinie zu sehen sei. Der EuGH entschied, dass der Begriff der „öffentlichen Wiedergabe" so auszulegen sei, dass auch die streitgegenständliche Weiterleitung des Fernsehsignals darunterfalle.

Aus den Entscheidungsgründen:

[34] Nach ständiger Rechtsprechung sind bei der Auslegung einer Gemeinschaftsvorschrift nicht nur ihr Wortlaut, sondern auch ihr Zusammenhang und die Ziele zu berücksichtigen, die mit der Regelung, zu der sie gehört, verfolgt werden (vgl. u. a. Urteile vom 19. September 2000 in der Rechtssache C-56/98, Deutschland/Kommission, Slg. 2000, I-6857, Randnr. 50, und vom 6. Juli 2006 in der Rechtssache C-53/05, Kommission/Portugal, Slg. 2006, I-0000, Randnr. 20).

[35] Außerdem sind Bestimmungen des Gemeinschaftsrechts nach Möglichkeit im Licht des Völkerrechts auszulegen, insbesondere wenn mit ihnen ein von der Gemeinschaft geschlossener völkerrechtlicher Vertrag durchgeführt werden soll (vgl. u. a. Urteil vom 14. Juli 1998 in der Rechtssache C-341/95, Bettati, Slg. 1998, I-4355, Randnr. 20 und die dort zitierte Rechtsprechung).

(...)

[40] Zudem ist darauf hinzuweisen, dass eine Wiedergabe, die unter Umständen wie denen des Ausgangsverfahrens erfolgt, gemäß Artikel 11bis Absatz 1 Ziffer 2 der Berner Übereinkunft als eine Wiedergabe anzusehen ist, die durch eine weiterverbreitende Sendeanstalt erfolgt, die sich von der ursprünglichen Sendeanstalt unterscheidet. Eine solche Verbreitung erfolgt also für ein neues, d. h. anderes Publikum als das der ursprünglichen Wiedergabe des Werkes.

[41] Wie im WIPO-Leitfaden zur Berner Übereinkunft – einem von der WIPO ausgearbeiteten Auslegungsdokument, das zwar nicht rechtsverbindlich ist, aber der Auslegung der Übereinkunft dient – erläutert wird, will der Urheber, wenn er seine Erlaubnis zur Übertragung seines Werkes durch den Rundfunk gibt, nur die unmittelbare Zuhörerschaft erfassen wollte, d. h. die Besitzer von Empfangsgeräten, die die Sendung allein oder im privaten bzw. familiären Kreis empfangen. Erfolgt dieser Empfang zu dem Zweck, einen weiteren Kreis, oft gegen Vergütung, zu unterhalten, so wird gemäß dem WIPO-Leitfaden ein zusätzlicher Teil der Öffentlichkeit in die Lage versetzt, das Werk anzuhören oder anzusehen und die Wiedergabe der Sendung über Lautsprecher

oder eine ähnliche Vorrichtung ist nicht mehr nur der Empfang der Sendung selbst, sondern eine eigenständige Handlung, durch die das gesendete Werk für ein neues Publikum wiedergegeben wird. Wie der WIPO-Leitfaden erläutert, gründet sich auf diesen öffentlichen Empfang das ausschließliche Recht des Urhebers, diesen zu erlauben.

[42] Die Gäste eines Hotels bilden ein solches neues Publikum. Die Verbreitung des ausgestrahlten Werkes an diese Gäste über Fernsehapparate stellt nicht nur ein bloßes technisches Mittel zur Gewährleistung oder Verbesserung des Empfangs der ursprünglichen Sendung in ihrem Sendebereich dar. Vielmehr wird das Hotel als Einrichtung tätig, die in voller Kenntnis der Folgen ihres Verhaltens ihren Gästen Zugang zu den geschützten Werken verschafft. Ohne das Tätigwerden des Hotels könnten seine Gäste das geschützte Werk nicht genießen, obwohl sie sich im Sendegebiet aufhalten.

V. Schadenersatzansprüche bei Verletzung des Unionsrechts durch die Mitgliedstaaten

Verb. Rs. C-6/90 und C-9/90 (Francovich), 65
Urteil des Gerichtshofs vom 19.11.1991.

Vorbemerkungen: *Mit dieser Entscheidung entwickelte der EuGH die Staatshaftung der Mitgliedstaaten im Falle einer nicht fristgemäßen Richtlinienumsetzung in nationales Recht. Dadurch wurde auf unionsrechtlicher Ebene eine im deutschen Recht bisher nicht bekannte Haftung für legislatives Unrecht geschaffen. Dies stellt neben der Durchführung eines Vertragsverletzungsverfahrens und der unmittelbaren Anwendbarkeit von Richtlinien ein weiteres vom EuGH entwickeltes Sanktionsmittel für bei der Richtlinienumsetzung säumige Mitgliedstaaten dar. Der Anspruch auf Entschädigung wurde damit begründet, dass die volle Wirksamkeit des Unionsrechts beeinträchtigt würde, wenn der Einzelne nicht zumindest einen Entschädigungsanspruch für den Schaden aus der Vorenthaltung einer von der Richtlinie zu seinen Gunsten vorgesehenen Rechtsposition hätte. Dies gelte insbesondere, wenn die Umsetzung des Richtlinieninhalts mangels unmittelbarer Anwendbarkeit durch den Einzelnen nicht direkt durchgesetzt werden könne. Für einen Anspruch des betroffenen Bürgers müssen danach folgende Voraussetzungen erfüllt sein:*

– *Das Ziel der Richtlinie muss die Verleihung von Rechten an den Einzelnen sein,*
– *der Inhalt dieser Rechte muss auf der Grundlage der Richtlinie bestimmt werden können und*
– *ein Kausalzusammenhang zwischen der dem Mitgliedstaat auferlegten Umsetzungsverpflichtung und dem entstandenen Schaden muss bestehen.*

***B:** C. Tietje, NJW 2017, 3059. **L:** Rn. 190, 355, 373, 599, 602, 604, 608, 610.*

Sachverhalt: Die Richtlinie 80/987 sah einen Mindestschutz für Arbeitnehmer bei Zahlungsunfähigkeit des Arbeitgebers vor. Erfasst wurden damit insbesondere Garantien für die Lohnansprüche der Arbeitnehmer. Nachdem der Arbeitnehmer Francovich erfolglos die Zwangsvollstreckung gegen seinen Arbeitgeber wegen rückständigen Lohns betrieben hatte, verklagte er den italienischen Staat auf Schadensersatz, weil dieser die Richtlinie nicht fristgemäß umgesetzt hatte. Die Richtlinie sah die Einrichtung finanziell unabhängiger Garantieeinrichtungen vor, wobei diese aber nicht zwingend staatliche Einrichtungen sein mussten. Wegen dieser Wahlmöglichkeit kam bei der Umsetzung kam eine unmittelbare Wirkung der Richtlinie nicht in Betracht. Der Gerichtshof entschied im Rahmen eines Vorabentscheidungsverfahrens. Er verpflichtete Italien zu einem Schadenersatz wegen der Nichtumsetzung der genannten Richtlinie, da sich aus dieser jedenfalls ermitteln ließ, welche Leistung der Arbeitnehmer hätte erhalten sollen (ungeklärt war allein, wer diese aufzubringen hatte).

Aus den Entscheidungsgründen:

[26] Obwohl also die in Rede stehenden Richtlinienvorschriften in bezug auf die Bestimmung des Personenkreises, dem die Garantie zugute kommen soll, und den Inhalt dieser Garantie unbedingt und hinreichend genau sind, kann sich der einzelne deshalb noch nicht vor den nationalen Gerichten auf diese Vorschriften berufen. Zum einen regeln sie nämlich nicht, wer Schuldner der Garantieansprüche ist; zum anderen kann der Staat nicht allein deshalb als Schuldner angesehen werden, weil er die Richtlinie nicht fristgemäß umgesetzt hat.

(…)

[33] Die volle Wirksamkeit der gemeinschaftsrechtlichen Bestimmungen wäre beeinträchtigt und der Schutz der durch sie begründeten Rechte gemindert, wenn der einzelne nicht die Möglichkeit hätte, für den Fall eine Entschädigung zu erlangen, daß seine Rechte durch einen

Verstoß gegen das Gemeinschaftsrecht verletzt werden, der einem Mitgliedstaat zuzurechnen ist.

[34] Die Möglichkeit einer Entschädigung durch den Mitgliedstaat ist vor allem dann unerläßlich, wenn die volle Wirkung der gemeinschaftsrechtlichen Bestimmungen wie im vorliegenden Fall davon abhängt, daß der Staat tätig wird, und der einzelne deshalb im Falle einer Untätigkeit des Staates die ihm durch das Gemeinschaftsrecht zuerkannten Rechte vor den nationalen Gerichten nicht geltend machen kann.

[35] Der Grundsatz einer Haftung des Staates für Schäden, die dem einzelnen durch dem Staat zurechenbare Verstöße gegen das Gemeinschaftsrecht entstehen, folgt somit aus dem Wesen der mit dem EWG-Vertrag geschaffenen Rechtsordnung.

(...)

[38] Die Voraussetzungen, unter denen diese gemeinschaftsrechtlich gebotene Staatshaftung einen Entschädigungsanspruch eröffnet, hängen von der Art des Verstoßes gegen das Gemeinschaftsrecht ab, der dem verursachten Schaden zugrunde liegt.

[39] Verstößt ein Mitgliedstaat wie im vorliegenden Fall gegen seine Verpflichtung aus Artikel 189 Absatz 3 EWG-Vertrag, alle erforderlichen Maßnahmen zur Erreichung des durch eine Richtlinie vorgeschriebenen Ziels zu erlassen, so verlangt die volle Wirksamkeit dieser gemeinschaftsrechtlichen Regelung einen Entschädigungsanspruch, wenn drei Voraussetzungen erfüllt sind.

[40] Erstens muß das durch die Richtlinie vorgeschriebene Ziel die Verleihung von Rechten an einzelne beinhalten. Zweitens muß der Inhalt dieser Rechte auf der Grundlage der Richtlinie bestimmt werden können. Drittens muß ein Kausalzusammenhang zwischen dem Verstoß gegen die dem Staat auferlegte Verpflichtung und dem den Geschädigten entstandenen Schaden bestehen.

[41] Diese Voraussetzungen reichen aus, um dem einzelnen einen Anspruch auf Entschädigung zu geben, der unmittelbar im Gemeinschaftsrecht begründet ist.

[42] Hiervon abgesehen hat der Staat die Folgen des verursachten Schadens im Rahmen des nationalen Haftungsrechts zu beheben. (...).

[43] Auch dürfen die im Schadensersatzrecht der einzelnen Mitgliedstaaten festgelegten materiellen und formellen Voraussetzungen nicht ungünstiger sein als bei ähnlichen Klagen, die nur nationales Recht betreffen, und sie dürfen nicht so ausgestaltet sein, dass sie es praktisch unmöglich machen oder übermäßig erschweren, die Entschädigung zu erlangen (...).

66 Verb. Rs. C-46/93 und C-48/93 (Brasserie du pêcheur), Urteil des Gerichtshofs vom 05.03.1996.

Vorbemerkungen: *In diesem Urteil, das einen Verstoß eines Mitgliedstaates gegen Primärrecht zum Gegenstand hatte, stellte der EuGH klar, dass der unionsrechtliche Schadensersatzanspruch nicht lediglich subsidiär ist, sondern selbständig neben etwaige nationale Anspruchsgrundlagen tritt. Sofern das mitgliedstaatliche Recht eine Staatshaftung kennt, ergibt sich der Anspruch auf Schadensersatz aus dem nationalen Recht, das aber, sofern erforderlich, unionsrechtskonform auszulegen ist. Mit diesem Urteil erweiterte der EuGH den Grundsatz der Staatshaftung auch auf die Verletzung unmittelbar anwendbaren Unionsrechts. Die Unionsrechtsnorm, gegen die verstoßen wird, muss allerdings bezwecken, dem Einzelnen Rechte zu verschaffen. Der Verstoß gegen das Unionsrecht muss darüber hinaus hinreichend qualifiziert sein, was der Fall ist, soweit die Grenzen des mitgliedstaatlichen Ermessensspielraums, den die verletzte Norm den Mitgliedstaaten lässt, offenkundig und erheblich überschritten werden. Eine solche Überschreitung ist zumindest dann anzunehmen, wenn der Verstoß gegen das Unionsrecht bereits vorher durch ein Urteil des EuGH festgestellt wurde. Die Haftung gilt auch für den Zeitraum, der vor dem einen solchen Verstoß feststellenden Urteil liegt. Die nationalen Haftungsvoraussetzungen dürfen den Anspruch nicht von einem Verschulden abhängig machen, sofern dieses Erfordernis über den geforderten qualifizierten Verstoß gegen das Unionsrecht hinausgeht.* ***L:*** *Rn. 600 ff.*

Sachverhalt: Die im Elsass ansässige Brauerei Brasserie du pêcheur SA verlangte von der Bundesrepublik Schadensersatz, weil diese ihr die Einfuhr von Bier, welches nicht dem deutschen Reinheitsgebot entsprach, verboten und die Bezeichnung „Bier" den nach dem Reinheitsgebot gebrauten Bieren vorbehalten hatte (§ 9 BierStG i.V. m. § 11 LMBG, § 10 BierStG a. F.). Die Brasserie du pêcheur exportierte in den 70er Jahren in größerem Maße Bier nach Deutschland. Durch verstärkte Kontrollen der deutschen Behörden auf Einhaltung des Reinheitsgebots kam der Export jedoch fast völlig zum Erliegen. Der EuGH verurteilte die Bundesrepublik in der Rs. 178/84 aufgrund der Anwendung des deutschen Reinheitsgebots auf aus anderen Mitgliedstaaten eingeführtes Bier wegen Verstoßes gegen den heutigen Art. 34 AEUV. Die Frage nach der Haftung der Bundesrepublik wurde dem EuGH in der Schadensersatzklage der Brasserie du pêcheur durch das nationale Gericht vorgelegt. Die Factortame Ltd. klagte wiederum auf den Ersatz von Schäden, die ihr durch die Einführung eines neuen Registers für Fischereifahrzeuge entstanden waren. Von der Eintragung in dieses Register und der damit verbundenen Möglichkeit, im Rahmen der britischen

Fangquote Fisch zu fangen, wurden Fischereifahrzeuge ausgeschlossen, die Angehörigen oder Gesellschaften anderer Mitgliedstaaten gehörten. Der EuGH entschied in dem auf eine Vertragsverletzungsklage der Kommission ergangenen Urteil Factortame II (Rs. 221/89), dass Erfordernisse in Bezug auf Staatsangehörigkeit, Aufenthaltsort und Domizil der Eigentümer und Manager der Schiffe, wie sie nach dem vom Vereinigten Königreich eingeführten Registrierungssystem vorgesehen waren, im Widerspruch zum Gemeinschaftsrecht (jetzt: Unionsrecht) stehen. Auf die Schadensersatzklage der Factortame Ltd. legte das nationale Gericht dem EuGH die Frage nach der Staatshaftung vor. Dieser bejahte die Schadensersatzpflicht eines Mitgliedstaates auch für den Fall, wenn der zur Last gelegte Verstoß dem nationalen Gesetzgeber zuzuschreiben ist, ohne dass ihn ein Verschulden trifft, das über den Verstoß gegen das Gemeinschaftsrecht hinausgeht.

Aus den Entscheidungsgründen:

[20] Nach ständiger Rechtsprechung stellt die dem einzelnen eingeräumte Möglichkeit, sich vor den nationalen Gerichten auf unmittelbar anwendbare Vertragsvorschriften zu berufen, nur eine Mindestgarantie dar und reicht für sich allein nicht aus, um die uneingeschränkte Anwendung des Vertrages zu gewährleisten (...).

[21] Dies gilt dann, wenn ein einzelner, der Opfer der Nichtumsetzung einer Richtlinie geworden ist und der sich vor dem nationalen Gericht nicht unmittelbar auf bestimmte Vorschriften dieser Richtlinie berufen kann, weil sie nicht hinreichend genau und unbedingt sind, gegen den säumigen Staat eine Haftungsklage wegen Verstoßes gegen Artikel 189 Absatz 3 des Vertrages erhebt. Unter solchen Umständen, wie sie auch in den Rechtssachen Francovich u. a. vorlagen, soll die Entschädigung die nachteiligen Folgen beseitigen, die sich für die von einer Richtlinie begünstigten Personen aus der Nichtumsetzung der Richtlinie durch einen Mitgliedstaat ergeben.

[22] Dies gilt auch im Fall der Verletzung eines unmittelbar durch eine Gemeinschaftsnorm verliehenen Rechts, auf das sich der einzelne vor den nationalen Gerichten berufen kann. In diesem Fall stellt der Entschädigungsanspruch die notwendige Ergänzung der unmittelbaren Wirkung dar, die den Gemeinschaftsvorschriften zukommt, auf deren Verletzung der entstandene Schaden beruht.

[23] Vorliegend steht fest, daß die betreffenden Gemeinschaftsvorschriften, nämlich Artikel 30 des Vertrages in der Rechtssache C-46/93 und Artikel 52 in der Rechtssache C-48/93, unmittelbare Wirkung in dem Sinne haben, daß sie dem einzelnen Rechte verleihen, die er unmit-

telbar vor den nationalen Gerichten geltend machen kann. Die Verletzung derartiger Vorschriften kann zu einer Entschädigung führen.

(...)

[25] Dazu ist zu bemerken, daß die Frage des Bestehens und des Umfangs der Haftung eines Staates für Schäden, die sich aus einem Verstoß gegen seine gemeinschaftsrechtlichen Verpflichtungen ergeben, die Auslegung des Vertrages betrifft, die als solche in die Zuständigkeit des Gerichtshofs fällt.

(...)

[27] Soweit der Vertrag keine Vorschriften enthält, die die Folgen von Verstößen der Mitgliedstaaten gegen das Gemeinschaftsrecht ausdrücklich und genau regeln, hat der Gerichtshof in Erfüllung der ihm durch Artikel 164 des Vertrages übertragenen Aufgabe, die Wahrung des Rechts bei der Auslegung und Anwendung des Vertrages zu sichern, über eine solche Frage nach den allgemein anerkannten Auslegungsmethoden zu entscheiden, insbesondere indem er auf die Grundprinzipien der Gemeinschaftsrechtsordnung und gegebenenfalls auf allgemeine Grundsätze, die den Rechtsordnungen der Mitgliedstaaten gemeinsam sind, zurückgreift.

(...)

[29] Dieser in Artikel 215 des Vertrages ausdrücklich aufgestellte Grundsatz der ausservertraglichen Haftung der Gemeinschaft ist nur eine Ausprägung des in den Rechtsordnungen der Mitgliedstaaten geltenden allgemeinen Grundsatzes, daß eine rechtswidrige Handlung oder Unterlassung die Verpflichtung zum Ersatz des verursachten Schadens nach sich zieht. Dieser Vorschrift ist ausserdem die Verpflichtung der öffentlichen Stellen zu entnehmen, den in Ausübung ihrer Amtstätigkeit verursachten Schaden zu ersetzen.

(...)

[32] Daraus ergibt sich, daß der Grundsatz (i. e. der Staatshaftung) für jeden Fall des Verstoßes eines Mitgliedstaats gegen das Gemeinschaftsrecht unabhängig davon gilt, welches mitgliedstaatliche Organ durch sein Handeln oder Unterlassen den Verstoß begangen hat.

(...)

[39] Bei der Bestimmung dieser Voraussetzungen sind zunächst die Grundsätze der Gemeinschaftsrechtsordnung zu berücksichtigen, die die Grundlage der Staatshaftung bilden, nämlich zum einen die volle Wirksamkeit der Gemeinschaftsnormen und der effektive Schutz der durch sie verliehenen Rechte und zum anderen die den Mitgliedstaaten nach Artikel 5 des Vertrages obliegende Mitwirkungspflicht (vgl. Urteil Francovich u. a., a. a. O., Randnrn. 31 bis 36).

(...)
[47] Handelt ein Mitgliedstaat dagegen auf einem Gebiet, auf dem er über ein weites Ermessen verfügt, das mit dem vergleichbar ist, das die Gemeinschaftsorgane bei der Durchführung der Gemeinschaftspolitiken besitzen, so müssen die Voraussetzungen, unter denen seine Haftung ausgelöst werden kann, grundsätzlich die gleichen sein wie die, von denen die Haftung der Gemeinschaft in einer vergleichbaren Situation abhängt.
(...)
[51] Unter derartigen Umständen erkennt das Gemeinschaftsrecht einen Entschädigungsanspruch an, sofern drei Voraussetzungen erfüllt sind, nämlich daß die Rechtsnorm, gegen die verstoßen worden ist, bezweckt, dem einzelnen Rechte zu verleihen, daß der Verstoß hinreichend qualifiziert ist und schließlich daß zwischen dem Verstoß gegen die dem Staat obliegende Verpflichtung und dem den geschädigten Personen entstandenen Schaden ein unmittelbarer Kausalzusammenhang besteht.
(...)
[56] Insoweit gehören zu den Gesichtspunkten, die das zuständige Gericht gegebenenfalls zu berücksichtigen hat, das Maß an Klarheit und Genauigkeit der verletzten Vorschrift, der Umfang des Ermessensspielraums, den die verletzte Vorschrift den nationalen oder Gemeinschaftsbehörden belässt, die Frage, ob der Verstoß vorsätzlich oder nicht vorsätzlich begangen oder der Schaden vorsätzlich oder nicht vorsätzlich zugefügt wurde, die Entschuldbarkeit oder Unentschuldbarkeit eines etwaigen Rechtsirrtums und der Umstand, daß die Verhaltensweisen eines Gemeinschaftsorgans möglicherweise dazu beigetragen haben, daß nationale Maßnahmen oder Praktiken in gemeinschaftsrechtswidriger Weise unterlassen, eingeführt oder aufrechterhalten wurden.

[57] Jedenfalls ist ein *Verstoß* gegen das Gemeinschaftsrecht *offenkundig qualifiziert,* wenn er trotz des Erlasses eines Urteils, in dem der zur Last gelegte Verstoß festgestellt wird, oder eines Urteils im Vorabentscheidungsverfahren oder aber einer gefestigten einschlägigen Rechtsprechung des Gerichtshofs, aus denen sich die Pflichtwidrigkeit des fraglichen Verhaltens ergibt, fortbestanden hat.
(...)
[66] Die drei vorgenannten Voraussetzungen sind erforderlich und ausreichend, um für den einzelnen einen Entschädigungsanspruch zu begründen, ohne daß es deswegen ausgeschlossen wäre, daß die Haftung des Staates auf der Grundlage des nationalen Rechts unter weniger einschränkenden Voraussetzungen ausgelöst werden kann.

[67] Wie sich aus dem Urteil Francovich u. a. (a. a. O., Randnrn. 41 bis 43) ergibt, hat der Staat vorbehaltlich des Entschädigungsanspruchs, der, sofern die in der vorstehenden Randnummer genannten Voraussetzungen erfüllt sind, seine Grundlage unmittelbar im Gemeinschaftsrecht findet, die Folgen des verursachten Schadens im Rahmen des nationalen Haftungsrechts zu beheben, wobei die dort festgelegten Voraussetzungen nicht ungünstiger sein dürfen als bei entsprechenden innerstaatlichen Ansprüchen; auch dürfen diese Voraussetzungen nicht so ausgestaltet sein, daß die Erlangung der Entschädigung praktisch unmöglich oder übermäßig erschwert ist (vgl. auch Urteil vom 9. November 1983 in der Rechtssache 199/82, San Giorgio, Slg. 1983, 3595).

[68] Beschränkungen, die im Bereich der außervertraglichen Haftung der öffentlichen Gewalt wegen der Wahrnehmung gesetzgeberischer Tätigkeit in den nationalen Rechtsordnungen enthalten sind, können geeignet sein, dem einzelnen die Geltendmachung des ihm gemeinschaftsrechtlich gewährleisteten Entschädigungsanspruchs für Schäden aus einem Verstoß gegen das Gemeinschaftsrecht praktisch unmöglich zu machen oder übermäßig zu erschweren.

(...)

[84] Insbesondere ist klarzustellen, daß das nationale Gericht bei der Bestimmung des ersatzfähigen Schadens prüfen kann, ob sich der Geschädigte in angemessener Form um die Verhinderung des Schadenseintritts oder um die Begrenzung des Schadensumfangs bemüht hat und ob er insbesondere rechtzeitig von allen ihm zur Verfügung stehenden Rechtsschutzmöglichkeiten Gebrauch gemacht hat.

[85] Nach einem allgemeinen, den Rechtsordnungen der Mitgliedstaaten gemeinsamen Grundsatz muß sich nämlich der Geschädigte in angemessener Form um die Begrenzung des Schadensumfangs bemühen, wenn er nicht Gefahr laufen will, den Schaden selbst tragen zu müssen (vgl. Urteil vom 19. Mai 1992 in den Rechtssachen C-104/89 und C-37/90, Mulder u. a./Rat und Kommission, Slg. 1992, I-3061, Randnr. 33).

(...)

[87] Dazu ist zu bemerken, daß es nicht zulässig sein kann, den entgangenen Gewinn bei einem Verstoß gegen das Gemeinschaftsrecht vollständig vom ersatzfähigen Schaden auszuschließen. Insbesondere bei Rechtsstreitigkeiten wirtschaftlicher oder kommerzieller Natur ist nämlich ein solcher vollständiger Ausschluss des entgangenen Gewinns geeignet, den Ersatz des Schadens tatsächlich unmöglich zu machen.

(...)

[95] Würde ausserdem der Schadensersatz davon abhängig gemacht, daß der Gerichtshof zuvor einen einem Mitgliedstaat zuzurechnenden Verstoß gegen das Gemeinschaftsrecht feststellt, so stünde dies im Widerspruch zum Grundsatz der Wirksamkeit des Gemeinschaftsrechts, da dadurch jeder Entschädigungsanspruch ausgeschlossen wäre, solange der mutmaßliche Verstoß nicht Gegenstand einer Klage der Kommission nach Artikel 169 des Vertrages und einer Verurteilung durch den Gerichtshof geworden ist. Die dem einzelnen zustehenden Rechte aus den Gemeinschaftsvorschriften, die in der nationalen Rechtsordnung der Mitgliedstaaten unmittelbare Wirkung haben, können aber weder davon abhängen, daß die Kommission es für zweckmässig hält, gemäß Artikel 169 des Vertrages gegen einen Mitgliedstaat vorzugehen, noch davon, daß der Gerichtshof gegebenenfalls den Verstoß in einem Urteil feststellt (vgl. Urteil vom 14. Dezember 1982 in den Rechtssachen 314/81, 315/81, 316/81 und 83/82, Waterkeyn u. a., Slg. 1982, 4337, Randnr. 16).

[96] Somit ist auf die vorgelegte Frage zu antworten, daß die Verpflichtung der Mitgliedstaaten zum Ersatz der Schäden, die dem einzelnen durch diesen Staaten zuzurechnende Verstöße gegen das Gemeinschaftsrecht entstehen, nicht auf die Schäden beschränkt werden kann, die nach Erlaß eines Urteils des Gerichtshofs, in dem der zur Last gelegte Verstoß festgestellt wird, eingetreten sind.

(...)

[97] Die deutsche Regierung ersucht den Gerichtshof, den von der Bundesrepublik Deutschland eventuell zu ersetzenden Schaden auf die Schäden zu beschränken, die nach Erlaß des Urteils in den vorliegenden Rechtssachen eintreten, sofern die Geschädigten nicht vorher Klage erhoben oder einen gleichwertigen Rechtsbehelf eingelegt haben. Eine solche zeitliche Beschränkung der Wirkungen des Urteils sei wegen der Bedeutung der finanziellen Folgen des Urteils für die Bundesrepublik erforderlich.

[98] Für den Fall, daß das vorlegende Gericht feststellen sollte, daß die Voraussetzungen für die Begründung der Haftung der Bundesrepublik Deutschland im vorliegenden Fall erfüllt sind, ist daran zu erinnern, daß der Staat die Folgen des entstandenen Schadens im Rahmen des nationalen Haftungsrechts zu beheben hat. Die im Schadensersatzrecht der einzelnen Mitgliedstaaten festgelegten materiellen und formellen Voraussetzungen können den Erfordernissen des Grundsatzes der Rechtssicherheit Rechnung tragen.

67 **Rs. C-392/93 (British Telecommunications), Urteil des Gerichtshofs vom 26.03.1996.**

Vorbemerkungen: *Aus der Rechtsprechung zur Staatshaftung der Mitgliedstaaten für ihnen zuzurechnende Verstöße gegen das Unionsrecht ergibt sich, dass die daraus entwickelten Grundsätze für alle Verstöße der Mitgliedstaaten gegen das Unionsrecht gelten. Die Bedingungen hierfür arbeitete der Gerichtshof insbesondere in der Entscheidung Brasserie du pêcheur (vgl. Fall 66) heraus. Diese Kriterien wandte er hier auch auf den Fall der nicht ordnungsgemäßen Umsetzung einer Richtlinie in innerstaatliches Recht an. Diese Haftung unterliegt engen Voraussetzungen, um dem Rechtsetzungsermessen der Mitgliedstaaten Rechnung zu tragen und eine Behinderung bei der Umsetzung in nationales Recht zu vermeiden. Bei zwar unrichtiger, aber noch vertretbarer Umsetzung liegt daher kein für eine Haftung erforderlicher qualifizierter Verstoß vor. Ein Anspruch ist allerdings bei offenkundiger und erheblicher Überschreitung der Rechtsetzungsbefugnis gegeben.* ***L:*** *Rn. 615.*

Sachverhalt: Die Richtlinie 90/531/EWG wurde zur Regelung der Auftragsvergabe durch Auftraggeber im Bereich der Wasser-, Energie- und Verkehrsversorgung sowie im Telekommunikationssektor erlassen. Sie regelte auch die Auftragsvergabe durch nicht-öffentliche Unternehmen, die ihre Tätigkeit aufgrund von ihnen gewährten besonderen Rechten ausübten. Diese Unternehmen waren jedoch nach Art. 8 Abs. 1 der Richtlinie von deren Bestimmungen ausgenommen, sofern es sich um Einkäufe handelte, die einen geographischen Bereich betrafen, in dem andere – nicht mit besonderen Rechten ausgestattete – Unternehmen unter im Wesentlichen gleichen Bedingungen arbeiten konnten. Die britische Verordnung, durch welche die Richtlinie umgesetzt wurde, bestimmte für jeden Auftraggeber die Dienste, die von der Anwendung der Richtlinie ausgenommen waren. Die British Telecommunications plc. machte geltend, nicht der Mitgliedstaat habe die Dienste, die ausgenommen sind, zu bestimmen, sondern diese Befugnis stehe den Auftraggebern selbst zu, und begehrte Ersatz für Schäden, die ihr durch die fehlerhafte Umsetzung entstanden waren. Der Gerichtshof entschied im Rahmen eines Vorabentscheidungsverfahrens. Er bejahte die Befugnis des Auftraggebers, die ausgenommenen Dienste zu bestimmen. Ihre Bestimmung durch einen Mitgliedstaat stufte er jedoch lediglich als einen Fehler ein, der für den Staat keine Schadensersatzpflicht begründet.

Aus den Entscheidungsgründen:

[37] Die vierte Frage des Divisional Court geht dahin, ob ein Mitgliedstaat, der bei der Umsetzung der Richtlinie in sein innerstaatliches Recht selbst bestimmt hat, welche Dienste eines Auftraggebers nach Artikel 8 von der Geltung der Richtlinie ausgenommen sind, aufgrund des Gemeinschaftsrechts verpflichtet ist, diesem Auftraggeber den ihm durch diesen Fehler entstandenen Schaden zu ersetzen.

[38] Der Grundsatz der Haftung des Staates für Schäden, die dem einzelnen durch dem Staat zuzurechnende Verstöße gegen das Gemeinschaftsrecht entstehen, folgt aus dem Wesen der mit dem Vertrag geschaffenen Rechtsordnung (Urteile vom 19. November 1991 in den Rechtssachen T-6/90 und C-9/90, Francovich u. a., Slg. 1991, I-5357, Randnr. 35, und vom 5. März 1996 in den Rechtssachen 46/93 und 48/93, Brasserie du Pêcheur und Factortame, noch nicht in der amtlichen Sammlung veröffentlicht, Randnr. 31). Daraus ergibt sich, daß dieser Grundsatz für jeden Fall des Verstoßes eines Mitgliedstaats gegen das Gemeinschaftsrecht gilt (Urteil Brasserie du Pêcheur und Factortame, Randnr. 32).

[39] In dem letztgenannten Urteil hat der Gerichtshof im Hinblick auf eine Verletzung des Gemeinschaftsrechts, die einem Mitgliedstaat zuzurechnen ist, der in einem Bereich tätig wird, in dem er über ein weites Regelungsermessen verfügt, ebenfalls entschieden, daß das Gemeinschaftsrecht einen Entschädigungsanspruch anerkennt, sofern die drei Voraussetzungen erfüllt sind, daß die Rechtsnorm, gegen die verstoßen worden ist, bezweckt, dem einzelnen Rechte zu verleihen, daß der Verstoß hinreichend qualifiziert ist und daß zwischen dem Verstoß gegen die dem Staat obliegende Verpflichtung und dem den geschädigten Personen entstandenen Schaden ein unmittelbarer Kausalzusammenhang besteht (Randnr. 50 und 51).

[40] Diese Voraussetzungen gelten auch für den dem Gerichtshof von dem nationalen Gericht vorgelegten Fall, daß ein Mitgliedstaat eine Gemeinschaftsrichtlinie nicht ordnungsgemäß in sein innerstaatliches Recht umsetzt. Enge Voraussetzungen für die Haftung des Mitgliedstaats sind in diesem Fall aus den Gründen gerechtfertigt, die der Gerichtshof bereits zur Rechtfertigung einer engen Konzeption der außervertraglichen Haftung der Organe oder der Mitgliedstaaten wegen der Wahrnehmung ihrer Rechtsetzungstätigkeit in Bereichen, die unter das Gemeinschaftsrecht fallen und in denen sie über ein weites Ermessen verfügen, entwickelt hat; hierzu gehört die Erwägung, daß die Wahrnehmung dieser Rechtsetzungstätigkeit nicht jedes Mal durch die

Möglichkeit von Schadensersatzklagen behindert werden darf, wenn das allgemeine Interesse den Erlaß von Maßnahmen, die die Interessen des einzelnen beeinträchtigen können, durch diese Organe oder Mitgliedstaaten gebietet (vgl. insbesondere Urteil vom 25. Mai 1978 in den Rechtssachen 83/76, 94/76, 4/77, 15/77 und 40/77, HNL u. a./Rat und Kommission, Slg. 1978, 1209, Randnrn. 5 und 6, und Urteil Brasserie du Pêcheur und Factortame, Randnr. 45).

[41] Zwar ist es grundsätzlich Sache der einzelstaatlichen Gerichte zu prüfen, ob die Voraussetzungen für die Haftung der Mitgliedstaaten für einen Verstoß gegen das Gemeinschaftsrecht erfüllt sind; in der vorliegenden Rechtssache verfügt der Gerichtshof jedoch über alle Informationen, die für die Beurteilung der Frage erforderlich sind, ob der hier gegebene Sachverhalt einen hinreichend qualifizierten Verstoß gegen das Gemeinschaftsrecht erkennen läßt.

[42] Nach der Rechtsprechung des Gerichtshofs ist ein Verstoß als hinreichend qualifiziert anzusehen, wenn ein Organ oder ein Mitgliedstaat bei der Ausübung seiner Rechtsetzungsbefugnis deren Grenzen offenkundig und erheblich überschritten hat (Urteil HNL u. a./Rat und Kommission, a. a. O., Randnr. 6, sowie das Urteil Brasserie du Pêcheur und Factortame, Randnr. 55). Insoweit gehört zu den Gesichtspunkten, die das zuständige Gericht gegebenenfalls zu berücksichtigen hat, insbesondere das Maß an Klarheit und Genauigkeit der verletzten Vorschrift (Urteil Brasserie du Pêcheur und Factortame, Randnr. 56).

[43] Im vorliegenden Fall ist festzustellen, daß Artikel 8 Absatz 1 der Richtlinie ungenau ist und daß neben der vom Gerichtshof in diesem Urteil vorgenommenen Auslegung auch die Auslegung vertretbar war, zu der das Vereinigte Königreich in gutem Glauben aufgrund von Erwägungen gekommen ist, die nicht völlig von der Hand zu weisen sind (siehe oben, Randnrn. 20 bis 22). Diese Auslegung, die auch von anderen Mitgliedstaaten befürwortet worden ist, stand nicht in einem offenkundigen Widerspruch zu Wortlaut und Zielsetzung der Richtlinie.

68 Verb. Rs. C-178/94, C-179/94, C-188/94, C-189/94 und C-190/94 (Dillenkofer u. a.; „Pauschalreiserichtlinie"), Urteil des Gerichtshofs vom 08.10.1996.

Vorbemerkungen: *Mit diesem Urteil präzisierte der EuGH seine Rechtsprechung bezüglich der Staatshaftung für die nicht fristgerechte Richtlinienumsetzung. Ein den Staatshaftungsanspruch auslösender qualifizierter Verstoß gegen Unionsrecht ist danach gegeben, soweit* *die erforderlichen Umsetzungsmaßnahmen nicht ausreichen, um das durch diese Richtlinie vorgeschriebene Ziel zu erreichen und dieser Umstand als solcher einen qualifizierten Verstoß gegen das Unionsrecht darstellt. Der Mitgliedstaat kann den Haftungsanspruch überdies nicht davon abhängig machen, dass der EuGH zuvor einen Verstoß gegen das Unionsrecht festgestellt hat.* ***B:*** *M. W. Huff, NJW 1996, 3190ff.* ***L:*** *Rn. 367, 369, 616.*

Sachverhalt: Auf Grundlage der sog. Pauschalreiserichtlinie 90/314/EWG sollte in den Mitgliedstaaten bis 01.01.1993 eine Konkursausfallregelung für Reiseunternehmen geschaffen werden, um die Rückzahlung der von Urlaubern gezahlten Beträge sicherzustellen und ihnen die Rückreise zu ermöglichen. Die Bundesrepublik setzte die Richtlinie nicht fristgerecht um. Nachdem die Umsetzungsfrist abgelaufen ist, fiel das deutsche Reiseunternehmen MP-Travel in Konkurs. Die Kläger hatten Pauschalreisen gebucht und konnten diese wegen des 1993 eingetretenen Konkurses der beiden Veranstalter, bei denen sie ihre Reisen gebucht hatten, nicht antreten bzw. mussten auf eigene Kosten von ihrem Ferienort zurückkehren, ohne dass ihnen die Beträge, die sie den Veranstaltern gezahlt hatten, bzw. die ihnen für ihre Rückreise entstandenen Kosten erstattet wurden. Die Kläger verlangten von der Bundesrepublik Deutschland die Erstattung der ihnen durch die Konkurse entstandenen Kosten. Der Gerichtshof entschied im Rahmen eines Vorabentscheidungsverfahrens. Er bejahte die Schadensersatzpflicht eines Mitgliedstaates für den Fall einer nicht fristgemäßen Umsetzung einer Richtlinie.

Aus den Entscheidungsgründen:

[21] In seinen Urteilen Brasserie du pêcheur und Factortame, Randnrn. 50 und 51, British Telecommunications, Randnrn. 39 und 40, und Hedley Lomas, Randnrn. 25 und 26, hat der Gerichtshof angesichts der Umstände des konkreten Falles entschieden, daß die Geschädigten einen Entschädigungsanspruch haben, wenn drei Voraussetzungen erfüllt sind: Die gemeinschaftsrechtliche Norm, gegen die verstoßen worden ist, bezweckt die Verleihung von Rechten an die Geschädigten, der Verstoß ist hinreichend qualifiziert, und zwischen diesem Verstoß und dem den Geschädigten entstandenen Schaden besteht ein unmittelbarer Kausalzusammenhang.

[22] Im übrigen ergibt sich aus dem Urteil Francovich u. a., das wie die vorliegenden Rechtssachen einen Fall betraf, in dem Maßnahmen zur fristgemässen Umsetzung einer Richtlinie fehlten, daß ein Entschädigungsanspruch erforderlich ist, um Artikel 189 Absatz 3 des Vertra-

ges seine volle Wirksamkeit zu verleihen, wenn das durch die Richtlinie vorgeschriebene Ziel die Verleihung von Rechten an den einzelnen umfasst, deren Inhalt auf der Grundlage der Richtlinie bestimmt werden kann, und ein Kausalzusammenhang zwischen dem Verstoß gegen die dem Staat auferlegte Verpflichtung und dem den Geschädigten entstandenen Schaden besteht.

[23] Die Voraussetzungen, die in diesen Urteilen entwickelt wurden, sind im wesentlichen die gleichen, da die Voraussetzung eines hinreichend qualifizierten Verstoßes zwar im Urteil Francovich u. a. nicht erwähnt worden ist, aber unter den gegebenen Umständen offenkundig vorlag.

[24] Mit seiner Feststellung, daß die Voraussetzungen, unter denen ein Entschädigungsanspruch besteht, von der Art des Verstoßes gegen das Gemeinschaftsrecht abhängen, der dem verursachten Schaden zugrunde liegt, geht der Gerichtshof in der Sache davon aus, daß diese Voraussetzungen je nach Fallgestaltung zu beurteilen sind.

[25] Zum einen ist ein Verstoß hinreichend qualifiziert, wenn ein Organ oder ein Mitgliedstaat bei der Rechtsetzung die Grenzen, die der Ausübung seiner Befugnisse gesetzt sind, offenkundig und erheblich überschritten hat (vgl. Urteile vom 25. Mai 1978 in den Rechtssachen 83/76, 94/76, 4/77, 15/77 und 40/77, HNL u. a./Rat und Kommission, Slg. 1978, 1209, Randnr. 6, Brasserie du Pêcheur und Factortame, Randnr. 55, und British Telecommunications, Randnr. 42); zum anderen kann die bloße Verletzung des Gemeinschaftsrechts genügen, um einen hinreichend qualifizierten Verstoß zu begründen, wenn der betreffende Mitgliedstaat zum Zeitpunkt dieser Rechtsverletzung nicht zwischen verschiedenen gesetzgeberischen Möglichkeiten zu wählen hatte und über einen erheblich verringerten oder gar auf Null reduzierten Ermessensspielraum verfügte (vgl. Urteil Hedley Lomas, Randnr. 28).

[26] Trifft also ein Mitgliedstaat – wie in der Rechtssache Francovich u. a. – unter Verstoß gegen Artikel 189 Absatz 3 des Vertrages innerhalb der in einer Richtlinie festgesetzten Frist keinerlei Maßnahmen, obwohl dies zur Erreichung des durch diese Richtlinie vorgeschriebenen Zieles erforderlich wäre, so überschreitet er offenkundig und erheblich die Grenzen, die der Ausübung seiner Befugnisse gesetzt sind.

[27] Ein solcher Verstoß begründet folglich für den einzelnen einen Entschädigungsanspruch, wenn das durch die Richtlinie vorgeschriebene Ziel die Verleihung von Rechten an ihn umfaßt, deren Inhalt auf der Grundlage der Richtlinie bestimmt werden kann, und ein Kausalzusammenhang zwischen dem Verstoß gegen die dem Staat auferlegte

Verpflichtung und dem den Geschädigten entstandenen Schaden besteht, ohne daß noch andere Voraussetzungen zu berücksichtigen wären.

[28] Insbesondere kann die Entschädigung weder davon abhängig gemacht werden, daß der Gerichtshof zuvor einen dem Staat zuzurechnenden Verstoß gegen das Gemeinschaftsrecht feststellt (vgl. Urteil Brasserie du Pêcheur, Randnrn. 94 bis 96), noch davon, daß den staatlichen Amtsträger, dem der Verstoß zuzurechnen ist, ein Verschulden (Vorsatz oder Fahrlässigkeit) trifft (vgl. Randnrn. 75 bis 80 desselben Urteils).

[29] Auf die achte, neunte, zehnte, elfte und zwölfte Frage ist somit zu antworten, daß, wenn keine Maßnahmen zur Umsetzung einer Richtlinie innerhalb der dafür festgesetzten Frist getroffen worden sind, um das durch diese Richtlinie vorgeschriebene Ziel zu erreichen, dieser Umstand als solcher einen qualifizierten Verstoß gegen das Gemeinschaftsrecht darstellt und daher einen Entschädigungsanspruch für die Geschädigten begründet, soweit das durch die Richtlinie vorgeschriebene Ziel die Verleihung von Rechten an den einzelnen umfaßt, deren Inhalt bestimmbar ist, und ein Kausalzusammenhang zwischen dem Verstoß gegen die dem Staat auferlegte Verpflichtung und dem entstandenen Schaden besteht.

Rs. C-224/01 (Köbler), 69
Urteil des Gerichtshofs vom 30.09.2003.

Vorbemerkungen: *Die Entscheidung Köbler brachte Klarheit in der breit diskutierten Frage, ob der in der Entscheidung Francovich geprägte Staatshaftungsanspruch im Grundsatz auch für Verletzungen des Unionsrechts durch mitgliedstaatliche Gerichte gilt. In seiner Vorlageantwort bejahte der EuGH dies. Allerdings trug er der Unabhängigkeit der Justiz und dem Grundsatz der Rechtskraft dadurch Rechnung, dass im Falle eines richterlichen Verstoßes gegen das Unionsrecht besondere Anforderungen an die Voraussetzungen eines qualifizierten Verstoßes gelten (vgl. dazu auch Rs. C-168/15, Tomášová). Ein qualifizierter Verstoß gegen das Unionsrecht setzt danach voraus, dass das Gericht offenkundig gegen das geltende Recht verstoßen hat. Da der EuGH im vorliegenden Fall einen Staatshaftungsanspruch lediglich im Hinblick auf einen Verstoß gegen Bestimmungen der Arbeitnehmerfreizügigkeit erörterte, hat er hier nicht entschieden, ob und unter welchen Voraussetzungen ein Verstoß allein gegen die in Art. 267 Abs. 3 AEUV geregelte Vorlagepflicht letztinstanzlicher Ge-*

richte bereits einen Staatshaftungsanspruch begründen kann (vgl. hierzu Rs. C-173/03, Traghetti). Im Jahre 2011 entschied der EuGH zudem in der Rs. C-379/10, Kommission/Italien, dass ein gesetzlicher Ausschluss bzw. eine Beschränkung der zivilrechtlichen Haftung der Richter für Schäden aus Unionsrechtsverstößen nicht mit den unionsrechtlichen Staatshaftungsgrundsätzen vereinbar ist. ***B:*** *W. Obwexer, EuZW 2003, 726 ff.* ***L:*** *Rn. 617.*

Sachverhalt: Nachdem der deutsche Professor Köbler insgesamt 15 Jahre als Hochschullehrer in Österreich tätig gewesen war, beantragte er eine nach österreichischem Recht gewährte besondere Dienstalterszulage. Da das österreichische Recht eine solche Zulage aber nur für eine 15-jährige Tätigkeit an österreichischen Hochschulen vorsah, wurde der Antrag mit Hinweis auf eine von Herrn Köbler zeitweilig in Deutschland ausgeübte Hochschullehrertätigkeit abgelehnt. Hiergegen erhob er Klage mit der Begründung, die Nichtberücksichtigung seiner ausländischen Lehrtätigkeit verstoße gegen Unionsrecht. Im Laufe dieses Verfahrens legte der österreichische Verwaltungsgerichtshof, der zu diesem Zeitpunkt davon ausging, die Dienstalterszulage stelle einen Teil des regulären Professorengehalts dar, dem EuGH zunächst die Frage nach der diesbezüglichen Auslegung des Unionsrechts vor. Später änderte der Verwaltungsgerichtshof seine Bewertung der Klage dahin, bei der Gehaltszulage handele es sich nicht um einen regulären Gehaltsbestandteil, sondern vielmehr um eine besondere Treueprämie. Aus einer mittlerweile ergangenen Entscheidung des EuGH in einer anderen Rechtssache, in welcher der EuGH entschieden hatte, dass die Arbeitnehmerfreizügigkeit mitgliedstaatliche Regelungen verbiete, welche die Berücksichtigung von im EG-Ausland zurückgelegten Dienstzeiten ausschließen, schloss der Verwaltungsgerichtshof ferner, dass Treueprämien unionsrechtlich zulässig seien. Er zog daraufhin sein Vorabentscheidungsersuchen zurück und wies die Klage als unbegründet ab. Herr Köbler sah darin eine Verletzung von Unionsrecht und erhob nunmehr Klage auf Zahlung des aus diesem Urteil entstandenen Schadens. Das nationale Gericht war sich nicht sicher, ob der unionsrechtliche Staatshaftungsanspruch auch auf Unionsrechtsverstöße von Gerichten anwendbar ist und ob der österreichische Verwaltungsgerichtshof einen solchen Verstoß begangen hatte. Es legte dem EuGH diese Fragen vor. Dieser bejahte die erste, war aber im konkreten Fall der Auffassung, ein hinreichend qualifizierter Verstoß liege nicht vor.

Aus den Entscheidungsgründen:

[30] Vorab ist darauf hinzuweisen, dass der Gerichtshof bereits entschieden hat, dass der Grundsatz der Haftung eines Mitgliedstaats für Schäden, die dem Einzelnen durch dem Staat zuzurechnende Verstöße

gegen das Gemeinschaftsrecht entstehen, aus dem Wesen des EG-Vertrags folgt (Urteile vom 19. November 1991 in den Rechtssachen C-6/90 und C-9/90, Francovich u. a., Slg. 1991, I-5357, Randnr. 35, Brasserie du pêcheur und Factortame, Randnr. 31, vom 26. März 1996 in der Rechtssache C-392/93, British Telecommunications, Slg. 1996, I-1631, Randnr. 38, vom 23. Mai 1996 in der Rechtssache C-5/94, Hedley Lomas, Slg. 1996, I-2553, Randnr. 24, vom 8. Oktober 1996 in den Rechtssachen C-178/94, C-179/94 und C-188/94 bis C-190/94, Dillenkofer u. a., Slg. 1996, I-4845, Randnr. 20, vom 2. April 1998 in der Rechtssache C-127/95, Norbrook Laboratories, Slg. 1998, I-1531, Randnr. 106, und Haim, Randnr. 26).

[31] Der Gerichtshof hat weiter entschieden, dass dieser Grundsatz für jeden Verstoß eines Mitgliedstaats gegen das Gemeinschaftsrecht unabhängig davon gilt, welches mitgliedstaatliche Organ durch sein Handeln oder Unterlassen den Verstoß begangen hat (Urteile Brasserie du pêcheur und Factortame, Randnr. 32, vom 1. Juni 1999 in der Rechtssache C-302/97, Konle, Slg. 1999, I-3099, Randnr. 62, und Haim, Randnr. 27).

[32] Im Völkerrecht wird der Staat, dessen Haftung wegen Verstoßes gegen eine völkerrechtliche Verpflichtung ausgelöst wird, als Einheit betrachtet, ohne dass danach unterschieden würde, ob der schadensverursachende Verstoß der Legislative, der Judikative oder der Exekutive zuzurechnen ist. Dasselbe muss erst recht in der Gemeinschaftsrechtsordnung gelten, da alle staatlichen Instanzen einschließlich der Legislative bei der Erfüllung ihrer Aufgaben die vom Gemeinschaftsrecht vorgeschriebenen Normen, die die Situation des Einzelnen unmittelbar regeln, zu beachten haben (Urteil Brasserie du pêcheur und Factortame, Randnr. 34).

[33] In Anbetracht der entscheidenden Rolle, die die Judikative beim Schutz der dem Einzelnen aufgrund gemeinschaftsrechtlicher Bestimmungen zustehenden Rechte spielt, wäre die volle Wirksamkeit dieser Bestimmungen beeinträchtigt und der Schutz der durch sie begründeten Rechte gemindert, wenn der Einzelne unter bestimmten Voraussetzungen dann keine Entschädigung erlangen könnte, wenn seine Rechte durch einen Verstoß gegen das Gemeinschaftsrecht verletzt werden, der einer Entscheidung eines letztinstanzlichen Gerichts eines Mitgliedstaats zuzurechnen ist.

[34] Hierbei ist von Belang, dass ein letztinstanzliches Gericht definitionsgemäß die letzte Instanz ist, vor der der Einzelne die ihm aufgrund des Gemeinschaftsrechts zustehenden Rechte geltend machen kann. Da eine durch eine rechtskräftige Entscheidung eines solchen Ge-

richts erfolgte Verletzung dieser Rechte regelmäßig nicht rückgängig gemacht werden kann, darf dem Einzelnen nicht die Befugnis genommen werden, den Staat haftbar zu machen, um auf diesem Wege den gerichtlichen Schutz seiner Rechte zu erlangen.

[35] Im Übrigen ist ein Gericht, dessen Entscheidungen selbst nicht mehr mit Rechtsmitteln des innerstaatlichen Rechts angefochten werden können, insbesondere deshalb nach Artikel 234 EG zur Anrufung des Gerichtshofs verpflichtet, um zu verhindern, dass dem Einzelnen durch das Gemeinschaftsrecht verliehene Rechte verletzt werden.

[36] Demnach verlangt der Schutz der Rechte des Einzelnen, der sich auf das Gemeinschaftsrecht beruft, zwingend, dass diesem das Recht zustehen muss, vor einem nationalen Gericht den Ersatz des Schadens zu verlangen, der auf die Verletzung seiner Rechte durch eine Entscheidung eines letztinstanzlichen Gerichts zurückzuführen ist (vgl. in diesem Sinne Urteil Brasserie du pêcheur und Factortame, Randnr. 35).

[37] Einige Regierungen, die im Rahmen des vorliegenden Verfahrens Erklärungen eingereicht haben, haben geltend gemacht, dass der Grundsatz der Haftung des Staates für Schäden, die dem Einzelnen durch Verstöße gegen das Gemeinschaftsrecht entstehen, nicht auf Entscheidungen eines nationalen letztinstanzlichen Gerichts Anwendung finden könne. Sie haben sich u. a. auf den Grundsatz der Rechtssicherheit, insbesondere die Rechtskraft, auf die richterliche Unabhängigkeit und Autorität sowie auf das Fehlen eines für die Entscheidung über Rechtsstreitigkeiten über die Staatshaftung aufgrund solcher Entscheidungen zuständigen Gerichts berufen.

[38] Hierzu ist festzustellen, dass die Bedeutung des Grundsatzes der Rechtskraft nicht zu bestreiten ist (Urteil Eco Swiss, Randnr. 46). Zur Gewährleistung des Rechtsfriedens und der Beständigkeit rechtlicher Beziehungen sowie einer geordneten Rechtspflege sollen nach Ausschöpfung des Rechtswegs oder nach Ablauf der entsprechenden Rechtsmittelfristen unanfechtbar gewordene Gerichtsentscheidungen nicht mehr in Frage gestellt werden können.

[39] Die Anerkennung des Grundsatzes der Staatshaftung für Entscheidungen letztinstanzlicher Gerichte stellt jedoch die Rechtskraft einer solchen Entscheidung nicht in Frage. Ein Verfahren zur Feststellung der Haftung des Staates hat nicht denselben Gegenstand und nicht zwangsläufig dieselben Parteien wie das Verfahren, das zur rechtskräftigen Entscheidung geführt hat. Obsiegt nämlich der Kläger mit einer Haftungsklage gegen den Staat, so erlangt er dessen Verurteilung zum Ersatz des entstandenen Schadens, aber nicht zwangsläufig die Auf-

hebung der Rechtskraft der Gerichtsentscheidung, die den Schaden verursacht hat. Jedenfalls verlangt der der Gemeinschaftsrechtsordnung innewohnende Grundsatz der Staatshaftung eine solche Entschädigung, nicht aber die Abänderung der schadensbegründenden Gerichtsentscheidung.

[40] Der Grundsatz der Rechtskraft steht demnach der Anerkennung der Haftung des Staates für letztinstanzliche Gerichtsentscheidungen nicht entgegen.

[41] Auch dem Vorbringen zur richterlichen Unabhängigkeit und Autorität kann nicht gefolgt werden.

[42] Was die richterliche Unabhängigkeit betrifft, so geht es bei dem genannten Haftungsgrundsatz nicht um die persönliche Haftung des Richters, sondern um die des Staates. Es ist nicht ersichtlich, dass die Unabhängigkeit eines letztinstanzlichen Gerichts durch die Möglichkeit, unter bestimmten Voraussetzungen die Haftung des Staates für gemeinschaftsrechtswidrige Gerichtsentscheidungen feststellen zu lassen, gefährdet würde.

[43] Zum Vorbringen, die Autorität eines letztinstanzlichen Gerichts könnte dadurch geschmälert werden, dass seine rechtskräftigen Entscheidungen implizit in einem Verfahren gerügt werden könnten, das die Feststellung der Haftung des Staates für diese Entscheidungen ermöglicht, ist zu bemerken, dass das Bestehen eines Rechtswegs, der unter bestimmten Voraussetzungen die Wiedergutmachung der nachteiligen Auswirkungen einer fehlerhaften Gerichtsentscheidung ermöglicht, auch als Bekräftigung der Qualität einer Rechtsordnung und damit schließlich auch der Autorität der Judikative angesehen werden kann.

(...)

Zu den Voraussetzungen der Staatshaftung

[51] Nach der Rechtsprechung des Gerichtshofs muss ein Mitgliedstaat Schäden, die einem Einzelnen durch Verstöße gegen das Gemeinschaftsrecht entstanden sind, ersetzen, wenn drei Voraussetzungen erfüllt sind: Die verletzte Rechtsnorm bezweckt, dem Einzelnen Rechte zu verleihen, der Verstoß ist hinreichend qualifiziert, und zwischen dem Verstoß gegen die dem Staat obliegende Verpflichtung und dem den geschädigten Personen entstandenen Schaden besteht ein unmittelbarer Kausalzusammenhang (Urteil Haim, Randnr. 36).

[52] Das gilt auch für die Haftung des Staates für Schäden, die durch eine gemeinschaftsrechtswidrige Entscheidung eines nationalen letztinstanzlichen Gerichts verursacht wurden.

[53] Was des Näheren die zweite dieser Voraussetzungen und ihre Anwendung bei der Prüfung einer Haftung des Staates für eine Entscheidung eines nationalen letztinstanzlichen Gerichts angeht, so sind – wie auch die Mitgliedstaaten vorgetragen haben, die in dieser Rechtssache Erklärungen eingereicht haben – die Besonderheit der richterlichen Funktion sowie die berechtigten Belange der Rechtssicherheit zu berücksichtigen. Der Staat haftet für eine solche gemeinschaftsrechtswidrige Entscheidung nur in dem Ausnahmefall, dass das Gericht offenkundig gegen das geltende Recht verstoßen hat.

[54] Bei der Entscheidung darüber, ob diese Voraussetzung erfüllt ist, muss das mit einer Schadensersatzklage befasste nationale Gericht alle Gesichtspunkte des Einzelfalls berücksichtigen.

[55] Zu diesen Gesichtspunkten gehören u. a. das Maß an Klarheit und Präzision der verletzten Vorschrift, die Vorsätzlichkeit des Verstoßes, die Entschuldbarkeit des Rechtsirrtums, gegebenenfalls die Stellungnahme eines Gemeinschaftsorgans sowie die Verletzung der Vorlagepflicht nach Artikel 234 Absatz 3 EG durch das in Rede stehende Gericht.

[56] Ein Verstoß gegen das Gemeinschaftsrecht ist jedenfalls dann hinreichend qualifiziert, wenn die fragliche Entscheidung die einschlägige Rechtsprechung des Gerichtshofs offenkundig verkennt (vgl. in diesem Sinne Urteil Brasserie du pêcheur und Factortame, Randnr. 57).

[57] Die drei in Randnummer 51 des vorliegenden Urteils genannten Voraussetzungen sind erforderlich und ausreichend, um einen Entschädigungsanspruch des Einzelnen zu begründen, schließen aber nicht aus, dass der Staat nach nationalem Recht unter weniger strengen Voraussetzungen haftet (vgl. Urteil Brasserie du pêcheur und Factortame, Randnr. 66).

[58] Vorbehaltlich des Anspruchs auf Entschädigung, der bei Erfüllung dieser Voraussetzungen seine Grundlage unmittelbar im Gemeinschaftsrecht hat, hat der Staat die Folgen des verursachten Schadens im Rahmen des nationalen Haftungsrechts zu beheben, wobei die im nationalen Schadensersatzrecht festgelegten Voraussetzungen nicht ungünstiger sein dürfen als bei ähnlichen Rechtsbehelfen, die nur nationales Recht betreffen, und nicht so ausgestaltet sein dürfen, dass sie die Erlangung der Entschädigung praktisch unmöglich machen oder übermäßig erschweren (Urteile Francovich u. a., Randnrn. 41 bis 43, und Norbrook Laboratories, Randnr. 111).

[59] Nach alledem sind die ersten beiden Fragen dahin zu beantworten, dass der Grundsatz, dass die Mitgliedstaaten zum Ersatz von Schäden verpflichtet sind, die einem Einzelnen durch ihnen zuzurechnende

Verstöße gegen das Gemeinschaftsrecht entstehen, auch dann anwendbar ist, wenn der fragliche Verstoß in einer Entscheidung eines letztinstanzlichen Gerichts besteht, sofern die verletzte Gemeinschaftsrechtsnorm bezweckt, dem Einzelnen Rechte zu verleihen, der Verstoß hinreichend qualifiziert ist und zwischen diesem Verstoß und dem dem Einzelnen entstandenen Schaden ein unmittelbarer Kausalzusammenhang besteht. Bei der Entscheidung darüber, ob der Verstoß hinreichend qualifiziert ist, muss das zuständige nationale Gericht, wenn sich der Verstoß aus einer letztinstanzlichen Gerichtsentscheidung ergibt, unter Berücksichtigung der Besonderheit der richterlichen Funktion prüfen, ob dieser Verstoß offenkundig ist. Es ist Sache der Rechtsordnung der einzelnen Mitgliedstaaten, zu bestimmen, welches Gericht für die Entscheidung von Rechtsstreitigkeiten über diesen Schadensersatz zuständig ist.

Rs. C-470/03 (AGM – COS.MET), 70
Urteil des Gerichtshofs vom 17.04.2007.

Vorbemerkungen: *Im vorliegenden Urteil äußerte sich der EuGH zu der Frage der mitgliedstaatlichen Haftung für nicht-autorisierte Äußerungen von Beamten. Im Mittelpunkt der Prüfung stand die Zurechnung öffentlicher Aussagen von Beamten zum Staat. Der EuGH stellte hier nicht etwa auf die interne Entscheidungsstruktur der Behörde, sondern allein auf den Empfängerhorizont ab. Es kam darauf an, ob die Empfänger der Äußerung den Umständen nach annehmen durften, dass der Beamte die Äußerungen mit Amtsautorität macht. Zur Auslegung des Empfängerhorizonts gab der EuGH einige Parameter vor, die die nationalen Gerichte im Rahmen ihrer Entscheidungsfindung berücksichtigen müssen:*

- *Zuständigkeit des Beamten für den betroffenen Bereich,*
- *Äußerung in Räumen der Dienststelle,*
- *Vorliegen eines ausdrücklichen Hinweises auf den privaten Charakter der Verlautbarungen,*
- *unverzügliche Bemühungen der zuständigen staatlichen Stellen, um bei den Empfängern den Eindruck zu zerstreuen, dass es sich um die offizielle staatliche Meinung handelt.*

L: *Rn. 610, 616, 618, 782, 788.*

Sachverhalt: AGM ist ein italienisches Unternehmen, das Hebebühnen herstellt und europaweit vertreibt. Die Konformität der Hebebühnen mit der

M-Richtlinie 1998 war von einer staatlich anerkannten italienischen Prüfstelle bescheinigt worden. Gleichwohl kam der Verdacht von Sicherheitsmängeln auf, als in einer finnischen Werkstatt ein Wohnmobil von einer Hebebühne fiel. Der vom zuständigen finnischen Ministerium mit diesem Fall betraute Beamte verfasste mehrere Berichte, in denen er mehrere Sicherheitsmängel feststellte und ein Absatzverbot empfahl. Obwohl sein Vorgesetzter diese Ansicht nicht teilte, und Marktaufsichtsmaßnahmen ablehnte, hielt der Beamte an seiner Ansicht fest. In einem Fernsehinterview, das mit Zustimmung seines unmittelbaren Vorgesetzten aufgenommen wurde, sagte er, dass von den Hebebühnen eine unmittelbare Gefahr ausgehe. Hierauf wurde ihm der Fall entzogen. In den Medien wurde die Gefahrenmeldung jedoch weiter verbreitet. Als das Ministerium ein halbes Jahr später förmlich entschied, keine Marktaufsichtsmaßnahmen zu ergreifen, waren AGM bereits Umsatzeinbussen i. H. v. über 1 Mio. Euro entstanden. Das Unternehmen erhob Klage gegen den Beamten und den finnischen Staat. Der EuGH wurde im Rahmen eines Vorabentscheidungsverfahrens angerufen.

Aus den Entscheidungsgründen:

[49] Mit seinen Vorlagefragen 1, 3 und 4 möchte das vorlegende Gericht erstens wissen, ob das Verhalten von Herrn Lehtinen, das durch seine verschiedenen öffentlichen Erklärungen gekennzeichnet ist, unter den Umständen des Ausgangsverfahrens dem finnischen Staat zurechenbar ist [...].

(...)

[57] Um Äußerungen eines Beamten dem Staat zurechnen zu können, kommt es entscheidend darauf an, ob die Empfänger der Äußerungen den Umständen nach annehmen dürfen, dass der Beamte die Äußerungen mit Amtsautorität macht.

[58] Hierbei hat das vorlegende Gericht insbesondere zu würdigen, ob

- der Beamte im Allgemeinen für den betroffenen Bereich zuständig ist,
- der Beamte seine schriftlichen Äußerungen unter Verwendung des offiziellen Briefkopfs der zuständigen Stelle abgibt,
- der Beamte Fernsehinterviews in den Räumen seiner Dienststelle gibt,
- der Beamte nicht auf den privaten Charakter seiner Äußerungen und deren Abweichung von der offiziellen Position der zuständigen Stelle hinweist und

– die zuständigen staatlichen Stellen nicht so schnell wie möglich die notwendigen Schritte unternehmen, um bei den Empfängern der Äußerungen des Beamten den Eindruck zu zerstreuen, dass es sich um offizielle staatliche Verlautbarungen handelt.

(...)

[66] Angesichts der vorstehenden Ausführungen ist auf die erste Frage zu antworten, dass die Äußerungen eines Beamten dem Staat zurechenbar sind, wenn aufgrund ihrer Form und der Umstände bei den Empfängern der Äußerungen der Eindruck entsteht, dass es sich um offizielle staatliche Verlautbarungen und nicht um die private Meinung des Beamten handelt. Um Äußerungen eines Beamten dem Staat zurechnen zu können, kommt es entscheidend darauf an, ob die Empfänger dieser Äußerungen den Umständen nach annehmen dürfen, dass der Beamte diese Äußerungen mit Amtsautorität macht. Sofern die Äußerungen eines Beamten, die eine Maschine, deren Übereinstimmung mit der Richtlinie bestätigt wurde, als gegen die für sie geltende harmonisierte Norm verstoßend und gefährlich darstellen, dem Staat zurechenbar sind, verletzen sie Art. 4 Abs. 1 der Richtlinie.

Rs. C-445/06 (Danske Slagterier), 71
Urteil des Gerichtshofs vom 24.03.2009.

Vorbemerkungen: *Im vorliegenden Urteil äußerte sich der EuGH zur Verjährung des unionsrechtlichen Staatshaftungsanspruchs. Neben den vorgegebenen Mindestvoraussetzungen überlässt das Unionsrecht die Einzelheiten der Ausgestaltung des Haftungsanspruchs den nationalen Rechtsordnungen. Dabei ist aber zu beachten, dass die im Rahmen des nationalen Haftungsrechts festgelegten Voraussetzungen nicht ungünstiger sein dürfen als bei entsprechenden innerstaatlichen Ansprüchen (Gleichwertigkeitsprinzip) und dass diese Voraussetzungen nicht so ausgestaltet sein dürfen, dass die Erlangung der Entschädigung praktisch unmöglich oder übermäßig erschwert ist (Effektivitätsprinzip). Das vorlegende Gericht wollte wissen, ob die Eröffnung eines Vertragsverletzungsverfahrens durch die Kommission die Unterbrechung der Verjährung nach sich zieht, wenn es an einem effektiven staatlichen Rechtsbehelf fehlt, den Mitgliedstaat zur Umsetzung einer Richtlinie zu zwingen. Die Argumentation, die Hemmung der Verjährung ergebe sich aus dem Gleichwertigkeitsgrundsatz, da das deutsche Recht diese auch bei paralleler Einlegung eines nationalen Rechtsbehelfs vorsehe, und die Klage der Kommission einem solchen Rechtsbehelf gleichgestellt* *werden müsse, lehnte der EuGH ab. Erstens hindere ein laufendes Vertragsverletzungsverfahren den Einzelnen nicht daran, seine Rechte vor nationalen Gerichten geltend zu machen, zweitens überwache die Kommission die Ausführung des Unionsrechts kraft Amtes, und somit diene ein Vertragsverletzungsverfahren einem anderen Ziel als die Geltendmachung eines individuellen Schadensersatzanspruchs. Was den Beginn der Verjährungsfrist betraf, beginne diese in der Regel bereits dann zu laufen, wenn die ersten Schadensfolgen der fehlerhaften Richtlinienumsetzung eingetreten und weitere absehbar seien.* ***B:*** *J. de Weerth, DStR 2009, 707f.* ***L:*** *Rn. 600, 608, 609, 619, 623, 782, 784.*

Sachverhalt: Danske Slagterier, ein dänischer Branchenverband genossenschaftlich organisierter Schlachthofgesellschaften und Schweinezüchter begehrte von der Bundesrepublik Deutschland Schadensersatz wegen einer Verletzung des Unionsrechts. Sie warf ihr vor, von 1993 bis 1999 unter Verletzung des Gemeinschaftsrechts ein Importverbot für Fleisch von nicht kastrierten männlichen Schweinen verhängt zu haben, indem sie die Richtlinie 91/474/EWG zur Änderung der Frischfleischrichtlinie (Richtlinie 64/433/EWG) in sehr eigenwilliger Weise umgesetzt hatte. Da diese Art von Fleisch beim Erhitzen einen strengen Geruch und Geschmack aufweisen kann, waren zur Feststellung der Genusstauglichkeit Untersuchungen des Hormongehalts notwendig. Entgegen der Richtlinienregelung hatte Deutschland das Herkunftsprinzip missachtet, und eigene Grenzwerte sowie ein eigenes Untersuchungsverfahren, auch für eingeführtes Fleisch, festgesetzt. Dänisches Schweinefleisch wurde in der Folge beim Import als genussuntauglich beanstandet. Den Schweinezüchtern und Schlachthofgesellschaften entstand dadurch ein Schaden von mindestens 280 Mio. DM. Diese Praxis wurde erst nach einer Aufsichtsklage der Kommission 1998 unterbunden. Erst nach dieser Verurteilung machte der Verband dänischer Schweinezüchter im Jahre 1999 eine Staatshaftungsklage geltend, die das LG Bonn zunächst wegen Verjährung abgewiesen hatte. Das OLG Köln gab ihr dagegen weitgehend statt. Schließlich wandte sich der BGH im Rahmen eines Vorabentscheidungsverfahrens an den EuGH.

Aus den Entscheidungsgründen:

[38] Die Feststellung des Verstoßes ist zwar ein wichtiges, aber kein unbedingt notwendiges Kriterium dafür, dass die Voraussetzung der hinreichenden Qualifizierung des Verstoßes gegen das Gemeinschaftsrecht erfüllt ist. Zudem können die dem Einzelnen zustehenden Rechte weder davon abhängen, dass die Kommission es für zweckmäßig hält, gemäß Art. 226 EG gegen einen Mitgliedstaat vorzugehen, noch davon, dass

der Gerichtshof gegebenenfalls den Verstoß in einem Urteil feststellt (vgl. Urteil Brasserie du pêcheur und Factortame, Randnrn. 93 und 95).

[39] Ein Einzelner kann daher Schadensersatz nach den dafür im nationalen Recht vorgesehenen Verfahrensmodalitäten geltend machen, ohne ein den Verstoß des Mitgliedstaats gegen das Gemeinschaftsrecht feststellendes Urteil abwarten zu müssen. Folglich wird dem Einzelnen die Ausübung der ihm durch das Gemeinschaftsrecht verliehenen Rechte nicht dadurch unmöglich gemacht oder übermäßig erschwert, dass die Erhebung einer Vertragsverletzungsklage nicht die Verjährung unterbricht oder hemmt.

[40] Danske Slagterier rügt außerdem einen Verstoß gegen den Grundsatz der Gleichwertigkeit und trägt vor, dass das deutsche Recht die Unterbrechung der Verjährung bei paralleler Einlegung eines nationalen Rechtsbehelfs nach § 839 BGB vorsehe und eine Klage nach Art. 226 EG einem solchen Rechtsbehelf gleichgestellt werden müsse.

[41] Hierzu ist festzustellen, dass bei der Entscheidung über die Gleichwertigkeit der Verfahrensvorschriften objektiv und abstrakt geprüft werden muss, ob die fraglichen Vorschriften unter Berücksichtigung ihrer Stellung im gesamten Verfahren, des Ablaufs dieses Verfahrens und der Besonderheiten der Vorschriften gleichartig sind (vgl. in diesem Sinne Urteil vom 16. Mai 2000, Preston u. a., C-78/98, Slg. 2000, I-3201, Randnr. 63).

[42] Bei der Beurteilung der Gleichartigkeit der fraglichen Regelungen ist den Besonderheiten des Verfahrens nach Art. 226 EG Rechnung zu tragen.

[43] Insoweit ist daran zu erinnern, dass die Kommission im Rahmen der Zuständigkeiten, die ihr durch Art. 226 EG eingeräumt sind, kein Rechtsschutzinteresse nachzuweisen braucht (vgl. Urteile vom 4. April 1974, Kommission/Frankreich, 167/73, Slg. 1974, 359, Randnr. 15, und vom 10. April 2003, Kommission/Deutschland, C-20/01 und C-28/01, Slg. 2003, I-3609, Randnr. 29). Der Kommission fällt nämlich kraft ihres Amtes die Aufgabe zu, die Ausführung des Gemeinschaftsrechts durch die Mitgliedstaaten im allgemeinen Interesse zu überwachen und etwaige Verstöße gegen die sich hieraus ergebenden Verpflichtungen feststellen zu lassen, damit sie abgestellt werden (vgl. Urteile Kommission/Frankreich, Randnr. 15, und vom 10. April 2003, Kommission/Deutschland, Randnr. 29).

[44] Art. 226 EG soll also nicht die eigenen Rechte der Kommission schützen. Ihr allein obliegt die Entscheidung, ob es angebracht ist, ein Vertragsverletzungsverfahren einzuleiten, und gegebenenfalls wegen welcher Handlung oder Unterlassung dieses Verfahren einzuleiten ist

(Urteil vom 2. Juni 2005, Kommission/Griechenland, C-394/02, Slg. 2005, I-4713, Randnr. 16 und die dort angeführte Rechtsprechung). Die Kommission verfügt demnach in dieser Hinsicht über ein Ermessen, das ein Recht Einzelner, von ihr eine Stellungnahme in einem bestimmten Sinn zu verlangen, ausschließt (vgl. Urteil vom 14. Februar 1989, Star Fruit/Kommission, 247/87, Slg. 1989, 291, Randnr. 11).

[45] Somit ist festzustellen, dass bei einer nationalen Regelung, die keine Unterbrechung oder Hemmung der Verjährung des Staatshaftungsanspruchs wegen Verstoßes gegen das Gemeinschaftsrecht vorsieht, wenn die Kommission ein Verfahren nach Art. 226 EG anhängig gemacht hat, der Grundsatz der Gleichwertigkeit gewahrt ist.

[46] Nach alledem ist auf die dritte Frage zu antworten, dass das Gemeinschaftsrecht nicht verlangt, dass die in der nationalen Regelung vorgesehene Verjährung des Staatshaftungsanspruchs wegen Verstoßes gegen das Gemeinschaftsrecht während eines von der Kommission nach Art. 226 EG anhängig gemachten Vertragsverletzungsverfahrens unterbrochen oder gehemmt wird.

Zur vierten Frage

[47] Mit seiner vierten Frage möchte das vorlegende Gericht wissen, ob die Verjährungsfrist für einen Staatshaftungsanspruch wegen fehlerhafter Umsetzung einer Richtlinie unabhängig vom anwendbaren nationalen Recht erst mit der vollständigen Umsetzung der Richtlinie zu laufen beginnt oder ob sie in Übereinstimmung mit dem nationalen Recht dann in Lauf gesetzt wird, wenn die ersten Schadensfolgen der fehlerhaften Umsetzung eingetreten und weitere Schadensfolgen absehbar sind. Für den Fall, dass die vollständige Umsetzung den Fristenlauf beeinflussen sollte, fragt das vorlegende Gericht, ob dies allgemein gilt oder nur dann, wenn die Richtlinie dem Einzelnen ein Recht verleiht.

[48] Wie sich bereits aus den Randnrn. 31 und 32 des vorliegenden Urteils ergibt, ist es mangels einer gemeinschaftsrechtlichen Regelung Sache der Mitgliedstaaten, das Verfahren – einschließlich der Verjährungsregelungen – für die Klagen auszugestalten, die den Schutz der dem Einzelnen aus dem Gemeinschaftsrecht erwachsenden Rechte gewährleisten sollen, sofern dabei die Grundsätze der Gleichwertigkeit und der Effektivität gewahrt werden. Die Festsetzung angemessener Ausschlussfristen für die Rechtsverfolgung wahrt diese Grundsätze, und es kann insbesondere nicht angenommen werden, dass die Ausübung der durch das Gemeinschaftsrecht verliehenen Rechte dadurch praktisch unmöglich gemacht oder übermäßig erschwert würde.

[49] Dass die Verjährungsfrist des nationalen Rechts zu laufen beginnt, wenn die ersten Schadensfolgen eingetreten sind, obschon weitere Schadensfolgen absehbar sind, kann die Ausübung der durch das Gemeinschaftsrecht verliehenen Rechte ebenfalls nicht praktisch unmöglich machen oder übermäßig erschweren.

[50] Das von Danske Slagterier angeführte Urteil vom 13. Juli 2006, Manfredi u. a. (C-295/04 bis C-298/04, Slg. 2006, I-6619), kann dieses Ergebnis nicht in Frage stellen.

(S. I-2190) [51] In den Randnrn. 78 und 79 des genannten Urteils hat der Gerichtshof festgestellt, dass es nicht ausgeschlossen ist, dass eine kurze Verjährungsfrist bei einer Schadensersatzklage, die an dem Tag zu laufen beginnt, an dem das Kartell oder abgestimmte Verhalten verwirklicht wird, die Geltendmachung des Anspruchs auf Ersatz des durch dieses verbotene Kartell oder Verhalten entstandenen Schadens praktisch unmöglich machen könnte. Daher wäre es bei fortgesetzten oder wiederholten Zuwiderhandlungen nicht ausgeschlossen, dass die Verjährungsfrist sogar vor Beendigung der Zuwiderhandlung abgelaufen ist, so dass ein nach Ablauf dieser Frist Geschädigter keine Klage mehr erheben könnte.

[52] Im Ausgangsverfahren ist das jedoch nicht der Fall. Aus der Vorlageentscheidung geht nämlich hervor, dass die in dieser Rechtssache fragliche Verjährungsfrist erst dann zu laufen beginnen kann, wenn der Verletzte vom Schaden und der Person des Ersatzpflichtigen Kenntnis erlangt. Unter solchen Umständen ist es also nicht möglich, dass sich ein Geschädigter in der Lage befindet, dass die Verjährungsfrist zu laufen beginnt oder sogar schon abgelaufen ist, ohne dass er überhaupt weiß, dass er einen Schaden erlitten hat, wie dies in der Rechtssache, in der das Urteil Manfredi u. a. ergangen ist, hätte der Fall sein können, in der die Verjährungsfrist ab der Verwirklichung des Kartells oder des abgestimmten Verhaltens zu laufen begann, wovon einige Betroffene möglicherweise erst sehr viel später erfahren.

[53] In Bezug auf die Möglichkeit, die Verjährungsfrist vor der vollständigen Umsetzung der fraglichen Richtlinie beginnen zu lassen, trifft es zu, dass der Gerichtshof in Randnr. 23 des Urteils vom 25. Juli 1991, Emmott (C-208/90, Slg. 1991, I-4269), entschieden hat, dass sich der säumige Mitgliedstaat bis zum Zeitpunkt der ordnungsgemäßen Umsetzung einer Richtlinie nicht auf die Verspätung einer Klage berufen kann, die ein Einzelner zum Schutz der ihm durch diese Richtlinie verliehenen Rechte gegen ihn erhoben hat, und dass eine Klagefrist des nationalen Rechts erst zu diesem Zeitpunkt beginnen kann.

[54] Wie im Urteil vom 6. Dezember 1994, Johnson (C-410/92, Slg. 1994, I-5483, Randnr. 26), bestätigt worden ist, folgt jedoch aus dem Urteil vom 27. Oktober 1993, Steenhorst-Neerings (C-338/91, Slg. 1993, I-5475), dass die Entscheidung in der Rechtssache Emmott durch die besonderen Umstände jenes Falles gerechtfertigt war, in dem der Klägerin des Ausgangsverfahrens durch den Ablauf der Klagefrist jegliche Möglichkeit genommen war, ihren auf die Richtlinie gestützten Anspruch auf Gleichbehandlung geltend zu machen (vgl. auch Urteile vom 17. Juli 1997, Haahr Petroleum, C-90/94, Slg. 1997, I-4085, Randnr. 52, sowie Texaco und Olieselskabet Danmark, C-114/95 und C-115/95, Slg. 1997, I-4263, Randnr. 48, und Urteil vom 15. September 1998, Ansaldo Energia u. a., C-279/96 bis C-281/96, Slg. 1998, I-5025, Randnr. 20).

[55] Im Ausgangsverfahren ergibt sich aber weder aus den Akten noch aus den Erörterungen im mündlichen Verfahren, dass die streitige Verjährungsfrist wie in der Rechtssache, in der das Urteil Emmott ergangen ist, dazu geführt hätte, dass den Geschädigten jegliche Möglichkeit genommen worden wäre, ihre Ansprüche vor den nationalen Gerichten geltend zu machen.

[56] Daher ist auf die vierte Frage zu antworten, dass das Gemeinschaftsrecht es nicht verwehrt, die Verjährungsfrist für einen Staatshaftungsanspruch wegen fehlerhafter Umsetzung einer Richtlinie zu dem Zeitpunkt in Lauf zu setzen, in dem die ersten Schadensfolgen der fehlerhaften Umsetzung eingetreten und weitere Schadensfolgen absehbar sind, selbst wenn dieser Zeitpunkt vor der ordnungsgemäßen Umsetzung dieser Richtlinie liegt.

D. Rechtsschutz in der EU

I. Ernennung der Richterinnen und Richter

Rs. C-119/23 (Virgilijus Valančius), **72**
Urteil des Gerichtshofs vom 29.07.2024.

Vorbemerkungen: *Nach Art. 254 Abs. 2 AEUV werden die Richterinnen und Richter des EuGH von den Regierungen der Mitgliedstaaten im gegenseitigen Einvernehmen und nach Anhörung des Ausschusses nach Art. 255 AEUV ernannt, wobei in der Praxis jeder Regierung das Vorschlagsrecht für einen der Richterposten zukommt. Vorgeschlagene Personen müssen jede Gewähr für Unabhängigkeit bieten und über die Befähigung zur Ausübung hoher richterlicher Tätigkeiten verfügen. Weitere explizite Anforderungen an das nationale Auswahlverfahren für die vorgeschlagenen Personen enthalten die Verträge nicht. In dieser Entscheidung stellte der EuGH klar, dass auch die nationale Auswahlentscheidung als erste Stufe der Richterernennung in den Anwendungsbereich der Verträge fällt und daher vom EuGH überprüft werden kann (Rn. 30). In der Sache ließ der EuGH den Mitgliedstaaten aber ein weites Ermessen im Hinblick auf die Ausgestaltung des Auswahlverfahrens, das aber sicherstellen muss, dass es „bei den Rechtsuchenden keine berechtigten Zweifel an der Unempfänglichkeit der ernannten Richter für äußere Faktoren und an ihrer Neutralität in Bezug auf die widerstreitenden Interessen aufkommen lassen können" (Rn. 51).*

Sachverhalt: Herr Valančius wurde auf Vorschlag der litauischen Regierung im gegenseitigen Einvernehmen der Regierungen der Mitgliedstaaten mit Wirkung vom 13. April 2016 zum Richter des EuGH ernannt. Seine Amtszeit endete am 31. August 2019, aber er übte gemäß Art. 5 Abs. 3 der Satzung des Gerichtshofs der Europäischen Union sein Amt zunächst weiterhin aus. Im März 2021 wurde eine Ausschreibung für die Auswahl eines Bewerbers der Republik Litauen für das Amt eines Richters des Gerichts veröffentlicht. Es wurde eine Arbeitsgruppe eingesetzt, die mehrheitlich aus unabhängigen Sachverständigen bestand und deren Aufgabe darin bestand, diese Auswahl durchzuführen. Die Arbeitsgruppe nahm sodann diese Auswahl vor, nach deren Abschluss sie eine Rangliste der Bewerber erstellte, die in absteigender Reihenfolge nach der erreichten Punktzahl geordnet war. Am 11. Mai 2021 legte die Justizministerin der litauischen Regierung den Entwurf einer Entscheidung vor, durch die die auf der Rangliste am höchsten eingestufte Person, nämlich Herr Valančius, als Bewerber für das

Amt eines Richters des Gerichts vorgeschlagen werden sollte. Mit Entscheidung vom 6. April 2022 legte die litauische Regierung dem Präsidenten der Republik Litauen und dem litauischen Parlament die Bewerbung der zweitplatzierten Person auf der Rangliste zur Zustimmung vor. Mit Entscheidung vom 4. Mai 2022 schlug die litauische Regierung, nachdem sie die Zustimmung des Präsidenten der Republik Litauen und des litauischen Parlaments erhalten hatte, diese Person als Bewerber für das Amt eines Richters des Gerichts vor. Am 18. Mai 2022 erhob Herr Valančius beim Regionalverwaltungsgericht Vilnius Klage, mit der er Folgendes beantragte: erstens die Nichtigerklärung dieser Entscheidung, zweitens, der Regierung aufzugeben, die Beratungsverfahren und die Verfahren in Bezug auf den Vorschlag eines Bewerbers für das Amt eines Richters des Gerichts gemäß den gesetzlichen Modalitäten wieder aufzunehmen, indem der Name des von der Arbeitsgruppe am höchsten eingestuften Bewerbers zur Beratung und zum Vorschlag vorgelegt wird, und drittens, der litauischen Regierung die Kosten aufzuerlegen. Das Gericht hatte Zweifel in Bezug auf die Auslegung von Art. 19 Abs. 2 Unterabs. 3 EUV und Art. 254 Abs. 2 AEUV, insbesondere hinsichtlich der Auswirkungen dieser Bestimmungen auf die nationalen Verfahren für den Vorschlag von Bewerbern für das Amt eines Richters des Gerichts und legte diese Frage dem EuGH vor.

Aus den Entscheidungsgründen:

Zur Zuständigkeit des Gerichtshofs

[28] Insoweit ist darauf hinzuweisen, dass gemäß Art. 19 Abs. 2 Unterabs. 3 EUV und Art. 254 Abs. 2 AEUV die Richter des Gerichts von den Regierungen der Mitgliedstaaten im gegenseitigen Einvernehmen nach Anhörung des in Art. 255 AEUV vorgesehenen Ausschusses ernannt werden. Nach der letztgenannten Bestimmung wird ein Ausschuss eingerichtet, der die Aufgabe hat, vor einer Ernennung durch die Regierungen der Mitgliedstaaten nach den Art. 253 und 254 AEUV eine Stellungnahme zur Eignung der Bewerber für das Amt eines Richters oder Generalanwalts beim Gerichtshof oder beim Gericht abzugeben. Wie sich aus Nr. 6 Abs. 1 der Vorschriften für die Arbeitsweise des in Art. 255 AEUV vorgesehenen Ausschusses, die im Anhang des Beschlusses 2010/124 enthalten sind, ergibt, wird dieser Ausschuss befasst, indem die Regierung eines Mitgliedstaats einen Bewerber vorschlägt und dieser Vorschlag dem Vorsitzenden dieses Ausschusses vom Generalsekretariat des Rates übermittelt wird.

[29] Aus einer Zusammenschau dieser Bestimmungen ergibt sich, dass, wie der Generalanwalt in den Nrn. 52 und 53 seiner Schluss-

anträge ausgeführt hat, das Verfahren zur Ernennung eines Richters des Gerichts in drei Stufen gegliedert ist. Auf der ersten Stufe schlägt die Regierung des betreffenden Mitgliedstaats einen Bewerber für das Amt eines Richters des Gerichts vor, indem sie diesen Vorschlag dem Generalsekretariat des Rates übermittelt. Auf der zweiten Stufe gibt der in Art. 255 AEUV vorgesehene Ausschuss mit Blick auf die in Art. 254 Abs. 2 AEUV aufgestellten Anforderungen eine Stellungnahme zur Eignung dieses Bewerbers für die Ausübung des Amts eines Richters des Gerichts ab. Auf der dritten Stufe, die nach der Anhörung dieses Ausschusses erfolgt, ernennen die Regierungen der Mitgliedstaaten über ihre Vertreter den betreffenden Bewerber durch einen Beschluss, der auf Vorschlag der Regierung des betreffenden Mitgliedstaats im gegenseitigen Einvernehmen gefasst wird, zum Richter des Gerichts.

[30] Daraus folgt, dass die Entscheidung der Regierung eines Mitgliedstaats, einen Bewerber für das Amt eines Richters des Gerichts vorzuschlagen, wie die im Ausgangsverfahren fraglichen Entscheidungen, die erste Stufe des Ernennungsverfahrens nach Art. 19 Abs. 2 Unterabs. 3 EUV und Art. 254 Abs. 2 AEUV darstellt. Eine solche Entscheidung fällt daher insoweit in den Anwendungsbereich dieser Bestimmungen.

Zu den Vorlagefragen

[50] Das Erfordernis eines zuvor durch Gesetz errichteten Gerichts umfasst schon seinem Wesen nach das Verfahren zur Ernennung der Richter (vgl. in diesem Sinne Urteil vom 26. März 2020, Überprüfung Simpson/Rat und HG/Kommission, C-542/18 RX-II und C-543/18 RX-II, EU:C:2020:232, Rn. 74 und die dort angeführte Rechtsprechung), wobei die Unabhängigkeit eines Gerichts u. a. an der Art und Weise der Ernennung seiner Mitglieder gemessen wird (vgl. in diesem Sinne Urteil vom 21. Dezember 2023, Krajowa Rada Sądownictwa [Verbleib eines Richters im Amt], C-718/21, EU:C:2023:1015, Rn. 60 und die dort angeführte Rechtsprechung).

[51] Insoweit müssen die materiellen Voraussetzungen und die Verfahrensmodalitäten für die Ernennung von Richtern so beschaffen sein, dass sie bei den Rechtsuchenden keine berechtigten Zweifel an der Unempfänglichkeit der ernannten Richter für äußere Faktoren und an ihrer Neutralität in Bezug auf die widerstreitenden Interessen aufkommen lassen können (vgl. in diesem Sinne Urteil vom 26. März 2020, Überprüfung Simpson/Rat und HG/Kommission, C-542/18 RX-II und C-543/18 RX-II, EU:C:2020:232, Rn. 71). Hierfür ist es insbesondere

wichtig, dass diese materiellen Voraussetzungen und Verfahrensmodalitäten so ausgestaltet sind, dass sie es ermöglichen, nicht nur jede Form der unmittelbaren Einflussnahme in Form von Weisungen, sondern auch die Formen der mittelbaren Einflussnahme, die zur Steuerung der Entscheidungen der betreffenden Richter geeignet sein könnten, auszuschließen und damit dem Eindruck vorzubeugen, dass diese Richter nicht unabhängig und unparteiisch seien, wodurch das Vertrauen beeinträchtigt werden könnte, das die Justiz in einer demokratischen Gesellschaft und in einem Rechtsstaat bei den Einzelnen schaffen muss (vgl. in diesem Sinne Urteil vom 29. März 2022, Getin Noble Bank, C-132/20, EU:C:2022:235, Rn. 96 und 97 sowie die dort angeführte Rechtsprechung).

[52] In diesem Kontext kann eine Vorschriftswidrigkeit, die im Rahmen des Verfahrens zur Ernennung von Richtern in dem betreffenden Justizsystem begangen wird, einen Verstoß gegen das Grundrecht auf ein unabhängiges, unparteiisches und zuvor durch Gesetz errichtetes Gericht darstellen, wenn die Art und Schwere der Vorschriftswidrigkeit dergestalt ist, dass sie die tatsächliche Gefahr begründet, dass andere Teile der Staatsgewalt – insbesondere die Exekutive – ein ihnen nicht zustehendes Ermessen ausüben können, wodurch die Integrität des Ergebnisses des Ernennungsverfahrens beeinträchtigt wird. Eine solche Vorschriftswidrigkeit würde nämlich beim Einzelnen berechtigte Zweifel an der Unabhängigkeit und Unparteilichkeit des oder der betreffenden Richter wecken. Dies ist der Fall, wenn es um Grundregeln geht, die Bestandteil der Errichtung und der Funktionsfähigkeit des entsprechenden Justizsystems sind (vgl. in diesem Sinne Urteile vom 26. März 2020, Überprüfung Simpson/Rat und HG/Kommission, C-542/18 RX-II und C-543/18 RX-II, EU:C:2020:232, Rn. 75 und 76, sowie vom 22. Februar 2022, Openbaar Ministerie [Im Ausstellungsmitgliedstaat durch Gesetz errichtetes Gericht], C-562/21 PPU und C-563/21 PPU, EU:C:2022:100, Rn. 72 und 73 sowie die dort angeführte Rechtsprechung)

[53] Was die Richter des Gerichts betrifft, müssen die materiellen Voraussetzungen und die Verfahrensmodalitäten für ihre Ernennung es ermöglichen, bei den Rechtsuchenden jeden berechtigten Zweifel daran auszuschließen, dass sie die in Art. 19 Abs. 2 Unterabs. 3 EUV und Art. 254 Abs. 2 AEUV vorgesehenen Anforderungen erfüllen, die sich sowohl auf die „Gewähr für Unabhängigkeit“ als auch auf die „Befähigung zur Ausübung hoher richterlicher Tätigkeiten“ beziehen. Zu diesem Zweck ist es, wie der Generalanwalt in den Nrn. 59 bis 61 und 65 seiner Schlussanträge ausgeführt hat, u. a. erforderlich, die Integrität des gesamten Verfahrens zur Ernennung der Richter des Gerichts und

damit des Ergebnisses dieses Verfahrens auf jeder Stufe, aus der es besteht, zu gewährleisten.

[54] Was als Erstes die nationale Stufe des Vorschlags eines Bewerbers für das Amt eines Richters des Gerichts betrifft, um die es im Ausgangsverfahren speziell geht, ist zum einen festzustellen, dass es in Ermangelung einer besonderen Vorschrift hierzu im Unionsrecht der innerstaatlichen Rechtsordnung der einzelnen Mitgliedstaaten zukommt, die Verfahrensmodalitäten für den Vorschlag eines solchen Bewerbers zu regeln, sofern diese Modalitäten bei den Rechtsuchenden keine berechtigten Zweifel daran aufkommen lassen können, dass der vorgeschlagene Bewerber die in Art. 19 Abs. 2 Unterabs. 3 EUV und Art. 254 Abs. 2 AEUV vorgesehenen Anforderungen erfüllt.

(...)

[63] Nach alledem ist festzustellen, dass, wenn – wie im Ausgangsverfahren – ein Mitgliedstaat ein Verfahren zur Auswahl der Bewerber für das Amt eines Richters des Gerichts festgelegt hat, in dessen Rahmen eine mehrheitlich aus unabhängigen Sachverständigen bestehende Gruppe beauftragt wurde, diese Bewerber zu beurteilen und eine Rangliste derjenigen unter ihnen zu erstellen, die die in Art. 19 Abs. 2 Unterabs. 3 EUV und Art. 254 Abs. 2 AEUV genannten Anforderungen erfüllen, die bloße Tatsache, dass die Regierung dieses Mitgliedstaats entschieden hat, einen anderen auf dieser Rangliste stehenden Bewerber als den am höchsten eingestuften vorzuschlagen, für sich genommen nicht für die Feststellung ausreicht, dass dieser Vorschlag geeignet ist, berechtigte Zweifel daran aufkommen zu lassen, dass der vorgeschlagene Bewerber diese Anforderungen erfüllt.

II. Vorabentscheidungsverfahren, Art. 267 AEUV

1. Funktion des Vorabentscheidungsverfahrens

Rs. 166/73 (Rheinmühlen), 73
Urteil des Gerichtshofs vom 12.02.1974.

Vorbemerkungen: *In der Entscheidung zur Rechtssache 166/73 äußerte sich der EuGH zur Funktion des Vorabentscheidungsverfahrens im EU-Rechtsschutzsystem. Sowohl die mitgliedstaatlichen Gerichte als auch der Gerichtshof wenden Unionsrecht an. Dies könnte zu diver-*

gierenden Entscheidungen führen, wäre nicht für die unionseinheitliche Auslegung und Gültigkeitsbeurteilung durch ein zentrales Unionsgericht gesorgt. Der Zweck des Vorabentscheidungsverfahrens liegt also in der Sicherstellung einer einheitlichen Auslegung und Anwendung des Unionsrechts durch alle mitgliedstaatlichen Gerichte. Hierzu sieht Art. 267 AEUV ein Kooperationsverhältnis zwischen EuGH und mitgliedstaatlichen Gerichten vor: Stoßen die mitgliedstaatlichen Gerichte bei der Prüfung entscheidungserheblicher Unionsrechtsfragen auf Schwierigkeiten, so sind sie befugt und in bestimmten Fällen verpflichtet, den EuGH um Klärung dieser Fragen zu ersuchen. Erst nachdem der EuGH in seinem Vorabentscheidungsurteil die unionsrechtlichen Auslegungsmaßstäbe aufgestellt hat, wendet das mitgliedstaatliche Gericht die vom EuGH ausgelegte Unionsrechtsnorm in seiner Entscheidung auf den streitgegenständlichen Sachverhalt an.

Sachverhalt: Der Bundesfinanzhof legte dem Gerichtshof die Frage vor, ob Art. 234 Abs. 2 EG (Art. 267 Abs. 2 AEUV) „den nicht letztinstanzlichen Gerichten ein in jeder Hinsicht unbeschränktes Recht zu einer Vorlage an den Gerichtshof“ gibt oder ob davon auszugehen ist, dass „er entgegenstehende innerstaatliche Normen unberührt (lässt), die das Gericht an die rechtliche Beurteilung des im Instanzenzuge übergeordneten Gerichts binden“. Dem Vorlagebeschluss zufolge wurde diese Frage in dem Verfahren über eine Beschwerde gegen einen Vorlagebeschluss des Hessischen Finanzgerichts gestellt, mit dem dieses den Gerichtshof um Auslegung von Bestimmungen der Verordnung Nr. 19/62 des Rates ersucht, um einen Rechtsstreit entscheiden zu können, den der Bundesfinanzhof als Revisionsinstanz unter Aufhebung eines früheren Urteils des Hessischen Finanzgerichts an dieses zurückverwiesen hatte. Die vom Finanzgericht erbetene Auslegung betraf die Vereinbarkeit der Entscheidungsgründe des sein früheres Urteil aufhebenden Urteils des Bundesfinanzhofs mit dem Gemeinschaftsrecht (jetzt: Unionsrecht); es stellte sich daher die Frage, ob § 126 Abs. 5 der Finanzgerichtsordnung, wonach das Gericht, an das zurückverwiesen worden ist, an die rechtliche Beurteilung des zurückverweisenden Gerichts gebunden ist, dieses Ausgangsgericht daran hindert, dem Gerichtshof eine solche Frage vorzulegen. Dies wurde vom Gerichtshof verneint.

Aus den Entscheidungsgründen:

[2] Art. 177 ist von entscheidender Bedeutung dafür, daß das vom Vertrag geschaffene Recht wirklich gemeinsames Recht bleibt; er soll gewährleisten, daß dieses Recht in allen Mitgliedstaaten der Gemeinschaft immer die gleiche Wirkung hat. Auf diese Weise soll er unter-

schiedliche Auslegungen des Gemeinschaftsrechts verhindern, das die nationalen Gerichte anzuwenden haben; doch zielt er auch darauf ab, diese Anwendung selbst zu gewährleisten, da er dem nationalen Richter die Möglichkeit gibt, die Schwierigkeiten auszuräumen, die sich aus der Notwendigkeit ergeben können, dem Gemeinschaftsrecht im Rahmen der Rechtsordnungen der Mitgliedstaaten zur vollen Geltung zu verhelfen. Jede Lücke in dem so geschaffenen System würde daher sogar die Wirksamkeit der Vertragsvorschriften und des abgeleiteten Gemeinschaftsrechts in Frage stellen. In diesem Sinne sind die Vorschriften des Artikels 177 zu würdigen, nach denen jedes nationale Gericht ohne Unterschied den Gerichtshof um Vorabentscheidung ersuchen kann, wenn es dessen Entscheidung zum Erlass seines Urteils für erforderlich hält.

[3] Die Bestimmungen des Artikels 177 sind für den nationalen Richter zwingendes Recht; nach Absatz 2 kann er den Gerichtshof anrufen und um Vorabentscheidung über die Auslegung oder die Gültigkeit von Gemeinschaftsrecht ersuchen. Nach diesen Vorschriften sind die nationalen Gerichte berechtigt und unter bestimmten Voraussetzungen verpflichtet, zur Vorabentscheidung vorzulegen, sofern sie von Amts wegen oder auf Anregung der Parteien feststellen, daß es für die Entscheidung des Rechtsstreits auf eine der in Artikel 177 Absatz 1 genannten Fragen ankommt. Daraus folgt, daß die nationalen Gerichte ein unbeschränktes Recht zur Vorlage an den Gerichtshof haben, wenn sie der Auffassung sind, daß eine bei ihnen anhängige Rechtssache Fragen der Auslegung oder der Gültigkeit der gemeinschaftsrechtlichen Bestimmungen aufwirft, über die diese Gerichte im konkreten Fall entscheiden müssen.

[4] Sonach kann eine innerstaatliche Rechtsnorm, die nicht-letztinstanzliche Gerichte an die rechtliche Beurteilung des übergeordneten Gerichts binden, diesen Gerichten nicht das Recht nehmen, dem Gerichtshof Fragen nach der Auslegung der gemeinschaftsrechtlichen Bestimmungen vorzulegen, um die es in dieser rechtlichen Beurteilung geht. Etwas anderes müsste gelten, wenn die von dem nicht-letztinstanzlichen Gericht gestellten Fragen sachlich mit Fragen identisch wären, die das letztinstanzliche Gericht bereits vorgelegt hat. Dagegen muß das nichtletztinstanzliche Gericht, wenn es der Auffassung ist, daß es aufgrund der rechtlichen Beurteilung des übergeordneten Gerichts zu einer das Gemeinschaftsrecht verletzenden Entscheidung gelangen könnte, frei entscheiden können, ob es dem Gerichtshof die Fragen vorlegt, die ihm zweifelhaft sind. Wären die nicht-letztinstanzlichen Gerichte gebunden, ohne den Gerichtshof anrufen zu können, so wären dessen Zuständigkeit zur Vorabentscheidung wie auch die Anwendung

des Gemeinschaftsrechts auf allen Stufen der Gerichtsbarkeit in den Mitgliedstaaten eingeschränkt.

[5] Dem Bundesfinanzhof ist daher zu antworten, daß eine innerstaatliche Rechtsnorm, welche die Gerichte an die rechtliche Beurteilung eines übergeordneten Gerichts bindet, diesen Gerichten nicht schon aus diesem Grund das in Artikel 177 vorgesehene Recht zur Anrufung des Gerichtshofs nimmt.

2. Annahmefähigkeit der Vorlagefrage

a) Vorlagegegenstand

74 **Rs. C-19/14 (Talasca),**
Beschluss des Gerichtshofs vom 03.07.2014.

Vorbemerkungen: *Nationales Recht ist kein zulässiger Vorlagegegenstand im Vorabentscheidungsverfahren – ein europarechtlicher Grundsatz, der mittlerweile jedem nationalen Richter bekannt sein muss. Entsprechend schroff reagierte der EuGH als das Sozialgericht Duisburg diesen eindeutig missachtete. Er war daher auch nicht bereit, die Frage eigenständig umzuformulieren, sondern verwarf diese per Beschluss als „offensichtlich unzulässig."* ***L:*** *Rn. 552, 555.*

Sachverhalt: Das Vorabentscheidungsersuchen betraf die Vereinbarkeit von Art. 7 Abs. 1 Satz 2 des Zweiten Buchs des Sozialgesetzbuchs (SGB II) mit dem Unionsrecht, insbesondere dem Diskriminierungsverbot und erging in einem Rechtsstreit zwischen Frau Ana-Maria Talasca und ihrer Tochter Angelina Marita Talasca auf der einen und der Stadt Kevelaer auf der anderen Seite wegen der Weigerung des Jobcenters in Kevelaer, den Klägerinnen bestimmte Sozialleistungen zu bewilligen. Das Sozialgericht Duisburg legte dem EuGH u. a. folgende Frage vor: „Ist § 7 Abs. 1 Satz 2 SGB II mit dem Recht der Europäischen Union vereinbar?". Nähere Ausführungen zur Frage, warum hier ggf. ein Verstoß gegen Unionsrecht vorliegt enthielt die Vorlage ebenso wenig, wie einen ausführlichen Bericht zum tatsächlichen Rahmen des Rechtsstreits. Der EuGH verwarf die Vorlage mit deutlichen Worten als „offensichtlich unzulässig."

Aus den Entscheidungsgründen:

[15] Nach Art. 53 Abs. 2 seiner Verfahrensordnung kann der Gerichtshof, wenn ein Ersuchen oder eine Klage offensichtlich unzulässig

ist, nach Anhörung des Generalanwalts jederzeit die Entscheidung treffen, durch mit Gründen versehenen Beschluss zu entscheiden, ohne das Verfahren fortzusetzen.

[16] Nach ständiger Rechtsprechung ist es in einem Verfahren nach Art. 267 AEUV nicht Sache des Gerichtshofs, über die Vereinbarkeit nationaler Vorschriften mit dem Unionsrecht zu befinden. Der Gerichtshof ist jedoch befugt, dem vorlegenden Gericht alle Kriterien für die Auslegung des Unionsrechts an die Hand zu geben, die es diesem ermöglichen, im Hinblick auf die Entscheidung der bei ihm anhängigen Rechtssache über eine solche Vereinbarkeit zu befinden (vgl. u. a. Urteile Fendt Italiana, C-145/06 und C-146/06, EU:C:2007:411, Rn. 30, und KGH Belgium, C-351/11, EU:C:2012:699, Rn. 17, sowie Beschluss Mlamali, C-257/13, EU:C:2013:763, Rn. 17).

[17] Es ist allerdings darauf hinzuweisen, dass im Rahmen der Zusammenarbeit nach Art. 267 AEUV die Notwendigkeit, zu einer dem nationalen Gericht dienlichen Auslegung des Unionsrechts zu gelangen, es erforderlich macht, dass dieses Gericht den tatsächlichen und rechtlichen Rahmen, in dem sich seine Fragen stellen, darlegt oder zumindest die tatsächlichen Annahmen erläutert, auf denen diese Fragen beruhen (vgl. u. a. Urteile Centro Europa 7, C-380/05, EU:C:2008:59, Rn. 57, und Mora IPR, C-79/12, EU:C:2013:98, Rn. 35, sowie Beschlüsse Augustus, C-627/11, EU:C:2012:754, Rn. 8, und Mlamali, EU:C:2013:763, Rn. 18).

[18] Der Gerichtshof ist nämlich nur befugt, sich auf der Grundlage des ihm vom nationalen Gericht unterbreiteten Sachverhalts zur Auslegung einer Unionsvorschrift zu äußern (vgl. Urteil Eckelkamp u. a., C-11/07, EU:C:2008:489, Rn. 52, sowie Beschlüsse SKP, C-433/11, EU:C:2012:702, Rn. 24, und Mlamali, EU:C:2013:763, Rn. 19).

[19] Des Weiteren hebt der Gerichtshof die Notwendigkeit hervor, dass das innerstaatliche Gericht die genauen Gründe angibt, aus denen ihm die Auslegung des Unionsrechts fraglich und die Vorlage von Vorabentscheidungsfragen an den Gerichtshof erforderlich erscheinen (vgl. in diesem Sinne u. a. Urteile ABNA u. a., C-453/03, C-11/04, C-12/04 und C-194/04, EU:C:2005:741, Rn. 46, und Mora IPR, EU:C:2013:98, Rn. 36, sowie Beschluss Mlamali, EU:C:2013:763, Rn. 20).

[20] Da die Vorlageentscheidung als Grundlage für das Verfahren vor dem Gerichtshof dient, ist es nämlich unerlässlich, dass das nationale Gericht in der Vorlageentscheidung selbst den tatsächlichen und rechtlichen Rahmen des Ausgangsrechtsstreits erläutert und ein Mindestmaß an Erläuterungen zu den Gründen für die Wahl der Unionsbestimmungen, um deren Auslegung es ersucht, und zu dem Zusammenhang gibt, den es zwischen diesen Bestimmungen und den nationalen Rechtsvor-

schriften sieht, die auf den bei ihm anhängigen Rechtsstreit anzuwenden sind (vgl. in diesem Sinne Urteile Asemfo, C-295/05, EU:C:2007:227, Rn. 33, und Mora IPR, EU:C:2013:98, Rn. 37, sowie Beschlüsse Laguillaumie, C-116/00, EU:C:2000:350, Rn. 23 und 24, und Mlamali, EU:C:2013:763, Rn. 21).

[21] Diese Anforderungen an den Inhalt eines Vorabentscheidungsersuchens sind ausdrücklich in Art. 94 der Verfahrensordnung des Gerichtshofs aufgeführt, von dem das vorlegende Gericht im Rahmen der in Art. 267 AEUV vorgesehenen Zusammenarbeit Kenntnis haben sollte und den es sorgfältig zu beachten hat.

[22] Es ist auch darauf hinzuweisen, dass Art. 267 AEUV den Parteien eines bei einem innerstaatlichen Gericht anhängigen Rechtsstreits keinen Rechtsbehelf eröffnet und dass dieses Gericht daher nicht allein deshalb, weil eine Partei geltend macht, der Rechtsstreit werfe eine Frage nach der Auslegung von Unionsrecht auf, davon ausgehen muss, dass sich eine Frage im Sinne von Art. 267 AEUV stellt. Demnach rechtfertigen vor dem innerstaatlichen Gericht erhobene Einwände gegen die Auslegung eines Unionsrechtsakts als solche noch nicht die Vorlage einer Vorabentscheidungsfrage an den Gerichtshof (vgl. Urteile IATA und ELFAA, C-344/04, EU:C:2006:10, Rn. 28, sowie Ascafor und Asidac, C-484/10, EU:C:2012:113, Rn. 33; Beschlüsse Adiamix, C-368/12, EU:C:2013:257, Rn. 17, und Mlamali, EU:C:2013:763, Rn. 23).

[23] Überdies ist insoweit hervorzuheben, dass die Angaben in den Vorlageentscheidungen nicht nur dem Gerichtshof sachdienliche Antworten ermöglichen, sondern auch den Regierungen der Mitgliedstaaten und den anderen Beteiligten die Möglichkeit geben sollen, gemäß Art. [24] der Satzung des Gerichtshofs der Europäischen Union Erklärungen abzugeben. Der Gerichtshof hat darauf zu achten, dass diese Möglichkeit gewahrt wird; dabei ist zu berücksichtigen, dass den Beteiligten nach dieser Vorschrift nur die Vorlageentscheidungen zugestellt werden (vgl. u. a. Urteil Holdijk u. a., 141/81 bis 143/81, EU:C:1982:122, Rn. 6, Beschlüsse Laguillaumie, EU:C:2000:350, Rn. 14, Augustus, EU:C:2012:754, Rn. 10, und Mlamali, EU:C:2013:763, Rn. 24).

75 **Rs. 12/86 (Demirel),**
Urteil des Gerichtshofs vom 30.09.1987.

Vorbemerkungen: *Vorlagegegenstand in einem Vorabentscheidungsverfahren kann entsprechend dem Wortlaut des Art. 267 AEUV nur eine von nationalen Gerichten gestellte Frage nach der Gültigkeit oder Aus-*

legung von Unionsrecht sein (siehe Fall 74). Die Auslegung oder Gültigkeit nationalen Rechts darf dagegen nicht Vorlagegegenstand sein, da der EuGH dahingehend keine Rechtsprechungskompetenz besitzt (vgl. Rs. Costa ./. ENEL, Fall 1). Der Gerichtshof äußerte sich in der vorliegenden Entscheidung zu den zulässigen Vorlagegegenständen und stellte ausdrücklich fest, dass Assoziierungsabkommen zulässige Vorlagegegenstände darstellen. Er verwies aber darauf, dass er nur im Rahmen seiner Zuständigkeiten und damit im Rahmen der Verträge entscheidet. Soweit gemischte Abkommen betroffen sind, entscheidet er nur im Rahmen der Zuständigkeiten der EU. Demnach sind alle Rechtsakte im Rahmen der Organisationsgewalt der Unionsorgane zulässige Vorlagegegenstände. Dazu zählt der EuGH alle Rechtsakte, die im Rahmen des Unionsrechts erlassen wurden, also auch Assoziationsabkommen, Aktionsprogramme usw. Er stellte aber zugleich fest, dass er gerade bei völkerrechtlichen Verträgen nur bindend für die Mitgliedstaaten der Union, nicht aber für die anderen Vertragspartner entscheiden kann. Die Frage nach der Möglichkeit einer Gültigkeitskontrolle völkerrechtlicher Verträge der EU – die allerdings nur die innerunionale Gültigkeit, nicht die völkerrechtliche Verbindlichkeit betreffen könnte – ist bis heute nicht entschieden. ***B:*** *K. Hailbronner, NVwZ 1988, 220 ff.* ***L:*** *Rn. 433, 1284.*

Sachverhalt: vgl. Fall 54.

Aus den Entscheidungsgründen:

[7] In diesem Zusammenhang ist zunächst darauf hinzuweisen, daß, wie der Gerichtshof in seinem Urteil vom 30. April 1974 in der Rechtssache 171/73 (Hägeman, Slg. 1974, 449) entschieden hat, ein vom Rat gemäss den Artikeln 228 und 238 EWG-Vertrag geschlossenes Abkommen für die Gemeinschaft die Handlung eines Gemeinschaftsorgans im Sinne des Artikels 177 Absatz 1 Buchstabe b darstellt, daß die Bestimmungen eines solchen Abkommens seit dessen Inkrafttreten einen integrierenden Bestandteil der Gemeinschaftsrechtsordnung bilden und daß der Gerichtshof in dem durch diese Rechtsordnung gesteckten Rahmen zur Vorabentscheidung über die Auslegung dieses Abkommens befugt ist.

[8] Die Regierungen der Bundesrepublik Deutschland und des vereinigten Königreichs vertreten jedoch die Auffassung, bei gemischten Abkommen, wie dem in Rede stehenden Abkommen und dem Proto-

koll, erstrecke sich die Auslegungszuständigkeit des Gerichtshofs nicht auf die Bestimmungen, durch die die Mitgliedstaten im Rahmen ihrer eigenen Zuständigkeiten Verpflichtungen gegenüber der Türkei eingegangen seien, was bei den Bestimmungen über die Freizügigkeit der Arbeitnehmer gegeben sei.

[9] Hierzu genügt die Feststellung, daß eben dies in der vorliegenden Rechtssache nicht der Fall ist. Da ein Assoziierungsabkommen nämlich besondere und privilegierte Beziehungen mit einem Drittstaat schafft, der zumindest teilweise am Gemeinschaftssystem teilhaben muß, muß Artikel 238 der Gemeinschaft notwendigerweise die Zuständigkeit dafür einräumen, die Erfüllung der Verpflichtungen gegenüber Drittstaaten in allen vom EWG-Vertrag erfassten Bereichen sicherzustellen. Die Freizügigkeit der Arbeitnehmer stellt nach den Artikeln 48 ff. EWG-Vertrag einen der vom Vertrag erfassten Bereiche dar; daraus folgt, daß die diese Materie betreffenden Verpflichtungen in die Zuständigkeit der Gemeinschaft im Rahmen des Artikels 238 fallen. Die Frage, ob der Gerichtshof für die Entscheidung über die Auslegung einer Bestimmung eines gemischten Abkommens zuständig ist, die eine Verpflichtung enthält, die nur die Mitgliedstaaten im Bereich ihrer eigenen Zuständigkeiten übernehmen konnten, stellt sich daher nicht.

(...)

[12] Der Gerichtshof ist folglich für die Auslegung der Bestimmungen des Abkommens und des Protokolls über die Freizügigkeit der Arbeitnehmer zuständig.

76 Rs. C-188/92 (TWD Textilwerke Deggendorf), Urteil des Gerichtshofs vom 09.03.1994.

Vorbemerkungen: *Nach Ablauf der in Art. 263 Abs. 6 AEUV für die Nichtigkeitsklage vorgesehenen Klagefrist wird ein Unionsrechtsakt unanfechtbar und damit bestandskräftig. Betrifft eine Gültigkeitsvorlage nach Art. 267 Abs. 1 lit. b) AEUV Unionshandlungen, die nicht innerhalb dieser Klage- bzw. Rechtsmittelfrist angefochten wurden, so könnte die Ausschlusswirkung des Art. 263 Abs. 6 AEUV mit Hilfe des Vorabentscheidungsverfahrens umgangen werden. Im Urteil zur Rechtssache C-188/92 entwickelte der EuGH Leitlinien zum Verhältnis zwischen der Individualnichtigkeitsklage und dem Vorabentscheidungsverfahren: Zum Schutz der Bestandskraft kann die Gültigkeit von Unionsrechtsakten nur dann unabhängig vom Ablauf der Nichtigkeitsklagefrist in einem nationalen Gerichtsverfahren in Frage gestellt und* *im Wege des Vorabentscheidungsverfahrens vor den EuGH gebracht werden, wenn für den Betroffenen eine Direktklage nach Art. 263 Abs. 4 AEUV unstatthaft ist. Besteht dagegen die Möglichkeit einer offensichtlich zulässigen Direktklage, so ist die Gültigkeitsvorlage nur zulässig, wenn der Betroffene diese Direktklage erhoben hat oder noch innerhalb der zweimonatigen Klagefrist erheben kann.*

Sachverhalt: Aufgrund einer Entscheidung der Kommission aus dem Jahre 1985, in der diese eine der Firma Deggendorf gewährte Beihilfe als gemeinschaftsrechtswidrig qualifizierte und die Bundesrepublik zur Rückforderung aufforderte, erging am 18.03.1987 ein entsprechender Rückforderungsbescheid des Bundesministers für Wirtschaft. Gegen diesen Bescheid erhob das betroffene Unternehmen am 16.04.1987 Klage, die durch Urteil abgewiesen wurde. Gegen dieses Urteil legte das Unternehmen Berufung ein, in der es insbesondere geltend machte, dass die Kommissionsentscheidung aus dem Jahre 1985 rechtswidrig sei. Auf diese Rechtswidrigkeit der Entscheidung könne es sich auch nach Ablauf der in Art. 263 Abs. 6 AEUV festgesetzten Frist noch berufen. Das nationale Gericht legte dem EuGH daraufhin u. a. die Frage zur Vorabentscheidung vor, ob es eine Kommissionsentscheidung auch dann noch zur Gültigkeitsüberprüfung vorlegen könne, wenn der Betroffene eine Klage nach Art. 263 Abs. 4 AEUV nicht oder nicht fristgemäß erhoben hat, obwohl er von der Entscheidung rechtzeitig in Kenntnis gesetzt wurde. Der Gerichtshof erkannte für einen derartigen Fall, dass das nationale Gericht an die Kommissionsentscheidung gebunden ist.

Aus den Entscheidungsgründen:

[13] Nach ständiger Rechtsprechung wird eine Entscheidung, die vom Empfänger nicht innerhalb der in Artikel 173 EWG-Vertrag vorgesehenen Fristen angefochten worden ist, ihm gegenüber bestandskräftig (so erstmals Urteil vom 17. November 1965 in der Rechtssache 20/65, Collotti/Gerichtshof, Slg. 1965, 1112).

[14] Ein Unternehmen, das eine individuelle Beihilfe erhalten hat, die Gegenstand einer auf der Grundlage von Artikel 93 EWG-Vertrag erlassenen Entscheidung der Kommission geworden ist, kann eine Nichtigkeitsklage gemäß Artikel 173 Absatz 2 EWG-Vertrag erheben, selbst wenn die Entscheidung an einen Mitgliedstaat gerichtet ist (Urteil vom 17. September 1980 in der Rechtssache 730/79, Philip Morris/Kommission, Slg. 1980, 2671). Nach Artikel 173 Absatz 3 hat der Ablauf der dort vorgesehenen Klagefrist gegenüber einem solchen Unternehmen dieselbe Ausschlusswirkung wie gegenüber dem Mitgliedstaat, an den die Entscheidung gerichtet war.

[15] Nach gefestigter Rechtsprechung kann ein Mitgliedstaat die Gültigkeit einer an ihn gerichteten, auf Artikel 93 Absatz 2 EWG-Vertrag gestützten Entscheidung nach dem Ablauf der in Artikel 173 Absatz 3 EWG-Vertrag festgesetzten Frist nicht mehr in Frage stellen (Urteile vom 12. Oktober 1978 in der Rechtssache 156/77, Kommission/Belgien, Slg. 1978, 1881, und vom 10. Juni 1993 in der Rechtssache C-183/91, Kommission/Griechenland, Slg. 1993, I-3131).

[16] Diese Rechtsprechung, nach der ein Mitgliedstaat, an den eine aufgrund von Artikel 93 Absatz 2 Unterabsatz 1 EWG-Vertrag erlassene Entscheidung gerichtet ist, nicht die Möglichkeit hat, deren Gültigkeit anläßlich der in Artikel 93 Absatz 2 Unterabsatz 2 vorgesehenen Vertragsverletzungsklage erneut in Frage zu stellen, beruht vor allem auf der Erwägung, daß die Klagefristen der Wahrung der Rechtssicherheit dienen sollen, indem sie verhindern, daß das Rechtswirkungen entfaltende Gemeinschaftshandeln wieder und wieder in Frage gestellt wird.

[17] Aufgrund derselben Erfordernisse der Rechtssicherheit kann auch der Empfänger einer Beihilfe, der eine auf der Grundlage von Artikel 93 EWG-Vertrag erlassene Entscheidung der Kommission, die diese Beihilfe zum Gegenstand hatte, hätte anfechten können und die hierfür in Artikel 173 Absatz 3 EWG-Vertrag vorgesehene Ausschlußfrist hat verstreichen lassen, nicht die Möglichkeit haben, vor den nationalen Gerichten anläßlich einer Klage gegen die von den nationalen Behörden getroffenen Maßnahmen zur Durchführung dieser Entscheidung deren Rechtmäßigkeit erneut in Frage zu stellen.

[18] Wenn man nämlich in derartigen Fällen zulassen würde, daß sich der Betroffene vor dem nationalen Gericht unter Berufung auf die Rechtswidrigkeit der Entscheidung deren Durchführung widersetzen kann, würde ihm damit die Möglichkeit geboten, die Bestandskraft, die die Entscheidung ihm gegenüber nach Ablauf der Klagefrist besitzt, zu umgehen.

77 Rs. C-158/14 (A. u. a. ./. Minister van Buitenlandse Zaken), Urteil des Gerichtshofs vom 14.03.2017.

Vorbemerkungen: *In der Rs. C-158/14 konkretisierte der EuGH die in der Rs. TWD Textilwerke Deggendorf (Fall 76) und Nachi Europe (Rs. C-239/99) entwickelte Rechtsprechung. Dabei betonte der EuGH erneut, dass die Bestandskraft eines Rechtsakts nicht unterlaufen werden dürfe, indem man einem Bürger, der zweifelsfrei befugt gewesen* *wäre gegen einen Rechtsakt im Wege der Nichtigkeitsklage nach Art. 263 Abs. 4 AEUV vorzugehen, gestattet, nach Ablauf der Klagefrist (Art. 263 Abs. 6 AEUV) vor den nationalen Gerichten, die Gültigkeit eines Rechtsaktes in Frage zu stellen. Das entscheidende Kriterium für eine solche Präklusionswirkung ist dabei weiterhin, dass die Zulässigkeit der Nichtigkeitsklage offensichtlich gewesen wäre. Zudem beantwortet der EuGH die bislang offengelassene Frage zum Verhältnis zwischen Gültigkeitsvorlage und Nichtigkeitsklage hinsichtlich der dritten Variante des Art. 263 Abs. 4 AEUV. Nach dieser Variante können auch Rechtsakte mit Verordnungscharakter, die eine Person unmittelbar betreffen und keine Durchführungsmaßnahmen nach sich ziehen, Gegenstand einer Nichtigkeitsklage sein. Entgegen der zu befürchtenden Rechtsschutzlücke wegen der kurzen Klagefrist in Art. 263 Abs. 6 AEUV, spricht sich der EuGH für die Ausweitung der TWD-Rechtsprechung auf die dritte Variante des Art. 263 Abs. 4 AEUV aus.* ***B:*** *J. Gundel, EuZW 2017, 393 f.; R. Streinz, JuS 2018, 397 ff.* ***L:*** *Rn. 562.*

Sachverhalt: Nach einem offiziellen Bericht einer niederländischen Behörde, sollen die Rechtsmittelführer A. u. a. Mittel für die „Befreiungstiger von Tamil Eelam (im Folgenden: LTTE) beschafft haben, eine Organisation, die einen Bürgerkrieg gegen die srilankische Regierung geführt hat. Der niederländische Minister van Buitenlandse Zaken (im Folgenden: Minister) erließ auf der Grundlage des Ministerialerlasses zur Umsetzung der Resolution 1373 (2001) am 8. Juni 2010 Benennungsbescheide gegen A. u. a., wodurch ihre finanziellen Ressourcen eingefroren wurden. Der Minister stufte die LTTE unter anderem durch die Anwendung der Durchführungsverordnung 610/2010(EU) zur Durchführung des Art. 2 Abs. 3 der VO Nr. 2580/2001 (im Folgenden: DVO 610/2010 (EU) als eine terroristische Organisation ein. Daraufhin machten A. u. a. vor den niederländischen Gerichten geltend, dass die DVO ungültig sei, soweit die LTTE auf der in Art. 2 Abs. 4 der VO Nr. 2580/2001 benannten Liste von an terroristischen Handlungen beteiligten Personen gegen die restriktive Maßnahmen zur Anwendung kommen belassen wird, da die LTTE keine terroristische Organisation sei. Der in letzter Instanz angerufene Raad van State (Staatsrat) setzte das Verfahren aus und legte dem EuGH Fragen zur Vorabentscheidung vor.

Aus den Entscheidungsgründen:

[68] Mit dem Vertrag von Lissabon sind zwar, um den Rechtsschutz natürlicher und juristischer Personen gegen Rechtsakte der Union zu stärken, die Voraussetzungen, unter denen eine Nichtigkeitsklage zulässig ist, durch den Erlass von Art. 263 Abs. 4 AEUV erweitert worden,

der eine solche Klage auch gegen Rechtsakte mit Verordnungscharakter zulässt, die eine Person unmittelbar betreffen und keine Durchführungsmaßnahmen nach sich ziehen.

[69] Diese Erweiterung der Voraussetzungen, unter denen eine Nichtigkeitsklage zulässig ist, führt aber nicht dazu, dass es im Gegenzug unmöglich ist, vor einem nationalen Gericht die Gültigkeit eines Rechtsakts der Union in Frage zu stellen, soweit nicht eine von einer der Parteien des Rechtsstreits vor dem nationalen Gericht beim Gericht erhobene Nichtigkeitsklage offensichtlich zulässig gewesen wäre (vgl. in diesem Sinne Urteil vom 9. Juni 2011, Comitato „Venezia vuole vivere“ u. a./Kommission, C-71/09 P, C-73/09 P und C-76/09 P, EU:C:2011:368, Rn. 57).

[70] Daraus ergibt sich, dass ein Vorabentscheidungsersuchen zur Gültigkeit eines Rechtsakts der Union nur dann zurückgewiesen werden kann, wenn eine Nichtigkeitsklage gegen einen Rechtsakt der Union offensichtlich zulässig gewesen wäre und die natürliche oder juristische Person, die eine solche Klage hätte erheben können, dies innerhalb der Ausschlussfrist nicht getan hat und sich im Rahmen eines nationalen Verfahrens auf die Rechtswidrigkeit des betreffenden Rechtsakts beruft, um das nationale Gericht dazu anzuhalten, den Gerichtshof mit dem in Rede stehenden Vorabentscheidungsersuchen zu befassen, das sich auf die Gültigkeit dieses Rechtsakts bezieht, und so die Bestandskraft zu umgehen, die dieser Rechtsakt ihr gegenüber nach dem Ablauf der Klagefrist entfaltet (vgl. in diesem Sinne Urteile vom 9. März 1994, TWD Textilwerke Deggendorf, C-188/92, EU:C:1994:90, Rn. 18, und vom 15. Februar 2001, Nachi Europe, C-239/99, EU:C:2001:101, Rn. 30).

[71] Dies ist hier nicht der Fall.

[72] Zunächst waren die Rechtsmittelführer des Ausgangsverfahrens nämlich nicht selbst in der Liste betreffend das Einfrieren von Geldern eingetragen.

[73] Weiterhin ist nicht offensichtlich, dass sie im Sinne von Art. 263 Abs. 4 AEUV von den fraglichen Rechtsakten „individuell“ betroffen waren. Die Aufnahme der Organisation der LTTE in die Liste betreffend das Einfrieren von Geldern hat nämlich gegenüber anderen Personen als dieser Organisation dadurch allgemeine Geltung, dass sie dazu beiträgt, eine unbestimmte Anzahl von Personen zur Beachtung spezifischer, gegen diese Organisation gerichteter restriktiver Maßnahmen zu verpflichten (vgl. in diesem Sinne Urteile vom 3. September 2008, Kadi und Al Barakaat International Foundation/Rat und Kommission, C-402/05 P und C-415/05 P, EU:C:2008:461, Rn. 241 bis 244, vom 29. Juni 2010, E und F, C-550/09, EU:C:2010:382, Rn. 51, und

vom 23. April 2013, Gbagbo u. a./Rat, C-478/11 P bis C-482/11 P, EU:C:2013:258, Rn. 56).

[74] Schließlich wurde die Situation der Rechtsmittelführer des Ausgangsverfahrens nicht durch die Rechtsakte der Union zu dieser Aufnahme unmittelbar beeinträchtigt, sondern durch die Verhängung von Sanktionen, die allein auf das niederländische Recht gestützt waren, das neben anderen Gesichtspunkten u. a. diese Aufnahme berücksichtigte.

[75] Daher ist auf die erste Frage zu antworten, dass es nicht im Sinne der Rechtsprechung in den Urteilen vom 9. März 1994, TWD Textilwerke Deggendorf (C-188/92, EU:C:1994:90), und vom 15. Februar 2001, Nachi Europe (C-239/99, EU:C:2001:101), offensichtlich ist, dass von Personen, die sich in einer Situation wie der der Rechtsmittelführer des Ausgangsverfahrens befinden, beim Gericht erhobene Klagen auf Nichtigerklärung der Durchführungsverordnung Nr. 610/2010 oder der dieser Durchführungsverordnung vorangegangenen Rechtsakte der Union hinsichtlich der Aufnahme der Organisation der LTTE in die Liste betreffend das Einfrieren von Geldern zulässig gewesen wären.

Rs. C-408/95 (Eurotunnel), Urteil des Gerichtshofs vom 11.11.1997. 78

Vorbemerkungen: *Der EuGH konkretisierte in der Eurotunnel-Entscheidung seine Deggendorf-Rechtsprechung im Zusammenhang mit Richtlinien. Maßstab für die Beurteilung der Frage, ob ein Einzelner einen Unionsrechtsakt mittels einer Nichtigkeitsklage gem. Art. 263 AEUV hätte anfechten müssen, ist die Offenkundigkeit der Zulässigkeit einer solchen Klage. Da Richtlinien sich regelmäßig nicht an einen Einzelnen richten, ist eine Nichtigkeitsklage gegen solche Unionsrechtsakte nicht offenkundig zulässig. Der Einzelne kann daher die Ungültigkeit einer Richtlinienbestimmung auch nach Ablauf der Zwei-Monatsfrist des Art. 263 Abs. 6 AEUV in einem Vorabentscheidungsverfahren geltend machen. Der EuGH hat im Hinblick auf Verordnungen allerdings in den Rs. Nachi Europe (Rs. C-239/99) und Accrington Beef (Fall 79) eine differenzierende Rechtsprechung entwickelt. Für die z. T. sehr komplizierten Konkurrentenklagen im Wettbewerbsrecht nach Art. 263 Abs. 4 AEUV fehlt es noch an einer klarstellenden Rechtsprechung zur Offensichtlichkeit der Zulässigkeit einer Nichtigkeitsklage.*

Sachverhalt: Die Klägerinnen des Ausgangsverfahrens, die Gesellschaften SA und Eurotunnel plc, betrieben gemeinsam die feste Eisenbahnverbindung im Tunnel unter dem Ärmelkanal. Sie warfen der Beklagten, einem auf dem Ärmelkanal tätigen Schifffahrtsunternehmen, vor, dass sie unlauteren Wettbewerb betreibe, indem sie an Bord ihrer Schiffe Waren mehrwert- und verbrauchsteuerfrei verkaufe. Die Klägerinnen behaupteten, dass diese Praxis auf einer sowohl in Art. 28k der Richtlinie 77/388/EWG, als auch in Art. 28 der Richtlinie 92/12/EWG enthaltenen Befugnis beruhe. Sie stellten vor dem französischen Gericht die Gültigkeit der genannten Artikel in Frage. Dieses Gericht bezweifelte, ob sie dazu befugt waren. Im Rahmen eines Vorabentscheidungsverfahrens stellte der EuGH fest, eine natürliche oder juristische Person könne vor einem nationalen Gericht die Ungültigkeit von Richtlinienbestimmungen geltend machen.

Aus den Entscheidungsgründen:

[26] Mit seiner ersten Frage möchte das vorlegende Gericht im wesentlichen wissen, ob eine natürliche oder juristische Person wie die Klägerinnen vor einem nationalen Gericht die Ungültigkeit von Richtlinienbestimmungen wie den streitigen Artikeln 28 auch dann geltend machen kann, wenn sie gegen diese Bestimmungen keine Nichtigkeitsklage im Sinne von Artikel 173 des Vertrages erhoben hat und wenn bereits eine Entscheidung eines Gerichts eines anderen Mitgliedstaats in einem gesonderten Verfahren vorliegt.

[27] In bezug auf den ersten Teil der Frage hat das vorlegende Gericht Zweifel, ob sich die Klägerinnen angesichts des Urteils vom 9. März 1994 in der Rechtssache C-188/92 (TWD Textilwerke Deggendorf, Slg. 1994, I-833) vor ihm im Wege der Einrede auf die Ungültigkeit der streitigen Artikel 28 berufen können, da die Klägerinnen innerhalb der in Artikel 173 des Vertrages vorgesehenen Frist keine Nichtigkeitsklage gegen sie erhoben haben.

[28] Im Urteil TWD Textilwerke Deggendorf ging es um eine Gesellschaft, die unstreitig berechtigt war, eine Nichtigkeitsklage gegen den Rechtsakt der Gemeinschaft zu erheben, dessen Rechtswidrigkeit sie vor einem nationalen Gericht im Wege der Einrede geltend gemacht hatte, und die dieses Recht auch kannte.

[29] Da es sich hier um Gemeinschaftsrichtlinien handelt, deren streitige Bestimmungen sich in allgemeiner Form an die Mitgliedstaaten und nicht an natürliche oder juristische Personen richten, ist es nicht offenkundig, daß eine auf Artikel 173 des Vertrages gestützte Klage gegen die streitigen Artikel 28 zulässig gewesen wäre (vgl. zu einer Verord-

nung das Urteil vom 12. Dezember 1996 in der Rechtssache C-241/95, Accrington Beef u. a., Slg. 1996, I-6699, Randnr. 15).

[30] Die Klägerinnen können jedenfalls von den streitigen Artikeln 28 nicht unmittelbar betroffen sein. Mit der durch die genannten Bestimmungen eingeführten Befreiungsregelung wird nämlich den Mitgliedstaaten nur eine Befugnis eingeräumt. Folglich sind die streitigen Artikel 28 auf die betroffenen Wirtschaftsteilnehmer, d. h. die Personenbeförderer und die Reisenden, nicht unmittelbar anwendbar.

Rs. C-241/95 (Accrington Beef), Urteil des Gerichtshofs vom 12.12.1996. 79

Vorbemerkungen: *Die Anwendung der in der Rs. TWD Textilwerke Deggendorf (Fall 76) entwickelten Regel zum Eintritt der Bestandskraft wirft bei Beschlüssen regelmäßig keine besonderen Probleme auf. Es stellt sich jedoch die Frage, unter welchen Voraussetzungen die Deggendorf-Grundsätze auf den Eintritt der Bestandskraft anderer EU-Rechtsakte übertragbar sind (zu Richtlinien vgl. Rs. Eurotunnel, Fall 78). Im Hinblick auf Verordnungen nahm der EuGH in der Rechtssache Accrington Beef hierzu erstmals Stellung und konkretisierte die Deggendorf-Grundsätze. Danach werden Rechtsakte für einen Einzelnen nur dann nach Ablauf der Frist des Art. 263 Abs. 6 AEUV bestandskräftig, wenn eine gegen sie gerichtete Nichtigkeitsklage offenkundig und unstreitig zulässig gewesen wäre. Diese Voraussetzung lag im konkreten Fall jedoch nicht vor, da es in der Rechtssache Accrington Beef um eine echte, ausschließlich abstrakt-generelle Verordnung ging, von welcher der Kläger nicht individuell betroffen war (zur individuellen Betroffenheit durch Verordnungen mit Doppelcharakter – Hybridrechtsakte – vgl. Rs. Codorniu ./. Rat). Diese Rechtsprechung konkretisierte der EuGH in der Rechtssache Nachi Europe (C-239/99) mittlerweile für Anti-Dumping-Verordnungen. Solche Verordnungen haben einen Doppelcharakter, sind also abstrakt-generelle Regelungen, die zugleich Einzelne individuell betreffen können. Denn nach der Rechtsprechung des EuGH ist der Importeur einer durch Verordnung mit einem Anti-Dumpingzoll belegten Ware von dieser Verordnung individuell betroffen im Sinne des Art. 263 Abs. 4 AEUV, wenn zwischen ihm und dem Exporteur der Ware eine geschäftliche Verbindung besteht und wenn seine Wiederverkaufspreise zur Berechnung der Ausfuhrpreise herangezogen wurden (die unmittelbare Betroffenheit ergibt sich bereits aus der unmittelbaren Anwendbarkeit von Verordnungen ohne staatlichen Konkre-*

tisierungsspielraum). In der Entscheidung Nachi Europe stellte der EuGH klar, dass eine Anti-Dumping-Verordnung für einen solchen Importeur nach Art. 263 Abs. 6 AEUV bestandskräftig wird, wenn dieser die Verordnung nicht fristgerecht angefochten hat. Mit der Entscheidung Nachi Europe dürfte klargestellt sein, dass eine Nichtigkeitsklage dann offenkundig zulässig ist, wenn es sich eindeutig um eine Verordnung mit Doppelcharakter handelt. Problematisch bleibt jedoch die Einordnung von Verordnungen als Hybridrechtsakte außerhalb der im Wettbewerbsrecht vom EuGH gebildeten Fallgruppen, wie etwa im Fall Codorniu ./. Rat. Darüber hinaus sieht Art. 263 Abs. 4, 3. Alt AEUV eine Klagemöglichkeit gegen echte Normativakte vor, ohne dass danach die individuelle Betroffenheit zu prüfen ist. Da die entsprechenden Klagegegenstände jedoch keine Durchführungsmaßnahmen nach sich ziehen dürfen, kann es kaum Vollzugsrechtsstreitigkeiten geben, die zu einer entsprechenden Gültigkeitsvorlage führen werden. Sollte dies doch einmal der Fall sein, gelten zur Sicherung des Bestandsschutzes die gleichen Grundsätze.

Sachverhalt: Die Accrington Beef ist ein britisches Unternehmen, welches im Fleischgroßhandel tätig ist. Sie beantragte bei der für die Durchführung der gemeinsamen Agrarpolitik zuständigen nationalen Behörde die Zulassung zu einem bestimmten Gemeinschaftszollkontingent für Rindfleisch. Der Antrag wurde abgelehnt, weil die Accrington Beef nicht die in einer Verordnung der Kommission aufgestellten Zuteilungsvoraussetzungen erfüllte. Gegen die Ablehnung erhob die Accrington Beef Klage, mit der sie die Rechtswidrigkeit dieser Verordnung rügte. Das nationale Gericht legte dem EuGH die Verordnung zur Gültigkeitskontrolle vor. Dieser entschied, dass eine Gültigkeitskontrolle im Rahmen eines Vorabentscheidungsverfahrens möglich ist, da die Verordnung gegenüber Accrington Beef nicht bestandskräftig geworden war.

Aus den Entscheidungsgründen:

Zur Zulässigkeit der Einrede der Unzulässigkeit

[14] Die Regierung des Vereinigten Königreichs wirft die Frage auf, ob Accrington Beef u. a. aufgrund des Urteils vom 9. März 1994 in der Rechtssache C-188/92 (TWD Textilwerke Deggendorf, Slg. 1994, I-833) mit ihrer vor dem vorlegenden Gericht erhobenen Einrede der Rechtswidrigkeit der Artikel 1 Absatz 2 und 2 Absatz 2 der Verordnung Nr. 214/94 der Kommission nicht ausgeschlossen werden müssten, da sie nicht, wie sie es hätten tun können, innerhalb der Frist des Artikels

173 EG-Vertrag Klage auf Nichtigerklärung der Bestimmungen erhoben hätten.

[15] Dazu genügt die Feststellung, daß bei einer Gemeinschaftsverordnung, deren streitige Bestimmungen allgemein für abstrakt umschriebene Personengruppen und objektiv bestimmte Situationen gelten, es nicht offenkundig ist, daß eine Klage der Accrington Beef u. a. gegen diese Verordnung gemäß Artikel 173 EG-Vertrag zulässig gewesen wäre.

[16] Unter diesen Umständen ist der Hinweis auf das genannte Urteil TWD (Textilwerke Deggendorf) irrelevant, in dem es um eine Gesellschaft ging, die unstreitig berechtigt war, Nichtigkeitsklage gegen einen Rechtsakt der Gemeinschaft zu erheben, dessen Rechtswidrigkeit sie vor dem nationalen Gericht im Wege der Einrede geltend gemacht hatte, und die dieses Recht auch kannte.

Rs. C-72/15 (Rosneft), 80
Urteil des Gerichtshofs vom 28.03.2017.

Vorbemerkungen: *In dem Urteil zur Rechtssache C-72/15 präzisierte der EuGH erstmals die Voraussetzungen und Tragweite der Annahmefähigkeit eines auf Grundlage des Art. 29 EUV erlassenen Ratsbeschlusses im Bereich der Gemeinsamen Außen- und Sicherheitspolitik (GASP) im Wege der Gültigkeitsvorlage. Anlass für Zweifel im Hinblick auf die Annahmefähigkeit des EuGH gab der Wortlaut des Art. 275 AEUV, der in Verbindung mit Art. 24 Abs. 1 UAbs. 2 S. 6 EUV als einschlägiges Rechtsschutzverfahren für die Überprüfbarkeit von Beschlüssen über restriktive Maßnahmen gegen juristische oder natürliche Personen im Rahmen der GASP augenscheinlich nur auf die (strengeren) Voraussetzungen der Nichtigkeitsklage verweist. Angesichts der restriktiven Auslegung des Art. 263 Abs. 4 AEUV, drohte im Falle einer nicht oder nicht ohne jeden Zweifel vorliegenden Statthaftigkeit der Individualnichtigkeitsklage die gänzliche Sperrung des Rechtswegs. Indem der Gerichtshof nun allerdings den Verweis des Art. 24 I UAbs. 2 S. 6 2. Alt. EUV auf Art. 275 Abs. 2 AEUV als sich auf den materiellen Prüfungsmaßstab beziehend versteht und in Folge dessen die Überprüfung aller Ratsbeschlüsse mit individuellen restriktiven Maßnahmen auch ohne die prozedurale Einschränkung auf Nichtigkeitsklagen auf ihre Rechtmäßigkeit hin zulässt, schließt der EuGH eine bisher bestehende Lücke im System des europäischen Individualrechtsschutzes. Etwaigen Bedenken gegenüber dem großzügigen Verständnis des Wortlautes kann dabei* *entgegengehalten werden, dass es sich bei dem vorliegenden Urteil nicht um eine Ausweitung der Prüfungskompetenz handelt, sondern angesichts des unveränderten materiellen Prüfungsmaßstabes um eine Erweiterung des prozessualen Zugangs. Zur Begründung verweist der Gerichtshof auf seine generelle Zuständigkeit für die Sicherung und Wahrung des Rechts gemäß Art. 19 Abs. 1 S. 2 EUV, auf den Grundsatz der Rechtstaatlichkeit sowie auf das Recht auf effektiven Rechtsschutz gemäß Art. 47 GRCh.* ***B:*** *T. Henze/J. Jahn, EuZW 2017, 506 ff.* ***L:*** *Rn. 456.*

Sachverhalt: Nachdem die Staats- und Regierungschefs der Mitgliedstaaten der EU am 6. März 2014 die „grundlose Verletzung der Souveränität und der territorialen Unversehrtheit der Ukraine durch die Russische Föderation" verurteilt hatten und sich die Destabilisierung der Lage trotzdem nicht minderte, beschloss der Rat im Rahmen der GASP eine Reihe von restriktiven Maßnahmen gegen bestimmte natürliche und juristische Personen. Erklärtes Ziel der durch die Union veranlassten Sanktionen war es, zur Unterstützung einer friedlichen Beilegung des Konfliktes die Kosten des die Souveränität der Ukraine untergrabenden Vorgehens der russischen Föderation zu erhöhen. Die Maßnahmen richteten sich gegen die gesamte russische Rüstungsindustrie, insbesondere gegen den Erdölsektor. Der Inhalt der streitgegenständlichen Maßnahmen umfasste sowohl die Restriktion der Ausfuhr einiger für diesen Sektor bedeutender Güter und Technologien des europäischen Wirtschaftsraumes als auch die Zugangsbeschränkung zu EU-Kapitalmärkten gegen bestimmte Teilnehmer der russischen Erdölindustrie. Infolgedessen wandte sich das von diesen Sanktionen betroffene, auf Gas und Öl spezialisierte, russische Unternehmen Rosneft vor dem britischen Hight Court of Justice gegen die innerstaatlichen Umsetzungsmaßnahmen und beanstandete darüber hinaus die Gültigkeit der zugrundeliegenden Unionsrechtsakte. Das Gericht hegte Zweifel an der Auslegung einzelner Tatbestände der Verordnung und der Gültigkeit der Vorschriften des diesen zugrundeliegenden GASP-Beschlusses sowie seiner eigenen Zuständigkeit, diese Fragen zu beantworten.

Aus den Entscheidungsgründen:

[70] Weder aus dem EU-Vertrag noch aus dem AEU-Vertrag geht nämlich hervor, dass bei Beschlüssen, mit denen restriktive Maßnahmen gegenüber natürlichen oder juristischen Personen verhängt werden, die Rechtmäßigkeit allein im Wege einer Nichtigkeitsklage vor dem Gericht gemäß Art. 256 in Verbindung mit Art. 263 AEUV überwacht werden könnte und nicht etwa im Wege eines Ersuchens um Vorabentschei-

dung zur Beurteilung der Gültigkeit. Wenn Art. 24 Abs. 1 Unterabs. 2 letzter Satz EUV insoweit auf Art. 275 Abs. 2 AEUV verweist, dann nicht, um zu bestimmen, in welchen Verfahren der Gerichtshof die Rechtmäßigkeit bestimmter Beschlüsse überwachen darf, sondern um zu bestimmen, bei welchen Beschlüssen der Gerichtshof – in jedem Verfahren, das die Überwachung der Rechtmäßigkeit zum Gegenstand hat – eine solche Überwachung vornehmen darf.

[71] Für die Durchführung eines Beschlusses, mit dem restriktive Maßnahmen gegenüber natürlichen oder juristischen Personen verhängt werden, sind aber zum Teil die Mitgliedstaaten verantwortlich. Das Ersuchen um Vorabentscheidung zur Beurteilung der Gültigkeit ist deshalb wichtig, um einen effektiven gerichtlichen Rechtsschutz zu gewährleisten, vor allem dann, wenn wie im Ausgangsverfahren vor einem nationalen Gericht sowohl die Rechtmäßigkeit der nationalen Durchführungsmaßnahmen als auch die des zugrunde liegenden GASP-Beschlusses selbst in Zweifel gezogen werden. Da die Mitgliedstaaten dafür Sorge zu tragen haben, dass ihre einzelstaatliche Politik mit den durch Beschlüsse des Rates gemäß Art. 29 EUV bestimmten Standpunkten der Union in Einklang steht, ist der Zugang zur gerichtlichen Kontrolle von Beschlüssen, die den Erlass restriktiver Maßnahmen gegenüber natürlichen oder juristischen Personen vorsehen, unerlässlich.

[72] Wie sowohl aus Art. 2 EUV, der zu den gemeinsamen Bestimmungen des EU-Vertrags gehört, als auch aus dem das auswärtige Handeln der Union betreffenden Art. 21 EUV, auf den der die GASP betreffende Art. 23 EUV Bezug nimmt, hervorgeht, ist die Union namentlich auf den Wert des Rechtsstaats gegründet (vgl. in diesem Sinne Urteil vom 19. Juli 2016, H/Rat und Kommission, C-455/14 P, EU:C:2016:569, Rn. 41 und die dort angeführte Rechtsprechung).

[73] Überdies bekräftigt Art. 47 der Charta den Grundsatz des effektiven gerichtlichen Rechtsschutzes. Nach seinem Abs. 1 hat jede Person, deren durch das Recht der Union garantierte Rechte oder Freiheiten verletzt worden sind, das Recht, nach Maßgabe der darin vorgesehenen Bedingungen bei einem Gericht einen wirksamen Rechtsbehelf einzulegen. Schon das Vorhandensein einer wirksamen, zur Gewährleistung der Einhaltung des Unionsrechts dienenden gerichtlichen Kontrolle ist dem Wesen eines Rechtsstaats inhärent (vgl. Urteile vom 18. Dezember 2014, Abdida, C-562/13, EU:C:2014:2453, Rn. 45, und vom 6. Oktober 2015, Schrems, C-362/14, EU:C:2015:650, Rn. 95).

[74] Zwar kann Art. 47 der Charta keine Zuständigkeit des Gerichtshofs begründen, wenn die Verträge sie ausschließen. Wegen des Grund-

satzes des effektiven gerichtlichen Rechtsschutzes ist der Ausschluss der Zuständigkeit des Gerichtshofs im Bereich der GASP aber restriktiv auszulegen.

[75] Das Verfahren, das es dem Gerichtshof gestattet, im Wege der Vorabentscheidung zu entscheiden, soll im Einklang mit der dem Gerichtshof durch Art. 19 Abs. 1 EUV übertragenen Aufgabe die Wahrung des Rechts bei der Auslegung und Anwendung der Verträge sichern. Es liefe deshalb den Zielen dieser Vorschrift und dem Grundsatz des effektiven gerichtlichen Rechtsschutzes zuwider, die Zuständigkeit des Gerichtshofs gemäß Art. 275 Abs. 2 AEUV, auf den Art. 24 Abs. 1 EUV verweist, eng auszulegen (vgl. entsprechend Urteile vom 27. Februar 2007, Gestoras Pro Amnistía u. a./Rat, C-354/04 P, EU:C:2007:115, Rn. 53, vom 27. Februar 2007, Segi u. a./Rat, C-355/04 P, EU:C:2007:116, Rn. 53, vom 24. Juni 2014, Parlament/Rat, C-658/11, EU:C:2014:2025, Rn. 70, vom 12. November 2015, Elitaliana/Eulex Kosovo, C-439/13 P, EU:C:2015:753, Rn. 42, und vom 19. Juli 2016, H/Rat und Kommission, C-455/14 P, EU:C:2016:569, Rn. 40).

[76] Soweit der Gerichtshof nach Art. 24 Abs. 1 EUV und Art. 275 Abs. 2 AEUV für die Entscheidung über die Gültigkeit von Handlungen der Union materiell zuständig ist, also u. a. dann, wenn es sich um restriktive Maßnahmen gegenüber natürlichen oder juristischen Personen handelt, wäre es unter diesen Umständen nicht mit dem Aufbau des durch die Verträge geschaffenen Systems des gerichtlichen Rechtsschutzes vereinbar, Art. 275 Abs. 2 AEUV dahin auszulegen, dass er es den Gerichten der Mitgliedstaaten verwehrt, dem Gerichtshof Fragen nach der Gültigkeit von Beschlüssen des Rates vorzulegen, die den Erlass solcher restriktiver Maßnahmen vorsehen.

(...)

[78] Nach ständiger Rechtsprechung verlangt nämlich die erforderliche Kohärenz des Systems des gerichtlichen Rechtsschutzes, dass die Befugnis zur Feststellung der vor einem nationalen Gericht geltend gemachten Ungültigkeit von Handlungen der Unionsorgane dem Gerichtshof im Rahmen von Art. 267 AEUV vorbehalten bleibt (vgl. in diesem Sinne Urteile vom 22. Oktober 1987, Foto-Frost, 314/85, EU:C:1987:452, Rn. 17, und vom 6. Oktober 2015, Schrems, C-362/14, EU:C:2015:650, Rn. 62). Dasselbe muss für GASP-Beschlüsse gelten, in Bezug auf die die Verträge dem Gerichtshof eine Zuständigkeit für die Überwachung der Rechtmäßigkeit übertragen.

[79] Im Übrigen ist der Gerichtshof in Anbetracht der ihm im Vorabentscheidungsverfahren zur Verfügung stehenden Möglichkeiten am besten in der Lage, über die Gültigkeit von Unionshandlungen zu ent-

scheiden. Zum einen kann er Stellungnahmen der Mitgliedstaaten und Unionsorgane einholen, deren Handlungen in Frage gestellt werden. Zum anderen kann er von den Mitgliedstaaten und den Organen, Einrichtungen und sonstigen Stellen, die nicht Parteien des betreffenden Rechtsstreits sind, alle Auskünfte verlangen, die er zur Erledigung des Rechtsstreits für erforderlich erachtet (vgl. in diesem Sinne Urteil vom 22. Oktober 1987, Foto-Frost, 314/85, EU:C:1987:452, Rn. 18).

[80] Diese Schlussfolgerung wird durch das Hauptziel von Art. 267 AEUV bestätigt, das darin besteht, eine einheitliche Anwendung des Unionsrechts durch die nationalen Gerichte zu gewährleisten. Es ist für die Überwachung der Rechtmäßigkeit von Beschlüssen, die den Erlass restriktiver Maßnahmen gegenüber natürlichen oder juristischen Personen vorsehen, ebenso zwingend wie für andere Handlungen der Union. Denn bei solchen Beschlüssen wären Meinungsverschiedenheiten zwischen den Gerichten der Mitgliedstaaten über die Gültigkeit eines Unionsrechtsakts geeignet, die Einheit der Unionsrechtsordnung selbst zu gefährden und das grundlegende Erfordernis der Rechtssicherheit zu beeinträchtigen (vgl. entsprechend Urteile vom 22. Februar 1990, Busseni, C-221/88, EU:C:1990:84, Rn. 15, vom 6. Dezember 2005, Gaston Schul Douane-expediteur, C-461/03, EU:C:2005:742, Rn. 21, und vom 21. Dezember 2011, Air Transport Association of America u. a., C-366/10, EU:C:2011:864, Rn. 47).

Rs. C-53/96 (Hermès), 81
Urteil des Gerichtshofs vom 16.06.1998.

Vorbemerkungen: *Das WTO-Abkommen, zu dessen Inhalt auch das Übereinkommen über handelsbezogene Aspekte der Rechte des geistigen Eigentums (TRIPS) gehört, ist ein gemischtes Abkommen bei dem – jedenfalls bei seinem Abschluss – geteilte Zuständigkeiten vorlagen. Da die interne Zuständigkeit nicht offengelegt wurde, sind sowohl die Union als auch die Mitgliedstaaten völkerrechtlich an das gesamte Abkommen gebunden. In dieser Entscheidung äußerte sich der EuGH erstmals zu der Frage, ob die Vorschriften gemischter Abkommen, die nicht in die interne Zuständigkeit der Union fallen, als integrierender Bestandteil des Unionsrechts gelten, somit in den Anwendungsbereich des Unionsrechts fallen und der EuGH folglich für die Auslegung zuständig ist. Der EuGH erklärte sich für zuständig. Er begründete dies insbesondere damit, dass ein Interesse daran bestehe die Vorschrift einheitlich auszulegen, um voneinander abweichende Aus-*

legungen zu verhindern. Die zu untersuchende Vorschrift, Art. 50 Abs. 6 des TRIPS, sei sowohl auf die dem Unionsrecht als auch auf dem nationalen Recht unterliegenden Sachverhalte anwendbar. Die Gemeinschaftsmarkenverordnung enthalte auch eine Befugnis zum Erlass einstweiliger Anordnungen und falle somit in den Regelungsbereich des Art. 50 Abs. 6 des TRIPS. Bei der Anwendung der Gemeinschaftsmarkenverordnung seien die nationalen Gerichte daher verpflichtet den Wortlaut des Art. 50 Abs. 6 des TRIPS zu berücksichtigen. Der EuGH sei somit zu einer Entscheidung im Rahmen des Vorabentscheidungsersuchens verpflichtet. Ob die den mitgliedstaatlichen Zuständigkeiten untergliederten Teile eines gemischten Abkommens auch Gegenstand eines Vertragsverletzungsverfahrens sein können ist damit nicht entschieden. ***L:*** *Rn. 431.*

Sachverhalt: Die Antragstellerin war Inhaberin der Marke „Hermès“ und brachte diese u. a. auf Krawatten an, die sie durch ein selektives Vertriebssystem vertrieb. Nach Auffassung der Antragstellerin brachte die Antragsgegnerin nachgeahmte Hermes-Krawatten in den Handel. Im Laufe der Maßnahmen zur Unterlassung der Marken- und Urheberrechtsverletzungen kam es zu Unklarheiten hinsichtlich der Auslegung des Art. 50 Abs. 6 des TRIPS. Das vorlegende Gericht legte dem EuGH die Frage vor, ob eine nach niederländischem Recht ergangene einstweilige Maßnahme unter den Begriff der einstweiligen Maßnahme im Sinne des Art. 50 Abs. 6 des TRIPS fällt.

Aus den Entscheidungsgründen:

[24] Jedoch wurde das WTO-Übereinkommen von der Gemeinschaft geschlossen und von deren Mitgliedstaaten ratifiziert; dabei wurden die jeweiligen Verpflichtungen gegenüber den anderen Vertragsparteien nicht zwischen ihnen aufgeteilt.

[25] Welche Verpflichtungen die Gemeinschaft durch den Abschluß des Übereinkommens eingegangen ist, braucht nicht bestimmt zu werden; jedenfalls war die Verordnung Nr. 40/94 bei der Unterzeichnung der Schlußakte und des WTO-Übereinkommens durch die Gemeinschaft und ihre Mitgliedstaaten am 15. April 1994 seit einem Monat in Kraft.

[26] Zudem sind nach Artikel 50 Absatz 1 des TRIPS die Gerichte der Vertragsparteien befugt, „einstweilige Maßnahmen“ anzuordnen, um die Interessen von Inhabern der durch das Recht dieser Parteien verliehenen Markenrechte zu schützen. Diese Bestimmung enthält verschiedene Verfahrensvorschriften für entsprechende Anträge.

[27] Nach Artikel 99 der Verordnung Nr. 40/94 können die Rechte aus der Gemeinschaftsmarke durch den Erlaß „einstweiliger Maßnahmen einschließlich Sicherungsmaßnahmen" geschützt werden.

[28] Zwar betrifft diese Vorschrift diejenigen Maßnahmen und die einschlägigen Verfahrensvorschriften, die im innerstaatlichen Recht eines Mitgliedstaats für die nationale Marke vorgesehen sind. Da jedoch die Gemeinschaft Partei des TRIPS ist und dieses Übereinkommen die Gemeinschaftsmarke betrifft, sind die in Artikel 99 der Verordnung Nr. 40/94 angesprochenen Gerichte verpflichtet, im Rahmen des Möglichen den Wortlaut und den Zweck des Artikels 50 des TRIPS zu berücksichtigen, wenn sie bei der Anordnung einstweiliger Maßnahmen zum Schutz von Rechten aus der Gemeinschaftsmarke nationale Vorschriften anzuwenden haben (vgl. entsprechend die Urteile vom 24. November 1992 in der Rechtssache C-286/90, Poulsen und Diva Navigation, Slg. 1992, I-6019, Randnr. 9, und vom 10. September 1996 in der Rechtssache C-61/94, Kommission/Deutschland, Slg. 1996, I-3989, Randnr. 52).

[29] Somit ist der Gerichtshof für die Auslegung des Artikels 50 des TRIPS zuständig.

[30] Dem kann nicht entgegengehalten werden, daß der Ausgangsrechtsstreit internationale Eintragungen von Marken betrifft, in denen die Benelux-Staaten angegeben sind.

[31] Zum einen ist es allein Sache des nationalen Gerichts, das mit dem Rechtsstreit befaßt ist und die Verantwortung für die zu erlassende gerichtliche Entscheidung trägt, die Erforderlichkeit einer Vorabentscheidung für den Erlaß seines Urteils zu beurteilen. Folglich ist der Gerichtshof, wenn die vorgelegte Frage eine Vorschrift betrifft, zu deren Auslegung er befugt ist, grundsätzlich zu einer Entscheidung verpflichtet (siehe in diesem Sinne Urteile vom 18. Oktober 1990 in den Rechtssachen C-297/88 und C-197/89, Dzodzi, Slg. 1990, I-3763, Randnrn. 34 und 35, und vom 8. November 1990 in der Rechtssache C-231/89, Gmurzynska-Bscher, Slg. 1990, I-4003, Randnrn. 19 und 20).

[32] Zum anderen besteht, wenn eine Vorschrift sowohl auf dem innerstaatlichen Recht unterliegende als auch auf dem Gemeinschaftsrecht unterliegende Sachverhalte anwendbar ist, ein klares Interesse der Gemeinschaft daran, daß diese Vorschrift unabhängig davon, unter welchen Voraussetzungen sie angewandt werden soll, einheitlich ausgelegt wird, um in der Zukunft voneinander abweichende Auslegungen zu verhindern (siehe in diesem Sinn Urteile vom 17. Juli 1997 in der Rechtssache C-130/95, Giloy, Slg. 1997, I-4291, Randnr. 28, und in der Rechtssache C-28/95, Leur-Bloem, Slg. 1997, I-4161, Randnr. 34). Im

vorliegenden Fall ist, wie in Randnummer 28 ausgeführt, Artikel 50 des TRIPS sowohl auf Gemeinschaftsmarken als auch auf nationale Marken anwendbar.

[33] Der Gerichtshof ist somit für die Entscheidung über die gestellte Frage zuständig.

b) Vorlageberechtigung mitgliedstaatlicher Gerichte

82 **Rs. 102/81 (Nordsee ./. Reederei Mond), Urteil des Gerichtshofs vom 23.03.1982.**

Vorbemerkungen: *In der Entscheidung Vaassen-Göbbels (Rs. 61/65) stellte der EuGH erstmals Kriterien für den Begriff eines mitgliedstaatlichen Gerichts im Sinne des Art. 267 AEUV auf. Er stellt seit dieser Entscheidung im Grundsatz auf eine unabhängige durch oder aufgrund eines Gesetzes eingerichtete Instanz mit ständigem Charakter ab, die im Rahmen einer obligatorischen, nicht bloß gewillkürten Zuständigkeit in einem streitigen Verfahren unter Anwendung von Rechtsnormen – also nicht allein nach Billigkeit – bindend entscheidet. In der Rechtssache 102/81 konkretisierte der EuGH die Merkmale eines mitgliedstaatlichen Gerichts im Sinne von Art. 267 Abs. 2 AEUV. Er hob hervor, dass der vorlegende Spruchkörper eine „hinreichend enge Beziehung" zur öffentlichen Gewalt des Mitgliedstaates aufweisen muss und ergänzte damit die in der Rs. 61/65 (Vaassen-Göbbels) herausgearbeiteten Kriterien. Obwohl private – auf gewillkürter Vereinbarung beruhende – Schiedsgerichte Merkmale eines Gerichts im Sinne von Art. 267 Abs. 2 AEUV aufweisen, verneint der EuGH unter Rückgriff auf dieses Merkmal daher die Vorlageberechtigung privater, nach §§ 1025 ff. ZPO gebildeter Schiedsgerichte. Den Parteien steht es bei Abschluss der Schiedsvereinbarung frei, die Entscheidung auftretender Rechtsstreitigkeiten den ordentlichen Gerichten oder einem Schiedsgericht zu übertragen. Die (deutsche) öffentliche Gewalt ist weder an der Rechtswegentscheidung (Verfahren vor den ordentlichen Gerichten oder dem Schiedsgericht), noch am Verfahrensablauf selbst beteiligt. Damit fehlt es bei einem nach den §§ 1025 ff. ZPO gebildeten Schiedsgericht an einem ausreichenden Bindeglied zur öffentlichen Gewalt des Mitgliedstaates. Allerdings kann unter bestimmten Voraussetzungen auch ein Schiedsgericht vorlageberechtigt sein. In dem Urteil Merck Canada (Rs. C-555/13) sah der EuGH die Vorlage eines Schiedsgerichts, welches auf gesetzlicher Grundlage und für die Parteien verbindliche Ent-*

scheidungen treffen konnte, als zulässig an. Die Zuständigkeit des Gerichts hing im konkreten Fall nicht vom Einvernehmen der Parteien ab. Weiterhin genügte die auf gesetzlicher Grundlage institutionalisierte Errichtung und Anrufung des Gerichts dem Merkmal der ständigen Einrichtung. ***L:*** *Rn. 554.*

Sachverhalt: Drei Reederei-Gruppen führten von 1970 bis 1973 ein gemeinsames Projekt zum Bau von 13 Fabrikfangschiffen durch. Hierzu beantragten sie Zuschüsse aus den Europäischen Ausrichtungs- und Garantiefonds für Landwirtschaft (EAGFL). Untereinander hatten die Reedereien 1973 einen Pool-Vertrag geschlossen, nach dem die EWG-Zuschüsse im Innenverhältnis so verteilt werden, dass auf jedes Schiff ein Dreizehntel des Gesamtzuschusses entfallen sollte. Für den Fall von Streitigkeiten enthielt der Vertrag eine Schiedsklausel. Die Kommission gab nur sechs der für neun Schiffe gestellten Anträgen statt, und zwar je zwei für jede der drei am Pool beteiligten Reedereien. Die „Nordsee"-Gruppe, die sechs Schiffe bauen ließ, erhob gegen die „Nordstern"-Gruppe, die nur drei Schiffe bauen ließ, Klage auf Ausgleich ihrer Schlechterstellung. Die Nordsee-Gruppe war der Ansicht, dass die Poolvereinbarung weder gegen deutsches, noch gegen gemeinschaftliches Recht verstoße und daher angewendet werden müsse. Der aufgrund der Schiedsklausel eingesetzte Schiedsrichter gelangte zu dem Ergebnis, dass der Vertrag nach deutschem Recht wirksam sei. Es kam daher darauf an, ob die Pool-Vereinbarung gegen das EG-Subventionsrecht verstieß. Diese Ansicht vertrat die Kommission. Der Schiedsrichter stellte dem EuGH zunächst folgende Frage:

„Ist ein deutsches Schiedsgericht, das nicht nach Billigkeit, sondern nach Gesetz zu entscheiden hat und dessen Entscheidung unter den Parteien die Wirkung eines rechtskräftigen Urteils hat (§ 1040 ZPO), zur Vorlage an den Gerichtshof der Europäischen Gemeinschaft nach Art. 177 Abs. 2 EG befugt?"

Der Schiedsrichter war der Auffassung, dass auch solche Einrichtungen als Gerichte im Sinne von Art. 234 EG (jetzt: Art. 267 AEUV) anzusehen seien, welche die Wesensmerkmale eines Gerichts aufweisen. Diese lägen vor, da das Schiedsgericht nicht nach Billigkeit, sondern nach Gesetz zu entscheiden habe, das Verfahren justizförmig ausgestaltet sei und der Schiedsspruch die Wirkungen eines rechtskräftigen Urteils entfalte (§ 1040 ZPO). Der Gerichtshof erkannte, dass er zur Entscheidung über die vom Schiedsrichter vorgelegten Fragen nicht zuständig ist.

Aus den Entscheidungsgründen:

[7] Das Schiedsgericht, das den Gerichtshof angerufen hat, ist durch einen Vertrag zwischen Privatpersonen eingesetzt worden; daher ist zunächst zu untersuchen, ob es als ein Gericht eines Mitgliedstaats im Sinne des Artikels 177 EWG-Vertrag anzusehen ist.

(...)

[9] Dazu ist anzumerken, daß – worauf die Frage übrigens hinweist – die Zuständigkeit des Gerichtshofs zur Entscheidung über die vorgelegten Fragen von den Besonderheiten des Schiedsverfahrens abhängt, um das es im vorliegenden Fall geht.

[10] Es trifft zu, daß die Tätigkeit des in Frage stehenden Schiedsgerichts, wie der Schiedsrichter in seiner Frage hervorgehoben hat, insofern eine gewisse Ähnlichkeit mit der gerichtlichen Tätigkeit aufweist, als das Schiedsverfahren gesetzlich ausgestaltet ist, als der Schiedsrichter nach Gesetz und Recht zu entscheiden hat und als seine Entscheidung zwischen den Parteien die Wirkung eines rechtskräftigen Urteils hat und einen Vollstreckungstitel darstellen kann, wenn sie mit der Vollstreckbarerklärung versehen ist. Diese Eigenschaften genügen jedoch nicht, um dem Schiedsrichter die Stellung eines „Gerichts eines Mitgliedstaats" im Sinne von Artikel 177 EWG-Vertrag zu verleihen.

[11] In erster Linie ist festzustellen, daß es den Vertragsparteien bei Abschluss der Vereinbarung aus dem Jahr 1973 freistand, die Entscheidung von eventuell auftretenden Rechtsstreitigkeiten den ordentlichen Gerichten zu überlassen oder durch die Aufnahme einer diesbezüglichen Klausel in ihre Vereinbarung den Weg des Schiedsverfahrens zu wählen. Aus den Umständen ergibt sich, daß für die Vertragsparteien weder eine rechtliche noch eine tatsächliche Verpflichtung bestand, ihre Streitigkeiten vor ein Schiedsgericht zu bringen.

[12] Zweitens ist festzustellen, daß die deutsche öffentliche Gewalt in die Entscheidung, den Weg der Schiedsgerichtsbarkeit zu wählen, nicht einbezogen war und daß sie nicht von Amts wegen in den Ablauf des Verfahrens vor dem Schiedsrichter eingreifen kann. In ihrer Eigenschaft als Mitgliedstaat der Gemeinschaft, der nach den Artikeln 5 und 169 bis 171 EWG-Vertrag für die Erfüllung der sich aus dem Gemeinschaftsrecht ergebenden Verpflichtungen auf seinem Hoheitsgebiet verantwortlich ist, hat die Bundesrepublik Deutschland nicht Privatpersonen damit betraut oder es ihnen überlassen, für die Beachtung dieser Verpflichtungen in dem hier fraglichen Bereich Sorge zu tragen.

[13] Aus diesen Überlegungen ergibt sich, daß zwischen dem vorliegenden Schiedsgerichtsverfahren und dem allgemeinen Rechtsschutzsystem in dem betroffenen Mitgliedstaat keine hinreichend enge Beziehung besteht, um den Schiedsrichter als „Gericht eines Mitgliedstaats" im Sinne von Artikel 177 bezeichnen zu können.

[14] Wie der Gerichtshof in seinem Urteil vom 6. Oktober 1981 (Broekmeulen, 246/80, noch nicht veröffentlicht) hervorgehoben hat, muß das Gemeinschaftsrecht auf dem Hoheitsgebiet aller Mitgliedstaa-

ten in vollem Umfang beachtet werden; den Parteien eines Vertrages steht es daher nicht frei, davon abzuweichen. Aus dieser Sicht ist darauf hinzuweisen, daß in Fällen, in denen sich in einem vertraglichen Schiedsverfahren Fragen des Gemeinschaftsrechts stellen, die ordentlichen Gerichte in die Lage kommen können, diese Frage zu prüfen, sei es im Rahmen der Hilfe, die sie den Schiedsgerichten gewähren, insbesondere um sie bei bestimmten Verfahrenshandlungen zu unterstützen oder um das geltende Recht auszulegen, sei es im Rahmen der je nach Lage des Falles mehr oder weniger weit gehenden Überprüfung des Schiedsspruchs, die ihnen obliegt, wenn sie im Wege der Aufhebungsklage, durch einen Einspruch, zur Vollstreckbarerklärung oder mit irgendeinem anderen durch die einschlägigen nationalen Rechtsvorschriften eröffneten Rechtsbehelf befasst werden.

[15] Es ist Sache dieser nationalen Gerichte zu prüfen, ob sie den Gerichtshof nach Artikel 177 anrufen müssen, um eine Auslegung oder eine Beurteilung der Gültigkeit von Bestimmungen des Gemeinschaftsrechts zu erhalten, zu deren Anwendung sie bei der Ausübung dieser Hilfs- und Kontrollaufgaben veranlasst sein können.

[16] Hieraus ergibt sich, daß der Gerichtshof im vorliegenden Fall für eine Entscheidung nicht zuständig ist.

Rs. C-182/00 (Lutz), 83
Urteil des Gerichtshofs vom 15.01.2002.

Vorbemerkungen: *In dieser Entscheidung bestätigte der Gerichtshof seine Kriterien zum Gerichtsbegriff des Art. 267 AEUV und erweiterte sie hinsichtlich des Merkmals des streitigen Verfahrens, das einem Vorabentscheidungsverfahren jeweils zugrunde liegt. Das Gericht muss demnach in Ausübung einer Rechtsprechungstätigkeit vorlegen. Im vorliegenden Fall handelte das vorlegende Gericht nach Auffassung des EuGH demgegenüber als Verwaltungsbehörde. Entscheidet ein Gericht über einen Antrag einer Gesellschaft auf Eintragung in das Handelsregister, so entscheidet es danach nicht im Rahmen eines Rechtsstreites und somit auch nicht als Gericht im Sinne des Art. 267 AEUV. Dies hatte der Gerichtshof auch schon für ähnliche Verfahren des AG Heidelberg entschieden (Rs. C-86/00, HSB Wohnbau GmbH).*

Sachverhalt: Das Landesgericht Wels als Handelsgericht in Registersachen legte dem EuGH gemäß Art. 234 EG (jetzt: Art. 267 AEUV) fünf Fragen nach der Gültigkeit der Richtlinie 68/151/EWG des Rates zur Koordinierung der

Schutzbestimmungen, die in den Mitgliedstaaten den Gesellschaften im Sinne von Art. 48 Abs. 2 EG (jetzt: Art. 54 Abs. 2 AEUV) im Interesse der Gesellschafter sowie Dritter vorgeschrieben sind, zur Vorabentscheidung vor. Diese Fragen stellten sich in einem Verfahren betreffend die Lutz GmbH wegen der Einreichung des Jahresabschlusses gemäß dem österreichischen Handelsgesetzbuch. Nach den österreichischen Bestimmungen war das Landesgericht, wenn es als Handelsgericht über die Verpflichtung zur Offenlegung des Jahresabschlusses entschied, nicht mit einem Rechtsstreit befasst, sondern führte lediglich ein Handels- und Gesellschaftsregister. Daher stellte sich die Frage, ob eine derartige Einrichtung ein Gericht im Sinne von Art. 234 EG (jetzt: Art. 267 AEUV) ist. Der EuGH verneinte dies.

Aus den Entscheidungsgründen:

[12] Zur Beurteilung der rein gemeinschaftsrechtlichen Frage, ob die vorlegende Einrichtung ein Gericht im Sinne von Artikel 234 EG ist, stellt der Gerichtshof auf eine Reihe von Gesichtspunkten ab, wie gesetzliche Grundlage der Einrichtung, ständiger Charakter, obligatorische Gerichtsbarkeit, streitiges Verfahren, Anwendung von Rechtsnormen durch diese Einrichtung sowie deren Unabhängigkeit (vgl. u. a. Urteile vom 17. September 1997 in der Rechtssache C-54/96, Dorsch Consult, Slg. 1997, I-4961, Randnr. 23, und die dort angeführte Rechtsprechung, vom 21. März 2000 in den verbundenen Rechtssachen C-110/98 bis C-147/98, Gabalfrisa u. a., Slg. 2000, I-1577, Randnr. 33, und vom 14. Juni 2001 in der Rechtssache C-178/99, Salzmann, Slg. 2001, I-4421, Randnr. 13).

[13] Nach Artikel 234 EG hängt zwar die Anrufung des Gerichtshofs nicht davon ab, ob das Verfahren, in dem das nationale Gericht eine Vorlagefrage abfasst, streitigen Charakter hat (vgl. Urteil vom 17. Mai 1994 in der Rechtssache C-18/93, Corsica Ferries, Slg. 1994, I-1783, Randnr. 12). Aus diesem Artikel ergibt sich aber, dass die nationalen Gerichte den Gerichtshof nur anrufen können, wenn bei ihnen ein Rechtsstreit anhängig ist und sie im Rahmen eines Verfahrens zu entscheiden haben, das auf eine Entscheidung mit Rechtsprechungscharakter abzielt (vgl. Beschlüsse vom 18. Juni 1980 in der Rechtssache 138/80, Borker, Slg. 1980, 1975, Randnr. 4, und vom 5. März 1986 in der Rechtssache 318/85, Greis Unterweger, Slg. 1986, 955, Randnr. 4, sowie Urteile vom 19. Oktober 1995 in der Rechtssache C-111/94, Job Centre, Slg. 1995, I-3361, Randnr. 9, und Salzmann, Randnr. 14)

[14] Wenn die vorlegende Einrichtung als Verwaltungsbehörde handelt, ohne dass sie gleichzeitig einen Rechtsstreit zu entscheiden hat,

kann somit selbst dann, wenn sie die übrigen in Randnummer 12 dieses Urteils aufgeführten Voraussetzungen erfüllt, nicht davon ausgegangen werden, dass sie eine Rechtsprechungstätigkeit ausübt. Das ist z. B. der Fall, wenn sie über den Antrag auf Eintragung einer Gesellschaft im Register in einem Verfahren entscheidet, das nicht die Aufhebung eines Rechtsakts zum Gegenstand hat, der ein Recht des Antragstellers verletzt (vgl. Urteile Job Centre, Randnr. 11, und Salzmann, Randnr. 15).

[15] Aus den Akten geht hervor, dass das Landesgericht Wels, wenn es als Handelsgericht gemäß den nationalen Bestimmungen über die Verpflichtung zur Offenlegung des Jahresabschlusses und des Lageberichts entscheidet, nicht mit einem Rechtsstreit befasst ist, sondern nur ein Handels- und Gesellschaftsregister führt. Es stellt nämlich nur fest, ob den gesetzlichen Offenlegungsverpflichtungen entsprochen wurde, und ordnet gegebenenfalls unter Androhung einer Zwangsstrafe die Vorlage der entsprechenden Rechnungslegungsunterlagen an. Außerdem deutet nichts in den Akten darauf hin, dass beim Landesgericht Wels ein Rechtsstreit zwischen den Antragstellern und einer etwaigen beklagten Partei anhängig wäre.

[16] Daher übt das Landesgericht Wels mit dieser Tätigkeit keine Rechtsprechungstätigkeit aus.

Rs. 244/80 (Foglia ./. Novello), 84
Urteil des Gerichtshofs vom 16.12.1981.

Vorbemerkungen: *Mit der vorliegenden Entscheidung machte der Gerichtshof deutlich, dass allein er den Umfang seiner Zuständigkeit bestimmt. Er kann daher eine Vorlage abweisen, obwohl die nationalen Gerichte sie für entscheidungserheblich halten. Dies sei insbesondere dann anzunehmen, wenn es sich um eine hypothetische Fallkonstellation handelt. Damit wurde das Kompetenzverhältnis hinsichtlich der Kontrolle über das Vorabentscheidungsverfahren zugunsten der europäischen Gerichtsbarkeit geklärt und eine übergeordnete Stellung des EuGH in der justiziellen Hierarchie hervorgehoben.*

Sachverhalt: Herr Foglia war italienischer Weinhändler, von dem Frau Novello, die in Frankreich wohnte, Wein kaufte. Im Kaufvertrag wurde vereinbart, dass alle von den italienischen oder französischen Behörden rechtswidrig erhobenen Abgaben nicht zulasten von Frau Novello gingen. Foglia beauftragte das Transportunternehmen Danzas mit dem Transport des Weines von Italien nach Frankreich; in den Vertrag mit Danzas übernahn Foglia eine ähnliche Klausel: Alle von den Behörden rechtswidrig erhobenen Abgaben gingen nicht zulasten von Foglia. Beim Transport zahlte Danzas eine Steuerabgabe an die französische Zollverwaltung. Diese Abgabe stellte er Foglia in Rechnung; Foglia bezahlte und versuchte nun seinerseits, die Abgabe von Frau Novello erstattet zu bekommen. Diese weigerte sich unter Hinweis auf die Vertragsklausel. In der ersten Entscheidung fragte das vorlegende italienische Gericht, ob die französische Steuerabgabe gemeinschaftsrechtswidrig sei. Der EuGH lehnte den Erlass einer Vorabentscheidung ab. Im zweiten Fall fragte dasselbe italienische Gericht, ob das erste Urteil mit dem Grundsatz vereinbar sei, dass der EuGH die Vorlageerforderlichkeit und die Gründe für die Vorlage nicht überprüft.

Aus den Entscheidungsgründen:

[17] Um es dem Gerichtshof zu ermöglichen, seine Aufgabe nach dem Vertrag zu erfüllen, ist es unerlässlich, dass die nationalen Gerichte die Gründe darlegen, aus denen sie eine Beantwortung ihrer Fragen für entscheidungserheblich halten, falls sich diese Gründe nicht eindeutig aus den Akten ergeben.

[18] Es muss nämlich hervorgehoben werden, dass Artikel 177 dem Gerichtshof nicht die Aufgabe zuweist, Gutachten zu allgemeinen oder hypothetischen Fragen abzugeben, sondern dass er nach dieser Vorschrift einen Beitrag zur Rechtspflege in den Mitgliedstaaten zu leisten hat. Daher wäre der Gerichtshof nicht für die Beantwortung von Auslegungsfragen zuständig, die ihm im Rahmen konstruierter Verfahren vorgelegt würden, mit deren Hilfe die Parteien den Gerichtshof zur Stellungnahme zu gemeinschaftsrechtlichen Fragen veranlassen wollen, deren Beantwortung für die Entscheidung eines Rechtsstreits nicht objektiv erforderlich ist. Erklärt sich der Gerichtshof in einem solchen Fall für unzuständig, so wird damit in keiner Weise in die Befugnisse des nationalen Gerichts eingegriffen, sondern verhindert, dass das Verfahren nach Artikel 177 zu anderen als den diesem Verfahren eigenen Zwecken benutzt wird.

[19] Darüber hinaus ist darauf hinzuweisen, dass sich der Gerichtshof hinsichtlich der Erheblichkeit der ihm vorgelegten Fragen zwar weitestgehend auf die Beurteilung durch das innerstaatliche Gericht verlassen können muss; er muss jedoch auch in die Lage versetzt werden, alle mit der Wahrnehmung seiner eigenen Aufgabe zusammenhängenden Fragen zu beurteilen, vor allem um gegebenenfalls, wie es die Pflicht jedes Gerichtes ist, festzustellen, ob er zuständig ist. In Anbetracht der Auswirkungen seiner auf diesem Gebiet erlassenen Entscheidungen hat somit der Gerichtshof bei der Wahrnehmung der ihm in Artikel 177

übertragenen Rechtsprechungsfunktionen nicht nur den Interessen der Parteien des Rechtsstreits, sondern auch den Belangen der Gemeinschaft und denen der Mitgliedstaaten Rechnung zu tragen. Der Gerichtshof würde deshalb die ihm obliegenden Aufgaben verkennen, wenn er die von den Gerichten der Mitgliedstaaten vorgenommene Beurteilung in den Ausnahmefällen, in denen sie die ordnungsgemäße Wirkungsweise des in Artikel 177 vorgesehenen Verfahrens beeinflussen könnte, unbesehen hinnehmen würde.

Rs. C-115/22 (SO), 85
Urteil des Gerichtshofs vom 07.05.2024.

Vorbemerkungen: *In diesem Urteil stellte der EuGH klar, dass der Begriff der Unabhängigkeit eines Gerichts zwei Aspekte umfasst: Erstens, dass die jeweilige Einrichtung ihre Funktionen in völliger Autonomie wahrnimmt, ohne mit irgendeiner Stelle hierarchisch verbunden oder ihr untergeordnet zu sein und ohne von irgendeiner Stelle Anordnungen oder Anweisungen zu erhalten, so dass sie vor Interventionen oder Druck von außen geschützt ist, die die Unabhängigkeit des Urteils ihrer Mitglieder gefährden und deren Entscheidungen beeinflussen könnten. Das setzt nicht zuletzt die grundsätzliche Unabsetzbarkeit der Richter voraus, an der es in diesem Fall fehlte. Zum anderen muss die Einrichtung den Parteien des Rechtsstreits und ihren jeweiligen Interessen am Streitgegenstand mit dem gleichen Abstand begegnen. Dieser Aspekt verlangt, dass Sachlichkeit obwaltet und neben der strikten Anwendung der Rechtsnormen keinerlei Interesse am Ausgang des Rechtsstreits besteht.* ***B:*** *M. Payandeh, JuS 2024, 1187 ff.*

Sachverhalt: Das Vorabentscheidungsersuchen betraf die Auslegung von Art. 5 Abs. 1 Buchst. a und c, Art. 6 Abs. 3 sowie der Art. 9 und 10 der DSGVO. Nachdem die Wettkampfsportlerin SO des Dopings überführt worden war, wollte sie zumindest verhindern, dass die Art der Dopingverstöße und ihr vollständiger Name auf frei zugänglichen Internetseite abrufbar war und beantragte die entsprechende Änderung des ergangenen Beschlusses bei der nach österreichischem Recht zuständigen Unabhängigen Schiedskommission Wien (USK), einer von staatlichen Organen, Privaten und der Unabhängigen Dopingkontrolleinrichtung unabhängigen Kommission. Deren Mitglieder wurden von der Bundesministerin oder vom Bundesminister für Kunst, Kultur, öffentlichen Dienst und Sport [Österreich] auf vier Jahre bestellt. Neuerliche Bestellungen sowie ein vorzeitiger Widerruf der Bestellung aus wichtigen Gründen waren dabei jedoch zulässig. Die USK legte dem EuGH einige Fragen zur Auslegung der

DSGVO vor. Dieser sah bei der USK die erforderliche Unabhängigkeit nicht als gegeben an und wies die Vorlage daher als unzulässig zurück.

Aus den Entscheidungsgründen:

[38] Es stellt sich jedoch die Frage, ob die USK dem Unabhängigkeitskriterium genügt.

[39] In Bezug auf dieses Kriterium ist hervorzuheben, dass die Unabhängigkeit der nationalen Gerichte, die für einen wirksamen gerichtlichen Rechtsschutz unerlässlich ist, dem Auftrag des Richters inhärent ist (vgl. in diesem Sinne Urteil vom 27. Februar 2018, Associação Sindical dos Juízes Portugueses, C-64/16, EU:C:2018:117, Rn. 41 und 42). Sie ist daher für das reibungslose Funktionieren des Systems der justiziellen Zusammenarbeit, das durch den Mechanismus des Vorabentscheidungsersuchens gemäß Art. 267 AEUV verkörpert wird, von grundlegender Bedeutung, da nach ständiger Rechtsprechung des Gerichtshofs die Vorlageberechtigung von Einrichtungen, die mit der Anwendung des Unionsrechts betraut sind, u. a. daran geknüpft ist, dass sie unabhängig sind (vgl. in diesem Sinne Urteil vom 21. Januar 2020, Banco de Santander, C-274/14, EU:C:2020:17, Rn. 56 und die dort angeführte Rechtsprechung).

[40] Der Begriff der Unabhängigkeit umfasst zwei Aspekte (vgl. in diesem Sinne Urteile vom 19. September 2006, Wilson, C-506/04, EU:C:2006:587, Rn. 49 und 50, sowie vom 21. Januar 2020, Banco de Santander, C-274/14, EU:C:2020:17, Rn. 57).

[41] Der erste, das Außenverhältnis betreffende Aspekt erfordert, dass die betreffende Einrichtung ihre Funktionen in völliger Autonomie ausübt, ohne mit irgendeiner Stelle hierarchisch verbunden oder ihr untergeordnet zu sein und ohne von irgendeiner Stelle Anordnungen oder Anweisungen zu erhalten, so dass sie vor Interventionen oder Druck von außen geschützt ist, die die Unabhängigkeit des Urteils ihrer Mitglieder gefährden und deren Entscheidungen beeinflussen könnten (Urteil vom 21. Januar 2020, Banco de Santander, C-274/14, EU:C:2020:17, Rn. 57 und die dort angeführte Rechtsprechung).

[42] Insoweit ist darauf hinzuweisen, dass die Unabsetzbarkeit der Mitglieder der betreffenden Einrichtung eine wesentliche Garantie für die richterliche Unabhängigkeit darstellt, da sie die mit der Aufgabe des Richtens Betrauten in ihrer Person schützen soll (Urteil vom 21. Januar 2020, Banco de Santander, C-274/14, EU:C:2020:17, Rn. 58 und die dort angeführte Rechtsprechung).

[43] Im Einzelnen erfordert der Grundsatz der Unabsetzbarkeit, dessen entscheidende Bedeutung hervorzuheben ist, insbesondere, dass die Richter im Amt bleiben dürfen, bis sie das obligatorische Ruhestandsalter erreicht haben oder ihre Amtszeit, sofern diese befristet ist, abgelaufen ist. Dieser Grundsatz beansprucht zwar nicht absolute Geltung, doch dürfen Ausnahmen von ihm nur unter der Voraussetzung gemacht werden, dass dies durch legitime und zwingende Gründe gerechtfertigt ist und dabei der Verhältnismäßigkeitsgrundsatz beachtet wird. So ist allgemein anerkannt, dass Richter abberufen werden können, wenn sie wegen Dienstunfähigkeit oder einer schweren Verfehlung nicht mehr zur Ausübung ihres Amtes geeignet sind, wobei angemessene Verfahren einzuhalten sind (vgl. in diesem Sinne Urteil vom 21. Januar 2020, Banco de Santander, C-274/14, EU:C:2020:17, Rn. 59 und die dort angeführte Rechtsprechung).

[44] Die Unabsetzbarkeit der Mitglieder eines Gerichts ist somit nur dann gewährleistet, wenn die Fälle, in denen die Mitglieder der Einrichtung abberufen werden können, in besonderen Regelungen durch ausdrückliche gesetzliche Bestimmungen festgelegt sind, die Garantien bieten, die über das hinausgehen, was die allgemeinen Regeln des Verwaltungs- und des Arbeitsrechts im Fall einer missbräuchlichen Abberufung vorsehen (vgl. in diesem Sinne Urteile vom 21. Januar 2020, Banco de Santander, C-274/14, EU:C:2020:17, Rn. 60, und vom 26. Januar 2023, Construct, C-403/21, EU:C:2023:47, Rn. 44).

[45] Der zweite, das Innenverhältnis betreffende Aspekt der Unabhängigkeit steht mit dem Begriff der Unparteilichkeit in Zusammenhang und bezieht sich darauf, dass den Parteien des Rechtsstreits und ihren jeweiligen Interessen am Streitgegenstand mit dem gleichen Abstand begegnet wird. Dieser Aspekt verlangt, dass Sachlichkeit obwaltet und neben der strikten Anwendung der Rechtsnormen keinerlei Interesse am Ausgang des Rechtsstreits besteht (vgl. in diesem Sinne Urteil vom 21. Januar 2020, Banco de Santander, C-274/14, EU:C:2020:17, Rn. 61 und die dort angeführte Rechtsprechung).

[46] So bedeutet der Begriff der Unabhängigkeit nach ständiger Rechtsprechung des Gerichtshofs vor allem, dass die betreffende Stelle gegenüber der Stelle, die die mit einem Rechtsbehelf angefochtene Entscheidung erlassen hat, die Eigenschaft eines Dritten hat (vgl. in diesem Sinne Urteil vom 21. Januar 2020, Banco de Santander, C-274/14, EU:C:2020:17, Rn. 62 und die dort angeführte Rechtsprechung).

[47] Diese Garantien der Unabhängigkeit und Unparteilichkeit setzen voraus, dass es Regeln insbesondere für die Zusammensetzung der Einrichtung, die Ernennung, die Amtsdauer und die Gründe für Enthal-

tung, Ablehnung und Abberufung ihrer Mitglieder gibt, die es ermöglichen, bei den Rechtsunterworfenen jeden berechtigten Zweifel an der Unempfänglichkeit der genannten Stelle für Einflussnahmen von außen und an ihrer Neutralität in Bezug auf die einander gegenüberstehenden Interessen auszuschließen (Urteil vom 21. Januar 2020, Banco de Santander, C-274/14, EU:C:2020:17, Rn. 63).

86 **Rs. C-326/23 (C.W.S.A.),**
Urteil des Gerichtshofs vom 07.11.2024.

Vorbemerkungen: *Der EuGH hatte bereits in mehreren Verfahren festgestellt, dass die von der polnischen PiS-Regierung vorgenommene Besetzung einiger Richterstellen mit den aus Art. 19 Abs. 1 Unterabs. 2 EUV in Verbindung mit Art. 47 Abs. 1 der GRCh folgenden Vorgaben hinsichtlich Unabhängigkeit und Unparteilichkeit nicht vereinbar war (vgl. etwa C-718/21, Krajowa Rada Sądownictwa, Rn. 46ff.; C-810/23, Kancelaria B., C-810/23, Rn. 24). Im vorliegenden Fall stellte er in Fortführung dieser Ansicht fest, dass ein entsprechend besetzter Spruchkörper nicht als Gericht im Sinne des Art. 267 AEUV angesehen werden kann. Die Vorlage wurde dementsprechend als unzulässig verworfen.*

Sachverhalt: Das Verfahren betraf einen Rechtsstreit zwischen der C.W.S. A. und weiteren Unternehmen auf der einen Seite und dem polnischen Präsidenten des Amts für Wettbewerbs- und Verbraucherschutz auf der anderen Seite wegen einer Entscheidung, mit der gegen diese Unternehmen Geldbußen wegen Verstoßes gegen das Wettbewerbsrecht verhängt wurden. Im folgenden Prozess rügten die Unternehmen die mangelnde Unabhängigkeit und Unparteilichkeit des für den Fall zuständigen Einzelrichters, der vom Präsidenten auf Vorschlag des Landesjustizrates ernannt worden war. Diese Form der Besetzung war mit dem Verfahren zur Ernennung der Richter der Kammer für außerordentliche Überprüfung und öffentliche Angelegenheiten identisch, die der EuGH zuvor bereits als defizitär angesehen hatte. Der zuständige Einzelrichter legte dem EuGH daher die Frage vor, inwieweit dieser Einwand ihm gegenüber ebenfalls geltend gemacht werden könne. Der EuGH kam zum Ergebnis, dass die Bedenken auch in diesem Fall durchschlagen, so dass der vorlegende Spruchkörper (hier der Einzelrichter) nicht als (unabhängiges und unparteiisches) Gericht im Sinne des Art. 267 AEUV angesehen werden konnte. Die Vorlage war damit unzulässig.

Aus den Entscheidungsgründen:

[28] Es bleibt zu prüfen, ob die Erwägungen des Gerichtshofs in den Rn. 47 bis 57 und 62 bis 76 des Urteils Krajowa Rada Sądownictwa zu den Faktoren, die für die Ernennung der Richter, die die vorlegende Stelle bildeten, die den Gerichtshof in der Rechtssache, in der dieses Urteil erging, mit einem Vorabentscheidungsersuchen befasst hatte, zu Richtern der Kammer für außerordentliche Überprüfung und öffentliche Angelegenheiten kennzeichnend waren, auf die Situation des Einzelrichters, der die vorlegende Stelle im Ausgangsverfahren bildet, übertragbar sind, obwohl dieser Richter nicht zum Richter der Kammer für außerordentliche Überprüfung und öffentliche Angelegenheiten, sondern zum Richter der Zivilkammer ernannt wurde.

[29] Hierzu ist als Erstes festzustellen, dass das Urteil Dolińska-Ficek und Ozimek/Polen sowie das Urteil des Naczelny Sąd Administracyjny (Oberstes Verwaltungsgericht) vom 21. September 2021, die die Umstände betreffen, unter denen die Richter der Kammer für außerordentliche Überprüfung und öffentliche Angelegenheiten auf der Grundlage der Entschließung Nr. 331/2018 ernannt wurden, für die sieben Richter der Zivilkammer, die auf der Grundlage der Entschließung Nr. 330/2018 ernannt wurden, im Urteil Advance Pharma/Polen bzw. im Urteil des Naczelny Sąd Administracyjny (Oberstes Verwaltungsgericht) vom 6. Mai 2021, mit dem dieses Gericht die letztgenannte Entschließung aufgehoben hat, ihre Entsprechung finden.

[30] Da diese sieben Richter der Zivilkammer, zu denen Richter T. S. gehört, am Ende eines Verfahrens ernannt wurden, das mit dem Verfahren zur Ernennung der Richter der Kammer für außerordentliche Überprüfung und öffentliche Angelegenheiten identisch war, ist der Europäische Gerichtshof für Menschenrechte in den §§ 321 und 334 des Urteils Advance Pharma/Polen nämlich zu denselben Schlussfolgerungen gelangt wie in den §§ 320 und 338 des Urteils Dolińska-Ficek und Ozimek/Polen. So hat er festgestellt, dass diese Ernennungen, da sie auf der Grundlage von Vorschlägen der KRS in einer neuen Zusammensetzung erfolgten, die keine hinreichenden Garantien für Unabhängigkeit gegenüber der Legislative und der Exekutive bot, ungeachtet dessen, dass die Vollstreckbarkeit der Entschließungen der KRS vom Naczelny Sąd Administracyjny (Oberstes Verwaltungsgericht) ausgesetzt wurde, offensichtlich gegen die grundlegenden nationalen Vorschriften über das Verfahren zur Ernennung von Richtern verstießen.

(...)

[31] Insoweit ist hervorzuheben, dass die Umstände, die solche systemischen Zweifel aufkommen lassen können, grundsätzlich die individuelle Situation des oder der Richter, die ein Ersuchen nach Art. 267 AEUV stellen, und insbesondere die bei ihrer Ernennung im betroffenen Justizsystem begangenen Regelwidrigkeiten betreffen und nicht die Zuweisung dieser Richter an einen bestimmten Spruchkörper (vgl. in diesem Sinne Urteil vom 29. März 2022, Getin Noble Bank, C-132/20, EU: C:2022:235, Rn. 72, 73 und 75).

[32] Unter diesen Umständen ist die oben in Rn. 21 in Erinnerung gerufene Vermutung im vorliegenden Fall als widerlegt anzusehen und folglich festzustellen, dass der Richter der Zivilkammer, der allein den Spruchkörper bildet, der den Gerichtshof mit dem Vorabentscheidungsersuchen befasst hat, kein „Gericht" im Sinne von Art. 267 AEUV darstellt, so dass das Ersuchen für unzulässig zu erklären ist.

c) Vorlagerecht und Vorlagepflicht

87 **Rs. 314/85 (Foto-Frost),**
Urteil des Gerichtshofs vom 22.10.1987.

Vorbemerkungen: *Im Fall Foto-Frost hatte sich der EuGH erneut mit der Vorlagepflicht unterinstanzlicher Gerichte zu beschäftigen. In Frage stand die Vorlagepflicht für solche Fälle, in denen ein Gericht sekundäres Unionsrecht für ungültig erachtet und daher unangewendet lassen will. In diesen Fällen besteht unabhängig von innerstaatlichen Rechtsbehelfen eine Vorlagepflicht des an der Gültigkeit des sekundären Unionsrechts zweifelnden Gerichts. Mitgliedstaatliche Gerichte sind nach dieser Rechtsprechung nur befugt, Gültigkeitsfragen hinsichtlich entscheidungserheblicher Unionsrechtsakte positiv zu beantworten. Hält ein mitgliedstaatliches Gericht eine entscheidungserhebliche Unionsrechtsnorm hingegen für ungültig, so muss es diese Frage zur Wahrung des unionsrechtlichen Verwerfungsmonopols dem EuGH vorlegen. Dies gilt allerdings nicht im Falle eines „Nichtaktes", also bei offenkundigem Vorliegen eines derart schweren Fehlers, dass die Unionsrechtsordnung ihn nicht einmal vorläufig tolerieren kann (vgl. Rs. C-137/92 P, Rn. 49). Später konkretisierte der Gerichtshof diese Anforderungen auch für den einstweiligen Rechtschutz. In der Entscheidung verb. Rs. C-143/88 u. C-92/89 (Rs. Zuckerfabrik Süderdithmarschen) bestätigte er eine Vorlagepflicht des nationalen Gerichts auch bei einstweiligen Entscheidungen. Von dieser Pflicht kann aber unter* *bestimmten Voraussetzungen abgesehen werden. Das mitgliedstaatliche Gericht muss auch in dieser Konstellation von der Ungültigkeit eines entscheidungserheblichen Unionsrechtsaktes überzeugt sein oder mindestens erhebliche Zweifel an der Gültigkeit haben. Ist die Entscheidung des nationalen Gerichts „dringlich", droht dem „Antragsteller ein schwerer und nicht wiedergutzumachender Schaden" und ist das „Interesse der Union an einer effektiven Umsetzung des Unionsrechts angemessen berücksichtigt", so muss das Gericht die Frage nach der Geltung des betreffenden sekundären Unionsrechtsaktes nicht vorlegen. Diese Voraussetzungen bestätigte und konkretisierte der Gerichtshof in der Entscheidung Atlanta Fruchthandelsgesellschaft. Danach müssen bereits vorliegende Entscheidungen des Gerichtshofs zu dem betroffenen Rechtsakt berücksichtigt werden (Rn. 46, 51).* ***L:*** *Rn. 556.*

Sachverhalt: Aufgrund einer Kommissionsentscheidung sollten von der Firma Foto-Frost Zollgebühren nacherhoben werden. Gegen den daraufhin erlassenen Zolländerungsbescheid der deutschen Zollbehörde erhob die Firma Foto-Frost beim Finanzgericht Hamburg Klage. Dieses war der Auffassung, dass die Waren, für deren Einfuhr die Zollgebühren nacherhoben werden sollten, unter das Protokoll über den innerdeutschen Handel, welches eine Befreiung von der Nacherhebung vorsieht fielen; die Entscheidung der Kommission sei daher rechtswidrig und ungültig. Das Gericht befasste den EuGH im Vorabentscheidungsverfahren mit dieser Frage. Der EuGH verneinte die Befugnis der nationalen Gerichte, selbst die Ungültigkeit von Handlungen der Unionsorgane festzustellen. Die betroffene Entscheidung erklärte er für ungültig.

Aus den Entscheidungsgründen:

[11] Mit der ersten Frage möchte das Finanzgericht wissen, ob es befugt ist, selbst die Ungültigkeit einer Entscheidung der Kommission wie der vom 6. Mai 1983 festzustellen. Es bezweifelt die Gültigkeit dieser Entscheidung, da alle Voraussetzungen des Artikels 5 Absatz 2 der Verordnung Nr. 1697/79 für ein Absehen von der Nacherhebung erfüllt zu sein schienen. Es ist jedoch der Ansicht, daß aufgrund der Zuständigkeitsverteilung zwischen dem Gerichtshof und den nationalen Gerichten, wie sie sich aus Art. 177 EWG-Vertrag ergebe, allein der Gerichtshof die Ungültigkeit von Handlungen der Gemeinschaftsorgane feststellen könne.

[12] Es ist daran zu erinnern, daß Artikel 177 EWG-Vertrag dem Gerichtshof die Befugnis zuweist, im Wege der Vorabentscheidung über die Auslegung des Vertrages und der Handlungen der Gemein-

schaftsorgane sowie über die Gültigkeit dieser Handlungen zu entscheiden. Dieser Artikel bestimmt in Absatz 2, daß die nationalen Gerichte derartige Fragen dem Gerichtshof vorlegen können, und in Absatz 3, daß sie hierzu verpflichtet sind, wenn ihre Entscheidungen selbst nicht mehr mit Rechtsmitteln des innerstaatlichen Rechts angefochten werden können.

[13] Artikel 177 hat dadurch, daß er den nationalen Gerichten, deren Entscheidungen selbst noch mit Rechtsmitteln des innerstaatlichen Rechts angefochten werden können, die Möglichkeit gibt, dem Gerichtshof Fragen nach der Auslegung oder der Gültigkeit zur Vorabentscheidung vorzulegen, nicht die Frage entschieden, ob diese Gerichte befugt sind, selbst die Ungültigkeit von Handlungen der Gemeinschaftsorgane festzustellen.

[14] Diese Gerichte können die Gültigkeit einer Gemeinschaftshandlung prüfen und, wenn sie die Gründe, die von den Parteien vor ihnen für die Ungültigkeit vorgebracht werden, für nicht zutreffend halten, diese Gründe mit der Feststellung zurückweisen, daß die Handlung in vollem Umfang gültig ist. Denn wenn sie so vorgehen, stellen sie die Existenz der Gemeinschaftshandlung nicht in Frage.

[15] Sie sind dagegen nicht befugt, Handlungen der Gemeinschaftsorgane für ungültig zu erklären. Wie der Gerichtshof in seinem Urteil vom 13. Mai 1981 in der Rechtssache 66/80 (International Chemical Corporation, Slg. 1981, 1191) hervorgehoben hat, soll nämlich durch die Befugnisse, die Artikel 177 dem Gerichtshof einräumt, im wesentlichen gewährleistet werden, daß das Gemeinschaftsrecht von den nationalen Gerichten einheitlich angewandt wird. Dieses Erfordernis der Einheitlichkeit ist besonders zwingend, wenn die Gültigkeit einer Gemeinschaftshandlung in Frage steht. Meinungsverschiedenheiten der Gerichte der Mitgliedstaaten über die Gültigkeit von Gemeinschaftshandlungen wären geeignet, die Einheit der Gemeinschaftsrechtsordnung selbst aufs Spiel zu setzen und das grundlegende Erfordernis der Rechtssicherheit zu beeinträchtigen.

[16] Die notwendige Kohärenz des vom Vertrag geschaffenen Rechtsschutzsystems zwingt zu derselben Schlussfolgerung. Insoweit ist darauf hinzuweisen, daß das Vorabentscheidungsersuchen zur Beurteilung der Gültigkeit, ebenso wie die Nichtigkeitsklage, eine Form der Kontrolle der Rechtmäßigkeit der Handlungen der Gemeinschaftsorgane darstellt. Wie der Gerichtshof in seinem Urteil vom 23. April 1986 in der Rechtssache 294/83 (Parti écologiste „Les Verts"/Europäisches Parlament, Slg. 1986, 1339) ausgeführt hat, ist „mit den Artikeln 173 und 184 EWG-Vertrag auf der einen und Artikel 177 EWG-Vertrag

auf der anderen Seite (...) ein umfassendes Rechtsschutzsystem geschaffen worden, innerhalb dessen dem Gerichtshof die Überprüfung der Rechtmäßigkeit der Handlungen der Organe übertragen ist".

[17] Da Artikel 173 dem Gerichtshof die ausschließliche Zuständigkeit für die Nichtigerklärung der Handlung eines Gemeinschaftsorgans zuweist, verlangt es die Kohärenz des Systems, daß die Befugnis zur Feststellung der Ungültigkeit dieser Handlung, wenn sie vor einem nationalen Gericht geltend gemacht wird, ebenfalls dem Gerichtshof vorbehalten bleibt.

[18] Im übrigen ist hervorzuheben, daß der Gerichtshof am besten in der Lage ist, über die Gültigkeit von Gemeinschaftshandlungen zu entscheiden. Denn die Gemeinschaftsorgane, deren Handlungen in Frage gestellt werden, können sich nach Artikel 20 des Protokolls über die Satzung des Gerichtshofs der EWG am Verfahren vor dem Gerichtshof beteiligen, um die Gültigkeit dieser Handlungen zu verteidigen. Außerdem kann der Gerichtshof nach Artikel 21 Absatz 2 des genannten Protokolls von den Gemeinschaftsorganen, die nicht Parteien in dem betreffenden Rechtsstreit sind, alle Auskünfte verlangen, die er für die Erledigung des Rechtsstreits für erforderlich erachtet.

[19] Es ist hinzuzufügen, daß Abweichungen von der Regel, nach der die nationalen Gerichte nicht befugt sind, selbst die Ungültigkeit von Gemeinschaftshandlungen festzustellen, unter bestimmten Umständen im Falle eines Verfahrens der einstweiligen Anordnung geboten sein können; dieser Fall wird jedoch in der Frage des vorlegenden Gerichts nicht angesprochen.

Rs. 283/81 (CILFIT), Urteil des Gerichtshofs vom 06.10.1982. 88

Vorbemerkungen: *In der Entscheidung zur Rechtssache 283/81 finden sich grundlegende Aussagen zu den Ausnahmen von der Vorlagepflicht mitgliedstaatlicher Gerichte. Während formal letztinstanzliche Gerichte stets vorlageverpflichtet sind, herrschte zunächst Streit über die Frage, ob auch für unterinstanzliche Gerichte, deren Entscheidungen im konkreten Fall nicht mehr mit Rechtsmitteln angegriffen werden können, eine Vorlagepflicht besteht. Die dem Vorabentscheidungsverfahren zukommende Rechtsschutzfunktion wie auch die Sicherung der einheitlichen Anwendung des Unionsrechts gebieten eine möglichst umfassende Absicherung des unionsrechtlichen Auslegungs- und Verwerfungsmonopols des EuGH. Der Gerichtshof schloss sich daher der sog.*

konkreten Betrachtungsweise an. Unabhängig von seiner gerichtsverfassungsrechtlichen Stellung ist danach etwa ein Amtsgericht als letztinstanzliches Gericht im Sinne von Art. 267 AEUV zu behandeln, wenn der Streitwert eines bei ihm anhängigen Rechtsstreits die Berufungssumme nicht erreicht und das Urteil daher nicht mehr angefochten werden kann. Gleichwohl entwickelte der EuGH in dieser Entscheidung einige Ausnahmen von der Vorlagepflicht. Ein mitgliedstaatliches Gericht ist danach selbst dann, wenn die Voraussetzungen einer Vorlagepflicht erfüllt sind, nicht zur Einleitung eines Vorabentscheidungsverfahrens verpflichtet, wenn eine gesicherte unionsrechtliche Rechtsprechung vorliegt, durch welche die betreffende Rechtsfrage geklärt ist, oder wenn die richtige Auslegung des Unionsrechts so offensichtlich ist, dass kein Raum für vernünftige Zweifel an der Entscheidung der sich stellenden Frage bleibt und weder der Gerichtshof selbst, noch die übrigen Gerichte der Mitgliedstaaten Zweifel an dieser Auslegung haben würden („acte claire"). Diese Voraussetzungen sind in der Praxis allerdings kaum erfüllbar. ***L:*** *Rn. 557 f.*

Sachverhalt: Aufgrund eines italienischen Gesetzes, das bei der Einfuhr von Wolle gesundheitspolizeiliche Untersuchungen vorschrieb, erhob das italienische Gesundheitsministerium von wollimportierenden Unternehmen entsprechende Untersuchungsgebühren. Die betroffenen Wollimporteure, darunter die Firma C.I.L.F.I.T., hielten das Gesetz mit den Regeln der gemeinsamen Marktorganisation für unvereinbar und daher für unanwendbar. Nachdem die Kläger in zwei Instanzen mit ihrem Antrag auf Rückerstattung der gezahlten Gebühren erfolglos geblieben waren, regten sie im Revisionsverfahren eine Vorlage an den EuGH an, um klären zu lassen, ob die Wolle von der Marktordnung erfasst werde. Das italienische Gesundheitsministerium meinte hingegen, dass importierte Wolle in Anbetracht des klaren Wortlautes eindeutig nicht von der betreffenden Marktordnung erfasst werde. Es bestehe daher kein Auslegungszweifel, so dass ein Vorabentscheidungsverfahren nicht erforderlich sei. Der Gerichtshof befreite die nationalen Gerichte von der Vorlagepflicht u. a. dann, wenn es keinerlei Auslegungszweifel gibt.

Aus den Entscheidungsgründen:

[6] Gemäß Absatz 2 dieses Artikels „kann" jedes Gericht eines Mitgliedstaats dem Gerichtshof eine Auslegungsfrage zur Entscheidung vorlegen, wenn es eine solche Entscheidung zum Erlass seines Urteils für erforderlich hält. Wird eine Auslegungsfrage in einem schwebenden Verfahren bei einem einzelstaatlichen Gericht gestellt, dessen Entschei-

dungen selbst nicht mehr mit Rechtsmitteln des innerstaatlichen Rechts angefochten werden können, so ist dieses Gericht nach Absatz 3 zur Anrufung des Gerichtshofs „verpflichtet".

[7] Diese Vorlagepflicht fügt sich in den Rahmen der Zusammenarbeit zwischen den innerstaatlichen Gerichten als mit der Anwendung des Gemeinschaftsrechts betrauten Gerichten und dem Gerichtshof ein, durch die die ordnungsgemäße Anwendung und die einheitliche Auslegung des Gemeinschaftsrechts in allen Mitgliedstaaten sichergestellt werden sollen. Artikel 177 Absatz 3 soll insbesondere verhindern, daß es innerhalb der Gemeinschaft zu voneinander abweichenden Gerichtsentscheidungen über Fragen des Gemeinschaftsrechts kommt. Wird eine solche Auslegungsfrage im Sinne von Artikel 177 gestellt, ist die Tragweite der Verpflichtung daher anhand dieser Ziele nach Maßgabe der jeweiligen Befugnisse der innerstaatlichen Gerichte und des Gerichtshofs zu beurteilen.

[8] In diesem Rahmen ist die gemeinschaftsrechtliche Bedeutung der Wendung „wird eine derartige Frage ... gestellt" zu bestimmen, um festzustellen, unter welchen Voraussetzungen ein innerstaatliches Gericht, dessen Entscheidungen selbst nicht mehr mit Rechtsmitteln des innerstaatlichen Rechts angefochten werden können, zur Anrufung des Gerichtshofs verpflichtet ist.

[9] Hierzu ist zunächst darauf hinzuweisen, daß Artikel 177 keinen Rechtsbehelf für die Parteien eines bei einem innerstaatlichen Gericht anhängigen Rechtsstreits eröffnet. Das betreffende Gericht muß also nicht schon allein deshalb, weil eine Partei geltend macht, der Rechtsstreit werfe eine Frage nach der Auslegung des Gemeinschaftsrechts auf, davon ausgehen, daß eine Frage im Sinne von Artikel 177 gestellt wird. Es obliegt ihm vielmehr gegebenenfalls, den Gerichtshof von Amts wegen anzurufen.

[10] Zweitens ergibt sich aus dem Verhältnis zwischen den Absätzen 2 und 3 des Artikels 177, daß die in Absatz 3 genannten Gerichte ebenso wie alle anderen innerstaatlichen Gerichte die Frage, ob für den Erlass ihrer eigenen Entscheidung eine Entscheidung über eine gemeinschaftsrechtliche Frage erforderlich ist, in eigener Zuständigkeit beurteilen. Diese Gerichte sind somit nicht zur Vorlage einer vor ihnen aufgeworfenen Frage nach der Auslegung des Gemeinschaftsrechts verpflichtet, wenn die Frage nicht entscheidungserheblich ist, d. h., wenn die Antwort auf diese Frage, wie auch immer sie ausfällt, keinerlei Einfluss auf die Entscheidung des Rechtsstreits haben kann.

[11] Stellen sie dagegen fest, daß das Gemeinschaftsrecht herangezogen werden muß, um eine Entscheidung des bei ihnen anhängigen

Rechtsstreits zu ermöglichen, sind sie nach Artikel 177 verpflichtet, dem Gerichtshof jede sich stellende Auslegungsfrage vorzulegen.

[12] Die von der Corte di cassazione vorgelegte Frage geht dahin, ob der Verpflichtung nach Artikel 177 Absatz 3 unter bestimmten Umständen gleichwohl Grenzen gezogen sind.

[13] Hierzu ist auf das Urteil des Gerichtshofs vom 27. März 1963 in den verbundenen Rechtssachen 28 bis 30/62 (Da Costa, Slg. 1963, 63, 80, 81) hinzuweisen, in dem es heißt: „Wenn auch Artikel 177 letzter Absatz nationale Gerichte ..., deren Entscheidungen nicht mehr mit Rechtsmitteln des innerstaatlichen Rechts angefochten werden können, ohne jede Einschränkung dazu verpflichtet, dem Gerichtshof alle sich in bei ihnen anhängigen Verfahren stehenden Fragen der Auslegung des Vertrages vorzulegen, so kann die Wirkung, die von einer durch den Gerichtshof gemäß Artikel 177 in einem früheren Verfahren gegebenen Auslegung ausgeht, doch im Einzelfall den inneren Grund dieser Verpflichtung entfallen und sie somit sinnlos erscheinen lassen. Dies gilt insbesondere dann, wenn die gestellte Frage tatsächlich bereits in einem gleichgelagerten Fall Gegenstand einer Vorabentscheidung gewesen ist.“

[14] Die gleiche Wirkung kann sich für die Grenzen der in Artikel 177 Absatz 3 aufgestellten Verpflichtung ergeben, wenn bereits eine gesicherte Rechtsprechung des Gerichtshofs vorliegt, durch die die betreffende Rechtsfrage gelöst ist, gleich in welcher Art von Verfahren sich diese Rechtsprechung gebildet hat, und selbst dann, wenn die strittigen Fragen nicht vollkommen identisch sind.

[15] Dennoch bleibt es den innerstaatlichen Gerichten, einschließlich der in Art. 177 Absatz 3 genannten Gerichte, in all diesen Fällen unbenommen, den Gerichtshof anzurufen, wenn sie es für angebracht halten.

[16] Schließlich kann die richtige Anwendung des Gemeinschaftsrechts derart offenkundig sein, daß keinerlei Raum für einen vernünftigen Zweifel an der Entscheidung der gestellten Frage bleibt. Das innerstaatliche Gericht darf jedoch nur dann davon ausgehen, daß ein solcher Fall vorliegt, wenn es überzeugt ist, daß auch für die Gerichte der übrigen Mitgliedstaaten und den Gerichtshof die gleiche Gewissheit bestünde. Nur wenn diese Voraussetzungen erfüllt sind, darf das innerstaatliche Gericht davon absehen, diese Frage dem Gerichtshof vorzulegen, und sie stattdessen in eigener Verantwortung lösen.

[17] Ob diese Möglichkeit besteht, ist jedoch unter Berücksichtigung der Eigenheiten des Gemeinschaftsrechts und der besonderen Schwierigkeiten seiner Auslegung zu beurteilen.

[18] Zunächst ist dem Umstand Rechnung zu tragen, daß die Vorschriften des Gemeinschaftsrechts in mehreren Sprachen abgefasst sind und daß die verschiedenen sprachlichen Fassungen gleichermaßen verbindlich sind; die Auslegung einer gemeinschaftsrechtlichen Vorschrift erfordert somit einen Vergleich ihrer sprachlichen Fassungen.

[19] Sodann ist auch bei genauer Übereinstimmung der sprachlichen Fassungen zu beachten, daß das Gemeinschaftsrecht eine eigene, besondere Terminologie verwendet. Im übrigen ist hervorzuheben, daß Rechtsbegriffe im Gemeinschaftsrecht und in den verschiedenen nationalen Rechten nicht unbedingt den gleichen Gehalt haben müssen.

[20] Schließlich ist jede Vorschrift des Gemeinschaftsrechts in ihrem Zusammenhang zu sehen und im Lichte des gesamten Gemeinschaftsrechts, seiner Ziele und seines Entwicklungsstands zur Zeit der Anwendung der betreffenden Vorschrift auszulegen.

[21] Nach alledem ist auf die Frage der Corte suprema di cassazione zu antworten, daß Artikel 177 Absatz 3 EWG-Vertrag dahin auszulegen ist, daß ein Gericht, dessen Entscheidungen selbst nicht mehr mit Rechtsmitteln des innerstaatlichen Rechts angefochten werden können, seiner Vorlagepflicht nachkommen muß, wenn in einem bei ihm schwebenden Verfahren eine Frage des Gemeinschaftsrechts gestellt wird, es sei denn, es hat festgestellt, daß die gestellte Frage nicht entscheidungserheblich ist, daß die betreffende gemeinschaftsrechtliche Bestimmung bereits Gegenstand einer Auslegung durch den Gerichtshof war oder daß die richtige Anwendung des Gemeinschaftsrechts derart offenkundig ist, daß für einen vernünftigen Zweifel keinerlei Raum bleibt; ob ein solcher Fall gegeben ist, ist unter Berücksichtigung der Eigenheiten des Gemeinschaftsrechts, der besonderen Schwierigkeiten seiner Auslegung und der Gefahr voneinander abweichender Gerichtsentscheidungen innerhalb der Gemeinschaft zu beurteilen.

Rs. C-160/14 (Ferreira da Silva e Brito u. a.), Urteil des Gerichtshofs vom 9.9.2015. 89

Vorbemerkungen: *Der EuGH stellte in der Rs. C-160/14 erstmals die Verletzung der Vorlagepflicht durch ein letztinstanzliches mitgliedstaatliches Gericht fest. Grundsätzlich ist ein mitgliedstaatliches Gericht im Falle eines Zweifels über die richtige Auslegung einer Bestimmung des Unionsrechts gemäß Art. 267 Abs. 3 AEUV zur Vorlage verpflichtet, wenn seine Entscheidung nicht mehr mit Rechtsmitteln des innerstaatlichen Rechts angegriffen werden kann. Ausnahmsweise ist ein letzt-*

instanzliches Gericht von der Vorlagepflicht befreit, wenn die aufgeworfene Frage nicht relevant ist (Art. 267 Abs. 2 AEUV), die betreffende unionsrechtliche Bestimmung bereits vom EuGH ausgelegt wurde („acte éclairé“), oder wenn die richtige Auslegung des Unionsrechts so offensichtlich ist, dass kein Raum für vernünftige Zweifel bleibt („acte clair“). Nachdem der EuGH die Ausnahmen zur Vorlagepflicht zusammenfasste, welche seit der Rs. 283/81 (CILFIT, Fall 88) in ständiger Rechtsprechung angewandt werden, konkretisierte er den „acte clair“. Dabei bestätigte der EuGH zunächst, dass es einem mitgliedstaatlichen Gericht überlassen bleibt, zu beurteilen, ob die richtige Anwendung des Unionsrechts offenkundig ist. Auch widersprechende Entscheidungen einzelstaatlicher Gerichte begründen keine Pflicht zur Vorlage nach Art. 267 Abs. 3 AEUV. Der EuGH betonte jedoch, dass eine Vorlagepflicht vorliegt, wenn auf der Unionsebene die Gefahr von Divergenzen in der Rechtsprechung besteht. Eine solche Gefahr sei anzunehmen, wenn sich eine Vielzahl mitgliedstaatlicher Gerichte gezwungen sahen, hinsichtlich der Auslegung des fraglichen Begriffs (hier: Betriebsübergang), den EuGH zu befragen. ***B:*** *A. Wendenburg, EuZW 2016, 115 f.; R. Streinz, JuS 2016, 472 ff.* ***L:*** *Rn. 558, 620.*

Sachverhalt: Herr Ferreira da Silva e Brito und 96 weitere Arbeitnehmer wurden im Zuge der Auflösung der Gesellschaft Air Atlantis (AIA), die in der Charterflugbranche tätig war, im Rahmen einer Massenentlassung 1993 gekündigt. Die Hauptaktionärin TAP übernahm kurz darauf u. a. einen Teil der Flüge für die sich AIA verpflichtet hatte, die Miete der Flugzeuge sowie die Büroausstattung und stellte eine Reihe ehemaliger Beschäftigter von AIA wieder ein. Herr Ferreira da Silva e Brito und weitere Arbeitnehmer beantragten, bei TAP weiter beschäftigt zu werden. Das Tribunal de trabalho de Lisboa (Arbeitsgericht) stellte fest, dass ein Betriebsübergang stattgefunden habe und ordnete u. a. die Weiterbeschäftigung der Arbeitnehmer an. Art. 1 Abs. 1 der Richtlinie 2001/23/EG bestimmte, dass als „Übergang“ die Übertragung einer ihre Identität bewahrenden wirtschaftlichen Einheit zur Verfolgung einer wirtschaftlichen Haupt- oder Nebentätigkeit gilt. Sowohl das Tribunal da Relação de Lisboa (Berufungsgericht Lissabon) als auch das Supremo Tribunal de Justiça (Oberste Gericht) lehnten die Annahme eines Betriebsübergangs ab. Nachdem das Supremo Tribunal de Justiça entschieden hatte, dass die Massenentlassung frei von Rechtsfehlern sei und eine Vorlage zur Vorabentscheidung ablehnte, erhoben die Arbeitnehmer bei den Varas Cíveis de Lisboa (erstinstanzliches Gericht Lissabon) eine Klage gegen den portugiesischen Staat. Die Varas Cíveis des Lisboa legten dem Gerichtshof Fragen nach der Auslegung des Unionsrechts vor und wollten u. a. wissen, ob das Supremo Tribunal de Justiça verpflichtet war, dem Gerichtshof eine Frage nach der Auslegung des Begriffs „Betriebsübergang“ zur Vorabentscheidung vorzulegen.

Aus den Entscheidungsgründen:

[40] Zwar bleibt es allein dem nationalen Gericht überlassen, zu beurteilen, ob die richtige Anwendung des Unionsrechts derart offenkundig ist, dass für einen vernünftigen Zweifel kein Raum bleibt und demgemäß davon abzusehen, dem EuGH eine vor ihm aufgeworfene Frage nach der Auslegung des Unionsrechts vorzulegen (vgl. EuGH, ECLI: EU:C:2005:552 = BeckRS 2005, 70697 Rn. 37 mwN – Intermodal Transports).

[41] Insoweit kann das bloße Vorliegen sich widersprechender Entscheidungen anderer einzelstaatlicher Gerichte kein ausschlaggebendes Kriterium für das Bestehen der in Art. 267 III AEUV genannten Pflicht darstellen.

[42] Das letztinstanzliche Gericht kann nämlich in Bezug auf eine unionsrechtliche Bestimmung der Ansicht sein, dass ungeachtet einer bestimmten Auslegung, zu der Instanzgerichte gelangt sind, die davon verschiedene Auslegung, die es vorzunehmen beabsichtigt, ohne jeden vernünftigen Zweifel geboten ist.

[43] Es ist jedoch hervorzuheben, dass, hinsichtlich des im vorliegenden Fall betrachteten Bereichs, wie sich aus den Rn. 24–27 des vorliegenden Urteils ergibt, die Auslegung des Begriffs „Betriebsübergang“ zu zahlreichen Fragen einer Vielzahl nationaler Gerichte geführt hat, die sich gezwungen sahen, den EuGH anzurufen. Diese Fragen belegen nicht nur das Vorhandensein von Auslegungsschwierigkeiten, sondern auch, dass auf Unionsebene die Gefahr von Divergenzen in der Rechtsprechung besteht.

[44] Daraus folgt, dass unter Umständen wie denen des Ausgangsverfahrens, die sowohl durch sich widersprechende Strömungen in der Rechtsprechung zum Begriff „Betriebsübergang“ im Sinne der RL 2001/23 auf nationaler Ebene als auch durch immer wieder auftretende Schwierigkeiten bei der Auslegung dieses Begriffs in den verschiedenen Mitgliedstaaten gekennzeichnet sind, ein nationales Gericht, dessen Entscheidungen selbst nicht mehr mit Rechtsmitteln des innerstaatlichen Rechts angefochten werden können, seiner Pflicht zur Anrufung des EuGH nachkommen muss, um die Gefahr einer fehlerhaften Auslegung des Unionsrechts auszuschließen.

90 Rs. C-461/03 (Gaston Schul Douane-Expediteur), Urteil des Gerichtshofs vom 06.12.2005.

Vorbemerkungen: *Der EuGH stellte in dieser Entscheidung klar, dass die Foto-Frost-Rechtsprechung (Fall 87) zur Vorlagepflicht von unterinstanzlichen nationalen Gerichten bei Gültigkeitszweifeln auch dann gilt, wenn eine inhaltlich identische Unionsregelung von ihm bereits aufgehoben wurde. Aufgrund des jeweils unterschiedlichen normativen Kontextes der entsprechenden Regelungen könnte ihre Beurteilung verschieden ausfallen. Die in der Entscheidung CILFIT (Fall 88) vorgesehenen Ausnahmen von der Vorlagepflicht betreffen nur Auslegungsvorlagen und sind auf Gültigkeitsvorlagen nicht übertragbar.* ***B:*** *R. Streinz, JuS 2006, 833 ff.* ***L:*** *Rn. 558.*

Sachverhalt: In einem Rechtsstreit über eine Landwirtschaftsabgabe betreffend den Import von Rohrzucker aus Brasilien vor einem niederländischen Gericht kam es nach Ansicht des Gerichts auf die Gültigkeit einer gemeinschaftsrechtlichen (jetzt: unionsrechtlichen) Regelung in einer Verordnung an. Diese Regelung war nach Auffassung des Gerichts inhaltsgleich mit einer Regelung im Bereich Geflügelfleisch, die der EuGH für ungültig erklärt hatte. Das Gericht legte daher dem EuGH im Vorabentscheidungsverfahren die Frage vor, ob es in einem solchen Fall in Anbetracht der Foto-Frost-Entscheidung (Fall 87) trotz des EuGH-Urteils zu der Parallelregelung zur Vorlage verpflichtet sei.

Aus den Entscheidungsgründen:

[15] Mit seiner ersten Frage möchte das vorlegende Gericht im Wesentlichen wissen, ob Artikel 234 Absatz 3 EG einem nationalen Gericht, dessen Entscheidungen selbst nicht mehr mit Rechtsmitteln des innerstaatlichen Rechts angefochten werden können, auch dann die Verpflichtung auferlegt, dem Gerichtshof eine Frage nach der Gültigkeit von Bestimmungen einer Verordnung vorzulegen, wenn der Gerichtshof entsprechende Bestimmungen einer anderen, vergleichbaren Verordnung bereits für ungültig erklärt hat.

[16] In Bezug auf Auslegungsfragen ergibt sich aus dem Urteil vom 6. Oktober 1982 in der Rechtssache 283/81 (Cilfit u. a., Slg. 1982, 3415, Randnr. 21), dass ein Gericht, dessen Entscheidungen selbst nicht mehr mit Rechtsmitteln des innerstaatlichen Rechts angefochten werden können, seiner Vorlagepflicht nachkommen muss, wenn sich in dem bei ihm anhängigen Verfahren eine Frage des Gemeinschaftsrechts stellt, es sei denn, es hat festgestellt, dass die aufgeworfene Frage nicht entschei-

dungserheblich ist, dass die betreffende Gemeinschaftsbestimmung bereits Gegenstand einer Auslegung des Gerichtshofs war oder dass die richtige Anwendung des Gemeinschaftsrechts derart offenkundig ist, dass für einen vernünftigen Zweifel keinerlei Raum bleibt (vgl. auch Urteil vom 15. September 2005 in der Rechtssache C-495/03, Intermodal Transports, Slg. 2005, I-0000, Randnr. 33).

[17] Dagegen sind die nationalen Gerichte, wie sich aus Randnummer 20 des Urteils Foto-Frost ergibt, nicht befugt, selbst die Ungültigkeit von Handlungen der Gemeinschaftsorgane festzustellen.

[18] Abweichungen von der Regel, nach der die nationalen Gerichte nicht befugt sind, selbst die Ungültigkeit von Gemeinschaftshandlungen festzustellen, können unter bestimmten Umständen im Fall eines Verfahrens des vorläufigen Rechtsschutzes geboten sein (Urteil Foto-Frost, Randnr. 19, vgl. dazu auch Urteile vom 24. Mai 1977 in der Rechtssache 107/76, Hoffmann-La Roche, Slg. 1977, 957, Randnr. 6, vom 27. Oktober 1982 in den Rechtssachen 35/82 und 36/82, Morson und Jhanjan, Slg. 1982, 3723, Randnr. 8, vom 21. Februar 1991 in den Rechtssachen C-143/88 und C-92/89, Zuckerfabrik Süderdithmarschen und Zuckerfabrik Soest, Slg. 1991, I-415, Randnrn. 21 und 33, und vom 9. November 1995 in der Rechtssache C-465/93, Atlanta Fruchthandelsgesellschaft u. a. [I], Slg. 1995, I-3761, Randnrn. 30, 33 und 51).

[19] Demgegenüber kann die im Urteil Cilfit u. a. vorgenommene Auslegung, die Auslegungsfragen betrifft, nicht auf Fragen nach der Gültigkeit von Gemeinschaftshandlungen ausgedehnt werden.

[20] Vorab ist festzustellen, dass es sich bei eingehender Prüfung auch in auf den ersten Blick ähnlich gelagerten Fällen insbesondere aufgrund ihres unterschiedlichen rechtlichen oder gegebenenfalls tatsächlichen Kontextes zeigen kann, dass eine Bestimmung, deren Gültigkeit in Frage steht, nicht einer bereits für ungültig erklärten anderen Bestimmung gleichgestellt werden kann.

[21] Die dem Gerichtshof durch Artikel 234 EG zuerkannten Befugnisse bezwecken im Wesentlichen, eine einheitliche Anwendung des Gemeinschaftsrechts durch die nationalen Gerichte zu gewährleisten. Dieses Erfordernis der Einheitlichkeit ist besonders zwingend, wenn es um die Gültigkeit einer Gemeinschaftshandlung geht. Denn Meinungsverschiedenheiten zwischen den Gerichten der Mitgliedstaaten über die Gültigkeit von Gemeinschaftshandlungen wären geeignet, die Einheit der Gemeinschaftsrechtsordnung selbst zu gefährden und das grundlegende Erfordernis der Rechtssicherheit zu beeinträchtigen (Urteil Foto-Frost, Randnr. 15).

[22] Die Möglichkeit für das nationale Gericht, über die Ungültigkeit einer Gemeinschaftshandlung zu entscheiden, wäre auch unvereinbar mit der notwendigen Kohärenz des durch den Vertrag geschaffenen Rechtsschutzsystems. Insoweit stellt die Vorabentscheidungsvorlage zur Beurteilung der Gültigkeit ebenso wie die Nichtigkeitsklage eine Form der Kontrolle der Rechtmäßigkeit von Gemeinschaftshandlungen dar. Mit seinen Artikeln 230 EG und 241 EG auf der einen und Artikel 234 EG auf der anderen Seite hat der Vertrag ein vollständiges System von Rechtsbehelfen und Verfahren geschaffen, das die Kontrolle der Rechtmäßigkeit der Handlungen der Organe dadurch gewährleisten soll, dass damit der Gemeinschaftsrichter betraut wird (vgl. Urteile vom 23. April 1986 in der Rechtssache 294/83, Les Verts/Parlament, Slg. 1986, 1339, Randnr. 23, Foto-Frost, Randnr. 16, und vom 25. Juli 2002 in der Rechtssache C-50/00 P, Unión de Pequeños Agricultores, Slg. 2002, I-6677, Randnr. 40).

[23] Eine Verkürzung der Verfahrensdauer wäre kein Argument, um einen Eingriff in die ausschließliche Zuständigkeit des Gemeinschaftsrichters für die Entscheidung über die Gültigkeit des Gemeinschaftsrechts zu rechtfertigen.

[24] Im Übrigen ist hervorzuheben, dass der Gemeinschaftsrichter am besten in der Lage ist, über die Gültigkeit von Gemeinschaftshandlungen zu entscheiden. Denn die Gemeinschaftsorgane, deren Handlungen in Frage gestellt werden, können sich nach Artikel 23 der Satzung des Gerichtshofs am Verfahren vor dem Gerichtshof beteiligen, um die Gültigkeit dieser Handlungen zu verteidigen. Außerdem kann der Gerichtshof nach Artikel 24 Absatz 2 seiner Satzung von den Gemeinschaftsorganen, die nicht Parteien in dem Rechtsstreit sind, alle Auskünfte verlangen, die er zur Erledigung des Rechtsstreits für erforderlich erachtet (vgl. Urteil Foto-Frost, Randnr. 18).

[25] Nach alledem ist auf die ersten Frage zu antworten, dass Artikel 234 Absatz 3 EG einem nationalen Gericht, dessen Entscheidungen selbst nicht mehr mit Rechtsmitteln des innerstaatlichen Rechts angefochten werden können, auch dann die Verpflichtung auferlegt, dem Gerichtshof eine Frage nach der Gültigkeit von Bestimmungen einer Verordnung vorzulegen, wenn der Gerichtshof entsprechende Bestimmungen einer anderen, vergleichbaren Verordnung bereits für ungültig erklärt hat.

Rs. C-344/98 (Masterfoods und HB), 91
Urteil des Gerichtshofs vom 14.12.2000.

Vorbemerkungen: *In der vorliegenden Entscheidung nahm der EuGH eine Einschränkung der Vorlageverpflichtung unterinstanzlicher Gerichte vor, wenn sie eine Unionsrechtshandlung nicht anwenden wollen. Der Fall betraf die Konstellation, in der der Adressat einer Entscheidung Nichtigkeitsklage gegen die Entscheidung vor dem EuG erhoben hat und sich ein Dritter noch während der Anhängigkeit dieser Klage in einem Verfahren vor einem nationalen Gericht ebenfalls auf die Ungültigkeit derselben Entscheidung beruft. Teilt das nationale Gericht die Bedenken des Klägers, so müsste es nach der Foto-Frost-Doktrin des EuGH das Verfahren aussetzen und die Frage der Gültigkeit dem EuGH vorlegen. Da dies jedoch zu sich widersprechenden Entscheidungen des EuG und des EuGH über die Gültigkeit ein und desselben Rechtsaktes führen kann, trifft das nationale Gericht in einer solchen Konstellation nur die Pflicht das Verfahren auszusetzen und die rechtskräftige Entscheidung des EuG oder – wenn die Entscheidung des EuG mit einem Rechtsmittel angefochten wird – des EuGH abzuwarten. Die Verpflichtung zur Vorlage an den EuGH entfällt. Das nationale Gericht hat aber ggf. vorläufige Maßnahmen zum Schutz der Rechte des Dritten zu erlassen.* ***B:*** *A. Geiger, EuZW 2001, 116f.*

Sachverhalt: Die HB war der Hauptthersteller von Speiseeis in Irland. Sie stellte den Speiseeis-Wiederverkäufern ihre Kühltruhen unter der Bedingung zur Verfügung, dass diese ausschließlich für die von ihr hergestellten Produkte benutzt werden (Ausschließlichkeitsklausel). Jedoch begannen zahlreiche Wiederverkäufer damit, Speiseeis-Erzeugnisse u. a. der Firma Masterfoods darin aufzubewahren. Die HB untersagte ihren Wiederverkäufern dieses Vorgehen. Die Masterfoods legte daher bei der Kommission eine Beschwerde gegen HB ein. Im März 1998 entschied die Kommission, dass die Ausschließlichkeitsklausel mit Art. 81 Abs. 1 und Art. 82 EG (jetzt: Art. 101 Abs. 1 und 102 AEUV) unvereinbar sei. Gegen diese Entscheidung der Kommission klagte nunmehr die HB vor dem EuG. Parallel zu diesem Verfahren klagte die Masterfoods auch vor dem zuständigen nationalen Gericht gegen die HB mit dem Ziel, die Nichtigkeit der Ausschließlichkeitsklausel feststellen zu lassen. Das Verfahren erstreckte sich in der Rechtsmittelinstanz bis zum britischen High Court, der ebenfalls Zweifel an der Vereinbarkeit der Ausschließlichkeitsklausel mit den Art. 81 EG und Art. 82 EG hatte. Mit seinem Vorlagebeschluss fragte der britische High Court u. a., ob er verpflichtet sei, das bei ihm anhängige Verfahren auszusetzen und eine rechtskräftige Entscheidung der europäischen Gerichte über die Klage der HB gegen die Kommissionsentscheidung abzuwarten.

Aus den Entscheidungsgründen:

[54] Im Übrigen kann oder muss ein nationales Gericht, das Zweifel an der Gültigkeit oder der Auslegung einer Handlung eines Gemeinschaftsorgans hat, dem Gerichtshof gemäß Artikel 177 Absätze 2 und 3 EG-Vertrag eine Frage zur Vorabentscheidung vorlegen.

[55] Hat wie in den Ausgangsverfahren der Adressat der Entscheidung der Kommission innerhalb der in Artikel 173 Absatz 5 EG-Vertrag vorgesehenen Frist gemäß dieser Vorschrift eine Nichtigkeitsklage gegen diese Entscheidung erhoben, so muss das nationale Gericht prüfen, ob es das Verfahren aussetzen soll, um eine endgültige Entscheidung über diese Nichtigkeitsklage abzuwarten oder um dem Gerichtshof eine Vorabentscheidungsfrage vorzulegen.

[56] Die Anwendung der Wettbewerbsregeln der Gemeinschaft beruht auf einer Verpflichtung zu loyaler Zusammenarbeit zwischen den nationalen Gerichten und der Kommission bzw. den Gemeinschaftsgerichten, bei der jeder entsprechend der ihm durch den Vertrag zugewiesenen Rolle handelt.

[57] Hängt die Entscheidung des bei dem nationalen Gericht anhängigen Rechtsstreits von der Gültigkeit der Entscheidung der Kommission ab, so folgt aus der Verpflichtung zu loyaler Zusammenarbeit, dass dieses Gericht, um nicht eine der Entscheidung der Kommission zuwiderlaufende Entscheidung zu erlassen, das Verfahren aussetzen sollte, bis die Gemeinschaftsgerichte eine endgültige Entscheidung über die Nichtigkeitsklage erlassen haben, es sei denn, es hält es unter den gegebenen Umständen für gerechtfertigt, dem Gerichtshof eine Vorabentscheidungsfrage nach der Gültigkeit der Entscheidung der Kommission vorzulegen.

[58] Setzt ein nationales Gericht das Verfahren aus, so hat es zu prüfen, ob vorläufige Maßnahmen zu erlassen sind, um die Interessen der Beteiligten bis zu seiner abschließenden Entscheidung zu schützen.

III. Aufsichtsklage, Art. 258 AEUV

1. Zulässigkeit

a) Eröffnung der Unionsgerichtsbarkeit

Verb. Rs. 133/85 bis 136/85 (Rau ./. BALM), 92
Urteil des Gerichtshofs vom 21.05.1987.

Vorbemerkungen: *Die Frage nach der Eröffnung der Unionsgerichtsbarkeit beantwortete der Gerichtshof in dieser Entscheidung erstmals ausdrücklich. So schließt eine Klage vor einem innerstaatlichen Gericht eine Aufsichtsklage der Kommission nicht aus. Auch kann parallel eine Nichtigkeitsklage erhoben werden.* ***L:*** *Rn. 635.*

Sachverhalt: Vier in der Bundesrepublik Deutschland niedergelassene Margarinehersteller stellten beim Verwaltungsgericht Frankfurt am Main einen Antrag auf Erlass einer einstweiligen Anordnung gegen eine Maßnahme der Bundesanstalt für landwirtschaftliche Marktordnung, die zur Durchführung einer Entscheidung der Kommission getroffen wurde. Dem Antrag wurde im Ausgangsverfahren nicht stattgegeben. Daraufhin erhob jede der vier Klägerinnen beim Verwaltungsgericht Frankfurt am Main eine Klage zur Hauptsache, die auf Untersagung der angefochtenen Maßnahme gerichtet war. Zusätzlich erhoben sie beim EuGH eine Klage auf Aufhebung der Entscheidung der Kommission. Das Verwaltungsgericht legte dem Gerichtshof in jedem der vier Rechtsstreite acht Fragen zur Vorabentscheidung vor, u. a. ob Art. 240 EG (jetzt: 274 AEUV) dahingehend auszulegen ist, dass die nationale Gerichtsbarkeit immer dann ausgeschlossen ist, wenn der Kläger sein Rechtsschutzinteresse auch mit einer Klage nach Art. 226 ff. EG (jetzt: 258 ff. AEUV) verfolgen kann.

Aus den Entscheidungsgründen:

[12] Auf die erste Frage ist daher zu antworten, daß die Möglichkeit, eine direkte Klage gemäß Artikel 173 Absatz 2 EWG-Vertrag gegen eine Entscheidung eines Gemeinschaftsorgans zu erheben, die Klage vor einem innerstaatlichen Gericht, mit der der Rechtsakt einer innerstaatlichen Behörde zur Durchführung dieser Entscheidung unter Berufung auf deren Rechtswidrigkeit angefochten wird, nicht ausschließt.

b) Ordnungsgemäße Durchführung des Anhörungs- und Vorverfahrens

93 **Rs. C-431/92 (Kommission ./. Deutschland; „Großkrotzenburg"), Urteil des Gerichtshofs vom 11.08.1995.**

Vorbemerkungen: *Art. 258 AEUV knüpft die Zulässigkeit eines Vertragsverletzungsverfahrens an die Durchführung eines (außergerichtlichen) Vorverfahrens. Das Verhältnis zwischen Vorverfahren und gerichtlichem Hauptverfahren war auch Gegenstand der nachfolgenden Entscheidung. Der EuGH bekräftigte in diesem Zusammenhang seine Rechtsprechung, nach der die Festlegung des Verfahrensgegenstandes im Vorverfahren den statthaften Klagegegenstand des gerichtlichen Verfahrens verbindlich eingrenzt. Nur diejenigen Verhaltensweisen, die bereits Gegenstand des Vorverfahrens waren, können mit der späteren Klage angegriffen werden. Werden weitere Verstöße festgestellt, so muss die Kommission ein neues Vertragsverletzungsverfahren – mit neuem Verfahrensgegenstand – einleiten. Auf diese Weise soll das rechtliche Gehör des Mitgliedstaates, dessen Verhalten angegriffen wird, bereits im Vorverfahren sichergestellt werden. Dieser Grundsatz würde durchbrochen, wenn im gerichtlichen Verfahren Vorwürfe erhoben werden könnten, die nicht schon Gegenstand des Vorverfahrens waren. Darüber hinaus musste der Gerichtshof klären, ob die Kommission im Vertragsverletzungsverfahren befugt ist, die Nichtanwendung einer noch nicht umgesetzten Richtlinie im Einzelfall zu beanstanden (so die Kommission) oder ob sie (nur) die generelle Verletzung der Umsetzungspflicht feststellen darf (so die Bundesrepublik). Unter Hinweis auf die Funktion der Kommission als Hüterin des Vertrags und dem ihr damit eingeräumten Ermessen bezüglich der Klageerhebung stellte der Gerichtshof fest, dass der Kommission auch ein Auswahlermessen darüber zukommt, welches vertragswidrige mitgliedstaatliche Verhalten der gerichtlichen Kontrolle unterworfen werden soll.* ***B:*** *C. Calliess, NVwZ 1996, 339ff. L: Rn. 334, 382.*

Sachverhalt: vgl. Fall 46.

Aus den Entscheidungsgründen:

[16] Die Bundesrepublik Deutschland hat in der mündlichen Verhandlung zweitens vorgetragen, der Verstoß gegen Artikel 2 der Richtlinie sei im Tenor der mit Gründen versehenen Stellungnahme nicht auf-

geführt und erstmals in der Klageschrift geltend gemacht worden. Da der Gegenstand der Klage nach ständiger Rechtsprechung durch das vorprozessuale Verfahren eingegrenzt werde, sei die Rüge des Verstoßes gegen diese Bestimmung somit unzulässig.

[17] Diese Einrede ist zurückzuweisen.

[18] Zwar wird Artikel 2 der Richtlinie im Tenor der mit Gründen versehenen Stellungnahme nicht ausdrücklich aufgeführt, doch wird er in deren Text unter den von der Kommission angeführten Bestimmungen genannt.

[19] Die Bundesrepublik Deutschland macht drittens geltend, die Klage sei unzulässig, weil im Verfahren nach Artikel 169 des Vertrages nur die Nichtumsetzung oder eine nicht ordnungsgemäße Umsetzung einer Richtlinie geahndet werden könne, nicht aber bloß, wie hier, die Nichtanwendung einer noch nicht umgesetzten Richtlinie in einem konkreten Fall. Ein Vertragsverletzungsverfahren solle den betroffenen Mitgliedstaat anhalten, gegenwärtige Verstöße gegen den Vertrag abzustellen. Da die Bundesrepublik Deutschland die Richtlinie inzwischen umgesetzt habe, habe die Kommission kein Rechtsschutzinteresse mehr, zumal das parallel von ihr eingeleitete Verfahren zur Feststellung der nicht ordnungsgemäßen Umsetzung der Richtlinie noch nicht zu einer Klage beim Gerichtshof geführt habe.

[20] Diese Einrede der Unzulässigkeit ist ebenfalls zurückzuweisen.

[21] Bei der Wahrnehmung der ihr in den Artikel 155 und 169 des Vertrages eingeräumten Zuständigkeiten braucht die Kommission kein spezifisches Rechtsschutzinteresse nachzuweisen. Artikel 169 soll nämlich nicht die eigenen Rechte der Kommission schützen. Dieser fällt kraft ihres Amtes im allgemeinen Interesse der Gemeinschaft die Aufgabe zu, die Ausführung des Vertrages und der auf seiner Grundlage von den Organen erlassenen Vorschriften durch die Mitgliedstaaten zu überwachen und etwaige Verstöße gegen die sich hieraus ergebenden Verpflichtungen feststellen zu lassen, damit sie abgestellt werden (Urteile vom 4. April 1974 – Rs. 167/73, Kommission/Frankreich, Slg. 1974, 359, Rdnr. 15, und vom 10. Mai 1995 in der Rechtssache C-422/92, Kommission/Deutschland, Slg. 1995, I-1097, Randnr. 16).

[22] In Anbetracht ihrer Rolle als Hüterin des Vertrages ist die Kommission daher allein für die Entscheidung zuständig, ob es angebracht ist, ein Vertragsverletzungsverfahren einzuleiten, und wegen welcher dem betroffenen Mitgliedstaat zuzurechnenden Handlung oder Unterlassung dieses Verfahrens zu eröffnen ist. Sie kann beim Gerichtshof daher die Feststellung einer Vertragsverletzung mit dem Vorbringen be-

antragen, dass das mit der Richtlinie bezweckte Ergebnis in einem bestimmten Fall nicht erreicht worden sei.

c) Klagegegenstand

94 **Rs. C-620/16 (Kommission ./. Deutschland), Urteil des Gerichtshofs vom 27.03.2019.**

Vorbemerkungen: *Dieses Urteil betraf die in prozessualer Hinsicht interessante Frage, ob eine Aufsichtsklage gem. Art. 258 AEUV zulässig ist, obwohl die Handlung, die den Verstoß begründet, vor Ablauf der in der mit Gründen versehenen Stellungnahme der Kommission gesetzten Frist bereits abgeschlossen war. In den bislang ergangenen Judikaten (Kommission/Italien C-525/03, Kommission/Griechenland C-237/05) wurde dies verneint. Mit dem vorliegenden Urteil weicht der EuGH nicht von seiner Linie ab, sondern präzisiert vielmehr die Kriterien, unter denen das gerügte Verhalten als abgeschlossen angesehen werden kann. Insofern bejaht er die Zulässigkeit in diesem Fall, da das Abstimmungsverhalten Deutschlands noch über den Abschluss der Handlung hinaus fortwirke und eine Gefährdung des gemeinschaftlichen völkerrechtlichen Auftretens der Union begründe. Die Zulässigkeit einer solchen Klage sei zur Gewährleistung der vollen Funktionsfähigkeit des Vertragsverletzungsverfahrens und damit zur Durchsetzung sowohl des verbindlichen Charakters der Beschlüsse gem. Art. 288 Abs. 4 AEUV als auch der Werte der Union gem. Art. 2 EUV, insbesondere der Rechtsstaatlichkeit, notwendig. Demnach könne auch eine vor Einleitung des Vorverfahrens abgeschlossene Handlung Gegenstand einer Aufsichtsklage gem. Art. 258 AEUV sein, sofern sie über diesen Zeitpunkt hinaus bis zum Ablauf der in der mit Gründen versehenen Stellungnahme gesetzten Frist fortwirke.*

Sachverhalt: In diesem Fall rügte die Kommission das Abstimmungsverhalten Deutschlands bei der 25. Sitzung des OTIF-Revisionsausschuss (Organisation für den Internationalen Eisenbahnverkehr) am 25. und 26. Juni 2014. Zur Abstimmung stand eine Änderung des Übereinkommens über den Internationalen Eisenbahnverkehr (COTIF). Durch Beschluss 2014/699/EU des Rates vom 24. Juni 2014 befürwortete die Union diese Änderungen, für die jeweils eine geteilte Zuständigkeit bestand. Deutschland, das entgegen dem Beschluss (EU) 2015/1734 abstimmte, rechtfertigte dies damit, dass die in Rede stehenden Änderungen nicht in die Zuständigkeit der Union fielen, da diese ihre Kompetenz nicht ausgeübt habe. Die Kommission hielt dagegen, dass Deutschland gegen die Verpflichtungen aus dem Beschluss sowie Art. 4 Abs. 3 EUV verstoßen habe. Des Weiteren könne die Kommission, aufgrund der Stellungnahme Deutschlands, begründet davon ausgehen, dass sich ein solches Abstimmungsverhalten wiederholen würde. Die Kommission erhob nach einer angemessenen Fristsetzung Aufsichtsklage. Deutschland hielt die Klage bereits für unzulässig, da das angegriffene Abstimmungsverhalten bereits innerhalb der in der mit Gründen versehenen Stellungnahme gesetzten Frist keine Wirkung mehr entfaltet habe und deswegen nicht hätte beendet werden können.

Aus den Entscheidungsgründen:

[43] Hierzu ist festzustellen, dass die Kommission der Bundesrepublik Deutschland ihr Verhalten in der 25. Sitzung des OTIF-Revisionsausschusses vorwirft, nämlich die Abstimmung durch diesen Mitgliedstaat in diesem Ausschuss und den Standpunkt, den er, unter Verstoß gegen zum einen den Beschluss 2014/699 und gegen zum anderen Art. 4 Abs. 3 EUV, vertreten hat.

(...)

[45] Ein Verstoß gegen einen gemäß Art. 218 Abs. 9 AEUV erlassenen Beschluss des Rates, wie er der Bundesrepublik Deutschland im vorliegenden Fall vorgeworfen wird, hat jedoch nicht nur intern, sondern auch international Auswirkungen auf die Einheitlichkeit und Kohärenz des auswärtigen Handelns der Union, also Interessen, die ein Beschluss auf dieser Grundlage gerade gewährleisten soll (vgl. in diesem Sinne Gutachten 1/94 (WTO-Abkommen) vom 15. November 1994, EU:C:1994:384, Rn. 108, Urteile vom 2. Juni 2005, Kommission/Luxemburg, C-266/03, EU:C:2005:341, Rn. 60, vom 14. Juli 2005, Kommission/Deutschland, C-433/03, EU:C:2005:462, Rn. 66, und vom 20. April 2010, Kommission/Schweden, C-246/07, EU:C:2010:203, Rn. 73).

(...)

[47] Eine solche Vertragsverletzung kann über den betreffenden konkreten Entscheidungsprozess hinaus insbesondere die Einheitlichkeit und Kohärenz des auswärtigen Handelns der Union in Frage stellen.

[48] Folgte man unter diesen Umständen der Auffassung der Bundesrepublik Deutschland, so könnten alle Mitgliedstaaten, die durch ihr Verhalten die Verwirklichung des Ziels eines gemäß Art. 218 Abs. 9 AEUV erlassenen Beschlusses gefährdeten, einem Vertragsverletzungsverfahren entgehen, da alle Wirkungen dieser Vertragsverletzung bereits

entfallen wären, so dass die Mitgliedstaaten aus ihrem eigenen Fehler einen Vorteil ziehen könnten.

[49] In diesem Fall könnte die Kommission somit im Rahmen der ihr in Art. 258 AEUV eingeräumten Befugnisse nicht Klage gegen den betreffenden Mitgliedstaat vor dem Gerichtshof erheben, um eine solche Vertragsverletzung feststellen zu lassen und die ihr in Art. 17 EUV übertragene Aufgabe als Hüterin der Verträge vollständig zu erfüllen.

[50] Darüber hinaus wäre die Feststellung der Unzulässigkeit einer Vertragsverletzungsklage gegen einen Mitgliedstaat wegen des Verstoßes gegen einen gemäß Art. 218 Abs. 9 AEUV erlassenen Beschluss sowohl dem verbindlichen Charakter dieser Beschlüsse gemäß Art. 288 Abs. 4 AEUV als auch allgemein der Achtung der Werte, auf die sich die Union gemäß Art. 2 EUV gründet, und zu denen insbesondere die Rechtsstaatlichkeit gehört, abträglich.

[51] Die Bundesrepublik Deutschland könnte sich nämlich, nachdem sie an den Verhandlungen und der Abstimmung im Rat über einen Beschluss zur Festlegung eines Standpunkts der Union, wie der Beschluss 2014/699, teilgenommen hat, von diesem Beschluss nach seinem Erlass in der Gewissheit lösen, dass die Kommission gegen eine solche Vertragsverletzung keine Klage gemäß Art. 258 AEUV vor dem Gerichtshof erheben könnte.

[52] Demnach können die Wirkungen des streitigen Verhaltens der Bundesrepublik Deutschland in der 25. Sitzung des OTIF-Revisionsausschusses nicht so betrachtet werden, als ob sie am Ende dieser Sitzung entfallen wären. Dieses Verhalten ist so zu betrachten, dass es über diese Sitzung hinaus Auswirkungen auf die Einheitlichkeit und Kohärenz des völkerrechtlichen Handelns der Union in der OTIF hat.

(...)

[54] Daraus folgt, dass sich die Bundesrepublik Deutschland, um die Zulässigkeit der vorliegenden Klage in Frage zu stellen, in Anbetracht der besonderen Umstände des streitigen Verhaltens nicht auf die Rechtsprechung zu Verfahren zur Vergabe von öffentlichen Aufträgen, die in rein unionsinternen Zusammenhängen ergangen ist, berufen kann, aus der hervorgeht, dass eine Klage auf Feststellung eines Verstoßes gegen die Unionsbestimmungen zur Vergabe von öffentlichen Aufträgen unzulässig ist, wenn bei Ablauf der in der mit Gründen versehenen Stellungnahme gesetzten Frist alle Wirkungen der Vergabebekanntmachung oder der streitigen Verträge bereits entfallen waren (Urteile vom 27. Oktober 2005, Kommission/Italien, C-525/03, EU:C:2005:648, Rn. 12 bis 17, und vom 11. Oktober 2007, Kommission/Griechenland, C-237/05, EU:C:2007:592, Rn. 33 bis 35).

Rs. 249/81 (Kommission ./. Irland; „Buy Irish"), Urteil des Gerichtshofs vom 24.11.1982. 95

Vorbemerkungen: *Vertragsverletzungsverfahren nach Art. 258f. AEUV erfassen nur den Mitgliedstaaten zurechenbare Vertragsverstöße. Die Zurechenbarkeit von Vertragsverletzungen durch mitgliedstaatliche Organe, Institutionen und Körperschaften wird wegen der Verpflichtung zur Unionstreue (Art. 4 Abs. 3 EUV) recht weit konstruiert. Zurechnungsprobleme können allerdings entstehen, soweit sich ein Mitgliedstaat zur Verwirklichung seiner Ziele privater Rechtspersonen bedient. In der Entscheidung zu dieser Rechtssache prüfte der EuGH für die Beurteilung der Zurechenbarkeit des Verhaltens privater Rechtspersonen im Ergebnis, ob dieses vonseiten des Mitgliedstaats beherrscht wird. Dabei kann an mitgliedstaatliche Lenkungs- und Leitungsbefugnisse angeknüpft werden, wenn sich mitgliedstaatliche Körperschaften oder Anstalten des öffentlichen Rechts in einem privatrechtlichen Verband organisieren und die Beherrschbarkeit über die organschaftliche Verbandsvertretung zumindest mittelbar in mitgliedstaatlicher Hand liegt. Darüber hinaus sah der EuGH das Zurechnungskriterium mitgliedstaatlicher Beherrschbarkeit als erfüllt an, soweit der Mitgliedstaat eine private Rechtsperson mit der Durchführung bestimmter (unionsrechtswidriger) Maßnahmen beauftragt und finanziert oder durch ein von ihm personell bestimmtes Gremium maßgeblich beeinflusst. Bedeutung haben die Ausführungen des Gerichtshofs zum Klagegegenstand zugleich für die materielle Frage, ob das mitgliedstaatliche Verhalten auch am Maßstab der Grundfreiheiten – hier der Warenverkehrsfreiheit – gemessen werden kann. Davon ist im Fall der Beherrschung auszugehen.* ***L:*** *Rn. 486, 788, 827.*

Sachverhalt: Im Jahr 1978 stellte der irische Minister für Industrie, Handel und Energie ein Programm zur Förderung des Absatzes irischer Erzeugnisse vor. Zur Umsetzung des Programms wurde u. a. der Irish Goods Council mit der Durchführung einer groß angelegten Werbekampagne zugunsten irischer Erzeugnisse beauftragt. Der Irish Goods Council war eine Rechtsperson des privaten Rechts, die zumindest teilweise durch die irische Regierung finanziert wurde. Der Präsident und die Vorstandsmitglieder wurden vom Minister für Industrie, Handel und Energie ernannt. Im Rahmen der „Buy Irish" genannten Kampagne forderte der Irish Goods Council die irischen Verbraucher in Werbespots und Broschüren auf, nur inländische Waren zu kaufen („Sorg für etwas mehr irische Waren in deinem Einkaufskorb und du sorgst für Arbeitsplätze in Irland"). Die Kommission hielt das „Buy Irish"-Programm für unvereinbar mit Art. 28 EG (jetzt:

Art. 34 AEUV) und forderte die irische Regierung nach Art. 226 EG (jetzt: Art. 258 AEUV) zu einer Stellungnahme auf, woraufhin Teile des Programms eingestellt wurden. Hinsichtlich der Werbekampagne kam jedoch keine Einigung zustande. Die Kommission erhob daher eine Vertragsverletzungsklage nach Art. 226 Abs. 2 EG (jetzt: Art. 258 Abs. 2 AEUV). Der Gerichtshof bejahte die Vertragsverletzung.

Aus den Entscheidungsgründen:

[6] Was die Werbekampagne angeht, trägt die irische Regierung vor, sie sei Teil der Aktivitäten des Irish Goods Council. Diese Einrichtung könne jedoch nicht als irische Behörde angesehen werden; sie sei nur ein Zusammenschluß, durch den die verschiedenen irischen Industriezweige in ihrem gemeinsamen Interesse zusammenarbeiten könnten. Die Tätigkeiten des Irish Goods Council gründeten sich auf keine amtliche Regelung, und die Beteiligung der Regierung bestehe ausschließlich in finanzieller Hilfe und moralischer Unterstützung.

[7] Nach dem Vortrag der Kommission sind die Handlungen des Irish Goods Council unzweifelhaft der irischen Regierung zuzurechnen. Sie führt unter anderem aus, die Vorstandsmitglieder des Council würden gemäß der Satzung dieser Einrichtung vom Minister für Industrie, Handel und Energie ernannt.

(…)

[9] Bevor auf diese Argumente eingegangen werden kann, ist die Stellung des Irish Goods Council zu untersuchen.

[10] Der Irish Goods Council wurde am 25. August 1978, einige Monate nach Beginn der streitigen Kampagne, als Gesellschaft mit beschränkter Nachschußpflicht und ohne Kapitaleinlage gegründet; er wurde entsprechend dem irischen Gesetz über die Kapitalgesellschaften (Companies Act 1963) registriert. Der Irish Goods Council ist in Wirklichkeit aus dem Zusammenschluß zweier Gremien entstanden, dem National Development Council, einer Gesellschaft mit beschränkter Nachschußpflicht, die gemäß dem Companies Act registriert war, und der Arbeitsgruppe zur Förderung und zum Absatz irischer Erzeugnisse.

[11] Die irische Regierung trägt vor, der Irish Goods Council sei unter der Patenschaft der Regierung gegründet worden, um die irische Industrie zur Überwindung ihrer eigenen Schwierigkeiten anzuspornen. Der Council sei eingerichtet worden, um einen Rahmen zu schaffen, in dem die verschiedenen Industriezweige sich zur Zusammenarbeit im gemeinsamen Interesse zusammenfinden könnten.

[12] Der Vorstand des Irish Goods Council besteht entsprechend der Satzung dieser Einrichtung aus zehn Mitgliedern, die einzeln vom Minister für Industrie, Handel und Energie berufen werden; der Minister ernennt eines der Mitglieder des Vorstandes zum Präsidenten. Die Mitglieder sowie der Präsident werden für drei Jahre berufen und ihre Berufung kann verlängert werden. In der Praxis werden die Vorstandsmitglieder vom Minister so ausgewählt, daß sie die einschlägigen Bereiche der irischen Wirtschaft vertreten.

[13] Aus der Auskunft, die die irische Regierung auf Ersuchen des Gerichtshofs erteilt hat, ergibt sich, daß die Aktivitäten des Irish Goods Council durch Geldmittel finanziert werden, die von der irischen Regierung und der Privatindustrie aufgebracht werden. Die finanziellen Unterstützungen von staatlicher und von privater Seite beliefen sich für die Zeit von August 1978 bis Dezember 1979 auf 1 005 000 IRL bzw. 175 000 IRL, für 1980 auf 940 000 IRL bzw. 194 000 IRL und für 1981 auf 922 000 IRL bzw. 238 000 IRL.

[14] Die irische Regierung hat nicht bestritten, daß die Aktivitäten des Irish Goods Council nach Aufgabe des Shoplink-Service und der den irischen Herstellern in Dublin angebotenen Ausstellungsmöglichkeiten hauptsächlich in der Durchführung einer Werbekampagne zugunsten des Absatzes und des Kaufs irischer Erzeugnisse und in der Förderung der Verwendung des Etiketts „Guaranteed Irish" bestehen.

[15] Sonach beruft die irische Regierung die Vorstandsmitglieder des Irish Goods Council, unterstützt ihn durch öffentliche Gelder, die den größeren Teil seiner Ausgaben decken, und bestimmt schließlich in großen Zügen die Ziele der von dieser Einrichtung geführten Kampagne zur Förderung des Absatzes und des Kaufs irischer Erzeugnisse. Unter diesen Umständen kann sich die irische Regierung nicht darauf berufen, daß die Kampagne von einer privatrechtlichen Gesellschaft durchgeführt worden sei, um sich so jeglicher Verantwortung zu entledigen, die ihr nach den Vorschriften des Vertrages auferlegt sein könnte.

d) Verfahrenseinleitung

Rs. C-196/97 P (Intertronic ./. Kommission), 96
Beschluss des Gerichtshofs vom 15.01.1998.

Vorbemerkungen: *Die Individualbeschwerde bringt der Kommission nur das vertragswidrige Verhalten eines Mitgliedstaates zur Kenntnis. Der Kommission kommt bei der Entscheidung über die Eröffnung des*

Verfahrens sowohl ein Ermessen hinsichtlich des „Ob" der Klageerhebung (Rs. 329/88, Kommission ./. Griechenland), als auch ein Ermessen hinsichtlich des „Wann" der Klageerhebung zu (Rs. C-317/92, Kommission ./. Bundesrepublik). Auch verwirkt sie ein ihr zustehendes Klagerecht nicht dadurch, dass sie die Klageerhebung sehr lange hinauszögert (Rs. C-317/92, Kommission ./. Bundesrepublik). Die Kommission ist also nicht verpflichtet, eine Aufsichtsklage trotz einer Individualbeschwerde einzuleiten. In der vorliegenden Entscheidung stellte der Gerichtshof fest, dass der Beschwerdeführer sich gegen einen Nichteröffnungsbescheid auch gerichtlich nicht wehren kann, da der Nichteröffnungsbeschluss keine Rechtshandlung der Union darstellt, die ihn unmittelbar und individuell betrifft oder direkt an ihn zu richten ist.

Sachverhalt: Die Intertronic F. Cornelis GmbH war von Verbänden zur Förderung gewerblicher Interessen bei mehreren nationalen Gerichten auf Unterlassung der Werbung mittels Telefax verklagt worden. Nach einem Urteil des Bundesgerichtshofs vom 25.10.1995 verstieß diese Werbeform gegen die Vorschriften des Gesetzes gegen den unlauteren Wettbewerb. Die Intertronic GmbH war der Ansicht, dass das Urteil des BGH mit den Grundsätzen des EG-Vertrages unvereinbar sei und beschwerte sich darüber bei der Kommission mit den Schreiben vom 28.03. und 02.05.1996. Am 19.02.1997 erhob die Firma Intertronic eine Untätigkeitsklage gegen die Kommission beim EuG, die als unzulässig abgewiesen wurde. Daraufhin legte die Klägerin am 21.05.1997 Rechtsmittel gegen diesen Beschluss des EuG ein. Das Rechtsmittel wurde vom EuGH als unbegründet zurückgewiesen.

Aus den Entscheidungsgründen:

[12] Aus Artikel 169 EG-Vertrag ergibt sich, wie das Gericht in Randnummer 32 des angefochtenen Beschlusses zu Recht festgestellt hat, dass die Kommission nicht verpflichtet ist, ein Verfahren nach dieser Vorschrift einzuleiten, sondern vielmehr insoweit über ein Ermessen verfügt, das ein Recht einzelner, von ihr eine Stellungnahme in einem bestimmten Sinn zu verlangen, ausschließt (vgl. u. a. Urteil Star Fruit/ Kommission, a. a. O., Randnr. 11).

e) Rechtsschutzbedürfnis

Rs. C-60/96 (Kommission ./. Frankreich), 97
Urteil des Gerichtshofs vom 03.07.1997.

Vorbemerkungen: *Wie jede Klage ist auch die Erhebung der Vertragsverletzungsklage an das Vorliegen eines entsprechenden Rechtsschutzbedürfnisses geknüpft. Da das Vertragsverletzungsverfahren der objektiv-rechtlichen Kontrolle der (mitgliedstaatlichen) Einhaltung des Unionsrechts dient, braucht die Kommission in ihrer Funktion als „Hüterin des Vertrages" (Art. 17 EUV) dieses Rechtsschutzbedürfnis allerdings nicht besonders nachzuweisen. Es genügt, dass sie gegen einen Mitgliedstaat Klage erhebt, der bis zum Ablauf der in der begründeten Stellungnahme gesetzten Abhilfefrist das beanstandete Verhalten nicht vollständig abgestellt hat. Zweifel können aber auftreten, wenn der beklagte Mitgliedstaat den Vertragsverstoß nach Fristablauf vollständig beseitigt. Der Gerichtshof verlangte in diesen Fällen zunächst ein spezifisches Rechtsschutzbedürfnis für die Klageerhebung. Dieses war jedenfalls gegeben, wenn für das vertragswidrige Verhalten eine Wiederholungsgefahr bestand oder wenn eine Rechtsfrage von grundsätzlicher Bedeutung zu klären war. In einer nachfolgenden Entscheidung erkannte der EuGH ein spezifisches Rechtsschutzbedürfnis aber auch dann an, wenn die Verurteilung des Mitgliedstaates die Grundlage für seine Haftung gegenüber einem anderen Mitgliedstaat, der Union oder Einzelnen begründen kann. In einer weiteren Entscheidung (Rs. C-422/92, Kommission ./. Bundesrepublik Deutschland) stellte er noch einmal ausdrücklich fest, dass es sich bei dem Vertragsverletzungsverfahren um ein objektives Verfahren handelt, daher sei auch das Rechtsschutzbedürfnis nach objektiven Gesichtspunkten zu bestimmen. Unzweifelhaft liegt jedenfalls ein Rechtsschutzbedürfnis vor, wenn der betreffende Mitgliedstaat den gerügten Verstoß bis zur Klageerhebung nicht abgestellt hat. In der vorliegenden Entscheidung stellte er generell klar, dass für das Rechtsschutzbedürfnis auf den Zeitpunkt des Ablaufs der in der begründeten Stellungnahme gesetzten Frist abzustellen ist. Ein Rechtsschutzbedürfnis besteht mithin auch dann, wenn der Verstoß zwar im Anschluss aber noch vor Klageerhebung abgestellt werden sollte. Für diesen Zeitraum kommt im Übrigen auch die Verhängung eines Pauschalbetrages in Betracht.*

Sachverhalt: Die Kommission erhob am 5. März 1996 Klage gemäß Art. 169 EG-Vertrag (jetzt: Art. 258 AEUV) Klage und beantragte festzustellen, dass die

Französische Republik dadurch gegen ihre Verpflichtungen aus Artikel 2 der Sechsten Richtlinie 77/388/EWG des Rates vom 17. Mai 1977 zur Harmonisierung der Rechtsvorschriften der Mitgliedstaaten über die Umsatzsteuern – Gemeinsames Mehrwertsteuersystem: einheitliche steuerpflichtige Bemessungsgrundlage verstoßen hatte, dass sie eine Verwaltungsvorschrift einführte und beibehielt, die die nach Artikel 13 Teil B Buchstabe b dieser Richtlinie ausschließlich der Vermietung von Grundstücken vorbehaltene Befreiung von der Mehrwertsteuer auf die Vermietung bestimmter beweglicher Gegenstände erstreckte. Frankreich wand ein, dass es diese Verwaltungsvorschrift mittlerweile abgeschafft hatte, allerdings erst nach Ablauf der in der begründeten Stellungnahme gesetzten Frist. Der EuGH sah die Klage daher als zulässig an.

Aus den Entscheidungsgründen:

[14] Die französische Regierung räumt jedoch ein, daß die Verwaltungsanordnung bis zum 1. Januar 1996 und damit bis zu einem Zeitpunkt weiter angewendet wurde, zu dem die in der mit Gründen versehenen Stellungnahme vom 8. November 1994 gesetzte Frist abgelaufen war.

[15] Nach ständiger Rechtsprechung des Gerichtshofes ist das Vorliegen einer Vertragsverletzung aber anhand der Lage zu beurteilen, in der sich der Mitgliedstaat bei Ablauf der Frist befand, die in der mit Gründen versehenen Stellungnahme gesetzt wurde; später eingetretene Veränderungen können vom Gerichtshof nicht berücksichtigt werden (vgl. u. a. Urteile vom 17. September 1996 in der Rechtssache C-289/94, Kommission/Italien, Slg. 1996, I-4405, Randnr. 20, und vom 12. Dezember 1996 in der Rechtssache C-302/95, Kommission/Italien, Slg. 1996, I-6765, Randnr. 13).

2. Begründetheit

98 **Rs. 133/80 (Kommission ./. Italien),**
Urteil des Gerichtshofs vom 17.02.1981.

Vorbemerkungen: *Erweist sich im Rahmen eines Vertragsverletzungsverfahrens das angegriffene Verhalten eines Mitgliedstaates objektiv als unionsrechtswidrig, so ist die Klage begründet. Der Mitgliedstaat kann sich demgegenüber nicht mit dem Einwand mangelnden Verschuldens exkulpieren. Vielmehr hat der EuGH den Mitgliedstaaten alle aus den nationalen Rechtsordnungen abgeleiteten Entschuldigungsgründe, vor* *allem den Einwand, die Durchführung einer Unionsnorm stoße auf verfassungsrechtliche, institutionelle oder politische Hindernisse, in ständiger Rechtsprechung abgeschnitten. Dem beklagten Mitgliedstaat bleibt daher für die Verteidigung im Rahmen eines Vertragsverletzungsverfahrens nur das Bestreiten des ihm zur Last gelegten Sachverhaltes oder der Einwand, sein Verhalten sei wegen des Eingreifens unionaler Rechtfertigungsgründe gerechtfertigt.*

Sachverhalt: Nachdem die italienische Regierung eine Richtlinie nicht fristgerecht umgesetzt hatte und auch die Erinnerung seitens der Kommission nicht zum Erlass der notwendigen Maßnahmen führte, forderte die Kommission die Regierung der Italienischen Republik nach dem in Art. 226 EG (jetzt: Art. 258 AEUV) vorgesehenen Verfahren auf, sich binnen zwanzig Tagen zu äußern, was die Regierung mit Fernschreiben vom 09.04.1979 tat. Darin war ausgeführt, dass der Entwurf des Gesetzes, durch das die Richtlinie in die italienische Rechtsordnung habe umgesetzt werden sollen, zunächst am 27.09.1978 von der Abgeordnetenkammer und sodann am 13.12.1978 vom Senat angenommen worden sei; gewisse Änderungen hätten jedoch die Zurückweisung an die Abgeordnetenkammer notwendig gemacht. Wegen der Auflösung der gesetzgebenden Versammlungen konnte die parlamentarische Prüfung nicht abgeschlossen werden. Da die Lage das ganze Jahr 1979 hindurch unverändert blieb, gab die Kommission am 06.12.1979 eine mit Gründen versehene Stellungnahme ab, in der sie feststellte, dass die Italienische Republik gegen die ihr nach dem Vertrag obliegenden Verpflichtungen verstoßen habe, und diese aufforderte, der Stellungnahme binnen zwei Monaten nachzukommen. Da diese Aufforderung keine Wirkung zeigte, erhob die Kommission Klage auf Feststellung des Vertragsverstoßes. In ihrer Klagebeantwortung schilderte die italienische Regierung zunächst die Tatsachen und Umstände, die den Erlass des zur Umsetzung der fraglichen Richtlinie in nationales Recht erforderlichen Gesetzes verhindert hätten. Sie bemerkte sodann, das Hindernis, das der Erreichung des angestrebten Ziels entgegengestanden habe, sei Folge eines außergewöhnlichen Ereignisses verfassungsrechtlicher Natur gewesen, das aufgrund fundamentaler Erfordernisse des demokratischen Systems eine zeitweilige Lähmung der Gesetzgebungsfunktion des Parlaments hervorgerufen habe. Sie erinnerte daran, dass dem Finanz- und Haushaltsausschuss des Senats ein Gesetzentwurf vorgelegt worden sei, und betonte, dass sie willens sei, der Gemeinschaftsrichtlinie in den fraglichen Bereichen nachzukommen. Der Verstoß gegen den Vertrag wurde vom EuGH gleichwohl bejaht.

Aus den Entscheidungsgründen:

[7] Die genannten Umstände können den vorgeworfenen Vertragsverstoß nicht beseitigen. Nach ständiger Rechtsprechung kann sich ein Mitgliedstaat nicht auf Bestimmungen, Übungen oder Umstände seiner internen Rechtsordnung berufen, um damit die Nichtbeachtung von Verpflichtungen zu rechtfertigen, die in den Richtlinien der Gemeinschaft festgelegt sind.

[8] Somit ist festzustellen, daß die Italienische Republik gegen eine ihr nach dem Vertrag obliegende Verpflichtung verstoßen hat, indem sie nicht innerhalb der vorgeschriebenen Frist die erforderlichen Vorschriften erlassen hat, um der Richtlinie 77/62 des Rates vom 21. Dezember 1976 nachzukommen.

3. Zwangsgeld

99 **Rs. C-304/02 (Kommission ./. Frankreich), Urteil des Gerichtshofs vom 12.07.2005.**

Vorbemerkungen: *Mit dieser Entscheidung klärte der EuGH das Verhältnis von Zwangsgeld und Pauschalbetrag als mögliche Sanktionen nach Art. 260 Abs. 2 AEUV. Er hält eine kumulative Verhängung für möglich und sieht sich als befugt an, über den Antrag der Kommission hinauszugehen und neben einem beantragten Zwangsgeld zusätzlich noch einen Pauschalbetrag zu verhängen. Für die Mitgliedstaaten kann die Nichtbefolgung eines EuGH-Urteils daher beträchtliche und schwer kalkulierbare finanzielle Folgen haben.* ***L:*** *Rn. 490.*

Sachverhalt: Frankreich war in einem Vertragsverletzungsverfahren vom EuGH verurteilt worden (Rs. C-64/88, Slg. 1991, S. I-2727), hatte aber nicht die zur Durchführung des Urteils notwendigen Maßnahmen ergriffen. Die Kommission verklagte Frankreich daraufhin erneut nach jetzt Art. 260 Abs. 2 AEUV auf Zahlung eines Zwangsgelds. Der EuGH sah sich als berechtigt an, zusätzlich noch einen Pauschalbetrag zu verhängen.

Aus den Entscheidungsgründen:

[80] Das Verfahren nach Artikel 228 Absatz 2 EG soll einen säumigen Mitgliedstaat veranlassen, ein Vertragsverletzungsurteil durchzuführen, und damit die wirksame Anwendung des Gemeinschafts-

rechts gewährleisten. Die in dieser Bestimmung vorgesehenen Maßnahmen – der Pauschalbetrag und das Zwangsgeld – dienen beide diesem Zweck.

[81] Ob die eine oder die andere dieser beiden Maßnahmen angewandt wird, hängt von ihrer Eignung zur Erfüllung des verfolgten Zweckes nach Maßgabe der Umstände des konkreten Falles ab. Während die Verhängung eines Zwangsgelds besonders geeignet erscheint, um einen Mitgliedstaat zu veranlassen, eine Vertragsverletzung, die ohne eine solche Maßnahme die Tendenz hätte, sich fortzusetzen, so schnell wie möglich abzustellen, beruht die Verhängung eines Pauschalbetrags mehr auf der Beurteilung der Folgen einer Nichterfüllung der Verpflichtungen des betreffenden Mitgliedstaats für die privaten und öffentlichen Interessen, insbesondere wenn die Vertragsverletzung seit dem Urteil, mit dem sie ursprünglich festgestellt wurde, lange Zeit fortbestanden hat.

[82] Unter diesen Umständen ist es nicht ausgeschlossen, auf die beiden in Artikel 228 Absatz 2 EG vorgesehenen Sanktionsarten zurückzugreifen, insbesondere wenn die Vertragsverletzung sowohl von langer Dauer war als auch die Tendenz hat, sich fortzusetzen.

[83] Dieser Auslegung kann nicht entgegengehalten werden, dass in Artikel 228 Absatz 2 EG die Konjunktion „oder“ zwischen den möglichen finanziellen Sanktionen verwendet wird. Wie die Kommission, die dänische, die niederländische und die finnische Regierung sowie die Regierung des Vereinigten Königreichs vorgetragen haben, kann diese Konjunktion in sprachlicher Hinsicht sowohl alternative als auch kumulative Bedeutung haben und muss deshalb in dem Zusammenhang gesehen werden, in dem sie verwendet wird. Im Hinblick auf den mit Artikel 228 EG verfolgten Zweck ist die Verwendung der Konjunktion „oder“ in Absatz 2 dieser Bestimmung daher in einem kumulativen Sinne zu verstehen.

[84] Der insbesondere von der deutschen, der griechischen, der ungarischen, der österreichischen und der polnischen Regierung erhobene Einwand, dass bei der kumulativen Verhängung eines Zwangsgelds und eines Pauschalbetrags derselbe Vertragsverletzungszeitraum zweimal berücksichtigt würde und damit ein Verstoß gegen den Grundsatz ne bis in idem vorläge, ist ebenfalls zurückzuweisen. Da jede Sanktion ihre eigene Funktion hat, ist sie so zu bestimmen, dass diese Funktion erfüllt wird. Folglich wird im Fall einer gleichzeitigen Verurteilung zur Zahlung eines Zwangsgelds und eines Pauschalbetrags die Dauer der Vertragsverletzung als ein Kriterium unter anderen für die Bestimmung des angemessenen Maßes von Zwang und Abschreckung herangezogen.

[85] Dem insbesondere von der belgischen Regierung vorgebrachten Argument, dass mangels Leitlinien der Kommission für die Berechnung eines Pauschalbetrags die Festsetzung eines solchen Betrages gegen die Grundsätze der Rechtssicherheit und der Transparenz verstoßen würde, kann ebenfalls nicht gefolgt werden. Solche Leitlinien tragen zwar dazu bei, die Transparenz, Vorhersehbarkeit und Rechtssicherheit des Vorgehens der Kommission zu gewährleisten (vgl. in Bezug auf Leitlinien für die Berechnung des Zwangsgelds Urteil vom 4. Juli 2000, Kommission/Griechenland, Randnr. 87), doch hängt die Ausübung der dem Gerichtshof durch Artikel 228 Absatz 2 EG übertragenen Befugnis nicht von der Voraussetzung ab, dass die Kommission solche Regeln erlässt, die den Gerichtshof jedenfalls nicht binden können (Urteile vom 4. Juli 2000, Kommission/Griechenland, Randnr. 89, und vom 25. November 2003, Kommission/Spanien, Randnr. 41).

[86] Zu dem von der französischen Regierung erhobenen Einwand, dass durch die kumulative Verhängung eines Zwangsgelds und eines Pauschalbetrags in der vorliegenden Rechtssache der Grundsatz der Gleichbehandlung verletzt würde, da dies in den Urteilen vom 4. Juli 2000, Kommission/Griechenland, und vom 25. November 2003, Kommission/Spanien, nicht in Betracht gezogen worden sei, ist festzustellen, dass der Gerichtshof in jeder Rechtssache anhand der Umstände des Einzelfalls die zu verhängenden finanziellen Sanktionen zu bestimmen hat. Unter diesen Umständen kann die Tatsache, dass in zuvor entschiedenen Rechtssachen keine Kumulierung von Maßnahmen vorgenommen wurde, als solche kein Hindernis für eine derartige Kumulierung in einer späteren Rechtssache sein, wenn sie im Hinblick auf Art, Schwere und Fortdauer der festgestellten Vertragsverletzung angemessen erscheint.

Zum Ermessen des Gerichtshofs hinsichtlich der finanziellen Sanktionen, die verhängt werden können

(...)

[90] Was das Argument der deutschen Regierung angeht, dass dem Gerichtshof die politische Legitimität für den Erlass einer von der Kommission nicht vorgeschlagenen finanziellen Sanktion fehle, so ist zwischen den verschiedenen Abschnitten des Verfahrens nach Artikel 228 Absatz 2 EG zu unterscheiden. Sobald die Kommission von ihrem Ermessen hinsichtlich der Einleitung eines Vertragsverletzungsverfahrens Gebrauch gemacht hat (vgl. u. a. in Bezug auf Artikel 226 EG Urteile vom 25. September 2003 in der Rechtssache C-74/02, Kommission/

Deutschland, Slg. 2003, I-9877, Randnr. 17, und vom 21. Oktober 2004 in der Rechtssache C-477/03, Kommission/Deutschland, nicht in der amtlichen Sammlung veröffentlicht, Randnr. 11), ist die Frage, ob der betreffende Mitgliedstaat ein früheres Urteil des Gerichtshofs durchgeführt hat, Gegenstand eines gerichtlichen Verfahrens, in dem politische Erwägungen unerheblich sind. Der Gerichtshof prüft in Ausübung seiner Rechtsprechungsfunktion, inwieweit die Lage in dem betreffenden Mitgliedstaat dem ursprünglichen Urteil entspricht, und beurteilt gegebenenfalls die Schwere einer fortbestehenden Vertragsverletzung. Folglich können, wie der Generalanwalt in Nummer 24 seiner Schlussanträge vom 18. November 2004 ausgeführt hat, die Zweckmäßigkeit der Verhängung einer finanziellen Sanktion und die Wahl der Sanktion, die am besten den Umständen des Einzelfalls angepasst ist, nur im Licht der Feststellungen des Gerichtshofs in dem nach Artikel 228 Absatz 2 EG zu erlassenden Urteil beurteilt werden und sind somit der politischen Sphäre entzogen.

[91] Das Argument, dass der Gerichtshof, wenn er von den Vorschlägen der Kommission abweiche oder über sie hinausgehe, gegen einen allgemeinen zivilprozessualen Grundsatz verstoße, wonach das Gericht nicht über die Anträge der Parteien hinausgehen dürfe, ist ebenfalls nicht begründet. Das in Artikel 228 Absatz 2 EG vorgesehene Verfahren ist ein besonderes gerichtliches Verfahren des Gemeinschaftsrechts, das nicht einem Zivilverfahren gleichgestellt werden kann. Die Verurteilung zur Zahlung eines Zwangsgelds und/oder eines Pauschalbetrags zielt nicht auf den Ausgleich irgendeines von dem betreffenden Mitgliedstaat verursachten Schadens ab, sondern soll auf diesen Staat wirtschaftlichen Zwang ausüben, der ihn dazu veranlasst, die festgestellte Vertragsverletzung abzustellen. Die finanziellen Sanktionen sind daher nach dem Maß des Überzeugungsdrucks zu verhängen, das erforderlich ist, damit der fragliche Mitgliedstaat sein Verhalten ändert.

Rs. C-543/17 (Kommission ./. Belgien), Urteil des Gerichtshofs vom 08.07.2019. 100

Vorbemerkungen: *In diesem Urteil widmete sich der EuGH der Frage, wann eine Verletzung der Mitteilungspflicht gem. Art. 260 Abs. 3 AEUV vorliegt. Nach Unterabsatz 1 kann die Kommission, wenn sie es für zweckmäßig hält und der Auffassung ist, dass ein Mitgliedstaat gegen seine Pflicht, der Kommission die ergriffenen Maßnahmen zur Umsetzung einer Richtlinie mitzuteilen, verstoßen hat, die Höhe eines zu zah-*

lenden Pauschalbetrags oder Zwangsgelds festlegen. Der Gerichtshof kann diese gem. Unterabsatz 2, sollte er einen Verstoß feststellen, bis zu der von der Kommission festgesetzten Höhe verhängen. Fraglich war vorliegend, ob eine Verletzung der Mitteilungspflicht nur dann besteht, wenn der Mitgliedstaat der Kommission gar keine beabsichtigten oder durchgeführten Maßnahmen mitgeteilt hat. Dem widerspricht der EuGH. Eine unzureichende Mitteilung liege auch vor, wenn der beklagte Mitgliedstaat nicht „hinreichend klare und genaue Informationen" über die Umsetzungsmaßnahme der Richtlinie mitteilt. Im Übrigen habe die Kommission nachzuweisen, dass „bestimmte Umsetzungsmaßnahmen offensichtlich unterblieben sind oder sich nicht auf das gesamte Hoheitsgebiet des betreffenden Mitgliedstaats erstrecken". Demnach können auch lückenhafte Mitteilungen sowie eine teilweise oder vollständig unterbliebene Umsetzung der Richtlinie eine Vertragsverletzung im Sinne von Art. 260 Abs. 3 AEUV darstellen. Von der Norm nicht erfasst werden sollen aufgrund ihrer Entstehungsgeschichte hingegen lediglich fehlerhafte Umsetzungsmaßnahmen. ***L:*** *Rn. 490.*

Sachverhalt: Das Königreich Belgien hatte der Kommission bis zum Ablauf der in der Richtlinie 2014/61/EU des Europäischen Parlaments und des Rates vom 15. Mai 2014 über Maßnahmen zur Reduzierung der Kosten des Ausbaus von Hochgeschwindigkeitsnetzen für die elektronische Kommunikation geregelten Frist keine Informationen über ergangene oder beabsichtigte Umsetzungsmaßnahmen übermittelt. Daher leitete die Kommission ein Vertragsverletzungsverfahren gegen Belgien ein, in dessen Verlauf sie zu dem Ergebnis kam, dass die Richtlinie auch tatsächlich nicht vollständig umgesetzt worden war. In der Folge erhob die Kommission Aufsichtsklage gem. Art. 258 AEUV und 260 Abs. 3 AEUV wegen der unterbliebenen Umsetzung und Mitteilung von Umsetzungsmaßnahmen. Belgien brachte gegen letzteres vor, dass Art. 260 Abs. 3 AEUV nicht anwendbar sei, da in der Zwischenzeit einige Umsetzungsmaßnahmen mitgeteilt worden seien. Der Anwendungsbereich der Norm sei hingegen nur eröffnet, sollten gar keine Informationen über Maßnahmen übermittelt worden sein. Die Kommission plädierte für eine weite Auslegung von Art. 260 Abs. 3 AEUV, nach der auch eine lückenhafte Mitteilung von Umsetzungsmaßnahmen sowie eine fehlerhafte oder auch vollkommen unterbliebene Umsetzung von Richtlinien eine Verletzung der Mitteilungspflicht darstellen solle.

Aus den Entscheidungsgründen:

[48] Zur Bestimmung der Tragweite von Art. 260 Abs. 3 AEUV ist zu klären, unter welchen Umständen davon ausgegangen werden kann,

dass ein Mitgliedstaat im Sinne dieser Bestimmung gegen seine Verpflichtung verstoßen hat, Umsetzungsmaßnahmen mitzuteilen.

(...)

[50] Was zunächst den Wortlaut von Art. 260 Abs. 3 AEUV betrifft, ist die Tragweite der Verletzung der „Verpflichtung ..., Maßnahmen zur Umsetzung einer ... Richtlinie mitzuteilen", zu prüfen, bei der es sich um den Kern dieser Bestimmung handelt.

[51] Der Gerichtshof hat hierzu wiederholt im Rahmen von Verfahren nach Art. 258 AEUV entschieden, dass die Mitteilung, zu der die Mitgliedstaaten aufgrund des in Art. 4 Abs. 3 EUV aufgestellten Grundsatzes der loyalen Zusammenarbeit verpflichtet sind, der Kommission die Erfüllung ihrer Aufgabe erleichtern soll, die nach Art. 17 EUV insbesondere darin besteht, für die Anwendung der Bestimmungen der Verträge sowie der von den Organen aufgrund der Verträge getroffenen Bestimmungen Sorge zu tragen. Sie muss daher hinreichend klare und genaue Informationen über den Inhalt der nationalen Rechtsnormen enthalten, mit denen eine Richtlinie umgesetzt wird. dieser Mitteilung, der eine Konkordanztabelle beigefügt werden kann, müssen mithin die Rechts- und Verwaltungsvorschriften, mittels deren der betreffende Mitgliedstaat seine verschiedenen Verpflichtungen aus der Richtlinie erfüllt zu haben glaubt, eindeutig angegeben werden. Fehlen solche Informationen, kann die Kommission nicht prüfen, ob der Mitgliedstaat die Richtlinie tatsächlich und vollständig durchgeführt hat. Die Verletzung dieser Verpflichtung durch einen Mitgliedstaat – sei es, dass Informationen ganz oder teilweise fehlen, sei es, dass eine Information nicht hinreichend klar und genau ist – kann als solche die Eröffnung des Verfahrens zur Feststellung der Vertragsverletzung nach Art. 258 AEUV rechtfertigen (vgl. in diesem Sinne Urteile vom 16. Juni 2005, Kommission/Italien, C-456/03, EU:C:2005:388, Rn. 27, und vom 27. Oktober 2011, Kommission/Polen, C-311/10, nicht veröffentlicht, EU:C:2011:702, Rn. 30 bis 32).

[52] Sodann ist in Bezug auf die Zielsetzung von Art. 260 Abs. 3 AEUV darauf hinzuweisen, dass diese Bestimmung in weitem Umfang dem Entwurf von Art. 228 Abs. 3 des Vertrags über eine Verfassung für Europa auf S. 15 des Übermittlungsvermerks des Präsidiums des Konvents vom 12. Mai 2003 (CONV 734/03) entspricht, dessen Wortlaut wiederum mit dem vom Arbeitskreis zum Gerichtshof in seinem Schlussbericht vom 25. März 2003 (CONV 636/03, S. 10 und 11) vorgeschlagenen Text übereinstimmt. Wie aus dem Schlussbericht hervorgeht, wurde mit der Einführung des in Art. 260 Abs. 3 AEUV vorgesehenen Mechanismus nicht nur das Ziel verfolgt, die Mitglied-

staaten dazu anzuhalten, innerhalb kürzester Zeit eine Vertragsverletzung abzustellen, die ohne eine solche Maßnahme vermutlich fortbestanden hätte, sondern auch das Ziel, das Verfahren zur Verhängung finanzieller Sanktionen bei Verletzungen der Pflicht, eine nationale Maßnahme zur Umsetzung einer gemäß einem Gesetzgebungsverfahren erlassenen Richtlinie mitzuteilen, zu vereinfachen und zu beschleunigen, wobei vor der Einführung dieses Mechanismus eine finanzielle Sanktion gegen Mitgliedstaaten, die einem früheren Urteil des Gerichtshofs nicht fristgerecht nachgekommen waren und ihre Umsetzungspflicht missachtet hatten, womöglich erst mehrere Jahre nach dem genannten Urteil verhängt wurde.

[53] Dieses Ziel würde aber gefährdet, wenn die Kommission, wie das Königreich Belgien und die übrigen als Streithelfer am vorliegenden Verfahren beteiligten Mitgliedstaaten meinen, nur dann die Verhängung einer finanziellen Sanktion gegen einen Mitgliedstaat gemäß Art. 260 Abs. 3 AEUV beantragen könnte, wenn der Mitgliedstaat ihr überhaupt keine Maßnahme zur Umsetzung einer gemäß einem Gesetzgebungsverfahren erlassenen Richtlinie mitgeteilt hätte.

[54] Eine solche Auslegung wäre nämlich mit der Gefahr verbunden, dass ein Mitgliedstaat der Kommission entweder Maßnahmen mitteilt, mit denen die Umsetzung nur einer unbedeutenden Zahl von Bestimmungen der fraglichen Richtlinie sichergestellt wird, oder Maßnahmen, die offensichtlich nicht darauf abzielen, die Umsetzung der Richtlinie sicherzustellen. Sie würde es den Mitgliedstaaten damit erlauben, die Kommission an der Anwendung von Art. 260 Abs. 3 AEUV zu hindern.

[55] Nicht gefolgt werden kann auch der Auslegung, dass nur bei Mitgliedstaaten, die aus der Sicht der Kommission die Bestimmungen einer Richtlinie ordnungsgemäß umsetzen und die Kommission darüber informieren, davon ausgegangen werden kann, dass sie der von Art. 260 Abs. 3 AEUV erfassten Mitteilungspflicht nachgekommen sind.

[56] Diese Auslegung wäre nämlich unvereinbar mit der Entstehungsgeschichte von Art. 260 Abs. 3 AEUV. Wie aus dem in Rn. 52 des vorliegenden Urteils angesprochenen Schlussbericht hervorgeht, unterschieden die Mitglieder des Arbeitskreises zum Gerichtshof die Fälle unterbliebener Mitteilung und unterbliebener Umsetzung von den Fällen nicht ordnungsgemäßer Umsetzung und waren der Ansicht, dass die vorgeschlagene Bestimmung auf Letztere keine Anwendung finden sollte und dass eine finanzielle Sanktion im letztgenannten Fall nur am Ende eines auf der Grundlage von Art. 260 Abs. 2 AEUV eingeleiteten Vertragsverletzungsverfahrens verhängt werden könne.

[57] Diese Auslegung wäre auch unvereinbar mit dem Kontext von Art. 260 Abs. 3 AEUV, zu dem das Vertragsverletzungsverfahren gemäß Art. 258 AEUV gehört. Insoweit ist hervorzuheben, dass das in Art. 258 AEUV vorgesehene Verfahren den Mitgliedstaaten die Möglichkeit gibt, in einem konkreten Fall dem Standpunkt der Kommission hinsichtlich der Maßnahmen, mit denen eine ordnungsgemäße Umsetzung der betreffenden Richtlinie sichergestellt werden kann, entgegenzutreten, ohne sogleich Gefahr zu laufen, dass ihnen eine finanzielle Sanktion auferlegt wird. Eine solche Sanktion könnte nämlich gemäß Art. 260 Abs. 2 AEUV nur verhängt werden, wenn der fragliche Mitgliedstaat die sich aus einem ersten Urteil, mit dem die Vertragsverletzung festgestellt wird, ergebenden Maßnahmen nicht erlassen hat.

[58] Unter diesen Umständen ist einer Auslegung von Art. 260 Abs. 3 AEUV zu folgen, die es zum einen ermöglicht, sowohl die Befugnisse zu gewährleisten, über die die Kommission verfügt, um die wirksame Anwendung des Unionsrechts sicherzustellen, als auch die Verteidigungsrechte und die Verfahrensstellung zu schützen, die den Mitgliedstaaten nach Art. 258 AEUV in Verbindung mit Art. 260 Abs. 2 AEUV zustehen, und zum anderen den Gerichtshof in die Lage versetzt, seine Rechtsprechungsfunktion ausüben zu können, die darin besteht, im Rahmen nur eines Verfahrens zu beurteilen, ob der betreffende Mitgliedstaat seinen Mitteilungspflichten nachgekommen ist, und gegebenenfalls die Schwere der dabei festgestellten Pflichtverletzung zu bewerten und die ihm unter den Umständen des Einzelfalls am geeignetsten erscheinende finanzielle Sanktion zu verhängen.

[59] In Anbetracht all dessen ist die in Art. 260 Abs. 3 AEUV vorgesehene „Verpflichtung …, Maßnahmen zur Umsetzung … mitzuteilen“, dahin auszulegen, dass die Mitgliedstaaten verpflichtet sind, hinreichend klare und genaue Informationen über die Maßnahmen zur Umsetzung einer Richtlinie mitzuteilen. Um den Erfordernissen der Rechtssicherheit zu genügen und zu gewährleisten, dass alle Bestimmungen der Richtlinie im gesamten Hoheitsgebiet umgesetzt werden, müssen die Mitgliedstaaten für jede Bestimmung der Richtlinie angeben, welche nationale Vorschrift oder nationalen Vorschriften ihre Umsetzung sicherstellen. Sobald diese Mitteilung, gegebenenfalls unter Beifügung einer Konkordanztabelle, erfolgt ist, obliegt es der Kommission, im Hinblick auf einen Antrag, gegen den betreffenden Mitgliedstaat die in der genannten Bestimmung vorgesehene finanzielle Sanktion zu verhängen, nachzuweisen, dass bestimmte Umsetzungsmaßnahmen offensichtlich unterblieben sind oder sich nicht auf das gesamte Hoheitsgebiet des betreffenden Mitgliedstaats erstrecken;

es ist nicht Sache des Gerichtshofs, im Rahmen des in Anwendung von Art. 260 Abs. 3 AEUV eingeleiteten gerichtlichen Verfahrens zu prüfen, ob die der Kommission mitgeteilten nationalen Maßnahmen eine ordnungsgemäße Umsetzung der Bestimmungen der fraglichen Richtlinie gewährleisten.

101 **Rs. C-123/22 (Kommission ./. Ungarn), Urteil des Gerichtshofs vom 13.06.2024.**

Vorbemerkungen: *Im vorliegenden Fall ging es um eine Vertragsverletzung wegen der Nichtumsetzung eines EuGH-Urteils (vgl. Art. 260 Abs. 2 AEUV). Bemerkenswert ist der Fall weniger, weil der EuGH sowohl einen Pauschalbetrag als auch ein Zwangsgeld verhängte – das entsprach seiner bisherigen Rechtsprechung (vgl. Fall 99) –, sondern weil er in so erheblicher Weise von den beantragten Geldbeträgen der Kommission abwich. Der EuGH betonte in der Entscheidung denn auch, dass er an die Anträge der Kommission nicht gebunden ist, die Höhe von Zwangsgeld und Pauschalbetrag vielmehr nach eigenen Erwägungen festsetzen kann. Maßgebend sind dabei für die Höhe des Pauschalbetrages die Schwere und Dauer des Verstoßes sowie die Zahlungsfähigkeit des Mitgliedstaates. Die Höhe des Zwangsgelds ist demgegenüber nach Maßgabe des Überzeugungsdrucks festzusetzen, der erforderlich ist, damit der betreffende Mitgliedstaat sein Verhalten ändert und das gerügte Verhalten beendet (vgl. in diesem Sinne Urteil in der Rs C-109/22, Rn. 56 und die dort angeführte Rechtsprechung).*

Sachverhalt: Im Urteil in der Rs. C-808/18 hatte der EuGH entschieden, dass Ungarn gegen verschiedene Verpflichtungen aus Art. 5, Art. 6 Abs. 1, Art. 12 Abs. 1 und Art. 13 Abs. 1 der Richtlinie 2008/115, aus Art. 6, Art. 24 Abs. 3, Art. 43 und Art. 46 Abs. 5 der Richtlinie 2013/32 und aus den Art. 8, 9 und 11 der Richtlinie 2013/33/EU des Europäischen Parlaments und des Rates vom 26. Juni 2013 zur Festlegung von Normen für die Aufnahme von Personen, die internationalen Schutz beantragen (ABl. 2013, L 180, S. 96) verstoßen hatte. Nachdem die Kommission Ungarn am 26. Januar 2021 aufgefordert hatte, ihr die Maßnahmen anzuzeigen, die ergriffen worden waren, um die Verstöße abzustellen, teilte die ungarische Regierung mit, dass die Transitzonen von Röszke und Tompa mittlerweile geschlossen worden seien. Damit sei Ungarn dem Urteil in Bezug auf die Inhaftnahme von Asylbewerbern nachgekommen. Im Übrigen machte die Regierung verfassungsrechtliche Bedenken geltend, die es hindern würden, das Urteil umzusetzen, die schließlich vom ungarischen Verfassungsgericht (wohl) bestätigt wurden. Die Kommission erhob daher eine zweite Aufsichtsklage nach Art. 260 Abs. 2 AEUV wegen Nichtumsetzung des ersten Urteils und beantragte einen Pauschalbetrag in Höhe von mindestens rund 1 000 000 Euro und ein Zwangsgeld in Höhe von rund 16 000 Euro für jeden Tag, den der Verstoß fortbestand. Der EuGH folgte der Kommission im Hinblick auf die nicht hinreichende Umsetzung des ersten Urteils, verhängte aber einen Pauschalbetrag von 200 000 000 Euro und ein Zwangsgeld in Höhe von 900 000 Euro pro Tag für einen der Verstöße und 100 000 Euro pro Tag für einen weiteren Verstoß.

Aus den Entscheidungsgründen:

Zum Pauschalbetrag

(...)

[100] Unter diesen Umständen kommt es dem Gerichtshof zu, in Ausübung seines Ermessens diesen Pauschalbetrag so festzusetzen, dass er zum einen den Umständen angepasst ist und zum anderen in angemessenem Verhältnis zu den begangenen Verstößen steht (vgl. in diesem Sinne Urteil vom 14. Dezember 2023, Kommission/Rumänien [Stilllegung von Deponien], C-109/22, EU:C:2023:991, Rn. 80 und die dort angeführte Rechtsprechung).

[101] Zu den hierbei relevanten Faktoren zählen Aspekte wie die Schwere und die Dauer der festgestellten Verstöße sowie die Zahlungsfähigkeit des betreffenden Mitgliedstaats (vgl. in diesem Sinne Urteil vom 14. Dezember 2023, Kommission/Rumänien [Stilllegung von Deponien], C-109/22, EU:C:2023:991, Rn. 81 und die dort angeführte Rechtsprechung).

(...)

[132] In Anbetracht der vorstehenden Erwägungen und insbesondere der außergewöhnlichen Schwere der in Rede stehenden Verstöße und der mangelnden loyalen Zusammenarbeit Ungarns zu deren Beendigung hält der Gerichtshof die Verhängung eines Pauschalbetrags, dessen Höhe auf 200 000 000 Euro festzusetzen ist, für angemessen.

Zum Zwangsgeld

[134] Nach ständiger Rechtsprechung darf der Gerichtshof in Ausübung seines Ermessens auf dem betreffenden Gebiet kumulativ ein Zwangsgeld und einen Pauschalbetrag verhängen (Urteil vom 14. Dezember 2023, Kommission/Rumänien [Stilllegung von Deponien], C-109/22, EU:C:2023:991, Rn. 77 und die dort angeführte Rechtsprechung).

[135] Die Verhängung eines Zwangsgelds ist grundsätzlich nur insoweit gerechtfertigt, als die Vertragsverletzung, die sich aus der Nicht-

durchführung eines früheren Urteils ergibt, bis zur Prüfung des Sachverhalts durch den Gerichtshof andauert (Urteil vom 14. Dezember 2023, Kommission/Rumänien [Stilllegung von Deponien], C-109/22, EU:C:2023:991, Rn. 52 und die dort angeführte Rechtsprechung).

[136] Im vorliegenden Fall dauert, wie oben in Rn. 129 festgestellt, die Ungarn vorgeworfene Vertragsverletzung bis zur Prüfung des Sachverhalts durch den Gerichtshof an.

[137] Unter diesen Umständen ist die Verurteilung Ungarns zur Zahlung eines Zwangsgelds ein angemessenes finanzielles Mittel, um Ungarn zu veranlassen, die Maßnahmen zu ergreifen, die erforderlich sind, um die festgestellte Vertragsverletzung zu beenden und für die vollständige Durchführung des Urteils Kommission/Ungarn von 2020 zu sorgen (vgl. entsprechend Urteil vom 14. Dezember 2023, Kommission/Rumänien [Stilllegung von Deponien], C-109/22, EU:C:2023:991, Rn. 55 und die dort angeführte Rechtsprechung).

[138] Insoweit ist nach ständiger Rechtsprechung das Zwangsgeld nach Maßgabe des Überzeugungsdrucks festzusetzen, der erforderlich ist, damit der betreffende Mitgliedstaat sein Verhalten ändert und das gerügte Verhalten beendet (vgl. in diesem Sinne Urteil vom 14. Dezember 2023, Kommission/Rumänien [Stilllegung von Deponien], C-109/22, EU:C:2023:991, Rn. 56 und die dort angeführte Rechtsprechung).

[139] Bei der Ausübung seines Ermessens auf diesem Gebiet hat der Gerichtshof das Zwangsgeld so festzusetzen, dass es zum einen den Umständen angepasst ist und zum anderen in einem angemessenen Verhältnis zur festgestellten Vertragsverletzung und zur Zahlungsfähigkeit des betreffenden Mitgliedstaats steht (Urteil vom 14. Dezember 2023, Kommission/Rumänien [Stilllegung von Deponien], C-109/22, EU:C:2023:991, Rn. 57 und die dort angeführte Rechtsprechung).

(...)

[142] Im vorliegenden Fall erachtet der Gerichtshof es angesichts aller rechtlichen und tatsächlichen Aspekte, die zur Feststellung der Vertragsverletzung geführt haben, sowie in Anbetracht der oben in den Rn. 102 bis 131 angestellten Erwägungen für angemessen, ein Zwangsgeld in Höhe von 900 000 Euro pro Tag in Bezug auf Art. 6 und Art. 46 Abs. 5 der Richtlinie 2013/32 sowie ein Zwangsgeld in Höhe von 100 000 Euro pro Tag in Bezug auf die Art. 5, 6, 12 und 13 der Richtlinie 2008/115 zu verhängen.

IV. Nichtigkeitsklage, Art. 263 AEUV

1. Klagegegenstand

Rs. C-583/11 P (Inuit Tapiriit Kanatami u. a. ./. Parlament und Rat; „Inuit"), Urteil des Gerichtshofs vom 03.10.2013. 102

Vorbemerkungen: *Mit dem Lissabonner Vertrag wurde Art. 263 Abs. 4 AEUV über die Voraussetzungen der Individualnichtigkeitsklage neu gefasst. Die Änderungen betrafen zum einen die Ersetzung der (formalen und materiellen) Entscheidung als alleinigen Klagegegenstand durch den weit zu verstehenden Begriff der Handlung in der ersten und zweiten Alternative des Art. 263 Abs. 4 AEUV. Hierdurch wurde unter anderem klargestellt, dass auch Richtlinien tauglicher Klagegegenstand einer Nichtigkeitsklage natürlicher und juristischer Personen sein können (vgl. zur alten Rechtslage Rs. T-310/03, Kreuzer Medien). Zum anderen wurde in Reaktion auf die Rechtsprechung in den Rs. Jégo-Quéré (Rs. C-263/02 P) und Union de Pequenos Agricultores (Rs. C-50/00 P) eine neue Klagemöglichkeit gegen Normativakte eingefügt. Nach Art. 263 Abs. 4, 3. Alt. AEUV können seither auch Rechtsakte mit Verordnungscharakter, die keine Durchführungsmaßnahmen nach sich ziehen und den Kläger lediglich unmittelbar betreffen, mittels Individualnichtigkeitsklage angegriffen werden. Hier bestand nach alter Rechtslage eine Rechtsschutzlücke, soweit es an der nur schwer nachweisbaren individuellen Betroffenheit fehlte und der Rechtsakt mangels nationaler Umsetzungsmaßnahmen auch nicht über die Gültigkeitsvorlage nach Art. 267 Abs. 1 lit. b) 1. Alt. AEUV dem EuGH vorgelegt werden konnte. Das Verständnis der – weder dem alten Gemeinschafts-, noch dem jetzigen Unionsrecht an anderer Stelle bekannten – Rechtsaktskategorie der „Rechtsakte mit Verordnungscharakter" war und ist im Schrifttum umstritten, insbesondere hinsichtlich der Frage, ob hierdurch auch in Gesetzgebungsverfahren nach Art. 289, 294 AEUV erlassene Rechtsakte erfasst werden. Ein solcher Gesetzgebungsakt im Sinne der Lissabonner Vertragsfassung lag der Nichtigkeitsklage in diesem Fall zugrunde. In seiner Auslegung der neuen Alternative bestätigte der Gerichtshof den Ansatz des Gerichts, dass unter den Begriff der „Rechtsakte mit Verordnungscharakter" alle allgemein geltenden (d. h. abstrakt-generellen) Unionsrechtsakte fallen mit Ausnahme solcher, die in einem Gesetzgebungsverfahren angenommen wurden. Dem Gerichts-*

hof zufolge gebietet auch das Grundrecht auf effektiven Rechtsschutz nach Art. 47 GRCh kein anderes Ergebnis. Entscheidend ist mithin das einschlägige Rechtsetzungsverfahren, in welchem der Rechtsakt erlassen wird. Das hat zur Folge, dass nur ein kleiner Teil der individuell belastenden Normativakte der Union unter den Voraussetzungen des Art. 263 Abs. 4, 3. Alt. AEUV angegriffen werden kann. Der Gerichtshof hält auch ausdrücklich an der bisherigen Auslegung des Merkmals der „individuellen Betroffenheit" fest. Gesetzgebungsakte bleiben damit weiterhin nur als Handlungen nach der 2. Alternative erfolgreich anfechtbar, soweit sie den Kläger ausnahmsweise auch individuell betreffen. Im Übrigen bleibt es Aufgabe der Mitgliedstaaten, für effektiven Rechtsschutz über nationale Instrumente und die daran anknüpfende Anwendung der Gültigkeitsvorlage zu sorgen (vgl. Rs. C-50/00 P, Union de Pequenos Agricultores). Der Individualrechtsschutz erweist sich daher auf europäischer Ebene weiterhin als nur unbefriedigend ausgestaltet. ***B:*** *T. Guretzki, NVwZ 2014, 58 f.; R. Streinz, JuS 2014, 184 ff.* ***L:*** *Rn. 504.*

Sachverhalt: Streitgegenstand der vorliegenden Nichtigkeitsklage war die Verordnung (EG) Nr. 1007/2009 des Europäischen Parlaments und des Rates vom 16.09.2009 über den Handel mit Robbenerzeugnissen, die Beschränkungen für das Inverkehrbringen von Robbenerzeugnissen in der Europäischen Union vorsah. Hiergegen wandten sich die Inuit, die als Robbenjäger und -fallensteller tätig sind, Personen, die Tätigkeiten nachgehen, bei denen sie in anderer Weise mit Robbenerzeugnissen zu tun haben, Organisationen, die die Interessen der Inuit vertreten, sowie weitere Robbenerzeugnisse verarbeitende Personen und Unternehmen. Das Gericht wies die Nichtigkeitsklage als unzulässig ab. Der EuGH bestätigte diese Entscheidung im Rechtsmittelverfahren.

Aus den Entscheidungsgründen:

[45] Mit dem ersten Teil ihres ersten Rechtsmittelgrundes werfen die Rechtsmittelführer dem Gericht im Wesentlichen vor, es habe einen Rechtsfehler begangen, indem es festgestellt habe, dass der Begriff „Rechtsakte mit Verordnungscharakter" in Art. 263 Abs. 4 AEUV Gesetzgebungsakte im Sinne von Art. 289 Abs. 3 AEUV wie die streitige Verordnung nicht umfasse.

(…)

[50] Zur Begründetheit dieses ersten Teils des ersten Rechtsmittelgrundes ist darauf hinzuweisen, dass bei der Auslegung einer Vorschrift des Unionsrechts nach ständiger Rechtsprechung des Gerichtshofs nicht

nur ihr Wortlaut und die mit ihr verfolgten Ziele zu berücksichtigen sind, sondern auch ihr Zusammenhang und das gesamte Unionsrecht (vgl. in diesem Sinne Urteil vom 6. Oktober 1982, Cilfit u. a., 283/81, Slg. 1982, 3415, Randnr. 20). Die Entstehungsgeschichte einer Vorschrift des Unionsrechts kann ebenfalls relevante Anhaltspunkte für deren Auslegung liefern (vgl. in diesem Sinne Urteil vom 27. November 2012, Pringle, C-370/12, noch nicht in der amtlichen Sammlung veröffentlicht, Randnr. 135).

[51] Somit ist anhand dieser Auslegungsmethoden zu prüfen, ob das Gericht mit seiner Feststellung in Randnr. 56 des angefochtenen Beschlusses, dass der Begriff „Rechtsakte mit Verordnungscharakter" im Sinne von Art. 263 Abs. 4 AEUV Handlungen mit allgemeiner Geltung mit Ausnahme der Gesetzgebungsakte erfasse, einen Rechtsfehler begangen hat.

[52] Art. 263 Abs. 1 AEUV bezeichnet die Handlungen der Union, die Gegenstand einer Nichtigkeitsklage vor dem Unionsrichter sein können, nämlich zum einen Gesetzgebungsakte und zum anderen, wie das Gericht in Randnr. 44 des angefochtenen Beschlusses zu Recht festgestellt hat, sonstige verbindliche Handlungen mit Rechtswirkung gegenüber Dritten, wobei dies individuelle Handlungen oder Handlungen mit allgemeiner Geltung sein können. Diese Handlungen können nach Art. 263 Abs. 2 AEUV Gegenstand einer Klage wegen Unzuständigkeit, wegen Verletzung wesentlicher Formvorschriften, wegen Verletzung der Verträge oder einer bei ihrer Durchführung anzuwendenden Rechtsnorm oder wegen Ermessensmissbrauchs sein.

(...)

[54] Hingegen bestimmt Art. 263 Abs. 4 AEUV zum Klagerecht natürlicher und juristischer Personen, dass „[j]ede natürliche oder juristische Person ... unter den Bedingungen nach den Absätzen 1 und 2 gegen die an sie gerichteten oder sie unmittelbar und individuell betreffenden Handlungen sowie gegen Rechtsakte mit Verordnungscharakter, die sie unmittelbar betreffen und keine Durchführungsmaßnahmen nach sich ziehen, Klage erheben [kann]".

[55] Zum einen ist festzustellen, dass die ersten beiden Varianten von Art. 263 Abs. 4 AEUV denjenigen entsprechen, die vor dem Inkrafttreten des Vertrags von Lissabon im EG-Vertrag, und zwar in dessen Art. 230 Abs. 4, vorgesehen waren (vgl., in Bezug auf die letztgenannte Vorschrift, Urteil Unión de Pequeños Agricultores/Rat, Randnrn. 34 bis 37).

[56] Durch die Bezugnahme auf „Handlungen" im Allgemeinen betreffen diese Varianten alle Handlungen der Union, die verbindliche

Rechtswirkungen erzeugen (vgl. in diesem Sinne Urteile vom 11. November 1981, IBM/Kommission, 60/81, Slg. 1981, 2639, Randnr. 9, vom 17. Juli 2008, Athinaïki Techniki/Kommission, C-521/06 P, Slg. 2008, I-5829, Randnr. 29, vom 18. November 2010, NDSHT/Kommission, C-322/09 P, Slg. 2010, I-11911, Randnr. 45, und vom 13. Oktober 2011, Deutsche Post/Kommission, C-463/10 P und C-475/10 P, Slg. 2011, I-9639, Randnrn. 36 bis 38). Dieser Begriff umfasst somit Handlungen mit allgemeiner Geltung – mit oder ohne Gesetzgebungscharakter – sowie individuelle Handlungen. Mit der zweiten Variante des Art. 263 Abs. 4 AEUV wird klargestellt, dass die Zulässigkeit der Nichtigkeitsklage einer natürlichen oder juristischen Person, die nicht der Adressat der angefochtenen Handlung ist, davon abhängt, dass der Kläger von dieser Handlung unmittelbar und individuell betroffen ist.

[57] Zum anderen wurde mit dem Vertrag von Lissabon in Art. 263 Abs. 4 AEUV eine dritte Variante hinzugefügt, mit der die Zulässigkeitsvoraussetzungen von Nichtigkeitsklagen natürlicher und juristischer Personen gelockert wurden. Ohne die Zulässigkeit der von natürlichen und juristischen Personen erhobenen Nichtigkeitsklagen von der Voraussetzung der individuellen Betroffenheit abhängig zu machen, eröffnet diese Variante nämlich einen Rechtsbehelf gegen „Rechtsakte mit Verordnungscharakter", die keine Durchführungsmaßnahmen nach sich ziehen und den Kläger unmittelbar betreffen.

[58] Zum Begriff „Rechtsakte mit Verordnungscharakter" geht aus Art. 263 Abs. 4 dritte Variante AEUV hervor, dass dieser eine geringere Tragweite hat als der in Art. 263 Abs. 4 erste und zweite Variante AEUV zur Bezeichnung der anderen Arten von Maßnahmen, deren Nichtigerklärung natürliche und juristische Personen beantragen können, verwendete Begriff „Handlungen". Der erstgenannte Begriff kann sich, wie das Gericht in Randnr. 43 des angefochtenen Beschlusses zu Recht festgestellt hat, nicht auf sämtliche Handlungen mit allgemeiner Geltung beziehen, sondern nur auf eine engere Kategorie derartiger Handlungen. Eine gegenteilige Auslegung würde die mit der zweiten und der dritten Variante von Art. 263 Abs. 4 AEUV getroffene Unterscheidung zwischen den Begriffen „Handlungen" und „Rechtsakte mit Verordnungscharakter" ihres Sinnes entleeren.

[59] Außerdem ist darauf hinzuweisen, dass der Inhalt von Art. III-365 Abs. 4 des Entwurfs eines Vertrags über eine Verfassung für Europa in Art. 263 Abs. 4 AEUV unverändert übernommen wurde. Aus den Vorarbeiten zur erstgenannten Vorschrift geht hervor, dass die Änderung von Art. 230 Abs. 4 EG zwar dazu dienen sollte, die Zulässigkeitsvoraussetzungen für Nichtigkeitsklagen natürlicher und juristischer

Personen zu erweitern, doch sollten die in Art. 230 Abs. 4 EG vorgesehenen Zulässigkeitsvoraussetzungen für Gesetzgebungsakte nicht geändert werden. Somit ermöglichte die Verwendung des Ausdrucks „Rechtsakte mit Verordnungscharakter" im Entwurf zur Änderung dieser Vorschrift die Bezeichnung der Kategorie von Handlungen, die künftig nach weniger strengen Voraussetzungen als bisher Gegenstand einer Nichtigkeitsklage sein kann, und zwar unter Beibehaltung „des restriktiven Ansatzes in Bezug auf die Klagebefugnis von Einzelpersonen gegen Gesetzgebungsakte (für die das Kriterium ‚unmittelbar und individuell betroffen' weiterhin gilt)" (vgl. u. a. Sekretariat des Europäischen Konvents, Schlussbericht des Arbeitskreises über die Arbeitsweise des Gerichtshofs vom 25. März 2003, CONV 636/03, Randnr. 22, und Übermittlungsvermerk des Präsidiums des Konvents vom 12. Mai 2003, CONV 734/03, S. 20).

[60] Unter diesen Umständen ist festzustellen, dass die Änderung des in Art. 230 Abs. 4 EG vorgesehenen Klagerechts natürlicher und juristischer Personen das Ziel hatte, diesen Personen unter weniger strengen Voraussetzungen die Erhebung von Nichtigkeitsklagen gegen Handlungen mit allgemeiner Geltung unter Ausschluss von Gesetzgebungsakten zu ermöglichen.

[61] Das Gericht ist somit zu Recht zu dem Ergebnis gekommen, dass der Begriff „Rechtsakte mit Verordnungscharakter" in Art. 263 Abs. 4 AEUV Gesetzgebungsakte nicht umfasst.

[62] Folglich ist der erste Teil des ersten Rechtsmittelgrundes als unbegründet zurückzuweisen.

Zum zweiten Teil des ersten Rechtsmittelgrundes

(...)

[68] Mit dem zweiten Teil ihres ersten Rechtsmittelgrundes werfen die Rechtsmittelführer dem Gericht im Wesentlichen vor, es habe einen Rechtsfehler begangen, indem es die in Art. 263 Abs. 4 zweite Variante AEUV vorgesehenen Voraussetzungen für die Erhebung einer Nichtigkeitsklage als nicht erfüllt angesehen habe, weil sie nicht unmittelbar und individuell von der streitigen Verordnung betroffen seien.

[69] In Bezug auf die Voraussetzung der individuellen Betroffenheit durch die Handlung, deren Nichtigerklärung begehrt wird, rügen die Rechtsmittelführer nicht, dass das Gericht die aus der ständigen Rechtsprechung des Gerichtshofs seit dem Urteil Plaumann/Kommission resultierenden Beurteilungskriterien für diese Zulässigkeitsvoraussetzungen falsch angewandt habe, sondern fordern den Gerichtshof aus-

drücklich auf, diese Beurteilungskriterien zu revidieren und durch das Kriterium der „erheblichen nachteiligen Auswirkungen" zu ersetzen.

[70] Wie in Randnr. 55 des vorliegenden Urteils ausgeführt, entspricht die zweite Variante von Art. 263 Abs. 4 AEUV derjenigen von Art. 230 Abs. 4 EG. Der Wortlaut dieser Bestimmung wurde nicht geändert. Es gibt auch keine Anhaltspunkte dafür, dass die Verfasser des Vertrags von Lissabon die Absicht gehabt hätten, die Tragweite der bereits in Art. 230 Abs. 4 EG vorgesehenen Zulässigkeitsvoraussetzungen zu ändern. Im Übrigen geht aus den Vorarbeiten zu Art. III-365 Abs. 4 des Entwurfs eines Vertrags über eine Verfassung für Europa hervor, dass die Tragweite dieser Voraussetzungen nicht geändert werden sollte (vgl. u. a. Sekretariat des Europäischen Konvents, Schlussbericht des Arbeitskreises über die Arbeitsweise des Gerichtshofs vom 25. März 2003, CONV 636/03, Randnr. 23).

[71] Unter diesen Umständen ist davon auszugehen, dass die Voraussetzung der individuellen Betroffenheit durch die Handlung, deren Nichtigerklärung begehrt wird, so wie sie sich aus der ständigen Rechtsprechung des Gerichtshofs seit dem Urteil Plaumann/Kommission ergibt, mit dem Vertrag von Lissabon nicht geändert wurde. Somit hat das Gericht durch die Anwendung der in dieser Rechtsprechung aufgestellten Beurteilungskriterien keinen Rechtsfehler begangen.

[72] Nach dieser Rechtsprechung erfüllen natürliche oder juristische Personen die Voraussetzung der individuellen Betroffenheit nur dann, wenn sie von der angefochtenen Handlung wegen bestimmter persönlicher Eigenschaften oder aufgrund von Umständen betroffen sind, die sie aus dem Kreis aller übrigen Personen herausheben und sie dadurch in ähnlicher Weise individualisieren wie einen Adressaten (vgl. Urteile Plaumann/Kommission, vom 29. April 2004, Italien/Kommission, C-298/00 P, Slg. 2004, I-4087, Randnr. 36, und vom 9. Juni 2011, Comitato „Venezia vuole vivere"/Kommission, C-71/09 P, C-73/09 P und C-76/09 P, Slg. 2011, I-4727, Randnr. 52).

[73] Im vorliegenden Fall hat sich das Gericht in den Randnrn. 88 bis 93 des angefochtenen Beschlusses auf die Prüfung beschränkt, ob vier der Rechtsmittelführer von der streitigen Verordnung im Sinne von Art. 263 Abs. 4 AEUV individuell betroffen sind, da bei den übrigen Rechtsmittelführern jedenfalls keine unmittelbare Betroffenheit im Sinne der genannten Vorschrift vorliege. Jedoch ist festzustellen, dass keiner der Rechtsmittelführer durch die streitige Verordnung in einer Weise individualisiert wird, wie es bei einem Adressaten im Sinne der ständigen Rechtsprechung seit dem Urteil Plaumann/Kommission der Fall wäre. Das in der streitigen Verordnung normierte Verbot des Inver-

kehrbringens von Robbenerzeugnissen ist nämlich allgemein formuliert und gilt unterschiedslos für jeden Wirtschaftsteilnehmer, der unter die Verordnung fällt.

(...)

[76] Da somit die Voraussetzungen der unmittelbaren und der individuellen Betroffenheit durch die Handlung, deren Nichtigerklärung begehrt wird, kumulativ sind, hat der Umstand, dass eine dieser Voraussetzungen bei einem Kläger nicht gegeben ist, zur Folge, dass die von ihm gegen diese Handlung erhobene Nichtigkeitsklage als unzulässig anzusehen ist.

[77] Nach alledem ist der zweite Teil des ersten Rechtsmittelgrundes und damit der erste Rechtsmittelgrund in seiner Gesamtheit als unbegründet zurückzuweisen.

(...)

Zum dritten Rechtsmittelgrund

(...)

[89] Mit dem dritten Rechtsmittelgrund machen die Rechtsmittelführer im Wesentlichen geltend, die vom Gericht vertretene Auslegung von Art. 263 Abs. 4 AEUV verstoße gegen Art. 47 der Charta, da sie natürlichen und juristischen Personen die Erhebung einer Nichtigkeitsklage gegen Gesetzgebungsakte der Union nur dann ermöglicht, wenn diese sie im Sinne von Art. 263 Abs. 4 AEUV unmittelbar und individuell betreffen.

[90] Zunächst ist darauf hinzuweisen, dass die gerichtliche Kontrolle der Wahrung der Rechtsordnung der Union, wie sich aus Art. 19 Abs. 1 EUV ergibt, durch den Gerichtshof und die Gerichte der Mitgliedstaaten gewährleistet wird (vgl. in diesem Sinne Gutachten 1/09 vom 8. März 2011, Slg. 2011, I-1137, Randnr. 66).

[91] Außerdem ist die Union eine Rechtsunion, in der ihre Organe der Kontrolle daraufhin unterliegen, ob ihre Handlungen insbesondere mit den Verträgen, den allgemeinen Rechtsgrundsätzen und den Grundrechten im Einklang stehen (vgl. in diesem Sinne Urteil vom 29. Juni 2010, E und F, C-550/09, Slg. 2010, I-6213, Randnr. 44).

[92] Zu diesem Zweck hat der AEU-Vertrag mit seinen Art. 263 und 277 einerseits und mit Art. 267 andererseits ein vollständiges System von Rechtsbehelfen und Verfahren geschaffen, das die Rechtmäßigkeitskontrolle der Unionshandlungen gewährleisten soll, mit der der Unionsrichter betraut wird (vgl. Urteile vom 23. April 1986, Les Verts/Parlament, 294/83, Slg. 1986, 1339, Randnr. 23, Unión de Pequeños

Agricultores/Rat, Randnr. 40, Reynolds Tobacco u. a./Kommission, Randnr. 80, und vom 12. Juli 2012, Association Kokopelli, C-59/11, noch nicht in der amtlichen Sammlung veröffentlicht, Randnr. 34).

[93] Somit sind natürliche oder juristische Personen, die Handlungen der Union mit allgemeiner Geltung wegen der in Art. 263 Abs. 4 AEUV festgelegten Zulässigkeitsvoraussetzungen nicht unmittelbar anfechten können, dagegen geschützt, dass solche Handlungen auf sie angewandt werden. Obliegt die Durchführung dieser Handlungen den Unionsorganen, können diese Personen unter den in Art. 263 Abs. 4 AEUV festgelegten Voraussetzungen vor den Unionsgerichten Klage gegen die Durchführungsrechtsakte erheben und sich zur Begründung dieser Klage nach Art. 277 AEUV auf die Rechtswidrigkeit der betreffenden allgemeinen Handlungen berufen. Obliegt die Durchführung der Handlungen der Union den Mitgliedstaaten, können diese Personen die Ungültigkeit der betreffenden Handlung der Union vor den nationalen Gerichten geltend machen und diese veranlassen, sich insoweit gemäß Art. 267 AEUV mit Vorabentscheidungsfragen an den Gerichtshof zu wenden (vgl. in diesem Sinne Urteil Les Verts/Parlament, Randnr. 23).

(…)

[97] Im Hinblick auf den durch Art. 47 der Charta gewährten Schutz ist darauf hinzuweisen, dass diese Vorschrift nicht darauf abzielt, das in den Verträgen vorgesehene Rechtsschutzsystem und insbesondere die Bestimmungen über die Zulässigkeit direkter Klagen bei den Gerichten der Europäischen Union zu ändern, wie auch aus den Erläuterungen zu diesem Artikel hervorgeht, die gemäß Art. 6 Abs. 1 Unterabs. 3 EUV und Art. 52 Abs. 7 der Charta für deren Auslegung zu berücksichtigen sind (vgl. Urteile vom 22. Januar 2013, Sky Österreich, C-283/11, noch nicht in der amtlichen Sammlung veröffentlicht, Randnr. 42, und vom 18. Juli 2013, Alemo-Herron u. a., C-426/11, noch nicht in der amtlichen Sammlung veröffentlicht, Randnr. 32).

[98] Somit sind die in Art. 263 Abs. 4 AEUV vorgesehenen Zulässigkeitsvoraussetzungen im Licht des Grundrechts auf effektiven gerichtlichen Rechtsschutz auszulegen, ohne dass dies den Wegfall der in diesem Vertrag ausdrücklich vorgesehenen Voraussetzungen zur Folge hätte (vgl. in diesem Sinne Urteile Unión de Pequeños Agricultores/Rat, Randnr. 44, und Kommission/Jégo-Quéré, Randnr. 36).

[99] Zu der in Randnr. 90 des vorliegenden Urteils erwähnten Rolle der nationalen Gerichte ist darauf hinzuweisen, dass diese in Zusammenarbeit mit dem Gerichtshof eine Aufgabe erfüllen, die Beiden gemeinsam übertragen ist, um die Wahrung des Rechts bei der Anwen-

dung und Auslegung der Verträge zu sichern (Gutachten 1/09, Randnr. 69).

[100] Es ist somit Sache der Mitgliedstaaten, ein System von Rechtsbehelfen und Verfahren vorzusehen, mit dem die Einhaltung des Grundrechts auf effektiven gerichtlichen Rechtsschutz gewährleistet werden kann (Urteile Unión de Pequeños Agricultores/Rat, Randnr. 41, und Kommission/Jégo-Quéré, Randnr. 31).

[101] Diese Pflicht der Mitgliedstaaten wurde durch Art. 19 Abs. 1 Unterabs. 2 EUV bestätigt, wonach sie „die erforderlichen Rechtsbehelfe [schaffen], damit ein wirksamer Rechtsschutz in den vom Unionsrecht erfassten Bereichen gewährleistet ist".

[102] Insoweit ist es mangels einer einschlägigen Regelung der Union Sache des innerstaatlichen Rechts jedes Mitgliedstaats, unter Beachtung der sich aus den Randnrn. 100 und 101 des vorliegenden Urteils ergebenden Erfordernisse sowie der Grundsätze der Effektivität und der Äquivalenz, die zuständigen Gerichte zu bestimmen und die Verfahrensmodalitäten für Klagen zu regeln, die den Schutz der dem Einzelnen aus dem Unionsrecht erwachsenden Rechte gewährleisten sollen (vgl. in diesem Sinne u. a. Urteile vom 15. April 2008, Impact, C-268/06, Slg. 2008, I-2483, Randnr. 44 und die dort angeführte Rechtsprechung, vom 26. Januar 2010, Transportes Urbanos y Servicios Generales, C-118/08, Slg. 2010, I-635, Randnr. 31, und vom 18. März 2010, Alassini u. a., C-317/08 bis C-320/08, Slg. 2010, I-2213, Randnrn. 47 und 61).

[103] Was die von den Mitgliedstaaten vorzusehenden Rechtsbehelfe betrifft, hat der AEU-Vertrag zwar eine Reihe von Klagemöglichkeiten eröffnet, die gegebenenfalls von natürlichen und juristischen Personen vor den Unionsgerichten ausgeübt werden können, doch sollten weder mit dem AEU-Vertrag noch mit Art. 19 EUV zusätzlich zu den nach nationalem Recht bestehenden Rechtsbehelfen neue Klagemöglichkeiten zur Wahrung des Unionsrechts vor den nationalen Gerichten geschaffen werden (Urteil vom 13. März 2007, Unibet, C-432/05, Slg. 2007, I-2271, Randnr. 40).

[104] Etwas anderes würde nur gelten, wenn es nach dem System der betreffenden nationalen Rechtsordnung keinen Rechtsbehelf gäbe, mit dem zumindest inzident die Wahrung der dem Einzelnen aus dem Unionsrecht erwachsenden Rechte gewährleistet werden könnte, oder wenn die einzige Möglichkeit für den Einzelnen, Zugang zu einem Gericht zu erlangen, darin bestünde, eine Rechtsverletzung begehen zu müssen (vgl. in diesem Sinne Urteil Unibet, Randnrn. 41 und 64 sowie die dort angeführte Rechtsprechung).

[105] Zum Argument der Rechtsmittelführer, wonach die vom Gericht vertretene Auslegung des in Art. 263 Abs. 4 AEUV vorgesehenen Begriffs „Rechtsakte mit Verordnungscharakter" zu einer Lücke beim gerichtlichen Rechtsschutz führen würde und mit Art. 47 der Charta unvereinbar sei, da sie zur Folge hätte, dass jeder Gesetzgebungsakt praktisch von einer gerichtlichen Kontrolle ausgenommen wäre, ist festzustellen, dass der durch Art. 47 der Charta gewährte Schutz nicht verlangt, dass ein Betroffener unmittelbar vor den Unionsgerichten uneingeschränkt eine Nichtigkeitsklage gegen Gesetzgebungsakte der Union anstrengen kann.

[106] Schließlich verlangt weder dieses Grundrecht noch Art. 19 Abs. 1 Unterabs. 2 EUV, dass ein Betroffener gegen solche Rechtsakte in der Hauptsache vor den nationalen Gerichten Klage erheben kann.

[107] Somit ist der dritte Rechtsmittelgrund als unbegründet zurückzuweisen.

103 Rs. C-274/12 P (Telefónica SA ./. Kommission), Urteil des Gerichtshofs vom 19.12.2013.

Vorbemerkungen: *In der vorliegenden Entscheidung konkretisierte der Gerichtshof die Auslegung des Begriffs der „Rechtsakte mit Verordnungscharakter, die (...) keine Durchführungsmaßnahmen nach sich ziehen" im Sinne von Art. 263 Abs. 4 Alt. 3 AEUV. Insbesondere traf der EuGH wichtige Aussagen zum Verständnis des Erfordernisses, dass der Rechtsakt „keine Durchführungsmaßnahmen nach sich ziehen" darf. Dieses Tatbestandsmerkmal dient der Aussonderung solcher Rechtsakte, die schon mittelbar über Durchführungsrechtsakte angreifbar sind. Insofern besteht schon kein Bedürfnis, unmittelbaren Rechtsschutz in Form der Nichtigkeitsklage zu gewähren. Zieht der in Frage stehende Rechtsakt Durchführungsmaßnahmen seitens der Organe, Einrichtungen oder sonstigen Stellen der Union nach sich, so können diese Durchführungsmaßnahmen im Wege der Nichtigkeitsklage angegriffen werden und der Kläger kann sich gemäß Art. 277 AEUV im Rahmen dieses Rechtsstreits auf die Rechtswidrigkeit des Basisrechtsakts berufen. Kommen hingegen Durchführungsmaßnahmen der Mitgliedstaaten in Betracht, so sind diese mitgliedstaatlichen Maßnahmen vor nationalen Gerichten anzugreifen, die sich dann zur Beantwortung der Frage der Gültigkeit des unionalen Basisrechtsaktes an den EuGH im Wege des Vorabentscheidungsverfahrens zu wenden haben. Eine Rechtsschutzlücke besteht insofern nicht. Die vom Kläger angegriffene*

Norm muss ihm folglich unmittelbar Pflichten auferlegen, die keiner weiteren Konkretisierung bedürfen (self-executing). In der vorliegenden Entscheidung stellte der Gerichtshof ferner fest, dass es für die Beurteilung, ob der streitgegenständliche Rechtsakt Durchführungsmaßnahmen im vorgenannten Sinne nach sich zieht, allein auf die Stellung des Klägers ankommt. Es ist daher – wie der Gerichtshof ausdrücklich hervorhob – irrelevant, ob der jeweilige Rechtsakt im Hinblick auf andere Personen solche Durchführungsmaßnahmen nach sich zieht. Es kommt in der Rechtsprechung dadurch zu einer Verwischung der Grenze zwischen der Prüfung der Klageberechtigung und des Klagegegenstandes. Des Weiteren stellte der Gerichtshof klar, dass allein auf den jeweiligen Streitgegenstand abzustellen ist. Dies hat Konsequenzen für den Fall, dass die Teilnichtigerklärung eines Rechtsaktes begehrt wird. In diesem Falle geht es dann nur darum, ob dieser konkrete Teil des Rechtsaktes Durchführungsmaßnahmen nach sich zieht. In seiner Folgerechtsprechung (EuGH, Rs. C-456/13 P, T & L Sugar Ltd. u. a., Rn. 41 ff.) urteilte der EuGH schließlich, dass es für die Beurteilung, ob Durchführungsmaßnahmen im Sinne von Art. 263 Abs. 4 Alt. 3 AEUV vorliegen, auch nicht darauf ankommt, ob die nationale Stelle beim Erlass dieser Durchführungsmaßnahmen einen Ermessensspielraum hat oder nicht. In der Rechtssache T & L Sugar Ltd. machte der Gerichtshof im Übrigen klar, dass sich an dieser Auslegung der Begrifflichkeit des Rechtsaktes mit Verordnungscharakter, der keine Durchführungsmaßnahmen nach sich zieht, auch mit Blick auf das Grundrecht auf effektiven Rechtsschutz gemäß Art. 47 GRC nichts ändert. Zwar seien auch die Zulässigkeitsvoraussetzungen des Art. 263 Abs. 4 AEUV im Lichte dieses Grundrechts auszulegen, dies führe aber nicht zum Wegfall der vertraglich ausdrücklich vorgesehenen Zulässigkeitsvoraussetzungen. Eine andere Auslegung sei im Übrigen auch nicht erforderlich, da es gegebenenfalls Sache der Mitgliedstaaten sei für den Fall, dass Personen die Voraussetzungen des Art. 263 Abs. 4 AEUV nicht erfüllen, „ein System von Rechtsbehelfen und Verfahren vorzusehen, mit dem die Einhaltung des Grundrechts auf effektiven Rechtsschutz gewährleistet werden kann" (vgl. insoweit bereits EuGH, Rs. Inuit, C-583/11 P, Fall 102).
***B:** G. M. Berrisch, EuZW 2014, 231 f. **L:** Rn. 504.*

Sachverhalt: Die Telefónica SA wandte sich im Wege der Nichtigkeitsklage vor dem EuG gegen eine Entscheidung der Kommission, in der diese u. a. feststellte, dass eine spanische Regelung des Steuerrechts eine staatliche Beihilfe im Sinne von Art. 107 Abs. 1 AEUV darstellte, die mit dem Binnenmarkt unvereinbar sei. Telefónica hatte in den Jahren 2005 und 2006 von dieser Regelung profitiert und begehrte die Nichtigerklärung der Entscheidung der Kommission soweit diese die fragliche staatliche Maßnahme als mit dem Binnenmarkt unvereinbare Beihilfe qualifiziere. Das EuG wies die Klage u. a. mit der Begründung ab, dass Telefónica von der streitgegenständlichen Entscheidung nicht individuell betroffen sei und dass diese auch kein Rechtsakt mit Verordnungscharakter, der keine Durchführungsmaßnahmen nach sich zieht, darstelle. Hiergegen legte Telefónica ein Rechtsmittel zum EuGH ein, dass dieser mit dem vorliegenden Urteil zurückwies.

Aus den Entscheidungsgründen:

[27] Wie die Generalanwältin in den Nrn. 40 und 41 ihrer Schlussanträge ausgeführt hat, ist der Begriff „Rechtsakte mit Verordnungscharakter, die … keine Durchführungsmaßnahmen nach sich ziehen“ im Sinne von Art. 263 Abs. 4 (am Ende) AEUV vor dem Hintergrund des Ziels dieser Vorschrift zu sehen, das, wie sich aus ihrer Entstehungsgeschichte ergibt, darin besteht, zu verhindern, dass ein Einzelner gezwungen ist, gegen das Recht zu verstoßen, um Zugang zu den Gerichten zu erlangen. Wenn sich daher ein Rechtsakt mit Verordnungscharakter auf die Rechtsstellung einer natürlichen oder einer juristischen Person unmittelbar auswirkt, ohne dass Durchführungsmaßnahmen erforderlich sind, bestünde die Gefahr, dass diese Person, wenn sie vor dem Unionsrichter keinen unmittelbaren Rechtsbehelf einlegen könnte, um die Rechtmäßigkeit dieses Rechtsakts mit Verordnungscharakter anfechten zu können, keinen wirksamen Rechtsschutz hätte. In Ermangelung von Durchführungsmaßnahmen könnte nämlich eine natürliche oder juristische Person – obwohl sie von dem fraglichen Rechtsakt unmittelbar betroffen ist – eine gerichtliche Überprüfung desselben erst, nachdem sie gegen die Bestimmungen dieses Rechtsakts verstoßen hat, erwirken, indem sie im Rahmen der gegen sie vor den nationalen Gerichten eingeleiteten Verfahren die Rechtswidrigkeit dieser Bestimmungen geltend macht.

[28] Dazu ist erstens klarzustellen, dass die gerichtliche Kontrolle der Beachtung des Unionsrechts, wenn ein Rechtsakt mit Verordnungscharakter Durchführungsmaßnahmen nach sich zieht, unabhängig davon gewährleistet ist, ob die genannten Maßnahmen von der Union oder den Mitgliedstaaten erlassen wurden. Natürliche oder juristische Personen, die aufgrund der nach Art. 263 Abs. 4 AEUV vorgesehenen Zulässigkeitsvoraussetzungen einen Rechtsakt mit Verordnungscharakter der Union nicht unmittelbar vor dem Unionsrichter anfechten können, sind durch die Möglichkeit, die Durchführungsmaßnahmen an-

zufechten, die dieser Rechtsakt nach sich zieht, davor geschützt, dass ein derartiger Rechtsakt ihnen gegenüber angewendet wird.

[29] Obliegt die Durchführung dieser Maßnahmen den Organen, Einrichtungen oder sonstigen Stellen der Union, können natürliche oder juristische Personen unter den in Art. 263 Abs. 4 AEUV festgelegten Voraussetzungen vor den Unionsgerichten unmittelbar gegen die Durchführungsmaßnahmen klagen und sich zur Begründung dieser Klage nach Art. 277 AEUV auf die Rechtswidrigkeit des fraglichen Basisrechtsakts berufen. Obliegt diese Durchführung den Mitgliedstaaten, können diese Personen die Ungültigkeit des betreffenden Basisrechtsakts der Union vor den nationalen Gerichten geltend machen und diese veranlassen, sich gemäß Art. 267 AEUV mit Vorabentscheidungsfragen an den Gerichtshof zu wenden (Urteil vom 3. Oktober 2013, Inuit Tapiriit Kanatami u. a./Parlament und Rat, C-583/11 P, Randnr. 93).

[30] Zweitens ist, wie die Generalanwältin in Nr. 48 ihrer Schlussanträge ausgeführt hat, für die Beurteilung, ob ein Rechtsakt mit Verordnungscharakter Durchführungsmaßnahmen nach sich zieht, auf die Stellung der Person abzustellen, die sich auf ihre Klageberechtigung nach Art. 263 Abs. 4 AEUV letzter Satzteil beruft. Die Frage, ob der fragliche Rechtsakt Durchführungsmaßnahmen im Hinblick auf andere Personen nach sich zieht, spielt deshalb keine Rolle.

[31] Drittens muss sich die Prüfung, ob der angegriffene Rechtsakt Durchführungsmaßnahmen nach sich zieht, ausschließlich am Klagegegenstand orientieren. Falls ein Kläger lediglich die teilweise Nichtigerklärung eines Rechtsakts begehrt, sind nur diejenigen Durchführungsmaßnahmen gegebenenfalls zu berücksichtigen, die dieser Teil des Rechtsakts möglicherweise nach sich zieht.

Rs. C-16/16 P (Belgien ./. Kommission), Urteil des Gerichtshofs vom 20.02.2018. 104

Vorbemerkungen: *Der Wortlaut des Art. 263 Abs. 1 Satz 1 AEUV schließt ausdrücklich Empfehlungen von den tauglichen Klagegegenständen einer Nichtigkeitsklage aus. In über 170 Randnummern legte Generalanwalt Bobek jedoch gutachterlich dar, dass jede Handlung der Unionsorgane, die Rechtswirkung erzeugt, durch die Nichtigkeitsklage überprüfbar sein müsste, was aus der AETR-Rechtsprechung folgte. Diese Rechtsprechung wurde bislang für atypische Rechtsakte angewandt. GA Bobek legte nun nahe, sie auch auf Empfehlungen auszuweiten. Dabei stellte er auf die Tatsache ab, dass Empfehlungen von* *der Kommission zunehmend genutzt würden. Als sog. „Soft Law" würden diese zwar zunächst keine verbindliche Rechtswirkung entfalten, hätten aber mittelbar durchaus erheblichen Einfluss auf das Handeln der Mitgliedstaaten und müssten gemäß dem Grimaldi-Urteil auch von den mitgliedstaatlichen Gerichten berücksichtigt werden. Demzufolge müssten Empfehlungen grundsätzlich überprüfbar sein. Der EuGH setzte dieser Auffassung den expliziten Wortlaut des Art. 263 Abs. 1 Satz 1 AEUV entgegen. Eine Überprüfung ist danach lediglich möglich, wenn eine Schein-Empfehlung vorliegt, also ein Rechtsakt, der formal als Empfehlung tituliert ist, materiell aber einer Richtlinie oder Verordnung entspricht. Dies ist in einer Gesamtbetrachtung zu untersuchen. In der vorliegenden Rechtssache resümierte der EuGH entgegen der Auffassung des Generalanwalts, dass keine Schein-Empfehlung und demnach kein tauglicher Klagegegenstand, vorlag. Entscheidend trug dazu eine frühere Mitteilung der Kommission bei, in der diese äußerte, keine verbindlichen Rechtsakte auf diesem Gebiet initiieren zu wollen. Damit setzt der EuGH weiterhin eine verbindliche Rechtswirkung für die Angreifbarkeit von Rechtsakten im Rahmen der Nichtigkeitsklage voraus. Zugleich stellte er klar, dass eine Empfehlung jedoch im Rahmen einer Gültigkeitsvorlage gem. Art. 267 AEUV durchaus tauglicher Vorlagegegenstand sein kann, was bisher unterschiedlich beurteilt wurde. Damit bleibt den Mitgliedstaaten die direkte Überprüfung von Empfehlungen weitestgehend verwehrt. Die vom Generalanwalt erhoffte richterliche Rechtsfortbildung erfolgte nicht.* ***L:*** *Rn. 396, 400, 499.*

Sachverhalt: Die Kommission gab gemäß Art. 292 AEUV eine Empfehlung über präventive Maßnahmen zur Spielsuchtbekämpfung ab. Diese sah detaillierte Maßnahmen und Berichterstattung durch die Mitgliedstaaten an die Kommission vor und wurde in Reihe L des Amtsblattes der Europäischen Union veröffentlicht. Die Empfehlung sah aber explizit vor, die Kompetenz der Mitgliedstaaten auf dem Gebiet der Glücksspielregulierung nicht zu beeinträchtigen. Belgien erhob eine Nichtigkeitsklage gemäß Art. 263 Abs. 2 AEUV, die vom Gericht mangels tauglichen Klagegenstands als unzulässig abgewiesen wurde. Belgien trug vor, es läge eine Schein-Empfehlung vor. Alternativ sei der Wortlaut des Art. 263 AEUV nicht hinreichend, da eine Überprüfung einer Handlung auch ohne Rechtswirkung möglich sein müsste, sofern ein tragender Grundsatz des Unionsrechts als verletzt gerügt würde. Der EuGH hingegen ging nicht über den Wortlaut des Art. 263 Abs. 1 Satz 1 AEUV hinaus.

Aus den Entscheidungsgründen:

[25] Soweit die ersten beiden Rechtsmittelgründe, die zusammen zu prüfen sind, darauf gestützt werden, dass dem Gericht dadurch ein Rechtsfehler unterlaufen sei, dass es der streitigen Empfehlung keine Rechtswirkungen beigemessen habe, die eine Rechtmäßigkeitskontrolle gemäß Art. 263 AEUV rechtfertigen könnten, ist als Erstes darauf hinzuweisen, dass der Gerichtshof nach Art. 263 Abs. 1 AEUV die Rechtmäßigkeit u. a. der Handlungen des Rates, der Kommission und der EZB überwacht, „soweit es sich nicht um Empfehlungen ... handelt".

[26] Durch die Schaffung von Empfehlungen als besondere Kategorie von Unionshandlungen, die ausdrücklich als „nicht verbindlich" bezeichnet werden, in Art. 288 AEUV sollte den zu ihrer Annahme berechtigten Organen die Befugnis, Anstöße zu geben und Überzeugungsarbeit zu leisten, verliehen werden, die sich von der Befugnis zum Erlass verbindlicher Handlungen unterscheidet.

[27] In diesem Zusammenhang hat das Gericht in Rn. 17 des angefochtenen Beschlusses zu Recht unter Berufung auf eine gefestigte Rechtsprechung des Gerichtshofs entschieden, dass „alle Handlungen, die keine verbindlichen Rechtswirkungen erzeugen, wie ... bloße Empfehlungen ... von der in Art. 263 AEUV vorgesehenen gerichtlichen Kontrolle ausgenommen" sind.

[28] Entgegen dem Vorbringen des Königreichs Belgien genügt es somit nicht, dass eine von einem Organ angenommene Empfehlung gegen bestimmte Grundsätze und Verfahrensregeln verstoßen soll, damit gegen diese Empfehlung eine Nichtigkeitsklage erhoben werden kann, auch wenn sie keine verbindlichen Rechtswirkungen erzeugt.

[29] Es ist jedoch ausnahmsweise möglich, gegen eine Empfehlung mit einer Nichtigkeitsklage vorzugehen, wenn die angefochtene Handlung aufgrund ihres Inhalts keine echte Empfehlung ist.

[30] Insoweit ist bei der Prüfung des Inhalts der angefochtenen Handlung, mit der geklärt werden soll, ob sie verbindliche Rechtswirkungen erzeugt, zu berücksichtigen, dass Empfehlungen, wie in Rn. 25 des vorliegenden Urteils ausgeführt, gemäß Art. 263 AEUV vom Anwendungsbereich dieser Bestimmung ausgenommen und nach Art. 288 Abs. 5 AEUV nicht verbindlich sind.

[31] Dies vorausgeschickt, ist darauf hinzuweisen, dass „anfechtbare Handlungen" im Sinne von Art. 263 AEUV alle von den Organen erlassenen Bestimmungen – unabhängig von ihrer Form – sind, die verbindliche Rechtswirkungen erzeugen sollen (vgl. in diesem Sinne Urteile vom 31. März 1971, Kommission/Rat, „AETR", 22/70, EU:

C:1971:32, Rn. 39 und 42, sowie vom 25. Oktober 2017, Rumänien/Kommission, C 599/15 P, EU:C:2017:801, Rn. 47 und die dort angeführte Rechtsprechung).

[32] Um festzustellen, ob die angefochtene Handlung verbindliche Rechtswirkungen erzeugt, ist auf ihr Wesen abzustellen und sind ihre Wirkungen anhand objektiver Kriterien wie z. B. des Inhalts der Handlung zu beurteilen, wobei gegebenenfalls der Zusammenhang ihres Erlasses und die Befugnisse des die Handlung vornehmenden Organs zu berücksichtigen sind (vgl. in diesem Sinne Urteile vom 13. Februar 2014, Ungarn/Kommission, C 31/13 P, EU:C:2014:70, Rn. 55 und die dort angeführte Rechtsprechung, sowie vom 25. Oktober 2017, Slowakische Republik/Kommission, C 593/15 P und C 594/15 P, EU:C:2017:800, Rn. 47).

[33] Im vorliegenden Fall hat das Gericht, um zu klären, ob die streitige Empfehlung geeignet ist, verbindliche Rechtswirkungen zu erzeugen, und daher Gegenstand einer Nichtigkeitsklage nach Art. 263 AEUV sein kann, in Rn. 18 des angefochtenen Beschlusses ihren Wortlaut, den Kontext, in dem sie steht, ihren Inhalt und die Absicht ihres Urhebers geprüft.

[34] Insbesondere hat das Gericht in Rn. 21 des angefochtenen Beschlusses erstens festgestellt, dass „die streitige Empfehlung im Wesentlichen nicht verbindlich formuliert ist“, wie aus der Prüfung hervorgeht, die es in den Rn. 22 und 23 des angefochtenen Beschlusses vorgenommen hat. In den Rn. 26 und 27 des Beschlusses hat es hinzugefügt, dass einige Sprachfassungen der Empfehlung, auch wenn sie teilweise verbindlichere Formulierungen enthielten, gleichwohl im Wesentlichen nicht verbindlich formuliert seien.

[35] Zweitens hat das Gericht in Rn. 29 des angefochtenen Beschlusses ausgeführt, „dass auch aus dem Inhalt der streitigen Empfehlung folgt, dass diese Handlung nicht dazu bestimmt ist, verbindliche Rechtswirkungen zu erzeugen, und die Kommission nicht die Absicht hatte, ihr solche Rechtswirkungen zu verleihen“. Insbesondere hat es in Rn. 31 des angefochtenen Beschlusses darauf hingewiesen, dass „in Nr. 2 der streitigen Empfehlung ausdrücklich klargestellt [wird], dass das Recht der Mitgliedstaaten auf Regulierung von Glücksspieldienstleistungen von dieser Empfehlung unberührt bleibt“. In Rn. 32 des angefochtenen Beschlusses wird überdies hervorgehoben, dass die streitige Empfehlung keinen ausdrücklichen Hinweis enthalte, wonach die Mitgliedstaaten verpflichtet wären, die von ihr aufgestellten Grundsätze zu erlassen und anzuwenden.

[36] Drittens hat das Gericht in Rn. 36 des angefochtenen Beschlusses zu dem Kontext, in dem die streitige Empfehlung steht, festgestellt, dass sich, „ohne dass [dem] vom Königreich Belgien widersprochen worden" sei, aus einem Auszug aus der Mitteilung COM(2012) 596 final der Kommission an das Europäische Parlament, den Rat, den Wirtschafts- und Sozialausschuss und den Ausschuss der Regionen vom 23. Oktober 2012 („Ein umfassender europäischer Rahmen für das Online-Glücksspiel") ergebe, dass es „[i]nsgesamt … derzeit nicht angemessen [erscheint], … Rechtsvorschriften [der Union im Sektor der Online-Glücksspiele] vorzuschlagen".

[37] Somit war das Gericht, nachdem es den Wortlaut, den Inhalt und die Zielsetzung der streitigen Empfehlung sowie den Kontext, in dem sie steht, rechtlich hinreichend geprüft hatte, in Rn. 37 des angefochtenen Beschlusses zu dem Schluss berechtigt, dass die Empfehlung „weder verbindliche Rechtswirkungen erzeugt noch dazu bestimmt ist, dies zu tun, so dass sie nicht als anfechtbare Handlung im Sinne von Art. 263 AEUV eingestuft werden kann".

(…)

[40] Soweit der zweite Rechtsmittelgrund darauf gestützt wird, dass das Gericht die Wechselseitigkeit des Grundsatzes der loyalen Zusammenarbeit verkannt habe, ist zum einen festzustellen, dass, wie das Gericht in Rn. 55 des angefochtenen Beschlusses im Wesentlichen ausgeführt hat, die Vertragsverletzungsklage und die Nichtigkeitsklage Rechtsbehelfe sind, die verschiedene Ziele haben und sich hinsichtlich ihrer Zulässigkeitsvoraussetzungen unterscheiden, und zum anderen, dass der Grundsatz der loyalen Zusammenarbeit nicht zum Wegfall der in Art. 263 AEUV ausdrücklich vorgesehenen Zulässigkeitsvoraussetzungen führen kann.

(…)

[43] Soweit die ersten beiden Rechtsmittelgründe darauf gestützt werden, dass Art. 263 AEUV verletzt worden sei, weil das Gericht durch den angefochtenen Beschluss eine Rechtmäßigkeitskontrolle der streitigen Empfehlung gemäß diesem Artikel ausgeschlossen habe, was nicht mit den sich aus den Urteilen vom 23. April 1986, Les Verts/Parlament (294/83, EU:C:1986:166), und vom 22. Mai 1990, Parlament/Rat (C 70/88, EU:C:1990:217), ergebenden Anforderungen vereinbar sei, ist als Zweites hervorzuheben, dass es in der vorliegenden Rechtssache im Gegensatz zu den Rechtssachen, in denen diese beiden Urteile ergangen sind, nicht an einer Bestimmung in den Verträgen fehlt, die zur Erhebung einer Nichtigkeitsklage wie der im vorliegenden Fall fraglichen berechtigt, sondern, dass es mit Art. 263 Abs. 1 AEUV eine aus-

drückliche Bestimmung gibt, die Empfehlungen vom Anwendungsbereich der Nichtigkeitsklage ausnimmt, sofern sie keine verbindlichen Rechtswirkungen erzeugen, was das Gericht im vorliegenden Fall zutreffend festgestellt hat.

[44] Auch wenn Art. 263 AEUV die Überprüfung von Handlungen mit Empfehlungscharakter durch den Gerichtshof ausschließt, verleiht ihm im Übrigen Art. 267 AEUV die Befugnis, im Wege der Vorabentscheidung über die Gültigkeit und die Auslegung von Handlungen der Unionsorgane ohne jede Ausnahme zu entscheiden (vgl. in diesem Sinne Urteile vom 13. Dezember 1989, Grimaldi, C 322/88, EU:C:1989:646, Rn. 8, sowie vom 13. Juni 2017, Florescu u. a., C 258/14, EU:C:2017:448, Rn. 30).

(...)

[49] Folglich ist grundsätzlich allen Sprachfassungen einer Unionshandlung der gleiche Wert beizumessen. Um die einheitliche Auslegung des Unionsrechts zu wahren, muss daher, wenn die Sprachfassungen voneinander abweichen, die betreffende Vorschrift anhand von Sinn und Zweck der Regelung ausgelegt werden, zu der sie gehört (vgl. in diesem Sinne Urteile vom 2. April 1998, EMU Tabac u. a., C 296/95, EU:C:1998:152, Rn. 36, und vom 20. November 2003, Kyocera, C 152/01, EU:C:2003:623, Rn. 32 und 33 sowie die dort angeführte Rechtsprechung).

[50] Die in einer der Sprachfassungen einer Handlung verwendete Formulierung kann daher nicht als alleinige Grundlage für die Auslegung dieser Handlung herangezogen oder insoweit Vorrang vor den anderen Sprachfassungen beanspruchen. Ein solcher Ansatz wäre nämlich mit dem Erfordernis einer einheitlichen Anwendung des Unionsrechts unvereinbar (vgl. in diesem Sinne Urteile vom 22. Oktober 2009, Zurita García und Choque Cabrera, C 261/08 und C 348/08, EU:C:2009:648, Rn. 55 und die dort angeführte Rechtsprechung, sowie vom 9. März 2017, GE Healthcare, C 173/15, EU:C:2017:195, Rn. 65 und die dort angeführte Rechtsprechung).

[51] Im vorliegenden Fall hat das Gericht im angefochtenen Beschluss, wie sich aus Rn. 34 des vorliegenden Urteils ergibt, die verschiedenen Sprachfassungen der streitigen Empfehlung verglichen und daraus geschlossen, dass sie im Wesentlichen nicht verbindlich formuliert sei.

[52] Wie sich aus Rn. 37 des vorliegenden Urteils ergibt, war das Gericht zudem, nachdem es den Wortlaut, den Inhalt und die Zielsetzung der streitigen Empfehlung sowie den Kontext, in dem sie steht,

rechtlich hinreichend geprüft hatte, in Rn. 37 des angefochtenen Beschlusses zu dem Schluss berechtigt, dass die Empfehlung „weder verbindliche Rechtswirkungen erzeugt noch dazu bestimmt ist, dies zu tun, so dass sie nicht als anfechtbare Handlung im Sinne von Art. 263 AEUV eingestuft werden kann".

2. Klagebefugnis

Rs. 25/62 (Firma Plaumann ./. Kommission; „Plaumann"), 105
Urteil des Gerichtshofs vom 15.07.1963.

Vorbemerkungen: *Im Gegensatz zu den privilegierten Klägern können natürliche und juristische Personen Unionsrechtsakte, welche nicht an sie gerichtet sind, und keine Rechtsakte mit Verordnungscharakter i. S. d. Art. 263 Abs. 4, 3. Alt. AEUV sind, nur anfechten, soweit sie durch die Unionshandlung unmittelbar und individuell betroffen sind (Art. 263 Abs. 4, 2. Alt. AEUV). Während das Betroffenheitsmerkmal bestimmt, ob die angefochtene Maßnahme überhaupt in den Interessenkreis des Klägers eingreift, dienen die Merkmale der individuellen und unmittelbaren Betroffenheit der für die Klageberechtigung entscheidenden Konkretisierung, wie sich der Rechtsakt auf den Interessenkreis des Klägers in tatsächlicher Hinsicht auswirkt. In der Rechtssache Plaumann definierte der EuGH erstmals die praktisch bedeutsamere individuelle Betroffenheit. Danach ist diese Voraussetzung gegeben, wenn die Entscheidung (jetzt: adressatengerichteter Beschluss nach Art. 288 Abs. 4 S. 2 AEUV) den Kläger wegen bestimmter persönlicher Eigenschaften oder besonderer, ihn aus dem Kreis aller übrigen Personen heraushebender Umstände berührt und ihn daher in ähnlicher Weise individualisiert wie den Adressaten. Maßgeblich ist somit eine adressatengleiche Stellung des Individualklägers. Aus der Folgerechtsprechung ergibt sich, dass zu den in der Formel angesprochenen „Umständen" vor allem Beteiligungs-, Informations- und Mitwirkungsrechte zählen, die natürlichen und juristischen Personen im Rahmen unionaler Verwaltungsverfahren eingeräumt werden, die dem Rechtsakterlass vorangehen. An dieser (umstrittenen) Rechtsprechung hält der EuGH trotz erheblicher auch innerinstitutioneller Kritik bis heute fest.*

Sachverhalt: Die Bundesrepublik Deutschland beantragte im Juni 1961 bei der Kommission, sie zu ermächtigen, auf Clementinen statt des Gemeinsamen Zolltarifs von 13% einen Zolltarif von 10% zu erheben. Gegen die ablehnende Entscheidung der Kommission erhob die Firma Plaumann & Co. Nichtigkeitsklage. Der EuGH wies die Klage mangels individueller Betroffenheit als unzulässig ab.

Aus den Entscheidungsgründen:

Nach Artikel 173 Absatz 2 EWG-Vertrag „kann jede natürliche oder juristische Person ... gegen diejenigen Entscheidungen Klage erheben, die, obwohl sie ... als eine an eine andere Person gerichtete Entscheidung ergangen sind, sie unmittelbar und individuell betreffen". Die Beklagte macht geltend, daß die Worte „andere Person" sich nicht auf die Mitgliedstaaten in ihrer Eigenschaft als Hoheitsträger beziehen; Privatpersonen könnten daher keine Nichtigkeitsklage gegen an derartige Adressaten gerichtete Entscheidungen der Kommission oder des Rates erheben.

Artikel 173 Absatz 2 des Vertrages lässt jedoch ganz allgemein Klagen von Privatpersonen gegen solche Entscheidungen zu, die sie unmittelbar und individuell betreffen, obwohl sie an eine „andere Person" gerichtet sind. Die Bedeutung dieses Ausdrucks wird in der Vorschrift weder näher umschrieben noch eingeschränkt. Wortlaut und grammatikalischer Sinn rechtfertigen die weiteste Auslegung. Im übrigen dürfen die Bestimmungen des Vertrages über das Klagerecht nicht restriktiv interpretiert werden. Angesichts des Schweigens des Vertrages kann der genannten Vorschrift daher kein einschränkender Sinn beigelegt werden.

(...)

Nach den Artikeln 189 und 191 des Vertrages sind die Entscheidungen jedoch dadurch gekennzeichnet, daß sie sich an eine begrenzte Zahl von Personen richten. Um feststellen zu können, ob eine Entscheidung vorliegt, ist also zu prüfen, ob die Maßnahme bestimmte Personen betrifft. Die umstrittene Entscheidung ist an die Regierung der Bundesrepublik Deutschland gerichtet und versagt ihr die Ermächtigung zur teilweisen Zollaussetzung für bestimmte, aus dritten Ländern eingeführte Erzeugnisse. Die angefochtene Maßnahme ist daher als eine Entscheidung anzusehen, die eine bestimmte Person bezeichnet und nur für diese verbindlich ist.

Nach Artikel 173 Absatz 2 des Vertrages können Privatpersonen Nichtigkeitsklage gegen diejenigen Entscheidungen erheben, die, obwohl sie an eine andere Person gerichtet sind, sie unmittelbar und individuell betreffen. Im vorliegenden Fall bestreitet die Beklagte, dass die umstrittene Entscheidung die Klägerin unmittelbar und individuell betreffe.

Zunächst ist zu prüfen, ob die zweite Prozeßvoraussetzung erfüllt ist; denn die Frage nach dem unmittelbaren Betroffensein erübrigt sich, wenn die genannte Entscheidung die Klägerin nicht individuell betrifft.

Wer nicht Adressat einer Entscheidung ist, kann nur dann geltend machen, von ihr individuell betroffen zu sein, wenn die Entscheidung ihn wegen bestimmter persönlicher Eigenschaften oder besonderer, ihn aus dem Kreis aller übrigen Personen heraushebender Umstände berührt und ihn daher in ähnlicher Weise individualisiert wie den Adressaten. Im vorliegenden Fall wird die Klägerin durch die umstrittene Entscheidung in ihrer Eigenschaft als Importeur von Clementinen betroffen, also im Hinblick auf eine kaufmännische Tätigkeit, die jederzeit durch jedermann ausgeübt werden kann und daher nicht geeignet ist, die Klägerin gegenüber der angefochtenen Entscheidung in gleicher Weise zu individualisieren wie den Adressaten.

Rs. T-219/95 R (Danielsson u. a.), 106
Urteil des Gerichts vom 22.12.1995.

Vorbemerkungen: *Die (umstrittene) Plaumann-Formel (Fall 105) setzt voraus, dass sich der Kläger aufgrund besonderer Eigenschaften aus dem Kreis der anderen Betroffenen in relevanter Weise abhebt. Die Intensität der Betroffenheit spielt demgegenüber grds. keine Rolle. Wenn also alle Betroffenen zwar sehr intensiv aber keiner von ihnen in besonderer Weise betroffen ist, scheidet eine Nichtigkeitsklage aus. Der vorliegende Beschluss des Gerichts zeigt auf unfreiwillig zynische Weise die Konsequenzen dieser Dogmatik auf, wenn dort u. a. dargelegt wird, dass selbst ein möglicher Atomunfall („verhängnisvolle Folgen", Rn. 71) sämtliche Bewohner des dann verseuchten Gebiets in gleicher Weise betreffen würde. Der Antrag der Bewohner im einstweiligen Rechtsschutz war daher wegen Unzulässigkeit der Hauptsache abzuweisen.*

Sachverhalt: Nachdem die überseeischen aber französischen Inseln von 1966 bis 1991 für die Erprobung von Kernwaffen benutzt wurden, wurden diese Tests im Jahr 1991 aufgrund eines freiwilligen Moratoriums zunächst unterbrochen. Am 13. Juni 1995 kündigten die französischen Behörden an, dass sie beabsichtigten, eine Reihe zusätzlicher Atomtests auf Mururoa abzuhalten. Der erste Test fand am 5. September, der zweite am 1. Oktober 1995 statt. Am 23. Oktober 1995, vier Tage vor dem dritten Test, gab die Kommission eine abschließende Stellungnahme zur Frage der Anwendbarkeit des Artikels 34 EAG auf die fraglichen Atomtests ab, der die Zustimmung der Kommission vorschrieb, sofern die Möglichkeit bestand, dass sich die Auswirkungen der Versuche auf die Hoheitsgebiete anderer Mitgliedstaaten erstreckten. In ihrer Stellungnahme kam die Kommission jedoch zu dem Ergebnis, dass die in Französisch-Polynesien durchgeführten Tests kein spürbares Risiko einer erheblichen Belastung der Arbeitskräfte oder der Bevölkerung durch radioaktive Strahlen darstellten. Eine wissenschaftliche Bewertung habe gezeigt, dass selbst im schlimmsten Fall die Grundnormen eingehalten würden. Gegen diese Stellungnahme gingen drei Privatpersonen, Frau Danielsson, Herr Largenteau und Herr Haoa, die auf Tahiti wohnten, im Wege der Nichtigkeitsklage vor. Zudem beantragten sie die vorläufige Aussetzung des Vollzugs. Das Gericht wies den Antrag zurück, da die Hauptsache unzulässig sei. Zwar dürfte die Stellungnahme als Handlung mit Entscheidungscharakter anzusehen sein, da sie dazu bestimmt sei, Rechtswirkungen zu erzeugen (Rn. 64). Es fehle jedoch an der Klagebefugnis, da die Kläger, die nicht Adressaten der Stellungnahme warn, nicht hatten darlegen können, dass sie im Vergleich zu anderen Bewohnern in besonderer Weise von den Tests betroffen seien – selbst im Falle eines Unfalls.

Aus den Entscheidungsgründen:

[68] Was die Frage angeht, ob die Antragsteller von der angefochtenen Entscheidung individuell betroffen sind, so können nach ständiger Rechtsprechung „Personen, die nicht Adressat einer Entscheidung sind, … nur dann geltend machen, im Sinne von Artikel 173 des Vertrages individuell betroffen zu sein, wenn diese Entscheidung sie wegen bestimmter persönlicher Eigenschaften oder besonderer, sie aus dem Kreis aller übrigen Personen heraushebender Umstände berührt und sie daher in ähnlicher Weise individualisiert wie den Adressaten“ (vgl. die Urteile des Gerichtshofes vom 15. Juli 1963 in der Rechtssache 25/62, Plaumann/Kommission, Slg. 1963, 213, 237 f., und vom 2. Februar 1988 in den verbundenen Rechtssachen 67/85, 68/85 und 70/85, Van der Kooy u. a./Kommission, Slg. 1988, 219, Randnr. 14, sowie das Urteil des Gerichts vom 6. Juli

1995 in den verbundenen Rechtssachen T-447/93, T-448/93 und T-449/93, AITEC u. a./Kommission, Slg. 1995, 11–1971, Randnr. 34).

(...)

[71] Selbst wenn man unterstellt, daß die Antragsteller gegebenenfalls im Zusammenhang mit angeblich verhängnisvollen Folgen der fraglichen Atomtests für die Umwelt oder für die Gesundheit der Bevölkerung einen persönlichen Schaden erleiden könnten, würde dieser Umstand allein nicht ausreichen, sie in ähnlicher Weise wie den Adressaten der streitigen Entscheidung zu individualisieren, wie dies Artikel 146 Absatz 4 EAG-Vertrag verlangt, da ein Schaden der von ihnen geltend gemachten Art unterschiedslos alle in dem betreffenden Gebiet wohnenden Personen betreffen kann (vgl. Beschluß Greenpeace u. a./Kommission, a. a. O., Randnrn. 49 bis 55).

[72] Die Antragsteller tragen nichts vor, was die Feststellung erlauben könnte, daß die angefochtene Entscheidung sie schon dem ersten Anschein nach wegen bestimmter Eigenschaften oder besonderer Umstände betreffe. Sie tragen auch nicht vor, daß diese Entscheidung sie in einem Rechte verletze, das ihnen spezifisch zustünde und das es erlaubte, sie im Hinblick auf diese Entscheidung aus dem Kreis aller anderen in Polynesien wohnenden Personen herauszuheben (vgl. Urteil Codorniu/Rat, a. a. O., Randnrn. 20 bis 22, und Beschluß vom 23. November 1995 in der Rechtssache C-10/95 P, Asocarne/Rat, Slg. 1995, I-4149, Randnr. 43).

Rs. 26/86 (Deutz und Geldermann ./. Rat), Urteil des Gerichtshofs vom 24.02.1987. 107

Vorbemerkungen: *In dieser Entscheidung konkretisierte der EuGH die Kriterien zur Bestimmung der individuellen Betroffenheit im Sinne von Art. 263 Abs. 4, 2. Alt AEUV. Der Gerichtshof verneint eine individuelle Betroffenheit, wenn Zahl oder Identität der Personen, auf welche die Maßnahme zu einem bestimmten Zeitpunkt Anwendung findet, lediglich nach Maßgabe des Tatbestandes objektiv bestimmbar ist. Knüpft der Tatbestand des angefochtenen Rechtsaktes bei der Bestimmung des betroffenen Personenkreises nur an allgemeine Merkmale („Hersteller von Schaumwein“), nicht aber an einen konkret-individuellen Lebensumstand an (z. B. diejenigen Importeure von Schaumwein, die einen Einfuhrlizenzantrag bis zum 31.12.1997 gestellt haben), so genügt die bloße Bestimmbarkeit* *nach Maßgabe des objektiven Tatbestandes nicht. Eine individuelle Betroffenheit liegt in diesen Fällen selbst dann nicht vor, wenn sich der angefochtene Rechtsakt erkennbar nur auf einen einzigen Marktteilnehmer bezieht (vgl. aber Rs. Codorniu ./. Rat, Fall 108). Nach neuer Rechtslage käme es in einem solchen Fall nach Art. 263 Abs. 4, 3. Alt. AEUV auf die individuelle Betroffenheit nicht mehr an, soweit der Rechtsakt nicht als Gesetzgebungsakt einzustufen wäre, keine Durchführungsmaßnahmen nach sich ziehen und den Kläger zumindest unmittelbar betreffen würde (vgl. Rs. Inuit, Fall 102).*

Sachverhalt: 1986 erließ der Rat die Verordnung 3309/85. Diese sah unter anderem vor, dass die Hersteller von Schaumwein, welcher nicht die Ursprungsbezeichnung „Champagne" tragen darf, nicht weiter Bezug auf das als „méthode champenoise" bezeichnete Herstellungsverfahren nehmen dürfen. Eine weitere Bezeichnung des Herstellungsverfahrens als „méthode champenoise" sollte nur während eines Übergangszeitraums von acht Jahren zulässig sein. Hiergegen wandte sich der deutsche Hersteller Deutz/Geldermann, der traditionell dieses Verfahren nutzte. Zur Begründung seiner individuellen Betroffenheit trug der Kläger vor, dass die Zahl dieser Hersteller beschränkt und leicht erfassbar sei. Die Erhöhung dieser Zahl sei praktisch ausgeschlossen, da der Neuaufbau von Anlagen für die Herstellungsmethode sehr hohe Investitionskosten verursache. Daher sei der von der Verordnung betroffene Personenkreis exakt bestimmbar, so dass die Verordnung in Wirklichkeit eine an die Hersteller gerichtete Entscheidung darstelle, die mit der Nichtigkeitsklage anfechtbar sei. Der EuGH erklärte die Klage für unzulässig.

Aus den Entscheidungsgründen:

[6] Wie der Gerichtshof insbesondere in seinem Urteil vom 6. Oktober 1982 in der Rechtssache 307/81 (Alusuisse, Slg. 1982, 3463) bereits festgestellt hat, macht Artikel 173 Absatz 2 EWG-Vertrag die Zulässigkeit einer von einem einzelnen erhobenen Nichtigkeitsklage davon abhängig, daß die angefochtene Maßnahme, obwohl sie als Verordnung ergangen ist, in Wirklichkeit eine Entscheidung darstellt, die den Kläger unmittelbar und individuell betrifft. Der Zweck dieser Vorschrift besteht insbesondere darin zu verhindern, daß die Gemeinschaftsorgane, indem sie einfach die Form einer Verordnung wählen, die Klage eines einzelnen gegen eine Entscheidung, die ihn unmittelbar und individuell betrifft, ausschließen können, und damit klarzustellen, dass die Wahl der Form die Rechtsnatur einer Maßnahme nicht ändern kann.

[7] Die Klage eines einzelnen ist jedoch nicht zulässig, soweit sie sich gegen eine Verordnung von allgemeiner Geltung im Sinne des Artikels 189 Absatz 2 EWG-Vertrag richtet. Das Merkmal zur Unterscheidung zwischen Verordnung und Entscheidung ist darin zu sehen, ob die fragliche Maßnahme allgemeine Geltung hat. Daher sind die Rechtsnatur der angefochtenen Maßnahme und insbesondere die Rechtswirkungen, die sie erzeugen soll oder tatsächlich erzeugt, zu untersuchen.

[8] Eine Maßnahme verliert ihren Verordnungscharakter nicht dadurch, daß sich diejenigen Personen, auf die sie in einem gegebenen Zeitpunkt anzuwenden ist, der Zahl nach oder sogar namentlich bestimmen lassen, sofern nur feststeht, daß die Maßnahme nach ihrer Zweckbestimmung aufgrund eines objektiven Tatbestands rechtlicher oder tatsächlicher Art anwendbar ist, den sie bestimmt.

[9] Als individuell betroffen können diese Personen nur dann angesehen werden, wenn sie in ihrer Rechtsstellung aufgrund von Umständen betroffen sind, die sie aus dem Kreis aller übrigen Personen herausheben und sie in ähnlicher Weise individualisieren wie einen Adressaten (siehe insbesondere das Urteil vom 18. November 1975 in der Rechtssache 100/74, CAM, Slg. 1975, 1393).

[10] In der vorliegenden Rechtssache streiten die Parteien darüber, ob potentielle Adressaten des durch die angefochtene Vorschrift ausgesprochenen Verbots alle Schaumweinhersteller und -händler in der Gemeinschaft oder nur die Hersteller sind, die traditionell die „méthode champenoise“ anwenden.

[11] Zu dieser Streitfrage braucht indes nicht Stellung genommen zu werden. Selbst wenn gemäß der von der Klägerin vertretenen Auslegung nur die Schaumweinhersteller, die traditionell die „méthode champenoise“ anwenden, Adressaten des streitigen Verbots sein sollten, würde daraus noch nicht folgen, daß dieser Vorschrift der Rechtssatzcharakter fehlte.

[12] Der streitige Rechtsakt betrifft die Klägerin nämlich nur in ihrer objektiven Eigenschaft als Schaumweinherstellerin, die traditionell die sogenannte „méthode champenoise“ anwendet, und damit nicht anders als alle sonstigen Wirtschaftsteilnehmer, die sich in derselben Lage befinden.

108 **Rs. C-309/89 (Codorniu ./. Rat), Urteil des Gerichtshofs vom 18.05.1994.**

Vorbemerkungen: *Dem vorliegenden Urteil sowie der Rs. Deutz und Geldermann ./. Rat (Fall 107) lagen auf den ersten Blick ähnliche Konstellationen zugrunde. In beiden Fällen wurde den Klägern als Herstellern von Schaumweinen die weitere Bezugnahme auf ein bestimmtes Herstellungsverfahren („méthode champenoise" und „crémant") durch EG-Verordnung untersagt. Während der EuGH aber die Individualnichtigkeitsklage der Firma Deutz/Geldermann mangels individueller Betroffenheit zurückwies, erachtete er die Klage der Cordoniu SA für zulässig. Zwar war auch hier die Klägerin in ihrer objektiven Eigenschaft als Herstellerin eines bestimmten Produkts betroffen. Dennoch betraf die Maßnahme die Klägerin individuell, da sie aufgrund ihres eingetragenen Markenzeichens aus dem Kreis aller anderen – nicht individuell – betroffenen Hersteller herausgehoben wurde. Entscheidend war insoweit, dass die Codorniu SA an der Ausübung einer von ihr eigens erworbenen Rechtsposition, ihrem eingetragenen Markenzeichen, durch die Verordnung gehindert wurde. Werden „Verordnungen" oder an Mitgliedstaaten adressierte Beschlüsse (ehemals Entscheidungen) angefochten, so ist nach Maßgabe der genannten Entscheidungen die individuelle Betroffenheit abzulehnen, wenn*
(1) der betroffene Personenkreis bei Erlass oder Inkrafttreten der Maßnahme nicht abgeschlossen war, also – zumindest theoretisch – weitere Personen hinzutreten können, auf welche die Maßnahme anzuwenden wäre oder
(2) der allgemein bezeichnete Personenkreis zwar abgeschlossen und bestimmbar umrissen wird, die Maßnahme aber nach ihrer Zwecksetzung aufgrund eines objektiven Tatbestandes rechtlicher oder tatsächlicher Art anwendbar ist (Ausnahme: Der Kläger wird dergestalt individualisiert betroffen, dass ihm eine Rechtsposition aufgrund des Rechtsaktes entzogen wird).
Der EuGH erkennt mit der möglichen Doppelnatur von Unionsrechtsakten als zugleich Normativakten (insb. Verordnungen) und individualgerichteten Beschlüsse (im Sinne der früheren Entscheidung) im materiellen Sinn gegenüber Einzelnen damit die Kategorie der „hybriden Rechtsakte" an. Klagegegenstand nach Art. 263 Abs. 4, 2. Alt. AEUV ist dabei nur der Beschluss im materiellen Sinn, aufgehoben wird aber zumeist der gesamte Rechtsakt, also auch der normative Teil (Ausnahme: Rs. C-239/99, Nachi Europe, Rn. 38). **L:** *Rn. 501, 509.*

Sachverhalt: Die Klägerin, eine in Spanien ansässige Herstellerin von Schaumwein, wandte sich im Wege der Nichtigkeitsklage gegen eine einzelne Verordnungsvorschrift, welche den Begriff „crémant“ ausschließlich Qualitätsweinen aus Frankreich und Luxemburg vorbehielt. Die Klägerin war Inhaberin des eingetragenen spanischen Markenzeichens „Gran Cremant de Codorniu“, das sie seit 1924 zur Bezeichnung ihres Qualitätsschaumweins verwandte. Der EuGH hielt die Klage für zulässig und begründet. Die streitige Vorschrift wurde für nichtig erklärt.

Aus den Entscheidungsgründen:

[17] Es ist daran zu erinnern, daß Artikel 173 Absatz 2 des Vertrages die Erhebung einer Klage auf Nichtigerklärung einer Verordnung durch eine natürliche oder juristische Person davon abhängig macht, daß die Vorschriften der Verordnung, auf die sich die Klage bezieht, in Wirklichkeit eine diese Person unmittelbar und individuell betreffende Entscheidung darstellen.

[18] Wie der Gerichtshof bereits entschieden hat, verliert ein Rechtsakt seine allgemeine Geltung und damit seinen Normcharakter nicht dadurch, daß sich die Rechtssubjekte, auf die er in einem bestimmten Zeitpunkt Anwendung findet, der Zahl oder sogar der Identität nach mehr oder weniger genau bestimmen lassen, solange feststeht, daß diese Anwendung aufgrund einer objektiven rechtlichen oder tatsächlichen Situation erfolgt, die in dem Rechtsakt im Zusammenhang mit seiner Zielsetzung umschrieben ist (vgl. zuletzt Urteil vom 29. Juni 1993 in der Rechtssache C-298/89, Gibraltar/Rat, Slg. 1993, I-3605, Randnr. 17).

[19] Zwar hat die streitige Vorschrift im Hinblick auf die Kriterien des Artikels 173 Absatz 2 des Vertrages nach ihrer Rechtsnatur und ihrer Tragweite normativen Charakter, da sie für die beteiligten Wirtschaftsteilnehmer im allgemeinen gilt; es ist jedoch nicht ausgeschlossen, daß sie einige von ihnen individuell betreffen kann.

[20] Eine natürliche oder juristische Person kann nur dann geltend machen, individuell betroffen zu sein, wenn die streitige Vorschrift sie wegen bestimmter persönlicher Eigenschaften oder besonderer, sie aus dem Kreis aller übrigen Personen heraushebender Umstände berührt (Urteil vom 15. Juli 1963 in der Rechtssache 25/62, Plaumann/Kommission, Slg. 1963, 213).

[21] Es ist aber festzustellen, daß die Codorniu SA das Markenzeichen „Gran Cremant de Codorniu“ 1924 in Spanien eintragen ließ und daß sie diese Marke sowohl vor als auch nach der Eintragung herkömm-

licherweise verwendet hat. Die streitige Vorschrift hindert die Codorniu SA dadurch an der Nutzung ihres Markenzeichens, daß sie das Recht zur Verwendung des Begriffs „crémant" den französischen und luxemburgischen Erzeugern vorbehält.

[22] Daraus folgt, daß die Codorniu SA das Vorliegen einer Situation nachgewiesen hat, die sie im Hinblick auf die streitige Vorschrift aus dem Kreis aller übrigen Wirtschaftsteilnehmer heraushebt.

109 Rs. T-69/96 (Hamburger Hafen- und Lagerhaus AG ./. Kommission), Urteil des Gerichts vom 21.03.2001.

Vorbemerkungen: *Die mit den Entscheidungen in den vorgenannten Fällen skizzierte Rechtsprechung zur individuellen Betroffenheit bezieht sich vornehmlich auf Fallgestaltungen, in denen der Kläger einen als Verordnung ergangenen Rechtsakt anficht. Eine weitere, praktisch bedeutsame Fallgruppe der individuellen Betroffenheit stellen Konkurrentenklagen in Wettbewerbssachen (Art. 101 ff. AEUV) dar. So sind etwa im Beihilfenrecht (Art. 107 f. AEUV) Kommissionsbeschlüsse immer nur an die Mitgliedstaaten gerichtet, so dass nach der alten Rechtslage stets ein Fall der an einen Dritten gerichteten Entscheidung i. S. d. Art. 230 Abs. 4 EGV a. F. vorlag. Da es insoweit auch nach neuer Fassung allein auf die unmittelbare und individuelle Betroffenheit ankommt, können die bisherigen Grundsätze, die der EuGH diesbezüglich entwickelt hat, auch unter der neuen Regelung herangezogen werden. Im Beihilfenverfahren etwa wird nach der einem Beschluss vorangehenden Verfahrensstufe differenziert. In der vorliegenden Rechtssache Hamburger Hafen- und Lagerhaus AG griff der Kläger eine im vorläufigen Beihilfenaufsichtsverfahren nach Art. 108 Abs. 3 AEUV getroffene Kommissionsentscheidung an, mit der die Rechtmäßigkeit einer nationalen Einzelbeihilfe und einer Beihilfenregelung festgestellt wurde. Die individuelle Betroffenheit des Konkurrentenklägers bestimmt sich in diesen Fällen danach, ob er im Falle der anschließenden Durchführung eines formellen Prüfungsverfahrens gemäß Art. 108 Abs. 2 AEUV als Beteiligter ein Recht zur Abgabe einer Stellungnahme haben würde. Die Beteiligteneigenschaft richtet sich nach der Definition des Art. 1 lit. h) Beihilfe-VerfO. Danach muss der Kläger durch die Gewährung der Beihilfe an einen anderen in seiner Wettbewerbsposition beeinträchtigt sein. Ergeht ein Beschluss dagegen nach Abschluss des formellen Prüfungsverfahrens, so muss ein klagender Konkurrent zum*

Nachweis seiner individuellen Betroffenheit darlegen, dass er im Rahmen dieses Verfahrens eine aktive Rolle gespielt hat und dass seine Marktstellung durch die Beihilfe spürbar beeinträchtigt wird (vgl. etwa Rs. C-226/05 P, Sniace SA, Rn. 54ff.). Daneben hat die Rechtsprechung jedoch noch weitere Fallgruppen der individuellen Betroffenheit im Beihilfenrecht entwickelt. Ein ähnlich komplexes Bild bietet sich im Kartell- und Fusionskontrollrecht. ***B:*** *L. Harings, EuZW 2001, 636f.* ***L:*** *Rn. 515.*

Sachverhalt: Die Niederländische Regierung meldete der Kommission im Jahr 1995 zwei Beihilfevorhaben, bei denen es sich um eine Einzelbeihilfe und eine Beihilferegelung handelte, die beide die Förderung des kombinierten Güterverkehrs Schiene/Straße zum Gegenstand hatten. Die Kommission erachtete beide Vorhaben als mit dem Gemeinsamen Markt vereinbar und genehmigte die Beihilfen. Die Hamburger Hafen- und Lagerhaus AG, ein auf dem Gebiet des Warenumschlages im Hamburger Hafen tätiges Unternehmen, war der Auffassung, die Beihilfen beträfen letztlich nicht den Güterverkehr, sondern würden tatsächlich dem Warenumschlag im Rotterdamer Hafen zugute kommen. Sie erhob gegen die Genehmigungsentscheidung zu beiden Beihilfen Nichtigkeitsklage. Das EuG wies die Klage ab, weil die Klägerin nicht dargetan hatte, dass sie als Beteiligte in einem förmlichen Verfahren angesehen werden kann.

Aus den Entscheidungsgründen:

[34] Nach Artikel 173 Absatz 4 EG-Vertrag (nach Änderung jetzt Artikel 230 Absatz 4 EG) kann eine natürliche oder juristische Person nur dann gegen eine an eine andere Person gerichtete Entscheidung Klage erheben, wenn diese Entscheidung sie unmittelbar und individuell betrifft. Da die angefochtenen Entscheidungen an die niederländische Regierung gerichtet waren, ist zunächst zu prüfen, ob sie die Kläger individuell betreffen.

[35] Nach ständiger Rechtsprechung kann derjenige, der nicht Adressat einer Entscheidung ist, nur dann geltend machen, von ihr individuell betroffen zu sein, wenn die Entscheidung ihn wegen bestimmter persönlicher Eigenschaften oder besonderer, ihn aus dem Kreis aller übrigen Personen heraushebender Umstände berührt und ihn daher in ähnlicher Weise wie den Adressaten individualisiert (Urteile des Gerichtshofs vom 15. Juli 1963 in der Rechtssache 25/62, Plaumann/Kommission, Slg. 1963, 213, 238, und vom 28. Januar 1986 in der Rechtssache 169/84, Cofaz u.a./Kommission, Slg. 1986, 391, Randnr. 22; Urteile des Gerichts vom 15. September 1998 in der Rechtssache

T-11/95, BP Chemicals/Kommission, Slg. 1998, II-3235, Randnr. 71, und vom 15. Dezember 1999 in den Rechtssachen T-132/96 und T-143/96, Freistaat Sachsen u. a./Kommission, Slg. 1999, II-3663, Randnr. 83).

[36] Im Bereich der Kontrolle staatlicher Beihilfen ist die in Artikel 93 Absatz 3 EG-Vertrag geregelte Vorprüfungsphase, die nur dazu dient, der Kommission eine erste Meinungsbildung darüber zu ermöglichen, ob die fragliche Beihilfe ganz oder teilweise mit dem Vertrag vereinbar ist, von der Prüfungsphase nach Artikel 93 Absatz 2 EG-Vertrag zu unterscheiden. Nur in dieser Prüfungsphase, die es der Kommission ermöglichen soll, sich ein vollständiges Bild von allen Gegebenheiten des Falles zu verschaffen, sieht der Vertrag die Verpflichtung der Kommission vor, den Beteiligten Gelegenheit zur Äußerung zu geben (Urteil des Gerichts vom 16. September 1998 in der Rechtssache T-188/95, Waterleiding Maatschappij/Kommission, Slg. 1998, II-3713, Randnr. 52).

[37] Stellt die Kommission, ohne das Verfahren nach Artikel 93 Absatz 2 EG-Vertrag einzuleiten, aufgrund von Artikel 93 Absatz 3 fest, dass eine Beihilfe mit dem Gemeinsamen Markt vereinbar ist, so können die Personen, die diese Verfahrensgarantien genießen, deren Beachtung nur durchsetzen, wenn sie die Möglichkeit haben, die Entscheidung der Kommission vor dem Gerichtshof anzufechten (Urteile des Gerichtshofs vom 19. Mai 1993 in der Rechtssache C-198/91, Cook/Kommission, Slg. 1993, I-2487, Randnr. 23, und vom 15. Juni 1993 in der Rechtssache C-225/91, Matra/Kommission, Slg. 1993, I-3203, Randnr. 17, sowie Urteil Waterleiding Maatschappij/Kommission, Randnr. 53). Aus diesen Gründen erklären der Gerichtshof und das Gericht eine Klage eines im Sinne von Artikel 93 Absatz 2 EG-Vertrag Beteiligten auf Nichtigerklärung einer gemäß Artikel 93 Absatz 3 EG-Vertrag erlassenen Entscheidung für zulässig, wenn der Beteiligte durch die Erhebung seiner Klage den Schutz seiner Verfahrensgarantien aus Artikel 93 Absatz 2 EG-Vertrag durchsetzen will (Urteile Cook/Kommission, Randnrn. 23 bis 26, Matra/Kommission, Randnrn. 17 bis 20, und Waterleiding Maatschappij/Kommission, Randnr. 53).

[38] Im vorliegenden Fall wurden die beiden angefochtenen Entscheidungen auf der Grundlage von Artikel 93 Absatz 3 EG-Vertrag erlassen, ohne dass die Kommission das förmliche Verfahren des Artikels 93 Absatz 2 EG-Vertrag eröffnet hatte. Außerdem beantragen die Kläger die Nichtigerklärung der angefochtenen Entscheidungen mit der Begründung, dass die Kommission dieses Verfahren im vorliegenden Fall nicht eröffnet habe. Die Eröffnung eines solchen Verfahrens sei

nämlich geboten gewesen, da eine erste Beurteilung der in Rede stehenden Beihilfen ernsthafte Schwierigkeiten hinsichtlich der Beurteilung ihrer Vereinbarkeit mit dem Gemeinsamen Markt aufgeworfen habe.

[39] Demnach sind die Kläger als von den angefochtenen Entscheidungen individuell betroffen anzusehen, wenn sich herausstellt, dass sie als Beteiligte im Sinne von Artikel 93 Absatz 2 EG-Vertrag einzustufen sind.

[40] Nach ständiger Rechtsprechung sind Beteiligte im Sinne des Artikels 93 Absatz 2 EG-Vertrag nicht nur das oder die Unternehmen, die durch eine Beihilfe begünstigt werden, sondern in gleichem Maße auch die durch die Gewährung der Beihilfe eventuell in ihren Interessen verletzten Personen, Unternehmen oder Vereinigungen, insbesondere die konkurrierenden Unternehmen und die Berufsverbände (Urteil des Gerichtshofs vom 14. November 1984 in der Rechtssache 323/82, Intermills/Kommission, Slg. 1984, 3809, Randnr. 16, Urteil Cook/Kommission, Randnr. 24, Urteil Matra/Kommission, Randnr. 18, und Urteil vom 2. April 1998 in der Rechtssache C-367/95 P, Kommission/Sytraval und Brink's France, Slg. 1998, I-1719, Randnr. 41, mit dem das Urteil des Gerichts vom 28. September 1995 in der Rechtssache T-95/94, Sytraval und Brink's France/Kommission, Slg. 1995, II-2651, bestätigt wurde).

[41] Ferner ist nach der Rechtsprechung die Klage des Wettbewerbers des Beihilfeempfängers nur zulässig, wenn er nachweist, dass seine Wettbewerbsposition auf dem Markt durch die Gewährung der Beihilfe beeinträchtigt wird. Andernfalls hat er nicht die Eigenschaft eines Beteiligten im Sinne des Artikels 93 Absatz 2 EG-Vertrag (Urteil Waterleiding Maatschappij/Kommission, Randnr. 62).

[42] Im vorliegenden Fall ist zur Beeinträchtigung der Marktposition der Kläger zunächst festzustellen, dass sie keine direkten Wettbewerber der Empfänger der streitigen Beihilfen sind, da diese den kombinierten Güterverkehr Schiene/Straße betreffen, während einer der Kläger ein Unternehmen ist, das sich mit dem Umschlag und der Lagerung von Gütern im Hamburger Hafen befasst, und die beiden anderen Verbände sind, die insbesondere die Interessen von Unternehmen vertreten, die diese Tätigkeit in den deutschen Seehäfen ausüben.

(...)

[47] Schließlich kann aus den Angaben der Parteien nur geschlossen werden, dass sich die deutschen Seehäfen in den Jahren 1994 bis 1996 im Hinterlandverkehr mit Osteuropa vergleichsweise besser entwickelt haben als der Rotterdamer Hafen, was die Kläger auch eingeräumt haben. Insbesondere ist Anlage 20 zur Erwiderung, die einen Auszug aus

der amtlichen Seeschifffahrtsstatistik des Statistischen Bundesamtes über die Entwicklung des Containerumschlags in den Jahren 1994 bis 1996 im Hamburger Hafen und in den Bremischen Häfen enthält, zu entnehmen, dass die Zahl der umgeschlagenen Container kontinuierlich gestiegen ist.

[48] Die Kläger haben somit keine hinreichenden Beweise dafür vorgelegt, dass ihre Wettbewerbsposition auf dem Markt durch die Gewährung der streitigen Beihilfen beeinträchtigt worden ist.

110 Verb. Rs. T-132/96 und T-143/96 (Freistaat Sachsen ./. Kommission), Urteil des Gerichts vom 15.12.1999.

Vorbemerkungen: *Von der Rechtsprechung wurden darüber hinaus spezielle Kriterien entwickelt, um das Erfordernis der individuellen Betroffenheit nach Art. 263 Abs. 4, 2. Alt. AEUV den Besonderheiten der Individualklagen von Gebietskörperschaften anzupassen. In seiner Entscheidung betreffend das Beihilfeverfahren zu VW Sachsen nahm das Gericht erster Instanz im Rahmen der unmittelbaren und individuellen Betroffenheit ein Interesse der „unterhalb der Ebene der Mitgliedstaaten angesiedelten Einheit" an der Anfechtung einer von ihr durchzuführenden Entscheidung an, das von demjenigen des Mitgliedstaats, zu dem sie gehört, zu unterscheiden sei. Erstmals wurde hiermit die Klageberechtigung eines deutschen Bundeslandes nach Art. 263 Abs. 4 AEUV ausdrücklich anerkannt. Für die individuelle Betroffenheit einer gliedstaatlichen Gebietskörperschaft im Beihilfenverfahren kommt es mithin künftig darauf an, dass diese entweder*
(1) in finanzieller Hinsicht an der Beihilfe beteiligt ist oder
(2) ihr Befugnisse bei der Vergabe oder
(3) Befugnisse bei der Rückforderung der Beihilfe zustehen.
Diese Voraussetzungen gelten nicht kumulativ, sondern alternativ.
***B:** S. Wernicke, EuZW 2000, 127f.; M. Pechstein, VIZ 2000, 388ff.*
***L:** Rn. 494, 513, 1210,*

Sachverhalt: Aufgrund des zusammenbrechenden Absatzes von Trabant-Fahrzeugen nach der Wirtschafts- und Währungsunion 1990 schloss die Volkswagen Union mit der Treuhandanstalt eine Grundsatzvereinbarung ab, die unter anderem die Errichtung einer Beschäftigungsgesellschaft und die Übernahme verschiedener Fertigungsanlagen vorsah. Für dieses Projekt wurden umfangreiche staatliche Beihilfen gewährt. Die Kommission erklärte in der an die Bundesrepublik Deutschland gerichteten Entscheidung 96/666/EG einen Teil der Beihilfen für unvereinbar mit

Art. 87 Abs. 3 c) EG (jetzt: Art. 107 Abs. 3 c) AEUV) und Art. 61 Abs. 3 c) EWR-Abkommen. Der Freistaat Sachsen erhob Klage beim EuG mit dem Ziel, die ablehnenden Teile der Entscheidung für nichtig erklären zu lassen. Das EuG ließ die Klage mit der Begründung zu, dass der Freistaat Sachsen im Sinne von Art. 230 Abs. 4 EG (jetzt: Art. 263 Abs. 4 AEUV) individuell betroffen sei.

Aus den Entscheidungsgründen:

[81] Der Freistaat Sachsen, der nach deutschem Recht Rechtspersönlichkeit besitzt, kann Nichtigkeitsklage nach Artikel 173 Absatz 4 EG-Vertrag erheben, wonach jede natürliche oder juristische Person gegen die an sie ergangenen Entscheidungen sowie gegen diejenigen Entscheidungen Klage erheben kann, die, obwohl sie als Verordnung oder als eine an eine andere Person gerichtete Entscheidung ergangen sind, sie unmittelbar und individuell betreffen (vgl. Urteil Vlaams Gewest/Kommission, Randnr. 28, und die dort angeführte Rechtsprechung sowie Beschluß Comunidad Autónoma de Cantabria/Rat, Randnr. 43).

[82] Da die angefochtene Entscheidung an die Bundesrepublik Deutschland gerichtet ist, ist somit zu prüfen, ob der Freistaat Sachsen unmittelbar und individuell betroffen ist.

[83] Andere Personen als die Adressaten einer Entscheidung können nur dann behaupten, individuell im Sinne von Artikel 173 Absatz 4 EG-Vertrag betroffen zu sein, wenn diese Entscheidung sie wegen bestimmter persönlicher Eigenschaften oder besonderer, sie aus dem Kreis aller übrigen Personen heraushebender Umstände berührt und sie dadurch in ähnlicher Weise individualisiert wie einen Adressaten (Urteile des Gerichtshofs vom 15. Juli 1963 in der Rechtssache 25/62, Plaumann/Kommission, Slg. 1963, 213, 238, und vom 28. Januar 1986 in der Rechtssache 169/84, Cofaz u. a./Kommission, Slg. 1986, 391, Randnr. 22). Diese Bestimmung bezweckt nämlich, auch demjenigen Rechtsschutz zu verschaffen, der, ohne Adressat der fraglichen Handlung zu sein, von ihr tatsächlich in ähnlicher Weise betroffen ist wie der Adressat (Urteil Gemeinde Differdange u. a./Kommission, Randnr. 9).

[84] Die angefochtene Entscheidung betrifft Beihilfen, die der Freistaat Sachsen teilweise aus eigenen Mitteln gewährt hat. Sie erfaßt nicht nur Handlungen, die der Freistaat Sachsen erlassen hat, nämlich die Bescheide von 1991, 1993, 1994 und 1996, sondern sie hindert diesen auch daran, seine autonomen Befugnisse nach seinen Vorstellungen auszuüben (vgl. Urteile Vlaams Gewest/Kommission, Randnr. 29, und Regione autonoma Friuli Venezia Giulia/Kommission, Randnr. 31).

[85] Wie sich nämlich aus den Randnummern 2 bis 4 des von der Kommission angeführten Urteils in der Rechtssache Deutschland/Kommission vom 14. Oktober 1987 ergibt, werden in der Bundesrepublik Deutschland Regionalbeihilfen grundsätzlich von den einzelnen Bundesländern gewährt, auch wenn der Bund seit Änderung des Grundgesetzes aus dem Jahr 1969 gemäß dem neuen Artikel 91 a GG bei der Verbesserung der regionalen Wirtschaftsstruktur durch die einzelnen Länder mitwirkt. Gemäß dem aufgrund von Artikel 91 a GG erlassenen Gesetz über die Gemeinschaftsaufgabe werden seit 1972 regelmäßig Beihilfeprogramme in Form von Rahmenplänen gemeinsam von Bund und Ländern aufgestellt. Die in Durchführung dieser Rahmenpläne gewährten Beihilfen werden sowohl vom Bund als auch von den Ländern finanziert. Parallel zu den aufgrund der Gemeinschaftsaufgabe aufgestellten Rahmenpläne können die Länder auch regionale Förderprogramme zugunsten von in ihrem Gebiet investierenden Unternehmen vorsehen.

[86] Zudem ist der Freistaat Sachsen nach der angefochtenen Entscheidung verpflichtet, das Verwaltungsverfahren zur Wiedereinziehung der Beihilfen bei den Empfängern einzuleiten, wofür er auf nationaler Ebene allein zuständig ist. Das Gericht hat in diesem Zusammenhang in der Sitzung auf Antrag der Kommission zur Kenntnis genommen, daß ein Teil der Beihilfen an den Freistaat Sachsen selbst zurückgezahlt worden ist.

(…)

[88] Infolgedessen ist der Freistaat Sachsen von der angefochtenen Entscheidung im Sinne von Artikel 173 Absatz 4 EG-Vertrag individuell betroffen.

111 Rs. T-628/22 (Repasi ./. Kommission), Beschluss des Gerichts vom 21.06.2023.

Vorbemerkungen: *Art. 263 Abs. 3 AEUV erlaubt dem Rechnungshof, der EZB und dem Ausschuss der Regionen die Einlegung einer Nichtigkeitsklage „zur Wahrung ihrer Rechte". Darüber hinaus kennt das europäische Prozessrecht jedoch – anders als das deutsche Recht – kein klassisches Organstreitverfahren, das anderen im politischen Prozess beteiligten Akteuren die Möglichkeit einräumt, die Wahrung ihrer organschaftlichen Rechte (ggf. sogar in Prozessstandschaft für das Organ, dem sie angehören) vor dem vor dem EuGH durchzusetzen. Das betrifft insbesondere die parlamentarische Minderheit im Parlament* *sowie einzelne Abgeordnete. Eine Klagemöglichkeit besteht hier nur nach Maßgabe des Art. 263 Abs. 4 AEUV, setzt also die unmittelbare und individuelle Betroffenheit des Klägers voraus. Diese kann nach der Rechtsprechung zwar bei Abgeordneten gegeben sein, soweit sie Handlungen des Parlaments angreifen, die sich auf die Bedingungen auswirken, unter denen seine Mitglieder ihre parlamentarischen Aufgaben wahrnehmen (vgl. in diesem Sinne, Rs. C-486/01 P, Front national/Parlament, Rn. 35, und Rs. T-222/99, T-327/99 und T-329/99, Martinez u. a./Parlament, Rn. 60 bis 65). Als einzelner Abgeordneter besteht jedoch keine Möglichkeit, Handlungen anderer Organe mit dem Argument anzugreifen, dass in dieser eine Verletzung eigener oder der Rechte des Parlaments zu sehen sei. Angesichts der Entwicklung der Europäischen Union hin zu einer Art parlamentarischem Regierungssystem, in dem die Kommission von einer strukturellen Mehrheit im Parlament getragen wird, versuchte der Abgeordnete René Repasi mit der vorliegenden Klage auf eine richterrechtliche Ausweitung seiner Klagemöglichkeiten hinzuwirken. Denn die bestehende Klagemöglichkeit des Parlaments nach Art. 263 Abs. 2 AEUV hilft hier nur bedingt weiter, weil die strukturelle Mehrheit des Parlaments nur in Ausnahmefällen gegen die Kommission vorgehen wird. Entsprechende Ausweitungen hatte es in der Vergangenheit bereits gegeben – nicht zuletzt die Klagemöglichkeiten des Parlaments hatte der EuGH frühzeitig ausgeweitet, bevor es später in den Kreis der privilegierten Kläger nach Art. 263 Abs. 2 AEUV aufgenommen wurde. Das Gericht lehnte eine solche Ausweitung im vorliegenden Beschluss jedoch ab. Ein zunächst eingelegtes Rechtsmittel beim EuGH nahm der Abgeordnete Repasi 2024 zurück.* ***B:*** *M. Ruffert, JuS 2023, 795 ff.; V. A. Fiebelkorn/H. A. Petzold, EuR 2024, 200 ff.* ***L:*** *Rn. 361, 506.*

Sachverhalt: Die Klage nach Art. 263 AEUV betraf die Delegierte Verordnung (EU) 2022/1214 der Kommission vom 9. März 2022 zur Änderung der Delegierten Verordnung (EU) 2021/2139 in Bezug auf Wirtschaftstätigkeiten in bestimmten Energiesektoren und der Delegierten Verordnung (EU) 2021/2178 in Bezug auf besondere Offenlegungspflichten für diese Wirtschaftstätigkeiten (ABl. 2022, L 188, S. 1). Der Kläger René Repasi, ein Abgeordneter des Europäischen Parlaments, machte insoweit geltend, dass die Kommission mit dieser Verordnung die ihr nach Art. 290 AEUV übertragene Befugnis zum Erlass delegierter Rechtsakte überschritten habe, so dass die angefochtene Verordnung die Gesetzgebungskompetenz des Parlaments und damit die Rechte des Klägers als Mitglied des Parlaments beeinträchtigt habe. Er sei daher als von der angefochtenen Verordnung unmittelbar und individuell betroffen anzusehen. Das Gericht wies die Klage per Beschluss als unzulässig ab, da es an der unmittelbaren Betroffenheit fehle.

Aus den Entscheidungsgründen:

[20] Der Kläger macht im Wesentlichen geltend, der Rechtsstatus als Mitglied des Parlaments verleihe ihm nach dem Unionsrecht und dem Grundsatz der repräsentativen Demokratie Stimm- und Initiativrechte, ein Recht auf Mitwirkung an einem ordnungsgemäßen Rechtsetzungsverfahren, Verfahrensrechte auf Einhaltung der Zuständigkeitsregeln und verfahrensrechtlichen Regelungen sowie ein Recht, die demokratischen Befugnisse des Parlaments zu verteidigen.

[21] Die Anerkennung seiner Klagebefugnis als Abgeordneter ermögliche entgegen dem Vorbringen der Kommission, das institutionelle Gleichgewicht zu schützen, indem eine Klageberechtigung gewährleistet werde, um zu überprüfen, ob die Wahl des Verfahrens zum Erlass eines Rechtsakts nicht gegen die Rechte der Abgeordneten verstoße, ohne jedoch eine Popularklage zuzulassen.

[22] Der Kläger macht somit im Wesentlichen geltend, dass die Kommission mit dem Erlass der angefochtenen Verordnung die ihr nach Art. 290 AEUV übertragene Befugnis zum Erlass delegierter Rechtsakte überschritten habe, so dass die angefochtene Verordnung die Gesetzgebungskompetenz des Parlaments und damit die Rechte des Klägers als Mitglied des Parlaments beeinträchtigt habe. Er sei daher als von der angefochtenen Verordnung unmittelbar und individuell betroffen anzusehen.

[23] Insoweit ist darauf hinzuweisen, dass die Zulässigkeit einer Klage, die von einer natürlichen oder juristischen Person gegen eine nicht an sie gerichtete Handlung erhoben wird, nach Art. 263 Abs. 4 AEUV unter der Bedingung steht, dass dieser Person eine Klagebefugnis zuerkannt wird, die in zwei Fällen vorliegt. Zum einen kann eine derartige Klage erhoben werden, wenn diese Handlung die Person unmittelbar und individuell betrifft. Zum anderen kann eine solche Person gegen einen Rechtsakt mit Verordnungscharakter, der keine Durchführungsmaßnahmen nach sich zieht, klagen, sofern dieser Rechtsakt sie unmittelbar betrifft (Urteile vom 19. Dezember 2013, Telefónica/Kommission, C-274/12 P, EU:C:2013:852, Rn. 19, und vom 13. März 2018, Industrias Químicas del Vallés/Kommission, C-244/16 P, EU:C:2018:177, Rn. 39).

(…)

[30] Insoweit ergibt sich zwar aus der Rechtsprechung, dass eine Handlung des Parlaments, die sich auf die Bedingungen auswirkt, unter denen seine Mitglieder ihre parlamentarischen Aufgaben wahrnehmen, eine Handlung ist, die deren Rechtsstellung unmittelbar betrifft (vgl. in diesem Sinne Urteile vom 29. Juni 2004, Front national/Parlament, C-486/01 P, EU:C:2004:394, Rn. 35, und vom 2. Oktober 2001, Martinez u. a./Parlament, T-222/99, T-327/99 und T-329/99, EU:T:2001:242, Rn. 60 bis 65).

[31] Diese Rechtsprechung betrifft jedoch interne organisatorische Maßnahmen des Parlaments, die seine Mitglieder unmittelbar betreffen, und ist nicht auf den vorliegenden Fall übertragbar, in dem die vom Kläger als Mitglied des Parlaments geltend gemachten Rechte durch den behaupteten Eingriff in die Gesetzgebungskompetenz des Parlaments nur mittelbar verletzt werden könnten.

[32] Selbst wenn die Kommission mit dem Erlass der angefochtenen Verordnung die ihr nach Art. 290 AEUV übertragene Befugnis zum Erlass delegierter Rechtsakte überschritten haben sollte, würden die oben in Rn. 20 genannten Rechte des Klägers durch einen solchen Eingriff in die Gesetzgebungskompetenz des Parlaments nur mittelbar verletzt. Sämtliche Rechte des Klägers im Zusammenhang mit der Ausübung der Gesetzgebungskompetenz des Parlaments sollen nämlich nur im Rahmen der internen Verfahren des Parlaments ausgeübt werden.

[33] Entgegen dem Vorbringen des Klägers kann daher nicht davon ausgegangen werden, dass eine Verletzung der Rechte des Parlaments die Rechtsstellung seiner Mitglieder im Sinne der oben in Rn. 24 angeführten Rechtsprechung unmittelbar betreffen würde.

[34] Die vom Kläger geltend gemachten Rechte auf Mitwirkung an einem ordnungsgemäßen Rechtsetzungsverfahren, auf Einhaltung der Zuständigkeits- und verfahrensrechtlichen Regelungen, darauf, die demokratischen Befugnisse des Parlaments zu verteidigen, sowie die Stimm- und Initiativrechte und das Recht zur Mitwirkung zwecks politischer Einflussnahme können daher nicht als vom Erlass der angefochtenen Verordnung unmittelbar verletzt angesehen werden.

[35] Der Grundsatz der repräsentativen Demokratie und der Grundsatz der Rechtsstaatlichkeit, auf die sich der Kläger beruft, vermögen diese Schlussfolgerung nicht in Frage zu stellen. Wie sich nämlich aus Art. 263 Abs. 2 AEUV ergibt, hat das Parlament das Recht, Klage gegen Unionsrechtsakte zu erheben, so dass die Wahrung dieser Grundsätze durch das in den Verträgen vorgesehene Rechtsbehelfssystem gewährleistet wird.

3. Wirkung des Nichtigkeitsurteils

112 **Rs. 310/97 P (Assi Domän Kraft Products AB u. a.), Urteil des Gerichtshofs vom 14.09.1999.**

Vorbemerkungen: *Ist eine Nichtigkeitsklage zulässig und begründet, so erklärt der Gerichtshof die angefochtene Handlung für nichtig und hebt sie rechtsgestaltend auf (Art. 264 Abs. 1 AEUV). Die Nichtigerklärung erfolgt mit allgemeiner Wirkung (erga omnes) und mit rückwirkender Kraft (ex tunc). Die für nichtig erklärte Rechtshandlung gilt als von Anfang an nicht existent. Der Gerichtshof darf den für nichtig erklärten Rechtsakt weder durch einen anderen ersetzen, noch dem beklagten Organ den Erlass bestimmter Maßnahmen vorschreiben. Diese Lücke will Art. 266 AEUV schließen, indem er das verurteilte Unionsorgan verpflichtet, von sich aus die sich aus dem Urteil, insbesondere den Urteilsgründen, ergebenden Maßnahmen zu ergreifen. Handlungspflichten ergeben sich aus dem Nichtigkeitsurteil insoweit, als die Maßnahmen, welche auf dem für nichtig erklärten Rechtsakt beruhen, mangels gültiger Rechtsgrundlage aufzuheben sind. In dem Rechtsmittelverfahren Kraft Products zeigte der EuGH die Grenzen der aus Art. 266 AEUV folgenden Verpflichtung auf. Sie reicht nicht so weit, dass das Organ, welches den für nichtig erklärten Rechtsakt erlassen hatte, verpflichtet ist, auch andere, nicht vor den Unionsgerichten angefochtene und an andere Adressaten gerichtete identische oder ähnliche Rechtsakte zu überprüfen. Der EuGH schränkte damit zutreffend die materielle Rechtskraftwirkung eines Nichtigkeitsurteils auf die im Tenor der Entscheidung genannten Parteien ein.*

Sachverhalt: Die Kommission verhängte gegen verschiedene Zellstoffhersteller eine Geldbuße wegen wettbewerbswidrigen Verhaltens. Einige Adressaten der Entscheidung zahlten die Geldbuße, andere klagten jedoch dagegen. Die Klagen hatten weitgehend Erfolg, die Geldbußen wurden größtenteils herabgesetzt oder aufgehoben. Daraufhin forderten die Adressaten, welche die Geldbußen bereits gezahlt hatten, die Kommission auf, die gegen sie verhängten Geldbußen zu überprüfen und ebenfalls herabzusetzen. Die Kommission lehnte dies mit Hinweis auf die Bestandskraft der Entscheidungen ab. Daraufhin erhoben die Adressaten Klage beim EuG, das eine Überprüfungspflicht der Kommission zunächst bejahte. Die Kommission focht daraufhin das Urteil vor dem EuGH an, der das Urteil des EuG aufhob.

Aus den Entscheidungsgründen:

[49] Das Rechtsmittel wirft die Frage auf, ob das Organ, das im Rahmen eines gemeinsamen Verfahrens mehrere ähnliche Individualentscheidungen erlassen hat, mit denen Geldbußen auferlegt wurden, dann, wenn nur einige der Adressaten eine Nichtigkeitsklage erhoben und mit ihr obsiegt haben, auf Antrag anderer Adressaten im Licht der Begründung des Nichtigkeitsurteils die Rechtmäßigkeit der nicht angefochtenen Entscheidungen zu überprüfen und zu entscheiden hat, ob auf der Grundlage dieser Überprüfung die entrichteten Geldbußen zu erstatten sind.

[50] Die Klägerinnen haben sich vor dem Gericht nur auf Artikel 176 EG-Vertrag berufen; diese Bestimmung liegt dem angefochtenen Urteil zugrunde. Sie verpflichtet das Organ, dem das für nichtig erklärte Handeln zur Last fällt, nur dazu, die sich aus dem Nichtigkeitsurteil ergebenden Maßnahmen zu ergreifen.

[51] Die Wirkung dieses Urteils ist in zweierlei Hinsicht beschränkt.

[52] Zum einen darf der Gemeinschaftsrichter im Rahmen einer Nichtigkeitsklage nicht ultra petita entscheiden (siehe Urteile vom 14. Dezember 1962 in den Rechtssachen 46/59 und 47/59, Meroni/Hohe Behörde, Slg. 1962, 837, 854, und vom 28. Juni 1972 in der Rechtssache 37/71, Jamet/Kommission, Slg. 1972, 483, Randnr. 12); die Nichtigerklärung darf daher nicht über den Antrag des Klägers hinausgehen.

[53] Erhebt also ein Adressat einer Entscheidung Nichtigkeitsklage, so wird der Gemeinschaftsrichter nur mit den Teilen der Entscheidung befaßt, die diesen Adressaten betreffen. Diejenigen Teile, die andere Adressaten betreffen, die die Entscheidung nicht angefochten haben, sind nicht Teil des Streitgegenstands, über den der Gemeinschaftsrichter zu entscheiden hat.

[54] Zum anderen erfaßt die absolute Verbindlichkeit eines Nichtigkeitsurteils eines Gemeinschaftsgerichts (vgl. insbesondere Urteile vom 21. Dezember 1954 in den Rechtssachen 1/54, Frankreich/Hohe Behörde, Slg. 1954–1955, 7, 36, und 2/54, Italien/Hohe Behörde, Slg. 1954–1955, 81, 113, sowie vom 11. Februar 1955 in der Rechtssache 3/54, Assider/Hohe Behörde, Slg. 1954–1955, 132) zwar sowohl den Tenor als auch die tragenden Gründe der Entscheidung, hat aber nicht die Nichtigkeit einer Handlung zur Folge, die zwar aus demselben Grund rechtswidrig sein soll, vor dem Gemeinschaftsrichter aber nicht angefochten ist.

[55] Die Berücksichtigung der Begründung, die die spezifischen Gründe der vom Gemeinschaftsrichter festgestellten Rechtswidrigkeit erkennen lässt (siehe u. a. Urteil vom 12. November 1998 in der Rechtssache C-415/96, Spanien/Kommission, Slg. 1998, I-6993, Randnr. 31), hat nämlich nur den Zweck, die genaue Bedeutung des Tenors zu bestimmen. Ein Punkt der Begründung eines Nichtigkeitsurteils hat keine Verbindlichkeit für Personen, die nicht Partei des Verfahrens waren und für die das Urteil daher keine wie auch immer geartete Entscheidung enthalten kann.

[56] Auch wenn Artikel 176 das betreffende Organ verpflichtet, anstelle der für nichtig erklärten Handlung keine Handlung zu setzen, die eben die Fehler aufweist, die im Nichtigkeitsurteil festgestellt wurden, besagt diese Bestimmung somit entgegen dem, was das Gericht in den Randnummern 69, 72 und 85 festgestellt hat, nicht, daß das Organ auf Antrag von Betroffenen identische oder ähnliche, an andere Adressaten als den Kläger gerichtete Entscheidungen überprüfen müsste, die denselben Fehler aufweisen sollen.

(...)

[71] Das Gericht hat somit rechtsirrig entschieden, daß Artikel 176 EG-Vertrag die Kommission verpflichte, die Rechtmäßigkeit der Zellstoffentscheidung auf Antrag der Betroffenen im Licht des Urteils Zellstoff insoweit zu überprüfen, als sie sie betraf, und auf der Grundlage dieser Prüfung zu beurteilen, ob die entrichteten Geldbußen zu erstatten seien. Das angefochtene Urteil ist deshalb aufzuheben.

V. Untätigkeitsklage, Art. 265 AEUV

113 Rs. T-3/90 (Prodifarma ./. Kommission), Urteil des Gerichts erster Instanz vom 23.01.1991.

Vorbemerkungen: *Natürliche und juristische Personen können „Beschwerde darüber führen, dass ein Organ oder eine Einrichtung oder eine sonstige Stelle der Union es unterlassen hat, einen anderen Akt als eine Empfehlung oder eine Stellungnahme an sie zu richten“ (Art. 265 Abs. 3 AEUV). Individualklagen gegen Empfehlungen oder Stellungnahmen – also gegen unverbindliche Rechtsakte – sind ausdrücklich ausgeschlossen. In der vorliegenden Rechtssache leitete das EuG eine weitere Einschränkung des statthaften Klagegegenstandes aus der For-*

mulierung „an sie zu richten“ ab. Die natürliche oder juristische Person muss nachweisen, dass sie sich in der Rechtsstellung eines (potentiellen) Adressaten des Rechtsaktes befindet, der begehrte Rechtsakt also individuelle Geltung entfalten würde. Maßnahmen mit allgemeiner Geltung, die zwar rechtsverbindlich, aber weder ihrer Form, noch ihrer Rechtsnatur nach an den Einzelnen gerichtet sind, werden danach ausgenommen. Verordnungen und Richtlinien scheiden mithin als statthafte Klagegegenstände generell aus. Diese verbindlichen Rechtsakte betreffen den Einzelnen nicht individuell, sondern nur in seiner Eigenschaft als Angehörigen einer nach allgemeinen Merkmalen bestimmten Gruppe (vgl. auch Rs. Gestevisión Telecinco ./. Kommission, Fall 114, sowie Rs. Intertronic ./. Kommission, Fall 96).

Sachverhalt: Die Vereinigung niederländischen Rechts Prodifarma hatte gemäß Art. 232 Abs. 3 EG (jetzt: Art. 265 AEUV) Klage auf Feststellung erhoben, die Kommission habe dadurch gegen den EG-Vertrag verstoßen, dass sie nicht den Antrag der Klägerin beschieden hatte, Art. 15 Abs. 6 der Verordnung Nr. 17 des Rates vom 06.02.1962, der ersten Durchführungsverordnung zu den Artikeln 81 und 82 des Vertrages, anzuwenden und den an der „Omnipartijen Akkoord“ (Allparteienvereinbarung) genannten Vereinbarung über den Vertrieb von Arzneimitteln in den Niederlanden Beteiligten den in Art. 15 Abs. 5 der Verordnung Nr. 17 vorgesehenen Schutz vor Geldbußen zu entziehen. Die Kommission erhob dagegen die Einrede der Unzulässigkeit. Das EuG gab der Einrede statt und wies die Klage ab.

Aus den Entscheidungsgründen:

[35] Hierzu ist darauf hinzuweisen, daß nach Artikel 175 Absatz 3 EWG-Vertrag jede natürliche oder juristische Person nach Maßgabe dieses Artikels vor dem Gemeinschaftsrichter Beschwerde darüber führen kann, daß ein Organ „es unterlassen hat, einen anderen Akt als eine Empfehlung oder eine Stellungnahme an sie zu richten“. Aus dem Wortlaut dieser Vorschrift folgt, daß die Klage nur zulässig sein kann, wenn eine natürliche oder juristische Person nachweist, daß sie sich genau in der Rechtsstellung des potentiellen Adressaten eines Rechtsaktes befindet, den die Kommission ihr gegenüber zu erlassen verpflichtet wäre (...).

[36] Sodann ist darauf hinzuweisen, daß die Klägerin eine Entscheidung der Kommission gemäß Artikel 15 Absatz 6 der Verordnung Nr. 17 beantragt, wonach dessen Absatz 5, der den Beteiligten, die eine Vereinbarung angemeldet haben, Schutz vor Geldbußen garantiert,

„keine Anwendung [findet], sobald die Kommission den betreffenden Unternehmen mitgeteilt hat, daß sie auf Grund vorläufiger Prüfung der Auffassung ist, daß die Voraussetzungen des Artikels 85 Absatz 1 des Vertrages vorliegen und eine Anwendung des Artikels 85 Absatz 3 nicht gerechtfertigt ist". Aus dem Wortlaut dieser Vorschrift folgt, daß die Entscheidung, zu deren Erlaß sie die Kommission ermächtigt, zwingend an die Parteien der angemeldeten Vereinbarung zu richten ist. Dagegen sieht diese Vorschrift nicht vor, daß Dritte, die gegen die Vereinbarung gemäß Art. 3 der Verordnung Nr. 17 Beschwerde geführt haben, ebenfalls Adressaten sind.

[37] Die von der klagenden Vereinigung beantragte Entscheidung wäre daher weder an sie noch an ihre Mitgliedsunternehmen zu richten. Unter diesen Umständen gehören weder die Klägerin noch ihre Mitglieder zu den natürlichen oder juristischen Personen, die nach dem Wortlaut von Artikel 175 Absatz 3 EWG-Vertrag eine Untätigkeitsklage erheben können.

[38] Wenn diese Feststellung auch bereits genügt, die vorliegende Klage für unzulässig zu erklären, ist nach Ansicht des Gerichts vorsorglich doch zusätzlich die Auffassung der Klägerin zu prüfen, sie werde von der von ihr beantragten Entscheidung unmittelbar und individuell betroffen und müsse daher im Rahmen des Artikels 175 Absatz 3 EWG-Vertrag einem potentiellen Adressaten dieser Entscheidung gleichgestellt werden.

[39] Selbst wenn eine Parallelität zwischen der Anfechtungsklage nach Artikel 173 und der Untätigkeitsklage nach Artikel 175 EWG-Vertrag, auf die sich die Klägerin berufen hat, anerkannt werden könnte und wenn außerdem der Rechtsschutz von Privatpersonen eine extensive Auslegung des Artikels 175 Absatz 3 dahin gebieten würde, daß eine natürliche oder juristische Person einem Organ vorwerfen könnte, den Erlaß eines Aktes unterlassen zu haben, der nicht an sie zu richten wäre, sie aber im Fall seines Erlasses unmittelbar und individuell beträfe (...), könnte die vorliegende Klage doch nur dann zulässig sein, wenn eine Entscheidung nach Art. 15 Absatz 6 der Verordnung Nr. 17 die Klägerin unmittelbar und individuell berühren würde, indem sie ihr gegenüber Rechtswirkungen erzeugt. Es ist daher zu untersuchen, welche Rechtswirkungen die von der Klägerin beantragte Entscheidung auf wettbewerbsrechtlicher und verfahrensrechtlicher Ebene erzeugen würde.

(...)

[45] Die Klägerin beantragt folglich, ohne hierauf nach irgendeiner Rechtsvorschrift einen Anspruch zu haben, den Erlaß eines Aktes, der

sie nicht unmittelbar und individuell im Sinne von Art. 173 Absatz 2 EWG-Vertrag betreffen würde. Ihre Klage ist daher selbst dann für unzulässig zu erklären, wenn ihrer Auffassung über das Bestehen einer Parallelität der Klagearten der Artikel 173 und 175 gefolgt werden könnte.

Rs. T-95/96 (Gestevisión Telecinco ./. Kommission), 114
Urteil des Gerichts vom 15.09.1998.

Vorbemerkungen: *Die Entscheidung behandelte erstmals die Zulässigkeit einer Konkurrentenuntätigkeitsklage. Die Zulässigkeit solcher Untätigkeitsklagen war in der Vergangenheit wegen des Wortlauts des Art. 265 Abs. 3 AEUV z. T. bezweifelt worden. Das EuG hielt jedoch auch solche Untätigkeitsklagen für zulässig, wenn*
(1) es sich bei dem unterlassenen Rechtsakt um einen individualgerichteten Beschluss im Sinne des Art. 288 Abs. 4 AEUV handelt und
(2) der Kläger durch das Unterlassen unmittelbar und individuell betroffen ist.
Die unmittelbare Betroffenheit ist zumeist unproblematisch, da der Kläger sich regelmäßig gegen bereits gewährte Mittelzuweisungen an einen Konkurrenten wendet. Die individuelle Betroffenheit bestimmt sich – wie im Falle der Konkurrentennichtigkeitsklage – nach der Beteiligteneigenschaft des Klägers im förmlichen Beihilfenprüfungsverfahren (dazu näher Rs. Hamburger Hafen- und Lagerhaus AG ./. Kommission, Fall 109). ***L:*** *Rn. 532.*

Sachverhalt: Eine Gesellschaft spanischen Rechts, die Gestevisión Telecinco SA, war einer von drei privaten Fernsehveranstaltern in Spanien. Sie reichte bei der Kommission zwei Beschwerden ein, mit denen sie die Unvereinbarkeit der den öffentlich-rechtlichen Fernsehveranstaltern von ihren jeweiligen Gebietskörperschaften gewährten Mittelzuweisungen mit dem Gemeinsamen Markt i. S. v. Art. 87 EG (jetzt: Art. 107 AEUV) durch eine Kommissionsentscheidung gegenüber dem Mitgliedstaat festzustellen suchte. Im Gegensatz zu den privaten erhielten die öffentlich-rechtlichen Fernsehunternehmen vom Staat eine zusätzliche finanzielle Unterstützung. Die Bearbeitung der Beschwerden zog sich über mehrere Jahre hin, ohne dass die Kommission eine Entscheidung über die Beschwerde traf. Die Gesellschaft erhob daher Untätigkeitsklage gegen die Kommission. Das EuG gab der Klage statt.

Aus den Entscheidungsgründen:

[57] Gemäß Artikel 175 Absatz 3 des Vertrages kann jede natürliche oder juristische Person vor dem Gemeinschaftsrichter Beschwerde darüber führen, daß ein Organ der Gemeinschaft es unterlassen hat, einen anderen Akt als eine Empfehlung oder eine Stellungnahme an sie zu richten.

[58] In seinem Urteil vom 26. November 1996 in der Rechtssache C-68/95 (T. Port, Slg. 1996, I-6065, Randnr. 59) hat der Gerichtshof klargestellt, daß – ebenso wie Artikel 173 Absatz 4 es dem einzelnen erlaubt, Nichtigkeitsklage gegen einen Rechtsakt zu erheben, der zwar nicht an ihn gerichtet ist, ihn aber unmittelbar und individuell betrifft – auch Artikel 175 Absatz 3 dahin auszulegen ist, daß der einzelne Untätigkeitsklage gegen ein Organ erheben kann, das es unterlassen hat, einen Rechtsakt zu erlassen, der ihn in gleicher Weise betroffen hätte.

[59] Die Ansicht der Kommission, daß der Antrag auf Feststellung der Untätigkeit nur deshalb unzulässig sei, weil die Klägerin nicht die potentielle Adressatin der Rechtsakte sei, die sie im vorliegenden Fall erlassen könne (vgl. oben, Randnr. 55), geht daher fehl.

[60] Im vorliegenden Fall ist zu prüfen, inwieweit die Klägerin als von den Rechtsakten, die die Kommission unterlassen haben soll, unmittelbar und individuell betroffen angesehen werden kann.

[61] Insoweit geht aus dem Urteil des Gerichts vom 27. April 1995 in der Rechtssache T-435/93 (ASPEC u. a./Kommission, Slg. 1995, II-1281, Randnr. 60) hervor, daß ein Unternehmen als von einer Entscheidung der Kommission in bezug auf eine staatliche Beihilfe unmittelbar betroffen angesehen werden kann, wenn die Absicht der nationalen Behörden, ihr Beihilfevorhaben zu verwirklichen, außer Zweifel steht. Im vorliegenden Fall ist aber unstreitig, daß die verschiedenen streitigen Mittelzuweisungen von den spanischen Behörden bereits gewährt worden sind und noch immer gewährt werden. Unter diesen Umständen ist davon auszugehen, daß die unmittelbare Betroffenheit der Klägerin feststeht.

[62] Nach ständiger Rechtsprechung sind natürliche oder juristische Personen von einer Entscheidung individuell betroffen, wenn diese sie wegen bestimmter persönlicher Eigenschaften oder besonderer, sie aus dem Kreis aller übrigen Personen heraushebender Umstände berührt (Urteil des Gerichtshofs vom 15. Juli 1963 in der Rechtssache 25/62, Plaumann/Kommission, Slg. 1963, 213, 238; Urteile des Gerichts vom 13. Dezember 1995 in den verbundenen Rechtssachen T-481/93 und T-484/93, Exporteurs in Levende Varkens u. a./Kommission, Slg. 1995,

II-2941, Randnr. 51, und vom 22. Oktober 1996 in der Rechtssache T-266/94, Skibsvärftsforeningen u. a./Kommission, Slg. 1996, II-1399, Randnr. 44).

[63] Folglich ist im vorliegenden Fall zu prüfen, ob die Klägerin von der Entscheidung unmittelbar betroffen wäre, die die Kommission dem betreffenden Mitgliedstaat gegenüber nach Abschluß der Vorprüfungsphase erlassen könnte und mit der sie entweder entscheiden würde, daß die fragliche staatliche Maßnahme keine Beihilfe darstellt, oder, daß sie eine Beihilfe darstellt, sich jedoch als mit dem Gemeinsamen Markt vereinbar erweist, oder aber, daß das Verfahren nach Artikel 93 Absatz 2 des Vertrages einzuleiten ist.

[64] Stellt die Kommission, ohne das Verfahren nach Artikel 93 Absatz 2 einzuleiten, aufgrund von Artikel 93 Absatz 3 fest, daß eine staatliche Maßnahme keine Beihilfe darstellt oder daß diese Maßnahme, obgleich sie eine Beihilfe darstellt, mit dem Gemeinsamen Markt vereinbar ist, so können nach ständiger Rechtsprechung die Personen, die die in Artikel 93 Absatz 2 vorgesehenen Verfahrensgarantien genießen, deren Beachtung nur durchsetzen, wenn sie die Möglichkeit haben, die Entscheidung der Kommission vor dem Gemeinschaftsrichter anzufechten (vgl. zuletzt Urteil Kommission/Sytraval und Brink's France, Randnr. 47, und bereits Urteile Cook/Kommission, Randnr. 23, und Matra/Kommission, Randnr. 17). Dasselbe würde im vorliegenden Fall dann gelten, wenn die Kommission zu dem Ergebnis käme, daß die den spanischen öffentlich-rechtlichen Fernsehveranstaltern gewährten Mittelzuweisungen Beihilfen darstellen, jedoch gemäß Artikel 90 Absatz 2 des Vertrages nicht unter das Verbot des Artikels 92 dieses Vertrages fallen (Urteil FFSA u. a./Kommission, Randnrn. 172 und 178, in der Rechtsmittelinstanz bestätigt durch Beschluß des Gerichtshofs vom 25. März 1998 in der Rechtssache C-174/97 P, FFSA u. a./Kommission, Slg. 1998, I-1303).

VI. Amtshaftungsklage, Art. 340 AEUV

1. Zulässigkeit

115 **Rs. C-134/19 P (Bank Refah Kargaran ./. Rat), Urteil des Gerichtshofs vom 06.10.2020.**

Vorbemerkungen: *Das vorliegende Urteil betraf die Zuständigkeit des Gerichtshofs der Europäischen Union für Streitsachen über die außervertragliche Haftung der Union gem. Art. 268 i. V. m. Art. 340 Abs. 2 AEUV. Strittig war, ob diese auch die Entscheidung über einen Antrag auf Ersatz des Schadens erfasst, der infolge von in GASP-Beschlüssen vorgesehenen restriktiven Maßnahmen entstanden sein soll. Grundsätzlich ist der Gerichtshof der Europäischen Union gem. Art. 24 Abs. 1 UAbs. 2 letzter Satz EUV i. V. m. Art. 275 Abs. 1 AEUV für Bestimmungen und auf ihrer Grundlage erlassener Rechtsakte der GASP nicht zuständig. Hiervon bestehen Ausnahmen gem. Art. 24 Abs. 1 UAbs. 2 letzter Satz EUV und Art. 275 Abs. 2 AEUV. Diese Normen regeln jedoch nicht ausdrücklich die Zuständigkeit für Klagen auf Schadenersatz. Allerdings legte der EuGH Art. 24 Abs. 1 UAbs. 2 letzter Satz EUV i. V. m. Art 275 Abs. 1 AEUV als Ausnahme vom Grundsatz der allgemeinen Zuständigkeit des Gerichtshofes der Europäischen Union gem. Art. 19 EUV restriktiv aus. Seine Zuständigkeit für Schadenersatzklagen natürlicher und juristischer Personen begründete der EuGH im Wesentlichen mit der Gewährleistung effektiven gerichtlichen Rechtsschutzes. Außerdem beschäftigte er sich mit der Abgrenzung zum Rechtsschutz gegenüber den Sanktionsmaßnahmen nach Art. 215 AEUV in Form von Verordnungen nach Art. 288 Abs. 2 AEUV.*

Sachverhalt: Dieser Rechtsmittelentscheidung des EuGH lag ein Antrag der iranischen Bank Refah Kargaran (Rechtsmittelführerin) auf teilweise Aufhebung eines Urteils des Gerichts vom 10. Dezember 2018 zugrunde. Vorangegangen waren zwei Nichtigkeitsklagen der Bank gegen ihre Aufnahme in die Liste in Anhang II des Beschlusses 2010/413/GASP sowie in die Liste des Anhangs V der Verordnung (EG) Nr. 423/2007 des Rates, die auf einem entsprechenden GASP-Beschluss beruhten. Beide Listen regelten restriktive Maßnahmen gegen den Iran. Ihre Aufnahme wurde damit begründet, dass die Rechtsmittelführerin laufende Geschäfte einer zuvor auf diesen Listen geführten anderen Bank übernommen hatte. Während die erste Nichtigkeitsklage wegen eines Begründungsfehlers Erfolg hatte, wurde die Bank später mit abweichender Begründung erneut in die Listen aufgenommen, wogegen eine zweite Klage erfolglos blieb. Am 25. September 2015 erhob die Rechtsmittelführerin Klage nach Art. 268 AEUV i. V. m. Art. 340 Abs. 2 AEUV vor dem Gericht auf Ersatz der ihr durch die restriktiven Maßnahmen entstandenen Schäden. Dieses verneinte seine Zuständigkeit für Schadensersatzklagen, die auf Ersatz der durch den Erlass eines GASP-Rechtsakts entstandenen Schäden gerichtet sind, da Art. 275 Abs. 2 AEUV eine solche Zuständigkeit des Gerichtshofes nicht vorsehe. Gegen diese Entscheidung erhob die Bank Rechtsmittel zum EuGH.

Aus den Entscheidungsgründen:

[26] Insoweit ist zunächst festzustellen, dass der Gerichtshof der Europäischen Union gemäß Art. 24 Abs. 1 Unterabs. 2 letzter Satz EUV und Art. 275 Abs. 1 AEUV in Bezug auf die Bestimmungen über die GASP und die auf ihrer Grundlage erlassenen Rechtsakte grundsätzlich nicht zuständig ist (Urteile vom 24. Juni 2014, Parlament/Rat, C-658/11, EU:C:2014:2025, Rn. 69, und vom 28. März 2017, Rosneft, C-72/15, EU:C:2017:236, Rn. 60).

[27] Die Verträge sehen jedoch ausdrücklich zwei Ausnahmen von diesem Grundsatz vor. Der Gerichtshof der Europäischen Union ist nämlich zum einen sowohl nach Art. 24 Abs. 1 Unterabs. 2 letzter Satz EUV als auch nach Art. 275 Abs. 2 AEUV für die Kontrolle der Einhaltung von Art. 40 EUV zuständig. Zum anderen überträgt Art. 24 Abs. 1 Unterabs. 2 letzter Satz EUV dem Gerichtshof die Zuständigkeit für die Kontrolle der Rechtmäßigkeit bestimmter Beschlüsse nach Art. 275 Abs. 2 AEUV. Die letztgenannte Bestimmung verleiht dem Gerichtshof die Zuständigkeit für die unter den Voraussetzungen von Art. 263 Abs. 4 AEUV erhobenen Klagen im Zusammenhang mit der Überwachung der Rechtmäßigkeit von Beschlüssen über restriktive Maßnahmen gegenüber natürlichen oder juristischen Personen, die der Rat auf der Grundlage der Bestimmungen über die GASP erlassen hat (Urteil vom 28. März 2017, Rosneft, C-72/15, EU:C:2017:236, Rn. 60).

[28] Im vorliegenden Fall hat das Gericht mit dem Nichtigkeitsurteil GASP-Beschlüsse und auf Art. 215 AEUV gestützte Verordnungen über restriktive Maßnahmen, die zwar nicht unter die GASP fielen, aber diese Beschlüsse umsetzten, wegen unzureichender Begründung für nichtig erklärt, soweit sie die Rechtsmittelführerin betrafen. In ihrer Schadensersatzklage im Anschluss an das Nichtigkeitsurteil hat die Rechtsmittelführerin nicht zwischen der Haftung der Union wegen der GASP-Beschlüsse und der Haftung wegen der Verordnungen unterschieden.

[29] Es steht jedoch fest, dass der Gerichtshof der Europäischen Union, wie das Gericht im Übrigen in Rn. 31 des angefochtenen Urteils

im Wesentlichen zutreffend entschieden hat, für die Entscheidung über den Antrag auf Ersatz des Schadens zuständig ist, den die Rechtsmittelführerin durch die in diesen Verordnungen gegen sie vorgesehenen restriktiven Maßnahmen erlitten haben soll.

[30] So hat der Gerichtshof die Voraussetzungen für die außervertragliche Haftung der Union infolge der Nichtigerklärung auf Art. 215 AEUV gestützter Verordnungen insbesondere im Urteil vom 30. Mai 2017, Safa Nicu Sepahan/Rat (C-45/15 P, EU:C:2017:402), bereits angewandt.

[31] Ferner erwähnt Art. 275 AEUV zwar nicht ausdrücklich die Zuständigkeit des Gerichtshofs der Europäischen Union für die Entscheidung über den Schaden, der durch in GASP-Beschlüssen vorgesehene restriktive Maßnahmen entstanden sein soll.

[32] Jedoch wird zum einen mit Art. 24 Abs. 1 Unterabs. 2 letzter Satz EUV und Art. 275 Abs. 1 AEUV eine Ausnahme von der Regel der allgemeinen Zuständigkeit eingeführt, die Art. 19 EUV dem Gerichtshof der Europäischen Union für die Wahrung des Rechts bei der Auslegung und Anwendung der Verträge überträgt. Daher sind Art. 24 Abs. 1 EUV und Art. 275 Abs. 1 AEUV einschränkend auszulegen (Urteile vom 24. Juni 2014, Parlament/Rat, C-658/11, EU:C:2014:2025, Rn. 70, und vom 19. Juli 2016, H/Rat u. a., C-455/14 P, EU:C:2016:569, Rn. 40).

[33] Außerdem ist die Schadensersatzklage ein selbständiger Rechtsbehelf mit eigener Funktion im Rechtsbehelfssystem und seinem besonderen Zweck angepassten Voraussetzungen (Urteile vom 28. April 1971, Lütticke/Kommission, 4/69, EU:C:1971:40, Rn. 6, und vom 10. September 2019, HTTS/Rat, C-123/18 P, EU:C:2019:694, Rn. 40).

[34] Zum anderen ist die Schadensersatzklage im Hinblick auf das gesamte durch die Verträge eingeführte System des Individualrechtsschutzes zu betrachten (vgl. in diesem Sinne Urteile vom 5. Dezember 1979, Amylum und Tunnel Refineries/Rat und Kommission, 116/77 und 124/77, EU:C:1979:273, Rn. 14, und vom 12. April 1984, Unifrex/Kommission und Rat, 281/82, EU:C:1984:165, Rn. 11), und trägt zur Wirksamkeit dieses Schutzes bei (vgl. in diesem Sinne Urteil vom 12. September 2006, Reynolds Tobacco u. a./Kommission, C-131/03 P, EU:C:2006:541, Rn. 82 und 83).

[35] Insoweit geht sowohl aus Art. 2 EUV, der zu den gemeinsamen Bestimmungen des EU-Vertrags gehört, als auch aus dem das auswärtige Handeln der Union betreffenden Art. 21 EUV, auf den der die GASP betreffende Art. 23 EUV Bezug nimmt, hervor, dass die Union namentlich auf den Wert des Rechtsstaats gegründet ist (Urteil vom

28. März 2017, Rosneft, C-72/15, EU:C:2017:236, Rn. 72 und die dort angeführte Rechtsprechung).

[36] Überdies bekräftigt Art. 47 der Charta der Grundrechte der Europäischen Union den Grundsatz des effektiven gerichtlichen Rechtsschutzes. Nach seinem Abs. 1 hat jede Person, deren durch das Recht der Union garantierte Rechte oder Freiheiten verletzt worden sind, das Recht, nach Maßgabe der darin vorgesehenen Bedingungen bei einem Gericht einen wirksamen Rechtsbehelf einzulegen. Das Vorhandensein einer wirksamen, zur Gewährleistung der Einhaltung des Unionsrechts dienenden gerichtlichen Kontrolle ist dem Wesen eines Rechtsstaats inhärent (Urteil vom 28. März 2017, Rosneft, C-72/15, EU:C:2017:236, Rn. 73 und die dort angeführte Rechtsprechung).

[37] Wie in den Rn. 29 und 30 des vorliegenden Urteils ausgeführt, ist der Gerichtshof der Europäischen Union für die Entscheidung über eine Schadensersatzklage zuständig, soweit sie restriktive Maßnahmen betrifft, die in auf Art. 215 AEUV gestützten Verordnungen vorgesehen sind.

[38] Auf der Grundlage von Art. 215 AEUV, der ein Bindeglied zwischen den Zielen des EU-Vertrags im Bereich der GASP und dem mit wirtschaftlichen Sanktionen verbundenen Handeln der Union gemäß dem AEU-Vertrag schafft, können vom Rat mit qualifizierter Mehrheit auf gemeinsamen Vorschlag des Hohen Vertreters und der Kommission Verordnungen erlassen werden, um restriktive Maßnahmen, die in den Anwendungsbereich des AEU-Vertrags fallen, umzusetzen und insbesondere deren einheitliche Anwendung in allen Mitgliedstaaten zu gewährleisten (Urteil vom 28. März 2017, Rosneft, C-72/15, EU:C:2017:236, Rn. 89).

[39] Wie der Generalanwalt in den Nrn. 67 und 68 seiner Schlussanträge im Wesentlichen ausgeführt hat, verlangt unter diesen Umständen die notwendige Kohärenz des im Unionsrecht vorgesehenen Rechtsschutzsystems, dass der Gerichtshof der Europäischen Union, um eine Lücke im gerichtlichen Rechtsschutz der betroffenen natürlichen oder juristischen Personen zu vermeiden, auch für die Entscheidung über den Schaden zuständig ist, der durch in GASP-Beschlüssen vorgesehene restriktive Maßnahmen entstanden sein soll.

[40] Schließlich kann dem Rat nicht gefolgt werden, wenn er vorträgt, da die auf Art. 215 AEUV gestützten Verordnungen im Wesentlichen die Beschlüsse wiedergäben, deren Rechtsgrundlage Art. 29 EUV sei, gewährleiste die Zuständigkeit des Gerichtshofs der Europäischen Union für die Entscheidung über den Schaden, der durch restriktive Maßnahmen nach Art. 215 AEUV entstanden sein solle, einen um-

fassenden gerichtlichen Rechtsschutz der betroffenen natürlichen oder juristischen Personen.

[41] Wie der Rat selbst einräumt, können nämlich die GASP-Beschlüsse und die auf Art. 215 AEUV gestützten Verordnungen, die zu ihrer Durchführung erlassen werden, inhaltlich nicht identisch sein. Insbesondere können, was natürliche Personen betrifft, Beschränkungen der Einreise in das Hoheitsgebiet der Mitgliedstaaten in GASP-Beschlüssen enthalten sein, ohne zwangsläufig in Verordnungen nach Art. 215 AEUV übernommen zu werden.

[42] Ferner geht die öffentliche Benennung von Personen, gegen die restriktive Maßnahmen verhängt werden, mit Stigmatisierung und Misstrauen einher (vgl. in diesem Sinne Urteil vom 28. Mai 2013, Abdulrahim/Rat und Kommission, C-239/12 P, EU:C:2013:331, Rn. 70 und die dort angeführte Rechtsprechung), bei denen nicht ausgeschlossen werden kann, dass sie einen Schaden verursachen und die Erhebung einer Schadensersatzklage zu dessen Wiedergutmachung rechtfertigen können.

[43] Der Grundsatz des effektiven gerichtlichen Rechtsschutzes der von restriktiven Maßnahmen betroffenen Personen oder Organisationen verlangt daher, dass der Gerichtshof der Europäischen Union, damit dieser Schutz vollständig ist, über eine von diesen Personen oder Organisationen erhobene Schadensersatzklage auf Ersatz der Schäden durch in GASP-Beschlüssen vorgesehene restriktive Maßnahmen entscheiden kann.

[44] Somit ist festzustellen, dass das Gericht und im Fall eines Rechtsmittels der Gerichtshof für die Entscheidung über eine Schadensersatzklage zuständig sind, soweit diese auf den Ersatz des Schadens gerichtet ist, der durch in GASP-Beschlüssen vorgesehene restriktive Maßnahmen gegen natürliche oder juristische Personen entstanden sein soll.

[49] Nach alledem hat das Gericht einen Rechtsfehler begangen, indem es in Rn. 30 des angefochtenen Urteils angenommen hat, dass eine Klage auf Ersatz des Schadens, der einer natürlichen oder juristischen Person durch in GASP-Beschlüssen vorgesehene restriktive Maßnahmen entstanden sein soll, nicht in seine Zuständigkeit falle.

[50] Allerdings ist zu beachten, dass eine Verletzung des Unionsrechts in einem Urteil des Gerichts, wenn zwar dessen Gründe eine solche Verletzung enthalten, die Urteilsformel sich aber aus anderen Rechtsgründen als richtig erweist, nicht zur Aufhebung dieses Urteils führen kann und die Begründung durch eine andere zu ersetzen ist (Urteil vom 26. Juli 2017, Rat/LTTE, C-599/14 P, EU:C:2017:583, Rn. 75).

[51] Im vorliegenden Fall steht fest, dass das Nichtigkeitsurteil GASP-Beschlüsse und auf Art. 215 AEUV gestützte Verordnungen aus denselben Gründen für nichtig erklärt hat, dass die Rechtsmittelführerin im Rahmen ihrer Schadensersatzklage hinsichtlich der sich aus diesen Beschlüssen und Verordnungen ergebenden außervertraglichen Haftung nicht unterschieden hat und dass das Gericht die Schadensersatzklage mit dem angefochtenen Urteil in vollem Umfang abgewiesen hat.

[52] Unter diesen Umständen ist davon auszugehen, dass der in Rn. 49 des vorliegenden Urteils festgestellte Rechtsfehler keine Auswirkung auf die Urteilsformel des angefochtenen Urteilshätte, wenn keiner der Rechtsmittelgründe dazu führen sollte, dass die vom Gericht vorgenommene Beurteilung der Begründetheit der Schadensersatzklage zu revidieren ist.

Rs. 5/71 (Zuckerfabrik Schöppenstedt ./. Rat), Urteil des Gerichtshofs vom 02.12.1971. **116**

Vorbemerkungen: *In der vorliegenden Entscheidung qualifizierte der EuGH die Amtshaftungsklage nach Art. 340 Abs. 2, Art. 268 AEUV erstmals als gegenüber der Individualnichtigkeitsklage eigenständigen Rechtsbehelf. Die schädigende Unionshandlung muss daher nicht vor Erhebung der Amtshaftungsklage mittels einer Nichtigkeitsklage angefochten werden. Zugleich erweiterte der Gerichtshof die Haftung der Union auf fehlerhafte Rechtsetzungsakte (normatives Unrecht), nachdem er die Haftung zunächst auf administratives rechtswidriges Verhalten der Unionsorgane und ihrer Bediensteten beschränkt hatte. Versagt Art. 263 Abs. 4 AEUV natürlichen und juristischen Personen eine Nichtigkeitsklage gegen unionsrechtswidriges normatives Handeln, so soll ihnen zumindest Ersatz für hierdurch verursachte Schäden zugestanden werden. Allerdings knüpft der EuGH die Unionshaftung wegen normativen Unrechts an erhöhte Voraussetzungen: Genügt für die Haftung wegen administrativen Unrechts ein Verstoß gegen eine den Schutz des Geschädigten bezweckende Rechtsnorm, so verlangte der Gerichtshof im Rahmen der Haftung für normatives Unrecht die hinreichend qualifizierte Verletzung einer höherrangigen Rechtsnorm – eine Voraussetzung, die er später generalisierte (vgl. Rs. Bergaderm, Fall 119).*
***L:** Rn. 545, 591.*

Sachverhalt: Am 01.07.1968 wurde die in Deutschland geltende Zuckermarktordnung durch die „Gemeinsame Marktorganisation für Zucker" ersetzt. Art. 37 Abs. 1 dieser Verordnung lautete:

„Für die am 1. Juli 1968 vorhandenen Zuckerbestände erlässt der Rat auf Vorschlag der Kommission nach dem Abstimmungsverfahren des Artikels 43 Absatz 2 des Vertrages die Bestimmungen über die Maßnahmen, die zum Ausgleich des Unterschieds zwischen den innerstaatlichen Zuckerpreisen und den ab 1. Juli 1968 geltenden Preisen erforderlich sind."

Aufgrund dieses Artikels erließ der Rat in der Verordnung Nr. 769/68 „die Maßnahmen, die zum Ausgleich des Unterschieds zwischen den innerstaatlichen Zuckerpreisen und den ab 1. Juli 1968 geltenden Preisen erforderlich sind". Der Zuckerfabrik Schöppenstedt blieb aufgrund dieser Ratsverordnung eine Ausgleichszahlung versagt. Nachdem Schöppenstedt vom Rat erfolglos eine Entschädigung verlangt hatte, reichte sie eine Schadenersatzklage gem. Art. 288 Abs. 2, Art. 235 EG (jetzt: Art. 340 Abs. 2, Art. 268 AEUV) ein. Die Klägerin trug insbesondere vor, der Rat habe durch den Erlass der Verordnung einen Amtsfehler begangen, da er einige als Schutznorm anzusehende Vorschriften des (damaligen) EG-Rechts verletzt habe. Der Rat verneinte die Zulässigkeit der Klage, da auf dem Umweg über den Schadenersatzanspruch das vom EG-Vertrag nicht eingeräumte Klagerecht Privater gegen Verordnungen durchgesetzt werde. Der EuGH hielt die Klage für zulässig, sah aber die Voraussetzungen für einen Schadenersatzanspruch als nicht gegeben an und wies die Klage als unbegründet ab.

Aus den Entscheidungsgründen:

[2] Der Beklagte hält die Klage für unzulässig und macht hierzu zunächst geltend, sie ziele in Wahrheit nicht auf den Ersatz eines durch einen Amtsfehler des Rates verursachten Schadens ab, sondern auf die Beseitigung der Rechtsfolgen der beanstandeten Regelung. Die Zulässigerklärung der Klage würde nach Meinung des Beklagten dem Rechtsschutzsystem des Vertrages, insbesondere Art. 173 Absatz 2 EWGV, zuwiderlaufen, wonach Privatpersonen keine Anfechtungsklage gegen Verordnungen erheben können.

[3] Der Vertrag hat die Schadensersatzklage der Art. 178 und 215 Absatz 2 als selbständigen Rechtsbehelf mit eigener Funktion im System der Klagemöglichkeiten geschaffen und sie von Voraussetzungen abhängig gemacht, die ihrem besonderen Zweck angepaßt sind. Sie unterscheidet sich dadurch von der Anfechtungsklage, daß sie nicht die Beseitigung einer bestimmten Maßnahme zum Ziel hat, sondern den Ersatz des Schadens, den ein Gemeinschaftsorgan in Ausübung seiner Befugnisse verursacht.

(...)

[11] Die außervertragliche Haftung der Gemeinschaft setzt zumindest die Unrechtmäßigkeit der angeblich schadenstiftenden Handlung voraus. Da es sich um einen Rechtsetzungsakt handelt, der wirtschaftspolitische Entscheidungen einschließt, kann die Haftung der Gemeinschaft für den Einzelpersonen etwa durch diesen Akt entstandenen Schaden nach den Vorschriften von Artikel 215 Absatz 2 des Vertrages nur durch eine hinreichend qualifizierte Verletzung einer höherrangigen, dem Schutz der einzelnen dienenden Rechtsnorm ausgelöst werden. Daher hat der Gerichtshof in diesem Rechtsstreit in erster Linie das Vorliegen einer solchen Verletzung zu prüfen.

2. Begründetheit

Rs. 9/69 (Sayag ./. Leduc), 117
Urteil des Gerichtshofs vom 10.07.1969.

Vorbemerkungen: *Die Haftung der Gemeinschaft nach Art. 340 Abs. 2 i. V. m. Art. 268 AEUV setzt voraus, dass der geltend gemachte Schaden in Ausübung einer unionalen Amtstätigkeit verursacht wurde. Im vorliegenden Urteil definierte der EuGH den Begriff der Amtstätigkeit als jedes Verhalten der Unionsorgane oder -bediensteten, das eine „unmittelbare innere Beziehung" zu den unionsrechtlich festgelegten Aufgaben aufweist. Hierzu zählen insbesondere die administrativen Amtstätigkeiten, zu denen neben dem Erlass oder Nichterlass von Entscheidungen auch Realakte und sonstige tatsächliche Verhaltensweisen gehören können. Schwierigkeiten ergeben sich in diesem Zusammenhang, wenn der Schaden durch Unionsbedienstete außerhalb oder nur bei Gelegenheit der Amtstätigkeit verursacht wird, da es in diesen Fällen regelmäßig an der geforderten unmittelbaren inneren Beziehung fehlen wird.* ***L:*** *Rn. 586.*

Sachverhalt: Herr Claude Sayag, Beamter der Europäischen Atomgemeinschaft, verursachte am 25.11.1963 in Belgien auf der Reise von Brüssel nach Mol am Steuer seines eigenen Wagens einen Verkehrsunfall. Er war im Besitz eines die Benutzung seines Wagens vorsehenden Dienstreiseauftrags. Die Insassen seines Wagens, die Herren Jean Leduc und Arnold van Hassen, wurden bei diesem Unfall verletzt. Nachdem Herr Sayag vor einem belgischen Gericht auf Schadenersatz verklagt worden war, machte er unter anderem geltend, dass die Gemeinschaft allein für eine Handlung, die von einem ihrer Bediensteten in

Ausübung seiner Amtstätigkeit begangen worden sei, hafte. Das Gericht ersuchte den EuGH daraufhin um Auslegung des Ausdrucks „in Ausübung ihrer Amtstätigkeit".

Aus den Entscheidungsgründen:

[5/11] Auf dem Gebiet der außervertraglichen Haftung unterwirft der Vertrag die Gemeinschaft einer eigenständigen gemeinschaftsrechtlichen Regelung, kraft deren sie die von ihren Organen und Bediensteten in Ausübung ihrer Amtstätigkeit verursachten Schäden nach einer einheitlichen Rechtsnorm zu ersetzen hat. Der Vertrag stellt die einheitliche Anwendung dieser Vorschrift und die Unabhängigkeit der Organe der Gemeinschaft dadurch sicher, daß er die Zuständigkeit des Gerichtshofs für Rechtsstreitigkeiten auf diesem Gebiet vorsieht. Indem Artikel 188 die von den Organen und die von den Bediensteten der Gemeinschaft verursachten Schäden nebeneinander aufführt, läßt er erkennen, daß die Gemeinschaft nur für diejenigen Handlungen ihrer Bediensteten haftet, die sich aufgrund einer unmittelbaren inneren Beziehung notwendig aus den Aufgaben der Organe ergeben. In Anbetracht ihrer Besonderheit wäre es daher unstatthaft, diese rechtliche Regelung auf Handlungen außerhalb der hiermit bezeichneten Fälle auszudehnen. Diese Voraussetzungen sind nicht erfüllt, wenn ein Bediensteter seinen privaten Kraftwagen bei der Verrichtung seines Dienstes für eine Fahrt benutzt. Auch die Erwähnung des privaten Kraftwagens des Bediensteten in einem Dienstreiseauftrag bewirkt nicht, daß das Steuern dieses Wagens zur Ausübung seiner Amtstätigkeit wird, sondern soll gegebenenfalls vor allem die Erstattung der durch die Benutzung dieses Beförderungsmittels entstehenden Reisekosten nach den hierfür geltenden Maßstäben ermöglichen. Nur im Falle höherer Gewalt oder außergewöhnlicher Umstände so zwingender Art, daß ohne die Benutzung eines privaten Beförderungsmittels durch den Bediensteten die Gemeinschaft die ihr übertragenen Aufgaben nicht hätte erfüllen können, ließe sich diese Benutzung als Ausübung der Amtstätigkeit des Bediensteten im Sinne von Artikel 188 Absatz 2 des Vertrages ansehen.

[12] Nach alledem kann das Führen seines privaten Kraftwagens durch einen Bediensteten in der Regel keine Ausübung seiner Amtstätigkeit im Sinne von Artikel 188 Absatz 2 EAG-Vertrag sein.

Verb. Rs. C-104/89 und C-37/90 (Mulder u. a. ./. Rat und Kommission; „Mulder"), Urteil des Gerichtshofs vom 19.05.1992. 118

Vorbemerkungen: *In der Rs. Mulder nahm der EuGH erneut Stellung zur Ersatzpflicht der Union bei Erlass von rechtswidrigen EU-Rechtsakten. In dieser Entscheidung sprach der EuGH nicht mehr von zahlenmäßig begrenzten, sondern von „klar abgegrenzten" Gruppen von Geschädigten. Dies ist umso auffallender, als dem EuGH bewusst war, dass in der damaligen Gemeinschaft etwa 12 000 der Rechtssache Mulder ähnlich gelagerte Fälle bestanden. Der Gerichtshof gab der Klage also statt, obwohl sie eine „sehr große Gruppe von Marktteilnehmern betrifft". Mit eben dieser Formulierung hatte er in seiner HNL-Entscheidung (verb. Rs. 83 und 94/76; 4, 15 und 40/77, Bayrische HNL Vermehrungsbetriebe u. a. ./. Rat und Kommission) die Unionshaftung noch verneint. Aus der HNL- sowie der Mulder-Entscheidung ergeben sich folgende Kriterien für die Bestimmung des haftungsbegründenden normativen Unrechts: Die Amtstätigkeit, der in der Regel eine wirtschaftspolitische Entscheidung zugrunde liegt, muss eine Schutznorm verletzen. Diese Rechtsverletzung ist hinreichend qualifiziert,*

- *wenn sie gegen eine Norm mit besonderer Bedeutung verstößt (z. B. das Diskriminierungsverbot),*
- *der Schaden bei einer klar abgegrenzten Gruppe von Marktteilnehmern eintritt (auf eine zahlenmäßige Beschränkung kommt es dabei nicht an) und*
- *der Schaden über die Grenzen wirtschaftlicher Risiken hinausgeht, die jede Betätigung in dem betroffenen Wirtschaftsbereich mit sich bringt.*

L: *Rn. 591, 595.*

Sachverhalt: Die Kläger waren Landwirte aus den Niederlanden und der Bundesrepublik Deutschland. Sie hatten auf Grund einer Nichtvermarktungsverpflichtung fünf Jahre lang keine Milcherzeugnisse geliefert. Ihre nach Ablauf der Nichtvermarktungsverpflichtung gestellten Anträge auf Zuteilung einer Milchreferenzmenge wurden abgelehnt, da das für die Berechnung der Referenzmenge gewählte Referenzjahr in die Periode der Nichtvermarktung fiel und das Gemeinschaftsrecht in diesem Fall keine Zuteilung einer Milchreferenzmenge vorsah. Der EuGH erklärte diese Regelung für ungültig; eine daraufhin erlassene Gemeinschaftsregelung, welche die Referenzmenge für die genannten Fälle auf 60 % derjenigen Menge begrenzte, die im Zeitraum von zwölf Monaten vor Beantragung der Nichtvermarktungsprämie geliefert worden war, wurde vom EuGH ebenfalls für rechtswidrig erklärt. Die Kläger verlangten von der EWG nunmehr den Ersatz der Schäden, die ihnen durch die rechtswidrige Zuteilungsregelung für Milchreferenzmengen entstanden waren. Der EuGH gab den Klagen statt und bejahte einen Schadenersatzanspruch.

Aus den Entscheidungsgründen:

[12] Nach Artikel 215 II EWGV ersetzt die Gemeinschaft im Bereich der außervertraglichen Haftung den durch ihre Organe in Ausübung ihrer Amtstätigkeit verursachten Schaden nach den allgemeinen Rechtsgrundsätzen, die den Rechtsordnungen der Mitgliedstaaten gemeinsam sind. Die Bedeutung dieser Vorschrift ist in dem Sinne näher bestimmt worden, daß die Haftung der Gemeinschaft für Rechtsvorschriften, deren Erlaß wirtschaftspolitische Entscheidungen voraussetzt, nur durch eine hinreichend qualifizierte Verletzung einer höherrangigen, die einzelnen schützenden Rechtsnorm ausgelöst werden kann. Auf einem Rechtsetzungsgebiet wie dem vorliegenden, das durch ein für die Durchführung der gemeinsamen Agrarpolitik unerläßliches weites Ermessen gekennzeichnet ist, kann die Haftung der Gemeinschaft nur ausgelöst werden, wenn das handelnde Organ die Grenzen seiner Befugnisse offenkundig und erheblich überschritten hat.

[13] Darüber hinaus setzt die außervertragliche Haftung der Gemeinschaft nach ständiger Rechtsprechung voraus, daß der behauptete Schaden über die Grenzen der normalen wirtschaftlichen Risiken hinausgeht, die eine Betätigung in dem betreffenden Wirtschaftszweig mit sich bringt (. . .).

[14] Was die Verordnung (EWG) Nr. 857/84 in der durch die Verordnung Nr. 1371/84 ergänzten Fassung angeht, so sind diese Voraussetzungen erfüllt.

[15] Erstens sind diese Verordnungen, wie der Gerichtshof in den genannten Urteilen Mulder und von Deetzen festgestellt hat, unter Verletzung des Grundsatzes des Vertrauensschutzes erlassen worden, bei dem es sich um einen höherrangigen allgemeinen Grundsatz des Gemeinschaftsrechts handelt, der die einzelnen schützen soll.

[16] Zweitens hat der Gemeinschaftsgesetzgeber dadurch die Grenzen seines Ermessens offenkundig und erheblich überschritten und damit eine höherrangige Rechtsnorm hinreichend qualifiziert verletzt, dass er, ohne sich auf ein höheres öffentliches Interesse zu berufen, die besondere Lage einer klar abgegrenzten Gruppe von Wirtschaftsteilnehmern völlig unberücksichtigt gelassen hat, nämlich die Lage der Erzeu-

ger, die in Erfüllung einer im Rahmen der Verordnung (EWG) Nr. 1078/77 eingegangenen Verpflichtung während des Referenzjahres keine Milch geliefert hatten.

[17] Diese Verletzung ist um so offenkundiger, als nicht davon ausgegangen werden kann, daß der vollständige und dauernde Ausschluss der betroffenen Erzeuger von der Zuteilung einer Referenzmenge, durch den sie tatsächlich daran gehindert wurden, die Vermarktung von Milch nach dem Ende ihrer Nichtvermarktungs- oder Umstellungsverpflichtung wiederaufzunehmen, vorhersehbar war oder sich innerhalb der Grenzen der normalen wirtschaftlichen Risiken hielt, die mit der Tätigkeit eines Milcherzeugers verbunden sind.

Rs. C-352/98 P (Bergaderm und Goupil ./. Kommission), Urteil des Gerichtshofs vom 04.07.2000. 119

Vorbemerkungen: *Die Amtshaftung für unionsrechtswidrige Normativakte wurde stets nur bejaht, wenn eine hinreichend qualifizierte Verletzung einer höherrangigen, dem Schutz des Einzelnen dienenden Rechtsnorm vorlag. Dabei begründete der Gerichtshof diese Einschränkung mit dem notwendigen wirtschaftspolitischen Gestaltungsspielraum der Rechtsetzungsorgane. In der Entscheidung Bergaderm glich der Gerichtshof die Haftungsvoraussetzungen erstmals unabhängig von der Art des unionalen Handelns jedenfalls begrifflich einander an, wie er es auch für die mitgliedstaatliche Haftung seit jeher getan hat. Auch bei fehlerhaften Einzelentscheidungen ist Voraussetzung einer Haftung damit seither die hinreichend qualifizierte Verletzung einer unionsrechtlichen Norm. Keine ausdrückliche Voraussetzung der europäischen Haftung bildet die Frage eines möglichen Verschuldens des handelnden Organs. Allerdings stellt die Verschuldensfrage einen Gesichtspunkt dar, der bei der Einordnung einer Rechtsverletzung als hinreichend qualifiziert berücksichtigt werden kann und muss.* ***L:*** *Rn. 585, 591.*

Sachverhalt: Die Laboratoires pharmaceutiques Bergaderm ist eine Gesellschaft, die unter anderem ein Sonnenöl mit einem gewissen Gehalt von Bergamottöl herstellte. Auf den Verdacht hin, dass die in diesem Öl enthaltenen chemischen Komponenten karzinogen seien, wurde vom wissenschaftlichen Ausschuss der Kommission eine Studie durchgeführt, die zu einem uneinheitlichen Ergebnis führte. Trotz kontroverser Auffassungen unter seinen Mitgliedern empfahl der Ausschuss in seiner Stellungnahme vom 02.10.1990 eine Reduzierung der Höchstkonzentration der fraglichen Moleküle in Sonnenölen auf

1 mg/kg. Dies empfand die Firma Bergaderm im Anschluss an eine von ihr veranlasste Studie als unbegründet. Dennoch wurde der Standpunkt des Ausschusses in der am 10.07.1995 von der Kommission erlassenen Anpassungsrichtlinie übernommen. Die Kläger behaupteten unter anderem, die Kommission hätte bei dem Erlass der Richtlinie einen Ermessensfehler begangen, wodurch die Firma Bergaderm einen Schaden erlitten hätte, der nun zu ersetzen sei. Die Klage hatte in erster Instanz keinen Erfolg. Auch der EuGH wies sie zurück.

Aus den Entscheidungsgründen:

[44] Wenn der Mitgliedstaat oder das betreffende Organ nur über einen erheblich verringerten oder gar auf Null reduzierten Gestaltungsspielraum verfügt, kann die bloße Verletzung des Gemeinschaftsrechts ausreichen, um einen hinreichend qualifizierten Verstoß anzunehmen (vgl. in diesem Sinne das Urteil vom 23. Mai 1996 in der Rechtssache C-5/94, Hedley Lomas, Slg. 1996, I-2553, Randnr. 28).

[45] Daher ist zu untersuchen, ob das Gericht im vorliegenden Fall – wie die Rechtsmittelführer behaupten – bei seiner Prüfung der Art und Weise, in der die Kommission bei Erlaß der Anpassungsrichtlinie ihr Ermessen ausgeübt hat, einen Rechtsfehler begangen hat.

[46] Insoweit ist festzustellen, daß es kein entscheidendes Kriterium zur Bestimmung der Grenzen des dem fraglichen Organ zustehenden Ermessensspielraums ist, ob die Handlung dieses Organs allgemein oder einzelfallbezogen ist.

[47] Folglich greift der erste Rechtsmittelgrund, der ausschließlich auf die Qualifizierung der Anpassungsrichtlinie als Einzelfallentscheidung gestützt ist, auf keinen Fall durch und ist daher zurückzuweisen.

120 **Verb. Rs. C-120/06 P und C-121/06 P (FIAMM Technologies ./. Rat und Kommission; „FIAMM“), Urteil des Gerichtshofs vom 09.09.2008.**

Vorbemerkungen: *In der vorliegenden Rechtsmittelentscheidung widersprach der EuGH der auch vom EuG im vorinstanzlichen Urteil vertretenen Auffassung, wonach es eine Rechtmäßigkeitshaftung der EU für das Verhalten ihrer Organe geben könne. Diese sog. „no fault Community liability“ könne nicht als allgemeiner Rechtsgrundsatz i. S. d. Art. 340 Abs. 2 AEUV angesehen werden. Weder könnten aus den nationalen Rechtsordnungen der Mitgliedstaaten, noch aus der bisherigen Rechtsprechung Anhaltspunkte für die Existenz eines Schadensersatz-*

anspruches bei rechtmäßigem Organhandeln angenommen werden. Ferner könne eine solche Haftung auch nicht aus den unionsrechtlichen Grundrechten der Eigentums- und Berufsfreiheit abgeleitet werden. In der vorliegenden Rechtssache interpretierte der EuGH seine früheren Ausführungen in Dorsch-Consult (Rs. C-237/98) als allgemeine Erörterungen zur Rechtmäßigkeitshaftung. Jedenfalls sei dieses Urteil nicht so zu verstehen, dass der EuGH damit das Institut der Rechtmäßigkeitshaftung akzeptiert hätte. ***L:*** *Rn. 547, 589.*

Sachverhalt: Das italienische Handelsunternehmen FIAMM hatte unter Vergeltungszöllen der USA auf Batterien zu leiden, die im Zusammenhang mit dem sog. Bananenmarktstreit Ende der neunziger Jahre gegen Unternehmen aus Mitgliedstaaten der EG erlassen worden waren. Das italienische Unternehmen stritt um Kompensationen aus Mitteln der Gemeinschaft für die erlittenen Umsatzeinbußen auf dem US-Markt. Das EuG lehnte in erster Instanz eine Haftung der EG nach 288 Abs. 2 EG (jetzt: Art. 340 Abs. 2 AEUV) ab, da es keinen hinreichend qualifizierten Verstoß durch die Handlung eines Gemeinschaftsorgans gegen eine Rechtsnorm, die dem Einzelnen in der Gemeinschaft Rechte verleiht, feststellen konnte – WTO-Recht sei kein unmittelbar anwendbares höherrangiges Recht, anhand dessen EG-Sekundärrechtsakte überprüft werden könnten. Im Ergebnis wies auch der EuGH die Schadensersatzklagen der betroffenen Unternehmen ab, allerdings mit der Begründung, dass generell keine Haftungsregelung für rechtmäßige Handlungen der damaligen Gemeinschaft bestehe.

Aus den Entscheidungsgründen:

[141] Da erstens kaum die Hälfte der Rechtsordnungen der Mitgliedstaaten, zudem in einem äußerst begrenzten Rahmen, die Möglichkeit vorsehe, Ersatz für einen Schaden zu erhalten, der aus bestimmten rechtmäßigen Handlungen der öffentlichen Gewalt herrühre, widerspricht der Rat der Aussage in den Randnrn. 160 des Urteils FIAMM und 153 des Urteils Fedon, dass ein allgemeiner, den Mitgliedstaaten gemeinsamer Grundsatz bestehe, dass eine Haftung der Gemeinschaft ohne rechtswidriges Verhalten ihrer Organe ausgelöst werden könne.

(...)

[169] Wie der Gerichtshof u. a. in Randnr. 18 des Urteils Dorsch Consult/Rat und Kommission, auf das das Gericht in den Randnrn. 160 des Urteils FIAMM und 153 des Urteils Fedon verweist, in Erinnerung gerufen hat, hat sich der Gerichtshof bisher vielmehr in ständiger Rechtsprechung darauf beschränkt, bestimmte Voraussetzungen zu benennen, unter denen eine solche Haftung ausgelöst werden könnte, falls der

Grundsatz der Haftung der Gemeinschaft für rechtmäßiges Handeln im Gemeinschaftsrecht anerkannt werden sollte (vgl. auch in ähnlicher Weise Urteil vom 6. Dezember 1984, Biovilac/EWG, 59/83, Slg. 1984, 4057, Randnr. 28). Allein unter dieser Voraussetzung hat der Gerichtshof insoweit in Randnr. 19 des Urteils Dorsch Consult/Rat und Kommission festgestellt, dass, sollte eine solche Haftung im Grundsatz anerkannt werden, sie zumindest erfordern würde, dass drei Voraussetzungen – tatsächliches Vorliegen des Schadens, ursächlicher Zusammenhang zwischen diesem und dem betreffenden Handeln sowie die Qualifikation des Schadens als außergewöhnlicher und besonderer Schaden – nebeneinander erfüllt sind.

[170] Zu der im Gemeinschaftsrecht anerkannten Haftungsregelung hat der Gerichtshof unter Hinweis darauf, dass Art. 288 Abs. 2 EG im Bereich der außervertraglichen Haftung der Gemeinschaft für den durch deren Organe oder Bedienstete in Ausübung ihrer Amtstätigkeit verursachten Schaden auf die allgemeinen Rechtsgrundsätze verweist, die den Rechtsordnungen der Mitgliedstaaten gemeinsam sind, ausgeführt, dass dieser in Art. 288 EG ausdrücklich aufgestellte Grundsatz der außervertraglichen Haftung der Gemeinschaft nur eine Ausprägung des in den Rechtsordnungen der Mitgliedstaaten geltenden allgemeinen Grundsatzes ist, dass eine rechtswidrige Handlung oder Unterlassung die Verpflichtung zum Ersatz des verursachten Schadens nach sich zieht (Urteil Brasserie du pêcheur und Factortame, Randnrn. 28 und 29).

(...)

[176] Aus all diesen Erwägungen ergibt sich, dass beim derzeitigen Stand des Gemeinschaftsrechts keine Haftungsregelung besteht, nach der eine Haftung der Gemeinschaft wegen eines Verhaltens im Bereich ihrer Rechtsetzungsbefugnis ausgelöst werden kann, wenn die eventuelle Nichtübereinstimmung eines solchen Verhaltens mit den WTO-Übereinkünften vor dem Gemeinschaftsrichter nicht geltend gemacht werden kann.

VII. Einstweiliger Rechtsschutz, Art. 278f. AEUV

Rs. C-180/96 R (Vereinigtes Königreich ./. Kommission; „BSE"), Beschluss des Gerichtshofs vom 12.07.1996. 121

Vorbemerkungen: *Die im Unionsrechtsschutzsystem vorgesehenen Klagen und Rechtsmittel entfalten keine aufschiebende Wirkung. Der Betroffene bleibt daher auch nach Klageerhebung oder Rechtsmitteleinlegung verpflichtet, die sich aus dem angefochtenen Unionsrechtsakt ergebenden Gebote oder Verbote zu befolgen. Unter dem Oberbegriff der „einstweiligen Anordnung" stellt der AEUV zur Vermeidung irreparabler Schäden aber verschiedene Rechtsbehelfe des einstweiligen Rechtsschutzes zur Verfügung (Art. 278 S. 2, Art. 279, Art. 299 Abs. 4 S. 1 AEUV). Diese hemmen die Durchführung einer Rechtshandlung, ohne deren Rechtswirksamkeit zu berühren. In der Rechtssache „BSE" nahm der EuGH zu den Begründetheitsvoraussetzungen einer solchen einstweiligen Anordnung Stellung. Danach ist der Antrag auf vorläufigen Rechtsschutz begründet, wenn der Antragsteller glaubhaft machen kann, dass die Entscheidung zur Vermeidung eines schweren und nicht wiedergutzumachenden Schadens unter Abwägung der beteiligten Rechte dringend erforderlich ist (Dringlichkeit) und dass die anhängige Klage – nach summarischer Prüfung – hinreichende Aussicht auf Erfolg besitzt (Notwendigkeit).* ***L:*** *Rn. 499.*

Sachverhalt: Das Vereinigte Königreich erhob beim EuGH Nichtigkeitsklage gegen die Entscheidung 96/239/EG der Kommission, mit der die Kommission Dringlichkeitsmaßnahmen zum Schutz gegen BSE („Rinderwahnsinn") erließ. Die vorgesehenen Maßnahmen umfassten u. a. ein Verbot der Ausfuhr von Rinderprodukten aus Großbritannien sowohl in andere EG-Mitgliedstaaten, als auch in Drittländer. Gleichzeitig beantragte das Vereinigte Königreich im Verfahren des einstweiligen Rechtsschutzes, den Vollzug der Entscheidung auszusetzen. Der EuGH lehnte den Antrag ab.

Aus den Entscheidungsgründen:

[41] Nach den Artikeln 185 und 186 EG kann der Gerichtshof, wenn er dies den Umständen nach für nötig hält, die Durchführung einer angefochtenen Handlung aussetzen oder in den bei ihm anhängigen Sachen die erforderlichen einstweiligen Anordnungen treffen.

[42] Nach Artikel 83 § 2 VerfO des Gerichtshofs müssen entsprechende Anträge den Streitgegenstand bezeichnen und die Umstände anführen, aus denen sich die Dringlichkeit ergibt; ferner ist die Notwendigkeit der beantragten Anordnung in tatsächlicher und rechtlicher Hinsicht glaubhaft zu machen.

[43] Nach Artikel 36 III Satzung des Gerichtshofs und Artikel 86 § 4 VerfO stellt der Beschluss im Verfahren der einstweiligen Anordnung nur eine einstweilige Regelung dar und greift der Entscheidung des Gerichtshofs zur Hauptsache nicht vor.

[44] Somit kann der Gerichtshof im Verfahren der einstweiligen Anordnung die Aussetzung des Vollzugs einer Handlung anordnen oder sonstige einstweilige Anordnungen treffen, wenn die Notwendigkeit der Anordnungen in tatsächlicher und rechtlicher Hinsicht glaubhaft gemacht (Fumus boni iuris) und dargetan ist, daß sie dringlich in dem Sinne sind, daß es zur Verhinderung eines schweren und nicht wiedergutzumachenden Schadens für die Interessen des Antragstellers erforderlich ist, daß sie bereits vor der Entscheidung zur Hauptsache erlassen werden und ihre Wirkungen entfalten (EuGH, Slg. I-1995, 2165 Randnr. 22 – Kommission/Atlantic Container Line u. a.). Nach ständiger Rechtsprechung nimmt der Gerichtshof weiter eine Interessenabwägung vor. Zudem kommen die Aussetzung des Vollzugs und andere Maßnahmen nach Artikel 186 EG nur in Betracht, wenn sie vorläufig in dem Sinne sind, daß sie der Entscheidung über die streitigen Rechts- oder Tatsachenfragen nicht vorgreifen und die später zur Hauptsache zu treffende Entscheidung nicht im voraus wirkungslos machen (Beschluß Kommission/Atlantic Container Line u. a., Randnr. 22).

[45] Im Rahmen dieser Gesamtprüfung verfügt der Gerichtshof über ein weites Ermessen; er kann im Hinblick auf die Besonderheiten des Einzelfalls die Art und Weise, in der diese Voraussetzungen zu prüfen sind, sowie die Reihenfolge ihrer Prüfung frei bestimmen, da keine Vorschrift des Gemeinschaftsrechts ihm ein feststehendes Prüfungsschema für die Beurteilung der Erforderlichkeit einer vorläufigen Entscheidung vorschreibt (Beschluß Kommission/Atlantic Container Line u. a., Randnr. 23).

(…)

[82] Die Dringlichkeit der beantragten Maßnahmen beurteilt sich danach, ob eine Entscheidung notwendig ist, um einen schweren und nicht wiedergutzumachenden Schaden zu verhindern, der sich aus der Anwendung der Maßnahme, die Gegenstand der Klage ist, bis zur Entscheidung des Gerichtshofs über diese Klage ergeben könnte.

(…)

[85] Die Mitgliedstaaten sind für die – namentlich wirtschaftlichen und sozialen – Interessen zuständig, die auf nationaler Ebene als Allgemeininteressen betrachtet werden; daher sind sie zur Verteidigung dieser Interessen klagebefugt. Folglich können sie Schäden geltend machen, die einen gesamten Sektor ihrer Volkswirtschaft betreffen, insbesondere, wenn die angefochtene Gemeinschaftsmaßnahme negative Auswirkungen auf das Beschäftigungs- und das Lebenshaltungskostenniveau haben kann (EuGH, Slg. I 1993, 3667, Randnr. 27 – Deutschland/Rat).

(...)

[89] Nach alledem kann zwar das Vorbringen des Vereinigten Königreichs beim derzeitigen Verfahrensstand nicht in jedem Punkt vollständig zurückgewiesen werden, doch hat die Kommission gewichtige Gründe für die Rechtmäßigkeit ihrer Entscheidung sowohl für den Binnenhandel der Gemeinschaft wie für Ausfuhren in dritte Länder vorgebracht. Selbst unterstellt also, daß das Vereinigte Königreich das Vorliegen eines schweren und nicht wiedergutzumachenden Schadens in vollem Umfang nachgewiesen hätte, wäre es Sache des Gerichtshofs, das Interesse des Antragstellers an der Aussetzung des Ausfuhrverbots für Rinder, Rindfleisch und Erzeugnisse von Rindern gegen das Interesse der anderen Parteien an der Aufrechterhaltung dieses Verbotes abzuwägen. Dabei müsste geprüft werden, ob die Nichtigerklärung der streitigen Entscheidung im Verfahren zur Hauptsache die Umkehrung der Lage erlauben würde, die durch den sofortigen Vollzug der streitigen Entscheidung entstünde, und ob – umgekehrt – die Aussetzung des Vollzugs dieser Entscheidung deren volle Wirksamkeit behindern könnte, falls die Klage abgewiesen würde (Beschluß Kommission/Atlantic Container Line u. a., Randnr. 50).

[90] Eine solche Interessenabwägung spräche in jedem Fall für die Aufrechterhaltung der Entscheidung der Kommission, da sich das Interesse an ihrer Aufrechterhaltung mit dem Interesse des Antragstellers an ihrer Aussetzung nicht vergleichen lässt.

[91] Die vorstehende Prüfung hat zwar gezeigt, daß die Aufrechterhaltung des Ausfuhrverbots bis zum Erlaß des Urteils zur Hauptsache wahrscheinlich einen wirtschaftlichen und sozialen Schaden nach sich ziehen und daß dieser Schaden teilweise nur schwer wiedergutzumachen sein wird, wenn die Klage Erfolg haben sollte.

[92] Dieser Schaden ist jedoch eher in Kauf zu nehmen als der schwere Schaden für die Gesundheit der Bevölkerung, den die Aussetzung der streitigen Entscheidung nach sich ziehen könnte und der bei Klageabweisung nicht mehr behoben werden könnte.

[93] Die Creutzfeldt-Jakob-Krankheit, insbesondere ihre neuerdings entdeckte Form, ist der Wissenschaft nur ungenügend bekannt. Daß sie tödlich verläuft, wurde in der mündlichen Verhandlung wiederholt gesagt. Es gibt zur Zeit keine Heilungsmöglichkeiten. Der Tod tritt einige Monate nach der Diagnose ein. Da die wahrscheinlichste Erklärung für diese tödliche Krankheit ein Kontakt mit BSE ist, darf es kein Zögern geben. Auch wenn die Entscheidung der Kommission für das Vereinigte Königreich wirtschaftliche und soziale Schwierigkeiten hervorruft, ist dem Gesundheitsschutz doch vorrangige Bedeutung zuzuerkennen.

VIII. EuGH und GASP

122 **Verb. Rs. C-29/22 P und C-44/22 P (KS und KD ./. Rat), Urteil des Gerichtshofs vom 10.09.2024.**

Vorbemerkungen: *Nach Art. 275 AEUV ist der EuGH grds. nicht zuständig für die Bestimmungen hinsichtlich der Gemeinsamen Außen- und Sicherheitspolitik und für die auf der Grundlage dieser Bestimmungen erlassenen Rechtsakte. Davon macht Art. 275 Abs. 2 AEUV jedoch zwei explizite Ausnahmen. Danach ist der EuGH zuständig für die Kontrolle der Einhaltung von Artikel 40 EUV und für die unter den Voraussetzungen des Artikels 263 Absatz 4 AEUV erhobenen Klagen im Zusammenhang mit der Überwachung der Rechtmäßigkeit von Beschlüssen über restriktive Maßnahmen gegenüber natürlichen oder juristischen Personen, die der Rat auf der Grundlage von Titel V Kapitel 2 EUV erlassen hat. Über diese beiden expliziten Ausnahmen hinaus hält sich der EuGH jedoch auch dann für zuständig, wenn die betreffenden Handlungen und Unterlassungen nicht unmittelbar mit den politischen oder strategischen Entscheidungen in Verbindung stehen, die die Organe, Einrichtungen und sonstigen Stellen der Union im Rahmen der GASP, insbesondere der GSVP, treffen (vgl. Rs. C-439/13 P, Elitaliana/Eulex Kosovo, Rn. 49; Rs. C-455/14 P, H/Rat u. a., Rn. 55; Rs. C-14/19 P, SATCEN/KF, Rn. 66). Vorliegend hatte das Gericht eine solche Verbindung zu politischen und strategischen Entscheidungen der GASP bejaht und damit seine Unzuständigkeit im Hinblick auf die erhobene Amtshaftungsklage begründet. Der EuGH hob die Entscheidung des Gerichts teilweise auf und verwies die Sache an das Gericht* *zurück.* ***B:*** *T. Hilpold, EuZW 2024, 1149 ff.; J. Gundel, EuR 2025, 84 ff.* ***L:*** *Rn. 456.*

Sachverhalt: Mit ihrem jeweiligen Rechtsmittel beantragten KS und KD sowie die Europäische Kommission die Aufhebung des Beschlusses des Gerichts der Europäischen Union KS und KD/Rat u. a. (Rs. T-771/20), mit dem sich das Gericht für offensichtlich unzuständig erklärt hatte, über die von KS und KD nach Art. 268 AEUV in Verbindung mit Art. 340 Abs. 2 AEUV erhobene Klage auf Ersatz des Schadens zu entscheiden, der Letzteren aufgrund verschiedener Handlungen und Unterlassungen des Rates der Europäischen Union, der Kommission und des Europäischen Auswärtigen Dienstes (EAD) im Rahmen der Durchführung der Gemeinsamen Aktion 2008/124/GASP des Rates vom 4. Februar 2008 über die Rechtsstaatlichkeitsmission der Europäischen Union im Kosovo, EULEX KOSOVO (ABl. 2008, L 42, S. 92), insbesondere betreffend die während dieser Mission durchgeführten Untersuchungen zur Folter, zum Verschwinden und zur Ermordung von Familienangehörigen von KS und KD im Jahr 1999 in Pristina (Kosovo), entstanden sein soll. Das Gericht ging davon aus, dass es sich insoweit um Handlungen handelte, die im Zusammenhang mit strategischen und politischen Fragen standen, die die Festlegung und Durchführung der GASP betrafen. Der EuGH trat dem in seinem Urteil entgegen und bejahte die grds. Zuständigkeit der Unionsgerichtsbarkeit.

Aus den Entscheidungsgründen:

[115] Des Weiteren ist darauf hinzuweisen, dass sich aus der in Rn. 63 des vorliegenden Urteils angeführten Rechtsprechung ergibt, dass im Rahmen der Prüfung der Zuständigkeit des Gerichtshofs der Europäischen Union für die Entscheidung über eine Klage, die Handlungen oder Unterlassungen zum Gegenstand hat, die unter die GASP fallen, in einem ersten Schritt zu prüfen ist, ob die betreffende Situation unter einen der in Art. 24 Abs. 1 Unterabs. 2 letzter Satz EUV und Art. 275 Abs. 2 AEUV vorgesehenen Fälle subsumiert werden kann, in denen diese Zuständigkeit ausdrücklich anerkannt ist.

[116] Ist dies nicht der Fall, ist in einem zweiten Schritt zu prüfen, ob – wie sich im Wesentlichen aus der auf Rn. 49 des Urteils vom 12. November 2015, Elitaliana/Eulex Kosovo (C-439/13 P, EU:C:2015:753), Rn. 55 des Urteils vom 19. Juli 2016, H/Rat u. a. (C-455/14 P, EU:C:2016:569), sowie Rn. 66 des Urteils vom 25. Juni 2020, SATCEN/KF (C-14/19 P, EU:C:2020:492), zurückgehenden Rechtsprechung des Gerichtshofs ergibt – die Zuständigkeit des Gerichtshofs der Europäischen Union auf den Umstand gestützt werden kann, dass die betreffenden Handlungen und Unterlassungen nicht un-

mittelbar mit den politischen oder strategischen Entscheidungen in Verbindung stehen, die die Organe, Einrichtungen und sonstigen Stellen der Union im Rahmen der GASP, insbesondere der GSVP, treffen.

[117] Wenn also die betreffenden Handlungen und Unterlassungen nicht unmittelbar mit diesen politischen oder strategischen Entscheidungen in Verbindung stehen, ist der Gerichtshof der Europäischen Union zuständig, die Rechtmäßigkeit dieser Handlungen oder Unterlassungen zu beurteilen oder diese auszulegen. Stehen die Handlungen oder Unterlassungen hingegen in unmittelbarer Verbindung mit diesen politischen oder strategischen Entscheidungen, muss sich dieses Organ für unzuständig erklären.

[118] Daraus folgt, dass der Gerichtshof der Europäischen Union gemäß Art. 24 Abs. 1 Unterabs. 2 letzter Satz EUV und Art. 275 Abs. 1 AEUV nicht für die Beurteilung der Rechtmäßigkeit oder die Auslegung von Handlungen oder Unterlassungen zuständig ist, die in unmittelbarer Verbindung mit der Verfolgung, der Bestimmung und der Verwirklichung der GASP, insbesondere der GSVP, stehen, d. h. insbesondere der Feststellung der strategischen Interessen der Union sowie der Bestimmung sowohl der von der Union durchzuführenden Aktionen und einzunehmenden Standpunkte als auch der allgemeinen Leitlinien der GASP im Sinne der Art. 24 bis 26, 28, 29, 37, 38, 42 und 43 EUV.

[119] Wie sich aus den Rn. 62, 68 bis 73, 77 bis 80 und 91 des vorliegenden Urteils ergibt, steht diese Erwägung erstens im Einklang mit dem Wortlaut dieser Bestimmungen, die die Zuständigkeit des Gerichtshofs der Europäischen Union im Bereich der GASP grundsätzlich ausschließen, zweitens wird sie durch den Kontext, in dem diese Bestimmungen stehen, bestätigt, da sie es ermöglicht, deren praktische Wirksamkeit zu wahren, ohne jedoch das Recht auf einen wirksamen Rechtsbehelf in unzulässiger Weise zu beeinträchtigen, und drittens entspricht sie dem mit diesen Bestimmungen verfolgten Zweck.

[120] Nach dieser Klarstellung ist zum einen zu prüfen, ob das Gericht in den Rn. 28, 33 bis 36 und 39 des angefochtenen Beschlusses einen Rechtsfehler begangen hat, indem es bei der Verneinung seiner Zuständigkeit auf der Grundlage von Art. 24 Abs. 1 Unterabs. 2 letzter Satz EUV und Art. 275 Abs. 1 AEUV das Kriterium angewandt hat, das darin besteht, zu prüfen, ob die Handlungen und Unterlassungen, auf die sich die Klage von KS und KD bezieht, unter „politische oder strategische Fragen im Zusammenhang mit [Eulex Kosovo]“ fielen, die „die Festlegung und Durchführung der GASP“ betrafen, und zum anderen, ob die Anwendung dieses Kriteriums im vorliegenden Fall fehlerhaft ist.

IX. EuGH und internationale Gerichte

Gutachten 2/13 (Beitritt der Union zur EMRK), Gutachten des Gerichtshofs vom 18.12.2014. 123

Vorbemerkungen: *Die Unionsrechtsordnung verfügt über ein ausgereiftes Grundrechtsschutzsystem, in welchem der EMRK bereits mittelbar Bedeutung zukommt. Die Gewährleistungen der EMRK sind sowohl bei der Auslegung der Unionsgrundrechte in Form von allgemeinen Rechtsgrundsätzen als auch bei der Auslegung der GRCh maßgeblich zu berücksichtigen (vgl. Art. 6 Abs. 1 und 3 EUV, Art. 52 Abs. 3 GRCh). Darüber hinaus ist die Union seit Inkrafttreten des Vertrages von Lissabon im Jahr 2009 dazu verpflichtet, der EMRK beizutreten (Art. 6 Abs. 2 EUV). Hierdurch soll erreicht werden, dass die Union künftig unmittelbar an die Konvention gebunden ist und somit auch der Jurisdiktion des EGMR unterliegt. In langwierigen Verhandlungen einigten sich die EU und die 47 Vertragsstaaten der EMRK auf den Entwurf einer Beitrittsübereinkunft. Infolge eines Gutachtenantrags der Kommission nach Art. 218 Abs. 11 AEUV hatte der EuGH die Vereinbarkeit der geplanten Übereinkunft mit dem Unionsrecht, insb. mit Art. 6 Abs. 2 EUV und mit Protokoll (Nr. 8) zum Vertrag von Lissabon, zu prüfen. Nach diesem Protokoll ist in der zu schließenden Übereinkunft sicherzustellen, „dass die besonderen Merkmale der Union und des Unionsrechts erhalten bleiben […]". Darüber hinaus sieht Art. 6 Abs. 2 S. 2 EUV vor, dass durch den Beitritt „nicht die in den Verträgen festgelegten Zuständigkeiten der Union" geändert werden. Der EuGH kommt in seinem Gutachten zu dem Ergebnis, dass der Übereinkunftsentwurf diesen Anforderungen nicht genügt. Der Beitritt der Union ist damit nur über eine Neuverhandlung der Übereinkunft oder eine Änderung der EU-Verträge zu erreichen.* ***B:*** *R. Streinz, JuS 2015, 567ff.* ***L:*** *Rn. 58, 435, 690ff.*

Sachverhalt: Seit Inkrafttreten des Vertrages von Lissabon im Jahr 2009 ist die Europäische Union nach Art. 6 Abs. 2 EUV verpflichtet, der EMRK beizutreten. Über die die hierfür erforderlichen Änderungen der EMRK wird seit dem Jahr 2010 verhandelt. Am 5. April 2013 wurde ein finaler Übereinkunftsentwurf vorgelegt, den der EuGH in einem Gutachtenverfahren nach Art. 218 Abs. 11 AEUV auf seine Vereinbarkeit mit den Verträgen hin zu überprüfen hatte.

Aus den Entscheidungsgründen:

2. Zur Vereinbarkeit der geplanten Übereinkunft mit dem Primärrecht der Union

[178] Im Rahmen der Stellungnahme zum Gutachtenantrag der Kommission ist die Prüfung sowohl darauf zu erstrecken, ob die geplante Übereinkunft geeignet ist, die soeben dargelegten besonderen Merkmale des Unionsrechts und, wie die Kommission selbst hervorgehoben hat, die Autonomie dieses Rechts bei der Auslegung und Anwendung der durch das Unionsrecht und insbesondere durch die Charta anerkannten Grundrechte zu beeinträchtigen, als auch darauf, ob die in der Übereinkunft vorgesehenen institutionellen und Verfahrensmechanismen die Beachtung der Bedingungen sicherstellen, von denen die Verträge den Beitritt der Union zur EMRK abhängig gemacht haben.

(...)

[258] Im Licht aller vorstehenden Erwägungen ist festzustellen, dass die geplante Übereinkunft in folgenden Punkten nicht mit Art. 6 Abs. 2 EUV und dem EU-Protokoll Nr. 8 vereinbar ist:

- Sie ist geeignet, die besonderen Merkmale und die Autonomie des Unionsrechts zu beeinträchtigen, da sie nicht sicherstellt, dass Art. 53 EMRK und Art. 53 der Charta aufeinander abgestimmt werden, keine Vorkehrungen enthält, um der Gefahr einer Beeinträchtigung des Grundsatzes des gegenseitigen Vertrauens zwischen den Mitgliedstaaten im Unionsrecht zu begegnen, und keine Regelung des Verhältnisses zwischen dem durch das Protokoll Nr. 16 geschaffenen Mechanismus und dem in Art. 267 AEUV vorgesehenen Vorabentscheidungsverfahren vorsieht.
- Sie ist geeignet, Art. 344 AEUV zu beeinträchtigen, da sie die Möglichkeit nicht ausschließt, den EGMR mit Rechtsstreitigkeiten zwischen den Mitgliedstaaten oder zwischen ihnen und der Union zu befassen, die die Anwendung der EMRK im materiellen Anwendungsbereich des Unionsrechts betreffen.
- Sie sieht keine Modalitäten des Mitbeschwerdegegner-Mechanismus und des Verfahrens der Vorabbefassung des Gerichtshofs vor, die gewährleisten, dass die besonderen Merkmale der Union und des Unionsrechts erhalten bleiben.
- Sie verstößt gegen die besonderen Merkmale des Unionsrechts in Bezug auf die gerichtliche Kontrolle der Handlungen, Aktionen oder Unterlassungen der Union im Bereich der GASP, da sie die ge-

richtliche Kontrolle einiger dieser Handlungen, Aktionen oder Unterlassungen ausschließlich einem unionsexternen Organ anvertraut.

Rs. C-600/23 (Royal Football Club Seraing), Urteil des Gerichtshofs vom 01.08.2025. 124

Vorbemerkungen: *In der vorliegenden Konstellation stellte sich die Frage inwieweit Art. 19 EUV und Art. 47 GrCH einer mitgliedstaatlichen Regelung entgegenstehen, die einem vom Schweizerischen Bundesgericht und damit eines Drittstaats bestätigten Schiedsspruch des ebenfalls in der Schweiz ansässigen Sportgerichtshofs CAS Rechtskraftwirkung auch im Hinblick auf die dort erfolgte Prüfung des Unionsrechts zuweist, obwohl weder der CAS noch das schweizerische Bundesgericht vorlageberechtigt im Verfahren nach Art. 267 AEUV sind. Dann nämlich käme der Entscheidung eines nicht in der EU ansässigen Schiedsgerichts in einem Bereich von besonderer wirtschaftlicher Bedeutung – dem Sport – eine erhebliche Wirkung für den Binnenmarkt zu, ohne dass der EuGH die Möglichkeit hätte, die dort erfolgte Auslegung des Unionsrechts zu überprüfen, zumal die Anrufung des genannten Schiedsgerichts in den Statuten der FIFA verbindlich vorgeschrieben ist. Der EuGH stellte klar, dass es den Parteien eines Vertrages zwar grds. freisteht, auch ein obligatorisches Schiedsverfahren zu vereinbaren. Sobald jedoch der durch eine solche Vereinbarung eingeführte oder bestimmte Schiedsmechanismus im gesamten Unionsgebiet oder in einem Teil davon im Rahmen von Rechtsstreitigkeiten im Zusammenhang mit der Ausübung einer wirtschaftlichen Tätigkeit in diesem Gebiet angewandt werden soll, müsse dieser Mechanismus so konzipiert und angewandt werden, dass zum einen seine Vereinbarkeit mit den für die Struktur der justiziellen Architektur in der Union maßgebenden Grundsätzen und zum anderen die tatsächliche Einhaltung der öffentlichen Ordnung der Union sichergestellt seien (Rn. 82). Zu diesen Grundsätzen gehörten danach jedenfalls die Regelungen der Art. 101 und 102 AEUV ebenso wie die Grundfreiheiten. Insoweit müsse daher eine Überprüfung durch ein vorlageberechtigtes mitgliedstaatliches Gericht möglich sein. Entgegenstehende nationale Vorschriften muss ein mitgliedstaatliches Gericht unangewendet lassen (Rn. 120, 124)* ***B:*** *S. D. Meyer, EuZW 2026, 135 ff.*

Sachverhalt: Am 4. September 2015 erließ die FIFA-Disziplinarkommission einen Entscheid, in dem sie zunächst feststellte, dass der RFC Seraing durch den Abschluss einiger Verträge gegen die Art. 18*bis* und 18*ter* des Reglement bezüglich Status und Transfer von Spielern (RSTS) verstoßen habe. Darüber hinaus untersagte sie diesem Klub die Registrierung von Spielern für vier aufeinanderfolgende Registrierungsperioden sowohl auf nationaler als auch auf internationaler Ebene. Schließlich verhängte sie gegen den Klub eine Geldstrafe in Höhe von 150 000 Schweizer Franken (d. h. etwa 138 000 Euro gemäß dem damaligen Wechselkurs). Die gegen diesen Entscheid eingelegte Berufung wurde von der Berufungskommission der FIFA zurückgewiesen, so dass RFC im Anschluss den CAS anrief. Der CAS stellte fest, dass die FIFA-Reglements, das schweizerische Recht und das Unionsrecht das auf den Rechtsstreit anwendbare Recht bildeten, sah die unionsrechtlichen Vorgaben aber als gewahrt an und bestätigte letztlich auch die Geldstrafe. Eine Beschwerde des RFC beim schweizerischen Bundesgericht gegen den Schiedsspruch des CAS wurde zurückgewiesen. Bereits zuvor war die FIFA vor einem belgischen Gericht wegen der RSTS verklagt worden. Der RFC trat diesem belgischen Verfahren bei und trug vor, dass die in den Art. 18*bis* und 18*ter* RSTS aufgestellten Verbote mit dem Unionsrecht, insbesondere mit den Art. 45, 56, 63, 101 und 102 AEUV, unvereinbar seien. Nachdem der Schiedsspruch des CAS durch das schweizerische Bundesgericht bestätigt worden war, stellte der mit der zu dem Zeitpunkt mit der Klage betraute Appellationshof Brüssel fest, das RFC die Einwände gegen das Unionsrecht bereits beim CAS vorgetragen hatte und dieser Schiedsspruch einschließlich seiner Feststellungen zum Unionsrecht nunmehr nach belgischem Recht als rechtskräftig anzusehen seien. Der gegen dieses Urteil von RFC angerufene Kassationshof Brüssel legte dem EuGH daraufhin u. a. die Frage vor, ob Art. 19 Abs. 1 Unterabs. 2 EUV in Verbindung mit Art. 267 AEUV und Art. 47 der Charta dahin auszulegen ist, dass er dem entgegensteht, dass einem Schiedsspruch des CAS im Hoheitsgebiet eines Mitgliedstaats im Verhältnis zwischen den Parteien des Rechtsstreits, in dem dieser Schiedsspruch ergangen ist, Rechtskraft verliehen wird, wenn die Vereinbarkeit des Schiedsspruchs mit dem Unionsrecht nicht zuvor von einem zur Vorlage eines Vorabentscheidungsersuchens an den Gerichtshof berechtigten nationalen Gericht geprüft wurde.

Aus den Entscheidungsgründen:

[78] Allerdings verbietet es die durch die Verträge geschaffene Rechtsordnung grundsätzlich nicht, dass Einzelne, die aufgrund der Ausübung einer wirtschaftlichen Tätigkeit im Gebiet der Union unter diese Rechtsordnung fallen, Rechtsstreitigkeiten, die zwischen ihnen im Rahmen dieser Ausübung entstehen können, einem Schiedsmechanismus unterwerfen.

[79] Im Gegenteil ist, anders als der Abschluss zum einen von Abkommen zwischen Mitgliedstaaten, mit denen verbindliche Schieds-

mechanismen eingeführt werden, die der Zuständigkeit ihrer Gerichte Streitigkeiten entziehen, die sich auf die Auslegung oder Anwendung des Unionsrechts beziehen können, und zum anderen von Ad-hoc-Schiedsvereinbarungen, die die Fortsetzung von auf der Grundlage solcher Abkommen eingeleiteten Schiedsverfahren ermöglichen, der streng verboten ist (vgl. in diesem Sinne Urteile vom 6. März 2018, Achmea, C-284/16, EU:C:2018:158, Rn. 54 und 55, vom 2. September 2021, Republik Moldau, C-741/19, EU:C:2021:655, Rn. 59, und vom 26. Oktober 2021, PL Holdings, C-109/20, EU:C:2021:875, Rn. 44 und 45), die Inanspruchnahme eines Schiedsverfahrens durch Einzelne grundsätzlich möglich.

(...)

[82] Sobald jedoch der durch eine solche Vereinbarung eingeführte oder bestimmte Schiedsmechanismus im gesamten Unionsgebiet oder in einem Teil davon im Rahmen von Rechtsstreitigkeiten im Zusammenhang mit der Ausübung einer wirtschaftlichen Tätigkeit in diesem Gebiet angewandt werden soll, muss dieser Mechanismus so konzipiert und angewandt werden, dass zum einen seine Vereinbarkeit mit den für die Struktur der justiziellen Architektur in der Union maßgebenden Grundsätzen und zum anderen die tatsächliche Einhaltung der öffentlichen Ordnung der Union sichergestellt sind (vgl. in diesem Sinne Urteil vom 21. Dezember 2023, International Skating Union/Kommission, C-124/21 P, EU:C:2023:1012, Rn. 188 und 189).

[83] Hierzu ist hervorzuheben, dass unabhängig von den Regeln, die auf das nach einem solchen Schiedsmechanismus zuständige Schiedsorgan Anwendung finden können, die von ihm erlassenen Schiedssprüche einer gerichtlichen Kontrolle unterzogen werden können müssen, die geeignet ist, den wirksamen gerichtlichen Rechtsschutz zu gewährleisten, auf den die betroffenen Personen nach Art. 47 der Charta Anspruch haben und den zu gewährleisten die Mitgliedstaaten nach Art. 19 Abs. 1 Unterabs. 2 EUV in den vom Unionsrecht erfassten Bereichen verpflichtet sind.

[84] Dieses Erfordernis bedeutet nicht, dass es in der Union notwendigerweise ein Gericht oder mehrere Gerichte geben muss, die befugt sind, alle für die Entscheidung der Rechtsstreitigkeiten, in deren Rahmen Schiedssprüche ergangen sind, relevanten Tatsachen- und Rechtsfragen zu prüfen, wie dies nach der in Rn. 75 des vorliegenden Urteils angeführten Rechtsprechung der Fall sein müsste, wenn kein Schiedsverfahren in Anspruch genommen wird. In Anbetracht der Möglichkeit für den Einzelnen, unter den in Rn. 82 dieses Urteils genannten Voraussetzungen ein Schiedsverfahren in Anspruch zu nehmen, und der Erfor-

dernisse der Wirksamkeit des Schiedsverfahrens kann die gerichtliche Kontrolle von Schiedssprüchen nämlich wirksam beschränkt sein (vgl. in diesem Sinne Urteile vom 1. Juni 1999, Eco Swiss, C-126/97, EU:C:1999:269, Rn. 35, vom 26. Oktober 2006, Mostaza Claro, C-168/05, EU:C:2006:675, Rn. 34, und vom 21. Dezember 2023, International Skating Union/Kommission, C-124/21 P, EU:C:2023:1012, Rn. 193).

[85] Den von Schiedssprüchen betroffenen Einzelnen muss es jedoch jedenfalls möglich bleiben, von einem Gericht, das alle Anforderungen nach Art. 267 AEUV erfüllt, eine Überprüfung der Frage zu erwirken, ob die betreffenden Schiedssprüche mit den Grundsätzen und Bestimmungen vereinbar sind, die zur öffentlichen Ordnung der Union gehören und im Rahmen des betreffenden Rechtsstreits relevant sind (vgl. in diesem Sinne Urteile vom 1. Juni 1999, Eco Swiss, C-126/97, EU:C:1999:269, Rn. 37, und vom 21. Dezember 2023, International Skating Union/Kommission, C-124/21 P, EU:C:2023:1012, Rn. 193).

(...)

[88] Nach der Rechtsprechung des Gerichtshofs gehören zu den Grundsätzen und Bestimmungen, die Teil der öffentlichen Ordnung der Union sind, u. a. die Art. 101 und 102 AEUV, die unmittelbare Wirkung haben und in der Person des Einzelnen Rechte entstehen lassen, die die nationalen Gerichte zu wahren haben (vgl. in diesem Sinne Urteile vom 1. Juni 1999, Eco Swiss, C-126/97, EU:C:1999:269, Rn. 36 bis 39, und vom 21. Dezember 2023, International Skating Union/Kommission, C-124/21 P, EU:C:2023:1012, Rn. 192 und 193).

[89] Die Freizügigkeit der Arbeitnehmer, die Dienstleistungsfreiheit und die Kapitalverkehrsfreiheit, die durch die Art. 45, 56 und 63 AEUV garantiert werden, sind ebenfalls Teil der öffentlichen Ordnung der Union. Auch diese drei Artikel, die im Rahmen des Ausgangsverfahrens allein in Frage stehen, haben unmittelbare Wirkung (vgl. zu Art. 45 AEUV Urteil vom 21. Dezember 2023, Royal Antwerp Football Club, C-680/21, EU:C:2023:1010, Rn. 136 und die dort angeführte Rechtsprechung, und zu Art. 63 AEUV Urteil vom 10. März 2022, Grossmania, C-177/20, EU:C:2022:175, Rn. 44 und die dort angeführte Rechtsprechung). Sie gehören zu den Grundlagen des Binnenmarkts im Sinne von Art. 26 AEUV, der einen Raum ohne Binnengrenzen umfasst.

(...)

[120] Daraus folgt, dass das zuständige nationale Gericht, wenn die auf einen bestimmten Rechtsstreit anwendbaren nationalen Bestimmungen möglicherweise der vollen Wirksamkeit von Art. 19 Abs. 1 Unterabs. 2 EUV entgegenstehen, diese Bestimmungen aus eigener Entscheidungsbefugnis unangewendet lassen muss, sofern es sie nicht

unionsrechtskonform auslegen kann. Die Befugnis, unmittelbar zum Zeitpunkt der Anwendung des Unionsrechts alles Erforderliche zu tun, um eine nationale Bestimmung oder Praxis beiseitezulassen, die unter Umständen ein Hindernis für die volle Wirksamkeit der Normen mit unmittelbarer Wirkung des Unionsrechts bildet, ist nämlich Bestandteil des Amts des Unionsrichters, das dem nationalen Gericht obliegt, das im Rahmen seiner Zuständigkeit diese Normen anzuwenden hat (vgl. in diesem Sinne Urteil vom 22. Februar 2022, RS [Wirkung der Urteile eines Verfassungsgerichts], C-430/21, EU:C:2022:99, Rn. 59 und 62 sowie die dort angeführte Rechtsprechung).

E. Allgemeines Diskriminierungsverbot aus Gründen der Staatsangehörigkeit und Unionsbürgerschaft

I. Allgemeines Diskriminierungsverbot, Art. 18 AEUV

125 **Rs. C-323/95 (Hayes),**
Urteil des Gerichtshofs vom 20.03.1997.

Vorbemerkungen: *Anders als bei den Grundfreiheiten sieht der Wortlaut des AEUV für das allgemeine Diskriminierungsverbot aus Gründen der Staatsangehörigkeit keine Rechtfertigungsgründe vor. In ständiger Rechtsprechung prüft der Gerichtshof indes regelmäßig, ob eine Diskriminierung „auf objektiven, von der Staatsangehörigkeit des Betroffenen unabhängigen Erwägungen beruht und in einem angemessenen Verhältnis zu dem Zweck steht, der mit den nationalen Rechtsvorschriften verfolgt wird" (vgl. Rs. C-209/03, Bidar). Im Schrifttum ist jedoch umstritten, ob die Rechtfertigungsprüfung nur bei Vorliegen einer versteckten oder auch bei einer offenen Diskriminierung zur Anwendung gelangt. Art. 18 AEUV wäre im ersten Fall bei versteckten Ungleichbehandlungen ein relatives, bei offenen dagegen ein absolutes Diskriminierungsverbot. Die besseren Argumente sprechen für ein umfassend relatives Diskriminierungsverbot, da Art. 18 AEUV Diskriminierungen nur insoweit verbietet, als sie aus Gründen der Staatsangehörigkeit erfolgen. An diesen Gründen kann es aber nicht nur bei versteckten Diskriminierungen, sondern auch bei offenen an die Staatsangehörigkeit anknüpfenden Ungleichbehandlungen fehlen. Allerdings ist die Darlegung objektiver Erwägungen und deren Angemessenheit im Verhältnis zum verbotenen Merkmal der Staatsangehörigkeit im Falle einer offenen Diskriminierung bei weitem schwieriger als bei einer versteckten Diskriminierung. Dies illustriert die Rechtssache Hayes, in welcher der Gerichtshof die Rechtfertigung einer offen diskriminierenden deutschen Vorschrift zur Prozesskostensicherheit an mangelnder Verhältnismäßigkeit scheitern ließ. Die Entscheidung kann zugleich als Beleg für ein dem Art. 18 AEUV zugrundeliegendes umfassend relatives Diskriminierungsverbot gedeutet werden.* ***L:*** *Rn. 704, 714, 718.*

Sachverhalt: Gegen eine in Liquidation befindliche GmbH wurde von britischen Gesellschaftern einer englischen Gesellschaft bürgerlichen Rechts nach vereinbarter Lieferung von Waren in Deutschland Zahlungsklage erhoben. Die beklagte GmbH verlangte von den Klägern gemäß § 110 Abs. 1 ZPO wegen der Prozesskosten Sicherheit zu leisten. Hierzu waren nach damaliger Fassung dieser Vorschrift nur Angehörige anderer Staaten verpflichtet. Das zuständige deutsche Gericht wandte sich im Wege des Vorabentscheidungsverfahrens an den EuGH mit der Frage, ob dieser Bestimmung der ZPO eine Diskriminierung aus Gründen der Staatsangehörigkeit zugrunde liegt. Der Gerichtshof bejahte diese Frage.

Aus den Entscheidungsgründen:

[14] Eine nationale Verfahrensvorschrift wie die oben beschriebene ist geeignet, die wirtschaftliche Betätigung der Wirtschaftsteilnehmer anderer Mitgliedstaaten auf dem Markt des betreffenden Staates zu beeinträchtigen. Obwohl sie als solche nicht dazu bestimmt ist, eine kaufmännische Tätigkeit zu regeln, bewirkt sie, daß diese Wirtschaftsteilnehmer weniger leichten Zugang zu den Gerichten dieses Staates haben als dessen eigene Staatsangehörige. Da das Gemeinschaftsrecht diesen Wirtschaftsteilnehmern den freien Waren- und Dienstleistungsverkehr im Gemeinsamen Markt garantiert, muß ihnen der Zugang zu den Gerichten eines Mitgliedstaats im Falle von Rechtsstreitigkeiten, die sich aus ihrer wirtschaftlichen Tätigkeit ergeben, zu denselben Bedingungen eröffnet sein wie den Staatsangehörigen dieses Staates (Urteil vom 26. September 1996 in der Rechtssache C-43/95, Data Delecta und Forsberg, Slg. 1996, I-4661, Randnr. 13).

[15] Nach dem Urteil des Gerichtshofs vom 1. Juli 1993 in der Rechtssache C-20/92 (Hubbard, Slg. 1993, I-3777) verbieten die Artikel 59 und 60 EG-Vertrag es einem Mitgliedstaat, von einer in Ausübung ihres Berufes handelnden Person mit Wohnsitz in einem anderen Mitgliedstaat, die vor einem inländischen Gericht klagt, durch eine Vorschrift wie § 110 ZPO die Zahlung einer Prozeßkostensicherheit zu verlangen, nur weil sie Angehörige eines anderen Mitgliedstaats ist.

[16] Jedoch unterliegen nach den Urteilen des Gerichtshofs vom 20. Oktober 1993 in den Rechtssachen C-92/92 und C-326/92 (Phil Collins u. a., Slg. 1993, I-5145, Randnr. 27) und Data Delecta und Forsberg (Randnr. 14) nationale Rechtsvorschriften, die wegen ihrer Auswirkungen auf den innergemeinschaftlichen Austausch von Gütern und Dienstleistungen in den Anwendungsbereich des Vertrages fallen, ohne weiteres dem in Artikel 6 Absatz 1 EG-Vertrag niedergelegten allgemeinen Diskriminierungsverbot, ohne daß es noch erforderlich wäre, sie mit den besonderen Vorschriften der Artikel 30, 36, 59 und 66 EG-Vertrag in Verbindung zu bringen.

[17] Somit fällt eine nationale zivilprozessuale Vorschrift wie die im Ausgangsverfahren in Rede stehende im Sinne des Artikels 6 Absatz 1 in den Anwendungsbereich des Vertrages und unterliegt dem in diesem Artikel verankerten allgemeinen Diskriminierungsverbot, wenn sie sich – auch nur mittelbar – auf den innergemeinschaftlichen Austausch von Gütern und Dienstleistungen auswirkt. Eine solche Auswirkung ist insbesondere dann zu befürchten, wenn eine Sicherheit wegen der Prozeßkosten bei einer Klage auf Bezahlung von Warenlieferungen verlangt wird (Urteil Data Delecta und Forsberg, Randnr. 15).

[18] Artikel 6 EG-Vertrag, der „jede Diskriminierung aus Gründen der Staatsangehörigkeit“ verbietet, verlangt in den Mitgliedstaaten die vollständige Gleichbehandlung von Personen, die sich in einer gemeinschaftsrechtlich geregelten Situation befinden, mit den Staatsangehörigen des betreffenden Mitgliedstaats.

[19] Es liegt auf der Hand, daß eine Vorschrift wie die im Ausgangsverfahren in Rede stehende eine unmittelbare Diskriminierung aus Gründen der Staatsangehörigkeit darstellt: Von seinen eigenen Staatsangehörigen fordert der Mitgliedstaat nach einer solchen Vorschrift keine Sicherheitsleistung, selbst wenn sie kein Vermögen und keinen Wohnsitz in diesem Staat haben.

[20] Die Beklagte und die schwedische Regierung sind jedoch der Auffassung, daß das Diskriminierungsverbot es nicht ausschließe, eine Sicherheitsleistung von einem ausländischen Kläger zu verlangen, wenn seine Verurteilung in die Prozeßkosten im Staat seines Wohnsitzes nicht vollstreckbar sei. In diesem Fall solle die Sicherheitsleistung verhindern, daß ein ausländischer Kläger vor Gericht Klage erheben könnte, ohne für den Fall des Unterliegens ein finanzielles Risiko einzugehen.

[21] Die schwedische Regierung fügt hinzu, zwar machten die Übereinkommen vom 27. September 1968 (ABl. L 299, S. 32, im folgenden: Brüsseler Übereinkommen) und vom 16. September 1988 (ABl. L 319, S. 9, im folgenden: Luganer Übereinkommen) über die gerichtliche Zuständigkeit und die Vollstreckung gerichtlicher Entscheidungen in Zivil- und Handelssachen in ihrem Anwendungsbereich Vorschriften, nach denen Sicherheit für die Prozeßkosten zu leisten sei, weniger notwendig; das allgemeine Interesse erfordere jedoch die Aufrechterhaltung dieser Vorschriften, da es bis heute keine umfassende Regelung der Vollstreckung gerichtlicher Entscheidungen eines Mitgliedstaats in einem anderen Mitgliedstaat gebe.

[22] Diesem Vorbringen kann nicht gefolgt werden.

[23] Zwar sind derzeit bestimmte Mitgliedstaaten noch nicht Vertragsparteien des Brüsseler Übereinkommens (die Republik Österreich, die Republik Finnland und das Königreich Schweden) bzw. des Luganer Übereinkommens (das Königreich Belgien und die Griechische Republik), und die Vollstreckung gerichtlicher Entscheidungen in Zivil- und Handelssachen ist vor dem Beitritt aller Mitgliedstaaten zu dem einen oder anderen dieser Übereinkommen nicht in der gesamten Gemeinschaft gewährleistet. Somit besteht zwischen bestimmten Mitgliedstaaten tatsächlich die Gefahr, daß eine in einem Mitgliedstaat gegen Gebietsfremde ergangene Kostenentscheidung nicht oder zumindest sehr viel schwerer und unter höheren Kosten vollstreckt werden kann (siehe für die Vollstreckung gerichtlicher Entscheidungen in Strafsachen, die nicht unter diese Übereinkommen fallen, Urteil vom 23. Januar 1997 in der Rechtssache C-29/95, Pastoors und Trans-Cap, Slg. 1997, I-0000, Randnr. 21).

[24] Ob es in Fällen, in denen eine derartige Gefahr besteht, gerechtfertigt sein könnte, von Gebietsfremden Sicherheitsleistung wegen der Prozeßkosten zu verlangen, braucht jedoch nicht geprüft zu werden. Die streitige Vorschrift verstösst nämlich gegen den Verhältnismäßigkeitsgrundsatz, da sie eine unterschiedliche Behandlung nach Maßgabe der Staatsangehörigkeit des Klägers vorsieht. Zum einen ist sie nicht geeignet, die Erstattung der Prozeßkosten in allen grenzüberschreitenden Rechtsstreitigkeiten sicherzustellen, da von einem deutschen Kläger, der nicht in Deutschland wohnt und dort auch kein Vermögen besitzt, keine Sicherheitsleistung verlangt werden kann. Zum anderen steht sie in keinem Verhältnis zu dem angestrebten Ziel, soweit auch ein nichtdeutscher Kläger, der in Deutschland wohnt und dort Vermögen hat, zur Leistung einer Sicherheit verpflichtet werden könnte.

[25] Somit ist auf die gestellte Frage zu antworten, daß Artikel 6 Absatz 1 EG-Vertrag es einem Mitgliedstaat bei einer Klage, die mit der Ausübung der vom Gemeinschaftsrecht gewährleisteten Grundfreiheiten zusammenhängt, verbietet, von einem Staatsangehörigen eines anderen Mitgliedstaats, der bei einem Zivilgericht des ersten Mitgliedstaats eine Klage gegen einen Staatsangehörigen dieses Staates erhoben hat, die Leistung einer Sicherheit wegen der Prozeßkosten zu verlangen, wenn eine solche Sicherheitsleistung von einem Staatsangehörigen dieses Staates, der dort keinen Wohnsitz und kein Vermögen hat, nicht verlangt werden kann.

II. Allgemeines Diskriminierungsverbot in Verbindung mit der unionsbürgerlichen Freizügigkeit, Art. 21 AEUV

126 **Rs. C-184/99 (Grzelczyk), Urteil des Gerichtshofs vom 20.09.2001.**

Vorbemerkungen: *Im vorliegenden Urteil konkretisierte der EuGH seine Auslegung zum Zusammenspiel von Art. 18 Abs. 1 und Art. 21 Abs. 1 AEUV. Der Kläger des Ausgangsverfahrens konnte sich weder auf eine Grundfreiheit berufen, noch stand ihm ein anderweitiges Aufenthaltsrecht zu. Gleichwohl ging der Gerichtshof in dieser Entscheidung davon aus, dass der Anwendungsbereich der Verträge im Sinne von Art. 18 Abs. 1 AEUV eröffnet ist. Hierfür stützte er sich ausschließlich auf die Bestimmung des Art. 21 Abs. 1 AEUV und stellte erstmalig fest, dass diese Vorschrift den Unionsbürgern direkt das Recht verleiht, sich im Hoheitsgebiet der Mitgliedstaaten zu bewegen und aufzuhalten. Der Unionsbürgerstatus sei nämlich dazu bestimmt als grundlegender Status der Angehörigen der Mitgliedstaaten zu fungieren, der es ihnen erlaubt in allen vom Gemeinschaftsrecht erfassten Bereichen unabhängig von ihrer Staatsangehörigkeit die gleiche rechtliche Behandlung zu genießen. Zwar schränkte der EuGH die Inanspruchnahme des Art. 21 Abs. 1 AEUV über dessen sekundärrechtliche Ausgestaltung wieder ein, wonach der Unionsbürger glaubhaft machen muss über ausreichende Existenzmittel zu verfügen, um nicht über Gebühr die Sozialhilfe im Aufnahmemitgliedstaat in Anspruch nehmen zu müssen. Die finanzielle Lage eines Studenten kann sich jedoch entgegen seinem Willen verändern, sodass insofern eine gewisse finanzielle Solidarität von dem entsprechenden Aufnahmemitgliedstaat verlangt werden könne. Damit brach der Gerichtshof unter Rekurs auf die Weiterentwicklung des Unionsrechts mit seiner früheren Rechtsprechung (Rs. 197/86, Brown), die die Förderung, die den Studenten zum Lebensunterhalt gewährt wurde aus dem Anwendungsbereich des damaligen EG-Vertrages nahm. Mit der Rs. Grzelczyk eröffnete der EuGH in grundsätzlicher Hinsicht einen (begrenzten) Zugang zu Sozialleistungen für ausländische Unionsbürger außerhalb der Grundfreiheiten. Diese Tendenz wurde in den Folgerechtsprechungen bestätigt (vgl. Rs. C-209/03, Bidar, Rs. C-158/07, Förster).* ***B:*** *W. Obwexer, EuZW 2002, 56ff.* ***L:*** *Rn. 701, 705, 723, 739, 741.*

Sachverhalt: Der Kläger des Ausgangsverfahrens, ein französischer Staatsangehöriger namens Rudy Grzelczyk, lebte bis zum Abschluss seiner höheren Schulbildung in Frankreich. Anschließend zog er nach Belgien, um dort ein Sportstudium aufzunehmen. Dieses finanzierte er sich drei Jahre lang selbst. Zu Beginn des vierten Studienjahres beantragte er aus sozialen Gründen bei der zuständigen kommunalen Sozialbehörde Mittel zur Gewährleistung seines Existenzminimums. Sein Antrag wurde letztlich abgelehnt, da er als Student nicht Arbeitnehmer war. Gegen diese Entscheidung beschritt der Betroffene den Rechtsweg. Das zuständige Gericht legte dem EuGH zwei Fragen nach der Auslegung der Art. 18 Abs. 1, 20 und 21 Abs. 1 AEUV sowie der Richtlinie 93/96/EG des Rates über das Aufenthaltsrecht der Studenten zur Vorabentscheidung vor. Der Gerichtshof erklärte es für mit dem Vertrag unvereinbar, dass die Sozialleistung dem sich rechtmäßig in Belgien aufhaltenden Studenten nicht gewährt wurde, während sie einem belgischen Studenten zustand.

Aus den Entscheidungsgründen:

[29] Aus den Akten ergibt sich, dass ein belgischer Student ohne Arbeitnehmereigenschaft im Sinne der Verordnung Nr. 1612/68, der sich in der gleichen Situation befindet wie der Kläger, die Voraussetzungen für die Gewährung des Existenzminimums erfüllt hätte. Die Tatsache, dass der Kläger nicht die belgische Staatsangehörigkeit besitzt, stellt das einzige Hindernis für die Gewährung des Existenzminimums an ihn dar; daher steht fest, dass es sich um eine allein auf der Staatsangehörigkeit beruhende Diskriminierung handelt.

[30] Im Anwendungsbereich des EG-Vertrags ist eine solche Diskriminierung nach Artikel 6 dieses Vertrages grundsätzlich verboten. Im vorliegenden Fall ist dieser Artikel für die Beurteilung seines Anwendungsbereichs in Verbindung mit den Vertragsbestimmungen über die Unionsbürgerschaft zu sehen.

[31] Der Unionsbürgerstatus ist nämlich dazu bestimmt, der grundlegende Status der Angehörigen der Mitgliedstaaten zu sein, der es denjenigen unter ihnen, die sich in der gleichen Situation befinden, erlaubt, unabhängig von ihrer Staatsangehörigkeit und unbeschadet der insoweit ausdrücklich vorgesehenen Ausnahmen die gleiche rechtliche Behandlung zu genießen.

[32] Wie der Gerichtshof in Randnummer 63 des Urteils Martínez Sala ausgeführt hat, kann sich ein Unionsbürger, der sich rechtmäßig im Gebiet des Aufnahmemitgliedstaats aufhält, in allen Situationen, die in den sachlichen Anwendungsbereich des Gemeinschaftsrechts fallen, auf Artikel 6 EG-Vertrag berufen.

[33] Diese Situationen schließen auch die ein, die zur Ausübung der durch den Vertrag garantierten Grundfreiheiten, und die, die zur Ausübung der durch Art. 8a EG-Vertrag verliehenen Freiheit, sich im Hoheitsgebiet der Mitgliedstaaten zu bewegen und aufzuhalten, gehören (Urteil vom 24. November 1998 in der Rechtssache C-274/96, Bickel und Franz, Slg. 1998, I-7637, Randnrn. 15 und 16).

[34] Der Gerichtshof hat zwar in Randnummer 18 des Urteils vom 21. Juni 1988 in der Rechtssache 197/86 (Brown, Slg. 1988, 3205) ausgeführt, dass beim gegenwärtigen Stand der Entwicklung des Gemeinschaftsrechts eine Förderung, die Studenten für den Lebensunterhalt und die Ausbildung gewährt wird, grundsätzlich nicht in den Anwendungsbereich des EWG-Vertrags im Sinne seines Artikels 7 (später Artikel 6 EG-Vertrag) fällt.

[35] Seit Verkündung des Urteils Brown ist jedoch durch den Vertrag über die Europäische Union die Unionsbürgerschaft in den EG-Vertrag aufgenommen und in seinen Dritten Teil Titel VIII ein Kapitel 3 eingefügt worden, das sich mit der allgemeinen und beruflichen Bildung befasst. Nichts im Text des geänderten Vertrages erlaubt die Annahme, dass Studenten, die Unionsbürger sind, die diesen Bürgern durch den Vertrag verliehenen Rechte verlieren, wenn sie sich zu Studienzwecken in einen anderen Mitgliedstaat begeben. Außerdem hat der Rat seit Verkündung des Urteils Brown auch die Richtlinie 93/96 erlassen, wonach die Mitgliedstaaten Studenten, die Angehörige eines Mitgliedstaats sind und bestimmte Voraussetzungen erfüllen, das Aufenthaltsrecht zuerkennen.

[36] Die Tatsache, dass ein Unionsbürger in einem anderen Mitgliedstaat als dem, dem er angehört, ein Hochschulstudium absolviert, kann ihm somit nicht als solche die Möglichkeit nehmen, sich auf das in Artikel 6 EG-Vertrag verankerte Verbot jeder Diskriminierung aus Gründen der Staatsangehörigkeit zu berufen.

[37] Dieses Verbot ist, wie oben in Randnummer 30 erwähnt, im vorliegenden Fall in Verbindung mit Artikel 8a Absatz 1 EG-Vertrag zu sehen, der das Recht [proklamiert], sich im Hoheitsgebiet der Mitgliedstaaten vorbehaltlich der in diesem Vertrag und in den Durchführungsvorschriften vorgesehenen Beschränkungen und Bedingungen frei zu bewegen und aufzuhalten.

[38] Hinsichtlich dieser Beschränkungen und Bedingungen ergibt sich aus Artikel 1 der Richtlinie 93/96, dass die Mitgliedstaaten von den einem Mitgliedstaat angehörenden Studenten, die vom Recht auf Aufenthalt in ihrem Hoheitsgebiet Gebrauch machen wollen, zunächst verlangen können, dass sie der nationalen Behörde glaubhaft machen,

dass sie über Existenzmittel verfügen, so dass sie während ihres Aufenthalts nicht die Sozialhilfe des Aufnahmemitgliedstaats in Anspruch nehmen müssen, sodann, dass sie bei einer anerkannten Lehranstalt zum Erwerb einer beruflichen Bildung als Hauptzweck eingeschrieben sind, und schließlich, dass sie einen Krankenversicherungsschutz genießen, der sämtliche Risiken im Aufnahmemitgliedstaat abdeckt.

[39] Artikel 3 der Richtlinie 93/96 stellt klar, dass die Richtlinie keinen Anspruch der aufenthaltsberechtigten Studenten auf Gewährung von Unterhaltsstipendien durch den Aufnahmemitgliedstaat begründet. Andererseits schließt auch keine Richtlinienbestimmung die durch die Richtlinie Begünstigten von Sozialleistungen aus.

[40] Was insbesondere die Frage der Existenzmittel angeht, so verlangt Artikel 1 der Richtlinie 93/96 weder solche Mittel in einer bestimmten Höhe noch, dass diese durch bestimmte Dokumente nachgewiesen werden. Es ist nur vorgesehen, dass der Student durch eine Erklärung oder andere, zumindest gleichwertige Mittel der nationalen Behörde glaubhaft macht, dass er für sich selbst und gegebenenfalls für seinen Ehegatten und seine unterhaltsberechtigten Kinder über Existenzmittel verfügt, so dass er und seine Familie während ihres Aufenthalts nicht die Sozialhilfe des Aufnahmemitgliedstaats in Anspruch nehmen müssen (Urteil vom 25. Mai 2000 in der Rechtssache C-424/98, Kommission/Italien, Slg. 2000, I-4001, Randnr. 44).

[41] Indem die Richtlinie 93/96 lediglich eine solche Erklärung verlangt, unterscheidet sie sich von den Richtlinien 90/364 und 90/365, die Angaben zu den Mindesteinkünften enthalten, über die die durch diese beiden Richtlinien Begünstigten verfügen müssen. Diese Unterschiede erklären sich durch die Besonderheiten des Aufenthalts von Studenten gegenüber dem Aufenthalt der durch die Richtlinien 90/364 und 90/365 Begünstigten (Urteil Kommission/Italien, Randnr. 45).

[42] Diese Auslegung schließt jedoch nicht aus, dass der Aufnahmemitgliedstaat der Ansicht ist, dass ein Student, der Sozialhilfe in Anspruch genommen hat, die Voraussetzungen für sein Aufenthaltsrecht nicht mehr erfüllt, und unter Einhaltung der insoweit vom Gemeinschaftsrecht gezogenen Grenzen Maßnahmen ergreift, um die Aufenthaltserlaubnis des Betroffenen zu beenden oder nicht mehr zu verlängern.

[43] Solche Maßnahmen dürfen jedoch keinesfalls die automatische Folge der Tatsache sein, dass ein Student, der einem anderen Mitgliedstaat angehört, die Sozialhilfe des Aufnahmemitgliedstaats in Anspruch nimmt.

[44] Artikel 4 der Richtlinie 93/96 bestimmt zwar, dass das Aufenthaltsrecht besteht, solange die Berechtigten die Bedingungen des Arti-

kels 1 der Richtlinie erfüllen. Aus der sechsten Begründungserwägung der Richtlinie ergibt sich aber, dass die Aufenthaltsberechtigten die öffentlichen Finanzen des Aufnahmemitgliedstaats nicht über Gebühr" belasten dürfen. Die Richtlinie 93/96 erkennt somit, übrigens ebenso wie die Richtlinien 90/364 und 90/365, eine bestimmte finanzielle Solidarität der Angehörigen dieses Staates mit denen der anderen Mitgliedstaaten an, insbesondere wenn die Schwierigkeiten, auf die der Aufenthaltsberechtigte stößt, nur vorübergehender Natur sind.

[45] Im Übrigen kann sich die finanzielle Situation eines Studenten im Laufe der Zeit aus Gründen, die von seinem Willen unabhängig sind, ändern. Ob seine Erklärung der Wahrheit entspricht, kann daher nur zu dem Zeitpunkt beurteilt werden, zu dem er sie abgibt.

[46] Nach alledem ist es mit den Artikeln 6 und 8 EG-Vertrag nicht vereinbar, dass die Gewährung einer beitragsunabhängigen Sozialleistung wie des Existenzminimums bei Angehörigen anderer Mitgliedstaaten als des Aufnahmemitgliedstaats, in dem sie sich rechtmäßig aufhalten, von der Voraussetzung abhängt, dass sie in den Anwendungsbereich der Verordnung Nr. 1612/68 fallen, während für die Angehörigen des Aufnahmemitgliedstaats eine derartige Voraussetzung nicht gilt.

III. Unionsbürgerliche Freizügigkeit, Art. 21 AEUV

127 Rs. C-413/99 (Baumbast und R), Urteil des Gerichtshofs vom 17.09.2002.

Vorbemerkungen: *Obwohl das Aufenthaltsrecht der Unionsbürger in Art. 21 Abs. 1 AEUV bereits mit dem Vertrag von Maastricht in den Vertrag eingeführt wurde, war die Frage der unmittelbaren Anwendbarkeit dieser Bestimmung bis zu diesem Urteil umstritten. In früheren Entscheidungen des EuGH wurde das Aufenthaltsrecht der Unionsbürger nur ergänzend herangezogen (vgl. z. B. Rs. C-274/96, Bickel und Franz), auch ging es dort – anders als in diesem Fall – nicht um den Aufenthalt als solchen (wie z. B. in Rs. Grzelczyk, Fall 126), so dass diese Frage letztlich offen blieb. Gegen eine unmittelbare Anwendbarkeit des Art. 21 Abs. 1 AEUV wurde vor allem dessen Wortlaut angeführt, der auf die im Vertrag und seinen Durchführungsvorschriften vorgesehenen Beschränkungen und Bedingungen dieses Aufenthaltsrechts verwies. Auch die Kommission lehnte im Verfahren eine unmittel-*

bare Anwendbarkeit ab und betonte, dass die sich aus dem Unionsrecht ergebenden Aufenthaltsrechte grundsätzlich eine Erwerbstätigkeit voraussetzten. Der EuGH folgte dem nicht, sondern erkannte die unmittelbare Anwendbarkeit des Art. 21 Abs. 1 AEUV an. Zugleich verdeutlichte der Gerichtshof nicht nur die sekundärrechtlichen Beschränkungen dieses Aufenthaltsrechts, sondern auch die Grenzen, denen die Anwendung der Beschränkungen unterliegt. Hierzu zählt insbesondere der Grundsatz der Verhältnismäßigkeit. Die Rechtsprechung des Gerichtshofs zu den Schranken und Schranken-Schranken des unionsbürgerlichen Freizügigkeitsrechts wurde in die sog. Freizügigkeitsrichtlinie 2004/38/EG übernommen. Diese enthält auch den rechtspraktisch wichtigen sog. Vorbehalt sozialer Absicherung (vgl. Art. 7 Abs. 1 lit. b und c Freizügigkeitsrichtlinie). Neben dem in der vorliegenden Rechtssache relevanten Nachweis einer Krankenversicherung besteht die Anforderung, über ausreichende Existenzmittel zu verfügen, so dass man während des Aufenthalts keine Sozialhilfeleistungen des Aufnahmemitgliedstaats in Anspruch nehmen muss. In der Rs. Brey (C-140/12, Rn. 54, 57) urteilte der EuGH, dass die letztgenannte Voraussetzung dahingehend zu verstehen ist, dass lediglich eine „unangemessene" Inanspruchnahme derartiger Leistungen unzulässig ist und zur Rechtswidrigkeit des Aufenthaltes führt. Eine solche Feststellung erfordert allerdings eine umfassende Beurteilung danach, „welche Belastung die Gewährung dieser Leistung nach Maßgabe der die Lage des Betroffenen kennzeichnenden individuellen Umstände konkret für das gesamte Sozialhilfesystem darstellen würde" (Rn. 64, 77). An dieser nicht unproblematischen Lesart hielt der EuGH in seiner Folgerechtsprechung grundsätzlich fest (Rs. C-67/14, Alimanovic, Rn. 59, 62; weniger deutlich noch in Rs. C-333/13, Dano, Rn. 74 ff.). ***B:*** *S. Bode, EuZW 2002, 767 f.* ***L:*** *Rn. 355, 731 ff., 875.*

Sachverhalt: Der Kläger des Ausgangsverfahrens, ein deutscher Staatsangehöriger, lebte im Vereinigten Königreich, wo er zunächst als Arbeitnehmer und dann als Unternehmer tätig war. Während dieser Zeit erhielt er eine befristete Aufenthaltserlaubnis. Nachdem sein Unternehmen in Konkurs gefallen war und er auch keine hinreichend gut dotierte Anstellung finden konnte, arbeitete er mehrere Jahre lang für deutsche Unternehmen im Ausland. Seinen Wohnsitz behielt er weiterhin im Vereinigten Königreich bei und beantragte schließlich eine unbefristete Aufenthaltserlaubnis. Diese wurde ihm jedoch nicht gewährt, da er kein im Vereinigten Königreich tätiger Arbeitnehmer war und er auch keine sekundärrechtlich begründete Aufenthaltsberechtigung geltend machen konnte. Lediglich ein abgeleitetes befristetes Aufenthaltsrecht im Zusammenhang mit der sekundärrechtlich begründeten Aufenthaltsberechtigung seiner Kinder wurde ihm zugestanden. Gegen diese Entscheidung erhob Herr Baumbast Klage beim vorlegenden Gericht. Der im Verfahren nach Art. 234 EG (jetzt: Art. 267 AEUV) befasste EuGH stützte dessen Aufenthaltsrecht unmittelbar auf Art. 18 Abs. 1 EG (jetzt: Art. 21 Abs. 1 AEUV).

Aus den Entscheidungsgründen:

[81] Auch wenn der Gerichtshof vor Inkrafttreten des Vertrages über die Europäische Union ausgeführt hatte, dass das unmittelbar aus dem EG-Vertrag fließende Aufenthaltsrecht die Ausübung einer wirtschaftlichen Tätigkeit im Sinne der Artikel 48, 52 oder 59 EG-Vertrag (nach Änderung jetzt Artikel 39 EG, 43 EG und 49 EG) voraussetzt (Urteil vom 5. Februar 1991 in der Rechtssache C-363/89, Roux, Slg. 1991, I-273, Randnr. 9), wurde doch seither die Unionsbürgerschaft in den EG-Vertrag aufgenommen und durch Artikel 18 Absatz 1 EG jedem Unionsbürger ein Recht zuerkannt, sich im Hoheitsgebiet der Mitgliedstaaten frei zu bewegen und aufzuhalten.

[82] Nach Artikel 17 Absatz 1 EG ist Unionsbürger jede Person, die die Staatsangehörigkeit eines Mitgliedstaats besitzt. Dabei ist die Unionsbürgerschaft dazu bestimmt, der grundlegende Status der Angehörigen der Mitgliedstaaten zu sein (in diesem Sinne Urteil vom 20. September 2001 in der Rechtssache C-184/99, Grzelczyk, Slg. 2001, I-6193, Randnr. 31).

[83] Nach dem Vertrag über die Europäische Union ist es im Übrigen nicht erforderlich, dass die Unionsbürger einer unselbständigen oder selbständigen Erwerbstätigkeit nachgehen, um in den Genuss der im Zweiten Teil des EG-Vertrags über die Unionsbürgerschaft vorgesehenen Rechte zu kommen. Der Wortlaut des Vertrages über die Europäische Union enthält auch nichts, was dafür spräche, dass Unionsbürger, die zur Ausübung einer unselbständigen Beschäftigung in einen anderen Mitgliedstaat übergesiedelt sind, die ihnen vom EG-Vertrag als Unionsbürgern gewährten Rechte verlören, wenn diese Beschäftigung endet.

[84] Was namentlich das Recht zum Aufenthalt im Hoheitsgebiet der Mitgliedstaaten nach Artikel 18 Absatz 1 EG angeht, so wird es jedem Unionsbürger durch eine klare und präzise Vorschrift des EG-Vertrags unmittelbar zuerkannt. Allein deshalb, weil er Staatsangehöriger eines Mitgliedstaats und damit Unionsbürger ist, ist Herr Baumbast daher berechtigt, sich auf Artikel 18 Absatz 1 EG zu berufen.

[85] Zwar besteht das Recht der Unionsbürger zum Aufenthalt im Hoheitsgebiet eines anderen Mitgliedstaats nur vorbehaltlich der im EG-Vertrag und in seinen Durchführungsvorschriften vorgesehenen Beschränkungen und Bedingungen.

[86] Die Anwendung der Beschränkungen und Bedingungen, die nach Artikel 18 Absatz 1 EG für die Wahrnehmung dieses Aufenthaltsrechts bestehen, unterliegt jedoch der gerichtlichen Kontrolle. Diese Beschränkungen und Bedingungen stehen daher nicht dem entgegen, dass Artikel 18 Absatz 1 EG den Einzelnen Rechte verleiht, die sie gerichtlich geltend machen können und die die innerstaatlichen Gerichte zu wahren haben (in diesem Sinne Urteil vom 4. Dezember 1974 in der Rechtssache 41/74, Van Duyn, Slg. 1974, 1337, Randnr. 7).

[87] Was die im abgeleiteten Recht vorgesehenen Beschränkungen und Bedingungen angeht, so können die Mitgliedstaaten nach Artikel 1 Absatz 1 der Richtlinie 90/364 von Angehörigen eines Mitgliedstaats, die das Recht zum Aufenthalt in ihrem Hoheitsgebiet wahrnehmen wollen, verlangen, dass sie für sich und ihre Familienangehörigen über eine Krankenversicherung, die im Aufnahmemitgliedstaat alle Risiken abdeckt, sowie über ausreichende Existenzmittel verfügen, durch die sichergestellt ist, dass sie während ihres Aufenthalts nicht die Sozialhilfe des Aufnahmemitgliedstaats in Anspruch nehmen müssen.

(...)

[91] Allerdings sind diese Beschränkungen und Bedingungen unter Einhaltung der einschlägigen gemeinschaftsrechtlichen Grenzen und im Einklang mit den allgemeinen Grundsätzen des Gemeinschaftsrechts, insbesondere dem Grundsatz der Verhältnismäßigkeit, anzuwenden. Das bedeutet, dass unter diesem Gesichtspunkt erlassene nationale Maßnahmen zur Erreichung des angestrebten Zwecks geeignet und erforderlich sein müssen (in diesem Sinne Urteil vom 2. August 1993 in den verbundenen Rechtssachen C-259/91, C-333/91 und C-332/91, Alluè u. a., Slg. 1993, I-4309, Randnr. 15).

(...)

[93] Damit wäre es ein unverhältnismäßiger Eingriff in das Aufenthaltsrecht aus Artikel 18 Absatz 1 EG, wenn Herrn Baumbast dessen Ausübung in Anwendung der Richtlinie 90/364 mit der Begründung versagt würde, dass seine Krankenversicherung eine Notversorgung im Aufnahmemitgliedstaat nicht abdecke.

[94] Auf den ersten Teil der dritten Frage ist deshalb zu antworten, dass ein Bürger der Europäischen Union, der im Aufnahmemitgliedstaat kein Aufenthaltsrecht als Wanderarbeitnehmer mehr besitzt, dort als Unionsbürger ein Aufenthaltsrecht genießen kann, das sich aus der un-

mittelbaren Anwendung von Artikel 18 Absatz 1 EG ergibt. Die Wahrnehmung dieses Rechts kann den in dieser Bestimmung genannten Beschränkungen und Bedingungen unterworfen werden, jedoch haben die zuständigen Behörden und gegebenenfalls die nationalen Gerichte dafür Sorge zu tragen, dass bei der Anwendung dieser Beschränkungen und Bedingungen die allgemeinen Grundsätze des Gemeinschaftsrechts und insbesondere der Grundsatz der Verhältnismäßigkeit gewahrt bleiben.

128 Rs. C-398/19 (Generalstaatsanwaltschaft Berlin; „Extradition vers l'Ukraine", Urteil des Gerichtshofs vom 17.12.2020.

Vorbemerkungen: *Das vorliegende Urteil fügte sich ein in die ausdifferenzierte Rechtsprechung des EuGH zur unionsbürgerlichen Freizügigkeit des Art. 21 AEUV. Konkret wurde diese weiter präzisiert, indem der EuGH Stellung dazu bezog, in welchem Zeitpunkt der Status der Unionsbürgerschaft einer Person vorliegen muss, um sich auf die Art. 18, 21 AEUV zu berufen. Es ist dem Gerichtshof zufolge unschädlich, wenn diese Person zum Zeitpunkt der Einreise Drittstaatsangehöriger war. Entscheidend sei nicht der Status zu Beginn des Aufenthalts, sondern in dessen Verlauf. Denn sollte in dieser Zeit die Staatsangehörigkeit eines anderen Mitgliedstaates als des Aufenthaltsstaates erworben werden, so der EuGH, halte sich entsprechend Art. 21 I AEUV ein Unionsbürger in einem anderen Mitgliedstaat als dem auf, dessen Staatsangehörigkeit er besitzt.*

Sachverhalt: BY war ukrainischer Staatsangehöriger, der 2012 nach Deutschland zog. Im Jahr 2014 erhielt er als Nachfahre früherer, in der ehemals rumänischen Bukowina lebender rumänischer Staatsangehöriger auf Antrag die rumänische Staatsangehörigkeit, wurde also Unionsbürger. Er lebte jedoch nie in Rumänien. 2016 erließ die Generalstaatsanwaltschaft der Ukraine aufgrund eines Haftbefehls wegen Veruntreuung ein formelles Ersuchen um Auslieferung des BY durch Deutschland. Zwischen der Ukraine und der Union bestand kein Auslieferungsabkommen. Nach deutschem Recht dürfen deutsche Staatsangehörige nicht ausgeliefert werden. Ein solches Verbot bestand hingegen nicht für Ausländer. Das vorlegende Kammergericht Berlin war der Auffassung, dass der Auslieferung des BY das Urteil vom 6. September 2016, Petruhhin (C-182/15), entgegenstehen könnte. Darin hatte der EuGH entschieden, dass in Fällen, in denen kein Auslieferungsabkommen besteht, die Art. 18, 21 AEUV Anwendung finden. Das Kammergericht legte dem EuGH daher unter anderem die Frage vor, ob Art. 18, 21 AEUV auch dann anwendbar sind, wenn ein vormals Drittstaatsangehöriger erst während seines Aufenthalts in einem Mitgliedstaat die Unionsbürgerschaft erwirbt.

Aus den Entscheidungsgründen:

[27] Mit Frage 1 möchte das vorlegende Gericht wissen, ob die Art. 18 und 21 AEUV dahin auszulegen sind, dass sie auf den Fall eines Unionsbürgers anwendbar sind, der die Staatsangehörigkeit eines Mitgliedstaats besitzt, sich im Hoheitsgebiet eines anderen Mitgliedstaats aufhält und Gegenstand eines von einem Drittstaat an diesen Mitgliedstaat gerichteten Auslieferungsersuchens ist, auch wenn der betreffende Unionsbürger seinen Lebensmittelpunkt in diesen anderen Mitgliedstaat zu einem Zeitpunkt verlegt hat, als er noch nicht den Status eines Unionsbürgers hatte.

[28] Es ist darauf hinzuweisen, dass der Gerichtshof in dem Urteil vom 6. September 2016, Petruhhin (C-182/15, EU:C:2016:630, Rn. 30), das wie hier ein Auslieferungsersuchen eines Drittstaats betraf, mit dem die Union kein Auslieferungsabkommen geschlossen hat, entschieden hat, dass die Auslieferungsvorschriften mangels eines solchen Abkommens zwar in die Zuständigkeit der Mitgliedstaaten fallen, zu den Situationen, die in den Anwendungsbereich von Art. 18 AEUV in Verbindung mit den Bestimmungen des AEU-Vertrags über die Unionsbürgerschaft fallen, aber diejenigen gehören, die die Ausübung der durch Art. 21 AEUV verliehenen Freiheit betreffen, sich im Hoheitsgebiet der Mitgliedstaaten zu bewegen und aufzuhalten.

[29] Nach der Rechtsprechung des Gerichtshofs fällt eine Person, die die Staatsangehörigkeit eines Mitgliedstaats besitzt und daher den Status eines Unionsbürgers hat, wenn sie sich rechtmäßig im Hoheitsgebiet eines anderen Mitgliedstaats aufhält, in den Anwendungsbereich des Unionsrechts (vgl. in diesem Sinne Urteile vom 2. Oktober 2003, Garcia Avello, C-148/02, EU:C:2003:539, Rn. 26 und 27, und vom 8. Juni 2017, Freitag, C-541/15, EU:C:2017:432, Rn. 34).

[30] Folglich hat eine Person, die die Staatsangehörigkeit eines Mitgliedstaats besitzt und sich in einem anderen Mitgliedstaat aufhält, als Unionsbürger das Recht, sich auf Art. 21 Abs. 1 AEUV zu berufen (vgl. in diesem Sinne Urteile vom 19. Oktober 2004, Zhu und Chen, C-200/02, EU:C:2004:639, Rn. 26, und vom 2. Oktober 2019, Bajratari, C-93/18, EU:C:2019:809, Rn. 26 und die dort angeführte Rechtsprechung), und fällt in den Anwendungsbereich der Verträge im Sinne von Art. 18 AEUV, der den Grundsatz des Verbots der Diskriminierung

aus Gründen der Staatsangehörigkeit enthält (vgl. in diesem Sinne Urteile vom 6. September 2016, Petruhhin, C-182/15, EU:C:2016:630, Rn. 31 und die dort angeführte Rechtsprechung, und vom 13. November 2018, Raugevicius, C-247/17, EU:C:2018:898, Rn. 27).

[31] Etwas anderes ergibt sich auch nicht daraus, dass der Unionsbürger die Staatsangehörigkeit eines Mitgliedstaats und damit den Status als Unionsbürger erst zu einem Zeitpunkt erworben hat, als er sich bereits in einem anderen Mitgliedstaat als dem, dessen Staatsangehörigkeit er erworben hat, aufgehalten hat. Sonst würde ein solcher Unionsbürger nämlich an der Geltendmachung der durch den Unionsbürgerstatus verliehenen Rechte gehindert und somit die praktische Wirksamkeit dieses Status beeinträchtigt, der dazu bestimmt ist, der grundlegende Status der Personen, die die Staatsangehörigkeit eines Mitgliedstaats besitzen, zu sein (vgl. insoweit Urteil vom 20. September 2001, Grzelczyk, C-184/99, EU:C:2001:458, Rn. 31).

(...)

[33] Im vorliegenden Fall geht aus der Vorlageentscheidung hervor, dass BY, der die rumänische Staatsangehörigkeit besitzt, als Unionsbürger sein Recht aus Art. 21 AEUV ausübt, sich in einem anderen Mitgliedstaat, im vorliegenden Fall der Bundesrepublik Deutschland, aufzuhalten, so dass seine Situation in den Anwendungsbereich der Verträge im Sinne von Art. 18 AEUV fällt, obwohl er seinen Lebensmittelpunkt in diesen anderen Mitgliedstaat zu einem Zeitpunkt verlegt hat, als er die rumänische Staatangehörigkeit noch nicht erworben hatte, und obwohl er auch die Staatsangehörigkeit des ersuchenden Drittstaats besitzt.

[34] Somit ist auf Frage 1 zu antworten, dass die Art. 18 und 21 AEUV dahin auszulegen sind, dass sie auf den Fall eines Unionsbürgers anwendbar sind, der die Staatsangehörigkeit eines Mitgliedstaats besitzt, sich im Hoheitsgebiet eines anderen Mitgliedstaats aufhält und Gegenstand eines von einem Drittstaat an diesen Mitgliedstaat gerichteten Auslieferungsersuchens ist, auch wenn der Unionsbürger seinen Lebensmittelpunkt in diesen anderen Mitgliedstaat zu einem Zeitpunkt verlegt hat, als er noch nicht den Status eines Unionsbürgers hatte.

129 Rs. C-165/16 (Lounes), Urteil des Gerichtshofs vom 14.11.2017.

Vorbemerkungen: *In dem Urteil zur Rechtssache C-165/16 präzisierte der EuGH den Anwendungsbereich des Art. 21 Abs. 1 AEUV und den Kreis der durch ihn mittelbar geschützten Personen. Eine der praxis-*

relevantesten sekundärrechtlichen Ausprägungen des Art. 21 Abs. 1 AEUV stellt die sog. Freizügigkeitsrichtlinie 2004/38/EG dar. Diese ermöglicht es u. a. Drittstaatsangehörigen, die einen Unionsbürger zum Ehegatten haben, ein von ihm abgeleitetes Bleiberecht im jeweiligen Mitgliedstaat geltend zu machen. Voraussetzung dafür ist grundsätzlich, dass der Ehegatte, von dem das Aufenthaltsrecht zugunsten des Drittstaatsangehörigen abzuleiten ist, selbst zwar Unionsbürger, jedoch kein Angehöriger des betreffenden Aufnahmestaates ist (Rn. 33 ff.). Eben jene Voraussetzung erfüllte die in Rede stehende Unionsbürgerin, Frau Ormazabal, aufgrund ihrer doppelten Staatsangehörigkeit nicht, von denen die neuere der beiden, kraft derer sie zur Angehörigen des bisherigen Aufnahme-, nunmehr Heimatstaates wurde und damit aus dem Kreis der Berechtigten i. S. d. Richtlinie herausfiel (Rn. 41 f., 44). Der Nichtanwendbarkeit des Sekundärrechts zum Trotz sprach der EuGH ihrem drittstaatsangehörigen Ehegatten, Herrn Lounes, ein von ihr abgeleitetes Bleiberecht unmittelbar aus Art. 21 Abs. 1 AEUV zu (Rn. 46). Ein solches Recht bestehe, so der EuGH, wenn es erforderlich sei, damit der Unionsbürger sein Recht auf Freizügigkeit wirksam ausüben könne. Dieses Recht bedeute auch, im Aufnahmemitgliedstaat ein normales Familienleben führen zu können, in dem der Unionsbürger dort mit seinen Familienangehörigen – zu denen der EuGH offenbar auch Frau Ormazabals Gatten, Herrn Lounes zählte – zusammenlebt (Rn. 48, 52; vgl. Rs. C-127/08, Metock u. a., Rn. 62). Diese Entscheidung ist deshalb besonders interessant, da der EuGH in der Rs. McCarthy (Rs. C-434/09, McCarthy), einem ähnlich gelagerten Fall, zu einem divergierenden Ergebnis gekommen war. In jener Rechtssache begehrte ein jamaikanischer Staatsbürger und damit Drittstaatsangehöriger ein von seiner Gattin – ebenfalls Unionsbürgerin mit doppelter Staatsangehörigkeit – abgeleitetes Bleiberecht. Der Gerichtshof verneinte jedoch die Anwendbarkeit des Art. 21 Abs. 1 AEUV, ebenso wie die des Art. 20 AEUV, mit der Folge, dass der Ehegatte von Frau McCarthy kein Bleiberecht erhielt. Die unterschiedlich ausfallende rechtliche Bewertung der scheinbar gleichgelagerten Sachverhalte, machte der EuGH von der tatsächlichen Wahrnehmung des Freizügigkeitsrechts aus Art. 21 Abs. 1 AEUV durch die jeweils betroffene Unionsbürgerin abhängig. Mit der Feststellung, dass Frau McCarthy ihren Herkunftsstaat nie verlassen und damit auch zu keinem Zeitpunkt von ihrem Recht auf Freizügigkeit aus Art. 21 Abs. 1 AEUV Gebrauch gemacht hätte, schloss der EuGH, dass sie folglich auch nicht durch die Vorenthaltung eines Bleiberechts zugunsten ihres Ehegatten darin würde beeinträchtigt sein können (Rs. C-434/09, McCarthy, Rn. 45 u. 49). Auch die durch den Unionsbürgerstatus begründeten Rechte aus Art. 20 AEUV würde Frau McCarthy nur geltend machen können, wenn diesen eine nationale Maßnahme entgegenstünde, die bewirkte, dass den Unionsbürgern der tatsächliche Genuss des Kernbestands der Rechte, die ihnen dieser Status verliehe, verwehrt würde. Eine Maßnahme solch einschneidenden Charakters liegt nach der Rechtsprechung des EuGH u. a. nur dann vor, wenn einem Drittstaatsangehörigen in dem Mitgliedstaat des Wohnsitzes seines minderjährigen, diesem Mitgliedstaat angehörenden Kindes, dem dieser Unterhalt gewährte, der Aufenthalt verweigert würde. Eine solche den Kernbestand beeinträchtigende Maßnahme könne jedoch in dem der Rs. McCarthy zugrundeliegenden Sachverhalt – ebenfalls in Gestalt der Vorenthaltung eines Bleiberechts zugunsten des Ehegatten – nicht gesehen werden (Rs. C-434/09, McCarthy, Rn. 49). Demgegenüber sei der durch Erwerb der britischen Staatsbürgerschaft ausgelöste Ausschluss Frau Ormazabals aus dem Kreise der durch die Richtlinie Berechtigten unmittelbare Folge der Wahrnehmung des durch Art. 21 Abs. 1 AEUV gewährleisteten Rechts, indem sie sich in Großbritannien niedergelassen hatte (Rn. 53). Sinn und Zweck des Art. 21 Abs. 1 AEUV sei die Förderung der schrittweisen Integration von Unionsbürgern in anderen EU-Mitgliedstaaten als ihren Herkunftsstaaten (Rn. 56). Es liefe folglich dem Telos des Art. 21 Abs. 1 AEUV zuwider, führte die tatsächliche Ausübung dieses Rechts zur Verwirkung desselben. Unter Zugrundelegung der Tatsache, dass mit der vorliegenden Entscheidung des EuGH nun auch Nichtberechtigten im Sinne der Freizügigkeitsrichtlinie Rechtsschutz in Gestalt eines abgeleiteten Aufenthaltsrechts zugunsten des Ehegatten gewährt werden kann, muss die vorliegende Rechtssache als eine tatsächliche Erweiterung des durch ihn geschützten Personenkreises bewertet werden. Dies insbesondere aufgrund des Faktums, dass der EuGH ein abgeleitetes Aufenthaltsrecht zugunsten des Drittstaatsangehörigen gewährte, ohne ein – im Anwendungsbereich des Art. 20 AEUV sehr wohl erforderliches – Verhältnis der rechtlichen, finanziellen oder affektiven Sorge zu verlangen. Damit führte der EuGH die zuvor bereits angedeutete Rechtsprechung zu abgeleiteten Aufenthaltsrechten zugunsten Drittstaatsangehöriger aus Art. 21 Abs. 1 AEUV ohne das Erfordernis eines besonderen Näheverhältnisses i. S. d. Art. 20 Abs. 1 AEUV weiter aus (vgl. Rs. C-456/12, O. und B., Rn. 44–47; Rs. C-133/15, Chavez-Vilchez u. a., Rn. 54 f.). Trotz der zum Teil erfolgten Ausweitung des Anwendungsbereiches des Art. 21 Abs. 1 AEUV kann darin keine Abkehr von der bisherigen Jurisprudenz zum Art. 20 AEUV gesehen werden. Nach wie vor bedarf es zur Ableitung eines Aufenthaltsrechts zugunsten eines Drittstaatsangehöri-

gen aus Art. 20 AEUV einer staatlichen Maßnahme, die eine Verwehrung der Kernbestandsrechte des Unionsbürgerstatus zur Folge hätte, deren Vorliegen nach der EuGH-Rechtsprechung regelmäßig nur unter Erfüllung der engen Voraussetzungen einer Verwandtschafts-Beziehung in gerader Linie zwischen den Beteiligten bejaht werden wird. Der Vergrößerung des Personenkreises der mittelbar durch Art. 21 Abs. 1 AEUV geschützten Familienmitglieder wird dadurch begegnet, dass der Unionsbürger als zusätzliche Voraussetzung tatsächlich von dem Recht der Freizügigkeit Gebrauch gemacht haben muss. Die folglich alles entscheidende Frage stellt sich angesichts der in Relation zu Art. 20 AEUV erheblichen Vergrößerung des geschützten Personenkreises im Anwendungsbereich des Art. 21 Abs. 1 AEUV nach den erforderlichen Tatbestandsvoraussetzungen des tatsächlichen Gebrauchs des Freizügigkeitsrechts im Sinne dieses Artikels. Dass ein solches jedenfalls nicht durch eine Person, die ihren Herkunftsstaat zu keinem Zeitpunkt verlassen hat, verwirklicht sein kann, leuchtet ein. Zweifel bleiben jedoch hinsichtlich jener Sachverhaltskonstellationen bestehen, deren Akteure sich nicht innerhalb dieser – freilich eher selten vorkommenden – Konstellation bewegen. Die nähere Ausdifferenzierung der Abgrenzungsparameter durch den EuGH bleibt abzuwarten. ***B:*** *A. Pferisch, ZAR 2018, 78f.* ***L:*** *Rn. 735, 737.*

Sachverhalt: Frau Ormazabal, eine spanische Staatsangehörige, die sich 1996 als Studierende in das Vereinigte Königreich begab, entschloss sich, ihren Aufenthalt in Großbritannien auch nach Abschluss des Studiums im Rahmen einer Vollzeitbeschäftigung fortzuführen. Im Zuge ihres langjährigen Aufenthalts erwarb Frau Ormazabal im Jahre 2009 zusätzlich zu ihrer spanischen auch die britische Staatsangehörigkeit. Der Ehemann Frau Ormazabals, Herr Lounes, war ebenso wenig in Großbritannien geboren, wie sie, verfügte aber auch über keine europäische Staatsangehörigkeit, sondern war Algerier. Herr Lounes war im Jahre 2010 mit einem halbjährig befristeten Besuchervisum in das Vereinigte Königreich eingereist und hielt sich anschließend über den Ablauf der Frist hinaus und damit rechtswidrig im britischen Hoheitsgebiet auf. Zwecks Bleiberechts beantragte Herr Lounes nach Eheschließung mit Frau Ormazabal im Jahre 2014 eine Aufenthaltskarte für das Vereinigte Königreich als Familienangehöriger einer Staatsangehörigen des Europäischen Wirtschaftsraums (EWR). Mit Bescheid vom 22.05.2014 lehnte der britische Innenminister den Antrag von Herrn Lounes ab. Nach den britischen Rechtsvorschriften, mit denen die Richtlinie über die Freizügigkeit der Unionsbürger umgesetzt worden war, galt Frau Omarzabal, da sie seit 2009 nicht nur Spanierin, sondern auch Britin war, nicht mehr als „EWR-Staatsangehörige" und damit auch nicht mehr als Berechtigte im Sinne der Richtlinie. Dies hätte laut dem zuständigen britischen Innenministerium zur Folge, dass auch Herr Lounes kein Familienangehöriger einer Berechtigten im Sinne der Richtlinie sein könne und ihm als Konsequenz dessen auch kein von ihr abgeleitetes Bleiberecht zustünde. Infolgedessen erhob Herr Lounes Klage gegen diese ihn belastende staatliche Maßnahme. Der mit dem Rechtsstreit befasste High Court of Justice hegte wiederum Zweifel hinsichtlich der Vereinbarkeit des Bescheids mit dem ihm zu Grunde liegenden europäischen Recht und wandte sich zur Beseitigung der Ungewissheiten im Wege des Vorabentscheidungsverfahrens an den EuGH.

Aus den Entscheidungsgründen:

Zur Auslegung der Richtlinie 2004/38

[31] Nach ständiger Rechtsprechung des Gerichtshofs soll die Richtlinie 2004/38 die Ausübung des elementaren und individuellen Rechts, sich im Hoheitsgebiet der Mitgliedstaaten frei zu bewegen und aufzuhalten, das den Unionsbürgern unmittelbar aus Art. 21 Abs. 1 AEUV erwächst, erleichtern und dieses Recht verstärken. Der fünfte Erwägungsgrund dieser Richtlinie hebt hervor, dass dieses Recht, wenn es unter objektiven Bedingungen in Würde ausgeübt werden soll, auch den Familienangehörigen dieser Unionsbürger ungeachtet ihrer Staatsangehörigkeit gewährt werden sollte (Urteil vom 18. Dezember 2014, McCarthy u. a., C-202/13, EU:C:2014:2450, Rn. 31 und 33 sowie die dort angeführte Rechtsprechung).

[32] Die Richtlinie gewährt drittstaatsangehörigen Familienangehörigen eines Unionsbürgers allerdings keine eigenständigen Rechte. Die etwaigen Rechte, die ihnen die Richtlinie verleiht, sind also von denen abgeleitet, die der betreffende Unionsbürger aufgrund der Ausübung seines Rechts auf Freizügigkeit genießt (vgl. in diesem Sinne Urteil vom 18. Dezember 2014, McCarthy u. a., C-202/13, EU:C:2014:2450, Rn. 34 und die dort angeführte Rechtsprechung).

[33] Wie der Gerichtshof mehrfach entschieden hat, ergibt sich aber aus einer wörtlichen, systematischen und teleologischen Auslegung der Richtlinie 2004/38, dass sie allein die Voraussetzungen regelt, unter denen ein Unionsbürger in andere Mitgliedstaaten als in den seiner eigenen Staatsangehörigkeit einreisen und sich dort aufhalten darf, und dass auf sie kein abgeleitetes Recht der Drittstaatsangehörigen, die Familienangehörige eines Unionsbürgers sind, auf Aufenthalt in dem Mitgliedstaat, dessen Staatsangehörigkeit der Unionsbürger besitzt, gestützt werden kann (vgl. in diesem Sinne Urteile vom 12. März 2014, O. und B.,

C-456/12, EU:C:2014:135, Rn. 37, sowie vom 10. Mai 2017, Chavez-Vilchez u. a., C-133/15, EU:C:2017:354, Rn. 53).

[34] Erstens geht nämlich aus dem Wortlaut von Art. 3 Abs. 1 dieser Richtlinie hervor, dass nur Unionsbürger, die sich „in einen anderen als den Mitgliedstaat, dessen Staatsangehörigkeit [sie besitzen]“, begeben oder sich dort aufhalten, sowie ihre Familienangehörigen – wie in Art. 2 Nr. 2 dieser Richtlinie definiert –, die sie begleiten oder ihnen nachziehen, in den Geltungsbereich der Richtlinie fallen und Berechtigte der durch sie gewährten Rechte sind (Urteil vom 12. März 2014, O. und B., C-456/12, EU:C:2014:135, Rn. 38).

(…)

[37] Dementsprechend hat der Gerichtshof entschieden, dass vor dem Hintergrund, dass ein Mitgliedstaat nach völkerrechtlichen Grundsätzen seinen eigenen Staatsangehörigen das Recht, in sein Hoheitsgebiet einzureisen und dort zu bleiben, nicht verwehren kann und diese Staatsangehörigen dort folglich über ein nicht an Bedingungen geknüpftes Aufenthaltsrecht verfügen, diese Richtlinie nicht dazu bestimmt ist, das Recht eines Unionsbürgers auf Aufenthalt in dem Mitgliedstaat, dessen Staatsangehörigkeit er besitzt, zu regeln. In Anbetracht der in Rn. 32 des vorliegenden Urteils angeführten Rechtsprechung ist die Richtlinie demnach auch nicht dazu bestimmt, drittstaatsangehörigen Familienangehörigen eines Unionsbürgers ein Recht auf Aufenthalt in diesem Mitgliedstaat zu verleihen (vgl. in diesem Sinne Urteile vom 5. Mai 2011, McCarthy, C-434/09, EU:C:2011:277, Rn. 29, 34 und 42, sowie vom 12. März 2014, O. und B., C-456/12, EU:C:2014:135, Rn. 42 und 43).

[38] Daraus folgt zum einen, dass Frau Ormazabal seit ihrem Erwerb der britischen Staatsbürgerschaft nicht mehr unter die in Rn. 34 des vorliegenden Urteils wiedergegebene Definition des Begriffs „Berechtigter“ im Sinne von Art. 3 Abs. 1 der Richtlinie 2004/38 fällt. Zum anderen ist diese Richtlinie in Anbetracht der in den Rn. 36 und 37 dieses Urteils dargelegten Erwägungen nicht mehr dazu bestimmt, ihren Aufenthalt im Vereinigten Königreich zu regeln, da dieser von Natur aus keinen Bedingungen unterliegt.

(…)

[42] Unter diesen Umständen ist festzustellen, dass die Richtlinie 2004/38 auf die Situation von Frau Ormazabal nicht mehr anwendbar ist, seitdem sie im Vereinigten Königreich eingebürgert wurde.

(…)

[44] In Anbetracht der in den Rn. 32 und 37 des vorliegenden Urteils dargelegten Rechtsprechung fällt auch ihr drittstaatsangehöriger

Ehegatte, Herr Lounes, nicht unter diesen Begriff und kann daher auf der Grundlage dieser Richtlinie kein abgeleitetes Recht auf Aufenthalt im Vereinigten Königreich genießen.

Zur Auslegung von Art. 21 Abs. 1 AEUV

[45] Nachdem die Richtlinie 2004/38 kein abgeleitetes Aufenthaltsrecht zugunsten eines Drittstaatsangehörigen, der sich in einer Situation wie derjenigen von Herrn Lounes befindet, begründen kann, ist zu klären, ob ein solches Aufenthaltsrecht dennoch aus den Bestimmungen des AEU-Vertrags über die Unionsbürgerschaft hergeleitet werden kann, insbesondere aus Art. 21 Abs. 1 AEUV, der jedem Unionsbürger das Recht gewährt, sich im Hoheitsgebiet der Mitgliedstaaten vorbehaltlich der in den Verträgen vorgesehenen Beschränkungen und Bedingungen frei zu bewegen und aufzuhalten.

[46] Der Gerichtshof hat nämlich in bestimmten Fällen bereits anerkannt, dass drittstaatsangehörige Familienangehörige eines Unionsbürgers, die zwar aus der Richtlinie 2004/38 kein abgeleitetes Recht auf Aufenthalt in dem Mitgliedstaat, dessen Staatsangehörigkeit dieser Unionsbürger besitzt, herleiten können, dennoch auf der Grundlage von Art. 21 Abs. 1 AEUV die Anerkennung eines solchen Rechts erreichen können (vgl. in diesem Sinne Urteile vom 12. März 2014, O. und B., C-456/12, EU:C:2014:135, Rn. 44 bis 50, sowie vom 10. Mai 2017, Chavez-Vilchez u. a., C-133/15, EU:C:2017:354, Rn. 54).

[47] Wie die Richtlinie 2004/38 gewährt diese Bestimmung einem solchen Drittstaatsangehörigen allerdings kein eigenständiges Aufenthaltsrecht, sondern nur eines, das von den Rechten des betreffenden Unionsbürgers abgeleitet ist (Urteile vom 8. November 2012, Iida, C-40/11, EU:C:2012:691, Rn. 66 und 67, sowie vom 12. März 2014, O. und B., C-456/12, EU:C:2014:135, Rn. 36).

[48] Ein abgeleitetes Aufenthaltsrecht besteht also zugunsten eines drittstaatsangehörigen Familienangehörigen eines Unionsbürgers grundsätzlich nur dann, wenn es erforderlich ist, damit dieser Unionsbürger sein Recht auf Freizügigkeit wirksam ausüben kann. Der Zweck und die Rechtfertigung eines solchen abgeleiteten Rechts beruhen demnach auf der Feststellung, dass seine Nichtanerkennung insbesondere die Freizügigkeit sowie die Ausübung und die praktische Wirksamkeit der Rechte, die dem Unionsbürger nach Art. 21 Abs. 1 AEUV zustehen, beeinträchtigen könnte (vgl. in diesem Sinne Urteile vom 8. November 2012, Iida, C-40/11, EU:C:2012:691, Rn. 68, vom 12. März 2014, O. und B., C-456/12, EU:C:2014:135, Rn. 45, sowie

vom 13. September 2016, Rendón Marín, C-165/14, EU:C:2016:675, Rn. 36 und 73).

[49] Im vorliegenden Fall ist entgegen dem Vorbringen der Regierung des Vereinigten Königreichs festzustellen, dass die Situation eines Staatsangehörigen eines Mitgliedstaats, der – wie Frau Ormazabal – sein Recht auf Freizügigkeit ausgeübt hat, indem er sich rechtmäßig in einen anderen Mitgliedstaat begeben und sich dort aufgehalten hat, nicht mit einem rein innerstaatlichen Sachverhalt gleichgesetzt werden kann, nur weil dieser Staatsangehörige im Zuge seines Aufenthalts die Staatsangehörigkeit des Aufnahmemitgliedstaats zusätzlich zu seiner ursprünglichen Staatsangehörigkeit erworben hat.

[50] Der Gerichtshof hat nämlich bereits anerkannt, dass bei Personen, die Angehörige eines Mitgliedstaats sind und sich rechtmäßig im Hoheitsgebiet eines anderen Mitgliedstaats aufhalten, dessen Staatsangehörigkeit sie ebenfalls besitzen, ein Bezug zum Unionsrecht besteht (vgl. in diesem Sinne Urteil vom 8. Juni 2017, Freitag, C-541/15, EU:C:2017:432, Rn. 34).

[51] Dementsprechend kann sich Frau Ormazabal, die Staatsangehörige zweier Mitgliedstaaten ist und in ihrer Eigenschaft als Unionsbürgerin von ihrem Recht, sich in einem anderen Mitgliedstaat als ihrem Herkunftsmitgliedstaat frei zu bewegen und aufzuhalten, Gebrauch gemacht hat, auf die mit dieser Eigenschaft verbundenen Rechte, insbesondere die in Art. 21 Abs. 1 AEUV vorgesehenen, berufen, und zwar auch gegenüber einem dieser beiden Mitgliedstaaten.

[52] Zu den Rechten, die den Staatsangehörigen von Mitgliedstaaten durch diese Bestimmung gewährt werden, gehört ihr Recht, im Aufnahmemitgliedstaat ein normales Familienleben zu führen, indem sie dort mit ihren Familienangehörigen zusammenleben (vgl. entsprechend Urteil vom 25. Juli 2008, Metock u. a., C-127/08, EU:C:2008:449, Rn. 62).

[53] Der Umstand, dass ein Staatsangehöriger eines Mitgliedstaats, der sich in einen anderen Mitgliedstaat begeben hat und sich dort aufhält, in der Folge die Staatsangehörigkeit dieses Mitgliedstaats zusätzlich zu seiner ursprünglichen Staatsangehörigkeit erwirbt, darf nicht dazu führen, dass er dieses Recht verliert, da damit die praktische Wirksamkeit von Art. 21 Abs. 1 AEUV verfehlt würde.

[54] Denn erstens würde dies darauf hinauslaufen, dass dieser Staatsangehörige genauso behandelt wird wie ein Bürger des Aufnahmemitgliedstaats, der diesen niemals verlassen hat, wobei unberücksichtigt bliebe, dass er sein Recht auf Freizügigkeit ausgeübt hat, indem

er sich in diesem Mitgliedstaat niedergelassen hat, und dass er seine ursprüngliche Staatsangehörigkeit behalten hat.

[55] Ein Mitgliedstaat darf aber die Wirkungen, die der Besitz der Staatsangehörigkeit eines anderen Mitgliedstaats hat, nicht einschränken, und insbesondere auch nicht die Rechte, die nach dem Unionsrecht mit dieser Staatsangehörigkeit verbunden sind und sich daraus ergeben, dass ein Unionsbürger sein Recht auf Freizügigkeit ausgeübt hat.

[56] Zweitens ist hervorzuheben, dass die Rechte eines Unionsbürgers aus Art. 21 Abs. 1 AEUV einschließlich der abgeleiteten Rechte, die seine Familienangehörigen genießen, auch den Zweck haben, die schrittweise Integration des betreffenden Unionsbürgers in die Gesellschaft des Aufnahmemitgliedstaats zu fördern.

[57] Ein Unionsbürger, der sich – wie Frau Ormazabal – in Ausübung seines Rechts auf Freizügigkeit in das Hoheitsgebiet des Aufnahmemitgliedstaats begeben und dort auf der Grundlage und unter Beachtung von Art. 7 Abs. 1 oder Art. 16 Abs. 1 der Richtlinie 2004/38 mehrere Jahre lang aufgehalten hat und der anschließend die Staatsangehörigkeit dieses Mitgliedstaats erwirbt, verfolgt gerade das Ziel, sich dauerhaft in die Gesellschaft dieses Staates zu integrieren.

[58] Wie der Generalanwalt in Nr. 86 seiner Schlussanträge ausgeführt hat, liefe es dem durch Art. 21 Abs. 1 AEUV geförderten Gedanken der schrittweisen Integration zuwider, wenn ein Unionsbürger, der durch Ausübung seines Rechts auf Freizügigkeit Rechte aus dieser Bestimmung erlangt hat, auf diese Rechte – insbesondere das Recht, im Aufnahmemitgliedstaat ein Familienleben zu führen – deshalb verzichten müsste, weil er im Wege der Einbürgerung in diesen Mitgliedstaat eine vertiefte Integration in dessen Gesellschaft angestrebt hat.

[59] Das hätte außerdem zur Folge, dass ein Unionsbürger, der sein Recht auf Freizügigkeit ausgeübt und die Staatsangehörigkeit des Aufnahmemitgliedstaats zusätzlich zu seiner ursprünglichen Staatsangehörigkeit erworben hat, hinsichtlich seines Familienlebens ungünstiger behandelt würde als ein Unionsbürger, der dieses Recht ebenfalls ausgeübt hat, aber nur seine ursprüngliche Staatsangehörigkeit besitzt. Die einem Unionsbürger im Aufnahmemitgliedstaat zustehenden Rechte, darunter das Recht, ein Familienleben mit einem Drittstaatsangehörigen zu führen, würden sich also verringern, je besser er in die Gesellschaft dieses Mitgliedstaats integriert ist und je mehr Staatsangehörigkeiten er besitzt.

[60] Demnach verlangt die praktische Wirksamkeit der Rechte, die Unionsbürgern nach Art. 21 Abs. 1 AEUV zustehen, dass ein Bürger, der sich in einer Situation wie derjenigen von Frau Ormazabal befindet,

im Aufnahmemitgliedstaat, nachdem er die Staatsangehörigkeit dieses Mitgliedstaats zusätzlich zu seiner ursprünglichen Staatsangehörigkeit erworben hat, weiterhin die Rechte aus dieser Bestimmung genießen und insbesondere ein Familienleben mit seinem drittstaatsangehörigen Ehegatten entwickeln kann, indem diesem ein abgeleitetes Aufenthaltsrecht gewährt wird.

[61] Dabei dürfen die Voraussetzungen für die Gewährung dieses abgeleiteten Aufenthaltsrechts nicht strenger sein als diejenigen, die die Richtlinie 2004/38 für einen Drittstaatsangehörigen vorsieht, der Familienangehöriger eines Unionsbürgers ist, der sein Recht auf Freizügigkeit ausgeübt hat, indem er sich in einem anderen Mitgliedstaat niedergelassen hat als dem, dessen Staatsangehörigkeit er besitzt. Auch wenn diese Richtlinie eine Situation wie die in der vorstehenden Randnummer beschriebene nicht regelt, ist sie auf eine solche entsprechend anzuwenden (vgl. entsprechend Urteile vom 12. März 2014, O. und B., C-456/12, EU:C:2014:135, Rn. 50 und 61, sowie vom 10. Mai 2017, Chavez-Vilchez u. a., C-133/15, EU:C:2017:354, Rn. 54 und 55).

[62] Nach alledem ist auf die vorgelegte Frage zu antworten, dass die Richtlinie 2004/38 dahin auszulegen ist, dass in einem Fall, in dem ein Unionsbürger sein Recht auf Freizügigkeit ausgeübt hat, indem er sich gemäß Art. 7 Abs. 1 oder Art. 16 Abs. 1 dieser Richtlinie in einen anderen als den Mitgliedstaat, dessen Staatsangehörigkeit er besitzt, begeben und sich dort aufgehalten hat, und sodann unter Beibehaltung seiner ursprünglichen Staatsangehörigkeit die Staatsangehörigkeit dieses Mitgliedstaats erworben und mehrere Jahre später einen Drittstaatsangehörigen geheiratet hat, mit dem er sich nach wie vor im Hoheitsgebiet dieses Mitgliedstaats aufhält, dieser Drittstaatsangehörige auf der Grundlage dieser Richtlinie kein abgeleitetes Recht auf Aufenthalt in diesem Mitgliedstaat genießt. Jedoch kann er nach Art. 21 Abs. 1 AEUV ein solches Aufenthaltsrecht genießen, wobei die Voraussetzungen hierfür nicht strenger sein dürfen als diejenigen, die die Richtlinie 2004/38 für einen Drittstaatsangehörigen vorsieht, der Familienangehöriger eines Unionsbürgers ist, der sein Recht auf Freizügigkeit ausgeübt hat, indem er sich in einem anderen Mitgliedstaat niedergelassen hat als dem, dessen Staatsangehörigkeit er besitzt.

130 **Rs. C-224/98 (D'Hoop), Urteil des Gerichtshofs vom 11.07.2002.**

Vorbemerkungen: *Im vorliegenden Fall wandte sich die Klägerin des Ausgangsverfahrens gegen ihren Herkunftsstaat unter Berufung auf die Vorschriften über die Unionsbürgerschaft und machte geltend, in Folge ihres in einem anderen Mitgliedstaat erworbenen Abiturs gegenüber den inländischen Abiturienten beim Zugang zu einer sozialen Leistung benachteiligt zu werden. Da sich diese Ungleichbehandlung nicht auf die Staatsangehörigkeit der Klägerin bezog, konnte der EuGH nicht auf Art. 18 Abs. 1 AEUV zurückgreifen. Unter Verweis auf den Grundsatz der praktischen Wirksamkeit („effet-utile") entwickelte der EuGH hier ein vom Kriterium der Staatsangehörigkeit losgelöstes Diskriminierungsverbot, ohne dessen Herleitung im Einzelnen zu begründen. Ähnlich wie im Falle des Art. 18 Abs. 1 AEUV knüpfte er die Anwendung des Diskriminierungsverbots an die Eröffnung des sachlichen Anwendungsbereichs des AEUV, die vorliegend über den als Grundfreiheit bezeichneten Art. 21 Abs. 1 AEUV begründet wurde. Die Ungleichbehandlung konnte in dieser Rechtssache nämlich auf die Ausübung der Freizügigkeit zurückgeführt werden, die von der Klägerin zu Bildungszwecken in Anspruch genommen wurde. Eine mögliche Rechtfertigung aus objektiven Gründen lehnte der EuGH ab. Diese Konstellation lässt sich als Diskriminierung „grenzüberschreitender Sachverhalte" bezeichnen und wurde durch den EuGH in der Rs. Pusa (Rs. C-224/02) bestätigt. Aus der Folgerechtsprechung ergibt sich, dass dieser Schutzgehalt normativ wohl unmittelbar in Art. 21 Abs. 1 AEUV verankert ist.* ***B:*** *S. Bode, EuZW 2002, 637 ff.* ***L:*** *Rn. 746.*

Sachverhalt: Die Klägerin des Ausgangsverfahrens, Marie-Nathalie D'Hoop, war belgische Staatsangehörige. Nachdem sie ihr Abitur in Frankreich absolviert hatte, kehrte sie nach Belgien zurück und nahm dort ein Studium auf. Nach dessen erfolgreichem Abschluss beantragte sie ein sog. Überbrückungsgeld, welches nach belgischem Recht Schulabgängern gewährt wird, die auf der Suche nach ihrer ersten Beschäftigung sind. Diese Leistung wurde ihr mit der Begründung verwehrt, dass sie entgegen den einschlägigen Vorschriften ihr Abitur nicht an einer Lehranstalt in Belgien erworben hatte. Das hiergegen angerufene Gericht wandte sich an der EuGH, der darin eine mit dem Gemeinschaftsrecht nicht vereinbare Ungleichbehandlung erkannte.

Aus den Entscheidungsgründen:

[27] Artikel 8 EG-Vertrag verleiht jedem den Status eines Unionsbürgers, der die Staatsangehörigkeit eines Mitgliedstaats besitzt. Da die Klägerin Staatsangehörige eines Mitgliedstaats ist, steht ihr dieser Status zu.

[28] Dieser Unionsbürgerstatus soll bestimmungsgemäß der grundlegende Status der Staatsangehörigen der Mitgliedstaaten sein, die, wenn sie sich in der gleichen Situation befinden, aufgrund dieses Status im sachlichen Geltungsbereich des EG-Vertrags vorbehaltlich der hiervon ausdrücklich vorgesehenen Ausnahmen unabhängig von ihrer Staatsangehörigkeit Anspruch auf gleiche rechtliche Behandlung haben (Urteil vom 20. September 2001 in der Rechtssache C-184/99, Grzelczyk, Slg. 2001, I-6193, Randnr. 31).

[29] In den Geltungsbereich des Gemeinschaftsrechts fallen u. a. Situationen, in denen es um die Ausübung der im EG-Vertrag garantierten Grundfreiheiten, namentlich der in Artikel 8a EG-Vertrag (nach Änderung jetzt Artikel 18 EG) verliehenen Freiheit geht, sich im Hoheitsgebiet der Mitgliedstaaten zu bewegen und aufzuhalten (Urteile vom 24. November 1998 in der Rechtssache C-274/96, Bickel und Franz, Slg. 1998, I-7637, Randnrn. 15 und 16, sowie Grzelczyk, Randnr. 33).

[30] Da ein Unionsbürger in allen Mitgliedstaaten Anspruch auf die gleiche rechtliche Behandlung wie die Staatsangehörigen dieses Mitgliedstaats hat, die sich in der gleichen Situation befinden, wäre es mit dem Recht auf Freizügigkeit unvereinbar, wenn der Mitgliedstaat, dessen Staatsangehöriger er ist, ihn deshalb weniger günstig behandeln würde, weil er von den Möglichkeiten Gebrauch gemacht hat, die ihm die Freizügigkeitsbestimmungen des EG-Vertrags eröffnen.

[31] Dieses Recht könnte nämlich seine volle Wirkung nicht entfalten, wenn ein Staatsangehöriger eines Mitgliedstaats von der Wahrnehmung dieser Möglichkeiten abgehalten werden könnte, weil ihm bei der Rückkehr in sein Herkunftsland Nachteile entstünden, die eine Regelung an diese Wahrnehmung knüpft (vgl. in diesem Sinne Urteil vom 7. Juli 1992 in der Rechtssache C-370/90, Singh, Slg. 1992, I-4265, Randnr. 23).

(...)

[35] Eine solche Ungleichbehandlung widerspricht den Grundsätzen, auf denen der Status eines Unionsbürgers beruht, nämlich der Garantie gleicher rechtlicher Behandlung bei Ausübung der Freizügigkeit.

[36] Die fragliche Bedingung wäre allenfalls dann gerechtfertigt, wenn sie auf objektiven, von der Staatsangehörigkeit der Betroffenen

unabhängigen Erwägungen beruhte und in einem angemessenen Verhältnis zu einem legitimen Zweck stünde, der mit den nationalen Rechtsvorschriften verfolgt würde (Urteil Bickel und Franz, Randnr. 27).

131 **Rs. C-490/20 (Stolichna obshtina, rayon „Pancharevo"), Urteil des Gerichtshofs vom 14. Dezember 2021.**

Vorbemerkungen: *Das vorliegende Urteil stellte eine Weiterentwicklung der sich aus Art. 20, 21 AEUV ergebenden Anerkennungspflichten der Mitgliedstaaten dar. Der Gerichtshof hatte bereits 2008 entschieden, dass die Mitgliedstaaten, indem sie den in einem anderen Mitgliedstaat rechtmäßig eingetragenen Nachnamen eines Kindes mit Hinweis auf ihr nationales Recht nicht anerkennen, gegen Art. 21 AEUV verstoßen (Grunkin und Paul, C-353/06, Rn. 39). Die Rechtsprechung wurde nun auf die Pflicht zur Anerkennung EU-ausländischer Geburtsurkunden zum Zweck der Ausstellung eines Personalausweises oder Reisepasses erweitert. Diese Pflicht gelte auch, wenn die Geburtsurkunde die Abstammung eines Kindes von gleichgeschlechtlichen Eltern anerkennt, und zwar unabhängig davon, ob das nationale Recht des Mitgliedstaates die gleichgeschlechtliche Elternschaft oder Ehe zulässt oder nicht. Der EuGH wies entschieden zurück, dass die Frage der Anerkennung oder Nichtanerkennung gleichgeschlechtlicher Ehe und Elternschaft einen Teil der nationalen Identität gem. Art. 4 Abs. 2 AEUV darstellt und damit einen Verstoß gegen Art. 21 AEUV rechtfertigen könnte.* ***B:*** *A. Pferisch, ZAR 2022, 163; P. M. Reuß, NJW 2022, 680f.*

Sachverhalt: V.M.A., eine bulgarische Staatsangehörige, und K.D.K., eine britische Staatsangehörige, lebten seit 2015 gemeinsam in Spanien und schlossen 2018 in Gibraltar die Ehe. 2019 bekamen sie eine Tochter, die S.D.K.A., die seitdem mit ihren Eltern in Spanien lebte. In der spanischen Geburtsurkunde wurden sowohl V.M.A. als auch K.D.K. als Mutter eingetragen. S.D.K.A. ist aber ausschließlich bulgarische Staatsangehörige. Im Jahr 2020 beantragte V.M.A. daher bei der zuständigen Behörde der Stadt Sofia, Stadtbezirk Pancharevo, eine bulgarische Geburtsurkunde für ihre Tochter, die unter anderem für die Ausstellung eines Personalausweises nötig war. Dies verweigerten ihr die bulgarischen Behörden mit dem Argument, das bulgarische Recht stehe der Eintragung zweier weiblicher Personen als Eltern entgegen, da auch eine gleichgeschlechtliche Ehe rechtlich nicht zulässig sei. Zudem sah das Musterformular nur je ein Feld für eine Mutter und einen Vater eines Kindes vor, nicht aber für eine zweite Mutter. V.M.A. weigerte sich, anzugeben, welche der Frauen das Kind zur Welt gebracht hatte und klagte gegen die Ablehnung der Behörde vor dem Verwaltungsgericht der Stadt Sofia. Zwar war S.D.K.A. auch ohne eine bulgarische Geburtsurkunde Staatsangehörige Bulgariens. Das Gericht war aber der Ansicht, durch die mit dem fehlenden Dokument verbundene Erschwerung der Ausstellung eines bulgarischen Identitätsdokuments werde das Kind in seinem unionalen Freizügigkeitsrecht eingeschränkt und demnach daran gehindert, seine Rechte als Unionsbürger voll in Anspruch zu nehmen. Es hatte insofern Zweifel, ob die Weigerung der Eintragung ins Geburtenregister und der Ausstellung der Geburtsurkunde durch die bulgarischen Behörden in Anbetracht der rechtmäßig durch Spanien ausgestellten Geburtsurkunde mit Art. 20, 21 AEUV vereinbar war und legte diese Frage dem Gerichtshof vor.

Aus den Entscheidungsgründen:

[42] Nach der Rechtsprechung des Gerichtshofs kann sich ein Staatsangehöriger eines Mitgliedstaats, der in seiner Eigenschaft als Unionsbürger von seinem Recht, sich in einem anderen Mitgliedstaat als seinem Herkunftsmitgliedstaat frei zu bewegen und aufzuhalten, Gebrauch gemacht hat, auf die mit dieser Eigenschaft verbundenen Rechte, insbesondere die in Art. 21 Abs. 1 AEUV vorgesehenen, berufen, und zwar gegebenenfalls auch gegenüber seinem Herkunftsmitgliedstaat (Urteil vom 5. Juni 2018, Coman u. a., C-673/16, EU:C:2018:385, Rn. 31und die dort angeführte Rechtsprechung). Auf diese Bestimmung und die zu ihrer Durchführung erlassenen Vorschriften können sich auch die Unionsbürger berufen, die im Aufnahmemitgliedstaat ihrer Eltern geboren wurden und nie von ihrem Recht auf Freizügigkeit Gebrauch gemacht haben (Urteil vom 2. Oktober 2019, Bajratari, C-93/18, EU:C:2019:809, Rn. 26 und die dort angeführte Rechtsprechung).

[43] Nach Art. 21 Abs. 1 AEUV hat jeder Unionsbürger das Recht, sich im Hoheitsgebiet der Mitgliedstaaten vorbehaltlich der in den Verträgen und in den Durchführungsvorschriften vorgesehenen Beschränkungen und Bedingungen frei zu bewegen und aufzuhalten. Um ihren Staatsangehörigen die Ausübung dieses Rechts zu ermöglichen, sind die Mitgliedstaaten nach Art. 4 Abs. 3 der Richtlinie 2004/38 verpflichtet, ihren Staatsangehörigen gemäß ihren Rechtsvorschriften einen Personalausweis oder einen Reisepass auszustellen, der ihre Staatsangehörigkeit angibt.

[44] Da S.D.K.A. bulgarische Staatsangehörige ist, sind die bulgarischen Behörden mithin verpflichtet, ihr einen Personalausweis oder Reisepass auszustellen, der ihre Staatsangehörigkeit und ihren Nach-

namen angibt, wie er sich aus der von den spanischen Behörden ausgestellten Geburtsurkunde ergibt. Denn der Gerichtshof hat bereits festgestellt, dass Art. 21 AEUV dem entgegensteht, dass die Behörden eines Mitgliedstaats es unter Anwendung ihres nationalen Rechts ablehnen, den Nachnamen eines Kindes anzuerkennen, der in einem anderen Mitgliedstaat bestimmt und eingetragen wurde, in dem dieses Kind geboren wurde und seitdem wohnt (vgl. in diesem Sinne Urteil vom 14. Oktober 2008, Grunkin und Paul, C-353/06, EU:C:2008:559, Rn. 39).

[45] Ferner ist darauf hinzuweisen, dass Art. 4 Abs. 3 der Richtlinie 2004/38 die bulgarischen Behörden verpflichtet, für S.D.K.A. einen Personalausweis oder Reisepass unabhängig davon auszustellen, ob für dieses Kind eine neue Geburtsurkunde erstellt wird. Soweit das bulgarische Recht die Ausstellung einer bulgarischen Geburtsurkunde vor Ausstellung eines bulgarischen Personalausweises oder Reisepasses verlangt, kann sich dieser Mitgliedstaat somit nicht auf sein nationales Recht berufen, um die Ausstellung eines solchen Personalausweises oder Reisepasses für S.D.K.A. zu verweigern.

(...)

[48] Unstreitig haben im Ausgangsverfahren die spanischen Behörden ein biologisches oder rechtliches Abstammungsverhältnis zwischen S.D.K.A. und ihren beiden Elternteilen, V.M.A. und K.D.K., rechtmäßig festgestellt und dies in der für deren Kind ausgestellten Geburtsurkunde bescheinigt. V.M.A. und K.D.K. muss daher in Anwendung von Art. 21 AEUV und der Richtlinie 2004/38 als Eltern eines minderjährigen Unionsbürgers, für den sie tatsächlich sorgen, von allen Mitgliedstaaten das Recht zuerkannt werden, sich bei diesem aufzuhalten, wenn er sein Recht, sich im Hoheitsgebiet der Mitgliedstaaten frei zu bewegen und aufzuhalten, ausübt (vgl. entsprechend Urteil vom 13. September 2016, Rendón Marín, C-165/14, EU:C:2016:675, Rn. 50 bis 52 und die dort angeführte Rechtsprechung).

[49] Daher sind die bulgarischen Behörden wie die Behörden jedes anderen Mitgliedstaats verpflichtet, dieses Abstammungsverhältnis anzuerkennen, um es S.D.K.A., da diese nach den Angaben des vorlegenden Gerichts die bulgarische Staatsbürgerschaft besitzt, zu ermöglichen, ihr in Art. 21 Abs. 1 AEUV gewährleistetes Recht, sich im Hoheitsgebiet der Mitgliedstaaten frei zu bewegen und aufzuhalten, ungehindert mit jedem ihrer beiden Elternteile auszuüben.

(...)

[52] Beim derzeitigen Stand des Unionsrechts fällt das Personenstandsrecht, zu dem die Regelungen über die Ehe und die Abstammung

gehören, in die Zuständigkeit der Mitgliedstaaten, und das Unionsrecht lässt diese Zuständigkeit unberührt. Den Mitgliedstaaten steht es daher frei, in ihrem nationalen Recht für Personen gleichen Geschlechts die Ehe und die Elternschaft vorzusehen oder nicht vorzusehen. Bei der Ausübung dieser Zuständigkeit müssen die Mitgliedstaaten jedoch das Unionsrecht und insbesondere die Bestimmungen des AEU-Vertrags über die jedem Unionsbürger zuerkannte Freiheit, sich im Hoheitsgebiet der Mitgliedstaaten zu bewegen und aufzuhalten, beachten und hierzu den in einem anderen Mitgliedstaat nach dessen Recht festgestellten Personenstand anerkennen (vgl. in diesem Sinne Urteil vom 5. Juni 2018, Coman u. a., C-673/16, EU:C:2018:385, Rn. 36 bis 38 und die dort angeführte Rechtsprechung).

[53] In diesem Zusammenhang möchte das vorlegende Gericht vom Gerichtshof wissen, ob Art. 4 Abs. 2 EUV die Weigerung der bulgarischen Behörden rechtfertigen könnte, eine Geburtsurkunde für S.D.K.A. und mithin einen Personalausweis oder Reisepass für dieses Kind auszustellen. Das vorlegende Gericht führt u. a. aus, dass eine etwaige Verpflichtung der Behörden, eine Geburtsurkunde auszustellen, in der als Eltern dieses Kindes zwei Personen weiblichen Geschlechts genannt würden, die öffentliche Ordnung und die nationale Identität der Republik Bulgarien beeinträchtigen könnte, da die bulgarische Verfassung und das bulgarische Familienrecht die Elternschaft zweier Personen gleichen Geschlechts nicht vorsähen.

[54] Hierzu ist darauf hinzuweisen, dass die Union nach Art. 4 Abs. 2 EUV die jeweilige nationale Identität ihrer Mitgliedstaaten achtet, die in ihren grundlegenden politischen und verfassungsmäßigen Strukturen zum Ausdruck kommt.

(…)

[56] Wie die Generalanwältin in den Nrn. 150 und 151 ihrer Schlussanträge im Wesentlichen ausgeführt hat, widerspricht die Pflicht eines Mitgliedstaats, einem Kind mit der Staatsangehörigkeit dieses Mitgliedstaats, das in einem anderen Mitgliedstaat geboren wurde und dessen von den Behörden dieses anderen Mitgliedstaats ausgestellte Geburtsurkunde zwei Personen desselben Geschlechts als seine Eltern ausweist, einen Personalausweis oder einen Reisepass auszustellen und das Abstammungsverhältnis zwischen diesem Kind und jeder dieser beiden Personen im Rahmen der Ausübung seiner Rechte aus Art. 21 AEUV und den damit zusammenhängenden Sekundärrechtsakten anzuerkennen, weder der nationalen Identität noch der öffentlichen Ordnung dieses Mitgliedstaats.

[57] Diese Pflicht bedeutet nämlich nicht, dass der Mitgliedstaat, dessen Staatsangehöriger das Kind ist, in seinem nationalen Recht die Elternschaft von Personen gleichen Geschlechts vorsehen müsste oder das Abstammungsverhältnis zwischen dem Kind und den Personen, die in der von den Behörden des Aufnahmemitgliedstaats ausgestellten Geburtsurkunde als seine Eltern genannt sind, zu anderen Zwecken als der Ausübung der diesem Kind aus dem Unionsrecht erwachsenden Rechte anerkennen müsste (vgl. entsprechend Urteil vom 5. Juni 2018, Coman u. a., C-673/16, EU:C:2018:385, Rn. 45 und 46).

(…)

[69] Nach alledem ist auf die Vorlagefragen zu antworten, dass Art. 4 Abs. 2 EUV, die Art. 20 und 21 AEUV sowie die Art. 7, 24 und 45 der Charta in Verbindung mit Art. 4 Abs. 3 der Richtlinie 2004/38 dahin auszulegen sind, dass im Fall eines minderjährigen Kindes, das Unionsbürger ist und dessen von den zuständigen Behörden des Aufnahmemitgliedstaats ausgestellte Geburtsurkunde zwei Personen gleichen Geschlechts als seine Eltern bezeichnet, der Mitgliedstaat, dessen Staatsangehöriger dieses Kind ist, zum einen verpflichtet ist, ihm einen Personalausweis oder Reisepass auszustellen, ohne die vorherige Ausstellung einer Geburtsurkunde durch seine nationalen Behörden zu verlangen, sowie zum anderen ebenso wie jeder andere Mitgliedstaat das aus dem Aufnahmemitgliedstaat stammende Dokument anzuerkennen hat, das es diesem Kind ermöglicht, mit jeder dieser beiden Personen sein Recht auszuüben, sich im Hoheitsgebiet der Mitgliedstaaten frei zu bewegen und aufzuhalten.

IV. Unionsbürgerschaft, Art. 20 AEUV

132 Rs. C-135/08 (Rottmann), Urteil des Gerichtshofs vom 02.03.2010.

Vorbemerkungen: *Im vorliegenden Fall hatte der EuGH darüber zu befinden, ob die Rücknahme einer Einbürgerung, die zugleich den Verlust der Unionsbürgerschaft zur Folge haben kann, mit dem Unionsrecht vereinbar ist. Der Gerichtshof bestätigte zunächst, dass die Festlegung der Voraussetzungen für den Erwerb und Verlust der Staatsangehörigkeit in die Zuständigkeit der Mitgliedstaaten fällt. Gleichwohl hätten die Mitgliedstaaten bei der Ausübung auch dieser Kompetenzen* *das Unionsrecht zu beachten. In Abkehr von den bisherigen Urteilen begründete der Gerichtshof die Anwendung des Unionsrechts indes nicht über die Ausübung der unionsbürgerlichen Freizügigkeit, sondern allein mit dem Verweis auf den durch Entzug der nationalen Staatsangehörigkeit drohenden Verlust der Unionsbürgerrechte. Da es insoweit nicht mehr auf deren tatsächliche Ausübung ankommt, um den „sachlichen Anwendungsbereichs des Unionsrechts" (vgl. Rn. 44) zu eröffnen, kann das Urteil dahingehend verstanden werden, dass letztlich die Betroffenheit im Unionsbürgerstatus die Anwendbarkeit des Unionsrechts begründet. Auf diese Weise gelang es dem EuGH hier auch unabhängig von einem konkreten grenzüberschreitenden Sachverhalt die Weichen für eine Abwägung zwischen den Belangen der Unionsbürgerschaft und den nationalen berechtigten Interessen zu stellen. Zwar sei kein Mitgliedstaat verpflichtet, im Falle einer Einbürgerungserschleichung allein deshalb von einer Rücknahme abzusehen, weil der Betroffene seine ursprüngliche Staatsangehörigkeit nicht automatisch wiedererlange und staatenlos werden könne. Gleichwohl müssten die nationalen Gerichte den Grundsatz der Verhältnismäßigkeit beachten und hierbei sowohl die sich aus dem Verlust der Unionsbürgerschaft und ihrer Rechte ergebenden Folgen als auch die Schwere des Verstoßes gegen die Einbürgerungsvorschriften in die Abwägung einstellen. Im Ergebnis stellte der EuGH die Unionsbürgerschaft damit jedenfalls im Falle des Entzugs über das mitgliedstaatliche Staatsangehörigkeitsrecht und wendet somit die vertraglich vorgegebene Akzessorietät nach Art. 20 Abs. 1 AEUV in die umgekehrte Richtung. Diesen grundlegend neuen Ansatz zur Anwendung des Unionsrechts bestätigte und konkretisierte der Gerichtshof in den nachfolgend kommentierten Urteilen Zambrano (Fall 133) und Dereci (Rs. C-256/11).* ***B:*** *H. Tewocht, ZAR 2010, 144ff.* ***L:*** *Rn. 724.*

Sachverhalt: Herr Rottmann war österreichischer Staatsangehöriger, der sich in Deutschland einbürgern ließ. Seine Einbürgerung wurde jedoch durch die deutschen Behörden rückwirkend zurückgenommen, nachdem sich herausstellte, dass er ein gegen ihn gerichtetes österreichisches Ermittlungsverfahren verschwiegen und dadurch die Einbürgerung erschlichen hatte. Nach dem österreichischen Recht hatte Herr Rottmann durch seine Einbürgerung in Deutschland seine österreichische Staatsbürgerschaft verloren. Die Rücknahme seiner Einbürgerung in Deutschland führte nicht dazu, dass seine österreichische Staatsangehörigkeit wiederauflebte. Herr Rottmann ging gegen die Rücknahme seiner Einbürgerung gerichtlich vor. Das Bundesverwaltungsgericht, bei dem der Rechtsstreit zuletzt anhängig war, wandte sich im Wege des Vorabentscheidungsverfahrens an den EuGH mit der Frage, ob die Rücknahme der Einbürgerung und die voraussichtlich eintretende Rechtsfolge der Staatenlosigkeit mit dem Unionsrecht vereinbar seien.

Aus den Entscheidungsgründen:

[39] In diesem Zusammenhang ist daran zu erinnern, dass nach ständiger Rechtsprechung die Festlegung der Voraussetzungen für den Erwerb und den Verlust der Staatsangehörigkeit nach dem Völkerrecht in die Zuständigkeit der einzelnen Mitgliedstaaten fällt (Urteile Micheletti u. a., Randnr. 10, vom 11. November 1999, Mesbah, C-179/98, Slg. 1999, I-7955, Randnr. 29, und vom 19. Oktober 2004, Zhu und Chen, C-200/02, Slg. 2004, I-9925, Randnr. 37).

(...)

[41] Dass für ein Rechtsgebiet die Mitgliedstaaten zuständig sind, schließt aber nicht aus, dass die betreffenden nationalen Vorschriften in Situationen, die unter das Unionsrecht fallen, dieses Recht beachten müssen (vgl. in diesem Sinne Urteile vom 24. November 1998, Bickel und Franz, C-274/96, Slg. 1998, I-7637, Randnr. 17 [betreffend eine nationale Regelung im Bereich des Straf- und Strafverfahrensrechts], vom 2. Oktober 2003, Garcia Avello, C-148/02, Slg. 2003, I-11613, Randnr. 25 [betreffend nationale Vorschriften über den Namen von Personen], vom 12. Juli 2005, Schempp, C-403/03, Slg. 2005, I-6421, Randnr. 19 [betreffend nationale Vorschriften über direkte Steuern], und vom 12. September 2006, Spanien/Vereinigtes Königreich, C-145/04, Slg. 2006, I-7917, Randnr. 78 [betreffend nationale Vorschriften über die Bestimmung der aktiv und passiv Wahlberechtigten für die Wahlen zum Europäischen Parlament]).

[42] Es liegt auf der Hand, dass die Situation eines Unionsbürgers, gegen den wie gegen den Kläger des Ausgangsverfahrens eine Entscheidung der Behörden eines Mitgliedstaats über die Rücknahme seiner Einbürgerung ergangen ist, die ihn – nachdem er die Staatsangehörigkeit eines anderen Mitgliedstaats, die er ursprünglich besessen hatte, verloren hat – in eine Lage versetzt, die zum Verlust des durch Art. 17 EG verliehenen Status und der damit verbundenen Rechte führen kann, ihrem Wesen und ihren Folgen nach unter das Unionsrecht fällt.

[43] Wie der Gerichtshof mehrfach hervorgehoben hat, ist der Unionsbürgerstatus dazu bestimmt, der grundlegende Status der Angehörigen der Mitgliedstaaten zu sein (vgl. insbesondere Urteile vom 20. Sep-

tember 2001, Grzelczyk, C-184/99, Slg. 2001, I-6193, Randnr. 31, und vom 17. September 2002, Baumbast und R, C-413/99, Slg. 2002, I-7091, Randnr. 82).

[44] Art. 17 Abs. 2 EG knüpft an diesen Status die im EG-Vertrag vorgesehenen Pflichten und Rechte, darunter das Recht, sich in allen vom sachlichen Anwendungsbereich des Unionsrechts erfassten Fällen auf Art. 12 EG zu berufen (vgl. insbesondere Urteile vom 12. Mai 1998, Martínez Sala, C-85/96, Slg. 1998, I-2691, Randnr. 62, und Schempp, Randnr. 17).

[45] Infolgedessen haben die Mitgliedstaaten bei der Ausübung ihrer Zuständigkeit im Bereich der Staatsangehörigkeit das Unionsrecht zu beachten (Urteile Micheletti u. a., Randnr. 10, Mesbah, Randnr. 29, vom 20. Februar 2001, Kaur, C-192/99, Slg. 2001, I-1237, Randnr. 19, sowie Zhu und Chen, Randnr. 37).

[46] Unter diesen Umständen hat der Gerichtshof über die Fragen des vorlegenden Gerichts zu befinden, die die Bedingungen betreffen, unter denen ein Unionsbürger aufgrund des Verlusts seiner Staatsangehörigkeit diese Unionsbürgereigenschaft und demzufolge die mit ihr verbundenen Rechte verlieren kann.

[47] Das vorlegende Gericht fragt sich im Wesentlichen, wie der Vorbehalt in der in Randnr. 45 des vorliegenden Urteils angeführten Rechtsprechung des Gerichtshofs zu verstehen ist, wonach die Mitgliedstaaten bei der Ausübung ihrer Zuständigkeit im Bereich der Staatsangehörigkeit das Unionsrecht zu beachten haben, und welche Konsequenzen dieser Vorbehalt in einer Situation wie der im Ausgangsverfahren hat.

[48] Der Vorbehalt, dass das Unionsrecht zu beachten ist, berührt nicht den vom Gerichtshof bereits anerkannten und in Randnr. 39 des vorliegenden Urteils erwähnten Grundsatz des Völkerrechts, wonach die Mitgliedstaaten für die Festlegung der Voraussetzungen für den Erwerb und den Verlust der Staatsangehörigkeit zuständig sind, sondern stellt den Grundsatz auf, dass im Fall von Unionsbürgern die Ausübung dieser Zuständigkeit, soweit sie die von der Rechtsordnung der Union verliehenen und geschützten Rechte berührt – wie dies insbesondere bei einer Entscheidung über die Rücknahme der Einbürgerung wie der im Ausgangsverfahren der Fall ist –, der gerichtlichen Kontrolle im Hinblick auf das Unionsrecht unterliegt.

(...)

[50] Eine Entscheidung über die Rücknahme der Einbürgerung wie diejenige, um die es im Ausgangsverfahren geht, könnte jedoch, wie mehrere Regierungen, die beim Gerichtshof Erklärungen eingereicht

haben, geltend machen, mit dem Recht der Union vereinbar sein, wenn sie auf der arglistigen Täuschung beruht, die der Betroffene im Rahmen des Verfahrens zum Erwerb der betreffenden Staatsangehörigkeit begangen hat.

[51] Die Entscheidung, eine Einbürgerung wegen betrügerischer Handlungen zurückzunehmen, entspricht nämlich einem im Allgemeininteresse liegenden Grund. In dieser Hinsicht ist es legitim, dass ein Mitgliedstaat das zwischen ihm und seinen Staatsbürgern bestehende Verhältnis besonderer Verbundenheit und Loyalität sowie die Gegenseitigkeit der Rechte und Pflichten, die dem Staatsangehörigkeitsband zugrunde liegen, schützen will.

[52] Diese Schlussfolgerung zur grundsätzlichen Rechtmäßigkeit einer unter Umständen wie denen des Ausgangsverfahrens ergangenen Entscheidung über die Rücknahme einer Einbürgerung wird bekräftigt durch die einschlägigen Bestimmungen des Übereinkommens zur Verminderung der Staatenlosigkeit. Nach dessen Art. 8 Abs. 2 kann einer Person nämlich die Staatsangehörigkeit eines Vertragsstaats entzogen werden, wenn sie diese durch falsche Angaben oder betrügerische Handlungen erworben hat. Auch Art. 7 Abs. 1 und 3 des Europäischen Übereinkommens über die Staatsangehörigkeit verbietet es einem Vertragsstaat nicht, einer Person seine Staatsangehörigkeit zu entziehen, auch wenn sie dadurch staatenlos wird, sofern die Staatsangehörigkeit durch arglistiges Verhalten, falsche Angaben oder die Verschleierung einer erheblichen Tatsache, die dieser Person zuzurechnen sind, erworben wurde.

(...)

[54] Diese Erwägungen zur grundsätzlichen Rechtmäßigkeit einer Entscheidung über die Rücknahme der Einbürgerung wegen betrügerischer Handlungen gelten grundsätzlich auch, wenn eine solche Rücknahme zur Folge hat, dass der Betroffene neben der Staatsangehörigkeit des Mitgliedstaats der Einbürgerung die Unionsbürgerschaft verliert.

[55] In einem solchen Fall hat das vorlegende Gericht jedoch – gegebenenfalls über die Prüfung der Verhältnismäßigkeit nach dem nationalen Recht hinaus – zu prüfen, ob die im Ausgangsverfahren in Rede stehende Rücknahmeentscheidung hinsichtlich ihrer Auswirkungen auf die unionsrechtliche Stellung des Betroffenen den Grundsatz der Verhältnismäßigkeit wahrt.

[56] Angesichts der Bedeutung, die das Primärrecht dem Unionsbürgerstatus beimisst, sind daher bei der Prüfung einer Entscheidung über die Rücknahme der Einbürgerung die möglichen Folgen zu berücksichtigen, die diese Entscheidung für den Betroffenen und gegebe-

nenfalls für seine Familienangehörigen in Bezug auf den Verlust der Rechte, die jeder Unionsbürger genießt, mit sich bringt. Hierbei ist insbesondere zu prüfen, ob dieser Verlust gerechtfertigt ist im Verhältnis zur Schwere des vom Betroffenen begangenen Verstoßes, zur Zeit, die zwischen der Einbürgerungsentscheidung und der Rücknahmeentscheidung vergangen ist, und zur Möglichkeit für den Betroffenen, seine ursprüngliche Staatsangehörigkeit wiederzuerlangen.

[57] Was insbesondere den letztgenannten Gesichtspunkt betrifft, kann ein Mitgliedstaat, dessen Staatsangehörigkeit durch Täuschung erschlichen wurde, nicht nach Art. 17 EG verpflichtet sein, von der Rücknahme der Einbürgerung allein deshalb abzusehen, weil der Betroffene die Staatsangehörigkeit seines Herkunftsmitgliedstaats nicht wiedererlangt hat.

[58] Das nationale Gericht hat allerdings zu beurteilen, ob die Beachtung des Grundsatzes der Verhältnismäßigkeit es unter Berücksichtigung sämtlicher relevanter Umstände verlangt, dass dem Betroffenen vor Wirksamwerden einer derartigen Entscheidung über die Rücknahme der Einbürgerung eine angemessene Frist eingeräumt wird, damit er versuchen kann, die Staatsangehörigkeit seines Herkunftsmitgliedstaats wiederzuerlangen.

Rs. C-181/23 (Kommission ./. Republik Malta), Urteil des Gerichtshofs vom 29.04.2025. 133

Vorbemerkungen: *Wie bereits in der Entscheidung Rottmann (Fall 132) bestätigte der EuGH in dieser Entscheidung zwar, dass den Mitgliedstaaten die Kompetenz zukommt, über die Kriterien für den Erwerb und den Verlust der Staatangehörigkeit zu entscheiden – tatsächlich gehört diese autonome Entscheidungsbefugnis seit jeher zu den zentralen Souveränitätsmarkern des modernen demokratischen Verfassungsstaates. Da die Unionsbürgerschaft aber an die mitgliedstaatliche Staatsangehörigkeit gekoppelt ist, wird diese Kompetenz zumindest partiell unionsrechtlich überformt. Für den EuGH ist insoweit zentral, dass die in jedem Mitgliedstaat mit einer mitgliedstaatlichen Staatsangehörigkeit automatisch einhergehenden unionsbürgerschaftlichen Rechte ein besonderes gegenseitiges Vertrauens- und Loyalitätsverhältnis zwischen den Mitgliedstaaten voraussetzen, das wiederum durch eine „Vermarktung der Verleihung der Staatsangehörigkeit eines Mitgliedstaats am Ende eines Verfahrens mit transaktionalem Charakter“ (Rn. 103) enttäuscht werden kann. Das entsprechende maltesische*

Staatsbürgerschaftsprogramm für Investoren verstieß daher gegen Art. 20 AEUV iVm Art. 4 Abs. 3 EUV. ***B:*** *L. D. Spieker/F. Weber, JZ 2025, 612ff.; M. Luber, EuZW 2025, 575f.; M. Ruffert, JuS 2025, 566ff.; P. Hilpold, EuZW 2025, 757ff.; M. Wendel/L. Dirksen, NJW 2025, 1995ff.; S. Kadelbach, EuR 2025, 533ff.* ***L:*** *Rn. 722.*

Sachverhalt: Das Staatsbürgerschaftsprogramm für Investoren von 2014 ermöglichte es Ausländern, durch bestimmte in den „Regulations von 2014" vorab festgelegte Zahlungen und Investitionen die maltesische Staatsangehörigkeit zu erwerben. Nachdem die Kommission unionsrechtliche Bedenken angemeldet hatte, wurden die Regulations ab dem Jahr 2020 überarbeitet. Danach mussten nunmehr folgende Voraussetzungen erfüllt sein, damit ein Investor die maltesische Staatsbürgerschaft beantragen konnte: Er musste erstens einen Betrag von 600 000 Euro oder 750 000 Euro an die maltesische Regierung zahlen, zweitens eine Wohnimmobilie im Wert von mindestens 700 000 Euro erwerben oder, alternativ, eine solche Immobilie für mindestens 16 000 Euro pro Jahr mindestens fünf Jahre lang mieten, drittens mindestens 10 000 Euro an eine eingetragene oder in anderer Weise von den Behörden zugelassene Nichtregierungsorganisation oder -gesellschaft, die philanthropische, kulturelle, sportliche, wissenschaftliche, künstlerische oder Tierschutzzwecke verfolgt, spenden, viertens sich 36 Monate rechtmäßig in Malta aufgehalten haben, wobei dieser Zeitraum auf zwölf Monate verkürzt werden konnte, wenn der Antragsteller einen zusätzlichen Betrag in Höhe von 150 000 Euro zahlte, und fünftens eine Bestätigung seiner Teilnahmebefugnis und die Genehmigung für die Stellung eines Antrags auf Einbürgerung erhalten haben. Die Kommission sah auch in diesen veränderten Regulations einen Verstoß gegen Art. 20 AEUV iVm Art. 4 Abs. 3 EUV und leitete ein Vertragsverletzungsverfahren gegen Malta ein. Der EuGH folgte im Kern der Auffassung der Kommission.

Aus den Entscheidungsgründen:

[95] Die Ausübung der Zuständigkeit der Mitgliedstaaten im Bereich der Festlegung der Voraussetzungen für die Verleihung der Staatsangehörigkeit eines Mitgliedstaats ist daher ebenso wie ihre Zuständigkeit im Bereich der Festlegung der Voraussetzungen für den Verlust der Staatsangehörigkeit nicht unbegrenzt. Die Unionsbürgerschaft beruht nämlich auf den in Art. 2 EUV aufgeführten gemeinsamen Werten und auf dem gegenseitigen Vertrauen der Mitgliedstaaten darauf, dass keiner von ihnen diese Zuständigkeit in einer Weise ausübt, die offensichtlich mit dem Wesen der Unionsbürgerschaft unvereinbar wäre.

[96] Insoweit ergibt sich aus einer gefestigten Rechtsprechung des Gerichtshofs, dass dem Staatsangehörigkeitsband eines Mitgliedstaats

das zwischen ihm und seinen Staatsbürgern bestehende besondere Verbundenheits- und Loyalitätsverhältnis sowie die Gegenseitigkeit von Rechten und Pflichten zugrunde liegen (vgl. in diesem Sinne Urteile vom 17. Dezember 1980, Kommission/Belgien, 149/79, EU:C:1980:297, Rn. 10, vom 3. Juli 1986, Lawrie-Blum, 66/85, EU:C:1986:284, Rn. 27, vom 26. April 2007, Alevizos, C-392/05, EU:C:2007:251, Rn. 70, vom 2. März 2010, Rottmann, C-135/08, EU:C:2010:104, Rn. 51, und vom 25. April 2024, Stadt Duisburg [Verlust der deutschen Staatsangehörigkeit], C-684/22 bis C-686/22, EU:C:2024:345, Rn. 37).

[97] Im gleichen Sinne ergibt sich schon aus dem Wortlaut von Art. 20 Abs. 2 Satz 1 AEUV, dass die Unionsbürgerinnen und Unionsbürger die in den Verträgen vorgesehenen Rechte und Pflichten haben. Nach Art. 20 Abs. 1 bildet das zwischen den einzelnen Mitgliedstaaten und ihren Staatsangehörigen bestehende besondere Verbundenheits- und Loyalitätsverhältnis auch die Grundlage für die nach den Verträgen den Unionsbürgern vorbehaltenen Rechte und Pflichten.

[98] Zur Entstehung eines solchen besonderen Verbundenheits- und Loyalitätsverhältnisses ergibt sich aus der oben in Rn. 81 angeführten Rechtsprechung, dass die Festlegung der Voraussetzungen für die Verleihung der Staatsangehörigkeit eines Mitgliedstaats nicht in die Zuständigkeit der Union fällt, sondern in die der einzelnen Mitgliedstaaten, die bei der Wahl der anzuwendenden Kriterien über ein weites Ermessen verfügen, sofern diese Kriterien unter Beachtung des Unionsrechts angewandt werden.

[99] Ein Mitgliedstaat missachtet aber in offenkundiger Weise das Erfordernis eines solchen, durch die Gegenseitigkeit von Rechten und Pflichten zwischen dem Mitgliedstaat und seinen Staatsangehörigen gekennzeichneten besonderen Verbundenheits- und Loyalitätsverhältnisses und bricht damit unter Verstoß gegen Art. 20 AEUV und den in Art. 4 Abs. 3 EUV verankerten Grundsatz der loyalen Zusammenarbeit das gegenseitige Vertrauen, auf dem die Unionsbürgerschaft beruht, wenn er ein Einbürgerungsprogramm einführt und umsetzt, das auf einem Verfahren mit transaktionalem Charakter zwischen ihm und Personen, die einen Antrag im Rahmen dieses Programms stellen, beruht, an dessen Ende die Staatsangehörigkeit dieses Mitgliedstaats und damit die Unionsbürgerschaft im Wesentlichen als Gegenleistung für im Voraus festgelegte Zahlungen oder Investitionen verliehen wird.

[100] Ein solches Programm kommt nämlich einer Vermarktung der Verleihung des Staatsangehörigenstatus eines Mitgliedstaats und damit

auch des Unionsbürgerstatus gleich, die mit der Leitidee dieses grundlegenden Status, wie sie sich aus den Verträgen ergibt, unvereinbar ist.

(…)

[103] Somit sind erstens die ersten drei in den Bestimmungen über das Staatsbürgerschaftsprogramm für Investoren von 2020 aufgestellten Voraussetzungen Anhaltspunkte dafür, dass Zahlungen oder Investitionen in einer im Voraus festgelegten Mindesthöhe im Rahmen dieses Programms von entscheidender Bedeutung sind, was darauf hindeutet, dass es einer Vermarktung der Verleihung der Staatsangehörigkeit eines Mitgliedstaats am Ende eines Verfahrens mit transaktionalem Charakter gleichkommt.

[104] Gleichwohl ist zu prüfen, ob diese Einstufung durch die übrigen Voraussetzungen in Frage gestellt werden kann, von denen die Verleihung der maltesischen Staatsangehörigkeit nach dem Staatsbürgerschaftsprogramm für Investoren von 2020 abhängt.

(…)

[108] Unter diesen Umständen kann angesichts dessen, dass im Rahmen des Staatsbürgerschaftsprogramms für Investoren von 2020 nur eine sehr begrenzte Anwesenheit im maltesischen Hoheitsgebiet verlangt wird, nicht davon ausgegangen werden, dass die Republik Malta den tatsächlichen Aufenthalt in ihrem Hoheitsgebiet als wesentliches Kriterium für die Verleihung ihrer Staatsangehörigkeit im Rahmen dieses Programms – neben dem oben in Rn. 103 angesprochenen Kriterium der im Voraus festgelegten Zahlungen oder Investitionen – betrachtete.

(…)

[115] Die Republik Malta macht ferner geltend, das Staatsbürgerschaftsprogramm für Investoren von 2020 trage bestimmten, eine Bindung der Antragsteller zum Ausdruck bringenden Faktoren Rechnung, etwa Investitionen in die lokale Wirtschaft, ihrer Integration in das soziale Gefüge durch ihre Investitionen oder auch künftige Verbindungen zwischen ihnen und der Republik Malta, die sich nach der Verleihung der Staatsangehörigkeit entwickeln könnten.

[116] Insoweit enthalten zum einen die dem Gerichtshof vorgelegten Akten keinen Anhaltspunkt dafür, dass das Staatsbürgerschaftsprogramm für Investoren von 2020 eine spezifische und konkrete Prüfung der Relevanz bestimmter Investitionen vorsieht, mit der festgestellt werden soll, ob es Verbindungen zwischen einem Antragsteller und der Republik Malta gibt und welche Intensität sie haben, oder mit der die Entwicklung solcher Verbindungen zu diesem Mitgliedstaat ermöglicht werden soll, und die sich von der Prüfung unterscheidet, ob die in den

Bestimmungen über dieses Programm vorgesehenen, oben in Rn. 102 genannten Voraussetzungen erfüllt sind.

Rs. C-34/09 (Zambrano), Urteil des Gerichtshofs vom 08.03.2011. 134

Vorbemerkungen: *Mit diesem Urteil stellt der Gerichtshof in Fortschreibung der Rs. Rottmann (Fall 132) erstmals ausdrücklich fest, dass die Unionsbürgerschaft selbst subjektive Rechte vermittelt. Als grundlegender Status der Staatsangehörigen der Mitgliedstaaten steht die Unionsbürgerschaft Maßnahmen entgegen, die bewirken, dass den Unionsbürgern der tatsächliche Genuss des Kernbestands der Rechte, die ihnen der Unionsbürgerstatus verleiht, verwehrt wird (Rn. 42). Einen solchen „Kernbestandsverstoß" bejahte der EuGH hier im Hinblick auf die Situation minderjähriger Unionsbürger, deren drittstaatsangehörigem Vater das Aufenthaltsrecht und die Arbeitserlaubnis vonseiten des Heimatstaates der Kinder verweigert wurde. Nach Ansicht des Gerichtshofs hätte dies nämlich tatsächlich zur Folge, dass die unionsangehörigen Kinder zusammen mit ihren nicht aufenthalts- und arbeitsberechtigten drittstaatsangehörigen Eltern das Gebiet der EU hätten verlassen müssen und ihre Unionsbürgerrechte de facto nicht in Anspruch nehmen können. Im Ergebnis folgte daraus für den klagenden Vater ein in der Unionsbürgerschaft seiner Kinder begründeter (abgeleiteter) Anspruch auf Vollintegration in deren EU-Heimatstaat. Mit diesem Ansatz erweiterte der EuGH den Rechtsschutz für Sachverhalte, in denen – wie hier – mangels (tatsächlicher oder beabsichtigter) Ausübung der Unionsbürgerrechte ein grenzüberschreitender Sachverhalt nicht vorliegt. Gleichwohl ist das Urteil dahingehend zu verstehen, dass es sich dabei nicht um eine rein innerstaatliche Konstellation handelt, auf die nach bisheriger Rechtsprechung die Anwendung des Unionsrechts ausgeschlossen ist. Es ist der Kernbestandsverstoß und die damit einhergehende Entwertung des Unionsbürgerstatus, die in diesem Fall einen unionsrechtlichen Bezug begründen, der die Anwendung des Unionsrechts in Gestalt des (subjektivrechtlich aufgeladenen) Unionsbürgerstatus rechtfertigt. Für das Verhältnis von Unionsbürgerrechten und insbesondere Art. 21 Abs. 1 AEUV einerseits und der Unionsbürgerschaft andererseits folgt hieraus, dass erstere die ungehinderte Wahrnehmung der in ihnen verankerten Rechtspositionen schützen, während letztere (Status-)Beeinträchtigungen nur außerhalb dieses Bereichs erfasst. Derartige Eingriffe können zudem – anders als in Fällen der*

Unionsbürgerrechte, die sowohl gegen den Aufnahme- als auch den Heimatstaat des Unionsbürgers schützen – nur vom letztgenannten ausgehen. Denn nur der Heimatstaat hat aufgrund der Akzessorietät von Staatsangehörigkeit und Unionsbürgerschaft nach Art. 20 Abs. 1 S. 2 AEUV Zugriff auf den Unionsbürgerstatus. Diese Rechtsprechung führt somit zu einer weiteren Einschränkung der mitgliedstaatlichen Regelungsautonomie. Allerdings ist zu beachten, dass an einen Kernbestandsverstoß hohe Anforderungen gestellt werden. ***B:*** *S. Baier, NLMR 2011, 115 f.; R. Streinz, JuS 2011, 946 ff.* ***L:*** *Rn. 725.*

Sachverhalt: Der kolumbianische Staatsangehörige Zambrano beantragte mit seiner Familie 1999 in Belgien erfolglos Asyl. Die anschließend erfolgende Ausweisungsverfügung wurde jedoch ausgesetzt. 2001 nahm Herr Zambrano eine sozialversicherungspflichtige Beschäftigung auf und sorgte so für das Familieneinkommen. In den Jahren 2003 und 2005 kamen das zweite und dritte Kind der Zambranos in Belgien zur Welt. Beide erhielten nach belgischem Recht die belgische Staatsangehörigkeit, da das kolumbianische Recht Kindern, die außerhalb des kolumbianischen Hoheitsgebiets geboren werden, die kolumbianische Staatsangehörigkeit nicht zuerkennt, sofern ihre Eltern – wie hier geschehen – dies nicht ausdrücklich beantragen. 2005 wurde Herr Zambrano arbeitslos, das Arbeitslosengeld wurde ihm jedoch verweigert, da er die erreichten Versicherungszeiten nicht im Einklang mit den ausländerrechtlichen Vorschriften erworben hatte. Das hiermit befasste belgische Ausgangsgericht wandte sich an den EuGH.

Aus den Entscheidungsgründen:

[36] Mit seinen Fragen, die zusammen zu prüfen sind, möchte das vorlegende Gericht wissen, ob die Bestimmungen des AEU-Vertrags über die Unionsbürgerschaft dahin auszulegen sind, dass sie dem Verwandten in aufsteigender gerader Linie, der Staatsangehöriger eines Drittstaats ist und seinen minderjährigen Kindern, die Unionsbürger sind, Unterhalt gewährt, ein Aufenthaltsrecht in dem Mitgliedstaat gewähren, dessen Staatsangehörigkeit die Kinder haben und in dem sie wohnen, und ihn von der Verpflichtung zum Besitz einer Arbeitserlaubnis in diesem Mitgliedstaat befreien.

[37] Alle Regierungen, die Erklärungen beim Gerichtshof eingereicht haben, und die Europäische Kommission machen geltend, dass eine Situation wie die des zweiten und des dritten Kindes von Herrn Ruiz Zambrano nicht unter die vom Unionsrecht gewährleistete Freizügigkeit und Aufenthaltsfreiheit falle, da sie in dem Mitgliedstaat

wohnten, dessen Staatsangehörigkeit sie besäßen, und ihn niemals verlassen hätten. Deshalb seien die vom vorlegenden Gericht genannten Bestimmungen des Unionsrechts im Ausgangsverfahren nicht anwendbar.

[38] Herr Ruiz Zambrano hält dem entgegen, dass die Geltendmachung der Bestimmungen über die Unionsbürgerschaft durch seine Kinder Diego und Jessica nicht voraussetze, dass die Kinder sich aus dem fraglichen Mitgliedstaat herausbegeben hätten, und dass er selbst als Familienangehöriger ein Aufenthaltsrecht und eine Befreiung von dem Erfordernis einer Arbeitserlaubnis in diesem Mitgliedstaat beanspruchen könne.

[39] Vorab ist festzustellen, dass die Richtlinie 2004/38 gemäß Abs. 1 ihres Art. 3 („Berechtigte“) für jeden Unionsbürger gilt, „der sich in einen anderen als den Mitgliedstaat, dessen Staatsangehörigkeit er besitzt, begibt oder sich dort aufhält, sowie für seine Familienangehörigen“. Daher gilt diese Richtlinie nicht in einem Fall, wie er dem Ausgangsverfahren zugrunde liegt.

[40] Art. 20 AEUV verleiht jeder Person, die die Staatsangehörigkeit eines Mitgliedstaats besitzt, den Status eines Unionsbürgers (vgl. insbesondere Urteile vom 11. Juli 2002, D'Hoop, C-224/98, Slg. 2002, I-6191, Randnr. 27, und vom 2. Oktober 2003, Garcia Avello, C-148/02, Slg. 2003, I-11613, Randnr. 21). Da das zweite und das dritte Kind von Herrn Ruiz Zambrano die belgische Staatsangehörigkeit besitzen und die Bedingungen für den Erwerb derselben der Zuständigkeit des fraglichen Mitgliedstaats unterliegen (vgl. in diesem Sinne insbesondere Urteil vom 2. März 2010, Rottmann, C-135/08, I-0000, Randnr. 39), genießen das zweite und das dritte Kind von Herrn Ruiz Zambrano eindeutig diesen Status (vgl. in diesem Sinne Urteile Garcia Avello, Randnr. 21, sowie Zhu und Chen, Randnr. 20).

[41] Wie der Gerichtshof mehrfach hervorgehoben hat, ist der Unionsbürgerstatus dazu bestimmt, der grundlegende Status der Angehörigen der Mitgliedstaaten zu sein (vgl. insbesondere Urteile vom 20. September 2001, Grzelczyk, C-184/99, Slg. 2001, I-6193, Randnr. 31, vom 17. September 2002, Baumbast und R, C-413/99, Slg. 2002, I-7091, Randnr. 82, Garcia Avello, Randnr. 22, Zhu und Chen, Randnr. 25, sowie Rottmann, Randnr. 43).

[42] Unter diesen Umständen steht Art. 20 AEUV nationalen Maßnahmen entgegen, die bewirken, dass den Unionsbürgern der tatsächliche Genuss des Kernbestands der Rechte, die ihnen der Unionsbürgerstatus verleiht, verwehrt wird (vgl. in diesem Sinne Urteil Rottmann, Randnr. 42).

[43] Eine derartige Auswirkung liegt vor, wenn einer einem Drittstaat angehörenden Person in dem Mitgliedstaat des Wohnsitzes ihrer minderjährigen Kinder, die diesem Mitgliedstaat angehören und denen sie Unterhalt gewährt, der Aufenthalt und eine Arbeitserlaubnis verweigert werden.

[44] Eine solche Aufenthaltsverweigerung hat nämlich zur Folge, dass sich die genannten Kinder – Unionsbürger – gezwungen sehen, das Gebiet der Union zu verlassen, um ihre Eltern zu begleiten. Ebenso besteht die Gefahr, dass eine solche Person, wenn ihr keine Arbeitserlaubnis erteilt wird, nicht über die für ihren Unterhalt und den ihrer Angehörigen erforderlichen Mittel verfügt, was ebenfalls zur Folge hätte, dass sich ihre Kinder – Unionsbürger – gezwungen sähen, das Hoheitsgebiet der Union zu verlassen. Unter derartigen Umständen wäre es den genannten Unionsbürgern de facto unmöglich, den Kernbestand der Rechte, die ihnen der Unionsbürgerstatus verleiht, in Anspruch zu nehmen.

[45] Somit ist auf die Vorlagefragen zu antworten, dass Art. 20 AEUV dahin auszulegen ist, dass er es einem Mitgliedstaat verwehrt, einem Drittstaatsangehörigen, der seinen minderjährigen Kindern, die Unionsbürger sind, Unterhalt gewährt, zum einen den Aufenthalt im Wohnsitzmitgliedstaat der Kinder, dessen Staatsangehörigkeit sie besitzen, zu verweigern und ihm zum anderen eine Arbeitserlaubnis zu verweigern, da derartige Entscheidungen diesen Kindern den tatsächlichen Genuss des Kernbestands der Rechte, die ihnen der Unionsbürgerstatus verleiht, verwehren würde.

135 Verb. Rs. C-684/22 bis C-686/22 (Stadt Duisburg u. a.), Urteil des Gerichtshofs vom 25.04.2024.

Vorbemerkungen: *In den vorliegenden Rechtssachen ging es jeweils um die Frage, inwieweit das Unionsrecht einer nationalen Regelung entgegensteht, die mit dem Erwerb einer Drittstaatsangehörigkeit den automatischen Verlust einer zuvor bestehenden mitgliedstaatlichen Staatsangehörigkeit und damit zwangsläufig auch der Unionsbürgerschaft vorsieht, wie es in Deutschland nach § 25 StAG der Fall war. Der EuGH stellte klar, dass die Verhinderung der Mehrstaatigkeit zwar ein grds. legitimes Ziel darstellt, das von den Mitgliedstaaten daher verfolgt werden darf. Angesichts der Bedeutung einer mitgliedstaatlichen Staatsangehörigkeit für den Unionbürgerstatus bedürfe es aber grds. der Möglichkeit, die möglichen Härten eines Staatsangehörigkeitsver-*

lustes im Einzelfall nachzuprüfen, um so gegebenenfalls die Beibehaltung oder die rückwirkende Wiedererlangung der Staatsangehörigkeit zu ermöglichen. Zwar bestand nach nationalem Recht die Möglichkeit für die betreffende Person, vor Erwerb der Drittstaatsangehörigkeit eine Beibehaltungsgenehmigung zu beantragen. Außerhalb eines solchen Verfahrens fand eine Einzelfallprüfung aber nicht statt. Ein solch vorgelagertes Verfahren der Einzelfallprüfung ist nach Ansicht des EuGH zwar im Grundsatz zulässig. Sichergestellt werden muss dann aber, dass die betreffende Person in ausreichender Form über diese nationalen Verfahrensregelungen informiert wurde. ***B:*** *B. Hubert, NVwZ 2024, 1080ff.; F. Würkert, EuR 2024, 602ff.;* ***L:*** *Rn. 724.*

Sachverhalt: S. Ö., der 1966 in der Türkei geboren wurde, reiste im Jahr 1990 in das deutsche Bundesgebiet ein. Er war verheiratet und Vater von drei Kindern. Am 10. Mai 1999 erwarb er die deutsche Staatsangehörigkeit durch Einbürgerung, am 13. September 1999 wurde er aus der türkischen Staatsangehörigkeit entlassen. Am 25. Mai 2018 gab S. Ö. im Rahmen der Beantragung eines Reiseausweises für seinen Sohn an, erneut die türkische Staatsangehörigkeit erworben zu haben. Nachdem die deutschen Behörden ernsthafte Zweifel daran geäußert hatten, dass sein Sohn die deutsche Staatsangehörigkeit besitze, beantragte S. Ö. am 25. April 2019 bei der örtlich zuständigen Einbürgerungsbehörde die Ausstellung eines Staatsangehörigkeitsausweises, um den Fortbestand seiner deutschen Staatsangehörigkeit nachweisen zu können. Mit Ordnungsverfügung vom 13. September 2019 stellte die Stadt Duisburg gemäß § 30 Abs. 1 StAG fest, dass S. Ö. nicht mehr die deutsche Staatsangehörigkeit besitze. Nach Ansicht der Stadt Duisburg erfolgte der Wiedererwerb der türkischen Staatsangehörigkeit nach dem 1. Januar 2000 und führte nach § 17 Abs. 1 Nr. 2 und § 25 Abs. 1 Satz 1 StAG zu einem automatischen Verlust der deutschen Staatsangehörigkeit. Eine Beibehaltungsgenehmigung hatte S. Ö. nicht beantragt, auch im Übrigen fand keine weitere Einzelfallprüfung statt. Die beiden verbundenen Rechtssachen betrafen ähnlich gelagerte Fälle.

Aus den Entscheidungsgründen:

[39] Im vorliegenden Fall verlieren deutsche Staatsangehörige gemäß § 25 Abs. 1 StAG ihre Staatsangehörigkeit, wenn sie freiwillig die Staatsangehörigkeit bestimmter Drittstaaten erwerben. Diese Bestimmung stellt außerdem klar, dass der Verlust der deutschen Staatsangehörigkeit nicht eintritt, wenn ein deutscher Staatsangehöriger u. a. die Staatsangehörigkeit eines anderen Mitgliedstaats erwirbt. Wie die deutsche Regierung ausgeführt hat, soll diese Bestimmung im Wesentlichen der Mehrstaatigkeit vorbeugen.

[40] Die grundsätzliche Legitimität dieses Ziels wird bestätigt in Art. 7 Abs. 1 Buchst. a des Europäischen Übereinkommens über die Staatsangehörigkeit, wonach ein Vertragsstaat in seinem innerstaatlichen Recht nicht den Verlust der Staatsangehörigkeit kraft Gesetzes oder auf seine Veranlassung vorsehen darf, außer u. a. im Fall des freiwilligen Erwerbs einer anderen Staatsangehörigkeit, sowie in Art. 15 Buchst. b dieses Übereinkommens, wonach die Bestimmungen dieses Übereinkommens nicht das Recht eines Vertragsstaats beschränken, in seinem innerstaatlichen Recht zu bestimmen, ob der Erwerb oder die Beibehaltung seiner Staatsangehörigkeit von der Aufgabe oder dem Verlust einer anderen Staatsangehörigkeit abhängt (vgl. in diesem Sinne Urteil vom 18. Januar 2022, Wiener Landesregierung [Widerruf einer Einbürgerungszusicherung], C-118/20, EU:C:2022:34, Rn. 55).

[41] Daher verbietet es das Unionsrecht grundsätzlich nicht, dass ein Mitgliedstaat in Situationen wie den von § 25 Abs. 1 StAG erfassten aus Gründen des Allgemeininteresses den Verlust der Staatsangehörigkeit kraft Gesetzes vorsieht, sobald seine Staatsangehörigen freiwillig die Staatsangehörigkeit eines Drittstaats erwerben, auch wenn dieser Verlust für die betroffenen Personen den Verlust ihres Unionsbürgerstatus nach sich zieht.

[42] Gleichwohl ist es in Anbetracht der Bedeutung, die das Primärrecht der Union dem Unionsbürgerstatus beimisst, der, wie in Rn. 34 des vorliegenden Urteils ausgeführt, der grundlegende Status der Angehörigen der Mitgliedstaaten ist, Sache der zuständigen nationalen Behörden und der nationalen Gerichte, zu prüfen, ob mit dem Verlust der Staatsangehörigkeit des betreffenden Mitgliedstaats, wenn er zum Verlust des Unionsbürgerstatus und der damit verbundenen Rechte führt, hinsichtlich seiner Auswirkungen auf die unionsrechtliche Stellung der betroffenen Person und gegebenenfalls der ihrer Familienangehörigen der Grundsatz der Verhältnismäßigkeit gewahrt wird (Urteile vom 2. März 2010, Rottmann, C-135/08, EU:C:2010:104, Rn. 55 und 56, sowie vom 5. September 2023, Udlændinge- og Integrationsministeriet [Verlust der dänischen Staatsangehörigkeit], C-689/21, EU:C:2023:626, Rn. 38).

[43] Der Gerichtshof hat entschieden, dass der Verlust der Staatsangehörigkeit eines Mitgliedstaats kraft Gesetzes gegen den Grundsatz der Verhältnismäßigkeit verstieße, wenn die relevanten innerstaatlichen Rechtsvorschriften zu keinem Zeitpunkt eine Einzelfallprüfung der Folgen dieses Verlusts für die Situation der Betroffenen aus unionsrechtlicher Sicht erlaubten (Urteile vom 12. März 2019, Tjebbes u. a., C-221/17, EU:C:2019:189, Rn. 41, und vom 5. September 2023, Ud-

lændinge- og Integrationsministeriet [Verlust der dänischen Staatsangehörigkeit], C-689/21, EU:C:2023:626, Rn. 39).

(...)

[46] Wie der Generalanwalt in Nr. 58 seiner Schlussanträge im Wesentlichen ausgeführt hat, verwehrt es das Unionsrecht einem Mitgliedstaat grundsätzlich nicht, vorzusehen, dass die Einzelfallprüfung der Folgen, die der Verlust der Staatsangehörigkeit eines Mitgliedstaats für die betroffenen Personen im Hinblick auf das Unionsrecht mit sich bringt, im Hinblick auf den Grundsatz der Verhältnismäßigkeit im speziellen Rahmen eines Vorabgenehmigungsverfahrens, wie es in § 25 Abs. 2 StAG vorgesehen ist, durchgeführt wird.

[47] Um die Wahrung der den Unionsbürgern aus Art. 20 AEUV erwachsenden Rechte zu gewährleisten, muss es dieses Verfahren allerdings wirksam ermöglichen, dass diese Einzelfallprüfung der Verhältnismäßigkeit im Einklang mit den Anforderungen dieses Artikels in seiner Auslegung durch den Gerichtshof erfolgt.

(...)

[55] Es ist zu betonen, dass im Fall eines deutschen Staatsangehörigen, der nicht die Staatsangehörigkeit eines anderen Mitgliedstaats besitzt und freiwillig die Staatsangehörigkeit eines Drittstaats erworben hat, es aber zuvor versäumt hat, das Verfahren nach § 25 Abs. 2 StAG einzuhalten, um die Genehmigung für die Beibehaltung der deutschen Staatsangehörigkeit zu beantragen und zu erhalten, die Annahme legitim ist, dass er zum Zeitpunkt dieses Erwerbs seinen Willen, nicht mehr Unionsbürger zu sein, gezeigt hat.

[56] Der Gerichtshof hat allerdings entschieden, dass in Anbetracht der schwerwiegenden Folgen, die sich aus dem Verlust der Staatsangehörigkeit eines Mitgliedstaats, mit dem der Verlust des Unionsbürgerstatus verbunden ist, für die wirksame Ausübung der dem Unionsbürger nach Art. 20 AEUV zustehenden Rechte ergeben, nicht davon ausgegangen werden kann, dass nationale Vorschriften oder Praktiken, die bewirken können, dass die dem Verlust der Staatsangehörigkeit ausgesetzte Person daran gehindert wird, zu beantragen, dass die Verhältnismäßigkeit der Folgen dieses Verlusts aus unionsrechtlicher Sicht geprüft wird, und zwar deshalb, weil die Frist für die Beantragung dieser Prüfung abgelaufen ist, mit dem Grundsatz der Effektivität im Einklang stehen, wenn diese Person nicht ordnungsgemäß über das Recht, eine solche Prüfung zu beantragen, und die für die Stellung des Antrags geltende Frist unterrichtet wurde (Urteil vom 5. September 2023, Udlændinge- og Integrationsministeriet [Verlust der dänischen Staatsangehörigkeit], C-689/21, EU:C:2023:626, Rn. 48).

[57] Es ist daher Sache des vorlegenden Gerichts, festzustellen, ob die Kläger der Ausgangsverfahren ordnungsgemäß über das seit dem 1. Januar 2000 geltende Verfahren nach § 25 StAG, das nach Ansicht dieses Gerichts auf sie anwendbar ist, unterrichtet wurden. Dabei wird das vorlegende Gericht zum einen zu berücksichtigen haben, dass diese Personen vor diesem Zeitpunkt auf ihre türkische Staatsangehörigkeit verzichten mussten, um die deutsche Staatsangehörigkeit zu erwerben, was vermuten lässt, dass sie nicht nur über die vor diesem Zeitpunkt auf sie anwendbare deutsche Regelung informiert waren, sondern zumindest auch darüber, dass diese Regelung die Mehrstaatigkeit verhindern soll und insbesondere grundsätzlich keine Kumulierung der deutschen Staatsangehörigkeit mit der eines Drittstaats erlaubt.

F. Unionsrechtliche Grundrechte

I. Die Bindung der Unionsorgane an die Unionsgrundrechte

Verb. Rs. C-8/15 bis C-10/15 P (Ledra Advertising), Urteil des Gerichtshofs vom 20.09.2016. 136

Vorbemerkungen: *Durch den Vertrag von Lissabon erlangte die Europäische Grundrechtecharta rechtliche Verbindlichkeit (Art. 6 Abs. 1 UAbs. 1 EUV). Ohne Zweifel findet die Grundrechte-Charta laut Art. 51 Abs. 1 S. 1 GRCh seither Anwendung auf sämtliche Handlungen der Organe, Einrichtungen und sonstigen Stellen der Union. Durch Art. 136 Abs. 3 AEUV wurde der Europäische Stabilitätsmechanismus (ESM) zur Wahrung der Finanzstabilität des Euro-Währungsgebietes eingerichtet. Der ESM wurde als internationale Organisation gegründet um überschuldeten Mitgliedstaaten der Eurozone unter Auflagen gestellte Finanzhilfen zur Verfügung zu stellen. Mit der Finanzhilfe einhergehend werden auch Austeritätsmaßnahmen (häufig in einem Memorandum of Understanding, MoU, niedergelegt) für die überschuldeten Staaten getroffen, die zu Grundrechtseingriffen führen konnten. In der vorliegenden Entscheidung führten die Umstrukturierungsmaßnahmen der Banken zu einer erheblichen Minderung des Wertes der Depots bei den Banken. Die Rechtsmittelführer machten u. a. einen Verstoß gegen Art. 17 Abs. 1 GRCh geltend und verlangten Schadensersatz. Allerdings hatte der EuGH in der Pringle-Entscheidung (Rs. C-370/12) Maßnahmen die im Rahmen des ESM ergingen aus dem Anwendungsbereich der Grundrechte-Charta herausgenommen. Der EuGH argumentierte, dass die der Kommission und der EZB übertragenen Funktionen keine Entscheidungsbefugnis umfassen. Die Tätigkeiten dieser beiden Organe im Rahmen des ESM-Vertrages verpflichteten nur den ESM. In dieser Entscheidung stellte der EuGH erstmals die unionsrechtliche Kontrolle von ESM-Maßnahmen fest. Hierfür bediente er sich der Hüterfunktion der Kommission aus Art. 17 Abs. 1 EUV und führte aus, dass die Kommission die Vereinbarkeit des MoU mit dem Unionsrecht zu überwachen habe. Damit wurden ESM-Maßnahmen auf ihre Vereinbarkeit mit der Grundrechte-Charta geprüft, wodurch sich der Anwendungsbereich der Grundrechte-Charta ausweitete.* ***B:*** *J. Gundel, NJW 2016, 3294 f.; M. Ruffert, JuS 2017, 179 ff.*

Sachverhalt: Anfang 2012 gerieten einige zyprische Banken in finanzielle Schwierigkeiten. Daraufhin beantragte Zypern bei der Euro-Gruppe finanzielle Unterstützung. Die Euro-Gruppe erklärte, die Finanzhilfe werde im Rahmen eines makroökonomischen Anpassungsprogramms, welches in einem MoU konkretisiert wurde, gewährt. Das MoU wurde von der Kommission, der EZB, dem IWF und Zypern ausgehandelt und von der Kommission für den ESM und Zypern im April 2013 unterschrieben. Hierbei wurde eine Umstrukturierung der Banken vereinbart. Die Durchführung der Umstrukturierungsmaßnahmen führte zu einer erheblichen Minderung des Wertes der Depots bei den Banken. Die Depotinhaber verlangten vor dem EuG Schadensersatz von der Kommission und der EZB in Höhe der jeweiligen Wertminderung, außerdem beantragten sie die Umstrukturierungspassagen des MoU für nichtig zu erklären. Das Gericht folgte der Argumentation aus der Pringle-Rechtsprechung (Rs. C-370/12) und erklärte die Klagen für teilweise unzulässig und teilweise offensichtlich unbegründet. Daraufhin legten die Kläger Rechtsmittel beim EuGH ein.

Aus den Entscheidungsgründen:

[52] Hierzu ist festzustellen, dass, wie sich aus der Erklärung der Euro-Gruppe vom 27. Juni 2012 ergibt, die Kommission und die EZB damit beauftragt wurden, mit den zyprischen Behörden ein makroökonomisches Anpassungsprogramm auszuhandeln, das sich in einem MoU konkretisieren sollte. Mit der Teilnahme an den Verhandlungen mit den zyprischen Behörden, der Einbringung ihres technischen Fachwissens, der Beratung und Begleitung handelten die Kommission und die EZB in den Grenzen ihrer Befugnisse nach Art. 13 Abs. 3 des ESM-Vertrags. Eine Beteiligung der Kommission und der EZB – wie in dieser Bestimmung vorgesehen – an dem Verfahren, das zur Unterzeichnung des MoU vom 26. April 2013 geführt hat, erlaubt es jedoch nicht, dieses MoU als eine Handlung einzustufen, die ihnen zurechenbar ist.

[53] Wie nämlich der Gerichtshof in Rn. 161 des Urteils vom 27. November 2012, Pringle (C-370/12, EU:C:2012:756), entschieden hat, umfassen die der Kommission und der EZB im Rahmen des ESM-Vertrags übertragenen Funktionen, so bedeutsam sie auch sind, keine Entscheidungsbefugnis im eigentlichen Sinne. Überdies verpflichten die Tätigkeiten dieser beiden Organe im Rahmen des ESM-Vertrags nur den ESM.

[54] Ferner lässt, wie der Generalanwalt in Nr. 53 seiner Schlussanträge ausgeführt hat, der Umstand, dass ein oder mehrere Organe der Union im Rahmen des ESM eine bestimmte Rolle spielen können,

gleichwohl die Natur des Handelns des ESM, das außerhalb der Unionsrechtsordnung steht, unberührt.

[55] Diese Feststellung kann sich zwar auf die Zulässigkeitsvoraussetzungen einer Nichtigkeitsklage, die auf der Grundlage von Art. 263 AEUV erhoben werden kann, auswirken, sie schließt es jedoch nicht aus, dass der Kommission und der EZB im Rahmen einer Schadensersatzklage nach Art. 268 und Art. 340 Abs. 2 und 3 AEUV rechtswidrige Verhaltensweisen im Zusammenhang mit der Annahme eines MoU im Namen des ESM zur Last gelegt werden.

[56] Insoweit ist darauf hinzuweisen, dass die der Kommission und der EZB im Rahmen des ESM übertragenen Aufgaben ihre Befugnisse aufgrund des EU-Vertrags und des AEU-Vertrags nicht verfälschen (Urteil vom 27. November 2012, Pringle, C-370/12, EU:C:2012:756, Rn. 162).

[57] Was insbesondere die Kommission betrifft, so geht aus Art. 17 Abs. 1 EUV hervor, dass sie „die allgemeinen Interessen der Union [fördert]" und „die Anwendung des Unionsrechts [überwacht]" (Urteil vom 27. November 2012, Pringle, C-370/12, EU:C:2012:756, Rn. 163).

[58] Zudem erlegen ihr die durch den ESM-Vertrag übertragenen Aufgaben, wie in dessen Art. 13 Abs. 3 und 4 vorgesehen, die Verpflichtung auf, über die Vereinbarkeit der vom ESM geschlossenen MoU mit dem Unionsrecht zu wachen (vgl. in diesem Sinne Urteil vom 27. November 2012, Pringle, C-370/12, EU:C:2012:756, Rn. 164).

[59] Demnach behält die Kommission, wie sie selbst in Beantwortung einer in der mündlichen Verhandlung gestellten Frage eingeräumt hat, im Rahmen des ESM-Vertrags ihre Rolle als Hüterin der Verträge, wie sie sich aus Art. 17 Abs. 1 EUV ergibt, so dass sie davon Abstand nehmen müsste, ein MoU zu unterzeichnen, dessen Vereinbarkeit mit dem Unionsrecht sie bezweifelt.

[60] Daraus folgt, dass dem Gericht bei der Auslegung und Anwendung von Art. 268 und Art. 340 Abs. 2 und 3 AEUV ein Rechtsfehler unterlaufen ist, als es in den Rn. 46 und 47 der angefochtenen Beschlüsse auf der Grundlage der bloßen Feststellung, dass die Annahme der streitigen Punkte formal weder der Kommission noch der EZB zurechenbar sei, entschieden hat, dass es nicht befugt sei, eine auf die Rechtswidrigkeit dieser Punkte gestützte Schadensersatzklage zu prüfen.

(...)

[67] Ferner ist darauf hinzuweisen, dass zwar die Mitgliedstaaten im Rahmen des ESM-Vertrags nicht das Recht der Union durchführen, so dass die Charta in diesem Rahmen nicht für sie gilt (vgl. in diesem Sinne

Urteil vom 27. November 2012, Pringle, C-370/12, EU:C:2012:756, Rn. 178 bis 181), dass die Charta jedoch, wie der Generalanwalt in Nr. 85 seiner Schlussanträge ausgeführt hat, für die Organe der Union auch dann gilt, wenn sie außerhalb des unionsrechtlichen Rahmens handeln. Im Übrigen muss die Kommission im Rahmen der Annahme eines MoU wie desjenigen vom 26. April 2013 sowohl nach Art. 17 Abs. 1 EUV, der ihr die allgemeine Aufgabe überträgt, die Anwendung des Unionsrechts zu überwachen, als auch nach Art. 13 Abs. 3 und 4 des ESM-Vertrags, der ihr aufgibt, über die Vereinbarkeit der vom ESM geschlossenen MoU mit dem Unionsrecht zu wachen (vgl. in diesem Sinne Urteil vom 27. November 2012, Pringle, C-370/12, EU:C:2012:756, Rn. 163 und 164), sicherstellen, dass ein solches MoU mit den in der Charta verbürgten Grundrechten vereinbar ist.

[68] Folglich ist zu prüfen, ob die Kommission im Rahmen der Annahme des MoU vom 26. April 2013 zu einem hinreichend qualifizierten Verstoß gegen das Eigentumsrecht der Rechtsmittelführer im Sinne von Art. 17 Abs. 1 der Charta beigetragen hat.

137 Verb. Rs. C-293/12 und C-594/12 (Digital Rights Ireland u. a.; „Vorratsdatenspeicherung"), Urteil des Gerichtshofs vom 08.04.2014.

Vorbemerkungen: *Bei der vorliegenden Entscheidung handelte es sich um einen der bisher seltenen Fälle (vgl. aber auch verb. Rs. C-92/09 und C-93/09, Schecke und Eifert), in denen der EuGH einen Sekundärrechtsakt nach einer intensiven Grundrechtsprüfung im Ergebnis aufgrund seiner Grundrechtswidrigkeit verwarf. Der Sache nach ging es um die Unionsrechtmäßigkeit der Richtlinie 2006/24/EG über die Vorratsspeicherung von Daten, die bei der Bereitstellung öffentlicher Kommunikationsnetze erzeugt oder verarbeitet werden. Der Gerichtshof nahm in diesem Urteil eine sehr strukturierte Grundrechtsprüfung vor, indem er zunächst die Grundrechte der Art. 7, 8 und 11 GRCh als einschlägige Grundrechte ermittelte und sich sodann mit der im Ergebnis bejahten Frage des Eingriffs in den Schutzbereich beschäftigte. Ausgangspunkt der Prüfung der Rechtfertigung des Eingriffs war schließlich Art. 52 Abs. 1 GRCh. Danach muss jede Einschränkung gesetzlich vorgesehen sein, der Wesensgehalt des jeweiligen Rechtes muss gewahrt bleiben und der Eingriff muss unter Wahrung des Grundsatzes der Verhältnismäßigkeit einem von der Union anerkannten Gemeinwohlziel oder dem Schutz der Rechte und Freiheiten anderer dienen.*

Die Rechtfertigungsprüfung einleitend fragte der Gerichtshof, ob durch die Eingriffe der Wesensgehalt der jeweiligen Grundrechte angetastet wurde. Die Achtung des Wesensgehaltes stellte nach Konzeption des EuGH mithin einen der Verhältnismäßigkeitsprüfung vorgelagerten Prüfungspunkt dar. Obwohl der EuGH im Rahmen der Eingriffsprüfung ausdrücklich hervorhob, dass es sich bei der Pflicht zur Vorratsdatenspeicherung um einen Eingriff „von großem Ausmaß" handele, der als „besonders schwerwiegend" zu charakterisieren sei, verneinte er eine Berührung des Wesensgehaltes der betroffenen Grundrechte. Nach Identifizierung des Gemeinwohlzieles prüfte der Gerichtshof, ob die Regelungen der Richtlinie zur Erreichung des Zieles tatsächlich geeignet waren und sich der Eingriff zur Erreichung dieses Zieles auf das absolut notwendige Maß beschränkte. Das Gemeinwohlziel der Richtlinie identifizierte der Gerichtshof in der Bekämpfung schwerer Kriminalität und der Wahrung der öffentlichen Sicherheit. Insoweit ist hervorzuheben, dass der EuGH zur Ermittlung des Ziels der Richtlinie ausdrücklich auf das „materielle Ziel" des von ihm zu prüfenden Rechtsaktes abstellt. Die streitgegenständliche Richtlinie war auf den Binnenmarktkompetenztitel des Art. 95 EG (heute Art. 114 AEUV) gestützt, so dass die Richtlinie ihrem Kompetenztitel zufolge die Harmonisierung der mitgliedstaatlichen Vorschriften zur Vorratsdatenspeicherung zum Ziel hatte und dem Funktionieren des Binnenmarktes dienen sollte. Hierauf kam es aber zur Bestimmung des Gemeinwohlzieles im Sinne von Art. 52 Abs. 1 GRCh – so der EuGH – nicht maßgebend an. Vielmehr war auf die materielle Zielsetzung des Rechtsaktes abzustellen. Der Gerichtshof kam letztlich zu dem Ergebnis, dass die Verpflichtung zur Vorratsdatenspeicherung zur Erreichung des Zieles der Bekämpfung schwerer Kriminalität zwar geeignet war, doch beschränkten sich die mit ihr verursachten Eingriffe nicht auf das absolut notwendige Maß. ***B:*** *S. Simits, NJW 2014, 2158ff.; J. Kühling, NVwZ 2014, 681ff.; S. Kieber, NLMR 2014, 164ff.; R. Streinz, JuS 2014, 758ff.; M. Ogorek, JA 2014, 798ff.*

Sachverhalt: Dem Verfahren lagen zwei Vorabentscheidungsersuchen nationaler Gerichte zugrunde: Die Digital Rights Ireland Ltd. erhob vor dem irischen High Court als Eigentümerin eines Mobiltelefons Klage und begehrte die Feststellung der Ungültigkeit der Vorratsdatenspeicherungsrichtlinie 2006/24/EG sowie einiger nationaler Umsetzungsmaßnahmen. Der High Court legte dem EuGH u. a. die Frage nach der Gültigkeit der genannten Richtlinie im Hinblick auf ihre Vereinbarkeit mit den Art. 7, 8, 11 und 41 GRCh vor. Das zweite Vorabentscheidungsverfahren wurde durch den österreichischen Verfassungsgerichtshof initiiert. In diesem Verfahren begehrten die Landesregierung Kärnten sowie 11 130 weitere Antragsteller die Nichtigerklärung der österreichischen Maßnahmen zur Umsetzung der Vorratsdatenspeicherungsrichtlinie. Auch der österreichische Verfassungsgerichtshof legte dem EuGH u. a. die Frage der Gültigkeit der maßgebenden Bestimmungen der Richtlinie vor.

Aus den Entscheidungsgründen:

Zur Relevanz der Art. 7, 8 und 11 der Charta für die Frage der Gültigkeit der Richtlinie 2006/24

[25] Die in Art. 3 der Richtlinie 2006/24 vorgesehene Pflicht der Anbieter öffentlich zugänglicher elektronischer Kommunikationsdienste oder der Betreiber eines öffentlichen Kommunikationsnetzes, die in Art. 5 der Richtlinie aufgezählten Daten auf Vorrat zu speichern, um sie gegebenenfalls den zuständigen nationalen Behörden zugänglich zu machen, wirft Fragen hinsichtlich des in Art. 7 der Charta verankerten Schutzes sowohl des Privatlebens als auch der Kommunikation, hinsichtlich des von Art. 8 der Charta erfassten Schutzes personenbezogener Daten und hinsichtlich der durch Art. 11 der Charta gewährleisteten Freiheit der Meinungsäußerung auf.

[26] Hierzu ist festzustellen, dass es sich bei den Daten, die von den Anbietern öffentlich zugänglicher elektronischer Kommunikationsdienste oder den Betreibern eines öffentlichen Kommunikationsnetzes nach den Art. 3 und 5 der Richtlinie 2006/24 auf Vorrat zu speichern sind, u. a. um die zur Rückverfolgung und Identifizierung der Quelle und des Adressaten einer Nachricht sowie zur Bestimmung von Datum, Uhrzeit, Dauer und Art einer Nachrichtenübermittlung, der Endeinrichtung von Benutzern und des Standorts mobiler Geräte benötigten Daten handelt, zu denen Name und Anschrift des Teilnehmers oder registrierten Benutzers, die Rufnummer des anrufenden Anschlusses und des angerufenen Anschlusses sowie bei Internetdiensten eine IP-Adresse gehören. Aus diesen Daten geht insbesondere hervor, mit welcher Person ein Teilnehmer oder registrierter Benutzer auf welchem Weg kommuniziert hat, wie lange die Kommunikation gedauert hat und von welchem Ort aus sie stattfand. Ferner ist ihnen zu entnehmen, wie häufig der Teilnehmer oder registrierte Benutzer während eines bestimmten Zeitraums mit bestimmten Personen kommuniziert hat.

[27] Aus der Gesamtheit dieser Daten können sehr genaue Schlüsse auf das Privatleben der Personen, deren Daten auf Vorrat gespeichert

wurden, gezogen werden, etwa auf Gewohnheiten des täglichen Lebens, ständige oder vorübergehende Aufenthaltsorte, tägliche oder in anderem Rhythmus erfolgende Ortsveränderungen, ausgeübte Tätigkeiten, soziale Beziehungen dieser Personen und das soziale Umfeld, in dem sie verkehren.

[28] Unter solchen Umständen ist es – auch wenn die Richtlinie 2006/24, wie sich aus ihren Art. 1 Abs. 2 und 5 Abs. 2 ergibt, keine Vorratsspeicherung des Inhalts einer Nachricht und der mit Hilfe eines elektronischen Kommunikationsnetzes abgerufenen Informationen gestattet – nicht ausgeschlossen, dass die Vorratsspeicherung der fraglichen Daten Auswirkungen auf die Nutzung der von dieser Richtlinie erfassten Kommunikationsmittel durch die Teilnehmer oder registrierten Benutzer und infolgedessen auf deren Ausübung der durch Art. 11 der Charta gewährleisteten Freiheit der Meinungsäußerung hat.

[29] Die in der Richtlinie 2006/24 vorgesehene Vorratsspeicherung der Daten zu dem Zweck, sie gegebenenfalls den zuständigen nationalen Behörden zugänglich zu machen, betrifft unmittelbar und speziell das Privatleben und damit die durch Art. 7 der Charta garantierten Rechte. Eine solche Vorratsspeicherung der Daten fällt zudem unter Art. 8 der Charta, weil sie eine Verarbeitung personenbezogener Daten im Sinne dieses Artikels darstellt und deshalb zwangsläufig die ihm zu entnehmenden Erfordernisse des Datenschutzes erfüllen muss (Urteil Volker und Markus Schecke und Eifert, C-92/09 und C-93/09, EU: C:2010:662, Rn. 47).

[30] Zwar werfen die Vorabentscheidungsersuchen in den vorliegenden Rechtssachen insbesondere die grundsätzliche Frage auf, ob die Daten der Teilnehmer und der registrierten Benutzer im Hinblick auf Art. 7 der Charta auf Vorrat gespeichert werden dürfen, doch betreffen sie auch die Frage, ob die Richtlinie 2006/24 den in Art. 8 der Charta aufgestellten Erfordernissen des Schutzes personenbezogener Daten genügt.

(…)

Zum Vorliegen eines Eingriffs in die Rechte, die in den Art. 7 und 8 der Charta verankert sind

(…)

[33] Für die Feststellung des Vorliegens eines Eingriffs in das Grundrecht auf Achtung des Privatlebens kommt es nicht darauf an, ob die betreffenden Informationen über das Privatleben sensiblen Charakter haben oder ob die Betroffenen durch den Eingriff Nachteile erlitten

haben könnten (vgl. in diesem Sinne Urteil Österreichischer Rundfunk u. a., C-465/00, C-138/01 und C-139/01, EU:C:2003:294, Rn. 75).

[34] Daraus folgt, dass die den Anbietern öffentlich zugänglicher elektronischer Kommunikationsdienste und den Betreibern eines öffentlichen Kommunikationsnetzes durch die Art. 3 und 6 der Richtlinie 2006/24 auferlegte Pflicht, die in Art. 5 dieser Richtlinie aufgeführten Daten über das Privatleben einer Person und ihre Kommunikationsvorgänge während eines bestimmten Zeitraums auf Vorrat zu speichern, als solche einen Eingriff in die durch Art. 7 der Charta garantierten Rechte darstellt.

[35] Zudem stellt der Zugang der zuständigen nationalen Behörden zu den Daten einen zusätzlichen Eingriff in dieses Grundrecht dar (vgl., zu Art. 8 EMRK, Urteile des EGMR Leander/Schweden vom 26. März 1987, Serie A, Nr. 116, § 48, Rotaru/Rumänien [GK], Nr. 28341/95, § 46, Rep. 2000-V, sowie Weber und Saravia/Deutschland (Entsch.), Nr. 54934/00, § 79, Rep. 2006-XI). Auch die Art. 4 und 8 der Richtlinie 2006/24, die Regeln für den Zugang der zuständigen nationalen Behörden zu den Daten aufstellen, greifen daher in die durch Art. 7 der Charta garantierten Rechte ein.

[36] Desgleichen greift die Richtlinie 2006/24 in das durch Art. 8 der Charta garantierte Grundrecht auf den Schutz personenbezogener Daten ein, da sie eine Verarbeitung personenbezogener Daten vorsieht.

[37] Der mit der Richtlinie 2006/24 verbundene Eingriff in die in Art. 7 und Art. 8 der Charta verankerten Grundrechte ist, wie auch der Generalanwalt insbesondere in den Nrn. 77 und 80 seiner Schlussanträge ausgeführt hat, von großem Ausmaß und als besonders schwerwiegend anzusehen. Außerdem ist der Umstand, dass die Vorratsspeicherung der Daten und ihre spätere Nutzung vorgenommen werden, ohne dass der Teilnehmer oder der registrierte Benutzer darüber informiert wird, geeignet, bei den Betroffenen – wie der Generalanwalt in den Nrn. 52 und 72 seiner Schlussanträge ausgeführt hat – das Gefühl zu erzeugen, dass ihr Privatleben Gegenstand einer ständigen Überwachung ist.

Zur Rechtfertigung des Eingriffs in die durch Art. 7 und Art. 8 der Charta garantierten Rechte

[38] Nach Art. 52 Abs. 1 der Charta muss jede Einschränkung der Ausübung der in der Charta anerkannten Rechte und Freiheiten gesetzlich vorgesehen sein und den Wesensgehalt dieser Rechte und Freiheiten achten; unter Wahrung des Grundsatzes der Verhältnismäßigkeit

dürfen Einschränkungen nur vorgenommen werden, wenn sie erforderlich sind und den von der Union anerkannten dem Gemeinwohl dienenden Zielsetzungen oder den Erfordernissen des Schutzes der Rechte und Freiheiten anderer tatsächlich entsprechen.

[39] Zum Wesensgehalt des Grundrechts auf Achtung des Privatlebens und der übrigen in Art. 7 der Charta verankerten Rechte ist festzustellen, dass die nach der Richtlinie 2006/24 vorgeschriebene Vorratsspeicherung von Daten zwar einen besonders schwerwiegenden Eingriff in diese Rechte darstellt, doch nicht geeignet ist, ihren Wesensgehalt anzutasten, da die Richtlinie, wie sich aus ihrem Art. 1 Abs. 2 ergibt, die Kenntnisnahme des Inhalts elektronischer Kommunikation als solchen nicht gestattet.

[40] Die Vorratsspeicherung von Daten ist auch nicht geeignet, den Wesensgehalt des in Art. 8 der Charta verankerten Grundrechts auf den Schutz personenbezogener Daten anzutasten, weil die Richtlinie 2006/24 in ihrem Art. 7 eine Vorschrift zum Datenschutz und zur Datensicherheit enthält, nach der Anbieter von öffentlich zugänglichen elektronischen Kommunikationsdiensten bzw. Betreiber eines öffentlichen Kommunikationsnetzes, unbeschadet der zur Umsetzung der Richtlinien 95/46 und 2002/58 erlassenen Vorschriften, bestimmte Grundsätze des Datenschutzes und der Datensicherheit einhalten müssen. Nach diesen Grundsätzen stellen die Mitgliedstaaten sicher, dass geeignete technische und organisatorische Maßnahmen getroffen werden, um die Daten gegen zufällige oder unrechtmäßige Zerstörung sowie zufälligen Verlust oder zufällige Änderung zu schützen.

[41] Zu der Frage, ob der fragliche Eingriff einer dem Gemeinwohl dienenden Zielsetzung entspricht, ist festzustellen, dass mit der Richtlinie 2006/24 zwar die Vorschriften der Mitgliedstaaten über die Pflichten der genannten Anbieter oder Betreiber im Bereich der Vorratsspeicherung bestimmter von ihnen erzeugter oder verarbeiteter Daten harmonisiert werden sollen, doch besteht das materielle Ziel dieser Richtlinie, wie sich aus ihrem Art. 1 Abs. 1 ergibt, darin, die Verfügbarkeit der Daten zwecks Ermittlung, Feststellung und Verfolgung schwerer Straftaten, wie sie von jedem Mitgliedstaat in seinem nationalen Recht bestimmt werden, sicherzustellen. Materielles Ziel der Richtlinie ist es demnach, zur Bekämpfung schwerer Kriminalität und somit letztlich zur öffentlichen Sicherheit beizutragen.

[42] Nach der Rechtsprechung des Gerichtshofs stellt die Bekämpfung des internationalen Terrorismus zur Wahrung des Weltfriedens und der internationalen Sicherheit eine dem Gemeinwohl dienende Zielsetzung der Union dar (vgl. in diesem Sinne Urteile Kadi und Al Bara-

kaat International Foundation/Rat und Kommission, C-402/05 P und C-415/05 P, EU:C:2008:461, Rn. 363, sowie Al-Aqsa/Rat, C-539/10 P und C-550/10 P, EU:C:2012:711, Rn. 130). Das Gleiche gilt für die Bekämpfung schwerer Kriminalität zur Gewährleistung der öffentlichen Sicherheit (vgl. in diesem Sinne Urteil Tsakouridis, C-145/09, EU:C:2010:708, Rn. 46 und 47). Im Übrigen ist insoweit festzustellen, dass nach Art. 6 der Charta jeder Mensch nicht nur das Recht auf Freiheit, sondern auch auf Sicherheit hat.

[43] Hierzu geht aus dem siebten Erwägungsgrund der Richtlinie 2006/24 hervor, dass der Rat „Justiz und Inneres" am 19. Dezember 2002 wegen der beträchtlichen Zunahme der Möglichkeiten bei der elektronischen Kommunikation die Ansicht vertrat, dass Daten über die Nutzung elektronischer Kommunikation besonders wichtig seien und daher ein nützliches Mittel bei der Verhütung von Straftaten und der Bekämpfung der Kriminalität, insbesondere der organisierten Kriminalität, darstellten.

[44] Somit ist festzustellen, dass die durch die Richtlinie 2006/24 vorgeschriebene Vorratsspeicherung von Daten zu dem Zweck, sie gegebenenfalls den zuständigen nationalen Behörden zugänglich machen zu können, eine dem Gemeinwohl dienende Zielsetzung darstellt.

[45] Unter diesen Umständen ist die Verhältnismäßigkeit des festgestellten Eingriffs zu prüfen.

[46] Insoweit ist darauf hinzuweisen, dass der Grundsatz der Verhältnismäßigkeit nach ständiger Rechtsprechung des Gerichtshofs verlangt, dass die Handlungen der Unionsorgane geeignet sind, die mit der fraglichen Regelung zulässigerweise verfolgten Ziele zu erreichen, und nicht die Grenzen dessen überschreiten, was zur Erreichung dieser Ziele geeignet und erforderlich ist (vgl. in diesem Sinne Urteile Afton Chemical, C-343/09, EU:C:2010:419, Rn. 45, Volker und Markus Schecke und Eifert, EU:C:2010:662, Rn. 74, Nelson u. a., C-581/10 und C-629/10, EU:C:2012:657, Rn. 71, Sky Österreich, C-283/11, EU:C:2013:28, Rn. 50, und Schaible, C-101/12, EU:C:2013:661, Rn. 29).

[47] Was die gerichtliche Überprüfung der Einhaltung dieser Voraussetzungen anbelangt, kann, da Grundrechtseingriffe in Rede stehen, der Gestaltungsspielraum des Unionsgesetzgebers anhand einer Reihe von Gesichtspunkten eingeschränkt sein; zu ihnen gehören u. a. der betroffene Bereich, das Wesen des fraglichen durch die Charta gewährleisteten Rechts, Art und Schwere des Eingriffs sowie dessen Zweck (vgl. entsprechend, zu Art. 8 EMRK, Urteil des EGMR S und Marper/Vereinigtes Königreich [GK], Nrn. 30562/04 und 30566/04, § 102, Rep. 2008-V).

[48] Im vorliegenden Fall ist angesichts der besonderen Bedeutung des Schutzes personenbezogener Daten für das Grundrecht auf Achtung des Privatlebens und des Ausmaßes und der Schwere des mit der Richtlinie 2006/24 verbundenen Eingriffs in dieses Recht der Gestaltungsspielraum des Unionsgesetzgebers eingeschränkt, so dass die Richtlinie einer strikten Kontrolle unterliegt.

II. Die Bindung der Mitgliedstaaten an die Unionsgrundrechte

Rs. 5/88 (Wachauf), 138
Urteil des Gerichtshofs vom 13.07.1989.

Vorbemerkungen: *Die Entwicklung der Grundrechte durch den EuGH diente zunächst ausschließlich dazu, die Hoheitsgewalt der damaligen Gemeinschaften grundrechtlich zu zügeln. Prüfungsgegenstand waren daher Akte der Gemeinschaftsorgane. Es zeigte sich jedoch, dass auch die Bindung der Mitgliedstaaten an die Grundrechte des Gemeinschaftsrechts (und heute des Unionsrechts) in bestimmten Konstellationen erforderlich sein kann. Dies betrifft insbesondere die Durchführung von Unionsrecht, die weiterhin noch regelmäßig den Mitgliedstaaten obliegt (vgl. Art. 291 Abs. 1 AEUV). Darunter fallen vor allem der Vollzug von Verordnungen und die Umsetzung von Richtlinien. Zu den hierbei zu wahrenden unionsrechtlichen Grenzen gehören insbesondere die Unionsgrundrechte. Diese sind nicht nur dann zu beachten, wenn das sekundäre Unionsrecht für die mitgliedstaatliche Durchführung zwingende Vorgaben enthält, sondern auch dann, wenn – wie im vorliegenden Urteil – den Mitgliedstaaten bzw. ihren Behörden beim Vollzug von Verordnungen Ermessensspielraum eingeräumt ist. Gleiches gilt für die Umsetzung von Richtlinien im Falle von Umsetzungsspielräumen (zur ggf. parallelen Anwendung von nationalen Grundrechten aus Sicht von EuGH und BVerfG, vgl. Rs. Åkerberg Fransson, Fall 140).* ***L:*** *Rn. 640 f., 676.*

Sachverhalt: Die Milchproduktion in der Gemeinschaft beruhte auf Milchquoten. Eine Milchquote stellte das Recht dar, eine bestimmte Menge Milch zu einem von der Gemeinschaft garantierten Preis produzieren zu können. Sofern ein milchproduzierender Betrieb nur gepachtet wurde, stellte sich die Frage, ob nach Ablauf des Pachtvertrags die Milchquote auf den Verpächter oder den Pächter, der die Milchproduktion an einer anderen Stelle fortsetzen möchte, überging. Sekundärrechtlich wurde den Mitgliedstaaten in dieser Frage ein weiter Ausgestaltungsspielraum zugestanden. Da die Anwendung dieses Ermessensspielraumes jedoch unter Wahrung des Grundrechtsschutzes vorgenommen werden sollte, gab der EuGH den Mitgliedstaaten in diesen Vorabentscheidungsverfahren zwei Entscheidungsmöglichkeiten zur Wahl: die Behaltung der Milchquote beim Pächter oder seine Entschädigung.

Aus den Entscheidungsgründen:

[17] Nach ständiger Rechtsprechung, insbesondere nach dem Urteil vom 13. Dezember 1979 in der Rechtssache 44/79 (Hauer, Slg. 1979, 3727), gehören die Grundrechte zu den allgemeinen Rechtsgrundsätzen, die der Gerichtshof zu wahren hat. Bei der Gewährleistung dieser Rechte hat der Gerichtshof von den gemeinsamen Verfassungsüberlieferungen der Mitgliedstaaten auszugehen, so daß in der Gemeinschaft keine Maßnahmen als rechtens anerkannt werden können, die mit den von den Verfassungen dieser Staaten geschützten Grundrechten unvereinbar sind. Auch die völkerrechtlichen Verträge über den Schutz der Menschenrechte, an deren Abschluß die Mitgliedstaaten beteiligt waren oder denen sie beigetreten sind, können Hinweise geben, die im Rahmen des Gemeinschaftsrechts zu berücksichtigen sind.

[18] Die vom Gerichtshof anerkannten Grundrechte können jedoch keine uneingeschränkte Geltung beanspruchen, sondern sind im Zusammenhang mit ihrer gesellschaftlichen Funktion zu sehen. Daher kann die Ausübung dieser Rechte, insbesondere im Rahmen einer gemeinsamen Marktorganisation, Beschränkungen unterworfen werden, sofern diese tatsächlich dem Gemeinwohl dienenden Zielen der Gemeinschaft entsprechen und nicht einen im Hinblick auf den verfolgten Zweck unverhältnismäßigen, nicht tragbaren Eingriff darstellen, der diese Rechte in ihrem Wesensgehalt antastet.

[19] Unter Berücksichtigung dieser Kriterien ist festzustellen, daß eine gemeinschaftsrechtliche Regelung, die dazu führen würde, daß der Pächter nach Ablauf des Pachtverhältnisses entschädigungslos um die Früchte seiner Arbeit und der von ihm in dem verpachteten Betrieb vorgenommenen Investitionen gebracht würde, mit den Erfordernissen des Grundrechtsschutzes in der Gemeinschaftsrechtsordnung unvereinbar wäre. Da auch die Mitgliedstaaten diese Erfordernisse bei der Durchführung der gemeinschaftsrechtlichen Regelungen zu beachten haben, müssen sie diese, soweit irgend möglich, in Übereinstimmung mit diesen Erfordernissen anwenden.

(...)

[22] Die fragliche gemeinschaftsrechtliche Regelung lässt den zuständigen nationalen Behörden somit einen Ermessensspielraum, der weit genug ist, um ihnen die Anwendung dieser Regelung in einer mit den Erfordernissen des Grundrechtsschutzes im Einklang stehenden Weise zu ermöglichen, indem sie dem Pächter entweder die Möglichkeit geben, die Referenzmenge ganz oder zum Teil zu behalten, wenn er die Milcherzeugung fortsetzen will, oder ihm eine Entschädigung gewähren, wenn er sich zur endgültigen Aufgabe der Milcherzeugung verpflichtet.

Rs. C-390/12 (Pfleger u. a.), 139
Urteil des Gerichtshofs vom 30.04.2014.

Vorbemerkungen: *In der Rs. Wachauf (Fall 138) knüpfte der Gerichtshof die Bindung der Mitgliedstaaten an die Unionsgrundrechte in Gestalt ungeschriebener Rechtsgrundsätze noch ausdrücklich an den Fall der „Durchführung" von Unionsrecht (vgl. insoweit auch Art. 51 Abs. 1 S. 1 GRCh, dazu Rs. Åkerberg Fransson, Fall 140). In der Rs. ERT verwandte er hingegen die weiter reichende Formulierung, wonach eine mitgliedstaatliche Bindung bereits bestehe, wenn der „Anwendungsbereich" des Unionsrechts eröffnet sei. Damit einher ging auch die Herausbildung weiterer Konstellationen, in denen Mitgliedstaaten Unionsgrundrechte zu beachten haben. Dazu zählt insbesondere die mitgliedstaatliche Einschränkung von Grundfreiheiten, die in der Rs. ERT ihren Ursprung fand. Hierbei sind zwei Konstellationen zu unterscheiden: Zum einen sind die Unionsgrundrechte im Rahmen der Rechtfertigung als Schranken-Schranke für mitgliedstaatlich vorgetragene Rechtfertigungsgründe zu beachten, wobei es keinen Unterschied macht, ob sich der Mitgliedstaat auf geschriebene Rechtfertigungstatbestände (vgl. Rs. ERT, Rn. 43) oder auf die ungeschriebenen Rechtfertigungsgründe in Gestalt der „zwingenden Erfordernisse" (Rs. Familiapress) bzw. der „zwingenden Gründe des Allgemeininteresses" (Rs. Gebhard) stützt. Zum anderen können sie auch als Rechtfertigungsgrund und damit als Schranke für Eingriffe in Grundfreiheiten herangezogen werden (vgl. Rs. Schmidberger). In der Rs. Pfleger ging es um die vorläufige Beschlagnahme von ohne Konzession betriebenen Glücksspielautomaten, die somit nach dem Glücksspielgesetz in Österreich als Veranstaltung von unzulässigen Glücksspielen galten und angeblich dem Spielerschutz und der Kriminalitätsbekämpfung dienten.*

Das österreichische Glücksspielgesetz stellte mithin, wie auch die ERT-Situation, die Wahrnehmung der Ausnahmeregelung zur Dienstleistungsfreiheit nach Art. 62 i. V. m. Art. 52 Abs. 1 AEUV aufgrund der öffentlichen Ordnung, Sicherheit und Gesundheit dar. Der EuGH stellte fest, dass diese Konstellation „offensichtlich in den Geltungsbereich des Unionsrechts und somit der Charta" falle und als Durchführung des Rechts der Union nach Art. 51 Abs. 1 der Grundrechtecharta zu werten sei. Mithin sei die Maßnahme auch anhand der Berufsfreiheit nach Art. 15 GRCh, der unternehmerischen Freiheit gemäß Art. 16 GRCh und dem in Art. 17 GRCh verankerten Eigentumsrecht zu messen. Hinsichtlich der Begrifflichkeit des „Anwendungsbereichs" und des „Geltungsbereichs" sei angemerkt, dass diese wohl als Synonyme zu verstehen sind. ***B:*** *M. Ogorek, JA 2014, 954 ff.* ***L:*** *Rn. 800, 996.*

Sachverhalt: Im Anschluss an Kontrollen in Oberösterreich wurden Glücksspielautomaten, die ohne Konzession betrieben wurden und somit der Veranstaltung von nach dem österreichischen Glücksspielgesetz unzulässigen Glücksspielen dienten, vorläufig in Beschlag genommen. Nach Auffassung des vorlegenden Gerichts hatten die österreichischen Behörden jedoch keinen Nachweis erbracht, dass das Glücksspielgesetz, das zugleich eine Monopolregelung des Bundes enthielt, tatsächlich der Kriminalitätsbekämpfung und dem Spielerschutz diente und nicht etwa der Maximierung der Staatseinnahmen. Immerhin würde ein enormer und aggressiver Werbeaufwand durch den Monopolisten betrieben. Es erschien somit fraglich, ob die in Frage stehende Regelung mit dem Kohärenzgebot vereinbar sei und dementsprechend eine Verletzung der Dienstleistungsfreiheit nach Art. 56 AEUV, sowie der Art. 15 bis 17 der Grundrechtecharta darstelle.

Aus den Entscheidungsgründen:

[30] Die Regierungen Österreichs, Belgiens, der Niederlande und Polens halten die Charta im Rahmen der Ausgangsrechtsstreitigkeiten für nicht anwendbar, da im nicht harmonisierten Bereich der Glücksspiele die einschlägigen nationalen Regelungen keine Durchführung des Rechts der Union im Sinne von Art. 51 Abs. 1 der Charta darstellten.

[31] Insoweit ist daran zu erinnern, dass der Anwendungsbereich der Charta, was das Handeln der Mitgliedstaaten betrifft, in Art. 51 Abs. 1 der Charta definiert ist. Danach gilt diese für die Mitgliedstaaten ausschließlich bei der Durchführung des Rechts der Union (Urteil Åkerberg Fransson, C-617/10, EU:C:2013:105, Rn. 17).

[32] Diese Bestimmung der Charta bestätigt also die Rechtsprechung des Gerichtshofs zu der Frage, inwieweit das Handeln der Mitgliedstaaten den Anforderungen genügen muss, die sich aus den in der Unionsrechtsordnung garantierten Grundrechten ergeben (Urteil Åkerberg Fransson, EU:C:2013:105, Rn. 18).

[33] Aus der ständigen Rechtsprechung des Gerichtshofs ergibt sich im Wesentlichen, dass die in der Unionsrechtsordnung garantierten Grundrechte in allen unionsrechtlich geregelten Fallgestaltungen, aber nicht außerhalb derselben Anwendung finden. Insoweit hat der Gerichtshof bereits festgestellt, dass er eine nationale Rechtsvorschrift nicht im Hinblick auf die Charta beurteilen kann, wenn sie nicht in den Geltungsbereich des Unionsrechts fällt. Sobald dagegen eine solche Vorschrift in den Geltungsbereich des Unionsrechts fällt, hat der im Rahmen eines Vorabentscheidungsersuchens angerufene Gerichtshof dem vorlegenden Gericht alle Auslegungshinweise zu geben, die es benötigt, um die Vereinbarkeit dieser Regelung mit den Grundrechten beurteilen zu können, deren Wahrung er sichert (Urteil Åkerberg Fransson, EU:C:2013:105, Rn. 19).

[34] Da folglich die durch die Charta garantierten Grundrechte zu beachten sind, wenn eine nationale Rechtsvorschrift in den Geltungsbereich des Unionsrechts fällt, sind keine Fallgestaltungen denkbar, die vom Unionsrecht erfasst würden, ohne dass diese Grundrechte anwendbar wären. Die Anwendbarkeit des Unionsrechts umfasst die Anwendbarkeit der durch die Charta garantierten Grundrechte (Urteil Åkerberg Fransson, EU:C:2013:105, Rn. 21).

[35] Wie der Gerichtshof hierzu bereits entschieden hat, ist, wenn ein Mitgliedstaat sich auf zwingende Gründe des Allgemeininteresses beruft, um eine Regelung zu rechtfertigen, die geeignet ist, die Ausübung der Dienstleistungsfreiheit zu behindern, diese im Unionsrecht vorgesehene Rechtfertigung im Licht der allgemeinen Grundsätze des Unionsrechts und insbesondere der nunmehr durch die Charta garantierten Grundrechte auszulegen. Die vorgesehenen Ausnahmen können daher für die betreffende nationale Regelung nur dann gelten, wenn sie im Einklang mit den Grundrechten steht, deren Wahrung der Gerichtshof zu sichern hat (vgl. in diesem Sinne Urteil ERT, C-260/89, EU: C:1991:254, Rn. 43).

[36] Erweist sich eine nationale Regelung als geeignet, die Ausübung einer oder mehrerer durch den Vertrag garantierter Grundfreiheiten zu beschränken, können nach dieser Rechtsprechung die im Unionsrecht vorgesehenen Ausnahmen somit für die betreffende Regelung nur insoweit als Rechtfertigung dieser Beschränkung gelten, als den Grund-

rechten, deren Wahrung der Gerichtshof zu sichern hat, Genüge getan wird. Diese Verpflichtung zur Beachtung der Grundrechte fällt offensichtlich in den Geltungsbereich des Unionsrechts und folglich der Charta. Nimmt ein Mitgliedstaat im Unionsrecht vorgesehene Ausnahmen in Anspruch, um eine Beschränkung einer durch den Vertrag garantierten Grundfreiheit zu rechtfertigen, muss dies daher, wie die Generalanwältin in Nr. 46 ihrer Schlussanträge ausgeführt hat, als „Durchführung des Rechts der Union" im Sinne von Art. 51 Abs. 1 der Charta angesehen werden.

140 Rs. C-617/10 (Åkerberg Fransson), Urteil des Gerichtshofs vom 26.02.2013.

Vorbemerkungen: *Diese Entscheidung ist in dreifacher Hinsicht von grundlegender Bedeutung für die EU-Grundrechte-Judikatur: Der Gerichtshof nahm sie erstens zum Anlass, um ausdrücklich für einen Gleichlauf der beiden unionalen Grundrechte-Rechtsquellen nach Art. 6 Abs. 1 EUV (GRCh) und Abs. 3 EUV (allgemeine Rechtsgrundsätze) hinsichtlich der mitgliedstaatlichen Bindung zu sorgen. Während die Rechtsprechung zu den letztgenannten für die Anwendung der EU-Grundrechte auf mitgliedstaatliche Maßnahmen lediglich die Eröffnung des Anwendungsbereichs des Unionsrechts voraussetzte (vgl. Rs. ERT), begrenzt der gezielt restriktiver formulierte Art. 51 Abs. 1 GRCh die mitgliedstaatliche Bindung ausschließlich auf die „Durchführung" des Unionsrechts. Vor allem unter Verweis auf die nach Art. 6 Abs. 1 UAbs. 3 EUV und Art. 52 Abs. 7 GRCh verbindlichen Erläuterungen zur GRCh, die die Urteile zu den Grundrechten als allgemeine Rechtsgrundsätze in Bezug nehmen, stellte der Gerichtshof insoweit fest, dass die Formulierung in Art. 51 Abs. 1 GRCh im Sinne dieser bisherigen Rechtsprechung zu verstehen ist (vgl. Rn. 17 bis 23). Eine Durchführung von Unionsrecht liegt hiernach im Ergebnis immer dann vor, wenn die am Maßstab der EU-Grundrechte zu prüfende nationale Maßnahme in den „Anwendungsbereich" des Unionsrechts fällt. An zweiter Stelle ergibt sich die Bedeutung dieses Urteils aus der konkreten Bindungskonstellation, die über die bisher bekannten und weitgehend anerkannten Fallgruppen des Vollzugs von Verordnungen, der Umsetzung von Richtlinien und der Schranken- oder Schranken-Schranken-Funktion im Rahmen der Grundfreiheiten (vgl. Rs. Familapress, Rs. C-368/95 sowie Rs. Society for the Protection of Unborn Children Ireland, Rs. C-159/90) hinausgeht. Der Gerichtshof ließ vorliegend im Wesent-*

lichen das Bestehen allgemeiner, an die Mitgliedstaatlicher gerichteter Handlungspflichten des primären und sekundären Unionsrechts genügen, um in diesem ansonsten nicht durch Unionsrecht berührten Sachverhalt zur Anwendbarkeit der GRCh zu gelangen (vgl. Rn. 25 bis 28). Hieran knüpfte schließlich der dritte Grund für die Bedeutung des Urteils. Der Gerichtshof ging für diesen, „nicht vollständig durch Unionsrecht bestimmt[en]" Bereich ausdrücklich von einer parallelen Anwendung von Unions- und nationalen Grundrechten aus. Dies gilt danach allerdings nur insoweit, als durch die Anwendung der nationalen Grundrechte „weder das Schutzniveau der Charta, [...] noch der Vorrang, die Einheit und die Wirksamkeit des Unionsrechts beeinträchtigt werden" (Rn. 29). Der unionsrechtlich proklamierten parallelen Anwendung beider Grundrechtsregime liegt somit im Konfliktfall ein Vorrang des unionalen Grundrechtsschutzes zugrunde. Konsequenzen haben die Punkte zwei und drei vor allem für die Reichweite nationaler Grundrechte, die durch die Ausdehnung des Anwendungsbereichs unionaler Grundrechte und deren Maßgeblichkeit auch bei paralleler Anwendung zunehmend an Bedeutung verlieren. Es überraschte daher nicht, dass das BVerfG in seinem kurze Zeit später entschiedenen Urteil zur Antiterror-Datei eine restriktive Lesart dieser Rechtssache anmahnte (1 BvR 1215/07, Rn. 88 bis 91). Darin unterstrich es seine bisherige, vom Gerichtshof abweichende Rechtsprechung zur Anwendung unionaler Grundrechte, wonach diese nur dann nationale Grundrechte verdrängen, wenn das Unionsrecht das betreffende nationale Recht „determiniert", also konkrete Verpflichtungen, Verbote oder inhaltlich Vorgaben beinhaltet (vgl. Rn. 90). Eine parallele Anwendung beider Grundrechtsregime scheidet somit nach BVerfG grundsätzlich aus (vgl. hierzu dazu aber auch BVerfG, Beschl. v. 6.11.2019 – 1 BvR 276/17, Rn. 42 – Recht auf Vergessen II). Immerhin konkretisierte der EuGH in seiner jüngeren Rechtsprechung die weite Auslegung des Begriffs der Durchführung des Unionsrechts i. S. d. Art. 51 GRCh (vgl. hierzu Fall 141). ***B:*** *H.-J. Rabe, NJW 2013, 1407 ff.; R. Streinz, JuS 2013, 568 ff.; S. Kieber, NLMR 2013, 58 ff.* ***L:*** *Rn. 641, 645 ff., 651.*

Sachverhalt: Herr Åkerberg Fransson wurde vor einem schwedischen Gericht wegen Steuerhinterziehung angeklagt. Ihm wurde vorgeworfen, in seinen Steuererklärungen falsche Angaben gemacht zu haben, wodurch dem Staat u. a. Einnahmen der Mehrwertsteuer in bedeutender Höhe entgangen waren. Bereits vor dem Strafverfahren wurden Herrn Åkerberg Fransson wegen derselben Tat in einem steuerverwaltungsrechtlichen Verfahren Steuerzuschläge als verwaltungsrechtliche Sanktionen auferlegt. Das vorlegende Strafgericht fragte sich in der Sache, ob die Anklage nicht unzulässig ist, weil Herr Åkerberg Fransson in dem steuerrechtlichen Verfahren bereits wegen derselben Tat mit einer verwaltungsrechtlichen Sanktion bestraft wurde und ein Strafverfahren somit gegen das Verbot der Doppelbestrafung gemäß Art. 4 des Protokolls Nr. 7 und Art. 50 der Charta verstoßen würde. Nachdem der Gerichtshof zunächst die hier interessierende Anwendbarkeit der EU-Grundrechte auf den vorliegenden Fall bejahte, stellte er sodann fest, dass das Verbot der Doppelbestrafung einer parallelen Verhängung von steuerlicher und Strafrechtssanktion nicht entgegenstehe, sofern die steuerliche Sanktion keinen strafrechtlichen Charakter aufweist.

Aus den Entscheidungsgründen:

Zur Zuständigkeit des Gerichtshofs

[16] Die schwedische, die tschechische und die dänische Regierung, Irland, die niederländische Regierung sowie die Europäische Kommission halten die Vorlagefragen für unzulässig. Der Gerichtshof sei nur für deren Beantwortung zuständig, wenn die gegen Herrn Åkerberg Fransson festgesetzten steuerlichen Sanktionen sowie das gegen ihn eingeleitete Strafverfahren, die Gegenstand des Ausgangsverfahrens seien, auf der Durchführung von Unionsrecht beruhten. Dies sei aber weder bei der nationalen Rechtsvorschrift, aufgrund deren die steuerlichen Sanktionen festgesetzt worden seien, noch bei der nationalen Rechtsvorschrift, die als Grundlage der Anklage diene, der Fall. Gemäß Art. 51 Abs. 1 der Charta fielen die Sanktionen und das Strafverfahren also nicht unter den in Art. 50 der Charta verbürgten Grundsatz ne bis in idem.

[17] Insoweit ist daran zu erinnern, dass der Anwendungsbereich der Charta, was das Handeln der Mitgliedstaaten betrifft, in Art. 51 Abs. 1 der Charta definiert ist. Danach gilt diese für die Mitgliedstaaten ausschließlich bei der Durchführung des Rechts der Union.

[18] Diese Bestimmung der Charta bestätigt also die Rechtsprechung des Gerichtshofs zu der Frage, inwieweit das Handeln der Mitgliedstaaten den Anforderungen genügen muss, die sich aus den in der Unionsrechtsordnung garantierten Grundrechten ergeben.

[19] Aus der ständigen Rechtsprechung des Gerichtshofs ergibt sich im Wesentlichen, dass die in der Unionsrechtsordnung garantierten Grundrechte in allen unionsrechtlich geregelten Fallgestaltungen, aber nicht außerhalb derselben Anwendung finden. Insoweit hat der Gerichtshof bereits festgestellt, dass er eine nationale Rechtsvorschrift nicht im Hinblick auf die Charta beurteilen kann, wenn sie nicht in den

Geltungsbereich des Unionsrechts fällt. Sobald dagegen eine solche Vorschrift in den Geltungsbereich des Unionsrechts fällt, hat der im Rahmen eines Vorabentscheidungsersuchens angerufene Gerichtshof dem vorlegenden Gericht alle Auslegungshinweise zu geben, die es benötigt, um die Vereinbarkeit dieser Regelung mit den Grundrechten beurteilen zu können, deren Wahrung er sichert (vgl. in diesem Sinne u.a. Urteile vom 18. Juni 1991, ERT, C-260/89, Slg. 1991, I-2925, Randnr. 42, vom 29. Mai 1997, Kremzow, C-299/95, Slg. 1997, I-2629, Randnr. 15, vom 18. Dezember 1997, Annibaldi, C-309/96, Slg. 1997, I-7493, Randnr. 13, vom 22. Oktober 2002, Roquette Frères, C-94/00, Slg. 2002, I-9011, Randnr. 25, vom 18. Dezember 2008, Sopropé, C-349/07, Slg. 2008, I-10369, Randnr. 34, vom 15. November 2011, Dereci u.a., C-256/11, noch nicht in der amtlichen Sammlung veröffentlicht, Randnr. 72, sowie vom 7. Juni 2012, Vinkov, C-27/11, noch nicht in der amtlichen Sammlung veröffentlicht, Randnr. 58).

[20] Diese Definition des Anwendungsbereichs der Grundrechte der Union wird durch die Erläuterungen zu Art. 51 der Charta bestätigt, die gemäß Art. 6 Abs. 1 Unterabs. 3 EUV und Art. 52 Abs. 7 der Charta für deren Auslegung zu berücksichtigen sind (vgl. in diesem Sinne Urteil vom 22. Dezember 2010, DEB, C-279/09, Slg. 2010, I-13849, Randnr. 32). Gemäß diesen Erläuterungen „[gilt d]ie Verpflichtung zur Einhaltung der im Rahmen der Union definierten Grundrechte für die Mitgliedstaaten … nur dann, wenn sie im Anwendungsbereich des Unionsrechts handeln“.

[21] Da folglich die durch die Charta garantierten Grundrechte zu beachten sind, wenn eine nationale Rechtsvorschrift in den Geltungsbereich des Unionsrechts fällt, sind keine Fallgestaltungen denkbar, die vom Unionsrecht erfasst würden, ohne dass diese Grundrechte anwendbar wären. Die Anwendbarkeit des Unionsrechts umfasst die Anwendbarkeit der durch die Charta garantierten Grundrechte.

[22] Wird dagegen eine rechtliche Situation nicht vom Unionsrecht erfasst, ist der Gerichtshof nicht zuständig, um über sie zu entscheiden, und die möglicherweise angeführten Bestimmungen der Charta können als solche keine neue Zuständigkeit begründen (vgl. in diesem Sinne Beschluss vom 12. Juli 2012, Currà u.a., C-466/11, noch nicht in der amtlichen Sammlung veröffentlicht, Randnr. 26).

[23] Diese Erwägungen entsprechen denen, die Art. 6 Abs. 1 EUV zugrunde liegen, wonach durch die Bestimmungen der Charta die in den Verträgen festgelegten Zuständigkeiten der Union in keiner Weise erweitert werden. Ebenso dehnt die Charta nach ihrem Art. 51 Abs. 2 den Geltungsbereich des Unionsrechts nicht über die Zuständigkeiten

der Union hinaus aus und begründet weder neue Zuständigkeiten noch neue Aufgaben für die Union, noch ändert sie die in den Verträgen festgelegten Zuständigkeiten und Aufgaben (vgl. Urteil Dereci u. a., Randnr. 71).

[24] Vorliegend ist zunächst festzustellen, dass die gegen Herrn Åkerberg Fransson festgesetzten steuerlichen Sanktionen und das gegen ihn eingeleitete Strafverfahren teilweise im Zusammenhang mit der Nichteinhaltung von Mitteilungspflichten auf dem Gebiet der Mehrwertsteuer stehen.

[25] In Bezug auf die Mehrwertsteuer geht zum einen aus den Art. 2, 250 Abs. 1 und 273 der Richtlinie 2006/112/EG des Rates vom 28. November 2006 über das gemeinsame Mehrwertsteuersystem (ABl. L 347, S. 1), die den Wortlaut der Art. 2 und 22 Abs. 4 und 8 der Richtlinie 77/388 in der Fassung des Art. 28h dieser Richtlinie übernommen haben, und zum anderen aus Art. 4 Abs. 3 EUV hervor, dass jeder Mitgliedstaat verpflichtet ist, alle Rechts- und Verwaltungsvorschriften zu erlassen, die geeignet sind, die Erhebung der gesamten in seinem Hoheitsgebiet geschuldeten Mehrwertsteuer zu gewährleisten und den Betrug zu bekämpfen (vgl. Urteil vom 17. Juli 2008, Kommission/Italien, C-132/06, Slg. 2008, I-5457, Randnrn. 37 und 46).

[26] Außerdem sind die Mitgliedstaaten nach Art. 325 AEUV verpflichtet, zur Bekämpfung von rechtswidrigen Handlungen, die sich gegen die finanziellen Interessen der Union richten, abschreckende und wirksame Maßnahmen zu ergreifen, insbesondere müssen sie zur Bekämpfung von Betrug, der sich gegen die finanziellen Interessen der Union richtet, dieselben Maßnahmen ergreifen wie zur Bekämpfung von Betrug, der sich gegen ihre eigenen finanziellen Interessen richtet (vgl. in diesem Sinne Urteil vom 28. Oktober 2010, SGS Belgium u. a., C-367/09, Slg. 2010, I-10761, Randnrn. 40 bis 42). Da die Eigenmittel der Union gemäß dem Wortlaut von Art. 2 Abs. 1 des Beschlusses 2007/436/EG, Euratom des Rates vom 7. Juni 2007 über das System der Eigenmittel der Europäischen Gemeinschaften (ABl. L 163, S. 17) u. a. die Einnahmen umfassen, die sich aus der Anwendung eines einheitlichen Satzes auf die nach den Unionsvorschriften bestimmte einheitliche Mehrwertsteuer-Eigenmittelbemessungsgrundlage ergeben, besteht ein unmittelbarer Zusammenhang zwischen der Erhebung der Mehrwertsteuereinnahmen unter Beachtung des einschlägigen Unionsrechts und der Zurverfügungstellung entsprechender Mehrwertsteuermittel für den Haushalt der Union, da jedes Versäumnis bei der Erhebung Ersterer potenziell zu einer Verringerung Letzterer führt (vgl. in diesem Sinne Urteil vom 15. November 2011, Kommission/Deutsch-

land, C-539/09, noch nicht in der amtlichen Sammlung veröffentlicht, Randnr. 72).

[27] Folglich sind steuerliche Sanktionen und ein Strafverfahren wegen Steuerhinterziehung wegen unrichtiger Angaben zur Mehrwertsteuer, wie im Fall des Angeklagten des Ausgangsverfahrens, als Durchführung von Art. 2, Art. 250 Abs. 1 und Art. 273 der Richtlinie 2006/112 (früher Art. 2 und 22 der Richtlinie 77/388) sowie von Art. 325 AEUV und somit als Durchführung des Unionsrechts im Sinne von Art. 51 Abs. 1 der Charta anzusehen.

[28] Die Tatsache, dass die nationalen Rechtsvorschriften, die den steuerlichen Sanktionen und dem Strafverfahren zugrunde liegen, nicht zur Umsetzung der Richtlinie 2006/112 erlassen wurden, vermag dieses Ergebnis nicht in Frage zu stellen, da durch ihre Anwendung ein Verstoß gegen die Bestimmungen dieser Richtlinie geahndet und damit die den Mitgliedstaaten durch den Vertrag auferlegte Verpflichtung zur wirksamen Ahndung von die finanziellen Interessen der Union gefährdenden Verhaltensweisen erfüllt werden soll.

[29] Hat das Gericht eines Mitgliedstaats zu prüfen, ob mit den Grundrechten eine nationale Vorschrift oder Maßnahme vereinbar ist, die in einer Situation, in der das Handeln eines Mitgliedstaats nicht vollständig durch das Unionsrecht bestimmt wird, das Unionsrecht im Sinne von Art. 51 Abs. 1 der Charta durchführt, steht es somit den nationalen Behörden und Gerichten weiterhin frei, nationale Schutzstandards für die Grundrechte anzuwenden, sofern durch diese Anwendung weder das Schutzniveau der Charta, wie sie vom Gerichtshof ausgelegt wird, noch der Vorrang, die Einheit und die Wirksamkeit des Unionsrechts beeinträchtigt werden (vgl. für diesen letzten Aspekt Urteil vom 26. Februar 2013, Melloni, C-399/11, noch nicht in der amtlichen Sammlung veröffentlicht, Randnr. 60).

[30] Dabei haben die nationalen Gerichte, wenn sie Bestimmungen der Charta auslegen sollen, die Möglichkeit und gegebenenfalls die Pflicht, den Gerichtshof um eine Vorabentscheidung nach Art. 267 AEUV zu ersuchen.

[31] Aus diesen Erwägungen folgt, dass der Gerichtshof befugt ist, die Vorlagefragen zu beantworten und dem vorlegenden Gericht alle Auslegungshinweise zu geben, die es benötigt, um die Vereinbarkeit der nationalen Regelung mit dem in Art. 50 der Charta verankerten Grundsatz ne bis in idem beurteilen zu können.

141 **Rs. C-198/13 (Hernandez), Urteil des Gerichtshofs vom 10.07.2014.**

Vorbemerkungen: *Der EuGH reagierte im vorliegenden Urteil auf die vom Bundesverfassungsgericht formulierte Kritik an dem zu weit empfundenen Verständnis des Wortlauts von Art. 51 Abs. 1 S. 1 GRCh. Er präzisierte, dass die Durchführung des Rechts der Union das „Vorliegen eines Zusammenhangs zwischen einem Unionsrechtsakt und der fraglichen nationalen Maßnahme voraussetzt, der darüber hinausgeht, dass die fraglichen Sachbereiche benachbart sind oder der eine von ihnen mittelbare Auswirkungen auf den anderen haben kann" (Rn. 34). So sollen die Unionsgrundrechte insbesondere unanwendbar sein, wenn dem Mitgliedstaat keine bestimmten Verpflichtungen durch eine unionsrechtliche Vorschrift in dem betreffenden Sachbereich auferlegt werden (Rn. 35; vgl. auch Rs. C-206/13, Siragusa, Rn. 26). Der EuGH bemühte sich weiterhin um Kriterien, die der Trennbarkeit zwischen mitgliedstaatlichem und unionsrechtlichen Grundrechtsschutz dienen sollen. So ist zu prüfen, „ob mit der fraglichen nationalen Regelung die Durchführung einer Bestimmung des Unionsrechts bezweckt wird, welchen Charakter diese Regelung hat und ob mit ihr andere als die unter das Unionsrecht fallenden Ziele verfolgt werden, selbst wenn sie das Unionsrecht mittelbar beeinflussen kann, sowie ferner, ob es eine Regelung des Unionsrechts gibt, die für diesen Bereich spezifisch ist oder ihn beeinflussen kann" (Rn. 37). Dies findet sich im Ansatz bereits in der Rs. Annibaldi (Rs. C-309/96, Slg. 1997, Rn. 21–23). Hierin könnte man durchaus eine Annäherung an die Sichtweise des Bundesverfassungsgerichts sehen. Nach diesen Maßgaben wäre die Rs. Åkerberg Fransson wohl anders zu entscheiden gewesen. Das Urteil ist in Verbindung mit demjenigen des BVerfG damit auch ein Beispiel dafür, wie der Dialog der Höchstgerichte in der Praxis abläuft.* ***B:*** *S. Pötters, EuZW 2014, 798f.; R. Streinz, JuS 2015, 281ff.* ***L:*** *Rn. 641, 651.*

Sachverhalt: Dem Urteil lag ein Kündigungsschutzrechtsstreit zugrunde, in dem es im Kern um die Frage nach der staatlichen Verpflichtung einer Abfindung für das seit ihrer Kündigung fällig gewordene Arbeitsentgelt ging. Das in der Sache zuständige Gericht stellte die Nichtigkeit dieser Kündigungen fest und erklärte das Arbeitsverhältnis zwischen den Klägern und deren Arbeitgebern für beendet. Nachdem die Arbeitgeber zahlungsunfähig geworden waren und auch der Entgeltgarantiefonds (Fondo Garantia Salarial) der Zahlung einer Abfindung nicht nachkam, beantragten die Kläger bei der Subdelegacion, einer Unterdelegation der spanischen Regierung, einen Betrag in Höhe ihres fälligen Arbeitsentgelts. Nach spanischem Recht, konkret aus Art. 116 Abs. 2 LPL, folgte im Falle der Zahlungsunfähigkeit des Arbeitsgebers ein direkter Zahlungsanspruch des Arbeitnehmers gegen den Staat. Die Subdelegacion wies diesen Antrag jedoch mit der Begründung ab, dass die Kündigungen zwar für nichtig, aber nicht für rechtswidrig erklärt wurden. Bei Feststellung der Nichtigkeit der Kündigung sei der Arbeitgeber zur Wiedereingliederung des Arbeitnehmers verpflichtet, allerdings konnte das nationale Gericht, nachdem es die Beendigung des Arbeitsvertrags festgestellt hatte, die Verpflichtung zur Wiedereingliederung durch eine Verpflichtung zur Zahlung einer Abfindung, wie vorliegend geschehen, ersetzen. Bei Feststellung der Rechtswidrigkeit hingegen konnte der Arbeitgeber den Vertrag unter Zahlung einer Abfindung direkt beenden. Das vorlegende Gericht legte die Frage vor, ob diese spanische Regelung mit Art. 20 der GRCh oder jedenfalls mit dem allgemeinen Grundsatz der Gleichheit und der Nichtdiskriminierung im Unionsrecht vereinbar sei, sofern die spanische Regelung in den Geltungsbereich der Richtlinie 2008/94 falle.

Aus den Entscheidungsgründen:

[33] Wie sich aus den Erläuterungen zu Art. 51 der Charta ergibt, die nach deren Art. 52 Abs. 7 gebührend zu berücksichtigen sind, bestätigt der Begriff der Durchführung in Art. 51 die vor dem Inkrafttreten der Charta entwickelte Rechtsprechung des Gerichtshofs zur Anwendbarkeit der Grundrechte der Union als allgemeiner Rechtsgrundsätze des Unionsrechts (Urteile Wachauf, 5/88, EU:C:1989:321, ERT, C-260/89, EU:C:1991:254, und Annibaldi, C-309/96, EU:C:1997:631), wonach die Verpflichtung zur Einhaltung der in der Unionsrechtsordnung garantierten Grundrechte für die Mitgliedstaaten nur dann gilt, wenn sie im Anwendungsbereich des Unionsrechts handeln (vgl. in diesem Sinne Urteil Åkerberg Fransson, C-617/10, EU:C:2013:105, Rn. 18).

[34] Insoweit ist darauf hinzuweisen, dass der Begriff der „Durchführung des Rechts der Union" im Sinne von Art. 51 der Charta das Vorliegen eines Zusammenhangs zwischen einem Unionsrechtsakt und der fraglichen nationalen Maßnahme voraussetzt, der darüber hinausgeht, dass die fraglichen Sachbereiche benachbart sind oder der eine von ihnen mittelbare Auswirkungen auf den anderen haben kann (vgl. in diesem Sinne die vor dem Inkrafttreten der Charta ergangenen Urteile Defrenne, 149/77, EU:C:1978:130, Rn. 29 bis 32, Kremzow, C-299/95, EU:C:1997:254, Rn. 16 und 17, und Mangold, C-144/04, EU:C:2005:709, Rn. 75, sowie Urteil Siragusa, EU:C:2014:126, Rn. 24).

[35] Der Gerichtshof hat insbesondere festgestellt, dass die Grundrechte der Union im Verhältnis zu einer nationalen Regelung unanwend-

bar sind, wenn die unionsrechtlichen Vorschriften in dem betreffenden Sachbereich keine bestimmten Verpflichtungen der Mitgliedstaaten im Hinblick auf den im Ausgangsverfahren fraglichen Sachverhalt schaffen (vgl. Urteile Maurin, C-144/95, EU:C:1996:235, Rn. 11 und 12, sowie Siragusa, EU:C:2014:126, Rn. 26 und 27).

[36] Unter demselben Blickwinkel hat der Gerichtshof bereits entschieden, dass Art. 13 EG (jetzt Art. 19 AEUV) als solcher eine nationale Maßnahme, die nicht in den Rahmen der auf der Grundlage dieses Artikels erlassenen Maßnahmen fällt, nicht für die Zwecke der Anwendung der Grundrechte als allgemeiner Rechtsgrundsätze des Unionsrechts in den Anwendungsbereich des Unionsrechts bringen kann (vgl. in diesem Sinne Urteile Bartsch, C-427/06, EU:C:2008:517, Rn. 18, Kücükdeveci, C-555/07, EU:C:2010:21, Rn. 25, und Römer, C-147/08, EU:C:2011:286, Rn. 61). Daher kann allein der Umstand, dass eine nationale Maßnahme in einen Bereich fällt, in dem die Union über Zuständigkeiten verfügt, diese Maßnahme nicht in den Anwendungsbereich des Unionsrechts bringen und somit zur Anwendbarkeit der Charta führen (vgl. in diesem Sinne Urteile Gueye und Salmerón Sánchez, C-483/09 und C-1/10, EU:C:2011:583, Rn. 55, 69 und 70, sowie Pringle, C-370/12, EU:C:2012:756, Rn. 104, 105, 180 und 181).

[37] Um festzustellen, ob eine nationale Maßnahme die Durchführung des Rechts der Union im Sinne von Art. 51 Abs. 1 der Charta betrifft, ist nach ständiger Rechtsprechung des Gerichtshofs u. a. zu prüfen, ob mit der fraglichen nationalen Regelung die Durchführung einer Bestimmung des Unionsrechts bezweckt wird, welchen Charakter diese Regelung hat und ob mit ihr andere als die unter das Unionsrecht fallenden Ziele verfolgt werden, selbst wenn sie das Unionsrecht mittelbar beeinflussen kann, sowie ferner, ob es eine Regelung des Unionsrechts gibt, die für diesen Bereich spezifisch ist oder ihn beeinflussen kann (vgl. Urteile Annibaldi, EU:C:1997:631, Rn. 21 bis 23, Iida, C-40/11, EU:C:2012:691, Rn. 79, Ymeraga u. a., C-87/12, EU:C:2013:291, Rn. 41, und Siragusa, EU:C:2014:126, Rn. 25).

142 **Rs. C-399/11 (Melloni),**
Urteil des Gerichtshofs vom 26.02.2013.

Vorbemerkungen: *Im vorliegenden Urteil beschäftigte sich die Große Kammer des EuGH mit den Grenzen des grundrechtlichen Schutzes nach der Grundrechte-Charta im Rahmen des Europäischen Haftbefehls. Im Ausgangsverfahren wurde Herr Melloni in Italien in Ab-*

wesenheit zu zehn Jahren Freiheitsstrafe wegen betrügerischen Konkurses verurteilt. Das mit der Sache befasste spanische Verfassungsgericht zweifelte, ob Spanien die Vollstreckung des italienischen Haftbefehls davon abhängig machen kann, dass Herr Melloni in Italien noch die Möglichkeit zur Einlegung von Rechtsmitteln gegen die Verurteilung hat. Begründet wurde dies mit dem Recht auf ein faires Verfahren nach der spanischen Verfassung und dem Wortlaut von Art. 53 GRCh, wonach die Grundrechte-Charta einem weitergehenden Schutzniveau u. a. durch die Verfassungen der Mitgliedstaaten nicht entgegenstehe. Unter Verweis auf den Grundsatz des Vorrangs des Unionsrechts und auf Art. 4a des Rahmenbeschlusses über den Europäischen Haftbefehl, der eine abschließende Harmonisierung darüber enthält, in welchen Fallkonstellationen einer Verurteilung in Abwesenheit der vollstreckende Mitgliedstaat die Vollstreckung nicht verweigern darf, verneinte der EuGH die Möglichkeit, die Vollstreckung des Haftbefehls von zusätzlichen Bedingungen abhängig zu machen. Dies würde die Einheitlichkeit des im Rahmenbeschluss festgelegten Grundrechtsschutzstandards in Frage stellen und zu einer Verletzung der Grundsätze des gegenseitigen Vertrauens und der gegenseitigen Anerkennung, die der Rahmenbeschluss stärken soll, führen und daher die Wirksamkeit dieses Rahmenbeschlusses beeinträchtigen. Damit entschied sich der Gerichtshof für eine einschränkende Auslegung des Art. 53 GRCh. Das Bundesverfassungsgericht entgegnete, dass im Bereich des Europäischen Haftbefehls bei einer Gefahr der Verletzung der Menschenwürde eine Kontrolle seinerseits durchgeführt werden müsse (2 BvR 2735/14, Rn. 34). In diesem obiter dictum führte das Bundesverfassungsgericht aus, dass die verfassungsrechtlich geschützte Menschenwürde die Regelungen des Europäischen Haftbefehls im Wege der Identitätskontrolle sehr wohl einschränken könne und die Melloni-Rechtsprechung in solch einem Fall unangewendet bleiben müsse. Demzufolge findet der Vorrang des Unionsrechts Schranken in der deutschen Verfassung. Hierauf reagierte sodann der EuGH in der Rechtssache Aranyosi und Căldăraru (Fall 143), wo damit erneut die besondere Dialogform dieser beiden Gerichte erkennbar wird. ***B:*** *R. Streinz, JuS 2013, 661 ff.* ***L:*** *Rn. 136, 176, 647.*

Sachverhalt: Herr Stefano Melloni sollte zur Durchführung eines Strafverfahrens nach Italien ausgeliefert werden. Nachdem die spanische Audiencia Nacional dies für zulässig erklärt hatte, leistete er eine Kaution und wurde flüchtig. Das Landgericht Ferrara in Italien stellte darauf sein Nichterscheinen fest und ordnete an, die weiteren Zustellungen an die von ihm bereits benannten Anwälte vorzunehmen. Herr Melloni wurde in Abwesenheit wegen betrügerischen Konkurses zu einer Freiheitsstrafe von zehn Jahren verurteilt. Festgenommen durch die spanische Polizei, widersprach er seiner Auslieferung. Er meinte, er habe im Berufungsverfahren einen anderen Anwalt beauftragt und die früheren Anwälte von ihrem Mandat entbunden. Darüber hinaus müsse der Haftbefehl unter die Bedingung gestellt werden, dass eine Möglichkeit zur Überprüfung der in Abwesenheit ausgesprochenen Verurteilung bestehe, was in Italien nicht der Fall sei. Die Audiencia Nacional gestattete die Übergabe von Herrn Melloni zur Vollstreckung des Urteils, da seine Verteidigungsrechte gewahrt worden seien. Der Tribunal Constitucional, bei dem Herr Melloni einen Rechtsbehelf einlegte, legte die Sache dem EuGH vor.

Aus den Entscheidungsgründen:

[35] Mit seiner ersten Frage möchte das Tribunal Constitucional wissen, ob Art. 4a Abs. 1 des Rahmenbeschlusses 2002/584 dahin auszulegen ist, dass er die vollstreckende Justizbehörde unter den in dieser Bestimmung genannten Voraussetzungen daran hindert, die Vollstreckung eines zur Vollstreckung einer Strafe ausgestellten Europäischen Haftbefehls von der Bedingung abhängig zu machen, dass die in Abwesenheit ausgesprochene Verurteilung im Ausstellungsmitgliedstaat überprüft werden kann.

(…)

[38] Nach Art. 1 Abs. 2 des Rahmenbeschlusses 2002/584 sind die Mitgliedstaaten grundsätzlich verpflichtet, einen Europäischen Haftbefehl zu vollstrecken. Die Mitgliedstaaten können nämlich nach den Bestimmungen dieses Rahmenbeschlusses die Vollstreckung eines solchen Haftbefehls nur in den Fällen ablehnen, in denen sie gemäß Art. 3 des Rahmenbeschlusses abzulehnen ist oder gemäß Art. 4 oder 4a des Rahmenbeschlusses abgelehnt werden kann. Außerdem kann die vollstreckende Justizbehörde die Vollstreckung eines Europäischen Haftbefehls nur an die in Art. 5 des Rahmenbeschlusses angeführten Bedingungen knüpfen (Urteil Radu, Randnrn. 35 und 36).

(…)

[55] Mit seiner dritten Frage möchte das vorlegende Gericht wissen, ob Art. 53 der Charta dahin auszulegen ist, dass er es dem vollstreckenden Mitgliedstaat gestattet, die Übergabe einer in Abwesenheit verurteilten Person von der Bedingung, dass die Verurteilung im Ausstellungsmitgliedstaat einer Überprüfung unterworfen werden kann, abhängig zu machen, um zu vermeiden, dass das Recht auf ein faires Verfahren und die Verteidigungsrechte, wie sie in seiner Verfassung garantiert sind, verletzt werden.

[56] Insoweit zieht das vorlegende Gericht zunächst die Auslegung in Betracht, wonach Art. 53 der Charta es einem Mitgliedstaat generell gestatte, den in seiner Verfassung garantierten Schutzstandard für die Grundrechte anzuwenden, wenn er höher als der sich aus der Charta ergebende sei, und ihn gegebenenfalls der Anwendung unionsrechtlicher Vorschriften entgegenzuhalten. Diese Auslegung würde es einem Mitgliedstaat insbesondere erlauben, die Vollstreckung eines zur Vollstreckung eines Abwesenheitsurteils ausgestellten Europäischen Haftbefehls an Bedingungen zu knüpfen, die eine Auslegung verhinderten, durch die die in seiner Verfassung anerkannten Grundrechte eingeschränkt oder verletzt würden, auch wenn die Anwendung dieser Bedingungen nach Art. 4a Abs. 1 des Rahmenbeschlusses 2002/584 nicht zulässig wäre.

[57] Einer solchen Auslegung von Art. 53 der Charta kann nicht gefolgt werden.

[58] Diese Auslegung von Art. 53 der Charta würde nämlich gegen den Grundsatz des Vorrangs des Unionsrechts verstoßen, da sie es einem Mitgliedstaat erlauben würde, die Anwendung von mit der Charta vollständig im Einklang stehenden Unionsrechtsakten zu verhindern, wenn sie den in der Verfassung dieses Staats garantierten Grundrechten nicht entsprächen.

[59] Nach gefestigter Rechtsprechung kann nämlich nach dem Grundsatz des Vorrangs des Unionsrechts, der die Unionsrechtsordnung wesentlich prägt (vgl. Gutachten 1/91 vom 14. Dezember 1991, Slg. 1991, I-6079, Randnr. 21, und 1/09 vom 8. März 2011, Slg. 2011, I-1137, Randnr. 65), die Geltung des Unionsrechts in einem Mitgliedstaat nicht dadurch beeinträchtigt werden, dass dieser Staat Vorschriften des nationalen Rechts, und haben sie auch Verfassungsrang, geltend macht (vgl. in diesem Sinne u. a. Urteile vom 17. Dezember 1970, Internationale Handelsgesellschaft, 11/70, Slg. 1970, 1125, Randnr. 3, und vom 8. September 2010, Winner Wetten, C-409/06, Slg. 2010, I-8015, Randnr. 61).

[60] Zwar bestätigt Art. 53 der Charta, dass es den nationalen Behörden und Gerichten, wenn ein Unionsrechtsakt nationale Durchführungsmaßnahmen erforderlich macht, weiterhin freisteht, nationale Schutzstandards für die Grundrechte anzuwenden, sofern durch diese Anwendung weder das Schutzniveau der Charta, wie sie vom Gerichtshof ausgelegt wird, noch der Vorrang, die Einheit und die Wirksamkeit des Unionsrechts beeinträchtigt werden.

[61] Wie sich aus Randnr. 40 des vorliegenden Urteils ergibt, haben die Mitgliedstaaten jedoch nach Art. 4a Abs. 1 des Rahmenbeschlusses

2002/584 nicht die Möglichkeit, die Vollstreckung eines Europäischen Haftbefehls zu verweigern, wenn sich der Betroffene in einer der vier in dieser Bestimmung aufgeführten Fallgestaltungen befindet.

[62] Außerdem ist darauf hinzuweisen, dass mit dem Erlass des Rahmenbeschlusses 2009/299, durch den diese Bestimmung in den Rahmenbeschluss 2002/584 eingefügt wurde, die Schwierigkeiten bei der gegenseitigen Anerkennung von Entscheidungen, die im Anschluss an eine Verhandlung ergangen sind, bei der die betroffene Person nicht anwesend war, beseitigt werden sollen, die sich daraus ergeben, dass in den Mitgliedstaaten Unterschiede im Grundrechtsschutz bestehen. Zu diesem Zweck wird in diesem Rahmenbeschluss eine Harmonisierung der Voraussetzungen für die Vollstreckung eines Europäischen Haftbefehls bei einer Verurteilung in Abwesenheit bewirkt, die den Konsens widerspiegelt, zu dem alle Mitgliedstaaten gemeinsam in Bezug auf die Tragweite gelangt sind, die nach dem Unionsrecht den Verfahrensrechten der in Abwesenheit verurteilten Personen, gegen die ein Europäischer Haftbefehl ergangen ist, zuzumessen ist.

[63] Könnte sich ein Mitgliedstaat auf Art. 53 der Charta berufen, um die Übergabe einer in Abwesenheit verurteilten Person von der im Rahmenbeschluss 2009/299 nicht vorgesehenen Bedingung abhängig zu machen, dass die Verurteilung im Ausstellungsmitgliedstaat einer Überprüfung unterworfen werden kann, um zu vermeiden, dass das Recht auf ein faires Verfahren und die Verteidigungsrechte, wie sie in der Verfassung des vollstreckenden Mitgliedstaats garantiert sind, verletzt werden, würde dies deshalb, indem die Einheitlichkeit des im Rahmenbeschluss festgelegten Grundrechtsschutzstandards in Frage gestellt wird, zu einer Verletzung der Grundsätze des gegenseitigen Vertrauens und der gegenseitigen Anerkennung, die der Rahmenbeschluss stärken soll, führen und daher die Wirksamkeit dieses Rahmenbeschlusses beeinträchtigen.

[64] Nach alledem ist auf die dritte Frage zu antworten, dass Art. 53 der Charta dahin auszulegen ist, dass er es einem Mitgliedstaat nicht gestattet, die Übergabe einer in Abwesenheit verurteilten Person von der Bedingung, dass die Verurteilung im Ausstellungsmitgliedstaat einer Überprüfung unterworfen werden kann, abhängig zu machen, um zu vermeiden, dass das Recht auf ein faires Verfahren und die Verteidigungsrechte, wie sie in seiner Verfassung garantiert sind, verletzt werden.

Verb. Rs. C-404/15 und C-659/15 PPU (Aranyosi und Căldăraru), Urteil des Gerichtshofs vom 5.04.2016. 143

Vorbemerkungen: *In der vorliegenden Entscheidung reagierte der EuGH auf die deutliche Kritik des Bundesverfassungsgerichts an der Rechtsprechung in der Rs. Melloni (Fall 151) und ermöglichte im Ergebnis durch eine Ausnahme vom Grundsatz der gegenseitigen Anerkennung die Stärkung der Grundrechte. Die Entscheidung erging im Rahmen zweier Auslieferungsanträge zum Zwecke der Strafvollstreckung nach dem Europäischen Haftbefehl und der Gefahr menschenrechtswidriger Haftbedingungen. Der EuGH entschied, dass die Auslieferung zum Zwecke der Strafvollstreckung nach dem Europäischen Haftbefehl ausgesetzt werden kann, wenn zuverlässige und genaue Angaben vorliegen, die eine Gefahr der unmenschlichen und erniedrigenden Behandlung i. S. v. Art. 4 GRC im Ausstellungsstaat nahelegen. Somit machte der EuGH eine Ausnahme des bisherigen unantastbaren Grundsatzes des gegenseitigen Vertrauens, dabei rekurrierte er auf die im Gutachten 2/13 getroffene Formulierung, dass der Grundsatz des gegenseitigen Vertrauens, „abgesehen von außergewöhnlichen Umständen, davon ausgeht, dass alle anderen Mitgliedstaaten das Unionsrecht und insbesondere die dort anerkannten Grundrechte beachten". Faktisch stimmten die Ansätze des Bundesverfassungsgerichts und des EuGH wohl überein, nur dass der EuGH eine Prüfung anhand der Grundrechte-Charta durchführte, um den Vorrang des Unionsrechts zu sichern.* ***B:*** *M. Schwarz, EuR 2016, 421ff.; K. Böhm, NJW 2016, 1713f.; M. Ruffert, JuS 2016; 853ff.* ***L:*** *Rn. 136, 671.*

Sachverhalt: Herr Aranyosi, ein ungarischer Staatsangehöriger, und der Rumäne Herr Căldăraru sollten jeweils für die Vollstreckung von Haftbefehlen an ihre Heimatstaaten ausgeliefert werden. Beide wehrten sich gegen die Übergabe an ihre nationalen Behörden u. a. mit dem Argument, die Haftbedingungen in den jeweiligen Staaten würden nicht dem europäischen Mindeststandard genügen. Rumänien und Ungarn wurden vom EGMR wegen der Überfüllung ihrer Gefängnisse verurteilt, die Unterbringung von Häftlingen erfolgte danach in zu kleinen und überfüllten Zellen. Das deutsche Gericht legte dem EuGH im Vorabentscheidungsverfahren die Frage vor, ob die Auslieferung ausgesetzt werden könne, wenn gewichtige Anhaltspunkte dafür sprächen, dass die Haftbedingungen im Ausstellungsmitgliedstaat die Grundrechte der Betroffenen verletzen.

Aus den Entscheidungsgründen:

[76] Der Rahmenbeschluss ist daher darauf gerichtet, durch die Einführung eines neuen vereinfachten und wirksameren Systems der Übergabe von Personen, die wegen einer Straftat verurteilt wurden oder einer Straftat verdächtigt werden, die justizielle Zusammenarbeit zu erleichtern und zu beschleunigen, um zur Verwirklichung des der Union gesteckten Ziels beizutragen, zu einem Raum der Freiheit, der Sicherheit und des Rechts zu werden, und setzt ein hohes Maß an Vertrauen zwischen den Mitgliedstaaten voraus (vgl. Urteile Melloni, C-399/11, EU:C:2013:107, Rn. 37, F., C-168/13 PPU, EU:C:2013:358, Rn. 35, und Lanigan, C-237/15 PPU, EU:C:2015:474, Rn. 28).

[77] Der Grundsatz der gegenseitigen Anerkennung, auf den sich das System des Europäischen Haftbefehls stützt, beruht seinerseits auf dem gegenseitigen Vertrauen der Mitgliedstaaten darauf, dass ihre jeweiligen nationalen Rechtsordnungen in der Lage sind, einen gleichwertigen und wirksamen Schutz der auf Unionsebene und insbesondere in der Charta anerkannten Grundrechte zu bieten (vgl. in diesem Sinne Urteil F., C-168/13 PPU, EU:C:2013:358, Rn. 50, und entsprechend, in Bezug auf die justizielle Zusammenarbeit in Zivilsachen, Urteil Aguirre Zarraga, C-491/10 PPU, EU:C:2010:828, Rn. 70).

[78] Sowohl der Grundsatz des gegenseitigen Vertrauens zwischen den Mitgliedstaaten als auch der Grundsatz der gegenseitigen Anerkennung haben im Unionsrecht fundamentale Bedeutung, da sie die Schaffung und Aufrechterhaltung eines Raums ohne Binnengrenzen ermöglichen. Konkret verlangt der Grundsatz des gegenseitigen Vertrauens, namentlich in Bezug auf den Raum der Freiheit, der Sicherheit und des Rechts, von jedem Mitgliedstaat, dass er, abgesehen von außergewöhnlichen Umständen, davon ausgeht, dass alle anderen Mitgliedstaaten das Unionsrecht und insbesondere die dort anerkannten Grundrechte beachten (vgl. in diesem Sinne Gutachten 2/13, EU:C:2014:2454, Rn. 191).

[79] In dem vom Rahmenbeschluss geregelten Bereich kommt der Grundsatz der gegenseitigen Anerkennung, der – wie sich insbesondere aus dem sechsten Erwägungsgrund des Rahmenbeschlusses ergibt – den „Eckstein" der justiziellen Zusammenarbeit in Strafsachen bildet, in Art. 1 Abs. 2 des Rahmenbeschlusses zur Anwendung, der bestimmt, dass die Mitgliedstaaten grundsätzlich verpflichtet sind, einem Europäischen Haftbefehl Folge zu leisten (vgl. in diesem Sinne Urteil Lanigan, C-237/15 PPU, EU:C:2015:474, Rn. 36 und die dort angeführte Rechtsprechung).

[80] Folglich ist die Ablehnung der Vollstreckung eines solchen Haftbefehls durch die vollstreckende Justizbehörde nur in den abschlie-

ßend aufgezählten Fällen möglich, in denen sie nach Art. 3 des Rahmenbeschlusses abzulehnen ist oder nach den Art. 4 und 4a des Rahmenbeschlusses abgelehnt werden kann. Außerdem kann die Vollstreckung des Europäischen Haftbefehls nur an eine der in Art. 5 des Rahmenbeschlusses erschöpfend aufgeführten Bedingungen geknüpft werden (vgl. in diesem Sinne Urteil Lanigan, C-237/15 PPU, EU:C:2015:474, Rn. 36 und die dort angeführte Rechtsprechung).

[81] In diesem Kontext ist darauf hinzuweisen, dass nach dem zehnten Erwägungsgrund des Rahmenbeschlusses die Anwendung des Mechanismus des Europäischen Haftbefehls als solchem nur ausgesetzt werden darf, wenn eine schwere und anhaltende Verletzung der in Art. 2 EUV genannten Werte durch einen Mitgliedstaat vorliegt, und dass dies im Einklang mit dem in Art. 7 EUV vorgesehenen Verfahren geschehen muss.

[82] Gleichwohl hat der Gerichtshof zum einen anerkannt, dass unter „außergewöhnlichen Umständen" Beschränkungen der Grundsätze der gegenseitigen Anerkennung und des gegenseitigen Vertrauens zwischen den Mitgliedstaaten möglich sind (vgl. in diesem Sinne Gutachten 2/13, EU:C:2014:2454, Rn. 191).

[83] Zum anderen berührt der Rahmenbeschluss, wie aus seinem Art. 1 Abs. 3 hervorgeht, nicht die Pflicht, die Grundrechte, wie sie insbesondere in der Charta niedergelegt sind, zu achten.

[84] Insoweit ist hervorzuheben, dass Art. 4 der Charta, der eine unmenschliche oder erniedrigende Strafe oder Behandlung verbietet, nach Art. 51 Abs. 1 der Charta von den Mitgliedstaaten und damit von ihren Gerichten bei der Durchführung des Unionsrechts anzuwenden ist; dies ist der Fall, wenn die ausstellende Justizbehörde und die vollstreckende Justizbehörde die zur Umsetzung des Rahmenbeschlusses ergangenen nationalen Bestimmungen anwenden (vgl. entsprechend Urteile Dereci u. a., C-256/11, EU:C:2011:734, Rn. 72, sowie Peftiev u. a., C-314/13, EU:C:2014:1645, Rn. 24).

[85] Das in Art. 4 der Charta aufgestellte Verbot unmenschlicher oder erniedrigender Strafe oder Behandlung hat absoluten Charakter, da es eng mit der Achtung der Würde des Menschen verbunden ist, auf die sich Art. 1 der Charta bezieht (vgl. in diesem Sinne Urteil Schmidberger, C-112/00, EU:C:2003:333, Rn. 80).

[86] Der absolute Charakter des durch Art. 4 der Charta gewährleisteten Rechts wird durch Art. 3 EMRK bestätigt, dem Art. 4 der Charta entspricht. Wie sich aus Art. 15 Abs. 2 EMRK ergibt, darf nämlich in keinem Fall von Art. 3 EMRK abgewichen werden.

[87] In den Art. 1 und 4 der Charta sowie in Art. 3 EMRK ist einer der Grundwerte der Union und ihrer Mitgliedstaaten verankert. Aus diesem Grund sieht die EMRK unter allen Umständen, auch bei der Bekämpfung des Terrorismus und des organisierten Verbrechens, ein absolutes Verbot der Folter und unmenschlicher oder erniedrigender Strafe oder Behandlung vor, das unabhängig vom Verhalten des Betroffenen gilt (vgl. Urteil des EGMR, Bouyid/Belgien, Nr. 23380/09, vom 28. September 2015, § 81 und die dort angeführte Rechtsprechung).

[88] Folglich ist die Justizbehörde des Vollstreckungsmitgliedstaats, sofern sie über Anhaltspunkte dafür verfügt, dass eine echte Gefahr unmenschlicher oder erniedrigender Behandlung von Häftlingen im Ausstellungsmitgliedstaat besteht, im Licht des durch das Unionsrecht gewährleisteten Schutzstandards der Grundrechte und insbesondere von Art. 4 der Charta (vgl. in diesem Sinne Urteil Melloni, C-399/11, EU:C:2013:107, Rn. 59 und 63, sowie Gutachten 2/13, EU:C:2014:2454, Rn. 192) verpflichtet, das Vorliegen dieser Gefahr zu würdigen, wenn sie über die Übergabe der Person, gegen die ein Europäischer Haftbefehl erlassen wurde, an die Behörden des Ausstellungsmitgliedstaats zu entscheiden hat. Die Vollstreckung eines solchen Haftbefehls darf nämlich nicht zu einer unmenschlichen oder erniedrigenden Behandlung dieser Person führen.

[89] Dabei muss sich die vollstreckende Justizbehörde zunächst auf objektive, zuverlässige, genaue und gebührend aktualisierte Angaben über die Haftbedingungen im Ausstellungsmitgliedstaat stützen, die das Vorliegen systemischer oder allgemeiner, bestimmte Personengruppen oder bestimmte Haftanstalten betreffender Mängel belegen. Diese Angaben können sich u. a. aus Entscheidungen internationaler Gerichte wie Urteilen des EGMR, aus Entscheidungen von Gerichten des Ausstellungsmitgliedstaats oder aus Entscheidungen, Berichten und anderen Schriftstücken von Organen des Europarats oder aus dem System der Vereinten Nationen ergeben.

[90] Insoweit geht aus der Rechtsprechung des EGMR hervor, dass Art. 3 EMRK den Behörden des Staates, in dessen Hoheitsgebiet eine Person inhaftiert ist, eine positive Verpflichtung auferlegt, sich zu vergewissern, dass jeder Häftling unter Bedingungen untergebracht ist, die die Wahrung der Menschenwürde gewährleisten, dass die Durchführungsmodalitäten der Maßnahme den Betroffenen keiner Bürde oder Last aussetzen, deren Intensität über das dem Freiheitsentzug unvermeidlich innewohnende Maß des Leidens hinausgeht, und dass nach Maßgabe der praktischen Erfordernisse der Inhaftierung Gesundheit und Wohlergehen des Häftlings in angemessener Weise sichergestellt

werden (vgl. Urteil des EGMR Torreggiani u. a./Italien, Nrn. 43517/09, 46882/09, 55400/09, 57875/09, 61535/09, 35315/10 und 37818/10, vom 8. Januar 2013, § 65).

III. Horizontale Anwendbarkeit

Verb. Rs. C-569/16 und C-570/16 (Stadt Wuppertal ./. Bauer und Willmeroth ./. Broßonn; „Bauer"), Urteil des Gerichtshofs vom 06.11.2018. 144

Vorbemerkungen: *In der Rs. Bauer entfaltete der EuGH erstmals die unmittelbare Horizontalwirkung eines Charta-Grundrechts, indem er einen privaten Arbeitgeber aus Art. 31 Abs. 2 GRCh auf Gewährung bezahlten Jahresurlaubs gegenüber der Rechtsnachfolgerin (Frau Broßonn) des verstorbenen Arbeitnehmers verpflichtete. Eine Grundlage hierfür ließ sich dem Wortlaut des Art. 51 Abs. 1 GRCh nicht entnehmen. Zudem verlangt Art. 52 Abs. 1 GRCh für Eingriffe in Unionsgrundrechte einen Gesetzesvorbehalt, den Private nicht erfüllen können. Allerdings ist die Charta mit den Verträgen gleichrangig (Art. 6 Abs. 1 UAbs. 1 EUV) und einigen Vertragsnormen, die primär an die Mitgliedstaaten adressiert sind, wird ebenfalls eine unmittelbare Drittwirkung zugesprochen. Des Weiteren stellt die Grundrechte-Charta keinen grundlegenden Wandel zur bisherigen Rechtslage hinsichtlich der allgemeinen Rechtsgrundsätze dar, die dadurch geprägt war und ist, dass zumindest eine negative horizontale Anwendbarkeit angenommen wurde (vgl. u. a. Rs. Mangold, Fall 33, Rn. 75). Art. 31 Abs. 2 GRC gelangt in einem Rechtsstreit zwischen einem privaten Arbeitgeber und seinen Arbeitnehmern danach ebenfalls zur Anwendung, da diese Bestimmung aufgrund ihrer im Wortlaut angelegten Formulierung „Recht … auf bezahlten Jahresurlaub" „zwingend und nicht von Bedingungen abhängig" ist, d. h. nicht durch unionsrechtliche oder nationalrechtliche Bestimmungen konkretisiert werden muss. Damit verleiht Art. 31 Abs. 2 GRCh „schon für sich allein den Arbeitnehmern ein Recht, das sie in einem […] vom Unionsrecht erfassten und daher in den Anwendungsbereich der Charta fallenden Sachverhalt als solches geltend machen können". Die Wirkung dieser Bestimmung, die über die Unanwendbarkeit der entgegenstehenden nationalen Regelung hinausgeht, lässt sich aus dem „Wesen" des darin verankerten Grund-*

satzes ableiten – nämlich der Pflicht jeden Arbeitgebers den bezahlten Jahresurlaub zu gewähren. Hinsichtlich der sich aufdrängenden Frage, nach der unmittelbaren horizontalen Anwendung weiterer Charta-rechte, lässt sich annehmen, dass sich aus dem Wortlaut der Norm eine Adressierung an Private ergeben muss. Eine Rolle dürfte hier zudem – wie auch bei der Arbeitnehmerfreizügigkeit – der Umstand gespielt haben, dass der Großteil aller Arbeitsverhältnisse privatrechtlicher Natur ist. ***B:*** *M. Fuhlrott, EuZW 2018, 1054 f.; V.-P. Heintz, ZEV 2019, 343 f.; S. Sura, EuZA 2019 350 ff.* ***L:*** *Rn. 664.*

Sachverhalt: Frau Bauer und Frau Broßonn beantragten als alleinige Rechtsnachfolger bei den ehemaligen Arbeitgebern ihrer verstorbenen Ehemänner finanzielle Vergütung für nicht genommenen Jahresurlaub. Nachdem die Arbeitgeber dies ablehnten, ersuchten Frau Bauer und Frau Broßonn die deutsche Arbeitsgerichtsbarkeit. Nach einem Urteil des EuGH aus dem Jahre 2014 ging der Anspruch auf bezahlten Jahresurlaub nach Art. 7 der RL 2003/88 nach dem Tod des Arbeitnehmers nicht unter. In dieser Rechtssache stand jedoch in Frage, ob der Arbeitgeber dem Erben auch dann den Urlaubsanspruch nach Art. 7 der RL 2003/88 oder Art. 31 Abs. 2 der GRCh zu zahlen hat, wenn nationale Vorschriften der Vererbbarkeit eines solchen Anspruchs grundsätzlich entgegenstehen. Zuletzt war fraglich, ob die unionalen Vorschriften unmittelbare Wirkung entfalteten, da sich im Ausgangsstreit zwei Privatpersonen gegenüberstanden. Diese Fragen legte das Bundesarbeitsgericht dem EuGH vor.

Aus den Entscheidungsgründen:

[83] Das Recht auf bezahlten Jahresurlaub wurde also nicht mit Art. 7 der Richtlinie 93/104 und Art. 7 der Richtlinie 2003/88 selbst eingeführt. Es hat seinen Ursprung u. a. in verschiedenen völkerrechtlichen Verträgen (vgl. entsprechend Urteil vom 17. April 2018, Egenberger, C 414/16, EU:C:2018:257, Rn. 75), und hat als wesentlicher Grundsatz des Sozialrechts der Union zwingenden Charakter (vgl. in diesem Sinne Urteil vom 16. März 2006, Robinson-Steele u. a., C 131/04 und C 257/04, EU:C:2006:177, Rn. 48 und 68). Dieser wesentliche Grundsatz umfasst, wie in Rn. 58 des vorliegenden Urteils ausgeführt, den Anspruch auf „bezahlten" Jahresurlaub als solchen und den mit diesem eng verbundenen Anspruch auf eine finanzielle Vergütung für bei Beendigung des Arbeitsverhältnisses nicht genommenen Jahresurlaub.

[84] Mit der zwingenden Formulierung, dass „jede Arbeitnehmerin und jeder Arbeitnehmer" das „Recht" „auf bezahlten Jahresurlaub" hat – und zwar ohne dass insoweit, wie z. B. in Art. 27 der Charta, zu

dem das Urteil vom 15. Januar 2014, Association de médiation sociale (C 176/12, EU:C:2014:2), ergangen ist, auf „Fälle und Voraussetzungen, die nach dem Unionsrecht und den einzelstaatlichen Rechtsvorschriften und Gepflogenheiten vorgesehen sind", verwiesen würde –, spiegelt Art. 31 Abs. 2 der Charta den wesentlichen Grundsatz des Sozialrechts der Union wider, von dem nur unter den in Art. 52 Abs. 1 der Charta vorgesehenen strengen Bedingungen und insbesondere nur unter Achtung des Wesensgehalts des Grundrechts auf bezahlten Jahresurlaub abgewichen werden kann.

[85] Das Recht auf bezahlten Jahresurlaub, das in Art. 31 Abs. 2 der Charta für jede Arbeitnehmerin und jeden Arbeitnehmer verankert ist, ist infolgedessen, was sein Bestehen selbst anbelangt, zugleich zwingend und nicht von Bedingungen abhängig, da die Charta nicht durch unionsrechtliche oder nationalrechtliche Bestimmungen konkretisiert werden muss. In diesen sind nur die genaue Dauer des Jahresurlaubs und gegebenenfalls bestimmte Voraussetzungen für die Wahrnehmung des Rechts festzulegen. Folglich verleiht Art. 31 Abs. 2 der Charta schon für sich allein den Arbeitnehmern ein Recht, das sie in einem Rechtsstreit gegen ihren Arbeitgeber in einem vom Unionsrecht erfassten und daher in den Anwendungsbereich der Charta fallenden Sachverhalt als solches geltend machen können (vgl. entsprechend Urteil vom 17. April 2018, Egenberger, C 414/16, EU:C:2018:257, Rn. 76).

[86] Art. 31 Abs. 2 der Charta hat daher für die in den Anwendungsbereich der Charta fallenden Sachverhalte insbesondere zur Folge, dass zum einen das nationale Gericht eine nationale Regelung wie die in den Ausgangsverfahren fragliche unangewendet lassen muss, die für den Arbeitnehmer dazu führt, dass ihm aufgrund seines Todes rückwirkend die zuvor erworbenen Ansprüche auf bezahlten Jahresurlaub und damit seinen Rechtsnachfolgern die finanzielle Vergütung genommen wird, die als vermögensrechtliche Komponente dieser Ansprüche an deren Stelle tritt. Zum anderen können sich die Arbeitgeber nicht auf eine solche nationale Regelung berufen, um sich der Zahlung dieser finanziellen Vergütung zu entziehen, zu der sie die Achtung des in dieser Bestimmung gewährleisteten Grundrechts verpflichtet.

[87] Bezüglich der Wirkung, die Art. 31 Abs. 2 der Charta gegenüber privaten Arbeitgebern entfaltet, ist festzustellen, dass die Charta nach ihrem Art. 51 Abs. 1 zwar für die Organe, Einrichtungen und sonstigen Stellen der Union unter Wahrung des Subsidiaritätsprinzips und für die Mitgliedstaaten ausschließlich bei der Durchführung des Unionsrechts gilt. Hingegen trifft Art. 51 Abs. 1 der Charta keine Regelung darüber, ob Privatpersonen gegebenenfalls unmittelbar zur Einhaltung

einzelner Bestimmungen der Charta verpflichtet sein können, und kann demnach nicht dahin ausgelegt werden, dass dies kategorisch ausgeschlossen wäre.

[88] Wie der Generalanwalt in Nr. 78 seiner Schlussanträge ausgeführt hat, kann der Umstand, dass manche Bestimmungen des Primärrechts in erster Linie an die Mitgliedstaaten gerichtet sind, es nicht ausschließen, dass diese auch für Rechtsbeziehungen zwischen Privatpersonen gelten können (vgl. in diesem Sinne Urteil vom 17. April 2018, Egenberger, C 414/16, EU:C:2018:257, Rn. 77).

[89] Der Gerichtshof hat insbesondere bereits anerkannt, dass das in Art. 21 Abs. 1 der Charta niedergelegte Verbot schon für sich allein dem Einzelnen ein Recht verleiht, das er in einem Rechtsstreit gegen eine andere Privatperson als solches geltend machen kann (Urteil vom 17. April 2018, Egenberger, C 414/16, EU:C:2018:257, Rn. 76), ohne dass deshalb Art. 51 Abs. 1 der Charta dem entgegenstünde.

[90] Speziell in Bezug auf Art. 31 Abs. 2 der Charta ist hervorzuheben, dass das Recht jeder Arbeitnehmerin und jedes Arbeitnehmers auf bezahlten Jahresurlaub schon seinem Wesen nach mit einer entsprechenden Pflicht des Arbeitgebers einhergeht, nämlich der Pflicht zur Gewährung bezahlten Jahresurlaubs.

145 **Verb. Rs. C-804/18 und C-341/19 (WABE und MH Müller Handel), Urteil des Gerichtshofs vom 15.07.2021.**

Vorbemerkungen: *Das Urteil veranschaulicht die parallele Anwendung von Unions- und nationalen Grundrechten in mittelbarer Horizontalwirkung. Einfallstor für die Anwendung der Grundrechte war insoweit die Richtlinie 2000/78/EG des Rates vom 27.11.2000 zur Festlegung eines allgemeinen Rahmens für die Verwirklichung der Gleichbehandlung in Beschäftigung und Beruf (ABl. 2000, L 303, S. 16), die durch das Allgemeine Gleichbehandlungsgesetz vom 14.08.2006 (BGBl. 2006 I S. 1897, kurz: AGG) in deutsches Recht umgesetzt werden sollte. Der Gerichtshof wies in dem Urteil als Erstes darauf hin, dass bei der Prüfung, ob die Beschränkung, die sich aus einer Maßnahme zur Gewährleistung einer Politik der politischen, weltanschaulichen und religiösen Neutralität ergibt, im Sinne von Art. 2 Abs. 2 Buchst. b Ziff. i der Richtlinie 2000/78 angemessen ist, die verschiedenen in Rede stehenden Rechte und Freiheiten zu berücksichtigen sind sowie dass es Sache der nationalen Gerichte ist, in Anbetracht aller sich aus den betreffenden Akten ergebenden Umstände den beider-*

seitigen Interessen Rechnung zu tragen und die Beschränkungen der in Rede stehenden Freiheiten auf das unbedingt Erforderliche zu begrenzen. Dadurch kann gewährleistet werden, dass dann, wenn mehrere in den Verträgen verankerte Grundrechte und Grundsätze in Rede stehen, bei der Beurteilung der Einhaltung des Grundsatzes der Verhältnismäßigkeit die mit dem Schutz der verschiedenen Rechte und Grundsätze verbundenen Anforderungen miteinander in Einklang gebracht werden sowie dass zwischen ihnen ein angemessenes Gleichgewicht besteht. In dieser Sache standen zum einen der in Art. 21 GRCh verankerte Grundsatz der Nichtdiskriminierung und das in Art. 10 GRCh verankerte Recht auf Gedanken-, Gewissens- und Religionsfreiheit sowie zum anderen das in Art. 14 Abs. 3 GRCh anerkannte Recht der Eltern, die Erziehung und den Unterricht ihrer Kinder entsprechend ihren eigenen religiösen, weltanschaulichen und erzieherischen Überzeugungen sicherzustellen, und die in Art. 16 GRCh anerkannte unternehmerische Freiheit in Rede. Insoweit handelte es sich um eine sogenannte multipolare Grundrechtskonstellation, die eine umfassende Konkordanzprüfung erforderte. Als Zweites stellte der Gerichtshof in dem Urteil fest, dass der Unionsgesetzgeber es dadurch, dass er in der Richtlinie 2000/78 nicht selbst den erforderlichen Einklang zwischen der Gedanken-, der Weltanschauungs- und der Religionsfreiheit sowie den rechtmäßigen Zielen, die zur Rechtfertigung einer Ungleichbehandlung geltend gemacht werden können, hergestellt hatte, sondern es den Mitgliedstaaten und ihren Gerichten überließ, diesen Einklang herzustellen, erlaubt hatte, dem jeweiligen Kontext der einzelnen Mitgliedstaaten Rechnung zu tragen und jedem Mitgliedstaat im Rahmen dieses Ausgleichs einen Wertungsspielraum einzuräumen. So dürfen nationale Vorschriften, die die Religionsfreiheit schützen, bei der Prüfung der Frage, ob eine mittelbare Ungleichbehandlung wegen der Religion oder der Weltanschauung angemessen ist, als günstigere Vorschriften im Sinne von Art. 8 Abs. 1 der Richtlinie 2000/78 berücksichtigt werden. Eine solche Vorschrift stellte in dieser Sache Art. 4 Abs. 1, 2 GG dar, der an die Rechtfertigung einer mittelbar auf der Religion beruhenden Ungleichbehandlung höhere Anforderungen knüpfte als Art. 2 Abs. 2 Buchst. b Ziff. i der Richtlinie 2000/78. Der Gerichtshof verhielt sich in dem Urteil nicht ausdrücklich dazu, ob eine solche (nationale) Grundrechtsbestimmung auch in die Konkordanzprüfung mit den verbleibenden Unionsgrundrechten einzustellen ist oder wie anderenfalls eine Konkordanzprüfung in dieser Konstellation zu erfolgen hat.
B: *G. Dornbusch, NJW 2021, 2723 f.; A.-K. Klus, EuZA 2022, 73 ff.; V. Jungbauer, NZA-RR 2021, 645 ff.*

Sachverhalt: IX und MJ, die bei Gesellschaften deutschen Rechts als Heilerziehungspflegerin bzw. als Verkaufsberaterin und Kassiererin beschäftigt waren, trugen an ihrem jeweiligen Arbeitsplatz ein islamisches Kopftuch. Da der Arbeitgeber von IX, der WABE e. V. (im Folgenden: WABE), der Ansicht war, dass das Tragen eines solchen Kopftuchs nicht der Politik der politischen, weltanschaulichen und religiösen Neutralität gegenüber Eltern, Kindern und Dritten entspreche, forderte er sie auf, das Kopftuch abzulegen, und stellte sie auf ihre Weigerung hin zweimal von der Arbeit frei, wobei er sie abmahnte. Die Arbeitgeberin von MJ, die MH Müller Handels GmbH (im Folgenden: MH), wies MJ, nachdem diese es abgelehnt hatte, das Kopftuch an ihrem Arbeitsplatz abzulegen, zunächst eine andere Stelle zu, die es ihr erlaubte, das Kopftuch zu tragen, und erteilte ihr dann, nachdem sie sie nach Hause geschickt hatte, die Weisung, ohne auffällige großflächige Zeichen religiöser, politischer oder weltanschaulicher Überzeugungen an ihrem Arbeitsplatz zu erscheinen. IX erhob beim Arbeitsgericht Hamburg (Deutschland) Klage auf Verurteilung von WABE, die Abmahnungen wegen des Tragens des islamischen Kopftuchs aus ihrer Personalakte zu entfernen. MJ erhob vor den nationalen Gerichten Klage auf Feststellung der Unwirksamkeit der von MH erteilten Weisung und auf Ersatz des erlittenen Schadens. Nachdem die vorinstanzlichen Gerichte der Klage von MJ stattgegeben hatten, legte MH Revision zum Bundesarbeitsgericht (Deutschland) ein. Vor diesem Hintergrund beschlossen die beiden vorlegenden Gerichte, den Gerichtshof um Auslegung der Richtlinie 2000/78 zu ersuchen. Unter anderem wurde der Gerichtshof gefragt, welche Gesichtspunkte bei der Prüfung der Angemessenheit einer etwaigen mittelbaren Ungleichbehandlung wegen der Religion oder der Weltanschauung, die sich aus einer internen Regel eines Unternehmens, die den Arbeitnehmern das Tragen sichtbarer Zeichen politischer, weltanschaulicher oder religiöser Überzeugungen am Arbeitsplatz verbietet, ergibt, zu berücksichtigen sind.

Aus den Entscheidungsgründen:

[79] Mit der zweiten Frage Buchst. b in der Rechtssache C-804/18, die der zweiten Frage Buchst. b in der Rechtssache C-341/19 entspricht, die zusammen zu prüfen sind, möchte das Arbeitsgericht Hamburg (Deutschland) wissen, ob Art. 2 Abs. 2 Buchst. b der Richtlinie 2000/78 dahin auszulegen ist, dass nationale verfassungsrechtliche Vorschriften, die die Religionsfreiheit schützen, bei der Prüfung der Frage, ob eine mittelbare Ungleichbehandlung wegen der Religion oder der Weltanschauung angemessen ist, als günstigere Vorschriften im Sinne von Art. 8 Abs. 1 dieser Richtlinie berücksichtigt werden dürfen.

[80] Diese Frage geht auf die auch vom Bundesarbeitsgericht in der Rechtssache C-341/19 aufgeworfene Frage zurück, ob im Rahmen der

Prüfung der Angemessenheit einer internen Regel eines Unternehmens wie der in den Ausgangsverfahren in Rede stehenden eine Abwägung der widerstreitenden Rechte und Freiheiten – insbesondere der Art. 14 und 16 der Charta einerseits und Art. 10 der Charta andererseits – vorzunehmen ist, oder ob diese Abwägung erst bei der Anwendung der besagten internen Regel im Einzelfall, beispielsweise bei einer Weisung an einen Arbeitnehmer oder bei seiner Kündigung, zu erfolgen hat. Sollte der Schluss gezogen werden, dass die widerstreitenden Rechte aus der Charta nicht im Rahmen der Angemessenheitsprüfung berücksichtigt werden können, würde sich sodann die Frage stellen, ob eine nationale Vorschrift mit Verfassungsrang wie beispielsweise Art. 4 Abs. 1 und 2 GG, der die Glaubens- und Bekenntnisfreiheit schützt, als eine günstigere Regelung im Sinne von Art. 8 Abs. 1 der Richtlinie 2000/78 angesehen werden kann.

[81] Was als Erstes die Frage betrifft, ob im Rahmen der Prüfung der Angemessenheit im Sinne von Art. 2 Abs. 2 Buchst. b Ziff. i der Richtlinie 2000/78 der zur Sicherstellung der Anwendung einer Politik der politischen, weltanschaulichen und religiösen Neutralität getroffenen Maßnahme die verschiedenen in Rede stehenden Rechte und Freiheiten zu berücksichtigen sind, ist zunächst darauf hinzuweisen, dass, wie der Gerichtshof bei der Auslegung des Begriffs „Religion" im Sinne von Art. 1 der Richtlinie 2000/78 festgestellt hat, der Unionsgesetzgeber im ersten Erwägungsgrund dieser Richtlinie auf die Grundrechte Bezug genommen hat, wie sie in der EMRK gewährleistet sind. Die EMRK sieht in ihrem Art. 9 vor, dass jede Person das Recht auf Gedanken-, Gewissens- und Religionsfreiheit hat, wobei dieses Recht u. a. die Freiheit umfasst, seine Religion oder Weltanschauung einzeln oder gemeinsam mit anderen öffentlich oder privat durch Gottesdienst, Unterricht oder Praktizieren von Bräuchen und Riten zu bekennen. Der Unionsgesetzgeber hat im ersten Erwägungsgrund der Richtlinie 2000/78 außerdem auf die gemeinsamen Verfassungsüberlieferungen der Mitgliedstaaten als allgemeine Grundsätze des Unionsrechts Bezug genommen. Zu den Rechten, die sich aus diesen gemeinsamen Verfassungsüberlieferungen ergeben und die in der Charta bekräftigt wurden, gehört das in Art. 10 Abs. 1 der Charta verankerte Recht auf Gewissens- und Religionsfreiheit. Es umfasst nach dieser Bestimmung die Freiheit, die Religion oder Weltanschauung zu wechseln, und die Freiheit, seine Religion oder Weltanschauung einzeln oder gemeinsam mit anderen öffentlich oder privat durch Gottesdienst, Unterricht, Bräuche und Riten zu bekennen. Wie sich aus den Erläuterungen zur Charta der Grundrechte (ABl. 2007, C 303, S. 17) ergibt, entspricht

das in Art. 10 Abs. 1 der Charta garantierte Recht dem in Art. 9 EMRK garantierten Recht, und nach Art. 52 Abs. 3 der Charta hat es die gleiche Bedeutung und die gleiche Tragweite wie dieses (Urteil vom 14. März 2017, G4S Secure Solutions, C-157/15, EU:C:2017:203, Rn. 26 und 27).

[82] Mithin sind bei der Prüfung, ob die Beschränkung, die sich aus einer Maßnahme zur Gewährleistung einer Politik der politischen, weltanschaulichen und religiösen Neutralität ergibt, im Sinne von Art. 2 Abs. 2 Buchst. b Ziff. i der Richtlinie 2000/78 angemessen ist, die verschiedenen in Rede stehenden Rechte und Freiheiten zu berücksichtigen.

[83] Sodann hat der Gerichtshof im Rahmen der Prüfung der Erforderlichkeit eines Verbots, das dem in den Ausgangsverfahren in Rede stehenden ähnlich war, bereits entschieden, dass es Sache der nationalen Gerichte ist, in Anbetracht aller sich aus den betreffenden Akten ergebenden Umstände den beiderseitigen Interessen Rechnung zu tragen und die Beschränkungen „der in Rede stehenden Freiheiten auf das unbedingt Erforderliche" zu begrenzen (Urteil vom 14. März 2017, G4S Secure Solutions, C-157/15, EU:C:2017:203, Rn. 43). Da es in der Rechtssache, in der jenes Urteil ergangen ist, nur um die in Art. 16 der Charta anerkannte unternehmerische Freiheit ging, ist festzustellen, dass die andere Freiheit, auf die der Gerichtshof in dem Urteil Bezug genommen hat, die in dessen Rn. 39 angesprochene Gedanken-, Gewissens- und Religionsfreiheit war.

[84] Schließlich ist festzustellen, dass diese Auslegung der Richtlinie 2000/78 mit der Rechtsprechung des Gerichtshofs in Einklang steht, da sie es erlaubt, zu gewährleisten, dass dann, wenn mehrere in den Verträgen verankerte Grundrechte und Grundsätze in Rede stehen, wie beispielsweise im vorliegenden Fall zum einen der in Art. 21 der Charta verankerte Grundsatz der Nichtdiskriminierung und das in Art. 10 der Charta verankerte Recht auf Gedanken-, Gewissens- und Religionsfreiheit sowie zum anderen das in Art. 14 Abs. 3 der Charta anerkannte Recht der Eltern, die Erziehung und den Unterricht ihrer Kinder entsprechend ihren eigenen religiösen, weltanschaulichen und erzieherischen Überzeugungen sicherzustellen, und die in Art. 16 der Charta anerkannte unternehmerische Freiheit, bei der Beurteilung der Einhaltung des Grundsatzes der Verhältnismäßigkeit die mit dem Schutz der verschiedenen Rechte und Grundsätze verbundenen Anforderungen miteinander in Einklang gebracht werden und dass zwischen ihnen ein angemessenes Gleichgewicht besteht (vgl. in diesem Sinne Urteil vom 17. Dezember 2020, Centraal Israëlitisch Consistorie van

België u. a., C-336/19, EU:C:2020:1031, Rn. 65 und die dort angeführte Rechtsprechung).

[85] Zu den in den Ausgangsverfahren in Rede stehenden Vorschriften des nationalen Rechts, insbesondere Art. 4 Abs. 1 GG, und der sich aus ihnen ergebenden Anforderung, dass es in einer Situation wie der in diesen Rechtssachen in Rede stehenden dem Arbeitgeber obliegt, nicht nur nachzuweisen, dass er ein rechtmäßiges Ziel verfolgt, das eine mittelbare Ungleichbehandlung wegen der Religion oder der Weltanschauung rechtfertigen kann, sondern auch zu belegen, dass zum Zeitpunkt der Einführung der fraglichen internen Regel eine hinreichend konkrete Gefahr der Beeinträchtigung dieses Ziels bestand oder gegenwärtig besteht, wie beispielsweise die Gefahr konkreter Unruhe innerhalb des Unternehmens oder die konkrete Gefahr von Ertragseinbußen, ist festzustellen, dass sich eine solche Anforderung in den durch Art. 2 Abs. 2 Buchst. b Ziff. i der Richtlinie 2000/78 festgelegten Rahmen in Bezug auf die Rechtfertigung einer mittelbaren Ungleichbehandlung wegen der Religion oder der Weltanschauung fügt.

[86] Was als Zweites die Frage betrifft, ob eine nationale Vorschrift über die Religions- und Gewissensfreiheit als eine für den Schutz des Gleichbehandlungsgrundsatzes günstigere nationale Vorschrift im Sinne von Art. 8 Abs. 1 der Richtlinie 2000/78 angesehen werden kann, ist darauf hinzuweisen, dass die Richtlinie 2000/78, wie sich aus ihrem Titel ergibt, einen allgemeinen Rahmen für die Verwirklichung der Gleichbehandlung in Beschäftigung und Beruf festlegt, der den Mitgliedstaaten im Hinblick auf die Vielfalt der von diesen verfolgten Ansätze in Bezug auf den Platz, den sie in ihrem Inneren der Religion oder den Überzeugungen einräumen, einen Wertungsspielraum lässt. Der den Mitgliedstaaten damit zuerkannte Wertungsspielraum bei fehlendem Konsens auf Unionsebene muss jedoch mit einer Kontrolle einhergehen, die Sache des Unionsrichters ist und die insbesondere darin besteht, zu prüfen, ob die auf nationaler Ebene getroffenen Maßnahmen grundsätzlich gerechtfertigt sind und ob sie verhältnismäßig sind (vgl. in diesem Sinne Urteil vom 17. Dezember 2020, Centraal Israëlitisch Consistorie van België u. a., C-336/19, EU:C:2020:1031, Rn. 67).

[87] Im Übrigen zeigt der so geschaffene Rahmen, dass der Unionsgesetzgeber in der Richtlinie 2000/78 nicht selbst den erforderlichen Einklang zwischen der Gedanken-, der Weltanschauungs- und der Religionsfreiheit und den rechtmäßigen Zielen, die zur Rechtfertigung einer Ungleichbehandlung im Sinne von Art. 2 Abs. 2 Buchst. b Ziff. i dieser Richtlinie geltend gemacht werden können, hergestellt hat, sondern es den Mitgliedstaaten und ihren Gerichten überlassen hat, diesen

Einklang herzustellen (vgl. entsprechend Urteil vom 17. Dezember 2020, Centraal Israëlitisch Consistorie van België u. a., C-336/19, EU:C:2020:1031, Rn. 47).

[88] Folglich erlaubt es die Richtlinie 2000/78, dem jeweiligen Kontext der einzelnen Mitgliedstaaten Rechnung zu tragen und jedem Mitgliedstaat im Rahmen des notwendigen Ausgleichs der verschiedenen in Rede stehenden Rechte und Interessen einen Wertungsspielraum einzuräumen, um ein gerechtes Gleichgewicht zwischen diesen zu gewährleisten.

[89] Daraus folgt, dass im Rahmen der Prüfung, ob eine Ungleichbehandlung wegen der Religion oder der Weltanschauung vorliegt, die nationalen Vorschriften, die die Gedanken-, Weltanschauungs- und Religionsfreiheit als Wert schützen, dem die modernen demokratischen Gesellschaften seit vielen Jahren eine verstärkte Bedeutung beimessen, als Vorschriften, die im Hinblick auf die Wahrung des Gleichbehandlungsgrundsatzes im Sinne von Art. 8 Abs. 1 der Richtlinie 2000/78 günstiger sind, berücksichtigt werden dürfen. So würden beispielsweise nationale Vorschriften, die an die Rechtfertigung einer mittelbar auf der Religion oder der Weltanschauung beruhenden Ungleichbehandlung höhere Anforderungen knüpfen als Art. 2 Abs. 2 Buchst. b Ziff. i der Richtlinie 2000/78, in den Anwendungsbereich der in Art. 8 Abs. 1 eröffneten Möglichkeit fallen.

[90] Nach alledem ist auf die zweite Frage Buchst. b in der Rechtssache C-804/18 und die zweite Frage Buchst. b in der Rechtssache C-341/19 zu antworten, dass Art. 2 Abs. 2 Buchst. b der Richtlinie 2000/78 dahin auszulegen ist, dass nationale Vorschriften, die die Religionsfreiheit schützen, bei der Prüfung der Frage, ob eine mittelbare Ungleichbehandlung wegen der Religion oder der Weltanschauung angemessen ist, als günstigere Vorschriften im Sinne von Art. 8 Abs. 1 dieser Richtlinie berücksichtigt werden dürfen.

IV. Grundrechtswirkungen auf Ebene der Grundfreiheiten

Rs. C-230/18 (PI), Urteil des Gerichtshofs vom 08.05.2019. 146

Vorbemerkungen: *Dieses Urteil verdeutlicht anschaulich das in der Rechtsprechung entwickelte Zusammenspiel von Grundfreiheiten und EU-Grundrechten in Konstellationen, in denen die Möglichkeit, einen Grundfreiheitseingriff durch zwingende Gründe des Allgemeininteressen zu rechtfertigen, durch die EU-Grundrechte eingeschränkt wird (ERT-Konstellation). Da das vorlegende Gericht nicht ausdrücklich nach der Auslegung der Grundfreiheiten fragte, betrieb der EuGH zunächst einigen Aufwand, um den Vorlagegegenstand zu erläutern. Im Ergebnis prüfte er die Vereinbarkeit des nationalen Rechts mit Art. 49 AEUV, Art. 15 Abs. 2, 16, 47, 52 GRCh sowie mit dem Grundsatz des Rechts auf eine gute Verwaltung. Im Folgenden lässt sich dann lehrbuchartig die Wirkung der Unionsgrundrechte als sog. Schranken-Schranken der Grundfreiheiten nachvollziehen. Hierbei prüfte der EuGH die Grundrechte nicht eigenständig, wie es teilweise in der vorangegangenen Rechtsprechung erschien, sondern inzident im Rahmen der Verhältnismäßigkeit. Hierbei offenbarte sich auch die besondere Bedeutung von Art. 47 GRCh.* ***L:*** *Rn. 451, 634.*

Sachverhalt: Die Landespolizei Tirol schloss aufgrund des Verdachts der ungenehmigten Prostitution den Massagesalon der bulgarischen Staatsangehörigen PI. Diese hatte bis zu diesem Zeitpunkt mit der erforderlichen Gewerbeberechtigung selbstständig in Österreich Massagen angeboten. Die Maßnahme bedurfte nach österreichischem Recht keiner Begründung und wurde sofort wirksam. Dagegen war der Antrag auf Aufhebung der Schließung schriftlich zu begründen. PI erhob Klage auf Feststellung der Rechtswidrigkeit der Schließung. Das zuständige Gericht war der Auffassung, § 19a Abs. 3 und 4 des Tiroler Landespolizeigesetzes sei mit Unionsrecht unvereinbar. Dies begründete es damit, dass eine polizeiliche Maßnahme nach dieser Norm ohne Begründungspflicht sofort wirksam wird, ein Adressat der Maßnahme hingegen den Antrag auf Aufhebung der Maßnahme schriftlich begründen müsste und die Möglichkeit einer Anfechtung auf zwei eng umgrenzte Fälle begrenzt ist. Daher übermittelte es dem EuGH insgesamt vier Vorlagefragen nach der Vereinbarkeit der Norm mit Art. 15 Abs. 2, 41, 47 und 52 GRCh.

Aus den Entscheidungsgründen:

[62] Nach ständiger Rechtsprechung des Gerichtshofs kann eine Beschränkung der in Art. 49 AEUV verankerten Niederlassungsfreiheit, falls sie ohne Diskriminierung aus Gründen der Staatsangehörigkeit anwendbar ist, durch zwingende Gründe des Allgemeininteresses gerechtfertigt sein, sofern sie geeignet ist, die Erreichung des mit ihr verfolgten Ziels zu gewährleisten, und nicht über das zu seiner Erreichung erforderliche Maß hinausgeht (Urteil vom 14. November 2018, Memoria und Dall'Antonia, C-342/17, EU:C:2018:906, Rn. 51 und die dort angeführte Rechtsprechung).

[63] Nach ebenfalls ständiger Rechtsprechung finden die durch die Charta garantierten Grundrechte in allen unionsrechtlich geregelten Fallgestaltungen Anwendung und sind daher u. a. dann zu beachten, wenn eine nationale Regelung in den Geltungsbereich des Unionsrechts fällt (Urteil vom 21. Dezember 2016, AGET Iraklis, C-201/15, EU:C:2016:972, Rn. 62 und die dort angeführte Rechtsprechung).

[64] Dies ist insbesondere dann der Fall, wenn eine nationale Regelung geeignet ist, eine oder mehrere durch den Vertrag garantierte Grundfreiheiten zu beeinträchtigen, und der betreffende Mitgliedstaat sich auf zwingende Gründe des Allgemeininteresses beruft, um eine solche Beeinträchtigung zu rechtfertigen. Unter diesen Umständen kann die betreffende nationale Regelung nur in den Genuss der insoweit vorgesehenen Ausnahmen kommen, wenn sie im Einklang mit den Grundrechten steht, deren Wahrung der Gerichtshof zu sichern hat (Urteil vom 21. Dezember 2016, AGET Iraklis, C-201/15, EU:C:2016:972, Rn. 63 und die dort angeführte Rechtsprechung).

[65] Im vorliegenden Fall stellt die im Ausgangsverfahren in Rede stehende nationale Regelung, wie sich aus Rn. 61 des vorliegenden Urteils ergibt, eine Beschränkung der Niederlassungsfreiheit im Sinne von Art. 49 AEUV dar und bringt somit auch eine Beschränkung der Ausübung der Niederlassungsfreiheit und der unternehmerischen Freiheit im Sinne von Art. 15 Abs. 2 bzw. Art. 16 der Charta mit sich.

[66] Zugleich lässt Art. 52 Abs. 1 der Charta Einschränkungen der Ausübung der in der Charta verankerten Rechte zu, sofern diese Einschränkungen gesetzlich vorgesehen sind, den Wesensgehalt der genannten Rechte und Freiheiten achten und unter Wahrung des Grundsatzes der Verhältnismäßigkeit erforderlich sind und den von der Union anerkannten dem Gemeinwohl dienenden Zielsetzungen oder den Erfordernissen des Schutzes der Rechte und Freiheiten anderer tatsächlich entsprechen (Urteil vom 21. Dezember 2016, AGET Iraklis,

C-201/15, EU:C:2016:972, Rn. 70 und die dort angeführte Rechtsprechung).

(...)

[77] Insoweit könnte eine nationale Regelung wie die im Ausgangsverfahren in Rede stehende, die vorsieht, dass eine Verwaltungsbehörde einen Gewerbebetrieb aus den oben genannten Gründen mit sofortiger Wirkung schließen kann, grundsätzlich als im Hinblick auf die genannten Ziele verhältnismäßig angesehen werden. Im vorliegenden Fall erlaubt die nationale Regelung es jedoch, einen Betrieb ohne jede schriftliche und dem Adressaten mitgeteilte Begründung in tatsächlicher und rechtlicher Hinsicht zu schließen, wobei sie zugleich verlangt, dass die betroffene Person den Antrag auf Widerruf einer Schließung begründet.

[78] Nach der Rechtsprechung des Gerichtshofs erfordert die Wirksamkeit der durch Art. 47 der Charta gewährleisteten gerichtlichen Kontrolle, dass der Betroffene Kenntnis von den Gründen, auf denen die ihm gegenüber ergangene Entscheidung einer Verwaltungsbehörde beruht, erlangen kann, sei es anhand der Entscheidung selbst oder durch eine auf seinen Antrag hin erfolgte Mitteilung dieser Gründe – unbeschadet der Befugnis des zuständigen Gerichts, von der betreffenden Behörde die Übermittlung der Gründe zu verlangen –, um es ihm zu ermöglichen, seine Rechte unter bestmöglichen Bedingungen zu verteidigen und in Kenntnis aller Umstände zu entscheiden, ob es für ihn von Nutzen ist, das zuständige Gericht anzurufen, und um dieses Gericht vollständig in die Lage zu versetzen, die Kontrolle der Rechtmäßigkeit der fraglichen nationalen Entscheidung auszuüben (Urteil vom 4. Juni 2013, ZZ, C-300/11, EU:C:2013:363, Rn. 53, und in diesem Sinne Urteil vom 16. Mai 2017, Berlioz Investment Fund, C-682/15, EU:C:2017:373, Rn. 84).

[79] Außerdem setzt der Anspruch darauf, in jedem Verfahren gehört zu werden – der durch die Art. 47 und 48 der Charta verbürgt ist und integraler Bestandteil der Wahrung der Verteidigungsrechte, eines allgemeinen Grundsatzes des Unionsrechts, ist –, voraus, dass die Verwaltung mit aller gebotenen Aufmerksamkeit die Erklärungen der betroffenen Person zur Kenntnis nimmt, indem sie sorgfältig und unparteiisch alle relevanten Gesichtspunkte des Einzelfalls untersucht und ihre Entscheidung eingehend begründet; die Pflicht, eine Entscheidung hinreichend spezifisch und konkret zu begründen, um es dem Betroffenen zu ermöglichen, die Gründe für die Ablehnung seines Antrags zu verstehen, ergibt sich somit aus dem Grundsatz der Wahrung der Verteidigungsrechte (vgl. in diesem Sinne Urteil vom 5. November 2014, Mukarubega, C-166/13, EU:C:2014:2336, Rn. 43, 45 und 48).

(...)

[84] Im vorliegenden Fall entspricht die nationale Regelung nicht den Anforderungen der oben in den Rn. 78 bis 83 angeführten Rechtsprechung, da sie nicht verlangt, dass die sofortige Schließung eines Gewerbebetriebs wie des im Ausgangsverfahren in Rede stehenden in tatsächlicher und rechtlicher Hinsicht hinreichend begründet, schriftlich niedergelegt und ihrem Adressaten mitgeteilt wird.

[85] Durch diese Regelung wird nämlich nicht gewährleistet, dass der Adressat der Maßnahme Kenntnis von den Gründen, auf denen sie beruht, erlangen kann, um es ihm zu ermöglichen, seine Rechte zu verteidigen und zu entscheiden, ob es für ihn von Nutzen ist, das zuständige Gericht anzurufen. Im vorliegenden Fall werden durch diese Regelung daher weder die Wirksamkeit der gerichtlichen Kontrolle noch die Wahrung der Verteidigungsrechte sichergestellt, die durch die Art. 47 und 48 der Charta sowie die allgemeinen Grundsätze des Unionsrechts gewährleistet sind.

[86] Zu dem in der im Ausgangsverfahren in Rede stehenden nationalen Regelung aufgestellten Erfordernis, dass jeder Antrag auf Widerruf der Schließung eines Betriebs seitens der betroffenen Person hinreichend begründet werden muss, ist festzustellen, dass dieses Erfordernis angesichts dessen unverhältnismäßig ist, dass die Regelung demgegenüber keine Pflicht zur Begründung einer solchen Maßnahme vorsieht.

(...)

[91] Nach alledem ist auf die Vorlagefragen zu antworten, dass Art. 49 AEUV, Art. 15 Abs. 2 und die Art. 16, 47 und 52 der Charta sowie der allgemeine Grundsatz des Rechts auf eine gute Verwaltung dahin auszulegen sind, dass sie unter Umständen wie denen des Ausgangsrechtsstreits einer nationalen Regelung entgegenstehen, nach der eine Verwaltungsbehörde einen Gewerbebetrieb mit sofortiger Wirkung schließen kann, weil sie den Verdacht hat, dass im Rahmen dieses Gewerbebetriebs ohne die nach der nationalen Regelung erforderliche Bewilligung Prostitution ausgeübt wird, soweit diese Regelung zum einen nicht verlangt, dass die Schließung in tatsächlicher und rechtlicher Hinsicht schriftlich begründet und ihrem Adressaten mitgeteilt wird, und zum anderen verlangt, dass ein Antrag des Adressaten auf Widerruf dieser Maßnahme seinerseits begründet wird.

Rs. C-112/00 (Schmidberger), Urteil des Gerichtshofs vom 16.03.2003. 147

Vorbemerkungen: *Das Urteil befasst sich mit der Wirkung der unionsrechtlichen Grundrechte als Beschränkung der Warenverkehrsfreiheit. Bislang hatte der Gerichtshof die EU-Grundrechte nur als Schranken-Schranken für die Grundfreiheiten angesehen (vgl. Rs. C-368/95, Familiapress, Rs. C-159/90; Society for the Protection of Unborn Children Ireland; Rs. C-60/00, Carpenter). Sie waren folglich als Beschränkung für die mitgliedstaatliche Rechtfertigung wirksam, womit die Möglichkeiten für eine Begrenzung der Grundfreiheit durch nationale Regelungen eingeschränkt wurden, so dass die Anwendung der Unionsgrundrechte die Effektivität der Grundfreiheiten erhöhte. In der Rechtssache Schmidberger hatte der EuGH dagegen zum ersten Mal über das Kollisionsverhältnis zwischen den normativ gleichrangigen EU-Grundrechten und der Warenverkehrsfreiheit zu entscheiden und eröffnete damit den Weg zu einer umfassenden Konkordanzprüfung. Das Urteil ist dahin zu verstehen, dass die Unionsgrundrechte eine selbständige Kategorie ungeschriebener Rechtfertigungsgründe für Grundfreiheitseingriffe darstellen. Diese Klarstellung ist für alle Grundfreiheiten von Bedeutung. Im konkreten Fall nahm der Gerichtshof eine dreistufige Prüfung vor und stellte zunächst fest, dass die Binnenmarktbehinderung nach Ansicht des vorlegenden Gerichts durch ein nationales Grundrecht geschützt war. Weiterhin untersuchte er, inwieweit das nationale Grundrecht einem Unionsgrundrecht entspricht. Sodann stellte der EuGH der Warenverkehrsfreiheit das entsprechende EU-Grundrecht gegenüber und wog beide Rechtsgüter gegeneinander ab.* ***B:*** *R. Streinz, JuS 2004, 429ff.; B. Koch, EuZW 2003, 598f.*
L: *Rn. 607, 640, 675, 800, 829, 849, 862, 905, 950.*

Sachverhalt: Ein österreichischer Umweltschutzverein kündigte eine Versammlung auf der Brenner-Autobahn an, die für 30 Stunden zu einer völligen Blockade des Verkehrs auf dieser Autobahn in einem bestimmten Streckenabschnitt führen würde. Die zuständigen österreichischen Behörden entschieden sich gemäß dem österreichischen Versammlungs- und Straßenverkehrsrecht, allerdings ohne Prüfung möglicher Verstöße gegen das Gemeinschaftsrecht, die Demonstration nicht zu untersagen. Die Demonstration fand wie angekündigt statt. Die Klägerin des Ausgangsverfahrens, ein internationales Transportunternehmen mit Sitz in Deutschland, erlitt dadurch einen erheblichen Schaden, den sie von der Republik Österreich (Beklagte) ersetzt verlangte. Das Oberlandesgericht Innsbruck legte dem EuGH in einem Vorabentscheidungsverfahren mehrere Fragen zum gemeinschaftsrechtlich begründeten Staatshaftungsanspruch und zum möglichen Verstoß gegen die Warenverkehrsfreiheit vor.

Aus den Entscheidungsgründen:

[65] Mit seiner vierten Frage möchte das vorlegende Gericht im Wesentlichen wissen, ob die Zielsetzung der Versammlung vom 12. und 13. Juni 1998 – mit der die Demonstranten auf die Gefährdung der Umwelt und der Gesundheit durch einen ständig steigenden Schwerlastverkehr auf der Brenner-Autobahn hinweisen und die zuständigen Stellen veranlassen wollten, die Maßnahmen zur Verringerung dieses Verkehrs und der dadurch verursachten Umweltbelastung der hochempfindlichen Alpenregion zu verstärken – die gemeinschaftlichen Verpflichtungen im Bereich des freien Warenverkehrs verdrängen kann.

[66] Auch wenn jedoch der Schutz der Umwelt und der Gesundheit der Bevölkerung insbesondere in dieser Region unter bestimmten Umständen ein dem Allgemeininteresse dienendes legitimes Ziel darstellen kann, das geeignet ist, eine Beschränkung der durch den Vertrag gewährleisteten Grundfreiheiten, zu denen der freie Warenverkehr gehört, zu rechtfertigen, ist hervorzuheben, wie dies der Generalanwalt in Nummer 54 seiner Schlussanträge getan hat, dass die spezifischen Ziele dieser Versammlung als solche im Rahmen einer Klage wie derjenigen der Klägerin auf Haftung eines Mitgliedstaats wegen eines angeblichen Verstoßes gegen Gemeinschaftsrecht nicht erheblich sind, da dieser Verstoß aus dem Umstand hergeleitet wird, dass die nationalen Stellen die Behinderung des Verkehrs auf der Brenner-Autobahn nicht verhinderten.

[67] Für die Beurteilung der Voraussetzungen eines Haftungsanspruchs gegen einen Mitgliedstaat und insbesondere für die Frage, ob dieser gegen Gemeinschaftsrecht verstoßen hat, ist nämlich allein das Handeln oder Unterlassen dieses Mitgliedstaats in Betracht zu ziehen.

[68] Hier ist daher allein das Ziel zu berücksichtigen, das die nationalen Stellen mit der stillschweigend erteilten Genehmigung bzw. der Nichtuntersagung dieser Versammlung verfolgten.

[69] Dazu ergibt sich aus den Akten des Ausgangsverfahrens, dass sich die österreichischen Behörden von Überlegungen leiten ließen, die mit der Achtung der Grundrechte der Demonstranten auf Meinungsäußerungs- und Versammlungsfreiheit zusammenhängen, die in der EMRK und der österreichischen Verfassung verankert und durch diese gewährleistet sind.

[70] Das vorlegende Gericht wirft in seinem Vorlagebeschluss außerdem die Frage auf, ob der im EG-Vertrag verankerte Grundsatz des freien Warenverkehrs diesen Grundrechten vorgeht.

[71] Insoweit ist daran zu erinnern, dass die Grundrechte nach ständiger Rechtsprechung zu den allgemeinen Rechtsgrundsätzen gehören, deren Wahrung der Gerichtshof zu sichern hat. Dabei lässt sich der Gerichtshof von den gemeinsamen Verfassungstraditionen der Mitgliedstaaten sowie von den Hinweisen leiten, die die völkerrechtlichen Verträge über den Schutz der Menschenrechte geben, an deren Abschluss die Mitgliedstaaten beteiligt waren oder denen sie beigetreten sind. Hierbei kommt der EMRK besondere Bedeutung zu (vgl. insbesondere Urteile vom 18. Juni 1991 in der Rechtssache C-260/89, ERT, Slg. 1991, I-2925, Randnr. 41, vom 6. März 2001 in der Rechtssache C-274/99 P, Connolly/Kommission, Slg. 2001, I-1611, Randnr. 37, und vom 22. Oktober 2002 in der Rechtssache C-94/00, Roquette Frères, Slg. 2002, I-9011, Randnr. 25).

[72] Die in dieser Rechtsprechung herausgearbeiteten Grundsätze sind durch die Präambel der Einheitlichen Europäischen Akte und sodann durch Artikel F Absatz 2 des Vertrages über die Europäische Union erneut bekräftigt worden (Urteil Bosman, Randnr. 79). Diese Bestimmung lautet wie folgt: Die Union achtet die Grundrechte, wie sie in der am 4. November 1950 in Rom unterzeichneten Europäischen Konvention zum Schutze der Menschenrechte und Grundfreiheiten gewährleistet sind und wie sie sich aus den gemeinsamen Verfassungsüberlieferungen der Mitgliedstaaten als allgemeine Grundsätze des Gemeinschaftsrechts ergeben.

[73] Daraus folgt, dass in der Gemeinschaft keine Maßnahmen als rechtens anerkannt werden können, die mit der Beachtung der so anerkannten und gewährleisteten Menschenrechte unvereinbar sind (vgl. insbesondere Urteile ERT, Randnr. 41, und vom 29. Mai 1997 in der Rechtssache C-299/95, Kremzow, Slg. 1997, I-2629, Randnr. 14).

[74] Da die Grundrechte demnach sowohl von der Gemeinschaft als auch von ihren Mitgliedstaaten zu beachten sind, stellt der Schutz dieser Rechte ein berechtigtes Interesse dar, das grundsätzlich geeignet ist, eine Beschränkung von Verpflichtungen zu rechtfertigen, die nach dem Gemeinschaftsrecht, auch kraft einer durch den Vertrag gewährleisteten Grundfreiheit wie dem freien Warenverkehr, bestehen.

[75] So hat der Gerichtshof nach ständiger Rechtsprechung im Vorabentscheidungsverfahren dann, wenn wie im Ausgangsverfahren eine innerstaatliche Situation in den Anwendungsbereich des Gemeinschaftsrechts fällt, den nationalen Gerichten alle Auslegungshinweise zu geben, die diese benötigen, um beurteilen zu können, ob die Grundrechte, deren Wahrung der Gerichtshof sichert und wie sie sich insbesondere aus der EMRK ergeben, in dieser Situation beachtet sind

(vgl. in diesem Sinne insbesondere Urteil vom 30. September 1987 in der Rechtssache 12/86, Demirel, Slg. 1987, 3719, Randnr. 28).

[76] Hier haben die staatlichen Stellen geltend gemacht, die Notwendigkeit der Achtung der durch die EMRK und die Verfassung des betreffenden Mitgliedstaats gewährleisteten Grundrechte erlaube es, eine im Vertrag verankerte Grundfreiheit zu beschränken.

[77] Die vorliegende Rechtssache wirft somit die Frage auf, wie die Erfordernisse des Grundrechtsschutzes in der Gemeinschaft mit den aus einer im Vertrag verankerten Grundfreiheit fließenden Erfordernissen in Einklang gebracht werden können, und insbesondere die Frage, welche Tragweite die durch die Artikel 10 und 11 EMRK gewährleistete Meinungsäußerungs- und Versammlungsfreiheit und der Grundsatz des freien Warenverkehrs jeweils haben, wenn die erstgenannten Freiheiten als Rechtfertigung für eine Beschränkung des letztgenannten Grundsatzes herangezogen werden.

[78] Hierzu ist zum einen festzustellen, dass der freie Warenverkehr zwar eines der Grundprinzipien des Systems des EG-Vertrags darstellt, dass er aber unter bestimmten Voraussetzungen aus den in Artikel 36 dieses Vertrages aufgezählten Gründen oder aufgrund zwingender Erfordernisse des Allgemeininteresses, wie sie der Gerichtshof in ständiger Rechtsprechung seit dem Urteil vom 20. Februar 1979 in der Rechtssache 120/78 (Rewe-Zentral, Cassis de Dijon, Slg. 1979, 649) anerkennt, beschränkt werden kann.

[79] Zum anderen sind die Grundrechte, um die es im Ausgangsrechtsstreit geht, zwar ausdrücklich durch die EMRK anerkannt und stellen wesentliche Grundlagen einer demokratischen Gesellschaft dar, doch können, wie sich aus dem Wortlaut des jeweiligen Absatzes 2 der Artikel 10 und 11 EMRK ergibt, auch die Meinungsäußerungs- und die Versammlungsfreiheit bestimmten durch Ziele des Allgemeininteresses gerechtfertigten Beschränkungen unterworfen werden, sofern diese Ausnahmen gesetzlich vorgesehen, von einem oder mehreren nach diesen Bestimmungen berechtigten Zielen getragen und in einer demokratischen Gesellschaft notwendig sind, d. h. durch ein zwingendes gesellschaftliches Bedürfnis gerechtfertigt sind und insbesondere in einem angemessenen Verhältnis zu dem verfolgten berechtigten Ziel stehen (vgl. in diesem Sinne Urteile vom 26. Juni 1997 in der Rechtssache C-368/95, Familiapress, Slg. 1997, I-3689, Randnr. 26, und vom 11. Juli 2002 in der Rechtssache C-60/00, Carpenter, Slg. 2002, I-6279, Randnr. 42, sowie EGMR, Urteil Steel u. a./Vereinigtes Königreich vom 23. September 1998, *Recueil des arrêts et décisions* 1998–VII, § 101).

[80] So können auch das Recht auf freie Meinungsäußerung und das Recht, sich friedlich zu versammeln, die durch die EMRK gewährleistet sind – anders als andere durch diese Konvention gewährleistete Grundrechte wie das Recht jedes Menschen auf Leben oder das Verbot der Folter oder unmenschlicher oder erniedrigender Strafe, die keinerlei Beschränkung unterliegen –, keine uneingeschränkte Geltung beanspruchen, sondern müssen im Hinblick auf ihre gesellschaftliche Funktion gesehen werden. Folglich kann die Ausübung dieser Rechte Beschränkungen unterworfen werden, sofern diese Beschränkungen tatsächlich dem Gemeinwohl dienenden Zielen der Gemeinschaft entsprechen und nicht einen im Hinblick auf den mit den Beschränkungen verfolgten Zweck unverhältnismäßigen, nicht tragbaren Eingriff darstellen, der die geschützten Rechte in ihrem Wesensgehalt antastet (vgl. in diesem Sinne Urteile vom 8. April 1992 in der Rechtssache C-62/90, Kommission/Deutschland, Slg. 1992, I-2575, Randnr. 23, und vom 5. Oktober 1994 in der Rechtssache C-404/92 P, X/Kommission, Slg. 1994, I-4737, Randnr. 18).

[81] Demgemäß sind die bestehenden Interessen abzuwägen, und es ist anhand sämtlicher Umstände des jeweiligen Einzelfalls festzustellen, ob das rechte Gleichgewicht zwischen diesen Interessen gewahrt worden ist.

(...)

[93] Daher konnten die nationalen Stellen angesichts des weiten Ermessens, das ihnen auf diesem Gebiet zusteht, vernünftigerweise annehmen, dass das mit der Versammlung in legitimer Weise verfolgte Ziel im vorliegenden Fall nicht durch Maßnahmen erreicht werden konnte, die den innergemeinschaftlichen Handel weniger beschränkt hätten.

[94] Nach alledem ist daher auf die erste und die vierte Frage zu antworten, dass der Umstand, dass die zuständigen Behörden eines Mitgliedstaats eine Versammlung unter Umständen wie denjenigen des Ausgangsrechtsstreits nicht untersagten, nicht mit den Artikeln 30 und 34 EG-Vertrag in Verbindung mit Artikel 5 EG-Vertrag unvereinbar ist.

G. Grundfreiheiten

I. Warenverkehrsfreiheit, Art. 34 ff. AEUV

1. Begriff der Ware

148 **Rs. 7/68 (Kommission ./. Italien; „Kunstschätze I"), Urteil des Gerichtshofs vom 10.12.1968.**

Vorbemerkungen: *In dieser Entscheidung stellte der EuGH die Voraussetzungen für den Begriff der Ware auf. Danach sind Waren alle beweglichen Güter, die einen Geldwert haben und deshalb Gegenstand von Handelsgeschäften sein können. Später wurden diese Voraussetzungen für einzelne „Waren" bestätigt. Der EuGH sieht auch elektrischen Strom (Rs. C-393/92, Almelo ./. Energiebedrijf), Tonträger (Verb. Rs. 55/80 und 57/80, Membran/GEMA), elektronische Datenträger (Rs. C-79/89, Brown, Boveri & Cie) und Abfälle (Rs. C-2/90, Abfallimporte; Rs. C-324/99, DaimlerChrysler) als Waren an. Hinsichtlich der Abgrenzung zur Dienstleistungsfreiheit stellte der Gerichtshof fest, dass Rechte die in Waren verkörpert sind, unabhängig von ihrem Wert unter den Begriff der Ware zu subsumieren sind. Nicht erfasst vom Begriff der Ware sind jedoch gesetzliche Zahlungsmittel, Falschgeld und nicht rechtmäßig eingeführte Betäubungsmittel.* ***L:*** *Rn. 481, 818, 848.*

Sachverhalt: Nach italienischem Recht wurde bei der Ausfuhr von Gegenständen von künstlerischem oder geschichtlichem Interesse eine progressive Abgabe erhoben. Dies stellte nach Ansicht der Kommission eine Abgabe gleicher Wirkung wie ein Ausfuhrzoll dar. Die Klägerin beantragte beim EuGH die Feststellung, dass die Italienische Republik gegen ihre Aufhebungspflicht aus Art. 16 EWG-Vertrag verstoßen hatte, indem sie die fragliche Abgabe erhob. Der Gerichtshof gab der Klage statt.

Aus den Entscheidungsgründen:

Die Kommission stützt ihre Klage auf Artikel 16 des Vertrages. Sie geht somit davon aus, daß die Gegenstände künstlerischer, geschichtlicher, archäologischer oder ethnographischer Art, die durch das italienische Gesetz Nr. 1089 vom 1. Juni 1939 erfaßt werden, unter die Vorschriften über die Zollunion fallen. Gegen diese Auffassung wendet die Beklagte ein, die fraglichen Gegenstände könnten den „Verbrauchsgütern oder Gegenständen des täglichen Gebrauchs“ nicht gleichgestellt werden, unterlägen deshalb nicht den auf „Gegenstände des allgemeinen Handels“ anwendbaren Vertragsvorschriften und fielen daher auch nicht unter Artikel 16 des Vertrages. Nach Artikel 9 des Vertrages ist Grundlage der Gemeinschaft eine Zollunion, „die sich auf den gesamten Warenaustausch erstreckt“. Unter Waren im Sinn dieser Vorschrift sind Erzeugnisse zu verstehen, die einen Geldwert haben und deshalb Gegenstand von Handelsgeschäften sein können. Die durch das italienische Gesetz erfaßten Erzeugnisse teilen nun aber, durch welche sonstigen Eigenschaften sie sich auch von anderen Handelsgütern unterscheiden mögen, mit diesen letzteren das Merkmal, daß sie einen Geldwert haben und deshalb Gegenstand von Handelsgeschäften sein können. Diese Betrachtungsweise entspricht im übrigen auch dem Geist des italienischen Gesetzes selbst, das die streitige Abgabe nach dem Wert der Gegenstände festsetzt.

Sonach sind Güter den Normen des gemeinsamen Marktes unterworfen, sofern der Vertrag nicht ausdrücklich Ausnahmen vorsieht.

2. Zollunion

Rs. 24/68 (Kommission ./. Italien; „Statistikgebühr“), Urteil des Gerichtshofs vom 01.07.1969. 149

Vorbemerkungen: *Abgaben auf ein- und ausgeführte Waren können auch dann eine verbotene Maßnahme gleicher Wirkung gem. Art. 30 AEUV darstellen, wenn weder ihr Zweck noch ihre Wirkung diskriminierend oder protektionistisch sind. In der vorliegenden Rechtssache erachtete es der EuGH somit als irrelevant, dass eine derartige Abgabe zur Finanzierung von Marktübersichten und -statistiken nicht diskriminierend wirkte, weil sie allen Marktteilnehmern gleichermaßen zugute kam. Vielmehr verstoße sie gegen Art. 30 AEUV wegen ihres beschränkenden Charakters. Damit bezog der EuGH klar Stellung zum Wesen europäischer Wirtschaftsintegration. Ihre Grundlage ist somit nicht nur ein Diskriminierungsverbot, sondern ein Beschränkungsverbot, also ein Regime der Liberalisierung. Dies führt im Ergebnis dazu, dass eindeutig unterschieden werden muss zwischen einer Regulierung des Marktes selbst, die gemäß Art. 110 AEUV als Diskriminierungsverbot ausgestaltet ist, und einer Regulierung des Marktzugangs gem. Art. 30 AEUV in Form eines Beschränkungsverbots. Dieses Urteil ist auch eine Weichenstellung für die entsprechende Unterscheidung zwischen Marktzugang* *und Marktausübung, die später von der Rechtsprechung in Bezug auf Art. 34 AEUV vorgenommen wurde. Ferner kann für die Frage nach einem Verstoß nicht auf die Höhe der Abgabe abgestellt werden in dem Sinne, dass besonders geringe Gebühren nicht vom Verbot des Art. 30 AEUV erfasst wären, was der Regelung bei Zöllen entspricht.* ***L:*** *Rn. 816.*

Sachverhalt: Italien erhob auf ein- und ausgeführte Waren Abgaben, die der Finanzierung statistischer Erhebungen über grenzüberschreitende Warenbewegungen dienen sollten (sog. „Statistikgebühr"). Die Kommission sah darin eine gem. Art. 25 EG (Art. 30 AEUV) verbotene Abgabe gleicher Wirkung wie ein Zoll und strengte ein Vertragsverletzungsverfahren an. Der EuGH bejahte einen Verstoß gegen Art. 25 EG.

Aus den Entscheidungsgründen:

[8/9] Die Ausdehnung des Verbots der Zölle auf Abgaben gleicher Wirkung soll das Verbot der aus diesen Zöllen erwachsenden Handelshindernisse vervollständigen und wirksam gestalten. Mit der Verwendung dieser beiden einander ergänzenden Begriffe wollte man also vermeiden, dass im Handel zwischen den Mitgliedstaaten der innergemeinschaftliche Warenverkehr wegen des Grenzübertritts finanziellen Belastungen ausgesetzt wird. Um zu erkennen, ob eine Abgabe die gleiche Wirkung wie ein Zoll hat, muss daher diese Wirkung mit den Zielen verglichen werden, die der Vertrag insbesondere hinsichtlich des freien Warenverkehrs in dem die Artikel 9, 12, 13 und 16 enthaltenden Teil, Titel und Kapitel verfolgt. Eine – auch noch so geringe – den in- oder ausländischen Waren wegen ihres Grenzübertritts einseitig auferlegte finanzielle Belastung stellt sonach, wenn sie kein Zoll im eigentlichen Sinne ist, unabhängig von ihrer Bezeichnung und der Art ihrer Erhebung eine Abgabe gleicher Wirkung im Sinne von Artikel 9, 12, 13 und 16 des Vertrages dar, selbst wenn sie nicht zugunsten des Staates erhoben wird und keine diskriminierende oder protektionistische Wirkung hat und wenn die belastete Ware nicht mit inländischen Erzeugnissen in Wettbewerb steht.

[10] Insgesamt geht aus den genannten Vorschriften und ihrem Verhältnis zu den anderen Vertragsbestimmungen hervor, dass das an den Grundsatz des freien Warenverkehrs geknüpfte Verbot neuer Zölle oder Abgaben gleicher Wirkung eine wesentliche Vorschrift ist, die unbeschadet anderer Bestimmungen des Vertrages keine Ausnahmen zulässt.

(…)

[14] … Dadurch, dass sie allgemein auf alle Waren erhoben wird, die die Grenze überschreiten, erschwert die fragliche Abgabe die vom Vertrag gewollte gegenseitige Durchdringung und übt somit auf den freien Warenverkehr die gleiche Wirkung wie ein Zoll aus. Ihre sehr geringe Höhe ändert nichts an ihrer Qualifizierung nach den Grundsätzen des Vertrages, da dieser es nicht zulässt, dass bei der Kontrolle der Rechtmäßigkeit dieser Abgaben anstatt auf ihre Rechtsnatur auf ihre Höhe abgestellt wird.

(…)

[16] Die fraglichen statistischen Erhebungen sind für das gesamte Wirtschaftsleben und unter anderem auch für die zuständigen Verwaltungen von Nutzen. Auch wenn sie besonders die Stellung der Importeure und Exporteure im Wettbewerb verbessern sollten, handelt es sich doch um einen so allgemeinen und so schwer zu bewertenden Vorteil, dass die streitige Abgabe nicht als ein Entgelt angesehen werden kann, das den Gegenwert für einen bestimmten tatsächlich gewährten Vorteil darstellt.

3. Abgrenzung Warenverkehrsfreiheit und staatliche Beihilfe

Rs. C-379/98 (PreussenElektra), 150
Urteil des Gerichtshofs vom 13.03.2001.

Vorbemerkungen: *In diesem Vorabentscheidungsverfahren hatte der Gerichtshof zu prüfen, ob eine Regelung, die ein privates Energieversorgungsunternehmen verpflichtet, Strom aus erneuerbaren Energiequellen zu einem Mindestpreis abzunehmen, der über dem tatsächlichen Wert dieses Stroms liegt, gegen die Regelungen des freien Warenverkehrs verstößt. Problematisch war schon die Frage nach der Eröffnung des Schutzbereichs, da die Regelung unstreitig dem Unternehmen, welches den Strom aus erneuerbaren Energiequellen gewinnt, einen wirtschaftlichen Vorteil gewährte. Daher wurde in der Literatur die exklusive Anwendung der Regelungen über die staatlichen Beihilfen befürwortet. Dem schloss sich der EuGH jedoch nicht an. Allein ein wirtschaftlicher Vorteil durch einen staatlichen Eingriff führt noch nicht zur Anwendung der Beihilferegelungen. Der Vorteil muss unmittelbar oder mittelbar aus staatlichen Mitteln gewährt werden, was im vorliegenden Fall nicht gegeben war. Dementsprechend stellte der EuGH auf den Handel mit Strom und damit auf den Warenverkehr ab.* ***B:*** *J. Gün-*

disch, NJW 2001, 3686ff.; R. Ruge, EuZW 2001, 247f. ***L:*** *Rn. 860, 1185, 1189.*

Sachverhalt: Die Klägerin, PreussenElektra, war ein deutsches Energieversorgungsunternehmen, das eine Mehrheit der Anteile an der beklagten Schleswag AG besaß. Nach den Vorschriften des Stromeinspeisungsgesetzes von 1998 wurde die Schleswag AG zur Abnahme des in ihrem Versorgungsgebiet erzeugten Stroms aus erneuerbaren Energien zu einem festgelegten Mindestpreis verpflichtet. Dadurch waren bei der Beklagten Mehrkosten entstanden, die teilweise von der PreussenElektra zu tragen waren. Die Klägerin machte vor dem Landgericht Kiel geltend, dass die Erstattungsregelung des Stromeinspeisungsgesetzes gegen die beihilferechtlichen Vorschriften des EG-Vertrags verstoße und daher nicht angewandt werden könne. Das Verfahren wurde ausgesetzt und dem EuGH im Wege der Vorabentscheidung unter anderem die Frage vorgelegt, ob die Stromeinspeisungsvergütungs- und Erstattungsregelung des Stromeinspeisungsgesetzes von 1998 eine staatliche Beihilfe im Sinne von Art. 87 EG (Art. 107 AEUV) darstelle, was der Gerichtshof in seinem Urteil verneinte.

Aus den Entscheidungsgründen:

Zur Auslegung von Artikel 30 EG-Vertrag.

[68] Mit seiner dritten Frage möchte das vorlegende Gericht wissen, ob die beschriebene Regelung mit Artikel 30 EG-Vertrag vereinbar ist.

[69] Artikel 30 EG-Vertrag, der Maßnahmen mit gleicher Wirkung wie mengenmäßige Einfuhrbeschränkungen zwischen den Mitgliedstaaten verbietet, ist nach der Rechtsprechung des Gerichtshofs auf alle nationalen Maßnahmen anwendbar, die geeignet sind, den innergemeinschaftlichen Handel unmittelbar oder mittelbar, tatsächlich oder potenziell zu behindern (Urteil vom 11. Juli 1974 in der Rechtssache 8/74, Dassonville, Slg. 1974, 837, Randnr. 5).

[70] Aus der Rechtsprechung des Gerichtshofs folgt außerdem, dass die den Wirtschaftsteilnehmern eines Mitgliedstaats auferlegte Verpflichtung, einen gewissen Prozentsatz ihres Bedarfs an einem bestimmten Erzeugnis bei einem inländischen Lieferanten zu decken, die Möglichkeiten der Einfuhr dieses Erzeugnisses insoweit beschränkt, als sie diese Wirtschaftsteilnehmer daran hindert, einen Teil ihres Bedarfs bei in anderen Mitgliedstaaten ansässigen Lieferanten zu decken (in diesem Sinne Urteile vom 10. Juli 1984 in der Rechtssache 72/83, Campus Oil u. a., Slg. 1984, 2727, Randnr. 16, und vom 20. März 1990 in der Rechtssache C-21/88, Du Pont de Nemours Italiana, Slg. 1990, I-889, Randnr. 11).

[71] §§ 1 und 2 des geänderten Stromeinspeisungsgesetzes bestimmen ausdrücklich, dass die Abnahmepflicht der Elektrizitätsversorgungsunternehmen nur für Strom aus erneuerbaren Energiequellen gilt, der im Geltungsbereich dieses Gesetzes und im Versorgungsgebiet des betreffenden Unternehmens erzeugt wurde; damit kann sie den innergemeinschaftlichen Handel zumindest potenziell behindern.

[72] Bei der Beurteilung, ob eine solche Abnahmepflicht dennoch mit Artikel 30 EG-Vertrag vereinbar ist, sind jedoch das Ziel der streitigen Regelung und die Besonderheiten des Strommarktes zu beachten.

[73] Insoweit ist zu berücksichtigen, dass die Nutzung erneuerbarer Energiequellen zur Stromerzeugung, die durch eine Regelung wie das geänderte Stromeinspeisungsgesetz gefördert werden soll, dem Umweltschutz dient, da sie zur Verringerung der Emissionen von Treibhausgasen beiträgt, die zu den Hauptursachen der Klimaänderungen zählen, zu deren Bekämpfung sich die Europäische Gemeinschaft und ihre Mitgliedstaaten verpflichtet haben.

[74] Die Entwicklung der Nutzung erneuerbarer Energieträger gehört daher zu den vorrangigen Zielen, die sich die Gemeinschaft und ihre Mitgliedstaaten zur Umsetzung der Verpflichtungen gesetzt haben, die sie eingegangen sind aufgrund des Rahmenabkommens der Vereinten Nationen über Klimaänderungen, das durch den Beschluss 94/69/EG des Rates vom 15. Dezember 1993 (ABl. 1994, L 33, S. 11) im Namen der Gemeinschaft genehmigt wurde, und des Protokolls der dritten Konferenz der Vertragsstaaten dieses Abkommens in Kyoto vom 11. Dezember 1997, das am 29. April 1998 von der Europäischen Gemeinschaft und ihren Mitgliedstaaten unterzeichnet wurde (vgl. dazu insbesondere Entschließung 98/C 198/01 des Rates vom 8. Juni 1998 über erneuerbare Energieträger [ABl. C 198, S. 1] und Entscheidung Nr. 646/2000/EG des Europäischen Parlaments und des Rates vom 28. Februar 2000 über ein Mehrjahresprogramm zur Förderung der erneuerbaren Energieträger in der Gemeinschaft [Altener] [1998–2002] [ABl. L 79, S. 1]).

[75] Diese Politik bezweckt zugleich den Schutz der Gesundheit und des Lebens von Menschen, Tieren und Pflanzen.

[76] Außerdem müssen die Erfordernisse des Umweltschutzes gemäß Satz 3 des Artikels 130r Absatz 2 Unterabsatz 1 EG-Vertrag (nach Änderung jetzt Artikel 174 Absatz 2 Unterabsatz 1 EG) bei der Festlegung und Durchführung anderer Gemeinschaftspolitiken einbezogen werden. Im Vertrag von Amsterdam erscheint diese Bestimmung in leicht veränderter Form in Artikel 6 EG im Ersten Teil – Grundsätze – des Vertrages.

[77] Zudem heißt es in der achtundzwanzigsten Begründungserwägung der Richtlinie 96/92 ausdrücklich, dass die Mitgliedstaaten „aus Gründen des Umweltschutzes“ in den Artikeln 8 Absatz 3 und 11 Absatz 3 ermächtigt werden, der Elektrizitätserzeugung auf der Grundlage erneuerbarer Energien Vorrang einzuräumen.

[78] Zu berücksichtigen ist auch, dass diese Richtlinie gemäß ihrer neununddreißigsten Begründungserwägung lediglich eine weitere Stufe bei der Liberalisierung des Elektrizitätsmarkts darstellt und Hemmnisse für den Elektrizitätshandel zwischen den Mitgliedstaaten fortbestehen lässt.

[79] Im Übrigen liegt es in der Natur der Elektrizität, dass sich ihre Herkunft und insbesondere die Energiequelle, aus der sie gewonnen wurde, nach der Einspeisung in ein Übertragungs- oder Verteilernetz kaum noch bestimmen lässt.

[80] Die Kommission vertritt daher in dem am 31. Mai 2000 vorgelegten Vorschlag für eine Richtlinie 2000/C 311 E/22 des Europäischen Parlaments und des Rates zur Förderung der Stromerzeugung aus erneuerbaren Energiequellen im Elektrizitätsbinnenmarkt (ABl. 2000, C 311 E, S. 320) die Auffassung, dass die Einführung eines Systems von Herkunftszertifikaten für Strom aus erneuerbaren Energiequellen, die einer gegenseitigen Anerkennung zugänglich sind, durch die einzelnen Mitgliedstaaten unabdingbar sei, um den Handel mit diesem Strom zuverlässig und praktisch möglich zu machen.

[81] Nach alledem ist auf die dritte Vorlagefrage zu antworten, dass eine Regelung wie das geänderte Stromeinspeisungsgesetz beim gegenwärtigen Stand des Gemeinschaftsrechts auf dem Gebiet des Elektrizitätsmarkts nicht gegen Artikel 30 EG-Vertrag verstößt.

4. Verbot mengenmäßiger Ein- und Ausfuhrbeschränkungen und Maßnahmen gleicher Wirkung gem. Art. 34, 35 AEUV

a) Verpflichtete der Warenverkehrsfreiheit

151 **Rs. 249/81 (Kommission ./. Irland; „Buy Irish“), Urteil des Gerichtshofs vom 24. 11. 1982.**

Vorbemerkungen: *Die Grundfreiheiten verpflichten in erster Linie die Mitgliedstaaten. Handeln Private, so bedeutet dies jedoch nicht zwingend, dass eine mitgliedstaatliche Bindung ausscheidet. Denn das Verhalten Privater kann dem betreffenden Mitgliedstaat unter bestimmten*

Voraussetzungen zugerechnet werden. Das ist insbesondere dann der Fall, wenn das Tätigwerden Privater von ihm beherrscht wird. In der vorliegenden Rechtssache stellte sich die Frage der Zurechnung sowohl prozessual im Hinblick auf den Klagegegenstand des Vertragsverletzungsverfahrens (vgl. Fall 95) als auch materiell bezüglich der Feststellung des aus der Warenverkehrsfreiheit verpflichteten Subjekts. Mit Blick auf die bei der Warenverkehrsfreiheit anerkannte unmittelbare Drittwirkung für intermediäre Gewalten gilt es bei tatsächlicher Involvierung derartiger Privater für die Frage des richtigen Bindungsadressaten nunmehr zwischen drei Rechtsfiguren zu unterscheiden: neben der mitgliedstaatlichen Zurechnung im Sinne dieser Rechtssache sind ferner die Schutzpflichtenkonstruktion und die direkte Bindung intermediärer Gewalten zu berücksichtigen. Ausgehend von der grundfreiheitlichen Primärverpflichtung der Mitgliedstaaten müsste die unmittelbare Drittwirkung gegenüber einer mitgliedstaatlichen Bindung in einer der beiden Varianten zurücktreten. Wo genau die Grenzlinien zwischen diesen drei Bindungskonstellationen verlaufen, ist nicht immer klar zu erkennen. ***L:*** *Rn. 486, 788, 826.*

Sachverhalt: vgl. Fall 95.

Aus den Entscheidungsgründen:

[25] Selbst wenn es zutreffen mag, daß die beiden Programmteile, die aufrechterhalten wurden, nämlich die Werbekampagne und die Verwendung des Etiketts „Guaranteed Irish“, nicht nennenswert dazu beitrugen, den irischen Markt für inländische Waren zu gewinnen, so darf doch die Tatsache nicht übersehen werden, daß diese beiden Aktivitäten, ungeachtet ihrer Wirksamkeit, Teil eines Regierungsprogramms bilden, mit dem beabsichtigt ist, eingeführte Produkte durch inländische Waren zu ersetzen, und das geeignet ist, das Handelsvolumen zwischen den Mitgliedstaaten zu beeinträchtigen.

[26] Die Werbekampagne, die zum Absatz und Kauf irischer Erzeugnisse anspornen soll, kann weder von ihrem Ursprung als Teil eines Regierungsprogramms noch von der Einführung des Etiketts „guaranteed irish“ und einer besonderen Regelung zur Prüfung der Beschwerden über Erzeugnisse, die dieses Etikett tragen, losgelöst werden. Die Einführung der Regelung zur Prüfung von Klagen über irische Erzeugnisse bestätigt hinlänglich den Organisationsgrad und den diskriminierenden Charakter der Kampagne „kauft irisch“.

[27] Unter diesen Umständen laufen diese beiden Aktivitäten auf die Begründung einer von der irischen Regierung eingeführten und mit ihrer Unterstützung betriebenen nationalen Praxis hinaus, deren mögliche Wirkung auf die Einfuhren aus anderen Mitgliedstaaten mit der Wirkung vergleichbar ist, die Regierungsakte mit zwingendem Charakter haben.

[28] Eine solche Praxis kann nicht dem Verbot nach Artikel 30 des Vertrages entgehen, nur weil sie sich nicht auf Entscheidungen gründet, die für Unternehmen verbindlich sind. Selbst Regierungsakte eines Mitgliedstaats ohne zwingenden Charakter können das Verhalten der Händler und der Verbraucher in diesem Staat beeinflussen und somit die Erreichung der in Artikel 2 des Vertrages genannten und in Artikel 3 näher ausgeführten Ziele der Gemeinschaft vereiteln.

[29] Dies ist der Fall, wenn eine solche restriktive Praxis wie hier in der Durchführung eines von der Regierung festgelegten Programms besteht, das die nationale Wirtschaft insgesamt betrifft und den Handel zwischen den Mitgliedstaaten einschränken soll, indem mit Hilfe einer Werbekampagne im nationalen Rahmen und mit der Einführung besonderer, nur für inländische Waren geltender Verfahren zum Kauf von inländischen Erzeugnissen angespornt wird, und wenn diese Aktivitäten insgesamt der Regierung zuzurechnen sind und in einer organisierten Form im ganzen Inland vorgenommen werden. Irland hat somit gegen seine Verpflichtungen aus dem Vertrag verstoßen, indem es eine Kampagne zur Förderung des Absatzes und des Kaufs irischer Erzeugnisse im Inland durchgeführt hat.

152 Rs. C-171/11 (DVGW), Urteil des Gerichtshofs vom 12.07.2012.

Vorbemerkungen: *In dieser Entscheidung bestätigte der Gerichtshof erstmals die Bindung bestimmter Privater an die Warenverkehrsfreiheit. Während die unmittelbare Drittwirkung bei den Personenverkehrsfreiheiten und der Dienstleistungsfreiheit jedenfalls in Bezug auf sog. intermediäre Gewalten bereits seit längerem anerkannt ist, wurde sie bei der Warenverkehrsfreiheit weiterhin abgelehnt. Hiervon rückte der Gerichtshof nun ab und setzte für eine Bindung Privater an Art. 34 AEUV voraus, dass diese zumindest in tatsächlicher Hinsicht über die Befugnis verfügen, den Zugang von (einzelnen) Erzeugnissen zum nationalen Markt zu regeln (vgl. Rn. 31). Vorliegend ergab sich diese Befugnis aus einem Zusammenspiel von privater Normierungs- und Zertifizierungs-*

tätigkeit für bestimmte Bauprodukte einerseits und der Regelung von Zertifizierungsanforderungen in (unverbindlichen) Rechtsvorschriften andererseits (vgl. Rn. 27 f.). Betrachtet man das Vorgehen des Gerichtshofs prüfungstechnisch, so knüpft er die Frage des privaten Verpflichtungsadressaten an die Intensität der Eingriffsmöglichkeit durch die entsprechende Tätigkeit, die allerdings unter Berücksichtigung des staatlich gesetzten rechtlichen Rahmens zu beurteilen ist. Eine Jedermannsverpflichtung zur Beachtung der Warenverkehrsfreiheit wird daher mit diesem Urteil nicht statuiert, vielmehr geht es um die Einbeziehung intermediärer Gewalten in die Verpflichtungswirkung der Warenverkehrsfreiheit. Nicht geklärt wird in der Entscheidung allerdings, am Maßstab welcher Rechtfertigungsgründe Maßnahmen derartiger Privater zu messen sind. Ungeklärt ist ferner, in welchem Verhältnis die unmittelbare Drittwirkung zur sog. Schutzpflichtenkonstellation steht. Diese wurde nach bisherigem Verständnis als Ausgleich für die fehlende Bindung Privater an Art. 34 AEUV angesehen. Zumindest unterhalb der Schwelle der unmittelbaren Drittwirkung im Sinne der vorliegenden Entscheidung – also bei „echten" Privaten (Jedermann) – dürfte weiterhin Raum für die Anknüpfung an ein mitgliedstaatliches Unterlassen bleiben. ***B:*** *H. Schweitzer, EuZW 2012, 765 ff.; R. Streinz, JuS 2013, 182 ff.* ***L:*** *Rn. 789, 827.*

Sachverhalt: Die DVGW (Deutsche Vereinigung des Gas- und Wasserfaches e.V. – Technisch-Wissenschaftlicher Verein) war ein in Deutschland eingetragener, privatrechtlicher und gemeinnütziger Verein, dessen Aufgabe u.a. darin bestand, Fachwissen im Bereich des Gas- und Wasserfachs in Gestalt technischer Normen auszuformulieren und für Bauprodukte in diesem Bereich Zertifizierungen vorzunehmen. Zertifizierungen der DVGW wurden in der Verordnung über Allgemeine Bedingungen für die Versorgung mit Wasser in Bezug genommen. Diese Verordnung enthielt allgemeine Verkaufsbedingungen im Verhältnis zwischen Wasserversorgungsunternehmen und ihren Kunden, von denen die Parteien allerdings frei abweichen konnten. U.a. an die Zertifizierung der DVGW knüpfte die Verordnung die Vermutung, dass Bauprodukte den anerkannten Regeln der Technik entsprachen. 2005 lehnte die DVGW die Zertifizierung eines Bauprodukts der italienischen Fa. Fra.bo SpA ab. Daraufhin erhob diese beim zuständigen nationalen Gericht Klage gegen die DVGW und machte geltend, dass die Verweigerung des Zertifikats gegen die Warenverkehrsfreiheit verstoße. Das nationale Gericht hatte Zweifel bezüglich der Bindung der DVGW an die Warenverkehrsfreiheit und wandte sich gem. Art. 267 AEUV an den EuGH.

Aus den Entscheidungsgründen:

[17] Mit seiner ersten Frage möchte das vorlegende Gericht wissen, ob Art. 28 EG dahin auszulegen ist, dass er auf die Normungs- und Zertifizierungstätigkeiten einer privaten Einrichtung anzuwenden ist, wenn die Erzeugnisse, die von dieser Einrichtung zertifiziert wurden, nach den nationalen Rechtsvorschriften als mit dem nationalen Recht konform angesehen werden und dadurch ein Vertrieb von Erzeugnissen, die nicht von dieser Einrichtung zertifiziert wurden, erschwert wird.

(...)

[20] Nationale Vorschriften über das Inverkehrbringen eines nicht von harmonisierten oder auf Unionsebene anerkannten technischen Spezifikationen erfassten Bauprodukts müssen somit, worauf im Übrigen in der Richtlinie 89/106 hingewiesen wird, im Einklang mit den Verpflichtungen aus dem Vertrag, insbesondere dem in den Art. 28 EG und 30 EG aufgestellten Grundsatz des freien Warenverkehrs, stehen (vgl. in diesem Sinne Urteil vom 13. März 2008, Kommission/Belgien, C-227/06, Randnr. 34).

[21] Zunächst ist zu prüfen, ob Art. 28 EG, wie von der Klägerin des Ausgangsverfahrens geltend gemacht, unter Umständen wie denen des Ausgangsverfahrens auf die Normungs- und Zertifizierungstätigkeiten einer privaten Einrichtung anwendbar ist.

[22] Insoweit ist zu beachten, dass nach ständiger Rechtsprechung jede Regelung der Mitgliedstaaten, die geeignet ist, den innergemeinschaftlichen Handel unmittelbar oder mittelbar, tatsächlich oder potenziell zu behindern, als eine Maßnahme mit gleicher Wirkung wie mengenmäßige Beschränkungen anzusehen und daher nach Art. 28 EG verboten ist (Urteile vom 11. Juli 1974, Dassonville, 8/74, Slg. 1974, 837, Randnr. 5, vom 5. Februar 2004, Kommission/Italien, C-270/02, Slg. 2004, I-1559, Randnr. 18, und Kommission/Belgien, Randnr. 40). So stellt es für den Importeur bereits dann eine Behinderung des freien Warenverkehrs dar, wenn er davon abgehalten wird, die fraglichen Produkte in dem betreffenden Mitgliedstaat in den Verkehr zu bringen oder zu vertreiben (Urteil vom 24. April 2008, Kommission/Luxemburg, C-286/07, Randnr. 27).

[23] Ebenso hat der Gerichtshof entschieden, dass ein Mitgliedstaat gegen die ihm nach den Art. 28 EG und 30 EG obliegenden Verpflichtungen verstößt, wenn er ohne triftige Rechtfertigung die Wirtschaftsteilnehmer, die in einem anderen Mitgliedstaat rechtmäßig hergestellte und/oder vertriebene Bauprodukte in seinem Hoheitsgebiet vertreiben möchten, dazu veranlasst, nationale Konformitätszeichen zu erwerben

(vgl. in diesem Sinne Urteil Kommission/Belgien), oder die von anderen Mitgliedstaaten ausgestellten Zulassungsbescheinigungen nicht berücksichtigt (vgl. in diesem Sinne Urteil vom 10. November 2005, Kommission/Portugal, C-432/03, Slg. 2005, I-9665).

[24] Es ist unstreitig, dass der DVGW eine private Einrichtung ohne Gewinnzweck ist, deren Tätigkeiten nicht von der Bundesrepublik Deutschland finanziert werden. Außerdem ist unstreitig, dass dieser Mitgliedstaat keinen maßgebenden Einfluss auf die Normungs- und Zertifizierungstätigkeiten des DVGW ausübt, obwohl ein Teil der Mitglieder dieses Vereins öffentliche Einrichtungen sind.

[25] Der DVGW trägt vor, dass aufgrund seiner Rechtsnatur als privater Einrichtung Art. 28 EG daher auf ihn keine Anwendung finden könne. Die anderen Beteiligten meinen, dass private Einrichtungen unter bestimmten Umständen verpflichtet sein könnten, die durch Art. 28 EG gewährleistete Warenverkehrsfreiheit zu beachten.

[26] Somit ist zu prüfen, ob die Tätigkeit einer privatrechtlichen Einrichtung wie des DVGW insbesondere unter Berücksichtigung des rechtlichen Kontexts, in dem sie ausgeübt wird, ebenso wie staatliche Maßnahmen Behinderungen des freien Warenverkehrs zur Folge hat.

[27] Vorliegend ist erstens darauf hinzuweisen, dass der deutsche Gesetzgeber in § 12 Abs. 4 AVBWasserV die Vermutung aufgestellt hat, dass die vom DVGW zertifizierten Erzeugnisse dem nationalen Recht entsprechen.

[28] Zweitens ist zwischen den Beteiligten des Ausgangsverfahrens unstreitig, dass der DVGW die einzige Einrichtung ist, die die im Ausgangsverfahren in Rede stehenden Kupferfittings im Sinne von § 12 Abs. 4 AVBWasserV zertifizieren kann. In Bezug auf solche Erzeugnisse stellt der DVGW mit anderen Worten die einzige Möglichkeit dar, ein Konformitätszertifikat zu erhalten.

[29] Zwar haben der DVGW und die deutsche Regierung darauf hingewiesen, dass es neben der Zertifizierung durch den DVGW noch ein anderes Verfahren gebe, das darin bestehe, dass ein Sachverständiger mit der Prüfung beauftragt werde, ob ein Produkt den anerkannten Regeln der Technik im Sinne von § 12 Abs. 4 AVBWasserV entspreche. Aus den Antworten auf die schriftlichen und mündlichen Fragen des Gerichtshofs geht jedoch hervor, dass dieses andere Verfahren zum einen wegen der administrativen Schwierigkeiten, die damit zusammenhängen, dass es keine spezifischen Verfahrensvorschriften für die Arbeit eines solchen Sachverständigen gibt, und zum anderen wegen der zusätzlichen Kosten, die durch die Einholung eines individuellen Gutachtens anfallen, wenig oder gar nicht praktikabel ist.

[30] Drittens erschwert nach Ansicht des vorlegenden Gerichts in der Praxis das Fehlen einer Zertifizierung durch den DVGW den Vertrieb der betreffenden Erzeugnisse auf dem deutschen Markt erheblich. Auch wenn nämlich mit der AVBWasserV nur allgemeine Verkaufsbedingungen im Verhältnis zwischen Wasserversorgungsunternehmen und ihren Kunden festgelegt werden, von denen die Parteien frei abweichen können, geht aus den Akten hervor, dass in der Praxis fast alle deutschen Verbraucher nur solche Kupferfittings kaufen, die vom DVGW zertifiziert sind.

[31] Unter diesen Umständen ist festzustellen, dass eine Einrichtung wie der DVGW insbesondere aufgrund ihrer Ermächtigung zur Zertifizierung von Erzeugnissen in Wirklichkeit über die Befugnis verfügt, den Zugang von Erzeugnissen wie den im Ausgangsverfahren in Rede stehenden Kupferfittings zum deutschen Markt zu regeln.

[32] Demzufolge ist auf die erste Frage zu antworten, dass Art. 28 EG dahin auszulegen ist, dass er auf die Normungs- und Zertifizierungstätigkeiten einer privaten Einrichtung anzuwenden ist, wenn die Erzeugnisse, die von dieser Einrichtung zertifiziert wurden, nach den nationalen Rechtsvorschriften als mit dem nationalen Recht konform angesehen werden und dadurch ein Vertrieb von Erzeugnissen, die nicht von dieser Einrichtung zertifiziert wurden, erschwert wird.

b) Mengenmäßige Einfuhrbeschränkung oder Maßnahme gleicher Wirkung wie eine mengenmäßige Einfuhrbeschränkung

153 **Rs. 2/73 (Geddo ./. Ente Nazionale Risi), Urteil des Gerichtshofs vom 12.07.1973.**

Vorbemerkungen: *Der EuGH formulierte in der Rechtssache 2/73 die Definition der mengenmäßigen Beschränkungen aus. Unter dem Begriff der „mengenmäßigen Beschränkungen", der nie Anlass zu großen Auseinandersetzungen gegeben hat, sind danach „sämtliche Maßnahmen, die sich [...] als eine gänzliche oder teilweise Untersagung der Einfuhr, Ausfuhr und Durchfuhr darstellen" zu subsumieren.* ***L:*** *Rn. 831.*

Sachverhalt: Die Käufer einer bestimmten Sorte Reis italienischer Herkunft waren verpflichtet, eine Vertragsabgabe zu entrichten, die einer italienischen Hilfs- und Interventionsstelle zufloss. Aufgabe dieser Einrichtung war die Forschung, technische Beratung, Werbung sowie die Intervention im Rahmen der gemeinsamen Marktorganisation für Reis. Die dabei anfallenden Ausgaben und

Verwaltungskosten wurden durch das Aufkommen aus der Abgabe bestritten. Der Kläger des Ausgangsverfahrens führte aus Reis gewonnene Nahrungsmittel aus und forderte die Rückvergütung der bereits gezahlten Abgabe. Der Gerichtshof entschied im Rahmen eines Vorabentscheidungsverfahrens.

Aus den Entscheidungsgründen:

[7] Das in Artikel 20 Absatz 2 der oben zitierten Verordnung statuierte Verbot von mengenmäßigen Beschränkungen und Maßnahmen mit gleicher Wirkung hat u. a. den Zweck, die Mitgliedstaaten an anderen als den in den Verordnungen zugelassenen einseitigen Maßnahmen zur Begrenzung der Ausfuhr nach Drittländern zu hindern. Das in Artikel 23 vorgesehene Verbot derartiger Maßnahmen in den innergemeinschaftlichen Beziehungen bezweckt die Sicherung des freien Warenverkehrs innerhalb der Gemeinschaft. Das Verbot mengenmäßiger Beschränkungen erstreckt sich auf sämtliche Maßnahmen, die sich, je nach Fallage, als eine gänzliche oder teilweise Untersagung der Einfuhr, Ausfuhr oder Durchfuhr darstellen. Zu den Maßnahmen mit gleicher Wirkung gehören, über die vorgenannten Verbote hinaus, auch sonstige Behinderungen ohne Rücksicht auf ihre Bezeichnung oder ihre Anwendungsart, die sich in gleicher Weise auswirken. Eine Geldlast, wie diejenige, mit der es der vorlegende nationale Richter zu tun hat, weist diese Merkmale nicht auf.

Rs. 8/74 (Dassonville), 154
Urteil des Gerichtshofs vom 11.07.1974.

Vorbemerkungen: *In dieser Entscheidung lieferte der EuGH die erste abstrakte Definition der Maßnahmen gleicher Wirkung. Von dieser weiten sog. Dassonville-Formel sind danach nicht nur die Maßnahmen gleicher Wirkung erfasst, die ausländische Waren aus anderen Mitgliedstaaten offen oder versteckt diskriminieren, sondern auch unterschiedslos anwendbare Maßnahmen. Die unterschiedslos anwendbaren Maßnahmen sind zwar nicht als Diskriminierungen zu bezeichnen, sie können aber dennoch den Warenverkehr behindern. Bei der Bewertung der Maßnahme ist auf ihre mögliche Wirkung und nicht auf den von ihr verfolgten Zweck abzustellen. In der Rechtssache Pistre (Fall 165) konkretisierte der EuGH, dass die Dassonville-Formel selbst auf Inlandssachverhalte anwendbar ist, sofern auch nur die Möglichkeit besteht,* *dass eine nationale Maßnahme auf den zwischenstaatlichen Handel Einfluss hat. Die Dassonville-Formel, die eben nicht nur als Diskriminierungsverbot formuliert wurde, hat zum Verständnis der Warenverkehrsfreiheit als allgemeines Beschränkungsverbot maßgeblich beigetragen. Eine Einschränkung der Dassonville-Formel ergibt sich jedoch aus der Keck-Rechtsprechung (Fall 157).* ***B:*** *S. Leible, NJW 2017, 3057f.* ***L:*** *Rn. 796, 833.*

Sachverhalt: Nach belgischem Recht bedurfte die Einfuhr und der Verkauf von Branntwein neben einer von der belgischen Regierung zugelassenen Ursprungsbezeichnung auch der amtlichen Bescheinigung des Herkunftslandes der Waren. Die französischen Kläger des Ausgangsverfahrens beabsichtigten „Scotch Whisky" nach Belgien einzuführen und legten hierfür die Freigabe der französischen Zollbehörden vor. Außerdem wurde auf Etiketten auf das Herkunftsland verwiesen. Nach Ansicht der belgischen Behörden genügte dies nicht den nationalen Vorschriften, weil bei der Einfuhr keine Ursprungsbezeichnung der britischen Behörden vorgelegt wurde, aus der die Berechtigung der Importeure hervorging, die Bezeichnung zu verwenden. Der Gerichtshof entschied im Vorabentscheidungsverfahren.

Aus den Entscheidungsgründen:

[5] Jede Handelsregelung der Mitgliedstaaten, die geeignet ist, den innergemeinschaftlichen Handel unmittelbar oder mittelbar, tatsächlich oder potentiell zu behindern, ist als Maßnahme mit gleicher Wirkung wie eine mengenmäßige Beschränkung anzusehen.

[6] Solange es noch an einer Gemeinschaftsregelung fehlt, die den Verbrauchern die Echtheit der Ursprungsbezeichnung eines Erzeugnisses gewährleistet, kann ein Mitgliedstaat Maßnahmen ergreifen, um unlautere Verhaltensweisen auf diesem Gebiet zu unterbinden, jedoch darf er nur unter der Bedingung einschreiten, daß die getroffenen Maßnahmen sinnvoll sind und die geforderten Nachweise keine Behinderung des Handels zwischen den Mitgliedstaaten bewirken, mithin von allen Staatsangehörigen erbracht werden können.

[7/9] Derartige Maßnahmen dürfen, ohne daß geprüft zu werden braucht, ob sie überhaupt unter Artikel 36 fallen, gemäß dem in Satz 2 dieses Artikels niedergelegten Grundsatz jedenfalls weder ein Mittel zur willkürlichen Diskriminierung noch eine verschleierte Beschränkung des Handels zwischen den Mitgliedstaaten darstellen. Ein solcher Fall kann vorliegen, wenn ein Mitgliedstaat den Nachweis des Ursprungs eines Erzeugnisses an Formalitäten knüpft, denen ohne ernstliche Schwierigkeiten zu genügen praktisch allein die Direktimporteure in der Lage sind. Sonach stellt es eine mit dem Vertrag unvereinbare Maßnahme mit gleicher Wirkung wie eine mengenmäßige Beschränkung dar, wenn ein Mitgliedstaat eine Echtheitsbescheinigung verlangt, die sich der Importeur eines in einem anderen Mitgliedstaat ordnungsgemäß im freien Verkehr befindlichen echten Erzeugnisses schwerer zu beschaffen vermag als der Importeur, der das gleiche Erzeugnis unmittelbar aus dem Ursprungsland einführt.

c) Mengenmäßige Ausfuhrbeschränkung oder Maßnahme gleicher Wirkung wie eine mengenmäßige Ausfuhrbeschränkung

Rs. 15/79 (Groenveld), 155
Urteil des Gerichtshofs vom 08.11.1979.

Vorbemerkungen: *Die Definition der Maßnahmen gleicher Wirkung im Sinne von mengenmäßigen Ausfuhrbeschränkungen ist, anders als die Definition der Maßnahmen gleicher Wirkung im Sinne des Art. 34 AEUV, auf ein Diskriminierungsverbot beschränkt. Der EuGH greift hier grundsätzlich nicht auf die Dassonville-Formel zurück. Bei der Ausfuhr kann nämlich nicht die Herkunft aus unterschiedlichen Mitgliedstaaten, sondern die Herkunft aus einem bestimmten Mitgliedstaat zu Handelsbeschränkungen führen. Es besteht dabei die Möglichkeit, dass der Absatz der Ware zugunsten des Inlandes gegenüber der Ausfuhr derselben Ware zum Nachteil eines anderen Mitgliedstaats bevorzugt wird. Deshalb werden nur spezifisch gegen die Ausfuhr gerichtete diskriminierende Maßnahmen von Art. 35 AEUV erfasst. Diese Fassung des Art. 35 AEUV wurde mit verschiedenen Argumenten begründet. Die Anwendung der Dassonville-Formel würde dazu führen, dass jedwede belastende innerstaatliche Ordnungsvorschrift für die Herstellung von Produkten als Ausfuhrhindernis klassifiziert werden könnte. Damit stünden weite Teile der innerstaatlichen Rechtsordnung – etwa das Immissionsschutzrecht – allein wegen der Möglichkeit der Erschwerung der Ausfuhr von Gütern durch höhere Kostenbelastung auf dem Prüfstand des EuGH hinsichtlich ihrer Verhältnismäßigkeit. Diese Last wollte der Gerichtshof nicht übernehmen. Die Einführung der Keck-Einschränkung im Rahmen der Warenverkehrsfreiheit i. S. d. Einfuhrfreiheit wirft evtl. ein neues Licht auf diese Seite der Warenverkehrsfreiheit. Die Anwendung der durch die Keck-Formel eingeschränkten Dassonville-Formel im Rahmen des Art. 35 AEUV würde wohl nur die-*

jenigen Maßnahmen als gegen die Freiheit verstoßend erfassen, die weiterhin spezifisch die Ausfuhr aus dem Markt beeinträchtigen würden. Allerdings ist die Keck-Formel, die auf Verkaufsbedingungen im Zielstaat abzielt, bezüglich Maßnahmen des Herkunftsstaates sehr problematisch (vgl. Rs. Alpine Investments). Wohl aus diesem Grund hat der Gerichtshof die Groenveld-Formel – entgegen der im Schrifttum und auch aus den Reihen der Generalanwälte geäußerten Kritik – in der Entscheidung Santurel (C-205/07) bestätigt. Auch der Fall New Valmar (Fall 156) bestätigt die Rechtsprechung, führt aber lediglich eine Konkretisierung der Groenveld-Formel und nicht diese selbst an.
***L:** Rn. 837.*

Sachverhalt: Die Firma P.B. Groenveld BV war in den Niederlanden als Großhandelsimporteur von frischem und gefrorenem Pferdefleisch tätig und stellte auch Pferdefleischprodukte her. Ein niederländisches Gesetz verbot jedoch den Fleischfabrikanten, Fleisch von Einhufern vorrätig zu halten, zu be- und verarbeiten. Der Antrag der Firma, sie von dem Verbot zu befreien, wurde zurückgewiesen. Sie erhob daraufhin Klage. Das zuständige Gericht befasste den EuGH im Vorabentscheidungsverfahren mit der Frage nach der Auslegung des Art. 29 EG (jetzt: Art. 35 AEUV).

Aus den Entscheidungsgründen:

[7] Diese Bestimmung bezieht sich auf nationale Maßnahmen, die spezifische Beschränkungen der Ausfuhrströme bezwecken oder bewirken und damit unterschiedliche Bedingungen für den Binnenhandel innerhalb eines Mitgliedstaats und seinen Außenhandel schaffen, so daß die nationale Produktion oder der Binnenmarkt des betroffenen Staates zum Nachteil der Produktion oder des Handels anderer Mitgliedstaaten einen besonderen Vorteil erlangt. Bei einem Verbot wie dem hier in Frage stehenden ist das nicht der Fall: Es ist bei der Herstellung von Waren einer bestimmten Art generell anwendbar ohne Unterschied, ob diese für den nationalen Markt oder für die Ausfuhr bestimmt sind.

156 Rs. C-15/15 (New Valmar), Urteil des Gerichtshofs vom 21.06.2016.

Vorbemerkungen: *Der EuGH entschied in diesem Urteil, dass „(…) eine für alle im Inland tätigen Wirtschaftsteilnehmer geltende nationale Maßnahme, die tatsächlich die Ausfuhren, d. h., wenn die Waren den*

Markt des Ausfuhrmitgliedstaats verlassen, stärker betrifft als den Absatz der Waren auf dem inländischen Markt, unter das Verbot des Art. 35 AEUV fällt" (vgl. Fall 155, Rn. 40 bis 43). Damit wird nicht mehr direkt auf die Groenveld-Formel abgestellt. Allerdings ist die aus der Gysbrechts-Formel übernommene Formulierung wohl nur als eine Konkretisierung bestimmter Abschnitte der Groenveld-Formel zu sehen. Diese ist weiterhin uneingeschränkt für Maßnahmen gleicher Wirkung im Sinne des Art. 35 AEUV anwendbar, wobei allerdings offen bleibt, ob auch künftig ein Vorteil für den nationalen Binnenmarkt gefordert wird. ***B:*** *M. Ruffert, JuS 2017, 1035 ff.* ***L:*** *Rn. 837.*

Sachverhalt: Im flämischen Teil Belgiens wurde durch eine Regelung der Flämischen Gesellschaft festgelegt, dass alle vorgeschriebenen Papiere und Urkunden (Rechnungen etc.) auf Flämisch abgefasst sein müssen. Sollten sie dies nicht sein, wurden diese Urkunden von Amts wegen für nichtig erklärt. Es wurde zwischen der belgischen New Valmar BVBA und der italienischen GPPH ein auf den 31.12.2014 befristeter Konzessionsvertrag geschlossen, den New Valmar bereits zum 01.06.2012 kündigte. Am 30.03.2012 klagte New Valmar gegen die GPPH. In der Klage wurde die Begleichung offener Rechnungen in Höhe von 234 192 Euro gefordert. GPPH wandte ein, dass die Rechnungen nichtig seien, da sie nicht auf Flämisch abgefasst wurden und der Regelung der Flämischen Gesellschaft folgend deshalb von Amts wegen für nichtig erklärt werden müssten. New Valmar stritt diesen Einwand nicht ab, brachte aber hervor, dass die in Streit stehende Regelung ihrer Ansicht nach gegen Art. 26 Abs. 2, 34 und Art. 35 AEUV verstoße. Im Rahmen des Vorabentscheidungsverfahrens rief das mit dem Rechtsstreit befasste Handelsgericht Gent daraufhin den EuGH an.

Aus den Entscheidungsgründen:

[36] Der Gerichtshof hat entschieden, dass eine für alle im Inland tätigen Wirtschaftsteilnehmer geltende nationale Maßnahme, die tatsächlich die Ausfuhren, d. h., wenn die Waren den Markt des Ausfuhrmitgliedstaats verlassen, stärker betrifft als den Absatz der Waren auf dem inländischen Markt, unter das Verbot des Art. 35 AEUV fällt (vgl. in diesem Sinne Urteil vom 16. Dezember 2008, Gysbrechts und Santurel Inter, C-205/07, EU:C:2008:730, Rn. 40 bis 43).

(...)

[38] Im vorliegenden Fall geht aus der Vorlageentscheidung hervor, dass die von Unternehmen mit Betriebssitz im niederländischen Sprachgebiet des Königreichs Belgien ausgestellten Rechnungen, einschließlich derjenigen bezüglich grenzüberschreitender Geschäfte, nach der im

Ausgangsverfahren fraglichen Regelung unter Androhung der vom Gericht von Amts wegen festzustellenden Nichtigkeit zwingend in niederländischer Sprache abzufassen sind, da nur diese Sprache verbindlich ist.

[39] Nach Ansicht der belgischen Regierung kann eine solche Regelung nicht als eine Beschränkung des freien Warenverkehrs angesehen werden, da Rechnungen, auf die allein sich die Regelung beziehe, lediglich die Forderung bestätigten, die sich aus einem zwischen den betreffenden Parteien geschlossenen Vertrag ergebe. Anders als die Regelung, die in der Rechtssache in Rede gestanden habe, in der das Urteil vom 16. April 2013, Las (C-202/11, EU:C:2013:239) ergangen sei, beeinträchtige eine solche Regelung jedoch nicht die Freiheit der Parteien, einen solchen Vertrag in der Sprache ihrer Wahl abzufassen, und beeinträchtige somit nicht den Austausch der Willenserklärung zwischen diesen Parteien. Es könne daher nicht davon ausgegangen werden, dass die im Ausgangsverfahren fragliche Regelung sich auf den Handel zwischen den Mitgliedstaaten auswirke.

[40] Indem eine Regelung wie die im Ausgangsverfahren fragliche den betreffenden Wirtschaftsteilnehmern die Möglichkeit vorenthält, eine Sprache, die sie alle beherrschen, für die Abfassung ihrer Rechnungen frei zu wählen, und indem sie ihnen hierzu eine Sprache vorschreibt, die nicht zwingend derjenigen entspricht, deren Verwendung sie für ihre vertraglichen Beziehungen vereinbart haben, kann eine solche Regelung jedoch die Gefahr des Bestreitens und der Nichtzahlung der Rechnungen erhöhen, da die Empfänger dieser Rechnungen dazu verleitet sein könnten, sich auf ihr tatsächliches oder vorgebliches Unvermögen zu berufen, den Inhalt dieser Rechnungen zu verstehen, um deren Zahlung zu verweigern.

[41] Umgekehrt könnte der Empfänger einer in einer anderen als der niederländischen Sprache abgefassten Rechnung in Anbetracht der absoluten Nichtigkeit einer solchen Rechnung dazu verleitet sein, deren Gültigkeit allein aus diesem Grund zu bestreiten, und zwar selbst dann, wenn diese Rechnung in einer Sprache abgefasst worden wäre, die er versteht. Eine solche Nichtigkeit könnte außerdem für den Rechnungsaussteller zu erheblichen Unannehmlichkeiten führen, so u. a. zum Verlust von Verzugszinsen, da aus den dem Gerichtshof vorgelegten Akten hervorgeht, dass diese Zinsen bei Nichtvorliegen einer anderslautenden vertraglichen Bestimmung grundsätzlich erst von dem Zeitpunkt an anfallen, zu dem eine neue, in niederländischer Sprache abgefasste Rechnung ausgestellt wird.

[42] Folglich hat eine Regelung wie die im Ausgangsverfahren fragliche – auch wenn sie die Sprache betrifft, in der die Rechnungsangaben abzufassen sind, und nicht den Inhalt der zugrundeliegenden Vertrags-

beziehung – aufgrund der Rechtsunsicherheit, die sie erzeugt, beschränkende Wirkungen auf den Handel, die davon abhalten könnten, vertragliche Beziehungen mit einem im niederländischen Sprachgebiet des Königreichs Belgien ansässigen Unternehmen einzugehen oder fortzusetzen.

[43] Wenn eine solche Regelung unterschiedslos für alle Rechnungen gilt, die von einem Unternehmen ausgestellt werden, das seinen Betriebssitz in dem betreffenden Sprachgebiet hat, kann sie zwar sowohl den Binnenhandel eines Mitgliedstaats als auch den grenzüberschreitenden Handel beeinträchtigen, gleichwohl ist es aber wahrscheinlicher, dass sie Letzteren beeinträchtigt, wie der Generalanwalt in den Nrn. 61 bis 68 seiner Schlussanträge ausgeführt hat, da die Wahrscheinlichkeit geringer ist, dass ein in einem anderen Mitgliedstaat als dem Königreich Belgien ansässiger Käufer in der Lage sein wird, die niederländische Sprache zu verstehen, als ein Käufer, der im Königreich Belgien ansässig ist, wo diese Sprache eine der Amtssprachen ist.

(...)

[46] Wie sich aus den Rn. 40 bis 43 des vorliegenden Urteils ergibt, kann eine solche Regelung nämlich eine Auswirkung – mag diese auch noch so unbedeutend sein – auf die Vertragsbeziehungen haben, zumal es, wie in der mündlichen Verhandlung ausgeführt wurde, nicht selten vorkommt, dass diese Beziehungen sich nur durch das Erstellen einer Rechnung konkretisieren. Wie der Generalanwalt in Nr. 69 seiner Schlussanträge ausgeführt hat, hängt diese Auswirkung nicht von einem künftigen hypothetischen Ereignis ab, sondern von der Ausübung der Warenverkehrsfreiheit (vgl. entsprechend u. a. Urteil vom 1. April 2008, Gouvernement de la Communauté française und Gouvernement wallon, C-212/06, EU:C:2008:178, Rn. 51).

[47] Daraus folgt, dass eine Regelung wie die im Ausgangsverfahren fragliche eine Beschränkung nach Art. 35 AEUV darstellt.

d) Einschränkung der Dassonville-Formel durch die Keck-Formel

Verb. Rs. C-267/91 und C-268/91 (Keck), 157
Urteil des Gerichtshofs vom 24.11.1993.

Vorbemerkungen: *Mit der sog. Keck-Formel nahm der EuGH „bestimmte Verkaufsmodalitäten“ aus dem Begriff der „Maßnahmen gleicher Wirkung“ nach Art. 34 AEUV heraus. Zu den Anforderungen an solche Verkaufsmodalitäten gehören: Ausübung einer Tätigkeit im Inland, Gel-*

tung für alle von der Regelung betroffenen Wirtschaftsteilnehmer und die Gleichheit der tatsächlichen und rechtlichen Beeinträchtigung des Absatzes der inländischen und EU-ausländischen Erzeugnisse. Der EuGH unterließ es jedoch, den Begriff der Verkaufsmodalitäten näher zu definieren. Ursprünglich ging man von einer negativen Definition der Verkaufsmodalitäten aus. Wenn somit Produktregelungen diejenigen Vorschriften sind, welche die Ware selbst berühren, wie etwa ihre Bezeichnung, ihre Form, Zusammensetzung, Aufmachung, Etikettierung und Verpackung, so sind unter den Verkaufsmodalitäten diejenigen Regelungen zu verstehen, welche die Art und Weise der Vermarktung von Erzeugnissen, also das Wer, Wo, Wann und Wie regeln. Die Aufspaltung der Maßnahmen gleicher Wirkung in Produktregelungen, die weiterhin uneingeschränkt in den Anwendungsbereich des Art. 34 AEUV fallen, und in Verkaufsmodalitäten, die nunmehr nur unter diskriminierenden Bedingungen als Maßnahmen gleicher Wirkung zu bezeichnen sind, rief aber Unsicherheit vor allem bezüglich der Beurteilung der Regelungen, die Marketingstrategien zum Gegenstand haben, hervor. Dies gilt umso mehr, als die Entscheidung „entgegen der bisherigen Rechtsprechung", die jedoch nicht näher präzisiert wurde, getroffen wurde. Diese Unsicherheit war auch der Grund, weswegen die Entscheidung stark auseinandergehende Bewertungen bewirkte, die teilweise das Urteil als eine Kehrtwende (Rückschritt zum Diskriminierungsverbot), teilweise lediglich als eine einschränkende Präzisierung der Dassonville-Formel interpretierten. Gleichwohl ist die damit eingeleitete Rechtsprechung zu begrüßen, da mit ihr die ausufernde Kontrolle des EuGH hinsichtlich beinahe sämtlicher wirtschaftsbezogener mitgliedstaatlicher Regelungen zurückgenommen wurde. Art. 34 AEUV wird damit auf seinen eigentlichen Sinngehalt zurückgeführt, der in der Gewährleistung der prinzipiellen Beschränkungslosigkeit des Marktzutritts liegt, nicht jedoch in der Schaffung von Sondervorteilen für ausländische Produkte bei der Vermarktung nach erfolgtem Marktzutritt. Ob die Keck-Formel mittlerweile durch die sog. ANETT-Formel abgelöst wird (Fall 163), ist noch offen; derzeit verwendet der EuGH beide Prüfansätze. ***B:*** *J. Bornkamm, GRUR 1994, 297 ff.* ***L:*** *Rn. 796, 825, 838, 844, 896, 985.*

Sachverhalt: In Frankreich war der Verkauf von Waren unter dem Einstandspreis im Einzelhandel untersagt. Zwei Kaufleute, die diese Vorschrift missachteten und deshalb strafrechtlich belangt wurden, beriefen sich darauf, dass Billigangebote den Umsatz förderten. Das Verbot, unter dem Einstandspreis zu verkaufen, beeinträchtige damit den freien Warenverkehr. Der Gerichtshof entschied im Rahmen eines Vorabentscheidungsverfahrens.

Aus den Entscheidungsgründen:

[13] Zwar können solche Rechtsvorschriften das Absatzvolumen und damit das Volumen des Absatzes von Erzeugnissen aus anderen Mitgliedstaaten insoweit beschränken, als sie den Wirtschaftsteilnehmern eine Methode der Absatzförderung nehmen. Es ist jedoch fraglich, ob diese Möglichkeit ausreicht, um die in Rede stehenden Rechtsvorschriften als eine Maßnahme mit gleicher Wirkung wie eine mengenmäßige Einfuhrbeschränkung anzusehen.

[14] Da sich die Wirtschaftsteilnehmer immer häufiger auf Artikel 30 EWG-Vertrag berufen, um jedwede Regelung zu beanstanden, die sich als Beschränkung ihrer geschäftlichen Freiheit auswirkt, auch wenn sie nicht auf Erzeugnisse aus anderen Mitgliedstaaten gerichtet ist, hält es der Gerichtshof für notwendig, seine Rechtsprechung auf diesem Gebiet zu überprüfen und klarzustellen.

[15] Nach dem Urteil Cassis de Dijon (Urteil vom 20. Februar 1979 in der Rechtssache 120/78, Rewe-Zentral, Slg. 1979, 649) stellen Hemmnisse für den freien Warenverkehr, die sich in Ermangelung einer Harmonisierung der Rechtsvorschriften daraus ergeben, daß Waren aus anderen Mitgliedstaaten, die dort rechtmäßig hergestellt und in den Verkehr gebracht worden sind, bestimmten Vorschriften entsprechen müssen (wie etwa hinsichtlich ihrer Bezeichnung, ihrer Form, ihrer Abmessungen, ihres Gewichts, ihrer Zusammensetzung, ihrer Aufmachung, ihrer Etikettierung und ihrer Verpackung), selbst dann, wenn diese Vorschriften unterschiedslos für alle Erzeugnisse gelten, nach Artikel 30 verbotene Maßnahmen gleicher Wirkung dar, sofern sich die Anwendung dieser Vorschriften nicht durch einen Zweck rechtfertigen läßt, der im Allgemeininteresse liegt und den Erfordernissen des freien Warenverkehrs vorgeht.

[16] Demgegenüber ist entgegen der bisherigen Rechtsprechung die Anwendung nationaler Bestimmungen, die bestimmte Verkaufsmodalitäten beschränken oder verbieten, auf Erzeugnisse aus anderen Mitgliedstaaten nicht geeignet, den Handel zwischen den Mitgliedstaaten im Sinne des Urteils Dassonville (Urteil vom 11. Juli 1974 in der Rechtssache 8/74, Slg. 1974, 837 ff.) unmittelbar oder mittelbar, tatsächlich oder potentiell zu behindern, sofern diese Bestimmungen für alle betroffenen Wirtschaftsteilnehmer gelten, die ihre Tätigkeit im Inland ausüben, und sofern sie den Absatz der inländischen Erzeugnisse und der Erzeugnisse aus anderen Mitgliedstaaten rechtlich wie tatsächlich in der gleichen Weise berühren.

[17] Sind diese Voraussetzungen nämlich erfüllt, so ist die Anwendung derartiger Regelungen auf den Verkauf von Erzeugnissen aus

einem anderen Mitgliedstaat, die den von diesem Staat aufgestellten Bestimmungen entsprechen, nicht geeignet, den Marktzugang für diese Erzeugnisse zu versperren oder stärker zu behindern, als sie dies für inländische Erzeugnisse tut. Diese Regelungen fallen daher nicht in den Anwendungsbereich von Artikel 30 EWG-Vertrag.

158 **Rs. C-470/93 (Mars),**
Urteil des Gerichtshofs vom 06.07.1995.

Vorbemerkungen: *In dieser Entscheidung stieß der EuGH an die Grenzen der Definition der Verkaufsmodalitäten und musste daher die Schnittstelle zwischen Warenverkehrsfreiheit und grenzüberschreitender Werbung im Binnenmarkt neu definieren. Entscheidend an diesem Urteil war, dass der EuGH zwischen den Vertriebsregeln mit unmittelbarem Produktbezug, die in den Anwendungsbereich des Art. 34 AEUV fallen, und solchen Verkaufsmodalitäten ohne diesen unmittelbaren Produktbezug unterscheidet. Nationale Werberegelungen haben insoweit oft eine Doppelnatur: Sie können einerseits nur die allgemein auf einem bestimmten Markt herrschenden Bedingungen regeln, andererseits können sie sich auch unmittelbar auf das Produkt (seine Darbietung, physische Erscheinung) auswirken. Wenn sie nur die erste Wirkung entfalten, beeinträchtigen sie nicht die Warenverkehrsfreiheit. Wenn jedoch die zweite Wirkung eintritt, sind sie als Maßnahme gleicher Wirkung im Sinne des Art. 34 AEUV zu verstehen. Die modernen Marketingstrategien (Marketing-Mix) führen aber oft zu einer engen Verbindung zwischen dem Produkt und seinem Vertrieb.* ***L:*** *Rn. 563, 840.*

Sachverhalt: Die Mars GmbH vertrieb europaweit in Frankreich produzierte Eiskremriegel mit einer einheitlichen Verpackung, auf der sich der Aufdruck „+10%“ befand. Nachdem die Mars GmbH die Eiskremriegel auch in Deutschland angeboten hatte, wurde gegen sie wegen Verstoßes gegen § 3 UWG auf Unterlassung geklagt. Die Werbung sei irreführend, da der Verbraucher glauben könnte, dass der Riegel um den mit dem Streifen gekennzeichneten Teil der Verpackung – der 10% der Packungsgröße deutlich überstieg – vergrößert worden sei. Der Gerichtshof entschied im Rahmen eines Vorabentscheidungsverfahrens über die Frage, ob ein § 3 UWG entsprechendes Verbot mit Art. 30 EG (jetzt: Art. 36 AEUV) vereinbar ist.

Aus den Entscheidungsgründen:

[12] Nach der Rechtsprechung des Gerichtshofs bezweckt Artikel 30 das Verbot jeder Handelsregelung der Mitgliedstaaten, die geeignet ist, den innergemeinschaftlichen Handel unmittelbar oder mittelbar, tatsächlich oder potentiell zu behindern (vgl. Rs. 8/74 (Dassonville), Slg. 1974, S. 837). Der Gerichtshof hat klargestellt, daß in Ermangelung einer Harmonisierung der Rechtsvorschriften Artikel 30 die Hemmnisse für den freien Warenverkehr verbietet, die sich daraus ergeben, daß Waren aus anderen Mitgliedstaaten, die dort rechtmäßig hergestellt und in den Verkehr gebracht worden sind, bestimmten Vorschriften wie etwa hinsichtlich ihrer Ausstattung, ihrer Etikettierung und ihrer Verpackung entsprechen müssen, auch wenn diese unterschiedslos für einheimische und eingeführte Erzeugnisse gelten (verb. Rs. C-267u. 268/91 (Keck und Mithouard), Slg. 1993, S. I-6097).

[13] Ein Verbot wie das im Ausgangsverfahren streitige, das sich gegen das Inverkehrbringen von Erzeugnissen in einem Mitgliedstaat richtet, die die gleichen Werbeaufdrucke tragen wie diejenigen, die in anderen Mitgliedstaaten rechtmäßig verwendet werden, ist, auch wenn es unterschiedslos für alle Erzeugnisse gilt, geeignet, den innergemeinschaftlichen Handel zu behindern. Es kann nämlich den Importeur dazu zwingen, die Ausstattung seiner Erzeugnisse je nach dem Ort des Inverkehrbringens unterschiedlich zu gestalten und demgemäß die zusätzlichen Verpackungs- und Werbungskosten zu tragen.

[14] Ein solches Verbot fällt somit in den Anwendungsbereich des Artikels 30 des Vertrages.

Rs. C-405/98 (Gourmet International Products), Urteil des Gerichtshofs vom 08.03.2001. 159

Vorbemerkungen: *Der EuGH nahm in der vorliegenden Entscheidung eine weitere Konturierung der Kriterien für die Annahme der „Keck-Formel“ vor. Nationale Bestimmungen, die bestimmte Verkaufsmodalitäten beschränken oder verbieten, fallen nur dann in den Anwendungsbereich des Art. 34 AEUV, soweit sie geeignet sind, den Marktzugang für Erzeugnisse aus einem anderen Mitgliedstaat zu versperren oder stärker zu behindern, als sie dies für inländische Erzeugnisse tun. Hierfür müssten ausländische Erzeugnisse rechtlich sowie tatsächlich gleich behandelt werden wie inländische. Solche tatsächlich diskriminierenden Verkaufsmodalitäten, also keine „bestimmten“, sondern*

„sonstige“ Verkaufsmodalitäten, hatte der EuGH bereits im Urteil TK-Heimdienst (Rs. C-254/98) angenommen. Dies wurde auch für den vorliegenden Fall bejaht. Dabei stellte der EuGH in Fortführung der De Agostini-Rechtsprechung (verb. Rs. C-34/95 bis 36/95) fest, dass vollständige Werbeverbote, obwohl sie Regelungen von Verkaufsmodalitäten darstellen, in den Anwendungsbereich des Art. 34 AEUV fallen. Der Gerichtshof stellte eine Vermutung auf, wonach Totalverbote wegen ihrer marktabschottenden Wirkung nicht als „bestimmte“ Verkaufsmodalitäten anzusehen sind. ***B:*** *L. Leible, EuZW, 2001, 253 ff.; R. Streinz, JuS 2001, 807 ff.* ***L:*** *Rn. 842, 984.*

Sachverhalt: Ein schwedisches Gesetz über das Inverkehrbringen alkoholischer Getränke verbot aus Gründen des Gesundheitsschutzes u. a. für alkoholische Getränke mit Anzeigen in Zeitungen und Zeitschriften zu werben. Auch die Förderung des Absatzes mittels kommerzieller Werbeeinblendungen in Rundfunk oder Fernsehen sowie Außenwerbung und Direktversand von Werbematerial an Privatpersonen waren untersagt. Die Beklagte gab eine Zeitschrift mit dem Titel Gourmet heraus, deren Ausgabe für Abonnenten drei Seiten Werbung für alkoholische Getränke enthält. Der schwedische Verbraucherbeauftragte klagte auf Unterlassen der Werbung. Die Beklagte beantragte die Klage abzuweisen, da sie auf einer gegen das (damalige) Gemeinschaftsrecht verstoßenden Regelung beruhe. Das schwedische Gericht hatte Zweifel, ob die nationale Regelung, die ein vollständiges Verbot bestimmter kommerzieller Anzeigen umfasste, gegen Art. 28 EG (jetzt: Art. 34 AEUV) verstößt und ob sie gegebenenfalls in Anbetracht ihres Zwecks als gem. Art. 30 EG (jetzt: Art. 36 AEUV) erlaubt betrachtet werden könne und leitete daher ein Verfahren gem. Art. 234 EG (jetzt: Art. 267 AEUV) ein.

Aus den Entscheidungsgründen:

[18] Nach Randnummer 17 des Urteils Keck und Mithouard fallen nationale Bestimmungen, die bestimmte Verkaufsmodalitäten beschränken oder verbieten, nur dann nicht in den Anwendungsbereich des Artikels 30 EG-Vertrag, wenn sie nicht geeignet sind, den Marktzugang für Erzeugnisse aus einem anderen Mitgliedstaat zu versperren oder stärker zu behindern, als sie dies für inländische Erzeugnisse tun.

[19] Der Gerichtshof hat ferner in Randnummer 42 seines Urteils vom 9. Juli 1997 in den Rechtssachen C-34/95 bis C-36/95 (De Agostini und TV-Shop, Slg. 1997, I-3843) entschieden, dass sich nicht ausschließen lässt, dass das vollständige Verbot einer Form der Förderung des Absatzes eines Erzeugnisses in einem Mitgliedstaat, das

dort rechtmäßig verkauft wird, stärkere Auswirkungen auf Erzeugnisse aus anderen Mitgliedstaaten hat.

[20] Jedoch untersagt ein Verbot, wie es im Ausgangsverfahren in Rede steht, nicht nur eine Form der Förderung des Absatzes eines Erzeugnisses. Vielmehr hindert es die Hersteller und Importeure, von einigen unbedenklichen Ausnahmen abgesehen, an jeder Verbreitung von Werbung, die sich an Verbraucher richtet.

[21] Ohne dass eine genaue Untersuchung der die Lage in Schweden kennzeichnenden tatsächlichen Umstände nötig wäre – diese Untersuchung obläge dem nationalen Gericht – kann festgestellt werden, dass bei Erzeugnissen wie den alkoholischen Getränken, deren Genuss mit herkömmlichen gesellschaftlichen Übungen sowie örtlichen Sitten und Gebräuchen verbunden ist, ein Verbot jeder an die Verbraucher gerichteten Werbung durch Anzeigen in der Presse oder Werbeeinblendungen in Rundfunk und Fernsehen, durch Direktversand nicht angeforderten Materials oder durch Plakatieren an öffentlichen Orten geeignet ist, den Marktzugang für Erzeugnisse aus anderen Mitgliedstaaten stärker zu behindern, als es dies für inländische Erzeugnisse tut, mit denen der Verbraucher unwillkürlich besser vertraut ist.

Rs. C-322/01 (Deutscher Apothekerverband; „DocMorris I"), Urteil des Gerichtshofs vom 11.12.2003. 160

Vorbemerkungen: *Mit dieser Entscheidung leistete der EuGH einen weiteren Beitrag zur Auslegung der Reichweite des zweiten Teils der Keck-Formel, also der Kriterien zur Feststellung, wann nationale Regelungen von Verkaufsmodalitäten den Absatz der inländischen und ausländischen Erzeugnisse rechtlich wie tatsächlich in der gleichen Weise berühren. Zunächst bestätigte der EuGH seine De Agostini- (verb. Rs. C-34 bis 36/95) und Gourmet International Products-Rechtsprechung (Fall 159), wonach ein vollständiges Verbot einer absatzfördernden Maßnahme ausländische Anbieter stärker beeinträchtigt als inländische. Bei der näheren Begründung der tatsächlichen Ungleichbehandlung stellte der Gerichtshof auf den Einfluss der Regelung auf den Zugang zum Markt ab. Dabei gewann dieses bisher relativ unpräzise Kriterium an Bestimmtheit. Der EuGH stellte nicht pauschal auf den Marktzugang, sondern auf den Zugang zum Markt der Endverbraucher ab, womit die betroffene Handelsstufe genauer bestimmt wurde.* ***B:*** *E. Mand, MMR 2004, 155 ff.; R. Streinz, JuS 2004, 518 ff.* ***L:*** *Rn. 782, 822, 842.*

Sachverhalt: Die in den Niederlanden ordnungsgemäß zugelassene Apotheke 0800 DocMorris begann im Jahr 2000, grenzüberschreitend Arzneimittel direkt an deutsche Endverbraucher im Wege des Versandes zu verkaufen. Um diese Tätigkeit gerichtlich zu unterbinden, berief sich der deutsche Apothekerverband unter anderem auf das ausdrückliche Verbot des Arzneimittelversandes in § 43 Abs. 1 AMG. Das LG Frankfurt legte dem EuGH verschiedene Fragen nach der Vereinbarkeit der deutschen Regelungen mit dem Gemeinschaftsrecht vor. Der EuGH bejahte einen Eingriff in Art. 28 EG (jetzt: Art. 34 AEUV). Das Versandverbot für nicht zugelassene Arzneimittel wurde allerdings als gerechtfertigt erachtet, während das Verbot des Versandes zugelassener Arzneimittel keinem Rechtfertigungsgrund unterfiel.

Aus den Entscheidungsgründen:

[68] Wie der Gerichtshof im Urteil Keck und Mithouard weiter festgestellt hat, können Handelsregelungen, auch wenn sie nicht die Merkmale der Waren selbst, sondern die Modalitäten von deren Verkauf betreffen, doch Maßnahmen gleicher Wirkung im Sinne von Artikel 28 EG sein, wenn sie zwei Voraussetzungen nicht genügen. So müssen diese Regelungen erstens für alle betroffenen Wirtschaftsteilnehmer gelten, die ihre Tätigkeit im Inland ausüben, und sie müssen zweitens den Absatz der inländischen Erzeugnisse und der Erzeugnisse aus anderen Mitgliedstaaten rechtlich wie tatsächlich in gleicher Weise berühren (Urteile Keck und Mithouard, Randnr. 16, und Hünermund u. a., Randnr. 21, sowie Urteil vom 9. Februar 1995 in der Rechtssache C-412/93, Leclerc-Siplec, Slg. 1995, I-179, Randnr. 21).

[69] Zur ersten dieser beiden Voraussetzungen ist festzustellen, dass das in § 43 Absatz 1 AMG normierte Verbot für alle betroffenen inländischen oder ausländischen Wirtschaftsteilnehmer gilt, so dass diese Voraussetzung ohne weiteres erfüllt ist.

[70] Hinsichtlich der zweiten in Randnummer 68 genannten Voraussetzung ist zu berücksichtigen, dass der Absatz einer Ware auf einem nationalen Markt zwischen ihrer Herstellung und ihrem etwaigen Verkauf an den Endverbraucher mehrere Phasen umfassen kann.

[71] Um festzustellen, ob eine bestimmte Regelung den Absatz inländischer Erzeugnisse ebenso betrifft wie den von Waren aus anderen Mitgliedstaaten, ist zu ermitteln, welche Reichweite die in Frage stehende beschränkende Regelung hat. So hat der Gerichtshof festgestellt, dass das für Apotheker geltende Verbot, für apothekenübliche Produkte außerhalb der Apotheke zu werben, nicht die für andere Wirtschaftsteilnehmer als Apotheker bestehende Möglichkeit berührt, ihrerseits für

diese Waren Werbung zu machen (Urteil Hünermund u. a., Randnr. 19). Ähnlich hatte auch das im Urteil Leclerc-Siplec in Frage stehende Verbot der Ausstrahlung von Werbemitteilungen keine große Reichweite, da es nur eine bestimmte Form der Förderung (Fernsehwerbung) einer wiederum nur bestimmten Methode des Absatzes (Vertrieb) von Erzeugnissen untersagte (Urteil Leclerc-Siplec, Randnr. 22).

[72] Dagegen folgte der Gerichtshof in einem anderen Fall dem von einem Wirtschaftsteilnehmer vorgetragenen Argument, dass ihm mit einem Verbot von Fernsehwerbung die einzige wirksame Form der Absatzförderung, um in einen nationalen Markt einzudringen, genommen werde (Urteil De Agostini und TV-Shop, Randnr. 43). Der Gerichtshof hat ferner festgestellt, dass bei Erzeugnissen wie alkoholischen Getränken, deren Genuss mit herkömmlichen gesellschaftlichen Gepflogenheiten und örtlichen Sitten und Gebräuchen verknüpft ist, ein Verbot jeder an die Verbraucher gerichteten Werbung durch Anzeigen in der Presse oder Werbeeinblendungen in Rundfunk und Fernsehen, durch Direktversand nicht angeforderten Materials oder durch Plakatieren an öffentlichen Orten geeignet ist, den Marktzugang für Erzeugnisse aus anderen Mitgliedstaaten stärker zu behindern als für inländische Erzeugnisse, mit denen der Verbraucher unwillkürlich besser vertraut ist (Urteil vom 8. März 2001 in der Rechtssache C-405/98, Gourmet International Products, Slg. 2001, I-1795, Randnrn. 21 bis 24).

[73] Hinsichtlich des Verbotes nach § 43 Absatz 1 AMG ist unstreitig, dass nach dieser Bestimmung zum einen bestimmte Arzneimittel nur in Apotheken verkauft werden dürfen und zum anderen der Versandhandel mit Arzneimitteln unzulässig ist. Zwar kann das Versandhandelverbot als bloße Konsequenz aus der Apothekenpflichtigkeit von Arzneimitteln angesehen werden. Das Aufkommen des Internets als Mittel des grenzüberschreitenden Verkaufs hat jedoch zur Folge, dass die Reichweite und damit die Wirkung dieses Verbotes in einem größeren Zusammenhang zu prüfen sind, als der Apothekerverband, die deutsche, die französische und die österreichische Regierung sowie die Kommission es vorschlagen (vgl. oben, Randnrn. 56 bis 59).

[74] Ein Verbot wie das im Ausgangsfall fragliche beeinträchtigt nämlich außerhalb Deutschlands ansässige Apotheken stärker als Apotheken in Deutschland. Auch wenn das Verbot den inländischen Apotheken unstreitig ein zusätzliches oder alternatives Mittel des Zugangs zum deutschen Markt der Endverbraucher von Arzneimitteln nimmt, bleibt ihnen doch die Möglichkeit, Arzneimittel in ihren Apotheken zu verkaufen. Dagegen könnte für Apotheken, die nicht im deutschen Hoheitsgebiet ansässig sind, im Internet ein Mittel liegen, das für den un-

mittelbaren Zugang zu diesem Markt eher geeignet ist. Ein Verbot, das sich auf außerhalb des deutschen Hoheitsgebiets ansässige Apotheken stärker auswirkt, könnte jedoch geeignet sein, den Marktzugang für Waren aus anderen Mitgliedstaaten stärker zu behindern als für inländische Erzeugnisse.

[75] Daher trifft das in Frage stehende Verbot den Verkauf inländischer Arzneimittel und den Verkauf von Arzneimitteln aus anderen Mitgliedstaaten nicht in gleicher Weise.

[76] Demnach ist auf die erste Frage, Buchstabe a, zu antworten, dass ein § 43 Absatz 1 AMG entsprechendes nationales Verbot des Versandhandels mit Arzneimitteln, die in dem betreffenden Mitgliedstaat ausschließlich in Apotheken verkauft werden dürfen, eine Maßnahme gleicher Wirkung im Sinne von Artikel 28 EG darstellt.

161 Verb. Rs. C-158/04 und C-159/04 (Bake-off), Urteil des Gerichtshofs vom 14.09.2006.

Vorbemerkungen: *In dieser Entscheidung stellte der EuGH unter Zugrundelegung der Keck-Rechtsprechung den Verstoß einer griechischen Regelung gegen Art. 34 AEUV fest, die den Verkauf von „Bake-off"-Erzeugnissen von denselben Erfordernissen abhängig machte, wie sie für das vollständige Verfahren der Herstellung und des Inverkehrbringens von herkömmlichen Brot- und Backwaren galten. Diese umstrittenen nationalen Rechtsvorschriften waren nach Art. 34 AEUV verbotene Maßnahmen gleicher Wirkung, die nicht aus Gründen des Gesundheitsschutzes gemäß Art. 36 AEUV gerechtfertigt werden konnten. Der dogmatische Kern des Urteils ist die Frage nach der Abgrenzung zwischen Produkt- und Verkaufsmodalitäten, die im Einzelfall schwierig sein kann. Der EuGH stufte die Vorschrift nicht als Verkaufsmodalität ein, sondern kam zu dem Schluss, dass die streitigen Bestimmungen vielmehr die Herstellungsbedingungen für Backwaren betreffen und damit die Merkmale der zum Verkauf bestimmten „Bake-off"-Erzeugnisse selbst. Problematisch ist jedoch, dass Produktregelungen regelmäßig Waren betreffen, die noch keinen Marktzugang erlangt haben. Dagegen betrifft die griechische Regelung „Bake-off"-Erzeugnisse, die sich bereits auf dem Markt befinden. So stellte der EuGH auf die zusätzlichen und damit ihr Inverkehrbringen erschwerenden Kosten ab. Er entschied daher, dass die griechische Regelung ein Einfuhrhindernis darstellt, das nicht als Verkaufsmodalität im Sinne des Urteils Keck und Mithouard angesehen werden kann.* ***B:*** *J. Gundel, JA 2007, 479 ff.; R. Streinz, JuS 2008, 262 ff.* ***L:*** *Rn. 840.*

Sachverhalt: Eine griechische Regelung machte den Betrieb von Öfen zum Auftauen von tiefgefrorenem Brot bzw. Brotteig nach dem sog. „Bake-off“-Verfahren vom Vorliegen einer Erlaubnis für den Betrieb einer Bäckerei abhängig. Dieses Verfahren bestand im schnellen Auftauen und anschließenden Aufwärmen oder Backen vollständig oder teilweise vorgebackener und tiefgefrorener Waren in den Verkaufsstellen. Die Vorabentscheidungsersuchen betrafen die Auslegung von Artikel 28 EG (jetzt: Art. 34 AEUV) hinsichtlich der Vereinbarkeit der griechischen Vorschriften über das Inverkehrbringen von Backwaren nach dem „Bake-off“-Verfahren.

Aus den Entscheidungsgründen:

[7] (...) Eine Bäckerei im Sinne dieser Bestimmung ist ein festes, speziell eingerichtetes und ausgestattetes Bauwerk, in dem unabhängig von seiner Kapazität Brot, Backwaren im Allgemeinen und andere Lebensmittelzubereitungen auf der Basis von Mehl (mit Ausnahme von Teigwaren) hergestellt sowie Speisen und andere Zubereitungen für die Allgemeinheit gebacken werden können.

(...)

Zu den Vorlagefragen:

[13] Mit seinen Vorlagefragen, die gemeinsam zu prüfen sind, möchte das vorlegende Gericht im Wesentlichen wissen, ob eine nationale Regelung, die den Verkauf von „Bake-off“-Erzeugnissen von denselben Erfordernissen abhängig macht, wie sie für das vollständige Verfahren der Herstellung und des Inverkehrbringens von herkömmlichem Brot und herkömmlichen Backwaren gelten, eine Maßnahme gleicher Wirkung wie eine mengenmäßige Beschränkung im Sinne des Artikels 28 EG darstellt und, falls dies bejaht wird, ob sie dadurch gerechtfertigt werden kann, dass sie zum Ziel hat, die Qualität dieser Erzeugnisse zu gewährleisten oder die Verbraucher oder die Gesundheit der Bevölkerung zu schützen.

[14] Zunächst ist darauf hinzuweisen, dass der freie Warenverkehr zwischen den Mitgliedstaaten ein grundlegendes Prinzip des EG-Vertrags ist, das u. a. in dem Verbot mengenmäßiger Einfuhrbeschränkungen zwischen den Mitgliedstaaten sowie aller Maßnahmen gleicher Wirkung nach Artikel 28 EG seinen Ausdruck findet.

[15] Das in Artikel 28 EG aufgestellte Verbot der Maßnahmen mit gleicher Wirkung wie mengenmäßige Beschränkungen erfasst jede Maßnahme, die geeignet ist, den innergemeinschaftlichen Handel un-

mittelbar oder mittelbar, tatsächlich oder potenziell zu behindern (vgl. u. a. Urteile vom 11. Juli 1974 in der Rechtssache 8/74, Dassonville, Slg. 1974, 837, Randnr. 5, vom 12. März 1987 in der Rechtssache 178/84, Kommission/Deutschland, „Reinheitsgebot für Bier", Slg. 1987, 1227, Randnr. 27, vom 23. September 2003 in der Rechtssache C-192/01, Kommission/Dänemark, Slg. 2003, I-9693, Randnr. 39, und vom 24. November 2005 in der Rechtssache C-366/04, Schwarz, Slg. 2005, I-10139, Randnr. 28).

[16] Der Gerichtshof hat jedoch festgestellt, dass nationale Maßnahmen, die bestimmte Verkaufsmodalitäten beschränken oder verbieten, keine grundsätzlich von Artikel 28 EG verbotenen Maßnahmen mit gleicher Wirkung wie mengenmäßige Beschränkungen darstellen, sofern sie für alle betroffenen Wirtschaftsteilnehmer gelten, die ihre Tätigkeit im Inland ausüben, und sofern sie den Absatz der inländischen Erzeugnisse und der Erzeugnisse aus anderen Mitgliedstaaten rechtlich wie tatsächlich in der gleichen Weise berühren (vgl. Urteil vom 24. November 1993 in den Rechtssachen Keck und Mithouard, C-267/91 und C-268/91, Slg. 1993, I-6097, Randnr. 16).

[17] In ihren schriftlichen Erklärungen machen die Präfektur und die griechische Regierung unter Hinweis auf das Urteil Keck und Mithouard geltend, dass die nationale Regelung nur die Verkaufsmodalitäten der „Bake-off"-Erzeugnisse festlege und daher nicht unter Artikel 28 EG falle.

[18] Wie der Generalanwalt in Nummer 15 seiner Schlussanträge festgestellt hat, ist eine solche Qualifizierung zurückzuweisen. Denn es ergibt sich klar aus den Bestimmungen der im Ausgangsverfahren fraglichen nationalen Regelung, dass sie die Herstellungsbedingungen für Backwaren einschließlich der „Bake-off"-Erzeugnisse festlegt.

[19] Unstreitig besteht das wesentliche Merkmal der „Bake-off"-Erzeugnisse darin, dass sie an die Verkaufsstellen geliefert werden, nachdem die wichtigen Phasen ihrer Zubereitung abgeschlossen sind. In diesen Verkaufsstellen wird das Brot nur kurz aufgetaut und aufgewärmt oder fertiggebacken. Unter diesen Umständen von den Verkäufern der „Bake-off"-Erzeugnisse zu verlangen, sämtliche Anforderungen zu erfüllen, die für herkömmliche Bäckereien gelten, darunter u. a. das Erfordernis, über ein Mehllager, einen Knetraum und einen Raum für die Lagerung fester Brennstoffe zu verfügen, berücksichtigt nicht die Besonderheit dieser Erzeugnisse und führt zu zusätzlichen und damit ihr Inverkehrbringen erschwerenden Kosten. Die Regelung stellt daher ein Einfuhrhindernis dar, das nicht als Verkaufsmodalität im Sinne des Urteils Keck und Mithouard (Randnrn. 15 und 16) angesehen werden kann.

[20] Nach ständiger Rechtsprechung kann eine nationale Regelung, die den freien Warenverkehr behindert, durch einen der in Artikel 30 EG aufgezählten Gründe des Gemeinwohls oder, sofern sie unterschiedslos anwendbar ist, durch eines der in der Rechtsprechung des Gerichtshofs aufgestellten zwingenden Erfordernisse gerechtfertigt werden (vgl. in diesem Sinne Urteil vom 20. Februar 1979 in der Rechtssache 120/78, Rewe-Zentral, „Cassis de Dijon", Slg. 1979, 649, Randnr. 8, und Urteil Schwarz, Randnr. 30).

(...)

[23] Was die vom vorlegenden Gericht erwähnte Rechtfertigung durch das Ziel der Qualitätssicherung angeht, so ist festzustellen, dass eine nationale Maßnahme, die den freien Warenverkehr behindert, nicht allein damit gerechtfertigt werden kann, dass mit ihr Qualitätslebensmittel gefördert werden sollen. Denn für die Rechtfertigung einer Behinderung des freien Warenverkehrs kann ein solches Ziel nur in Verbindung mit anderen Erfordernissen berücksichtigt werden, die wie der Verbraucher- und der Gesundheitsschutz als zwingende Erfordernisse anerkannt sind.

[24] Zum Ziel des Verbraucherschutzes führt das vorlegende Gericht aus, dass sich die Präfektur in den Ausgangsverfahren auf das Gutachten eines Sachverständigen der Lebensmitteltechnologie bezogen habe, in dem dargelegt worden sei, dass „Bake-off"-Erzeugnisse den Verbraucher zu dem Glauben veranlassten, sie kauften Brot oder ein ähnliches frisches Erzeugnis, obwohl es sich in Wirklichkeit um ein verfälschtes Erzeugnis ohne Vitamine handele.

[25] Insoweit gilt jedoch, dass es zwar zulässig sein kann, Maßnahmen zu erlassen, die verhindern sollen, dass die Verbraucher herkömmliche Backwaren und „Bake-off"-Erzeugnisse verwechseln, dass aber die fragliche nationale Regelung so, wie sie durchgeführt wird, den Kunden der Brotverkaufsstellen nicht ermöglicht, die herkömmlichen Erzeugnisse von den „Bake-off"-Erzeugnissen zu unterscheiden. Wie der Generalanwalt in der Nummer 62 seiner Schlussanträge festgestellt hat, könnte ein solches Ziel durch Maßnahmen erreicht werden, die das Inverkehrbringen von „Bake-off"-Erzeugnissen weniger beschränken, wie z. B. geeignete Information und Etikettierung.

[26] Hinsichtlich des Gesundheitsschutzes schließlich ergibt sich aus den schriftlichen Erklärungen der Präfektur, dass die im Ausgangsverfahren fragliche Regelung sicherstellen solle, dass die Hygieneanforderungen nicht nur in der ersten Phase der Herstellung des vorgebackenen und tiefgefrorenen Brotes erfüllt werden, sondern auch in der letzten Phase des Fertigbackens am Verkaufsort. Brot und ähnliche

Erzeugnisse könnten nämlich leicht verderben und verunreinigt werden, u. a. durch Insekten, Schimmel, Hefen, Bakterien und Viren.

[27] Zwar enthält die im Ausgangsverfahren fragliche nationale Regelung Bestimmungen, die sicherstellen sollen, dass die Backwaren unter angemessenen hygienischen Bedingungen hergestellt und in den Verkehr gebracht werden, sie enthält aber auch mehrere Erfordernisse, die, da sie mit dem Prozess der Herstellung von herkömmlichen Backwaren verbunden sind, ungeeignet sind und über das für den Schutz der Gesundheit der Bevölkerung Erforderliche hinausgehen, wenn sie auf Erzeugnisse des „Bake-off"-Typs angewendet werden, die vorgebacken sind und in ihren Verkaufsstellen nur aufgetaut, aufgewärmt oder fertiggebacken werden. Wie die griechischen Behörden in ihren Erklärungen eingeräumt haben, ist dies insbesondere für die Erfordernisse der Fall, die das Vorhandensein eines Mehllagers oder eines Knetraums betreffen.

[28] Nach alledem ist daher auf die Vorlagefragen zu antworten, dass Artikel 28 EG dahin auszulegen ist, dass er einer nationalen Regelung entgegensteht, die den Verkauf von „Bake-off"-Erzeugnissen von denselben Erfordernissen abhängig macht, wie sie für das vollständige Verfahren der Herstellung und des Inverkehrbringens von herkömmlichem Brot und herkömmlichen Backwaren gelten.

162 Rs. C-110/05 (Kommission ./. Italien), Urteil des Gerichtshofs vom 10.02.2009.

Vorbemerkungen: *Entgegen dem Antrag der Generalanwältin Kokott entschied sich der EuGH im vorliegenden Urteil gegen die Ausdehnung der Keck-Formel auf „bestimmte Nutzungsmodalitäten". Vielmehr machte er die Anwendbarkeit des Art. 34 AEUV allein davon abhängig, ob durch die staatliche Maßnahme der Marktzugang versperrt wird. Obwohl sich die Diskussion um die Keck-Formel seit Jahren auf die Abgrenzung des Begriffes „bestimmte Verkaufsmodalitäten" von dem Begriff der „produktbezogenen Regelungen" konzentrierte, sei die Behinderung des Marktzugangs das ausschlaggebende Kriterium. Ob eine Marktzugangsbehinderung vorliegt, beurteilt sich nach dem Verhalten der Verbraucher des Aufnahmestaates. Besteht auf dem Markt des Aufnahmestaats keine Nachfrage nach einem bestimmten Produkt seitens der Verbraucher, weil sie es nicht zu einem bestimmten Zweck verwenden dürfen, liegt eine Behinderung der Wareneinfuhr vor, die als Maßnahme gleicher Wirkung i. S. d. Art. 34 AEUV zu qualifizieren sei. „Be-*

stimmte Verkaufsmodalitäten" im Sinne der Keck-Rechtsprechung seien lediglich als eine (wenngleich wichtige) Fallgruppe der marktzugangsneutralen Maßnahmen anzusehen. Diese Rechtsprechung bestätigte der EuGH auch in der Rs. C-142/05, Mickelsson & Roos. In diesem Fall wurde die Benutzung von Wassermotorrädern außerhalb bezeichneter Wasserstraßen durch eine schwedische Regelung verboten, sodass sie sich praktisch wie ein Nutzungsverbot auswirkte. Darin sah der Gerichtshof ebenfalls ein Marktzugangshindernis. ***B:*** *W. Albin/F. Valentin, EuZW 2009, 178 f.; R. Streinz, JuS 2009, 652 ff.* ***L:*** *Rn. 844 f.*

Sachverhalt: Nach italienischem Recht durften nur Automobile, Oberleitungsbusse und Zugmaschinen (Kraftfahrzeuge mit drei Rädern, die zum Ziehen von Sattelanhängern bestimmt sind) Anhänger mitführen; das Ziehen von Anhängern durch Kradfahrzeuge (z. B. Kleinkrafträder, Krafträder) war hingegen verboten. Auf Beschwerde eines Einzelnen und nach ordnungsgemäßer Durchführung des Vorverfahrens erhob die Kommission eine Vertragsverletzungsklage. Mit ihrer Klage beantragte die Kommission festzustellen, dass die Italienische Republik dadurch gegen ihre Verpflichtungen aus Art. 28 EG (jetzt: Art. 34 AEUV) verstoßen hatte, dass sie das Ziehen von Anhängern durch Kradfahrzeuge verboten hatte.

Aus den Entscheidungsgründen:

[56] Hierzu ist festzustellen, dass ein Verbot der Verwendung eines Erzeugnisses im Hoheitsgebiet eines Mitgliedstaats erheblichen Einfluss auf das Verhalten der Verbraucher hat, das sich wiederum auf den Zugang des Erzeugnisses zum Markt des Mitgliedstaats auswirkt.

[57] Denn die Verbraucher, die wissen, dass sie ihr Kradfahrzeug nicht mit einem eigens dafür konzipierten Anhänger verwenden dürfen, haben praktisch kein Interesse daran, einen solchen Anhänger zu kaufen (vgl. entsprechend zum Verbot, farbige Folien an der Windschutzscheibe von Kraftwagen zu befestigen, Urteil vom 10. April 2008, Kommission/Portugal, C 265/06, Slg. 2008, I 0000, Randnr. 33). Damit verhindert Art. 56 der Straßenverkehrsordnung die Nachfrage nach derartigen Anhängern auf dem betreffenden Markt und behindert somit deren Einfuhr.

[58] Soweit das in Art. 56 der Straßenverkehrsordnung angeordnete Verbot dazu führt, den Zugang zum italienischen Markt für Anhänger zu versperren, die eigens für Kradfahrzeuge konzipiert und in anderen Mitgliedstaaten als der Italienischen Republik rechtmäßig hergestellt und in den Verkehr gebracht worden sind, stellt es eine Maßnahme mit

gleicher Wirkung wie mengenmäßige Einfuhrbeschränkungen dar, die nach Art. 28 EG verboten ist, sofern sie nicht objektiv gerechtfertigt werden kann.

163 **Rs. C-456/10 (ANETT),**
Urteil des Gerichtshofs vom 26.04.2012.

Vorbemerkungen: *Die Keck-Kriterien werden seit jeher zumeist als tatbestandliche Ausnahme von Dassonville geprüft. Nicht erst mit den Urteilen zu Verwendungsbeschränkungen (vgl. Fall 161 f.), in denen der EuGH ausschließlich das Vorliegen eines Marktzutrittshindernisses prüft, ist jedoch ein Perspektivwechsel hin zu einer positiven Definition der Maßnahme gleicher Wirkung auf der Grundlage der Keck-Kriterien zu beobachten. Einen interessanten Ansatz für eine solche unmittelbar Keck-basierte Definition der Maßnahmen gleicher Wirkung bietet das ANETT-Urteil. Hiernach liegt (positiv) eine Maßnahme gleicher Wirkung gemäß Art. 34 AEUV in folgenden drei Fällen vor:*
- *Maßnahmen eines Mitgliedstaates, mit denen bezweckt oder bewirkt wird, Waren aus anderen Mitgliedstaaten weniger günstig zu behandeln (Grundsatz der Nichtdiskriminierung);*
- *Vorschriften über die Voraussetzungen, denen die Waren entsprechen müssen, selbst wenn diese Vorschriften unterschiedslos für alle Erzeugnisse gelten (produktbezogene Vorschriften; Grundsatz der gegenseitigen Anerkennung von Erzeugnissen, die in anderen Mitgliedstaaten rechtmäßig hergestellt und in den Verkehr gebracht wurden);*
- *jede sonstige Maßnahme, die den Zugang zum Markt eines Mitgliedstaates für Erzeugnisse aus anderen Mitgliedstaaten behindert.*

Da hiermit lediglich die Fallgruppen zusammengefasst sind, die der EuGH in seiner Keck-Folgerechtsprechung entwickelte, ist es letztlich nicht entscheidend, welche Perspektive der EuGH seiner künftigen Rechtsprechung zugrunde legen wird. Ein endgültiger Übergang zur ANETT-Formel ist bislang zumindest nicht festzustellen. Freilich ist fraglich, ob der EuGH im vorliegenden Fall richtig entschieden hat, indem er die angegriffene Regelung im Rahmen der dritten Stufe als Maßnahme gleicher Wirkung gemäß Art. 34 AEUV wertete. Die nationale Regelung erlaubte es Tabakeinzelhändlern Auslandswaren lediglich von inländischen Großhändlern zu beziehen. Sie durften diese, im Gegensatz zu den Großhändlern, nicht direkt aus dem Ausland einführen. Hierin war daher eine Ungleichbehandlung von Waren nach deren Her-

kunft, mithin eine offene Diskriminierung, zu sehen, sodass hier bereits auf der ersten Stufe eine Maßnahme gleicher Wirkung gemäß Art. 34 AEUV nach der ANETT-Formel vorlag. ***B:*** *T. Streinz, EuZW 2012, 511 f.; R. Streinz, JuS 2012, 759 ff.* ***L:*** *Rn. 832, 845 f., 896, 985.*

Sachverhalt: Das spanische Königliche Dekret 1199/1999 bestimmte u. a., dass es Tabakeinzelhändlern verboten war, Tabakerzeugnisse aus anderen Mitgliedstaaten in das Königreich Spanien zu importieren, und gestattete eine solche Einfuhr lediglich Großhändlern. Eine gegen dieses Dekret von der Asociación Nacional de Expendedores de Tabaco y Timbre (ANETT) vor einem spanischen Gericht erhobene Klage wurde rechtskräftig abgewiesen. Nach Erlass des Königlichen Dekrets 1/2007, mit dem das vorgenannte Dekret in Teilen abgeändert wurde, wandte sich ANETT nunmehr gegen dieses Dekret und rügte einen Verstoß gegen das Unionsrecht insofern, als durch die Änderung das gegen die Grundsätze des freien Warenverkehrs verstoßende Importverbot für Tabakeinzelhändler nicht beseitigt worden sei. Das Tribunal Supremo setzte das Verfahren aus und legte dem EuGH die Frage vor, ob Art. 34 AEUV dahin auszulegen sei, dass das im spanischen Recht vorgesehene Verbot für Tabakeinzelhändler, der Tätigkeit der Einfuhr von Tabakerzeugnissen aus anderen Mitgliedstaaten nachzugehen, eine nach dem AEUV verbotene mengenmäßige Einfuhrbeschränkung oder eine Maßnahme gleicher Wirkung darstellte.

Aus den Entscheidungsgründen:

Zum Vorliegen einer Beschränkung des freien Warenverkehrs

[32] Nach ständiger Rechtsprechung ist jede Handelsregelung der Mitgliedstaaten, die geeignet ist, den Handel innerhalb der Union unmittelbar oder mittelbar, tatsächlich oder potenziell zu behindern, als eine Maßnahme mit gleicher Wirkung wie mengenmäßige Beschränkungen im Sinne des Art. 34 AEUV anzusehen (vgl. u. a. Urteile vom 11. Juli 1974, Dassonville, 8/74, Slg. 1974, 837, Randnr. 5, und vom 10. Februar 2009, Kommission/Italien, C-110/05, Slg. 2009, I-519, Randnr. 33).

[33] Aus ebenfalls ständiger Rechtsprechung geht hervor, dass Art. 34 AEUV die Verpflichtung widerspiegelt, sowohl die Grundsätze der Nichtdiskriminierung und der gegenseitigen Anerkennung von Erzeugnissen, die in anderen Mitgliedstaaten rechtmäßig hergestellt und in den Verkehr gebracht wurden, einzuhalten als auch Erzeugnissen aus der Union einen freien Zugang zu den nationalen Märkten zu gewährleisten (vgl. Urteile Kommission/Italien, Randnr. 34, und vom 2. De-

zember 2010, Ker-Optika, C-108/09, noch nicht in der amtlichen Sammlung veröffentlicht, Randnr. 48).

[34] Demgemäß sind Maßnahmen eines Mitgliedstaats, mit denen bezweckt oder bewirkt wird, Waren aus anderen Mitgliedstaaten weniger günstig zu behandeln, ebenso als Maßnahmen mit gleicher Wirkung wie mengenmäßige Beschränkungen anzusehen wie Vorschriften über die Voraussetzungen, denen die Waren entsprechen müssen, selbst wenn diese Vorschriften unterschiedslos für alle Erzeugnisse gelten (vgl. Urteile Kommission/Italien, Randnrn. 35 und 37, und Ker-Optika, Randnr. 49).

[35] Ebenfalls unter diesen Begriff fällt jede sonstige Maßnahme, die den Zugang zum Markt eines Mitgliedstaats für Erzeugnisse aus anderen Mitgliedstaaten behindert (Urteile Kommission/Italien, Randnr. 37, und Ker-Optika, Randnr. 50).

[36] Im Ausgangsverfahren weist nichts darauf hin, dass mit der in Rede stehenden nationalen Regelung bezweckt oder bewirkt wird, Tabakerzeugnisse aus anderen Mitgliedstaaten weniger günstig zu behandeln. Ebenso wenig betrifft sie die Voraussetzungen, denen diese Erzeugnisse entsprechen müssen.

[37] Es ist jedoch noch zu prüfen, ob diese Regelung nicht den Zugang zum spanischen Markt für Tabakerzeugnisse aus anderen Mitgliedstaaten behindert.

[38] Hierzu ist darauf hinzuweisen, dass die genannte Regelung dadurch, dass sie es Tabakeinzelhändlern verbietet, solche Erzeugnisse direkt aus anderen Mitgliedstaaten einzuführen, diese Einzelhändler dazu zwingt, ihren Bedarf bei zugelassenen Großhändlern zu decken. Eine solche Art der Bedarfsdeckung kann aber verschiedene Nachteile aufweisen, auf die diese Einzelhändler nicht stoßen würden, wenn sie die Einfuhr selbst vornehmen würden.

[39] Insbesondere können die betreffenden Einzelhändler ein aus einem anderen Mitgliedstaat stammendes Tabakerzeugnis nur vermarkten, wenn ein solches Erzeugnis im Erzeugnissortiment der in Spanien zugelassenen Großhändler angeboten wird und diese Großhändler es vorrätig haben. Wenn somit ein bestimmtes Erzeugnis im Erzeugnissortiment dieser Großhändler nicht enthalten ist, haben die Tabakeinzelhändler keine direkte, flexible und schnelle Möglichkeit, die Nachfrage ihrer eigenen Kunden, die an diesem Erzeugnis interessiert sind, zu befriedigen.

[40] Diese Feststellung wird kaum dadurch in Frage gestellt, dass in den nationalen Rechtsvorschriften für Einführer die Pflicht vorgesehen ist, die Verfügbarkeit von Tabakerzeugnissen im gesamten Staatsgebiet

zu gewährleisten, sofern eine Nachfrage für diese Erzeugnisse besteht. Diese Einführer können sich nämlich dafür entscheiden, von der Einfuhr bestimmter Erzeugnisse, die von einer für zu klein befundenen Zahl von Interessierten nachgefragt werden, ganz abzusehen oder die Einfuhr später vorzunehmen. Jeder Tabakeinzelhändler wäre hingegen zweifellos in der Lage, anstelle dieser Einführer auf flexiblere und schnellere Weise auf die Nachfrage der Kunden zu reagieren, die mit ihm in direktem und häufigem Kontakt stehen.

[41] Zudem sind Tabakeinzelhändler daran gehindert, ihren Bedarf in den anderen Mitgliedstaaten zu decken, auch wenn die dort niedergelassenen Hersteller oder Großhändler insbesondere in den Grenzregionen günstigere Bezugsbedingungen anbieten können, sei es aufgrund ihrer geografischen Nähe oder aufgrund der besonderen Lieferbedingungen, die sie anbieten.

[42] Alle diese Gesichtspunkte können negative Auswirkungen auf die Auswahl der Erzeugnisse, die die Tabakeinzelhändler in ihre Erzeugnissortimente aufnehmen, und letztlich auf den Zugang zum spanischen Markt für die verschiedenen aus den anderen Mitgliedstaaten stammenden Erzeugnisse haben.

[43] Daher ist festzustellen, dass das im Ausgangsverfahren in Rede stehende Verbot den Zugang zum Markt für diese Erzeugnisse behindert.

[44] Folglich stellt die im Ausgangsverfahren in Rede stehende Regelung eine Maßnahme mit gleicher Wirkung wie eine mengenmäßige Beschränkung im Sinne des Art. 34 AEUV dar.

e) Schutzpflicht der Mitgliedstaaten

Rs. C-265/95 (Kommission ./. Frankreich; „Bauernproteste"), Urteil des Gerichtshofs vom 09.12.1997. 164

Vorbemerkungen: *Die Grundfreiheiten erfassen nicht nur positives Tun als mitgliedstaatliche Eingriffe, sondern gebieten zusammen mit der Handlungspflicht aus Art. 4 Abs. 3 EUV auch Unterbindungspflichten gegenüber Beeinträchtigungen durch nicht unmittelbar an die Grundfreiheiten gebundene Privatpersonen, erfassen u. U. also auch das staatliche Unterlassen. Die Warenverkehrsfreiheit enthält folglich nicht nur ein Abwehrrecht gegen staatliche Maßnahmen, kann vielmehr auch Schutzpflichten des Staates begründen, nach denen ein Staat bestimmte Maßnahmen ergreifen muss, um einer nichtstaatlichen Beeinträchtigung des Schutzguts entgegenzuwirken. Zu betonen ist, dass* *die Beeinträchtigung in diesem Fall auf den Mitgliedstaat selbst zurückzuführen ist. Dieser Ansatz rührt daher, dass der innerunionale Handelsverkehr durch die Untätigkeit des Staates bei der Beseitigung von Hemmnissen ebenso wie durch eine Handlung beeinträchtigt werden kann (bestätigt in der Rs. Schmidberger, Fall 147). Der EuGH räumt den Mitgliedstaaten jedoch ein weites Ermessen bei der Wahl der zu ergreifenden Maßnahmen ein. Dieser Rechtsgedanke lässt sich auch auf andere Grundfreiheiten übertragen (vgl. aber Rs. Angonese, Fall 176).* ***B:*** *G. Meier, EuZW 1998, 87f.* ***L:*** *Rn. 471, 486, 607, 637, 788, 828f., 849, 937.*

Sachverhalt: In Frankreich kam es regelmäßig zu Blockaden von Fahrbahnen durch aufgebrachte Bauern, die damit den Import ausländischer Produkte verhindern wollten. Die Kommission hatte bereits 1985 ein Mahnschreiben an die französische Regierung geschickt, mit der Aufforderung dafür Sorge zu tragen, dass solche Handlungen unterbleiben. Da in einem Zeitraum von etwa zehn Jahren keine Änderung eintrat, erhob die Kommission 1995 Klage auf Feststellung, dass Frankreich seiner Verpflichtung aus Art. 28 EG i. V. m. Art. 10 EG (jetzt: Art. 34 AEUV i. V. m. Art. 4 Abs. 3 EUV) nicht nachgekommen sei, da es keine Maßnahmen ergriffen hatte, um den freien Warenverkehr vor solchen Angriffen zu schützen. Der Gerichtshof gab der Klage statt.

Aus den Entscheidungsgründen:

[24] Der freie Warenverkehr stellt einen der tragenden Grundsätze des EG-Vertrags dar; das ist bei der Beurteilung der Begründetheit der Klage der Kommission zu berücksichtigen.

[25] Nach Artikel 3 Buchstabe c EG-Vertrag umfaßt die Tätigkeit der Gemeinschaft im Sinne des Artikels 2 einen Binnenmarkt, der durch die Beseitigung der Hindernisse u. a. für den freien Warenverkehr zwischen den Mitgliedstaaten gekennzeichnet ist.

[26] Nach Artikel 7a Absatz 2 EG-Vertrag umfaßt der Binnenmarkt einen Raum ohne Binnengrenzen, in dem der freie Verkehr von Waren gemäß den Bestimmungen des EG-Vertrags gewährleistet ist.

[27] Dieser tragende Grundsatz wird durch die Artikel 30 ff. EG-Vertrag umgesetzt.

[28] Insbesondere sind nach Artikel 30 mengenmäßige Einfuhrbeschränkungen sowie alle Maßnahmen gleicher Wirkung zwischen den Mitgliedstaaten verboten.

[29] Das bedeutet nach dem Kontext dieser Bestimmung, daß alle unmittelbaren oder mittelbaren, tatsächlichen oder potentiellen Be-

einträchtigungen der Einfuhrströme im innergemeinschaftlichen Handel beseitigt werden sollen.

[30] Artikel 30 ist für die Verwirklichung des Marktes ohne Binnengrenzen unabdingbar. Er verbietet damit nicht nur Maßnahmen, die auf den Staat zurückzuführen sind und selbst Beschränkungen für den Handel zwischen den Mitgliedstaaten schaffen, sondern kann auch dann Anwendung finden, wenn ein Mitgliedstaat keine Maßnahmen ergriffen hat, um gegen Beeinträchtigungen des freien Warenverkehrs einzuschreiten, deren Ursachen nicht auf den Staat zurückzuführen sind.

[31] Der innergemeinschaftliche Handelsverkehr kann nämlich ebenso wie durch eine Handlung dadurch beeinträchtigt werden, daß ein Mitgliedstaat untätig bleibt oder es versäumt, ausreichende Maßnahmen zur Beseitigung von Hemmnissen für den freien Warenverkehr zu treffen, die insbesondere durch Handlungen von Privatpersonen in seinem Gebiet geschaffen wurden, die sich gegen Erzeugnisse aus anderen Mitgliedstaaten richten.

[32] Artikel 30 verbietet den Mitgliedstaaten somit nicht nur eigene Handlungen oder Verhaltensweisen, die zu einem Handelshemmnis führen könnten, sondern verpflichtet sie in Verbindung mit Artikel 5 EG-Vertrag auch dazu, alle erforderlichen und geeigneten Maßnahmen zu ergreifen, um in ihrem Gebiet die Beachtung dieser Grundfreiheit sicherzustellen.

[33] Dabei steht es sicherlich im Ermessen der Mitgliedstaaten, die für die Aufrechterhaltung der öffentlichen Sicherheit und Ordnung allein zuständig bleiben, zu entscheiden, welche Maßnahmen in einer bestimmten Situation am geeignetsten sind, um Beeinträchtigungen der Einfuhr zu beseitigen.

[34] Es ist daher nicht Sache der Gemeinschaftsorgane, sich an die Stelle der Mitgliedstaaten zu setzen und ihnen vorzuschreiben, welche Maßnahmen sie erlassen und tatsächlich anwenden müssen, um den freien Warenverkehr in ihrem Gebiet zu gewährleisten.

[35] Es ist jedoch Sache des Gerichtshofs, unter Berücksichtigung des genannten Ermessens in den ihm unterbreiteten Fällen zu prüfen, ob der betreffende Mitgliedstaat zur Sicherstellung des freien Warenverkehrs geeignete Maßnahmen ergriffen hat.

(...)

[38] Die Gewalttaten, die in Frankreich gegen landwirtschaftliche Erzeugnisse aus anderen Mitgliedstaaten begangen wurden – u. a. wurden Lastwagen, die solche Erzeugnisse beförderten, angehalten, ihre Ladung vernichtet und die Fahrer angegriffen; weiter wurden Groß- und Einzelhändler bedroht und ausliegende Waren ungenießbar ge-

macht –, schaffen unzweifelhaft Hemmnisse für den innergemeinschaftlichen Handel mit diesen Erzeugnissen.

[39] Deshalb ist zu prüfen, ob die französische Regierung im vorliegenden Fall ihren Verpflichtungen aus Artikel 30 in Verbindung mit Artikel 5 EG-Vertrag dadurch nachgekommen ist, daß sie ausreichende und geeignete Maßnahmen gegen Handlungen von Privatpersonen ergriffen hat, die Hemmnisse für den freien Warenverkehr mit bestimmten landwirtschaftlichen Erzeugnissen verursachen.

(...)

[55] Die Befürchtung, es könne zu internen Schwierigkeiten kommen, ist nämlich keine Rechtfertigung dafür, daß ein Mitgliedstaat die korrekte Anwendung des Gemeinschaftsrechts unterlässt (in diesem Sinne Urteil vom 7. Dezember 1995 in der Rechtssache C-52/95, Kommission/Frankreich, Slg. 1995, I-4443, Randnr. 38).

[56] Der betreffende Mitgliedstaat hat alle geeigneten Maßnahmen zu ergreifen, um die volle, wirksame und korrekte Anwendung des Gemeinschaftsrechts im Interesse aller Wirtschaftsteilnehmer sicherzustellen, sofern er nicht nachweist, daß sein Tätigwerden Folgen für die öffentliche Ordnung hätte, die er mit seinen Mitteln nicht bewältigen könnte.

[57] Im vorliegenden Fall hat die französische Regierung aber nicht konkret das Bestehen einer Gefahr für die öffentliche Ordnung nachgewiesen, die sie nicht bewältigen könnte.

5. Grenzüberschreitender Bezug

165 **Rs. C-321/94, C-322/94, C-323/94 und C-324/94 (Pistre), Urteil des Gerichtshofs vom 07.05.1997.**

Vorbemerkungen: *In der Rs. Pistre stellte der EuGH fest, dass die Dassonville-Formel selbst in Fallkonstellationen anwendbar ist, in denen nur einheimische Erzeugnisse betroffen sind und der Sachverhalt nicht über die Grenzen eines einzelnen Mitgliedstaates hinausgeht, da sich nationale Maßnahmen auch dann auf den freien Warenverkehr zwischen den Mitgliedstaaten auswirken können. Die Warenverkehrsfreiheit ist somit zwar nicht auf reine Inlandssachverhalte anwendbar, aber auf solche Inlandssachverhalte, die wenigstens potentiell eine Auswirkung auf zwischenstaatliche Warenströme haben. Im vorliegenden Fall hatte ein französisches Gesetz die Bezeichnung „montagne", die auf die Herkunft aus einer Gebirgsregion verweist, nur französischen*

Produkten vorbehalten. Dadurch wären inländische Produkte gegenüber potentiellen eingeführten Produkten bevorzugt worden, was sich eventuell auf die Einfuhrströme hätte auswirken können. Bereits dieser abstrakte, potentielle Einfluss auf den zwischenstaatlichen Handel genügte für die Anwendbarkeit der Dassonville-Formel.

Sachverhalt: Ein französisches Gesetz verlangte für die Verwendung der Bezeichnung „montagne" auf dem Etikett von Lebensmitteln eine behördliche Genehmigung. Um die Angabe „montagne" verwenden zu dürfen, mussten die Grundstoffe aus Frankreich stammen, wo auch sämtliche Phasen der Herstellung stattfinden mussten. Die Hersteller von Fleisch- und Wurstwaren *Pistre* u. a., die allesamt aus Frankreich stammten, hatten diese behördliche Genehmigung nicht. Der EuGH stellte im Rahmen eines Vorabentscheidungsverfahrens fest, dass das französische Gesetz mit Art. 28 EG (ex-Art. 30 EGV, jetzt: Art. 34 AEUV) unvereinbar ist.

Aus den Entscheidungsgründen:

[44] Zwar wird die Anwendung einer nationalen Maßnahme, die nicht in einem Zusammenhang mit der Wareneinfuhr steht, nicht von Art. 30 erfaßt (Urteil vom 15. 12. 1982 in der Rechtssache 286/81, Oosthoek's Uitgeversmaatschappij, Slg. 1982, 4575, Rdn. 9 = GRUR Int. 1983, 648), doch scheidet die Prüfung einer solchen Maßnahme an dieser Bestimmung nicht schon deshalb aus, weil keines der Elemente des bei dem nationalen Gericht anhängigen konkreten Falles über die Grenzen eines einzelnen Mitgliedstaats hinausweist.

[45] Auch in einer solchen Lage kann sich nämlich die Anwendung der nationalen Maßnahme auf den freien Warenverkehr zwischen den Mitgliedstaaten auswirken, und zwar insbesondere dann, wenn die fragliche Maßnahme den Vertrieb von Waren inländischen Ursprungs zum Nachteil eingeführter Waren begünstigt. Unter solchen Umständen wird durch die bloße Anwendung der Maßnahme, auch wenn sie auf inländische Hersteller beschränkt ist, eine Ungleichbehandlung zwischen den beiden Warengruppen geschaffen und aufrechterhalten, die zumindest potentiell den innergemeinschaftlichen Handel behindert.

6. Rechtfertigung

a) Rechtfertigungsgründe nach Art. 36 AEUV

166 **Rs. C-333/14 (Scotch Whisky Association), Urteil des Gerichtshofs vom 23.12.2015.**

Vorbemerkungen: *Die Entscheidung des Gerichtshofs in der Rechtssache Scotch Whisky Association betraf eine schottische gesetzliche Regelung, die einen Mindestverkaufspreis für alkoholische Getränke vorsah. Im Mittelpunkt des Urteils standen einerseits Fragen des Vorliegens einer Maßnahme gleicher Wirkung im Sinne des Art. 34 AEUV sowie der Rechtfertigung eines solchen Eingriffs in die Warenverkehrsfreiheit. Das Vorliegen einer Maßnahme gleicher Wirkung wie eine mengenmäßige Einfuhrbeschränkung im Sinne des Art. 34 AEUV stellte der Gerichtshof in größtmöglicher Kürze fest. Die die Dassonville-Formel einschränkende Keck-Formel wurde vom Gerichtshof mit keinem Wort erwähnt; stattdessen wurde auf die ANETT-Entscheidung verwiesen, allein ausschlaggebendes Kriterium zur Bestimmung des Vorliegens einer Maßnahme gleicher Wirkung war danach die Behinderung des Marktzugangs (vgl. zu dieser Rechtsprechungstendenz denn Fall 163). Hinsichtlich der Rechtfertigungsprüfung stellte der Gerichtshof schließlich auf eine mögliche Rechtfertigung aus Gründen des Gesundheitsschutzes gemäß Art. 36 AEUV ab. In diesem Zusammenhang ist hervorzuheben, dass der Gerichtshof einerseits die Beurteilung der Verhältnismäßigkeit dem vorlegenden Gericht anheimstellte; dieses müsse die vom insoweit beweispflichtigen Mitgliedstaat vorgebrachten Argumente auf ihre tatsächliche und rechtliche Stichhaltigkeit hin überprüfen. Andererseits gab er dem nationalen Gericht aber recht detaillierte und präzise Hinweise (vgl. für den konkreten Fall insbesondere die hier nicht abgedruckten Rn. 33–49), welche inhaltlichen Aspekte und rechtlichen Vorgaben hier insbesondere zu berücksichtigen waren. Wurde also zunächst in einer recht knappen Prüfung des Eingriffs das Vorliegen einer Maßnahme gleicher Wirkung festgestellt, verlagerte sich der Schwerpunkt der Prüfung der mitgliedstaatlichen Maßnahme sodann auf die intensiver in den Blick genommene Prüfung ihrer Verhältnismäßigkeit.* ***B:*** *M. Ogorek, JA 2016, 556ff.; R. Streinz, JuS 2016, 949ff.; K. Purnhagen, EuZW 2016, 234f.; J. M. Hoffmann, NJW 2016, 625f.* ***L:*** *Rn. 803, 845f.*

Sachverhalt: Das schottische Gesetz über die Mindestpreise für Alkohol in Schottland von 2012 sah vor, dass ein Mindestpreis pro Alkoholeinheit (MPA) festzulegen war, der beim Verkauf alkoholischer Getränke im Einzelhandel beachtet werden musste. Dieser MPA war von der schottischen Regierung durch Verordnung festzulegen. Eine entsprechende Verordnung wurde 2013 ausgearbeitet, worin der MPA auf 0,50 Pfund Sterling festgesetzt wurde. Bevor dieses Regelwerk in Kraft trat, wurde die Europäische Kommission hierüber informiert, die in einer daraufhin ergangenen Stellungnahme die Auffassung vertrat, es liege ein nicht gerechtfertigter Eingriff in die Gewährleistung des freien Warenverkehrs des Art. 34 AEUV vor. Im Rahmen eines unterdessen initiierten Klageverfahrens vor schottischen Gerichten legte schließlich der Court of Session mehrere Fragen betreffend die Mindestverkaufspreisregelung dem EuGH im Wege des Vorabentscheidungsverfahrens vor.

Aus den Entscheidungsgründen:

[31] Nach ständiger Rechtsprechung ist jede Maßnahme eines Mitgliedstaats, die geeignet ist, den Handel innerhalb der Union unmittelbar oder mittelbar, tatsächlich oder potentiell zu behindern, als eine Maßnahme mit gleicher Wirkung wie mengenmäßige Beschränkungen im Sinne des Art. 34 AEUV anzusehen (vgl. u. a. Urteile Dassonville, 8/74, EU:C:1974:82, Rn. 5, und Juvelta, C-481/12, EU:C:2014:11, Rn. 16).

[32] Wie der Generalanwalt in den Rn, 59 und 60 seiner Schlussanträge ausgeführt hat, ist die im Ausgangsverfahren streitige Regelung allein deshalb, weil sie verhindert, dass sich niedrigere Gestehungskosten eingeführter Erzeugnisse im Endverkaufspreis niederschlagen können, geeignet, alkoholhaltigen Getränken, die in anderen Mitgliedstaaten als dem Vereinigten Königreich Großbritannien und Nordirland rechtmäßig vertrieben werden, den Zugang zum britischen Markt zu erschweren, und stellt somit eine Maßnahme mit gleicher Wirkung dar wie eine mengenmäßige Beschränkung im Sinne von Art. 34 AEUV dar (vgl. in diesem Sinne Urteile Kommission/Italien, C-110/15, EU: C:2009:66, Rn. 37, ANETT, C-456/10, EU:C:2012/:241, Rn. 35, und Vilniaus energija, C-423/13, EU:C:2014:2186, Rn. 48), was im Übrigen weder vom vorlegenden Gericht noch von einer der Parteien, die in der vorliegenden Rechtssache Erklärungen abgegeben haben, in Abrede gestellt wird.

(...)

[52] Nach der in Rn. 35 des vorliegenden Urteils angeführten Rechtsprechung ist es Sache der Mitgliedstaaten, zu bestimmen, auf welchem

Niveau sie den Schutz der Gesundheit und des Lebens von Menschen gewährleisten wollen, wobei die Erfordernisse des freien Warenverkehrs innerhalb der Union zu berücksichtigen sind.

[53] Da ein Verbot, wie es sich aus der im Ausgangsverfahren streitigen nationalen Regelung ergibt, eine Ausnahme vom Grundsatz des freien Warenverkehrs darstellt, haben die nationalen Behörden darzutun, dass diese Regelung dem Grundsatz der Verhältnismäßigkeit entspricht, d. h., dass sie erforderlich ist, um das angestrebte Ziel zu erreichen, und dass sich das angestrebte Ziel nicht durch Verbote oder Beschränkungen erreichen ließe, die weniger weit gehen oder den Handel innerhalb der Union weniger beeinträchtigen würden (vgl. in diesem Sinne Urteile Franzén, C-189/95, EU:C:1997:504, Rn. 75 und 76, und Rosengren u. a., C-170/04, EU:C:2007:313, Rn. 50).

[54] Insoweit müssen die Rechtfertigungsgründe, auf die sich ein Mitgliedstaat berufen kann, von geeigneten Beweisen oder einer Untersuchung zur Geeignetheit und Verhältnismäßigkeit der von diesem Mitgliedstaat erlassenen beschränkenden Maßnahme sowie von genauen Angaben zur Stützung seines Vorbringens begleitet sein (vgl. in diesem Sinne Urteile Lindemann, C-42/02, EU:C:2003:613, Rn. 25, Kommission/Belgien, C-227/06, EU:C:2008:160, Rn. 63, und ANETT, C-456/10, EU:C:2012:241, Rn. 50).

[55] Die Beweislast darf allerdings nicht so weit gehen, dass die nationalen Behörden, wenn sie eine nationale Regelung, mit der eine Maßnahme wie ein MPA vorgegeben wird, positiv belegen müssten, dass sich dieses Ziel mit keiner anderen vorstellbaren Maßnahme unter den gleichen Bedingungen erreichen ließe (vgl. in diesem Sinne Urteil Kommission/Italien, C-110/05, EU:C:2009:66, Rn. 66).

[56] In diesem Zusammenhang obliegt es dem vorlegenden Gericht, das mit der Kontrolle der Rechtmäßigkeit der betreffenden nationalen Regelung befasst ist, die Stichhaltigkeit der von den zuständigen nationalen Behörden vorgelegten Beweise zu prüfen, damit es feststellen kann, ob die nationale Regelung mit dem Grundsatz der Verhältnismäßigkeit vereinbar ist. Auf der Grundlage dieser Beweise muss das vorlegende Gericht insbesondere objektiv untersuchen, ob die von dem betreffenden Mitgliedstaat vorgelegten Beweise bei verständiger Würdigung die Einschätzung erlauben, dass die gewählten Mittel zur Verwirklichung der verfolgte Ziele geeignet sind, und ob es möglich ist, diese Ziele durch Maßnahmen zu erreichen, die den freien Warenverkehr weniger einschränken.

b) Ungeschriebene Rechtfertigungsgründe

Rs. 120/78 (Cassis de Dijon), Urteil des Gerichtshofs vom 20.02.1979. 167

Vorbemerkungen: *Die sog. Cassis de Dijon-Entscheidung aus dem Jahre 1979 schränkte mit der Rechtsfigur der „zwingenden Erfordernisse" den durch die Dassonville-Rechtsprechung ausgedehnten tatbestandlichen Anwendungsbereich des jetzigen Art. 34 AEUV auf der Rechtfertigungsebene wieder ein. Die Einschränkung findet jedoch nur bezüglich unterschiedsloser Maßnahmen statt. Für „unterscheidende", also diskriminierende Maßnahmen gilt die Dassonville-Formel weiterhin uneingeschränkt. Insoweit ergeben sich die Schranken nur aus Art. 36 AEUV. In der Rs. Medisanus stellte der EuGH klargestellt, dass eine Rechtfertigung diskriminierender Maßnahmen allein aufgrund der geschriebenen Rechtfertigungsgründe des Art. 36 AEUV in Betracht kommt (Rs. C-296/15, Rn. 80). Bis heute ist allerdings nicht ganz klar, wie mit versteckt diskriminierenden Maßnahmen umzugehen ist, ob diese also allein durch Art. 36 AEUV oder auch nach den Cassisregeln gerechtfertigt werden können. Als „zwingende Erfordernisse" werden etwa der Verbraucherschutz (vgl. Fall 168), die Lauterkeit des Handelsverkehrs, der Umweltschutz und die wirksame steuerliche Kontrolle angeführt. Dieser Katalog ist aber nicht abschließend. Auch die dogmatische Einordnung der zwingenden Erfordernisse ist umstritten. Teilweise wurden darin „immanente Schranken des Tatbestands" gesehen. Die zwingenden Erfordernisse wurden als negative Tatbestandsvoraussetzung behandelt, da sie schon das Vorliegen der „Maßnahme gleicher Wirkung" ausschließen sollten. Nach der heute wohl h. M. stellen die zwingenden Erfordernisse allerdings zusätzliche ungeschriebene Rechtfertigungsgründe dar und werden auch als solche vom Gerichtshof behandelt. Der EuGH führt dabei eine sehr strikte Verhältnismäßigkeitsprüfung durch. Es wird jedes Mal zwischen dem einschlägigen zwingenden Erfordernis und den Erfordernissen der Warenverkehrsfreiheit abgewogen. Die Maßnahme muss also notwendig, erforderlich und angemessen sein. Die wichtigste Errungenschaft der Cassis-Formel ist die Aufgabe des Bestimmungslandprinzips, wonach ausschließlich die Regelungen desjenigen Staates zur Anwendung kommen, in dem die Ware verbraucht wird. Die Cassis-Formel schuf die Grundlage für die Einführung des Herkunftslandprinzips (Ursprungslandprinzip), das die Anwendung der Regelungen des Herstellungsstaates der Ware favorisiert, da den – unionsrechtlich zu definierenden – zwingenden Gründen* *des Allgemeinwohls auch schon durch Maßnahmen im Herkunftsstaat Rechnung getragen worden sein kann.* ***L:*** *Rn. 799, 834, 857.*

Sachverhalt: Die Unternehmensgruppe Rewe beantragte bei der Beklagten des Ausgangsverfahrens, der Bundesmonopolverwaltung für Branntwein, die Genehmigung für die Einfuhr des französischen Likörs Cassis de Dijon. Dieses Getränk mit einem Alkoholgehalt von maximal 20% war in Frankreich frei erhältlich. Gemäß § 100 Abs. 3 Branntweinmonopolgesetz durften jedoch Branntweine nur in den Verkehr gebracht werden, wenn sie einen Mindestweingeistgehalt von 32% hatten. Die Bundesmonopolverwaltung lehnte daraufhin den Antrag ab. Der Gerichtshof entschied im Rahmen eines Vorabentscheidungsverfahrens und stellte einen Verstoß gegen Art. 28 EG (jetzt: Art. 34 AEUV) durch das deutsche Branntweinmonopolgesetz fest.

Aus den Entscheidungsgründen:

[8] In Ermangelung einer gemeinschaftlichen Regelung der Herstellung und Vermarktung von Weingeist (...) ist es Sache der Mitgliedstaaten, alle die Herstellung und Vermarktung von Weingeist und alkoholischen Getränken betreffenden Vorschriften für ihr Hoheitsgebiet zu erlassen. Hemmnisse für den Binnenhandel der Gemeinschaft, die sich aus den Unterschieden der nationalen Regelungen über die Vermarktung dieser Erzeugnisse ergeben, müssen hingenommen werden, soweit diese Bestimmungen notwendig sind, um zwingenden Erfordernissen gerecht zu werden, insbesondere den Erfordernissen einer wirksamen steuerlichen Kontrolle, des Schutzes der öffentlichen Gesundheit, der Lauterkeit des Handelsverkehrs und des Verbraucherschutzes.

[9] Die Regierung der Bundesrepublik Deutschland, die in diesem Verfahren Erklärungen abgegeben hat, bringt mehrere Gesichtspunkte zur Rechtfertigung der Bestimmungen über den Mindestweingeistgehalt von alkoholischen Getränken vor, die sich einerseits auf den Schutz der öffentlichen Gesundheit, andererseits auf den Schutz der Verbraucher vor unlauterem Wettbewerb beziehen.

[10] Was den Schutz der öffentlichen Gesundheit anbelangt, legt die deutsche Regierung dar, die Festsetzung eines Mindestweingeistgehaltes im nationalen Recht solle die Überschwemmung des nationalen Marktes mit alkoholischen Getränken, insbesondere mit solchen mäßigen Weingeistgehalts verhindern, denn derartige Erzeugnisse könnten leichter zu einer Gewöhnung führen als Getränke mit höherem Weingeistgehalt.

[11] Solche Erwägungen sind nicht stichhaltig, da dem Verbraucher auf dem Markt ein äußerst umfangreiches Angebot unterschiedlicher

Erzeugnisse mit geringem oder mittlerem Alkoholgehalt zur Verfügung steht und überdies ein erheblicher Teil der auf dem deutschen Markt frei gehandelten Getränke mit hohem Weingeistgehalt üblicherweise verdünnt genossen wird.

[12] Die deutsche Regierung trägt weiter vor, die Festsetzung eines Mindestweingeistgehalts bei bestimmten Likören solle den Verbraucher vor unlauterem Wettbewerb der Hersteller oder Händler alkoholischer Getränke schützen. Diese Argumentation stützt sich darauf, daß eine Verringerung des Alkoholgehalts bei bestimmten Getränken diesen einen Wettbewerbsvorteil gegenüber Getränken mit höherem Alkoholgehalt verschaffen würde, da Weingeist aufgrund seiner erheblichen Abgabenbelastung bei weitem der teuerste Bestandteil der Getränke sei. Wollte man ferner alkoholische Erzeugnisse zum freien Verkehr zulassen, wenn sie hinsichtlich ihres Weingeistgehaltes nur den Bestimmungen des Herstellungslandes entsprächen, so hätte dies, wie die deutsche Regierung meint, zur Folge, dass sich in der Gemeinschaft als gemeinsamer Standard der niedrigste in irgendeinem Mitgliedstaat zulässige Weingeistgehalt durchsetzen würde, ja daß sogar alle einschlägigen Bestimmungen hinfällig würden, da die Regelung mehrerer Mitgliedstaaten überhaupt keinen Mindestweingeistgehalt kenne.

[13] Wie die Kommission zu Recht ausführt, kann die Festsetzung von Grenzwerten beim Weingeistgehalt von Getränken der Standardisierung von Erzeugnissen und ihrer Kennzeichnung im Interesse einer größeren Transparenz des Handels und der Angebote an die Verbraucher dienen. Andererseits kann man jedoch nicht so weit gehen, die zwingende Festsetzung eines Mindestweingeistgehaltes in diesem bereich als wesentliche Garantie eines lauteren Handelsverkehrs zu betrachten, denn eine angemessene Unterrichtung der Käufer lässt sich ohne Schwierigkeiten dadurch erreichen, dass man die Angabe von Herkunft und Alkoholgehalt auf der Verpackung des Erzeugnisses vorschreibt.

[14] Nach alledem verfolgen die Bestimmungen über den Mindestweingeistgehalt alkoholischer Getränke kein im allgemeinen Interesse liegendes Ziel, das den Erfordernissen des freien Warenverkehrs, der eine der Grundlagen der Gemeinschaft darstellt, vorginge. Praktisch sichern solche Bestimmungen vor allem den Getränken mit hohem Alkoholgehalt einen Vorteil, indem sie Erzeugnisse anderer Mitgliedstaaten, die diese Voraussetzung nicht erfüllen, vom nationalen Markt ausschließen. Daher stellt es ein mit Artikel 30 des Vertrages unvereinbares Handelshemmnis dar, wenn ein Mitgliedstaat durch Rechtsvorschriften einseitig einen Mindestweingeistgehalt als Voraussetzung für die Ver-

kehrsfähigkeit alkoholischer Getränke festsetzt. Es gibt somit keinen stichhaltigen Grund dafür, zu verhindern, daß in einem Mitgliedstaat rechtmäßig hergestellte und in den Verkehr gebrachte alkoholische Getränke in die anderen Mitgliedstaaten eingeführt werden; dem Absatz dieser Erzeugnisse kann kein gesetzliches Verbot des Vertriebs von Getränken entgegengehalten werden, die einen geringeren Weingeistgehalt haben, als im nationalen Recht vorgeschrieben ist.

168 Rs. 178/84 (Reinheitsgebot für Bier), Urteil des Gerichtshofs vom 12.03.1987.

Vorbemerkungen: *In dieser Entscheidung sah der EuGH den Verbraucherschutz als „zwingendes Erfordernis" an. In verschiedenen Mitgliedstaaten galten verschiedene Verbraucherleitbilder und verschiedene Schutzstandards, was zu einem Rechtsgefälle im wettbewerblichen Schutzniveau im Verhältnis zwischen den Mitgliedstaaten führte. Vom EuGH wurde jedoch ein „verständiger Verbraucher", der in der Lage ist, Informationen zur Kenntnis zu nehmen und sich entsprechend zu verhalten, geschützt. Aus diesem Grund vertrat der EuGH eine „Labelling-Doktrin", wonach dem Verbraucherschutz in der Regel bereits durch angemessene Etikettierung Rechnung getragen wird. Ein allgemeines Verbot ist daher als unverhältnismäßig, weil zur Zielerreichung nicht erforderlich anzusehen.* ***B:*** *C. Moench, NJW 2017, 3058f.*
L: *Rn. 793, 804, 836, 859f.*

Sachverhalt: Nach dem deutschen Reinheitsgebot durften außer Malz, Hopfen, Hefe und Wasser keine weiteren Zusatzstoffe zur Herstellung von Bier verwendet werden. Getränke aus anderen Mitgliedstaaten, die nicht nach diesem Reinheitsgebot gebraut wurden, durften nach § 10 BStG daher nicht unter der Bezeichnung „Bier" vertrieben werden. Die Kommission sah hierin einen Verstoß gegen Art. 28 EG (jetzt: Art. 34 AEUV) und beantragte im Wege des Vertragsverletzungsverfahren die Feststellung, dass Deutschland seine Vertragspflichten verletzte.

Aus den Entscheidungsgründen:

[29] Es ist unstreitig, daß die Anwendung von § 10 BStG auf Bier aus anderen Mitgliedstaaten, zu dessen Herstellung rechtmäßigerweise andere Grundstoffe als Gerstenmalz, nämlich insbesondere Reis oder Mais, verwendet worden sind, die Einfuhr dieses Biers in die Bundesrepublik Deutschland behindern kann.

[30] Daher ist zu prüfen, ob die Anwendung dieser Vorschrift durch zwingende Erfordernisse des Verbraucherschutzes gerechtfertigt werden kann.

(...)

[35] Es ist allerdings zulässig, Verbrauchern, die aus bestimmten Grundstoffen hergestelltem Bier besondere Eigenschaften zuschreiben, die Möglichkeit zu geben, ihre Wahl unter diesem Gesichtspunkt zu treffen. Wie der Gerichtshof jedoch bereits festgestellt hat (Urteil vom 9. Dezember 1981 in der Rechtssache 193/80, Kommission/Italien, Slg. 1981, 3019), kann dies auch mit Mitteln bewirkt werden, die die Einfuhr von in anderen Mitgliedstaaten rechtmäßig hergestellten und in den Verkehr gebrachten Erzeugnissen nicht behindern, „insbesondere durch die Verpflichtung zu einer angemessenen Etikettierung hinsichtlich der Art des verkauften Erzeugnisses.“ Durch die Angabe der bei der Bierbereitung verwendeten Grundstoffe „würde der Verbraucher in die Lage versetzt, seine Wahl in Kenntnis aller Umstände zu treffen; auch die Transparenz der Handelsgeschäfte und der Angebote an die Verbraucher würde (...) sichergestellt“. Dem ist hinzuzufügen, daß eine solche Kennzeichnungsregelung keine negativen Einschätzungen für Bier zur Folge haben darf, das den Anforderungen des § 9 BStG nicht entspricht.

[36] Entgegen der von der Bundesregierung vertretenen Ansicht ist eine solche Kennzeichnungsregelung auch bei einem Erzeugnis durchaus praktikabel, das wie Bier an den Verbraucher nicht notwendigerweise in Flaschen oder anderen Behältnissen abgegeben wird, die mit geeigneten Angaben versehen werden können. Dies wird wiederum durch die deutsche Regelung selbst bestätigt. § 26 Absätze 1 und 2 der bereits erwähnten Durchführungsbestimmungen zum Biersteuergesetz enthält eine Regelung über die Unterrichtung des Verbrauchers bei bestimmten Bieren selbst für den Fall, daß sie vom Faß ausgeschenkt werden. Die erforderlichen Angaben sind dann auf den Fässern oder den Siphons anzubringen.

[37] Aus den vorstehenden Erwägungen ergibt sich, daß die Bundesrepublik Deutschland durch die Anwendung der Bezeichnungsregelung des § 10 BStG auf aus anderen Mitgliedstaaten importiertes Bier, das dort rechtmäßig hergestellt und in den Verkehr gebracht worden ist, gegen ihre Verpflichtungen aus Artikel 30 EWG-Vertrag verstoßen hat.

II. Arbeitnehmerfreizügigkeit, Art. 45 ff. AEUV

1. Begriff des Arbeitnehmers

169 **Rs. C-413/01 (Ninni-Orasche),**
Urteil des Gerichtshofs vom 06.11.2003.

Vorbemerkungen: *In der Entscheidung Ninni-Orasche wurden die Kriterien, die eine Arbeitnehmereigenschaft im Sinne des Unionsrechts begründen, deutlich und zusammenfassend wiedergegeben. Die Arbeitnehmereigenschaft ist danach ein weit auszulegender unionsrechtlicher Begriff, der auch Beschäftigungsverhältnisse umfasst, die nur von kurzer Dauer sind.* ***L:*** *Rn. 868.*

Sachverhalt: Die mit einem Österreicher verheiratete, in Österreich lebende Beschwerdeführerin war italienische Staatsangehörige, die nach einer zeitlich von vornherein befristeten, unselbständigen Tätigkeit als Kellnerin von zweieinhalb Monaten nunmehr studierte und Studienbeihilfe nach dem österreichischen StudienförderungG beantragte, aber nicht erhielt. Auf Vorabentscheidungsersuchen des österreichischen Verwaltungsgerichtshofs bejahte der EuGH die Arbeitnehmereigenschaft der Beschwerdeführerin und entschied zudem, dass der von vornherein befristete Arbeitsvertrag nicht mit einer freiwilligen Arbeitslosigkeit gleichgestellt werden könne.

Aus den Entscheidungsgründen:

[18] Mit seiner ersten Frage möchte das vorlegende Gericht im Wesentlichen wissen, ob eine zeitlich befristete Beschäftigung von zweieinhalb Monaten, die ein Staatsangehöriger eines Mitgliedstaats im Hoheitsgebiet eines anderen Mitgliedsstaats ausübt, dessen Staatsangehörigkeit er nicht besitzt, seine Arbeitnehmereigenschaft nach Artikel 48 EG-Vertrag begründen kann und inwiefern dafür Umstände aus der Zeit vor oder nach dem Beschäftigungszeitraum erheblich sind wie etwa die, dass der Betreffende

- erst einige Jahre nach seiner Einreise in den Aufnahmemitgliedstaat diese Beschäftigung aufgenommen hat,
- erst kurz nach Beendigung seines auf einen kurzen Zeitraum befristeten Beschäftigungsverhältnisses durch einen Schulabschluss in seinem Heimatland die Befähigung für den Zugang zu einem Universitätsstudium im Aufnahmemitgliedstaat erworben hat oder

– sich in zeitlichem Anschluss an das auf einen kurzen Zeitraum befristete Beschäftigungsverhältnis bis zur Aufnahme seines Studiums um eine neuerliche Beschäftigung bemüht hat.

(...)

[23] Einleitend ist darauf zu verweisen, dass der Begriff Arbeitnehmer im Sinne von Artikel 48 EG-Vertrag nach ständiger Rechtsprechung des Gerichtshofs ein Begriff des Gemeinschaftsrechts ist, der nicht eng auszulegen ist.

[24] Außerdem ist dieser Begriff nach objektiven Kriterien zu definieren, die das Arbeitsverhältnis in Ansehung der Rechte und Pflichten der betreffenden Personen charakterisieren. Das wesentliche Merkmal des Arbeitsverhältnisses besteht darin, dass jemand während einer bestimmten Zeit für einen anderen nach dessen Weisung Leistungen erbringt, für die er als Gegenleistung eine Vergütung erhält (vgl. Urteile Lawrie-Blum, Randnr. 17, vom 31. Mai 1989 in der Rechtssache 344/87, Bettray, Slg. 1989, 1621, Randnr. 12, und Meeusen, Randnr. 13).

[25] Im Licht dieser Rechtsprechung ist festzustellen, dass der bloße Umstand, dass eine unselbständige Tätigkeit von kurzer Dauer ist, als solcher nicht dazu führt, dass diese Tätigkeit vom Anwendungsbereich des Artikels 48 EG-Vertrag ausgeschlossen wird.

(...)

[32] Angesichts der vorstehenden Erwägungen ist auf die erste Frage zu antworten, dass eine zeitlich befristete Beschäftigung von zweieinhalb Monaten, die ein Staatsangehöriger eines Mitgliedstaats im Hoheitsgebiet eines anderen Mitgliedstaats ausübt, dessen Staatsangehörigkeit er nicht besitzt, seine Arbeitnehmereigenschaft nach Artikel 48 EG-Vertrag begründen kann, sofern die ausgeübte unselbständige Tätigkeit nicht völlig untergeordnet und unwesentlich ist.

(...)

[33] Mit seiner zweiten Frage möchte das vorlegende Gericht im Wesentlichen wissen, ob ein Gemeinschaftsbürger wie die Beschwerdeführerin, sofern er Wanderarbeitnehmer im Sinne von Artikel 48 EG-Vertrag ist, allein deshalb im Sinne der Rechtsprechung des Gerichtshofs freiwillig arbeitslos ist, weil sein von vornherein befristeter Arbeitsvertrag endet.

(...)

[35] Für die Studienförderung ist ein Staatsangehöriger eines anderen Mitgliedstaats als des Aufnahmemitgliedstaats, der im Aufnahmemitgliedstaat nach Ausübung einer Berufstätigkeit ein Hochschulstudium aufgenommen hat, das zu einem berufsqualifizierenden

Abschluss führt, weiterhin als Arbeitnehmer anzusehen, dem Artikel 7 Absatz 2 der Verordnung Nr. 1612/68 zugute kommen kann, sofern eine Kontinuität zwischen der früheren Berufstätigkeit und dem durchgeführten Studium besteht. Die Erfüllung dieser Bedingung kann jedoch nicht von einem Wanderarbeitnehmer verlangt werden, der unfreiwillig arbeitslos geworden ist und den die Lage auf dem Arbeitsmarkt zu einer beruflichen Umschulung zwingt (vgl. in diesem Sinne Urteile Lair, Randnr. 39, und Raulin, Randnr. 21).

[36] Diese Feststellung darf allerdings nicht dazu führen, dass sich ein Staatsangehöriger eines Mitgliedstaats nur in der Absicht in einen anderen Mitgliedstaat begibt, dort nach einer sehr kurzen Berufstätigkeit eine Förderung für Studenten in Anspruch zu nehmen. Ein solcher Missbrauch ist nämlich durch die in Rede stehenden gemeinschaftsrechtlichen Bestimmungen nicht gedeckt (vgl. in diesem Sinne Urteil Lair Rdnr. 43).

[37] Die österreichische Regierung, die deutsche Regierung und die Regierung des Vereinigten Königreichs sind zum einen der Auffassung, dass der Umstand, dass die Dauer eines Arbeitsvertrags festgelegt sei und daher von dem betreffenden Arbeitnehmer im Voraus akzeptiert werde, ausschließe, dass man diesen Beschäftigten nach Ablauf des genannten Vertrags als unfreiwillig arbeitslos ansehen könne. Die deutsche Regierung ergänzt dazu, dass der Begriff der unfreiwilligen Arbeitslosigkeit im Sinne der Rechtsprechung des Gerichtshofs ausschließlich Entlassungsfälle erfasse.

[38] Zum anderen vertreten sie den Standpunkt, dass zwischen der Beschäftigung der Bf. im Gaststättenwesen und ihrem Studium der Romanistik unbestreitbar kein Zusammenhang bestehe.

[39] Dagegen macht die Kommission unter Berufung auf die Rechtsprechung des Gerichtshofs zu dem Beschluss Nr. 1/80 des Assoziationsrats vom 19.9.1980 über die Entwicklung der Assoziation zwischen der Europäischen Wirtschaftsgemeinschaft und der Türkei, insbesondere das Urteil EuGH, Slg. 1997, I-329, Rdnrn. 38 und 39 – Tetik, geltend, dass das Ende eines von vornherein befristeten Arbeitsverhältnisses wegen Fristablaufs in der Regel nicht vom persönlichen Willen des Arbeitnehmers abhänge. Daher sei im Ausgangsverfahren die Bf. unfreiwillig arbeitslos.

[40] Allerdings enthielten die Akten keinen Hinweis darauf, dass es die Lage am Arbeitsmarkt gewesen sei, die die Bf. zu einer beruflichen Umschulung in einem anderen Berufszweig als dem, in dem sie zuvor beschäftigt gewesen sei, gezwungen habe. Daher habe die Bf. ihre Arbeitnehmereigenschaft i. S. von Art. 48 EGV verloren.

[41] Einleitend ist festzustellen, dass es Sache des vorlegenden Gerichts ist, die erforderlichen tatsächlichen Prüfungen vorzunehmen, um entsprechend der in den Randnummern 34 bis 36 dieses Urteils angeführten Rechtsprechung zu bestimmen, ob eine Kontinuität zwischen der von der Bf. zunächst ausgeübten unselbständigen Tätigkeit und ihrem anschließenden Studium besteht und ob sie unfreiwillig arbeitslos war und durch die Lage auf dem Arbeitsmarkt zu einer Umschulung gezwungen wurde oder ob sie die genannte Tätigkeit nur in der Absicht ausübte, im Aufnahmemitgliedstaat in den Genuss einer Förderung für Studenten zu kommen.

[42] Allerdings ist insoweit darauf zu verweisen, dass allein aus dem Umstand, dass ein Arbeitsvertrag von vornherein als befristeter Vertrag geschlossen wird, nicht zwingend geschlossen werden darf, dass der in Rede stehende Arbeitnehmer bei Vertragsablauf automatisch freiwillig arbeitslos ist.

[43] Zwar ist nämlich ein Arbeitsvertrag normalerweise das Ergebnis von Verhandlungen, doch sind gleichwohl die Fälle, in denen der Arbeitnehmer keinerlei Einfluss auf die Dauer und die Art des mit einem Arbeitgeber zu schließenden Arbeitsvertrags hat, nicht selten. Wie der Generalanwalt in den Nummern 53 und 54 seiner Schlussanträge ausgeführt hat, wird vielmehr in bestimmten Berufszweigen viel mit befristeten Arbeitsverträgen gearbeitet, und zwar aus verschiedenen Gründen wie dem saisonalen Charakter der Arbeit, der Konjunkturempfindlichkeit des fraglichen Marktes oder der fehlenden Flexibilität des nationalen Arbeitsrechts.

[44] Bei seiner Prüfung, ob die Bf. freiwillig oder unfreiwillig arbeitslos war, kann das vorlegende Gericht demnach u. a. Umstände wie die Gepflogenheiten in dem Sektor der fraglichen Wirtschaftstätigkeit, die Möglichkeiten, in diesem Sektor eine nicht befristete Beschäftigung zu finden, ein bestehendes Interesse, nur ein befristetes Arbeitsverhältnis einzugehen, oder die Existenz von Verlängerungsmöglichkeiten des Arbeitsvertrags berücksichtigen.

[45] Dagegen sind die von dem vorlegenden Gericht erwähnten Umstände, nämlich der Erwerb eines zur Aufnahme eines Universitätsstudiums im Aufnahmemitgliedstaat befähigenden Abschlusses durch die Betroffene unmittelbar nach dem Ende ihres Arbeitsvertrags, die Suche nach einer neuen Beschäftigung umgehend nach dem Ende des Arbeitsverhältnisses sowie die Art und das Niveau der gesuchten neuen Beschäftigung, nicht unbedingt von Belang. Denn solche Umstände können sowohl den Fall einer unfreiwilligen als auch den einer freiwilligen Arbeitslosigkeit der Bf. kennzeichnen.

[46] Diese Umstände könnten allerdings für die Prüfung der Frage von Bedeutung sein, ob die Bf. im vorliegenden Fall eine unselbständige Tätigkeit von kurzer Dauer nur in der Absicht ausgeübt hat, im Aufnahmemitgliedstaat in den Genuss einer Förderung für Studenten zu kommen.

[47] Im Übrigen ist zu ergänzen, dass im Rahmen dieser Prüfung auch zu berücksichtigen ist, dass sich die Bf. zum einen offenbar nicht nur in der Absicht in den Aufnahmemitgliedstaat begeben hat, dort in den Genuss der Förderung für Studenten zu kommen, sondern um dort mit ihrem Ehemann, der Staatsangehöriger dieses Staates ist, zu leben, und dass sie sich zum anderen rechtmäßig dort aufhält.

[48] Angesichts aller vorstehenden Erwägungen ist auf die zweite Frage zu antworten, dass ein Gemeinschaftsbürger wie die Bf., sofern er Wanderarbeitnehmer i. S. von Art. 48 EGV ist, nicht unbedingt allein deshalb im Sinne der Rechtsprechung des Gerichtshofs freiwillig arbeitslos ist, weil sein von vornherein befristeter Arbeitsvertrag endet.

170 Rs. 39/86 (Lair ./. Universität Hannover), Urteil des Gerichtshofs vom 21.06.1988.

Vorbemerkungen: *Eine Unterbrechung der Berufstätigkeit beendet nicht zwangsläufig die Arbeitnehmereigenschaft im Sinne des Art. 45 AEUV. Bei einer beruflichen Weiterqualifikation bzw. Umorientierung aufgrund von Arbeitslosigkeit gewährt sekundäres Unionsrecht dieselben sozialen Vergünstigungen, die Einheimischen zustehen. Hiervon ausgenommen sind lediglich Missbrauchsfälle.* ***L:*** *Rn. 887.*

Sachverhalt: Frau Lair wurde für ein Studium der Romanistik und Germanistik in Deutschland kein BAföG gewährt. Sie war der Ansicht, dass sie aufgrund ihrer vorangegangenen Beschäftigungsverhältnisse in Deutschland dieselben Ansprüche auf Studienunterstützung hatte wie ihre deutschen Kommilitonen. Der Gerichtshof entschied im Rahmen eines Vorabentscheidungsverfahrens, dass ein Anspruch gegeben ist, wenn zwischen der früheren Berufstätigkeit und dem betreffenden Studium ein Zusammenhang besteht.

Aus den Entscheidungsgründen:

[19] Ein Arbeitnehmer, der Staatsangehöriger eines Mitgliedstaats ist und diese Grundfreiheit in Anspruch genommen hat, genießt nach Artikel 7 Absatz 2 der Verordnung Nr. 1612/68 im Aufnahmemitglied-

staat „die gleichen sozialen … Vergünstigungen wie die inländischen Arbeitnehmer".

[20] Zu den „sozialen Vergünstigungen" gehören neben dem spezifischen in Artikel 7 Absatz 1 dieser Verordnung genannten Recht, nämlich dem Recht, hinsichtlich der Beschäftigungs- und Arbeitsbedingungen, insbesondere im Hinblick auf berufliche Wiedereingliederung oder Wiedereinstellung, nicht anders behandelt zu werden als die inländischen Arbeitnehmer, alle sonstigen Vergünstigungen, die dem Wanderarbeitnehmer entsprechend der dritten Begründungserwägung der Verordnung, die Möglichkeit einer Verbesserung der Lebens- und Arbeitsbedingungen garantieren und damit auch seinen sozialen Aufstieg erleichtern.

(…)

[31] Wenn auch der Wortlaut dieser Vorschriften keine ausdrückliche Antwort auf diese Frage gibt, so enthält das Gemeinschaftsrecht gleichwohl Anhaltspunkte dafür, daß die den Wanderarbeitnehmern garantierten Rechte nicht unbedingt vom Bestehen oder vom Fortbestehen eines Arbeitsverhältnisses abhängen.

[32] Was die Staatsangehörigen eines anderen Mitgliedstaats angeht, die im Aufnahmestaat noch kein Arbeitsverhältnis eingegangen sind, ist zunächst darauf hinzuweisen, daß Artikel 48 Absatz 3 Buchstaben a und b EWG-Vertrag ihnen das Recht garantiert, sich um tatsächlich angebotene Stellen zu bewerben und sich zu diesem Zweck im Hoheitsgebiet der Mitgliedstaaten frei zu bewegen. Diese Bestimmungen sind mit Titel I des Ersten Teils der Verordnung Nr. 1612/68 durchgeführt worden.

(…)

[35] Ferner ist darauf hinzuweisen, daß Artikel 7 Absatz 3 der Verordnung Nr. 1612/68 den Wanderarbeitnehmern garantiert, daß sie mit dem gleichen Recht und unter den gleichen Bedingungen wie die inländischen Arbeitnehmer Berufsschulen und Umschulungszentren in Anspruch nehmen können. Dieses vom Gemeinschaftsrecht garantierte Recht auf eine besondere Ausbildung hängt nicht vom Fortbestehen eines Arbeitsverhältnisses ab.

[36] Daher ist festzustellen, daß bestimmte mit der Arbeitnehmereigenschaft zusammenhängende Rechte den Wanderarbeitnehmern auch dann garantiert sind, wenn diese nicht in einem Arbeitsverhältnis stehen.

[37] Im Bereich der Hochschulausbildungsförderung setzt ein solcher Zusammenhang zwischen der Arbeitnehmereigenschaft und einer Förderung, die für den Lebensunterhalt und die Ausbildung zur Durchführung eines Hochschulstudiums gewährt wird, jedoch eine Kontinui-

tät zwischen der zuvor ausgeübten Berufstätigkeit und dem aufgenommenen Studium in dem Sinne voraus, daß zwischen dem Gegenstand des Studiums und der früheren Berufstätigkeit ein Zusammenhang bestehen muß. Eine solche Kontinuität kann allerdings nicht verlangt werden im Falle eines Wanderarbeitnehmers, der unfreiwillig arbeitslos geworden ist und den die Lage auf dem Arbeitsmarkt zu einer beruflichen Umschulung in einem anderen Berufszweig zwingt.

(...)

[43] Soweit das Vorbringen der drei genannten Mitgliedstaaten von der Sorge bestimmt ist, gewissen Mißbräuchen vorzubeugen, von denen etwa dann die Rede sein könnte, wenn sich anhand objektiver Merkmale nachweisen ließe, daß sich ein Arbeitnehmer nur in der Absicht in einen Mitgliedstaat begibt, dort nach einer sehr kurzen Berufstätigkeit eine Förderung für Studenten in Anspruch zu nehmen, ist festzustellen, daß solche Mißbräuche durch die in Rede stehenden gemeinschaftsrechtlichen Bestimmungen nicht gedeckt sind.

2. Aufenthaltsrechte aus Art. 45 AEUV i.V.m. FreizügigkeitsRL

171 **Rs. C-710/19 (G.M.A. ./. Belgien) Urteil des Gerichtshofs vom 17.12.2020.**

Vorbemerkungen: *Mit dieser Entscheidung konkretisierte der EuGH seine Rechtsprechung betreffend Art. 45 AEUV und der Freizügigkeitsrichtlinie 2004/38 zum Aufenthaltsrecht der Unionsbürger in anderen Mitgliedstaaten zum Zweck der Arbeitssuche. Präzise legte der Gerichtshof die Voraussetzungen und Höchstdauer eines solchen Rechts dar und unterschied dabei konkret zwischen drei Stadien: Erstens gewähre Art. 6 der Richtlinie 2004/38 jedem Unionsbürger ein voraussetzungsloses Aufenthaltsrecht in einem anderen Mitgliedstaat von bis zu drei Monaten. Zweitens dürfe sich ein Unionsbürger ab dem Zeitpunkt der Registrierung als Arbeitssuchender weitere sechs Monate in diesem Mitgliedstaat aufhalten, während derer ihm Nachweise über seine Arbeitssuche, nicht aber über deren Erfolgsaussichten abverlangt werden dürfen. Drittens stehe einem Unionsbürger nach Ablauf dieser sechs Monate auch weiterhin ein Aufenthaltsrecht zu, solange ihm der Nachweis einer begründeten Aussicht auf Einstellung gelingt. Hierbei gelte keine Frist, da starre Zeitabläufe mit dem Uniostrecht unvereinbar seien und der Erfolgsnachweis mit der Zeit ohnehin schwieriger würde.*

Sachverhalt: Im Jahr 2015 beantragte G.M.A., ein griechischer Staatsangehöriger, die Ausstellung einer Bescheinigung seiner Registrierung als Arbeitssuchender bei der zuständigen Behörde in Belgien. Diese war notwendig, um eine belgische Aufenthaltserlaubnis für mehr als drei Monate zu erhalten. Diesen Antrag lehnten die belgischen Behörden mit der Begründung ab, G.M.A. habe keine begründete Aussicht auf Einstellung darlegen können. Dies sei nach belgischem Recht aber Voraussetzung für die Erteilung der begehrten Bescheinigung. In der Folge wurde G.M.A. angewiesen, Belgien innerhalb von 30 Tagen zu verlassen. Gegen die Ablehnung seines Antrags und die Ausweisung erhob er daraufhin Klage, die in erster Instanz abgewiesen wurde. Vor dem Rechtsmittelgericht, dem Conseil d'État, brachte G.M.A. vor, aus Art. 45 AEUV ergebe sich eine Pflicht der Mitgliedstaaten, EU-ausländischen Arbeitssuchenden eine angemessene Frist zur Kenntnisnahme von Stellenangeboten und Bemühung um Einstellung zu gewähren. Während dieser Frist, die keinesfalls kürzer als sechs Monate sein dürfe, könnten überdies keine Nachweise über eine begründete Aussicht auf Einstellung verlang werden. Der Conseil d'État legte dem EuGH die Frage zur Vorabentscheidung vor, ob Art. 45 AEUV und die Freizügigkeitsrichtlinie 2004/38 entsprechend der von G.M.A. vertretenen Ansicht auszulegen seien.

Aus den Entscheidungsgründen:

[24] Was als Erstes die Frage betrifft, ob der Aufnahmemitgliedstaat verpflichtet ist, Arbeitsuchenden eine „angemessene Frist" einzuräumen, damit sie von für sie geeigneten Stellenangeboten Kenntnis erlangen und die für ihre Einstellung erforderlichen Maßnahmen ergreifen können, ist darauf hinzuweisen, dass der Begriff „Arbeitnehmer" im Sinne von Art. 45 AEUV ein autonomer Begriff des Unionsrechts ist, der nicht eng ausgelegt werden darf (Urteil vom 21. Februar 2013, N., C-46/12, EU:C:2013:97, Rn. 39). Insbesondere ist derjenige, der tatsächlich eine Arbeit sucht, als „Arbeitnehmer" zu qualifizieren (vgl. in diesem Sinne Urteil vom 19. Juni 2014, Saint Prix, C-507/12, EU:C:2014:2007, Rn. 35).

[25] Des Weiteren ist darauf hinzuweisen, dass die Freizügigkeit der Arbeitnehmer zu den Grundlagen der Union gehört und die Vorschriften, in denen diese Freiheit verankert ist, daher weit ausgelegt werden müssen. Insbesondere würde eine enge Auslegung von Art. 45 Abs. 3 AEUV die Chancen eines arbeitsuchenden Angehörigen eines Mitgliedstaats vermindern, in den anderen Mitgliedstaaten eine Stelle zu finden, und dieser Bestimmung damit ihre praktische Wirksamkeit nehmen (vgl. in diesem Sinne Urteil vom 26. Februar 1991, Antonissen, C-292/89, EU:C:1991:80, Rn. 11 und 12).

[26] Daraus folgt, dass die Freizügigkeit der Arbeitnehmer das Recht der Angehörigen der Mitgliedstaaten einschließt, sich im Hoheitsgebiet anderer Mitgliedstaaten frei zu bewegen und sich dort aufzuhalten, um eine Stelle zu suchen (vgl. in diesem Sinne Urteil vom 26. Februar 1991, Antonissen, C-292/89, EU:C:1991:80, Rn. 13), ein Recht, das der Unionsgesetzgeber in Art. 14 Abs. 4 Buchst. b der Richtlinie 2004/38 kodifiziert hat. Hierzu ist darauf hinzuweisen, dass die praktische Wirksamkeit von Art. 45 AEUV gewahrt ist, wenn der Zeitraum, den das Unionsrecht oder in Ermangelung einer unionsrechtlichen Regelung das Recht eines Mitgliedstaats dem Betroffenen einräumt, um im Hoheitsgebiet des Aufnahmemitgliedstaats von Stellenangeboten, die seinen beruflichen Qualifikationen entsprechen, Kenntnis nehmen und sich gegebenenfalls bewerben zu können, angemessen ist (vgl. in diesem Sinne Urteil vom 26. Februar 1991, Antonissen, C-292/89, EU:C:1991:80, Rn. 16).

[27] Folglich ist davon auszugehen, dass der Aufnahmemitgliedstaat den Arbeitsuchenden einen angemessenen Zeitraum einräumen muss, der es ihnen ermöglicht, im Hoheitsgebiet dieses Mitgliedstaats von den Stellenangeboten, die ihren beruflichen Qualifikationen entsprechen, Kenntnis zu nehmen und die für ihre Einstellung erforderlichen Maßnahmen zu ergreifen.

[28] Was als Zweites die Dauer dieses Zeitraums betrifft, ist erstens darauf hinzuweisen, dass alle Unionsbürger nach Art. 6 der Richtlinie 2004/38 das Recht haben, sich für einen Zeitraum von bis zu drei Monaten im Hoheitsgebiet eines anderen Mitgliedstaats aufzuhalten, und dass dieses Recht an keine weiteren Bedingungen oder Formalitäten geknüpft ist, außer der Verpflichtung, im Besitz eines gültigen Personalausweises oder Reisepasses zu sein.

(…)

[32] Wie sich aus Rn. 22 des vorliegenden Urteils ergibt, zielt Art. 14 Abs. 4 Buchst. b der Richtlinie 2004/38, der eine Ausnahme von Art. 14 Abs. 1 und 2 vorsieht, speziell auf Arbeitsuchende ab.

[33] Daraus folgt, dass Art. 14 Abs. 4 Buchst. b der Richtlinie 2004/38 speziell die Voraussetzungen festlegt, von denen die Aufrechterhaltung des Aufenthaltsrechts von Unionsbürgern abhängt, die ihren Herkunftsmitgliedstaat verlassen haben, um im Aufnahmemitgliedstaat Arbeit zu suchen. Diese Bestimmung, die der Unionsgesetzgeber erlassen hat, um die Lehren zu kodifizieren, die sich aus dem – das auf Art. 45 AEUV gestützte Aufenthaltsrecht von Arbeitsuchenden betreffenden – Urteil vom 26. Februar 1991, Antonissen (C-292/89, EU:C:1991:80), ergeben, regelt gleichwohl auch unmittelbar das Aufent-

haltsrecht von Unionsbürgern, die den Status von Arbeitsuchenden haben, wie sich insbesondere aus Rn. 52 des Urteils vom 15. September 2015, Alimanovic (C-67/14, EU:C:2015:597), ergibt.

[34] Reist ein Unionsbürger in das Hoheitsgebiet eines Aufnahmemitgliedstaats ein, um dort Arbeit zu suchen, fällt sein Aufenthaltsrecht daher ab dem Zeitpunkt seiner Registrierung als Arbeitsuchender unter Art. 14 Abs. 4 Buchst. b der Richtlinie 2004/38.

[35] Es ist jedoch darauf hinzuweisen, dass Art. 6 der Richtlinie 2004/38 seinem Wortlaut nach unterschiedslos für alle Unionsbürger gilt, unabhängig von der Absicht, mit der sie in das Hoheitsgebiet des Aufnahmemitgliedstaats einreisen. Daraus folgt, dass das Aufenthaltsrecht eines Unionsbürgers auch dann, wenn er in das Hoheitsgebiet eines Aufnahmemitgliedstaats einreist, um dort Arbeit zu suchen, während der ersten drei Monate unter Art. 6 der Richtlinie 2004/38 fällt.

[36] Unter diesen Umständen darf von dem Unionsbürger während des in dieser Bestimmung genannten Zeitraums von drei Monaten zum einen nicht verlangt werden, eine andere Voraussetzung zu erfüllen als die, ein gültiges Ausweisdokument zu besitzen.

[37] Zum anderen ist davon auszugehen, dass die in Rn. 27 des vorliegenden Urteils genannte angemessene Frist ab dem Zeitpunkt zu laufen beginnt, zu dem der betreffende Unionsbürger beschlossen hat, sich im Aufnahmemitgliedstaat als Arbeitsuchender registrieren zu lassen.

[38] Was zweitens die Möglichkeit betrifft, die Mindestdauer dieser angemessenen Frist zu bestimmen, ist darauf hinzuweisen, dass Art. 14 Abs. 4 Buchst. b der Richtlinie 2004/38 hierzu keinen Hinweis enthält.

[39] Unter diesen Umständen ist zunächst daran zu erinnern, dass eine solche Frist, wie sich aus Rn. 26 des vorliegenden Urteils ergibt, geeignet sein muss, die praktische Wirksamkeit von Art. 45 AEUV zu gewährleisten.

[40] Sodann hat der Gerichtshof in Rn. 21 des Urteils vom 26. Februar 1991, Antonissen (C-292/89, EU:C:1991:80), zwar keine Mindestdauer der angemessenen Frist festgelegt, aber entschieden, dass ein Zeitraum von sechs Monaten ab der Einreise in das Hoheitsgebiet eines Aufnahmemitgliedstaats wie des in der Rechtssache, in der dieses Urteil ergangen ist, in Rede stehenden diese praktische Wirksamkeit nicht in Frage stellen kann.

[41] Schließlich ist in diesem Zusammenhang den Zielen der Richtlinie 2004/38 Rechnung zu tragen, die die Ausübung des den Unionsbürgern unmittelbar aus Art. 21 Abs. 1 AEUV erwachsenden elementaren und persönlichen Rechts, sich im Hoheitsgebiet der Mitgliedstaaten frei zu bewegen und aufzuhalten, erleichtern und dieses Recht

stärken soll (vgl. in diesem Sinne Urteil vom 11. April 2019, Tarola, C-483/17, EU:C:2019:309, Rn. 23).

[42] In Anbetracht dieser Erwägungen erscheint ein Zeitraum von sechs Monaten ab dem Zeitpunkt der Registrierung grundsätzlich nicht als unzureichend und stellt die praktische Wirksamkeit von Art. 45 AEUV nicht in Frage.

[43] Was als Drittes die Verpflichtungen betrifft, die der Aufnahmemitgliedstaat dem Arbeitsuchenden während dieses angemessenen Zeitraums auferlegen kann, ergibt sich aus dem Wortlaut von Art. 14 Abs. 4 Buchst. b der Richtlinie 2004/38, wie aus Rn. 22 des vorliegenden Urteils hervorgeht, dass gegen den Arbeitsuchenden keine Ausweisung verfügt werden darf, wenn er nachweist, dass er weiterhin Arbeit sucht und eine begründete Aussicht hat, eingestellt zu werden. Diese Bestimmung übernimmt im Wesentlichen den in Rn. 21 des Urteils vom 26. Februar 1991, Antonissen (C-292/89, EU:C:1991:80), aufgestellten Grundsatz, wonach der Betroffene nicht gezwungen werden darf, das Hoheitsgebiet des Aufnahmemitgliedstaats zu verlassen, wenn er nach Ablauf eines angemessenen Zeitraums nachweist, dass er „weiterhin und mit begründeter Aussicht auf Erfolg Arbeit sucht“.

[44] Da der Arbeitsuchende mithin nach Ablauf dieses angemessenen Zeitraums „weiterhin“ Arbeit suchen muss, um das Hoheitsgebiet des Aufnahmemitgliedstaats nicht verlassen zu müssen, ist daraus abzuleiten, dass der Aufnahmemitgliedstaat bereits während dieses Zeitraums von ihm verlangen kann, Arbeit zu suchen. Hingegen kann dieser Mitgliedstaat während dieses Zeitraums vom Betroffenen nicht den Nachweis verlangen, dass er eine begründete Aussicht hat, eingestellt zu werden.

(…)

[46] Somit muss der Arbeitsuchende erst nach Ablauf dieses angemessenen Zeitraums nachweisen, dass er nicht nur weiterhin Arbeit sucht, sondern auch, dass er eine begründete Aussicht hat, eingestellt zu werden.

3. Grenzüberschreitender Bezug

Rs. C-332/90 (Steen), 172
Urteil des Gerichtshofs vom 28.01.1992.

Vorbemerkungen: *Sofern ein Arbeitnehmer von seinem Freizügigkeitsrecht Gebrauch gemacht hat, kann dieser unter Umständen auch gegenüber seinem eigenen Mitgliedstaat Ansprüche aus Art. 45 AEUV ableiten (insb. in Wegzugs- und Rückkehrkonstellationen). Bei rein internen Sachverhalten ist diese Möglichkeit hingegen ausgeschlossen, was zu einer Schlechterstellung der Inländer führen kann. Die an Beschränkungsverbote regelmäßig anknüpfende Inländerdiskriminierung verstößt nicht gegen Unionsrecht. Dies ergibt sich zum einen aus der Fassung von Art. 45 AEUV bzw. dem allgemeinen Diskriminierungsverbot in Art. 18 AEUV, zum anderen aus deren Zielsetzung – die Beseitigung der Hindernisse für die Errichtung des Binnenmarkts (vgl. Rs. 35 und 36/82, Morson, Rn. 15).* ***L:*** *Rn. 874.*

Sachverhalt: Anders als deutsche Beschäftigte konnten ausländische Arbeitnehmer nach ihrer Ausbildung bei der Deutschen Bundespost zwischen einer Beschäftigung als Beamter oder Angestellter wählen. Der Deutsche Volker Steen, dem eine Beschäftigung im Angestelltenverhältnis mit höheren Nettobezügen verwehrt wurde, fühlte sich hierdurch diskriminiert und machte eine Verletzung auch von Gemeinschaftsrecht geltend. Der Gerichtshof entschied im Rahmen eines Vorabentscheidungsverfahrens.

Aus den Entscheidungsgründen:

[9] Ein Problem der Nichtdiskriminierung im Sinne von Artikel 48 EWG-Vertrag stellt sich jedoch nur hinsichtlich der Haltung eines Mitgliedstaats gegenüber Arbeitnehmern anderer Mitgliedstaaten, die im erstgenannten Staat arbeiten wollen. Nach ständiger Rechtsprechung (siehe zuletzt Urteil vom 23. April 1991 in der Rechtssache 41/90, Höfner und Elser, Slg. 1991, I-1979, Randnr. 37) sind die Vertragsbestimmungen über die Freizügigkeit nicht auf Betätigungen anwendbar, deren Elemente sämtlich nicht über die Grenzen eines Mitgliedstaats hinausweisen; ob dies der Fall ist, hängt von tatsächlichen Feststellungen ab, die das innerstaatliche Gericht zu treffen hat.

[10] Nach den vom vorlegenden Gericht in seinem Vorlagebeschluß getroffenen Feststellungen betrifft das Ausgangsverfahren jedoch einen Rechtsstreit zwischen der Deutschen Bundespost und einem deutschen

Staatsangehörigen, der niemals das Recht auf Freizügigkeit innerhalb der Gemeinschaft ausgeübt hat, über die Einstellung auf einen Dienstposten in der Bundesrepublik Deutschland.

[11] Ein solcher Sachverhalt bietet nichts, was sich mit einer der vom Gemeinschaftsrecht erfaßten Fallgestaltungen auf dem Gebiet der Freizügigkeit der Arbeitnehmer in Verbindung bringen ließe.

[12] Auf die Vorlagefragen ist daher zu antworten, daß sich ein Staatsangehöriger eines Mitgliedstaats, der niemals das Recht auf Freizügigkeit innerhalb der Gemeinschaft ausgeübt hat, im Hinblick auf einen rein internen Sachverhalt nicht auf die Artikel 7 und 48 EWG-Vertrag berufen kann.

4. Begünstigte

173 **Rs. C-350/96 (Clean Car Autoservice), Urteil des Gerichtshofs vom 07.05.1998.**

Vorbemerkungen: *In dieser Entscheidung stellte der Gerichtshof fest, dass die Arbeitnehmerfreizügigkeit nicht nur Arbeitnehmer begünstigt, sondern auch Arbeitgeber. Dies trägt dem Grundanliegen der Arbeitnehmerfreizügigkeit, eine optimale Ressourcenallokation des Produktionsfaktors „Arbeit" innerhalb der EU zu ermöglichen, Rechnung. Der in Art. 45 Abs. 2 AEUV verankerte Grundsatz der Gleichbehandlung verbietet nicht nur offene Diskriminierungen aufgrund der Staatsangehörigkeit, sondern auch alle verschleierten Formen der Diskriminierung, die bei Anwendung anderer Merkmale tatsächlich zu demselben Ergebnis führen. Eine mitgliedstaatliche Regelung, die es verbietet, einen Geschäftsführer einzustellen, der keinen Wohnsitz in diesem Mitgliedstaat hat, greift daher in Art. 45 Abs. 2 AEUV ein. Eine Rechtfertigung aus Gründen des Gemeinwohls verneinte der Gerichtshof, er ging dabei nicht ausdrücklich auf die Cassis-Formel ein, sondern prüfte, ob die Regelung aufgrund von „objektiven Erwägungen" gerechtfertigt war.* ***L:*** *Rn. 879, 903.*

Sachverhalt: Die Clean Car Autoservice GmbH, eine Gesellschaft österreichischen Rechts mit Sitz in Wien, meldete beim Landeshauptmann von Wien die Ausübung eines Gewerbes an. Die Anmeldung wurde vom Landeshauptmann mit der Begründung zurückgewiesen, die Gesellschaft habe einen Geschäftsführer bestellt, der nicht in Österreich wohne. In dieser Zurückweisung sah der Gerichtshof einen Verstoß gegen Art. 39 EG (jetzt: Art. 45 AEUV).

Aus den Entscheidungsgründen:

[18] Artikel 48 Absatz 1 enthält die allgemeine Aussage, daß innerhalb der Gemeinschaft die Freizügigkeit der Arbeitnehmer hergestellt wird. Nach Artikel 48 Absätze 2 und 3 umfaßt diese die Abschaffung jeder auf der Staatsangehörigkeit beruhenden unterschiedlichen Behandlung der Arbeitnehmer der Mitgliedstaaten in bezug auf Beschäftigung, Entlohnung und sonstige Arbeitsbedingungen und gibt – vorbehaltlich der aus Gründen der öffentlichen Ordnung, Sicherheit und Gesundheit gerechtfertigten Beschränkungen – den Arbeitnehmern das Recht, sich um tatsächlich angebotene Stellen zu bewerben, sich zu diesem Zweck im Hoheitsgebiet der Mitgliedstaaten frei zu bewegen, sich dort aufzuhalten, um unter den gleichen Bedingungen wie Staatsangehörige des betreffenden Mitgliedstaats eine Beschäftigung auszuüben, und nach deren Beendigung dort zu verbleiben.

[19] Diese Rechte stehen zweifellos den unmittelbar genannten Personen, den Arbeitnehmern, zu. Andererseits ist Artikel 48 kein Hinweis darauf zu entnehmen, daß sich nicht auch andere Personen, insbesondere Arbeitgeber, auf sie berufen könnten.

[20] Zudem kann das Recht der Arbeitnehmer, bei Einstellung und Beschäftigung nicht diskriminiert zu werden, nur dann seine volle Wirkung entfalten, wenn die Arbeitgeber ein entsprechendes Recht darauf haben, Arbeitnehmer nach Maßgabe der Bestimmungen über die Freizügigkeit einstellen zu können.

(...)

[27] Nach ständiger Rechtsprechung verbietet der Grundsatz der Gleichbehandlung nicht nur offene Diskriminierungen aufgrund der Staatsangehörigkeit, sondern auch alle verdeckten Formen der Diskriminierung, die mit Hilfe der Anwendung anderer Unterscheidungsmerkmale tatsächlich zu demselben Ergebnis führen (vgl. u. a. Urteil vom 12. Juni 1997 in der Rechtssache C-266/95, Merino García, Slg. 1997, I-3279, Randnr. 33).

(...)

[30] Somit kann es eine mittelbare Diskriminierung aufgrund der Staatsangehörigkeit und damit einen Verstoß gegen Artikel 48 Absatz 2 EG-Vertrag darstellen, daß Angehörige der übrigen Mitgliedstaaten nur dann als Geschäftsführer eines Gewerbes bestimmt werden können, wenn sie in dem betreffenden Mitgliedstaat wohnen.

[31] Anders verhielte es sich nur, wenn ein solches Wohnsitzerfordernis auf objektiven, von der Staatsangehörigkeit der betroffenen Arbeitnehmer unabhängigen Erwägungen beruhte und in einem angemes-

senen Verhältnis zu einem legitimen Zweck stünde, den das nationale Recht verfolgte (vgl. in diesem Sinne Urteil vom 15. Januar 1998 in der Rechtssache C-15/96, Schoening-Kougebetopoulu, Slg. 1998, I-0000, Randnr. 21).

(...)

[34] Das Wohnsitzerfordernis ist teils nicht geeignet, die Erreichung dieses Zweckes zu gewährleisten, teils geht es über dasjenige hinaus, was zur Erreichung dieses Zweckes erforderlich ist.

[35] Zum einen bietet es nicht notwendig die Gewähr dafür, daß der Geschäftsführer in der Lage ist, sich im Betrieb entsprechend zu betätigen, wenn er in dem Mitgliedstaat wohnt, in dem das Gewerbe ansässig ist und ausgeübt wird. Ein Geschäftsführer, der in diesem Staat an einem Ort wohnt, der vom Ort des Gewerbebetriebes weit entfernt ist, wird im allgemeinen größere Schwierigkeiten haben, sich im Betrieb entsprechend zu betätigen, als eine Person, die in einem anderen Mitgliedstaat an einem Ort wohnt, der vom Ort des Gewerbebetriebs nicht weit entfernt ist.

[36] Zum anderen ließe sich durch weniger einschneidende Maßnahmen sicherstellen, daß die Bescheide über die gegen den Geschäftsführer verhängten Geldstrafen diesem zugestellt und die Strafen vollstreckt werden. Zu denken wäre etwa an die Zustellung des Strafbescheids am Sitz des Gewerbebetriebs, der den Geschäftsführer beschäftigt, und die Absicherung seiner Zahlung durch die vorherige Stellung einer Sicherheit.

[37] Schließlich sind selbst solche Maßnahmen im Hinblick auf die fraglichen Zwecke nicht gerechtfertigt, wenn die Zustellung des Bescheides über die Geldstrafen, die gegen einen Geschäftsführer mit Wohnsitz in einem anderen Mitgliedstaat verhängt werden, und die Vollstreckung dieser Strafen durch ein völkerrechtliches Abkommen zwischen dem Mitgliedstaat, in dem das Gewerbe ausgeübt wird, und dem Mitgliedstaat des Wohnsitzes des Geschäftsführers gewährleistet sind.

[38] Daraus folgt, daß das streitige Wohnsitzerfordernis eine mittelbare Diskriminierung darstellt.

Rs. C-208/05 (ITC), Urteil des Gerichtshofs vom 11.01.2007. 174

Vorbemerkungen: *Der persönliche Schutzbereich des Art. 45 AEUV umfasst unter besonderen Umständen auch einen privaten Arbeitsvermittler, der weder Arbeitnehmer noch Arbeitgeber ist. Die Arbeitnehmerfreizügigkeit steht daher einer nationalen Regelung entgegen, nach der die Zahlung der einem privaten Arbeitsvermittler von einem Arbeitssuchenden für seine Vermittlung geschuldeten Vergütung durch einen Mitgliedstaat voraussetzt, dass die von diesem Vermittler vermittelte Beschäftigung in diesem Staat sozialversicherungspflichtig ist. Offen ließ der EuGH hierbei, ob der persönliche Schutzbereich auf Dritte, die weder Arbeitnehmer noch Arbeitgeber sind, erweitert wird, oder ob der Arbeitsvermittler seine Berechtigung vom Arbeitnehmer ableitet. Eine Rechtfertigung kam vorliegend nicht in Betracht.* ***B:*** *J. Gundel, JA 2007, 670 ff.* ***L:*** *Rn. 879, 960, 966.*

Sachverhalt: Der Arbeitssuchende Halacz schloss mit der privaten Arbeitsvermittlungsagentur ITC GmbH einen Vermittlungsvertrag. Nach diesem Vertrag verpflichtete sich die ITC zur Unterstützung des Arbeitssuchenden bei der Aufnahme eines sozialversicherungspflichtigen Arbeitsverhältnisses einschließlich aller Leistungen zur Durchführung der Arbeitsvermittlung. Herr Halacz legte der ITC einen Vermittlungsgutschein vor, den ihm die Bundesagentur für Arbeit ausgestellt hatte. In diesem Gutschein hieß es, dass der Arbeitssuchende einen oder mehrere Vermittler seiner Wahl in Anspruch nehmen könne und dass der im Gutschein angegebene Betrag an den privaten Vermittler gezahlt werde, der ihn in ein Beschäftigungsverhältnis vermittelt habe. Auf Vermittlung der ITC schloss Herr Halacz einen Arbeitsvertrag mit einem in den Niederlanden ansässigen Unternehmen ab. Die ITC verlangte nun die Auszahlung der Vermittlungsgebühr. Das versagte die Bundesagentur für Arbeit mit dem Argument, der Arbeitssuchende sei in keine sozialversicherungspflichtige Beschäftigung in Deutschland vermittelt worden. Dabei stützte sie sich auf den § 421g I 2 SGB III. ITC erhob Klage vor dem Sozialgericht Berlin. Dieses setzte das Verfahren aus und wandte sich im Rahmen eines Vorabentscheidungsverfahrens an den EuGH.

Aus den Entscheidungsgründen:

[19] Mit diesen Fragen möchte das vorlegende Gericht im Wesentlichen wissen, ob Art. 39 EG und die Art. 3 und 7 der Verordnung Nr. 1612/68 einer nationalen Vorschrift wie § 421g Abs. 1 Satz 2

SGB III entgegenstehen, nach der die Zahlung der einem privaten Arbeitsvermittler von einem Arbeitsuchenden für seine Vermittlung geschuldeten Vergütung durch einen Mitgliedstaat voraussetzt, dass die von diesem Vermittler vermittelte Beschäftigung in diesem Staat sozialversicherungspflichtig ist.

[20] Erstens ist auf das Vorbringen der deutschen Regierung einzugehen, ein privater Arbeitsvermittler wie ITC könne sich weder auf Art. 39 EG noch auf die Verordnung Nr. 1612/68 berufen, weil er, der als Vermittler und nicht als Arbeitnehmer tätig werde, nicht in den persönlichen Anwendungsbereich dieser Vorschriften falle. Sie verweist insoweit auf das Urteil vom 11. Dezember 1997, Job Centre (C-55/96, „Job Centre II", Slg. 1997, I-7119, Randnr. 13).

(...)

[24] Ein privater Arbeitsvermittler wie ITC ist als Vermittler von Stellengesuchen und angeboten und Mittelsperson bei Arbeitsverhältnissen tätig. Der Vermittlungsvertrag mit einem Arbeitsuchenden überträgt ihm daher die Rolle des Vermittlers, da er den Arbeitsuchenden vertritt und versucht, ihm eine Arbeitsstelle zu vermitteln.

[25] Es kann daher nicht ausgeschlossen werden, dass sich ein privater Arbeitsvermittler unter bestimmten Umständen auf die Rechte berufen kann, die Art. 39 EG unmittelbar den Arbeitnehmern der Gemeinschaft einräumt.

[26] Das Recht der Arbeitnehmer, eine Tätigkeit im Lohn- oder Gehaltsverhältnis im Hoheitsgebiet eines anderen Mitgliedstaats aufzunehmen und auszuüben, ohne diskriminiert zu werden, kann nämlich nur dann seine volle Wirkung entfalten, wenn auch die Vermittler, wie z. B. ein privater Arbeitsvermittler, ein entsprechendes Recht haben, den Arbeitnehmern zu helfen, unter Beachtung der Bestimmungen über die Freizügigkeit einen Arbeitsplatz zu erlangen.

[27] Diese Auslegung der genannten Bestimmungen ist erst recht unter Umständen geboten, wie sie im Ausgangsverfahren vorliegen, in dem ein privater Arbeitsvermittler einen Vermittlungsvertrag mit einem Arbeitsuchenden aufgrund eines diesem ausgestellten Vermittlungsgutscheins geschlossen hat, nach dem sich die Bundesagentur verpflichtet, die für den privaten Arbeitsvermittler anfallenden Gebühren zu übernehmen, wenn dieser dem Arbeitsuchenden einen bestimmte Voraussetzungen erfüllenden Arbeitsvertrag vermittelt. Unter diesen Umständen ist es Sache des privaten Arbeitsvermittlers und nicht des Arbeitsuchenden, von der Bundesagentur die Übernahme der Vermittlungsgebühr zu verlangen.

(...)

[31] Drittens ist zu der Frage, ob eine nationale Regelung wie die hier in Rede stehende eine Beschränkung der Freizügigkeit der Arbeitnehmer darstellt, daran zu erinnern, dass die Vertragsbestimmungen über die Freizügigkeit den Gemeinschaftsangehörigen die Ausübung von beruflichen Tätigkeiten aller Art im Gebiet der Gemeinschaft erleichtern sollen und Maßnahmen entgegenstehen, die die Gemeinschaftsangehörigen benachteiligen könnten, wenn sie eine wirtschaftliche Tätigkeit im Gebiet eines anderen Mitgliedstaats ausüben wollen (...).

[32] In diesem Zusammenhang haben die Staatsangehörigen der Mitgliedstaaten insbesondere das unmittelbar aus dem Vertrag abgeleitete Recht, ihr Herkunftsland zu verlassen, um sich zur Ausübung einer wirtschaftlichen Tätigkeit in das Gebiet eines anderen Mitgliedstaats zu begeben und sich dort aufzuhalten (vgl. u. a. Urteile Bosman, Randnr. 95, und Terhoeve, Randnr. 38).

(...)

[35] Sieht eine nationale Regelung vor, dass der Mitgliedstaat die einem privaten Arbeitsvermittler geschuldete Vergütung nur dann zahlt, wenn die von diesem vermittelte Beschäftigung in diesem Staat sozialversicherungspflichtig ist, befindet sich ein Arbeitsuchender, dem der Vermittler eine in einem anderen Mitgliedstaat sozialversicherungspflichtige Arbeitsstelle vermittelt hat, in einer ungünstigeren Lage als bei der Vermittlung einer Arbeitsstelle im Inland, weil in letzterem Fall die dem Vermittler geschuldete Vermittlungsgebühr übernommen worden wäre.

[36] Eine solche Regelung stellt ein Hemmnis dar, denn sie kann Arbeitsuchende, insbesondere diejenigen, deren finanzielle Mittel begrenzt sind, und folglich auch die privaten Arbeitsvermittler davon abhalten, in einem anderen Mitgliedstaat Arbeit zu suchen, weil die Vermittlungsgebühr nicht vom Herkunftsmitgliedstaat der Arbeitsuchenden bezahlt wird, und ist mithin nach Art. 39 EG grundsätzlich verboten (...).

(...)

[39] Zum erstgenannten Rechtfertigungsgrund ist festzustellen, dass es Sache der Mitgliedstaaten ist, die zur Verwirklichung ihrer beschäftigungspolitischen Ziele geeigneten Maßnahmen zu wählen. Der Gerichtshof hat anerkannt, dass die Mitgliedstaaten bei der Ausübung dieser Befugnis über einen weiten Beurteilungsspielraum verfügen. Überdies ist die Förderung von Einstellungen unbestreitbar ein legitimes Ziel der Sozialpolitik (...).

[40] Jedoch kann der Beurteilungsspielraum, über den die Mitgliedstaaten im Bereich der Sozialpolitik verfügen, keine Beeinträchtigung

der Rechte rechtfertigen, die der Einzelne aus den Bestimmungen des Vertrags herleiten kann, in denen seine Grundfreiheiten verankert sind.

5. Verpflichtete der Arbeitnehmerfreizügigkeit

175 **Rs. 36/74 (Walrave), Urteil des Gerichtshofs vom 12.12.1974.**

Vorbemerkungen: *Arbeitnehmer im Sinne des Art. 45 AEUV können auch Berufssportler sein. Die unionsrechtlichen Freizügigkeitsgarantien entfalten Drittwirkung jedenfalls gegenüber Sportverbänden als sog. „intermediären Gewalten", da anderenfalls die Wirksamkeit und Effektivität dieser Rechte nicht gewährleistet wäre. Dies wurde in der weiteren Rechtsprechung des EuGH bestätigt (vgl. hierzu Rs. Bosman, Fall 178 sowie zuletzt auch die Entscheidung des EuGH in der Rs. C-650/22, wo es um Regelungen der FIFA ging). Eine darüber hinaus gehende Drittwirkung nahm der EuGH in der Rechtssache Angonese (Fall 176) an.* ***L:*** *Rn. 789, 883, 937.*

Sachverhalt: Die Kläger des Ausgangsverfahrens betätigten sich regelmäßig gegen Entgelt bei sog. „Steher"-Rennen. Dabei fungierten sie auf Motorrädern als Schrittmacher für Radrennfahrer. Das von der zuständigen internationalen Radsportunion aufgestellte Regelwerk sah vor, dass bei Weltmeisterschaften Schrittmacher und Radrennfahrer derselben Nationalität angehören sollten. Der Gerichtshof entschied im Rahmen eines Vorabentscheidungsverfahrens, ob das Reglement im Widerspruch zum Gemeinschaftsrecht steht und bejahte dies.

Aus den Entscheidungsgründen:

[4/10] Angesichts der Ziele der Gemeinschaft unterfallen sportliche Betätigungen nur insoweit dem Gemeinschaftsrecht, als sie einen Teil des Wirtschaftslebens im Sinne von Artikel 2 des Vertrages ausmachen. Läßt sich eine solche Betätigung als entgeltliche Arbeits- oder Dienstleistung kennzeichnen, so gelten für sie, je nach Lage des Einzelfalles, die besonderen Vorschriften der Artikel 48 bis 51 oder 59 bis 66 des Vertrages. Diese Bestimmungen konkretisieren den in Artikel 7 des Vertrages enthaltenen allgemeinen Grundsatz und verbieten bei der Ausübung der in ihnen aufgeführten Tätigkeiten jede auf der Staatsangehörigkeit beruhende unterschiedliche Behandlung (...). Dieses Verbot spielt jedoch keine Rolle bei der Aufstellung von Wettkampfmannschaften, etwa in der Form von Nationalmannschaften, da es bei der Bildung dieser Mannschaften um Fragen geht, die ausschließlich von sportlichem Interesse sind und als solche nichts mit wirtschaftlicher Betätigung zu tun haben. (...)

[11] Bei der Beantwortung der Fragen wird dem vorstehend umrissenen beschränkten Geltungsbereich des Gemeinschaftsrechts Rechnung getragen.

[12/13] Die Vorlagefragen haben die Auslegung von Artikel 48, 59 und, hilfsweise, von Artikel 7 des Vertrages zum Gegenstand. Sie betreffen im wesentlichen die Anwendbarkeit der genannten Vorschriften auf Rechtsbeziehungen, die nicht dem öffentlichen Recht zuzurechnen sind, die Festlegung des geographischen Geltungsbereichs im Falle der Anwendung dieser Vorschriften auf Sportregeln, die von einem weltweit tätigen Verband herrühren, sowie die unmittelbare Geltung einiger dieser Vorschriften.

[14/15] Die Hauptfrage geht in jeweiliger Anknüpfung an die genannten Artikel dahin, ob die Bestimmungen des Reglements eines internationalen Sportverbandes unvereinbar mit dem Vertrag sein können. Es ist eingewandt worden, die in diesen Artikeln aufgestellten Verbote beträfen nur Beschränkungen, die auf staatlichen Maßnahmen beruhten, nicht dagegen Beschränkungen, die von Rechtsgeschäften herrührten, deren Urheber Einzelpersonen oder privatrechtliche Vereinigungen seien.

[16/19] Den Artikeln 7, 48 und 59 ist gemeinsam, daß sie in ihrem jeweiligen Geltungsbereich jede auf der Staatsangehörigkeit beruhende unterschiedliche Behandlung verbieten. Das Verbot der unterschiedlichen Behandlung gilt nicht nur für Akte der staatlichen Behörden, sondern erstreckt sich auch auf sonstige Maßnahmen, die eine kollektive Regelung im Arbeits- und Dienstleistungsbereich enthalten. Denn die Beseitigung der Hindernisse für den freien Personen- und Dienstleistungsverkehr – eines der in Artikel 3 Buchstabe c des Vertrages aufgeführten wesentlichen Ziele der Gemeinschaft – wäre gefährdet, wenn die Beseitigung der staatlichen Schranken dadurch in ihren Wirkungen wieder aufgehoben würde, daß privatrechtliche Vereinigungen oder Einrichtungen kraft ihrer rechtlichen Autonomie derartige Hindernisse aufrichteten. Da im übrigen die Arbeitsbedingungen je nach Mitgliedstaat einer Regelung durch Gesetze und Verordnungen oder durch Verträge und sonstige Rechtsgeschäfte, die von Privatpersonen geschlossen oder vorgenommen werden, unterliegen, bestünde bei einer Beschränkung auf staatliche Maßnahmen die Gefahr, daß das fragliche Verbot nicht einheitlich angewandt würde.

176 **Rs. C-281/98 (Angonese), Urteil des Gerichtshofs vom 06.06.2000.**

Vorbemerkungen: *In diesem Urteil führte der Gerichtshof seine Rechtsprechung zur Verpflichtung privater Personen aus den Grundfreiheiten fort. Nachdem er bereits zuvor (Rs. Walrave, Fall 175 und Rs. Bosman, 178) eine Verpflichtung privat geführter Verbände – die aufgrund ihrer Rechtsetzungsmacht für einen bestimmten Lebensbereich als sog. „intermediäre Gewalten" anzusehen sind – aus der Arbeitnehmerfreizügigkeit bejahte, weitete er diese hier auch auf Einstellungsvoraussetzungen privater Arbeitgeber aus. Er stellte ausdrücklich fest, dass das Verbot der Diskriminierung von Arbeitnehmern aufgrund ihrer Staatsangehörigkeit auch Privatpersonen verpflichtet. Die Rechtfertigung erfolgt anhand „sachlicher Gründe", da Privatpersonen keine Allgemeininteressen verfolgen. Hintergrund für die von den anderen Grundfreiheiten abweichende Rechtsprechung ist dabei wohl auch der Umstand, dass der Großteil der Arbeitsverhältnisse privatrechtlicher Natur ist und eine Begrenzung der Arbeitnehmerfreizügigkeit auf öffentlich-rechtliche Arbeitsverhältnisse deren Effektivität erheblich beeinträchtigt hätte. Diese Entwicklung kann im weiteren Verlauf zu einer neuen Effektivität des Unionsrechts führen, sie kann aber auch zu weitreichenden Eingriffen in die grundrechtlich gewährleistete Privatautonomie führen, hier ist die Folgerechtsprechung abzuwarten (vgl. zur unmittelbaren Drittwirkung auch Rs. C-94/07, Raccanelli).* ***B:*** *C. Weber, RdA 2001, 183 ff.; T. Körber, EuR 2000, 932 ff.* ***L:*** *Rn. 789, 884.*

Sachverhalt: Der Kläger war italienischer Staatsangehöriger deutscher Muttersprache, hatte sein Studium in Österreich absolviert und bewarb sich um eine Arbeitsstelle bei der beklagten privaten Bank in Bozen. In der Ausschreibung wurde verlangt, die Zweisprachigkeit (deutsch/italienisch) mit einem Diplom der öffentlichen Verwaltung in Bozen nachzuweisen. Die Bewerbung des Klägers, der beide Sprachen fließend sprach, wurde abgewiesen, da er diese Bescheinigung nicht beibrachte. Der im Rahmen eines Vorabentscheidungsverfahrens befasste EuGH sah in der Beschränkung des Nachweises der Sprachkenntnisse auf eine einzige Bescheinigung, die in einer einzigen Provinz eines Mitgliedstaats ausgestellt wird, einen Verstoß gegen die Arbeitnehmerfreizügigkeit.

Aus den Entscheidungsgründen:

[29] Nach Artikel 48 des Vertrages umfaßt die Freizügigkeit der Arbeitnehmer die Abschaffung jeder auf der Staatsangehörigkeit beruhenden unterschiedlichen Behandlung der Arbeitnehmer der Mitgliedstaaten in bezug auf Beschäftigung, Entlohnung und sonstige Arbeitsbedingungen.

[30] Zunächst ist festzustellen, daß das in Artikel 48 des Vertrages ausgesprochene Diskriminierungsverbot allgemein formuliert ist und sich nicht speziell an die Mitgliedstaaten richtet.

[31] So hat der Gerichtshof entschieden, daß das Verbot der auf der Staatsangehörigkeit beruhenden unterschiedlichen Behandlung nicht nur für Akte der staatlichen Behörden gilt, sondern sich auch auf sonstige Maßnahmen erstreckt, die eine kollektive Regelung im Arbeits- und Dienstleistungsbereich enthalten (vgl. Urteil vom 12. Dezember 1974 in der Rechtssache 36/74, Walrave, Slg. 1974, 1405, Randnr. 17).

[32] Der Gerichtshof hat nämlich festgestellt, daß die Beseitigung der Hindernisse für die Freizügigkeit zwischen den Mitgliedstaaten gefährdet wäre, wenn die Abschaffung der Schranken staatlichen Ursprungs durch Hindernisse zunichte gemacht werden könnte, die sich daraus ergeben, daß nicht dem öffentlichen Recht unterliegende Vereinigungen und Einrichtungen von ihrer rechtlichen Autonomie Gebrauch machen (vgl. Urteil Walrave, Randnr. 18, und Urteil vom 15. Dezember 1995 in der Rechtssache C-415/93, Bosman, Slg. 1995, I-4921, Randnr. 83).

[33] Der Gerichtshof hat unterstrichen, daß die Arbeitsbedingungen in den verschiedenen Mitgliedstaaten teilweise durch Gesetze oder Verordnungen und teilweise durch von Privatpersonen geschlossene Verträge oder sonstige von ihnen vorgenommene Akte geregelt sind und daß eine Beschränkung des Verbots der Diskriminierung aufgrund der Staatsangehörigkeit auf behördliche Maßnahmen zu Ungleichheiten bei seiner Anwendung führen könnte (vgl. Urteile Walrave, Randnr. 19, und Bosman, Randnr. 84).

[34] Auch hat der Gerichtshof entschieden, daß die Tatsache, daß bestimmte Vertragsvorschriften ausdrücklich die Mitgliedstaaten ansprechen, nicht ausschließt, daß zugleich allen an der Einhaltung der so umschriebenen Pflichten interessierten Privatpersonen Rechte verliehen sein können (vgl. Urteil vom 8. April 1976 in der Rechtssache 43/75, Defrenne, Slg. 1976, 455, Randnr. 31). Der Gerichtshof ist daher in bezug auf eine Vertragsvorschrift mit zwingendem Charakter zu dem Ergebnis gelangt, daß das Diskriminierungsverbot auch für alle die abhän-

gige Erwerbstätigkeit kollektiv regelnden Tarifverträge und alle Verträge zwischen Privatpersonen gilt (vgl. Urteil Defrenne, Randnr. 39).

[35] Diese Erwägung muß erst recht für Artikel 48 des Vertrages gelten, in dem eine Grundfreiheit formuliert wird und der eine spezifische Anwendung des in Artikel 6 EG Vertrag (nach Änderung jetzt Artikel 12 EG) ausgesprochenen allgemeinen Diskriminierungsverbots darstellt. In diesem Zusammenhang soll er ebenso wie Artikel 119 EG-Vertrag (die Artikel 117 bis 120 EG-Vertrag sind durch die Artikel 136 EG bis 143 EG ersetzt worden) eine nichtdiskriminierende Behandlung auf dem Arbeitsmarkt gewährleisten.

[36] Das in Artikel 48 des Vertrages ausgesprochene Verbot der Diskriminierung aufgrund der Staatsangehörigkeit gilt somit auch für Privatpersonen.

(...)

[42] Eine Bedingung wie die im Ausgangsverfahren streitige, wonach das Recht, sich in einem Auswahlverfahren zu bewerben, von dem Besitz eines Sprachdiploms abhängig gemacht wird, das nur in einer einzigen Provinz eines Mitgliedstaats erlangt werden kann, und wonach die Beibringung jedes anderen gleichwertigen Nachweises verboten ist, könnte nur gerechtfertigt werden, wenn sie auf sachliche Erwägungen gestützt wäre, die unabhängig von der Staatsangehörigkeit der betroffenen Personen und in bezug auf das berechtigterweise verfolgte Ziel verhältnismäßig sind.

[43] Der Gerichtshof hat bereits entschieden, daß das Diskriminierungsverbot dem entgegensteht, daß vorgeschrieben wird, daß die betreffenden Sprachkenntnisse auf dem nationalen Hoheitsgebiet erworben sein müssen (Urteil vom 28. November 1989 in der Rechtssache C-379/87, Groener, Slg. 1989, 3967, Randnr. 23).

[44] Daher kann es zwar legitim sein, von einem Bewerber um eine Stelle Sprachkenntnisse eines bestimmten Niveaus zu verlangen, und es kann der Besitz eines Diploms wie der Bescheinigung ein Kriterium darstellen, anhand dessen sich diese Kenntnisse beurteilen lassen, es muß aber als in bezug auf das angestrebte Ziel unverhältnismäßig angesehen werden, wenn es unmöglich ist, den Nachweis dieser Kenntnisse auf andere Weise, insbesondere durch andere in anderen Mitgliedstaaten erlangte gleichwertige Qualifikationen, zu erbringen.

[45] Es stellt daher eine gegen Artikel 48 des Vertrages verstoßende Diskriminierung aufgrund der Staatsangehörigkeit dar, wenn ein Arbeitgeber für den Zugang eines Bewerbers zu einem Auswahlverfahren zur Einstellung von Personal die Verpflichtung aufstellt, daß der Bewerber seine Sprachkenntnisse ausschließlich mit einem Diplom wie der Be-

scheinigung nachweist, das in einer einzigen Provinz eines Mitgliedstaats ausgestellt wird.

[46] Auf die Vorlagefrage ist daher zu antworten, daß Artikel 48 des Vertrages dem entgegensteht, daß ein Arbeitgeber die Bewerber in einem Auswahlverfahren zur Einstellung von Personal verpflichtet, ihre Sprachkenntnisse ausschließlich durch ein einziges in einer einzigen Provinz eines Mitgliedstaats ausgestelltes Diplom nachzuweisen.

6. Diskriminierungs- und Beschränkungsverbot

Rs. C-279/93 (Schumacker), 177
Urteil des Gerichtshofs vom 14.02.1995.

Vorbemerkungen: *Nach allgemeinem Begriffsverständnis liegt eine Diskriminierung insbesondere vor, wenn unterschiedliche Vorschriften auf vergleichbare Situationen angewandt werden. Fehlt es an der Vergleichbarkeit, stellt eine Ungleichbehandlung bereits tatbestandlich keine Diskriminierung dar, ohne dass es auf eine Rechtfertigung ankommt. Das Kriterium der Vergleichbarkeit führte im Rahmen der grundfreiheitlichen Diskriminierungsverbote lange Zeit ein Schattendasein. Erstmals mit der Entscheidung Schumacker – die zu den meist beachteten EuGH-Urteilen zu mitgliedstaatlichen Steuervorschriften zählt – benannte der EuGH eine konkrete Fallgruppe fehlender Vergleichbarkeit. Nach der sog. Schumacker-Doktrin befinden sich „Gebietsansässige und Gebietsfremde [im Hinblick auf direkte Steuern] in der Regel nicht in einer vergleichbaren Situation“ (Rn. 31). Ihr Anwendungsbereich ist indes erheblich enger als die weite Formulierung vermuten lässt. Konkret meint der EuGH nur, dass der Beschäftigungsstaat bei der Besteuerung von Gebietsfremden die persönlichen Umstände des Steuerpflichtigen (z. B. Familienstand, Kinder) unberücksichtigt lassen und ihm demzufolge bestimmte steuerliche Vorteile (z. B. Ehegattensplitting, Kinderfreibeträge) vorenthalten kann. Derartige persönliche Abzüge und Freibeträge sollen Gebietsfremde ausschließlich in ihrem Wohnsitzstaat (im Hinblick auf die dort erzielten Einkünfte) geltend machen können, da es andernfalls zu einer Kumulierung von Steuervorteilen käme. Zu diesem Grundsatz formulierte der EuGH sogleich eine Ausnahme mit Blick auf die spezielle Situation des Herrn Schumacker, wonach sich ein Gebietsfremder doch in einer mit Gebietsansässigen vergleichbaren Situation befindet, wenn er in seinem Wohnsitzstaat keine nennenswerten Einkünfte hat, so dass der Wohnsitzstaat nicht in* *der Lage ist, ihm die entsprechenden steuerlichen Vergünstigungen zu gewähren. Im Ergebnis sah der EuGH Herrn Schumacker daher als (versteckt) diskriminiert an. Den in seiner konkreten Ausprägung sehr engen Anwendungsbereich der Schumacker-Doktrin hat der EuGH seither nur punktuell und mit großer Zurückhaltung erweitert (siehe Rs. C-391/97, Gschwind, Rn. 32; Rs. C-446/04, Test Claimants, Rn. 46ff.; Rs. C-282/07, Truck Center, Rn. 39ff.). Außerhalb dieses speziellen Problemfeldes der zwischenstaatlichen Aufteilung der Steuerhoheit spielt die Vergleichbarkeitsebene der grundfreiheitlichen Diskriminierungsverbote sogar eine noch geringere Rolle (Rs. C-356/98, Arben Kaba, Rn. 31).* ***B:*** *W. Kaefer, DStR 1995, 329.* ***L:*** *Rn. 783, 888, 942.*

Sachverhalt: Der belgische Staatsbürger Schumacker wohnte mit seiner Ehefrau in Belgien, arbeitete aber als Angestellter in Aachen. Er wurde auf der Grundlage des Doppelbesteuerungsabkommens Deutschland-Belgien in Deutschland als Beschäftigungsstaat mit seinem dort erzielten Einkommen mit der für Unverheiratete einschlägigen Steuerklasse I als beschränkt Steuerpflichtiger steuerlich veranlagt. Nachdem seine Ehefrau arbeitslos geworden war und sein Gehalt das einzige Einkommen der Familie darstellte, beantragte er beim Finanzamt die Veranlagung nach der für nicht dauernd getrennt lebende Verheiratete geltenden Steuerklasse III, was ihm die Inanspruchnahme des günstigeren Splittingtarifs eröffnet hätte. Bei Behandlung als unbeschränkt Steuerpflichtiger könnte er auch sein Einkommen aus unselbständiger Arbeit und Verluste aus anderen Einkunftsarten miteinander ausgleichen. Der Antrag wurde abgelehnt. Der BFH legte die Frage nach der Vereinbarkeit mit Art. 39 EG (jetzt: Art. 45 AEUV) dem EuGH vor. Der EuGH hielt die Einschränkung für unvereinbar mit Art. 39 EG (jetzt: Art. 45 AEUV).

Aus den Entscheidungsgründen:

[20] Mit seiner ersten Frage möchte das vorlegende Gericht im wesentlichen wissen, ob Artikel 48 EG-Vertrag so auszulegen ist, daß er das Recht eines Mitgliedstaats, die Voraussetzungen und die Modalitäten der Besteuerung der in seinem Hoheitsgebiet von Angehörigen eines anderen Mitgliedstaats erzielten Einkünfte festzulegen, einschränken kann.

[21] Zur Beantwortung dieser Frage ist festzustellen, daß zwar der Bereich der direkten Steuern als solcher beim gegenwärtigen Stand des Gemeinschaftsrechts nicht in die Zuständigkeit der Gemeinschaft fällt, die Mitgliedstaaten die ihnen verbliebenen Befugnisse jedoch unter

Wahrung des Gemeinschaftsrechts ausüben müssen (vgl. Urteil vom 4. Oktober 1991 in der Rechtssache C-246/89, Kommission/Vereinigtes Königreich, Slg. 1991, I-4585, Randnr. 12).

[22] Die Freizügigkeit innerhalb der Gemeinschaft umfaßt nach Artikel 48 Absatz 2 des Vertrages die Abschaffung jeder auf der Staatsangehörigkeit beruhenden unterschiedlichen Behandlung der Arbeitnehmer der Mitgliedstaaten, namentlich in bezug auf die Entlohnung.

[23] Dazu hat der Gerichtshof im Urteil vom 8. Mai 1990 in der Rechtssache C-175/88 (Biehl, Slg. 1990, I-1779, Randnr. 12) ausgeführt, daß der Grundsatz der Gleichbehandlung auf dem Gebiet der Entlohnung seiner Wirkung beraubt wäre, wenn er durch diskriminierende nationale Vorschriften über die Einkommensteuer beeinträchtigt werden könnte.

(...)

[26] Dazu ist zunächst darauf hinzuweisen, daß nach ständiger Rechtsprechung die Vorschriften über die Gleichbehandlung nicht nur offensichtliche Diskriminierungen aufgrund der Staatsangehörigkeit, sondern auch alle versteckten Formen der Diskriminierung verbieten, die durch die Anwendung anderer Unterscheidungsmerkmale tatsächlich zu dem gleichen Ergebnis führen (Urteil vom 12. Februar 1974 in der Rechtssache 152/73, Sotgiu, Slg. 1974, 153, Randnr. 11).

[27] Die Rechtsvorschriften, um die es im Ausgangsverfahren geht, gelten zwar unabhängig von der Staatsangehörigkeit des betreffenden Steuerpflichtigen.

[28] Es besteht aber die Gefahr, daß sich derartige nationale Rechtsvorschriften, die eine Unterscheidung aufgrund des Kriteriums des Wohnsitzes treffen, indem sie Gebietsfremden bestimmte Steuervergünstigungen verweigern, die sie Gebietsansässigen gewähren, hauptsächlich zum Nachteil der Angehörigen anderer Mitgliedstaaten auswirken, da Gebietsfremde meist Ausländer sind.

[29] Unter diesen Umständen können Steuervergünstigungen, die den Gebietsansässigen eines Mitgliedstaats vorbehalten werden, eine mittelbare Diskriminierung aufgrund der Staatsangehörigkeit darstellen.

[30] Weiter ist darauf hinzuweisen, daß nach ständiger Rechtsprechung eine Diskriminierung nur darin bestehen kann, daß unterschiedliche Vorschriften auf vergleichbare Situationen angewandt werden oder daß dieselbe Vorschrift auf unterschiedliche Situationen angewandt wird.

[31] Im Hinblick auf die direkten Steuern befinden sich Gebietsansässige und Gebietsfremde in der Regel nicht in einer vergleichbaren Situation.

[32] Das Einkommen, das ein Gebietsfremder im Hoheitsgebiet eines Staates erzielt, stellt meist nur einen Teil seiner Gesamteinkünfte dar, deren Schwerpunkt an seinem Wohnort liegt. Außerdem kann die persönliche Steuerkraft des Gebietsfremden, die sich aus der Berücksichtigung seiner Gesamteinkünfte sowie seiner persönlichen Lage und seines Familienstands ergibt, am leichtesten an dem Ort beurteilt werden, an dem der Mittelpunkt seiner persönlichen Interessen und seiner Vermögensinteressen liegt. Dieser Ort ist in der Regel der ständige Aufenthaltsort der betroffenen Person. So geht auch das internationale Steuerrecht, u. a. das Muster-Doppelbesteuerungsabkommen der Organisation für wirtschaftliche Zusammenarbeit und Entwicklung (OECD), davon aus, daß es grundsätzlich Sache des Wohnsitzstaats ist, den Steuerpflichtigen unter Berücksichtigung der seine persönliche Lage und seinen Familienstand kennzeichnenden Umstände umfassend zu besteuern.

[33] Die Situation des Gebietsansässigen ist eine andere, da der Schwerpunkt seiner Einkünfte in der Regel im Wohnsitzstaat liegt. Im übrigen verfügt im allgemeinen dieser Staat über alle erforderlichen Informationen, um die Gesamtsteuerkraft des Steuerpflichtigen unter Berücksichtigung seiner persönlichen Lage und seines Familienstands zu beurteilen.

[34] Versagt ein Mitgliedstaat Gebietsfremden bestimmte Steuervergünstigungen, die er Gebietsansässigen gewährt, so ist dies folglich in der Regel nicht diskriminierend, da sich diese beiden Gruppen von Steuerpflichtigen nicht in einer vergleichbaren Lage befinden.

[36] Etwas anderes gilt jedoch, wenn der Gebietsfremde wie im Ausgangsverfahren in seinem Wohnsitzstaat keine nennenswerten Einkünfte hat und sein zu versteuerndes Einkommen im wesentlichen aus einer Tätigkeit bezieht, die er im Beschäftigungsstaat ausübt, so daß der Wohnsitzstaat nicht in der Lage ist, ihm die Vergünstigungen zu gewähren, die sich aus der Berücksichtigung seiner persönlichen Lage und seines Familienstands ergeben.

[37] Zwischen der Situation eines solchen Gebietsfremden und der eines Gebietsansässigen, der eine vergleichbare nichtselbständige Beschäftigung ausübt, besteht jedoch kein objektiver Unterschied, der eine Ungleichbehandlung hinsichtlich der Berücksichtigung der persönlichen Lage und des Familienstands des Steuerpflichtigen bei der Besteuerung rechtfertigen könnte.

[38] Im Fall eines Gebietsfremden, der in einem anderen Mitgliedstaat als dem seines Wohnsitzes den wesentlichen Teil seiner Einkünfte und praktisch die Gesamtheit seiner Familieneinkünfte erzielt, besteht die Diskriminierung darin, daß seine persönliche Lage und sein Fami-

lienstand weder im Wohnsitzstaat noch im Beschäftigungsstaat berücksichtigt werden.

Rs. C-415/93 (Bosman), 178
Urteil des Gerichtshofs vom 15.12.1995.

Vorbemerkungen: *Mit der viel beachteten Entscheidung Bosman stellte der Gerichtshof erstmals eindeutig fest, dass die Arbeitnehmerfreizügigkeit nicht nur ein Diskriminierungs-, sondern auch ein – auf unterschiedslos wirkende Maßnahmen bezogenes – Beschränkungsverbot enthält. Daneben machte die Entscheidung deutlich, dass die zur Warenverkehrsfreiheit entwickelte „Keck"-Rechtsprechung auch auf die Arbeitnehmerfreizügigkeit Anwendung finden kann. Die Regelung wurde jedoch nicht als eine Verkaufsmodalität i. S. d. Keck-Rechtsprechung ausgelegt, weil sie unmittelbar den Zugang zu dem Arbeitsmarkt beeinflusste. Diese Art der Argumentation benutzte der Gerichtshof schon in der Alpine Investments-Entscheidung und bestätigte sie in der Entscheidung Deliège. Der EuGH überprüfte die Rechtfertigung der Maßnahme der Transferregeln an den zwingenden Gründen des Allgemeininteresses. Dies war problematisch, da private Verbände in der Sache kein Gemeinwohlinteresse verfolgen. Hinsichtlich der vorliegend nicht abgedruckten Ausländerklauseln stellte der EuGH keine Rechtfertigungskategorie heraus. In der Sache stellte er auf sachliche Gründe ab. Insofern nahm er hier Vorgriff auf die Entscheidung im Fall Angonese (Fall 176). Die Rechtsprechung zur Drittwirkung der Arbeitnehmerfreizügigkeit sowie zur Einordnung von Berufssportlern als Arbeitnehmer wurde durch die Entscheidung bestätigt und präzisiert. Siehe dazu zuletzt auch die Entscheidung des EuGH in der Rs. C-650/22, wo es um Regelungen der FIFA ging.* ***L:*** *Rn. 789 f., 805, 869, 873, 883, 892, 894, 896, 897, 901 f., 908, 937.*

Sachverhalt: Herr Bosman, ein belgischer Profifußballer, war zunächst bei einem belgischen Erstligaverein beschäftigt. Dieser bot für eine Spielzeit einen Vertrag zu geringeren Bezügen an, den der Kläger jedoch ablehnte. Infolgedessen wurde er auf die Transferliste gesetzt, als Ablösesumme standen rund 11 Millionen belgische Francs im Raum. Da kein Verein Interesse an dem Kläger bekundete, wandte sich dieser an einen französischen Klub. Ein Transfer scheiterte jedoch, weil der belgische Verein des Klägers keine Freigabe durch den Verband beantragte. Zudem ließ dieser den Kläger sperren. Der Gerichtshof entschied im Rahmen eines Vorabentscheidungsverfahrens, dass die Transferregelungen und die den Einsatz von Ausländern beschränkenden Klauseln gegen Art. 39 EG (jetzt: Art. 45 AEUV) verstoßen.

Aus den Entscheidungsgründen:

[76] Hinsichtlich der Schwierigkeit, die wirtschaftlichen Aspekte von den sportlichen Aspekten des Fußballs zu trennen, hat der Gerichtshof im Urteil Donà (…) anerkannt, daß die Gemeinschaftsbestimmungen über die Freizügigkeit und den freien Dienstleistungsverkehr Regelungen oder Praktiken nicht entgegen stehen, die aus nichtwirtschaftlichen Gründen, die mit dem spezifischen Charakter und Rahmen bestimmter Begegnungen zusammenhängen, gerechtfertigt sind. Er hat jedoch darauf hingewiesen, daß diese Beschränkungen des Geltungsbereichs der fraglichen Bestimmungen nicht weiter gehen darf, als ihr Zweck es erfordert.

(…)

[82] Nachdem somit die Einwände gegen die Anwendung von Artikel 48 des Vertrages auf sportliche Tätigkeiten wie die der Berufsfußballspieler ausgeräumt worden sind, ist daran zu erinnern, daß dieser Artikel, wie der Gerichtshof im Urteil Walrave (…) entschieden hat, nicht nur für behördliche Maßnahmen gilt, sondern sich auch auf Vorschriften anderer Art erstreckt, die zur kollektiven Regelung unselbständiger Arbeit dienen.

(…)

[93] Wie der Gerichtshof wiederholt ausgeführt hat, stellt die Freizügigkeit der Arbeitnehmer einen der fundamentalen Grundsätze der Gemeinschaft dar, und die Bestimmungen des Vertrages, die diese Freiheit garantieren, haben seit dem Ende der Übergangszeit unmittelbare Wirkung.

[94] Der Gerichtshof hat ferner die Ansicht vertreten, daß sämtliche Vertragsbestimmungen über die Freizügigkeit den Gemeinschaftsangehörigen die Ausübung jeder Art von Berufstätigkeit im Gebiet der Gemeinschaft erleichtern sollen und Maßnahmen entgegenstehen, die die Gemeinschaftsangehörigen benachteiligen könnten, wenn sie im Gebiet eines anderen Mitgliedstaats eine wirtschaftliche Tätigkeit ausüben wollen (vgl. Urteile vom 7. Juli 1988 in der Rechtssache 143/87, Stanton, Slg. 1988, 3877, Randnr. 13, und vom 7. Juli 1992 in der Rechtssache C-370/90, Singh, Slg. 1992, I-4265, Randnr. 16).

[95] In diesem Zusammenhang haben die Staatsangehörigen der Mitgliedstaaten insbesondere das unmittelbar aus dem Vertrag abgeleitete Recht, ihr Herkunftsland zu verlassen, um sich zur Ausübung einer wirtschaftlichen Tätigkeit in das Gebiet eines anderen Mitgliedstaats zu begeben und sich dort aufzuhalten (vgl. insbesondere Urteile vom 5. Februar 1991 in der Rechtssache C-363/89, Roux, Slg. 1991, I-273, Randnr. 9, und Singh, […] Randnr. 17).

[96] Bestimmungen, die einen Staatsangehörigen eines Mitgliedstaats daran hindern oder davon abhalten, sein Herkunftsland zu verlassen, um von seinem Recht auf Freizügigkeit Gebrauch zu machen, stellen daher Beeinträchtigungen dieser Freiheit dar, auch wenn sie unabhängig von der Staatsangehörigkeit der betroffenen Arbeitnehmer Anwendung finden (vgl. auch Urteil vom 7. März 1991 in der Rechtssache C-10/90, Masgio, Slg. 1991, I-1119, Randnrn. 18 und 19).

[97] Im übrigen hat der Gerichtshof im Urteil vom 27. September 1988 in der Rechtssache 81/87 (Daily Mail and General Trust, Slg. 1988, 5483, Randnr. 16) darauf hingewiesen, daß die Vertragsbestimmungen über die Niederlassungsfreiheit zwar insbesondere die Vergünstigung der Inländerbehandlung im Aufnahmemitgliedstaat sicherstellen sollen, daß sie es aber dem Herkunftsstaat auch verbieten, die Niederlassung eines seiner Staatsangehörigen oder einer nach seinem Recht gegründeten Gesellschaft, die im übrigen der Definition des Artikels 58 entspricht, in einem anderen Mitgliedstaat zu beeinträchtigen. Die durch die Artikel 52 ff. des Vertrages garantierten Rechte wären ihrer Substanz beraubt, wenn der Herkunftsstaat den Unternehmen verbieten könnte, sein Hoheitsgebiet zu verlassen, um sich in einem anderen Mitgliedstaat anzusiedeln. Die gleichen Erwägungen gelten im Zusammenhang mit Artikel 48 des Vertrages bei Regeln, die die Freizügigkeit der Staatsangehörigen eines Mitgliedstaats beeinträchtigen, die in einem anderen Mitgliedstaat eine unselbständige Tätigkeit ausüben wollen.

[98] Es trifft zu, daß die in den Ausgangsrechtsstreitigkeiten in Rede stehenden Transferregeln auch für die Wechsel von Spielern zwischen Vereinen gelten, die im selben Mitgliedstaat unterschiedlichen nationalen Verbänden angehören, und daß die Wechsel zwischen Vereinen, die demselben nationalen Verband angehören, entsprechenden Regeln unterliegen.

[99] Wie Herr Bosman, die dänische Regierung und der Generalanwalt in den Nummern 209 und 210 seiner Schlußanträge ausgeführt haben, sind diese Regeln jedoch geeignet, die Freizügigkeit der Spieler, die ihre Tätigkeit in einem anderen Mitgliedstaat ausüben wollen, dadurch einzuschränken, daß sie die Spieler sogar nach Ablauf der Arbeitsverträge mit den Vereinen, denen sie angehören, daran hindern oder davon abhalten, diese Vereine zu verlassen.

[100] Die genannten Regeln beeinträchtigen nämlich die Freizügigkeit der Arbeitnehmer, da sie vorsehen, daß ein Berufsfußballspieler seine Tätigkeit nicht bei einem in einem anderen Mitgliedstaat ansässigen neuen Verein ausüben kann, wenn dieser Verein dem bisherigen

Verein nicht die Transferentschädigung gezahlt hat, deren Höhe zwischen den beiden Vereinen vereinbart oder gemäß den Vorschriften der Sportverbände bestimmt wurde.

(...)

[104] Die Transferregeln stellen folglich Beeinträchtigungen der Freizügigkeit der Arbeitnehmer dar, die grundsätzlich nach Artikel 48 des Vertrages verboten sind. Anders wäre es nur dann, wenn diese Regeln einen mit dem Vertrag zu vereinbarenden berechtigten Zweck verfolgen würden und aus zwingenden Gründen des Allgemeininteresses gerechtfertigt wären. In diesem Fall müsste aber außerdem die Anwendung dieser Regeln geeignet sein, die Verwirklichung des verfolgten Zweckes zu gewährleisten, und dürfte nicht über das hinausgehen, was zur Erreichung dieses Zweckes erforderlich ist (vgl. insbesondere Urteil Kraus, a. a. O., Randnr. 32, und Urteil vom 30. November 1995 in der Rechtssache C-55/94, Gebhard, noch nicht in der amtlichen Sammlung veröffentlicht, Randnr. 37).

Zum Vorliegen von Rechtfertigungsgründen

[105] Die URBSFA, die ÜFA sowie die französische und die italienische Regierung haben zunächst vorgetragen, die Transferregeln seien durch das Bestreben gerechtfertigt, das finanzielle und sportliche Gleichgewicht zwischen den Vereinen aufrechtzuerhalten und die Suche nach Talenten sowie die Ausbildung der jungen Spieler zu unterstützen.

[106] Angesichts der beträchtlichen sozialen Bedeutung, die der sportlichen Tätigkeit und insbesondere dem Fußball in der Gemeinschaft zukommt, ist anzuerkennen, daß die Zwecke berechtigt sind, die darin bestehen, die Aufrechterhaltung eines Gleichgewichts zwischen den Vereinen unter Wahrung einer bestimmten Chancengleichheit und der Ungewißheit der Ergebnisse zu gewährleisten sowie die Einstellung und Ausbildung der jungen Spieler zu fördern.

[107] In bezug auf den ersten Zweck hat Herr Bosman zu Recht darauf hingewiesen, daß die Anwendung der Transferregeln kein geeignetes Mittel darstelle, um die Aufrechterhaltung des finanziellen und sportlichen Gleichgewichts in der Welt des Fußballs zu gewährleisten. Diese Regeln verhindern weder, daß sich die reichsten Vereine die Dienste der besten Spieler sichern, noch, daß die verfügbaren finanziellen Mittel ein entscheidender Faktor beim sportlichen Wettkampf sind und daß das Gleichgewicht zwischen den Vereinen dadurch erheblich gestört wird.

[108] Hinsichtlich des zweiten Zweckes ist einzuräumen, daß die Aussicht auf die Erlangung von Transfer-, Förderungs- oder Ausbil-

dungsentschädigungen tatsächlich geeignet ist, die Fußballvereine zu ermutigen, nach Talenten zu suchen und für die Ausbildung der jungen Spieler zu sorgen.

[109] Da jedoch die sportliche Zukunft der jungen Spieler unmöglich mit Sicherheit vorhergesehen werden kann und sich nur eine begrenzte Anzahl dieser Spieler einer beruflichen Tätigkeit widmet, sind diese Entschädigungen durch ihren Eventualitäts- und Zufallscharakter gekennzeichnet und auf jeden Fall unabhängig von den tatsächlichen Kosten, die den Vereinen bei der Ausbildung sowohl der künftigen Berufsspieler als auch derjenigen, die nie Berufsspieler werden, entstehen. Unter diesen Umständen kann die Aussicht auf die Erlangung solcher Entschädigungen weder ein ausschlaggebender Faktor sein, um zur Einstellung und Ausbildung junger Spieler zu ermutigen, noch ein geeignetes Mittel, um diese Tätigkeiten, insbesondere im Fall der kleinen Vereine, zu finanzieren.

[110] Wie der Generalanwalt in den Nummern 226 ff. seiner Schlussanträge ausgeführt hat, können dieselben Zwecke im übrigen mindestens ebenso wirksam mit anderen Mitteln erreicht werden, die die Freizügigkeit der Arbeitnehmer nicht beeinträchtigen.

[111] Sodann ist vorgetragen worden, daß die Transferregeln zum Schutz der weltweiten Organisation des Fußballs erforderlich seien.

[112] Insoweit genügt der Hinweis darauf, daß das vorliegende Verfahren die Anwendung dieser Regeln innerhalb der Gemeinschaft und nicht die Beziehungen zwischen den nationalen Verbänden der Mitgliedstaaten und denen der Drittländer betrifft. Im übrigen ist die Anwendung unterschiedlicher Regeln auf die Transfers zwischen Vereinen, die den nationalen Verbänden der Gemeinschaft angehören, und auf die Transfers zwischen diesen Vereinen und denen, die den nationalen Verbänden der Drittländer angehören, nicht dazu angetan, besondere Schwierigkeiten aufzuwerfen. Denn wie sich aus den vorstehenden Randnummern 22 und 23 ergibt, unterscheiden sich die bisher für die Transfers innerhalb der nationalen Verbände bestimmter Mitgliedstaaten geltenden Regeln von denen, die auf internationaler Ebene anwendbar sind.

[113] Schließlich kann dem Argument nicht gefolgt werden, daß die genannten Regeln erforderlich seien, um die Kosten auszugleichen, die den Vereinen durch die Zahlung von Entschädigungen bei der Einstellung ihrer Spieler entstanden seien, da dieses Argument darauf hinausläuft, die Beibehaltung von Beeinträchtigungen der Freizügigkeit der Arbeitnehmer durch die blosse Tatsache zu rechtfertigen, daß diese Beeinträchtigungen in der Vergangenheit möglich waren.

[114] Folglich ist auf die erste Frage zu antworten, daß Artikel 48 des Vertrages der Anwendung von durch Sportverbände aufgestellten Regeln entgegensteht, nach denen ein Berufsfußballspieler, der Staatsangehöriger eines Mitgliedstaats ist, bei Ablauf des Vertrages, der ihn an einen Verein bindet, nur dann von einem Verein eines anderen Mitgliedstaats beschäftigt werden kann, wenn dieser dem bisherigen Verein eine Transfer-, Ausbildungs- oder Förderungsentschädigung gezahlt hat.

[115] Mit seiner zweiten Frage möchte das vorlegende Gericht im wesentlichen wissen, ob Artikel 48 des Vertrages der Anwendung von durch Sportverbände aufgestellten Regeln entgegensteht, nach denen die Fußballvereine bei den Spielern der von diesen Verbänden veranstalteten Wettkämpfe nur eine begrenzte Anzahl von Berufsspielern, die Staatsangehörige anderer Mitgliedstaaten sind, aufstellen können.

[116] Wie der Gerichtshof oben in Randnummer 87 ausgeführt hat, gilt Artikel 48 des Vertrages für durch Sportverbände aufgestellte Regeln, die die Voraussetzungen für die Ausübung einer unselbständigen Tätigkeit durch Berufssportler festlegen. Daher ist zu prüfen, ob die Ausländerklauseln eine nach Artikel 48 verbotene Beeinträchtigung der Freizügigkeit der Arbeitnehmer darstellen.

[117] Artikel 48 Absatz 2 sieht ausdrücklich vor, daß die Freizügigkeit der Arbeitnehmer die Abschaffung jeder auf der Staatsangehörigkeit beruhenden unterschiedlichen Behandlung der Arbeitnehmer der Mitgliedstaaten in Bezug auf Beschäftigung, Entlohnung und sonstige Arbeitsbedingungen umfaßt.

[118] Diese Bestimmung wurde u. a. durch Artikel 4 der Verordnung (EWG) Nr. 1612/68 des Rates vom 15. Oktober 1968 über die Freizügigkeit der Arbeitnehmer innerhalb der Gemeinschaft (ABl. L 257, S. 2) durchgeführt, wonach Rechts- und Verwaltungsvorschriften der Mitgliedstaaten, durch die die Beschäftigung von ausländischen Arbeitnehmern zahlen- oder anteilmäßig nach Unternehmen, Wirtschaftszweigen, Gebieten oder im gesamten Hoheitsgebiet beschränkt wird, auf Staatsangehörige der übrigen Mitgliedstaaten keine Anwendung finden.

[119] Es verstößt gegen denselben Grundsatz, wenn in den Regelwerken der Sportverbände enthaltene Klauseln das Recht der Staatsangehörigen anderer Mitgliedstaaten beschränken, als Berufsspieler an Fußballspielen teilzunehmen (vgl. Urteil Donà, a. a. O., Randnr. 19).

[120] Dabei spielt der Umstand keine Rolle, daß diese Klauseln nicht die Beschäftigung der genannten Spieler betreffen, die nicht eingeschränkt wird, sondern die Möglichkeit für ihre Vereine, sie bei einem

offiziellen Spiel aufzustellen. Da die Teilnahme an diesen Begegnungen das wesentliche Ziel der Tätigkeit eines Berufsspielers darstellt, liegt es auf der Hand, daß eine Regel, die diese Teilnahme beschränkt, auch die Beschäftigungsmöglichkeiten des betroffenen Spielers einschränkt.

Rs. C-109/04 (Kranemann), 179
Urteil des Gerichtshofs vom 17.03.2005.

Vorbemerkungen: *Der EuGH bestätigte in dieser Entscheidung zum einen, dass Rechtsreferandare unter den Arbeitnehmerbegriff fallen – dies war aufgrund der Entscheidung in der Rs. Lawrie-Blum allerdings klar vorhersehbar. Zum anderen stufte er die Verweigerung der staatlichen Übernahme der Kosten auch für den Auslandsanteil einer Reise zur Wahlstation im Ausland als unzulässige Beschränkung der Arbeitnehmerfreizügigkeit im Wegzugsfall ein. Damit ging er über die bisherige Rechtsprechung (Rs. Bosman, Fall 178) deutlich hinaus, da in dem hier entschiedenen Fall keine mitgliedstaatlichen Verbote als Eingriff in Rede standen, sondern die Verweigerung einer finanziellen Unterstützung. Damit drohen sich die Grundfreiheiten im Wegzugsfall zu aktiven staatlichen Förderungspflichten zu entwickeln. Den Mitgliedstaaten entsprechende finanzielle Zusatzpflichten aufzuerlegen, erscheint jedoch wenig überzeugend. Der EuGH hat für diese Konstellation – anders als für die Zuzugskonstellation mit der Keck-Formel – noch kein adäquates, systematisch ausgeformtes Korrektiv für die übermäßige Reichweite des Beschränkungsbegriffs entwickelt. In einzelnen Fällen der Wegzugskonstellation hat er freilich eine entsprechende Beeinträchtigung durchaus verneint.* ***L:*** *Rn. 790, 869, 877, 892.*

Sachverhalt: Der deutsche Rechtsreferendar Kranemann absolvierte als Beamter auf Widerruf seine Wahlstation bei einer Anwaltskanzlei in London. Er beantragte beim Land Nordrhein-Westfalen die Erstattung der Reisekosten für die Hin- und Rückreise von seinem deutschen Wohnort nach London. Er erhielt allerdings nur die Kosten von seinem Wohnort zur deutschen Grenze und zurück erstattet, der Auslandsanteil der Reisekosten wurde nicht anerkannt. Das in dritter Instanz befasste Bundesverwaltungsgericht befragte den EuGH im Vorabentscheidungsverfahren zum einen danach, ob Rechtsreferendare unter den Arbeitnehmerbegriff des Art. 39 EG (jetzt: Art. 45 AEUV) fielen und zum anderen, ob die Verweigerung der vollen Reisekostenerstattung mit dem Gemeinschaftsrecht vereinbar ist. Der EuGH bejahte die erste und verneinte die zweite Frage.

Aus den Entscheidungsgründen:

Zum Geltungsbereich von Artikel 48 des Vertrages

[12] Nach ständiger Rechtsprechung ist der Begriff „Arbeitnehmer“ im Sinne von Artikel 48 des Vertrages ein Begriff des Gemeinschaftsrechts, der nicht eng auszulegen ist. Als „Arbeitnehmer“ ist jeder anzusehen, der eine tatsächliche und echte Tätigkeit ausübt, wobei Tätigkeiten außer Betracht bleiben, die einen so geringen Umfang haben, dass sie sich als völlig untergeordnet und unwesentlich darstellen. Das wesentliche Merkmal des Arbeitsverhältnisses besteht nach dieser Rechtsprechung darin, dass jemand während einer bestimmten Zeit für einen anderen nach dessen Weisung Leistungen erbringt, für die er als Gegenleistung eine Vergütung erhält (vgl. u. a. Urteile vom 3. Juli 1986 in der Rechtssache 66/85, Lawrie-Blum, Slg. 1986, 2121, Randnrn. 16 und 17, vom 26. Februar 1992 in der Rechtssache C-3/90, Bernini, Slg. 1992, I-1071, Randnr. 14, und vom 7. September 2004 in der Rechtssache C-456/02, Trojani, noch nicht in der amtlichen Sammlung veröffentlicht, Randnr. 15).

[13] In Bezug auf Personen, die einen Vorbereitungsdienst ableisten, hat der Gerichtshof entschieden, dass der Umstand, dass dieser Vorbereitungsdienst als eine mit der eigentlichen Ausübung des Berufes verbundene praktische Vorbereitung angesehen werden kann, die Anwendung von Artikel 48 des Vertrages nicht verhindert, wenn dieser Dienst unter den Bedingungen einer tatsächlichen und echten Tätigkeit im Lohn- und Gehaltsverhältnis abgeleistet wird (vgl. Urteile Lawrie-Blum, Randnr. 19, und Bernini, Randnr. 15).

[14] Wie der Gerichtshof in seinem Urteil vom 7. Dezember 2000 in der Rechtssache C-79/99 (Schnorbus, Slg. 2000, I-10997, Randnr. 28) festgestellt hat, ist der in Deutschland vorgesehene juristische Vorbereitungsdienst ein Ausbildungsabschnitt und eine notwendige Voraussetzung für den Zugang zum Richteramt oder zu einem Amt der Laufbahn des höheren Dienstes im Beamtenverhältnis.

[15] Was die Tätigkeit der Rechtsreferendare angeht, so ergibt sich aus dem Vorlagebeschluss, dass diese dazu angehalten werden, im Rahmen ihres Vorbereitungsdienstes die während des Studiums erworbenen Rechtskenntnisse praktisch anzuwenden und somit nach Weisung ihrer Ausbilder einen Beitrag zu deren Tätigkeit zu leisten, und dass die Rechtsreferendare während ihrer Ausbildung eine Vergütung in Form eines Unterhaltsbeitrags erhalten.

[16] Entgegen dem Vorbringen des Landes Nordrhein-Westfalen kann ein solches Beschäftigungsverhältnis nicht schon deshalb nicht in

den Geltungsbereich von Artikel 48 des Vertrages fallen, weil die den Referendaren gezahlte Vergütung nur eine Unterhaltsbeihilfe für sie sei und eine solche vom Staat gewährte Vergütung für die Referendare, die Ausbildungsabschnitte außerhalb des staatlichen Bereiches absolvierten, nicht als Gegenleistung für die vom Referendar erbrachten Leistungen angesehen werden könne.

[17] Nach ständiger Rechtsprechung kann nämlich weder die begrenzte Höhe der Vergütung noch die Herkunft der Mittel für diese Vergütung irgendeine Auswirkung auf die Arbeitnehmereigenschaft im Sinne des Gemeinschaftsrechts haben (vgl. Urteile vom 23. März 1982 in der Rechtssache 53/81, Levin, Slg. 1982, 1035, Randnr. 16, vom 31. Mai 1989 in der Rechtssache 344/87, Bettray, Slg. 1989, 1621, Randnr. 16, und Trojani, Randnr. 16).

[18] Da Rechtsreferendare eine tatsächliche und echte Tätigkeit im Lohn- und Gehaltsverhältnis ausüben, sind sie als Arbeitnehmer im Sinne von Artikel 48 des Vertrages anzusehen.

[19] Die Anwendung von Artikel 48 des Vertrages kann nicht auf der Grundlage der in Absatz 4 dieses Artikels für die „Beschäftigung in der öffentlichen Verwaltung" vorgesehenen Ausnahme ausgeschlossen werden. Soweit der Referendar wie im vorliegenden Fall einen Teil seines Vorbereitungsdienstes außerhalb des staatlichen Bereiches absolviert, genügt die Feststellung, dass der Begriff „Beschäftigung in der öffentlichen Verwaltung" nicht die Beschäftigung im Dienst einer natürlichen oder juristischen Person des Privatrechts umfasst, unabhängig von den Aufgaben, die der Beschäftigte zu erfüllen hat (Urteil vom 31. Mai 2001 in der Rechtssache C-283/99, Kommission/Italien, Slg. 2001, I-4363, Randnr. 25).

[20] Die Situation eines Rechtsreferendars, der seinen Herkunftsmitgliedstaat verlassen hat, um einen Teil seines Vorbereitungsdienstes in einem anderen Mitgliedstaat abzuleisten, kann ebenfalls nicht als rein innerstaatlicher Sachverhalt eines Mitgliedstaats außerhalb des Geltungsbereichs des Vertrages liegen.

[21] Nach alledem ist davon auszugehen, dass ein Rechtsreferendar, der Staatsangehöriger eines Mitgliedstaats ist und einen Teil seines Vorbereitungsdienstes in einem anderen Mitgliedstaat absolviert, wobei er eine tatsächliche und echte Tätigkeit im Lohn- und Gehaltsverhältnis ausübt, ein Arbeitnehmer im Sinne von Artikel 48 des Vertrages ist.

[22] Sodann ist zu prüfen, ob die im Ausgangsverfahren anwendbaren Vorschriften über die Reisekostenerstattung eine Beeinträchtigung des Rechts auf Freizügigkeit darstellen, das Artikel 48 des Vertrages den Arbeitnehmern einräumt.

Zur Beeinträchtigung der Freizügigkeit der Arbeitnehmer

[23] § 7 TEVO schließt dadurch, dass er die Erstattung der einem Rechtsreferendar, der einen Teil seines Vorbereitungsdienstes außerhalb Deutschlands absolviert, entstandenen Kosten den Sätzen für Inlandsdienstreisen unterwirft, aus, dass außerhalb des deutschen Hoheitsgebiets angefallene Reisekosten eines solchen Referendars erstattet werden.

[24] Daraus ergibt sich, dass zwar Referendare, die ihren Vorbereitungsdienst an einem Ort im deutschem Hoheitsgebiet ableisten, unabhängig von der Entfernung zwischen ihrem Wohnsitz und dem Ort der Ausbildung Anspruch auf Erstattung ihrer sämtlichen Reisekosten haben, dass aber diejenigen, die sich dafür entschieden haben, einen Teil ihres Vorbereitungsdienstes in einem anderen Mitgliedstaat zu absolvieren, den Teil der Reisekosten selbst tragen müssen, der der Strecke außerhalb des deutschen Hoheitsgebiets entspricht.

[25] Insoweit ist darauf hinzuweisen, dass der Gerichtshof wiederholt entschieden hat, dass die Vertragsbestimmungen über die Freizügigkeit den Gemeinschaftsangehörigen die Ausübung von beruflichen Tätigkeiten aller Art im Gebiet der Gemeinschaft erleichtern sollen und solchen Maßnahmen entgegenstehen, die die Gemeinschaftsangehörigen benachteiligen könnten, wenn sie eine Erwerbstätigkeit im Gebiet eines anderen Mitgliedstaats ausüben wollen (vgl. Urteile vom 7. Juli 1988 in den Rechtssachen 154/87 und 155/87, Wolf u. a., Slg. 1988, 3897, Randnr. 13, vom 15. Dezember 1995 in der Rechtssache C-415/93, Bosman, Slg. 1995, I-4921, Randnr. 94, vom 26. Januar 1999 in der Rechtssache C-18/95, Terhoeve, Slg. 1999, I-345, Randnr. 37, und vom 27. Januar 2000 in der Rechtssache C-190/98, Graf, Slg. 2000, I-493, Randnr. 21).

[26] Nationale Bestimmungen, die einen Arbeitnehmer, der Staatsangehöriger eines Mitgliedstaats ist, daran hindern oder davon abhalten, sein Herkunftsland zu verlassen, um von seinem Recht auf Freizügigkeit Gebrauch zu machen, stellen daher Beeinträchtigungen dieser Freiheit dar, auch wenn sie unabhängig von der Staatsangehörigkeit der betreffenden Arbeitnehmer angewandt werden (vgl. Urteile Bosman, Randnr. 96, Terhoeve, Randnr. 39, und Graf, Randnr. 23; Urteile vom 30. September 2003 in der Rechtssache C-224/01, Köbler, Slg. 2003, I-10239, Randnr. 74, und vom 2. Oktober 2003 in der Rechtssache C-232/01, Van Lent, Slg. 2003, I-11525, Randnr. 16).

[27] Daraus folgt, dass, wenn ein Mitgliedstaat für bestimmte Beschäftigungen ein Zugangssystem vorsieht, das auf einem Vorberei-

tungsdienst beruht, bei dem die Referendare eine tatsächliche und echte Tätigkeit im Lohn- und Gehaltsverhältnis ausüben, und der Staat es außerdem erlaubt, dass ein Referendar diesen Vorbereitungsdienst in einem anderen Mitgliedstaat absolviert, er dafür Sorge zu tragen hat, dass die Modalitäten der Organisation dieses Vorbereitungsdienstes die vom Vertrag garantierten Grundfreiheiten nicht beeinträchtigen.

[28] Soweit eine nationale Regelung wie die TEVO von den Referendaren, die ihren Vorbereitungsdienst in einem anderen Mitgliedstaat absolvieren, verlangt, dass sie die Reisekosten für Strecken außerhalb des nationalen Hoheitsgebiets einschließlich der Kosten für Familienheimfahrten während des Vorbereitungsdienstes selbst tragen, befindet sich der Referendar, der seinen Vorbereitungsdienst in einem anderen Mitgliedstaat ableistet, in einer ungünstigeren Situation, als wenn er ihn in seinem Herkunftsmitgliedstaat abgeleistet hätte, weil dann seine Reisekosten übernommen worden wären.

[29] Somit errichtet eine solche Regelung ein finanzielles Hindernis, das Rechtsreferendare, insbesondere solche, deren finanzielle Mittel begrenzt sind, davon abhalten kann, eine Ausbildungsstation in einem anderen Mitgliedstaat anzutreten, unabhängig davon, ob die Entscheidung für eine solche Station im Allgemeinen, wie das Land Nordrhein-Westfalen vorträgt, aus Gründen, die mit der Spezialisierung des Referendars zusammenhängen, oder aus persönlichen Gründen wie der Absicht, Erfahrungen in einer anderen Rechtskultur zu sammeln, getroffen wird.

[30] Folglich kann eine Maßnahme wie die in § 7 TEVO enthaltene die Freizügigkeit der Arbeitnehmer beeinträchtigen, was grundsätzlich nach Artikel 48 des Vertrages untersagt ist.

[31] Das vorlegende Gericht möchte jedoch wissen, ob eine solche Beeinträchtigung durch Haushaltserwägungen gerechtfertigt sein kann.

[32] Nach Auffassung von Herrn Kranemann lässt sich die Versagung der Reisekostenerstattung nur gegenüber denjenigen Referendaren, die ihren Vorbereitungsdienst im Ausland absolviert haben, nicht durch Haushaltserwägungen rechtfertigen, wenn sich herausstelle, dass diese Kosten nicht zwangsläufig höher seien als die, die Referendaren entstehen könnten, die eine Ausbildungsstation in Deutschland gewählt hätten. Haushaltserwägungen könnten allenfalls zu einer Höchstbegrenzung des erstattungsfähigen Betrages führen.

[33] Insoweit ist darauf hinzuweisen, dass eine Maßnahme, die die Freizügigkeit der Arbeitnehmer beeinträchtigt, nur dann zulässig ist, wenn sie einen berechtigten Zweck verfolgt, der mit dem Vertrag vereinbar ist, und aus zwingenden Gründen des Allgemeininteresses gerechtfertigt ist. In einem derartigen Fall muss aber die Anwendung einer

solchen Maßnahme auch geeignet sein, die Verwirklichung des in Rede stehenden Zweckes zu gewährleisten, und darf nicht über das hinausgehen, was zur Erreichung dieses Zweckes erforderlich ist (vgl. u. a. Urteile vom 31. März 1993 in der Rechtssache C-19/92, Kraus, Slg. 1993, I-1663, Randnr. 32, sowie Bosman, Randnr. 104, und Köbler, Randnr. 77).

[34] Nach ständiger Rechtsprechung können rein wirtschaftliche Motive keine zwingenden Gründe des Allgemeininteresses darstellen, die eine Beschränkung einer vom Vertrag garantierten Grundfreiheit rechtfertigen könnten (Urteile vom 26. April 1988 in der Rechtssache 352/85, Bond van Adverteerders u. a., Slg. 1988, 2085, Randnr. 34, vom 25. Juli 1991 in der Rechtssache C-288/89, Collectieve Antennevoorziening Gouda, Slg. 1991, I-4007, Randnr. 11, vom 5. Juni 1997 in der Rechtssache C-398/95, SETTG, Slg. 1997, I-3091, Randnr. 23, vom 6. Juni 2000 in der Rechtssache C-35/98, Verkooijen, Slg. 2000, I-4071, Randnr. 48, und vom 16. Januar 2003 in der Rechtssache C-388/01, Kommission/Italien, Slg. 2003, I-721, Randnr. 22).

[35] Auf jeden Fall ist es, wie Herr Kranemann und die Kommission der Europäischen Gemeinschaften vorgetragen haben, nicht ausgeschlossen, dass in bestimmten Fällen die Kosten einer Reise im deutschen Hoheitsgebiet höher sind als die einer Reise in einen anderen Mitgliedstaat.

[36] Demnach ist auf die Vorlagefrage zu antworten, dass Artikel 48 des Vertrages einer nationalen Maßnahme entgegensteht, die einer Person, die im Rahmen eines Vorbereitungsdienstes eine tatsächliche und echte Tätigkeit im Lohn- und Gehaltsverhältnis in einem anderen Mitgliedstaat als ihrem Herkunftsmitgliedstaat ausgeübt hat, einen Anspruch auf Erstattung ihrer Reisekosten nur in der Höhe gewährt, die auf den inländischen Teil der Reise entfällt, obwohl nach dieser Maßnahme sämtliche Reisekosten erstattet worden wären, wenn eine solche Tätigkeit im Inland ausgeübt worden wäre.

180 Rs. C-566/15 (Erzberger), Urteil des Gerichtshofs vom 18.07.2017.

Vorbemerkungen: *Der EuGH setzte sich in der Rs. C-566/15 (Erzberger) mit den deutschen Mitbestimmungsregeln zum aktiven und passiven Wahlrecht bei Wahlen der Arbeitnehmervertreter im Aufsichtsrat auseinander. Für eine differenzierte Beantwortung der Vorlagefrage untergliederte der EuGH die Fragestellung zunächst in zwei Fallkonstel-*

lationen. Die erste Konstellation betraf die im Ausland beschäftigten Arbeitnehmer, welche von dem aktiven und passiven Wahlrecht bei den Wahlen der Arbeitnehmervertreter im Aufsichtsrat ausgeschlossen waren. Zunächst stellte der EuGH fest, dass ihre Situation nicht anhand des allgemeinen Verbots der Diskriminierung aus Gründen der Staatsangehörigkeit (Art. 18 AEUV) zu prüfen war, sondern anhand der Freizügigkeit der Arbeitnehmer, die ein besonderes Verbot der Diskriminierung aus Gründen der Staatsangehörigkeit für den Bereich der Arbeitsbedingungen (Art. 45 Abs. 2 AEUV) darstellt. Der EuGH stellte weiterhin fest, dass die Vertragsbestimmungen über die Freizügigkeit nicht auf die Situation der Arbeitnehmer anzuwenden seien, da diese nie von ihrer Freizügigkeit innerhalb der Union Gebrauch gemacht haben. Die zweite Fallgestaltung betraf die Situation der Arbeitnehmer, die ihre Stelle bei den inländischen Betrieben eines Konzerns aufgegeben hatten, um eine Stelle bei einer in einem anderen Mitgliedstaat ansässigen Tochtergesellschaft dieses Konzerns anzunehmen. Dabei hielt der EuGH fest, dass Art. 45 AEUV grundsätzlich anwendbar sei, jedoch stehe ein Verlust über das strittige aktive und passive Wahlrecht der Freizügigkeit der Arbeitnehmer nicht entgegen. Art. 45 AEUV garantiere nämlich nicht, dass ein Umzug in einen anderen in sozialer Hinsicht neutral ist. Schließlich stellte der EuGH fest, dass es den Mitgliedstaaten mangels Harmonisierungs- oder Koordinierungsmaßnahmen auf Unionsebene in dem betreffenden Bereich überlassen bleibt, ob sie die in den anderen Mitgliedstaaten beschäftigten Arbeitnehmer des Konzerns in die nationale Beteiligungsregelung mit einbeziehen. ***B:*** *J. Heuschmid/N. V. Munkholm, EuZW 2017, 419 ff.; M. Kort, NZG 2017, 703 ff.; F. Rödl, EuZA 2018, 88 ff.; F. Kainer, NJW 2017, 2605.*

Sachverhalt: Der Antragssteller Herr Erzberger war Anteilseigner bei der deutschen Aktiengesellschaft TUI AG und wandte sich vor den deutschen Gerichten gegen die Zusammensetzung des Aufsichtsrats dieser Gesellschaft. Nach § 7 Abs. 1 MitbestG waren die Mitglieder des Aufsichtsrats jeweils zur Hälfte von den Anteilseignern und den Arbeitnehmern bestimmt. Das MitbestG verlieh nur Arbeitnehmern Rechte, die im Betrieb der TUI AG bzw. in einer Tochtergesellschaft im Inland beschäftigt waren. Herr Erzberger sah darin einen Verstoß gegen das Unionsrecht in zwei Konstellationen. Zum einen konnten die bei TUI-Konzerntöchtern im EU-Ausland angestellten Arbeitnehmer im Gegensatz zu den im Inland Beschäftigten nicht am Aufsichtsrat teilnehmen, worin ein Verstoß gegen Art. 18 AEUV zu sehen sei. Zum anderen sollte der Verlust eines Mandats im Aufsichtsrat bei einer Versetzung zu einem Arbeitgeber im EU-Ausland einen Verstoß gegen Art. 45 AEUV darstellen. Der EuGH entschied im Rahmen des Vorabentscheidungsverfahren über die Vereinbarkeit des MitbestG mit dem Unionsrecht.

Aus den Entscheidungsgründen:

[24] Das vorlegende Gericht möchte zunächst wissen, ob die Art. 18 und 45 AEUV dahin auszulegen sind, dass sie einer Regelung eines Mitgliedstaats wie der im Ausgangsverfahren fraglichen entgegenstehen, die vorsieht, dass die Arbeitnehmer einer Unternehmensgruppe, die bei einer im Hoheitsgebiet eines anderen Mitgliedstaats ansässigen Tochtergesellschaft beschäftigt sind, nicht über das aktive und passive Wahlrecht bei den Wahlen der Arbeitnehmervertreter im Aufsichtsrat der Muttergesellschaft dieses Konzerns verfügen.

[25] Nach ständiger Rechtsprechung, auf die der Generalanwalt in Nr. 39 seiner Schlussanträge hingewiesen hat, soll Art. 18 AEUV, in dem der allgemeine Grundsatz des Verbots der Diskriminierung aus Gründen der Staatsangehörigkeit verankert ist, eigenständig nur bei unionsrechtlich geregelten Fallgestaltungen zur Anwendung kommen, für die der AEU-Vertrag keine besonderen Diskriminierungsverbote vorsieht (Urteil vom 4. September 2014, Schiebel Aircraft, C-474/12, EU:C:2014:2139, Rn. 20 und die dort angeführte Rechtsprechung).

[26] Art. 45 Abs. 2 AEUV sieht jedoch zugunsten der Arbeitnehmer ein besonderes Verbot der Diskriminierung aus Gründen der Staatsangehörigkeit für den Bereich der Arbeitsbedingungen vor.

[27] Daher ist die Situation der in Rn. 24 des vorliegenden Urteils genannten Arbeitnehmer nur im Licht von Art. 45 AEUV zu prüfen.

[28] Insoweit ist darauf hinzuweisen, dass nach ständiger Rechtsprechung die Vertragsbestimmungen über die Freizügigkeit nicht auf Situationen anwendbar sind, die keine Berührung mit irgendeinem der Sachverhalte aufweisen, auf die das Unionsrecht abstellt. Daher sind sie nicht auf Arbeitnehmer anwendbar, die nie von ihrer Freizügigkeit innerhalb der Union Gebrauch gemacht haben oder Gebrauch machen wollen (vgl. in diesem Sinne Urteil vom 1. April 2008, Gouvernement de la Communauté française und Gouvernement wallon, C-212/06, EU:C:2008:178, Rn. 33, 37 und 38).

[29] Wie der Generalanwalt in den Nrn. 49 und 55 seiner Schlussanträge festgestellt hat, ist der Umstand, dass die Tochtergesellschaft, bei der die betreffenden Arbeitnehmer tätig sind, von einer Muttergesellschaft mit Sitz in einem anderen Mitgliedstaat als dem Sitzstaat der Tochtergesellschaft kontrolliert wird, für die Schaffung eines Berührungspunkts mit einem der von Art. 45 AEUV erfassten Sachverhalte ohne Bedeutung.

[30] Daher fällt die Situation der in Rn. 24 des vorliegenden Urteils genannten Arbeitnehmer nicht in den Anwendungsbereich von Art. 45 AEUV.

Zu den in Deutschland beschäftigten Arbeitnehmern der TUI-Gruppe, die ihre Stelle aufgeben, um eine Stelle bei einer in einem anderen Mitgliedstaat ansässigen Tochtergesellschaft dieses Konzerns anzutreten

[31] Sodann möchte das vorlegende Gericht wissen, ob die Art. 18 und 45 AEUV dahin auszulegen sind, dass sie einer Regelung eines Mitgliedstaats wie der im Ausgangsverfahren fraglichen entgegenstehen, wonach die bei den inländischen Betrieben eines Konzerns beschäftigten Arbeitnehmer das aktive und passive Wahlrecht bei den Wahlen der Arbeitnehmervertreter im Aufsichtsrat der in diesem Mitgliedstaat ansässigen Muttergesellschaft des Konzerns sowie gegebenenfalls das Recht auf Ausübung oder weitere Ausübung eines Aufsichtsratsmandats verlieren, wenn sie ihre Stelle in einem solchen Betrieb aufgeben und eine Stelle bei einer in einem anderen Mitgliedstaat ansässigen Tochtergesellschaft dieses Konzerns antreten.

(...)

[34] Das Primärrecht der Union kann einem Arbeitnehmer jedoch nicht garantieren, dass ein Umzug in einen anderen Mitgliedstaat als seinen Herkunftsmitgliedstaat in sozialer Hinsicht neutral ist, da ein solcher Umzug aufgrund der Unterschiede, die zwischen den Systemen und den Rechtsvorschriften der Mitgliedstaaten bestehen, für die betreffende Person je nach Einzelfall Vorteile oder Nachteile in diesem Bereich haben kann (vgl. entsprechend Urteile vom 26. April 2007, Alevizos, C-392/05, EU:C:2007:251, Rn. 76 und die dort angeführte Rechtsprechung, sowie vom 13. Juli 2016, Pöpperl, C-187/15, EU:C:2016:550, Rn. 24).

[35] Daher verschafft, wie der Generalanwalt im Wesentlichen in den Nrn. 75 und 78 seiner Schlussanträge festgestellt hat, Art. 45 AEUV einem solchen Arbeitnehmer nicht das Recht, sich im Aufnahmemitgliedstaat auf die Arbeitsbedingungen zu berufen, die ihm im Herkunftsmitgliedstaat nach den dortigen nationalen Rechtsvorschriften zustanden.

(...)

[37] In diesem Zusammenhang hindert das Unionsrecht einen Mitgliedstaat nicht daran, im Bereich der kollektiven Vertretung und Verteidigung der Arbeitnehmerinteressen in den Leitungs- und Aufsichtsorganen einer Gesellschaft nationalen Rechts, der bislang nicht Gegenstand einer Harmonisierung oder auch nur einer Koordinierung auf Unionsebene war, vorzusehen, dass die von ihm erlassenen Vorschriften nur auf die Arbeitnehmer inländischer Betriebe Anwendung finden. Des-

gleichen steht es einem anderen Mitgliedstaat frei, bei der Anwendung seiner eigenen nationalen Vorschriften auf einen anderen Anknüpfungspunkt zurückzugreifen.

[38] Im vorliegenden Fall gehört die durch das MitBestG eingeführte Mitbestimmungsregelung, die darauf abzielt, die Arbeitnehmer durch gewählte Vertreter in die Entscheidungs- und strategischen Organe der Gesellschaft einzubeziehen, sowohl zum deutschen Gesellschaftsrecht als auch zum deutschen kollektiven Arbeitsrecht, deren Anwendungsbereich die Bundesrepublik Deutschland auf die bei inländischen Betrieben tätigen Arbeitnehmer beschränken kann, sofern eine solche Beschränkung auf einem objektiven und nicht diskriminierenden Kriterium beruht.

(...)

[41] Nach alledem ist auf die Vorlagefrage zu antworten, dass Art. 45 AEUV dahin auszulegen ist, dass er einer Regelung eines Mitgliedstaats wie der im Ausgangsverfahren fraglichen nicht entgegensteht, wonach die bei den inländischen Betrieben eines Konzerns beschäftigten Arbeitnehmer das aktive und passive Wahlrecht bei den Wahlen der Arbeitnehmervertreter im Aufsichtsrat der in diesem Mitgliedstaat ansässigen Muttergesellschaft des Konzerns sowie gegebenenfalls das Recht auf Ausübung oder weitere Ausübung eines Aufsichtsratsmandats verlieren, wenn sie ihre Stelle in einem solchen Betrieb aufgeben und eine Stelle bei einer in einem anderen Mitgliedstaat ansässigen Tochtergesellschaft dieses Konzerns antreten.

7. Rechtfertigung

a) Rechtfertigungsgründe nach Art. 45 Abs. 3 AEUV

181 **Verb. Rs. 115/81 und 116/81 (Adoui und Cornuaille ./. Belgien), Urteil des Gerichtshofs vom 18.05.1982.**

Vorbemerkungen: *Der Begriff der öffentlichen Ordnung im Sinne des Art. 45 Abs. 3 AEUV ist ein unionsrechtlicher Begriff, bei dem den Mitgliedstaaten jedoch ein gewisser Beurteilungsspielraum verbleibt. Unzulässig bleiben aber generalpräventive Maßnahmen, sowie solche gegen Verhaltensweisen, die bei Inländern nicht effektiv bekämpft werden. Dies stellte damit eine frühe Form der Kohärenzprüfung dar.* ***L:*** *Rn. 899, 909, 946f.*

Sachverhalt: Frau Adoui, eine französische Staatsangehörige, ging in Belgien der Prostitution nach, stand jedoch daneben auch in einem Arbeitsverhältnis als Serviererin. Eine Aufenthaltserlaubnis wurde ihr aus Gründen der öffentlichen Ordnung verweigert, obschon Belgien gegen die Ausübung der Prostitution durch eigene Staatsangehörige keine Maßnahmen ergriff. Der Gerichtshof entschied im Rahmen eines Vorabentscheidungsverfahrens über die Auslegung des Begriffs der öffentlichen Ordnung.

Aus den Entscheidungsgründen:

[7] Die in den Artikeln 48 und 56 EWG-Vertrag enthaltenen Vorbehalte erlauben es den Mitgliedstaaten, gegenüber den Staatsangehörigen anderer Mitgliedstaaten aus den in diesen Bestimmungen genannten Gründen, unter anderem aus Gründen der öffentlichen Ordnung, Maßnahmen zu ergreifen, die sie bei ihren eigenen Staatsangehörigen insoweit nicht anwenden könnten, als sie nicht die Befugnis haben, diese aus dem nationalen Hoheitsgebiet zu entfernen oder ihnen die Einreise in das nationale Hoheitsgebiet zu untersagen. Auch wenn dieser Unterschied in der Behandlung, der mit dem Wesen der zu ergreifenden Maßnahmen zusammenhängt, somit hingenommen werden muß, so ist doch zu unterstreichen, daß die für den Erlaß dieser Maßnahmen zuständige Stelle eines Mitgliedstaats die Ausübung ihrer Befugnisse nicht auf eine Beurteilung bestimmter Verhaltensweisen stützen darf, die zur Folge hätte, daß gegenüber Staatsangehörigen anderer Mitgliedstaaten ein willkürlicher Unterschied gemacht wird.

[8] In diesem Zusammenhang ist darauf hinzuweisen, daß der Rückgriff einer nationalen Stelle auf den Begriff der öffentlichen Ordnung voraussetzt, daß „eine tatsächliche und hinreichend schwere Gefährdung [besteht], die ein Grundinteresse der Gesellschaft berührt", wie der Gerichtshof in seinem Urteil vom 27. Oktober 1977 (Bouchereau, 30/77, Slg. 1977, 1999) ausgeführt hat. Auch wenn das Gemeinschaftsrecht den Mitgliedstaaten hinsichtlich der Beurteilung von Verhaltensweisen, die als im Widerspruch zur öffentlichen Ordnung stehend angesehen werden können, keine einheitliche Wertskala vorschreibt, so ist doch festzustellen, daß ein Verhalten nicht als hinreichend schwerwiegend betrachtet werden kann, um im Gebiet eines Mitgliedstaats Beschränkungen der Einreise oder des Aufenthalts eines Angehörigen eines anderen Mitgliedstaats zu rechtfertigen, wenn der erstgenannte Staat gegenüber dem gleichen Verhalten, das von eigenen Staatsangehörigen ausgeht, keine Zwangsmaßnahme oder andere tatsächliche und effektive Maßnahmen zur Bekämpfung dieses Verhaltens ergreift.

(...)

[10] Mit der 10. Frage möchte das vorlegende Gericht wissen, ob die Tätigkeit eines Mitgliedstaats, der Prostituierte aus einem bestimmten Land aus seinem Hoheitsgebiet entfernen möchte, weil sie das Verbrechertum unterstützen könnten, und diese Absicht systematisch verwirklicht, indem er erklärt, daß der Beruf als Prostituierte eine Gefahr für die öffentliche Ordnung darstellt, ohne sich die Mühe zu machen nachzuprüfen, ob die Betroffenen verdächtigt werden können, Beziehungen zum „Milieu" zu unterhalten, eine generalpräventive Maßnahme im Sinne des Artikels 3 der Richtlinie 64/221 darstellt.

[11] Es ist darauf hinzuweisen, daß nach Artikel 3 Absatz 1 der Richtlinie bei Maßnahmen der öffentlichen Ordnung oder Sicherheit ausschließlich das persönliche Verhalten der in Betracht kommenden Einzelpersonen ausschlaggebend sein darf. Es braucht hierbei nur auf das Urteil vom 26. Februar 1975 (Bonsignore, 67/74, Slg. 1975, 297) verwiesen zu werden, in dem der Gerichtshof festgestellt hat: „Gegenüber den Staatsangehörigen der Mitgliedstaaten der Gemeinschaft [dürfen] bei Maßnahmen zur Aufrechterhaltung der öffentlichen Ordnung und Sicherheit vom Einzelfall losgelöste Erwägungen nicht entscheidend ins Gewicht fallen: Dies ist namentlich dem Erfordernis des ersten Absatzes zu entnehmen, wonach, ausschließlich das „persönliche Verhalten der Betroffenen ausschlaggebend sein darf".

b) Ungeschriebene Rechtfertigungsgründe

182 Rs. C-237/94 (O'Flynn), Urteil des Gerichtshofs vom 21.03.1996.

Vorbemerkungen: *Der Gerichtshof übertrug in dieser Entscheidung die Grundsätze der Cassis-Rechtsprechung auch auf die Arbeitnehmerfreizügigkeit. Er bestätigte die Anwendung der zwingenden Gründe des Allgemeininteresses. Er ging dabei aber nicht ausdrücklich auf die Cassis-Rechtsprechung ein, sondern fragte für die Rechtfertigung schlicht nach „objektiven Erwägungen". **L:** Rn. 887, 903.*

Sachverhalt: Der Sohn des irischen Staatsangehörigen O'Flynn, der als ehemaliger Wanderarbeitnehmer im Vereinigten Königreich wohnte, verstarb im Vereinigten Königreich. Die Beerdigung fand in Irland statt. Herr O'Flynn beantragte die Zahlung von Bestattungsgeld, was mit der Begründung abgelehnt wurde, dass die Beerdigung nicht im Vereinigten Königreich stattgefunden habe, wie dies die einschlägige nationale Regelung verlangte. Im Vorabentscheidungsurteil entschied der EuGH, dass Art. 7 Abs. 2 der Verordnung Nr. 1612/68 einer solchen innerstaatlichen Regelung entgegensteht.

Aus den Entscheidungsgründen:

[19] Anders verhält es sich nur dann, wenn diese Vorschriften durch objektive, von der Staatsangehörigkeit der betroffenen Arbeitnehmer unabhängige Erwägungen gerechtfertigt sind und in einem angemessenen Verhältnis zu dem Zweck stehen, der mit den nationalen Rechtsvorschriften zulässigerweise verflogt wird (in diesem Sinn Urteile Bachmann, a. a. O., Randnr. 27, Kommission/Luxemburg, a. a. O., Randnr. 12, und vom 2. August 1993 in den Rechtsachen C-259/91, C-331/91 und C-332/91, Allué u. a., Slg. 1993, I-4309, Randnr. 15).

[20] Wie sich aus dieser gesamten Rechtssprechung ergibt, ist eine Vorschrift des nationalen Rechts, sofern sie nicht objektiv gerechtfertigt ist und in einem angemessenen Verhältnis zum verfolgten Zweck steht, als diskriminierend anzusehen, wenn sie sich ihrem Wesen nach eher auf Wanderarbeitnehmer als auf inländische Arbeitnehmer auswirken kann und folglich die Gefahr besteht, daß sie Wanderarbeitnehmer besonders benachteiligt.

(...)

[23] Daher stellt der Umstand, daß jeder Ersatz der einem Wanderarbeitnehmer als verpflichtetem Angehörigen entstehenden Kosten davon abhängig gemacht wird, daß die Erd- oder Feuerbestattung im Vereinigten Königreich stattfindet, eine mittelbare Diskriminierung dar, sofern diese Voraussetzung nicht objektiv gerechtfertigt ist und in einem angemessenen Verhältnis zum verfolgten Zweck steht.

III. Niederlassungsfreiheit, Art. 49 ff. AEUV

1. Begriff der Niederlassung

183 **Rs. C-221/89 (Factortame II), Urteil des Gerichtshofs vom 25.07.1991.**

Vorbemerkungen: *In dieser Rechtssache definierte der EuGH den Begriff der Niederlassung nach Art. 49 AEUV in sachlicher Hinsicht. Das Kriterium der „festen Einrichtung auf unbestimmte Zeit" dient dabei auch zur Abgrenzung der Niederlassungsfreiheit von der Dienstleistungsfreiheit. Für eine Abgrenzung der Niederlassungsfreiheit von der Arbeitnehmerfreizügigkeit muss die ausgeübte wirtschaftliche Tätigkeit nach dem ausdrücklichen Wortlaut des Art. 49 AEUV zudem den Charakter einer selbständigen Erwerbstätigkeit haben.* ***L:*** *Rn. 914, 940.*

Sachverhalt: Aufgrund einer Änderung des britischen Rechts konnten die Fischereifahrzeuge der Firma Factortame Ltd., deren Anteilseigner größtenteils spanische Staatsangehörige waren, nicht im britischen Schiffsregister eingetragen bleiben. Mit der Änderung des Registerrechts sollte für die Zukunft verhindert werden, dass ausländische Fischer die dem Vereinigten Königreich zugewiesenen EG-Fischfangquoten nutzen können. Die Factortame klagte hiergegen vor den britischen Gerichten und machte u. a. eine Verletzung ihrer Niederlassungsfreiheit nach Art. 43 EG (jetzt: Art. 49 AEUV) geltend. Der britische High Court legte dem EuGH u. a. die Frage vor, ob das Gemeinschaftsrecht die Voraussetzungen beeinflusse, unter denen ein Mitgliedstaat vorschreibt, welche Schiffe in seinem Hoheitsgebiet registriert werden dürfen. Der EuGH antwortete, dass es zwar Sache der Mitgliedstaaten sei, diese Voraussetzungen festzulegen. Bei der Ausübung dieser Befugnis müssten die Mitgliedstaaten jedoch die Vorgaben des Gemeinschaftsrechts, u. a. der Niederlassungsfreiheit, beachten.

Aus den Entscheidungsgründen:

[19] Die Kommission hat in der mündlichen Verhandlung geltend gemacht, die Registrierung eines Schiffes stelle als solche einen Akt der Niederlassung im Sinne der Artikel 52 ff. EWG-Vertrag dar, so daß die Vorschriften über die Niederlassungsfreiheit Anwendung fänden.

[20] Dazu ist zu bemerken, daß der Niederlassungsbegriff im Sinne der Artikel 52 ff. EWG-Vertrag die tatsächliche Ausübung einer wirtschaftlichen Tätigkeit mittels einer festen Einrichtung in einem anderen Mitgliedstaat auf unbestimmte Zeit umfasst.

[21] Die Registrierung eines Schiffes bedeutet somit nicht notwendigerweise eine Niederlassung im Sinne des Vertrages, insbesondere dann nicht, wenn das Schiff nicht zur Ausübung einer wirtschaftlichen Tätigkeit eingesetzt wird oder wenn der Registrierungsantrag von einer Person oder für Rechnung einer Person gestellt wird, die in dem betreffenden Staat nicht niedergelassen ist und nicht beabsichtigt, sich dort niederzulassen.

[22] Stellt das Schiff jedoch ein Mittel zur Ausübung einer wirtschaftlichen Tätigkeit dar, die eine feste Einrichtung in dem betreffenden Staat voraussetzt, so kann seine Registrierung von der Ausübung der Niederlassungsfreiheit nicht losgelöst werden.

[23] Folglich dürfen die Voraussetzungen für die Registrierung von Schiffen der Niederlassungsfreiheit im Sinne der Artikel 52 ff. EWG-Vertrag nicht entgegenstehen.

Rs. 81/87 (Daily Mail), **184**
Urteil des Gerichtshofs vom 27.09.1988.

Vorbemerkungen: *In der Rechtssache Daily Mail formulierte der EuGH den bis heute gültigen Grundsatz, nach dem die Art. 49, 54 AEUV es den mitgliedstaatlichen Rechtsordnungen nicht verwehren, an den Wegzug einer nach ihrem Recht gegründeten Gesellschaft nachteilige Rechtsfolgen zu knüpfen. Demzufolge durfte Großbritannien die Sitzverlegung der Daily Mail and General Trust PLC von der Beachtung bestimmter gesellschafts- und steuerrechtlicher Anforderungen abhängig machen. Wie die Folgerechtsprechung überdies deutlich macht, dürfen die Rechtsfolgen einer Sitzverlegung sogar das Fortbestehen einer Gesellschaft als Rechtsperson in Frage stellen. Die unionsrechtliche Zulässigkeit derartiger Wegzugserschwernisse findet ihre dogmatische Erklärung darin, dass der grundfreiheitliche Schutz einer Gesellschaft gemäß Art. 54 Abs. 1 AEUV nach Maßgabe der rechtlichen Anerkennung durch die Rechtsvorschriften ihres (Gründungs-)Mitgliedstaates bedingt wird. Der Gerichtshof bringt dies mit den treffenden Worten zum Ausdruck, eine Gesellschaft habe jenseits der jeweiligen nationalen Rechtsordnung, die ihre Gründung und Existenz regelt, keine Realität („Geschöpftheorie“).* ***L:*** *Rn. 924, 926.*

Sachverhalt: Nach britischem Recht war für die Erhebung von Unternehmenssteuern der Sitz der Geschäftsleitung entscheidend. Die Klägerin des Ausgangsverfahrens beabsichtigte aus Gründen der Steuerersparnis daraufhin eine Verlegung in die Niederlande. Dies hätte den (von der Klägerin unerwünschten) Abschluss der Steuerrechnung oder die Zustimmung des britischen Finanzministers vorausgesetzt, sofern die Gesellschaft die Beibehaltung ihrer Rechtspersönlichkeit beabsichtigt. Der Gerichtshof entschied im Rahmen eines Vorabentscheidungsverfahrens, dass beim damaligen Stand des Gemeinschaftsrechts eine Sitzverlegung der Geschäftsleitung in einen anderen Mitgliedstaat nicht von Art. 43 und 48 EG (jetzt: Art. 49 und 54 AEUV) erfasst wurde.

Aus den Entscheidungsgründen:

[16] Zwar sollen diese Bestimmungen ihrer Fassung nach insbesondere die Inländerbehandlung im Aufnahmemitgliedstaat sicherstellen, sie verbieten es aber auch dem Herkunftsstaat, die Niederlassung seiner Staatsangehörigen oder einer nach seinem Recht gegründeten, der Definition des Artikels 58 genügenden Gesellschaft in einem anderen Mitgliedstaat zu behindern. Wie die Kommission zu Recht ausgeführt hat, wären die in Artikel 52 ff. gewährten Rechte sinnentleert, wenn der Herkunftsstaat Unternehmen verbieten könnte, auszuwandern, um sich in einem anderen Mitgliedstaat niederzulassen. Für natürliche Personen ist das Recht zur Ausreise aus dem Hoheitsgebiet zu diesem Zweck ausdrücklich in der Richtlinie 73/148 geregelt, die Gegenstand der zweiten Vorlagefrage ist.

[17] Eine Gesellschaft macht vom Niederlassungsrecht im allgemeinen durch die Gründung von Agenturen, Zweigniederlassungen und Tochtergesellschaften Gebrauch, wie es in Artikel 52 Absatz 1 Satz 2 ausdrücklich vorgesehen ist. Eine solche Niederlassung hat die Klägerin im vorliegenden Fall mit der Eröffnung ihres Anlageberatungsbüros in den Niederlanden geschaffen. Eine Gesellschaft kann von ihrem Niederlassungsrecht weiter Gebrauch machen, indem sie an der Gründung einer Gesellschaft in einem anderen Mitgliedstaat teilnimmt; insoweit garantiert ihr Artikel 221 EWG-Vertrag für die Beteiligung am Kapital der neuen Gesellschaft die Inländerbehandlung.

[18] Die britische Rechtsvorschrift, um die im Ausgangsverfahren gestritten wird, beschränkt solche Niederlassungsvorgänge in keiner Weise. Sie verhindert auch nicht die teilweise oder selbst vollständige Übertragung des Kapitals einer Gesellschaft britischen Rechts auf eine in einem anderen Mitgliedstaat neu gegründete Gesellschaft, gegebenenfalls nach Liquidierung und damit nach Abschluß der Steuerrechnung der britischen Gesellschaft. Die Zustimmung des Finanzministeriums ist nur für den Fall vorgeschrieben, daß diese Gesellschaft unter Beibehaltung ihrer Rechtspersönlichkeit und ihrer Eigenschaft als Ge-

sellschaft britischen Rechts den Sitz ihrer Geschäftsleitung aus dem Vereinigten Königreich verlegen will.

[19] Im Gegensatz zu natürlichen Personen werden Gesellschaften aufgrund einer Rechtsordnung, beim gegenwärtigen Stand des Gemeinschaftsrechts aufgrund einer nationalen Rechtsordnung, gegründet. Jenseits der jeweiligen nationalen Rechtsordnung, die ihre Gründung und ihre Existenz regelt, haben sie keine Realität.

[20] Hinsichtlich dessen, was für die Gründung einer Gesellschaft an Verknüpfung mit dem nationalen Gebiet erforderlich ist, wie hinsichtlich der Möglichkeit einer nach einem nationalen Recht gegründeten Gesellschaft, diese Verknüpfung nachträglich zu ändern, bestehen erhebliche Unterschiede im Recht der Mitgliedstaaten. (...).

[21] Der EWG-Vertrag trägt diesen Unterschieden im nationalen Recht Rechnung. Bei der Definition der Gesellschaften, denen die Niederlassungsfreiheit zugute kommt, in Artikel 58 EWG-Vertrag werden der satzungsmäßige Sitz, die Hauptverwaltung und die Hauptniederlassung einer Gesellschaft als Anknüpfung gleich geachtet. In Artikel 220 EWG-Vertrag ist, soweit erforderlich, der Abschluß von Übereinkommen unter den Mitgliedstaaten vorgesehen, um unter anderem die Beibehaltung der Rechtspersönlichkeit bei Verlegung des Sitzes von einem Mitgliedstaat in einen anderen sicherzustellen.

(...)

[23] Nach alledem betrachtet der EWG-Vertrag die Unterschiede, die die Rechtsordnungen der Mitgliedstaaten hinsichtlich der für ihre Gesellschaften erforderlichen Anknüpfung sowie der Möglichkeit und gegebenenfalls der Modalitäten einer Verlegung des satzungsmäßigen oder wahren Sitzes einer Gesellschaft nationalen Rechts von einem Mitgliedstaat in einen anderen aufweisen, als Probleme, die durch die Bestimmungen über die Niederlassungsfreiheit nicht gelöst sind, sondern einer Lösung im Wege der Rechtssetzung oder des Vertragsschlusses bedürfen; eine solche wurde jedoch noch nicht gefunden.

[24] Somit gewähren die Artikel 52 und 58 EWG-Vertrag den Gesellschaften nationalen Rechts kein Recht, den Sitz ihrer Geschäftsleitung unter Bewahrung ihrer Eigenschaft als Gesellschaften des Mitgliedstaats ihrer Gründung in einen anderen Mitgliedstaat zu verlegen.

185 Rs. C-208/00 (Überseering), Urteil des Gerichtshofs vom 05.11.2002.

Vorbemerkungen: *In der Rechtssache Überseering war der EuGH mit der Frage nach der Vereinbarkeit der gesellschaftsrechtlichen Sitztheorie mit den Regelungen der Niederlassungsfreiheit nach Art. 49 und 54 AEUV konfrontiert. Im Ergebnis stellte der EuGH in dieser Entscheidung erstmals eine – jedenfalls partielle – Unionsrechtswidrigkeit der Sitztheorie fest. In der Daily Mail-Entscheidung war er noch unter Berufung auf (den nach dem Vertrag von Lissabon aufgehobenen) Art. 293 EG davon ausgegangen, die Probleme der Verlegung des Sitzes einer Gesellschaft von einem Mitgliedstaat in einen anderen seien nicht durch die Regelungen über die Niederlassungsfreiheit, sondern nur im Wege der Rechtsetzung oder des Vertragsschlusses zu lösen. In der Entscheidung Überseering vertrat der EuGH demgegenüber die Auffassung, dass das Gebrauchmachen einer Gesellschaft von der Niederlassungsfreiheit nicht vom Abschluss weiterer Übereinkünfte abhängen darf. In dogmatischer Hinsicht hat er daher Gesellschaften i. S. d. Art. 54 AEUV grundsätzlich das Recht zuerkannt, sich gegenüber dem Zuzugsstaat auf die primäre Niederlassungsfreiheit zu berufen. Für Fälle der Wegzugsbeschränkung ergeben sich jedoch Unterschiede (vgl. Rs. Daily Mail, Fall 184). Die Überseering-Konstellation setzt daher die Wegzugsfreiheit voraus.* ***B:*** *T. Wernicke, EuZW 2002, 758 ff.* ***L:*** *Rn. 928.*

Sachverhalt: Die Überseering, eine Gesellschaft niederländischen Rechts, war Eigentümerin eines in Deutschland gelegenen Grundstücks. Sie beauftragte im Jahr 1992 die Nordic Construction Company Baumanagement GmbH (NCC) mit der baulichen Sanierung von auf dem Grundstück befindlichen Gebäuden. Die Arbeiten wurden nach Auffassung der Überseering mangelhaft ausgeführt, so dass diese im Jahr 1996 beim zuständigen deutschen Landgericht Klage auf Schadensersatz gegen die NCC erhob. Die Klage wurde vom Landgericht wie auch vom Oberlandesgericht mit der Begründung als unzulässig zurückgewiesen, die Überseering habe im Jahr 1994 durch Übertragung sämtlicher Geschäftsanteile auf in Deutschland lebende deutsche Staatsangehörige ihren tatsächlichen Verwaltungssitz nach Deutschland verlagert ohne sich nach deutschem Recht neu zu gründen. Sie sei daher gemäß § 50 Abs. 1 ZPO nicht parteifähig. Der BGH hatte Zweifel an der Vereinbarkeit dieser Auslegung mit Art. 43 i.V.m. 48 EG (jetzt: Art. 49 i.V. m. Art. 54 AEUV). Im Wege eines Vorabentscheidungsverfahrens entschied der EuGH, dass diese Regelungen über die Parteifähigkeit mit Art. 43 EG nicht zu vereinbaren sind.

Aus den Entscheidungsgründen:

Zur Anwendbarkeit der Bestimmungen des EG-Vertrags über die Niederlassungsfreiheit.

[52] Vorab ist entgegen der Ansicht von NCC sowie der deutschen, der spanischen und der italienischen Regierung klarzustellen, dass im Fall einer Gesellschaft, die wirksam in einem ersten Mitgliedstaat gegründet worden ist, dort ihren satzungsmäßigen Sitz hat und von der nach dem Recht eines zweiten Mitgliedstaats angenommen wird, dass sie nach der Abtretung aller ihrer Geschäftsanteile an Staatsangehörige dieses Staates, in dem diese auch wohnen, ihren tatsächlichen Verwaltungssitz dorthin verlegt hat, die Regeln, die der zweite Mitgliedstaat auf diese Gesellschaft anwendet, beim gegenwärtigen Stand des Gemeinschaftsrechts nicht aus dem Anwendungsbereich der Gemeinschaftsvorschriften über die Niederlassungsfreiheit fallen.

[53] Insoweit ist erstens das auf Artikel 293 EG gestützte Vorbringen von NCC sowie der deutschen, der spanischen und der italienischen Regierung zurückzuweisen.

[54] Wie der Generalanwalt in Nummer 42 seiner Schlussanträge ausführt, stellt Artikel 293 EG nämlich keinen Rechtsetzungsvorbehalt zugunsten der Mitgliedstaaten dar. Diese Vorschrift fordert die Mitgliedstaaten zwar auf, Verhandlungen einzuleiten, u. a. um die Lösung der Probleme zu erleichtern, die sich aus der Unterschiedlichkeit der Rechtsvorschriften über die gegenseitige Anerkennung von Gesellschaften und über die Aufrechterhaltung ihrer Rechtspersönlichkeit bei grenzüberschreitender Sitzverlegung ergeben, dies aber nur, soweit erforderlich, also für den Fall, dass die Bestimmungen des EG-Vertrags nicht die Erreichung der Vertragsziele ermöglichen.

[55] Insbesondere ist darauf hinzuweisen, dass zwar die Übereinkünfte, zu deren Abschluss Artikel 293 EG anregt, genau wie die in Artikel 44 EG vorgesehenen Harmonisierungsrichtlinien die Verwirklichung der Niederlassungsfreiheit erleichtern können, das Gebrauchmachen von dieser Freiheit aber nicht vom Abschluss solcher Übereinkünfte abhängen kann.

[56] Wie der Gerichtshof bereits bei anderer Gelegenheit ausgeführt hat, umfasst die Niederlassungsfreiheit, die Artikel 43 EG den Gemeinschaftsangehörigen zuerkennt, das Recht zur Aufnahme und Ausübung selbständiger Erwerbstätigkeiten sowie zur Errichtung von Unternehmen und zur Ausübung der Unternehmertätigkeit nach den Bestimmungen, die im Niederlassungsstaat für dessen eigene Angehörigen gelten.

Außerdem stehen nach dem Wortlaut des Artikels 48 EG für die Anwendung [der Bestimmungen des EG-Vertrags über das Niederlassungsrecht] die nach den Rechtsvorschriften eines Mitgliedstaats gegründeten Gesellschaften, die ihren satzungsmäßigen Sitz, ihre Hauptverwaltung oder ihre Hauptniederlassung innerhalb der Gemeinschaft haben, den natürlichen Personen gleich, die Angehörige der Mitgliedstaaten sind.

[57] Hieraus folgt unmittelbar, dass diese Gesellschaften das Recht haben, ihre Tätigkeit in einem anderen Mitgliedstaat auszuüben, wobei ihr satzungsmäßiger Sitz, ihre Hauptverwaltung oder ihre Hauptniederlassung, ebenso wie die Staatsangehörigkeit bei natürlichen Personen, dazu dient, ihre Zugehörigkeit zur Rechtsordnung eines Mitgliedstaats zu bestimmen.

(...)

[61] Zweitens ist das Vorbringen zu prüfen, das sich auf das Urteil Daily Mail and General Trust, das im Mittelpunkt der Erörterungen vor dem Gerichtshof gestanden hat, stützt. Dieses Vorbringen ist insoweit zu prüfen, als es darauf gerichtet ist, der dem Urteil Daily Mail and General Trust zugrunde liegenden Situation in gewisser Weise die Sachlage gleichzusetzen, aus der das deutsche Recht den Verlust der Rechtsfähigkeit und den Verlust der Parteifähigkeit einer nach dem Recht eines anderen Mitgliedstaats gegründeten Gesellschaft ableitet.

[62] Insoweit ist darauf hinzuweisen, dass das Urteil Daily Mail and General Trust die Beziehungen zwischen einer Gesellschaft und einem Mitgliedstaat, nach dessen Recht sie gegründet worden ist, in dem Fall betrifft, in dem die Gesellschaft ihren tatsächlichen Verwaltungssitz unter Wahrung der ihr in ihrem Gründungsstaat zuerkannten Rechtspersönlichkeit in einen anderen Mitgliedstaat verlegen wollte. Hingegen handelt es sich im Ausgangsrechtsstreit um die Anerkennung einer nach dem Recht eines Mitgliedstaats gegründeten Gesellschaft durch einen anderen Mitgliedstaat; dabei wird einer solchen Gesellschaft in diesem Mitgliedstaat die Rechtsfähigkeit abgesprochen, da er davon ausgeht, dass sie ihren tatsächlichen Verwaltungssitz in sein Hoheitsgebiet verlegt hat, ohne dass es hierfür darauf ankäme, ob die Gesellschaft tatsächlich eine Sitzverlegung vornehmen wollte.

[63] Wie sowohl die niederländische Regierung und die Regierung des Vereinigten Königreichs als auch die Kommission und die EFTA-Überwachungsbehörde geltend machen, hat Überseering nie die Absicht bekundet, ihren Sitz nach Deutschland zu verlegen. Ihre rechtliche Existenz ist nach dem Recht ihres Gründungsstaats durch die Abtretung ihrer sämtlichen Geschäftsanteile an in Deutschland wohnende Per-

sonen nie in Frage gestellt worden. Insbesondere ist sie nicht Gegenstand von Auflösungsmaßnahmen nach niederländischem Recht gewesen, nach dem sie nie aufgehört hat, wirksam zu bestehen.

[64] Selbst wenn man den Ausgangsrechtsstreit so verstünde, als ginge es um die grenzüberschreitende Verlegung des tatsächlichen Verwaltungssitzes, ist daher die von NCC sowie der deutschen, der spanischen und der italienischen Regierung vertretene Auslegung des Urteils Daily Mail and General Trust unzutreffend.

[65] In der Rechtssache, in der dieses Urteil erging, wollte die Daily Mail and General Trust PLC, eine nach dem Recht des Vereinigten Königreich gegründete Gesellschaft, die dort sowohl ihren satzungsmäßigen Sitz als auch ihren tatsächlichen Verwaltungssitz hatte, Letzteren in einen anderen Mitgliedstaat verlegen, ohne ihre Rechtspersönlichkeit oder ihre Eigenschaft als Gesellschaft englischen Rechts zu verlieren; die dafür erforderliche Genehmigung der zuständigen britischen Behörden wurde ihr verweigert. Sie verklagte diese Behörden daher beim High Court of Justice, Queen's Bench Division (Vereinigtes Königreich), und machte geltend, dass die Artikel 52 und 58 des EWG-Vertrags ihr das Recht zuerkennen würden, ihren tatsächlichen Verwaltungssitz ohne vorherige Genehmigung und ohne Verlust ihrer Rechtspersönlichkeit in einen anderen Mitgliedstaat zu verlegen.

[66] Anders als im Ausgangsverfahren ging es somit in der Rechtssache, in der das Urteil Daily Mail and General Trust erging, nicht darum, wie ein Mitgliedstaat eine in einem anderen Mitgliedstaat wirksam gegründete Gesellschaft zu behandeln hat, die im ersten Mitgliedstaat von ihrer Niederlassungsfreiheit Gebrauch macht.

[67] Im Zusammenhang mit der Frage des High Court of Justice, ob die Bestimmungen des Vertrages über die Niederlassungsfreiheit einer Gesellschaft das Recht zuerkennen, ihre Geschäftsleitung in einen anderen Mitgliedstaat zu verlegen, erinnert der Gerichtshof in Randnummer 19 des Urteils Daily Mail and General Trust daran, dass eine aufgrund einer nationalen Rechtsordnung gegründete Gesellschaft jenseits der nationalen Rechtsordnung, die ihre Gründung und ihre Existenz regelt, keine Realität hat.

[68] In Randnummer 20 dieses Urteils unterstreicht der Gerichtshof die Unterschiede zwischen den nationalen Rechtsordnungen hinsichtlich dessen, was für die Gründung einer Gesellschaft an Verknüpfung mit dem nationalen Gebiet erforderlich ist, wie hinsichtlich der Möglichkeit einer nach einem nationalen Recht gegründeten Gesellschaft, diese Verknüpfung nachträglich zu ändern.

[69] In Randnummer 23 dieses Urteils kommt der Gerichtshof zu dem Ergebnis, dass der EG-Vertrag diese Unterschiede als Probleme betrachtet, die durch die Bestimmungen des EG-Vertrags über die Niederlassungsfreiheit nicht gelöst sind, sondern einer Lösung im Wege der Rechtssetzung oder des Vertragsschlusses bedürfen; eine solche war jedoch noch nicht gefunden worden.

[70] Dabei hat sich der Gerichtshof darauf beschränkt, festzustellen, dass sich die Möglichkeit für eine nach dem Recht eines Mitgliedstaats gegründete Gesellschaft, ihren satzungsmäßigen Sitz oder ihren tatsächlichen Verwaltungssitz in einen anderen Mitgliedstaat zu verlegen, ohne die ihr durch die Rechtsordnung des Gründungsmitgliedstaats zuerkannte Rechtspersönlichkeit zu verlieren, und gegebenenfalls die Modalitäten dieser Verlegung nach den nationalen Rechtsvorschriften beurteilen, nach denen diese Gesellschaft gegründet worden ist. Er zog daraus den Schluss, dass ein Mitgliedstaat die Möglichkeit hat, einer nach seiner Rechtsordnung gegründeten Gesellschaft Beschränkungen hinsichtlich der Verlegung ihres tatsächlichen Verwaltungssitzes aus seinem Hoheitsgebiet aufzuerlegen, damit sie die ihr nach dem Recht dieses Staates zuerkannte Rechtspersönlichkeit beibehalten kann.

[71] Der Gerichtshof hat sich dagegen nicht zu der Frage geäußert, ob in einem Fall wie im Ausgangsverfahren, in dem von einer nach dem Recht eines Mitgliedstaats gegründeten Gesellschaft nach dem Recht eines anderen Mitgliedstaats angenommen wird, dass sie ihren tatsächlichen Verwaltungssitz in diesen verlegt hat, dieser andere Mitgliedstaat sich weigern darf, die Rechtspersönlichkeit anzuerkennen, die ihr nach der Rechtsordnung ihres Gründungsstaats zuerkannt wird.

[72] Ungeachtet des allgemein gehaltenen Wortlauts der Randnummer 23 des Urteils Daily Mail and General Trust wollte der Gerichtshof den Mitgliedstaaten nicht die Möglichkeit einräumen, die tatsächliche Inanspruchnahme der Niederlassungsfreiheit in ihrem Hoheitsgebiet durch in anderen Mitgliedstaaten wirksam gegründete Gesellschaften, von denen sie annehmen, dass sie ihren tatsächlichen Verwaltungssitz in ihr Hoheitsgebiet verlegt haben, von der Beachtung ihres nationalen Gesellschaftsrechts abhängig zu machen.

[73] Dem Urteil Daily Mail and General Trust kann daher nicht entnommen werden, dass in dem Fall, dass eine Gesellschaft, die nach dem Recht eines Mitgliedstaats gegründet worden ist und der dort Rechtspersönlichkeit zuerkannt wird, von ihrer Niederlassungsfreiheit in einem anderen Mitgliedstaat Gebrauch macht, die Frage der Anerkennung ihrer Rechtsfähigkeit und ihrer Parteifähigkeit im Mitgliedstaat der Niederlassung nicht den Bestimmungen des EG-Vertrags über die Nieder-

lassungsfreiheit unterliegt. Dies gilt selbst dann, wenn von dieser Gesellschaft nach dem Recht des Mitgliedstaats der Niederlassung angenommen wird, dass sie ihren tatsächlichen Verwaltungssitz dorthin verlegt hat.

Rs. C-371/10 (National Grid Indus), 186
Urteil des Gerichtshofs vom 29.11.2011.

Vorbemerkungen: *Mit diesem Urteil hatte der EuGH erneut Gelegenheit sich zum Verhältnis der Niederlassungsfreiheit zu Wegzugsbeschränkungen im Gesellschaftsrecht zu äußern. Es stellte insoweit eine Korrektur der bisherigen Rechtsprechung dar, dass es die Annahme des Gerichtshofs in der Rs. Daily Mail (Fall 184), die Mitgliedstaaten könnten auch bei Fortbestand der Rechtsfähigkeit den Wegzug frei beschränken, aufgab. Folglich müssen Staaten, die der Gründungstheorie folgen, jede Beschränkung des Wegzugs rechtfertigen, während Sitztheorie-Staaten an den Wegzug einer Gesellschaft weiterhin den Entzug der Rechtspersönlichkeit knüpfen können, da dies nicht in den Anwendungsbereich der Niederlassungsfreiheit fällt. Insoweit ist bei Wegzugskonstellationen weiterhin zwischen der Sitztheorie und Gründungstheorie zu unterscheiden, wohingegen im Bereich des stark liberalisierten Zuzugs der EuGH in der Rs. Überseering (Fall 185) der eingeschränkten Sitztheorie eine Absage erteilt. In der Rs. National Grid Indus stellte der Gerichtshof fest, dass es sich bei der Schlussbesteuerung um einen Eingriff in die Niederlassungsfreiheit handelt, da eine niederländische Gesellschaft, die ihren tatsächlichen Sitz in einen anderen Mitgliedstaat verlegt, einen Liquidationsnachteil durch die sofortige Besteuerung der Wertzuwächse erleide, im Gegensatz zu einer niederländischen Gesellschaft, die ihren Verwaltungssitz innerhalb des niederländischen Hoheitsgebietes verlegt und deshalb nicht besteuert wird. Im Rahmen der Prüfung der Rechtfertigung bewertet jedoch der EuGH die Besteuerung als legitimes Ziel für die Gewährleistung der Aufteilung der Besteuerungsbefugnis zwischen den Mitgliedstaaten. Der Gerichtshof wies darauf hin, dass Art. 49 AEUV keine Garantie der steuerneutralen Sitzverlegung sei. Allerdings sei die sofortige Fälligkeit dieser Wegzugssteuer zum Zeitpunkt der Sitzverlegung ohne Aufschubmöglichkeit unverhältnismäßig.* ***B:*** *F. Hruschka, DStR 2011, 2343 f.; B. Schinkels, LMK 2012, 330739.* ***L:*** *Rn. 926, 949.*

Sachverhalt: Eine in den Niederlanden gegründete und dort ansässige Gesellschaft – die National Grid Indus BV – verlegte im Jahre 2000 ihren tatsächlichen Verwaltungssitz in das Vereinigte Königreich. Da die Niederlande nicht der Sitztheorie, sondern der Gründungstheorie folgen, verlor die National Grid Indus BV durch den Wegzug nicht ihre Eigenschaft als Gesellschaft niederländischen Rechts und wurde folglich nicht der Zwangsliquidation und somit auch keiner Liquidationssteuer ausgesetzt. Aufgrund der Beendigung der Erzielung steuerpflichtiger Gewinne in den Niederlanden sah das niederländische Steuerrecht eine Schlussbesteuerung der stillen Reserven (latenten Gewinne) vor, die zum Zeitpunkt der Verlegung des Sitzes bestanden. Die Steuerfestsetzung erfolgte ohne Aufschub und ohne Berücksichtigung späterer Wertverluste. Die National Grid Indus BV sah sich durch die Besteuerung nichtrealisierter Gewinne in ihrer Niederlassungsfreiheit verletzt. Das mitgliedstaatliche Gericht legte dem EuGH drei Vorlagefragen vor. Zunächst wollte es wissen, ob sich eine Gesellschaft infolge der Sitzverlegung in einen anderen Mitgliedstaat überhaupt auf die Niederlassungsfreiheit aus Art. 49 AEUV berufen kann. Die zweite und dritte Frage betrafen die sofortige Einziehung der Wegzugsbesteuerung ohne einen Aufschub der Zahlung zu ermöglichen und ohne Berücksichtigung späterer Wertverluste.

Aus den Entscheidungsgründen:

[26] In Ermangelung einer einheitlichen unionsrechtlichen Definition der Gesellschaften, denen die Niederlassungsfreiheit zugutekommt, anhand einer einheitlichen Anknüpfung, nach der sich das auf eine Gesellschaft anwendbare Recht bestimmt, ist die Frage, ob Art. 49 AEUV auf eine Gesellschaft anwendbar ist, die sich auf die dort verankerte Niederlassungsfreiheit beruft, ebenso wie im Übrigen die Frage, ob eine natürliche Person ein Staatsangehöriger eines Mitgliedstaats ist und sich aus diesem Grund auf diese Freiheit berufen kann, daher eine Vorfrage, die beim gegenwärtigen Stand des Unionsrechts nur nach dem geltenden nationalen Recht beantwortet werden kann. Nur wenn die Prüfung ergibt, dass dieser Gesellschaft in Anbetracht der in Art. 54 AEUV genannten Voraussetzungen tatsächlich die Niederlassungsfreiheit zugutekommt, stellt sich die Frage, ob sich die Gesellschaft einer Beschränkung dieser Freiheit im Sinne des Art. 49 AEUV gegenübersieht (vgl. Urteile Daily Mail and General Trust, Randnrn. 19 bis 23, vom 5. November 2002, Überseering, C-208/00, Slg. 2002, I-9919, Randnrn. 67 bis 70, sowie Cartesio, Randnr. 109).

[27] Ein Mitgliedstaat kann somit sowohl die Anknüpfung bestimmen, die eine Gesellschaft aufweisen muss, um als nach seinem innerstaatlichen Recht gegründet angesehen werden und damit in den Genuss

der Niederlassungsfreiheit gelangen zu können, als auch die Anknüpfung, die für den Erhalt dieser Eigenschaft verlangt wird (Urteil Cartesio, Randnr. 110). Ein Mitgliedstaat hat daher die Möglichkeit, einer nach seiner Rechtsordnung gegründeten Gesellschaft Beschränkungen hinsichtlich der Verlegung ihres tatsächlichen Verwaltungssitzes aus seinem Hoheitsgebiet aufzuerlegen, damit sie die ihr nach dem Recht dieses Staates zuerkannte Rechtspersönlichkeit behalten kann (Urteil Überseering, Randnr. 70).

[28] Im Ausgangsverfahren hat die Verlegung des tatsächlichen Verwaltungssitzes von National Grid Indus in das Vereinigte Königreich jedoch die Eigenschaft dieses Unternehmens als Gesellschaft nach niederländischem Recht nach dieser Rechtsordnung nicht berührt, die in Bezug auf Gesellschaften die Gründungstheorie anwendet.

[29] Die niederländische, die deutsche, die italienische, die portugiesische, die finnische und die schwedische Regierung sowie die Regierung des Vereinigten Königreichs sind hingegen der Ansicht, dass ein Mitgliedstaat, wenn er dazu befugt sei, die Auflösung und Liquidierung einer Gesellschaft im Falle ihres Wegzugs zu verlangen, auch für befugt erachtet werden müsse, steuerliche Erfordernisse festzulegen, wenn er das – aus Sicht des Binnenmarkts vorteilhaftere – System der Sitzverlegung unter Behaltung der Rechtspersönlichkeit anwende.

[30] Die in Randnr. 27 des vorliegenden Urteils angeführte Befugnis impliziert jedoch keineswegs, dass die Vorschriften des Vertrags über die Niederlassungsfreiheit nicht für das nationale Recht über die Gründung und Auflösung von Gesellschaften gelten (vgl. Urteil Cartesio, Randnr. 112).

[31] Die im Ausgangsverfahren in Rede stehende nationale Regelung betrifft nicht die Bestimmung der Voraussetzungen, deren Erfüllung ein Mitgliedstaat von einer nach seinem Recht gegründeten Gesellschaft verlangt, damit diese ihre Eigenschaft als Gesellschaft dieses Mitgliedstaats nach der Verlegung ihres tatsächlichen Verwaltungssitzes in einen anderen Mitgliedstaat behalten kann. Die Regelung beschränkt sich vielmehr darauf, für die nach nationalem Recht gegründeten Gesellschaften steuerliche Folgen an eine Sitzverlegung zwischen Mitgliedstaaten zu knüpfen, ohne dass diese Sitzverlegung ihre Eigenschaft als Gesellschaften des fraglichen Mitgliedstaats berührt.

[32] Da im Ausgangsverfahren die Verlegung des tatsächlichen Verwaltungssitzes von National Grid Indus in das Vereinigte Königreich ihre Eigenschaft als Gesellschaft nach niederländischem Recht nicht berührt hat, hat diese Verlegung keine Auswirkung auf ihre Möglichkeit, sich auf Art. 49 AEUV zu berufen. Als Gesellschaft, die nach dem

Recht eines Mitgliedstaats gegründet wurde und ihren satzungsmäßigen Sitz sowie ihre Hauptverwaltung innerhalb der Union hat, kommen ihr nach Art. 54 AEUV die Bestimmungen dieses Vertrags über die Niederlassungsfreiheit zugute, und sie kann sich daher auf ihre Rechte aus Art. 49 AEUV berufen, insbesondere um die Rechtmäßigkeit einer ihr von diesem Mitgliedstaat anlässlich der Verlegung ihres tatsächlichen Verwaltungssitzes in einen anderen Mitgliedstaat auferlegten Steuer in Frage zu stellen.

[33] Auf die erste Frage ist daher zu antworten, dass sich eine nach dem Recht eines Mitgliedstaats gegründete Gesellschaft, die ihren tatsächlichen Verwaltungssitz in einen anderen Mitgliedstaat verlegt, ohne dass die Verlegung des Sitzes ihre Eigenschaft als Gesellschaft nach dem Recht des ersten Mitgliedstaats berührt, auf Art. 49 AEUV berufen kann, um die Rechtmäßigkeit einer ihr von dem ersten Mitgliedstaat anlässlich dieser Sitzverlegung auferlegten Steuer in Frage zu stellen.

Zur zweiten und zur dritten Frage

[34] Mit der zweiten und der dritten Frage, die gemeinsam zu prüfen sind, möchte das vorlegende Gericht wissen, ob Art. 49 AEUV dahin auszulegen ist, dass er einer Steuerregelung eines Mitgliedstaats wie der im Ausgangsverfahren streitigen entgegensteht, wonach die nicht realisierten Wertzuwächse beim Vermögen einer Gesellschaft, die nach dem Recht dieses Mitgliedstaats gegründet wurde und die ihren tatsächlichen Verwaltungssitz in einen anderen Mitgliedstaat verlegt, vom ersten Mitgliedstaat im Zeitpunkt der Verlegung besteuert werden, ohne dass diese Regelung einen Aufschub der Zahlung der dieser Gesellschaft auferlegten Steuer bis zum Zeitpunkt der tatsächlichen Realisierung dieser Wertzuwächse vorsieht und ohne dass sie die nach der Verlegung des Sitzes des betreffenden Unternehmens möglicherweise auftretenden Wertminderungen berücksichtigt. Außerdem möchte das vorlegende Gericht wissen, ob die Auslegung von Art. 49 AEUV dadurch beeinflusst wird, dass sich die besteuerten nicht realisierten Wertzuwächse auf Kursgewinne beziehen, die im Aufnahmemitgliedstaat angesichts der dort geltenden Steuerregelung nicht zum Ausdruck kommen können.

(...)

[37] Es ist festzustellen, dass im Ausgangsverfahren eine Gesellschaft nach niederländischem Recht, die ihren tatsächlichen Verwaltungssitz in Ausübung des ihr durch Art. 49 AEUV garantierten Rechts aus den Niederlanden wegverlegen will, im Vergleich zu einer ähnlichen Gesellschaft, die ihren tatsächlichen Verwaltungssitz in den Nie-

derlanden belässt, einen Liquiditätsnachteil erleidet. Denn nach der im Ausgangsverfahren streitigen nationalen Regelung zieht die Verlegung des tatsächlichen Verwaltungssitzes einer Gesellschaft nach niederländischem Recht in einen anderen Mitgliedstaat die sofortige Besteuerung der nicht realisierten Wertzuwächse beim verlegten Vermögen nach sich, während solche Wertzuwächse nicht besteuert werden, wenn eine solche Gesellschaft ihren Sitz innerhalb des niederländischen Hoheitsgebiets verlegt. Die Wertzuwächse beim Vermögen einer Gesellschaft, die eine Sitzverlegung innerhalb des betreffenden Mitgliedstaats vornimmt, werden nur besteuert, wenn und soweit sie sich tatsächlich realisiert haben. Diese unterschiedliche Behandlung bei der Besteuerung der Wertzuwächse ist geeignet, eine Gesellschaft nach niederländischem Recht davon abzuhalten, ihren Sitz in einen anderen Mitgliedstaat zu verlegen (vgl. in diesem Sinne Urteile de Lasteyrie du Saillant, Randnr. 46, und N, Randnr. 35).

[38] Die somit festgestellte unterschiedliche Behandlung lässt sich nicht durch eine objektiv unterschiedliche Situation erklären. Denn was die Regelung eines Mitgliedstaats über die Besteuerung der auf seinem Hoheitsgebiet entstandenen Wertzuwächse betrifft, gleicht die Situation einer Gesellschaft, die nach dem Recht dieses Mitgliedstaats gegründet wurde und ihren Sitz in einen anderen Mitgliedstaat verlegt, in Bezug auf die Besteuerung der Wertzuwächse beim Vermögen, die im ersten Mitgliedstaat vor der Verlegung des Sitzes erzielt wurden, der Situation einer ebenfalls nach dem Recht des ersten Mitgliedstaats gegründeten Gesellschaft, die ihren Sitz in diesem Mitgliedstaat belässt.

(...)

[43] Nach Ansicht des vorlegenden Gerichts könnte die Beschränkung der Niederlassungsfreiheit durch das Ziel gerechtfertigt sein, eine ausgewogene Aufteilung der Besteuerungsbefugnis zwischen den Mitgliedstaaten nach dem Territorialitätsprinzip, verbunden mit einer zeitlichen Komponente, sicherzustellen. Der betreffende Mitgliedstaat übe seine Besteuerungsbefugnis nämlich nur hinsichtlich der Wertzuwächse aus, die auf seinem Hoheitsgebiet in dem Zeitraum erzielt worden seien, in dem National Grid Indus dort steueransässig gewesen sei.

[44] National Grid Indus meint hingegen, ein solches Ziel könne die festgestellte Beschränkung nicht rechtfertigen, da die im Ausgangsverfahren fragliche Besteuerung keinen realen Gewinn betreffe.

[45] Dazu ist zum einen darauf hinzuweisen, dass die Aufteilung der Besteuerungsbefugnis zwischen den Mitgliedstaaten ein vom Gerichtshof anerkanntes legitimes Ziel ist (vgl. in diesem Sinne Urteile Marks & Spencer, Randnr. 45, N, Randnr. 42, vom 18. Juli 2007,

Oy AA, C-231/05, Slg. 2007, I-6373, Randnr. 51, sowie vom 15. Mai 2008, Lidl Belgium, C-414/06, Slg. 2008, I-3601, Randnr. 31). Zum anderen geht aus der ständigen Rechtsprechung hervor, dass in Ermangelung von unionsrechtlichen Vereinheitlichungs- oder Harmonisierungsmaßnahmen die Mitgliedstaaten befugt bleiben, insbesondere zur Beseitigung der Doppelbesteuerung die Kriterien für die Aufteilung ihrer Steuerhoheit vertraglich oder einseitig festzulegen (Urteil vom 19. November 2009, Kommission/Italien, C-540/07, Slg. 2009, I-10983, Randnr. 29 und die dort angeführte Rechtsprechung).

(...)

[51] Es ist in diesem Zusammenhang darauf hinzuweisen, dass nach der in Rede stehenden nationalen Regelung sowohl die Festsetzung der Höhe der Steuerschuld als auch die Einziehung dieser Schuld zu dem Zeitpunkt stattfinden, zu dem die betreffende Gesellschaft aufhört, in den Niederlanden steuerpflichtige Gewinne zu erzielen, im vorliegenden Fall zum Zeitpunkt der Verlegung des tatsächlichen Verwaltungssitzes der Gesellschaft in einen anderen Mitgliedstaat. Zur Beurteilung der Verhältnismäßigkeit einer solchen Regelung ist zwischen der Festsetzung des Steuerbetrags und der Einziehung desselben zu unterscheiden.

Zur endgültigen Festsetzung des Steuerbetrags zum Zeitpunkt, zu dem die Gesellschaft ihren tatsächlichen Verwaltungssitz in einen anderen Mitgliedstaat verlegt

[52] Wie die Generalanwältin in den Nrn. 55 und 56 ihrer Schlussanträge ausführt, wird mit der Festsetzung des Steuerbetrags zum Zeitpunkt der Verlegung des tatsächlichen Verwaltungssitzes einer Gesellschaft in Anbetracht des Ziels der im Ausgangsverfahren streitigen Regelung, nämlich die im Rahmen der Steuerhoheit des Herkunftsmitgliedstaats erzielten Wertzuwächse in diesem Mitgliedstaat zu besteuern, der Grundsatz der Verhältnismäßigkeit beachtet. Es ist nämlich verhältnismäßig, dass der Herkunftsmitgliedstaat zur Wahrung seiner Steuerhoheit die Steuer bestimmt, die für die in seinem Hoheitsgebiet erzielten, aber nicht realisierten Wertzuwächse zu dem Zeitpunkt geschuldet wird, zu dem seine Besteuerungsbefugnis der betreffenden Gesellschaft gegenüber endet, im vorliegenden Fall zum Zeitpunkt der Verlegung des tatsächlichen Verwaltungssitzes der Gesellschaft in einen anderen Mitgliedstaat.

(...)

[58] Da in einer Situation wie der im Ausgangsverfahren streitigen die Gewinne der Gesellschaft, die ihren tatsächlichen Verwaltungssitz

verlegt hat, nach dieser Verlegung gemäß dem mit einem zeitlichen Element verbundenen Grundsatz der steuerlichen Territorialität nur im Aufnahmemitgliedstaat besteuert werden, hat in Anbetracht des genannten Zusammenhangs zwischen den Vermögenswerten der Gesellschaft und den steuerpflichtigen Gewinnen und folglich wegen der Symmetrie zwischen dem Recht zur Besteuerung der Gewinne und der Möglichkeit, Verluste in Abzug zu bringen, auch dieser Mitgliedstaat in seinem Steuersystem Wertschwankungen der Vermögenswerte der betreffenden Gesellschaft zu berücksichtigen, die ab dem Zeitpunkt aufgetreten sind, zu dem der Herkunftsmitgliedstaat die steuerliche Anknüpfung zu dieser Gesellschaft verloren hat.

[59] Infolgedessen ist der Herkunftsmitgliedstaat entgegen der Meinung der Kommission nicht gehalten, eventuelle Währungsverluste zu berücksichtigen, die nach der Verlegung des tatsächlichen Verwaltungssitzes von National Grid Indus in das Vereinigte Königreich bis zur Rückzahlung oder bis zur Abtretung ihrer Forderung eintreten. Die geschuldete Steuer auf die nicht realisierten Wertzuwächse wird nämlich zu dem Zeitpunkt bestimmt, zu dem die Besteuerungsbefugnis des Herkunftsmitgliedstaats der betreffenden Gesellschaft gegenüber endet, im vorliegenden Fall zum Zeitpunkt der Verlegung des Sitzes der Gesellschaft. Sowohl die Berücksichtigung eines Kursgewinns als auch die eines Kursverlusts, die nach der Verlegung des tatsächlichen Verwaltungssitzes eingetreten sind, durch den Herkunftsmitgliedstaat birgt nicht nur die Gefahr in sich, die ausgewogene Aufteilung der Besteuerungsbefugnis zwischen den Mitgliedstaaten in Frage zu stellen, sondern auch zu einer doppelten Besteuerung oder einem doppelten Verlustabzug zu führen. Das wäre insbesondere der Fall, wenn eine Gesellschaft, die eine auf Pfund Sterling lautende Forderung wie die im Ausgangsverfahren in Rede stehende besitzt, ihren Sitz von einem Mitgliedstaat, dessen Währung der Euro ist, in einen anderen Mitgliedstaat der Eurozone verlegte.

[60] In diesem Zusammenhang ist es unerheblich, dass in einer Situation wie der im Ausgangsverfahren streitigen durch die Verlegung des tatsächlichen Verwaltungssitzes der Gesellschaft in das Vereinigte Königreich das Kursrisiko entfallen ist, da die auf Pfund Sterling lautende Forderung nach der Verlegung des Sitzes in der Bilanz der Gesellschaft auch in dieser Währung ausgedrückt wird. Denn nach dem Grundsatz der steuerlichen Territorialität, verbunden mit einem zeitlichen Element, nämlich der Steueransässigkeit im Inland in dem Zeitraum, in dem der steuerpflichtige Gewinn entstanden ist, wird der im Herkunftsmitgliedstaat erzielte Wertzuwachs zum Zeitpunkt der Ver-

legung des tatsächlichen Verwaltungssitzes der betreffenden Gesellschaft besteuert.

[61] Wie sich im Übrigen aus Randnr. 58 des vorliegenden Urteils ergibt, wird das Steuersystem des Aufnahmemitgliedstaats grundsätzlich zum Zeitpunkt der Realisierung der Vermögenswerte des betreffenden Unternehmens die Wertzuwächse und Wertminderungen berücksichtigen, die seit der Verlegung des Sitzes dieses Unternehmens entstanden sind. Die eventuelle Nichtberücksichtigung der Wertminderung durch den Aufnahmemitgliedstaat verpflichtet den Herkunftsmitgliedstaat jedoch keineswegs, zum Zeitpunkt der Realisierung der betreffenden Vermögenswerte eine Steuerschuld neu zu bewerten, die zum Zeitpunkt, zu dem die Steuerpflichtigkeit der betreffenden Gesellschaft im Herkunftsmitgliedstaat aufgrund der Verlegung ihres tatsächlichen Verwaltungssitzes endete, endgültig bestimmt wurde.

[62] Insoweit ist zu beachten, dass der Vertrag einer unter Art. 54 AEUV fallenden Gesellschaft nicht garantiert, dass die Verlegung ihres tatsächlichen Verwaltungssitzes in einen anderen Mitgliedstaat steuerneutral ist. Aufgrund der unterschiedlichen Regelungen der Mitgliedstaaten in diesem Bereich kann eine solche Verlegung für eine Gesellschaft je nach dem Einzelfall steuerlich mehr oder weniger vorteilhaft oder nachteilig sein (vgl. in diesem Sinne Urteile vom 15. Juli 2004, Lindfors, C-365/02, Slg. 2004, I-7183, Randnr. 34, vom 12. Juli 2005, Schempp, C-403/03, Slg. 2005, I-6421, Randnr. 45, sowie vom 20. Mai 2008, Orange European Smallcap Fund, C-194/06, Slg. 2008, I-3747, Randnr. 37). Die Niederlassungsfreiheit kann nämlich nicht dahin verstanden werden, dass ein Mitgliedstaat verpflichtet ist, seine Steuervorschriften auf diejenigen eines anderen Mitgliedstaats abzustimmen, um in allen Situationen eine Besteuerung zu gewährleisten, die jede Ungleichheit, die sich aus den nationalen Steuerregelungen ergibt, beseitigt (vgl. Urteil vom 28. Februar 2008, Deutsche Shell, C-293/06, Slg. 2008, I-1129, Randnr. 43).

(...)

[65] Nach Ansicht der National Grid Indus und der Kommission ist die sofortige Einziehung der Steuer zum Zeitpunkt der Verlegung des tatsächlichen Verwaltungssitzes einer Gesellschaft in einen anderen Mitgliedstaat unverhältnismäßig. Ihre Einziehung zum Zeitpunkt der tatsächlichen Realisierung des Wertzuwachses wäre eine weniger einschneidende Maßnahme als diejenige, die in der im Ausgangsverfahren streitigen Regelung vorgesehen sei, und würde die Aufteilung der Besteuerungsbefugnis zwischen den Mitgliedstaaten nicht gefährden.

(...)

[85] Aus dem Vorstehenden ergibt sich, dass eine Regelung eines Mitgliedstaats wie die im Ausgangsverfahren streitige, die die sofortige Einziehung der Steuer auf die nicht realisierten Wertzuwächse bei den Vermögensgegenständen einer Gesellschaft, die ihren tatsächlichen Verwaltungssitz in einen anderen Mitgliedstaat verlegt, zum Zeitpunkt dieser Verlegung vorschreibt, unverhältnismäßig ist.

[86] Demnach ist auf die zweite und die dritte Frage zu antworten, dass Art. 49 AEUV dahin auszulegen ist, dass

– er einer Regelung eines Mitgliedstaats nicht entgegensteht, wonach der Betrag der Steuer auf die nicht realisierten Wertzuwächse beim Vermögen einer Gesellschaft endgültig – ohne Berücksichtigung möglicherweise später eintretender Wertminderungen oder Wertzuwächse – zu dem Zeitpunkt festgesetzt wird, zu dem die Gesellschaft aufgrund der Verlegung ihres tatsächlichen Verwaltungssitzes in einen anderen Mitgliedstaat aufhört, in dem ersten Mitgliedstaat steuerpflichtige Gewinne zu erzielen. Es ist in diesem Zusammenhang unerheblich, ob sich die besteuerten nicht realisierten Wertzuwächse auf Kursgewinne beziehen, die im Aufnahmemitgliedstaat angesichts der dort geltenden Steuerregelung nicht zum Ausdruck kommen können;
– er einer Regelung eines Mitgliedstaats entgegensteht, die die sofortige Einziehung der Steuer auf die nicht realisierten Wertzuwächse bei den Vermögensgegenständen einer Gesellschaft, die ihren tatsächlichen Verwaltungssitz in einen anderen Mitgliedstaat verlegt, zum Zeitpunkt dieser Verlegung vorschreibt.

Rs. C-411/03 (Sevic), 187
Urteil des Gerichtshofs vom 13.12.2005.

Vorbemerkungen: *Die Entscheidung Sevic Systems AG war in zweierlei Hinsicht bedeutsam. Der EuGH bezog darin zum einen eine weitere wirtschaftlich wichtige Handlung in den Schutzbereich der (primären) Niederlassungsfreiheit ein: den grenzüberschreitenden Zusammenschluss zweier juristischer Personen im Wege der Verschmelzung. Dies war im Ausgangsverfahren insoweit problematisch, als die betreffende juristische Person mit Sitz in Luxemburg bei einer Verschmelzung mit einer juristischen Person in Deutschland dort gerade keine dauerhafte Niederlassung zu errichten beabsichtigte, denn die Verschmelzung hätte dazu geführt, dass die luxemburgische Gesellschaft in der deutschen aufgegangen wäre und daher ihre Rechtspersönlichkeit verloren hätte.*

Anders als in der Rechtssache Überseering (Fall 185) lag also kein Fall des Zuzugs einer juristischen Person vor. Der EuGH verzichtete vielmehr im Wege einer teleologischen Auslegung der Niederlassungsfreiheit auf das Kriterium des dauerhaften Zuzugs. Er stützte seine Entscheidung auf den weitergehenden Begriff des Zugangs der luxemburgischen juristischen Person. Dies führte zu einem gegenüber dem herkömmlichen Verständnis der Niederlassungsfreiheit erweiterten Schutzbereich. Zum anderen warf der Fall die Frage auf, wie der vom EuGH angelegte Prüfungsmaßstab im Rahmen der Rechtfertigung zu erklären war. Der Gerichtshof sprach ausdrücklich davon, dass die in Frage stehende Regelung des UmwG zu einer Ungleichbehandlung führe, je nach dem ob es sich um eine innerstaatliche oder um eine grenzüberschreitende Verschmelzung handelte. Entgegen dem herkömmlichen Verständnis der Grundfreiheiten, welches tatbestandliche Ungleichbehandlungen nur zulässt, soweit die im Vertrag ausdrücklich geregelten Rechtfertigungsgründe einschlägig sind, prüfte der EuGH die Rechtfertigung aber anhand der zwingenden Gründe des Allgemeinwohls. Diese Prüfung kann jedoch damit erklärt werden, dass die Regelung des deutschen Umwandlungsgesetzes für den Kläger des Ausgangsverfahrens, die deutsche Sevic Systems AG, nicht diskriminierend wirkte, denn es handelte sich für die Sevic Systems AG nicht um eine Ungleichbehandlung, die an deren Staatszugehörigkeit anknüpft, sondern lediglich um eine Diskriminierung grenzüberschreitender Sachverhalte. Diese war als sonstige Beschränkung mit zwingenden Gründen des Allgemeinwohls zu rechtfertigen. ***B:*** *E. Gottschalk, EuZW 2006, 83 f.; G. Pfeiffer, JA 2006, 587 ff.; C. René, IStR 2006, 34 ff.* ***L:*** *Rn. 916, 931.*

Sachverhalt: Die in Deutschland ansässige Gesellschaft Sevic Systems AG beabsichtigte sich mit der in Luxemburg ansässigen Gesellschaft Security Vision Concept SA zu verschmelzen. Die aus der Verschmelzung hervorgehende Gesellschaft sollte ihren Sitz in Deutschland haben. Der Antrag auf Eintrag in das Handelsregister wurde vom zuständigen Amtsgericht jedoch abgelehnt. Grund für die Ablehnung waren die Vorschriften des deutschen Umwandlungsgesetzes (UmwG), welches die Verschmelzung von Gesellschaften regelte. Nach § 1 UmwG waren Verschmelzungen von Gesellschaften nur möglich, wenn diese ihren Sitz im Inland haben. Da die Security Vision Concept SA ihren Sitz in Luxemburg hatte, konnte diese sich in Deutschland nicht mit der Sevic Systems AG verschmelzen. Gegen die Ablehnung des Antrags auf Eintragung in das Handelsregister erhob die Sevic Systems AG Klage. Das angerufene Gericht hatte Zweifel an der Vereinbarkeit des § 1 UmwG mit der Niederlassungsfreiheit nach Art. 43 i. V. m. 48 EGV (jetzt: Art. 49 i. V. m. 54 AEUV) und legte dem

EuGH im Wege des Vorabentscheidungsverfahrens die Frage vor, ob diese Vorschriften dahin auszulegen seien, „dass es im Widerspruch zur Niederlassungsfreiheit für Gesellschaften steht, wenn einer ausländischen europäischen Gesellschaft die Eintragung ihrer angestrebten Verschmelzung mit einer deutschen Gesellschaft in das deutsche Handelsregister gemäß den [Vorschriften des] UmwG versagt wird, weil § 1 Absatz [...] UmwG nur eine Umwandlung von Rechtsträgern mit Sitz im Inland vorsieht"?

Aus den Entscheidungsgründen:

Zur Anwendbarkeit der Artikel 43 EG und 48 EG

[16] Entgegen dem Vorbringen der deutschen und der niederländischen Regierung sind die Artikel 43 EG und 48 EG auf eine Verschmelzung, wie sie sich im Ausgangsverfahren darstellt, anwendbar.

[17] Denn nach Artikel 43 Absatz 2 EG in Verbindung mit Artikel 48 EG umfasst die Niederlassungsfreiheit für die in der letztgenannten Bestimmung genannten Gesellschaften u. a. das Recht auf Gründung und Leitung dieser Gesellschaften nach den Bestimmungen des Aufnahmestaats, die für dessen eigene Angehörige gelten.

[18] Wie der Generalanwalt in Nummer 30 seiner Schlussanträge ausgeführt hat, fallen in den Anwendungsbereich der Niederlassungsfreiheit alle Maßnahmen, die den Zugang zu einem anderen Mitgliedstaat als dem Sitzmitgliedstaat und die Ausübung einer wirtschaftlichen Tätigkeit in jenem Staat dadurch ermöglichen oder auch nur erleichtern, dass sie die tatsächliche Teilnahme der betroffenen Wirtschaftsbeteiligten am Wirtschaftsleben des letztgenannten Mitgliedstaats unter denselben Bedingungen gestatten, die für die inländischen Wirtschaftsbeteiligten gelten.

[19] Grenzüberschreitende Verschmelzungen entsprechen wie andere Gesellschaftsumwandlungen den Zusammenarbeits- und Umgestaltungsbedürfnissen von Gesellschaften mit Sitz in verschiedenen Mitgliedstaaten. Sie stellen besondere, für das reibungslose Funktionieren des Binnenmarktes wichtige Modalitäten der Ausübung der Niederlassungsfreiheit dar und gehören damit zu den wirtschaftlichen Tätigkeiten, hinsichtlich deren die Mitgliedstaaten die Niederlassungsfreiheit nach Artikel 43 EG beachten müssen.

Zur Frage einer Beschränkung der Niederlassungsfreiheit

[20] Das deutsche Recht kennt nur für innerstaatliche, nicht aber für grenzüberschreitende Verschmelzungen eine Vorschrift, die die Eintragung in das nationale Handelsregister vorsieht; Anträge auf Eintragung grenzüberschreitender Verschmelzungen werden deshalb allgemein zurückgewiesen.

[21] Wie aber der Generalanwalt in Nummer 47 seiner Schlussanträge ausgeführt hat, stellt eine Verschmelzung wie die hier in Rede stehende ein wirksames Mittel zur Umwandlung von Gesellschaften dar, das es im Rahmen eines einzigen Vorgangs ermöglicht, eine bestimmte Tätigkeit in neuer Form und ohne Unterbrechung auszuüben, so dass Komplikationen sowie Zeit und Kostenaufwand verringert werden, die andere Formen der Umgestaltung von Gesellschaften mit sich bringen, etwa die Auflösung einer Gesellschaft mit Vermögensabwicklung und die Gründung einer neuen Gesellschaft unter Übertragung der einzelnen Vermögensgegenstände auf diese.

[22] Da nach deutschem Recht dieses Mittel zur Umwandlung von Gesellschaften nicht zur Verfügung steht, wenn eine der Gesellschaften ihren Sitz in einem anderen Mitgliedstaat als der Bundesrepublik Deutschland hat, begründet dieses Recht eine unterschiedliche Behandlung von Gesellschaften nach Maßgabe dessen, ob es sich um eine innerstaatliche oder um eine grenzüberschreitende Verschmelzung handelt; diese unterschiedliche Behandlung ist geeignet, Gesellschaften davon abzuhalten, von der im EG-Vertrag verankerten Niederlassungsfreiheit Gebrauch zu machen.

[23] Eine solche unterschiedliche Behandlung stellt eine Beschränkung im Sinne der Artikel 43 EG und 48 EG dar, die im Widerspruch zur Niederlassungsfreiheit steht und nur zulässig sein kann, wenn mit ihr ein legitimes mit dem EG-Vertrag vereinbares Ziel verfolgt wird und wenn sie durch zwingende Gründe des Allgemeininteresses gerechtfertigt ist. Zusätzlich muss ihre Anwendung zur Erreichung des damit verfolgten Zieles geeignet sein und darf nicht über das hinausgehen, was hierzu erforderlich ist (vgl. Urteile vom 21. November 2002 in der Rechtssache C-436/00, X und Y, Slg. 2002, I-10829, Randnr. 49, und vom 11. März 2004 in der Rechtssache C-9/02, De Lasteyrie du Saillant, Slg. 2004, I-2409, Randnr. 49).

Rs. C-106/16 (Polbud), Urteil des Gerichtshofs vom 25.10.2017. 188

Vorbemerkungen: *Mit dieser Rechtssache konnte sich der EuGH erstmals zur isolierten Verlegung des Satzungssitzes einer Gesellschaft in einen anderen Mitgliedstaat äußern. Konkret wollte sich die Gesellschaft polnischen Rechts „Polbud" als Gesellschaft luxemburgischen Rechts weiterhin in Polen unter Wahrung ihrer Rechtspersönlichkeit wirtschaftlich betätigen. Selbst wenn die wirtschaftliche Tätigkeit im Wegzugsstaat ausgeübt und die Rechtspersönlichkeit gewahrt wird, ist nach der Ansicht des Gerichtshofs ein solcher grenzüberschreitender Formwechsel vom Schutzgehalt der Art. 49ff. AEUV umfasst. Dieser dürfe nicht vom Wegzugsstaat durch ein Liquidationserfordernis verhindert werden. Diese Form der Umwandlung könne für sich genommen auch noch keinen Rechtsmissbrauch darstellen. Das Urteil fand zu Recht nicht nur Zuspruch. Die Entscheidung lief dem eigens vom EuGH entwickelten Begriff der Niederlassung zuwider, den er seit der Factortame II-Entscheidung immer wieder hatte. Der Niederlassungsbegriff setzt eine tatsächliche Ansiedlung der betreffenden Gesellschaft und die Ausübung einer wirklichen wirtschaftlichen Tätigkeit in dem Zielstaat voraus. Polbud wollte sich aber im Zielstaat weder ansiedeln noch eine wirtschaftliche Tätigkeit ausüben. Erschwerend kam die fehlgehende Heranziehung der Rs. Centros als Parallelfall hinzu. Der EuGH verkannte, dass die beiden Rechtssachen sich in wesentlichen Punkten unterscheiden; während sich in der Rs. Centros die Gesellschaft im Zuzugsstaat wirtschaftlich betätigte, verblieb die wirtschaftliche Betätigung der Gesellschaft aus der Rs. Polbud im Wegzugsstaat. In der Rs. Centros war damit für alle Beteiligten – Minderheitsgesellschafter, Gläubiger, Arbeitnehmer – erkennbar, dass es sich um eine ausländische Gesellschaft handelt. In der Rs. Polbud hingegen bestanden bereits Rechtsbeziehungen zwischen der Gesellschaft und den anderen Betroffenen. Die letztgenannte Gruppe wurde durch die isolierte Satzungssitzverlegung einem fremden Recht unterworfen und ggf. durch abweichende Schutzvorschriften in bestimmten Rechten beschnitten. Der EuGH wich mit dieser Entscheidung von seiner eigenen Rechtsprechungslinie ab und sollte zur Gewährleistung eines ausreichenden Minderheitsgesellschafter-, Arbeitnehmer- und Gläubigerschutzes sowie zur Verhinderung von Rechtsmissbrauch durch sog. Briefkastenfirmen, seine kommende Rechtsprechung an sie rückanbinden.* ***B:*** *H. Wicke, NZG 2017, 702f.* ***L:*** *Rn. 931f.*

Sachverhalt: Die nach polnischem Recht gegründete und in Polen ansässige Gesellschaft mit beschränkter Haftung Polbud wollte den satzungsmäßigen Sitz als Gesellschaft luxemburgischen Rechts nach Luxemburg verlegen. Dabei sollte der Ort der wirtschaftlichen Tätigkeit unverändert und die Rechtspersönlichkeit gewahrt bleiben. Die zur Vollendung der Umwandlung erforderliche Löschung der Gesellschaft im Handelsregister Polens scheiterte am nationalrechtlichen Erfordernis der Liquidation der Gesellschaft, die wegen des angestrebten Fortbestehens der Gesellschaft von den Gesellschaftern verweigert wurde. Das letztinstanzliche polnische Gericht fragte den EuGH, ob die Art. 49 ff. AEUV diesem Erfordernis entgegenstünden.

Aus den Entscheidungsgründen:

[26] Zunächst ist darauf hinzuweisen, dass die Vorlagefragen auf der von Polbud beanstandeten Prämisse beruhen, dass diese Gesellschaft nicht beabsichtige, ihren tatsächlichen Sitz nach Luxemburg zu verlegen.

(...)

[29] Mit seiner dritten Frage, die als Erstes zu prüfen ist, möchte das vorlegende Gericht wissen, ob die Art. 49 und 54 AEUV dahin auszulegen sind, dass die Niederlassungsfreiheit für die Verlegung des satzungsmäßigen Sitzes einer nach dem Recht eines Mitgliedstaats gegründeten Gesellschaft in einen anderen Mitgliedstaat gilt, durch die diese ohne Verlegung ihres tatsächlichen Sitzes in eine dem Recht dieses anderen Mitgliedstaats unterliegende Gesellschaft umgewandelt werden soll.

(...)

[32] Nach Art. 49 AEUV in Verbindung mit Art. 54 AEUV genießen diejenigen Gesellschaften Niederlassungsfreiheit, die nach dem Recht eines Mitgliedstaats gegründet wurden und ihren satzungsmäßigen Sitz, ihre Hauptverwaltung oder ihre Hauptniederlassung innerhalb der Europäischen Union haben. Somit kann sich eine Gesellschaft wie Polbud, die nach dem Recht eines Mitgliedstaats, nämlich nach polnischem Recht, gegründet wurde, grundsätzlich auf diese Grundfreiheit berufen.

[33] Die Niederlassungsfreiheit umfasst nach Art. 49 Abs. 2 AEUV in Verbindung mit Art. 54 AEUV für die in der letztgenannten Bestimmung genannten Gesellschaften u. a. das Recht auf Gründung und Leitung dieser Gesellschaften nach den Bestimmungen des Niederlassungsstaats für seine eigenen Gesellschaften. Sie umfasst also den Anspruch einer nach dem Recht eines Mitgliedstaats gegründeten Gesellschaft auf Umwandlung in eine dem Recht eines anderen Mitglied-

staats unterliegende Gesellschaft (vgl. in diesem Sinne Urteil vom 27. September 1988, Daily Mail and General Trust, 81/87, EU:C:1988:456, Rn. 17), soweit die Voraussetzungen des Rechts jenes anderen Mitgliedstaats eingehalten sind und insbesondere das Kriterium erfüllt ist, das in diesem anderen Mitgliedstaat für die Verbundenheit einer Gesellschaft mit seiner nationalen Rechtsordnung erforderlich ist.

[34] Insoweit ist daran zu erinnern, dass mangels Vereinheitlichung im Unionsrecht die Definition der Anknüpfung, die für das auf eine Gesellschaft anwendbare nationale Recht maßgeblich ist, gemäß Art. 54 AEUV in die Zuständigkeit jedes einzelnen Mitgliedstaats fällt, da nach dieser Vorschrift der satzungsmäßige Sitz, die Hauptverwaltung und die Hauptniederlassung einer Gesellschaft als Anknüpfung für eine solche Verbundenheit gleich geachtet werden (vgl. in diesem Sinne Urteil vom 27. September 1988, Daily Mail and General Trust, 81/87, EU:C:1988:456, Rn. 19 bis 21).

[35] Für den vorliegenden Fall folgt hieraus, dass Polbud als Gesellschaft polnischen Rechts durch die Niederlassungsfreiheit den Anspruch auf Umwandlung in eine Gesellschaft luxemburgischen Rechts erhält, soweit sie die nach luxemburgischem Recht für die Gründung einer Gesellschaft geltenden Voraussetzungen und insbesondere das in Luxemburg erforderliche Kriterium für die Verbundenheit einer Gesellschaft mit der luxemburgischen Rechtsordnung erfüllt.

[36] Dieses Ergebnis wird durch das Vorbringen der polnischen und der österreichischen Regierung nicht in Frage gestellt.

[37] Erstens kann das Vorbringen der österreichischen Regierung, wonach Polbud im Aufnahmemitgliedstaat keine tatsächliche wirtschaftliche Tätigkeit ausübe, nicht durchgreifen.

[38] Nach der Rechtsprechung des Gerichtshofs fällt ein Sachverhalt, bei dem eine Gesellschaft, die nach dem Recht des Mitgliedstaats, in dem sie ihren satzungsmäßigen Sitz hat, gegründet wurde, eine Zweigniederlassung in einem anderen Mitgliedstaat gründen will, unter die Niederlassungsfreiheit, selbst wenn die Gesellschaft im ersten Mitgliedstaat nur errichtet wurde, um sich im zweiten Mitgliedstaat niederzulassen, in dem die Geschäftstätigkeit im Wesentlichen oder ausschließlich ausgeübt werden soll (vgl. in diesem Sinne Urteil vom 9. März 1999, Centros, C 212/97, EU:C:1999:126, Rn. 17). Ebenso fällt ein Sachverhalt, bei dem eine nach dem Recht eines Mitgliedstaats gegründete Gesellschaft eine Umwandlung in eine dem Recht eines anderen Mitgliedstaats unterliegende Gesellschaft unter Beachtung des in diesem anderen Mitgliedstaat für die Verbundenheit einer Gesellschaft mit seiner nationalen Rechtsordnung zu erfüllenden Kriteriums vor-

nehmen will, unter die Niederlassungsfreiheit, selbst wenn diese Gesellschaft ihre Geschäftstätigkeit im Wesentlichen oder ausschließlich im ersten Mitgliedstaat ausüben soll.

[39] Ferner ist darauf hinzuweisen, dass die Frage der Anwendbarkeit der Art. 49 und 54 AEUV von der Frage zu unterscheiden ist, ob ein Mitgliedstaat Maßnahmen ergreifen kann, um zu verhindern, dass sich einige seiner Staatsangehörigen unter Missbrauch der durch den Vertrag geschaffenen Erleichterungen der Anwendung des nationalen Rechts entziehen; dass ein Mitgliedstaat solche Maßnahmen treffen kann, ist ständige Rechtsprechung (Urteile vom 9. März 1999, Centros, C 212/97, EU:C:1999:126, Rn. 18 und 24, sowie vom 30. September 2003, Inspire Art, C 167/01, EU:C:2003:512, Rn. 98).

[40] Jedoch ist darauf hinzuweisen, dass es nach der Rechtsprechung des Gerichtshofs für sich allein keinen Missbrauch darstellt, wenn eine Gesellschaft ihren – satzungsmäßigen oder tatsächlichen – Sitz nach dem Recht eines Mitgliedstaats begründet, um in den Genuss günstigerer Rechtsvorschriften zu kommen (vgl. in diesem Sinne Urteile vom 9. März 1999, Centros, C 212/97, EU:C:1999:126, Rn. 27, und vom 30. September 2003, Inspire Art, C 167/01, EU:C:2003:512, Rn. 96).

[41] Folglich kann im Ausgangsverfahren allein der Umstand, dass Polbud beschlossen hat, nur ihren satzungsmäßigen Sitz nach Luxemburg zu verlegen, und ihr tatsächlicher Sitz von dieser Verlegung unberührt bleibt, nicht dazu führen, dass diese Verlegung nicht in den Anwendungsbereich der Art. 49 und 54 AEUV fällt.

[42] Zweitens geht entgegen den Ausführungen der polnischen Regierung aus den Urteilen vom 27. September 1988, Daily Mail and General Trust (81/87, EU:C:1988:456), und vom 16. Dezember 2008, Cartesio (C 210/06, EU:C:2008:723), nicht hervor, dass mit der Verlegung des satzungsmäßigen Sitzes einer Gesellschaft zwangsläufig auch die Verlegung ihres tatsächlichen Sitzes einhergehen müsste, damit sie von der Niederlassungsfreiheit erfasst wird.

[43] Vielmehr geht aus diesen Urteilen sowie aus dem Urteil vom 12. Juli 2012, VALE (C 378/10, EU:C:2012:440), hervor, dass beim gegenwärtigen Stand des Unionsrechts jeder Mitgliedstaat die Anknüpfung festlegen kann, die von einer Gesellschaft verlangt wird, damit bei ihr von einer Gründung nach seinem nationalen Recht ausgegangen werden kann. Wird eine dem Recht eines Mitgliedstaats unterliegende Gesellschaft unter Einhaltung der Voraussetzungen des Rechts eines anderen Mitgliedstaats in eine dessen Recht unterliegende Gesellschaft umgewandelt, um nach der Rechtsordnung dieses anderen Mitglied-

staats fortzubestehen, ist diese Befugnis des Gründungsmitgliedstaats, die Anknüpfung festzulegen, keinesfalls mit irgendeiner Freistellung des Rechts des Herkunftsmitgliedstaats über die Gründung und Auflösung von Gesellschaften von der Beachtung der Vorschriften über die Niederlassungsfreiheit verbunden. Insbesondere rechtfertigt sie es nicht, dass der Gründungsmitgliedstaat die betroffene Gesellschaft u. a. dadurch daran hindert oder davon abhält, eine solche grenzüberschreitende Umwandlung vorzunehmen, dass er diese Umwandlung Voraussetzungen unterwirft, die strenger als diejenigen sind, die in diesem Mitgliedstaat für innerstaatliche Umwandlungen gelten (vgl. in diesem Sinne Urteile vom 27. September 1988, Daily Mail and General Trust, 81/87, EU:C:1988:456, Rn. 19 bis 21, vom 16. Dezember 2008, Cartesio, C 210/06, EU:C:2008:723, Rn. 109 bis 112, und vom 12. Juli 2012, VALE, C 378/10, EU:C:2012:440, Rn. 32).

[44] Nach alledem ist auf die dritte Vorlagefrage zu antworten, dass die Art. 49 und 54 AEUV dahin auszulegen sind, dass die Niederlassungsfreiheit für die Verlegung des satzungsmäßigen Sitzes einer nach dem Recht eines Mitgliedstaats gegründeten Gesellschaft in einen anderen Mitgliedstaat gilt, durch die diese unter Einhaltung der dort geltenden Bestimmungen ohne Verlegung ihres tatsächlichen Sitzes in eine dem Recht dieses anderen Mitgliedstaats unterliegende Gesellschaft umgewandelt werden soll.

(...)

[62] Aus der in Rn. 40 des vorliegenden Urteils angeführten Rechtsprechung geht jedoch hervor, dass es für sich allein keinen Missbrauch darstellt, wenn eine Gesellschaft ihren – satzungsmäßigen oder tatsächlichen – Sitz nach dem Recht eines Mitgliedstaats begründet, um in den Genuss günstigerer Rechtsvorschriften zu kommen.

[63] Außerdem kann allein der Umstand, dass eine Gesellschaft ihren Sitz in einen anderen Mitgliedstaat verlegt, nicht die allgemeine Vermutung der Steuerhinterziehung begründen und keine die Wahrnehmung einer vom Vertrag garantierten Grundfreiheit beeinträchtigende Maßnahme rechtfertigen (vgl. entsprechend Urteil vom 29. November 2011, National Grid Indus, C 371/10, EU:C:2011:785, Rn. 84).

[64] Da die allgemeine Pflicht zur Durchführung eines Liquidationsverfahrens einer allgemeinen Missbrauchsvermutung gleichkommt, ist eine Regelung wie die im Ausgangsverfahren in Rede stehende, die ein solche Verpflichtung vorsieht, als unverhältnismäßig anzusehen.

2. Grenzüberschreitender Bezug

189 **Rs. C-268/15 (Ullens de Schooten), Urteil des Gerichtshofs vom 15.11.2016.**

Vorbemerkungen: *Im Rahmen der unionsrechtlichen Staatshaftung kann ein Verstoß gegen subjektive Rechte aus den Grundfreiheiten nur dann geltend gemacht werden, wenn ein grenzüberschreitender Sachverhalt vorliegt. Der grenzüberschreitende Anknüpfungspunkt kann dabei selbst dann verneint werden, wenn ein Vorlagerecht des mitgliedstaatlichen Gerichts bejaht wird. Diese beiden Rechtsfragen sind voneinander zu trennen. Auch kann ein grenzüberschreitender Sachverhalt im Rahmen des Vorabentscheidungsverfahrens nicht mit der Begründung angenommen werden, dass die streitentscheidenden Normen bereits Gegenstand einer Aufsichtsklage i. S. d. Art. 258 AEUV waren oder gewesen sein könnten. Im Vertragsverletzungsverfahren prüft der EuGH, ob die vom Kläger gerügte nationale Maßnahme allgemein geeignet ist, die Wirtschaftsteilnehmer anderer Mitgliedstaaten vom Gebrauch der Grundfreiheiten abzuhalten; im Vorabentscheidungsverfahren prüft der EuGH hingegen, ob im konkreten Fall vom vorlegenden Gericht ein grenzüberschreitender Sachverhalt schlüssig dargelegt wurde. Eine Abweichung von der Rechtsprechung in der Rs. Pistre (Fall 165) ist dennoch nicht anzunehmen.* ***L:*** *Rn. 610.*

Sachverhalt: Ullens de Schooten rügte in einem Amtshaftungsverfahren gegen das Königreich Belgien die Unionsrechtswidrigkeit des Art. 3 des Königlichen Erlasses Nr. 143. Dieser war Grund für einen bereits 1989 begonnenen strafrechtlichen Prozess gegen ihn, wobei der Prozess mittlerweile beendet und das ihm zugrunde liegende Urteil in Rechtskraft erwachsen war. Im Jahr 2002 richtete die Kommission eine mit Gründen versehene Stellungnahme an den belgischen Staat, weil auch sie die Auffassung vertrat, dass das streitgegenständliche belgische Gesetz gegen die Niederlassungsfreiheit verstieß. Nachdem der belgische Staat die Regelung geändert hatte, stellte die Kommission das Verfahren ein. Das zuständige belgische Gericht musste sich nun mit der Amtshaftungsklage Ullens de Schootens auseinandersetzen und fragte den EuGH unter anderem, ob die Grundfreiheiten dem Art. 3 des Königlichen Erlasses Nr. 143 entgegenstünden.

Aus den Entscheidungsgründen:

[41] Der Grundsatz der außervertraglichen Haftung des Staates für Schäden, die dem Einzelnen durch dem Staat zuzurechnende Verstöße gegen das Unionsrecht entstehen, folgt aus dem Wesen der Unionsrechtsordnung. Der Gerichtshof hat entschieden, dass die Geschädigten aufgrund dieser Haftung einen Entschädigungsanspruch haben, wenn drei Voraussetzungen erfüllt sind: Die unionsrechtliche Vorschrift, gegen die verstoßen worden ist, bezweckt, ihnen Rechte zu verleihen, der Verstoß gegen diese Vorschrift ist hinreichend qualifiziert, und zwischen diesem Verstoß und dem den Geschädigten entstandenen Schaden besteht ein unmittelbarer Kausalzusammenhang (vgl. in diesem Sinne Urteile vom 19. November 1991, Francovich u. a., C 6/90 und C 9/90, EU:C:1991:428, Rn. 35, und vom 5. März 1996, Brasserie du pêcheur und Factortame, C 46/93 und C 48/93, EU:C:1996:79, Rn. 31 und 51).

(...)

[43] Demzufolge fällt der Grundsatz der außervertraglichen Haftung des Staates in die Auslegungszuständigkeit des Gerichtshofs.

(...)

[46] Für die Beantwortung der zweiten Frage ist zunächst darauf hinzuweisen, dass, wie in Rn. 41 des vorliegenden Urteils ausgeführt, die Haftung des Staates für Schäden, die dem Einzelnen durch dem Staat zuzurechnende Verstöße gegen das Unionsrecht entstehen, nur eintreten kann, wenn die betreffende Vorschrift des Unionsrechts bezweckt, dem Einzelnen Rechte zu verleihen. Daher ist es erforderlich, zu bestimmen, ob ein Einzelner, der sich in der gleichen Situation wie Herr Ullens de Schooten befindet, Rechte aus den betreffenden Vorschriften des AEU-Vertrags herleiten kann.

(...)

[49] Der Umstand, dass der Gerichtshof im Urteil vom 12. Februar 1987, Kommission/Belgien (221/85, EU:C:1987:81), mit dem über die von der Kommission erhobene Vertragsverletzungsklage entschieden wurde, geprüft hat, ob das Königreich Belgien eine der im EWG-Vertrag vorgesehenen Grundfreiheiten beachtet hat, erlaubt für sich genommen nicht die Feststellung, dass sich ein Einzelner in einem Fall wie dem im Ausgangsverfahren in Rede stehenden, dessen Merkmale sämtlich nicht über die Grenzen eines Mitgliedstaats hinausweisen, auf diese Freiheit berufen kann. Während nämlich die Erhebung einer Vertragsverletzungsklage zur Folge hat, dass der Gerichtshof prüft, ob die von der Kommission gerügte nationale Maßnahme allgemein geeignet ist, die Wirtschaftsteilnehmer anderer Mitgliedstaaten davon abzuhalten,

von der betreffenden Freiheit Gebrauch zu machen, besteht die Aufgabe des Gerichtshofs im Rahmen eines Vorabentscheidungsverfahrens hingegen darin, das vorlegende Gericht bei der Entscheidung des konkret bei ihm anhängigen Rechtsstreits zu unterstützen, was voraussetzt, dass feststeht, dass die entsprechende Freiheit auf diesen Rechtsstreit anwendbar ist.

[50] Zwar hat der Gerichtshof Vorabentscheidungsersuchen, bei denen es um die Auslegung von die Grundfreiheiten betreffende Vorschriften der Verträge ging, für zulässig erachtet, obwohl die Merkmale des Ausgangsrechtsstreits sämtlich nicht über die Grenzen eines Mitgliedstaats hinauswiesen, und dies damit begründet, dass sich nicht ausschließen lässt, dass in anderen Mitgliedstaaten ansässige Staatsangehörige Interesse daran hatten oder haben, von diesen Freiheiten Gebrauch zu machen, um in dem Mitgliedstaat, der die betreffende nationale Regelung erlassen hat, Tätigkeiten auszuüben, und dass folglich diese unterschiedslos auf Inländer und Staatsangehörige anderer Mitgliedstaaten anwendbare Regelung Wirkungen entfalten kann, die sich nicht auf diesen Mitgliedstaat beschränken (vgl. in diesem Sinne u. a. Urteile vom 1. Juni 2010, Blanco Pérez und Chao Gómez, C 570/07 und C 571/07, EU:C:2010:300, Rn. 40, vom 18. Juli 2013, Citroën Belux, C 265/12, EU:C:2013:498, Rn. 33, und vom 5. Dezember 2013, Venturini u. a., C 159/12 bis C 161/12, EU:C:2013:791, Rn. 25 und 26).

[51] Des Weiteren hat der Gerichtshof ausgeführt, dass dann, wenn das vorlegende Gericht ihn im Rahmen eines Verfahrens zur Nichtigerklärung von Bestimmungen anruft, die nicht nur für Inländer, sondern auch für die Angehörigen der übrigen Mitgliedstaaten Geltung haben, die Entscheidung, die das vorlegende Gericht im Anschluss an das Vorabentscheidungsurteil des Gerichtshofs treffen wird, auch in Bezug auf die Angehörigen der übrigen Mitgliedstaaten Wirkungen entfalten wird, was es rechtfertigt, dass er die ihm im Zusammenhang mit den die Grundfreiheiten betreffenden Vorschriften des Vertrags gestellten Fragen trotz des Umstands beantwortet, dass die Merkmale des Ausgangsrechtsstreits sämtlich nicht über die Grenzen eines Mitgliedstaats hinausweisen (vgl. in diesem Sinne Urteil vom 8. Mai 2013, Libert u. a., C 197/11 und C 203/11, EU:C:2013:288, Rn. 35).

[52] Im Übrigen ist darauf hinzuweisen, dass sich die Auslegung der in den Art. 49, 56 oder 63 AEUV vorgesehenen Grundfreiheiten in einer Rechtssache, deren Merkmale sämtlich nicht über die Grenzen eines Mitgliedstaats hinausweisen, als relevant erweisen kann, wenn das nationale Recht dem vorlegenden Gericht vorschreibt, einem Staatsangehörigen des Mitgliedstaats, zu dem dieses Gericht gehört, die gleichen Rechte zu-

zuerkennen, wie sie einem Angehörigen eines anderen Mitgliedstaats in gleicher Lage aufgrund des Unionsrechts zustünden (vgl. in diesem Sinne Urteile vom 5. Dezember 2000, Guimont, C 448/98, EU:C:2000:663, Rn. 23, vom 21. Juni 2012, Susisalo u. a., C 84/11, EU:C:2012:374, Rn. 20, und vom 21. Februar 2013, Ordine degli Ingegneri di Verona e Provincia u. a., C 111/12, EU:C:2013:100, Rn. 35).

[53] Dasselbe gilt in den Fällen, in denen zwar der Sachverhalt des Ausgangsverfahrens nicht unmittelbar in den Geltungsbereich des Unionsrechts fällt, aber die Vorschriften des Unionsrechts durch das nationale Recht, das sich zur Regelung rein innerstaatlicher Sachverhalte, deren Merkmale sämtlich nicht über die Grenzen eines Mitgliedstaats hinausweisen, nach den im Unionsrecht getroffenen Regelungen richtete, für anwendbar erklärt wurden (vgl. in diesem Sinne Urteile vom 18. Oktober 1990, Dzodzi, C 297/88 und C 197/89, EU:C:1990:360, Rn. 36, 37 und 41, vom 17. Juli 1997, Leur-Bloem, C 28/95, EU:C:1997:369, Rn. 27 und 32, sowie vom 14. März 2013, Allianz Hungária Biztosító u. a., C 32/11, EU:C:2013:160, Rn. 20).

[54] Jedoch kann der Gerichtshof in den Fällen, auf die sich die Rn. 50 bis 53 des vorliegenden Urteils beziehen, dann, wenn er von einem nationalen Gericht im Zusammenhang mit einem Sachverhalt angerufen wird, dessen Merkmale sämtlich nicht über die Grenzen eines Mitgliedstaats hinausweisen, und das nationale Gericht lediglich angibt, dass die fragliche nationale Regelung unterschiedslos für die Staatsangehörigen des betreffenden Mitgliedstaats und für die Staatsangehörigen anderer Mitgliedstaaten gilt, nicht davon ausgehen, dass das nationale Gericht das Ersuchen um Auslegung im Wege der Vorabentscheidung bezüglich der die Grundfreiheiten betreffenden Vorschriften des AEU-Vertrags für die Entscheidung des bei ihm anhängigen Rechtsstreits benötigt. Die konkreten Merkmale, die es ermöglichen, einen Zusammenhang zwischen dem Gegenstand oder den Umständen eines Rechtsstreits, dessen Merkmale sämtlich nicht über die Grenzen des betreffenden Mitgliedstaats hinausweisen, und den Art. 49, 56 oder 63 AEUV herzustellen, müssen sich nämlich aus der Vorlageentscheidung ergeben.

(...)

[57] Im vorliegenden Fall möchte das vorlegende Gericht vom Gerichtshof wissen, ob im Rahmen einer Klage wegen außervertraglicher Haftung, die gegen einen Mitgliedstaat aufgrund eines angeblichen Verstoßes gegen das Unionsrecht erhoben worden ist, ein Staatsangehöriger dieses Mitgliedstaats aus den Art. 49, 56 oder 63 AEUV Rechte herleiten kann, obwohl der betreffende Rechtsstreit keine Anknüpfungspunkte bezüglich dieser Vorschriften aufweist. Da die Umstände des Ausgangs-

rechtsstreits keine derartigen Anknüpfungspunkte aufweisen, können die genannten Vorschriften, die den Schutz von Personen bezwecken, die von den Grundfreiheiten tatsächlich Gebrauch machen, Herrn Ullens de Schooten jedoch keine Rechte verleihen, so dass das Unionsrecht eine außervertragliche Haftung des betroffenen Mitgliedstaats nicht begründen kann.

190 **Rs. C-342/17 (Memoria),**
Urteil des Gerichtshofs vom 14.11.2018.

Vorbemerkungen: *Der EuGH konnte in der Rs. Memoria in einem (tatsächlich) rein innerstaatlichen Sachverhalt die Niederlassungsfreiheit zur Anwendung bringen. Grund hierfür war ein Anknüpfungspunkt in der italienischen Rechtsordnung. Art. 53 des italienischen EU-Teilnahmegesetzes konstituierte die Geltung unionsrechtlicher Rechtsstandards für italienische Staatsangehörige in rein innerstaatlichen Sachverhalten, soweit Unionsbürger ohne italienische Staatsangehörigkeit in der gleichen Situation andernfalls besser behandelt würden. Die aus dem Beschränkungsverbot folgende Inländerdiskriminierung wurde damit verhindert. Die Anwendung der Grundfreiheiten ist in solchen Fällen gerechtfertigt, weil der italienische Gesetzgeber selbst die Geltung des Unionsrechts – über dessen eigenen Geltungsanspruch hinaus – auf rein innerstaatliche Sachverhalte anordnet und die Souveränität des Mitgliedstaats damit gewahrt bleibt. Ein interessantes Folgeproblem ist die Frage nach dem Bestehen einer Befolgungspflicht eines insoweit ergangenen Vorabentscheidungsurteils. Eine solche Pflicht dürfte eher abzulehnen sein; der Grund für die Anwendbarkeit der Grundfreiheiten folgt hier nämlich nicht aus dem Unions-, sondern aus dem italienischen Recht. Es liegt in der Hand des italienischen Gesetzgebers diesen Anknüpfungspunkt zu beseitigen und die Unanwendbarkeit des Unionsrechts damit festzulegen. Ein nationaler Anknüpfungspunkt für die Anwendbarkeit der Grundfreiheiten dürfte daher nicht zu einer unionsrechtlichen Befolgungspflicht führen.* ***B:*** *M. Ogorek, JA 2019, 713 ff.*

Sachverhalt: Memoria war eine Gesellschaft italienischen Rechts, deren Tätigkeit darin bestand, den Familien der Verstorbenen, die eingeäschert wurden, einen Dienst zur Aufbewahrung ihrer Ascheurnen anzubieten. Eine solche Art der Aufbewahrung der Überreste Verstorbener wurde jedoch im Jahr 2015 von der italienischen Gemeinde Padua verboten. Das mit diesem Fall beschäftigte Verwaltungsgericht legte dem EuGH die Frage vor, ob die Dienstleistungs- und Niederlassungsfreiheit dahingehend auszulegen seien, dass sie einem solchen Verbot entgegenstünden.

Aus den Entscheidungsgründen:

[23] Auch wenn Staatsangehörige desselben Mitgliedstaats einander gegenüberstehen, weist ein Rechtsstreit einen Anknüpfungspunkt zu den Art. 49 und 56 AEUV auf, der die Auslegung dieser Bestimmungen für die Entscheidung dieses Rechtsstreits erforderlich machen kann, wenn das nationale Recht dem vorlegenden Gericht vorschreibt, diesen Staatsangehörigen die gleichen Rechte zuzuerkennen, wie sie den Staatsangehörigen anderer Mitgliedstaaten in gleicher Lage aufgrund des Unionsrechts zustünden (vgl. in diesem Sinne Urteile vom 21. Februar 2013, Ordine degli Ingegneri di Verona e Provincia u. a., C 111/12, EU:C:2013:100, Rn. 35, und vom 15. November 2016, Ullens de Schooten, C 268/15, EU:C:2016:874, Rn. 52).

[24] Im vorliegenden Fall stehen im Ausgangsrechtsstreit zwar eine Gesellschaft nach italienischem Recht und eine italienische Staatsangehörige einer Gemeinde mit Sitz im Hoheitsgebiet Italiens gegenüber, das vorlegende Gericht weist aber darauf hin, dass es nach Art. 53 des Gesetzes Nr. 234 vom 24. Dezember 2012 verpflichtet sei, zugunsten dieser Gesellschaft und dieser Staatsangehörigen die Art. 49 und 56 AEUV anzuwenden.

(...)

[45] Es scheint jedoch, dass Memoria im Ausgangsverfahren einen Urnenaufbewahrungsdienst auf unbestimmte Zeit und mittels einer festen Einrichtung in der Gemeinde Padua anbieten möchte. Folglich ist die Vorlagefrage dahin zu verstehen, dass sie allein die Auslegung von Art. 49 AEUV betrifft.

(...)

[49] Im vorliegenden Fall ist unter Berücksichtigung der Ausführungen des vorlegenden Gerichts festzustellen, dass eine nationale Regelung wie die im Ausgangsverfahren in Rede stehende, die den Unionsangehörigen verbietet, einen Urnenaufbewahrungsdienst im betreffenden Mitgliedstaat anzubieten, dem entgegensteht, dass diese sich dort niederlassen, um einer solchen Aufbewahrung nachzugehen, und dass sie daher geeignet ist, die Ausübung der durch den Vertrag garantierten Niederlassungsfreiheit durch die Unionsangehörigen zu behindern.

[50] Daher begründet eine solche Regelung eine Beschränkung der Niederlassungsfreiheit im Sinne von Art. 49 AEUV.

[51] Zweitens kann nach ständiger Rechtsprechung eine Beschränkung der Niederlassungsfreiheit, sofern sie ohne Diskriminierung aus Gründen der Staatsangehörigkeit anwendbar ist, durch zwingende Gründe des Allgemeininteresses gerechtfertigt sein, sofern sie geeignet ist, die Erreichung des mit ihr verfolgten Ziels zu gewährleisten, und nicht über das zu seiner Erreichung erforderliche Maß hinausgeht (vgl. in diesem Sinne u. a. Urteil vom 9. März 2017, Piringer, C 342/15, EU:C:2017:196, Rn. 53 und die dort angeführte Rechtsprechung).

(…)

[53] Im vorliegenden Fall machen die Gemeinde Padua und die italienische Regierung geltend, dass die im Ausgangsverfahren in Rede stehende nationale Regelung – die unbestritten ohne Diskriminierung aus Gründen der Staatsangehörigkeit anwendbar ist – durch zwingende Gründe des Allgemeininteresses am Schutz der öffentlichen Gesundheit, am Erfordernis, die gebührende Achtung des Andenkens an die Verstorbenen sicherzustellen, und am Schutz der in Italien vorherrschenden moralischen und religiösen Werte gerechtfertigt sei, wobei letztere den mit der Aufbewahrung der Asche verbundenen geschäftlichen und gesellschaftlichen Tätigkeiten und daher der Aufbewahrung der sterblichen Überreste mit Gewinnerzielungsabsicht entgegenstünden.

[54] Insoweit ist, was erstens die mit dem Schutz der öffentlichen Gesundheit begründete Rechtfertigung angeht, nach ständiger Rechtsprechung des Gerichtshofs der Schutz der öffentlichen Gesundheit zwar einer der im Unionsrecht anerkannten zwingenden Gründe des Allgemeininteresses und verfügen die Mitgliedstaaten in diesem Bereich über einen weiten Ermessensspielraum (vgl. in diesem Sinne Urteil vom 1. Juni 2010, Blanco Pérez und Chao Gómez, C 570/07 und C 571/07, EU:C:2010:300, Rn. 44, 68 und 106).

[55] Jedoch kann ein solches Ziel die im Ausgangsverfahren in Rede stehende Beschränkung nicht rechtfertigen, da die Asche, anders als die sterblichen Überreste, vom biologischen Gesichtspunkt aus inert ist, da sie durch die Hitze steril wird, so dass ihre Aufbewahrung keine auf Erwägungen der öffentlichen Gesundheit beruhende Verpflichtung darstellen kann.

(…)

[57] Was zweitens das Ziel des Schutzes der gebührenden Achtung des Andenkens an die Verstorbenen betrifft, so kann auch dieses einen zwingenden Grund des Allgemeininteresses darstellen.

[58] Außerdem kann zwar von einer nationalen Regelung, die privaten Unternehmen verbietet, die Aufbewahrung von Ascheurnen an-

zubieten, angenommen werden, dass sie die Erreichung dieses Ziels gewährleistet. Zum einen kann ein solches Verbot nämlich garantieren, dass die Aufbewahrung dieser Urnen Strukturen übertragen wird, die Pflichten und spezifischen Kontrollen unterliegen, die die gebührende Achtung des Andenkens an die Verstorbenen sicherstellen sollen. Zum anderen lässt sich damit gewährleisten, dass die fraglichen Urnen im Fall der Beendigung der Aufbewahrungstätigkeiten durch die betreffenden Unternehmen nicht aufgegeben werden oder ihr Inhalt nicht in unangemessener Weise und an unangemessenen Orten verstreut wird.

[59] Es ist jedoch festzustellen, dass es weniger einschränkende Maßnahmen gibt, um dieses Ziel zu erreichen, wie insbesondere die Pflicht, die Urnenaufbewahrung unter gleichen Bedingungen wie auf den Friedhöfen der Gemeinde sicherzustellen und im Fall der Beendigung der Geschäftstätigkeit die Urnen auf einen öffentlichen Friedhof zu bringen oder sie den Angehörigen des Verstorbenen zurückzugeben.

[60] Daher geht die im Ausgangsverfahren in Rede stehende nationale Regelung über das hinaus, was zur Erreichung des Ziels des Schutzes der gebührenden Achtung des Andenkens an die Verstorbenen erforderlich ist.

(...)

[62] Was drittens die in dem betreffenden Mitgliedstaat vorherrschenden moralischen und religiösen Werte angeht, trägt die italienische Regierung vor, dass diese Werte einer Aufbewahrung der sterblichen Überreste mit Gewinnerzielungsabsicht entgegenstünden.

[63] Ohne dass jedoch über den Wert eines solchen Ziels entschieden zu werden braucht, ist darauf hinzuweisen, dass schon aus dem Wortlaut von Art. 5 Abs. 2 des Gesetzes Nr. 130 vom 30. März 2001 hervorgeht, dass die Aufbewahrung der Asche von Verstorbenen in diesem Mitgliedstaat Gebühren unterliegt, die vom Innenministerium in Abstimmung mit dem Gesundheitsministerium und bestimmten Vereinigungen festgelegt werden.

[64] Die Öffnung der Aufbewahrung sterblicher Überreste für private Akteure hätte jedoch derselben gebührenrechtlichen Regelung unterstellt werden können, die der betreffende Mitgliedstaat für sich genommen offenbar nicht als seinen moralischen und religiösen Werten widersprechend ansieht.

[65] Da dies nicht geschehen ist, geht die im Ausgangsverfahren in Rede stehende nationale Regelung über das hinaus, was zur Erreichung des geltend gemachten Ziels erforderlich ist und kann folglich jedenfalls nicht im Licht dieses Ziels gerechtfertigt werden.

3. Ausübung öffentlicher Gewalt

191 **Rs. C-54/08 (Kommission ./. Deutschland), Urteil des Gerichtshofs vom 24.05.2011.**

Vorbemerkungen: *Die Bestimmungen über die Niederlassungsfreiheit sind nicht anwendbar auf Tätigkeiten, die dauernd oder zeitweise mit der Ausübung öffentlicher Gewalt verbunden sind (Art. 51 AEUV). Der EuGH legt diese Bereichsausnahme sehr eng aus und verlangt insbesondere, dass die betreffenden Tätigkeiten als solche unmittelbar und spezifisch mit der Ausübung öffentlicher Gewalt verbunden sind. Der Notarberuf galt lange Zeit als Standardbeispiel für die Ausübung öffentlicher Gewalt i. S. d. Art. 51 AEUV. Im vorliegenden Urteil setzte sich der EuGH eingehend mit der Tätigkeit von Notaren nach der deutschen Rechtsordnung auseinander und hinterfragte den von Deutschland geltend gemachten unmittelbaren und spezifischen Bezug zur Ausübung hoheitlicher Gewalt im Lichte der Rechtswirkungen notarieller Urkunden (Beweiskraft, Vollstreckbarkeit). Im Ergebnis sah er die strenge Voraussetzung des Art. 51 AEUV als nicht erfüllt an und stellte fest, dass das im deutschen Recht aufgestellte Staatsangehörigkeitserfordernis für den Zugang zum Notarberuf eine nach Art. 49 AEUV verbotene Diskriminierung aufgrund der Staatsangehörigkeit darstellt.* ***B:*** *M.-C. Fuchs, EuZW 2011, 475 f.; R. Streinz, JuS 2011, 851 ff.; D. U. Schmid/ T. Pinkel, NJW 2011, 2928 ff.* ***L:*** *Rn. 918, 939.*

Sachverhalt: Nach § 5 Bundesnotarordnung (BNotO) a. F. durfte nur ein deutscher Staatsangehöriger zum Notar bestellt werden. Mit ihrer Vertragsverletzungsklage gemäß Art. 258 AEUV beantragte die Kommission festzustellen, dass die Bundesrepublik Deutschland hierdurch gegen ihre Verpflichtungen insbesondere aus den Art. 43 EG und 45 EG (jetzt: Art. 49 und 51 AEUV) verstoßen hatte.

Aus den Entscheidungsgründen:

[84] Was den Begriff „Ausübung öffentlicher Gewalt" im Sinne von Art. 45 Abs. 1 EG angeht, ist bei seiner Würdigung nach ständiger Rechtsprechung zu berücksichtigen, dass den anerkannten Ausnahmen vom Grundsatz der Niederlassungsfreiheit durch die genannte Bestimmung dem Unionsrecht eigene Grenzen gesetzt werden, um zu verhindern, dass der Vertrag durch einseitige Maßnahmen der Mitgliedstaaten seiner praktischen Wirksamkeit in diesem Bereich beraubt wird (...).

[85] Nach ebenfalls ständiger Rechtsprechung stellt Art. 45 Abs. 1 EG eine Ausnahme von der Grundregel der Niederlassungsfreiheit dar. Als solche ist er so auszulegen, dass sich seine Tragweite auf das beschränkt, was zur Wahrung der Interessen, deren Schutz diese Bestimmung den Mitgliedstaaten erlaubt, unbedingt erforderlich ist (...).

[86] Ferner hat der Gerichtshof wiederholt hervorgehoben, dass die in Art. 45 Abs. 1 EG vorgesehene Ausnahmeregelung auf Tätigkeiten beschränkt werden muss, die als solche unmittelbar und spezifisch mit der Ausübung öffentlicher Gewalt verbunden sind (...).

(...)

[90] Die Bundesrepublik Deutschland und die Kommission sind sich darüber einig, dass die als Erstes zu prüfende Haupttätigkeit der Notare nach der deutschen Rechtsordnung darin besteht, öffentliche Urkunden in der gesetzlichen Form zu erstellen. Dabei müsse der Notar u. a. prüfen, dass alle gesetzlichen Voraussetzungen für die Erstellung der Urkunde erfüllt seien. Die öffentliche Urkunde besitze zudem Beweiskraft und sei vollstreckbar.

[91] Hierzu ist hervorzuheben, dass nach den deutschen Rechtsvorschriften Akte oder Verträge, denen sich die Parteien freiwillig unterworfen haben, beurkundet werden. Die Parteien entscheiden nämlich, innerhalb der gesetzlich vorgegebenen Grenzen, selbst über den Umfang ihrer Rechte und Pflichten und können die Bestimmungen, denen sie sich unterwerfen wollen, frei wählen, wenn sie dem Notar einen Akt oder einen Vertrag zur Beurkundung unterbreiten. Dessen Tätigwerden setzt daher voraus, dass zuvor eine Einigung oder Willensübereinstimmung der Parteien zustande gekommen ist.

[92] Außerdem darf der Notar den von ihm zu beurkundenden Vertrag nicht ohne vorherige Einholung der Zustimmung der Parteien einseitig ändern.

[93] Die Beurkundungstätigkeit der Notare ist somit als solche nicht im Sinne von Art. 45 Abs. 1 EG mit einer unmittelbaren und spezifischen Ausübung öffentlicher Gewalt verbunden.

[94] Dass bei bestimmten Akten oder Verträgen eine Beurkundung zwingende Voraussetzung ihrer Wirksamkeit ist, kann dieses Ergebnis nicht in Frage stellen. Es ist nämlich nicht ungewöhnlich, dass die Gültigkeit verschiedener Akte nach den nationalen Rechtsordnungen und unter den vorgesehenen Modalitäten Formerfordernissen oder zwingenden Validierungsverfahren unterliegt. Dieser Umstand reicht daher nicht aus, um die von der Bundesrepublik Deutschland vertretene These zu untermauern.

[95] Auch die Pflicht der Notare, vor der Beurkundung eines Akts oder eines Vertrags zu prüfen, ob alle gesetzlich vorgeschriebenen Vor-

aussetzungen für das Zustandekommen dieses Akts oder Vertrags erfüllt sind, und, wenn dies nicht der Fall ist, die Beurkundung zu verweigern, ist nicht geeignet, das vorstehende Ergebnis in Frage zu stellen.

[96] Zwar verfolgt der Notar, wie die Bundesrepublik Deutschland hervorhebt, bei dieser Prüfung das im Allgemeininteresse liegende Ziel, die Rechtmäßigkeit und die Rechtssicherheit von Akten zwischen Privatpersonen zu gewährleisten. Die bloße Verfolgung dieses Ziels kann es jedoch nicht rechtfertigen, die dafür erforderlichen Vorrechte Notaren mit der Staatsangehörigkeit des betreffenden Mitgliedstaats vorzubehalten.

[97] Dass in Verfolgung eines im Allgemeininteresse liegenden Ziels gehandelt wird, genügt für sich genommen nicht, um eine bestimmte Tätigkeit als unmittelbar und spezifisch mit der Ausübung öffentlicher Gewalt verbunden einzustufen. Es steht nämlich fest, dass die im Rahmen verschiedener reglementierter Berufe ausgeübten Tätigkeiten nach den nationalen Rechtsordnungen häufig die Pflicht der sie ausübenden Personen einschließen, ein solches Ziel zu verfolgen, ohne dass diese Tätigkeiten deshalb mit der Ausübung öffentlicher Gewalt verbunden sind.

[98] Dass mit den notariellen Tätigkeiten im Allgemeininteresse liegende Ziele verfolgt werden, die insbesondere dazu dienen, die Rechtmäßigkeit und die Rechtssicherheit von Akten zwischen Privatpersonen zu gewährleisten, stellt allerdings einen zwingenden Grund des Allgemeininteresses dar, der etwaige Beschränkungen von Art. 43 EG rechtfertigen kann, die sich aus den Besonderheiten der notariellen Tätigkeit ergeben, wie etwa den für die Notare aufgrund der Verfahren zu ihrer Bestellung geltenden Vorgaben, der Beschränkung ihrer Zahl und ihrer örtlichen Zuständigkeit oder auch der Regelung ihrer Bezüge, ihrer Unabhängigkeit, der Unvereinbarkeit von Ämtern und ihrer Unabsetzbarkeit, soweit diese Beschränkungen zur Erreichung der genannten Ziele geeignet und erforderlich sind.

[99] Es trifft auch zu, dass der Notar die Beurkundung eines Akts oder eines Vertrags, der nicht die gesetzlich vorgeschriebenen Voraussetzungen erfüllt, unabhängig vom Willen der Parteien verweigern muss. Nach einer solchen Weigerung steht es den Parteien jedoch frei, die festgestellte Regelwidrigkeit abzustellen, die Bestimmungen des fraglichen Akts oder Vertrags zu ändern oder auf diesen Akt oder Vertrag zu verzichten.

[100] Was die Beweiskraft und die Vollstreckbarkeit notarieller Urkunden anbelangt, so verleihen sie diesen Urkunden unbestreitbar bedeutsame Rechtswirkungen. Dass eine bestimmte Tätigkeit die Er-

stellung von Urkunden umfasst, die mit solchen Wirkungen ausgestattet sind, reicht jedoch nicht aus, um diese Tätigkeit als im Sinne von Art. 45 Abs. 1 EG unmittelbar und spezifisch mit der Ausübung öffentlicher Gewalt verbunden einzustufen.

[101] Insbesondere in Bezug auf die Beweiskraft einer notariellen Urkunde ist nämlich festzustellen, dass sie Teil der in der fraglichen Rechtsordnung gesetzlich verankerten Beweisregeln ist. So gehören die §§ 415 und 418 ZPO, die die Beweiskraft öffentlicher Urkunden regeln, zu Titel 9 („Beweis durch Urkunden“) von Abschnitt 1 des Zweiten Buchs der ZPO. Die einer bestimmten Urkunde durch Gesetz verliehene Beweiskraft hat daher keine unmittelbare Auswirkung auf die Frage, ob die mit der Erstellung dieser Urkunde verbundene Tätigkeit als solche unmittelbar und spezifisch mit der Ausübung öffentlicher Gewalt verbunden ist, wie es die Rechtsprechung verlangt (vgl. in diesem Sinne Urteile Thijssen, Randnr. 8, und Kommission/Spanien, Randnr. 35).

[102] Außerdem ist, wie sich insbesondere aus den §§ 415 Abs. 2 und 418 Abs. 2 ZPO ergibt, der Beweis der unrichtigen Beurkundung des Vorgangs oder der Unrichtigkeit der bezeugten Tatsachen grundsätzlich zulässig.

[103] Daher kann nicht geltend gemacht werden, dass die notarielle Urkunde aufgrund ihrer Beweiskraft das Gericht bei seiner Würdigung uneingeschränkt binde, denn es ist unstreitig, dass das Gericht seine Entscheidung nach freier Überzeugung unter Berücksichtigung aller Tatsachen und Beweise trifft, die während des gerichtlichen Verfahrens zusammengetragen wurden. Der Grundsatz der freien Beweiswürdigung durch das Gericht ist im Übrigen in § 286 ZPO verankert.

[104] Zur Vollstreckbarkeit der öffentlichen Urkunde hat die Bundesrepublik Deutschland zutreffend ausgeführt, dass sie die Vollstreckung der in ihr enthaltenen Verpflichtung ermöglicht, ohne dass zuvor ein Gericht tätig werden muss.

[105] Die Vollstreckbarkeit der öffentlichen Urkunde verschafft dem Notar aber keine Befugnisse, die mit einer unmittelbaren und spezifischen Ausübung öffentlicher Gewalt verbunden sind. Denn wie aus § 794 Abs. 1 Nr. 5 ZPO hervorgeht, setzt die Vollstreckbarkeit einer notariellen Urkunde u. a. voraus, dass der Schuldner sich darin der sofortigen Zwangsvollstreckung unterworfen hat. Folglich ist die notarielle Urkunde ohne Einverständnis des Schuldners nicht vollstreckbar. Somit verleiht zwar die Anbringung der Vollstreckungsklausel durch den Notar der öffentlichen Urkunde die Vollstreckbarkeit, doch beruht diese auf dem Willen der Parteien, eine Urkunde zu schaffen oder einen Vertrag

zu schließen, nachdem der Notar ihre Vereinbarkeit mit der Rechtsordnung geprüft hat, und ihnen Vollstreckbarkeit zu verleihen.

[106] Die vorstehenden Erwägungen gelten entsprechend für Transaktionen, die ohne notarielle Beurkundung unwirksam sind, wie z. B. Verträge über den Erwerb und die Übertragung des Eigentums an einem Grundstück und über die Übertragung des gegenwärtigen Vermögens, Schenkungsversprechen, Eheverträge, Erbverträge und Erb- oder Pflichtteilsverzichtsverträge.

[107] Die gleichen Erwägungen gelten auch für die in Randnr. 27 des vorliegenden Urteils beschriebenen Tätigkeiten des Notars im Bereich des Gesellschaftsrechts.

[108] Die Bundesrepublik Deutschland kann ihre Auffassung auch nicht auf die allein in Bayern den Notaren übertragene Befugnis stützen, Erklärungen zu beurkunden, mit denen eine eingetragene Partnerschaft zwischen Personen gleichen Geschlechts begründet wird, da – abgesehen von dem Vorstehenden – aus Art. 2 AGLPartG hervorgeht, dass eine solche Partnerschaft, um Wirkungen zu entfalten, zudem durch das zuständige Standesamt in das von ihm geführte Lebenspartnerschaftsregister eingetragen werden muss.

[109] Was als Zweites den speziellen Status der Notare nach deutschem Recht angeht, genügt der Hinweis, dass nach den Ausführungen in den Randnrn. 86 und 89 des vorliegenden Urteils anhand der Art der fraglichen Tätigkeiten für sich genommen und nicht anhand dieses Status als solchen zu prüfen ist, ob die Tätigkeiten unter die in Art. 45 Abs. 1 EG vorgesehene Ausnahme fallen.

[110] Hierzu bedarf es jedoch zweier Erläuterungen. Erstens steht fest, dass grundsätzlich jede Partei den Notar frei wählen kann. Es trifft zwar zu, dass das Honorar der Notare gesetzlich festgelegt ist; gleichwohl kann die Qualität der erbrachten Leistungen von Notar zu Notar u. a. aufgrund der beruflichen Fähigkeiten der Betreffenden schwanken. Folglich üben die Notare, wie der Generalanwalt in Nr. 18 seiner Schlussanträge ausgeführt hat, ihren Beruf in den Grenzen ihrer jeweiligen örtlichen Zuständigkeiten unter Wettbewerbsbedingungen aus, was für die Ausübung öffentlicher Gewalt untypisch ist.

[111] Zweitens haftet nach § 19 Abs. 1 BNotO allein der Notar für die Handlungen im Rahmen seiner beruflichen Tätigkeit.

(…)

[116] Unter diesen Umständen sind die notariellen Tätigkeiten nach ihrer gegenwärtigen Definition in der deutschen Rechtsordnung nicht im Sinne von Art. 45 Abs. 1 EG mit der Ausübung öffentlicher Gewalt verbunden.

[117] Folglich ist festzustellen, dass das in der deutschen Regelung aufgestellte Staatsangehörigkeitserfordernis für den Zugang zum Notarberuf eine nach Art. 43 EG verbotene Diskriminierung aufgrund der Staatsangehörigkeit darstellt.

4. Verpflichtete

Rs. C-309/99 (Wouters), 192
Urteil des Gerichtshofs vom 19.02.2002.

Vorbemerkungen: *Grundsätzlich sind, wie bei allen anderen Grundfreiheiten, die Mitgliedstaaten der EU Verpflichtete der Niederlassungsfreiheit. In der Wouters-Entscheidung erstreckte der EuGH die Bindungswirkung der Niederlassungsfreiheit erstmalig auch auf Regelungen nichtstaatlichen Ursprungs. Zwar hatte er eine solche Bindung bereits im Urteil Walrave postuliert, dort war die Niederlassungsfreiheit aber nicht betroffen gewesen. Dabei lassen sich Berufskammern, ebenso wie Sportverbände, aufgrund ihrer Regelungsbefugnisse den sog. „intermediären Gewalten" zurechnen. Die Frage nach der Beurteilung des grenzüberschreitenden Bezugs überließ der EuGH in diesem Fall den nationalen Gerichten.* ***B:*** *T. Hund, DStR 2002, 519 f.; R. Streinz, JuS 2002, 605 ff.* ***L:*** *Rn. 937, 973, 1078, 1080, 1088.*

Sachverhalt: Der Vorstand der Bezirksrechtsanwaltskammer in Rotterdam sowie der Allgemeine Rat der Niederländischen Rechtsanwaltskammer hatten einen Antrag des Rechtsanwalts Wouters auf Ausübung seiner Tätigkeit unter der Firma „Arthur Andersen & Co., advocaten en belastingadviseurs" (Rechtsanwälte und Steuerberater) zurückgewiesen. Der Vorstand und der Allgemeine Rat waren der Auffassung, dass die von Wouters beabsichtigte Sozietät u. a. gegen Art. 4 der Zusammenarbeitsverordnung (Samenwerkingsverordening) verstoße. Art. 4 der Verordnung, welche die Delegiertenversammlung der Niederländischen Rechtsanwaltskammer aufgrund des Art. 28 des Gesetzes zur Gründung der Niederländischen Rechtsanwaltskammer und zur Festlegung der Satzung und der Disziplinarordnung für Rechtsanwälte und Rechtsbeistände erlassen hatte, gestattete es den Rechtsanwälten Sozietäten mit Angehörigen einer anderen Berufsgruppe nur dann einzugehen, wenn diese Berufsgruppe vom Allgemeinen Rat der Niederländischen Rechtsanwaltskammer anerkannt waren. Eine der Berufsgruppen, die vom Allgemeinen Rat nicht anerkannt war und mit deren Angehörigen Rechtsanwälte keine Sozietäten gründen dürfen, waren Wirtschaftsprüfer. Die Rechtsanwaltskammer war der Auffassung, Wouters begründe eine „Sozietät" mit Angehörigen der Berufsgruppe der Wirtschaftsprüfer, was gegen Art. 4 der Zusammenarbeitsverordnung verstoße. Der mit dem Rechtsstreit befasste Raad van State legte dem EuGH in diesem Zusammenhang Fragen nach der Auslegung verschiedener Bestimmungen des Gemeinschaftsrechts unter anderem Art. 43 EG und Art. 49 EG (jetzt: Art. 49 und Art. 56 AEUV) vorgelegt.

Aus den Entscheidungsgründen:

[119] Mit der siebten Frage möchte das vorlegende Gericht im Wesentlichen wissen, ob die Vereinbarkeit eines Verbotes gemischter Sozietäten zwischen Rechtsanwälten und Wirtschaftsprüfern wie des in der Samenwerkingsverordening 1993 vorgesehenen mit dem Gemeinschaftsrecht sowohl anhand der Vertragsbestimmungen über die Niederlassungsfreiheit als auch derjenigen über die Dienstleistungsfreiheit zu beurteilen ist. Die achte und die neunte Frage des vorlegenden Gerichts gehen im Wesentlichen dahin, ob ein solches Verbot eine Beschränkung der Niederlassungsfreiheit und/oder der Dienstleistungsfreiheit darstellt und ob eine solche Beschränkung ggf. gerechtfertigt ist.

[120] Vorab ist darauf hinzuweisen, dass die Artikel 52 und 59 EG-Vertrag auch von Regelungen nichtstaatlichen Ursprungs einzuhalten sind, mit denen selbständige Tätigkeiten und Dienstleistungen kollektiv geregelt werden sollen. Die Beseitigung der Hindernisse für die Freizügigkeit und den freien Dienstleistungsverkehr zwischen den Mitgliedstaaten wäre nämlich gefährdet, wenn die Abschaffung der Schranken staatlichen Ursprungs durch Hindernisse wirkungslos gemacht werden könnte, die sich daraus ergeben, dass nicht dem öffentlichen Recht unterliegende Vereinigungen und Einrichtungen von ihrer rechtlichen Autonomie Gebrauch machen (vgl. Urteile vom 12. Dezember 1974 in der Rechtssache 36/74, Walrave und Koch, Slg. 1974, 1405, Randnrn. 17, 18, 23 und 24, vom 14. Juli 1976 in der Rechtssache 13/76, Donà, Slg. 1976, 1333, Randnrn. 17 und 18, vom 15. Dezember 1995 in der Rechtssache C-415/93, Bosman, Slg. 1995, I-4921, Randnrn. 83 und 84, und vom 6. Juni 2000 in der Rechtssache C-281/98, Angonese, Slg. 2000, I-4139, Randnr. 32).

[121] Der Gerichtshof kann daher prüfen, ob die Vertragsbestimmungen über das Niederlassungsrecht und den freien Dienstleistungsverkehr auf eine Regelung wie die Samenwerkingsverordening 1993 anwendbar sind.

Rs. C-438/05 (Viking), 193
Urteil des Gerichtshofs vom 11.12.2007.

Vorbemerkungen: *Der EuGH präzisierte im vorliegenden Urteil seine Rechtsprechung zur Bindung intermediärer Gewalten an die Grundfreiheiten. Demnach werden auch kollektive Maßnahmen von Art. 49 AEUV erfasst, die von einer Gewerkschaft oder einem Gewerkschaftsverband gegen ein Unternehmen zu dem Zweck betrieben werden, dieses Unternehmen dazu zu veranlassen, einen Tarifvertrag abzuschließen. Jedoch kann das grundrechtlich verbürgte Arbeitskampfrecht einen Eingriff in die Grundfreiheiten rechtfertigen, sofern es verhältnismäßig ist. Bemerkenswert ist hierbei, dass, obwohl die EU ausdrücklich gem. Art. 153 Abs. 5 AEUV keine Kompetenz zur Regelung des Arbeitskampfrechts hat, dieses vom Unionsrecht vor allem dadurch beeinflusst wird, dass die nationalrechtlich vorgesehene Verhältnismäßigkeitsprüfung modifiziert wird. Dies geschieht dadurch, dass in unionsrechtlich relevanten Fällen im Rahmen einer Abwägung den Arbeitskampfmaßnahmen auch Grundfreiheiten entgegenzustellen sind und dass unter Umständen eine Inhaltskontrolle der erstrebten Tarifvereinbarung vorgenommen werden muss.* ***B:*** *R. Krause, JA 2009, 649 ff.; R. Streinz, JuS 2008, 447 ff.; N. Reich, EuZW 2007, 391 ff.* ***L:*** *Rn. 789, 937, 950.*

Sachverhalt: Die finnische Reederei Viking beabsichtigte das Ausflaggen ihres Fährschiffes „Rosella". Dieses verkehrte auf der Strecke Tallin–Helsinki und konkurrierte daher überwiegend mit estnischen Schiffen, die ihre Besatzung zu günstigeren estnischen Löhnen anheuern konnten. Aufgrund nationaler finnischer Regelungen war es dem Fährunternehmen nicht möglich, die Arbeitskräfte ohne Weiteres zu niedrigeren Löhnen einzustellen. Aus diesem Grund wollte die Reederei das Schiff über eine Tochtergesellschaft in Estland registrieren lassen, um das Lohnniveau der Besatzung senken zu können. Die finnische Gewerkschaft FSU leitete hiergegen Arbeitskampfmaßnahmen ein, mit denen sich die international tätige Gewerkschaft ITW solidarisierte. Dabei stützten sie sich auf ihre sog. „Billigflaggen-Politik". Damit sollte verhindert werden, dass Schiffseigner die gewerkschaftliche Lohnpolitik unterlaufen, indem sie Schiffe in einem anderen Staat registrieren lassen als dem, wo sich das wirtschaftliche Eigentum am Schiff befindet. Im Rahmen des Vorabentscheidungsverfahrens hatte der EuGH den Konflikt zwischen der Niederlassungsfreiheit gem. Art. 43 EG (jetzt: Art. 49 AEUV) und dem grundrechtlich garantierten Arbeitskampfrecht zu lösen.

Aus den Entscheidungsgründen:

[36] Zum anderen sind, wie die FSU und die ITF geltend machen, kollektive Maßnahmen wie die im Ausgangsverfahren in Rede stehenden, die für die gewerkschaftlichen Organisationen das letzte Mittel sein können, um ihre Forderung nach kollektiver Regelung der Arbeit der Arbeitnehmer von Viking durchzusetzen, als untrennbar mit dem Tarifvertrag anzusehen, auf dessen Abschluss die FSU hinarbeitet.

(...)

[39] Zunächst macht die dänische Regierung geltend, dass die Vereinigungsfreiheit, das Streikrecht und das Aussperrungsrecht außerhalb des Bereichs der in Art. 43 EG formulierten Grundfreiheit lägen, weil die Gemeinschaft gemäß Art. 137 Abs. 5 EG in der durch den Vertrag von Nizza geänderten Fassung für die Regelung dieser Rechte nicht zuständig sei.

[40] Hierzu genügt der Hinweis, dass es den Mitgliedstaaten in den Bereichen, für die die Gemeinschaft nicht zuständig ist, zwar grundsätzlich weiterhin freisteht, die Bedingungen für den Bestand der fraglichen Rechte und die Modalitäten ihrer Ausübung festzusetzen, dass sie aber gleichwohl gehalten sind, das Gemeinschaftsrecht bei der Ausübung dieser Befugnis zu beachten (vgl. entsprechend zur sozialen Sicherheit Urteile vom 28. April 1998, Decker, C-120/95, Slg. 1998, I-1831, Randnrn. 22 und 23, und Kohll, C-158/96, Slg. 1998, I-1931, Randnrn. 18 und 19, hinsichtlich der direkten Steuern Urteile vom 4. März 2004, Kommission/Frankreich, C-334/02, Slg. 2004, I-2229, Randnr. 21, und vom 13. Dezember 2005, Marks & Spencer, C-446/03, Slg. 2005, I-10837, Randnr. 29).

(...)

[46] Allerdings hat der Gerichtshof in den Urteilen Schmidberger und Omega entschieden, dass die Ausübung der dort betroffenen Grundrechte, nämlich der Meinungs- und Versammlungsfreiheit sowie der Menschenwürde, nicht außerhalb des Anwendungsbereichs der Bestimmungen des Vertrags liegt und dass sie mit den Erfordernissen hinsichtlich der durch den Vertrag geschützten Rechte in Einklang gebracht werden und dem Verhältnismäßigkeitsgrundsatz entsprechen muss (vgl. in diesem Sinne Urteile Schmidberger, Randnr. 77, und Omega, Randnr. 36).

(...)

[61] Daraus folgt, dass Art. 43 EG so auszulegen ist, das er unter Umständen wie denen des Ausgangsverfahrens unmittelbar von einem privaten Unternehmen gegenüber einer Gewerkschaft oder einen Gewerkschaftsverband geltend gemacht werden kann.

(...)

[72] Im vorliegenden Fall hat zum einen eine kollektive Maßnahme wie die von der FSU beabsichtigte zur Folge, es für Viking, wie das vorlegende Gericht aufgezeigt hat, weniger attraktiv und sogar zwecklos zu machen, von ihrer Niederlassungsfreiheit Gebrauch zu machen, da die kollektive Maßnahme das Unternehmen und seine Tochtergesellschaft Viking Eesti daran hindert, im Aufnahmemitgliedstaat in den Genuss der gleichen Behandlung wie die anderen in diesem Staat niedergelassenen Wirtschaftsteilnehmer zu kommen.

[73] Zum anderen ist davon auszugehen, dass eine kollektive Maßnahme, die zu dem Zweck durchgeführt wird, die von der ITF betriebene Politik des Kampfes gegen Billigflaggen umzusetzen, die hauptsächlich, wie aus deren Erklärungen hervorgeht, darauf abzielt, die Reeder daran zu hindern, ihre Schiffe in einem anderen Staat als dem registrieren zu lassen, dessen Staatsangehörigkeit die wirtschaftlichen Eigentümer dieser Schiffe besitzen, zumindest geeignet ist, die Ausübung der Niederlassungsfreiheit durch Viking zu beschränken.

(...)

[75] Eine Beschränkung der Niederlassungsfreiheit kann nach der Rechtsprechung des Gerichtshofs nur zulässig sein, wenn mit ihr ein berechtigtes und mit dem Vertrag zu vereinbarendes Ziel verfolgt wird und wenn sie durch zwingende Gründe des Allgemeininteresses gerechtfertigt ist. In einem solchen Fall muss aber außerdem die Beschränkung geeignet sein, die Erreichung des verfolgten Ziels zu gewährleisten, und darf nicht über das hinausgehen, was zur Erreichung dieses Ziels erforderlich ist (vgl. u. a. Urteile vom 30. November 1995, Gebhard, C-55/94, Slg. 1995, I-4165, Randnr. 37, und Bosman, Randnr. 104).

(...)

[77] Hierzu ist darauf hinzuweisen, dass das Recht auf Durchführung einer kollektiven Maßnahme, die den Schutz der Arbeitnehmer zum Ziel hat, ein berechtigtes Interesse darstellt, das grundsätzlich eine Beschränkung einer der vom Vertrag gewährleisteten Grundfreiheiten rechtfertigen kann (vgl. in diesem Sinne Urteil Schmidberger, Randnr. 74), und dass der Schutz der Arbeitnehmer zu den bereits vom Gerichtshof anerkannten zwingenden Gründen des Allgemeininteresses zählt (vgl. u. a. Urteile vom 23. November 1999, Arblade u. a., C-369/96 und C-376/96, Slg. 1999, I-8453, Randnr. 36, vom 15. März 2001, Mazzoleni und ISA, C-165/98, Slg. 2001, I-2189, Randnr. 27, und vom 25. Oktober 2001, Finalarte u. a., C-49/98, C-50/98, C-52/98 bis C-54/98 und C-68/98 bis C-71/98, Slg. 2001, I-7831, Randnr. 33).

(...)

[90] In Anbetracht dieser Erwägungen ist auf die Fragen 3 bis 10 zu antworten, dass Art. 43 EG dahin auszulegen ist, dass kollektive Maßnahmen wie die im Ausgangsverfahren in Rede stehenden, die darauf abzielen, ein Unternehmen, dessen Sitz in einem bestimmten Mitgliedstaat liegt, zu veranlassen, einen Tarifvertrag mit einer in diesem Staat ansässigen Gewerkschaft zu schließen und die Klauseln dieses Tarifvertrags auf Arbeitnehmer einer Tochtergesellschaft des genannten Unternehmens, die in einem anderen Mitgliedstaat ansässig ist, anzuwenden, Beschränkungen im Sinne des genannten Artikels sind. Grundsätzlich können diese Beschränkungen durch einen zwingenden Grund des Allgemeininteresses wie etwa den Arbeitnehmerschutz gerechtfertigt sein, vorausgesetzt, es ist erwiesen, dass sie geeignet sind, die Erreichung des verfolgten legitimen Ziels zu gewährleisten, und dass sie nicht über das hinausgehen, was zur Erreichung dieses Ziels erforderlich ist.

5. Diskriminierungs- und Beschränkungsverbot

194 **Rs. C-330/91 (Commerzbank),**
Urteil des Gerichtshofs vom 13.07.1993.

Vorbemerkungen: *In dieser Entscheidung wurde in exemplarischer Weise das in Art. 49 Abs. 2 AEUV enthaltene Diskriminierungsverbot angewendet. Der EuGH arbeitete zunächst die von der britischen Regierung bestrittene Vergleichbarkeit der Sachverhalte heraus und zeigte auf, dass das Kriterium des steuerlichen Sitzes einer Gesellschaft eine versteckte Diskriminierung darstellt, die nicht gerechtfertigt werden konnte. Weiterhin stellte er die Spezialität des in Art. 49 Abs. 1 AEUV enthaltenen Diskriminierungsverbots gegenüber dem in Art. 18 AEUV enthaltenen allgemeinen Diskriminierungsverbot (damals: Art. 7 EWG-Vertrag) heraus.* ***L:*** *Rn. 922.*

Sachverhalt: Die Commerzbank hatte eine Zweigniederlassung im Vereinigten Königreich, durch die sie zwischen 1973 und 1976 verschiedenen amerikanischen Gesellschaften Darlehen gewährte. Auf die Zinsen, die diese Gesellschaften ihr zahlten, entrichtete sie in Großbritannien Steuern in Höhe von 4 222 234 UKL. Die Commerzbank beantragte bei der Steuerbehörde die Rückzahlung dieses Betrages mit der Begründung, dass die Zinsen nach Artikel 15 des Doppelbesteuerungsabkommens zwischen Großbritannien und den Vereinigten Staaten in Großbritannien steuerfrei seien. Diese Vorschrift sah im Wesentlichen vor, dass die von einer US-amerikanischen Gesellschaft gezahlten

Zinsen im Vereinigten Königreich nur besteuert werden, wenn sie an eine britische Gesellschaft oder an eine Gesellschaft gezahlt werden, die ihren steuerlichen Sitz im Vereinigten Königreich hat. Da die Commerzbank ihren steuerlichen Sitz nicht im Vereinigten Königreich hatte, wurden ihr folglich die ohne Rechtsgrund entrichteten Steuern zurückgezahlt. Im Zusammenhang mit dieser Rückzahlung beantragte die Commerzbank einen im britischen Recht vorgesehenen Zuschlag zur Rückzahlung für den Fall der verspäteten Rückzahlung. Die Steuerbehörde wies das Ersuchen der Commerzbank mit der Begründung zurück, diese sei nicht in Großbritannien ansässig. Die Commerzbank erhob daraufhin Klage beim High Court und machte geltend, die Weigerung, Nichtansässigen den Zuschlag zur Rückzahlung zu gewähren, stelle eine Beschränkung der Niederlassungsfreiheit und eine mittelbare Diskriminierung aufgrund der Staatsangehörigkeit dar, da die betroffenen Gesellschaften zumeist ausländische Gesellschaften seien. Der High Court befasste den EuGH mit der Auslegung der Artikel 5, 7, 52 und 58 EWG-Vertrag (jetzt: Art. 4 Abs. 3 EUV und Art. 18, 49, 54 AEUV).

Aus den Entscheidungsgründen:

[13] Wie der Gerichtshof bereits im Urteil vom 28. Januar 1986 in der Rechtssache 270/83 (Kommission/Frankreich, Slg. 1986, 273, Randnr. 18) festgestellt hat, ist mit der Niederlassungsfreiheit, die Artikel 52 den Staatsangehörigen der Mitgliedstaaten zuerkennt und die für sie die Aufnahme und Ausübung selbständiger Erwerbstätigkeiten nach den gleichen Bestimmungen wie den im Niederlassungsstaat für dessen eigene Angehörigen festgelegten umfasst, gemäß Artikel 58 EWG-Vertrag für die nach den Rechtsvorschriften eines Mitgliedstaats gegründeten Gesellschaften, die ihren satzungsmässigen Sitz, ihre Hauptverwaltung oder ihre Hauptniederlassung innerhalb der Gemeinschaft haben, das Recht verbunden, ihre Tätigkeit in dem betreffenden Mitgliedstaat durch eine Zweigniederlassung oder Agentur auszuüben. In bezug auf die Gesellschaften ist in diesem Zusammenhang hervorzuheben, daß ihr Sitz im genannten Sinn, ebenso wie die Staatsangehörigkeit bei natürlichen Personen, dazu dient, ihre Zugehörigkeit zur Rechtsordnung eines Staates zu bestimmen. Im selben Urteil hat der Gerichtshof ausgeführt, daß diese Vorschrift ausgehöhlt würde, wenn man zulassen würde, daß der Mitgliedstaat der Niederlassung nach seinem Belieben eine ungleiche Behandlung allein deshalb vornehmen kann, weil sich der Sitz einer Gesellschaft in einem anderen Mitgliedstaat befindet.

[14] Weiterhin ergibt sich aus der Rechtsprechung des Gerichtshofs (Urteil vom 12. Februar 1974 in der Rechtssache 152/73, Sotgiu,

Slg. 1974, 153), daß die Vorschriften über die Gleichbehandlung nicht nur offensichtliche Diskriminierungen aufgrund der Staatsangehörigkeit oder bei Gesellschaften aufgrund des Sitzes, sondern auch alle versteckten Formen der Diskriminierung verbieten, die durch die Anwendung anderer Unterscheidungsmerkmale tatsächlich zu dem gleichen Ergebnis führen.

[15] Zwar ist das Kriterium des steuerlichen Sitzes im Inland für die Gewährung eines Zuschlags zur Rückzahlung nicht geschuldeter Steuern unabhängig vom Sitz der Gesellschaft anwendbar; es droht sich jedoch besonders zu Lasten der Gesellschaften auszuwirken, die ihren Sitz in anderen Mitgliedstaaten haben. Es werden nämlich zumeist diese sein, die ihren steuerlichen Sitz ausserhalb des fraglichen Mitgliedstaats haben.

[16] Die Regierung des Vereinigten Königreichs macht zur Rechtfertigung der im Ausgangsverfahren beanstandeten nationalen Vorschrift geltend, die nichtansässigen Gesellschaften, die sich in der Lage der Commerzbank befänden, würden durch die britische Steuerregelung keineswegs diskriminiert, sondern kämen vielmehr in den Genuß einer Vorzugsbehandlung. Sie seien von den Steuern, die die ansässigen Gesellschaften normalerweise zu zahlen hätten, befreit. Unter diesen Umständen bestehe hinsichtlich des Zuschlags zur Rückzahlung keine Diskriminierung: Ansässige und nichtansässige Gesellschaften würden verschieden behandelt, weil sie sich in bezug auf die Körperschaftsteuer in verschiedenen Situationen befänden.

[17] Diesem Vorbringen kann nicht gefolgt werden.

[18] Eine nationale Vorschrift wie die in Rede stehende enthält eine Ungleichbehandlung. Wenn nämlich einer nichtansässigen Gesellschaft das Recht auf den Zuschlag zur Steuerrückzahlung verweigert wird, auf den ansässige Gesellschaften stets einen Anspruch haben, so wird sie diesen gegenüber benachteiligt.

[19] Der Umstand, daß die Steuerbefreiung, die zu der Rückzahlung führte, den nichtansässigen Gesellschaften vorbehalten war, kann nicht eine allgemeine Ausschlußvorschrift rechtfertigen. Diese Vorschrift ist daher diskriminierend.

[20] Aufgrund dieser Erwägungen ist dem vorlegenden Gericht zu antworten, daß die Artikel 52 und 58 EWG-Vertrag es verbieten, daß nach dem Recht eines Mitgliedstaats Zuschläge zur Rückzahlung nicht geschuldeter Steuern Gesellschaften, die ihren steuerlichen Sitz in diesem Staat haben, gewährt, Gesellschaften, die ihren steuerlichen Sitz in einem anderen Mitgliedstaat haben, jedoch verweigert werden. Der Umstand, daß die letztgenannten Gesellschaften nicht von der Steuer

befreit gewesen wären, wenn sie in diesem Staat ansässig gewesen wären, ist insoweit unerheblich.

[21] Da Rechtsvorschriften wie die, um die es im Ausgangsverfahren geht, gegen die Artikel 52 und 58 EWG-Vertrag verstossen, erübrigt sich die Prüfung ihrer Vereinbarkeit mit den Artikeln 5 und 7.

Rs. C-55/94 (Gebhard), Urteil des Gerichtshofs vom 30.11.1995. 195

Vorbemerkungen: *In dieser Entscheidung zeigte der EuGH die grundlegenden Voraussetzungen auf, anhand derer diejenigen Beschränkungen der Niederlassungsfreiheit, welche die Ausübung dieser Freiheit „beschränken oder weniger attraktiv machen", zu messen sind. Nach den Worten des EuGH können solche Beschränkungen der Niederlassungsfreiheit unionsrechtlich nur Bestand haben, wenn sie:*
- *in nichtdiskriminierender Weise anwendbar sind,*
- *aus zwingenden Gründen des Allgemeininteresses gerechtfertigt und*
- *verhältnismäßig sind.*

Mit dieser sog. Gebhard-Formel weitete der EuGH die Niederlassungsfreiheit über das Diskriminierungsverbot hinaus zu einem allgemeinen Beschränkungsverbot aus. Entsprechend findet sich die Formel auch in der Prüfung anderer Personenverkehrsfreiheiten. Ihr kommt daher neben der Cassis-Formel grundlegende Bedeutung zu. Die Gebhard-Formel gilt neben den Beschränkungen für natürliche Personen auch für beschränkende Maßnahmen gegenüber juristischen Personen. **L:** *Rn. 796, 799, 891, 902, 912 ff., 932, 943, 948, 949, 952, 961.*

Sachverhalt: Der deutsche Staatsangehörige Gebhard war seit 1977 in Stuttgart als Rechtsanwalt zugelassen. 1989 eröffnete er auch in Mailand eine Kanzlei. In einem Disziplinarverfahren wurde ihm durch den Vorstand der Rechtsanwaltskammer Mailand die Ausübung seiner Berufstätigkeit für sechs Monate untersagt, weil er unberechtigterweise den Titel des „avvocato" geführt habe. Hiergegen und wegen eines nicht beschiedenen Antrags auf Zulassung als Rechtsanwalt legte Herr Gebhard einen Rechtsbehelf ein, der zu einem Vorabentscheidungsverfahren vor dem EuGH führte.

Aus den Entscheidungsgründen:

[25] Der Begriff der Niederlassung im Sinne des Vertrages ist also ein sehr weiter Begriff, der die Möglichkeit für einen Gemeinschafts-

angehörigen impliziert, in stabiler und kontinuierlicher Weise am Wirtschaftsleben eines anderen Mitgliedstaats als seines Herkunftsstaats teilzunehmen und daraus Nutzen zu ziehen, wodurch die wirtschaftliche und soziale Verflechtung innerhalb der Gemeinschaft im Bereich der selbständigen Tätigkeiten gefördert wird (vgl. in diesem Sinne Urteil vom 21. Juni 1974 in der Rechtssache 2/74, Reyners, Slg. 1974, 631, Randnr. 21).

[26] Dagegen sehen die Vorschriften des Kapitels über die Dienstleistungen, insbesondere Artikel 60 Absatz 3 des Vertrages, für den Fall, daß sich der Erbringer einer Dienstleistung in einen anderen Mitgliedstaat begibt, vor, daß dieser seine Tätigkeit dort vorübergehend ausübt.

[27] Wie der Generalanwalt hervorgehoben hat, ist der vorübergehende Charakter der fraglichen Tätigkeiten nicht nur unter Berücksichtigung der Dauer der Leistung, sondern auch ihrer Häufigkeit, regelmässigen Wiederkehr oder Kontinuität zu beurteilen. Der vorübergehende Charakter der Leistung schließt nicht die Möglichkeit für den Dienstleistungserbringer im Sinne des Vertrages aus, sich im Aufnahmemitgliedstaat mit einer bestimmten Infrastruktur (einschließlich eines Büros, einer Praxis oder einer Kanzlei) auszustatten, soweit diese Infrastruktur für die Erbringung der fraglichen Leistung erforderlich ist.

(...)

[33] Nach Artikel 52 Absatz 2 wird die Niederlassungsfreiheit nach den Bestimmungen des Niederlassungsstaats für seine eigenen Angehörigen ausgeübt.

[34] Unterliegen die fraglichen spezifischen Tätigkeiten im Aufnahmestaat keiner Regelung, so daß ein Angehöriger dieses Mitgliedstaats für ihre Ausübung keine besondere Qualifikation aufweisen muß, so haben die Angehörigen jedes anderen Mitgliedstaats das Recht, sich im Hoheitsgebiet des erstgenannten Staates niederzulassen und dort diese Tätigkeiten auszuüben.

[35] Die Aufnahme und Ausübung einiger selbständiger Tätigkeiten können jedoch von der Beachtung bestimmter durch das Allgemeininteresse gerechtfertigter Rechts- und Verwaltungsvorschriften, wie der Vorschriften über Organisation, Qualifikation, Standespflichten, Kontrolle und Haftung, abhängig gemacht werden (vgl. Urteil vom 28. April 1977 in der Rechtssache 71/76, Thieffry, Slg. 1977, 765, Randnr. 12). Diese Vorschriften können insbesondere vorsehen, daß die Ausübung einer spezifischen Tätigkeit je nach Lage des Falles den Inhabern eines Diploms, Prüfungszeugnisses oder sonstigen Befähigungsnachweises, den Angehörigen eines bestimmten Berufsstandes oder den Personen,

die einer bestimmten Ordnung oder Kontrolle unterliegen, vorbehalten ist. Sie können auch die Voraussetzungen für die Verwendung von Berufsbezeichnungen wie des „avvocato“ vorschreiben.

[36] Unterliegt die Aufnahme oder Ausübung einer spezifischen Tätigkeit im Aufnahmemitgliedstaat derartigen Bedingungen, so muß der Angehörige eines anderen Mitgliedstaats, der diese Tätigkeit ausüben will, diese Bedingungen grundsätzlich erfüllen. Deshalb sieht Artikel 57 vor, daß der Rat Richtlinien – wie die genannte Richtlinie 89/48 – für die gegenseitige Anerkennung der Diplome, Prüfungszeugnisse oder sonstigen Befähigungsnachweise, wie für die Koordinierung der nationalen Bestimmungen über die Aufnahme und Ausübung selbständiger Tätigkeiten erläßt.

[37] Aus der Rechtsprechung des Gerichtshofs ergibt sich jedoch, daß nationale Maßnahmen, die die Ausübung der durch den Vertrag garantierten grundlegenden Freiheiten behindern oder weniger attraktiv machen können, vier Voraussetzungen erfüllen müssen: Sie müssen in nichtdiskriminierender Weise angewandt werden, sie müssen aus zwingenden Gründen des Allgemeininteresses gerechtfertigt sein, sie müssen geeignet sein, die Verwirklichung des mit ihnen verfolgten Zieles zu gewährleisten, und sie dürfen nicht über das hinausgehen, was zur Erreichung dieses Zieles erforderlich ist (vgl. Urteil vom 31. März 1993 in der Rechtssache C-19/92, Kraus, Slg. 1993,1–1663, Randnr. 32).

[38] Ebenso dürfen die Mitgliedstaaten bei der Anwendung ihrer nationalen Vorschriften nicht die Kenntnisse und Qualifikationen außer acht lassen, die der Betroffene bereits in einem anderen Mitgliedstaat erworben hat (vgl. Urteil vom 7. Mai 1991 in der Rechtssache C-340/89, Vlassopoulou, Slg. 1991, I-2357, Randnr. 15). Sie müssen daher die Gleichwertigkeit der Diplome berücksichtigen (vgl. Urteil Thieffry, a. a. O., Randnrn. 19 und 27) und gegebenenfalls eine vergleichende Prüfung der in ihren nationalen Vorschriften geforderten Kenntnisse und Qualifikationen und derjenigen des Betroffenen vornehmen (vgl. Urteil Vlassopoulou, a. a. O., Randnr. 16).

6. Rechtfertigung

a) Rechtfertigungsgründe nach Art. 52 AEUV

196 **Rs. C-114/97 (Kommission ./. Spanien), Urteil des Gerichtshofs vom 29.10.1998.**

Vorbemerkungen: *In dieser Entscheidung prüfte der EuGH die Rechtfertigung einer versteckten Diskriminierung anhand des geschriebenen Rechtfertigungsgrundes der öffentlichen Sicherheit und Ordnung gemäß Art. 52 Abs. 1 AEUV und hielt sich damit innerhalb der durch seine Rechtsprechung vorgegebenen „klassischen" Rechtfertigungsdogmatik. Auch als Rechtfertigung für eine Beschränkung der Niederlassungsfreiheit ist der Begriff der öffentlichen Sicherheit und Ordnung eng auszulegen. Voraussetzung einer Rechtfertigung ist eine hinreichend schwere Gefährdung eines Grundinteresses der Gesellschaft.* ***L:*** *Rn. 918, 945, 977.*

Sachverhalt: Die Kommission erachtete die spanischen Vorschriften über Sicherheitsunternehmen als mit dem Gemeinschaftsrecht nicht vereinbar. Sie war insbesondere der Auffassung, dass die in dem Gesetz vorgesehene Verpflichtung der Geschäftsführer und Direktoren eines jeden in Spanien tätigen Sicherheitsunternehmens, ihren Wohnsitz in Spanien zu nehmen, nicht mit den Vorschriften über die Niederlassungsfreiheit vereinbar war. Nach Durchführung des entsprechenden Vorverfahrens erhob sie beim EuGH Aufsichtsklage gegen Spanien. Der EuGH bejahte einen Vertragsverstoß.

Aus den Entscheidungsgründen:

[44] Die Regelung, daß die Geschäftsführer und Direktoren aller Sicherheitsunternehmen in Spanien wohnen müssen, behindert die Niederlassungsfreiheit (vgl. hierzu Urteil vom 25. Juli 1991 in der Rechtssache C-221/89, Factortame u. a., Slg. 1991, I-3905, Randnr. 32) und die Dienstleistungsfreiheit.

[45] Diese Bedingung ist nicht erforderlich, um die öffentliche Sicherheit in dem betroffenen Mitgliedstaat zu gewährleisten, und fällt daher nicht unter die in Artikel 56 Absatz 1 – gegebenenfalls in Verbindung mit Artikel 66 EG-Vertrag – vorgesehene Ausnahme.

[46] Dieser Rechtfertigungsgrund greift nämlich nur ein, wenn eine tatsächliche und hinreichend schwere Gefährdung vorliegt, die ein Grundinteresse der Gesellschaft berührt (vgl. im Hinblick auf die öffentliche Ordnung das vorgenannte Urteil Bouchereau, Randnr. 35).

[47] Im Gegensatz zur Ansicht der spanischen Regierung lässt sich jedoch nicht als Begründung für diese Gefährdung anführen, daß die spanischen Behörden die von den privaten Sicherheitsdiensten ausgeübten Tätigkeiten ohne die fragliche Vorschrift nicht wirksam kontrollieren könnten. Jedes in einem Mitgliedstaat niedergelassene Unternehmen kann nämlich unabhängig vom Wohnsitz seiner Führungskräfte kontrolliert und Sanktionen unterworfen werden. Außerdem kann die Zahlung einer etwaigen Geldstrafe durch die vorherige Stellung einer Sicherheit abgesichert werden (vgl. in diesem Sinne Urteil vom 7. Mai 1998 in der Rechtssache C-350/96, Clean Car Autoservice, Slg. 1998, I-2521, Randnr. 36).

Rs. C-169/07 (Hartlauer), 197
Urteil des Gerichtshofs vom 10.03.2009.

Vorbemerkungen: *Ähnlich wie in der Rs. DocMorris II (siehe Fall 202) befasste sich der EuGH vorliegend mit der Rechtfertigung von Beschränkungen der Niederlassungsfreiheit aus Gründen des Gesundheitsschutzes. Anders als in der Rs. DocMorris II wandte der EuGH die geschriebenen Rechtfertigungsgründe des Art. 52 AEUV auf den unterschiedslosen Eingriff an, und stellte fest, dass das Ziel der Aufrechterhaltung einer qualitativ hochwertigen, ausgewogenen und allgemein zugänglichen ärztlichen oder klinischen Versorgung unter die Ausnahme des Art. 52 AEUV fiel. Ebenfalls sei das Ziel der Vermeidung einer erheblichen Gefährdung des finanziellen Systems der sozialen Sicherheit mitumfasst. Die durch den Mitgliedstaat ergriffenen Maßnahmen müssen jedoch geeignet sein, das o. g. Ziel zu erreichen. Im konkreten Fall verneinte der EuGH die Geeignetheit mangels Kohärenz der Regelung.* ***B:*** *M. Röbke, EuZW 2009, 302 ff.; R. Streinz, JuS 2010, 272 ff.* ***L:*** *Rn. 613, 804, 944.*

Sachverhalt: Nach den Vorschriften des österreichischen Rechts (§ 4 Abs. 2 lit. a Wr KAG) war die Errichtung von neuen Krankenanstalten und Ambulatorien nur dann zu bewilligen, wenn trotz des bestehenden Angebotes noch Bedarf gegeben war. Die Hartlauer Handelsgesellschaft mbH hatte ihren Sitz in Deutschland und war in der Gesundheitsbranche tätig. Im Jahre 2001 beantragte Hartlauer bei der Wiener Landesregierung eine Bewilligung zur Errichtung einer selbständigen Ambulatoriums für Zahnheilkunde im Wiener 21. Gemeindebezirk. Diese wurde von der Landesregierung unter Berufung auf die o. g. Vorschrift versagt, da der Bedarf der Bevölkerung an zahnärztlichen Leistungen durch die bereits bestehenden Einrichtungen vollständig gedeckt sei. Hartlauer legte gegen den Bescheid der Landesregierung eine Beschwerde beim VGH ein, der Zweifel an der Vereinbarkeit der nationalen Regelung mit Art. 43 EG (jetzt: Art. 49 AEUV) hatte, und den EuGH im Wege des Vorabentscheidungsverfahrens anrief.

Aus den Entscheidungsgründen:

Zur ersten Frage

[28] Diese Frage des vorlegenden Gerichts geht dahin, ob Art. 43 EG i.V. mit Art. 48 EG nationalen Vorschriften wie den im Ausgangsverfahren fraglichen entgegensteht, wonach für die Errichtung einer privaten Krankenanstalt in der Betriebsform eines selbstständigen Ambulatoriums für Zahnheilkunde eine Bewilligung erforderlich ist und diese Bewilligung zu versagen ist, wenn unter Berücksichtigung des bereits bestehenden Versorgungsangebots durch Kassenvertragsärzte kein die Errichtung dieses Ambulatoriums rechtfertigender Bedarf besteht.

(...)

[38] Diese Regelung hält Unternehmen anderer Mitgliedstaaten davon ab, ihre Tätigkeiten im Hoheitsgebiet der Republik Österreich mit Hilfe einer als Betriebsstätte konzipierten Krankenanstalt auszuüben, oder hindert sie sogar daran. Im vorliegenden Fall hat ihre Anwendung zur Folge, Hartlauer den Zugang zum Markt für zahnmedizinische Versorgung in Österreich ganz unmöglich zu machen.

(...)

[45] Im vorliegenden Fall steht fest, dass das im Ausgangsverfahren in Rede stehende System einer vorherigen Genehmigung ohne Diskriminierung aus Gründen der Staatsangehörigkeit anwendbar ist.

[46] Außerdem gehört der Schutz der Gesundheit der Bevölkerung zu den zwingenden Gründen des Allgemeininteresses, die nach Art. 46 I EG Beschränkungen der Niederlassungsfreiheit rechtfertigen können.

[47] Aus der Rechtsprechung geht hervor, dass insbesondere zwei Ziele unter diese Ausnahme fallen können, wenn sie zur Erreichung eines hohen Niveaus des Gesundheitsschutzes beitragen, nämlich zum einen das Ziel der Aufrechterhaltung einer qualitativ hochwertigen, ausgewogenen und allgemein zugänglichen ärztlichen oder klinischen Versorgung und zum anderen das Ziel der Vermeidung einer erheblichen Gefährdung des finanziellen Gleichgewichts des Systems der sozialen Sicherheit (vgl. in diesem Sinne Urt. Watts, Rdnrn. 103 und 104 sowie die dort angeführte Rspr.).

[48] Hinsichtlich des ersten dieser Ziele erlaubt es Art. 46 EG den Mitgliedstaaten insbesondere, die Erbringung von Dienstleistungen im Bereich der ärztlichen und klinischen Versorgung einzuschränken, soweit die Erhaltung eines bestimmten Umfangs der medizinischen und pflegerischen Versorgung oder eines bestimmten Niveaus der Heilkunde im Inland für die Gesundheit oder gar das Überleben der Bevölkerung erforderlich ist (vgl. in diesem Sinne EuGH, Urt. v. 13.5.2003 – C-385/99, Slg. 2003, I-4509 Rdnr. 67 – Müller-Fauré und van Riet, sowie Urt. Watts, Rdnr. 105).

[49] Hinsichtlich des zweiten dieser Ziele ist daran zu erinnern, dass die Planung medizinischer Leistungen, deren logische Folge u. a. das Erfordernis einer Genehmigung für die Errichtung einer Krankenanstalt ist, die Beherrschung der Kosten sicherstellen und so weit wie möglich jede Verschwendung finanzieller, technischer und menschlicher Ressourcen verhindern soll, da der Sektor der medizinischen Versorgung erhebliche Kosten verursacht und wachsenden Bedürfnissen nachkommen muss, während die finanziellen Mittel, die für die Gesundheitsversorgung bereitgestellt werden können, unabhängig von der Art und Weise der Finanzierung nicht unbegrenzt sind (vgl. zur Krankenhausversorgung im Rahmen des freien Dienstleistungsverkehrs Urt. Müller-Fauré und van Riet, Rdnr. 80, sowie Watts, Rdnr. 109).

[50] Folglich ist zu prüfen, ob die im Ausgangsverfahren in Rede stehenden Beschränkungen geeignet sind, die Erreichung der Ziele zu garantieren, eine qualitativ hochwertige, ausgewogene und allgemein zugängliche medizinische Versorgung aufrechtzuerhalten und eine erhebliche Gefährdung des finanziellen Gleichgewichts des Systems der sozialen Sicherheit zu vermeiden.

[51] Insoweit kann, wie der Gerichtshof bereits in Bezug auf Krankenhäuser festgestellt hat (EuGH, Urt. v. 12.7.2001 – C-157/99, Slg. 2001, I-5473 Rdnrn. 76 bis 80 – Smits und Peerbooms, und Watts, Rdnrn. 108 bis 110), nicht von vornherein ausgeschlossen werden, dass die Infrastrukturen ambulanter Versorgung, wie der Arztpraxen und der Ambulatorien, auch Gegenstand einer Planung sein können.

[52] Eine Planung, die eine vorherige Genehmigung für die Niederlassung neuer Anbieter medizinischer Leistungen verlangt, kann sich als unerlässlich erweisen, um eventuelle Lücken im Zugang zu ambulanter Versorgung zu schließen und um die Einrichtung von Strukturen einer Doppelversorgung zu vermeiden, so dass eine medizinische Versorgung gewährleistet ist, die den Bedürfnissen der Bevölkerung angepasst ist, das gesamte Staatsgebiet abdeckt und geografisch isolierte oder auf andere Weise benachteiligte Regionen berücksichtigt.

[53] Unter diesem Blickwinkel steht es einem Mitgliedstaat frei, die medizinische Versorgung so zu organisieren, dass er einem Sachleistungssystem den Vorrang gibt, damit jeder Patient im gesamten Inland leicht Zugang zu den Dienstleistungen von Vertragsärzten hat.

[54] Im vorliegenden Fall verwehren es jedoch zwei Reihen von Erwägungen, eine Eignung der fraglichen Regelung zur Erreichung der genannten Ziele anzuerkennen.

[55] Erstens ist daran zu erinnern, dass eine nationale Regelung nur dann geeignet ist, die Verwirklichung des geltend gemachten Ziels zu gewährleisten, wenn sie tatsächlich dem Anliegen gerecht wird, es in kohärenter und systematischer Weise zu erreichen (vgl. in diesem Sinne Urteile vom 6. März 2007, Placanica u. a., C-338/04, C-359/04 und C-360/04, Slg. 2007, I-1891, Randnrn. 53 und 58, und vom 17. Juli 2008, Corporación Dermoestética, C-500/06, Slg. 2008, I-0000, Randnrn. 39 und 40).

[56] Nach § 3 I und II KAG und den entsprechenden Bestimmungen des KAKuG, die durch § 4 Wr. KAG und § 5 Oö. KAG ausgeführt werden, wird für die Errichtung und den Betrieb neuer selbstständiger Zahnambulatorien unabhängig von deren Größe eine auf eine Prüfung des Marktbedarfs abstellende vorherige Genehmigung verlangt, wohingegen die Einrichtung neuer Gruppenpraxen unabhängig von deren Größe keiner Genehmigungsregelung unterliegt.

(...)

[59] In Gruppenpraxen und in Zahnambulatorien können auch etwa gleich viele Ärzte beschäftigt sein. Die Ärzte, die medizinische Leistungen in einer Gruppenpraxis erbringen, haben zwar die Stellung eines persönlich haftenden Gesellschafters und sind befugt, die Zahnheilkunde selbstständig auszuüben, während die Ärzte, die ihre Tätigkeit in einem Ambulatorium ausüben, die Stellung eines Arbeitnehmers haben. Aus den dem Gerichtshof vorgelegten Akten ergibt sich jedoch nicht, dass dies eine sichere Auswirkung auf die Natur und den Umfang der erbrachten Leistungen hat.

[60] Da diese beiden Kategorien von Leistungsanbietern vergleichbare Merkmale und eine vergleichbare Zahl von Ärzten haben und medizinische Leistungen in gleichwertigem Umfang erbringen können, können sie demnach auf dem betreffenden Markt für medizinische Leistungen eine ähnliche Bedeutung haben, und sie können daher die wirtschaftliche Situation der Vertragsärzte in bestimmten geografischen Gebieten und mithin die Erreichung der von den zuständigen Behörden verfolgten Planungsziele in gleicher Weise berühren.

[61] Diese Inkohärenz beeinträchtigt auch die Erreichung des Ziels, eine erhebliche Gefährdung des finanziellen Gleichgewichts des Sys-

tems der sozialen Sicherheit zu vermeiden. Selbst wenn man unterstellt, dass die unkontrollierte Ansiedelung selbstständiger Zahnambulatorien zu einem erheblichen Anstieg des Umfangs medizinischer Leistungen bei konstanten Preisen zu Lasten dieses Systems führen kann, hat die österreichische Regierung nichts dargetan, was erklären könnte, warum die Ansiedelung dieser Ambulatorien, nicht aber die der Gruppenpraxen eine solche Wirkung haben soll.

b) Ungeschriebene Rechtfertigungsgründe

Rs. C-212/97 (Centros), 198
Urteil des Gerichtshofs vom 09.03.1999.

Vorbemerkungen: *Die Centros-Entscheidung des EuGH hat in der Literatur zu einer größeren Kontroverse Anlass gegeben, was vor allem daran lag, dass der Gerichtshof die Urteilsgründe so allgemein gehalten hielt, dass zwei Deutungen des Urteils möglich waren. Einerseits lässt sich vertreten, dass die Entscheidung zum Umzug einer Gesellschaft von einem in einen anderen Mitgliedstaat Stellung nimmt und damit auf das Problem der primären Niederlassungsfreiheit juristischer Personen i. S. d. Art. 54 AEUV eingeht. Folgt man dieser Lesart dann ist bereits die Aussage des EuGH über die Vereinbarkeit der dänischen Regelung mit Art 49 AEUV als positive Antwort auf die Frage zu verstehen, ob eine identitätswahrende Sitzverlegung einer Gesellschaft von einem Mitgliedstaat in einen anderen möglich ist. Die Sitztheorie wäre mit dem EU-Recht unvereinbar. Andererseits kann man das Urteil auch so verstehen, dass der Gerichtshof nur Aussagen zur Zweigniederlassung, also zur sekundären Niederlassungsfreiheit, getroffen hat. Da sich sowohl der EuGH als auch der Generalanwalt in der Sache nur zur Zulässigkeit einer Beschränkung der Errichtung einer Zweigniederlassung äußerten, erscheint die letztere Interpretation des Urteils überzeugender. Die Entscheidung zeigt darüber hinaus, dass die Wahl eines wirtschaftlich günstigen Standortes für den Sitz einer Gesellschaft selbst dann keinen Missbrauch der Niederlassungsfreiheit darstellt, wenn am Ort des Sitzes keine nennenswerte Geschäftstätigkeit entfaltet wird. Staatliche Maßnahmen, welche diese Wahlfreiheit einschränken, sind nicht durch zwingende Gründe des Allgemeinwohls gerechtfertigt. Dies hat der EuGH später ausdrücklich bestätigt (Rs. Inspire Art, Fall 199).* ***B:*** *P. Kindler, NJW 2009, 1993 ff.; S. Leible, NZG 1999, 300 ff.; K. W. Lange, DNotZ 1999, 599 ff.; R. Freitag, EuZW 1999, 267 ff.* ***L:*** *Rn. 823, 916, 927, 948 ff.*

Sachverhalt: Die Eheleute Bryde gründeten in England und Wales eine Gesellschaft namens Centros Ltd. und ließen diese eintragen. Nach britischem Gesellschaftsrecht waren damit alle Anforderungen erfüllt und die Gesellschaft rechtswirksam gegründet. Ein in Dänemark gestellter Antrag auf Eintragung einer Zweigniederlassung der Centros Ltd. in das dänische Handelsregister, wurde mit der Begründung abgelehnt, die Ltd. habe seit ihrer Errichtung keine Geschäftstätigkeit im Vereinigten Königreich entfaltet; die beantragte Eintragung als Zweigniederlassung sei daher eine Umgehung der nationalen dänischen Vorschriften, insbesondere über die Einzahlung eines Mindestgesellschaftskapitals – der Sache nach handele es sich um keine Zweigniederlassung in Dänemark, sondern die Verlegung des Hauptsitzes. Der EuGH entschied im Rahmen eines Vorabentscheidungsverfahrens, dass die Ablehnung der Eintragung nicht mit Art. 43 i. V. m. Art. 46 und 48 EG (jetzt: Art. 49 i. V. m. 53 und 54 AEUV) vereinbar ist.

Aus den Entscheidungsgründen:

[14] Die Frage des nationalen Gerichts geht dahin, ob ein Mitgliedstaat, der die Eintragung der Zweigniederlassung einer Gesellschaft verweigert, die in einem anderen Mitgliedstaat, in dem sie ihren Sitz hat, rechtmäßig errichtet worden ist, aber keine Geschäftstätigkeit entfaltet, gegen die Artikel 52 und 58 EG-Vertrag verstößt, wenn die Zweigniederlassung es der Gesellschaft ermöglichen soll, ihre gesamte Geschäftstätigkeit in dem Staat auszuüben, in dem diese Zweigniederlassung errichtet wird, ohne dort eine Gesellschaft zu errichten, und damit das dortige Recht über die Errichtung von Gesellschaften zu umgehen, das höhere Anforderungen an die Einzahlung des Mindestgesellschaftskapitals stellt.

[15] Die Zentralverwaltung bestreitet nicht, daß jede Aktiengesellschaft oder Gesellschaft mit beschränkter Haftung, die ihren Sitz in einem anderen Mitgliedstaat hat, in Dänemark mittels einer Zweigniederlassung tätig werden kann. Im allgemeinen akzeptiert sie also die Eintragung einer Zweigniederlassung einer nach dem Recht eines anderen Mitgliedstaats errichteten Gesellschaft in Dänemark. Insbesondere hätte sie die Eintragung der Zweigniederlassung der Centros in Dänemark zugelassen, wenn diese in England und Wales eine Geschäftstätigkeit entfaltet hätte.

[16] Nach den Ausführungen der dänischen Regierung ist Art. 52 EG-Vertrag im Ausgangsfall nicht anwendbar, da es sich um eine rein interne dänische Situation handele. Die Eheleute Bryde, die dänische Staatsangehörige seien, hätten nämlich im Vereinigten Königreich eine Gesellschaft errichtet, ohne dort irgendeine tatsächliche Geschäftstätigkeit zu entfalten, mit dem einzigen Ziel, mittels einer Zweigniederlas-

sung in Dänemark eine Geschäftstätigkeit auszuüben und so die Anwendung des dänischen Rechts über die Errichtung der Gesellschaften mit beschränkter Haftung zu umgehen. Unter solchen Umständen stelle die Errichtung einer Gesellschaft durch die Staatsangehörigen eines Mitgliedstaats in einem anderen Mitgliedstaat keinen gemeinschaftsrechtlich insbesondere im Hinblick auf die Niederlassungsfreiheit relevanten, über den nationalen Rahmen hinausweisenden Aspekt dar.

[17] Eine Sachlage, in der eine nach dem Recht eines Mitgliedstaats, in dem sie ihren satzungsgemäßen Sitz hat, gegründete Gesellschaft eine Zweigniederlassung in einem anderen Mitgliedstaat gründen will, fällt unter das Gemeinschaftsrecht. Daß die Gesellschaft im ersten Mitgliedstaat nur errichtet wurde, um sich in dem zweiten Mitgliedstaat niederzulassen, in dem die Geschäftstätigkeit im wesentlichen oder ausschließlich ausgeübt werden soll, ist dabei ohne Bedeutung (vgl. in diesem Sinne das Urteil Segers, Randnr. 16).

[18] Daß die Eheleute Bryde die Centros im Vereinigten Königreich zu dem Zweck gegründet haben, das dänische Recht über die Einzahlung eines Mindestgesellschaftskapitals zu umgehen, was weder in den schriftlichen Erklärungen noch in der mündlichen Verhandlung bestritten wurde, ändert ebenfalls nichts daran, daß die Gründung einer Zweigniederlassung in Dänemark durch diese britische Gesellschaft unter die Niederlassungsfreiheit im Sinne der Artikel 52 und 58 EG-Vertrag fällt. Die Frage der Anwendung der Artikel 52 und 58 EG-Vertrag ist nämlich eine andere als die, ob ein Mitgliedstaat Maßnahmen ergreifen kann, um zu verhindern, daß sich einige seiner Staatsangehörigen unter Mißbrauch der durch den EG-Vertrag geschaffenen Erleichterungen der Anwendung des nationalen Rechts entziehen.

[19] Die Eheleute Bryde machen geltend, die Verweigerung der Eintragung ihrer nach dem Recht eines anderen Mitgliedstaats, in dem sie ihren Sitz hat, errichteten Gesellschaft in Dänemark stelle eine Beschränkung der Niederlassungsfreiheit dar. Nach ständiger Rechtsprechung umfaßt die Niederlassungsfreiheit, die Artikel 52 EG-Vertrag den Gemeinschaftsangehörigen zuerkennt, das Recht zur Aufnahme und Ausübung selbständiger Erwerbstätigkeiten sowie zur Errichtung von Unternehmen und zur Ausübung der Unternehmertätigkeit nach den Bestimmungen, die im Niederlassungsstaat für dessen eigene Angehörigen gelten. Außerdem stellt Artikel 58 EG-Vertrag die nach dem Recht eines Mitgliedstaats gegründeten Gesellschaften, die ihren satzungsmäßigen Sitz, ihre Hauptverwaltung oder ihre Hauptniederlassung innerhalb der Gemeinschaft haben, den natürlichen Personen gleich, die Angehörige der Mitgliedstaaten sind.

[20] Hieraus folgt unmittelbar, daß diese Gesellschaften das Recht haben, ihre Tätigkeit in einem anderen Mitgliedstaat durch eine Agentur oder eine Zweigniederlassung oder Tochtergesellschaft auszuüben, wobei ihr satzungsmäßiger Sitz, ihre Hauptverwaltung oder ihre Hauptniederlassung, ebenso wie die Staatsangehörigkeit bei natürlichen Personen, dazu dient, ihre Zugehörigkeit zur Rechtsordnung eines Mitgliedstaats zu bestimmen (vgl. in diesem Sinne die Urteile Segers, Randnr. 13; vom 28. Januar 1986 in der Rechtssache 270/83, Kommission/Frankreich, Slg. 1986, 273, Randnr. 18; vom 13. Juli 1993 in der Rechtssache C-330/91, Commerzbank, Slg. 1993, I-4017, Randnr. 13; und vom 16. Juli 1998 in der Rechtssache C-264/96, ICI, Slg. 1998, I-4695, Randnr. 20).

[21] Verweigert ein Mitgliedstaat unter bestimmten Umständen die Eintragung der Zweigniederlassung einer Gesellschaft, die ihren Sitz in einem anderen Mitgliedstaat hat, so werden die nach dem Recht dieses anderen Mitgliedstaats gegründeten Gesellschaften an der Wahrnehmung ihres Niederlassungsrechts aus den Artikeln 52 und 58 EG-Vertrag gehindert.

[22] Ein solches Vorgehen beschränkt also die Ausübung der in diesen Bestimmungen gewährleisteten Freiheiten.

(...)

[27] Damit kann es für sich allein keine mißbräuchliche Ausnutzung des Niederlassungsrechts darstellen, wenn ein Staatsangehöriger eines Mitgliedstaats, der eine Gesellschaft gründen möchte, diese in dem Mitgliedstaat errichtet, dessen gesellschaftsrechtliche Vorschriften ihm die größte Freiheit lassen, und in anderen Mitgliedstaaten Zweigniederlassung gründet. Das Recht, eine Gesellschaft nach dem Recht eines Mitgliedstaats zu errichten und in anderen Mitgliedstaaten Zweigniederlassung zu gründen, folgt nämlich im Binnenmarkt unmittelbar aus der vom EG-Vertrag gewährleisteten Niederlassungsfreiheit.

[28] Dabei ist unerheblich, daß das Gesellschaftsrecht in der Gemeinschaft nicht voll harmonisiert worden ist; außerdem bleibt es dem Rat jederzeit überlassen, aufgrund der ihm in Artikel 54 Absatz 3 Buchstabe g EG-Vertrag übertragenen Befugnisse diese Harmonisierung zu vervollständigen.

[29] Daß eine Gesellschaft in dem Mitgliedstaat, in dem sie ihren Sitz hat, keine Geschäftstätigkeiten entfaltet und ihre Tätigkeit ausschließlich im Mitgliedstaat ihrer Zweigniederlassung ausübt, belegt zudem nach Randnummer 16 des Urteils Segers noch kein mißbräuchliches und betrügerisches Verhalten, das es dem letzteren Mitgliedstaat erlauben würde, auf diese Gesellschaft die Gemeinschaftsvorschriften über das Niederlassungsrecht nicht anzuwenden.

[30] Somit ist es mit den Artikeln 52 und 58 EG-Vertrag unvereinbar, daß ein Mitgliedstaat es mit der Begründung ablehnt, die Zweigniederlassung einer nach dem Recht eines anderen Mitgliedstaats, in dem sie ihren Sitz hat, errichteten Gesellschaft einzutragen, die Zweigniederlassung solle es der Gesellschaft ermöglichen, ihre gesamte Geschäftstätigkeit im Aufnahmemitgliedstaat auszuüben, wobei die Zweigniederlassung dem nationalen Recht über die Einzahlung eines Mindestgesellschaftskapitals entzogen werde, da diese Weigerung jede Wahrnehmung der Freiheit zur Gründung einer Zweigniederlassung verhindert, die durch die Artikel 52 und 58 gerade gewährleistet werden soll.

[31] Es stellt sich noch die Frage, ob das nationale Vorgehen aus den von den dänischen Behörden angeführten Gründen gerechtfertigt sein könnte.

[32] Unter Bezugnahme auf Artikel 56 EG-Vertrag und auf die Rechtsprechung des Gerichtshofs zu den zwingenden Gründen des Allgemeininteresses macht die Zentralverwaltung geltend, die Pflicht der Gesellschaften mit beschränkter Haftung zur Einzahlung eines Mindestgesellschaftskapitals verfolge zum einen den Zweck, die finanzielle Solidität der Gesellschaften zu verstärken, um die öffentlichen Gläubiger vor der Gefahr zu schützen, daß die öffentlichen Forderungen uneinbringlich würden, da diese anders als private Gläubiger ihre Forderungen nicht durch eine Sicherheit oder Bürgschaft sichern könnten; zum anderen solle sie ganz allgemein alle öffentlichen und privaten Gläubiger schützen, indem sie der Gefahr eines betrügerischen Bankrotts aufgrund der Zahlungsunfähigkeit von Gesellschaften mit unzureichendem Anfangskapital vorbeuge.

[33] Es gebe kein milderes Mittel, um diese Ziele zu erreichen. Das andere Mittel zum Schutz der Gläubiger, gesetzlich bei Erfüllung bestimmter Voraussetzungen eine Durchgriffshaftung der Gesellschafter vorzusehen, sei nicht milder als die Verpflichtung zur Einzahlung eines Mindestgesellschaftskapitals.

[34] Wie festgestellt, sind diese Gründe für Artikel 56 EG-Vertrag ohne Belang. Im übrigen sind nach der Rechtsprechung des Gerichtshofs nationale Maßnahmen, die die Ausübung der durch den EG-Vertrag garantierten Grundfreiheiten behindern oder weniger attraktiv machen können, zulässig, wenn vier Voraussetzungen erfüllt sind: Sie müssen in nichtdiskriminierender Weise angewandt werden, sie müssen zwingenden Gründen des Allgemeininteresses entsprechen, sie müssen zur Erreichung des verfolgten Zieles geeignet sein, und sie dürfen nicht über das hinausgehen, was zur Erreichung dieses Zieles erforderlich ist

(vgl. die Urteile vom 31. März 1993 in der Rechtssache C-19/92, Kraus, Slg. 1993, I-1663, Randnr. 32; und vom 30. November 1995 in der Rechtssache C-55/94, Gebhard, Slg. 1995, I-4165, Randnr. 37).

[35] Diese Voraussetzungen sind im Ausgangsfall nicht erfüllt. Zum einen ist das dänische Vorgehen nicht geeignet, das mit ihm verfolgte Ziel des Gläubigerschutzes zu erreichen, da die Zweigniederlassung in Dänemark eingetragen worden wäre, wenn die Gesellschaft eine Geschäftstätigkeit im Vereinigten Königreich ausgeübt hätte, obwohl die dänischen Gläubiger in diesem Fall ebenso gefährdet gewesen wären.

[36] Da die Gesellschaft als Gesellschaft englischen Rechts, nicht als Gesellschaft dänischen Rechts auftritt, ist den Gläubigern weiter bekannt, daß sie nicht dem dänischen Recht über die Errichtung von Gesellschaften mit beschränkter Haftung unterliegt; (...).

[37] Außerdem könnten entgegen dem Vorbringen der dänischen Behörden mildere Maßnahmen getroffen werden, die die Grundfreiheiten weniger beeinträchtigten. So könnten etwa die öffentlichen Gläubiger rechtlich die Möglichkeit erhalten, sich die erforderlichen Sicherheiten einräumen zu lassen.

[38] Kann somit ein Mitgliedstaat die Eintragung der Zweigniederlassung einer nach dem Recht eines anderen Mitgliedstaats, in der sie ihren Sitz hat, errichteten Gesellschaft nicht verweigern, so kann er doch alle geeigneten Maßnahmen treffen, um Betrügereien zu verhindern oder zu verfolgen.

[39] Die Vorlagefrage ist demgemäß dahin zu beantworten, daß ein Mitgliedstaat, der die Eintragung der Zweigniederlassung einer Gesellschaft verweigert, die in einem anderen Mitgliedstaat, in dem sie ihren Sitz hat, rechtmäßig errichtet worden ist, aber keine Geschäftstätigkeit entfaltet, gegen die Artikel 52 und 58 EG-Vertrag verstößt, wenn die Zweigniederlassung es der Gesellschaft ermöglichen soll, ihre gesamte Geschäftstätigkeit in dem Staat auszuüben, in dem diese Zweigniederlassung errichtet wird, ohne dort eine Gesellschaft zu errichten und damit das dortige Recht über die Errichtung von Gesellschaften zu umgehen, das höhere Anforderungen an die Einzahlung des Mindestgesellschaftskapitals stellt. Diese Auslegung schließt jedoch nicht aus, daß die Behörden des betreffenden Mitgliedstaats alle geeigneten Maßnahmen treffen können, um Betrügereien zu verhindern oder zu verfolgen. Das gilt sowohl – gegebenenfalls im Zusammenwirken mit dem Mitgliedstaat, in dem sie errichtet wurde – gegenüber der Gesellschaft selbst als auch gegenüber den Gesellschaftern, wenn diese sich mittels der Errichtung der Gesellschaft ihren Verpflichtungen gegenüber inländischen privaten oder öffentlichen Gläubigern entziehen möchten.

Rs. C-167/01 (Inspire Art), Urteil des Gerichtshofs vom 30.09.2003. 199

Vorbemerkungen: *Neben den bereits in der Centros-Entscheidung (Fall 198) getroffenen Feststellungen, wonach in der Gründung einer Gesellschaft im Ausland mit dem einzigen Zweck, die im Inland geltenden strengeren gesellschaftsrechtlichen Vorschriften zu umgehen, kein Missbrauch der Niederlassungsfreiheit liegt, nahm der EuGH erstmals zum Erfordernis eines bestimmten Mindestkapitals und den Sanktionen bei Nichterbringung desselben Stellung. Entsprechend dem in der Judikatur des EuGH häufig anzutreffenden Leitbild des aufgeklärten Verbrauchers, sah er in Mindestkapitalvorschriften jedenfalls für ausländische Gesellschaften kein geeignetes Mittel des Gläubigerschutzes, da die Gesellschaft als ausländische erkennbar sei und damit nicht davon ausgegangen werden könne, sie unterliege denselben Haftungsregelungen wie inländische Gesellschaften. Diese Argumentation vermag im Hinblick auf vertragliche Schuldverhältnisse zutreffen. Fraglich ist indes, ob sie auch im Hinblick auf gesetzliche Schuldverhältnisse, wie der deliktischen Haftung, anwendbar ist, da sich der Gläubiger seinen Schuldner dort nicht aussuchen kann.* ***L:*** *Rn. 927, 949, 951.*

Sachverhalt: Ein niederländischer Staatsangehöriger gründete in England die Inspire Art Ltd., eine Gesellschaft mit beschränkter Haftung britischen Rechts, um damit den strengeren niederländischen Vorschriften über Mindestkapital und die Gesellschafterhaftung zu entgehen. Die Inspire Art errichtete sodann eine Zweigniederlassung in Amsterdam, wo sie auch ins Handelsregister eingetragen wurde. Die Inspire Art erfüllte jedoch zahlreiche Voraussetzungen nicht, welche das niederländische „Gesetz über formal ausländische Gesellschaften" (WFBV) vorsah. Insbesondere konnte sie nicht das erforderliche Mindestkapital nachweisen und die Gesellschafterhaftung entsprach nicht dem WFBV. Das Fehlen dieser und anderer Voraussetzungen rügte die Handelskammer vor dem zuständigen nationalen Gericht. Dieses hatte Zweifel an der Vereinbarkeit des niederländischen Rechts mit den Regelungen über die Niederlassungsfreiheit.

Aus den Entscheidungsgründen:

Zum Vorliegen von Rechtfertigungsgründen

[106] Zunächst ist daran zu erinnern, dass die Bestimmungen der WFBV über die Offenlegung, die gegen die Elfte Richtlinie verstoßen (siehe Randnrn. 71 und 72 des vorliegenden Urteils), nicht gerechtfer-

tigt werden können. Im Folgenden werden daher nur die Bestimmungen der WFBV über das Mindestkapital und die Haftung der Geschäftsführer geprüft.

(...)

[132] Zu prüfen ist daher, ob die von der niederländischen Regierung vorgebrachten Rechtfertigungsgründe, d. h. der Gläubigerschutz, die Bekämpfung einer missbräuchlichen Ausnutzung der Niederlassungsfreiheit, die Erhaltung der Wirksamkeit der Steuerkontrollen und die Lauterkeit des Handelsverkehrs, zwingende Gründe des Allgemeininteresses darstellen.

[133] Nach der Rechtsprechung des Gerichtshofs sind nationale Maßnahmen, die die Ausübung der durch den EG-Vertrag garantierten Grundfreiheiten behindern oder weniger attraktiv machen können, gerechtfertigt, wenn vier Voraussetzungen erfüllt sind: Sie müssen in nichtdiskriminierender Weise angewandt werden, sie müssen aus zwingenden Gründen des Allgemeininteresses gerechtfertigt sein, sie müssen zur Erreichung des verfolgten Zieles geeignet sein, und sie dürfen nicht über das hinausgehen, was zur Erreichung dieses Zieles erforderlich ist (vgl. die Urteile vom 31. März 1993 in der Rechtssache C-19/92, Kraus, Slg. 1993, I-1663, Randnr. 32, vom 30. November 1995 in der Rechtssache C-55/94, Gebhard, Slg. 1995, I-4165, Randnr. 37, und Centros, Randnr. 34).

[134] Folglich ist zu prüfen, ob Bestimmungen über das Mindestkapital wie die des Ausgangsverfahrens diese Voraussetzungen erfüllen.

[135] Erstens ist zum Gläubigerschutz ohne weitere Prüfung, ob die Vorschriften über das Mindestkapital als solche einen geeigneten Schutzmechanismus bilden, festzustellen, dass die Inspire Art als Gesellschaft englischen Rechts und nicht als niederländische Gesellschaft auftritt. Ihre potenziellen Gläubiger sind hinreichend darüber unterrichtet, dass sie anderen Rechtsvorschriften als denen unterliegt, die in den Niederlanden die Gründung von Gesellschaften mit beschränkter Haftung regeln, u. a., was die Vorschriften über das Mindestkapital und die Haftung der Geschäftsführer betrifft. Wie der Gerichtshof in Randnummer 36 des Urteils Centros ausgeführt hat, können sich die Gläubiger ferner auf bestimmte gemeinschaftsrechtliche Schutzregelungen wie die Vierte und die Elfte Richtlinie berufen.

(...)

[141] Da die Bestimmungen über das Mindestkapital mit der durch den Vertrag garantierten Niederlassungsfreiheit unvereinbar sind, gilt zwangsläufig dasselbe für die Sanktionen, die an die Nichterfüllung der fraglichen Verpflichtungen geknüpft sind, d. h. die persönliche gesamt-

schuldnerische Haftung der Geschäftsführer in dem Fall, dass das Kapital nicht den im nationalen Recht vorgeschriebenen Mindestbetrag erreicht oder während des Betriebes unter diesen sinkt.

Rs. C-264/96 (ICI), 200
Urteil des Gerichtshofs vom 16.07.1998.

Vorbemerkungen: *Zu den im Rahmen der Niederlassungsfreiheit vom EuGH herangezogenen ungeschriebenen Rechtfertigungsgründen gehört auch die Wahrung der Kohärenz der nationalen Steuersysteme. In der ICI-Entscheidung konkretisierte der EuGH seine bereits in der Rechtssache Futura Participations angelegte Rechtsprechung zur Rechtfertigung offen diskriminierender Maßnahmen mit zwingenden Gründen des Allgemeinwohls, indem er erstmals ausdrücklich feststellte, dass die in Frage stehenden mitgliedstaatlichen Steuervorschriften zu einer Ungleichbehandlung führen, und diese Ungleichbehandlung einer Rechtfertigungsprüfung anhand von zwingenden Gründen des Allgemeinwohls unterzieht. Diese Rechtsprechung bestätigte der EuGH auch in späteren Entscheidungen bestätigt (Rs. C-80/12, Felixstowe Dock and Railway Company Ltd. u. a., Rn. 25). Eine dogmatische Begründung für die Heranziehung ungeschriebener Rechtfertigungsgründe bei diskriminierenden Maßnahmen findet sich aber in keiner dieser Entscheidungen. Die weitere Entwicklung der Rechtsprechung zu den ungeschriebenen Rechtfertigungsgründen bleibt daher abzuwarten.* ***L:*** *Rn. 948f.*

Sachverhalt: Der Ausgangsrechtsstreit dieses Vorabentscheidungsverfahrens zwischen der Imperial Chemical Industries plc (ICI) und der britischen Steuerverwaltung betraf deren Weigerung, ICI eine Steuerermäßigung für Geschäftsverluste zu gewähren, die eine Tochtergesellschaft der Holdinggesellschaft, die ICI über ein Konsortium gehörte, erlitten hatte. ICI hatte ihren Sitz im Vereinigten Königreich und bildete mit der Wellcome Foundation Ltd, die ihren Sitz ebenfalls in diesem Mitgliedstaat hatte, ein Konsortium, über das ihnen die Gesellschaft Coopers Animal Health (Holdings) Ltd. und zwar ICI zu 49% und der Wellcome Foundation Ltd zu 51%, gehörte. Die einzige Tätigkeit der Holdings bestand im Halten der Aktien von 23 Tochterhandelsgesellschaften, die in zahlreichen Ländern tätig waren. Von diesen 23 Tochtergesellschaften hatten vier, darunter die Coopers Animal Health Ltd (CAH), ihren Sitz im Vereinigten Königreich, sechs in anderen Mitgliedstaaten und 13 in Drittländern. CAH erlitt bei ihrer geschäftlichen Tätigkeit im Vereinigten Königreich in den Geschäftsjahren 1985, 1986 und 1987 Verluste. ICI beantragte erfolglos, im Wege der

Steuerermäßigung von den steuerpflichtigen Gewinnen, die sie in diesen Geschäftsjahren erzielt hatte, einen Betrag in Höhe von 49% (entsprechend ihrem Anteil an Holdings) der in diesen Zeiträumen bei CAH angefallenen Verluste abzusetzen. ICI klagte gegen die Verweigerung der Steuerermäßigung. Der Klage wurde stattgegeben. Auf das Rechtsmittel der Steuerverwaltung hin legte das House of Lords dem EuGH die Frage vor, ob die nationale Regelung, die die Steuermäßigung vom Sitz der Tochtergesellschaften abhängig machte, eine Beschränkung der Niederlassungsfreiheit darstellte, und ob diese gegebenenfalls gerechtfertigt sei. Der EuGH stellte eine ungerechtfertigte Beschränkung fest.

Aus den Entscheidungsgründen:

[18] Die erste Frage des vorlegenden Gerichts geht im wesentlichen dahin, ob Artikel 52 des Vertrages Rechtsvorschriften eines Mitgliedstaats entgegensteht, die bei in diesem Mitgliedstaat ansässigen Gesellschaften, die zu einem Konsortium gehören, über das ihnen eine Holdinggesellschaft gehört, den Anspruch auf eine Steuerermäßigung an die Voraussetzung knüpfen, daß die Tätigkeit der Holdinggesellschaft ganz oder hauptsächlich im Halten der Aktien von in dem betreffenden Mitgliedstaat ansässigen Tochtergesellschaften besteht.

[19] Die direkten Steuern fallen zwar in die Zuständigkeit der Mitgliedstaaten, doch müssen diese ihre Zuständigkeit unter Wahrung des Gemeinschaftsrechts ausüben (vgl. Urteile vom 14. Februar 1995 in der Rechtssache C-279/93, Schumacker, Slg. 1995, I-225, Randnr. 21, vom 11. August 1995 in der Rechtssache C-80/94, Wielockx, Slg. 1995, I-2493, Randnr. 16, vom 27. Juni 1996 in der Rechtssache C-107/94, Asscher, Slg. 1996, I-3089, Randnr. 36, und vom 15. Mai 1997 in der Rechtssache C-250/95, Futura Participations und Singer, Slg. 1997, I-2471, Randnr. 19).

[20] Nach ständiger Rechtsprechung ist mit der Niederlassungsfreiheit, die Artikel 52 den Staatsangehörigen der Mitgliedstaaten zuerkennt und die für sie die Aufnahme und Ausübung selbständiger Erwerbstätigkeiten nach den gleichen Bestimmungen wie den im Niederlassungsstaat für dessen eigene Angehörigen festgelegten umfaßt, gemäß Artikel 58 des Vertrages für die nach den Rechtsvorschriften eines Mitgliedstaats gegründeten Gesellschaften, die ihren satzungsmäßigen Sitz, ihre Hauptverwaltung oder ihre Hauptniederlassung innerhalb der Gemeinschaft haben, das Recht verbunden, ihre Tätigkeit in dem betreffenden Mitgliedstaat durch eine Zweigniederlassung oder Agentur auszuüben. In bezug auf die Gesellschaften ist in diesem Zusammenhang hervorzuheben, daß ihr Sitz im genannten Sinne, ebenso

wie die Staatsangehörigkeit bei natürlichen Personen, dazu dient, ihre Zugehörigkeit zur Rechtsordnung eines Staates zu bestimmen (vgl. Urteile vom 28. Januar 1986 in der Rechtssache 270/83, Kommission/Frankreich, Slg. 1986, 273, Randnr. 18, und vom 13. Juli 1993 in der Rechtssache C-330/91, Commerzbank, Slg. 1993, I-4017, Randnr. 13).

[21] Auch wenn die Bestimmungen über die Niederlassungsfreiheit nach ihrem Wortlaut insbesondere die Inländerbehandlung im Aufnahmemitgliedstaat sichern sollen, so verbieten sie es doch auch, daß der Herkunftsstaat die Niederlassung seiner Staatsangehörigen oder einer nach seinem Recht gegründeten Gesellschaft, die im übrigen der Definition des Artikels 58 des Vertrages entspricht, in einem anderen Mitgliedstaat behindert (vgl. Urteil vom 27. September 1988 in der Rechtssache 81/87, Daily Mail und General Trust, Slg. 1988, 5483, Randnr. 16).

[22] Die im Ausgangsverfahren in Rede stehenden Rechtsvorschriften verweigern gebietsansässigen Konsortialgesellschaften, die über eine Holdinggesellschaft von ihrer Niederlassungsfreiheit Gebrauch gemacht haben, um in anderen Mitgliedstaaten Tochtergesellschaften zu gründen, die Steuerermäßigung für Verluste, die eine gebietsansässige Tochtergesellschaft der Holdinggesellschaft erlitten hat, wenn die Holdinggesellschaft hauptsächlich Tochtergesellschaften mit Sitz außerhalb des Vereinigten Königreichs kontrolliert.

[23] Derartige Rechtsvorschriften verwenden somit das Kriterium des Sitzes der kontrollierten Tochtergesellschaften, um eine unterschiedliche steuerliche Behandlung der im Vereinigten Königreich ansässigen Konsortialgesellschaften einzuführen. Sie behalten nämlich die Gewährung des Steuervorteils, den der Konsortiumsteuerabzug darstellt, den Gesellschaften vor, die ausschließlich oder hauptsächlich Tochtergesellschaften mit Sitz im Inland kontrollieren.

[24] Daher ist zu prüfen, ob diese Ungleichbehandlung nach den Bestimmungen gerechtfertigt ist.

(...)

[28] Was das Argument angeht, der sich aus dem Abzug der Verluste der gebietsansässigen Tochtergesellschaften ergebende Steuervorteil könne nicht durch die Besteuerung der Gewinne der ausserhalb des Vereinigten Königreichs ansässigen Tochtergesellschaften ausgeglichen werden, so ist darauf hinzuweisen, daß die daraus resultierenden Steuermindereinnahmen nicht zu den in Artikel 56 des Vertrages genannten Gründen gehören und nicht als zwingender Grund des Allgemeininteresses anzusehen sind, der zur Rechtfertigung einer mit Artikel 52 des Vertrages grundsätzlich unvereinbaren Ungleichbehandlung angeführt werden kann.

[29] Der Gerichtshof hat zwar entschieden, daß die Notwendigkeit, die Kohärenz eines Steuersystems zu wahren, unter bestimmten Umständen eine Regelung rechtfertigen kann, die geeignet ist, die Grundfreiheiten zu beschränken (vgl. Urteile vom 28. Januar 1992 in der Rechtssache C-204/90, Bachmann, Slg. 1992, I-249, und in der Rechtssache C-300/90, Kommission/Belgien, Slg. 1992, I-305). In diesen Rechtssachen bestand jedoch ein unmittelbarer Zusammenhang zwischen der Abzugsfähigkeit von Versicherungsbeiträgen und der Besteuerung der Beträge, die von Versicherern nach den Alters- und Todesfallversicherungsverträgen geschuldet wurden; dieser Zusammenhang mußte gewahrt werden, um die Kohärenz der betreffenden Steuerregelung zu sichern. Im vorliegenden Fall besteht kein derartiger unmittelbarer Zusammenhang zwischen der Steuerermäßigung, die der Konsortialgesellschaft für die Verluste einer ihrer im Vereinigten Königreich ansässigen Tochtergesellschaften gewährt wird, und der Besteuerung der Gewinne der außerhalb des Vereinigten Königreichs ansässigen Tochtergesellschaften.

201 **Rs. C-375/14 (Laezza),**
Urteil des Gerichtshofs vom 28.01.2016.

Vorbemerkungen: *In der Entscheidung Laezza kehrte der EuGH offenbar zu seinen Rechtsprechungsgrundsätzen in Bezug auf die Heranziehung ungeschriebener Rechtfertigungsgründe zurück. Der EuGH stellte fest, dass eine Berufung auf ungeschriebene Rechtfertigungsgründe, wie etwa die zwingenden Gründe des Allgemeininteresses, nicht möglich ist, um diskriminierend angewandte Maßnahmen zu rechtfertigen. Diskriminierende Regelungen können somit nur durch die in Art. 51, 52 AEUV vorgesehenen Gründe der öffentlichen Ordnung, Sicherheit oder Gesundheit gerechtfertigt werden. Eine Unterscheidung hinsichtlich offener und versteckter Diskriminierungen nimmt der EuGH zumindest hier nicht vor.* ***L:*** *Rn. 799, 832, 948.*

Sachverhalt: In der vorliegenden Entscheidung ging es im Kern um eine im Vereinten Königreich eingetragene Gesellschaft, die mit ihrer maltesischen Tochtergesellschaft über sogenannte „Datenübertragungszentren“ auf dem Gebiet der Annahme von Wetten in Italien tätig waren. Allerdings verfügten sie hierfür über keine Konzession oder polizeiliche Genehmigung. Frau Laezza war der Auffassung, dass die Regelungen über die Vergabe von Glücksspielkonzessionen einen diskriminierenden Charakter hätten. Im Vergleich zu den alten

Konzessionen hatten die neuen Konzessionen eine verkürzte Geltungsdauer. Bei Beendigung der Tätigkeit aufgrund des Ablaufs der Konzessionsfrist oder aufgrund von Entzugs- oder Widerrufsentscheidungen wurden die im Eigentum stehenden materiellen und immateriellen Vermögensgegenstände, die die Infrastruktur der Spielverwaltung und -annahme bildeten, einem anderen unentgeltlich zum Gebrauch überlassen. Fraglich war, ob sich eine solche unterschiedliche Behandlung der alten und neuen Konzessionäre durch ein zwingendes Erfordernis des öffentlichen Interesses rechtfertigen lässt.

Aus den Entscheidungsgründen:

[25] Zweitens ist klarzustellen, dass der Gerichtshof zwar bereits eine Reihe von zwingenden Gründen des Allgemeininteresses herausgestellt hat, die zur Rechtfertigung einer Beschränkung der durch die Art. 49 AEUV und 56 AEUV garantierten Freiheiten geltend gemacht werden können, jedoch ist eine Berufung auf diese Ziele nicht möglich, um diskriminierend angewandte Beschränkungen zu rechtfertigen (vgl. in diesem Sinne Urteil Blanco und Fabretti, C-344/13 und C-367/13, EU:C:2014:2311, Rn. 37).

[26] Ist die im Ausgangsverfahren in Rede stehende einschränkende Bestimmung nämlich diskriminierend, kann sie nur mit den in den Art. 51 AEUV und 52 AEUV vorgesehenen Gründen der öffentlichen Ordnung, Sicherheit oder Gesundheit gerechtfertigt werden, wozu weder das Ziel, Straftaten im Zusammenhang mit Glücksspielen zu bekämpfen, noch die Kontinuität der rechtmäßigen Tätigkeit der Wettannahme, die im vorliegenden Fall geltend gemacht wird, zählen (vgl. entsprechend Urteil Servizi Ausiliari Dottori Commercialisti, C-451/03, EU:C:2006:208, Rn. 36 und die dort angeführte Rechtsprechung).

[27] Nach Ansicht von Frau Laezza ist die im Ausgangsverfahren in Rede stehende Bestimmung diskriminierend, weil sie zu einer unterschiedlichen Behandlung der Betreiber, die im Zuge der auf der Grundlage von Art. 10 Abs. 9 octies und 9 novies des Gesetzesdekrets von 2012 durchgeführten Ausschreibung eine Konzession erhalten hätten, und der Betreiber, die eine solche Konzession im Zuge früherer Ausschreibungen erhalten hätten, führe. Letztgenannte Betreiber hätten nämlich, bevor ihnen gegebenenfalls die Verpflichtung auferlegt werde, die für die Tätigkeit der Annahme von Wetten genutzten Vermögensgegenstände mit Ablauf der Konzessionsfrist einem anderen unentgeltlich zum Gebrauch zu überlassen, von einem längeren Zeitraum für die Amortisierung dieser Vermögensgegenstände profitieren können.

[28] Wie der Generalanwalt in den Nrn. 66 und 67 seiner Schlussanträge im Wesentlichen ausgeführt hat, scheint sich aus den beim Gerichtshof eingereichten Unterlagen allerdings zu ergeben, dass die im Ausgangsverfahren in Rede stehende Bestimmung unterschiedslos für alle Wirtschaftsteilnehmer gilt, die an der auf Grundlage von Art. 10 Abs. 9 octies und 9 novies des Gesetzesdekrets von 2012 durchgeführten Ausschreibung teilgenommen haben, und zwar unabhängig vom Standort ihrer Niederlassung.

[29] Somit ergibt sich, dass der Umstand, dass die italienischen Behörden beschlossen haben, zu einem bestimmten Zeitpunkt die Voraussetzungen zu ändern, unter denen alle Wirtschaftsteilnehmer, die über eine Genehmigung verfügen, ihre Tätigkeit der Annahme von Wetten in Italien ausüben, für die Beurteilung eines möglicherweise diskriminierenden Charakters der im Ausgangsverfahren in Rede stehenden Bestimmung nicht relevant ist.

[30] Das vorlegende Gericht hat jedoch nach einer Gesamtwürdigung aller Umstände, die bei dem neuen Ausschreibungsverfahren eine Rolle gespielt haben, zu beurteilen, ob diese Bestimmung diskriminierend ist.

202 Verb. Rs. C-171/07 und C-172/07 (Apothekerkammer des Saarlandes u. a.; „DocMorris II"), Urteil des Gerichtshofs vom 19.05.2009.

Vorbemerkungen: *Im zweiten DocMorris-Urteil hatte der EuGH zu beurteilen, ob die Grundfreiheiten einer deutschen Regelung entgegenstehen, nach welcher der Besitz und Betrieb einer Apotheke approbierten Apothekern vorbehalten war (Fremdbesitzverbot). Diese Regelung hatte zur Folge, dass Kapitalgesellschaften wie DocMorris Apotheken weder besitzen noch betreiben durften. Zunächst stellte der EuGH eine Beschränkung der sekundären Niederlassungsfreiheit fest. Der Schwerpunkt der Prüfung lag jedoch bei der Frage der Rechtfertigung. Das deutsche Fremdbesitzverbot basierte auf der Einschätzung, dem Gewinnstreben eines Nicht-Apothekers fehle es an mäßigenden Faktoren, wie sie bei einem ausgebildeten Apotheker aufgrund seiner beruflichen Erfahrung und der ihm obliegenden Verantwortung bestanden. Eine sichere und qualitativ hochwertige Arzneimittelversorgung lasse sich daher grundsätzlich allein dadurch sicherstellen, dass der Besitz und Betrieb von Apotheken approbierten Apothekern vorbehalten bleibt. Der EuGH ordnete diesen Zweck der ungeschriebenen Rechtfertigungs-*

kategorie der zwingenden Gründe des Allgemeininteresses zu, ohne die Einschlägigkeit des Art. 52 Abs. 1 AEUV zu prüfen, obwohl die Vorschrift entgegen ihrem Wortlaut („Sonderregelung für Ausländer") auch auf unterschiedslose Angriffe Anwendung findet. Unter Bekräftigung des rechtlichen Spielraums der Mitgliedstaaten zur Einschätzung der Gefahrenlage und zur Bestimmung des Schutzniveaus der Bevölkerung erachtete der EuGH die aus dem Fremdbesitzverbot resultierende Beschränkung der Niederlassungsfreiheit für gerechtfertigt. Anders beurteilte der EuGH das Fremdbesitzverbot für Optikergeschäfte, da der Schutz der öffentlichen Gesundheit anders als bei Apotheken durch mildere Mittel wie die zivilrechtliche Haftung bzw. das Vorschreiben einer Berufshaftpflichtversicherung erreicht werden kann, vgl. Rs. C-140/03, Kommission/Griechenland, Slg. 2005, S. I-3177. ***B:*** *C. Hermann, EuZW 2009, 413 ff.; R. Streinz, JuS 2009, 1034 ff.; J.-O. Murach, GWR 2009, 281 ff.; R. Singer, DStR 2010, 78 f.; M. Martini, NJW 2009, 2116; C. Behme/R. Petrovic, NZG 2009, 794 f.* ***L:*** *Rn. 804.*

Sachverhalt: Das zuständige saarländische Ministerium erteilte der niederländischen Aktiengesellschaft DocMorris die Erlaubnis, ab dem 01.07.2006 eine Filialapotheke in Saarbrücken zu betreiben. Mehrere Apotheker und ihre Berufsverbände hatten die Entscheidung des Ministeriums wegen Unvereinbarkeit mit einer Vorschrift, welche das Recht zum Besitz und Betrieb von Apotheken Apothekern vorbehielt (sog. Fremdbesitzverbot), vor dem Verwaltungsgericht des Saarlandes angefochten. Das Verwaltungsgericht rief den Gerichtshof an, um klären zu lassen, ob die Bestimmungen des EG-Vertrags über die Niederlassungsfreiheit dahin auszulegen waren, dass sie einer derartigen Regelung entgegenstehen.

Aus den Entscheidungsgründen:

Zur Rechtfertigung der Beschränkung der Niederlassungsfreiheit

[25] Beschränkungen der Niederlassungsfreiheit, die ohne Diskriminierung aus Gründen der Staatsangehörigkeit anwendbar sind, können durch zwingende Gründe des Allgemeininteresses gerechtfertigt sein, sofern sie geeignet sind, die Erreichung des mit ihnen verfolgten Ziels zu gewährleisten, und nicht über das hinausgehen, was zur Erreichung dieses Ziels erforderlich ist (vgl. Urteil Hartlauer, Randnr. 44).

[26] In den Ausgangsverfahren ist erstens festzustellen, dass die fragliche nationale Regelung ohne Diskriminierung aus Gründen der Staatsangehörigkeit Anwendung findet.

[27] Zweitens gehört der Schutz der Gesundheit der Bevölkerung zu den zwingenden Gründen des Allgemeininteresses, die Beschränkungen der vom Vertrag gewährleisteten Verkehrsfreiheiten wie der Niederlassungsfreiheit rechtfertigen können (vgl. u. a. Urteil Hartlauer, Randnr. 46).

[28] Im Einzelnen lassen sich Beschränkungen der genannten Verkehrsfreiheiten mit dem Ziel rechtfertigen, eine sichere und qualitativ hochwertige Arzneimittelversorgung der Bevölkerung sicherzustellen (vgl. in diesem Sinne Urteile Deutscher Apothekerverband, Randnr. 106, und vom 11. September 2008, Kommission/Deutschland, Randnr. 47).

[29] Drittens ist zu prüfen, ob die Regel des Ausschlusses von Nichtapothekern zur Erreichung eines derartigen Ziels geeignet ist.

[30] Hierbei muss der Mitgliedstaat, wenn eine Ungewissheit hinsichtlich des Vorliegens oder der Bedeutung der Gefahren für die menschliche Gesundheit bleibt, Schutzmaßnahmen treffen können, ohne warten zu müssen, bis der Beweis für das tatsächliche Bestehen dieser Gefahren vollständig erbracht ist. Außerdem kann der Mitgliedstaat diejenigen Maßnahmen treffen, die eine Gefahr für die Gesundheit der Bevölkerung, wozu im Einzelnen eine Gefahr für die sichere und qualitativ hochwertige Arzneimittelversorgung der Bevölkerung gehört, weitestmöglich verringern (vgl. in diesem Sinne Urteil vom 5. Juni 2007, Rosengren u. a., C-170/04, Slg. 2007, I-4071, Randnr. 49).

[31] In diesem Zusammenhang ist der ganz besondere Charakter der Arzneimittel zu betonen, deren therapeutische Wirkungen sie substanziell von den übrigen Waren unterscheiden (vgl. in diesem Sinne Urteil vom 21. März 1991, Delattre, C-369/88, Slg. 1991, I-1487, Randnr. 54).

[32] Aufgrund dieser therapeutischen Wirkungen können Arzneimittel, wenn sie ohne Not oder falsch eingenommen werden, der Gesundheit schweren Schaden zufügen, ohne dass der Patient sich dessen bei ihrer Verabreichung bewusst sein kann.

[33] Eine übermäßige Einnahme oder falsche Verwendung von Arzneimitteln führt außerdem zu einer Verschwendung finanzieller Mittel, die umso schädlicher ist, als der Pharmabereich erhebliche Kosten verursacht und wachsenden Bedürfnissen entsprechen muss, während die finanziellen Mittel, die für die Gesundheitspflege bereitgestellt werden können, unabhängig von der Art und Weise der Finanzierung nicht unbegrenzt sind (vgl. entsprechend für die Krankenhausversorgung Urteile vom 13. Mai 2003, Müller-Fauré und van Riet, C-385/99, Slg. 2003, I-4509, Randnr. 80, sowie Watts, Randnr. 109). Hierbei ist darauf hinzuweisen, dass zwischen diesen finanziellen Mitteln und den Gewinnen

von auf dem Pharmasektor tätigen Wirtschaftsteilnehmern eine unmittelbare Beziehung besteht, denn in den meisten Mitgliedstaaten wird die Verschreibung von Arzneimitteln von den betreffenden Krankenversicherungsträgern erstattet.

[34] In Anbetracht dieser Gefahren für die Gesundheit der Bevölkerung und das finanzielle Gleichgewicht der Sozialversicherungssysteme können die Mitgliedstaaten die mit dem Einzelhandelsvertrieb der Arzneimittel betrauten Personen, u. a. was die Modalitäten ihrer Vermarktung und das Gewinnstreben anbelangt, strengen Anforderungen unterwerfen. Insbesondere können sie den Verkauf von Arzneimitteln im Einzelhandel grundsätzlich Apothekern vorbehalten wegen der Garantien, die diese bieten müssen, und der Informationen, die sie den Verbrauchern geben können müssen (vgl. in diesem Sinne Urteil Delattre, Randnr. 56).

[35] Da die Mitgliedstaaten befugt sind, über das Niveau des Schutzes der Gesundheit der Bevölkerung zu entscheiden, ist anzuerkennen, dass sie verlangen können, dass die Arzneimittel von Apothekern vertrieben werden, die über tatsächliche berufliche Unabhängigkeit verfügen. Sie können auch Maßnahmen treffen, die geeignet sind, eine Gefahr der Beeinträchtigung dieser Unabhängigkeit zu beseitigen oder zu verringern, da eine derartige Beeinträchtigung geeignet wäre, sich auf das Niveau der Sicherheit und der Qualität der Arzneimittelversorgung der Bevölkerung auszuwirken.

[36] In diesem Zusammenhang sind drei Kategorien möglicher Betreiber einer Apotheke zu unterscheiden, nämlich die der natürlichen Personen, die Apotheker sind, die der auf dem Sektor der pharmazeutischen Produkte als Hersteller oder Großhändler tätigen Personen und die der Personen, die weder Apotheker sind noch einer Tätigkeit in dem genannten Sektor nachgehen.

[37] Für den Betreiber, der Apotheker ist, lässt sich nicht leugnen, dass er ebenso wie andere Personen das Ziel verfolgt, Gewinne zu erwirtschaften. Als Berufsapotheker ist bei ihm aber davon auszugehen, dass er die Apotheke nicht nur aus rein wirtschaftlichen Zwecken betreibt, sondern auch unter einem beruflich-fachlichen Blickwinkel. Sein privates Interesse an Gewinnerzielung wird somit durch seine Ausbildung, seine berufliche Erfahrung und die ihm obliegende Verantwortung gezügelt, da ein etwaiger Verstoß gegen Rechtsvorschriften oder berufsrechtliche Regeln nicht nur den Wert seiner Investition, sondern auch seine eigene berufliche Existenz erschüttert.

[38] Nichtapotheker unterscheiden sich von Apothekern dadurch, dass sie definitionsgemäß keine derjenigen der Apotheker entspre-

chende Ausbildung, Erfahrung und Verantwortung haben. Demnach ist festzustellen, dass sie nicht die gleichen Garantien wie Apotheker bieten.

[39] Folglich kann ein Mitgliedstaat im Rahmen seines in Randnr. 19 des vorliegenden Urteils erwähnten Wertungsspielraums der Ansicht sein, dass der Betrieb einer Apotheke durch einen Nichtapotheker im Unterschied zu einer von einem Apotheker betriebenen Apotheke eine Gefahr für die Gesundheit der Bevölkerung, insbesondere für die Sicherheit und Qualität des Einzelhandelsvertriebs der Arzneimittel, darstellen kann, weil das Gewinnstreben im Rahmen eines derartigen Betriebs nicht mit mäßigenden Faktoren wie den in Randnr. 37 des vorliegenden Urteils angeführten einhergeht, die die Tätigkeit der Apotheker kennzeichnen (vgl. entsprechend für Leistungen der Sozialhilfe Urteil vom 17. Juni 1997, Sodemare u. a., C-70/95, Slg. 1997, I-3395, Randnr. 32).

[40] Es ist somit einem Mitgliedstaat insbesondere unbenommen, im Rahmen des genannten Wertungsspielraums zu beurteilen, ob eine derartige Gefahr bei Herstellern und Großhändlern pharmazeutischer Produkte deshalb vorliegt, weil sie die Unabhängigkeit der angestellten Apotheker dadurch beeinträchtigen könnten, dass sie diese zu einer Förderung derjenigen Arzneimittel anhalten, die sie selbst herstellen oder vertreiben. Ein Mitgliedstaat darf außerdem beurteilen, ob die Gefahr besteht, dass Betreiber, die keine Apotheker sind, die Unabhängigkeit der angestellten Apotheker dadurch beeinträchtigen, dass sie diese dazu anhalten, Arzneimittel zu verkaufen, deren Bevorratung nicht mehr einträglich ist, oder dass diese Betreiber Betriebskostenkürzungen vornehmen, die geeignet wären, die Modalitäten des Einzelhandelsvertriebs der Arzneimittel zu beeinträchtigen.

[41] In ihren beim Gerichtshof eingereichten Erklärungen haben die Kommission und DocMorris außerdem geltend gemacht, dass sich die Regel des Ausschlusses von Nichtapothekern in den Ausgangsverfahren nicht mit dem Allgemeininteresse rechtfertigen lasse, da dieses Ziel nicht in kohärenter Weise verfolgt werde.

[42] Hierzu geht aus der Rechtsprechung des Gerichtshofs hervor, dass eine nationale Regelung nur dann geeignet ist, die Erreichung des geltend gemachten Ziels zu gewährleisten, wenn sie tatsächlich dem Anliegen gerecht wird, es in kohärenter und systematischer Weise zu erreichen (vgl. Urteile vom 6. März 2007, Placanica u. a., C-338/04, C-359/04 und C-360/04, Slg. 2007, I 1891, Randnrn. 53 und 58, vom 17. Juli 2008, Corporación Dermoestética, C-500/06, Slg. 2008, I 0000, Randnrn. 39 und 40, sowie Hartlauer, Randnr. 55).

(...)

[50] Da der Betrieb der genannten Filialapotheken von diesen Bedingungen abhängig ist, kann die in den Ausgangsverfahren fragliche Regelung nicht als inkohärent angesehen werden.

[51] Nach alledem ist festzustellen, dass die in den Ausgangsverfahren fragliche Regelung geeignet ist, die Erreichung des Ziels zu gewährleisten, eine sichere und qualitativ hochwertige Versorgung der Bevölkerung mit Arzneimitteln und somit den Schutz der Gesundheit der Bevölkerung sicherzustellen.

[52] Viertens ist zu prüfen, ob die Beschränkung der Niederlassungsfreiheit nicht über dasjenige hinausgeht, was zur Erreichung des genannten Ziels erforderlich ist, ob es also keine die von Art. 43 EG garantierte Freiheit weniger beschränkenden Maßnahmen gibt, die es erlauben würden, dieses Ziel ebenso wirksam zu erreichen.

[53] Hierzu haben die Kommission und DocMorris beim Gerichtshof geltend gemacht, dass sich der genannte Zweck durch weniger beschränkende Maßnahmen wie die Verpflichtung zur Anwesenheit eines Apothekers in der Apotheke, zum Abschluss einer Versicherung oder ein System angemessener Kontrollen und wirksamer Maßregeln erreichen lasse.

[54] Jedoch kann im Hinblick auf den den Mitgliedstaaten überlassenen Wertungsspielraum, auf den in Randnr. 19 des vorliegenden Urteils hingewiesen worden ist, ein Mitgliedstaat der Ansicht sein, dass die Gefahr besteht, dass in der Praxis gegen die Rechtsvorschriften zur Sicherstellung der beruflichen Unabhängigkeit der Apotheker verstoßen wird, weil das Interesse eines Nichtapothekers an der Erzielung von Gewinnen nicht entsprechend dem der selbständigen Apotheker gemäßigt würde und die Unterstellung von Apothekern als Angestellte unter einen Betreiber es für sie schwierig machen könnte, sich den von diesem Betreiber erteilten Anweisungen zu widersetzen.

[55] Abgesehen von allgemeinen Erwägungen hat die Kommission nichts vorgetragen, woraus sich ergeben könnte, welches konkrete System geeignet wäre, ebenso wirksam wie die Regel des Ausschlusses von Nichtapothekern zu gewährleisten, dass trotz der in der vorstehenden Randnummer des vorliegenden Urteils angeführten Erwägungen in der Praxis nicht gegen die genannten Rechtsvorschriften verstoßen würde.

[56] Außerdem lassen sich entgegen dem Vorbringen von DocMorris und der Kommission die Gefahren für die Unabhängigkeit des Apothekerberufs auch nicht ebenso wirksam dadurch ausräumen, dass eine Pflicht zum Abschluss einer Versicherung wie der zivilen Haftpflichtversicherung auferlegt wird. Eine solche Maßnahme würde zwar

dem Patienten erlauben, für einen etwa erlittenen Schaden einen finanziellen Ausgleich zu erhalten, doch würde sie im Nachhinein greifen und wäre weniger wirksam als die genannte Regel, da sie in keiner Weise den betreffenden Betreiber davon abhalten würde, auf die angestellten Apotheker Einfluss auszuüben.

[57] Demnach ist nicht erwiesen, dass eine andere Maßnahme, die die von Art. 43 EG garantierte Freiheit weniger beschränkt als die Regel des Ausschlusses von Nichtapothekern, es erlauben würde, ebenso wirksam das sich aus der Anwendung dieser Regel ergebende Niveau der Sicherheit und Qualität der Versorgung der Bevölkerung mit Arzneimitteln sicherzustellen.

[58] Folglich erweist sich die in den Ausgangsverfahren fragliche nationale Regelung als geeignet, die Erreichung des mit ihr verfolgten Ziels zu gewährleisten, und geht nicht über dasjenige hinaus, was zur Erreichung dieses Ziels erforderlich ist. Die aus dieser Regelung folgenden Beschränkungen lassen sich daher durch dieses Ziel rechtfertigen.

[59] Dieses Ergebnis wird durch das Urteil vom 21. April 2005, Kommission/Griechenland (C-140/03, Slg. 2005, I-3177), auf das sich das Saarland, das Ministerium, DocMorris und die Kommission berufen, nicht in Frage gestellt, in dem der Gerichtshof für Recht erkannt hat, dass die Hellenische Republik dadurch gegen ihre Verpflichtungen aus den Art. 43 EG und 48 EG verstoßen hat, dass sie nationale Bestimmungen erlassen und aufrechterhalten hat, die die Möglichkeit, dass eine juristische Person ein Optikergeschäft eröffnet, u. a. von der Voraussetzung abhängig machen, dass die Genehmigung für die Errichtung und den Betrieb des Geschäfts auf den Namen eines anerkannten Optikers als natürlicher Person ausgestellt wird und dass die Person, die die Erlaubnis für den Betrieb des Geschäfts besitzt, mit mindestens 50% am Gesellschaftskapital sowie an den Gewinnen und Verlusten der Gesellschaft beteiligt ist.

[60] In Anbetracht des besonderen Charakters der Arzneimittel und ihres Marktes und beim derzeitigen Stand des Gemeinschaftsrechts lassen sich die Feststellungen des Gerichtshofs im Urteil Kommission/Griechenland nicht auf den Bereich des Einzelhandelsvertriebs von Arzneimitteln übertragen. Denn im Unterschied zu Optikerprodukten können aus therapeutischen Gründen verschriebene oder verwendete Arzneimittel sich trotz allem, ohne dass der Patient sich dessen bei ihrer Verabreichung bewusst sein kann, als für die Gesundheit sehr schädlich erweisen, wenn sie ohne Not oder falsch eingenommen werden. Zudem führt ein medizinisch nicht gerechtfertigter Verkauf von Arzneimitteln zu einer ungleich größeren Verschwendung öffentlicher Finanzmittel als der nicht gerechtfertigte Verkauf von Optikerprodukten.

[61] Nach alledem ist auf die erste Frage zu antworten, dass die Art. 43 EG und 48 EG einer nationalen Regelung wie der in den Ausgangsverfahren fraglichen nicht entgegenstehen, die Personen, die keine Apotheker sind, den Besitz und den Betrieb von Apotheken verwehrt.

IV. Dienstleistungsfreiheit, Art. 56 ff. AEUV

1. Begriff der Dienstleistung

Rs. 155/73 (Sacchi), 203
Urteil des Gerichtshofs vom 30.04.1974.

Vorbemerkungen: *Die Entscheidung hat sog. „Korrespondenzdienstleistungen" zum Gegenstand. Eine Korrespondenzdienstleistung liegt vor, wenn weder der Dienstleistungserbringer noch der Dienstleistungsempfänger, sondern nur die Dienstleistung selbst, als unkörperliches Produkt, eine innerunionale Grenze überschreitet. Besondere Bedeutung kommt der Entscheidung deshalb zu, weil sie die Übertragung von Rundfunksendungen, welche eines der wichtigsten Beispiele für eine Korrespondenzdienstleistung ist, unter Art. 56 AEUV subsumiert. Der EuGH hat in mehreren Entscheidungen – erstmals in der Rechtssache Sacchi – die grenzüberschreitende Ausstrahlung von Rundfunksendungen, einschließlich der zu Werbezwecken, der Dienstleistungsfreiheit zugeordnet. Von der Warenverkehrsfreiheit wird hingegen nur der Handel mit körperlichen Gegenständen erfasst, die der Übertragung von Fernsehsendungen dienen.* ***B:*** *E. Schulze, GRUR Int 1974, 300.* ***L:*** *Rn. 959, 965, 1241f.*

Sachverhalt: Wie auch in anderen europäischen Ländern oblag nach der früheren Rechtslage in Italien die Ausstrahlung von Fernsehsendungen allein den öffentlich-rechtlichen Rundfunkanstalten. Herr Sacchi, der selbst ein staatlich nicht genehmigtes Fernsehunternehmen unterhielt, wurde angeklagt, weil er sich geweigert hatte, die Gebühr für die Fernsehempfangsanlage zu entrichten. Er sah darin einen Verstoß gegen das damalige Gemeinschaftsrecht. Der vom nationalen Gericht angerufene EuGH hatte unter anderem zu entscheiden, ob Fernsehsendungen als Ware oder Dienstleistungen i. S. d. Art. 49 ff. EG (jetzt: Art. 56 ff. AEUV) anzusehen waren.

Aus den Entscheidungsgründen:

[6] In Ermangelung ausdrücklicher entgegenstehender Vertragsbestimmungen sind Fernsehsendungen ihrer Natur nach als Dienstleistungen anzusehen. Zwar ist es nicht ausgeschlossen, daß Leistungen, die in der Regel gegen Entgelt erbracht werden, unter die Bestimmungen über den freien Warenverkehr fallen. Doch ist dies nach Artikel 60 nur der Fall, soweit sie diesen Bestimmungen unterstellt sind. Demnach fällt die Ausstrahlung von Fernsehsendungen als solche, einschließlich jener zu Werbezwecken, unter die Vertragsvorschriften über Dienstleistungen.

[7/8] Dagegen unterliegt der Handel mit sämtlichen Materialien, Tonträgern, Filmen und sonstigen Erzeugnissen, die für die Ausstrahlung von Fernsehsendungen benutzt werden, den Bestimmungen über den freien Warenverkehr. (...).

204 **Verb. Rs. 286/82 und 26/83 (Luisi und Carbone), Urteil des Gerichtshofs vom 31.01.1984.**

Vorbemerkungen: *Der Wortlaut der Art. 56 f. AEUV zielt auf die Rechte des Dienstleistungserbringers. Art. 57 Abs. 3 AEUV erfasst hiervon ausdrücklich den Fall der sog. aktiven Dienstleistungsfreiheit, die sich durch den Grenzübertritt des Dienstleistungserbringers auszeichnet. Dass die Dienstleistungsfreiheit auf diese Dimension nicht beschränkt ist, sondern auch ein Recht des Empfängers enthält, im EU-Ausland Dienstleistungen in Anspruch zu nehmen und sich dort zu diesem Zweck vorübergehend aufzuhalten (sog. passive Dienstleistungsfreiheit), stellte der Gerichtshof in diesem Urteil klar. Mit diesem Ansatz gelang zum ersten Mal auch die Verbraucherseite in den Genuss grundfreiheitlichen Schutzes. Da auch touristische Leistungen Dienstleistungen im Sinne der Art. 56 f. AEUV darstellen, führte diese Rechtsprechung zu einer bedeutenden Ausweitung des Anwendungsbereiches der Dienstleistungsfreiheit, aber auch des allgemeinen Diskriminierungsverbots aus Gründen der Staatsangehörigkeit für alle nicht spezifisch-dienstleistungsrechtlichen Behinderungen (vgl. Rs. 186/87, Cowan, Rn. 14 ff.). Mittlerweile wird dieser Ansatz zum Teil durch die Rechtsprechung zur unionsbürgerlichen Freizügigkeit konsumiert. Eine eigenständige Regelung fanden die Rechte der Dienstleistungsempfänger hingegen in der sog. Dienstleistungsrichtlinie (Art. 19 f. Richtlinie 2006/123, ABl.EU 2006 Nr. L 376/36).* **L:** *Rn. 956, 966, 982, 1005, 1007.*

Sachverhalt: In Italien war der Erwerb von Devisen zur Verwendung im Ausland auf einen Betrag von 500 000 Lire begrenzt. Die italienischen Staatsbürger Luisi und Carbone, die Devisen im Wert von mehreren Millionen Lire erworben hatten und gegen die deshalb Geldbußen verhängt wurden, beabsichtigten, die erworbenen Devisen zu touristischen Zwecken und zur medizinischen Behandlung in anderen Mitgliedstaaten zu verwenden. Aufgrund dieser Verwendungsabsichten waren sie der Ansicht, dass die einschlägigen italienischen Devisenbestimmungen gegen Gemeinschaftsrecht verstießen. Der Gerichtshof entschied im Rahmen eines Vorabentscheidungsverfahrens.

Aus den Entscheidungsgründen:

[10] Gemäß Artikel 59 EWG-Vertrag werden die Beschränkungen des freien Verkehrs dieser Dienstleistungen für Angehörige der Mitgliedstaaten, die in einem anderen Staat der Gemeinschaft als demjenigen des Leistungsempfängers ansässig sind, aufgehoben. Zur Erbringung der Dienstleistung kann sich entweder der Leistende in den Mitgliedstaat, in dem der Leistungsempfänger ansässig ist, oder dieser in den Mitgliedstaat begeben, in dem der Leistende ansässig ist. Während der erste Fall ausdrücklich in Artikel 60 Absatz 3 erwähnt wird, nach dem der Leistende seine Leistungen vorübergehend in dem Staat ausüben kann, in dem die Leistung erbracht wird, stellt der zweite Fall die notwendige Ergänzung hierzu dar, die dem Ziel entspricht, jede gegen Entgelt geleistete Tätigkeit, die nicht unter den freien Waren- und Kapitalverkehr und unter die Freizügigkeit der Personen fällt, zu liberalisieren.

(...)

[12] Die Richtlinie 64/221 des Rates vom 25. Februar 1964 zur Koordinierung der Sondervorschriften für die Einreise und den Aufenthalt von Ausländern, soweit sie aus Gründen der öffentlichen Ordnung, Sicherheit oder Gesundheit gerechtfertigt sind, (ABl. 1964, S. 850) gilt nach ihrem Artikel 1 unter anderem für Staatsangehörige eines Mitgliedstaats, die sich in einen anderen Mitgliedstaat der Gemeinschaft begeben, „um Dienstleistungen entgegenzunehmen". Die Richtlinie 73/148 des Rates vom 21. Mai 1973 zur Aufhebung der Reise- und Aufenthaltsbeschränkungen für Staatsangehörige der Mitgliedstaaten innerhalb der Gemeinschaft auf dem Gebiet der Niederlassung und des Dienstleistungsverkehrs (ABl. L 172, S. 14) räumt sowohl dem Leistungserbringer als auch dem Leitungsempfänger ein Aufenthaltsrecht entsprechend der Dauer der Dienstleistung ein.

(...)

[16] Daraus folgt, dass der freie Dienstleistungsverkehr die Freiheit der Leistungsempfänger einschließt, sich zur Inanspruchnahme einer Dienstleistung in einen anderen Mitgliedstaat zu begeben, ohne durch Beschränkungen – und zwar auch im Hinblick auf Zahlungen – daran gehindert zu werden, und dass Touristen sowie Personen, die eine medizinische Behandlung in Anspruch nehmen, und solche, die Studien- oder Geschäftsreisen unternehmen, als Empfänger von Dienstleistungen anzusehen sind.

205 **Rs. C-275/92 (Schindler), Urteil des Gerichtshofs vom 24.03.1994.**

Vorbemerkungen: *Der EuGH bestätigte in dieser Entscheidung zunächst, dass die Glückspielveranstaltungen (hier in Gestalt von Lotterien) im Falle der Entgeltlichkeit als Teil des Wirtschaftslebens anzusehen sind und somit nicht außerhalb des Anwendungsbereichs der Grundfreiheiten stehen. Ferner beschäftigte sich der Gerichtshof vor dem Hintergrund der grenzüberschreitenden Versendung von Losen und Werbematerialien für die betreffende Lotterie mit der Abgrenzung zwischen Warenverkehrs- und Dienstleistungsfreiheit. Bei Sachverhalten, die dem Grunde nach unter beide Freiheiten gefasst werden könnten, ist nach nunmehr ständiger Rechtsprechung auf den Schwerpunkt der grenzüberschreitenden Tätigkeit abzustellen. Demnach wird etwa die Einfuhr von Waren dann nicht von der Warenverkehrsfreiheit erfasst, wenn diese lediglich einer in einem anderen Mitgliedstaat vorgenommenen Dienstleistung dient und somit nicht losgelöst von der Dienstleistung betrachtet werden kann.* ***L:*** *Rn. 959, 964.*

Sachverhalt: Die Beklagten des Ausgangsverfahrens verschickten von den Niederlanden aus Formulare und Werbematerial für eine in der Bundesrepublik Deutschland veranstaltete Lotterieausspielung an britische Staatsangehörige. Britische Behörden beschlagnahmten die Lose und Werbeprospekte mit der Begründung, sie seien entgegen den gesetzlichen Bestimmungen eingeführt worden. Nach den einschlägigen Vorschriften durften keine Werbematerialien oder andere Mitteilungen über die Ziehung oder die beabsichtigte Ziehung einer Lotterie zum Zwecke der Veröffentlichung in das Vereinigte Königreich eingeführt werden. Die Beklagten hielten diese Bestimmung für mit Art. 28 bzw. 49 EG (jetzt: Art. 34 und Art. 56 AEUV) unvereinbar. Dagegen vertrat die Klägerin die Auffassung, dass diese Vorschriften nicht anwendbar seien, weil das Einfuhrverbot die Lotterien unabhängig von ihrer Herkunft beträfe. Der Gerichtshof entschied im Rahmen eines Vorabentscheidungsverfahrens.

Aus den Entscheidungsgründen:

[16] Zur Frage der Anwendbarkeit der Artikel 30 und 59 EWG-Vertrag trägt eine erste Gruppe von Regierungen, zu der die belgische, die deutsche, die irische, die luxemburgische und die portugiesische Regierung gehören, vor, daß Lotterieveranstaltungen nicht zum „Wirtschaftsleben" im Sinne des EWG-Vertrags gehörten. Lotterien seien in den Mitgliedstaaten herkömmlicherweise verboten und würden ausschließlich aus Gründen des Allgemeininteresses unmittelbar vom Staat oder unter seiner Kontrolle veranstaltet. Den Lotterien liege kein wirtschaftliches Leistungsverhältnis zugrunde, da sie auf dem Zufall beruhten. Schließlich seien Lotterien Erholung oder Spiel und keine wirtschaftliche Tätigkeit. Nach Ansicht der belgischen und der luxemburgischen Regierung ergibt sich außerdem aus der Richtlinie 75/368/EWG des Rates vom 16. Juni 1975 über Maßnahmen zur Erleichterung der tatsächlichen Ausübung der Niederlassungsfreiheit und des freien Dienstleistungsverkehrs für einige Tätigkeiten (...) insbesondere Übergangsmaßnahmen für diese Tätigkeiten (Abl. L 167, S. 22), daß Lotterien vom Anwendungsbereich des EWG-Vertrags ausgeschlossen seien, es sei denn, daß sie von Privaten zu Erwerbszwecken durchgeführt würden.

[17] Eine zweite Gruppe von Regierungen, zu der die spanische und die französische Regierung sowie die Regierung des Vereinigten Königreichs gehören, und die Kommission machen geltend, daß die Tätigkeit, die in der Veranstaltung von Lotterien bestehe, eine „Dienstleistung" im Sinne des Artikels 60 EWG-Vertrag sei. Diese Tätigkeit betreffe Leistungen, die dem Veranstalter der Lotterie oder den Teilnehmern an dieser Lotterie in der Regel gegen Entgelt erbracht würden und nicht unter die Vorschriften über den freien Warenverkehr fielen.

[18] Schließlich vertreten die Beklagten des Ausgangsverfahrens die Ansicht, daß ihre Tätigkeit in den Anwendungsbereich des Artikels 30 EWG-Vertrag falle. Das Werbematerial und die Unterlagen, in denen die Ziehung einer Lotterie angekündigt würde oder die diese Ziehung beträfen, seien „Waren" im Sinne des Vertrages, d. h. nach der Definition des Gerichtshofs im Urteil vom 11. Juli 1985 in den verbundenen Rechtssachen 60/84 und 61/84 (Cinéthèque, Slg. 1985, 2605) körperliche Gegenstände, die hergestellt worden seien.

[19] Zu der Auffassung einiger Regierungen, Lotterien gehörten nicht zum „Wirtschaftsleben" im Sinne des Vertrages, ist darauf hinzuweisen, daß Einfuhren von Waren oder entgeltliche Dienstleistungen (vgl. zum letztgenannten Punkt Urteile vom 14. Juli 1976 in der Rechts-

sache 13/76, Dona, Slg. 1976, 1331, Randnr. 12, und vom 5. Oktober 1988 in der Rechtssache 196/87, Steymann, Slg. 1988, 6159, Randnr. 10) als Teil des „Wirtschaftslebens" im Sinne des Vertrages anzusehen sind.

(...)

[21] Das vorlegende Gericht wirft die Frage auf, ob Lotterien nicht zumindest teilweise unter Artikel 30 EWG-Vertrag fallen, wenn sie mit der Versendung und Verteilung großer Mengen körperlicher Gegenstände wie Briefe, Werbeprospekte oder Lose – im vorliegenden Fall in einem anderen Mitgliedstaat – verbunden sind.

[22] Zwar beschränkt sich die Tätigkeit der Beklagten des Ausgangsverfahrens anscheinend auf die Versendung von Werbematerial und Anmeldeformularen, möglicherweise von Losen, im Namen eines Lotterieveranstalters, der SKL. Solche Tätigkeiten sind jedoch nur die konkreten Einzelheiten der Veranstaltung oder des Ablaufs einer Lotterie und können im Hinblick auf den Vertrag nicht losgelöst von der Lotterie betrachtet werden, auf die sie sich beziehen. Die Einfuhr und die Verteilung von Gegenständen sind kein Selbstzweck, sondern sollen den Personen, die in den Mitgliedstaaten wohnen, in die diese Gegenstände eingeführt und in denen sie verteilt werden, die Teilnahme an der Lotterie ermöglichen.

[23] Der von den Beklagten angeführte Umstand, daß im Ausgangsrechtsstreit die Bevollmächtigten der SKL körperliche Gegenstände für die Werbung und den Verkauf dieser Lotterie nach Großbritannien versandten und die hergestellten körperlichen Gegenstände Waren im Sinne der Rechtsprechung des Gerichtshofs waren, genügt nicht, um in ihrer Tätigkeit lediglich eine Ausfuhr oder Einfuhr zu sehen.

[24] Die Tätigkeiten im Lotteriewesen sind somit keine Tätigkeiten, die „Waren" betreffen und als solche unter Artikel 30 EWG-Vertrag fallen.

[25] Diese Tätigkeiten sind vielmehr als „Dienstleistungen" im Sinne des Vertrages anzusehen.

[26] Nach Artikel 60 Absatz 1 EWG-Vertrag sind „Dienstleistungen ... Leistungen, die in der Regel gegen Entgelt erbracht werden, soweit sie nicht den Vorschriften über den freien Waren- und Kapitalverkehr und über die Freizügigkeit der Personen unterliegen".

[27] Im vorliegenden Fall geht es um Leistungen, die der Veranstalter der Lotterie erbringt, indem er die Käufer von Losen an einem Glücksspiel, das ihnen eine Gewinnchance eröffnet, teilnehmen läßt und zu diesem Zweck die Einsammlung der Einsätze, die Veranstaltung der vom Zufall bestimmten Ziehungen sowie die Festsetzung und die Auszahlung der Preise oder Gewinne sicherstellt.

[28] Diese Leistungen werden in der Regel gegen ein Entgelt erbracht, das in dem Preis für das Los besteht.

[29] Die betreffenden Leistungen sind grenzüberschreitende Leistungen, wenn sie wie im Ausgangsrechtsstreit in einem anderen Mitgliedstaat angeboten werden als in dem, in dem der Veranstalter der Lotterie niedergelassen ist.

[30] Schließlich richten sich die Lotterien weder nach den Vertragsvorschriften über den freien Warenverkehr, wie unter Randnummer 24 dieses Urteils bereits festgestellt worden ist, noch nach den Vorschriften über die Freizügigkeit, die nur den Ortswechsel von Personen betreffen, noch nach den Regeln über den freien Kapitalverkehr, der nur die Bewegungen von Kapital betrifft, nicht aber die Gesamtheit der für die wirtschaftlichen Tätigkeiten erforderlichen Zahlungen (vgl. Urteil vom 23. November 1978 in der Rechtssache 7/78, Thompson u. a., Slg. 1978, 2247).

[31] Zwar unterliegen die Lotterien, wie einige Mitgliedstaaten ausgeführt haben, einer besonders strengen Regelung und einer genauen behördlichen Kontrolle in den einzelnen Mitgliedstaaten der Gemeinschaft. Sie sind jedoch in diesen Staaten gleichwohl nicht völlig verboten. Sie werden im Gegenteil in großem Umfang betrieben. So sind Lotterien in Großbritannien zwar grundsätzlich verboten, doch sind dort kleine, zu uneigennützigen Zwecken veranstaltete Lotterien sowie die staatliche Lotterie seit dem dazu erlassenen Gesetz von 1993 erlaubt.

[32] Somit können Lotterien nicht als Tätigkeiten angesehen werden, die wegen ihrer Schädlichkeit in allen Mitgliedstaaten verboten sind und im Hinblick auf das Gemeinschaftsrecht in die Nähe von Tätigkeiten gerückt werden könnten, die sich auf unerlaubte Erzeugnisse beziehen (vgl. für Betäubungsmittel Urteil vom 28. Februar 1984 in der Rechtssache 294/82, Einberger, Slg. 1984, 1177), auch wenn, wie die belgische und die luxemburgische Regierung angeführt haben, Spielverträge nach dem Recht einiger Mitgliedstaaten als nichtig behandelt werden können. Lotterien mögen für sittlich zumindest fragwürdig gehalten werden, doch ist es nicht Sache des Gerichtshofs, die Beurteilung, die der Gesetzgeber in den Mitgliedstaaten vorgenommen hat, in denen diese Tätigkeit rechtmäßig ausgeübt wird, durch seine eigene Beurteilung zu ersetzen (Urteil vom 4. Oktober 1991 in der Rechtssache C-159/90, Society for the Protection of Unborn Children Ireland, Slg. 1991, I-4685, Randnr. 20).

[33] Einige Regierungen weisen darauf hin, daß die Lotteriegewinne zufällig seien. Die gewöhnlichen Tätigkeiten im Rahmen einer Lotterie

bestehen aber in der Zahlung eines Betrages durch einen Spieler, der auf einen Gewinn oder einen Preis als Gegenleistung hofft. Die Zufallsabhängigkeit dieser Gegenleistung nimmt dem Austausch nicht seinen wirtschaftlichen Charakter.

[34] Richtig ist auch, daß eine Lotterie ebenso wie der Amateursport für die an ihr teilnehmenden Spieler Unterhaltungscharakter haben kann. Dieses spielerische Element nimmt der Lotterie jedoch nicht den Charakter einer Dienstleistung. Lotterien verschaffen nicht nur den Spielern, wenn auch nicht immer einen Gewinn, so doch zumindest eine Gewinnchance, sondern erbringen auch einen Gewinn für den Veranstalter. Sie werden nämlich von Privatpersonen oder von der öffentlichen Hand mit Gewinnerzielungsabsicht betrieben, da in der Regel nicht die Gesamtheit der von den Spielern eingesetzten Beträge wieder in Form von Gewinnen oder Preisen ausgeschüttet wird.

(...)

[37] Somit ist (...) zu antworten, daß die Einfuhr von Werbematerial und Losen in einen Mitgliedstaat, um die in diesem Staat wohnenden Personen an einer in einem anderen Mitgliedstaat veranstalteten Lotterie teilnehmen zu lassen, zu den „Dienstleistungen" im Sinne des Artikels 60 EWG-Vertrag gehört und folglich in den Anwendungsbereich des Artikels 59 EWG-Vertrag fällt.

206 Rs. C-215/01 (Schnitzer), Urteil des Gerichtshofs vom 11.12.2003.

Vorbemerkungen: *Gegenstand dieses Urteils war die in Deutschland vorgesehene Pflicht zur Eintragung in die Handwerksrolle als Voraussetzung für die Ausübung bestimmter handwerklicher Tätigkeiten. Im Vordergrund stand jedoch weniger die Frage nach der Rechtfertigung eines solchen Erfordernisses, als vielmehr die Abgrenzung zwischen der Dienstleistungs- und der Niederlassungsfreiheit. Das ausländische Unternehmen hatte nämlich über einen längeren Zeitraum und regelmäßig handwerkliche Tätigkeiten in Deutschland erbracht. Für den EuGH kam es in diesem Zusammenhang entscheidend auf den vorübergehenden Charakter der Tätigkeit in einem anderen Mitgliedstaat an, die von einer die Niederlassungsfreiheit prägenden stabilen und kontinuierlichen Teilnahme am Wirtschaftsverkehr zu unterscheiden ist. Die Abgrenzung kann jedoch nicht abstrakt bestimmt werden, vielmehr sind mehrere Kriterien wie Dauer, Häufigkeit, Wiederkehr und Kontinuität zu berücksichtigen. Sogar die Ausstattung mit einer bestimmten*

Infrastruktur schließt die Annahme einer Dienstleistung nicht aus. Diesem Umstand maß der EuGH eine wichtige Bedeutung bei, da er vorliegend trotz großen Umfangs der Betätigung in Deutschland von einem Fall der Dienstleistungsfreiheit ausging und dabei die fehlende Infrastruktur in Deutschland betonte. Daraus lässt sich schließen, dass der Umfang der wirtschaftlichen Betätigung im Aufnahmestaat umso größer sein kann, je weniger Infrastruktur des Wirtschaftssubjekts dort vorhanden ist. Von weitreichender Bedeutung ist diese Ausdehnung der Dienstleistungsfreiheit im Hinblick auf die sog. Dienstleistungsrichtlinie (Richtlinie 2006/123, ABl. EU 2006 Nr. L 376/36), die in ihrem Anwendungsbereich für die Dienstleistungsfreiheit – anders als für die Niederlassungsfreiheit – die mitgliedstaatlichen Rechtfertigungsgründe für Eingriffe in diese Gewährleistung auf die öffentliche Ordnung, Sicherheit, Gesundheit und den Schutz der Umwelt beschränkt (vgl. Art. 16 Abs. 1 lit. b der Richtlinie). Soweit die Dienstleistungsrichtlinie reicht, sind die Mitgliedstaaten darüber hinaus zu einer Einschränkung der Dienstleistungsfreiheit grundsätzlich nicht mehr befugt. ***L:*** *Rn. 961.*

Sachverhalt: Als Geschäftsführer einer deutschen Gesellschaft beauftragte Bruno Schnitzer ein Unternehmen mit Sitz in Portugal in den Jahren 1994 bis 1997 mit der Durchführung umfangreicher Verputzarbeiten in Deutschland. Eine nach der deutschen Handwerksordnung hierfür erforderliche Eintragung in die Handwerksrolle besaß das portugiesische Unternehmen in diesem Zeitraum jedoch nicht. Aus diesem Grunde verhängte die zuständige Behörde gegen Bruno Schnitzer ein Bußgeld wegen Zuwiderhandlung gegen das Schwarzarbeitsgesetz. Hiergegen schlug der Betroffene den Rechtsweg vor das Amtsgericht ein. In Kenntnis der Rechtssache Corsten legte das Ausgangsgericht dem EuGH die Frage vor, ob das Erfordernis einer Eintragung in die Handwerksrolle dann gerechtfertigt ist, wenn die Tätigkeiten nicht nur kurzfristig, sondern auch über einen längeren Zeitraum hinweg ausgeübt werden.

Aus den Entscheidungsgründen:

[26] Aus den Akten geht hervor, dass das vom Betroffenen mit der Durchführung von Verputzarbeiten beauftragte Unternehmen ein in Portugal niedergelassenes Unternehmen ist, das diese Arbeiten gegen Entgelt in Deutschland erbracht hat. Es handelt sich also um Leistungen, für die die Vorschriften des Vertragskapitels über die Dienstleistungen gelten, sofern das Unternehmen nicht als in Deutschland niedergelassen anzusehen ist, so dass die Leistungen gemäß Artikel 50 Absatz 1 EG unter die für das Niederlassungsrecht geltenden Artikel 43 EG bis 48 EG fielen.

[27] Nach Artikel 50 Absatz 3 EG kann der Dienstleistende zwecks Erbringung seiner Leistung seine Tätigkeit vorübergehend in dem Staat ausüben, in dem die Leistung erbracht wird, und zwar unter den Voraussetzungen, die dieser Staat für seine eigenen Angehörigen vorschreibt. Soweit die Leistungserbringung in diesem Mitgliedstaat vorübergehend bleibt, fällt ein solcher Leistender weiterhin unter die Vorschriften des Kapitels über die Dienstleistungen.

[28] Für die Frage, ob die Tätigkeiten des Leistenden im Aufnahmemitgliedstaat vorübergehenden Charakter haben, sind nach der Rechtsprechung des Gerichtshofs nicht nur die Dauer der Leistung, sondern auch ihre Häufigkeit, regelmäßige Wiederkehr oder Kontinuität zu berücksichtigen. Der vorübergehende Charakter der Leistung schließt für den Dienstleistenden im Sinne des Vertrages nicht die Möglichkeit aus, sich im Aufnahmemitgliedstaat mit einer bestimmten Infrastruktur (einschließlich eines Büros, einer Praxis oder einer Kanzlei) auszustatten, soweit diese Infrastruktur für die Erbringung der fraglichen Leistung erforderlich ist (Urteile vom 30. November 1995 in der Rechtssache C-55/94, Gebhard, Slg. 1995, I-4165, Randnr. 27, und vom 13. Februar 2003 in der Rechtssache C-131/01, Kommission/Italien, Slg. 2003, I-1659, Randnr. 22).

[29] Der Gerichtshof hat diese Situation von der eines Staatsangehörigen eines Mitgliedstaats unterschieden, der als Angehöriger eines Mitgliedstaats in stabiler und kontinuierlicher Weise eine Berufstätigkeit in einem anderen Mitgliedstaat ausübt, in dem er sich von einem Berufsdomizil aus u. a. an die Angehörigen dieses Staates wendet. Demgemäß hat der Gerichtshof festgestellt, dass ein solcher Staatsangehöriger unter die Vorschriften des Kapitels über das Niederlassungsrecht und nicht unter die des Kapitels über die Dienstleistungen fällt.

[30] Der Begriff Dienstleistung im Sinne des Vertrages kann somit Dienstleistungen ganz unterschiedlicher Art umfassen, einschließlich solcher, deren Erbringung sich über einen längeren Zeitraum, bis hin zu mehreren Jahren, erstreckt, z. B., wenn es sich um Dienstleistungen handelt, die im Rahmen eines Großbauprojekts erbracht werden. Auch Leistungen, die ein in einem Mitgliedstaat ansässiger Wirtschaftsteilnehmer mehr oder weniger häufig oder regelmäßig, auch über einen längeren Zeitraum, für Personen erbringt, die in einem oder mehreren anderen Mitgliedstaaten niedergelassen sind, können Dienstleistungen im Sinne des Vertrages sein, etwa die entgeltliche Beratung oder Auskunftserteilung.

[31] Der Vertrag enthält keine Vorschrift, die eine abstrakte Bestimmung der Dauer oder Häufigkeit ermöglicht, ab der die Erbringung

einer Dienstleistung oder einer bestimmten Art von Dienstleistung in einem anderen Mitgliedstaat nicht mehr als eine Dienstleistung im Sinne des Vertrages angesehen werden kann.

[32] Folglich reicht allein die Tatsache, dass ein in einem Mitgliedstaat niedergelassener Wirtschaftsteilnehmer gleiche oder ähnliche Dienstleistungen mehr oder weniger häufig oder regelmäßig in einem anderen Mitgliedstaat erbringt, ohne dass er dort über eine Infrastruktur verfügt, die es ihm erlauben würde, in diesem Mitgliedstaat in stabiler und kontinuierlicher Weise einer Erwerbstätigkeit nachzugehen, und von der aus er sich u. a. an die Angehörigen dieses Mitgliedstaats wendet, nicht aus, um ihn als in diesem Mitgliedstaat niedergelassen anzusehen.

(...)

[34] In Bezug auf die Eintragung in die Handwerksrolle hat der Gerichtshof entschieden, dass es eine Beschränkung im Sinne von Artikel 49 EG darstellt, wenn einem Unternehmen, das in einem Mitgliedstaat ansässig ist und in einem anderen Mitgliedstaat als Dienstleistender eine handwerkliche Tätigkeit ausüben möchte, die Verpflichtung, sich in die Handwerksrolle des letztgenannten Mitgliedstaats eintragen zu lassen, auferlegt wird (Urteil Corsten, Randnr. 34).

2. Grenzüberschreitender Bezug

Rs. C-198/89 (Kommission ./. Griechenland), 207
Urteil des Gerichtshofs vom 26.02.1991.

Vorbemerkungen: *Der Wortlaut des jetzigen Art. 56 Abs. 1 AEUV setzt im Hinblick auf den grenzüberschreitenden Bezug der Dienstleistungsfreiheit die verschiedenstaatliche Ansässigkeit von Dienstleistungserbringer und -empfänger voraus. In der vorliegenden Entscheidung stellte der Gerichtshof klar, dass es hierauf nicht ankommt, entscheidend sei der Schutz des Dienstleistungserbringers, seine Dienstleistung in einem anderen Mitgliedstaat als dem seiner Niederlassung erbringen zu können. Dies gilt somit auch dann, wenn sich – wie hier – sowohl der Leistende als auch der Empfänger gemeinsam in einen anderen Mitgliedstaat begeben und die Leistung dort erbracht wird. Im Übrigen fehlte es nach dem EuGH an einem grenzüberschreitenden Sachverhalt nur dann, wenn kein Element über die Grenzen eines Mitgliedstaates hinausweist. Diese negative Definition des grenzüberschreitenden Bezugs verdeutlicht, dass vielfältige Dienstleistungskonstellationen denk-*

*bar sind, in denen die Art. 56 f. AEUV zur Anwendung gelangen können. **L:** Rn. 965.*

Sachverhalt: Nach einer griechischen Regelung mussten Fremdenführer, die mit einer Reisegruppe aus einem anderen Mitgliedstaat einreisen, eine Erlaubnis zur Berufsausübung sowie besondere historische und landeskundliche Kenntnisse nachweisen. Die Kommission sah hierin einen Verstoß gegen die Dienstleistungsfreiheit und erhob Klage vor dem EuGH gegen die griechische Regierung. Der Gerichtshof bejahte den Verstoß und lehnte die von der griechischen Regierung vorgetragenen Rechtfertigungsgründe mit dem Hinweis auf deren Unverhältnismäßigkeit ab.

Aus den Entscheidungsgründen:

[9] Auch wenn Artikel 59 EWG-Vertrag nach seinem Wortlaut ausdrücklich nur den Fall eines Leistungserbringers betrifft, der in einem anderen Mitgliedstaat als der Leistungsempfänger ansässig ist, ist es doch Ziel dieses Artikels, die Beschränkungen der Dienstleistungsfreiheit solcher Personen zu beseitigen, die nicht in dem Staat niedergelassen sind, in dessen Gebiet die Dienstleistung erbracht werden soll. (…). zNur wenn alle wesentlichen Elemente der fraglichen Betätigung nicht über die Grenzen eines Mitgliedstaates hinausweisen, sind die Vertragsbestimmungen über den freien Dienstleistungsverkehr nicht anwendbar (…).

[10] Demgemäß greift Artikel 59 immer dann ein, wenn ein Leistungserbringer Dienstleistungen in einem anderen Mitgliedstaat als demjenigen anbietet, in dem er niedergelassen ist, und zwar unabhängig vom Niederlassungsort der Empfänger dieser Dienstleistungen.

[11] Da es sich in der vorliegenden Rechtssache (…) um Dienstleistungen handelt, die in einem anderen Mitgliedstaat als dem der Niederlassung des Leistungserbringers erbracht werden, kommt Artikel 59 EWG-Vertrag zur Anwendung.

3. Begünstigte

Rs. C-113/89 (Rush Portuguesa), 208
Urteil des Gerichtshofs vom 27.03.1990.

Vorbemerkungen: *Die Entscheidung hatte die Entsendung von Arbeitnehmern durch ein Unternehmen aus einem Mitgliedstaat zum Zwecke der Ausführung von Arbeiten in einem anderen Mitgliedstaat zum Gegenstand. Während eine solche Konstellation aus Sicht des die Dienstleistung erbringenden Unternehmens unstreitig den Art. 56ff. AEUV unterliegt, ließe sich in Bezug auf die entsandten Arbeitnehmer auch an eine (parallele) Anwendung der Arbeitnehmerfreizügigkeit denken. Der EuGH ordnete diese Fälle jedoch ausschließlich der Dienstleistungsfreiheit zu und überprüfte an ihrem Maßstab auch solche mitgliedstaatlichen Maßnahmen, die sich lediglich auf die entsandten Arbeitnehmer beziehen und beispielsweise deren Arbeitsbedingungen regeln. Das vorliegende Urteil wies zudem die Besonderheit auf, dass zum entscheidungserheblichen Zeitpunkt Übergangsregelungen im Bereich der Arbeitnehmerfreizügigkeit anwendbar waren und sich das in Rede stehende portugiesische Unternehmen für seine Arbeitnehmer in Frankreich nicht auf Art. 45 AEUV hätte berufen können. Ob sich die entsandten Arbeitnehmer dagegen auch selbst auf die Dienstleistungsfreiheit berufen können, kann dem Urteil nicht entnommen werden.* ***L:*** *Rn. 872, 960, 967.*

Sachverhalt: Noch während der Geltung der Übergangsregelungen zur Arbeitnehmerfreizügigkeit im Rahmen des Beitritts Portugals und Spaniens zu den Europäischen Gemeinschaften schloss die Firma Rush Portuguesa, ein in Portugal ansässiges Bauunternehmen, mit einem französischen Unternehmen einen Subunternehmervertrag über die Durchführung von Arbeiten zum Bau einer Eisenbahnlinie in Westfrankreich. Zu diesem Zweck setzte sie ihre portugiesischen Arbeitnehmer ein. Nach französischem Recht wurden Arbeitnehmer aus den Beitrittsstaaten aufgrund der Übergangsregelungen jedoch als Drittstaatsangehörige angesehen, die nur über das staatliche Einwanderungsamt angeworben werden durften. Aus diesem Grund wurde die portugiesische Firma zur Zahlung einer Geldbuße verpflichtet. Das mit dem Rechtsstreit befasste französische Gericht wandte sich im Wege des Vorabentscheidungsverfahrens an den EuGH und legte ihm u. a. eine Frage nach dem Verhältnis der Übergangsregelungen zu den Bestimmungen über die Dienstleistungsfreiheit vor.

Aus den Entscheidungsgründen:

[7] Die ersten beiden Fragen betreffen die Rechtsstellung eines in Portugal ansässigen Unternehmens, das in einem bereits vor dem 1. Januar 1986, dem Zeitpunkt des Beitritts Portugals, zur Gemeinschaft gehörenden Mitgliedstaat Dienstleistungen in der Bauwirtschaft erbringt und zu diesem Zweck sein Personal für die Dauer der Arbeiten aus Portugal kommen lässt. Die erste Frage geht dahin, ob sich der Erbringer der Dienstleistungen in einem solchen Fall aufgrund der Artikel 59 und 60 EWG-Vertrag sowie des Artikels 2 der Beitrittsakte auf das Recht berufen kann, mit seinem eigenen Personal in den anderen Mitgliedstaat einzureisen; die zweite Frage geht dahin, ob der Mitgliedstaat, in dessen Gebiet die Arbeiten auszuführen sind, dem Leistungserbringer Bedingungen bezüglich der Einstellung von Personen an Ort und Stelle und der Einholung einer Arbeitserlaubnis für das portugiesische Personal auferlegen kann. Beide Fragen sind zweckmäßigerweise gemeinsam zu prüfen.

[8] Nach Artikel 2 der Beitrittsakte sind die Bestimmungen des Vertrages über den freien Dienstleistungsverkehr vom Zeitpunkt des Beitritts Portugals zur Gemeinschaft an auf die Beziehungen zwischen Portugal und den anderen Mitgliedstaaten anwendbar. Lediglich für die Bereiche des Reise- und Fremdenverkehrswesens sowie des Filmgewerbes enthält Artikel 221 der Beitrittsakte Übergangsmaßnahmen.

[9] Eine andere Regelung trifft die Beitrittsakte für die Freizügigkeit der Arbeitnehmer. Gemäß Artikel 215 der Beitrittsakte ist Artikel 48 EWG-Vertrag auf die Freizügigkeit der Arbeitnehmer zwischen Portugal und den anderen Mitgliedstaaten nur vorbehaltlich der Übergangsbestimmungen der Artikel 216 bis 219 der Beitrittsakte anwendbar. Artikel 216 schließt bis zum 31. Dezember 1992 die Anwendung der Artikel 1 bis 6 der Verordnung Nr. 1612/68 des Rates vom 15. Oktober 1968 aus. Bis dahin können die innerstaatlichen oder in bilateralen Abkommen enthaltenen Bestimmungen beibehalten werden, die die Einreise zum Zweck einer Tätigkeit im Lohn- oder Gehaltsverhältnis und/oder den Zugang zu einer solchen Tätigkeit von einer vorherigen Genehmigung abhängig machen. Wie Artikel 218 der Beitrittsakte klarstellt, bedeutet diese Ausnahmeregelung, daß die Vorschriften des Gemeinschaftsrechts über Einreise und Aufenthalt von Arbeitnehmern der Mitgliedstaaten und ihrer Familienangehörigen innerhalb der Gemeinschaft nicht anwendbar sind, soweit die Anwendung dieser Vorschriften von derjenigen der Artikel 1 bis 6 der Verordnung Nr. 1612/68 nicht zu trennen ist.

[10] Die Vorlagefragen werfen somit das Problem des Verhältnisses zwischen dem freien Dienstleistungsverkehr, wie er durch die Artikel 59 und 60 EWG-Vertrag gewährleistet wird, und den in den Artikeln 215 ff. der Beitrittsakte vorgesehenen Ausnahmen von der Freizügigkeit der Arbeitnehmer auf.

[11] Der in Artikel 59 EWG-Vertrag vorgesehene freie Dienstleistungsverkehr bedeutet nach dem Wortlaut des Artikels 60 EWG-Vertrag, daß der Leistende zwecks Erbringung seiner Leistungen seine Tätigkeit vorübergehend in dem Staat ausüben kann, in dem die Leistung erbracht wird, und zwar „unter den Voraussetzungen, welche dieser Staat für seine eigenen Angehörigen vorschreibt".

[12] Infolgedessen hindern die Artikel 59 und 60 EWG-Vertrag einen Mitgliedstaat daran, es einem in einem anderen Mitgliedstaat ansässigen Erbringer von Dienstleistungen zu verbieten, mit seinem gesamten Personal frei in das Gebiet des erstgenannten Staates einzureisen, oder die Einreise des betroffenen Personals von einschränkenden Bedingungen wie der Bedingung der Einstellung von Personal an Ort und Stelle oder der Pflicht zur Einholung einer Arbeitserlaubnis abhängig zu machen. Durch die Auferlegung solcher Bedingungen wird nämlich der Leistungserbringer aus einem anderen Mitgliedstaat gegenüber seinen im Aufnahmeland ansässigen Konkurrenten, die sich ihres eigenen Personals ungehindert bedienen können, diskriminiert und seine Fähigkeit, die Leistung zu erbringen, beeinträchtigt.

[13] Artikel 216 der Beitrittsakte will verhindern, daß nach dem Beitritt Portugals in Portugal wie auch in den anderen Mitgliedstaaten infolge einer sofortigen beträchtlichen Zu- oder Abwanderung von Arbeitnehmern Störungen auf dem Arbeitsmarkt auftreten, und sieht zu diesem Zweck eine Ausnahme von dem in Artikel 48 EWG-Vertrag niedergelegten Grundsatz der Freizügigkeit der Arbeitnehmer vor. Nach der Rechtsprechung des Gerichtshofs ist diese Ausnahme im Lichte der genannten Zielsetzung auszulegen (siehe das Urteil vom 27. September 1989 in der Rechtssache 9/88, Lopes da-Veiga, Slg. 1989, 2989).

[14] Die in Artikel 216 der Beitrittsakte vorgesehene Ausnahme betrifft den Titel I der Verordnung Nr. 1612/68 (Zugang zur Beschäftigung). Bei den innerstaatlichen oder in Abkommen enthaltenen Bestimmungen, die während der Geltungsdauer dieser Ausnahme in Kraft bleiben, handelt es sich um diejenigen, die sich auf die Einreisegenehmigung und auf den Zugang zu Tätigkeiten im Lohn- oder Gehaltsverhältnis beziehen. Hieraus folgt, daß die Ausnahmeregelung des Artikels 216 Anwendung findet, wenn es um den Zugang portugiesischer Arbeitnehmer zum Arbeitsmarkt anderer Mitgliedstaaten sowie um die Re-

gelung der Einreise und des Aufenthalts der einen derartigen Zugang anstrebenden portugiesischen Arbeitnehmer und ihrer Familienangehörigen geht. Diese Anwendung ist deshalb gerechtfertigt, weil in solchen Fällen die Gefahr einer Störung des Arbeitsmarkts des Aufnahmemitgliedstaats besteht.

[15] Anders verhält es sich dagegen in einem Fall wie dem Ausgangsrechtsstreit, wo es sich um den vorübergehenden Ortswechsel von Arbeitnehmern handelt, die in einen anderen Mitgliedstaat entsandt werden, um dort im Rahmen von Dienstleistungen ihres Arbeitgebers Bauarbeiten auszuführen. Solche Arbeitnehmer kehren nämlich nach Erfüllung ihrer Aufgabe in ihr Herkunftsland zurück, ohne zu irgendeinem Zeitpunkt auf dem Arbeitsmarkt des Aufnahmemitgliedstaats aufzutreten.

(…)

[16] Da der Begriff der Dienstleistungen, wie ihn Artikel 60 EWG-Vertrag näher bestimmt, jedoch Tätigkeiten höchst unterschiedlicher Natur umfasst, braucht das Ergebnis nicht in allen Fällen das gleiche zu sein. Insbesondere ist in Übereinstimmung mit der französischen Regierung anzuerkennen, daß ein Unternehmen, das Dritten Arbeitskräfte überlässt, zwar Erbringer von Dienstleistungen im Sinne des Vertrages ist, jedoch Tätigkeiten ausübt, die gerade darin bestehen, dem Arbeitsmarkt des Aufnahmemitgliedstaats Arbeitnehmer zuzuführen. In einem derartigen Fall stuende Artikel 216 der Beitrittsakte der Überlassung von Arbeitnehmern aus Portugal an Dritte durch ein Dienstleistungen erbringendes Unternehmen entgegen.

(…)

[19] Nach alledem ist auf die erste und die zweite Frage zu antworten, daß die Artikel 59 und 60 EWG-Vertrag sowie die Artikel 215 und 216 der Akte über den Beitritt des Königreichs Spanien und der Portugiesischen Republik dahin auszulegen sind, daß ein in Portugal ansässiges Unternehmen, das in einem anderen Mitgliedstaat Dienstleistungen in der Bauwirtschaft erbringt, dort mit seinem eigenen Personal, das es für die Dauer der betreffenden Arbeiten aus Portugal kommen lässt, antreten kann. In einem solchen Fall dürfen die Behörden des Mitgliedstaats, in dessen Gebiet die Arbeiten auszuführen sind, dem Leistungserbringer keine Bedingungen bezüglich der Einstellung von Arbeitskräften an Ort und Stelle oder der Einholung einer Arbeitserlaubnis für das portugiesische Personal auferlegen.

4. Verpflichtete

Verb. Rs. C-51/96 und C-191/97 (Deliège), Urteil des Gerichtshofs vom 11.04.2000. 209

Vorbemerkungen: *Die Entscheidung bestätigte die in der Rechtssache Walrave erstmals in einem obiter dictum zum Ausdruck gebrachte Geltung der Dienstleistungsfreiheit für nichtstaatliche Regelungen in den tragenden Gründen eines Urteils des EuGH. Auch die Dienstleistungsfreiheit verpflichtet somit dem Grunde nach sog. intermediäre Gewalten wie Sportverbände u. ä.* ***L:*** *Rn. 973.*

Sachverhalt: Der belgische Judo-Verband weigerte sich, Frau Deliège für die Teilnahme an einem internationalen Judowettkampf in Paris auszuwählen. Für die Qualifikation stand eine nationale Quote fest und die Zugehörigkeit zu einem nationalen Verband war für die Auswahl entscheidend. Der Gerichtshof entschied im Vorabentscheidungsverfahren, eine Regel, nach der ein Berufssportler oder Halbprofi an einem internationalen Wettkampf, bei dem sich keine Nationalmannschaften gegenüberstehen, nur teilnehmen kann, wenn er eine Genehmigung seines Verbandes hat, als solche keine durch Art. 49 EG (jetzt: Art. 56 AEUV) verbotene Beeinträchtigung des freien Dienstleistungsverkehrs darstellt, vorausgesetzt dass sie zur Organisation eines solchen Wettkampfes erforderlich ist.

Aus den Entscheidungsgründen:

[47] Was die Natur der streitigen Regeln angeht, so ergibt sich aus den Urteilen Walrave und Koch (Randnrn. 17 und 18) sowie Bosman (Randnrn. 82 und 83), daß die Gemeinschaftsbestimmungen über die Freizügigkeit und den freien Dienstleistungsverkehr nicht nur für behördliche Maßnahmen gelten, sondern sich auch auf Vorschriften anderer Art erstrecken, die zur kollektiven Regelung unselbständiger Arbeit und der Erbringung von Dienstleistungen dienen. Die Beseitigung der Hindernisse für die Freizügigkeit und den freien Dienstleistungsverkehr zwischen den Mitgliedstaaten wäre nämlich gefährdet, wenn die Abschaffung der Schranken staatlichen Ursprungs durch Hindernisse ersetzt werden könnte, die nicht dem öffentlichen Recht unterliegende Vereinigungen und Einrichtungen im Rahmen ihrer rechtlichen Autonomie setzen könnten.

[48] Folglich können sportliche Tätigkeiten und von Sportvereinigungen aufgestellte Regeln wie die dem Ausgangsverfahren zugrunde

liegenden dem EG-Vertrag und insbesondere den Artikeln 59, 60 und 66 unterfallen.

5. Diskriminierungs- und Beschränkungsverbot

210 **Rs. 33/74 (van Binsbergen),**
Urteil des Gerichtshofs vom 03.12.1974.

Vorbemerkungen: *Bereits das erste Urteil zur Dienstleistungsfreiheit, das die Freiheit i. S. d. aktiven Dienstleistungsfreiheit bestätigte, beinhaltete eine Definition der Beschränkung, die sowohl eine weite Auslegung i. S. d. Beschränkungsverbotes (es werden auch Beschränkungen erfasst, „die in anderer Weise geeignet sind, die Tätigkeiten des Leistenden zu unterbinden oder zu beschränken") als auch eine enge Interpretation i. S. eines weiten Diskriminierungsverbotes erlaubte. Der Fall betraf eine Präsenzpflicht, welche aufgrund des darin enthaltenen Ansässigkeitserfordernisses zwar zu den klassischen Fällen der versteckten Diskriminierungen gehört. Gleichwohl prüfte der Gerichtshof die darin liegende Beeinträchtigung – erstmalig im Bereich der Dienstleistungsfreiheit – am Maßstab der zwingenden Gründe des Allgemeininteresses, so dass die Einordnung der Präsenzpflicht als Diskriminierung hier zumindest fraglich erschien (zur insoweit inkonsistenten Rechtsprechungslinie vgl. Rs. C-224/97, Ciola und Rs. C-388/01, Dogenpalast). In genereller Hinsicht stellte der Gerichtshof an derartige Niederlassungserfordernisse aber zu Recht strenge Rechtfertigungsanforderungen (Rs. C-224/97, Ciola und Rs. C-355/98, Kommission ./. Belgien), da sie im Ergebnis zu einer Negierung der Dienstleistungsfreiheit führen.* ***L:*** *Rn. 355, 978, 992.*

Sachverhalt: Der niederländische Staatsangehörige van Binsbergen beauftragte einen niederländischen Anwalt, ihn in einem Rechtsstreit um Arbeitsversicherungsansprüche mit der Sozialversicherungskörperschaft der Metallindustrie vor dem Centrale Raad van Beroep zu vertreten. Während des Verfahrens verlegte der Anwalt seinen Wohnsitz von den Niederlanden nach Belgien. Daraufhin wurde er nicht mehr in dem Verfahren als Prozessbevollmächtigter zugelassen. Gemäß den Verfahrensvorschriften für die niederländische Sozialgerichtsbarkeit konnten nur in den Niederlanden ansässige Personen als Prozessbevollmächtigte oder Rechtsbeistände auftreten. Der EuGH entschied im Rahmen des Vorabentscheidungsverfahrens, dass das Erbringen einer Dienstleistung nicht vom Erfordernis eines bestimmten Aufenthaltsortes abhängig gemacht werden darf, soweit die nationalen Rechtsvorschriften nicht besondere Regelung über die Art und Weise der Dienstleistungserbringung enthalten.

Aus den Entscheidungsgründen:

[10/12] Unter die Beschränkungen, deren Beseitigung die Artikel 59 und 60 vorsehen, fallen alle Anforderungen, die an den Leistenden namentlich aus Gründen seiner Staatsangehörigkeit oder wegen des Fehlens eines ständigen Aufenthalts in dem Staate, in dem die Leistung erbracht wird, gestellt werden und nicht für im Staatsgebiet ansässige Personen gelten oder in anderer Weise geeignet sind, die Tätigkeiten des Leistenden zu unterbinden oder zu behindern. Insbesondere kann das für den Leistungserbringer aufgestellte Erfordernis eines ständigen Aufenthalts im Hoheitsgebiet des Staates, in dem die Leistung zu erbringen ist, unter Umständen Artikel 59, der gerade die Beseitigung der Beschränkungen der Dienstleistungsfreiheit nicht in dem Staate, in dessen Hoheitsgebiet die Leistung zu erbringen ist, ansässiger Personen bezweckt, jeder Wirksamkeit berauben. In Anbetracht der Besonderheiten der Dienstleistungen dürfen jedoch diejenigen an den Leistungserbringer gestellten besonderen Anforderungen nicht als mit dem Vertrag unvereinbar angesehen werden, die sich aus der Anwendung durch das Allgemeininteresse gerechtfertigter Berufsregelungen – namentlich der Vorschriften über Organisation, Befähigung, Berufspflichten, Kontrolle, Verantwortlichkeit und Haftung – ergeben und die für alle im Gebiet des Staates, in dem die Leistung erbracht wird, ansässigen Personen verbindlich sind; dies insoweit, als der Leistende dem Zugriff dieser Regelungen nur deshalb entgehen würde, weil er in einem anderen Mitgliedstaat ansässig ist.

[13] Ferner kann einem Mitgliedstaat nicht das Recht zum Erlaß von Vorschriften abgesprochen werden, die verhindern sollen, daß der Erbringer einer Leistung, dessen Tätigkeit ganz oder vorwiegend auf das Gebiet dieses Staates ausgerichtet ist, sich die durch Artikel 59 garantierte Freiheit zunutze macht, um sich den Berufsregelungen zu entziehen, die auf ihn Anwendung fänden, wenn er im Gebiet dieses Staates ansässig wäre; denn es ist denkbar, daß auf einen solchen Fall nicht das Kapitel über die Dienstleistungen, sondern das über das Niederlassungsrecht anwendbar wäre.

[14/16] Nach diesen Grundsätzen ist bei den Hilfspersonen der Justiz das Erfordernis einer festen beruflichen Niederlassung innerhalb des Bezirks bestimmter Gerichte nicht als mit den Bestimmungen der Artikel 59 und 60 unvereinbar anzusehen, falls dieses Erfordernis sachlich geboten ist, um die Einhaltung von Berufsregelungen zu gewährleisten, die sich namentlich auf das Funktionieren der Justiz und die Erfüllung der Standespflichten beziehen. Dies kann jedoch dann nicht gelten, wenn bestimmte Dienstleistungen in einem Mitgliedstaat keinerlei Befähigungsnachweise voraussetzen und keinerlei Berufsausübungsregelungen unterliegen und wenn ein ständiger Aufenthalt im Stadtgebiet schlechthin verlangt wird. Gilt also für eine solche Berufstätigkeit in einem Mitgliedstaat ein System völliger Freiheit, so stellt das Erfordernis eines Aufenthalts im Gebiet dieses Staates eine mit den Artikeln 59 und 60 des Vertrages unvereinbare Beschränkung dar, wenn dem guten Funktionieren der Justiz mit Hilfe weniger einschränkender Maßnahmen wie der Angabe einer Zustellungsanschrift für die gerichtlichen Mitteilungen genüge getan werden kann.

(…)

[24/26] Somit haben die Bestimmungen des Artikels 59, deren Anwendung während der Übergangszeit mit Hilfe von Richtlinien vorbereitet werden sollte, bei Ablauf der Übergangszeit unbedingte Geltung erlangt. Sie beinhalten die Beseitigung aller Beschränkungen, denen der Dienstleistende unterworfen ist entweder aus Gründen seiner Staatsangehörigkeit oder wegen des Umstandes, daß er in einem anderen Mitgliedstaat ansässig ist als dem, in dem die Leistung zu erbringen ist. Was jedenfalls das besondere Erfordernis der Staatsangehörigkeit oder des Aufenthalts anbelangt, beinhalten die Artikel 59 und 60 somit eine Verpflichtung, deren Ergebnis klar umrissen ist und deren Erfüllung durch das Fehlen der Bestimmungen, die im Rahmen der durch die Artikel 63 und 66 verliehenen Befugnisse erlassen werden sollten, nicht verzögert oder in Frage gestellt werden kann.

211 Rs. C-76/90 (Säger), Urteil des Gerichtshofs vom 25.07.1991.

Vorbemerkungen: *Als besonders problematisch im Zusammenhang mit der Dienstleistungsfreiheit erweisen sich nationale Regelungen, welche die Ausübung einer selbständigen Tätigkeit an bestimmte Kenntnisse und Qualifikationen knüpfen. Nach Ansicht des EuGH gebietet es der AEUV, Hindernisse für die freie Ausübung der Dienstleistungsfreiheit, die sich aus einzelstaatlichen Vorschriften ergeben, zu beseitigen. Ansonsten könnten die Mitgliedstaaten weitestgehend über den Anwendungsbereich der Dienstleistungsfreiheit disponieren. Ausnahmen können allenfalls gelten, wenn die Regelung einem allgemeinen öffentlichen Interesse des Mitgliedstaates dient. In der Entscheidung legte der EuGH die Dienstleistungsfreiheit nach der herrschenden Meinung als ein Beschränkungsverbot aus.* ***L:*** *Rn. 977, 983, 996.*

Sachverhalt: Die Beklagte des Ausgangsverfahrens übte von Großbritannien aus für in anderen Mitgliedstaaten niedergelassene Inhaber gewerbliche Schutzrechte aus. Im Einzelnen bestand die Tätigkeit darin, die Patente mit Hilfe eines elektronischen Datenverarbeitungssystems zu überwachen, die Inhaber der Patente zu benachrichtigen, wenn die Gebühren für deren Aufrechterhaltung fällig wurden, und diese Gebühren im Namen der Inhaber zu entrichten. Der Kläger des Ausgangsverfahrens, ein Patentanwalt, warf der Beklagten vor, sie verstoße gegen das Verbot des unlauteren Wettbewerbs und gegen das Rechtsberatungsgesetz. Seiner Ansicht nach besorgte die Beklagte geschäftsmäßig fremde Rechtsangelegenheiten, ohne die nach Art. 1 § 1 Abs. 1 RBerG erforderliche Erlaubnis zu besitzen. Dem EuGH wurde die Frage vorgelegt, ob es mit Art. 49 EG (jetzt: Art. 56 AEUV) vereinbar war, wenn die Beklagte für ihre Tätigkeit einer Erlaubnis nach dem Rechtsberatungsgesetz bedürfe. Der EuGH verneinte dies.

Aus den Entscheidungsgründen:

[12] Zunächst ist darauf hinzuweisen, daß Artikel 59 EWG-Vertrag nicht nur die Beseitigung sämtlicher Diskriminierungen des Dienstleistungserbringers aufgrund seiner Staatsangehörigkeit, sondern auch die Aufhebung aller Beschränkungen – selbst wenn sie unterschiedslos für einheimische Dienstleistende wie für Dienstleistende anderer Mitgliedstaaten gelten – verlangt, wenn sie geeignet sind, die Tätigkeit des Dienstleistenden, der in einem anderen Mitgliedstaat ansässig ist, und dort rechtmäßig ähnliche Dienstleistungen erbringt, zu unterbinden oder zu behindern.

[13] Ein Mitgliedstaat darf insbesondere die Erbringung von Dienstleistungen in seinem Hoheitsgebiet nicht von der Einhaltung aller Voraussetzungen abhängig machen, die für eine Niederlassung gelten, und damit den Bestimmungen des EWG-Vertrags, deren Ziel es gerade ist, die Dienstleistungsfreiheit zu gewährleisten, jede praktische Wirksamkeit nehmen. Eine solche Beschränkung ist erst recht unzulässig, wenn – wie im vorliegenden Fall – die Dienstleistung anders als in dem in Artikel 60 Absatz 3 EWG-Vertrag geregelten Fall erbracht wird, ohne daß sich der Dienstleistende in das Gebiet des Mitgliedstaates zu begeben braucht, in dem die Leistung erbracht wird.

[14] Sodann ist festzustellen, daß eine nationale Regelung, die die Ausübung bestimmter Dienstleistungen durch ein in einem anderen Mitgliedstaat niedergelassenes Unternehmen im Inland von der Erteilung einer behördlichen Erlaubnis abhängig macht, die an bestimmte berufliche Qualifikationen geknüpft ist, eine Beschränkung der Dienst-

leistungsfreiheit im Sinne von Artikel 59 EWG-Vertrag darstellt. Denn indem eine nationale Regelung Dienstleistungen auf dem Gebiet der Patentüberwachung bestimmten Wirtschaftsteilnehmern vorbehält, die über bestimmte berufliche Qualifikationen verfügen, hindert sie sowohl ein im Ausland niedergelassenes Unternehmen daran, für Patentinhaber im Inland Dienstleistungen zu erbringen, als auch Patentinhaber daran, die Art und Weise der Überwachung ihrer Patente frei zu wählen.

(...)

[16] Dazu ist zunächst darauf hinzuweisen, daß eine nationale Regelung wie die vom vorlegenden Gericht beschriebene offensichtlich die Empfänger der betreffenden Dienstleistungen vor Schäden bewahren soll, die ihnen dadurch entstehen könnten, daß sie Rechtsrat von Personen erhalten, die nicht die erforderliche berufliche oder persönliche Qualifikation besitzen.

[17] Sodann ist festzustellen, daß das Allgemeininteresse daran, daß die Empfänger dieser Dienstleistungen vor solchen Schäden geschützt werden, eine Beschränkung der Dienstleistungsfreiheit rechtfertigt. Eine solche Regelung geht jedoch über das hinaus, was für die Gewährleistung des Schutzes dieses Interesses erforderlich ist, wenn sie die geschäftsmäßige Ausübung einer Tätigkeit wie der vorliegenden davon abhängig macht, daß die Dienstleistenden eine ganz bestimmte berufliche Qualifikation besitzen, die zu den Bedürfnissen der Empfänger der Dienstleistung außer Verhältnis steht.

212 Rs. C-384/93 (Alpine Investments), Urteil des Gerichtshofs vom 10.05.1995.

Vorbemerkungen: *Diese Entscheidung betraf einen Fall der sog. Korrespondenzdienstleistung: eine Dienstleistung ist i. S. d. AEU-Vertrages auch dann anzunehmen, wenn die Leistungserbringung ohne Ortswechsel des Leistenden bzw. des Leistungsempfängers verbunden ist, sondern nur die Dienstleistung selbst die Grenze überschreitet. Zwar wurde bereits in der Judikatur des EuGH zur Übertragung von Rundfunksendungen der Dienstleistungscharakter solcher Tätigkeiten bestätigt, in der Entscheidung Alpine Investments bezog der EuGH jedoch eingehend zur rechtlichen Bewertung von Korrespondenzdienstleistungen Stellung. Zusätzlich wirkte hier die Dienstleistungsfreiheit i. S. d. Ausfuhrfreiheit: Der Gerichtshof prüfte eine Regelung des Herkunftslandes des Dienstleistungserbringers an Art. 56 AEUV, die eine beschränkende Wirkung auf die Erbringung der Dienstleistung in einem anderen Mit-*

gliedstaat hatte. Dabei wurde nochmals bestätigt, dass ein Unternehmen sich auf die Garantie des freien Dienstleistungsverkehrs berufen kann, sofern die Leistung nur grenzüberschreitend angeboten wird. Ferner stellte der EuGH fest, dass die Anwendung der Dienstleistungsfreiheit nicht von der vorherigen Existenz eines bestimmten Leistungsempfängers abhängig ist. Zur Prüfung eines Eingriffs bezog sich der EuGH interessanterweise auf seine Keck-Rechtsprechung, ohne die Frage der Übertragbarkeit explizit zu erörtern. Einerseits stellte er fest, dass eine Maßnahme wie im Ausgangsfall nicht den Regelungen der „Verkaufsmodalitäten" im Sinne des Keck-Urteils entspreche (Rn. 36), was teilweise als eine allgemeine Absage der Übertragung der Keck-Formel auf die Dienstleistungsfreiheit gedeutet wurde. Andererseits begründete er seine Feststellung explizit damit, dass die fragliche Maßnahme geeignet sei, den „Zugang zum Dienstleistungsmarkt" zu behindern, und brachte damit in der Sache das Leitkriterium der Keck-Rechtsprechung (Marktzugangshindernis) zur Anwendung. Er stellte also – wie bei der Warenverkehrsfreiheit – auf die marktaufsplittende Wirkung der Maßnahme ab. ***L:*** *Rn. 797, 963, 965, 980, 984, 987.*

Sachverhalt: Die Klägerin des Ausgangsverfahrens war eine in den Niederlanden ansässige Gesellschaft, die verschiedene Finanzdienstleistungen anbot. Hierzu nahm das Unternehmen mit potentiellen Kapitalanlegern ohne vorherige Anmeldung Kontakt auf (sog. cold calling), um diese zum Abschluss von Warenterminverträgen zu bewegen. Das Unternehmen wertete ein vom niederländischen Finanzminister verfügtes Verbot dieser Form der Kundenaquisition als Verstoß gegen Art. 49 EG (jetzt: Art. 56 AEUV) und erhob dagegen Klage. Der Gerichtshof entschied im Rahmen eines Vorabentscheidungsverfahrens und bejahte einen Verstoß gegen Art. 49 EG.

Aus den Entscheidungsgründen:

[21] Im vorliegenden Fall werden die Dienstleistungsangebote von einem in einem Mitgliedstaat ansässigen Leistungserbringer an einen Empfänger gerichtet, der in einem anderen Mitgliedstaat ansässig ist. Es ergibt sich schon aus dem Wortlaut des Artikels 59, daß es sich aus diesem Grunde um eine Dienstleistung im Sinne dieser Vorschrift handelt.

[22] Folglich ist (...) zu antworten, daß Artikel 59 EWG-Vertrag dahin auszulegen ist, daß er Dienstleistungen erfaßt, die ein Leistungserbringer potentiellen Leistungsempfängern, die in anderen Mitgliedstaaten ansässig sind, telefonisch anbietet und die er ohne Ortswechsel von einem Mitgliedstaat aus erbringt, in dem er ansässig ist.

(...)

[27] Es ist festzustellen, daß ein Verbot der im Ausgangsverfahren streitigen Art nicht allein deshalb eine Beschränkung des freien Dienstleistungsverkehrs im Sinne des Artikels 59 darstellt, weil andere Mitgliedstaaten in ihrem Gebiet ansässige Erbringer gleichartiger Dienstleistungen weniger strengen Vorschriften unterwerfen (...).

[28] Ein solches Verbot nimmt den betroffenen Wirtschaftsteilnehmern jedoch ein schnelles und direktes Mittel der Werbung und der Kontaktaufnahme mit potentiellen Kunden in anderen Mitgliedstaaten. Es kann deshalb eine Beschränkung des grenzüberschreitenden freien Dienstleistungsverkehrs darstellen.

(...)

[30] Artikel 59 Absatz 1 EWG-Vertrag verbietet Beschränkungen des freien Dienstleistungsverkehrs innerhalb der Gemeinschaft allgemein. Folglich betrifft diese Vorschrift nicht nur vom Staat des Leistungsempfängers, sondern auch vom Staat des Leistungserbringers auferlegte Beschränkungen. Wie der Gerichtshof wiederholt entschieden hat, kann sich ein Unternehmen gegenüber dem Staat, in dem es seinen Sitz hat, auf den freien Dienstleistungsverkehr berufen, sofern die Leistungen an Leistungsempfänger erbracht werden, die in einem anderen Mitgliedstaat ansässig sind (...).

[31] Daraus folgt, daß das Verbot des „cold calling" nicht allein deshalb dem Anwendungsbereich des Artikels 59 EWG-Vertrag entzogen ist, weil es von dem Staat erlassen worden ist, in dem der Dienstleistungserbringer ansässig ist.

(...)

[35] Zwar trifft es zu, daß ein Verbot, wie es dem Ausgangsverfahren zugrunde liegt, allgemeinen und nichtdiskriminierenden Charakter hat und daß es weder bezweckt noch bewirkt, dem nationalen Markt einen Vorteil gegenüber den Dienstleistungserbringern aus anderen Mitgliedstaaten zu verschaffen; doch ändert dies nichts daran, daß es, wie oben (Randnr. 28) ausgeführt, eine Beschränkung des grenzüberschreitenden freien Dienstleistungsverkehrs darstellen kann.

[36] Ein solches Verbot entspricht nicht den Regelungen der Verkaufsmodalitäten, die nach der Rechtsprechung Keck und Mithouard dem Anwendungsbereich des Artikels 30 EWG-Vertrag entzogen sind.

[37] Nach dieser Rechtsprechung ist die Anwendung nationaler Bestimmungen, die im Gebiet des Einfuhrmitgliedstaats bestimmte Verkaufsmodalitäten beschränken oder verbieten, auf Erzeugnisse aus anderen Mitgliedstaaten nicht geeignet, den Handel zwischen den Mitgliedstaaten zu behindern, sofern diese Bestimmungen erstens für alle

betroffenen Wirtschaftsteilnehmer gelten, die ihre Tätigkeit im Inland ausüben, und sofern sie zweitens den Absatz der inländischen Erzeugnisse und der Erzeugnisse aus anderen Mitgliedstaaten rechtlich wie tatsächlich in der gleichen Weise berühren. Der Grund hierfür liegt darin, daß die Anwendung derartiger Regelungen nicht geeignet ist, den Marktzugang für diese Erzeugnisse im Einfuhrmitgliedstaat zu versperren oder stärker zu behindern, als sie dies für inländische Erzeugnisse tut.

[38] Ein Verbot wie das hier streitige geht aber von dem Mitgliedstaat aus, in dem der Leistungserbringer ansässig ist, und betrifft nicht nur die Angebote, die der Leistungsempfänger gemacht hat, die im Gebiet dieses Staates ansässig sind oder sich dorthin begeben, um Dienstleistungen entgegenzunehmen, sondern auch die Angebote an Leistungsempfänger in einem anderen Mitgliedstaat. Aus diesem Grund beeinflußt es unmittelbar den Zugang zum Dienstleistungsmarkt in den anderen Mitgliedstaaten. Es ist daher geeignet, den innergemeinschaftlichen Dienstleistungsverkehr zu behindern.

[39] Somit ist auf die zweite Frage zu antworten, daß eine Regelung eines Mitgliedstaats, wonach in diesem ansässige Dienstleistungserbringer in anderen Mitgliedstaaten ansässigen potentiellen Kunden nicht unaufgefordert telefonisch ihre Dienstleistungen anbieten dürfen, eine Beschränkung des freien Dienstleistungsverkehrs im Sinne des Artikels 59 EWG-Vertrag darstellt.

6. Rechtfertigung

a) Rechtfertigungsgründe nach Art. 62 i. V. m. Art. 52 Abs. 1 AEUV

Rs. C-348/96 (Calfa), 213
Urteil des Gerichtshofs vom 19.01.1999.

Vorbemerkungen: *Auch für die Dienstleistungsfreiheit sind die Rechtfertigungsgründe der öffentlichen Ordnung, Sicherheit und Gesundheit eng auszulegen. Diese Auslegung bezieht sich auch auf das Sekundärrecht, welches die Voraussetzungen für einschränkende Maßnahmen hinsichtlich des Aufenthaltes und der Einreise konkretisiert und im Falle der nationalen Einzelfalldurchführung daraus resultierende Eingriffe in die Dienstleistungsfreiheit zu rechtfertigen vermag. Der vorliegende Fall betraf die Richtlinie zur Koordinierung der Sondervorschriften für die Einreise und den Aufenthalt von Ausländern*

(Richtlinie 64/22/EWG), die zwischenzeitlich in die Freizügigkeitsrichtlinie (Art. 27 ff. Richtlinie 2004/38/EG, ABl.EU 2004 Nr. L 158/77) überführt wurde. Danach dürfen nur schwere, im persönlichen Verhalten des Einzelnen liegende Gründe zu einem Einreiseverbot oder einer Ausweisung führen (vgl. auch Rs. 67/74, Bonsignore ./. Stadt Köln). Der Gerichtshof sah diese Voraussetzungen im vorliegenden Fall nicht als gegeben an. Eine automatisch aufgrund einer strafrechtlichen Verurteilung verfügte Ausweisung auf Lebenszeit erfüllte diese Voraussetzungen nicht. ***L:*** *Rn. 967.*

Sachverhalt: Frau Calfa, eine italienische Staatsangehörige, wurde eines Verstoßes gegen das Betäubungsmittelgesetz für schuldig befunden und u. a. zu einer Ausweisung aus Griechenland auf Lebenszeit verurteilt. Gegen letzteres legte sie Rechtsmittel ein. Im Vorabentscheidungsurteil kam der EuGH zu dem Ergebnis, dass Art. 39, 43 und 49 EG (jetzt: Art. 45, 49, 56 AEUV) sowie Art. 3 der Richtlinie 64/221/EWG einer Regelung entgegenstehen, die es dem nationalen Gericht – abgesehen von einigen, insbesondere familienbezogenen Ausnahmen – erlaubt, unter den dargelegten Fallumständen, auf Lebenszeit auszuweisen.

Aus den Entscheidungsgründen:

[16] Der in Artikel 59 EG-Vertrag festgelegte Grundsatz des freien Dienstleistungsverkehrs, der eines der Grundprinzipien des Vertrages ist, schließt die Freiheit der Dienstleistungsempfänger ein, sich zur Inanspruchnahme einer Dienstleistung in einen anderen Mitgliedstaat zu begeben, ohne durch Beschränkungen daran gehindert zu werden; Touristen sind als Empfänger von Dienstleistungen anzusehen (Urteil vom 2. Februar 1989 in der Rechtssache 186/87, Cowan, Slg. 1989, 195, Randnr. 15).

[17] Für das Strafrecht sind zwar grundsätzlich die Mitgliedstaaten zuständig, jedoch setzt das Gemeinschaftsrecht dieser Zuständigkeit nach ständiger Rechtsprechung Schranken. Das Strafrecht darf nämlich nicht die durch das Gemeinschaftsrecht garantierten Grundfreiheiten beschränken (vgl. Urteil Cowan, Randnr. 19).

[18] Im vorliegenden Fall stellt die Ausweisung auf Lebenszeit, die Staatsangehörigen anderer Mitgliedstaaten auferlegt werden kann, wenn sie wegen Beschaffung und Besitz von ausschließlich zum Eigenverbrauch bestimmten Betäubungsmitteln verurteilt worden sind, offensichtlich eine Behinderung der durch Artikel 59 EG-Vertrag anerkannten Dienstleistungsfreiheit dar, weil durch sie diese Freiheit völlig

entzogen wird. Das gleiche gilt für die anderen in den Artikeln 48 und 52 EG-Vertrag genannten vom vorlegenden Gericht erwähnten Grundfreiheiten.

(...)

[21] Der Begriff der öffentlichen Ordnung kann gemäß der Rechtsprechung des Gerichtshofs geltend gemacht werden, wenn eine tatsächliche und hinreichend schwere Gefährdung vorliegt, die ein Grundinteresse der Gesellschaft berührt (Urteil vom 27. Oktober 1977 in der Rechtssache 30/77, Bouchereau, Slg. 1977, 1999, Randnr. 35).

(...)

[24] Die Richtlinie 64/221, die sich gemäß ihrem Artikel 1 Absatz 1 unter anderem auf Staatsangehörige eines Mitgliedstaats bezieht, die sich als Empfänger von Dienstleistungen in einen anderen Mitgliedstaat begeben, beschränkt das Recht der Mitgliedstaaten, Ausländer aus Gründen der öffentlichen Ordnung auszuweisen. Artikel 3 dieser Richtlinie bestimmt, daß bei Maßnahmen der öffentlichen Ordnung oder Sicherheit ausschließlich das persönliche Verhalten der in Betracht kommenden Einzelpersonen ausschlaggebend sein darf. Außerdem können strafrechtliche Verurteilungen allein diese Maßnahmen nicht ohne weiteres begründen. Somit darf eine strafrechtliche Verurteilung nur insoweit berücksichtigt werden, als die ihr zugrunde liegenden Umstände ein persönliches Verhalten erkennen lassen, das eine gegenwärtige Gefährdung der öffentlichen Ordnung darstellt (Urteil Bouchereau, Randnr. 28).

(...)

[27] Unter diesen Umständen wird also eine Ausweisung auf Lebenszeit aufgrund einer strafrechtlichen Verurteilung automatisch verfügt, ohne daß das persönliche Verhalten des Täters oder die von ihm ausgehende Gefährdung der öffentlichen Ordnung berücksichtigt wird.

[28] Demzufolge sind die in der Richtlinie 64/221 vorgesehenen Voraussetzungen für die Anwendung der Ausnahme der öffentlichen Ordnung, wie sie der Gerichtshof ausgelegt hat, nicht erfüllt; diese Ausnahme kann daher nicht wirksam geltend gemacht werden, um eine Beschränkung der Dienstleistungsfreiheit zu rechtfertigen, wie sie sich aus der im Ausgangsverfahren vorliegenden Regelung ergibt.

214 Rs. C-36/02 (Omega; „Laserdrome"), Urteil des Gerichtshofs vom 14.10.2004.

Vorbemerkungen: *Anders als im vorangehenden Fall Calfa richtete sich die aus Gründen der öffentlichen Ordnung vorgenommene mitgliedstaatliche Maßnahme nicht gegen eine Person, sondern gegen eine bestimmte Art der Dienstleistung. Die deutschen Behörden untersagten unter Verweis auf eine Verletzung der Menschenwürde die Durchführung von Spielabläufen, in denen mit Laserpistolen das Töten von Menschen simuliert wurde. In anderen Mitgliedstaaten war das Betreiben solcher Spiele zulässig. Der EuGH ordnete dieses Vorbringen dem Rechtfertigungsgrund der öffentlichen Ordnung zu und wiederholte in diesem Zusammenhang seine ständige Rechtsprechung, wonach die geschriebenen Ausnahmebestimmungen eng auszulegen und deren Anwendung gerichtlich überprüfbar seien. Die Menschenwürde und deren Verletzung im konkreten Fall sah der Gerichtshof als zulässige Konkretisierung des Begriffs der öffentlichen Ordnung an. Dabei wurde zunächst eine Parallele zur Rechtssache Schmidberger (Fall 147) gezogen und betont, dass auch die Menschenwürde zu den unionsrechtlichen Grundrechten gehört. Deren Schutz ist daher mit dem Unionsrecht vereinbar. In der Folge stellte der EuGH aber nicht – wie im Fall Schmidberger – auf die unionsrechtliche Dimension des Grundrechts ab, sondern auf die nach dem deutschen Grundgesetz gewährleistete Menschenwürde. Schließlich sah der Gerichtshof die Verhältnismäßigkeit der Maßnahme als gegeben an und stellt klar, dass unterschiedliche Vorstellungen in den Mitgliedstaaten über den Schutz des betreffenden Rechtsgutes der Verhältnismäßigkeit nicht entgegenstehen. Im Ergebnis räumte der EuGH den Mitgliedstaaten damit entgegen den allgemeinen Formulierungen jedenfalls in tätigkeitsbezogenen Fällen ein weites Ermessen bei der Anwendung der Rechtfertigung aus Gründen der öffentlichen Ordnung ein.* ***B:*** *J. Bröhmer, EuZW 2004, 755 ff.; R. Streinz, JuS 2005, 63 ff.; S. I. Reich, JA 2005, 419 ff.* ***L:*** *Rn. 990.*

Sachverhalt: Die Klägerin des Ausgangsverfahrens, eine in Bonn ansässige Gesellschaft deutschen Rechts, betrieb ein sog. Laserdrome, in welchem unter anderem auch Spielabläufe ermöglicht und geduldet wurden, die ein gezieltes Beschießen von Menschen mittels Laserstrahl oder sonstiger technischer Einrichtungen und damit ein sog. spielerisches Töten von Menschen zum Gegenstand hatten. Die Ausrüstung für die Anlage wurde von einem englischen Unternehmen bezogen, mit dem später auch ein Franchisevertrag über die veranstalteten Spiele geschlossen wurde. Die zuständige Behörde untersagte die

Abhaltung von Spielabläufen, die ein simuliertes Töten beinhalten, unter Androhung eines hohen Zwangsgeldes mit der Begründung, dass solche Spiele eine Gefahr für die öffentliche Ordnung darstellen. Die simulierten Tötungshandlungen und die damit einhergehende Verharmlosung von Gewalt würden die in Art. 1 Abs. 1 Satz 1 des Grundgesetzes verankerte Menschenwürde verletzen. Die angerufenen Gerichte bestätigten die Untersagungsverfügung und die ihr zugrunde liegende Begründung. Erst das BVerwG legte den Rechtstreit dem EuGH vor und fragte nach der Vereinbarkeit der Untersagung mit Gemeinschaftsrecht.

Aus den Entscheidungsgründen:

[28] Was die Rechtfertigung der Beschränkung des freien Dienstleistungsverkehrs durch die Verfügung vom 14. September 1994 anbelangt, so sind nach dem gemäß Artikel 55 EG auf diesem Sachgebiet anwendbaren Artikel 46 EG Beschränkungen zulässig, die aus Gründen der öffentlichen Ordnung, Sicherheit oder Gesundheit gerechtfertigt sind. Im vorliegenden Fall geht aus den Akten hervor, dass die Beklagte in der Begründung der Untersagungsverfügung ausdrücklich ausführt, dass die betroffene Betätigung eine Gefahr für die öffentliche Ordnung darstelle. Die Bezugnahme auf eine Gefahr für die öffentliche Ordnung findet sich auch in § 14 Absatz 1 OBG NW, der die Ordnungsbehörden ermächtigt, die notwendigen Maßnahmen zur Abwehr einer solchen Gefahr zu treffen.

(...)

[30] Dass ein Mitgliedstaat sich auf eine vom EG Vertrag vorgesehene Ausnahme berufen kann, hindert jedoch nicht an der gerichtlichen Nachprüfung der Maßnahmen, mit denen diese Ausnahme angewandt wird (vgl. Urteil vom 4. Dezember 1974 in der Rechtssache 41/74, Van Duyn, Slg. 1974, 1337, Randnr. 7). Außerdem ist der Begriff der öffentlichen Ordnung im Gemeinschaftsrecht, insbesondere, wenn er eine Ausnahme von der Grundfreiheit des freien Dienstleistungsverkehrs rechtfertigen soll, eng zu verstehen, so dass seine Tragweite nicht von jedem Mitgliedstaat einseitig ohne Nachprüfung durch die Organe der Gemeinschaft bestimmt werden darf (vgl. entsprechend für die Freizügigkeit der Arbeitnehmer Urteile Van Duyn, Randnr. 18, und vom 27. Oktober 1977 in der Rechtssache 30/77, Bouchereau, Slg. 1977, 1999, Randnr. 33). Folglich ist eine Berufung auf die öffentliche Ordnung nur möglich, wenn eine tatsächliche und hinreichend schwere Gefährdung vorliegt, die ein Grundinteresse der Gesellschaft berührt (vgl. Urteil vom 14. März 2000 in der Rechtssache C-54/99, Église de scientologie, Slg. 2000, I-1335, Randnr. 17).

[31] Allerdings können die konkreten Umstände, die möglicherweise die Berufung auf den Begriff der öffentlichen Ordnung rechtfertigen, von Land zu Land und im zeitlichen Wechsel verschieden sein. Insoweit ist den zuständigen innerstaatlichen Behörden daher ein Beurteilungsspielraum innerhalb der durch den EG-Vertrag gesetzten Grenzen zuzubilligen (Urteile Van Duyn, Randnr. 18, und Bouchereau, Randnr. 34).

[32] Im Ausgangsverfahren waren die zuständigen Behörden der Ansicht, dass die von der Untersagungsverfügung betroffene Betätigung eine Gefahr für die öffentliche Ordnung darstelle, weil die gewerbliche Veranstaltung von Unterhaltungsspielen mit simulierten Tötungshandlungen an Menschen nach der in der öffentlichen Meinung vorherrschenden Auffassung gegen eine in der nationalen Verfassung verankerte grundlegende Wertvorstellung verstoße, nämlich gegen die Menschenwürde. Nach den Ausführungen des vorlegenden Gerichts haben die mit der Sache befassten nationalen Gerichte die Auffassung von den Erfordernissen des Schutzes der Menschenwürde, auf der die streitige Verfügung beruht, geteilt und bestätigt, so dass diese Auffassung folglich als im Einklang mit dem deutschen Grundgesetz stehend angesehen werden muss.

[33] In diesem Zusammenhang ist daran zu erinnern, dass die Grundrechte nach ständiger Rechtsprechung zu den allgemeinen Rechtsgrundsätzen gehören, deren Wahrung der Gerichtshof zu sichern hat; dabei lässt er sich von den gemeinsamen Verfassungstraditionen der Mitgliedstaaten sowie von den Hinweisen leiten, die die völkerrechtlichen Verträge über den Schutz der Menschenrechte geben, an deren Abschluss die Mitgliedstaaten beteiligt waren oder denen sie beigetreten sind. Hierbei kommt der Europäischen Konvention zum Schutze der Menschenrechte und Grundfreiheiten besondere Bedeutung zu (vgl. insbesondere Urteile vom 18. Juni 1991 in der Rechtssache C-260/89, ERT, Slg. 1991, I2925, Randnr. 41, [...]).

[34] Wie die Generalanwältin in den Nummern 82 bis 91 ihrer Schlussanträge ausgeführt hat, zielt die Gemeinschaftsrechtsordnung unbestreitbar auf die Gewährleistung der Achtung der Menschenwürde als eines allgemeinen Rechtsgrundsatzes ab. Somit ist das Ziel, die Menschenwürde zu schützen, unzweifelhaft mit dem Gemeinschaftsrecht vereinbar, ohne dass es insoweit eine Rolle spielt, dass in Deutschland dem Grundsatz der Achtung der Menschenwürde die besondere Stellung eines selbständigen Grundrechts zukommt.

[35] Da die Grundrechte sowohl von der Gemeinschaft als auch von ihren Mitgliedstaaten zu beachten sind, stellt der Schutz dieser Rechte

ein berechtigtes Interesse dar, das grundsätzlich geeignet ist, eine Beschränkung von Verpflichtungen zu rechtfertigen, die nach dem Gemeinschaftsrecht, auch kraft einer durch den EG-Vertrag gewährleisteten Grundfreiheit wie des freien Dienstleistungsverkehrs, bestehen (vgl. in Bezug auf den freien Warenverkehr Urteil Schmidberger, Randnr. 74).

[36] Jedoch können Maßnahmen, durch die der freie Dienstleistungsverkehr eingeschränkt wird, nur dann durch Gründe der öffentlichen Ordnung gerechtfertigt werden, wenn sie zum Schutz der Belange, die sie gewährleisten sollen, erforderlich sind, und auch nur insoweit, als diese Ziele nicht mit Maßnahmen erreicht werden können, die den freien Dienstleistungsverkehr weniger einschränken (vgl. in Bezug auf den freien Kapitalverkehr Urteil Église de scientologie, Randnr. 18).

[37] Insoweit ist es nicht unerlässlich, dass die von den Behörden eines Mitgliedstaats erlassene beschränkende Maßnahme einer allen Mitgliedstaaten gemeinsamen Auffassung darüber entspricht, wie das betreffende Grundrecht oder berechtigte Interesse zu schützen ist. Zwar hat der Gerichtshof in Randnummer 60 des Urteils Schindler auf die sittlichen, religiösen oder kulturellen Erwägungen Bezug genommen, aufgrund deren alle Mitgliedstaaten die Veranstaltung von Lotterien oder anderen Glücksspielen Beschränkungen unterwerfen, er hat jedoch mit der Erwähnung dieser gemeinsamen Auffassung kein allgemeines Kriterium für die Beurteilung der Verhältnismäßigkeit nationaler Maßnahmen formulieren wollen, mit denen die Ausübung einer wirtschaftlichen Tätigkeit beschränkt wird.

[38] Vielmehr sind die Notwendigkeit und die Verhältnismäßigkeit der einschlägigen Bestimmungen, wie aus einer ständigen Rechtsprechung seit dem Urteil Schindler hervorgeht, nicht schon deshalb ausgeschlossen, weil ein Mitgliedstaat andere Schutzregelungen als ein anderer Mitgliedstaat erlassen hat (vgl. in diesem Sinne Urteile Läärä u. a., Randnr. 36, Zenatti, Randnr. 34).

[39] Im vorliegenden Fall ist zum einen darauf hinzuweisen, dass die Untersagung der gewerblichen Veranstaltung von Unterhaltungsspielen, die simulierte Gewalthandlungen gegen Personen, insbesondere die Darstellung von Tötungshandlungen an Menschen, implizieren, dem vorlegenden Gericht zufolge dem Grad des Schutzes der Menschenwürde entspricht, der mit dem Grundgesetz im Hoheitsgebiet der Bundesrepublik Deutschland sichergestellt werden sollte. Zum anderen ist festzustellen, dass die streitige Verfügung, mit der nur die Variante des Laserspiels untersagt wird, bei der es darum geht, auf menschliche

Ziele zu schießen und somit das Töten von Personen zu spielen, nicht über das hinausgeht, was zur Erreichung des von den zuständigen nationalen Behörden verfolgten Zieles erforderlich ist.

[40] Daher kann die Verfügung vom 14. September 1994 nicht als eine Maßnahme angesehen werden, die den freien Dienstleistungsverkehr ungerechtfertigt beeinträchtigt.

b) Ungeschriebene Rechtfertigungsgründe

215 **Rs. C-58/98 (Corsten), Urteil des Gerichtshofs vom 03.10.2000.**

Vorbemerkungen: *Das deutsche Handwerksrecht stand im Mittelpunkt der Entscheidung Corsten. Die mit der deutschen Handwerksordnung bezweckte Sicherung der Qualität der handwerklich erbrachten Dienstleistungen und der Schutz der Abnehmer sind vom Gerichtshof anerkannte zwingende Interessen des Allgemeinwohls. Allerdings stellte der EuGH hier nochmals klar, dass die innerstaatlichen Maßnahmen zur Erreichung dieses Ziels sowohl geeignet als auch erforderlich sein müssen. Die Prüfung der Erforderlichkeit im Rahmen der Dienstleistungsfreiheit hat dabei der spezifischen Schutzrichtung dieser Grundfreiheit Rechnung zu tragen. Daher dürfen die Anforderungen, die an die Erbringung einer Dienstleistung gestellt werden, nicht dieselben sein, wie sie für eine Niederlassung gelten, da ansonsten der Dienstleistungsfreiheit jede praktische Wirksamkeit genommen würde. Nach der weitgehenden Harmonisierung der Anerkennung von Berufsqualifikationen gelten hierfür jedoch strenge Anforderungen. Diesen Anforderungen wurde die deutsche Regelung nicht gerecht, wonach auch Handwerksbetriebe aus anderen Mitgliedstaaten, die in Deutschland keine Niederlassung unterhielten, sondern nur gelegentlich Aufträge in Deutschland ausführten, zur Eintragung in die Handwerksrolle verpflichtet waren. Das Erfordernis der Meisterprüfung für die selbständige Niederlassung blieb davon zunächst unberührt.* ***B:*** *G. Früh, EuZW 2000, 767f.* ***L:*** *Rn. 949, 983, 993, 996f.*

Sachverhalt: In Deutschland mussten Gewerbetreibende, die selbständige Handwerksarbeiten durchführen, in der Handwerksrolle eingetragen sein. Der deutsche Architekt Corsten beauftragte ein in den Niederlanden ansässiges Unternehmen mit der Durchführung von Estricharbeiten im Rahmen eines Bauvorhabens in Deutschland. Dieses Unternehmen war in Deutschland nicht in der Handwerksrolle eingetragen, weshalb die zuständige deutsche Ordnungsbehörde gegen Herrn Corsten ein Bußgeld verhängte. Herr Corsten legte gegen diesen Bescheid Widerspruch beim Amtsgericht ein. Das nationale Gericht legte dem EuGH die Frage vor, ob das Erfordernis der Eintragung in die Handwerksrolle mit dem freien Dienstleistungsverkehr vereinbar sei. Der EuGH verneinte dies grundsätzlich.

Aus den Entscheidungsgründen:

[34] In dieser Hinsicht stellt es eine Beschränkung im Sinne des Artikels 59 EG-Vertrag dar, wenn einem Unternehmen, das in einem Mitgliedstaat ansässig ist und in einem anderen Mitgliedstaat als Dienstleistender eine handwerkliche Tätigkeit ausüben möchte, die Verpflichtung zur Eintragung in die Handwerksrolle des letztgenannten Mitgliedstaats auferlegt wird.

[35] Auch wenn eine Harmonisierung in diesem Bereich fehlt, kann nach ständiger Rechtsprechung eine solche Beschränkung des fundamentalen Grundsatzes des freien Dienstleistungsverkehrs nur durch Regelungen gerechtfertigt werden, die auf zwingenden Gründen des Allgemeininteresses beruhen und für alle im Hoheitsgebiet des Aufnahmelandes tätigen Personen oder Unternehmen gelten, und soweit dieses Interesse nicht durch die Vorschriften geschützt wird, denen der Dienstleistende in dem Mitgliedstaat unterliegt, in dem er ansässig ist (u. a. Urteile vom 17. Dezember 1981 in der Rechtssache 279/80, Webb, Slg. 1981, 3305, Randnr. 17, vom 26. Februar 1991 in der Rechtssache C-180/89, Kommission/Italien, Slg. 1991, I-709, Randnr. 17, und in der Rechtssache C-198/89, Kommission/Griechenland, Slg. 1991, I-727, Randnr. 18, sowie Urteile Säger, Randnr. 15, Vander Elst, Randnr. 16, Guiot, Randnr. 11, und Arblade u. a., Randnr. 34).

(...)

[38] Wie die Kommission bemerkt, stellt das Ziel, die Qualität der durchgeführten handwerklichen Arbeiten zu sichern und deren Abnehmer vor Schäden zu bewahren, einen zwingenden Grund des Allgemeininteresses dar, der eine Beschränkung der Dienstleistungsfreiheit rechtfertigen kann.

[39] Nach dem Grundsatz der Verhältnismäßigkeit muss die Anwendung der nationalen Regelungen eines Mitgliedstaats auf die in anderen Mitgliedstaaten niedergelassenen Dienstleistenden jedoch geeignet sein, die Verwirklichung des mit ihnen verfolgten Zieles zu gewährleisten, und darf nicht über das hinausgehen, was zur Erreichung dieses Zieles erforderlich ist (u. a. Urteile Säger, Randnr. 15, und Arblade u. a., Randnr. 35).

[40] Eine Regelung wie die nationale Regelung des Ausgangsverfahrens geht, selbst wenn sie unabhängig von der Staatsangehörigkeit der Dienstleistenden gilt und zur Erreichung von Zielen geeignet erscheint, die alle darauf gerichtet sind, die Qualität der erbrachten Dienstleistungen zu erhalten, über das hinaus, was zur Erreichung solcher Ziele erforderlich ist.

(...)

[43] Wie die österreichische Regierung zu Recht feststellt, darf ein Mitgliedstaat die Erbringung von Dienstleistungen in seinem Hoheitsgebiet nicht von der Einhaltung aller Voraussetzungen abhängig machen, die für eine Niederlassung gelten, und damit den Bestimmungen des Vertrages, deren Ziel es gerade ist, die Dienstleistungsfreiheit zu gewährleisten, jede praktische Wirksamkeit nehmen (Urteil Säger, Randnr. 13).

[44] Im Ausgangsverfahren unterscheidet das nationale Recht des Aufnahmelandes bezüglich der Unternehmen aus anderen Mitgliedstaaten, die handwerkliche Dienstleistungen in dem erstgenannten Mitgliedstaat erbringen möchten, nicht zwischen denjenigen, die nur im Herkunftsland niedergelassen sind, und denen, die auch im Aufnahmeland eine Niederlassung im Sinne des Artikels 52 EG-Vertrag haben. Beide Gruppen von Unternehmen werden gleichermaßen der Verpflichtung unterworfen, sich in die Handwerksrolle eintragen zu lassen, um im Aufnahmeland Handwerksarbeiten ausführen zu können.

[45] Zwar könnte das Erfordernis einer Eintragung in die Handwerksrolle, die die Pflichtmitgliedschaft der betroffenen Unternehmen in der Handwerkskammer und damit die Zahlung von entsprechenden Beiträgen zur Folge hat, im Fall einer Niederlassung im Aufnahmeland – um den es im Ausgangsverfahren aber nicht geht – gerechtfertigt sein. Doch gilt dies nicht notwendig auch für Unternehmen, die nur gelegentlich oder sogar nur ein einziges Mal im Aufnahmeland Dienstleistungen erbringen wollen.

[46] Diese Unternehmen könnten davon abgehalten werden, ihr Vorhaben durchzuführen, wenn das Verfahren zur Erteilung der Erlaubnis wegen ihrer obligatorischen Eintragung in die Handwerksrolle zeit- und kostenaufwendiger wird, so dass der zu erwartende Gewinn zumindest bei kleineren Vorhaben wirtschaftlich gesehen nicht mehr attraktiv ist. Für diese Unternehmen könnten daher der freie Dienstleistungsverkehr, ein fundamentaler Grundsatz des Vertrages, sowie die Richtlinie 64/427 ihre praktische Wirksamkeit einbüßen.

[47] Folglich dürfte das durch das Aufnahmeland eingerichtete Verfahren zur Erteilung der Erlaubnis die Ausübung des Rechts einer in

einem anderen Mitgliedstaat ansässigen Person, ihre Dienstleistungen im Hoheitsgebiet des erstgenannten Staates zu erbringen, weder verzögern noch erschweren, nachdem die Voraussetzungen für die Aufnahme der betreffenden Tätigkeiten bereits geprüft worden sind und festgestellt worden ist, dass diese Voraussetzungen erfüllt sind.

[48] Außerdem dürfte das etwaige Erfordernis einer Eintragung in die Handwerksrolle des Aufnahmelandes – gesetzt den Fall, es ist gerechtfertigt – weder zusätzliche Verwaltungskosten noch die obligatorische Zahlung von Beiträgen an die Handwerkskammer nach sich ziehen.

Verb. Rs. C-344/13 und C-367/13 (Blanco und Fabretti), Urteil des Gerichtshofs vom 22.10.2014. 216

Vorbemerkungen: *In der vorliegenden Entscheidung ging es um eine italienische Regelung, die offensichtlich diskriminierenden Charakter hatte, da eine unterschiedliche steuerliche Behandlung von Gewinnen aus Glücksspielen, je nachdem ob sie aus Italien oder einem anderen Mitgliedstaat stammten, vorgeschrieben wurde. Die Maßnahme unterschied somit nach der Staatsangehörigkeit des Dienstleistungserbringers. Der EuGH stellte fest, dass eine diskriminierende Beschränkung der durch Art. 56 AEUV gewährleisteten Dienstleistungsfreiheit nicht aus zwingenden Gründen des Allgemeininteresses gerechtfertigt werden kann. Eine diskriminierende Beschränkung war mit dem Unionsrecht nur vereinbar, wenn sie einer ausdrücklichen Ausnahmebestimmung wie Art. 52 AEUV, der auf den Art. 62 AEUV verweist, zugeordnet werden konnte, und die öffentliche Ordnung, Sicherheit oder Gesundheit gewährleisten soll.* ***L:*** *Rn. 799, 832.*

Sachverhalt: Die Agenzia hatte jeweils Herrn Blanco und Herrn Fabretti Steuerbescheide, die Steuerzuschläge und Strafzahlungen enthielten, zugestellt, gegen die beide gerichtlich vorgingen. Die Bescheide verstießen ihrer Ansicht nach insbesondere gegen den Grundsatz des Verbots der Doppelbesteuerung, gegen den in Art. 56 AEUV vorgesehenen Grundsatz des freien Dienstleistungsverkehrs, gegen den Grundsatz der Nichtdiskriminierung des Art. 21 der GRCh, sowie gegen Art. 18 AEUV und 56 AEUV, da eine steuerliche Ungleichbehandlung vorliege, je nachdem ob die Gewinne aus Glücksspielen in Italien oder in einem anderen Mitgliedstaat stammten. Somit liege eine diskriminierende Behandlung vor, die jedoch nur dann verboten ist, wenn keine Rechtfertigungsgründe hierfür vorlägen. Die dem Rechtsstreit zugrundeliegenden italienischen

Rechtsvorschriften bezweckten den Schutz vor Geldwäsche. Fraglich war, ob die italienische Regelung in unionsrechtliche Vorgaben eingriff und falls dies der Fall war, ob der Verstoß gerechtfertigt war.

Aus den Entscheidungsgründen:

[34] Als Zweites ist zu prüfen, ob diese diskriminierende Beschränkung gerechtfertigt werden kann.

[35] Das vorlegende Gericht und die italienische Regierung weisen darauf hin, dass die in den Ausgangsverfahren in Rede stehende nationale Regelung den Zweck verfolgt, Geldwäsche und Eigengeldwäsche im Ausland zu verhindern und die Verbringung von Kapital äußerst ungewissen Ursprungs ins Ausland oder seine Einfuhr nach Italien zu beschränken.

[36] Wie die italienische Regierung ausführt, hat der Gerichtshof wiederholt entschieden, dass die Regelung der Glücksspiele zu den Bereichen gehört, in denen beträchtliche sittliche, religiöse und kulturelle Unterschiede zwischen den Mitgliedstaaten bestehen. In Ermangelung einer Harmonisierung des betreffenden Gebiets durch die Union ist es Sache der einzelnen Mitgliedstaaten, in diesen Bereichen im Einklang mit ihrer eigenen Wertordnung zu beurteilen, welche Erfordernisse sich aus dem Schutz der betroffenen Interessen ergeben (vgl. u. a. Urteile Stanleybet International u. a., C-186/11 und C-209/11, EU:C:2013:33, Rn. 24, sowie Digibet und Albers, C-156/13, EU:C:2014:1756, Rn. 24).

[37] Zwar hat der Gerichtshof bereits eine Reihe von zwingenden Gründen des Allgemeininteresses herausgestellt, die zur Rechtfertigung einer Beschränkung der Dienstleistungsfreiheit geltend gemacht werden können, darunter den Verbraucherschutz, die Betrugsbekämpfung und die Vermeidung von mit dem Glücksspiel verbundenen sozialen Problemen, jedoch ist eine Berufung auf diese Ziele nicht möglich, um diskriminierend angewandte Beschränkungen zu rechtfertigen (Urteil Kommission/Spanien, C-153/08, EU:C:2009:618, Rn. 36 und die dort angeführte Rechtsprechung).

[38] Demnach ist eine diskriminierende Beschränkung mit dem Unionsrecht nur vereinbar, wenn sie einer ausdrücklichen Ausnahmebestimmung wie Art. 52 AEUV, auf den Art. 62 AEUV verweist, zugeordnet werden kann, und die öffentliche Ordnung, Sicherheit oder Gesundheit gewährleisten soll (vgl. in diesem Sinne u. a. Urteile Kommission/Deutschland, C-546/07, EU:C:2010:25, Rn. 48 und die dort angeführte Rechtsprechung, sowie Dickinger und Ömer, C-347/09, EU:C:2011:582, Rn. 79).

[39] Daher kann eine nationale Regelung wie die in den Ausgangsverfahren in Rede stehende nur gerechtfertigt werden, soweit sie den Gründen der öffentlichen Ordnung, Sicherheit und Gesundheit im Sinne von Art. 52 AEUV entsprechende Ziele verfolgt. Im Übrigen ist darauf hinzuweisen, dass die durch die Mitgliedstaaten auferlegten Beschränkungen den Anforderungen an die Verhältnismäßigkeit genügen müssen. Somit ist eine nationale Regelung nur dann geeignet, die Verwirklichung des geltend gemachten Ziels zu gewährleisten, wenn sie tatsächlich dem Anliegen gerecht wird, es in kohärenter und systematischer Weise zu erreichen (vgl. in diesem Sinne Urteile Engelmann, C-64/08, EU:C:2010:506, Rn. 35, sowie Pfleger u. a., C-390/12, EU:C:2014:281, Rn. 43 und die dort angeführte Rechtsprechung).

[40] Für die Feststellung, welche Ziele mit der nationalen Regelung tatsächlich verfolgt werden, ist jedoch im Rahmen einer Rechtssache, mit der der Gerichtshof nach Art. 267 AEUV befasst worden ist, das vorlegende Gericht zuständig. Außerdem hat das vorlegende Gericht unter Berücksichtigung der Hinweise des Gerichtshofs zu prüfen, ob die durch den betreffenden Mitgliedstaat auferlegten Beschränkungen den sich aus der Rechtsprechung des Gerichtshofs ergebenden Anforderungen an ihre Verhältnismäßigkeit genügen (vgl. in diesem Sinne Urteil Pfleger u. a., EU:C:2014:281, Rn. 47 und 48 sowie die dort angeführte Rechtsprechung).

Rs. C-158/96 (Kohll), 217
Urteil des Gerichtshofs vom 28.04.1998.

Vorbemerkungen: *Die Frage, ob die Dienstleistungsfreiheit grundsätzlich auch im Bereich der sozialen Sicherheit mit der Folge gilt, dass Kosten einer Behandlung im EU-Ausland zu erstatten sind, und welche Beschränkungen der Dienstleistungsfreiheit in diesem Fall zum Schutz der nationalen Systeme sozialer Sicherheit zulässig sind, war Gegenstand des vorliegenden Urteils des EuGH. Er stellte darin zum einen klar, dass die Dienstleistungsfreiheit grundsätzlich auch im Bereich der sozialen Sicherheit gilt und die Kosten einer Behandlung im EU-Ausland nach den Tarifen des Versicherungsstaates zu erstatten sind. Zum anderen betonte der Gerichtshof aber auch, dass der Schutz des Gleichgewichts der Systeme der sozialen Sicherheit grundsätzlich ein zwingendes Erfordernis des Allgemeinwohls darstellt, welches Beschränkungen der Grundfreiheiten zulässt. Die Berücksichtigung dieser ungeschriebenen Rechtfertigungskategorie ist konsequent, da die*

Pflicht zur vorherigen Genehmigung einer zahnärztlichen Behandlung in einem anderen Mitgliedstaat zur Gewährung der Kostenerstattung gerade nicht aus Gründen der Staatsangehörigkeit, sondern als Maßnahme des Herkunftsstaates wegen der Grenzüberschreitung erfolgt und somit als unterschiedslose Beschränkung einzustufen ist.
***L:** Rn. 782f., 965, 973, 977, 982, 984, 991, 993f.*

Sachverhalt: Der luxemburgische Staatsangehörige Kohll beantragte über einen in Luxemburg niedergelassenen Zahnarzt bei seiner luxemburgischen Krankenkasse die Genehmigung der Kostenerstattung einer zahnärztlichen Behandlung seiner Tochter in Deutschland. Die Krankenkasse lehnte den Antrag mit der Begründung ab, die Behandlung sei nicht dringend und könne in Luxemburg erbracht werden. Der im Wege eines Vorabentscheidungsverfahrens angerufene Gerichtshof stellte fest, dass eine solche nationale Regelung gegen die Art. 49 und 50 EG (jetzt: Art. 56 und 57 AEUV) verstößt.

Aus den Entscheidungsgründen:

[17] Nach ständiger Rechtsprechung läßt das Gemeinschaftsrecht die Zuständigkeit der Mitgliedstaaten zur Ausgestaltung ihrer Systeme der sozialen Sicherheit unberührt (Urteile vom 7. Februar 1984 in der Rechtssache 238/82, Duphar u. a., Slg. 1984, 523, Randnr. 16, und vom 17. Juni 1997 in der Rechtssache C-70/95, Sodemare u. a., Slg. 1997, I-3395, Randnr. 27).

[18] In Ermangelung einer Harmonisierung auf Gemeinschaftsebene bestimmt somit das Recht eines jeden Mitgliedstaats, unter welchen Voraussetzungen zum einen ein Recht auf Anschluß an ein System der sozialen Sicherheit oder eine Verpflichtung hierzu (Urteile vom 24. April 1980 in der Rechtssache 110/79, Coonan, Slg. 1980, 1445, Randnr. 12, und vom 4. Oktober 1991 in der Rechtssache C-349/87, Paraschi, Slg. 1991, I-4501, Randnr. 15) und zum anderen ein Anspruch auf Leistung (Urteil vom 30. Januar 1997 in den Rechtssachen C-4/95 und C-5/95, Stöber und Piosa Pereira, Slg. 1997, I-511, Randnr. 36) besteht.

[19] Gleichwohl müssen die Mitgliedstaaten, wie der Generalanwalt in den Nummern 17 bis 25 seiner Schlußanträge ausgeführt hat, bei der Ausübung dieser Befugnis das Gemeinschaftsrecht beachten.

[20] So hat der Gerichtshof festgestellt, daß die Besonderheiten bestimmter Dienstleistungen nicht dazu führten, daß diese nicht unter den elementaren Grundsatz des freien Verkehrs fielen (Urteil vom 17. Dezember 1981 in der Rechtssache 279/80, Webb, Slg. 1981, 3305, Randnr. 10).

[21] Daß die streitige Regelung zum Bereich der sozialen Sicherheit gehört, schließt daher die Anwendung der Artikel 59 und 60 EG-Vertrag nicht aus.

(…)

[34] Zwar hindert die streitige Regelung die Versicherten nicht daran, sich an einen Dienstleistungserbringer in einem anderen Mitgliedstaat zu wenden. Sie macht aber die Erstattung von Kosten, die in diesem Mitgliedstaat angefallen sind, von einer vorherigen Genehmigung abhängig, und versagt sie den Versicherten, die keine Genehmigung haben. Kosten, die im Versicherungsstaat anfallen, unterliegen hingegen keiner solchen Genehmigung.

[35] Daher hält eine solche Regelung die Sozialversicherten davon ab, sich an ärztliche Dienstleistungserbringer in einem anderen Mitgliedstaat zu wenden, und stellt sowohl für diese wie für ihre Patienten eine Behinderung des freien Dienstleistungsverkehrs dar (Urteile vom 31. Januar 1984 in den Rechtssachen 286/82 und 26/83, Luisi und Carbone, Slg. 1984, 377, Randnr. 16, und vom 28. Januar 1992 in der Rechtssache C-204/90, Bachmann, Slg. 1992, I-249, Randnr. 31).

(…)

[41] Rein wirtschaftliche Gründe können eine Beschränkung des elementaren Grundsatzes des freien Dienstleistungsverkehrs nicht rechtfertigen (in diesem Sinne Urteil vom 5. Juni 1997 in der Rechtssache C-398/95, SETTG, Slg. 1997, I-3091, Randnr. 23). Jedoch kann eine erhebliche Gefährdung des finanziellen Gleichgewichts des Systems der sozialen Sicherheit einen zwingenden Grund des Allgemeininteresses darstellen, der eine solche Beschränkung rechtfertigen kann.

[42] Entgegen dem Vorbringen der UCM und der luxemburgischen Regierung hat jedoch die Erstattung von Kosten einer Zahnbehandlung, die in einem anderen Mitgliedstaat erbracht wurde, nach den Tarifen des Versicherungsstaats keine wesentlichen Auswirkungen auf die Finanzierung des Systems der sozialen Sicherheit.

Rs. C-316/07, C-358/07 bis 360/07, C-409/07 und C-410/07 (Markus Stoß u. a.; „Glücksspiel"), Urteil des Gerichtshofs vom 08.09.2010. 218

Vorbemerkungen: *Das im Rahmen der Organisation von Sportwetten und Lotterien in Deutschland errichtete staatliche Monopol beschränkte die Dienstleistungs- und die Niederlassungsfreiheit. Zwar kann das präventive Ziel der Bekämpfung der Spielsucht eine Rechtfer-*

tigung dieser Beschränkung darstellen, jedoch muss dies in einer kohärenten und systematischen Weise erfolgen. Vorliegend führten die Inhaber der staatlichen Monopole intensive Werbekampagnen für das Glücksspiel durch. Paradoxerweise hatten diese Kampagnen gerade das Ziel, zum Glücksspiel zu ermuntern. Somit wurde das präventive Ziel des Monopols nicht in einer kohärenten und systematischen Weise verfolgt (sog. Kohärenzgebot) und konnte aufgrund fehlender Geeignetheit daher auch nicht als Rechtfertigungsgrund aufgrund fehlender Geeignetheit für den Ausschluss privater Anbieter herangezogen werden. ***B:*** *M. L. Fremuth, NVwZ 2010, 1417ff.; R. Streinz, JuS 2011, 85ff.; L. Mintas, MMR 2010, 849f.* ***L:*** *Rn. 804.*

Sachverhalt: In Deutschland waren die Zuständigkeiten im Spielsektor zwischen dem Bund und den Ländern aufgeteilt. In den meisten Ländern bestand ein regionales Monopol auf die Veranstaltung von Sportwetten und Lotterien. Der Glücksspielstaatsvertrag regelte einen einheitlichen Rahmen für die Veranstaltung von Glücksspielen. Demnach war jede Veranstaltung oder Vermittlung von Glücksspielen im Internet verboten. In den vorliegenden Rechtssachen ersuchten mehrere deutsche Verwaltungsgerichte, die Rechtsstreitigkeiten zwischen Vermittlern von Sportwetten und deutschen Behörden zu entscheiden hatten, den EuGH, sich zur Vereinbarkeit der Glücksspielregelung in Deutschland mit dem Recht der Union zu äußern.

Aus den Entscheidungsgründen:

[75] Dabei hat der Gerichtshof insbesondere anerkannt, dass auf dem Gebiet der Spiele und Wetten, die, wenn im Übermaß betrieben, sozialschädliche Folgen haben, nationale Rechtsvorschriften gerechtfertigt sein können, die darauf abzielen, eine Anregung der Nachfrage zu vermeiden und vielmehr die Ausnutzung der Spielleidenschaft der Menschen zu begrenzen (Urteile Schindler, Randnrn. 57 und 58, Läärä u. a., Randnrn. 32 und 33, sowie Zenatti, Randnrn. 30 und 31).

(…)

[82] Den Behörden steht es nämlich frei, den Standpunkt zu vertreten, dass der Umstand, dass sie als Kontrollinstanz der mit dem Monopol betrauten Einrichtung über zusätzliche Mittel verfügen, mit denen sie deren Verhalten außerhalb der gesetzlichen Regulierungsmechanismen und Kontrollen beeinflussen können, ihnen eine bessere Beherrschung des Glücksspielangebots und bessere Effizienzgarantien bei der Durchführung ihrer Politik zu gewährleisten vermag, als es bei der Ausübung der entsprechenden Tätigkeiten durch private Veranstalter in

einer Wettbewerbssituation der Fall wäre, selbst wenn diese eine Erlaubnis benötigten und einer Kontroll- und Sanktionsregelung unterlägen.

[83] Allerdings muss eine so restriktive Maßnahme wie die Schaffung eines Monopols, die sich nur im Hinblick auf die Gewährleistung eines besonders hohen Verbraucherschutzniveaus rechtfertigen lässt, mit der Errichtung eines normativen Rahmens einhergehen, mit dem sich gewährleisten lässt, dass der Inhaber des Monopols tatsächlich in der Lage sein wird, das festgelegte Ziel mit einem Angebot, das nach Maßgabe dieses Ziels quantitativ bemessen und qualitativ ausgestaltet ist und einer strikten behördlichen Kontrolle unterliegt, in kohärenter und systematischer Weise zu verfolgen.

(...)

[90] Sie haben nämlich Zweifel daran, ob staatliche Monopole wie die in den Ausgangsverfahren in Rede stehenden Sportwettenmonopole, die zur Vermeidung von Anreizen zu übermäßigen Ausgaben für das Spielen und zur Bekämpfung der Spielsucht errichtet wurden, angesichts der Art der Vermarktung anderer Arten von Glücksspielen dazu beitragen können, die Wetttätigkeiten in kohärenter und systematischer Weise zu begrenzen.

(...)

[98] Der Gerichtshof hat ferner klargestellt, dass es den nationalen Gerichten obliegt, sich im Licht insbesondere der konkreten Anwendungsmodalitäten der betreffenden restriktiven Regelung zu vergewissern, dass sie tatsächlich dem Anliegen entspricht, die Gelegenheiten zum Spiel zu verringern und die Tätigkeiten in diesem Bereich in kohärenter und systematischer Weise zu begrenzen (vgl. in diesem Sinne u. a. Urteile Zenatti, Randnrn. 36 und 37, sowie Placanica u. a., Randnrn. 52 und 53).

[99] Wie der Gerichtshof zu diesen verschiedenen Aspekten bereits im Urteil Gambelli u. a. (Randnrn. 7, 8 und 69) entschieden hat, können sich die Behörden eines Mitgliedstaats, soweit sie den Verbrauchern Anreize geben und sie dazu ermuntern, an Lotterien, Glücksspielen oder Wetten teilzunehmen, damit der Staatskasse daraus Einnahmen zufließen, nicht auf die öffentliche Sozialordnung mit der aus ihr folgenden Notwendigkeit, die Gelegenheiten zum Spiel zu verringern, berufen, um restriktive Maßnahmen zu rechtfertigen, auch wenn diese sich wie in jener Rechtssache ausschließlich auf Wetttätigkeiten beziehen.

(...)

[103] Wie der Generalanwalt jedoch in Nr. 61 seiner Schlussanträge weiter dargelegt hat, kommt es insoweit darauf an, dass die vom Inhaber

eines staatlichen Monopols eventuell durchgeführte Werbung maßvoll und strikt auf das begrenzt bleibt, was erforderlich ist, um die Verbraucher zu den genehmigten Spielnetzwerken zu lenken. Hingegen darf eine solche Werbung insbesondere nicht darauf abzielen, den natürlichen Spieltrieb der Verbraucher dadurch zu fördern, dass sie zu aktiver Teilnahme am Spiel angeregt werden, etwa indem das Spiel verharmlost oder ihm ein positives Image verliehen wird, das daran anknüpft, dass die Einnahmen für Aktivitäten im Allgemeininteresse verwendet werden, oder indem die Anziehungskraft des Spiels durch zugkräftige Werbebotschaften erhöht wird, die bedeutende Gewinne vorspiegeln.

[104] Soweit in den vom Inhaber des Monopols durchgeführten Werbekampagnen für Lotterieprodukte der Umstand herausgestellt wird, dass die Einnahmen aus dem Vertrieb dieser Produkte für die Finanzierung uneigennütziger oder im Allgemeininteresse liegender Aktivitäten verwendet werden, ist zudem erstens darauf hinzuweisen, dass es nach ständiger Rechtsprechung zwar nicht gleichgültig ist, dass Geldspiele in erheblichem Maß zur Finanzierung solcher Aktivitäten beitragen können, dies allein aber nicht als sachliche Rechtfertigung von Beschränkungen des freien Dienstleistungsverkehrs angesehen werden kann. Deren Zulässigkeit setzt nämlich insbesondere voraus, dass die Finanzierung solcher sozialer Aktivitäten nur eine erfreuliche Nebenfolge, nicht aber der eigentliche Grund der betriebenen restriktiven Politik ist, was das nationale Gericht zu überprüfen hat (vgl. in diesem Sinne Urteil Zenatti, Randnrn. 36 und 37).

[105] Da das Verwaltungsgericht Stuttgart im Übrigen hervorgehoben hat, dass nach dem Abzug, den die in den Ausgangsverfahren in Rede stehenden Rechtsvorschriften zugunsten der dafür in Frage kommenden uneigennützigen Aktivitäten vorsähen, die darüber hinausgehenden Einnahmen in die öffentlichen Kassen flössen, und da sich ferner nicht ausschließen lässt, dass die finanzielle Unterstützung als gemeinnützig anerkannter Einrichtungen es diesen erlaubt, dem Gemeinwohl dienende Tätigkeiten zu entfalten, die normalerweise der Staat übernehmen müsste, so dass sich dessen Ausgaben verringern, ist zweitens darauf hinzuweisen, dass auch das Erfordernis, einen Rückgang der Steuereinnahmen zu vermeiden, nicht zu den zwingenden Gründen des Allgemeininteresses zählt, die eine Beschränkung einer vom Vertrag eingeräumten Freiheit rechtfertigen können (vgl. in diesem Sinne Urteil vom 27. Januar 2009, Persche, C-318/07, Slg. 2009, I-359, Randnrn. 45 und 46 und die dort angeführte Rechtsprechung).

[106] Nach alledem können die vorlegenden Gerichte auf der Grundlage der von ihnen getroffenen und in Randnr. 100 des vorliegen-

den Urteils wiedergegebenen Feststellungen berechtigten Anlass zu der Schlussfolgerung haben, dass der Umstand, dass die zuständigen Behörden in Bezug auf andere Glücksspiele als die, die dem in den Ausgangsverfahren in Rede stehenden staatlichen Monopol unterliegen, eine Politik betreiben oder dulden, die eher darauf abzielt, zur Teilnahme an diesen anderen Spielen zu ermuntern, als darauf, die Gelegenheiten zum Spiel zu verringern und die Tätigkeiten in diesem Bereich in kohärenter und systematischer Weise zu begrenzen, zur Folge hat, dass das der Errichtung dieses Monopols zugrunde liegende Ziel, Anreize zu übermäßigen Ausgaben für das Spielen zu vermeiden und die Spielsucht zu bekämpfen, mit ihm nicht mehr wirksam verfolgt werden kann, so dass es im Hinblick auf die Art. 43 EG und 49 EG auch nicht mehr gerechtfertigt werden kann.

H. Varia

I. „Ne bis in idem“-Grundsatz

219 **Rs. C-802/23 (MSIG),**
Urteil des Gerichtshofs vom 11.09.2025.

Vorbemerkungen: *Das Vorabentscheidungsersuchen betraf die Auslegung von Art. 54 des am 19. Juni 1990 in Schengen unterzeichneten und am 26. März 1995 in Kraft getretenen Übereinkommens zur Durchführung des Übereinkommens von Schengen vom 14. Juni 1985 zwischen den Regierungen der Staaten der Benelux-Wirtschaftsunion, der Bundesrepublik Deutschland und der Französischen Republik betreffend den schrittweisen Abbau der Kontrollen an den gemeinsamen Grenzen (ABl. 2000, L 239, S. 19) (im Folgenden: SDÜ) im Licht von Art. 50 der Charta der Grundrechte der Europäischen Union (im Folgenden: Charta). Art. 54 des Übereinkommens lautet wie folgt: „Wer durch eine Vertragspartei rechtskräftig abgeurteilt worden ist, darf durch eine andere Vertragspartei wegen derselben Tat nicht verfolgt werden, vorausgesetzt, dass im Fall einer Verurteilung die Sanktion bereits vollstreckt worden ist, gerade vollstreckt wird oder nach dem Recht des Urteilsstaats nicht mehr vollstreckt werden kann.“ Im konkreten Fall war die betreffende Person wegen zahlreicher terroristischer Aktivitäten, die sie in der Zeit von 1996–2004 von Frankreich aus in Spanien verübt hatte, bereits in Frankreich zu einer Gesamtfreiheitsstrafe von 20 Jahren verurteilt worden, die sie dort auch verbüßt hatte. Nach Vollstreckung eines europäischen Haftbefehls stand sie nun in Spanien erneut wegen eines im Jahr 1997 begangenen Terrorattentats vor Gericht. Konkret war sie insoweit wegen terroristischer Sachbeschädigung, terroristischen Mordversuchs und Körperverletzung angeklagt. Unklar war, ob insoweit eine Doppelbestrafungskonstellation vorlag, ob sie in Frankreich also bereits wegen „derselben Tat“ verurteilt worden war. Der Gerichtshof stellte klar, dass es für den Begriff der „derselben Tat“ nur auf die Gesamtheit der konkreten Umstände ankommt, die sich aus Ereignissen ergeben, bei denen es sich im Wesentlichen um dieselben handelt, da dieselbe Person gehandelt hat und sie zeitlich sowie räumlich unlösbar miteinander verbunden sind. Nicht entscheidend ist hingegen eine eventuell bestehende unterschiedliche rechtliche Einordnung dieser Umstände in den einzelnen Mitgliedstaaten.*

Sachverhalt: MSIG war in Abwesenheit wegen „Beteiligung an einer kriminellen Vereinigung zur Vorbereitung einer terroristischen Handlung“ zu einer Gesamtfreiheitsstrafe von 20 Jahren verurteilt worden. Zusammengefasst waren insoweit vier in Frankreich ergangene Verurteilungen: Mit den ersten drei Verurteilungen vom 21. Februar 2000, 23. Februar 2000 und 13. Februar 2003, die Zeiträume in den Jahren 1996 und 1997 betrafen, war jeweils eine Freiheitsstrafe von fünf Jahren ausgesprochen worden. Das vierte Urteil vom 17. Dezember 2010 betraf den Zeitraum bis zum 10. März 2004 mit Ausnahme des Zeitraums von 1996 bis zum 31. Dezember 1997. Am 4. September 2019 wurde MFIG sodann in Vollstreckung eines vom Zentralen Ermittlungsgericht Nr. 2 des Nationalen Gerichtshofs in Spanien ausgestellten Europäischen Haftbefehls an die spanischen Behörden übergeben. Beim Nationalen Gerichtshof war insoweit eine Strafsache gegen MSIG als Täterin eines am 21. Juli 1997 in Oviedo (Spanien) begangenen Terrorattentats anhängig. Konkret war MSIG hier wegen terroristischer Sachbeschädigung, terroristischen Mordversuchs und Körperverletzung angeklagt. Das spanische Gericht ging vor diesem Hintergrund von einer Doppelbestrafungssituation aus, weil die Ermittlungen gegen MSIG in Spanien dieselben Handlungen wie die französischen Urteile beträfen. Dieses Urteil wurde vom Tribunal Supremo jedoch mit Urteil vom 21. März 2023 aufgehoben, weil die Verurteilung von MSIG in Frankreich nicht – auch nicht in allgemeiner oder unbestimmter Form – die Beteiligung an konkreten Terrorakten erfasse und daher keine Doppelbestrafungskonstellation vorliege. Das daher erneut mit der Sache befasst Gericht hegte weiterhin Zweifel und legte die Sache dem EuGH vor.

Aus den Entscheidungsgründen:

[31] Mit seiner ersten Frage möchte das vorlegende Gericht im Wesentlichen wissen, ob der Begriff „dieselbe Tat“ im Sinne von Art. 54 SDÜ im Licht von Art. 50 der Charta dahin auszulegen ist, dass er die Taten umfasst, die einer Person im Rahmen eines Strafverfahrens wegen terroristischer Handlungen in einem Mitgliedstaat zur Last gelegt werden, wenn diese Person für dieselben Handlungen bereits in einem anderen Mitgliedstaat wegen der Beteiligung an einer terroristischen Vereinigung zur Vorbereitung einer terroristischen Handlung verurteilt wurde.

(...)

[34] Aus dem Wortlaut von Art. 54 SDÜ ergibt sich, dass niemand, der durch einen Mitgliedstaat rechtskräftig abgeurteilt worden ist, durch einen anderen Mitgliedstaat wegen derselben Tat verfolgt werden darf, vorausgesetzt, dass im Fall einer Verurteilung die Sanktion bereits vollstreckt worden ist, gerade vollstreckt wird oder nach dem Recht des erstgenannten Staats nicht mehr vollstreckt werden kann.

[35] Somit steht die Anwendung des Grundsatzes ne bis in idem unter zwei Voraussetzungen, nämlich zum einen, dass es eine frühere rechtskräftige Entscheidung gibt (Voraussetzung „bis“), und zum anderen, dass bei der früheren Entscheidung und bei den späteren Verfolgungsmaßnahmen oder Entscheidungen auf denselben Sachverhalt abgestellt wird (Voraussetzung „idem“) (Urteile vom 12. Oktober 2023, INTER CONSULTING, C-726/21, EU:C:2023:764, Rn. 45, und vom 19. Oktober 2023, Központi Nyomozó Főügyészség, C-147/22, EU:C:2023:790, Rn. 26).

(…)

[37] Die Voraussetzung „idem“ erfordert nach ständiger Rechtsprechung eine identische materielle Tat. Folglich findet der Grundsatz ne bis in idem keine Anwendung, wenn der fragliche Sachverhalt nicht identisch, sondern nur ähnlich ist (Urteile vom 18. Juli 2007, Kraaijenbrink, C-367/05, EU:C:2007:444, Rn. 27, vom 23. März 2023, Generalstaatsanwaltschaft Bamberg [Ausnahme vom Grundsatz ne bis in idem], C-365/21, EU:C:2023:236, Rn. 37, sowie vom 12. Oktober 2023, INTER CONSULTING, C-726/21, EU:C:2023:764, Rn. 74).

[38] Der Begriff der Identität der materiellen Tat ist zu verstehen als die Gesamtheit der konkreten Umstände, die sich aus Ereignissen ergeben, bei denen es sich im Wesentlichen um dieselben handelt, da dieselbe Person gehandelt hat und sie zeitlich sowie räumlich unlösbar miteinander verbunden sind (vgl. in diesem Sinne Urteile vom 18. Juli 2007, Kraaijenbrink, C-367/05, EU:C:2007:444, Rn. 26 und 27, vom 28. Oktober 2022, Generalstaatsanwaltschaft München [Auslieferung und ne bis in idem], C-435/22 PPU, EU:C:2022:852, Rn. 128, sowie vom 12. Oktober 2023, INTER CONSULTING, C-726/21, EU:C:2023:764, Rn. 75).

(…)

[40] Ferner stellen nach ständiger Rechtsprechung sowohl Art. 54 SDÜ als auch Art. 50 der Charta nur auf die tatsächliche Handlung ab, unabhängig von ihrer rechtlichen Qualifizierung oder dem geschützten rechtlichen Interesse, da der durch diese Bestimmungen gewährte Schutz nicht von einem Mitgliedstaat zum anderen unterschiedlich sein darf (vgl. in diesem Sinne Urteile vom 16. November 2010, Mantello, C-261/09, EU:C:2010:683, Rn. 39, vom 22. März 2022, Nordzucker u. a., C-151/20, EU:C:2022:203, Rn. 39, sowie vom 12. Oktober 2023, INTER CONSULTING, C-726/21, EU:C:2023:764, Rn. 73 und die dort angeführte Rechtsprechung).

[41] Somit steht die Möglichkeit unterschiedlicher rechtlicher Qualifizierungen derselben Tat im Sinne von Art. 54 SDÜ im Licht von

Art. 50 der Charta in zwei verschiedenen Mitgliedstaaten oder die Verfolgung unterschiedlicher rechtlicher Interessen in diesen Staaten der Anwendung des Grundsatzes ne bis in idem nicht entgegen.

(...)

[45] Somit hat das vorlegende Gericht zu beurteilen, ob im vorliegenden Fall genau die Taten, die MSIG zu Last gelegt werden und die ihre strafrechtliche Verantwortlichkeit in Spanien begründen, mit den Taten identisch sind, aufgrund deren sie von den französischen Strafgerichten verurteilt wurde.

[54] Nach alledem ist auf die erste Frage zu antworten, dass Art. 54 SDÜ im Licht von Art. 50 der Charta dahin auszulegen ist, dass der Begriff „dieselbe Tat" die Taten umfasst, die einer Person im Rahmen eines Strafverfahrens wegen terroristischer Handlungen in einem Mitgliedstaat zur Last gelegt werden, wenn diese Person für dieselben Handlungen bereits in einem anderen Mitgliedstaat wegen der Beteiligung an einer terroristischen Vereinigung zur Vorbereitung einer terroristischen Handlung verurteilt wurde.

II. Asylrecht

Verb. Rs. C-608/22 und C-609/22 (AH und FN ./. Bundesamt für Fremdenwesen und Asyl), Urteil des Gerichts vom 04.10.2024. 220

Vorbemerkungen: *Seit der Machtübernahme der Taliban im Jahr 2021 haben sich die Lebensbedingungen für Frauen und Mädchen in Afghanistan stetig verschlechtert. Zwangsverheiratungen finden vermehrt statt, häusliche Gewalt hat zugenommen, Mädchen werden von Schulen und anderen Bildungseinrichtungen mehr oder weniger ausgeschlossen und Frauen werden aus dem öffentlich-gesellschaftlichen und politischen Leben praktisch vollständig verbannt. Eine solchermaßen strukturelle Diskriminierung und Gewalterfahrung führt nach Ansicht des EuGH dazu, dass es für die Flüchtlingseigenschaft des Nachweises einer individuellen Betroffenheit und Verfolgungsgefahr nicht (mehr) bedarf, sofern jedenfalls sowohl die Staatsangehörigkeit als auch das Geschlecht der jeweiligen Person feststehen. Auch auf andere persönliche Umstände wie die Übernahme eines westlich orientierten Lebensstils kommt es insoweit nicht an. Die Rechtsstellung entsprechender*

Personen nähert sich dadurch derjenigen von subsidiär Schutzberechtigten im Falle eines Bürgerkrieges an, was bisweilen kritisch gesehen wird. ***B:*** *W. Kluth, NVwZ 2025, 61f.; A. Pfersich, ZAR 2024, 433.*

Sachverhalt: AH war eine im Jahr 1995 geborene afghanische Staatsangehörige. Nachdem ihr Vater sie habe verkaufen wollen, sei sie mit ihrer Mutter in den Iran geflohen. Nach einem Aufenthalt in Griechenland, während dessen sie geheiratet hatte, reiste sie 2015 nach Österreich ein, wo ihr Ehemann lebte, und stellte dort einen Antrag auf internationalen Schutz. FN wiederum war eine im Jahr 2007 geborene afghanische Staatsangehörige, die nie in Afghanistan gelebt hatte. Sie stellte 2020 einen Antrag auf internationalen Schutz in Österreich. Ihr Bruder, der ebenfalls aus Afghanistan stammte, hatte dort bereits den Status als subsidiär Schutzberechtigter. In diesem Antrag machte sie geltend, sie sei aus dem Iran geflohen, wo sie mit ihrer Mutter und ihren beiden Schwestern gelebt habe. Da keine von ihnen einen Aufenthaltstitel gehabt habe, habe sie die Schule nicht besuchen dürfen und ihre Mutter habe nicht arbeiten dürfen. FN wolle in Freiheit leben und die gleichen Rechte wie Männer haben. Mit Entscheidungen vom 26. März 2018 bzw. vom 14. Oktober 2020 stellte das Bundesamt für Fremdenwesen und Asyl fest, dass die Geschichte von AH nicht glaubwürdig sei und FN in Afghanistan keiner tatsächlichen Verfolgungsgefahr ausgesetzt sei, und versagte daher in beiden Fällen die Flüchtlingseigenschaft im Sinne von Art. 2 Buchst. e der Richtlinie 2011/95. Es gewährte AH und FN jedoch den Status als subsidiär Schutzberechtigte im Wesentlichen mit der Begründung, dass sie aufgrund des Fehlens sozialer Unterstützung in Afghanistan bei einer Rückkehr in das Land Schwierigkeiten wirtschaftlicher und sozialer Art ausgesetzt wären. AH und FN erhoben gegen diese Entscheidungen jeweils Beschwerde beim Bundesverwaltungsgericht (Österreich), wobei sie u. a. geltend machten, dass sie zum einen westliche Werte und einen westlich orientierten Lebensstil übernommen hätten und dass sich zum anderen die Situation nach der Machtübernahme durch das Taliban-Regime im Sommer 2021 so verändert habe, dass Frauen nun einer weitreichenden Verfolgung ausgesetzt seien. Dieses Gericht wies diese beiden Beschwerden als unbegründet ab und entschied u. a., dass sich AH und FN angesichts ihrer Lebensbedingungen in Österreich keine „westliche Lebensführung" angeeignet hätten, die zu einem solch wesentlichen Bestandteil ihrer Identität geworden sei, dass von ihnen nicht erwartet werden könne, diese aufzugeben, um einer drohenden Verfolgung in ihrem Herkunftsland zu entgehen. AH und FN erhoben jeweils Revision an den Verwaltungsgerichtshof (Österreich), und machten erneut geltend, dass allein schon die Situation der Frauen unter dem neuen Taliban-Regime die Anerkennung der Flüchtlingseigenschaft rechtfertige. Der Verwaltungsgerichtshof legte diese Frage dem EuGH vor.

Aus den Entscheidungsgründen:

[56] Im vorliegenden Fall kommt die EUAA in Punkt 3.15 ihres Berichts „Country Guidance: Afghanistan“ aus dem Januar 2023 zu dem Schluss, dass für afghanische Frauen und junge Mädchen angesichts der vom Taliban-Regime seit dem Jahr 2021 ergriffenen Maßnahmen im Allgemeinen eine begründete Furcht vor Verfolgungsmaßnahmen im Sinne von Art. 9 der Richtlinie 2011/95 bestehe. Auch weist das UNHCR im Kontext der vorliegenden Rechtssache in seiner am 25. Mai 2023 abgegebenen Erklärung zum Begriff der Verfolgung aufgrund einer Kumulierung von Maßnahmen im Hinblick auf die aktuelle Situation von Frauen und jungen Mädchen in Afghanistan darauf hin, dass bei afghanischen Frauen und jungen Mädchen wegen der von den Taliban allein aufgrund ihres Geschlechts gegen sie begangenen Verfolgungshandlungen die Vermutung einer Zuerkennung der Flüchtlingseigenschaft bestehe.

[57] Unter diesen Umständen können die zuständigen nationalen Behörden bei Anträgen auf internationalen Schutz, die von Frauen, die Staatsangehörige von Afghanistan sind, gestellt werden, davon ausgehen, dass es derzeit nicht erforderlich ist, bei der individuellen Prüfung der Situation einer Antragstellerin auf internationalen Schutz festzustellen, dass diese bei einer Rückkehr in ihr Herkunftsland tatsächlich und spezifisch Verfolgungshandlungen zu erleiden droht, sofern die Umstände hinsichtlich ihrer individuellen Lage wie ihre Staatsangehörigkeit oder ihr Geschlecht erwiesen sind.

Verb. Rs. C-758/24 (Alace) und C-758/24 (Canpelli), Urteil des Gerichts vom 01.08.2025. 221

Vorbemerkungen: *Die Vorabentscheidungsersuchen betrafen die Auslegung der Art. 36 bis 38 der Richtlinie 2013/32/EU des Europäischen Parlaments und des Rates vom 26. Juni 2013 zu gemeinsamen Verfahren für die Zuerkennung und Aberkennung des internationalen Schutzes (ABl. 2013, L 180, S. 60) in Verbindung mit den Erwägungsgründen 42, 46 und 48 sowie Anhang I der Richtlinie und im Licht von Art. 47 der Charta der Grundrechte der Europäischen Union (im Folgenden: Charta) und der Art. 6 und 13 der am 4. November 1950 in Rom unterzeichneten Europäischen Konvention zum Schutz der Menschenrechte und Grundfreiheiten (im Folgenden: EMRK). Nach diesen Regelungen war es den Mitgliedstaaten nach angemessener Prüfung gestattet, ein-*

zelne Drittstaaten zu sog. „sicheren Herkunftsstaaten" zu bestimmen. Zwar konnten Personen aus solchen Staaten weiterhin einen Antrag auf internationalen Schutz stellen. Erfolgreich konnte dieser aber nur sein, wenn es ihnen ausnahmsweise gelang, die Vermutung der Sicherheit des Herkunftsstaates in Rahmen des in solchen Fällen anzuwendenden beschleunigten Verfahrens zu erschüttern, was jedoch meist nicht gelang. Umstritten war hier nicht nur die Art der Bestimmung per Gesetz, sondern auch inwieweit die Informationen, auf denen die Bestimmung beruht, offengelegt werden müssen und ob der Umstand, dass der jeweilige Herkunftsstaat zumindest in Bezug auf bestimmte Personengruppen die Anforderungen nicht erfüllt, um als sicher angesehen werden zu können, einer solchen Bestimmung entgegensteht. ***B:*** *P. E. de Oliveira, EuR 2026, 128ff.*

Sachverhalt: LC und CP waren zwei Staatsangehörige der Volksrepublik Bangladesch. Nachdem sie von den italienischen Behörden auf See gerettet worden waren, wurden sie nach Albanien gebracht, wo sie in der Gewahrsamseinrichtung in Gjadër untergebracht wurden, die nach einer Vereinbarung mit dem Ministerrat der Republik Albanien der Zuständigkeit der italienischen Behörden fiel. Am 16. Oktober 2024 stellten LC und CP von dieser Gewahrsamseinrichtung aus bei den italienischen Behörden jeweils einen Antrag auf internationalen Schutz. Mit Entscheidungen vom 17. Oktober 2024 lehnte die zuständige italienische Behörde diese Anträge mit der Begründung ab, dass LC und CP aus einem sicheren Herkunftsstaat stammten. Das daraufhin angerufene italienische Gericht hegte Zweifel an der Bestimmung der Volksrepublik Bangladesch als sicherer Herkunftsstaat, zum einen, weil diese Bestimmung erstmals allein durch einen Gesetzgebungsakt erfolgt war, zum zweiten, weil die zur Begründung dieser Bestimmung herangezogenen Quellen nicht mehr zugänglich und nachprüfbar bereitgestellt worden waren, wodurch Asylbewerber und Gerichte daran gehindert wurden, deren Herkunft, Verlässlichkeit, Glaubwürdigkeit, Relevanz, Aktualität und Vollständigkeit und ganz allgemein deren Inhalt zu bestreiten bzw. zu überprüfen und das Vorliegen der in Anhang I dieser Richtlinie aufgeführten materiellen Voraussetzungen für diese Bestimmung eigenständig zu beurteilen und zum dritten, weil nach seiner Ansicht in Bangladesch jedenfalls einzelne Personengruppen existierten, hinsichtlich derer Bangladesch nicht die in Anhang I dieser Richtlinie aufgeführten materiellen Voraussetzungen für diese Bestimmung erfüllte. Während der Gerichtshof gegen eine alleinige Bestimmung per Gesetz keine Einwände hatte, sofern diese gleichwohl einer effektiven gerichtlichen Prüfung zugänglich blieb (Rn. 54 ff.) sah er in den beiden anderen Punkten einen Verstoß gegen die Art. 36 und 37 sowie Art. 46 Abs. 3 der Richtlinie 2013/32.

Aus den Entscheidungsgründen:

[69] Mit seiner jeweils zweiten und dritten Frage möchte das vorlegende Gericht im Wesentlichen wissen, ob die Art. 36 und 37 sowie Art. 46 Abs. 3 der Richtlinie 2013/32 im Licht von Art. 47 der Charta dahin auszulegen sind, dass zum einen der Mitgliedstaat, der einen Drittstaat als sicheren Herkunftsstaat bestimmt, die Informationsquellen im Sinne von Art. 37 Abs. 3 der Richtlinie, auf die diese Bestimmung gestützt ist, zugänglich machen muss, und zum anderen das nationale Gericht, das mit einem Rechtsbehelf gegen eine Entscheidung über einen Antrag auf internationalen Schutz befasst ist, der im Rahmen der besonderen Prüfungsregelung untersucht wurde, die für die Anträge der Antragsteller aus Drittstaaten gilt, die als sichere Herkunftsstaaten bestimmt wurden, bei seiner Prüfung, ob diese Bestimmung die in Anhang I der Richtlinie genannten materiellen Voraussetzungen für eine solche Bestimmung erfüllt, die Informationen berücksichtigen kann, die es selbst eingeholt hat.

[70] Art. 37 Abs. 3 der Richtlinie 2013/32 sieht vor, dass bei der Beurteilung der Frage, ob ein Staat als sicherer Herkunftsstaat bestimmt werden kann, verschiedene Informationsquellen, insbesondere Informationen anderer Mitgliedstaaten, der EUAA als Nachfolgerin des EASO, des UNHCR, des Europarats und anderer einschlägiger internationaler Organisationen herangezogen werden.

[71] Zwar ist weder in dieser Vorschrift noch in einer anderen Vorschrift der Richtlinie 2013/32 ausdrücklich festgelegt, dass die nationale Behörde, die auf nationaler Ebene sichere Herkunftsstaaten bestimmt, die Informationsquellen zugänglich machen muss, auf deren Grundlage sie eine solche Bestimmung vorgenommen hat.

[72] Dies ändert jedoch nichts daran, dass als Erstes die von einem Mitgliedstaat vorgenommene Bestimmung eines Drittstaats als sicherer Herkunftsstaat zur Folge hat, dass auf die Antragsteller aus diesem Staat die besondere Prüfungsregelung für Anträge auf internationalen Schutz anwendbar wird. Insbesondere ermöglicht diese – in den Rn. 48 bis 51 des vorliegenden Urteils dargelegte – Regelung den Mitgliedstaaten, das Verfahren zur Prüfung dieser Anträge zu beschleunigen, und beruht auf einer Form der widerlegbaren Vermutung eines ausreichenden Schutzes im Herkunftsland, die vom Antragsteller gemäß Art. 36 Abs. 1 der Richtlinie 2013/32 widerlegt werden kann, wenn er schwerwiegende Gründe darlegt, die seinen speziellen Fall betreffen.

[73] Wie der Generalanwalt in Nr. 55 seiner Schlussanträge ausgeführt hat, kann der Antragsteller von der Möglichkeit, diese Ver-

mutung zu widerlegen, aber nur dann wirksam Gebrauch machen, wenn er in die Lage versetzt wird, die Gründe zu erfahren, weshalb sein Herkunftsland als sicher gilt. Folglich muss der Antragsteller aus diesem Grund Zugang zu den Informationsquellen haben, auf deren Grundlage sein Herkunftsstaat als sicherer Herkunftsstaat bestimmt worden ist.

(...)

[80] Unter Berücksichtigung der in Rn. 78 des vorliegenden Urteils angeführten Rechtsprechung ist daher festzustellen, dass die Wirksamkeit des gerichtlichen Rechtsschutzes erfordert, dass sowohl der betreffende Antragsteller als auch das angerufene Gericht nicht nur Kenntnis von den Gründen für eine solche Ablehnung erlangen können, sondern auch Zugang zu den Informationsquellen haben können, auf deren Grundlage der betreffende Drittstaat als sicherer Herkunftsstaat bestimmt wurde.

(...)

[81] Unter diesen Umständen ist davon auszugehen, dass das vorlegende Gericht mit seiner jeweils vierten Frage im Wesentlichen wissen möchte, ob Art. 37 der Richtlinie 2013/32 in Verbindung mit deren Anhang I dahin auszulegen ist, dass er es einem Mitgliedstaat verwehrt, einen Drittstaat als sicheren Herkunftsstaat zu bestimmen, der für bestimmte Personengruppen die in Anhang I dieser Richtlinie genannten materiellen Voraussetzungen für eine solche Bestimmung nicht erfüllt.

[91] Nach ständiger Rechtsprechung sind bei der Auslegung einer Unionsvorschrift ihr Wortlaut, der Zusammenhang, in den sie sich einfügt, und die Ziele der Regelung, zu der sie gehört, zu berücksichtigen (Urteile vom 17. November 1983, Merck, 292/82, EU:C:1983:335, Rn. 12, und vom 6. Juli 2023, Commissaire général aux réfugiés et aux apatrides [Flüchtling, der eine schwere Straftat begangen hat], C-8/22, EU:C:2023:542, Rn. 29).

[92] Was als Erstes den Wortlaut von Art. 37 der Richtlinie 2013/32 anbelangt, der nach seiner Überschrift die nationale Bestimmung von Drittstaaten als sichere Herkunftsstaaten betrifft, wird dort mehrfach auf die Begriffe „Staat“ und „Drittstaat“ Bezug genommen. Im Wortlaut dieser Vorschrift deutet nichts darauf hin, dass diese Begriffe für die Zwecke einer solchen Bestimmung so verstanden werden könnten, dass sie nur einen Teil – gegebenenfalls den Großteil – der Bevölkerung des betreffenden Drittstaats erfassen, unter Ausschluss eines anderen Teils dieser Bevölkerung oder bestimmter Personengruppen.

[93] Was als Zweites den Zusammenhang betrifft, in den sich Art. 37 der Richtlinie 2013/32 einfügt, geht erstens aus diesem Artikel hervor, dass die Mitgliedstaaten sichere Herkunftsstaaten im Einklang

mit Anhang I der Richtlinie bestimmen können. Ebenso wie der Wortlaut dieses Artikels enthalten die in diesem Anhang genannten Kriterien jedoch keinen Anhaltspunkt dafür, dass es den Mitgliedstaaten freistünde, einen Drittstaat als sicheren Herkunftsstaat zu bestimmen, obgleich für bestimmte Personengruppen innerhalb der Bevölkerung dieses Staates die in Anhang I vorgesehenen materiellen Kriterien nicht erfüllt sind.

[94] Vielmehr hängt nach dem Wortlaut von Anhang I die Bestimmung eines Drittstaats als sicherer Herkunftsstaat von der Möglichkeit des Nachweises ab, dass dort „generell" und „durchgängig" weder eine Verfolgung noch Folter oder unmenschliche oder erniedrigende Behandlung oder Strafe noch Bedrohung infolge willkürlicher Gewalt im Rahmen eines internationalen oder innerstaatlichen bewaffneten Konflikts zu befürchten sind.

(...)

[109] Nach alledem ist auf die jeweils vierte Frage zu antworten, dass Art. 37 der Richtlinie 2013/32 in Verbindung mit Anhang I der Richtlinie dahin auszulegen ist, dass er es einem Mitgliedstaat verwehrt, einen Drittstaat als sicheren Herkunftsstaat zu bestimmen, der für bestimmte Personengruppen die in Anhang I der Richtlinie genannten materiellen Voraussetzungen für eine solche Bestimmung nicht erfüllt.

III. Familienrecht/Freizügigkeit (Ehe für alle)

Rs. C-713/23 (Wojewoda Mazowiecki), Urteil des Gerichtshofs vom 25.11.2025. 222

Vorbemerkungen: *An den personenrechtlichen Status der ehelichen Verbindung sind in allen Mitgliedstaaten gewisse (nicht allein steuerrechtliche) Vergünstigungen geknüpft. Die Frage unter welchen Voraussetzungen eine ein einem anderen Mitgliedstaat geschlossene Ehe als solche auch in einem anderen Mitgliedstaat anerkannt wird, ist daher für die Betroffenen von erheblicher Bedeutung. Während das im Falle verschiedengeschlechtlicher Ehen mittlerweile keine größeren Probleme mehr bereitet, stellte sich vorliegend die Frage, inwieweit ein Mitgliedstaat verpflichtet ist, auch eine gleichgeschlechtliche Ehe anzuerkennen, obwohl dieser diese Form der Ehe selbst nicht anerkennt. Der EuGH entschied, dass dies jedenfalls dann der Fall ist, wenn und soweit der jeweilige Familienstand in einem anderen Mitgliedstaat* *rechtmäßig und unter Ausübung der unionsrechtlichen Freizügigkeits- und Aufenthaltsrechte erworben wurde. Zwar falle das Eherecht nicht in die Zuständigkeit der Union. Daher wäre es unionsrechtlich auch nicht zu beanstanden, wenn sich ein Mitgliedstaat dazu entscheidet, die Ehe für alle selbst nicht einzuführen. Wie in anderen Konstellationen ist er aber verpflichtet, die diesbezügliche Entscheidung anderer Mitgliedstaaten zu akzeptieren, sofern andernfalls die zentralen Unionsrechte ihre Wirksamkeit verlören. Siehe dazu auch die Entscheidung des EuGH in der Rs. C-4/23: Dort ging es um die Regelung eines Mitgliedstaates, die dazu führt, dass eine in einem anderen Mitgliedstaat erfolgte Änderung des Vornamens und der Geschlechtsidentität nicht anerkannt wird, so dass die Person das gesamte Änderungsverfahren im Herkunftsmitgliedstaat noch einmal durchlaufen muss. Diese Regelung war mit Art. 20, 21 AEUV ebenfalls nicht vereinbar.* ***B:*** *F. Majer, NJW 2026, 304.* ***L:*** *Rn. 747.*

Sachverhalt: Im Jahr 2018 heirateten zwei polnische Staatsangehörige, die sich in Deutschland aufhielten und von denen einer auch die deutsche Staatsangehörigkeit besaß, in Berlin. Da sie nach Polen ziehen und sich dort als Ehepaar aufhalten wollten, beantragten sie die Umschreibung der in Deutschland ausgestellten Eheurkunde im polnischen Personenstandsregister, damit ihre Ehe in Polen anerkannt wird. Dieser Antrag wurde mit der Begründung abgelehnt, dass das polnische Recht die Ehe zwischen Personen gleichen Geschlechts nicht zulasse. Die Umschreibung der Eheurkunde laufe daher den Grundprinzipien der polnischen Rechtsordnung zuwider. Die Ehegatten fochten diese ablehnende Entscheidung an. Das mit der Rechtssache befasste Oberste Verwaltungsgericht Polens legte die Angelegenheit dem Gerichtshof vor und wollte wissen, ob die nationale Regelung, die weder die Anerkennung einer Ehe erlaubt, die Personen gleichen Geschlechts in einem anderen Mitgliedstaat geschlossen haben, noch, dass die Eheurkunde zu diesem Zweck im Personenstandsregister umgeschrieben wird, mit dem Unionsrecht vereinbar ist. Dies wurde vom Gerichtshof verneint.

Aus den Entscheidungsgründen:

[43] Zu den Rechten, die den Staatsangehörigen von Mitgliedstaaten durch diese Bestimmung gewährt werden, gehört ihr Recht, sowohl im Aufnahmemitgliedstaat als auch, wenn sie dorthin zurückkehren, in dem Mitgliedstaat, dessen Staatsangehörigkeit sie besitzen, ein normales Familienleben zu führen, indem sie dort mit ihren Familienangehörigen, einschließlich ihres Ehegatten, zusammenleben (vgl. in diesem Sinne Urteile vom 14. November 2017, Lounes, C-165/16, EU:

C:2017:862, Rn. 52, und vom 5. Juni 2018, Coman u. a., C-673/16, EU:C:2018:385, Rn. 32 und 34).

[44] Insoweit hat der Gerichtshof in Bezug auf drittstaatsangehörige Familienangehörige eines Unionsbürgers entschieden, dass es, wenn sich im Zuge eines eine gewisse Zeit andauernden Aufenthalts eines Unionsbürgers in einem anderen Mitgliedstaat als dem, dessen Staatsangehörigkeit er besitzt, auf der Grundlage und unter Beachtung der Richtlinie 2004/38 dort ein Familienleben entwickelt oder gefestigt hat, aus Gründen der praktischen Wirksamkeit der Rechte des Unionsbürgers aus Art. 21 Abs. 1 AEUV geboten ist, dass das Familienleben, das der Unionsbürger in diesem Mitgliedstaat geführt hat, bei seiner Rückkehr in den Mitgliedstaat, dessen Staatsangehörigkeit er besitzt, fortgesetzt werden kann, was insbesondere bedeutet, dass der letztere Mitgliedstaat verpflichtet ist, dem betreffenden drittstaatsangehörigen Familienangehörigen des Unionsbürgers ein abgeleitetes Aufenthaltsrecht zu gewähren. Andernfalls könnte der Unionsbürger nämlich davon abgehalten werden, den Mitgliedstaat, dessen Staatsangehörigkeit er besitzt, zu verlassen, um sein Aufenthaltsrecht gemäß Art. 21 Abs. 1 AEUV in einem anderen Mitgliedstaat auszuüben oder nach Ausübung dieses Rechts in seinen Herkunftsmitgliedstaat zurückzukehren, weil er nicht die Gewissheit hätte, das im Aufnahmemitgliedstaat entwickelte oder gefestigte Familienleben im Herkunftsstaat fortsetzen zu können (vgl. in diesem Sinne Urteile vom 11. Dezember 2007, Eind, C-291/05, EU:C:2007:771, Rn. 35 und 36, sowie vom 12. März 2014, O. und B., C-456/12, EU:C:2014:135, Rn. 54).

[45] Insbesondere hat der Gerichtshof in einer Situation, die den drittstaatsangehörigen Ehegatten eines Unionsbürgers betraf, der gleichen Geschlechts wie dieser Unionsbürger war und den der Unionsbürger im Aufnahmemitgliedstaat rechtmäßig geheiratet hatte, bereits das Bestehen der Verpflichtung festgestellt, dem Ehegatten ein abgeleitetes Aufenthaltsrecht zu gewähren (vgl. in diesem Sinne Urteil vom 5. Juni 2018, Coman u. a., C-673/16, EU:C:2018:385, Rn. 53 und 56).

[46] In Bezug auf die Situation zweier Unionsbürger, die wie im Ausgangsfall ein gemeinsames Leben im Aufnahmemitgliedstaat führen und dort eine Ehe nach dessen Recht geschlossen haben, ist es aus Gründen der praktischen Wirksamkeit der Rechte dieser Unionsbürger aus Art. 21 Abs. 1 AEUV umso mehr geboten, dass sie die Gewissheit haben können, das Familienleben, das sie im Aufnahmemitgliedstaat insbesondere durch ihre Eheschließung entwickelt oder gefestigt haben, in ihrem Herkunftsmitgliedstaat fortsetzen zu können.

[47] Zwar fallen die Regelungen über die Ehe beim derzeitigen Stand des Unionsrechts in die Zuständigkeit der Mitgliedstaaten und kann das Unionsrecht diese Zuständigkeit nicht in Frage stellen. Den Mitgliedstaaten steht es daher frei, in ihrem nationalen Recht die Ehe für Personen gleichen Geschlechts vorzusehen oder nicht vorzusehen (vgl. in diesem Sinne Urteile vom 5. Juni 2018, Coman u. a., C-673/16, EU:C:2018:385, Rn. 37, sowie vom 14. Dezember 2021, Stolichna obshtina, rayon „Pancharevo", C-490/20, EU:C:2021:1008, Rn. 52).

[48] Bei der Ausübung dieser Zuständigkeit müssen die Mitgliedstaaten jedoch das Unionsrecht und insbesondere die Bestimmungen des AEU-Vertrags über das jedem Unionsbürger zuerkannte Recht, sich im Hoheitsgebiet der Mitgliedstaaten frei zu bewegen und aufzuhalten, beachten und hierzu den in einem anderen Mitgliedstaat nach dessen Recht festgestellten Personenstand anerkennen (Urteile vom 14. Dezember 2021, Stolichna obshtina, rayon „Pancharevo", C-490/20, EU:C:2021:1008, Rn. 52, und vom 4. Oktober 2024, Mirin, C-4/23, EU:C:2024:845, Rn. 53).

[49] Im vorliegenden Fall geht aus den Angaben des vorlegenden Gerichts hervor, dass die am Ausgangsverfahren beteiligten Ehegatten bei den polnischen Behörden die Umschreibung der Urkunde über ihre im Zuge der Ausübung ihres Freizügigkeits- und Aufenthaltsrechts in Deutschland geschlossene Ehe im polnischen Personenstandsregister beantragt haben, damit diese Ehe in Polen anerkannt wird. Dieser Antrag wurde mit der Begründung abgelehnt, dass das polnische Recht die Ehe zwischen Personen gleichen Geschlechts nicht zulasse und eine solche Umschreibung daher nicht erlaube.

[...]

[51] Insoweit ist eine Weigerung der Behörden eines Mitgliedstaats, dessen Staatsangehörigkeit zwei Unionsbürger gleichen Geschlechts besitzen, die Ehe anzuerkennen, die diese rechtmäßig gemäß den hierfür vorgesehenen Verfahren in einem anderen Mitgliedstaat geschlossen haben, in dem sie von ihrem Recht auf Freizügigkeit und Aufenthalt Gebrauch gemacht haben, geeignet, die Ausübung des in Art. 21 AEUV verankerten Rechts zu behindern, da eine solche Weigerung zu schwerwiegenden Nachteilen administrativer, beruflicher und privater Art für die beiden Unionsbürger führen kann (vgl. entsprechend Urteil vom 4. Oktober 2024, Mirin, C-4/23, EU:C:2024:845, Rn. 55 und die dort angeführte Rechtsprechung).

[52] Insbesondere hindert eine derartige Weigerung solche Unionsbürger – die im Zuge ihres Aufenthalts im Aufnahmemitgliedstaat ein Familienleben entwickelt oder gefestigt haben, indem sie dort als Ehe-

gatten gelebt haben – daran, das Familienleben unter Beibehaltung dieses gesicherten rechtlichen Status, der Wirkungen gegenüber Dritten entfaltet, fortzusetzen und zwingt sie dazu, nach ihrer Rückkehr in ihren Herkunftsmitgliedstaat als ledige Personen zu leben.

[...]

[61] Die Pflicht des Herkunftsmitgliedstaats, eine Ehe, die Unionsbürger gleichen Geschlechts im Zuge der Ausübung ihres Aufenthalts- und Freizügigkeitsrechts im Aufnahmemitgliedstaat geschlossen haben, anzuerkennen, um es ihnen zu ermöglichen, in den Mitgliedstaat, dessen Staatsangehörigkeit sie besitzen, zurückzukehren und ihr Familienleben dort unter Beibehaltung ihres im Aufnahmemitgliedstaat rechtmäßig begründeten Familienstands fortzusetzen, beeinträchtigt jedoch nicht das Institut der Ehe im Herkunftsmitgliedstaat, das durch das nationale Recht definiert wird und, wie oben in Rn. 47 ausgeführt, in die Zuständigkeit der Mitgliedstaaten fällt. Diese Pflicht geht nämlich mit keiner Pflicht des Herkunftsmitgliedstaats einher, in seinem nationalen Recht das Institut der Ehe zwischen Personen gleichen Geschlechts vorzusehen. Sie ist vielmehr darauf beschränkt, dass die Anerkennung solcher in einem Aufnahmemitgliedstaat nach dessen Recht geschlossener Ehen gewährleistet werden muss, und zwar zum Zweck der Ausübung der diesen Unionsbürgern aus dem Unionsrecht erwachsenden Rechte (vgl. in diesem Sinne Urteile vom 5. Juni 2018, Coman u. a., C-673/16, EU:C:2018:385, Rn. 45, sowie vom 14. Dezember 2021, Stolichna obshtina, rayon „Pancharevo“, C-490/20, EU:C:2021:1008, Rn. 56 und 57).

Entscheidungsregister – alphabetisch

Fallbezeichnung	Rechtssachen-nummer	Fall-nummer	Seite
„Buy Irish"; Kommission ./. Irland	249/81	95, 151	313, 508
C.W.S.A	Rs. C-326/23	86	290
Calfa	C-348/96	213	697
Carp	C-80/06	48	170
Cassis de Dijon	120/78	167	547
Centros	C-212/97	198	653
„CETA"	Gutachten 1/17	58	201
CILFIT	283/81	88	295
Ciola	C-224/97	13	49
Clean Car Autoservice	C-350/96	173	564
Codorniu ./. Rat	C-309/89	108	356
Commerzbank	C-330/91	194	642
Corsten	C-58/98	215	704
Costa ./. ENEL	6/64	1	1
Daily Mail	81/87	184	599
Danielsson u. a.	Rs. T-219/95 R	106	351
Danske Slagterier	C-445/06	71	247
Dassonville	8/74	154	515
Defrenne II	43/75	4	13
Deliège	verb. Rs. C-51/96 u. C-191/97	209	689
Demirel	12/86	54, 75	189, 262
Deutsche Milchkontor	Verb. Rs. 205/82 bis 215/82	10	41
Deutsche Umwelthilfe	C-752/18	21	75
Deutschland ./. Polen	C-848/19 P	5	15
Deutz und Geldermann ./. Rat	C-26/86	107	353
D'Hoop	C-224/98	130	428
Dior	verb. Rs. C-300/98 u. C-392/98	56	194
„Doc Morris I"; Deutscher Apotheker-Verband	C-322/01	160	527
„Doc Morris II"; Apothekerkammer des Saarlandes u. a.	verb. Rs. C-171/07 u. C-172/07	202	666
DVGW	C-171/11	152	510
Edis	C-231/96	17	61
Erzberger	C-566/15	180	590
Eurotunnel	C-408/95	78	269
Factortame II	C-221/89	183	598
Ferreira da Silva e Brito u. a.	C-160/14	89	299
FIAMM Technologies ./. Rat und Kommission; „FIAMM"	verb. Rs. C-120/06 P u. C-121/06 P	120	388
Foglia ./. Novello	244/80	84	285
Foto-Frost	314/85	87	292
Francovich	verb. Rs. C-6/90 u. C-9/90	61, 65	219, 225

Fallbezeichnung	Rechtssachen-nummer	Fall-nummer	Seite
„OMT-Beschluss"; Gauweiler u. a.	C-62/14	22	80
„Pauschalreiserichtlinie"; Dillenkofer u. a.	verb. Rs. C-178/94, C-179/94, C-188/94, C-189/94 u. C-190/94	68	236
Pfeiffer	verb. Rs. C-397/01 bis C-403/01	43	154
Pfleger	C-390/12	139	463
PI	C-230/18	146	493
Pistre	C-321/94, C-322/94, C-323/94, C-324/94	165	542
„Plaumann"; Firma Plaumann ./. Kommission	25/62	105	349
Polbud	C-106/16	188	619
Polen ./. Parlament und Rat	C-157/21	7	23
PreussenElektra	C-379/98	150	505
Prodifarma ./. Kommission	T-3/90	113	370
Rat ./. Kommission	C-409/13	28	111
Rau ./. BALM	verb. Rs. 133/85 bis 136/85	92	307
Reinheitsgebot für Bier	178/84	168	550
Repasi ./. Kommission	Rs. T-628/22	111	364
Rheinmühlen	166/73	73	257
„Richtlinien-Vorwirkung"; Kommission ./. Belgien	C-422/05	32	124
Rosneft	C-72/15	80	273
Rottmann	C-135/08	132	434
Royal Football Club Seraing	Rs. C-600/22	124	399
RS Effet des arrêts d'une cour constitutionnelle	C-430/21	3	5
Rush Portuguesa	C-113/89	208	685
Sacchi	155/73	203	673
Säger	C-76/90	211	692
Sayag ./. Leduc	9/69	117	383
Schindler	C-275/92	205	676
Schmidberger	C-112/00	147	497
Schnitzer	C-215/01	206	680
Schumacker	C-279/93	177	575
Scotch Whisky Association	C-333/14	166	544
Sevic	C-411/03	187	615
SGAE	C-306/05	64	223
SO	Rs. C-115/22	85	287
Stadt Duisburg u. a.	verb. Rs. C-684/22 bis C-686/22	135	446
„Statistikgebühr"; Kommission ./. Italienische Republik	24/68	149	503
Steen	C-332/90	172	563
Stolichna obshtina, rayon „Pancharevo"	C-490/20	131	430

Fallbezeichnung	Rechtssachen-nummer	Fall-nummer	Seite
„Tafelwein"; Kommission ./. Deutschland	C-217/88	11	43
Talasca	Rs. C-19/14	74	260
„TA-Luft"; Kommission ./. Deutschland	C-361/88	35	137
Telefónica SA ./. Kommission	C-274/12 P	103	340
Thelen Technopark Berlin	C-261/20	44	157
TWD Textilwerke Deggendorf	C-188/92	76	264
Überseering	C-208/00	185	602
Ullens de Schooten	C-268/15	189	624
Unilever	C-443/98	45	162
van Binsbergen	33/74	210	690
van Gend & Loos	26/62	29	118
Variola	34/73	30	120
Virgilijus Valančius	Rs. C-119/23	72	253
Viking	C-438/05	193	639
Vodafone	C-58/08	26	101
„Vorratsdatenspeicherung"; Digital Rights Ireland u. a.	C-293/12 u. C-594/12	137	454
WABE und MH Müller Handel	verb. Rs. C-804/18 u. C-341/19	145	486
Wachauf	5/88	138	461
Walrave	36/74	175	570
„Weiss u. a."	C-493/17	23	85
Wells	C-201/02	40	147
Wightman u. a.	Rs. C-621/18	24	92
Wojewoda Mazowiecki	Rs. C-713/23	222	725
Wouters	C-309/99	192	637
Zambrano	C-34/09	134	443
Zuckerfabrik Schöppenstedt ./. Rat	5/71	116	381
Zuckerfabrik Süderdithmarschen	verb. Rs. C-143/88 u. C-92/89	15	54

Entscheidungsregister – nach Rs.-Nummern